ECONOMIA INDUSTRIAL

Fundamentos Teóricos e Práticas no Brasil

O GEN | Grupo Editorial Nacional – maior plataforma editorial brasileira no segmento científico, técnico e profissional – publica conteúdos nas áreas de ciências sociais aplicadas, exatas, humanas, jurídicas e da saúde, além de prover serviços direcionados à educação continuada e à preparação para concursos.

As editoras que integram o GEN, das mais respeitadas no mercado editorial, construíram catálogos inigualáveis, com obras decisivas para a formação acadêmica e o aperfeiçoamento de várias gerações de profissionais e estudantes, tendo se tornado sinônimo de qualidade e seriedade.

A missão do GEN e dos núcleos de conteúdo que o compõem é prover a melhor informação científica e distribuí-la de maneira flexível e conveniente, a preços justos, gerando benefícios e servindo a autores, docentes, livreiros, funcionários, colaboradores e acionistas.

Nosso comportamento ético incondicional e nossa responsabilidade social e ambiental são reforçados pela natureza educacional de nossa atividade e dão sustentabilidade ao crescimento contínuo e à rentabilidade do grupo.

DAVID **KUPFER** | LIA **HASENCLEVER**

ECONOMIA INDUSTRIAL

Fundamentos Teóricos e Práticas no Brasil

TERCEIRA EDIÇÃO | REVISTA E AMPLIADA

- Os autores deste livro e a editora empenharam seus melhores esforços para assegurar que as informações e os procedimentos apresentados no texto estejam em acordo com os padrões aceitos à época da publicação, *e todos os dados foram atualizados pelos autores até a data de fechamento do livro*. Entretanto, tendo em conta a evolução das ciências, as atualizações legislativas, as mudanças regulamentares governamentais e o constante fluxo de novas informações sobre os temas que constam do livro, recomendamos enfaticamente que os leitores consultem sempre outras fontes fidedignas, de modo a se certificarem de que as informações contidas no texto estão corretas e de que não houve alterações nas recomendações ou na legislação regulamentadora.

- Data do fechamento do livro: 27/01/2020

- Os autores e a editora se empenharam para citar adequadamente e dar o devido crédito a todos os detentores de direitos autorais de qualquer material utilizado neste livro, dispondo-se a possíveis acertos posteriores caso, inadvertida e involuntariamente, a identificação de algum deles tenha sido omitida.

- **Atendimento ao cliente: (11) 5080-0751 | faleconosco@grupogen.com.br**

- Direitos exclusivos para a língua portuguesa
  Copyright © 2020 by
  GEN | GRUPO EDITORIAL NACIONAL S.A.
  Publicado pelo selo Editora Atlas
  Rua Conselheiro Nébias, 1.384
  São Paulo – SP – 01203-904
  www.grupogen.com.br

- Reservados todos os direitos. É proibida a duplicação ou reprodução deste volume, no todo ou em parte, em quaisquer formas ou por quaisquer meios (eletrônico, mecânico, gravação, fotocópia, distribuição pela Internet ou outros), sem permissão, por escrito, da Editora Atlas Ltda.

- Capa: Vinicius Dias

- Editoração eletrônica: Estúdio Castellani

- Ficha catalográfica

K98e
3. ed.
Kupfer, David
Economia industrial : fundamentos teóricos e práticas no Brasil / David Kupfer, Lia Hasenclever . – 3. ed. rev. e ampl. – São Paulo : Atlas, 2020.
: il. ; 28 cm.

ISBN 978-85-9515-032-4

1. Organização industrial (Teoria econômica). I. Hasenclever, Lia. II. Título.

19-60501   CDD: 338.70981
                                                CDU: 338.45(81)

Vanessa Mafra Xavier Salgado – Bibliotecária - CRB-7/664408/10/2019

Ao meu filho Eduardo e a todos aqueles que querem ver mais longe.

DAVID KUPFER

Aos meus alunos.

LIA HASENCLEVER

Agradecimentos

Muitas pessoas contribuíram para a realização deste livro ao longo dos quase 2 anos decorridos desde a concepção do projeto até a sua finalização em 2002, data de sua primeira edição. Posteriormente, por ocasião da produção de sua segunda edição, em 2012, outro conjunto de contribuições ortográficas ou de correções dos gráficos e textos, bem como sugestões de acréscimos recebidos dos leitores, foi incorporado à segunda edição. Deixamos aqui registrados nossos agradecimentos especiais a Alexandre Florindo Alves, professor da Universidade Estadual de Maringá, Paraná, e a Henrique Cavalieri, aluno de doutorado do Instituto de Economia da Universidade Federal do Rio de Janeiro, por suas contribuições na segunda edição.

A preparação da presente terceira edição contou com a colaboração de Camila Cunha secretariando a árdua tarefa de contatar os colaboradores e solicitar a entrega dos manuscritos revisados.

Agradecemos ao conjunto de colaboradores que mostraram excelente boa vontade ao aceitarem nossa recorrente intromissão, seja na delimitação dos escopos dos capítulos, seja nos inúmeros pedidos de revisão, e, principalmente, pelo espírito acadêmico que demonstraram ao dedicarem seu precioso tempo a um projeto coletivo em uma época em que a regra parece ser o "cada um por si". Na segunda edição, três novos colaboradores foram adicionados: Jorge Chami, Marta Lemme e Ricardo Torres, sendo os dois primeiros professores e o terceiro, aluno de doutorado, todos do Instituto de Economia. Nesta terceira edição, contamos com a colaboração do Professor Victor Prochnik, que já era coautor nas duas outras edições do Capítulo 2, para elaboração do novo Capítulo 28, e da Professora Júlia Torracca pela atualização do Capítulo 29. Menção especial merece ser feita aos Professores Carlos Frederico Leão Rocha, Helder Queiroz Pinto Junior, João Luiz Pondé e Jorge Nogueira de Paiva Britto que, além de contribuírem com seus respectivos capítulos, colaboraram ativamente nas discussões iniciais sobre a estrutura do livro.

Agradecemos ainda a Isleide Rosario Maeda e Patricia Moura Ferreira, mestrandas do IE/UFRJ, que muito nos ajudaram nas tarefas de edição do livro, e a Letícia Teixeira e Marcia Espírito Santo pelo apoio de secretaria.

Por fim, agradecemos o apoio institucional da direção do Instituto de Economia na pessoa de seu diretor, João Carlos Ferraz, que, com seu entusiasmo, foi fundamental para viabilizar o projeto inicial, assim como a direção atual na pessoa de seu diretor, Fábio Freitas, por seu apoio institucional.

Autores

LIA HASENCLEVER é economista formada pela Faculdade de Economia e Administração, Mestre em Economia Industrial pelo Instituto de Economia (IE) e Doutora em Engenharia de Produção pela Coppe, todos da Universidade Federal do Rio de Janeiro (UFRJ). Professora Aposentada do IE/UFRJ. Atualmente, é Professora Colaboradora no Programa de Planejamento Regional e Gestão de Cidades da Universidade Cândido Mendes – Campos, Pesquisadora Associada do Grupo de Economia da Inovação do IE/UFRJ, Editora da Revista *Cadernos do Desenvolvimento Fluminense* e Presidente da Associação Brasileira de Economia Industrial e Inovação (ABEIN). Organizadora de diversos livros e autora de vários capítulos de livros e artigos em periódicos sobre desenvolvimento econômico local, inovação, indústria farmacêutica e economia da saúde. Vencedora do Prêmio Jabuti de melhor livro da área de Economia e Negócios no ano de 2003.

DAVID KUPFER é Professor-associado do Instituto de Economia da Universidade Federal do Rio de Janeiro (IE/UFRJ). Doutor em Economia pela UFRJ. Mestre em Economia da Indústria e da Tecnologia pela UFRJ. Pesquisador emérito do Conselho Nacional de Desenvolvimento Científico e Tecnológico (CNPq). Coordenador do Grupo de Pesquisa em Indústria e Competitividade (GIC-IE/UFRJ) e editor da *Revista de Economia Contemporânea* e colunista do Jornal *Valor Econômico*. Participou da coordenação de diversas pesquisas sobre a indústria brasileira, entre elas "Projeto I2027: riscos e desafios para o Brasil diante das inovações disruptivas", "Projeto PIB: perspectivas do investimento no Brasil" e "Estudo da Competitividade da Indústria Brasileira (ECIB)". Vencedor do Prêmio Jabuti de melhor livro da área de Economia e Negócios nos anos de 1996 e 2003 e do Prêmio ABDI de Política Industrial, categoria Academia, em 2006. Menção honrosa no Prêmio Economista do Ano, edição 2014, da Ordem dos Economistas do Brasil (OEB).

Colaboradores

ALEXIS TORÍBIO DANTAS fez doutorado em Economia pelo Instituto de Economia da Universidade Federal do Rio de Janeiro (IE/UFRJ) e pós-doutorado na Universidade de Varsóvia (Polônia). Atualmente ocupa os cargos de professor-associado da Faculdade de Ciências Econômicas da Universidade do Estado do Rio de Janeiro (UERJ) e é coordenador do Núcleo de Estudos das Américas (NUCLEAS) na mesma instituição. Autor de vários artigos e livros.

CARLOS EDUARDO FRICKMANN YOUNG fez bacharelado e mestrado em Economia na Universidade Federal do Rio de Janeiro (UFRJ). Pós-graduação em Políticas Públicas (ILPES-CEPAL/ONU) e doutorado em Economia pela University College London (UCL). É professor titular do Instituto de Economia da UFRJ (IE/UFRJ), pesquisador do INCT Políticas Públicas, Estratégias e Desenvolvimento (INCT-PPED), professor permanente do Programa de Pós-graduação em Políticas Públicas, Estratégias e Desenvolvimento da UFRJ (PPED/UFRJ) e professor colaborador do Programa de Pós-graduação em Ciências Ambientais da Universidade Estadual do Mato Grosso (PPCA/UNEMAT). É coordenador do Grupo de Pesquisa em Economia do Meio Ambiente e Desenvolvimento Sustentável (GEMA-IE/UFRJ).

CARLOS FREDERICO LEÃO ROCHA doutorou-se em Economia Industrial pelo Instituto de Economia da Universidade Federal do Rio de Janeiro (IE/UFRJ). Professor titular do IE/UFRJ. Autor de artigos nacionais e internacionais na área de Economia Industrial, principalmente sobre temas referentes a progresso técnico, fusões e aquisições, mudança estrutural, processo de expansão da firma e avaliação das políticas de inovação.

DAVID KUPFER é professor-associado do Instituto de Economia da Universidade Federal do Rio de Janeiro (IE/UFRJ). Doutor em Economia pela UFRJ. Mestre em Economia da Indústria e da Tecnologia pela UFRJ. Pesquisador emérito do Conselho Nacional de Desenvolvimento Científico e Tecnológico (CNPq). coordenador do Grupo de Pesquisa em Indústria e Competitividade (GIC-IE/UFRJ), editor da *Revista de Economia Contemporânea* e colunista do Jornal *Valor Econômico*. Participou da coordenação de diversas pesquisas sobre a indústria brasileira, entre elas Projeto I2027: riscos e desafios para o Brasil diante das inovações disruptivas; Projeto PIB: perspectivas do investimento no Brasil; e Estudo da Competitividade da Indústria Brasileira (ECIB). Vencedor do Prêmio Jabuti de melhor livro da área de Economia e Negócios nos anos de 1996 e 2003, e do Prêmio ABDI de Política Industrial, categoria Academia, em 2006. Menção honrosa no Prêmio Economista do Ano, edição 2014, da Ordem dos Economistas do Brasil (OEB).

EDMAR LUIZ FAGUNDES DE ALMEIDA fez doutorado em Economia Aplicada pela Universidade de Grenoble (França). Atualmente, é professor-associado do Instituto de Economia da Universidade Federal do Rio de Janeiro (IE/UFRJ).

xii Economia Industrial

GERMANO MENDES DE PAULA é bacharel em Ciências Econômicas pela Universidade Federal de Uberlândia (UFU). Mestre e doutor em Economia pela Universidade Federal do Rio de Janeiro (UFRJ). Pós-doutorados em Economia na University of Oxford (Inglaterra) e Columbia University (Estados Unidos). Professor da UFU desde 1990, tendo obtido o cargo de professor titular em 2014. Leciona as disciplinas Economia Industrial e Análise e Elaboração de Projetos na graduação em Ciências Econômicas.

HELDER QUEIROZ PINTO JUNIOR é doutor em Economia Aplicada pela Université de Grenoble (França). Atualmente, ocupa o cargo de professor-associado no Instituto de Economia da Universidade Federal do Rio de Janeiro (IE/UFRJ), no qual é membro do Grupo de Economia da Energia. Na pós-graduação, ministra o curso de Regulação de Monopólios e Mercados. Já na graduação, atua na área de Microeconomia e já ministrou cursos de Introdução à Economia, Microeconomia, Economia Industrial e Economia da Energia. Em 2001, foi professor visitante no Centre for Brazilian Studies da University of Oxford (Inglaterra). Entre 2011 e 2015, foi diretor da Agência Nacional do Petróleo, Gás Natural e Biocombustíveis (ANP).

HUGO PEDRO BOFF é mestre e doutor em Ciências Econômicas pela Escola de Pós-graduação em Economia da Fundação Getulio Vargas (FGV-RJ), mestre em Estatística e licenciado em Ciências Econômicas pela Universidade Católica de Louvain (Bélgica). Atualmente, é professor adjunto do Instituto de Economia da Universidade Federal do Rio de Janeiro (IE/UFRJ), onde ocupa também a função de coordenador do curso de atualização em Teoria Econômica (Cate/Ensyc). Recebeu da Sociedade Brasileira de Econometria o prêmio Adriano Romariz Duarte (1998) com o trabalho "Cournot Competition under Knightian Uncertainty" (em coautoria com Sergio Ribeiro da Costa Werlang).

JAQUES KERSTENETZKY fez doutorado em Economia Política pelo Instituto de Economia da Universidade Federal do Rio de Janeiro (IE/UFRJ). Atualmente ocupa o cargo de professor-associado na mesma instituição. Autor de livros.

JOÃO CARLOS FERRAZ é economista, com doutorado em Política Científica e Tecnológica na Unversidade de Sussex (Inglaterra). Professor-associado do Instituto de Economia da Universidade Federal do Rio de Janeiro (IE/UFRJ). Foi vice-presidente e diretor do Banco Nacional de Desenvolvimento Econômico e Social (BNDES) entre 2007 e 2016, diretor da Divisão de Desenvolvimento Produtivo da CEPAL/ONU, em Santiago, Chile (2003-2007) e Diretor do IE/UFRJ (1998-2003). Autor de artigos e livros sobre Economia Industrial e Política Industrial.

JOÃO LUIZ PONDÉ graduou-se em Economia na Faculdade de Ciências Econômicas da Universidade Federal da Bahia (UFBA). Completou o mestrado e o doutorado no Instituto de Economia da Universidade Estadual de Campinas (IE/UNICAMP). Desde 1996 exerce o cargo de professor do IE/UFRJ, onde leciona as disciplinas Defesa da Concorrência (pós-graduação), História do Pensamento Econômico (graduação) e Metodologia da Pesquisa Científica (graduação e pós-graduação). Autor de vários artigos publicados em revistas nacionais, livros e anais de congressos sobre Economia Institucionalista, Teoria da Firma, Políticas de Defesa da Concorrência e Metodologia Econômica.

JORGE CHAMI BATISTA é engenheiro de produção, bacharel e mestre pela Universidade Federal do Rio de Janeiro (UFRJ) com pós-graduação em Economia –Ph.D. pela Universidade de Cambridge (Inglaterra) e M.Sc. pela London School of Economics (LSE). Professor da UFRJ de 1985 a 2013, orientou inúmeros trabalhos acadêmicos de graduação e pós-graduação. Foi professor/pesquisador visitante nas Universidades de Kobe (Japão), de Roma Tor Vergata (Itália) e Técnica de Lisboa (Portugal). Foi Secretário de Comércio Exterior durante a elaboração e implementação do Plano Real e do Mercosul e colaborador da The Economist Intelligence Unit (1993; 1995-2000). Participou dos consórcios que avaliaram empresas siderúrgicas, e elaborou estudos para diversas instituições e empresas. Autor de diversos artigos e livros no Brasil e no exterior. Em 2019, foi um dos inventores de patente registrada no United States Patent and Trademark Office (USPTO).

JORGE NOGUEIRA DE PAIVA BRITTO é bacharel em Ciências Econômicas pela Universidade Federal do Rio de Janeiro (UFRJ) com mestrado e doutorado pelo Instituto de Economia da UFRJ (IE/UFRJ). Professor-associado do Departamento de Economia da Universidade Federal Fluminense (UFF), ministra cursos na graduação e pós-graduação nas áreas de Microeconomia e Organização Industrial. Autor de diversos artigos na área de economia industrial, com ênfase em temas relacionados à cooperação interindustrial e inovação.

JULIA TORRACCA possui graduação em Ciências Econômicas pelo Instituto de Economia da Universidade Federal do Rio de Janeiro (IE/UFRJ), com mestrado e doutorado em Economia da Indústria e da Tecnologia pela mesma instituição. Atualmente, é professora da Faculdade de Economia da Universidade Federal Fluminense (UFF) e pesquisadora do Grupo de Indústria e Competitividade (GIC/IE-UFRJ). Foi *visiting scholar do* Institute of Latin American Studies (ILAS) da Columbia University. Possui artigos e capítulo de livro na área de Economia Industrial e Comércio Exterior, com ênfase no estudo da competitividade da indústria brasileira.

LARRY CARRIS CARDOSO é Gerente Geral de Finanças da Petrobras. Foi doutorando em Economia pelo Instituto de Economia da Universidade Federal do Rio de Janeiro (IE/UFRJ).

LIA HAGUENAUER fez bacharelado em Economia pela Universidade Federal do Rio de Janeiro (UFRJ) e pós-graduação na Escola de Pós-Graduação em Economia da Fundação Getúlio Vargas. Foi professora e pesquisadora do Instituto de Economia da UFRJ. Autora de livros. Faleceu em 24 de maio de 2002.

LIA HASENCLEVER é Economista formada pela Faculdade de Economia e Administração, mestre em Economia Industrial pelo Instituto de Economia (IE) e doutora em Engenharia de Produção pela Coppe, todos da Universidade Federal do Rio de Janeiro (UFRJ). Professora Aposentada do IE/UFRJ. Atualmente, é Professora Colaboradora no Programa de Plane-jamento Regional e Gestão de Cidades da Universidade Cândido Mendes – Campos, Pesquisadora Associada do Grupo de Economia da Inovação do IE/UFRJ, Editora da Revista *Cadernos do Desenvolvimento Fluminense* e Presidente da Associação Brasileira de Economia Industrial e Inovação (ABEIN). Organizadora de diversos livros e autora de vários capítulos de livros e artigos em periódicos sobre desenvolvimento econômico local, inovação, indústria farmacêutica e economia da saúde. Vencedora do Prêmio Jabuti de melhor livro da área de Economia e Negócios no ano de 2003.

LUCIA SILVA KUBRUSLY fez bacharelado em Física na Pontifícia Universidade Católica do Rio de Janeiro (PUC/RJ). Cursou mestrado e doutorado no Programa de Engenharia de Sistemas da Coppe/UFRJ. Atualmente, é professora aposentada do Ins-tituto de Economia da Universidade Federal do Rio de Janeiro (IE/UFRJ), onde lecionou na área de métodos quantitativos, entre 1997 e 2017.

LUCIANO DIAS LOSEKANN é doutor em Economia pelo Instituto de Economia da Universidade Federal do Rio de Janeiro (IE/UFRJ). É professor da Faculdade de Economia e coordenador do Programa de Pós-graduação em Economia da Universidade Federal Fluminense (UFF). Leciona disciplinas nas áreas de Microeconomia e Economia Industrial. Sua área de pesquisa é Economia da Energia, na qual suas publicações e orientações estão concentradas. Foi presidente da Associação Brasileira em Estudos em Energia (AB3E) e da Associação Latino Americana de Economia da Energia (ALADEE).

LUÍS OTÁVIO DE FIGUEIREDO FAÇANHA fez mestrado em Economia na Universidade de Vanderbilt (Tennessee/EUA) e doutorado em Economia Industrial pelo Instituto de Economia da Universidade Federal do Rio de Janeiro (IE/UFRJ). Profes-sor aposentado da Universidade Federal do Rio de Janeiro (UFF), onde lecionou nos cursos de graduação e pós-graduação, principalmente as disciplinas relacionadas à Economia Industrial nacional e estrangeira e à Teoria dos Jogos. Além disso, trabalhou na orientação de alunos em bolsas de pesquisa, monografias e teses de mestrado. Prestou assessoria e consultoria para instituições governamentais. É autor e coautor de diversos artigos e capítulos de livros em publicações especializadas em Economia e Administração.

LUIZ MARTINS DE MELO é doutor em Economia Industrial pelo Instituto de Economia da Universidade Federal do Rio de Janeiro (IE/UFRJ). Atualmente, é Professor Associado da UFRJ, onde leciona as disciplinas Microeconomia I e II, Economia Industrial, Gestão da Inovação, Economia de Empresas e Estratégia Industrial, e Finanças Corporativas. É também consultor de várias empresas e projetos. Entre 1986 e 1988, foi diretor de Planejamento da Financiadora de Estudos e Projetos (Finep). Publicou diversos artigos sobre financiamento da inovação industrial, sistemas produtivos locais, sistemas de inovações de empresas e estratégia empresarial.

MAGDALENA CRONEMBERGER GÓES é economista e exerceu a função de Gerente do Programa de Modernização das Pes-quisas Econômicas do Fundação Instituto Brasileiro de Geografia e Estatística (IBGE).

MARCELO RESENDE é doutor em Economia (D.Phil. in Economics) pela University of Oxford (Inglaterra). Possui mestrados em Economia pela University of Pennsylvania (Estados Unidos) e pela Pontifícia Universidade Católica do Rio de Janeiro (PUC/RJ). Bacharel em Psicologia e em Ciências Econômicas pela Universidade Estadual do Rio de Janeiro (UERJ). Atualmente exerce o cargo de professor titular do Instituto de Economia da Universidade Federal do Rio de Janeiro (IE/UFRJ), onde leciona principalmente as disciplinas Microeconomia, Teoria dos Jogos, Estatística e Organização Industrial. Publicou numerosos artigos em periódicos nacionais e internacionais, principalmente na área de Economia de Infraestrutura.

MARGARIDA MARIA GOMES PEREIRA SARMIENTO GUTIERREZ fez doutorado em Economia Industrial no Instituto de Economia da Universidade Federal do Rio de Janeiro (IE/UFRJ). Atualmente, é professora-associada do Coppead/UFRJ, onde leciona as disciplinas Introdução à Economia (Microeconomia e Macroeconomia) e Contabilidade Social, no curso de graduação. Redatora do Boletim de Conjuntura do Instituto de Economia da UFRJ – Seção Comércio Exterior. Ministrou várias disciplinas relacionadas a Economia Empresarial em diversos cursos de especialização do IE/UFRJ. Foi pesquisadora no Departamento de Estudos Governamentais da Fundação Getulio Vargas (FGV). Trabalhou como economista da Fundação Instituto Brasileiro de Geografia e Estatística (IBGE), da Financiadora de Estudos e Projetos (Finep) e da Petrobras, na área de Planejamento Estratégico. Foi professora da Sociedade Brasileira de Instrução Cândido Mendes e do Departamento de Economia da Pontifícia Universidade Católica (PUC/RJ). Atuou como professora assistente do curso de Contabilidade Nacional da Escola Nacional de Ciências Estatísticas (Ence). Possui vários trabalhos publicados.

MARIA CECÍLIA J. LUSTOSA é doutora e mestre em Economia pelo Instituto de Economia da Universidade Federal do Rio de Janeiro (IE/UFRJ) e bacharel em Ciências Econômicas pela Pontifícia Universidade Católica do Rio de Janeiro (PUC/RJ). Fez pós-doutorado na Université de Bordeaux IV (França). É professora colaboradora da Universidade Federal de Alagoas (UFAL) e pesquisadora do Grupo de Economia do Meio Ambiente e Desenvolvimentos Sustentável – Gema e da RedeSist (ambos do IE/UFRJ). Faz parte da diretoria da Sociedade Brasileira de Economia Ecológica (EcoEco). Possui diversas publicações nas áreas de inovação, meio ambiente e desenvolvimento local.

MARIANA IOOTTY é atualmente economista sênior do Banco Mundial. Economista e doutora em Economia pelo Instituto de Economia da Universidade Federal do Rio de Janeiro (IE/UFRJ). Autora de diversos artigos em revistas nacionais e estrangeiras, versando sobre temas de Economia Industrial, Fusões e Aquisições.

MARIA TEREZA LEOPARDI MELLO é advogada e doutora em Economia pelo Instituto de Economia da Universidade Estadual de Campinas (Unicamp). Atualmente, é professora associada do Instituto de Economia da Universidade Federal do Rio de Janeiro (IE/UFRJ), onde leciona as disciplinas Direito & Economia, Instituições do Direito e Defesa da Concorrência, e professora do Programa de Pós-Graduação em Políticas Públicas, Estratégias e Desenvolvimento da UFRJ (PPED/IE/UFRJ). Desenvolve estudos e pesquisas sobre temas de Direito e Economia, defesa da concorrência, propriedade intelectual e regulação.

MARINA SZAPIRO é Doutora em Economia da Indústria e da Tecnologia pela Universidade Federal do Rio de Janeiro (UFRJ). Foi analista de projetos da Financiadora de Estudos e Projetos (Finep) no período de 2008 a 2010, e desde 2010 é professora adjunta do Instituto de Economia da Universidade Federal do Rio de Janeiro (IE/UFRJ) e Pesquisadora da Rede de Pesquisa em Arranjos e Sistemas Produtivos e Inovativos Locais (RedeSist). É especialista na área de Economia da Inovação, atuando principalmente nos seguintes temas: política industrial e de ciência, tecnologia e inovação (C, T & I), sistema de inovação e desenvolvimento, e arranjo produtivo local.

MARIO LUIZ POSSAS graduou-se em Engenharia de Comunicações pelo Instituto Militar de Engenharia (IME). Fez mestrado e doutorado em Economia pela Universidade Estadual de Campinas (Unicamp). Atualmente, é professor titular emérito do Instituto de Economia da Universidade Federal do Rio de Janeiro (IE/UFRJ), onde ministra disciplinas de pós-graduação. Já orientou mais de 40 dissertações e teses de mestrado e doutorado na UFRJ, na Unicamp e na UNESP (FCL/Araraquara, SP), onde foi professor colaborador. Coordenou pesquisas em diferentes áreas, especialmente em Economia Industrial. É consultor da Coordenação de Aperfeiçoamento de Pessoal de Nível Superior (Capes), onde presidiu a Comissão de Consultores da área de Economia, do Conselho Nacional de Desenvolvimento Científico e Tecnológico (CNPq) e da Fundação de Amparo à Pesquisa do Estado do Rio de Janeiro (Faperj). Membro do conselho editorial e referência de várias revistas acadêmicas de Economia. Consultor econômico na área antitruste, na qual tem elaborado pareceres e opiniões técnicas sobre diversos casos de concentração econômica e práticas anticompetitivas. Autor de numerosos artigos em revistas acadêmicas nacionais e internacionais, e livros e capítulos de livros versando principalmente sobre Estrutura de Mercado, Concorrência e Economia Industrial.

MARTA CALMON LEMME é bacharel em Ciências Econômicas pela Universidade Federal do Rio de Janeiro (UFRJ) com mestrado pelo Instituto de Economia da Universidade Federal do Rio de Janeiro (IE/UFRJ). Atualmente, é professora do IE/UFRJ, onde leciona as disciplinas Comércio e Investimento Internacionais e Introdução à Microeconomia, nos cursos de graduação. Possui experiência profissional na área de comércio internacional, desde 1986, com destaque para: painelista na Organização Mundial do Comércio (OMC) em várias controvérsias referentes à aplicação de medidas *antidumping* e compensatórias; Coordenadora Geral de Apoio ao Exportador e Negociações Internacionais do Decom/Secex/MDIC; participação em negociações na OMC, Alca, Mercosul e União Europeia; elaboração dos regulamentos brasileiros sobre defesa comercial, resultantes da Rodada Uruguai; integrante da equipe que formulou as reformas tarifárias de 1988, 1989 e 1990; coordenação da equipe responsável por análises de pedidos de alteração de imposto de importação e de ex-tarifários; e integrante da equipe negociadora da Tarifa Externa Comum.

PATRICIA MOURA FERREIRA é economista especialista pela Universidade Federal do Rio de Janeiro (UFRJ) e mestre pelo Instituto de Economia da Universidade Federal do Rio de Janeiro (IE/UFRJ). Atualmente exerce o cargo de analista na Financiadora de Estudos e Projetos (Finep) do Ministério da Ciência, Tecnologia e Inovação.

PAULO BASTOS TIGRE é economista e mestre em Engenharia da Produção pela Universidade Federal do Rio de Janeiro (UFRJ) e Ph.D. em Science and Technology Policy pela Universidade de Sussex (Reino Unido). Foi professor titular do Instituto de Economia da UFRJ. Autor de livros.

REINALDO GONÇALVES é bacharel em Economia pela Universidade Federal do Rio de Janeiro (UFRJ). Mestre em Engenharia da Produção pela Coppe-UFRJ e em Economia pela EPGE-FGV. É também Ph.D. em Economia pela University of Reading (Inglaterra) e livre-docente em Economia Internacional na UFRJ. Professor titular de Economia Internacional da UFRJ desde 1993. Foi professor visitante da Directeur d'Etudes, da École des Hautes Études en Sciences Sociales e do Maison des Sciences de l'Homme (Paris) e economista da Organização das Nações Unidas (Unctad, Genebra). Publicou mais de três centenas de trabalhos em 21 países na Europa, Ásia, África, América do Norte, América Central e América do Sul. Seus trabalhos receberam distinções como: Prêmio Fundação Universitária José Bonifácio (1991); Prêmio Jabuti 2001 (1º lugar da categoria Economia, Direito e Administração); Troféu Cultura Econômica, Caixa Econômica RS 2004 (1º lugar); Troféu Cultura Econômica, Caixa Econômica RS 2005 (1º lugar); e Prêmio Brasil de Economia COFECON 2013 (1º lugar). Autor de diversos livros.

RICARDO LOBATO TORRES é doutor em Economia da Indústria e da Tecnologia pela Universidade Federal do Rio de Janeiro (UFRJ), mestre em Economia pela Universidade Federal de Santa Catarina (UFSC) e bacharel em Ciências Econômicas pela Universidade Federal do Paraná (UFPR). Professor do Departamento Acadêmico de Gestão e Economia da Universidade Tecnológica Federal do Paraná (UTFPR). Coordenador e professor permanente do Programa de Pós-Graduação em Planejamento e Governança Pública e Professor Permanente do Programa de Pós-Graduação em Administração da UTFPR. Professor dos cursos de especialização em Gestão Empresarial, Gestão Financeira, Gestão Pública Municipal e Gestão de Ativos da mesma instituição. Membro da Associação Brasileira de Economia Industrial e Inovação (ABEIN).

RONALDO FIANI possui doutorado em Economia pela Universidade Federal do Rio de Janeiro (UFRJ). Atualmente, é professor-associado em regime de dedicação exclusiva do Instituto de Economia da Universidade Federal do Rio de Janeiro (IE/UFRJ). Foi assessor do Ministério da Fazenda (1994-1995), da Agência Nacional do Petróleo, Gás Natural e Biocombustíveis (2001), e pesquisador-visitante no Centro de Estudos Brasileiros da Universidade de Oxford (2003) e no IPEA/Brasília (2011-2012 e 2015-2016). Autor de diversos livros.

VICTOR PROCHNIK é professor doutor do Instituto de Economia e do Doutorado em Políticas Públicas, Estratégia e Desenvolvimento da Universidade Federal do Rio de Janeiro (UFRJ), onde leciona as disciplinas Economia das Empresas Transnacionais e Microeconomia. Autor de diversos artigos sobre Economia Industrial.

Sumário

Introdução *xxxi*

PARTE I **Conceitos Básicos**

CAPÍTULO 1 **Modelos Tradicionais de Concorrência** *3*
Luiz Martins de Melo

1.1 Introdução *3*
1.2 O Modelo de Competição Perfeita *3*
    1.2.1 As hipóteses *3*
    1.2.2 Equilíbrio *4*
    1.2.3 A alocação ótima de recursos *6*
    1.2.4 O excedente do consumidor e do produtor *7*
1.3 Monopólio *8*
    1.3.1 As causas do monopólio *8*
    1.3.2 O equilíbrio no monopólio *8*
    1.3.3 A ineficiência do monopólio *10*
    1.3.4 Discriminação de preços *11*
1.4 Competição Monopolística *12*
    1.4.1 Antecedentes *12*
    1.4.2 O modelo *13*
1.5 Conclusão *13*
1.6 Resumo *14*
1.7 Questões para Discussão *14*
    Notas *15*
    Bibliografia *15*

xviii Economia Industrial

CAPÍTULO 2 ## Empresa, Indústria e Mercados   *17*
Alexis Toríbio Dantas, Jaques Kerstenetzky e Victor Prochnik

2.1 Introdução   *17*
2.2 Natureza e Objetivos da Empresa   *17*
    2.2.1 Antes da escola neoclássica: acumulação de capital e elementos de uma teoria da produção   *18*
    2.2.2 A empresa na escola neoclássica: transformação nas leis dos rendimentos   *18*
    2.2.3 Empresas como instituição: a contribuição de Coase   *19*
    2.2.4 Outras visões de empresa como instituição: Marshall   *19*
    2.2.5 Outras visões de empresa como instituição: gerencialistas e Penrose   *20*
    2.2.6 A visão neoschumpeteriana de empresa   *21*
2.3 Estrutura Organizacional Interna da Empresa   *21*
2.4 Os Conceitos de Indústria e Mercado   *22*
2.5 Cadeias Produtivas e Globais de Valor   *23*
    2.5.1 Antecedentes   *23*
    2.5.2 O enfoque microeconômico no estudo das cadeias globais de valor   *25*
    2.5.3 Considerações finais sobre as CGVs   *30*
2.6 Resumo   *30*
2.7 Questões para Discussão   *31*
2.8 Sugestões de Leitura   *31*
    Notas   *31*
    Bibliografia   *31*

CAPÍTULO 3 ## Economias de Escala e Escopo   *35*
Mariana Iootty e Marina Szapiro

3.1 Introdução   *35*
3.2 Componentes Básicos dos Custos   *35*
3.3 Os Custos de Curto Prazo   *36*
3.4 Análise dos Custos de Longo Prazo   *38*
    3.4.1 Fontes de economias de escala   *42*
    3.4.2 Economias dinâmicas × economias estáticas   *44*
    3.4.3 Economias de escopo   *45*
    3.4.4 Economias no nível da multiplanta   *46*
    3.4.5 Deseconomias de escala   *47*
    3.4.6 Debate empírico sobre as curvas de CMeLP   *48*
3.5 Conclusão   *49*
3.6 Resumo   *50*
3.7 Questões para Discussão   *50*
    Notas   *50*
    Bibliografia   *51*

CAPÍTULO 4 ## O Modelo Estrutura, Conduta e Desempenho e seus Desdobramentos   *53*
Lia Hasenclever e Ricardo Lobato Torres

4.1 Introdução   *53*
4.2 Os Antecedentes, o Escopo e o Método   *54*
4.3 O Modelo Estrutura-Conduta-Desempenho (ECD)   *55*
    4.3.1 O papel das políticas e da regulação públicas   *57*

Sumário   xix

4.4	Evidências Empíricas e Limitações do Modelo ECD	*58*
4.5	Desdobramentos e Contribuições	*60*
4.6	Resumo	*63*
4.7	Questões para Discussão	*63*
4.8	Sugestões de Leitura	*63*
	Notas	*64*
	Bibliografia	*64*

PARTE II   Análise Estrutural dos Mercados

CAPÍTULO 5   Concentração Industrial   *67*

Marcelo Resende e Hugo Pedro Boff

5.1	Introdução *67*	
5.2	Medidas de Concentração *67*	
	5.2.1 Concentração e desigualdade *68*	
	5.2.2 Medidas positivas e normativas *68*	
	5.2.3 Razões de concentração *69*	
	5.2.4 Índice de Hirschman-Herfindahl (HH) *69*	
	5.2.5 Índice de entropia de Theil (ET) *72*	
5.3	Uma Ilustração *73*	
5.4	Escolha da Medida de Concentração *75*	
	5.4.1 Razões de concentração e índice Hirschman-Herfindahl *75*	
	5.4.2 Critérios axiomáticos *76*	
5.5	Resumo *77*	
5.6	Questões para Discussão *77*	
5.7	Sugestões de Leitura *77*	
	Notas *77*	
	Bibliografia *78*	

CAPÍTULO 6   Diferenciação de Produtos   *79*

Luciano Dias Losekann e Margarida Gutierrez

6.1	Introdução *79*	
6.2	Fatores e Tipos de Diferenciação *80*	
6.3	Modelos de Competição Monopolística *81*	
6.4	Modelos Locacionais *83*	
	6.4.1 Modelo da cidade linear *83*	
	6.4.2 Modelo da cidade circular *86*	
6.5	Abordagens Alternativas *88*	
6.6	Conclusão *88*	
6.7	Resumo *88*	
6.8	Questões para Discussão *89*	
	Bibliografia *89*	

CAPÍTULO 7   Barreiras Estruturais à Entrada   *91*

David Kupfer

7.1	Introdução *91*
7.2	Concorrência Real e Potencial *92*

xx Economia Industrial

7.3 Barreira à Entrada: Definições *93*
7.4 O Modelo Conceitual do Preço Limite *93*
7.5 Barreiras Estruturais à Entrada na Prática *94*
  7.5.1 Vantagens absolutas de custos *95*
  7.5.2 Existência de economias de escala *96*
  7.5.3 Diferenciação de produtos *98*
  7.5.4 Requerimentos iniciais de capital *99*
7.6 Barreiras à Saída:os Modelos de Contestabilidade *99*
7.7 Conclusão *100*
7.8 Resumo *101*
7.9 Questões para Discussão *102*
  Notas *102*
  Bibliografia *102*

CAPÍTULO 8 **Estrutura de Mercado e Inovação** *105*
Lia Hasenclever e Patrícia Moura Ferreira

8.1 Introdução *105*
8.2 Inovação Industrial *105*
8.3 Modelos de Análise Econômica da Inovação *106*
  8.3.1 Modelo de incitação *106*
  8.3.2 Modelo de seleção *109*
8.4 Intensidade da Inovação: Mudança Tecnológica e Estrutura Industrial *110*
  8.4.1 Medidas de entrada e de saída, e resultados *111*
  8.4.2 Evidências empíricas *112*
8.5 Conclusão *114*
8.6 Resumo *114*
8.7 Questões para Discussão *115*
8.8 Sugestões de Leitura *115*
  Notas *116*
  Bibliografia *116*

PARTE III **Interação Estratégica**

CAPÍTULO 9 **Uma Introdução à Teoria dos Jogos** *119*
Larry Carris Cardoso e Luís Otávio Façanha

9.1 Introdução *119*
9.2 Jogos de Estratégias: Representações e Explicitação de Regras de Jogos *120*
  9.2.1 Representação extensiva de jogos com informação completa *120*
  9.2.2 A representação normal e forma estratégica de jogos *122*
9.3 Conceitos de Solução: Análise de Jogos Estáticos com Decisões Simultâneas *122*
  9.3.1 Equilíbrio de Nash – EN *123*
  9.3.2 O dilema do prisioneiro: estratégias discretas e equilíbrio de Nash único *125*
  9.3.3 Modelo de Cournot: estratégias contínuas e equilíbrio único *125*
  9.3.4 O modelo de Bertrand: produtos homogêneos *127*
  9.3.5 ENs múltiplos: selecionando equilíbrios múltiplos *127*
9.4 Jogos Dinâmicos com Informação Completa: Indução Retroativa (*backward induction*), Subjogos e Equilíbrio Perfeito em Subjogo *128*
  9.4.1 O Modelo de Stackelberg *130*

9.5 Nota sobre Jogos Repetidos *133*
9.6 Resumo *134*
9.7 Questões para Discussão *134*
9.8 Sugestões de Leitura *135*
Notas *135*
Bibliografia *136*

CAPÍTULO 10 — Modelos de Concorrência em Oligopólio *137*
Hugo Pedro Boff

10.1 Introdução *137*
    10.1.1 Interações estratégicas *137*
    10.1.2 Modelos de concorrência *138*
10.2 Funções de Reação e Equilíbrio *139*
    10.2.1 Estabilidade do equilíbrio *139*
    10.2.2 Funções de reação *140*
    10.2.3 Conjecturas consistentes *141*
    10.2.4 Substituição e complementaridade estratégicas *142*
    10.2.5 Bens e estratégias *142*
10.3 Excedente Econômico *142*
    10.3.1 Indústria com produto homogêneo *142*
    10.3.2 Indústria com produto diferenciado *143*
10.4 Regimes de Concorrência *144*
    10.4.1 Regime de competição perfeita *144*
    10.4.2 Regime de Cournot (*A. A. Cournot*, 1801-77) *145*
    10.4.3 Regime de Bertrand (*J. Bertrand*, 1822-1900) *147*
    10.4.4 Bertrand × Cournot *149*
    10.4.5 Regime de Stackelberg (*H. von Stackelberg*, 1934) *151*
10.5 Conclusão: Análise do Bem-estar nos Diferentes Regimes Competitivos *155*
10.6 Resumo *156*
10.7 Questões para Discussão *156*
10.8 Sugestões de Leitura *157*
Notas *157*
Bibliografia *157*

CAPÍTULO 11 — Coordenação Oligopolista *159*
Carlos Frederico Leão Rocha

11.1 Introdução *159*
11.2 Condições Básicas de Coordenação *160*
    11.2.1 Intensidade da retaliação e cooperação *161*
11.3 Condições que Dificultam a Coordenação *162*
    11.3.1 Segredos, detecção e acordos *162*
    11.3.2 Assimetrias nos custos *162*
    11.3.3 Heterogeneidade de produto *163*
    11.3.4 Número de concorrentes *165*
    11.3.5 Estruturas de custos *165*
    11.3.6 Mudanças nas condições do mercado *167*
11.4 Condições que Facilitam a Coordenação *167*
    11.4.1 Regras de bolso e o princípio do custo total *168*
    11.4.2 Liderança de preços *169*

xxii Economia Industrial

11.5 Conclusão *170*
11.6 Resumo *170*
11.7 Questões para Discussão *171*
Notas *171*
Bibliografia *171*

CAPÍTULO 12 **Prevenção Estratégica à Entrada** *173*
Carlos Frederico Leão Rocha

12.1 Introdução *173*
12.2 Custos Irrecuperáveis e Assimetrias de Custos *173*
12.2.1 Fatos estilizados *173*
12.2.2 Definição de custos irrecuperáveis *174*
12.2.3 Uma nova abordagem do preço limite: custos fixos e irrecuperáveis *174*
12.2.4 Credibilidade e postulado de Sylos *176*
12.3 Custos Irrecuperáveis e Barreiras à Entrada *177*
12.3.1 O modelo de Dixit *177*
12.3.2 Concorrência por preços *180*
12.3.3 Acomodação da entrada *181*
12.3.4 Custos irrecuperáveis e estratégias competitivas *182*
12.4 Informação e Barreiras à Entrada *182*
12.4.1 Preço limite com informação assimétrica *182*
12.4.2 Custos de saída, reputação e comportamento predatório *185*
12.5 Conclusão *186*
12.6 Resumo *186*
12.7 Questões *186*
Notas *187*
Bibliografia *187*

PARTE IV **A Grande Empresa Contemporânea**

CAPÍTULO 13 **Teoria dos Custos de Transação** *191*
Ronaldo Fiani

13.1 Introdução *191*
13.2 Natureza e Fatores Determinantes dos Custos de Transação *192*
13.2.1 Natureza dos custos de transação *192*
13.2.2 Fatores determinantes de custos de transação *193*
13.3 A Natureza dos Contratos *194*
13.3.1 Contratos de cláusulas condicionais *195*
13.3.2 Contratos de curto prazo sequenciais *195*
13.3.3 A relação de autoridade *196*
13.4 Tipos de Transações e Estruturas de Governança *196*
13.5 Evidência Empírica dos Custos de Transação *199*
13.6 Aplicações da Teoria dos Custos de Transação *199*
13.6.1 Defesa da concorrência *200*
13.6.2 Regulação econômica *200*
13.7 Resumo *201*
13.8 Questões para Discussão *201*

13.9 Sugestões de Leitura *202*
Notas *202*
Bibliografia *202*

CAPÍTULO 14 — Organização das Grandes Corporações *203*
João Luiz Pondé

14.1 Introdução *203*
14.2 A Empresa como um Nexo de Contratos *204*
    14.2.1 Um novo conceito de empresa *204*
14.3 Custos de Transação e Mudança Organizacional *206*
14.4 Organização Empresarial e Processos de Aprendizado *208*
14.5 Conclusão *210*
14.6 Resumo *211*
14.7 Questões para Discussão *212*
14.8 Sugestões de Leitura *212*
Notas *212*
Bibliografia *213*

CAPÍTULO 15 — Diversificação, Competências e Coerência Produtiva *215*
Jorge Britto

15.1 Introdução *215*
15.2 Caracterização e Mensuração do Fenômeno *216*
15.3 Motivações e Condicionantes do Processo de Diversificação *219*
15.4 Direções Possíveis do Processo de Diversificação *222*
    15.4.1 Diversificação horizontal *223*
    15.4.2 Diversificação (integração) vertical *224*
    15.4.3 Diversificação concêntrica *225*
    15.4.4 Diversificação conglomerada *226*
15.5 Diversificação e Crescimento da Empresa *227*
15.6 Condicionantes Internos à Empresa no Processo de Diversificação *231*
15.7 Condicionantes Externos à Empresa no Processo de Diversificação *233*
15.8 Formas de Diversificação: Investimentos em Nova Capacidade e Operações de Fusões/Aquisições, e o Papel dos Grupos Econômicos *234*
15.9 Conclusões *241*
15.10 Resumo *242*
15.11 Questões para Discussão *242*
Notas *242*
Bibliografia *243*

CAPÍTULO 16 — Cooperação Interindustrial e Redes de Empresas *247*
Jorge Britto

16.1 Introdução *247*
16.2 Sistemas Complexos em Economia e o Conceito de Rede *248*
16.3 O Conceito de Rede na Ciência Econômica e a Noção de Redes de Empresas *250*
16.4 Redes de Empresas: Elementos Estruturais *253*
16.5 Redes de Empresas: Dimensões Relevantes de Operação e Propriedades Internas *255*
    16.5.1 Cooperação técnico-produtiva em redes de empresas *256*

xxiv Economia Industrial

16.5.2 Coordenação interorganizacional nas redes de empresas *256*
16.5.3 Cooperação tecnológica em redes de empresas *257*
16.6 Redes de Empresas na Prática: Uma Tentativa de Sistematização *258*
16.6.1 Redes de subcontratação *259*
16.6.2 Distritos e aglomerações industriais *262*
16.6.3 Redes tecnológicas *265*
16.7 Conclusões *271*
16.8 Resumo *271*
16.9 Questões para Discussão *272*
Notas *272*
Bibliografia *272*

CAPÍTULO 17 **A Empresa Transnacional** *275*
Reinaldo Gonçalves

17.1 Introdução *275*
17.2 Empresa Transnacional: Interpretação Microeconômica *276*
17.2.1 Fatores específicos à propriedade *277*
17.3 Território: Fatores Locacionais *278*
17.3.1 IED e exportação *278*
17.3.2 Imperfeições de mercado e internalização *280*
17.4 Sistema Econômico *280*
17.4.1 Concentração e centralização do capital *281*
17.4.2 Destruição criadora *281*
17.5 Macrodinâmica Capitalista *282*
17.6 Conclusão *283*
17.7 Resumo *283*
17.8 Questões para Discussão *283*
17.9 Sugestões de Leitura *284*
Notas *284*
Bibliografia *285*

PARTE V **Estratégias Empresariais**

CAPÍTULO 18 **Concorrência Schumpeteriana** *291*
Mario Luiz Possas

18.1 Introdução *291*
18.2 Diferentes Visões da Concorrência na Teoria Econômica *291*
18.2.1 A noção "clássica" de concorrência *291*
18.2.2 A concorrência em Marx *292*
18.2.3 A noção neoclássica de concorrência *292*
18.3 A Teoria Schumpeteriana da Concorrência e o Papel das Inovações *292*
18.3.1 A visão de Schumpeter *292*
18.3.2 Concorrência schumpeteriana *293*
18.3.3 A abordagem neo-schumpeteriana *294*
18.3.4 Síntese *294*
18.4 Implicações Normativas e de Política Econômica *295*
18.5 Conclusão *297*

18.6 Resumo *297*
18.7 Questões para Discussão *298*
  Notas *298*
  Bibliografia *299*

CAPÍTULO 19 Estratégias de Inovação *301*
Lia Hasenclever e Paulo Tigre

19.1 Introdução *301*
19.2 Estratégias de Entrada, Inovação e Ambiente Tecnológico *302*
  19.2.1 Estudo das evidências empíricas: abordagem econométrica *302*
  19.2.2 Estudo das evidências empíricas: abordagem evolucionista *303*
19.3 Inovações e Estruturas de Organização das Empresas *304*
  19.3.1 O modelo de Kline-Rosenberg *305*
  19.3.2 Modelo de Aoki (empresa a e empresa j) *306*
19.4 Inovação e Formas de Coordenação Externas *307*
  19.4.1 Inovação e coordenação vertical das atividades *307*
  19.4.2 Inovação e padronização *308*
19.5 Conclusão *309*
19.6 Resumo *309*
19.7 Questões para Discussão *310*
  Notas *310*
  Bibliografia *311*

CAPÍTULO 20 Estratégias de Propaganda e Marketing *313*
Edmar Luiz Fagundes de Almeida e Luciano Losekann

20.1 Introdução *313*
20.2 A Propaganda como Instrumento de Diferenciação *313*
20.3 Anúncios nos Meios de Comunicação de Massa *314*
20.4 A Propaganda de Informação e de Persuasão *316*
20.5 Relevância da Marca para o Processo de Concorrência *316*
20.6 Nível Ótimo de Propaganda *317*
20.7 A Construção de Barreiras à Entrada por meio da Propaganda *319*
20.8 A Propaganda Persuasiva e as Práticas Desleais de Concorrência *321*
20.9 Conclusão *321*
20.10 Resumo *322*
20.11 Questões para Discussão *322*
  Notas *322*
  Bibliografia *323*

CAPÍTULO 21 Estratégias de Financiamento *325*
Helder Queiroz Pinto Junior

21.1 Introdução *325*
21.2 O Efeito de Alavancagem e o Teorema de Modigliani e Miller *326*
  21.2.1 Visão tradicional de efeito sobre efeito de alavancagem *326*
  21.2.2 Teorema de Modigliani e Miller (MM) *328*
21.3 A Interdependência das Decisões de Financiamento e de Investimento *329*
  21.3.1 Racionamento de crédito e decisões de investimento *329*

xxvi Economia Industrial

    21.3.2 Comportamento de autofinanciamento, especificidades setoriais e o project finance *330*

21.4 Conclusão *331*

21.5 Resumo *331*

21.6 Questões para Discussão *332*

    Notas *332*

    Bibliografia *332*

PARTE VI Políticas e Regulação dos Mercados

CAPÍTULO 22 Defesa da Concorrência *335*

Maria Tereza Leopardi Mello

22.1 Introdução *335*

22.2 Defesa da Concorrência: Objetivos e Características *336*

22.3 Conceitos Básicos da Análise Antitruste *337*

    22.3.1 Mercado relevante *337*

    22.3.2 Poder de mercado *340*

    22.3.3 Eficiências e princípio da razoabilidade *341*

22.4 Padrões da Ação Antitruste *342*

    22.4.1 Condutas anticompetitivas *344*

    22.4.2 Atos de concentração *346*

22.5 Conclusão e Temas para Discussão *347*

22.6 Resumo *348*

22.7 Questões para Discussão *348*

22.8 Sugestões de Leitura *348*

    Notas *349*

    Bibliografia *349*

CAPÍTULO 23 Regulação Econômica *351*

Helder Queiroz Pinto Junior e Ronaldo Fiani

23.1 Introdução *351*

23.2 O Conceito do Monopólio Natural *352*

    23.2.1 Monopólio natural com um produto *352*

    23.2.2 Monopólio natural multiproduto *352*

    23.2.3 Indústrias de rede *353*

23.3 Formas de Regulação dos Preços *353*

    23.3.1 Regulação por taxa de retorno *353*

    23.3.2 Preço-teto (*price cap*) *355*

    23.3.3 Regra do componente de preço eficiente *356*

    23.3.4 Regulação de monopólio multiproduto: a regra de Ramsey *357*

    23.3.5 Tarifa em duas partes *358*

23.4 A Regulação na Prática *359*

    23.4.1 Antecedentes de regulação econômica: Modelos básicos norte-americano e europeu *359*

    23.4.2 As reformas dos anos 1980 e a nova fase da regulação *360*

    23.4.3 A regulação no Brasil *361*

23.5 Resumo *362*

Sumário xxvii

23.6 Questões para Discussão *363*
23.7 Sugestão de Leitura *363*
Notas *363*
Bibliografia *363*

CAPÍTULO 24 Política Industrial *365*

João Carlos Ferraz, Germano Mendes de Paula e David Kupfer

24.1 Introdução *365*
24.2 As Relações entre Estado e Mercado *365*
24.3 Política Industrial na Ótica das Falhas de Mercado *367*
24.4 Política Industrial na Ótica Desenvolvimentista *369*
24.5 Política Industrial na Ótica da Competência para Inovar *370*
24.6 Política Industrial na Prática: Instrumentos Horizontais e Verticais *371*
24.7 Experiências Internacionais *373*
24.8 Experiência Brasileira *374*
24.9 Conclusão *375*
24.10 Resumo *376*
24.11 Questões para Discussão *376*
Bibliografia *377*

CAPÍTULO 25 Política Comercial *379*

Jorge Chami Batista e Marta Calmon Lemme

25.1 Introdução *379*
25.2 Instrumentos de Política Comercial *380*
    25.2.1 Tarifas de importação e subsídios às exportações *380*
    25.2.2 Cotas de importação e restrições voluntárias às exportações *380*
    25.2.3 Necessidade de requisitos locais e aquisição de bens *381*
    25.2.4 Barreiras técnicas e burocráticas *381*
25.3 Medidas do Grau de Proteção *382*
25.4 Efeitos da Política Comercial *382*
    25.4.1 Efeitos estáticos em competição perfeita *382*
    25.4.2 Imperfeições de mercado *383*
25.5 Regulação Internacional – O Acordo da OMC e as Principais Regras sobre Comércio Internacional *384*
    25.5.1 Princípios fundamentais *385*
    25.5.2 Principais regras relativas ao comércio de bens tangíveis *385*
25.6 Acordos Regionais *389*
    25.6.1 A experiência recente brasileira *390*
25.7 Resumo *390*
25.8 Questões para Discussão *390*
25.9 Sugestões de Leitura *391*
Notas *391*
Bibliografia *394*

CAPÍTULO 26 Política Ambiental *395*

Maria Cecília J. Lustosa e Carlos Eduardo Frickmann Young

26.1 Introdução *395*
26.2 Razões para Adoção da Política Ambiental *395*

xxviii Economia Industrial

26.3 Soluções Econômicas para os Problemas Ambientais *397*
    26.3.1 A livre negociação (ou teorema de Coase) *397*
    26.3.2 A internalização das externalidades *399*
26.4 Instrumentos de Política Ambiental *400*
    26.4.1 Instrumentos de comando e controle *400*
    26.4.2 Instrumentos econômicos *400*
    26.4.3 Instrumentos de comunicação *401*
26.5 Política Ambiental no Brasil *401*
    26.5.1 Histórico da política ambiental *401*
    26.5.2 Principais características da política ambiental brasileira *403*
26.6 Resumo *405*
26.7 Questões para Discussão *406*
26.8 Sugestões de Leitura *406*
    Notas *406*

PARTE VII Guia para Análises Empíricas

CAPÍTULO 27 Modelos Estatísticos *411*
Lucia Silva Kubrusly

27.1 Introdução *411*
27.2 Associação de Variáveis Categóricas *412*
27.3 Associação de Variáveis Quantitativas *414*
27.4 Análise de Componentes Principais *416*
    27.4.1 Determinação das componentes principais *417*
    27.4.2 Interpretação da solução do modelo de componentes principais *418*
    27.4.3 Interpretação dos autovalores *418*
    27.4.4 Interpretação dos autovetores *419*
27.5 Análise de Grupamento *421*
    27.5.1 Métodos hierárquicos aglomerativos *422*
27.6 Resumo *425*
27.7 Questões para Discussão *425*
27.8 Sugestões de Leitura *425*
    Notas *426*
    Bibliografia *426*

CAPÍTULO 28 Matriz de Insumo-Produto e Aplicações em Cadeias Globais de Valor *427*
Victor Prochnik

28.1 Definição e Objetivos *427*
28.2 O Modelo da Matriz de Insumo-produto *427*
    28.2.1 Multiplicadores *431*
    28.2.2 Ligações para Frente e para Trás e o Método da Extração Hipotética *432*
28.3 O Comércio em Valor Agregado e sua Mensuração pelo Modelo Multirregional de Insumo-produto *433*
    28.3.1 Comércio em Valor Agregado *433*
    28.3.2 O Modelo Multirregional de Insumo-produto *434*
28.4 Aplicações do Modelo de Insumo-produto ao Estudo das Cadeias Globais de Valor *438*

28.4.1 Três Aplicações do Método da Extração Hipotética ao Comércio
Internacional e às Cadeias Globais de Valor *439*

28.5 Conclusão *442*

28.6 Resumo *442*

28.7 Questões para Discussão *443*

28.8 Sugestões de Leitura *443*

Bibliografia *443*

CAPÍTULO 29 **Fontes de Informação sobre a Indústria Brasileira** *445*

Lia Haguenauer, Magdalena Cronemberger Góes e Julia Torracca

29.1 Introdução *445*

29.2 Conceitos Básicos nas Estatísticas Industriais *445*

29.2.1 Agentes *445*

29.2.2 Indústria e mercado *446*

29.3 Fontes de Informação sobre a Indústria Brasileira *448*

29.3.1 Instituto Brasileiro de Geografia e Estatística – IBGE *448*

29.3.2 Confederação Nacional da Indústria (CNI) e Federações Estaduais *452*

29.3.3 Fundação Getúlio Vargas (FGV) *452*

29.3.4 Ministério da Indústria, Comércio Exterior e Serviços (MDIC) *452*

29.3.5 Fundação Centro de Estudos do Comércio Exterior (FUNCEX) *452*

29.3.6 Relação Anual de Informações Sociais (RAIS) *453*

29.3.7 Cadastro Geral de Empregados e Desempregados (CAGED) *453*

29.3.8 Jornais e Revistas *453*

29.3.9 Associações de indústria *453*

29.3.10 Instituto de Pesquisa Econômica Aplicada (IPEA) *453*

29.3.11 Outras Fontes *454*

29.4 Base de Dados Internacionais *455*

29.5 Resumo *455*

Notas *456*

Bibliografia *457*

Índice alfabético *459*

Introdução

Lia Hasenclever e David Kupfer

1.1 Antecedentes e a Terceira Edição

Desde os anos 1970, o Instituto de Economia (IE) da Universidade Federal do Rio de Janeiro (UFRJ) vem desenvolvendo uma importante linha de pesquisa voltada para a análise da dinâmica dos diversos setores da indústria brasileira. Em 1978 foi criado o Instituto de Economia Industrial (IEI), órgão complementar da UFRJ, responsável então pela pós-graduação em Economia Industrial e da Tecnologia. Em 1985, com a implementação do novo currículo mínimo de Economia, a então FEA, responsável pelo curso de graduação, incluiu entre as matérias de escolha a matéria Economia Industrial que, desde então, é ensinada por meio de uma disciplina obrigatória e diversas disciplinas eletivas para os cursos de graduação e pós-graduação. Em 1994, a FEA e o IEI se fundiram para dar lugar ao atual Instituto de Economia.

Entretanto, o ensino da matéria ressentia-se da ausência de um livro-texto que não somente fosse escrito em português, mas também contivesse um escopo adequado ao tipo de trabalho que se fazia – e se faz – nas diferentes disciplinas em que a matéria é ministrada: fornecer aos alunos uma visão abrangente da evolução dos principais instrumentos analíticos para o estudo das empresas e dos mercados e discutir as particularidades da indústria brasileira.

O livro-texto, que ora temos o prazer de apresentar aos nossos leitores, foi preparado justamente com esse escopo para ser utilizado nas disciplinas de Economia Industrial dos cursos de graduação de Economia, Administração, Engenharia de Produção e outros cursos afins, bem como em cursos de especialização e MBAs em Comércio Exterior, Economia das Infraestruturas, Regulação e Defesa da Concorrência dentre outros. Ele é o resultado de um esforço coletivo dos professores da área de Microeconomia e Economia Industrial do IE/UFRJ, que buscou reunir a experiência acumulada na casa através do ensino de graduação e pós-graduação e da realização de diversos estudos empíricos na área.

A presente terceira edição traz uma versão revista da segunda edição, ampliada de um capítulo e de resumos dos capítulos antigos e questões para discussão. O capítulo adicional é o 29. Trata-se de um capítulo instrumental que aborda a questão do uso da matriz insumo produto nas análises de economia industrial, complementando a Parte VII do livro – Guia para Análises Empíricas.

1.2 Filiação Teórica

Os termos Economia Industrial (oriundo da língua francesa) e Organização Industrial (oriundo da língua inglesa) são indistintamente utilizados no Brasil para denominar a matéria Economia Industrial. É uma área de conhecimento relativamente recente que veio a florescer somente a partir dos anos 1950, motivada principalmente pela busca de novos meios e métodos para estudar a dinâmica real dos diversos setores industriais empreendida por diferentes autores insatisfeitos com a tradição microeconômica neoclássica.

A Economia Industrial abriga uma grande diversidade de linhas de pensamento, que podemos agregar em duas correntes principais, que serão denominadas abordagem tradicional (*mainstream*) e abordagem alternativa (schumpeteriana/institucionalista). Sem sermos exaustivos, podemos dizer que essas correntes partem de um conjunto de questões empíricas comuns: qual é a natureza e qual o funcionamento real das empresas, dos mecanismos de coordenação de suas atividades e, portanto, de seus mercados? A partir da resposta a essas questões empíricas comuns, as correntes teóricas divergem radicalmente em relação aos seus métodos de análise e ao papel representado pelas empresas em sua estrutura teórica, bem como ao que entendem por concorrência.

A primeira corrente estruturou-se progressivamente a partir do trabalho de Joe S. Bain, culminando com a representação teórico-analítica proposta por F. M. Scherer, conhecida como modelo Estrutura-Conduta-Desempenho (Modelo ECD). Tem como principal objetivo a análise da alocação dos recursos escassos sob as hipóteses de equilíbrio e maximização dos lucros. Recentemente, alguns desenvolvimentos na matematização dos modelos de empresa e de interação entre essas (teoria dos jogos) levaram os estudiosos a rebatizar essa corrente de Nova Economia Industrial (NEI). Nesse desdobramento há um aumento da importância das condutas empresariais na determinação das estruturas de mercado; a empresa deixa de ser um agente passivo para adotar estratégias discricionárias. Os principais fundamentos da ação governamental na preservação da concorrência (regulação) e seus efeitos sobre a estrutura da indústria e sobre a estratégia das empresas (defesa da concorrência) são oriundos desta corrente.

A segunda corrente filia-se diretamente a Joseph Schumpeter e tem como objetivo central o estudo da dinâmica da criação de riqueza das empresas. Essa corrente tem uma preocupação menos normativa que a anterior, levando em consideração as instituições e a história como elementos fundadores da teoria. Nesse sentido, a organização interna da empresa não resulta de um procedimento de minimização de custos, mas da constituição de capacidade de inovação. A empresa é um objeto de estudo relevante, razão pela qual o estudo de suas estratégias se torna obrigatório para a compreensão da dinâmica dos setores industriais.

Ainda dentro da corrente alternativa, podemos incluir a contribuição de Oliver Williamson, que ampliou e consolidou a tradição inaugurada por Ronald Coase, ao enfatizar a natureza institucional da empresa visando explicar as diferentes formas de organização interna das corporações, as configurações industriais daí decorrentes e as implicações sobre o funcionamento dos mercados. Ainda que a contribuição de Oliver Williamson tenha unidade de análise distinta da corrente schumpteriana – transação *versus* produção – ambas as contribuições têm interseções importantes no que diz respeito ao conceito de firma e suas fronteiras.

O fato de a NEI – ramo mais recente da corrente tradicional, oriunda do Modelo ECD – também dar destaque maior às estratégias empresariais, aproxima-a da corrente alternativa sem, entretanto, convergirem. Na próxima seção iremos discutir um pouco mais essa questão para que o leitor possa compreender a evolução dos assuntos e modelos abrangidos pelo livro.

Enfim, é propósito deste livro apresentar uma visão abrangente das duas correntes teóricas acima apresentadas visando a refletir o conhecimento acumulado sobre a matéria em ambas as perspectivas sem, no entanto, dedicar muito espaço ao debate entre as correntes, como é mais adequado para um livro-texto.

1.3 Empresas, Mercados e a Economia Industrial

Relações entre empresas, mercados, instituições, processos. Essa complexidade é o cerne da Economia Industrial, cujo objetivo é o estudo do funcionamento real dos mercados. Até que ponto, no entanto, é possível generalizar os princípios que explicam a dinâmica concreta de um mercado sem que seja necessário resgatar os elementos específicos da evolução histórica desse mercado é o desafio com que a disciplina se depara e a motivação das diferentes contribuições teóricas que têm surgido desde os anos 1950.

A rapidez e a intensidade com que as tecnologias e as formas de organização da produção industrial vêm se transformando desde meados do século XX têm atribuído à Economia Industrial e à temática a ela associada – preços, custos, inovação, crescimento das empresas, competitividade – um lugar central na análise econômica contemporânea. No Brasil, observa-se também um interesse crescente no estudo desses temas, a partir dos anos 1980, quando a matriz industrial se completa, e posteriormente, nos anos 1990, com a abertura comercial e o fim do regime de regulação apoiado no modelo de substituição de importações, e o consequente aumento de concorrência entre as empresas.

A **concorrência** é o fenômeno mais característico das economias capitalistas. É indiscutível, no entanto, que a construção do conceito de concorrência encerra uma grande complexidade. Desde as noções que lhe são preliminares como as de empresa, indústria e mercado, até a identificação das variáveis básicas descritivas das estruturas dos mercados e das condutas das empresas, a noção de concorrência apresenta-se como um objeto analítico que insiste em se situar além da capacidade explicativa das formulações teóricas disponíveis.

Para os economistas neoclássicos – corrente tradicional –, a concorrência surge como um estado no qual prevalecem certas premissas sistêmicas que garantem o equilíbrio através da transformação de todos os agentes em tomadores de preço – na verdade, ausência de rivalidade entre as empresas. Ainda dentro dessa corrente, os desenvolvimentos mais recentes da NEI consideram concorrência um jogo em que as empresas disputam parcelas de um mercado e os lucros nele gerados mediante a adoção ativa ou reativa de políticas de preços, esforço de venda, diferenciação de produtos e outras. Para os neo-schumpeterianos – corrente alternativa –, a concorrência é analisada como um processo em que cada agente busca se diferenciar dos demais para reter ganhos monopólicos, sendo, no entanto, a inovação de processo, de produto ou organizacional o principal fato gerador dessas quase-rendas.

O **mercado** é pensado como um espaço abstrato no qual se definem preços e quantidades das mercadorias transacionadas por consumidores (demanda) e empresas (oferta). Em cada mercado vigora um dado padrão de concorrência definido a partir da interação entre as características estruturais dominantes e as condutas praticadas pelas empresas que nele atuam. A definição do padrão de concorrência vigente em cada mercado apresenta uma intensa controvérsia ainda não estabilizada em Economia Industrial. Nesse debate, estão englobadas desde as visões nas quais a estrutura de mercado é considerada um dado e condiciona univocamente o comportamento das empresas na tradição do chamado Modelo ECD até a visão virtualmente oposta, segundo a qual é a estrutura que é endogenamente determinada como resultado das estratégias concorrenciais adotadas pelas empresas, em um dado mercado, na abordagem alternativa e também na NEI, com um menor grau de liberdade do que na abordagem alternativa.

1.3.1 A abordagem tradicional e suas revisões

A teoria econômica neoclássica, que sustenta os pilares da visão tradicional, encara uma decisão econômica como uma escolha. O comportamento decisor é tomado como uma atitude racional que informa o processo de escolha, um simples problema de maximização. É possível sofisticar um pouco essa abordagem, levando em conta que uma empresa em vez de um ator é o resultado de comportamentos de múltiplos atores.

Nesta tradição, baseada no atomismo, as decisões das empresas estão subordinadas à determinação da existência de um vetor de preços que compatibilize as decisões individuais. Em particular, com algumas suposições acerca das preferências dos agentes e das características das técnicas produtivas e supondo-se que os agentes são tomadores de preços, garante-se a existência desse vetor. Nesse nível de abstração, é justificável a adoção da hipótese de concorrência perfeita, onde os agentes não rivalizam entre si – ausência da importância do estudo das políticas de preços e outras estratégias competitivas –, mas simplesmente se deixam disciplinar pelo mercado.

Desde a sua formulação pioneira, o modelo de concorrência perfeita foi alvo de severo questionamento, em particular, no que toca à baixa aderência de suas premissas à realidade econômica observada. Do debate quanto à existência de preferência dos consumidores, de funções de produção com rendimentos constantes de escala, de estruturas oligopolistas estáveis e outras questões, foram surgindo diversas revisões das proposições neoclássicas originais.

A partir da década de 1950, as proposições que utilizam a heurística do Modelo ECD passaram a ocupar o posto de paradigma teórico por excelência das teorias microeconômicas preocupadas com as questões práticas ligadas às empresas, às indústrias e aos mercados. É sob este paradigma que a Economia Industrial (ou Organização Industrial) consolida-se como uma matéria especializada da ciência econômica.

É consensual para os estudiosos desta matéria o caráter seminal da obra de Joe S. Bain na constituição da metodologia-estrutura-conduta-desempenho como ferramenta básica de análise. Na tradição de Bain, que depois passou a ser reconhecida como hipótese estruturalista básica, as condutas não importavam, a ponto de se considerar que a estrutura – representada por variáveis como grau de concentração ou de barreiras à entrada – determinava direta e inequivocamente o desempenho do mercado. O desempenho, por sua vez, é avaliado em termos do desvio da taxa de lucro efetiva em relação à taxa ideal em eficiência alocativa – o ótimo de Pareto – o que significa de fato o desvio do preço efetivo em relação ao custo marginal de produção.

A partir das formulações pioneiras de Bain, basicamente ligadas à determinação de preços-limite na presença de barreiras à entrada, as proposições teóricas foram se aprofundando, mas também se diversificando. O aprofundamento consistiu, basicamente, na ampliação das variáveis incluídas no esquema analítico original, principalmente quanto aos elementos de conduta, como propaganda e pesquisa e desenvolvimento, e não somente à política de preços das empresas. A busca desse aprofundamento expressou-se na realização intensiva de pesquisas empíricas, em particular durante a década de 1960. Esse movimento, de certa forma, contribuiu inicialmente para ampliar a crença no poder explicativo do Modelo ECD e tornar mais abrangente o seu escopo normativo. Mas certos resultados empíricos e, principalmente, certos questionamentos teóricos levaram a um processo de revisão do paradigma e à busca de diversificação das teorias de organização industrial. Nesse processo, o questionamento crítico de alguns supostos fundamentais da teoria terminou por expor graves lacunas na concepção original. De certa forma, as tentativas de completar a teoria, ao contrário de bem-sucedidas, acabaram por desfigurá-la seriamente.

Uma das lacunas do Modelo ECD pioneiro era a falta de importância atribuída às condutas das empresas no processo de concorrência. A resposta foi a aceitação da existência de causalidades menos rígidas, que se expressavam em uma relação interativa entre as variáveis de estrutura, conduta e desempenho. Com isso, passou-se a avaliar empiricamente todos os possíveis *feedbacks* entre as três categorias, enfraquecendo o modelo diante da múltipla causalidade das relações e da necessidade de encontrar soluções simultâneas para essas relações. Duas alternativas foram buscadas: estudos de caso e soluções matemáticas (teorias dos jogos). Ambas as alternativas se mostraram infrutíferas. Os estudos de caso eram muito particulares e pouco generalizáveis e o uso intenso da matemática se, por um lado, permitiu que soluções de oligopólio tivessem uma maior formalização e, na visão de alguns, maior rigor científico, por outro, voltou a privilegiar a conduta das empresas – e sua rivalidade – como a principal variável explicativa do funcionamento dos mercados, desconsiderando o papel das suas características técnico-econômicas (condições básicas da oferta e da demanda e grau de concentração).

Outra lacuna do paradigma ECD era a sua incapacidade de lidar com a existência de diferenciais de lucratividade entre empresas em uma mesma indústria. O problema é que, empiricamente, um dado grau de concentração de uma indústria pode abrigar variadas distribuições de tamanhos das empresas. Mesmo que se aceite correlação positiva entre grau de concentração e lucros excessivos em uma indústria, não há por que imaginar que todas as empresas de uma indústria concentrada partilhem igualmente esses lucros excessivos entre si. Como ademais, muitas das grandes empresas são diversificadas, pareceria mais pertinente que a unidade analítica adequada para as análises de Economia Industrial passassem a ser as grandes empresas e não mais os mercados (indústrias), tornando questionável o próprio objeto de análise do Modelo ECD.

Mas o principal questionamento com que o paradigma se defrontou foi a chamada questão da endogeneidade: se cada empresa escolhe seu nível de produção (e preços) em função de suas curvas de custos, funções de demanda e de expectativas que mantenham sobre a conduta das empresas rivais, o preço de mercado e os produtos de todas as empresas, para uma indústria em equilíbrio, são conjuntamente determinados. Isso por sua vez implica que, tanto o grau de concentração quanto os lucros, sejam variáveis endogenamente determinadas e não possam guardar relações de causalidade predefinidas. Ambas dependem, na verdade, das variáveis exógenas, assumidas como as curvas de custo, as funções de demanda e as expectativas de ação e reação dos concorrentes que cada empresa apresenta.

Claro está que, sendo pertinente a questão da endogeneidade, a noção de concorrência ver-se-ia obrigada a dar conta de variáveis muito mais complexas. E, ainda mais, essas variáveis incluiriam a própria conduta das empresas, baseada em expectativas de ação e reação, um objeto de difícil apreensão.

A hipótese da endogeneidade constituiu o ponto de partida, já na década de 1970, de uma corrente alternativa de análise da organização industrial baseada em teoria dos jogos, na qual as premissas do tipo ECD foram deixadas de lado. Na teoria dos jogos, ou NEI, formula-se um comportamento de equilíbrio das empresas em que estas ajustam quantidades, preços ou outras variáveis, de forma cooperativa ou não, resgatando assim os modelos de Cournot, Bertrand, Nash ou outros, basicamente ligados aos primórdios das teorias do oligopólio (em geral, duopólios).

Comparado metodologicamente com o paradigma ECD, as condições básicas e as condutas são as variáveis exógenas na teoria dos jogos, ao passo que a estrutura e o desempenho são as variáveis endógenas. As condutas são firmemente baseadas em expectativas, podendo, como é feito em jogos mais sofisticados, ser introduzidas incertezas quanto ao futuro.

Apesar de todas as críticas anteriormente sumarizadas, o paradigma ECD é ainda tanto um programa de pesquisa válido como um importante guia para a ação política. Fornece um conjunto estruturado de ideias e conceitos, um volume impressionante de resultados empíricos que sugerem que a estrutura de mercado está sistematicamente relacionada com o desempenho no mercado, sugerindo que concentração industrial e barreiras à entrada devem ser objetos de preocupação das autoridades regulatórias.

Mas também é verdade que a chegada dos anos 1980 trouxe novas questões que não puderam ser tratadas pelo Modelo ECD devido à sua intensa fragmentação. Com Scherer, o paradigma ECD havia perdido causalidade, a ponto desse autor, para muitos o responsável pelo mais completo e preciso livro-texto dessa linha teórica, se autoqualificar não como um estruturalista, mas como um "behaviorista". A vertente empiricista econométrica mostrava-se esgotada, enredada em discussões de natureza muito mais estatísticas que econômicas. A NEI, apoiada no instrumental da teoria dos jogos, enfatizava a tal ponto a rivalida-

1.3.2 A abordagem alternativa

A análise neoclássica parte de uma estrutura teórica universal a respeito da escolha racional e de comportamento para uma teoria dos preços e do bem-estar econômico. Nessa estrutura teórica pressupõe-se que os agentes se comportam racionalmente e maximizam suas funções de preferências; focam o estágio de equilíbrio alcançado, ou o seu movimento em direção ao equilíbrio; e excluem os problemas crônicos de informação, tais como as incertezas. O comportamento dos agentes é considerado um dado e, portanto, não é problematizado nas teorias e nas análises de cunho neoclássico.

As tentativas de desenvolver teorias não fundamentadas no equilíbrio por parte dos autores da corrente alternativa, denominados autores "neo-schumpeterianos" ou evolucionistas, com o acréscimo de contribuições dos autores institucionalistas, têm estimulado a construção de um novo paradigma microeconômico de natureza não determinística. Nessa busca, o caminho que tem se mostrado mais profícuo é o que toma por base uma visão evolucionista do processo de concorrência.

Esses autores têm como preocupação central a lógica do processo de inovação e seus impactos sobre a atividade econômica. Este é, claramente, um programa de pesquisas muito amplo e, neste contexto, as colocações sobre o processo de concorrência são ainda muito dispersas, fato que indica que ainda há um longo caminho a percorrer. Se concordam em substituir a noção de equilíbrio pela de trajetórias de evolução, em enfatizar o papel da mudança tecnológica na conformação das estruturas de mercado e no processo de mudança estrutural ou na atribuição de papel ativo por parte das empresas na definição da direção dessas mudanças, as formalizações dessas relações, em termos das variáveis-chave e das regularidades e causalidades relevantes são ainda pouco convergentes.

As ideias principais dos schumpeterianos-institucionalistas estão relacionadas com instituições, hábitos, regras e sua evolução. Não é comum na tradição schumpeteriana-institucionalista, entretanto, construir um único modelo geral fundamentado nessas ideias. Ao contrário, essas ideias facilitam uma abordagem específica e histórica para a análise. Com relação a isso, é possível inclusive fazer uma analogia com a abordagem utilizada na biologia. A biologia evolucionária tem poucas leis e princípios gerais pelos quais a origem e o desenvolvimento da vida podem ser explicados. A análise da evolução de um organismo específico exige dados detalhados sobre o organismo e seu ambiente, e também explicações específicas relevantes à espécie em consideração. A teoria evolucionária necessita tanto de teoria específica quanto de teoria geral. Em contraste, em física existem repetidas tentativas para formular uma teoria geral de todos os fenômenos materiais. Dessa forma, em sua relativamente maior ênfase em especificidades, a teoria econômica schumpeteriana-institucionalista está mais próxima da biologia do que da física.

A abordagem schumpeteriana-institucionalista parte de ideias gerais com relação ao homem, às instituições e à natureza evolucionária dos processos econômicos para ideias e teorias específicas, relacionadas com instituições econômicas singulares ou tipos de economia. De fato, existem vários níveis e tipos de análise, mas que são relacionados por meio dos conceitos de hábito e de instituição, ajudando a ligar o específico e o geral.

Todavia, a abordagem schumpeteriana-institucionalista não presume que a sua concepção do homem como um ser que toma decisões com base nos hábitos permita uma operacionalização imediata da teoria. Elementos adicionais são necessários. Em particular, um autor desta tradição precisa mostrar como grupos específicos de hábitos comuns estão embebidos em e são reforçados por instituições sociais específicas. Dessa forma, essa abordagem move-se do abstrato para o concreto. Os schumpeterianos-institucionalistas se valem das tradições de pesquisa psicológicas, sociológicas e antropológicas sobre o comportamento humano para entender esses hábitos e rotinas. Se há uma teoria geral, ela é indicativa de como desenvolver análises específicas de fenômenos igualmente específicos.

Os autores neo-schumpeterianos explicitam essas premissas de três formas: (1) a existência de assimetrias técnico-econômicas entre os agentes; (2) a existência de variedade tecnológica; e (3) a existência de diversidade comportamental entre os agentes. Os conceitos básicos da teoria que os autores buscam construir e que dão suporte a essas premissas são igualmente três: (1) a tecnologia é apropriável, cumulativa, tácita e irreversível; (2) existe incerteza quanto aos resultados dos esforços ou decisões tecnológicas (e não só em relação a elas); e (3) a despeito do anterior, existem paradigmas e trajetórias tecnológicas setoriais que ordenam o progresso técnico, fazendo da busca e seleção de inovações um processo não randômico, nem totalmente exógeno. O resultado dessa construção teórica é a obtenção de modelos evolucionistas que se contrapõem às formulações determinísticas habituais no pensamento neoclássico.

A questão central enfrentada pelos modelos evolucionistas é a tentativa de tratar a inovação, e, a partir dela, a concorrência, como um processo dependente do tempo, tanto lógico quanto cronológico. Concretamente, isso significa que a dinâmica a ser estudada não pode deixar de ser a dinâmica do processo de mudança. Nesse marco teórico, a preocupação de descrever a (falsa)

xxxvi Economia Industrial

dinâmica de ajuste de natureza estática comparativa não tem sentido e é irrelevante. O objetivo é tratar variáveis *path-dependent* e por isso a história tem que ser incorporada ao sistema teórico tanto no que diz respeito à história passada em decorrência da natureza cumulativa das variáveis analisadas quanto em relação ao futuro que, em vista das condições de incerteza sob as quais se dá o processo decisório, não pode ser reduzido a sequências lógicas de tempos.

1.4 Estrutura e Características do Livro

Este livro dedica-se a registrar o que há de mais recente no campo da análise dos fenômenos que se observam na dinâmica dos mercados das economias capitalistas, com ênfase para o campo da concorrência industrial, no Brasil. Sua característica principal é a busca de homogeneidade no tratamento dos temas, diferentemente dos livros que se apresentam como uma coletânea de textos.

A homogeneidade foi buscada através de três princípios. O primeiro é a forma de organização das partes que preservam a evolução da matéria Economia Industrial e vai agregando a contribuição das diferentes filiações teóricas sobre as questões das empresas, dos mercados e da concorrência, apresentada neste capítulo. O segundo é a forma de organização dos capítulos. Cada capítulo aborda as definições dos termos, principais desenvolvimentos teóricos (sem enfatizar as controvérsias sobre o tema, e sim procurando as convergências para proporcionar ao leitor uma visão geral do tema), aplicações (relacionadas aos problemas, variáveis e indicadores decorrentes das proposições teóricas) e temas para discussão (envolve principalmente os resultados empíricos decorrentes das proposições teóricas e a problemática empírica resultante, com ênfase sobre os estudos empíricos brasileiros) e, quando for o caso, leituras sugeridas. O terceiro princípio, que busca manter a unidade e a coerência do livro, é o conjunto de termos econômicos utilizados pelos diferentes colaboradores. Fizemos um esforço de padronização de linguagem, inclusive no que tange às traduções, muitas vezes pela primeira vez, de termos já consagrados na literatura inglesa.

Outra importante característica do livro é que existe, para os temas tratados em cada capítulo, remissão para os encadeamentos com capítulos anteriores e posteriores, bem como um índice remissivo que ajuda o leitor a selecionar os assuntos de seu maior interesse.

O livro é composto de sete partes e 29 capítulos. A seguir descreveremos o conteúdo de cada parte e de cada capítulo.

A **Parte I (Conceitos Básicos e Fundamentos)** é formada de quatro capítulos que introduzem o leitor aos principais temas microeconômicos, ao mesmo tempo, que procura adiantar em que medida as categorias analíticas ausentes ou insatisfatoriamente abordadas na visão tradicional darão margem a desdobramentos teóricos importantes para o estudo da Economia Industrial e para os fundamentos do Modelo ECD. O primeiro capítulo tem o objetivo de apresentar ao leitor os princípios mais gerais dos modelos básicos de concorrência da teoria econômica neoclássica, a saber, o modelo de concorrência perfeita e o monopólio, e discutir a eficiência alocativa associada a cada um desses modelos. O Capítulo 2 visa a analisar a evolução dos conceitos de empresa, indústria e mercado no âmbito da Economia Industrial. Inicia com uma apresentação da evolução do conceito de empresa – de um objeto estático e reativo para um organismo em crescimento e expansão –, define os conceitos de mercado e indústria e termina mostrando que a unidade de análise dos estudos microeconômicos tem evoluído do atomismo – empresa – para as redes – complexo industrial –, mostrando a crescente interdependência entre os agentes econômicos no processo de produção industrial. No Capítulo 3, examina-se a relação existente entre as estruturas de custos e o fenômeno das economias de escala e escopo, em que medida os comportamentos teóricos dos custos de longo e de curto prazos são importantes para compreender e analisar, na prática, a dinâmica industrial. Finalmente, no Capítulo 4, apresenta-se o Modelo ECD, seus fundamentos, sua evolução e seus limites.

A **Parte II (Análise Estrutural dos Mercados)** é composta de quatro capítulos e procura sumariar as questões mais consensuais hoje sobre o Modelo ECD quando interpretado em sua primeira versão estruturalista, ou seja, que as condições básicas de oferta e demanda, assim como a estrutura do mercado, afetam decisivamente os comportamentos estratégicos das empresas. O Capítulo 5 define a noção de grau de concentração e procura ensinar quais são os indicadores mais tradicionais para sua quantificação (Razões de Concentração; Índice de Hirschman-Herfindahl e Índice de Entropia de Theil). Seu grande mérito é discutir em que medida esses indicadores podem ou não captar o fenômeno da concentração com exemplos da literatura internacional e exemplos sobre a estrutura industrial brasileira. O Capítulo 6 irá aprofundar a discussão iniciada no Capítulo 1 sobre a inconveniência de se fazer a análise do processo de concorrência mantendo-se a hipótese de homogeneidade dos produtos. No mundo real, dificilmente as mercadorias que competem entre si são homogêneas aos olhos do consumidor, isto é, os consumidores não são indiferentes, por exemplo, quando dois produtos homogêneos são oferecidos associados a duas localizações distintas. Os dois modelos locacionais mais conhecidos da literatura são abordados em versões simplificadas: a cidade linear, desenvolvido por Hotteling, e a cidade circular, elaborado por Salop. No Capítulo 7 iremos apresentar a noção de barreiras à entrada, de uma perspectiva estrutural, também chamada de barreiras à entrada estáticas ou exógenas: são as barreiras à entrada que decorrem das características técnico-econômicas dos setores e não do comportamento dos agentes. O capítulo apresenta os conceitos de concorrência real e potencial, identifica os principais fatores que geram barreiras à entrada e prossegue apresentando o modelo de preço-limite, baseados em diferenciais absolutos ou relativos de custos entre as empresas estabelecidas e as empresas entrantes. O Capítulo 8 apresenta para o leitor o papel da mudança e da inovação no processo concorrencial, abrindo a discussão sobre a hipótese schumpeteriana de endogeneidade da mudança. Discute a relação entre inovação e estrutura industrial na perspectiva dos modelos tradicionais e seus avanços bem como na perspectiva evolucionista. A resenha dos resultados empíricos, observados a partir da agenda estruturalista de pesquisa schumpeteriana, ilustra bem o problema de explicar a intensidade da inovação com base em variáveis de estrutura tais como tamanho das empresas ou grau de concentração industrial.

A **Parte III (Interação estratégica)**, composta de quatro capítulos, é dedicada à chamada Nova Economia Industrial (NEI), que tem como principal identidade o recurso à teoria dos jogos como ferramenta analítica. A teoria dos jogos pode ser definida, em princípio, como conjunto de técnicas de análise de situações de interdependência estratégica. O Capítulo 9 discute como usar a teoria dos jogos como instrumento de identificação, descrição e análise de regras de jogos e de conflitos nas e entre as organizações. Esse capítulo está centrado na elaboração de jogos não cooperativos, sem contemplar jogos com informação incompleta, que são situações nas quais características e regras do jogo não são de conhecimento comum dos jogadores. Dedicamos o Capítulo 10 à apresentação dos modelos de concorrência fundamentados em hipóteses de reação das empresas em oligopólios não cooperativos. Três modelos de competição imperfeita: Cournot (decisão simultânea de quantidades), Bertrand (decisão simultânea de preços) e Stackelberg (decisão sequencial de quantidades) mostram como o equilíbrio entre os agentes é buscado através das funções de reação, um conceito central para o estudo do equilíbrio com interdependência estratégica. Por fim, é analisada mais detalhadamente a atuação das empresas nos diferentes regimes competitivos, e realiza-se uma análise comparativa dos excedentes econômicos gerados em cada regime. O Capítulo 11 trata os principais aspectos que facilitam ou prejudicam a coordenação oligopolística, isto é, a adoção de acordos tácitos ou explícitos entre as empresas visando a evitar os efeitos negativos da concorrência sobre os lucros. A seguir, são examinadas algumas formas de superar esses problemas por meio da adoção de regras de bolso pelos agentes, com destaque para o princípio do custo total e a liderança de preços. Finalmente, o Capítulo 12 retoma a questão das barreiras à entrada associadas às estratégias das empresas na criação de cus-tos irrecuperáveis (irreversibilidades) como importante ferramenta estratégica à disposição das empresas em processos de competição com rivalidade. Ao acentuar a importância das estratégias empresariais na prevenção da entrada e nos processos competitivos posteriores, essa teoria contrapõe-se àquela apresentada no Capítulo 7, baseada na noção de preço-limite, que enfoca a barreira à entrada em um ângulo eminentemente estrutural. A partir de uma crítica ao postulado de Sylos-Labini são apresentados tanto os modelos de A. Dixit quanto o de P. Milgrom e J. Roberts.

A **Parte IV (A Grande Empresa Contemporânea)**, formada por cinco capítulos, tem por foco a análise institucional da empresa, o estudo de sua natureza como enfatizou Ronald Coase. Toma como hipótese que "as instituições importam" na análise dos processos econômicos; que existe uma lógica de eficiência econômica por trás dos determinantes dos tipos de empresas e formas de organização predominantes. O Capítulo 13 introduz o importante conceito de custos de transação e suas principais aplicações na análise da integração vertical e na regulação econômica. Discute sob que condições os custos de transação deixam de ser desprezíveis e passam a ser um elemento importante nas decisões dos agentes econômicos, contribuindo para determinar a forma pela qual são alocados os recursos na economia. O Capítulo 14 irá apresentar o tipo específico de organização mais estilizado na literatura de Economia Industrial – a grande corporação – e as principais abordagens disponíveis na literatura para o seu estudo. São destacadas três abordagens explicativas sobre a organização interna da grande empresa. A primeira delas é de origem tradicional, mas procura estender o alcance do instrumental teórico da microeconomia tradicional para a análise das formas específicas de organização da empresa, partindo de uma redefinição conceitual desta última, que passa a ser considerada como uma rede de contratos. A segunda abordagem é aquela oferecida pela teoria dos custos de transação, apresentada no Capítulo anterior e que, neste Capítulo, foi aplicada ao estudo dos processos de mudança da organização interna das empresas. Por último, é apresentada uma abordagem alternativa que enfatiza o papel da estrutura organizacional da empresa na mobilização dos conhecimentos necessários ao aprendizado tecnológico. A principal origem dessa abordagem é o programa de pesquisa neo-schumpeteriano, embora influências de ideias geradas fora da Economia Industrial – basicamente de teorias das organizações de natureza mais sociológica – também se façam presente. O Capítulo 15 aborda as conexões entre diversificação e crescimento da empresa, enfatizando a discussão das possíveis direções que o processo de diversificação pode tomar – analisadas em termos do grau de similaridade com as atividades originais da empresa – bem como dos condicionantes

xxxviii Economia Industrial

internos e externos à empresa que interferem na dinâmica do processo. Apresenta o termo "competências essenciais" e discute as diversas formas de diversificação empresarial. O Capítulo 16 aborda a ocorrência de múltiplas formas de cooperação produtiva e tecnológica entre empresas. Aborda-se, principalmente, um tipo particular de estrutura em rede, as "redes de empresas", procurando discutir algumas características e propriedades desses arranjos que condicionam a sua capacidade de resposta diante dos estímulos ambientais. Sua principal contribuição é permitir ao leitor uma leitura sistematizada dos distintos exemplos apontados pela literatura de Economia Industrial acerca dos distritos industriais, *clusters*, arranjos cooperativos, entre outras redes. O Capítulo 17 encerra esta Parte, exemplificando mais uma importante forma institucional que a grande corporação pode adquirir: a Empresa Transnacional. De fato, esse tipo de organização se sobressai na atualidade como uma das mais importantes formas de organização, principal *locus* de acumulação e de poder econômico, exercido a partir do seu controle sobre ativos específicos de capital, tecnologia e de capacitações gerencial, organizacional e mercadológica.

A **Parte V (Estratégias Empresariais)**, formada por quatro capítulos, apresenta a teoria da concorrência esboçada em suas linhas básicas por J. Schumpeter na primeira metade do século XX, e aperfeiçoada nas últimas duas décadas por autores da corrente neo-schumpeteriana, em contraste com a análise estática da corrente tradicional. O Capítulo 18 inaugura essa parte mostrando a concorrência na economia capitalista como um processo evolutivo e, portanto, dinâmico, gerado por fatores endógenos ao sistema econômico, notadamente as inovações que emergem incessantemente da busca de novas oportunidades lucrativas por parte das empresas em sua interação competitiva. O capítulo encerra-se com a identificação de algumas implicações normativas e de política econômica – especialmente para a política de concorrência – dessas proposições teóricas. O Capítulo 19 apresenta um detalhamento das estratégias de inovação das empresas, sua organização interna e externa na aquisição, produção e difusão das inovações. A empresa é concebida como um organismo vivo em permanente mutação que recebe influências de seu ambiente (mercado), mas, ao mesmo tempo, é capaz de transformá-lo ou criar novos mercados ou indústrias a partir da introdução de inovações tecnológicas. Essa visão contrasta com a visão exposta no Capítulo 8, onde a propensão a inovar era tomada como função do padrão de concorrência existente no mercado em que a empresa estava situada. Outro elemento de grande relevância na estratégia competitiva das empresas é a propaganda. O Capítulo 20 analisa a influência da propaganda sobre o processo de concorrência, avaliando também seus efeitos no desempenho das empresas e sobre a estrutura da indústria. A propaganda é vista na análise tradicional como instrumento tanto de informação quanto de persuasão. Já para a corrente alternativa, ela pode introduzir maior qualidade e trazer também irreversibilidades ao mercado, criando ativos específicos, tal como a marca. O Capítulo 21 retoma a questão institucionalista de que as instituições evoluem *pari e passu* com a estrutura produtiva sob a ótica financeira. Procura responder de que forma as condições de financiamento e a estrutura de financiamento das empresas influenciam as decisões de investimento das mesmas. Especial ênfase é dedicada à questão das finanças corporativas e do *project finance*.

A **Parte VI (Políticas e Regulação dos Mercados)** trata da política econômica, tradicionalmente a principal aplicação da Economia Industrial. Aqui o leitor irá encontrar uma interessante discussão sobre os princípios que devem nortear a intervenção do Estado nos mercados e sobre a institucionalidade específica da economia brasileira. A principal lição que emerge de sua leitura é que o Estado não só tem um papel importante a desempenhar nas políticas de competitividade, com ênfase na inovação, mas também na regulação e defesa da concorrência. O Capítulo 22 analisa a política de defesa da concorrência na garantia da existência de condições de competição, preservando ou estimulando a formação de ambientes competitivos com intenção de induzir, se possível, maior eficiência econômica como resultado do funcionamento dos mercados. É uma excelente aplicação prática do Modelo ECD e do conceito de mercado relevante para a ação antitruste. Também compara a legislação brasileira com a legislação norte-americana, principal jurisprudência disponível sobre o assunto. O Capítulo 23, dedicado às políticas de regulação econômica, inicia-se apresentando o conceito do monopólio natural em duas circunstâncias distintas: monopólio natural com um produto e monopólio natural multiproduto, seguida de uma discussão sobre o fenômeno do monopólio natural nas indústrias de rede. Apresenta ainda as várias formas de regulação dos preços e, finalmente, uma visão histórica da regulação em outros países antes e depois do período de 1980, seguida de uma descrição sobre regulação no Brasil. O Capítulo 24 está organizado para permitir ao leitor identificar lógicas distintas da teoria econômica no que diz respeito ao papel do Estado: teorias que associam política industrial às falhas de mercado, ao desenvolvimento de nações e à evolução das competências de agentes econômicos. Analisa também a relação entre política industrial e outras políticas de Estado tais como a política macroeconômica, de comércio exterior, regulação de infraestruturas e de ciência e tecnologia, finalizando com o relato da experiência brasileira e da prática recente dos países da Organização para Cooperação e Desenvolvimento Econômico (OCDE). O Capítulo 25 apresenta os argumentos a favor e contra a adoção de políticas comerciais enfatizando seus efeitos para o desempenho das indústrias. Fechando essa parte, o Capítulo 26 discute as principais razões para a adoção de uma política ambiental, as soluções econômicas para esses problemas ambientais e uma pesquisa sobre a legislação ambiental brasileira e sua institucionalidade.

Finalmente, a **Parte VII (Guia para Análises Empíricas)**, composta de três capítulos, tem a função de permitir que o leitor possa apreender dois importantes instrumentos de análise utilizados em economia industrial – estatística não paramétrica e matriz insumo produto – e ao mesmo tempo acessar as fontes (estudos e estatísticas) necessárias para desenvolver estudos empíricos aplicando os principais conceitos de Economia Industrial. O Capítulo 27 sugere como organizar os dados categóricos utilizando-se as tabelas de contingência e algumas medidas de associação de variáveis categóricas. Sugere ainda algumas variáveis quantitativas, e a análise de correlações. As duas últimas seções são dedicadas aos modelos de análise estatística multivariada. São apresentados os modelos de Análise de Componentes Principais e Análise de Grupamento (*Cluster Analysis*). O Capítulo 28 é novo e apresenta um guia de análise para uso do instrumental matriz insumo produto. Este instrumento tem sido cada vez mais utilizado para compreender as distintas interrelações entre as várias indústrias e suas aplicações no entendimento da crescente fragmentação do comércio e formação das cadeias de valor globais. O Capítulo 29, ao apresentar as principais fontes de informação e suas metodologias sobre a indústria brasileira, é leitura obrigatória para os interessados em realmente praticar a Economia Industrial.

Esperamos que o leitor esteja suficientemente motivado para enfrentar a dificuldade do exercício da arte da Economia Industrial, para a qual não basta o conhecimento da lógica e dos instrumentos matemáticos; é preciso conhecer também as institucionalidades e particularidades técnico-produtivas dos mercados estudados.

PARTE I

CONCEITOS BÁSICOS

Modelos Tradicionais de Concorrência

Luiz Martins de Melo

1.1 Introdução

A Competição Perfeita e o Monopólio são os dois modelos básicos de concorrência da teoria neoclássica. Eles representam, respectivamente, os extremos de atomização e concentração da produção. Concentração da produção significa que a empresa tem poder de mercado. Atomização significa ausência de poder de mercado; a empresa é tomadora de preços no mercado.

Esses modelos, até hoje dominantes na lógica neoclássica de pensar as estruturas de mercado, começaram a sofrer uma contestação formal a partir do artigo "As leis dos rendimentos sob condições de concorrência" de Piero Sraffa, de 1926.[1]

Esse artigo forneceu a inspiração teórica para Joan Robinson,[2] na Inglaterra, publicar *The Economics of Imperfect Competition*, em 1933. Nos Estados Unidos, no mesmo ano, Edward Chamberlin[3] publicava *The Theory of Monopolistic Competition*. Nos dois livros os autores procuravam formular modelos de competição imperfeita, que apontavam para o comportamento monopolista como o padrão geral de competição nos mercados.

As hipóteses gerais que fundamentam o comportamento do agente neoclássico são a maximização de lucros e a informação completa ou perfeita. Isso pressupõe uma racionalidade plena na tomada de decisão pelo agente, conhecedor em última instância de todas as oportunidades presentes no mercado, qualquer que este seja.

Na primeira parte deste capítulo analisaremos os pontos principais do modelo da competição perfeita. A seguir discutiremos o monopólio e o comportamento monopolista de discriminação de preços. Na terceira parte será apresentada a competição imperfeita, sob o aspecto da diferenciação de produto. Na última parte, serão feitas algumas observações sobre os modelos, à guisa de conclusão.

1.2 O Modelo de Competição Perfeita

1.2.1 As hipóteses

A estrutura de mercado definida como competição perfeita não prevê qualquer tipo de coordenação entre as empresas que atuam nesse mercado. As empresas tomam decisões de forma descentralizada, apenas sujeitas à disciplina do mercado, isto é, são tomadoras de preço.

A indústria é definida como um grupo de empresas que geram um produto homogêneo. As características do produto e dos serviços associados com a sua venda são as mesmas para todas as empresas. As hipóteses básicas do modelo de concorrência perfeita estão listadas no Quadro 1.1. Qualquer alteração dessas hipóteses produz um desequilíbrio entre oferta e demanda.

4 Economia Industrial

QUADRO 1.1 AS HIPÓTESES BÁSICAS DO MODELO DE COMPETIÇÃO PERFEITA

H1: grande número de empresas

H2: produto homogêneo

H3: livre entrada e saída de empresas

H4: maximização de lucros

H5: livre circulação da informação

H6: perfeita mobilidade dos fatores

A correção desse desequilíbrio é realizada pelas próprias forças do mercado perfeito, fazendo com que as quantidades voltem a se ajustar aos preços.

Esse mercado inclui um grande número de empresas. Essas empresas podem ser grandes, mas não podem ter poder de mercado. Para isso têm de ofertar uma pequena parte da quantidade total vendida no mercado. Dessa forma, o tamanho absoluto da empresa deixa de ter relevância. O que interessa é o seu tamanho relativo; a parcela do mercado que está sob sua influência. A mesma observação se refere aos compradores: nenhum comprador pode concentrar uma parte significativa da demanda total do mercado, ou seja, não há poder monopsônico.

Nessas condições, produto homogêneo e ausência de poder de mercado por parte das empresas, cada uma das empresas é tomadora de preço. A sua curva de demanda é infinitamente elástica e cada empresa pode vender qualquer quantidade do produto ao preço do mercado. A curva de demanda do mercado da empresa individual é também a sua curva de receita média e de receita marginal.

Não existem barreiras à entrada ou à saída de empresas da indústria ou mercado. Se existirem barreiras ao livre movimento das empresas, o número de empresas pode diminuir, e cada uma delas pode adquirir poder para afetar o preço no mercado. Essa hipótese complementa a anterior referente ao grande número de empresas na indústria.

O objetivo das empresas é a maximização do lucro. O lucro, nessa concepção, é a remuneração do capital acima da taxa normal de mercado, dada pelo custo de oportunidade do investimento e a remuneração para a função de risco do empresário. O lucro é definido como a diferença entre a receita total (RT) e o custo total (CT). Se o lucro for nulo, isto é, $RT = CT$, isso quer dizer que a taxa normal de lucro está sendo obtida, uma vez que os custos de oportunidade do capital estão incluídos nos itens de custo das empresas. Se o lucro for positivo, isto é, $RT > CT$, a empresa terá lucros extraordinários ou renda econômica. Nesse caso, haverá entrada de empresas no mercado até o ponto em que o lucro volte a ser zero ($RT = CT$).

Os fatores de produção são livres para se moverem de uma empresa para outra por toda a economia. Do mesmo modo, os trabalhadores estão livres para trocarem de trabalho. Isto significa que as habilidades do trabalhador podem ser adquiridas facilmente, sem custo de aprendizado. As matérias-primas e outros fatores de produção não são monopolizados por nenhuma empresa, e a força de trabalho não é sindicalizada. Existe competição perfeita em todos os mercados de fatores de produção.

Todos os compradores e vendedores possuem perfeito conhecimento das condições do mercado. Esse conhecimento não se refere somente às condições correntes de produção, mas também às condições futuras. A informação é livre e sem custo. Nessas condições não existe incerteza sobre o comportamento futuro dos mercados.

Nesse momento não se considera a intervenção governamental no mercado. Tarifas, subsídios, fixação de salário e regulamentação institucional ou legal de qualquer atividade estão excluídos do modelo.

1.2.2 Equilíbrio

O mercado está em equilíbrio quando nenhuma empresa modifica seus planos de produção, isto é, quando todas as suas empresas estão em equilíbrio. Por sua vez, a empresa está em equilíbrio quando produz a quantidade que maximiza o lucro, isto é, a diferença entre a receita total e o custo total. Para determinar o equilíbrio do mercado é necessário derivar a curva de demanda e a oferta do mercado. Cada uma delas é o somatório das curvas de demanda e oferta das empresas individuais.

Dadas as hipóteses apresentadas na seção anterior, em concorrência perfeita, a curva de demanda da empresa é horizontal ao preço de mercado. Isso significa que a preços maiores que o de mercado, a empresa não vende coisa alguma e, portanto, nenhuma tentativa de elevar os preços poderá ser bem-sucedida. A preços menores, embora ela se depare com toda a demanda de mercado, a limitação de quantidade que ela pode produzir também não proporcionará um aumento de receita que justifique essa escolha. Logo, a empresa é tomadora de preço.

Para que se determine o equilíbrio do mercado, é necessário determinar a curva de oferta da indústria. Isso requer a determinação da oferta individual de cada empresa, dado que a oferta do mercado é o somatório da oferta de todas as empresas na indústria.

1.2.2.1 *O curto prazo*

As funções de custo total (CT) e custo médio (CMe)[4] refletem as diferentes condições de produção que vigoram no curto e no longo prazo. No curto prazo, definido pela presença de pelo menos um fator de produção fixo, a função de produção da empresa reflete as condições de operação da lei das proporções variáveis. Essa lei garante que existe um nível de produto além do qual a função de produção opera sob o impacto de retornos decrescentes do(s) fator(es) variável(is). Isto implica que o CMe passa por um ponto de mínimo.

Observe o Quadro 1.2.

QUADRO 1.2 MAXIMIZAÇÃO E EQUILÍBRIO: CURTO PRAZO

Função de produção: $y = f(x_1, k)$

x_1 = quantidade do fator de produção 1

k = fator de produção fixo

w_1 = preço do fator de produção 1

w_k = preço do fator de produção k

y = quantidade produzida

p = preço de mercado

Receita média (RMe) = RT/y; receita marginal (RMg) = $\partial RT/\partial y$

Custo fixo = $k \cdot w_2 = K$; custo fixo médio = K/y

Custo variável = $w_1 \cdot x_1$; custo variável médio = $w_1 \cdot x_1/y$

Custo médio (CMe) = $CT/y = (w_1 \cdot x_1 + K)/y$

Custo marginal (CMg) = $\partial CT/\partial y = \partial(w_1 \cdot x_1)/\partial y$

Equilíbrio: Maximização de Lucro

Lucro $(\pi) = RT - CT = p \cdot y - (w_1 \cdot x_1 + K)$

Condição de primeira ordem: RMg = CMg

$RMg = \partial RT/\partial y = \partial p \cdot y/\partial y = p$ (o preço é independente da quantidade da empresa)

$CMg = \partial CT/\partial y$

$\Rightarrow p = CMg$

Condição de segunda ordem: $\partial^2 RT/\partial y^2 < \partial^2 CT/\partial y^2$

$\Rightarrow \partial^2 CT/\partial y^2 > 0$

O custo marginal (CMg) mede a taxa de variação dos custos quando aumentamos a produção em uma unidade. A relação que se estabelece entre CMg e CMe é que o primeiro deve estar abaixo do segundo, quando este for decrescente. Isso decorre do fato de que se a média for decrescente, os custos de cada unidade adicional produzida terão que ser menores que a média até aquele ponto. Se o CMe estiver crescendo, o CMg terá que ser maior do que o CMe, e "puxar" o CMe para cima. Portanto, a condição para o CMe mínimo é que ele iguale o CMg.

Para alcançar a posição de equilíbrio, a empresa tem que estar produzindo a quantidade na qual a receita marginal (RMg) é igual ao CMg. Mas esta condição não basta. Pode haver mais de um ponto na função lucro em que esta condição é satisfeita. Para satisfazer a condição de maximização, o CMg tem que ser crescente quando se iguala à RMg.

A função oferta de curto prazo é definida para alguma quantidade do fator de produção fixo. Ela inicialmente corresponde ao ramo ascendente da curva de CMg. No curto prazo, as empresas podem estar em uma posição de equilíbrio com lucros extraordinários ou prejuízos. Mas elas não irão operar se o preço for inferior ao custo variável médio mínimo. Assim, a curva de oferta de curto prazo é a parte ascendente da curva de CMg que está localizada acima da curva de custo variável médio.

6 Economia Industrial

1.2.2.2 *O longo prazo*

No longo prazo, quando nenhum fator de produção tem quantidade fixada, a empresa pode ajustar sua capacidade de produção para produzir no ponto de mínimo da função de CMe. Esse ponto será igual ao preço, determinado pela demanda do mercado. No longo prazo as empresas estarão ganhando apenas lucros normais ($\pi = 0$). Se elas estiverem ganhando lucros extraordinários, novas empresas entrarão no mercado, fazendo com que o preço caia e o custo médio de produção aumente devido ao aumento do preço dos fatores de produção na medida em que a indústria se expande. Esse ajustamento seguirá até o ponto em que o preço se iguale ao CMe mínimo. Se as empresas estiverem operando com prejuízo no longo prazo, elas deixarão a indústria. A quantidade ofertada no mercado cairá e o preço de mercado aumentará até o ponto em que novamente os lucros se tornem normais (p = CMe mínimo).

A função oferta de longo prazo da empresa mede a produção ótima, quando ela pode ajustar livremente a quantidade de fatores de produção que vai usar. A diferença entre o equilíbrio de curto prazo e o de longo prazo reside no processo de ajustamento. A função oferta de longo prazo envolve o CMg de produção quando o fator de produção é ajustado para sua utilização ótima. Os custos marginais de curto e longo prazos igualar-se-ão quando a escolha do fator de produção fixo associada ao CMg de curto prazo for a escolha ótima de longo prazo. Desse modo, as ofertas de curto e longo prazos da empresa se igualam.

O lucro que a empresa realiza no longo prazo tem que ser pelo menos zero, ou ela sai do negócio. Isso significa que o preço tem que ser no mínimo igual ao CMe. A parte relevante da função oferta de longo prazo é aquela que se situa acima do custo médio de longo prazo. Isto equivale à condição de curto prazo de ter o preço acima do custo variável médio.

Veja o Quadro 1.3.

QUADRO 1.3 MAXIMIZAÇÃO E EQUILÍBRIO: LONGO PRAZO

Função de Produção: $y = f(x_1, x_2)$

x_1 = quantidade do fator de produção 1

x_2 = quantidade do fator de produção 2

w_1 = preço do fator de produção 1

w_2 = preço do fator de produção 2

y = quantidade produzida

p = preço de mercado

Lucro $(\pi) = RT - CT = py - (w_1 \cdot x_1 + w_2 \cdot x_2)$.

Receita Média (RMe) = RT/y; Receita Marginal (RMg) = $\partial RT/\partial y$

Custo Médio (CMe) = CT/y = $(w_1 \cdot x_1 + w_2 \cdot x_2)/y$

Custo Marginal (CMg) = $\partial CT/\partial y$

Equilíbrio: Maximização de Lucro

Condição de Primeira Ordem: RMg = RMe = p = CMg = CMe mínimo.

Condição de Segunda Ordem: $\partial^2 RT/\partial y^2 < \partial^2 CT/\partial y^2$

No longo prazo a empresa tem mais escolhas para promover ajustes, quando preço e mercado variam. Em consequência, a função oferta de longo prazo será mais elástica e terá maior sensibilidade às variações nos preços do que a função oferta de curto prazo.

1.2.3 A ALOCAÇÃO ÓTIMA DE RECURSOS

O funcionamento do mercado de competição perfeita conduz para a alocação ótima de recursos. Esse estado é atingido no longo prazo quando prevalecem as seguintes condições:

1. A quantidade de produto é realizada no nível de custo médio mínimo.
2. Os consumidores pagam o preço mínimo, igual ao custo médio mínimo, que cobre o custo marginal do produto, isto é, preço igual ao custo de oportunidade.
3. As plantas estão operando com plena capacidade no longo prazo, portanto não existe desperdício de recursos.
4. As empresas ganham lucros normais.

No longo prazo, essas condições ocorrem em todos os mercados e os recursos estão otimamente alocados na economia como um todo. Se por simplicidade presume-se que apenas duas mercadorias são produzidas na economia, a curva de possibilidade de produção representa a dotação dada de recursos da economia. As preferências dos consumidores na economia podem ser representadas pela curva de indiferença da sociedade. Dada a curva de possibilidade de produção e as preferências dos consumidores, a competição perfeita levará para a alocação ótima de recursos sob as condições descritas a seguir.

1. Se a soberania dos consumidores, expressa pelo sistema de preços, funcionando sem qualquer intervenção governamental, refletir o correto posicionamento das preferências dos consumidores.
2. Se não existem economias de escala em nenhuma indústria.[5]
3. Se os recursos e a tecnologia são dados, não existem crescimento e progresso técnico na economia.

Nessas condições a economia está usando todos os recursos disponíveis e os consumidores alcançam o mais alto bem-estar possível.

1.2.4 O excedente do consumidor e do produtor

O conceito de excedente do consumidor individual visa a medir o benefício do consumidor em adquirir certa quantidade de um bem, menos a redução do consumo nos outros bens. Em geral, não estamos muito interessados em medir o nível absoluto do excedente do consumidor. O importante é analisar a variação do excedente do consumidor em consequência de alguma variação do preço de um bem.

Suponhamos que o preço de um bem varie de p_1 para p_2, sendo $p_2 > p_1$. A variação do excedente do consumidor é a área sombreada no Gráfico 1.1. Essa área pode ser subdividida em duas: a região T e a região R. A área retangular R mede a perda do consumidor resultante do aumento de preços do bem. Ele agora paga mais $(p_2 - p_1)$, por cada unidade do bem que ele consome. Para consumir y_2 unidades do bem, ele gasta mais $(p_2 - p_1) y_2$ do que antes.

Porém, isto não representa a perda total de bem-estar do consumidor. O aumento do preço do bem faz com que ele consuma menos do que anteriormente. A área T mede o valor perdido do consumo do bem. A área $R + T$ representa a perda total de bem-estar do consumidor: R mede a perda pelo gasto maior para consumir as unidades do bem e T mede a perda pela diminuição do consumo. Portanto, a área abaixo da curva de demanda mede o excedente do consumidor.

O excedente do produtor é definido de forma análoga ao excedente do consumidor. A área acima da curva de oferta é denominada excedente ao produtor. Esse está intimamente relacionado aos lucros da empresa. Sabemos que a curva de CMg é a curva de oferta da empresa. No Gráfico 1.2, mostramos o excedente do produtor quando a empresa passa de uma produção y_1 para y_2, sendo $y_2 > y_1$. Aqui, também, estamos interessados na variação do excedente do produ-

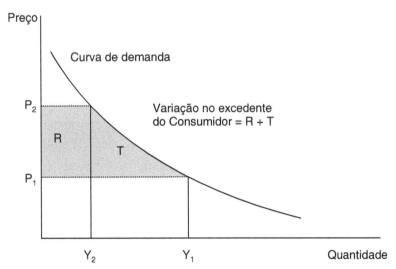

Variação no excedente do consumidor: A variação no excedente do consumidor será a soma de R + T, que corresponde à área abaixo da curva de demanda.

Gráfico 1.1 O excedente do consumidor.

8 Economia Industrial

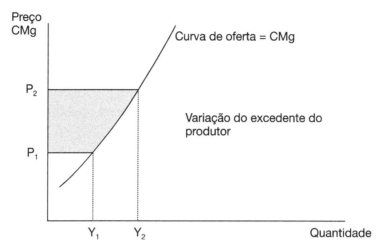

Variação no excedente do produtor: Como a curva de oferta coincide com a parte de inclinação ascendente da curva de custo marginal, a variação no excedente do produtor será a área à esquerda da curva de oferta.

Gráfico 1.2 O Excedente do Produtor.

tor, mais do que na sua quantidade total. A mudança do excedente do produtor ao passar de y_1 para y_2 é a mudança nos lucros (RT – CT) para a mesma variação de quantidade produzida. Isto é devido ao fato de que o custo marginal é o determinante para medir o impacto nos lucros de uma variação na produção. No curto prazo os custos fixos não variam, por definição, e no longo prazo todos os custos são variáveis. Logo, não precisamos nos preocupar com o CMe, para medir o excedente do produtor.

1.3 Monopólio

1.3.1 As causas do monopólio

O monopólio é a estrutura em que há apenas um produtor no mercado. As causas da existência do monopólio são várias; algumas políticas, outras econômicas e outras técnicas. As principais causas apontadas pela teoria econômica neoclássica são as descritas a seguir:

1. Propriedade exclusiva de matérias-primas ou de técnicas de produção.
2. Patentes sobre produtos ou processos de produção.
3. Licença governamental ou imposição de barreiras comerciais para excluir competidores, especialmente estrangeiros.
4. O caso do monopólio natural quando o mercado não suporta mais do que uma única empresa, pois a tecnologia de produção impõe que a operação eficiente tenha economias de escala substanciais. Observe o Quadro 1.4.

QUADRO 1.4 HIPÓTESES BÁSICAS DO MODELO DE MONOPÓLIO
H: um único produtor
H2: produto sem substitutos próximos
H3: barreiras à entrada
H4: maximização de lucros

1.3.2 O equilíbrio no monopólio

O modelo teórico do monopólio supõe uma única empresa que domina o mercado. A demanda da empresa é a demanda da indústria. Os consumidores não têm outra alternativa senão comprar do monopolista. O monopolista tem o poder de impor o preço aos consumidores. Esse poder de mercado[6] permite que o monopolista opere sempre com lucros extraordinários, isto é, vai impor uma margem (*mark-up*) sobre os custos marginais apresentado a seguir:

$$p = CMg/(1 - 1/|\varepsilon_d|)$$

onde:
p = preço de mercado
ε_d = elasticidade-preço da demanda.

Esta fórmula de fixação de preços pelo monopolista resulta da condição de maximização de lucros do monopolista:

$$RT = py$$
$$RMg = \partial RT/\partial y = p(\partial y/\partial y) + y(\partial p/\partial y)$$
$$RMg = p + y(\partial p/\partial y)$$

Multiplicando o segundo termo por (p/p) e colocando p em evidência temos:

$$RMg = p(1 + 1/\varepsilon_d) = p(1 - 1/|\varepsilon_d|)$$

No equilíbrio temos:

$$RMg = CMg;$$
$$p(1 - 1/|\varepsilon_d|) = CMg$$
$$p = CMg/(1 - 1/|\varepsilon_d|)$$

O monopolista, pela condição de maximização descrita anteriormente, só vai operar na região onde a demanda for elástica, para que tenha garantido p > CMg. A condição de segunda ordem do monopolista é a mesma de competição perfeita, $\partial^2 RT/\partial y^2 < \partial^2 CT/\partial y^2$. O Gráfico 1.3 mostra o equilíbrio do monopolista no caso da demanda linear.

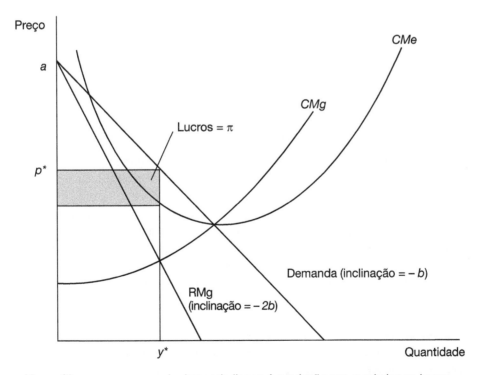

Monopólio com uma curva de demanda linear: A produção que maximiza os lucros do monopolista ocorre onde a receita marginal se iguala ao custo marginal (RMg = CMg).

Gráfico 1.3 O Equilíbrio do Monopolista.

10 Economia Industrial

O monopolista pode expandir ou usar a capacidade existente da planta em qualquer nível para maximizar seu lucro. A entrada bloqueada torna desnecessário que o monopolista trabalhe no nível da escala ótima da planta. Não existe qualquer condição, técnica ou de mercado, que o obrigue a isso. O tamanho da planta e o grau de sua utilização dependem inteiramente da demanda de mercado.

O monopolista poderá operar com grau de utilização ótimo (CMe mínimo), subótimo e acima do ótimo. Operar em condições subótimas significa ter excesso de capacidade. O mercado, muito pequeno para o tamanho da planta, não permite que ele expanda a produção até o ponto de CMe mínimo.

Se o mercado for grande demais para sua planta, ele encara a decisão de construir uma nova planta ou trabalhar acima da capacidade existente. A sua decisão vai depender de quão grande é o mercado, isto é, qual o tamanho da diferença entre a demanda e o ponto ótimo da sua planta em operação. Caso opere com a planta atual, ele vai incorrer em custos mais altos, por duas razões: a quantidade produzida é maior que o ótimo e a empresa está operando acima da capacidade. Mesmo nessas condições ele auferirá lucros extraordinários.

O monopolista operará no tamanho ótimo (CMe mínimo) se o tamanho do mercado for suficientemente grande para permitir que este nível de produção seja aquele de capacidade plena.

Em resumo, não existem forças de concorrência que obriguem o monopolista a operar no ponto ótimo. Na hipótese de que ele o faça, nada garante que ele abra mão do lucro extraordinário. Assim, o preço cobrado pelo monopolista será sempre maior do que em competição perfeita e a quantidade vendida, menor.

1.3.3 A INEFICIÊNCIA DO MONOPÓLIO

As empresas na indústria que operam em competição perfeita maximizam o lucro no ponto em que o preço é igual ao custo marginal (p = RMg = CMg). O monopólio maximiza o lucro quando a receita marginal é igual ao custo marginal (RMg = CMg). O preço será mais alto e a produção será menor no monopólio do que em competição perfeita. Portanto, o consumidor estará sempre em condições de bem-estar inferiores àquelas da competição perfeita. É por isso que o modelo de competição perfeita é considerado o padrão de comparação para aferir a eficiência dos outros modelos competitivos.

Porém, poderíamos argumentar que a empresa estaria melhor no monopólio do que em competição perfeita. Suponhamos que possamos fazer com que um monopólio se comporte competitivamente. Isto é, o preço de mercado seria definido exogenamente. Vamos definir um equilíbrio econômico de Pareto, como aquele em que não existe qualquer forma de melhorar a situação de um agente econômico sem piorar a de um outro.

Pela definição anterior sabemos que no equilíbrio de Pareto não haverá qualquer agente econômico disposto a pagar mais por um bem do que custa para produzi-lo (p = RMg = CMg). Porém, no monopólio temos $p(1-1/|\varepsilon_d|)$ = RMg = CMg. O que supõe que os consumidores estariam dispostos a pagar mais por uma unidade do bem do que custa para produzi-la. É óbvio que existe potencial para uma melhoria de Pareto aqui. Esse potencial compreende toda região entre o preço de monopólio $p_m = CMg/(1-1/|\varepsilon_d|)$ e o preço de concorrência p_c = CMg.

Essa diferença entre p_m e p_c é considerada a ineficiência do monopólio. A produção é considerada eficiente quando o consumidor paga por uma unidade extra do produto exatamente o custo de produzi-la. O monopolista estaria disposto a vender uma unidade adicional a um preço mais baixo, se não fosse preciso diminuir o preço de todas as unidades que estivessem à venda. Para isso ele vai adotar uma política de discriminação de preços que analisaremos na próxima seção deste capítulo.

O ônus do monopólio é uma forma de medir a sua ineficiência. Nós já analisamos como medir o excedente do consumidor e do produtor. Para medirmos o ônus do monopólio vamos considerar a empresa e os consumidores da sua produção como agentes simétricos. Para isso vamos somar os lucros da empresa ao excedente do consumidor. A variação no excedente do produtor – mudança nos lucros da empresa – mede quanto a empresa estaria disposta a pagar para obter o preço mais alto em condições de monopólio. A variação no excedente do consumidor mede quanto os consumidores deveriam receber para compensar as suas perdas com o preço mais alto. A diferença entre o excedente do produtor e do consumidor nos diz qual foi o benefício líquido ou o custo do monopólio.

O Gráfico 1.4 mostra as variações no excedente do produtor e do consumidor em consequência da mudança da produção sob monopólio para competição perfeita. Podemos notar três regiões no gráfico. A região A representa a diminuição do excedente do monopolista pelo preço mais baixo nas unidades que ele já vendia. A região C representa o ganho do monopolista devido às unidades extras que ele vende, devido ao preço menor.

Simetricamente, o excedente do consumidor aumenta em A, porque agora eles compram toda a quantidade do bem a um preço menor. A região B representa o excedente que os consumidores ganham com as unidades extras que são vendidas.

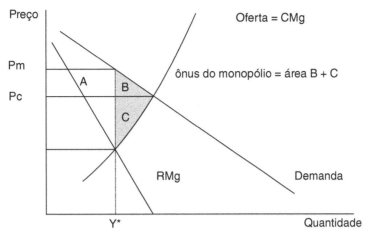

O ônus do monopólio: O ônus do monopólio é dado pela área B + C.

Gráfico 1.4 O Ônus do Monopólio.

A área A representa a transferência de bem-estar do monopolista para o consumidor: um lado ganha, o outro perde, mas o excedente permanece o mesmo. A área B+C expressa o aumento no excedente: o valor que os produtores e consumidores atribuem para a produção extra que entra no mercado em função da diminuição do preço.

Esta área, B+C, é o ônus devido ao monopólio. Mede a perda de bem-estar em função do estabelecimento de preço do monopólio em vez do preço competitivo. O ônus do monopólio pode ser definido como o valor da produção de cada unidade perdida ao preço que as pessoas estariam dispostas a pagar por elas. O valor de cada unidade extra (marginal) de produção é o preço de mercado. O custo de produzir cada unidade adicional é o CMg. O valor social de produzir uma unidade extra é a diferença entre o preço e o CMg. Ao nos movermos do nível de produção do monopólio para o de produção competitiva, somamos a distância entre as curvas de demanda e de CMg, para termos o valor da produção perdida devido ao monopólio. A área total formada pelo triângulo B+C é o ônus do monopólio.

1.3.4 Discriminação de preços

O poder do monopolista permite que ele tenha uma política de discriminação de preços voltada para extrair o máximo possível de excedente do consumidor e para aumentar a sua receita total.

Para que haja discriminação de preços o mesmo produto tem que ser vendido a diferentes preços para diferentes compradores. O custo de produção é o do monopolista, isto é, o mesmo para todos os produtos vendidos.[7] O produto é idêntico, os consumidores não percebem qualquer diferença nos produtos vendidos.

A discriminação de preços vai depender da renda dos consumidores, das suas preferências, da localização e da facilidade de encontrar substitutos para o produto. O monopolista vai procurar segmentar a sua curva de demanda, em diferentes elasticidades, para criar mercados distintos para o seu produto.

As condições necessárias para que a política de discriminação de preços do monopolista seja bem-sucedida são as descritas a seguir.

1. O mercado deve ser dividido em submercados com elasticidades distintas do preço da demanda.
2. O monopolista tem que ser capaz de estabelecer uma efetiva separação dos submercados, para que não exista a possibilidade de revenda de um produto adquirido em um mercado de baixo preço em outro mercado de alto preço.[8]

O monopolista, para discriminar preços, tem que decidir a quantidade total que vai produzir, quanto vender em cada mercado e a que preço para maximizar o lucro.

Basicamente existem três tipos de discriminação de preços, conforme apresentado a seguir.

1º grau: o monopolista vende cada unidade do produto a preços diferentes. É a discriminação perfeita de preços. Cada unidade é vendida ao consumidor, pelo preço máximo que ele está disposto a pagar. Não há excedente do consumidor neste mercado. O monopolista extrai todo o excedente do consumidor.

12 Economia Industrial

2º grau: o monopolista vende diferentes unidades do produto a preços diferentes, mas todos os compradores que adquirem a mesma quantidade pagam o mesmo preço. O preço por unidade não é constante, depende da quantidade que o consumidor compra. Os preços estabelecidos pelo monopolista vão ter um comportamento não linear de análise mais complexa que foge ao escopo deste capítulo. Exemplos são os prestadores de serviços, os serviços de eletricidade etc.

3º grau: o monopolista vende o produto para diferentes compradores por preços diferentes, mas cada unidade vendida para um grupo de compradores é vendida ao mesmo preço. Essa é a forma mais comum de discriminação de preços que se aplica bastante nos descontos para idosos, estudantes, ou as diferentes classes de tarifas aéreas.

Para entender a lógica da discriminação de preços do terceiro grau, será apresentado um exemplo do processo pelo qual se determina os preços que serão cobrados nos dois mercados. Suponhamos que existam dois grupos de pessoas. O monopolista deseja vender uma quantidade de produto, para cada grupo, a um preço diferente.

Curvas de demanda inversa: $p_1(y_1)$ para o grupo 1; $p_2(y_2)$ para o grupo 2.

Custo de produção: $c(y_1 + y_2)$

A maximização dos lucros será definida pela equação:

$$\max \pi \,(RT - CT) = \max[p_1(y_1)\,y_1 + p_2\,(y_2)\,y_2] - c(y_1 + y_2)$$

O ponto de maximização será alcançado quando:

$$RMg_1 = CMg(y_1 + y_2)$$
$$RMg_2 = CMg(y_1 + y_2)$$

Substituindo a RMg pela fórmula seguinte tem-se:

$$p_1(y_1)(1-1/|\varepsilon_{d1}|) = CMg(y_1 + y_2)$$
$$p_2(y_2)(1-1/|\varepsilon_{d2}|) = CMg(y_1 + y_2)$$

ε_{d1} e ε_{d2} representam, respectivamente, as elasticidades do preço da demanda nos mercados 1 e 2. Das duas últimas equações concluímos que:

$$p_1(y_1)[1-1/|\varepsilon_{d1}|] = p_2(y_2)(1-1/|\varepsilon_{d2}|)$$

Se o monopolista quiser fixar $p_1 > p_2$ terá que obedecer a:

$$1-1/|\varepsilon_{d1}| < 1-1/|\varepsilon_{d2}|$$
$$1/|\varepsilon_{d1}| > 1/|\varepsilon_{d2}|$$
$$|\varepsilon_{d2}| > |\varepsilon_{d1}|$$

Isso significa que o monopolista tem que estabelecer o preço mais alto no mercado de menor elasticidade. O preço mais baixo será estabelecido no mercado mais sensível ao preço (elasticidade mais alta) e o preço mais alto no mercado menos sensível ao preço. Esta é a maneira dele maximizar o lucro de uma forma geral.

1.4 Competição Monopolística

1.4.1 ANTECEDENTES

A insatisfação com os modelos de concorrência existentes na teoria econômica, competição perfeita e monopólio, resultou na elaboração de um modelo alternativo que incorporasse algumas das críticas que vinham sendo feitas. Podemos citar, a seguir, as principais críticas da época, em especial referidas ao modelo de competição perfeita formuladas por Piero Sraffa, em seu famoso artigo de 1926, "As leis dos rendimentos sob condições de concorrência".

Modelos Tradicionais de Concorrência **13**

- Não explicava vários fatos do mundo real.
- A hipótese de produto homogêneo não se adequava ao padrão de competição dominante nos mercados, onde a propaganda e outras técnicas de venda prevaleciam como instrumentos fundamentais para criar a fidelidade do consumidor.
- As empresas expandiam sua produção com custos decrescentes (retornos de escala crescentes), como era a previsão do modelo de competição perfeita, sem se tornar grandes empresas e ganhar poder de mercado.

Os modelos que surgiram para confrontar esse desafio teórico procuraram conciliar o poder de mercado das empresas com a hipótese de lucro econômico zero no longo prazo. Esta estrutura de mercado deveria combinar atributos do monopólio e da competição perfeita.

1.4.2 O MODELO

A definição dessa estrutura de mercado afirma que em uma indústria em competição monopolística existe livre entrada e as empresas se deparam com uma curva de demanda negativamente inclinada, e não horizontal como no caso da competição perfeita. Se as empresas entram na indústria toda vez que houver lucros positivos, cada empresa estará em equilíbrio a longo prazo, como em competição perfeita. Se as empresas se deparam com uma curva de demanda residual negativamente inclinada, elas têm poder de mercado.

O conceito-chave da competição monopolística é a diferenciação de produtos. A diferenciação de produtos pode surgir a partir de duas características. A primeira porque os consumidores pensam que um produto é diferente dos demais. A segunda porque os consumidores preferem os produtos que possuem características ou atributos diferenciados e estão dispostos a pagar um prêmio para comprar esses produtos. No primeiro caso, a propaganda e as técnicas de vendas desempenham um papel importante. No segundo, características como a localização geográfica ou aspectos técnicos e de qualidade dos produtos fazem a diferença.

Como sempre, as empresas em competição monopolística vão maximizar lucros no ponto em que a RMg se iguala ao CMg. A curva de demanda residual da empresa e, a partir dela, sua curva de RMg dependem da quantidade produzida por cada um dos seus competidores, e não apenas da quantidade total produzida no mercado. Quanto maior for o impacto da diferenciação, maior será a inclinação da curva de demanda, porque os outros produtos são substitutos mais distantes. Essa maior inclinação confere à empresa um poder de elevar seu preço acima do CMg.

O número de empresas no mercado é determinado pela facilidade de entrada na indústria. A entrada de novas empresas auxilia o consumidor porque baixa o preço dos produtos e aumenta a variedade de produtos que ele pode escolher. Porém, o poder da entrada de novas empresas regula o preço em favor do consumidor, em função do tipo de diferenciação que estamos tratando no modelo.

Uma análise mais detalhada do modelo de competição monopolística será apresentada no Capítulo 6 deste livro.

▌ 1.5 Conclusão

A estrutura de mercado, definida teoricamente como competição perfeita, não prevê qualquer tipo de rivalidade entre as empresas. Portanto, o significado teórico do conceito de competição perfeita tem uma dimensão radicalmente oposta ao uso que ele tomou pelo senso comum. Aqui, competição significa rivalidade. Na teoria, significa ausência de rivalidade.

A teoria econômica neoclássica, que fornece a visão convencional corrente sobre o comportamento da empresa, não atenta, de forma adequada, às diferenças entre as empresas. As empresas são iguais, os comportamentos são idênticos. Pode-se representar todas as empresas com uma empresa-padrão. Isso resulta em um mercado ou indústria, como a agregação dos consumidores e das empresas individuais. Não há espaço para estratégias diferenciadas, nem quando se reconhece que pode haver diferenciação de produtos (competição monopolística).

A primeira razão para isso é a concepção da teoria neoclássica sobre o que é a atividade econômica. Desde a formulação da teoria do equilíbrio geral, há mais de um século, o foco tem sido fundamentalmente sobre a eficiência da alocação de recursos. A pergunta teórica central a ser respondida é: com que eficiência uma economia aloca os seus recursos, dadas as preferências dos consumidores e as tecnologias disponíveis para produção. Essa concepção resulta em uma visão muito limitada sobre o que as empresas fazem.

A segunda razão também decorre dessa orientação teórica mais geral. Embora não seja a única formulação possível do processo de tomada de decisão da empresa, compatível com a teoria neoclássica, presume-se que as empresas encaram o conjunto

14 Economia Industrial

de escolhas, como dado e conhecido, restringido pelas tecnologias disponíveis. A partir daí, as empresas não têm qualquer dificuldade em escolher a ação que é melhor para elas, dado o seu objetivo de maximização de lucro.

Dessa forma, o problema econômico se resume basicamente a conseguir os preços certos, que funcionam como um mecanismo de incentivos, e não a identificar a melhor coisa a fazer, a qual foi presumida não ser um problema, pelo perfeito conhecimento de todas as alternativas possíveis.

A permanência da hipótese de perfeito conhecimento e maximização de lucros nos modelos de monopólio e competição monopolística, isto é, a racionalidade perfeita do tomador de decisões, leva a que todas as modificações teóricas feitas a seguir continuem a se constituir como um caso especial, do caso geral, a competição perfeita. Tudo mais que não se enquadre nas hipóteses básicas do modelo é considerado uma falha ou imperfeição de mercado.

1.6 Resumo

Neste capítulo aprendemos que:

- A competição perfeita e o monopólio são os dois modelos básicos de concorrência da teoria neoclássica. Eles representam, respectivamente, os extremos de atomização e concentração da produção.
- As hipóteses gerais que fundamentam o comportamento do agente neoclássico são a maximização de lucros e a informação completa ou perfeita. Isso pressupõe uma racionalidade plena na tomada de decisão pelo agente, conhecedor em última instância de todas as oportunidades presentes no mercado, qualquer que este seja.
- A estrutura de mercado definida como competição perfeita não prevê qualquer tipo de coordenação entre as empresas que atuam nesse mercado. As empresas tomam decisões de forma descentralizada, apenas sujeitas à disciplina do mercado, isto é, são tomadoras de preço.
- Não existem barreiras à entrada ou à saída de empresas da indústria ou mercado. O objetivo das empresas é a maximização do lucro. O produto é homogêneo. Existe livre circulação da informação e dos fatores de produção.
- O equilíbrio com maximização de lucros é alcançado quando o preço se iguala ao custo marginal e ao custo médio mínimo.
- O monopólio é a estrutura de mercado em que há apenas um produtor. As causas da existência do monopólio são várias; algumas políticas, outras econômicas e outras técnicas.
- O monopolista tem o poder de impor o preço aos consumidores. Esse poder de mercado permite que o monopolista opere sempre com lucros extraordinários, isto é, vai impor uma margem (*mark-up*) sobre os custos marginais.
- O monopolista pode expandir ou usar a capacidade existente da planta em qualquer nível para maximizar seu lucro. A entrada bloqueada torna desnecessário que o monopolista trabalhe no nível da escala ótima da planta. Não existe qualquer condição, técnica ou de mercado que o obrigue a isso. O tamanho da planta e o grau de sua utilização dependem inteiramente da demanda de mercado.
- O poder do monopolista permite que ele tenha uma política de discriminação de preços voltada para extrair o máximo possível de excedente do consumidor e para aumentar a sua receita total.
- O monopolista tem que estabelecer o preço mais alto no mercado de menor elasticidade. O preço mais baixo será estabelecido no mercado mais sensível ao preço (elasticidade mais alta); e o preço mais alto, no mercado menos sensível ao preço. Esta é a maneira dele maximizar o lucro de uma forma geral.

1.7 Questões para Discussão

1. A realidade histórica do capitalismo tornou o oligopólio a estrutura de mercado dominante. Qual o sentido de estudar a competição perfeita e o monopólio?
2. O conceito de cálculo na margem deriva da física newtoniana e da matemática. Existe algum sentido para esse conceito servir de base para a análise da economia no mundo real?
3. A noção de tempo da teoria neoclássica (marginalista) tem aplicação prática?
4. O que determina os rendimentos decrescentes no curto e no longo prazos? O conceito de rendimentos decrescentes é útil para explicar a estrutura de custos das empresas modernas?
5. Qual a relação da política de preços do monopolista com a elasticidade do preço da demanda?
6. No modelo de competição perfeita, existe "competição"?
7. Procure exemplos de discriminação de preços no mercado real. São monopólios que os praticam?

Notas

1. SRAFFA, P. The laws of returns under competitive conditions. *Economic Journal*, v. 36, n. 2, 36, p 535-550, dez. 1926.
2. ROBINSON, J. *The economics of imperfect competition*. London: Macmillan Press, 1933.
3. CHAMBERLIN, E. H. *The theory of monopolistic competition*. Cambridge: Harvard University Press, 1933.
4. A função custo médio mede o custo por unidade de produção. A função custo variável médio mede o custo variável por unidade de produção. A função custo fixo mede os custos fixos por unidade de produção. O Capítulo 3 traz uma análise detalhada dos custos de produção.
5. As economias de escala ocorrem quando as empresas aumentam a sua produção ou o tamanho da sua planta. As economias de escala moldam o formato da curva de custo médio de longo prazo, ao passo que a posição desta curva depende das economias externas, como mudanças na tecnologia e variações nos preços dos fatores de produção na indústria ou na economia como um todo. As mudanças nessas condições externas vão representar um deslocamento da curva de custo médio de longo prazo (custo unitário de produção). Existe também a possibilidade da ocorrência de deseconomias de escala, quando a empresa cresce além de determinados limites, tornando-a sujeita a altos custos de gerenciamento da produção. As economias de escala, portanto, descrevem o que acontece quando se aumenta a quantidade de todos os fatores de produção presentes na função de produção. As economias de escala serão detalhadamente discutidas no Capítulo 6.
6. O grau desse poder de mercado não é absoluto, pois depende da elasticidade-preço da demanda.
7. Na verdade, essa hipótese é um pouco forte. Os custos podem variar, mas não tanto quanto os preços. Da mesma forma, pode haver ligeiras diferenças entre os produtos como: encadernações diferentes dos livros, assentos distintos no teatro, no avião ou no trem.
8. Esta condição mostra por que é fácil aplicar a discriminação de preços em serviços de utilidade pública: eletricidade, gás, transporte, medicina, espetáculos etc.

Bibliografia

CHAMBERLIN, E. H. *The theory of monopolistic competition*. Cambridge: Harvard University Press, 1933.

GUIMARÃES, E. A. *Acumulação e crescimento da firma*. Rio de Janeiro: Zahar, 1982.

KOUTSOYIANNIS, A. *Modern microeconomics*. 2. ed. London: Macmillan Press, 1983.

ROBINSON, J. *The economics of imperfect competition*. London: Macmillan Press, 1933.

SRAFFA, P. The Laws of returns under competitive conditions. *Economic Journal*, v. 36, n. 2, p. 535-550, dez. 1926.

STEINDL, J. *Maturidade e estagnação no capitalismo americano*. Parte Primeira: Preços, Custos e Margens de Lucro. São Paulo: Abril Cultural, 1983.

TOLIPAN, R.; GUIMARÃES, E. A. Uma nota introdutória ao artigo "As leis dos rendimentos sob condições de concorrência" de Piero Sraffa, *Clássicos de literatura econômica*. Rio de Janeiro: IPEA/INPES, 1988.

VARIAN, H. R. *Microeconomia*. Princípios básicos. Rio de Janeiro: Campus, 1999.

Capítulo 2

Empresa, Indústria e Mercados

Alexis Toríbio Dantas, Jaques Kerstenetzky e Victor Prochnik

2.1 Introdução

Este capítulo visa analisar a evolução dos conceitos de empresa, indústria e mercado no âmbito da Economia Industrial. O objetivo básico consiste na avaliação dos desdobramentos teóricos da introdução de categorias analíticas ausentes, ou insatisfatoriamente abordadas, pela visão tradicional neoclássica, em particular no que se refere à natureza da empresa e seus objetivos e consequências para a delimitação dos conceitos de mercado e indústria. Na Economia Industrial, em várias correntes, destaca-se claramente a busca pela incorporação do crescimento e da acumulação de capital das empresas como determinantes fundamentais da dinâmica da economia capitalista. A crescente importância das grandes corporações, em geral acumulando várias atividades produtivas, contrasta claramente com a empresa idealizada pela escola tradicional neoclássica, gerando novas preocupações não só com a própria ideia de empresa como também com seus espaços de concorrência, sobretudo na definição de mercado e indústria.

Com relação a isso, a próxima seção se ocupa em examinar as diversas abordagens referentes ao papel observado pelas empresas na economia capitalista, buscando identificar modelos que permitam analisá-las em função de sua dinâmica de expansão e valorização de capital. Em seguida, a terceira seção aborda as formas tradicionalmente adotadas pelas empresas no que se refere à sua organização interna, associando sua configuração às estratégias típicas de expansão. A quarta seção discorre acerca dos conceitos de mercado e indústria, buscando refletir os novos traços característicos das empresas e suas formas tradicionais de expansão, com destaque para a diferenciação de produto e a diversificação industrial.

Finalmente, a quinta seção apresenta espaços alternativos de análise da concorrência empresarial – as cadeias e complexos industriais, cujo objetivo é explorar as interdependências dos agentes econômicos que extrapolam os limites estritos da definição de indústria como espaço concorrencial típico das empresas.

2.2 Natureza e Objetivos da Empresa

A questão da natureza e dos objetivos das empresas encontra na evolução da Economia Industrial uma diversidade de respostas. Antes de expor essa diversidade, é possível explicá-la, como fizeram Chandler e Penrose. Para Chandler, a empresa tem várias faces, que podem ou não ser enfatizadas na elaboração teórica.

Uma empresa é uma entidade legal que estabelece contratos com fornecedores, distribuidores, empregadores e, frequentemente, com clientes. É também uma entidade administrativa, já que havendo divisão do trabalho em seu interior, ou

18 Economia Industrial

desenvolvendo mais de uma atividade, uma equipe de administradores se faz necessária para coordenar e monitorar as diferentes atividades. Uma vez estabelecida, a empresa se torna um conjunto articulado de qualificações, instalações e capital líquido. Finalmente, em nome dos lucros, as empresas têm sido e são instrumentos de economias capitalistas para a produção de bens e serviços, e para o planejamento e a alocação para produção e distribuição futuras.

(Chandler, 1992, p. 483)

A proposição de Penrose é complementar, indicando que os teóricos fazem escolhas dentre os múltiplos aspectos da empresa.

Uma empresa [...] não é um objeto observável de maneira fisicamente separada de outros objetos, e é difícil de se definir a não ser com referência ao que faz ou ao que é feito em seu interior. Consequentemente, cada analista é livre para escolher quaisquer características da empresa nas quais esteja interessado, definir a empresa em termos destas características, e proceder de forma a chamar sua construção de "empresa".

(Penrose, 1959, p. 10)

O retrato de empresa contido nas teorias econômicas depende da visão do funcionamento do sistema econômico mais geral desenvolvido pelas teorias. Com essa observação em mente, podemos partir para a discussão da natureza e dos objetivos da empresa sem pensar que estaremos buscando o que é realmente uma empresa e quais são realmente seus objetivos, mas sim como as teorias econômicas os retratam, sabendo que a diversidade desse retrato faz parte do mundo da ciência. Podemos ainda levar em conta um aspecto adicional: a evolução histórica das unidades que organizam a produção também tem influência sobre a formulação teórica da empresa.

2.2.1 ANTES DA ESCOLA NEOCLÁSSICA: ACUMULAÇÃO DE CAPITAL E ELEMENTOS DE UMA TEORIA DA PRODUÇÃO

A escola clássica não chega a explicitar um agente de nome empresa. Nela estão presentes como agentes as classes sociais – trabalhadores, proprietários de terras e capitalistas. Para nosso uso, isso pode se explicar pelo fato de a empresa capitalista ter se constituído como agente de forma evolutiva, sendo identificável de forma separada de seus proprietários à medida que evoluiu juridicamente. Assim, antes da revolução industrial, podem identificar-se empresas na esfera comercial, mas a produção se faz, em geral, de forma doméstica ou em oficinas de dimensões reduzidas. Mesmo no século XIX, as primeiras empresas industriais (da indústria têxtil, por exemplo) são empresas familiares ou sociedades de natureza jurídica simples, não separando a responsabilidade do patrimônio familiar dos compromissos assumidos pelas empresas. Neste sentido, a empresa da escola clássica se identifica com o capitalista, e seu objetivo é acumular capital em um ambiente competitivo representado por um sistema capitalista em expansão.

Do ponto de vista da compreensão da escola neoclássica, que será discutida a seguir, cabe ainda recolher na escola clássica elementos da teoria da produção desenvolvidos por seus autores, que comporão a agenda de questões discutidas nas teorias da produção desenvolvidas posteriormente.

Estamos falando especificamente das leis dos rendimentos.[1] Tais leis procuravam relacionar a ampliação da atividade econômica à produtividade e podiam ser verificadas seja na unidade individual da produção, seja no conjunto da atividade. É assim que Adam Smith propôs que quanto mais amplo o mercado (e maior a produção), mais profunda pode ser a divisão do trabalho (seja na unidade da produção, seja no conjunto da atividade econômica), apresentando um material que mais tarde será proposto como lei dos rendimentos crescentes. E é assim também que Ricardo apontou que a agricultura, por contar necessariamente com o recurso a terras adicionais para a expansão da atividade produtiva visando atender ao aumento da população e da demanda de alimentos, apresenta produtividade decrescente porque as terras são incorporadas por ordem de fertilidade – o que compõe a lei dos rendimentos decrescentes. A unidade de produção agrícola também apresentaria individualmente rendimentos decrescentes às tentativas de aumentar a produção porque a intensificação do uso de uma porção fixa das terras apresentaria resultados análogos à extensão do cultivo a terras adicionais de menor fertilidade.

2.2.2 A EMPRESA NA ESCOLA NEOCLÁSSICA: TRANSFORMAÇÃO NAS LEIS DOS RENDIMENTOS

A escola neoclássica trouxe para o centro da teoria econômica o problema da alocação de recursos escassos a necessidades ilimitadas. O problema da alocação de recursos entre setores da atividade já estava presente na escola clássica com a questão da expansão do sistema capitalista. Essa mudança de eixo teórico de uma escola para outra é acompanhada pelo deslocamento das leis dos rendimentos na discussão da expansão do sistema para a discussão do valor das mercadorias como solução do problema alocativo.

Vejamos primeiro a versão do equilíbrio parcial, referente ao desenvolvimento da teoria do valor a partir das proposições contidas nos *Principles of Economics* de Alfred Marshall. Como participante deste sistema alocativo, a empresa neoclássica é vista como um agente que toma decisões de produção (curto prazo) e de escolha do tamanho da planta (longo prazo), incluindo a entrada ou a saída de mercados onde os lucros estejam acima ou abaixo dos lucros normais, de forma que as decisões do conjunto de empresas de uma economia conduzem as escolhas da aplicação dos recursos da sociedade – o que, como, quanto e para quem produzir. As escolhas individuais das empresas são governadas pelo objetivo de maximização de lucros, que corresponde à quantidade produzida que proporciona os maiores lucros dentre o conjunto de quantidades que uma planta permite produzir (curto prazo), ou à escolha da planta ótima, a que permite obter a maior lucratividade dentre o conjunto de dimensões alternativas de plantas no âmbito da tecnologia vigente.

A empresa é, assim, o local onde se combinam os fatores de produção de maneira a gerar os produtos, sendo a produção sujeita às leis dos rendimentos, que são discutidas primordialmente no interior de cada unidade de produção isolada. Os rendimentos são a base para a construção das curvas dos custos médio e marginal de curto e longo prazos. A lei dos rendimentos decrescentes é generalizada para qualquer unidade que apresente fatores variáveis combinados a fatores fixos, não mais se restringindo à agricultura. A existência de ao menos um fator fixo compõe a noção de curto prazo.

Na versão do equilíbrio geral introduzida por Léon Walras, o retrato da empresa é ainda mais acentuadamente talhado para o modelo. A empresa aparece sob a forma de empresários que comparecem no mercado de fatores como demandantes de seus serviços e no mercado de bens como ofertantes dos produtos. Se as remunerações concebidas são os lucros do capital, o salário do trabalho e a renda dos recursos naturais, os lucros extraordinários a que os empresários poderiam eventualmente visar como resíduo – resultante do desconto dos custos de produção do valor dos bens – se anulam por pressão da competição. No equilíbrio não resta ao empresário qualquer remuneração, salvo aquela(s) que aufere(m) como proprietário de algum fator dentre os combinados na produção. Seu papel de auxiliar o "leiloeiro walrasiano" na coordenação de disposições de comprar e vender (bens e serviços de fatores), para igualar ofertas e demandas na economia, não é remunerado, assim como o do próprio leiloeiro. Essas limitações, devemos frisar, não são decorrentes de incapacidade intelectual ou de percepção da realidade por parte do formulador da teoria. São os resultados da tentativa de oferecer uma solução ao problema do equilíbrio geral com um desenho institucional simples.

No entanto, a compreensão da atividade econômica e das empresas como agente pode ser aprofundada por meio da consideração de instituições, inclusive por meio da discussão institucional sobre a natureza da empresa. Neste âmbito, a empresa é uma organização hierárquica. Esta caracterização admite a discussão de aspectos adicionais na teoria da empresa.

2.2.3 EMPRESAS COMO INSTITUIÇÃO: A CONTRIBUIÇÃO DE COASE

De acordo com Ronald Coase, a empresa é vista como um arranjo institucional que substitui a contratação renovada de fatores no mercado por uma outra forma de contratação, representada por um vínculo duradouro entre fatores de produção. Na contratação entre capital e trabalho, por exemplo, seria a diferença entre contratar um autônomo para uma tarefa avulsa ou contratar um trabalhador mediante um contrato de trabalho, ou seja, para desempenhar essa tarefa ao longo de um futuro indeterminado, incluindo as variações que a tarefa pode assumir ao longo do tempo.

Dessa maneira, o autor identifica duas formas alternativas de alocação de recursos: uma pelo mercado, flexível, elástica, respondendo às mudanças nas condições e sinalizada por preços; outra, hierárquica, correspondendo às ordens emitidas pela hierarquia interna à empresa, que destina aos fatores contratados sua utilização produtiva. As duas podem conviver porque existem vantagens de parte a parte: as empresas economizam custos de transação porque seus contratos dispensam-na de recorrer repetidamente ao mercado para cada utilização de serviços dos fatores de produção.

Mas essa economia possui limites na ineficiência gerencial que cresce com o número de fatores contratados pela hierarquia, de maneira que a partir de certa dimensão a economia de custos de transação seja compensada pelas deseconomias da ineficiência gerencial. Define-se dessa forma, empregando a análise marginal, o tamanho ótimo da empresa, que faz com que uma empresa hipotética não cresça ao ponto de a hierarquia resultante prescindir das relações de mercado. Como resultado, empresas convivem nos mercados transacionando entre si e com fatores que vendem seus serviços de forma avulsa.

Assim, a empresa de Coase é uma hierarquia que economiza custos de transação. Ao manter o problema alocativo como central e ao empregar o cálculo racional e a análise marginal na formulação do tamanho ótimo da empresa que maximiza lucros, a empresa de Coase deve ser entendida como um desenvolvimento teórico ainda no âmbito da abordagem neoclássica.

2.2.4 OUTRAS VISÕES DE EMPRESA COMO INSTITUIÇÃO: MARSHALL

Há, porém, um amplo conjunto de formulações teóricas que se apresentam como críticas ou como alternativas à discussão neoclássica das empresas. Tais formulações podem ser analisadas em conjunto devido a um elemento comum às suas abor-

20 Economia Industrial

dagens. Esse elemento pode ser representado pela expressão *capacitações organizacionais,* de uso recente mas de conteúdo identificável já na obra de Alfred Marshall.

Marshall é, sem dúvida, o fundador da vertente neoclássica da análise do equilíbrio parcial. Efetivamente, Marshall utilizou nessa análise a figura de uma empresa idealizada, a empresa representativa, que seria madura o suficiente para estar de posse das capacitações representativas do desenvolvimento geral da indústria e do conjunto de empresas produtoras da mercadoria em análise de equilíbrio.

No entanto, antes de partir para a análise do mercado e seu equilíbrio no livro V dos *Principles of Economics*, Marshall discutiu a produção e seus agentes no livro IV. Para Marshall, as empresas se desenvolvem ao longo de um ciclo de vida, no qual nascem e sobrevivem se o seu fundador possui qualidades que o selecionem no ambiente. Ele deve trazer soluções adequadas aos problemas de organização e das técnicas de produção, comercialização das mercadorias e relacionamento com fornecedores.[2] Uma vez que a empresa sobrevive a seu nascimento e cresce, o empresário precisa resolver os problemas de seu crescimento, já que organizar a produção e a comercialização de quantidades crescentes requer novas soluções.

Para Marshall, o crescimento da empresa individual na indústria se faz sob rendimentos crescentes. O autor explica que empresas maiores se beneficiam de vantagens na adoção de técnicas, na compra de grandes volumes e no uso de instrumentos de comercialização acessíveis às empresas maiores. Se juntarmos estas vantagens estáticas às vantagens dinâmicas referentes à experiência, aos conhecimentos acumulados, aos relacionamentos comerciais estabelecidos, a uma estrutura organizacional interna que amadurece e se consolida, tudo isto em evolução ao longo do tempo, o resultado é que quanto maior a empresa mais competitiva ela é.

A primeira empresa a atingir dimensões suficientes não é, para Marshall, capaz de monopolizar o mercado. Esse autor discutiu a empresa familiar inglesa das últimas décadas do século XIX e das primeiras do século XX. Os historiadores revelam que, nesse ambiente, empresas eram criadas e iam à falência em profusão. A explicação marshalliana é a de que as empresas não podem reter e desenvolver eternamente as vantagens do tamanho porque, ao final da primeira geração fundadora da empresa, há perda de vigor no trabalho da gerência; e sua substituição pelas gerações posteriores faz prosseguir a debilidade porque seus gerentes são determinados hereditariamente, não sendo selecionados pelo mercado por sua capacidade de conduzir as empresas acompanhando o ambiente em permanente mudança. Como resultado, as boas soluções criadas no passado envelhecem e a empresa entra em decadência.

No entanto, no século XX se desenvolve o fenômeno da separação da propriedade e do controle, alterando o ambiente que serve de inspiração e de aplicação da teoria da empresa. De qualquer forma, permanece a contribuição marshalliana de um ambiente em permanente mudança, da necessidade dos responsáveis pela condução da empresa acompanharem seu tempo e introduzirem mudanças em várias áreas (produção, administração, comercialização) que representem vantagens competitivas.

2.2.5 Outras visões de empresa como instituição: gerencialistas e Penrose

Assim como outras abordagens alternativas à visão tradicional neoclássica, a corrente gerencialista[3] rejeita o processo de maximização do lucro como o determinante exclusivo do comportamento decisório da empresa. Um elemento-chave na configuração dos modelos dessa corrente refere-se à separação entre propriedade e controle, uma nova característica organizacional das empresas ao introduzir a figura do gerente profissional – representando seu corpo executivo. Esses executivos, por sua vez, possuem objetivos próprios, não necessariamente coincidentes com os interesses dos acionistas proprietários. Com relação a isso, uma função-utilidade dos gerentes que orienta as suas decisões conteria não apenas os lucros, mas também os outros elementos que afetam suas carreiras, seu emprego, suas oportunidades de remuneração futura: parcelas de mercado das empresas, grau de risco, crescimento das vendas apareceriam ao lado dos lucros como variáveis, inclusive competindo com os lucros. Um gerente profissional poderia "trocar" um pouco de lucros por um pouco mais de vendas como objetivo para valorizar seu prestígio entre os gerentes existentes na economia – as variáveis associadas ao crescimento da empresa ocupam, portanto, papel preponderante nesses modelos.

Edith Penrose formulou uma teoria da empresa que se destaca deste conjunto por retomar a problemática esboçada por Marshall, dando maior organicidade à discussão sobre empresas que crescem acumulando capacidades e recursos. Para a autora, a empresa reúne e combina recursos, mas esta função contrasta com a empresa neoclássica porque não há relação biunívoca entre um recurso e os serviços que dele se podem obter. Estes dependem do ambiente (da empresa) em que os recursos são utilizados, com especial importância para os conhecimentos utilizados quando do seu emprego. Empresas encerram experiência e conhecimentos acumulados ao longo de sua "existência", que faz de cada uma delas um exemplar único, resultante de sua trajetória específica, dos problemas que enfrentam, das estratégias e soluções que escolhem.

Os conhecimentos necessários para a atividade da empresa são, em parte, tácitos, de forma que os recursos humanos que dela participam os adquirem pela experiência comum. Esta proporciona à atividade da empresa o caráter de trabalho de equipe. A própria elaboração de estratégias depende da avaliação dos membros da empresa e, consequentemente, de sua experiência passada e conjunta. Tudo isto em um ambiente hierárquico, onde se distinguem os recursos humanos como participantes de uma organização hierárquica e com divisão do trabalho.

Penrose destaca-se ainda dos demais gerencialistas por considerar que os vários objetivos que podem ser identificados como perseguidos pelos gerentes podem ser englobados no objetivo mais amplo de crescimento. Lucros, segurança, parcelas de mercado são vistos como resultado e fator de crescimento em uma visão dinâmica da empresa que se transforma e cresce.

2.2.6 A visão neoschumpeteriana de empresa

Uma corrente da teoria econômica contemporânea em que a empresa se apresenta como agente que acumula capacidades organizacionais é a dos neoschumpeterianos. Em uma das obras seminais desta corrente, Richard Nelson e Sidney Winter apresentam essas capacitações sob a forma de rotinas. Para estes autores, em vez da escolha racional e permanentemente renovada proposta pela corrente principal da teoria econômica, as empresas se comportam de acordo com rotinas cristalizadas por meio de sua experiência, que possuem o papel de coordenar a atividade interna dos membros da empresa, ao mesmo tempo em que encerram o conhecimento da organização à semelhança de um código genético. Tal conhecimento é, em parte, de caráter tácito, não sendo transferível por meios formais, e compõe o caráter idiossincrático da atividade empresarial. A discussão das rotinas enfatiza um aspecto central do comportamento das empresas: o de que não bastam os equipamentos e seus manuais para sua utilização; a empresa não é uma planta operada com custos variáveis na forma de trabalho que pode ser contratado ou demitido; as rotinas encerram o conhecimento da empresa, e incluem produção, transmissão, e interpretação das informações provenientes do ambiente externo e as geradas no interior da empresa. Sendo, em boa parte, conhecimento tácito e não formal, é adquirido por meio da participação na atividade rotineira.

A proposição de rotinas como descrição do comportamento das empresas não implica comportamento imutável. A abordagem evolucionista de Nelson e Winter discute a relação entre as rotinas e a inovação.[4] Problemas detectados nas rotinas podem pôr em ação rotinas de solução de problemas ou demandar alterações nas próprias rotinas; a introdução de inovações pode implicar o desenvolvimento de novas rotinas ou a adaptação das rotinas anteriores. A própria geração de inovações é uma atividade passível de organização em rotinas que consistem em princípios de busca de soluções de problemas por parte de cientistas, engenheiros e gerentes.

2.3 Estrutura Organizacional Interna da Empresa

A insatisfação com o tratamento conferido à empresa (e ao ambiente concorrencial) pela teoria neoclássica tradicional é um dos pontos de contato de maior relevo nos vários modelos que compõem a análise da Economia Industrial, especialmente em função da introdução de categorias necessariamente dinâmicas ao corpo analítico proposto. Isto se reflete, em particular, nos conceitos específicos de empresa, indústria e mercado.

Como visto na exposição precedente, de forma geral a empresa como instituição é entendida como uma entidade administrativa e financeira cujos objetivos predominantes são o crescimento e a acumulação interna de capital. A diversificação industrial apresenta-se, historicamente, como uma das formas mais tradicionais de expansão das empresas na economia capitalista (ver o Capítulo 15).

Essa empresa diversificada, todavia, pode apresentar diferentes formatos de organização interna. Como ponto de partida para essa discussão, é possível considerar as proposições de Oliver Williamson e Alfred Chandler relativas à existência de dois modelos estilizados de estrutura organizacional – o formato unitário (forma U) e a empresa multidivisional (forma M).

Em seu formato unitário, a empresa organiza-se segundo uma perspectiva estritamente funcional; as divisões que a compõem estão envolvidas cada uma delas com uma atividade de características particulares (produção, marketing, finanças etc.), que se sobrepõem à linha de produtos gerados. O caráter centralizado do empreendimento faz com que cada divisão envolva-se, de acordo com suas características, com uma ampla linha de produtos. Como problema potencial desse tipo de estrutura, é possível salientar o fato de que a alocação dos fundos disponíveis para investimento tende a ocorrer de acordo com a barganha de interesses entre as várias divisões funcionais, o que pode negligenciar as oportunidades oferecidas pelos diferentes produtos em seus respectivos mercados.

22 Economia Industrial

Em contraste com essa estrutura unitária, é possível postular a existência de empresas com um formato multidivisional. Essas empresas funcionam a partir de um sistema de divisões organizadas por produto ou por região geográfica, cada uma delas comportando-se como instância operacional individualizada responsável por um amplo elenco de decisões locais concernentes a preços e produção. Nesse caso, a empresa diversificada pode ser compreendida como uma federação de *quase empresas*, às quais caberia a responsabilidade pela produção colocada em um mercado particular, de tal modo que a empresa diversificada estaria dividida em tantas *quase empresas* quanto fosse o número de mercados em que atua.

Embora cada quase empresa possua um corpo de gerentes próprio, responsável pelas decisões rotineiras relativas à produção e à comercialização no seu mercado específico, as decisões cruciais ficam a cargo da gerência central da empresa. Dessa forma, além de definir os cargos decisórios das *quase empresas*, cabe à gerência central a tipificação das políticas e estratégias de investimento da empresa, além da alocação e distribuição de recursos entre as *quase empresas*.

Este formato resulta na combinação de aspectos positivos associados à descentralização produtiva – permitindo a definição de espaços próprios ocupados pelas *quase empresas* (que representam linhas de produtos específicos ou zonas geográficas definidas) – e à concentração decisória referente à alocação de recursos entre as *quase empresas* a partir da gerência central. Esta característica viabiliza uma importante diversidade de opções estratégicas para a conformação organizacional da empresa.

De maneira simplificada, é possível diferenciar os seguintes modelos organizacionais de empresas diversificadas.

1. *Empresa multiproduto*: produz vários bens colocados junto a mercados distintos, porém relacionados em termos das funções de P&D, fabricação e marketing. Sua expansão é, portanto, concêntrica, sendo induzida por similaridades tecnológicas e/ou mercadológicas das atividades previamente desenvolvidas e visando à exploração de economias de escopo e dos canais de comercialização disponíveis para a empresa.

2. *Empresa verticalmente integrada*: envolve a atuação da empresa em diversos estágios da cadeia produtiva associada à transformação de insumos em bens finais de determinada indústria. Em geral, a justificativa para esses movimentos prende-se à exploração de economias de escala – as quais se expandem para o conjunto de atividades da empresa integrada – que permitem a obtenção de ganhos de eficiência e a redução de custos de transação.

3. *Conglomerado gerencial*: corresponde a um tipo de empresa diversificada que está presente em vários mercados, envolvendo produtos pouco relacionados entre si. É caracterizada por uma capacitação gerencial genérica que pode ser utilizada em diferentes mercados, o que lhe confere uma vantagem concorrencial em relação a outras empresas que não dispõem desse tipo de capacitação. Utiliza essa capacitação gerencial para explorar oportunidades atrativas – embora possa também recorrer a um intercâmbio de recursos financeiros e gerenciais entre suas diversas unidades, o que resultaria em ganhos de eficiência para estas.

4. *Conglomerado financeiro*: corresponde a um tipo de empresa diversificada que está presente em diversos mercados que não se encontram relacionados entre si – nem do ponto de vista técnico-produtivo, nem mesmo do ponto de vista das capacitações gerenciais necessárias para operar aquelas unidades de maneira eficaz. Nesse caso, a interligação de atividades se dá basicamente por meio de controles financeiros associados à distribuição de recursos líquidos pela gerência central, que, em geral, dispõe de um acesso privilegiado aos circuitos financeiros.

5. *Companhia de investimento*: de modo semelhante ao conglomerado financeiro, também se baseia na distribuição de recursos líquidos entre atividades não relacionadas. No entanto, esse tipo de empresa apresenta uma grande volatilidade em termos das áreas de atuação para as quais seu projeto de diversificação se orienta. Nesse sentido, observa-se uma ênfase na maximização da rentabilidade do portfólio do conjunto de atividades para as quais a empresa direciona seus recursos. Assim, no caso de performance insatisfatória de determinada unidade, a tendência é que a empresa procure rapidamente se desfazer daquela atividade, em vez de procurar substituir sua gerência. Além disso, a companhia de investimentos não necessariamente detém o controle majoritário da propriedade das unidades operacionais que fazem parte de seu portfólio de negócios, podendo operar, com maior agilidade, na exploração de novas oportunidades rentáveis.

2.4 Os Conceitos de Indústria e Mercado

Assim como no caso da empresa, a evolução da Economia Industrial é também marcada pela tentativa de oferecer conceitos de indústria e mercado mais adequados à análise econômica. Destaca-se, mais uma vez, a insatisfação com o tratamento conferido ao tema pela abordagem tradicional neoclássica. No âmbito da dicotomia concorrência perfeita/monopólio que marca esta escola, o mercado é tratado como um espaço abstrato de encontro de oferta e demanda, adotando-se uma noção de produto como algo absolutamente bem definido e, portanto, perfeitamente distinguido na análise dos consumidores. Com relação a isso, o mercado reflete, em última instância, o conjunto de empresas (mono) produtoras desta mercadoria, de forma que a cada indústria corresponda um mercado. Em consequência, o conceito de indústria assumido por esta corrente expressa espaços delimitados e estanques de competição.

Ao contrário, a suposição de um processo de crescimento da empresa marcado pela crescente diferenciação de produto, além de um movimento de expansão diversificante da atividade produtiva como uma estratégia fundamental, insere um alto teor de heterogeneidade de produto, ao menos no que se refere à percepção dos consumidores. Isto implica maior importância analítica da substitutibilidade de produtos e do foco e direcionamento dos esforços competitivos, aspectos que passam a preponderar para uma definição mais adequada de mercado e indústria.

O mercado, portanto, corresponde à demanda por um grupo de produtos substitutos próximos entre si. Para uma empresa diversificada, no entanto, a ideia de mercado envolve também outros espaços concorrenciais em que pode atuar, definidos como área de comercialização por Edith Penrose. A indústria, por seu turno, é definida pelo grupo de empresas voltadas para a produção de mercadorias que são substitutas próximas entre si e, dessa forma, fornecidas a um mesmo mercado. Da mesma forma que para a noção de mercado, para uma empresa diversificada a indústria pode representar um conjunto de atividades que guardam algum grau de correlação técnico-produtiva, constituindo um conjunto de empresas que operam métodos produtivos semelhantes e incluindo-se em uma mesma base tecnológica, de acordo com Penrose.[5]

De forma geral, portanto, mercado e indústria representam espaços de concorrência cuja delimitação não é (e não pode ser) estanque – nem no que se refere à definição do produto, nem quanto aos objetivos concorrenciais e de expansão. Do ponto de vista metodológico, a questão é definir o corte analítico – qual é efetivamente o grupo de produtos que compõem o mercado e, por conseguinte, que conjunto de empresas faz parte da análise de concorrência. A resposta não é, obviamente, tão simples, envolvendo, de forma geral, algum grau de arbitrariedade. Uma tentativa nessa direção é realizada a partir do desenvolvimento dos conceitos de cadeia produtiva e complexos industriais, que representam extensões da ideia de setor econômico em que são privilegiados os movimentos concorrenciais.

2.5 Cadeias Produtivas e Globais de Valor

A produção dos bens e serviços pode ser decomposta em etapas ou setores que se sucedem. Uma cadeia é obtida quando há uma sequência de etapas cujas compras e vendas entre si são relativamente mais fortes e as compras e vendas para outros setores são relativamente mais fracas, onde a definição de "forte" e "fraco" depende do algoritmo usado. Por exemplo, a cadeia têxtil é usualmente formada pelos setores de fiação, tecelagem e confecção. O setor de cimento concentra suas vendas nos setores de artefatos de cimento e de construção, e quase todas as vendas de artefatos de cimento também se destinam à construção civil (ver Quadro 2.1).

Em uma cadeia global de valor (CGV), as etapas são realizadas em pelo menos dois países diferentes. Os critérios de Hummels et al. (2001), por exemplo, são usados na definição de CGVs. Esses autores exigem, no seu conceito de especialização vertical, que haja pelo menos dois países envolvidos na produção do bem ou serviço e que, neste processo, os insumos cruzem fronteiras nacionais pelo menos duas vezes. Por exemplo, suponha-se que um país A exporta aço para B e B exporta carros para A, feitos, em parte, com este aço. Pode-se dizer que A tem competitividade internacional em aço e B em automóveis, pois cada produto detém pelo menos uma parcela do mercado do mesmo produto no outro país. A produção é feita em dois estágios internacionais e cada estágio é, também, internacionalmente competitivo. Neste sentido, cada país se especializou em uma etapa.

A discussão sobre CGVs se desenvolveu a partir do ciclo de globalização iniciado em meados da década de 1980. Os trabalhos posteriores sobre CGVs podem ser divididos em dois grandes blocos, o enfoque microeconômico e o macroeconômico. Esta seção irá apresentar o enfoque microeconômico.

2.5.1 Antecedentes

Até o final da década de 1980, a análise das cadeias de produção enfocava predominantemente as cadeias nacionais, e a principal vertente teórica era de origem francesa, a análise de *filière* (Raikes et al., 2000; Lançon et al., 2017). Não havia uma grande preocupação com a delimitação das *filières*. Geralmente, apenas selecionava-se um grupo de setores com fortes relações de compra e venda entre si, como couro-calçados. A origem dos estudos sobre *filières* é a obra de Perroux (1977), que analisou a área de influência das empresas multinacionais. Na América Latina, o primeiro estudo sobre o tema foi o de Vigorito (1973), conforme informação verbal de Edgardo Lifschitz. A partir da década de 1980, na Argentina, Lifschitz e Wirkierman (2009),

24 Economia Industrial

QUADRO 2.1 A NOÇÃO DE CADEIA INDUSTRIAL COMO ESPAÇO DE CONCORRÊNCIA

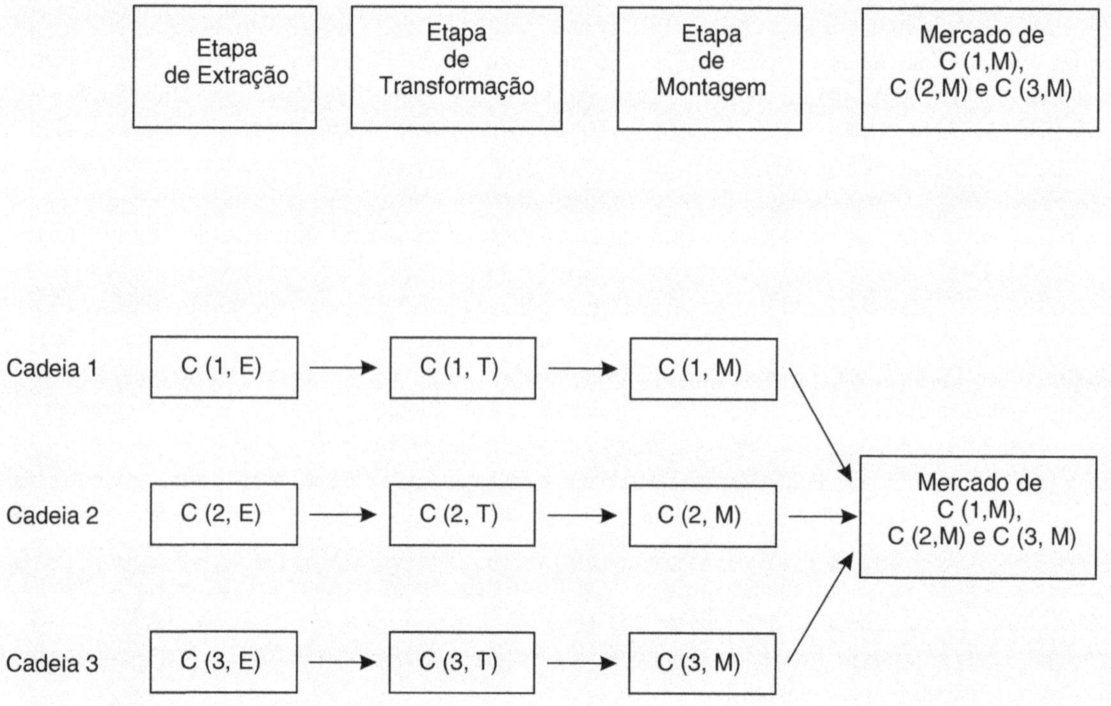

| Etapa de Extração | Etapa de Transformação | Etapa de Montagem | Mercado de C (1,M), C (2,M) e C (3,M) |

Cadeia 1: C (1, E) → C (1, T) → C (1, M)

Cadeia 2: C (2, E) → C (2, T) → C (2, M)

Cadeia 3: C (3, E) → C (3, T) → C (3, M)

Mercado de C (1,M), C (2,M) e C (3, M)

Gráfico 2.1 Esquema Simplificado de Cadeias e Etapas.

Para discutir como o conceito de cadeia produtiva se aplica à análise da concorrência, considere-se o Gráfico 2.1, em que os produtos substitutos de três cadeias competem pelo mesmo mercado. No gráfico, os retângulos representam indústrias; as setas, mercados entre indústrias consecutivas. São hipóteses do esquema simplificado: (1) cada indústria só adquire uma única matéria-prima, com exceção das indústrias extrativas, a montante das cadeias, que não compram insumos correntes; (2) a matéria-prima usada em uma indústria é totalmente produzida pela indústria que a antecede, com a óbvia exceção das indústrias extrativas; (3) o nível de integração vertical para trás e para frente é semelhante em todas as empresas de cada indústria e restrito à própria indústria; e (4) são concorrentes os produtos das indústrias M1, M2 e M3. Os produtos das demais indústrias não são concorrentes entre si.

As cadeias são divididas em etapas: extração (E), transformação (T) e montagem (M). A divisão é arbitrária; a etapa de extração, por exemplo, poderia ser segmentada em extração e beneficiamento; e a de montagem, em peças, partes e montagem final.

O Gráfico 2.1 é capaz de representar pelo menos três diferentes formas de concorrência. A primeira é a tradicional, entre as empresas de uma mesma indústria. A segunda forma de concorrência deriva-se do caráter estanque de cada cadeia. As vendas das indústrias finais M1, M2 e M3 são iguais ao valor adicionado pelas suas respectivas cadeias. Assim, em cada cadeia, as empresas de uma indústria competem contra as empresas das demais por uma parcela maior do valor adicionado. Acordos de preços setoriais e rompimento de acordos são dois exemplos de estratégias com este objetivo.

Pode-se sugerir também que, em uma cadeia, as indústrias com maior poder de mercado prevalecem sobre as demais. Acordos em uma indústria ou em uma cadeia envolvem, muitas vezes, empresas e indústrias com poder de barganha diferenciado. São vários os mecanismos que conferem o exercício de poder e de retaliação a algumas das empresas ou indústrias. Por isso, a análise das formas de concorrência entre indústrias sobre uma cadeia deve ser realizada a partir da determinação das indústrias motrizes que forem identificadas.

Uma terceira forma de concorrência, ao envolver duas ou mais cadeias, implica analisar a disputa entre indústrias motrizes diferentes. Os produtos das indústrias M1, M2 e M3 são substitutos e concorrem pelo mesmo mercado. Isto faz com que as empresas das demais indústrias dependam dos resultados da competição entre as indústrias finais. O processo de concorrência, nas indústrias terminais, envolve a todos e implica uma terceira forma de concorrência, o confronto entre as cadeias produtivas. Na construção civil, o exemplo mais conhecido é o que antepõe os produtores de aço aos de cimento.

Note-se, finalmente, a coexistência de competição e cooperação. As três formas de competição mencionadas – concorrência entre empresas de uma indústria, indústrias de uma cadeia e entre diferentes cadeias – se inter-relacionam de forma contraditória. As empresas de uma indústria competem entre si, mas têm interesses comuns diante das empresas das outras indústrias. As indústrias de uma cadeia, por sua vez, apesar de competirem entre si, são solidárias na disputa com outras cadeias, como mostra o debate sobre o uso do cimento ou do aço na construção civil.

e, no Brasil, Haguenauer et al. (1984) e Farina e Zylbersztajn (1991) coordenaram programas de pesquisa sobre as cadeias nacionais de produção. O grupo da USP denominado PENSA (http://pensa.org.br) focou o estudo de sistemas agroindustriais, com base na vertente teórica dos custos de transação, e continua em atividade.

Estes trabalhos têm elementos relevantes para a discussão atual. Por exemplo, o algoritmo de Haguenauer et al (1984) gerou seis complexos: construção civil, têxtil e calçados, agroindustrial, papel e gráfica, metalomecânico e químico. Foram inseridos o complexo têxtil e o papel e gráfica, que são bem menores, no complexo agroindustrial, e foram adicionados os setores de governo e serviços às aglomerações resultantes. Com base nos dados atuais, a classificação de Haguenauer é apresentada na Tabela 2.1. Observa-se que, em cada coluna, os maiores percentuais estão na diagonal, mostrando a atualidade da classificação.

TABELA 2.1 Complexos Industriais na Economia Mundial – 2014 (percentuais e bilhões de dólares)

	Governo	Construção	Agroindustrial	Metalomecânico	Químico	Serviços
Governo	69	1	1	1	1	1
Construção	1	46	1	2	2	1
Agroindustrial	2	3	61	2	2	2
Metalomecânico	4	16	6	59	23	4
Químico	4	6	6	7	46	3
Serviços	20	27	25	29	25	89
TOTAL	100	100	100	100	100	100
VALOR	17.055	8.967	6.715	6.106	3.261	28.032

Fonte: Elaboração própria com base nos dados do World Input-Output Database (www.wiod.org)

A partir de meados da década de 1980, com o início do novo ciclo de globalização, o foco se desloca para as cadeias internacionais, geralmente denominadas de cadeias globais de valor, as CGVs. As CGVs são vistas na próxima seção.

2.5.2 O ENFOQUE MICROECONÔMICO NO ESTUDO DAS CADEIAS GLOBAIS DE VALOR

Nesta seção, são discutidos os estudos de caso sobre CGVs ou que abordam conjuntos específicos de CGVs. Esses estudos, em geral, fazem referência a algumas das empresas participantes, singularizando, pelo menos, as principais. A resenha procura explorar mais os estudos considerados clássicos do que os trabalhos recentes.

Gereffi; Fernandez-Stark (2016, p. 8) conceituam uma cadeia como uma representação "de todo o processo de insumo-produto que leva o produto da sua concepção inicial às mãos dos consumidores". Os principais segmentos de uma cadeia variam, mas "...tipicamente incluem: pesquisa e *design*, insumos, produção, distribuição, marketing e vendas e, em alguns casos, a reciclagem do produto após o uso". O foco está nas sucessivas transformações dos principais insumos em produtos e destes como insumos na etapa seguinte. Os aportes de materiais auxiliares, como água, eletricidade ou óleo combustível, não são relevantes. Insumos economicamente pouco representativos ou que tenham origem em sistemas tecnológicos muito diferentes, como aditivos químicos empregados na produção de concreto, também não.

Na conceituação de cadeias globais de valor, além da seleção dos elos mais importantes e da divisão internacional da produção em etapas, a literatura também leva em consideração as formas de relacionamento entre os agentes produtivos ao longo das cadeias. O debate se concentra nas cadeias onde a coordenação se dá por alguma forma de relacionamento cooperativo entre as partes. Esses processos de coordenação são muitas vezes assimétricos, pois algumas empresas, por seu porte, inserção na estrutura produtiva etc, detêm maior poder de negociação. Em particular, destaca-se o papel das empresas líderes das cadeias, em geral grandes empresas transnacionais. Assim, a discussão de diferentes formas de *governance* é um dos tópicos mais importantes na análise das CGVs e é abordada adiante. Não há muito interesse nos dois casos polares: aquele em que as etapas estão integradas em uma mesma empresa e as trocas são, portanto, internalizadas, e o caso caracterizado por haver mercados competitivos entre todas as etapas. Estes são estudados apenas por comparação.

2.5.2.1 *O ciclo de globalização*

O trabalho sobre a cadeia da construção naval nos séculos XVI-XVIII de Özveren (2000) é um exemplo de estudo histórico sobre CGVs. Mas é útil reservar o termo CGV ao pronunciado desenvolvimento de cadeias internacionais de produção, que vem

26 Economia Industrial

ocorrendo desde o grande ciclo de globalização que se iniciou em meados da década de 1980. As CGVs podem ser associadas a este ciclo, exibindo suas características históricas e econômicas.

Neste sentido, Baldwin (2012) procura mostrar que, a partir dos anos 1980, houve um segundo desmembramento na estrutura das grandes empresas. O primeiro desmembramento ocorreu no século XIX, quando a revolução tecnológica nos transportes permitiu uma separação geográfica entre produção e mercado. Por exemplo, com os vagões frigoríficos, o gado passou a poder ser criado e abatido a grande distância do consumo de carne.

O segundo desmembramento também ocorreu a partir de meados da década de 1980, quando a difusão das tecnologias organizacionais e de informação e comunicação (TICs) facilitou a coordenação intrafirmas, permitindo uma segunda grande onda de segmentação entre etapas da produção. Agora, a fábrica é internacionalizada, pois tarefas subsequentes podem ser realizadas em países diferentes. Outro condicionante relevante que permitiu o desenvolvimento exponencial de CGVs a partir da década de 1980 foi o desenvolvimento econômico de países mais pobres, principalmente os do leste da Ásia, o que levou à expansão da sua infraestrutura, treinamento da mão de obra, maior regulamentação das atividades econômicas etc. Outros fatores foram a estabilidade política desses países, o crescente liberalismo no comércio e nas finanças internacionais, o crescente poder de compra nos países mais desenvolvidos etc.

Todos estes condicionantes permitiram e facilitaram a fragmentação internacional da produção que ocorreu a partir de meados da década de 1980. Mas a causa principal do desenvolvimento das CGVs foi o acirramento da competição entre as grandes empresas transnacionais, que as pressionou a adotar o novo modelo. A origem deste movimento pode ser datada do acordo de Plaza, em 1985, pelo qual o poder dos Estados Unidos levou à valorização das moedas do Japão, Taiwan, Cingapura e Coreia do Sul.

Neste contexto, grandes firmas japonesas internacionalizaram sua produção para países da região menos atingidos pela valorização. O investimento direto do Japão no exterior, na segunda metade da década de 1980, foi 4,8 vezes maior do que na primeira metade (Nakamura, 1994). Coreia do Sul, Cingapura e Taiwan, por sua vez, reagiram passando a fazer produtos mais sofisticados. Dessa forma, o protecionismo americano teve o resultado contrário ao pretendido. A evidência estatística sobre a evolução das redes na Ásia desde 1985 é apresentada em Escaith; Inomata (2013, p. 141).

Em resposta, empresas transnacionais dos Estados Unidos e da Europa também repassaram atividades produtivas para subsidiárias suas no leste asiático (conhecido como movimento de *offshoring*) e/ou para empresas destes países (*outsourcing/offshoring*). Mas o processo de internacionalização de atividades produtivas por empresas americanas e subsidiárias de transnacionais de outros países nos Estados Unidos também se dirigiu para países da sua região, principalmente México e o Canadá. De forma análoga, as transnacionais europeias ou sediadas na Europa transferiram parcelas da produção para outros países, principalmente do leste europeu, como Polônia, Hungria, Eslovênia etc.

Entre meados da década de 1980 e o ano 2011, a participação das CGVs no comércio internacional cresceu: "existe um consenso de que a rede de comércio internacional em insumos intermediários se tornou cada vez mais densa. Processos de produção são mais e mais segmentados em atividades separadas e países se especializam mais e mais em estágios particulares da produção" (Los et al., 2015, p. 67). Os estágios de produção também abarcam atividades como P&D, finanças e marketing. No mundo todo, a participação das importações na produção dos produtos e serviços finais aumentou 50%, de cerca de 20% para 30%. Desde 2011, entretanto, este processo se estancou (Timmer et al., 2016).

Um dos debates suscitados pela diversificação geográfica que caracterizou o crescimento da participação das CGVs no comércio internacional se refere à questão de se as cadeias globais são globais ou apenas regionais. Esta questão não tem uma resposta definitiva, pois as cadeias não seguem um padrão único. Um estudo do enfoque macroeconômico sobre a cadeia automobilística da Alemanha, por exemplo, indicou que os insumos mais homogêneos provêm, principalmente, da Ásia e os diferenciados vêm mais do leste europeu. O trabalho, entretanto, mostra a intensidade do processo de descentralização geográfica da produção como um todo. Entre 1995 e 2008, o valor adicionado na Alemanha por sua indústria automobilística declinou de 78,9% para 66% do total (Timmer et al., 2015). Em um caso extremo, outra pesquisa estimou que apenas um terço do valor agregado de um Porsche Cayenne alemão é adicionado na Alemanha (Dudenhöffer, 2014 apud Timmer et al., 2015).

2.5.2.2 *Empresas transnacionais e CGVs*

Em geral, as CGVs são lideradas por empresas transnacionais e parte da produção realizada fora do país-sede da empresa é feita por subsidiárias suas. Assim, no ciclo que se iniciou em meados da década de 1980, houve uma grande expansão das empresas transnacionais (no Capítulo 17). Na Tabela 2.2, observa-se a mais rápida expansão do investimento direto no exterior nas economias em desenvolvimento a partir do ano 2000.

Investimento direto no exterior é o investimento feito por uma firma ou pessoa física em um empreendimento em outro país com o objetivo de obter uma participação de longo prazo no controle e nos resultados deste empreendimento. Muitos países

TABELA 2.2 Entrada de Investimento Direto no Exterior (milhões de dólares correntes)

Ano	1985	1990	2000	2007	2017
Economia:					
Mundo	55.831	204.905	1.358.613	1.893.815	1.429.807
Economias desenvolvidas	41.744	170.195	1.121.110	1.284.171	712.383
Economias em desenvolvimento	14.070	34.724	237.505	609.645	717.425
Brasil	1.418	989	32.779	34.585	62.713
China	1.688	6.763	95.296	144.229	242.650

Fonte: UNCTAD (http://unctadstat.unctad.org)

definem como uma empresa transnacional aquela em que 25% ou mais do seu controle foi obtido pelo investimento direto no exterior. O percentual é menor do que 50% devido à influência que os controladores do exterior, em geral, têm sobre os ativos controlados. Essa influência é exercida por contratos de transferência de tecnologia, fornecimento de insumos e componentes, limitações à gestão, poder de indicar executivos etc.

Os padrões de dispersão geográfica das empresas transnacionais também são alvos de debate; mas, neste caso, há respostas mais precisas. Examinando seus mercados, agregados em três regiões: leste da Ásia, Europa e América do Norte, Rugman; Verbeke (2004) concluíram que elas são predominantemente regionais. Foram estudadas as 500 maiores empresas transnacionais do índice Fortune 500. Entre as 365 empresas sobre as quais havia dados, 320 eram "orientadas para a região sede", isto é, tinham ao menos 50% das vendas na região sede. As birregionais, as que tinham pelo menos 20% das vendas em uma entre duas regiões mas menos de 50% em qualquer região, eram 25. Onze das empresas eram "orientadas para a região de chegada", pois tinham mais de 50% das vendas em um mercado que não era o da sua origem. Por fim, nove foram chamadas de empresas transnacionais globais, classificadas como aquelas que tinham 20% ou mais das suas vendas em cada região, mas menos do que 50% em qualquer região da tríade (IBM, Sony, Phillips, Nokia, Intel, Canon, Coca-Cola, Flextronics e Luis Vuitton).

O resultado anterior indica que há limites técnicos e gerenciais para a formação de cadeias globais. O modelo de Ghemawat (2008) mostra que, em geral, um aumento de 1% na distância entre capitais de dois países diminui o comércio em 1%. Ele procura explicar estes resultados usando o conceito de "distância psíquica", pois a percepção da distância, para a empresa, depende não apenas da distância geográfica como, também, das distâncias culturais, administrativas (leis, regulações etc.) e econômicas (nível de renda, por exemplo).

Associadas a este crescimento quantitativo, as empresas modificaram-se internamente para fazer face ao novo contexto competitivo internacional. De forma sintética, antes, elas eram empresas que procuravam atuar de forma semelhante em múltiplos países (por isso, conhecidas como empresas multinacionais). No novo ciclo, elas evoluíram para modelos mais voltados para a divisão de tarefas entre países (agora, um termo mais preciso para designá-las é empresas transnacionais, as que atravessam os países). Mas a literatura não faz esta distinção e mesmo os textos acadêmicos usam os dois termos. Para o estudo dos processos internos de mudança organizacional, produtiva e estratégica, é recomendado buscar a literatura em *international business*. Nesta literatura, as principais vertentes teóricas foram revisadas e expandidas para darem conta do fenômeno das CGVs: escola de Upsala (Johanson; Vahlne, 2009),Teoria da Internalização (Buckley, 2009; Buckley; Casson, 2009) e a vertente do Paradigma Eclético (Dunning, 1995).

Neste movimento de especialização geográfica, observa-se, por parte das empresas, uma grande variação por tipo de atividade interna. As empresas transnacionais são mais dispersas nas atividades de vendas e mais concentradas nos seus centros de P&D. Os estabelecimentos de produção têm grau de dispersão intermediário entre estes dois polos. Assim, quanto mais geradora de externalidades é um tipo de atividade interna das empresas transnacionais, menos geograficamente dispersa ela é. Zucoloto; Cassiolato (2012) e Zucoloto; Cassiolato (2014) citam autores relevantes na literatura internacional e procuram mostrar como é limitada a atuação tecnológica das empresas multinacionais no Brasil.

Esta e outras questões sobre a contribuição da inserção dos países em desenvolvimento nas CGVs, em geral, e das empresas transnacionais, em particular, para o desenvolvimento econômico e social dos países mais pobres são amplamente debatidas. Uma linha de trabalho, também na área de *international business*, se refere à emergência das transnacionais dos países em desenvolvimento, em particular as da Ásia, que cresceram na esteira dos processos de *outsourcing/offshoring*. Segundo o modelo LLL, proposto por Mathews (2006), estas firmas deram saltos nos seus processos de internacionalização ao se ligarem, como fornecedoras, às transnacionais dos países desenvolvidos (criando *Linkages*), alavancando as capacidades assim conseguidas para entrar em outros mercados, adquirir empresas ou diversificar sua produção para o fornecimento de produtos mais sofisticados (*Leverage*) e aprender nesse processo interativo de *Linkage-Leverage* (*Learning*). Ver também Luo; Tung (2007). No Brasil, as pesquisas desenvolvidas na USP sob a liderança dos Professores Maria Tereza Leme e Afonso Fleury procuram responder a perguntas semelhantes sobre as empresas brasileiras. Dois trabalhos relevantes, neste sentido, são: Fleury; Fleury (2003) e Fleury et al. (2015).

2.5.2.3 *O impacto das CGVs sobre os países em desenvolvimento*

Na América Latina, as questões relevantes dizem menos respeito à formação de CGVs por empresas líderes desses países e mais ao impacto de uma maior inserção de suas empresas em CGVs comandadas por firmas transnacionais estrangeiras. As CGVs fazem parte do debate sobre o papel dos canais de comércio internacional sobre o crescimento econômico. A principal pergunta em discussão é a de se a estratégia de participar das CGVs resulta, para os países mais pobres, em desenvolvimento econômico mais acelerado, atuação mais competitiva no cenário internacional e melhores condições de trabalho.

Os trabalhos econométricos que procuram responder a esta questão explorando dados sistemáticos de grande número de países chegam a resultados contraditórios. Kummritz; Others (2016) afirmam: "um aumento na participação em CGVs leva a um maior valor agregado e produtividade em todos os países independentemente do seu nível de renda". Já, em oposição, Fagerberg, J.; Lundvall; Srholec (2018, 534) concluem que "os países que aumentam sua participação nas CGVs não crescem mais rapidamente do que outros países quando outros fatores relevantes são controlados".

Cabe, então, analisar os estudos de caso e de conjuntos de casos, que não têm a mesma precisão estatística mas que conseguem avaliar um leque mais amplo de variáveis. Em geral, discutem-se as oportunidades para um desenvolvimento econômico e social mais inclusivo por meio da participação de empresas do país em desenvolvimento em CGVs comandadas por grandes empresas transnacionais. Pergunta-se pela extensão do suporte das empresas líderes da cadeia ao crescimento e competitividade das empresas fornecedoras dos países em desenvolvimento em comparação com a contribuição de agentes locais, como equipes internas de P&D, fornecedores, concorrentes, clientes no país, inserção em *clusters* e políticas locais, políticas de governos nacionais etc. Enquanto os trabalhos sobre CGVs afirmam, preferencialmente, a importância das relações sobre as cadeias e enfatizam o papel positivo das firmas líderes em transferir recursos e *know-how* para as empresas fornecedoras, os estudos sobre *clusters* ou arranjos locais industriais enfatizam que a competitividade deve ser atingida predominantemente por intemédio da cooperação entre produtores locais com o apoio de instituições também locais.

Este debate se desdobra em quatro questões:

1. Quais são as rotas de *upgrade* para firmas e países, e qual é a contribuição relativa dos diversos agentes para *upgrades* bem-sucedidos?
2. Quais são os mecanismos de transferência de conhecimento e *know-how* usados nas CGVs (das empresas líderes para os fornecedores) e entre as empresas fornecedoras e o seu entorno? Qual é o seu impacto?
3. Quais são as formas de relacionamento entre empresas líderes das CGVs com as empresas dos países em desenvolvimento, e quais as limitações/oportunidades de *upgrade* dessas formas de relacionamento para as empresas e países?
4. Qual é o impacto recíproco do crescimento econômico e desenvolvimento social?

O conceito de *upgrade*, para uma empresa, se refere ao aumento da sua competitividade, por exemplo, ao fazer produtos melhores. *Upgrade* foi definido por Gereffi (2005, p. 171) como "o processo pelo qual atores econômicos – nações, firmas e trabalhadores – se movem de atividades de baixo valor para atividades de relativamente alto valor em redes de produção global". Segundo Humphrey; Schmitz (2002, p. 1020), as formas pelas quais uma empresa pode fazer o *upgrading* são: *upgrade* de processo (maior eficiência, adoção de novas tecnologias), *upgrade* de produto (produtos mais sofisticados), *upgrade* funcional (adoção de novas funções que requerem maiores capacitações, como *design*, P&D etc. ou abandono de funções menos intensivas em *know-how*) e *upgrade* intersetorial (diversificação da produção para produtos mais sofisticados).

O *upgrading* das firmas dos países em desenvolvimento é visto como condição para o desenvolvimento pela *high-road*. Isto é, para enfrentar a crescente competição com novas firmas fornecedoras de baixo custo, possivelmente de outros países, pelo aumento da competitividade e do valor adicionado pela maior eficiência e diferenciação do produto, assim como maior capacitação das pessoas, menores agressões ao meio ambiente etc. A rota da *low-road*, em oposição, é o crescimento econômico pelo corte de salários, condições de trabalho e de direitos sociais, competição em preço, desregulação, exploração intensiva de recursos naturais etc.

Quanto aos mecanismos pelos quais opera a transferência de conhecimento e o aprendizado dentro das CGVs e que permitem o *upgrade*, há várias possibilidades, tais como: o controle da qualidade por parte das empresas líderes da cadeia, mudanças no leque de produtos destas empresas que requerem modificações nos processos produtivos dos seus fornecedores por meio de treinamento etc., contratação de técnicos e executivos das firmas líderes pelas empresas fornecedoras etc. No país de origem, as principais fontes de tecnologia e *know-how* dos agentes locais para as empresas engajadas no comércio exterior por meio da sua participação em CGVs são os fornecedores de máquinas e equipamentos, supridores de insumos, atividades intrafirmas de pesquisa e desenvolvimento, controle da produção e da qualidade e desenvolvimento organizacional, consultorias externas, acordos de cooperação com concorrentes, demandas e oportunidades junto a clientes locais (o mercado interno pode permitir a venda de produtos mais diferenciados do que os demandados pelas empresas a jusante na CGV), e a operação de esquemas coletivos, como iniciativas de *clusters* locais e políticas de governo.

No estudo do impacto alternativo de fatores locais (relacionados ao *cluster* e/ou país onde é realizada a produção) e internacionais (influência das empresas líderes da CGVs), uma variável interveniente importante é a forma de governança da cadeia. Por exemplo, para Humphrey; Schmitz (2002, p. 1017), que procuram avaliar "...como a inserção em CGVs afeta o *upgrading* em *clusters* industriais": *local upgrade opportunities vary with the way chains are governed*. Isto é, eles propõem que a relação entre as firmas líderes e os produtores locais é mediada pela forma de coordenação da cadeia global. Neste sentido, o padrão de interação pode ser 1) hierárquico (uma subsidiária fornece para sua matriz, a transação é internalizada); 2) quase hierárquico ou cativo: em geral, uma CGV comandada pelo comprador, onde os muitos e relativamente pequenos fornecedores são dependentes do poder assimétrico das firmas líderes e têm dificuldade em mudar de situação; 3) redes (competências complementares, como no caso de fabricantes contratados que possuem competências de produção e atendem a vários clientes, portanto com baixo custo de mudança); ou 4) de mercado, onde o mecanismo de interação relevante é o preço do bem e há baixo custo de mudança

A análise empírica é restrita ao caso do *clusters* de calçados no sul do Brasil, e eles concluem que a governança quase hierárquica por eles encontrada pressiona por *upgrade* de processo, mas dificulta os demais tipos de *upgrade*. As cadeias relacionais, por contraste, são vistas como as que têm as melhores condições para o *upgrade* dos fornecedores devido à sua já elevada competência inicial e à prática de aprendizado conjunto e interativo.

Mas é mais conhecida a taxonomia de Gereffi et al. (2005), que dividiram a categoria "redes" proposta por Humphrey; Schmitz (2002) em duas, "relacional" e "modular". Nas CGVs relacionais, as parcerias são estáveis e interdependentes. O fornecedor tem alto nível técnico e influencia no desenho do produto final. Na modular, os produtos seguem especificações dos clientes, mas estes têm baixa ingerência no processo de produção.

Os quatro aspectos acima abordados, alternativas estratégicas de *upgrade*, mecanismos de transmissão de conhecimento e *know-how*, formas de relacionamento entre agentes ao longo da cadeia, e o impacto recíproco do crescimento econômico e o desenvolvimento social são objetos de uma extensa literatura que estuda casos de inserção de empresas de países em desenvolvimento em CGVs e *clusters* ou arranjos locais.

A literatura sobre estes temas floresceu. Por exemplo, algumas das conclusões empíricas são: empresas inseridas em uma CGV podem encontrar oportunidades diferentes de *upgrade* ao vender no mercado interno. No caso do *cluster* de calçados do sul do Brasil, por exemplo, muitas empresas também vendiam para o mercado interno, onde não eram limitadas pelas firmas líderes em seus esforços de *upgrade* – Prochnik (1991), Giuliani et al. (2005). Diferentes CGVs podem coexistir em um mesmo *cluster*. A tecnologia de processo é usualmente ofertada por fornecedores locais de máquinas e equipamentos, e o papel da firma líder, neste tipo de *upgrade*, é mais o de pressionar por avanços na eficiência, não o de oferecer oportunidades de aprendizado por interação — Giuliani et al. (2005). Por fim, Pipkin; Fuentes (2017), recentemente, sugeriram que a estratégia de *upgrade* bem-sucedida não se iguala ao mero aprimoramento tecnológico do processo ou sofisticação do produto porque estes podem levar, por exemplo, a um mercado de preços declinantes com a difusão da tecnologia. O que interessa é encontrar nichos de mercado estrategicamente defensáveis, nos quais seja possível extrair renda para os investimentos exigidos pelo aprimoramento tecnológico de processo e produto. Esta hipótese se baseia em elementos das teorias de estratégia de empresas e se contrapõe à visão clássica do *upgrade*, acima apresentada, abrindo oportunidade para novas pesquisas empíricas.

Destaque-se também que diversos indicadores foram propostos e usados para mensurar o efeito das CGVs e da cooperação local sobre as empresas dos países em desenvolvimento. Marcato; Baltar (2017) resenham essas medidas.

Entretanto, assim como entre os estudos econométricos, a pesquisa sobre estudos de caso não chegou a um resultado uniforme sobre como se repartem os estímulos para o desenvolvimento dos produtores de um *cluster* situado em um país em desenvolvimento, isto é, qual é a importância relativa da(s) corporação(ões) que coordena(m) a CGV e dos fatores e política local. Por exemplo, por um lado, Pietrobelli; Saliola (2008) descobrem que o envolvimento do comprador multinacional impacta positivamente a produtividade do fornecedor. Por outro lado, Pipkin; Fuentes (2017), a partir de uma resenha de 45 estudos, concluem que é periférico o papel das empresas compradoras dos países desenvolvidos em disparar o processo de *upgrade* industrial. O processo de *upgrade*, na maioria dos casos examinados, começou devido a pressões de políticas de governo.

30 Economia Industrial

Conclusões intermediárias são alcançadas por De Marchi et al. (2018), que avaliaram 50 estudos sobre a inserção de empresas de países em desenvolvimento em CGVs. Foram selecionados trabalhos que tinham informações sobre a origem dos esforços em inovação, se internos ou externos à participação em CGVs, e sobre os mecanismos de aprendizado utilizados, também internos ou externos. Os autores concluíram que não há predominância de um tipo e classificaram as empresas de países em desenvolvimento participantes nas CGVs estudadas em: (a) Inovadores alavancados pelas fontes de conhecimento internas às CGVs; (b) inovadores autônomos, que produzem inovações principalmente baseados em fontes externas de conhecimento; e (c) "inovadores marginais, que têm níveis baixos de inovação, usam algum conhecimento disponível dentro da CGV e escasso conhecimento de fontes externas". O terceiro grupo é bem mais numeroso que os dois primeiros.

2.5.3 Considerações finais sobre as CGVs

Esta seção procura oferecer um guia de leitura para os estudos sobre cadeias globais de valor com um enfoque microeconômico. A discussão se encaminhou para um eixo, a pergunta sobre que agentes são mais importantes para o crescimento econômico dos países e empresas dos países em desenvolvimento que participam das CGVs como fornecedores. Neste aspecto, a literatura procura comparar a importância do impacto das empresas estrangeiras por meio das suas exigências e apoio (informação tecnológica, por exemplo) *versus* a influência de fatores locais, como políticas industriais e/ou cooperação entre os fornecedores.

Concluiu-se que foi desenvolvido um forte aparato conceitual para discutir estes temas, mas os resultados empíricos alcançados até agora são ambíguos. Trabalhos que chegam a conclusões opostas podem ser encontrados tanto na literatura econométrica, que faz estudos comparativos sobre grande número de países, como na que analisa casos ou conjuntos de casos. Essa conjunção, existência de esquemas conceituais e ambiguidade dos resultados, parece indicar que o contexto histórico, social e econômico é mais complexo do que esses esquemas permitiram analisar. Conclui-se que há um grande espaço para a pesquisa e para a prática da política industrial. A pesquisa tem o desafio de examinar e ordenar a ampla literatura produzida, analisando novos casos e introduzindo novos elementos conceituais para, possivelmente, chegar a resultados mais coerentes. A política industrial deve procurar se adaptar ao contexto específico, pois, pelo que se sabe atualmente, não há uma receita única de sucesso.

▍ 2.6 Resumo

Neste capítulo aprendemos que:

- O retrato de empresa contido nas teorias econômicas depende da visão de funcionamento do sistema econômico mais geral desenvolvido pelas teorias.
- A empresa da escola clássica se identifica com o capitalista, e seu objetivo é acumular capital em um ambiente competitivo representado por um sistema capitalista em expansão.
- A empresa é, assim, o local onde se combinam os fatores de produção de maneira a gerar os produtos, sendo a produção sujeita às leis dos rendimentos.
- A empresa de Coase é uma hierarquia que economiza custos de transação.
- Para Marshall, o crescimento da empresa individual na indústria se faz sob rendimentos crescentes. Todavia, as empresas não podem reter e desenvolver eternamente as vantagens do tamanho porque, ao final da primeira geração fundadora da empresa, há perda de vigor no trabalho da gerência, e sua substituição pelas gerações posteriores faz prosseguir a debilidade porque seus gerentes são determinados hereditariamente.
- Para os gerencialistas, um elemento-chave na configuração dos modelos dessa corrente refere-se à separação entre propriedade e controle, com a introdução da figura do gerente profissional.
- A visão neoschumpeteriana enfatiza que as empresas se comportam de acordo com rotinas definidas por sua experiência, que possuem o papel de coordenar a atividade interna dos membros da empresa.
- Do ponto de vista da organização interna, a empresa como instituição é entendida como uma entidade administrativa e financeira cujos objetivos predominantes são o crescimento e a acumulação interna de capital.
- É possível diferenciar diferentes modelos organizacionais de empresas diversificadas.
- Mercado e indústria representam espaços de concorrência cuja delimitação não é (e não pode ser) estanque.
- Nos últimos 40 anos, houve um processo de fragmentação internacional da produção, com a formação de cadeias globais de valor. A relocalização das atividades favoreceu os países em desenvolvimento.
- As grandes empresas transnacionais têm forte influência sobre as cadeias globais de valor das quais participam.

- As empresas dos países em desenvolvimento que participam das cadeias globais de valor procuram aprimorar seus processos e produtos recorrendo tanto à transferência de tecnologia e de *know-how* das empresas transnacionais na cadeia como de atores locais, fornecedores, outras empresas e políticas públicas.

2.7 Questões para Discussão

1. Porque é possível construir diferentes abordagens para a natureza e os objetivos da empresa?
2. Que aspectos da atividade empresarial são destacados pela abordagem clássica ao funcionamento das economias capitalistas?
3. Caracterize a abordagem neoclássica à natureza da firma mostrando a centralidade do enfoque do equilíbrio das escolhas deste tipo de agente econômico nesta abordagem.
4. Que diferentes possibilidades foram exploradas por outras contribuições ao tema da natureza da firma introduzindo aspectos institucionais e organizacionais das empresas?
5. Qual é a importância da definição de diferentes modelos organizacionais de empresas diversificadas? Descreva-os detalhadamente.
6. Discuta a ideia de mercado e indústria como espaços de concorrência. Quais suas principais diferenças com a visão da corrente dominante na teoria econômica?
7. De que formas as empresas dos países em desenvolvimento podem procurar fazer o *upgrade* de suas atividades recorrendo tanto a empresas transnacionais como a agentes locais?

2.8 Sugestões de Leitura

CHANDLER, A. D. *The visible hand. The managerial revolution in american business*. Cambridge: Harvard University Press, 1993. Permite tomar contato com uma abordagem histórica dos problemas tratados no capítulo focada na experiência americana das grandes empresas do século XX.

GEREFFI, G.; FERNANDEZ-STARK, K. *Global value chain analysis*: a primer. Duke CGGC (Center on Globalization, Governance & Competitiveness), 2016.

MARCATO, M.; BALTAR, C. T. *Economic and social upgrading in global value chains*: concepts and metrics. Campinas: Unicamp, 2017.

PENROSE, Edith. *A teoria do crescimento da firma*. Campinas: Editora Unicamp, 2006. A leitura deste livro permite explorar com profundidade uma das abordagens desenvolvidas para o tema da natureza da firma tratadas neste capítulo, que não só está entre as mais férteis como é influente há mais de 50 anos.

Notas

1. Ver também o Capítulo 6.
2. Tais soluções significam um ambiente competitivo em permanente mudança a partir das iniciativas dos próprios empresários, com a ressalva de que as soluções não apresentam o aspecto radical da *destruição criadora* que Schumpeter irá propor mais tarde.
3. Destacam-se como principais referências Berle & Means, W. Baumol, R. Marris e A. Wood.
4. Do ponto de vista da empresa, a introdução de inovações requer uma ação sistematizada de busca por novas tecnologias, sujeita a rotinas específicas. Ademais, esta busca, por si só, não garante o sucesso do empreendimento inovador, estando sujeita a um processo de seleção – ver Capítulos 8 e 19.
5. Ver o Capítulo 15.

Bibliografia

BALDWIN, R. E. *Global supply chains:* why they emerged, why they matter, and where they are going, 2012. Disponível em: http://papers.ssrn.com/sol3/papers.cfm?abstract_id=2153484. Acesso em: 9 nov. 2013.

BELLON, B. *La filière de production*: un concept de crise, documento de trabalho n. 106, Centre de Recherches en Économie Industrielle, Université de Paris-Nord, 1983.

BERLE, A. & MEANS, G. *The modern corporation and private property*. New York: Macmillan, 1932.

BUCKLEY, P. J. The impact of the global factory on economic development. *Journal of World Business*, v. 44, n. 2, p. 131-143, 2009.

_____; CASSON, M. C. The internalization theory of the multinational enterprise: a review of the progress of a research agenda after 30 years. *Journal of International Business Studies*, v. 40, n. 9. London: Palgrave Macmillan, p. 1563-1580, 2009.

CHANDLER, A. D. *Strategy and structure*: chapters in the history of the american industrial enterprise. Cambridge: MIT Press, 1962.

_____. *The visible hand:* the managerial revolution in american business. Cambridge: Harvard University Press, 1977.

_____. *Scale and scope:* the dynamics of industrial capitalism. Cambridge: Harvard University Press, 1990.

_____. Organizational capabilities and the economic history of the industrial enterprise. *Journal of Economic Perspectives*, v. 6, n. 3, p. 79-100, summer 1992.

COASE, R.H. The nature of the firm. *Economica*, New Series, v. 4, n. 16, p. 386-405, 1937.

DE MARCHI, V.; GIULIANI, E.; RABELLOTTI, R. Do global value chains offer developing countries learning and innovation opportunities? *The European Journal of Development Research*. London: Springer, p. 1-19, 2018.

DUDENHÖFFER, F. *Lassen sich{\guillemotright} Hochkosten {\guillemotleft}-Standorte durch Premiumbranchen absichern? Erfahrungen aus der Automobilindustrie. ifo Schnelldienst*, v. 67, n. 6. München: ifo Institut-Leibniz-Institut für Wirtschaftsforschung an der Universität München, p. 26-30, 2014.

DUNNING, J. H. Reappraising the eclectic paradigm in an age of alliance capitalism. *Journal of international business studies*, p. 461-491, 1995. Disponível em: http://www.jstor.org/stable/10.2307/155557. Acesso em: 31 maio 2013.

ESCAITH, H.; INOMATA, S. 5 geometry of global value chains in East Asia: the role of industrial networks and trade policies. In: ELMS, D. K.; LOW, P. (orgs.). *Global value chains in a changing world*. Geneva: World Trade Organization, p. 135, 2013.

FAGERBERG, J.; LUNDVALL, B.; SRHOLEC, M. Global value chains, national innovation systems and economic development. *The European Journal of Development Research*, v. 30, n. 3, p. 533-556, 2018.

FARINA, E. Q. M.; ZYLBERSZTAJN, D. Relações tecnológicas e organização dos mercados do sistema agroindustrial de alimentos. *Cadernos de Ciência e Tecnologia*, v. 8, n. 1/3, p. 9-27, 1991.

GEREFFI, G.; FERNANDEZ-STARK, K. *Global value chain analysis:* a primer, 2016. Duke CGGC (Center on Globalization, Governance & Competitiveness).

_____; HUMPHREY, J.; STURGEON, T. The governance of global value chain*s. Review of International Political Economy*, v. 12, n. 1, p. 78-104, 2005.

GHEMAWAT, P. *Redefinindo a estratégia global:* cruzando fronteiras em um mundo de diferenças que ainda importam. Porto Alegre: Bookman, 2008.

GIULIANI, E.; PIETROBELLI, C.; RABELLOTTI, R. *Upgrading in global value chains:* lessons from Latin American clusters. World Development, v. 33, n. 4. Amsterdam: Elsevier, p. 549-573, 2005.

HAGUENAUER, L. & PROCHNIK, V. A delimitação de cadeias produtivas na economia do nordeste. In: HAGUENAUER L. & PROCHNIK, V. (orgs.) *Identificação de cadeias produtivas e oportunidades de investimento no nordeste do Brasil*. Fortaleza: Banco do Nordeste, 2000.

_____; et al. Complexos industriais na economia brasileira. Texto para Discussão n. 62. Rio de Janeiro: IEI/UFRJ, 1984.

HUMMELS, D.; ISHII, J.; YI, K.-M. The nature and growth of vertical specialization in world trade. *Journal of International Economics*, v. 54, n. 1, p. 75-96, 2001. Disponível em: http://linkinghub.elsevier.com/retrieve/pii/S0022199600000933. Acesso em: 27 mar. 2013.

HUMPHREY, J.; SCHMITZ, H. How does insertion in global value chains affect upgrading in industrial clusters? *Regional studies*, v. 36, n. 9, p. 1017-1027. Abingdon: Taylor & Francis, 2002.

JOHANSON, J.; VAHLNE, J.-E. The uppsala internationalization process model revisited: from liability of foreignness to liability of outsidership. *Journal of International Business Studies*, v. 40, n. 9, p. 1411-1431, 2009. Disponível em: http://www.palgrave-journals.com/jibs/journal/v40/n9/abs/jibs200924a.html. Acesso em: 31 maio 2013.

KNIGHT, F. *Risk, uncertainty and profit*. Chicago: Chicago University Press, 1971.

KUMMRITZ, V. *Do global value chains cause industrial development?* Geneva: The Graduate Institute Geneva, 2016.

LANÇON, F.; TEMPLE, L.; BIÉNABE, E. *The concept of filière or value chain:* an analytical framework for development policies and strategies. Sustainable development and tropical agri-chains. London: Springer, p. 17-28, 2017.

LIFSCHITZ, E. M.; WIRKIERMAN, A. L. *Structural analysis at the national level by the configuration of sectoral blocks:* the cases of argentina, Chile and Mexico. XVII International Input-Output Conference. São Paulo. Anais... São Paulo: International Input-Output Association, 2009.

LOS, B.; TIMMER, M. P.; VRIES, G. J. How global are global value chains? A new approach to measure international fragmentation. *Journal of Regional Science*, Wiley Online Library, v. 55, n. 1, p. 66-92, 2015.

MARCATO, M.; BALTAR, C. T. *Economic and social upgrading in global value chains:* concepts and metrics. Campinas: Instituto de Economia/Unicamp, 2017.

MARSHALL, A. *Principles of economics*. 8. ed. London: Macmillan, 2013.

NAKAMURA, Y. Changing industrial linkage in the west pacific: an international input-output analysis1. *Journal of Applied Input-Output Analysis*, v. 2, n. 1, 1994.

NELSON, R.; WINTER, S. *An evolutionary theory of economic change*. Cambridge: Harvard University Press, 1982.

ÖZVEREN, Y. E. *Shipbuilding, 1590-1790*. Review (Fernand Braudel Center), JSTOR, p. 15-86, 2000.

PENROSE, E.T. *The theory of growth of the firm*. Oxford: Basil Blackwell, 1972.

_____. *The theory of the growth of the firm*. 2. ed. Oxford: Basil Blackwell, 1980.

PERROUX, F. O conceito de polo de crescimento. Schwartzman, J. *Economia regional* – textos escolhidos, p. 145-156; Convênio CEDEPLAR/CETREDE – MINTER, UFMG, ed. original Note sur la Notion de Pôle de Croissance, *Economie Appliquée*, 1955.

PIETROBELLI, C.; SALIOLA, F. Power relationships along the value chain: multinational firms, global buyers and performance of local suppliers. *Cambridge Journal of Economics*. Oxford: Oxford University Press, v. 32, n. 6, p. 947-962, 2008.

PIPKIN, S.; FUENTES, A. Spurred to upgrade: a review of triggers and consequences of industrial upgrading in the global value chain literature. *World Development*, Elsevier, v. 98, p. 536-554, 2017.

PITELIS, C. On transaction (costs) and markets and (as) hierarchies. In PITELIS, C. (ed.). *Transaction costs, markets and hierarchies*. Oxford: Blackwell, 1993.

PROCHNIK, V. O macrocomplexo da construção civil. Texto para Discussão n. 117. Rio de Janeiro: IE/UFRJ, 1987.

_____. Cadenas y etapas en el complejo de la construcción civil. *El Trimestre Econômico*, v. LVI, n. 224, out./dez. 1989. Cidade do México: Fondo de Cultura Econômica, 1989.

_____. *Spurious flexibility:* technical modernization with social inequalities in the brazilian footwear industry. Discussion Paper 222. Genebra: OIT/ONU, 1991.

RAIKES, P.; JENSEN, M. F.; PONTE, S. Global commodity chain analysis and the French filière approach: comparison and critique. *Economy and Society*, v. 29, n. 3, p. 390-417, 2000, Routledge. Disponível em: https://doi.org/10.1080/03085140050084589. Acesso em: 31 maio 2013.

RICHARDSON, G.B. The organization of industry. *The Economic Journal*, n. 82, p. 883-896, September 1972.

ROCHA, C.F.L. A teoria da firma, o agente econômico e o processo de decisão. *Cadernos ANGE,* Textos Didáticos n. 3, 1992.

RUGMAN, A. M.; VERBEKE, A. A perspective on regional and global strategies of multinational enterprises. *Journal of International Business Studies*, v. 35, n. 1, p. 3-18. London: Springer, 2004.

SCHERER F.M. *Industrial market structure and economic performance*, Chicago: Randy McNally, 1970.

SCHUMPETER, J.A. *Capitalism, socialism and democracy*. 5. ed. London: George Allen and Unwin, 1979.

_____ *The theory of economic development*. An inquiry into profits, capital, credit, interest and the business cycle. reimpr. primeira edição em língua inglesa de 1934. Oxford: Oxford University Press, 1961.

SIMON, H. Theories of decision making in economics and behavioural science. *American Economic Review*, republicado em G.P.E, 1959.

CLARCKSON (ed.) *Managerial economics*. Harmondsworth: Penguim Books, 1969.

SMITH, A. *A riqueza das nações*. São Paulo: Abril Cultural, 1983.

STEINDL, J. *Maturidade e estagnação no capitalismo americano*. Edição Os Economistas. São Paulo: Nova Cultural, 1986.

TIMMER, M. P et al. An illustrated user guide to the world input-output database: the case of global automotive production. *Review of International Economics*, Wiley Online Library, v. 23, n. 3, p. 575-605, 2015.

_____; LOS, B.; STEHRER, R.; DE VRIES, G. J. *An anatomy of the global trade slowdown based on the WIOD 2016 release*, 2016.

TRAJTENBERG, R. *Un enfoque setorial para el estudio de la penetracción de las transnacionales en America Latina*. ILET, DEE/DI México.

VIGORITO, R. *Anexo metodológico*. Un reajuste conservador. Montevideo: Instituto de Economia de la Facultad de Ciencias Económicas y Administración de la Universidad de la República/Fundación de Cultura Universitaria, 1973.

WILLIAMSON, O.E. *Markets and hierarchies*. New York: Free Press, 1975.

ZUCOLOTO, G. F.; CASSIOLATO, J. E. *Desenvolvimento tecnológico por origem de capital*: a experiência brasileira recente. Brasília: Ipea, 2012.

_____; _____. Desenvolvimento tecnológico por empresas estrangeiras no Brasil e na Coreia do Sul. *Revista de Economia Contemporânea*, Directory of Open Access Journals, v. 18, n. 2, p. 210-240, 2014.

ZYLBERSTAJN, D. & FARINA, E. M. M. Q. Strictly coordinated food-systems: exploring the limits of the coasian firm. *International Food and Agribusiness Management Review*, v. 2, n. 2, p. 249-265, 1999.

Economias de Escala e Escopo

Capítulo 3

Mariana Iootty e Marina Szapiro

3.1 Introdução

Os custos considerados pelos economistas são, em geral, diferentes daqueles utilizados pelos contadores. Estes últimos estão mais preocupados com os demonstrativos financeiros da empresa, isto é, com a contabilidade de todas as despesas, de fato, incorridas pelas empresas durante a produção. Os economistas, por sua vez, estão mais preocupados com o processo decisório, e, por isso, a análise econômica centra-se nos custos que poderão ocorrer no futuro e nos critérios que devem ser utilizados pela empresa para reduzir seus custos e melhorar sua lucratividade. Os custos considerados pelos economistas são os custos de oportunidade, definidos pelas oportunidades que serão deixadas de lado, caso a empresa (ou o indivíduo) não faça o melhor investimento. O custo de oportunidade de uma ação é dado pelo valor da melhor alternativa de alocação dos recursos empregados em tal ação. Vamos imaginar, assim, que o custo de oportunidade indica se uma atividade produtiva deve continuar (ou não).

Apresentar essas diferenças de entendimento sobre os custos é extremamente relevante para o desenvolvimento deste capítulo, no qual iremos analisar a relação existente entre as estruturas de custos e as economias de escala e escopo. Na Seção 3.2 apresentaremos os componentes básicos dos custos. Na Seção 3.3 discorreremos sobre os custos de curto prazo. Finalmente, na Seção 3.4 apresentaremos uma análise de custos de longo prazo.

3.2 Componentes Básicos dos Custos

Para os economistas, as empresas têm alguns custos que variam com a quantidade produzida e outros que são fixos. O custo fixo será gasto independentemente do nível de produção. Estes costumam incluir dispêndios, tais como aluguéis, equipamentos, manutenção da fábrica e seguro, entre outros. Adiante, os custos fixos são representados pela constante F, não apresentando relação alguma com o nível de produção. Já os custos variáveis CV são custos que variam proporcionalmente com o nível de produção. Os principais custos variáveis são matéria-prima e eletricidade, entre outros. Existem alguns custos que são conhecidos como custos irrecuperáveis (*sunk costs*). Por refletir uma relação complexa entre custo e tempo, este conceito de custos irrecuperáveis será mais bem definido e estudado especificamente no Capítulo 12.

Como vimos no Capítulo 2, é importante notar que a diferenciação entre custo fixo e variável só faz sentido quando se trata do curto prazo. Neste caso, alguns fatores de produção não podem variar sem que se incorra em perdas. Já no longo prazo, todos os custos são ajustados, pois há tempo suficiente para que todos os fatores de produção sejam ajustados sem custo algum.

36 Economia Industrial

Na medida em que os custos variáveis mudam com o aumento do nível de produção, eles são considerados uma função da quantidade produzida $CV(q)$. Os custos totais são a soma de todos os custos variáveis e fixos, isto é, $Ct(q) = F + CV(q)$. Quando a quantidade produzida cresce, o aumento dos custos totais corresponde somente (e é idêntico) ao aumento dos custos variáveis necessário para produzir a maior quantidade de produto.

Existem alguns outros conceitos importantes de custo, tais como custo médio (CMe), custo variável médio ($CVMe$) e custo fixo médio ($CFMe$). O CMe é definido como o custo total dividido pela quantidade produzida ($CMe = \dfrac{C(q)}{q}$). O $CVMe$ é o resultado da divisão entre o CV e a quantidade produzida ($CVME = \dfrac{CV(q)}{q}$). O $CFMe$ corresponde ao custo fixo (F) dividido pela quantidade produzida, isto é, $CFMe = \dfrac{F}{q}$.

O custo médio é a soma do custo variável médio e do custo fixo médio ($CMe = CFMe + CVMe$). Dessa forma, o custo variável médio e o custo fixo médio não podem ser maiores do que o custo médio.

O custo marginal (CMg) é o incremento ou adição ao custo que decorre da produção de uma unidade a mais.[1] Nesse caso, o CMg é independente do custo fixo (F). Ele está relacionado apenas à variação do CV.

3.3 Os Custos de Curto Prazo

Supondo uma empresa no curto prazo com um custo fixo (F) de \$100, é possível observar, por meio do exemplo apresentado na Tabela 3.1, as principais relações entre CMg, CMe e $CVMe$. As relações geométricas entre os diversos custos e suas propriedades serão demonstradas em seguida.

O Gráfico 3.1 nos mostra o conjunto de curvas de $CFMe$, $CVMe$, CMe e CMg. Observamos inicialmente que a curva de $CFMe$ apresenta uma queda contínua, assumindo o formato da hipérbole correspondente a F/q.

A curva de $CVMe$ é inicialmente decrescente em resposta ao aumento da produtividade do fator variável, atinge um ponto de mínimo quando então a planta opera com uma combinação ótima dos fatores fixo e variável, e aumenta posteriormente, como resposta à queda da produtividade do fator variável.

A curva de CMe corresponde à soma das curvas de $CFMe$ e de $CVMe$. Assim como a curva de $CVMe$, a curva de CMe assume um formato em U, decrescendo inicialmente, atingindo um ponto mínimo ao nível ótimo de operação da planta, e crescendo em seguida. Esse formato em U tanto da curva de $CVMe$, como da curva de CMe, reflete a lei dos rendimentos decrescentes, cuja dinâmica é descrita no Quadro 3.1. É válido ressaltar ainda que o ponto de mínimo da curva de CMe (ponto q_2) ocorre à direita do ponto de mínimo da curva de $CVMe$ (ponto q_1). Isso ocorre porque o CMe inclui o $CFMe$, que decresce continuamente com o aumento do nível de produção. Após o $CVMe$ ter atingido seu ponto mínimo, ele passa então a aumentar, sendo este aumento acompanhado pela queda do $CFMe$, o que leva, assim, o CMe a continuar decrescendo, embora o $CVMe$ esteja crescendo. Entretanto, esse crescimento do $CVMe$ passa a ser maior do que a queda do $CFMe$, e, portanto, o CMe passa a crescer. A curva de $CVMe$ então se aproxima assintoticamente do CMe à medida que o nível de produto cresce.

TABELA 3.1 Relações entre Custos

Produto	Custo fixo	Custo variável	Custo fixo médio	Custo variável médio	Custo total	Custo médio	Custo marginal
0	100	0			100		
1	100	10	100	10	110	110	10
2	100	19	50	9,5	119	59,5	9
3	100	25	33,3	8,3	125	41,7	6
4	100	32	25	8,0	132	33,0	7
5	100	40	20	8,0	140	28,0	8
6	100	49	16,7	8,2	149	24,8	9
7	100	60	14,2	8,6	160	22,9	11
8	100	73	12,5	9,1	173	21,6	13
9	100	88	11,1	9,8	188	20,9	15
10	100	108	10	10,8	208	20,8	20

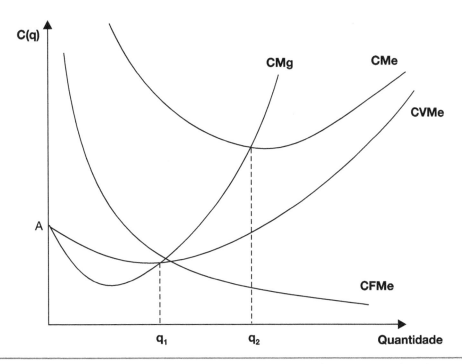

Gráfico 3.1 Curvas de Custo. A curva de custo marginal (*CMg*) corta as curvas de custo variável médio (*CVMe*) e custo médio (*CMe*) em seus pontos de mínimo.

QUADRO 3.1 LEI DOS RENDIMENTOS MARGINAIS DECRESCENTES

Consideremos uma empresa que contrata o fator de produção variável, a mão de obra (L), a uma remuneração fixa (w). O *CVMe* corresponde ao custo variável por unidade de produto, $CVMe = \frac{CV(q)}{q}$. Assumindo que L unidades de mão de obra são utilizadas no processo produtivo, o custo variável é então definido como wL. Desse modo, $CVMe = \frac{wL}{q}$. Lembrando que o produto médio do trabalho (*PMeL*) é definido como a produção por unidade de insumo, isto é, $PMeL = \frac{q}{L}$, podemos denotar a seguinte expressão: $CVMe = \frac{w}{PMeL}$. Ocorre então uma relação inversa entre o *CVMe* e o *PMeL*.

É razoável imaginar que o aumento inicial no nível de produção seja feito de forma eficiente para que a produtividade marginal do trabalhador seja crescente, o que acarreta, portanto, uma necessidade menor do fator variável trabalho (L) para produzir a mesma quantidade de produto. Dessa forma, o *PMeL* seria, por conseguinte, crescente, ocasionando, assim, a redução do *CVMe*. Como se trata de uma análise de curto prazo, a existência do fator fixo capital (K) restringe o processo de produção a partir de um determinado ponto, quando então a lei dos rendimentos marginais decrescentes começa a agir: a produtividade marginal do trabalhador diminui. Passa então a ser necessária uma quantidade maior do fator variável trabalho (L) para produzir a mesma quantidade de produto. Desse modo, o *PMeL* será, portanto, decrescente, ocasionando, dessa forma, o aumento do *CVMe*.

A curva de *CMg* assume um formato em U, o que também se explica pela lei dos rendimentos marginais decrescentes.[2] É importante observar que as curvas de *CMg* e *CVMe* partem do mesmo ponto (ponto A). Se escrevermos a função de *CMg* em termos da função de *CVMe*, como descrito a seguir,

$$CMg(q) = \frac{\Delta CV(q)}{\Delta q} = \frac{CV(q + \Delta q) - CV(q)}{\Delta q}$$

então, a igualdade entre o *CMg* e o *CVMe* no ponto A se explica pelo fato de que para a primeira unidade produzida é válido que:

$$CMg(q=1) = \frac{CV(q=1) + F - CV(q=0) - F}{1_{\Delta q=1}} = \frac{CV(q=1)}{1} = CVMe(q=1)$$

38 Economia Industrial

Desse modo, o custo marginal de se produzir a primeira unidade de produção se iguala ao $CVMe$ de se produzir uma unidade.

Uma importante relação a ser destacada no diagrama de custos de curto prazo, representado anteriormente, é aquela que se estabelece entre as curvas de CMg e CMe. Para entendê-la melhor consideremos $q*$ como o ponto de mínimo do CMe; assim, para qualquer nível de produção à esquerda de $q*$ o CMe deve ser decrescente, de forma que para $q < q*$ é válido que:

$$\frac{d}{dq}\left(\frac{C(q)}{q}\right) \leq 0$$

Por meio do cálculo da derivada concluímos que

$$\frac{qC'(q) - C(q)}{q^2} \leq 0 \qquad \text{para } q \leq q*,$$

o que implica

$$C'(q) \leq \frac{C(q)}{q}, \qquad \text{para } q \leq q*.$$

Essa desigualdade nos indica que o CMg é menor do que o CMe para níveis de produção menores do que o ponto que minimiza o CMe. Analogamente, é possível demonstrar que:

$$C'(q) \geq \frac{C(q)}{q}, \qquad \text{para } q \geq q*.$$

Sendo válidas as duas desigualdades, então para $q = q*$ a seguinte expressão é verdadeira

$$C'(q) = \frac{C(q)}{q},$$

ou seja, o CMg se iguala ao CMe no ponto de mínimo do CMe (ponto C). É possível notar que a relação entre o CMg e o $CVMe$ é semelhante, bastando apenas modificar a notação na demonstração acima para verificar que o CMg é inferior ao $CVMe$ quando este é decrescente, e é superior ao $CVMe$ quando este é crescente. De forma análoga, verificamos que o $CVMe$ passa pelo $CVMe$ no ponto de mínimo do $CVMe$.

3.4 Análise dos Custos de Longo Prazo

No longo prazo, por definição, a empresa pode escolher a quantidade de todos os fatores que são utilizados. A curva de custo de longo prazo pode ser considerada uma curva de planejamento, na medida em que ela é um guia para o empreendedor planejar as decisões de expansão de produção no futuro.

Os custos de longo prazo refletem as escolhas da empresa quando as quantidades de todos os fatores podem variar. Dessa forma, no longo prazo, o que importa é o exame do comportamento global do custo diante da possibilidade de variação dos fatores de produção e, portanto, em relação à variação do nível de produto. Logo, é importante analisar o comportamento do custo médio de longo prazo ($CMeLP$). À medida que o nível de produção aumenta, os $CMeLP$ de uma empresa podem permanecer constantes, aumentar ou diminuir. Se o $CMeLP$ da empresa é reduzido quando a produção é elevada, a empresa possui economias de escala. Se o $CMeLP$ da empresa permanece constante na medida em que se produz maiores quantidades de produto, a empresa tem, então, retornos constantes de escala. Se o $CMeLP$ da empresa cresce quando a produção é elevada, a empresa possui deseconomias de escala.

Para poder compreender formalmente o comportamento do $CMeLP$ seria interessante analisar a derivação da curva de $CMeLP$ a partir da técnica produtiva utilizada pela empresa. A produção da empresa pode apresentar uma das três propriedades apresentadas a seguir.

1. Se $f(tK, tL) < tf(K, L)$, os retornos de escala são decrescentes (há deseconomias de escala).
2. Se $f(tK, tL) = tf(K, L)$, os retornos de escala são constantes.
3. Se $f(tK, tL) > tf(K, L)$, os retornos de escala são crescentes (há economias de escala).

Suponha que a função esteja sujeita a retornos crescentes de escala. Considere então $q_1 = f(K_1, L_1)$, onde os insumos K e L são comprados aos preços r e w, respectivamente.

Desse modo, $CMe_1 LP = \dfrac{rK_1 + wL_1}{q_1}$. Se há uma variação positiva, $(t > 0)$, de igual magnitude nos insumos K e L, de forma que $q_2 = f(tK_1, tL_1)$.

Sendo assim, o custo médio de longo prazo para o novo nível de produção será:

$$CMe_2 LP = \frac{r.tK_1 + w.tL_1}{q_2} = \frac{t.(rK_1 + wL_1)}{q_2} = \frac{t.CMe_1 LP.q_1}{q_2}$$

Mas $q_1 = f(K_1, L_1)$, e $q_2 = f(tK_1, tL_1)$, então

$$CMe_2 LP = \frac{t \cdot CMe_1 LP \cdot f(K_1, L_1)}{f(tK_1, tL_1)}, \qquad \text{daí:}$$

$$CMe_2 LP = CMe_1 LP \cdot \left(\frac{t \cdot f(K_1, L_1)}{f(tK_1, tL_1)} \right)$$

Como a função está sujeita a retornos **crescentes**, é válido que:

$$q_2 = f(tK_1, tL_1) > tf(K_1, L_1)$$

Desse modo,

$$\left(\frac{t \cdot f(K_1, L_1)}{f(tK_1, tL_1)} \right) < 1$$

Isto implica que $CMe_2 LP = CMe_1 LP \cdot \alpha$, onde $\alpha < 1$. Logo, conclui-se que estando a função sujeita a retornos crescentes, os $CMeLP$ serão decrescentes. De certa forma, a existência de economias de escala decorre da propriedade de subaditividade de custos, cujo caso geral pode ser formalizado como:

$$\sum_{i=1}^{n} C(q_i) > C\left(\sum_{i=1}^{n} q_i \right)$$

sendo $q_{1, ..., } q_n$ um vetor de produção. Isto significa dizer que é mais barato produzir vários produtos juntamente do que produzi-los separadamente.

De forma análoga, é possível demonstrar que se a função está sujeita a retornos decrescentes, os $CMeLP$ serão crescentes e, por fim, uma função sujeita a retornos constantes gera $CMeLP$ constantes.

Admitindo uma tecnologia perfeitamente divisível,[3] o $CMeLP$ possui o formato como mostra o Gráfico 3.2.

A teoria tradicional dos custos, que admite ser a curva de $CMeLP$ a envoltória inferior das curvas de $CMeCP$,[4] utiliza esse formato em U da curva de $CMeLP$ assumindo que as economias de escala existem até um determinado tamanho da planta produtiva, que é conhecido como tamanho ótimo da planta, no qual, então, todas as possíveis economias de escala são exploradas. Se a planta produtiva cresce acima desse tamanho ótimo, passam, então, a existir deseconomias de escala, geralmente decorrentes das ineficiências gerenciais e administrativas. Ao postular uma curva de $CMeLP$ em formato de U, a teoria tradicional dos custos considera implicitamente a forte hipótese de que a planta produtiva é completamente inflexível, uma vez que qualquer aumento da produção acima do tamanho ótimo, por menor que seja, acarreta crescimento substancial dos custos.

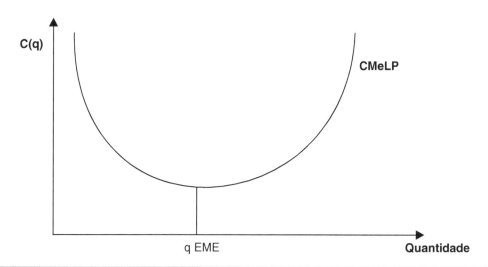

Gráfico 3.2 Curva de *CMeLP* com formato em U.

Para muitos autores, a curva de *CMeLP* em formato de U é apenas uma curva teórica, não sendo verificada na prática, pelo menos de forma frequente. De fato, como veremos ao fim deste capítulo, existe uma crescente evidência empírica que sustenta o formato da curva de *CMeLP* em L, como mostrado no Gráfico 3.3, e, sobre isso, houve então um grande debate para questionar a validade da curva em formato de U. Argumentou-se que as deseconomias de escala derivadas das ineficiências gerenciais, apontadas pela teoria tradicional como as responsáveis pelo aumento dos custos após o tamanho ótimo da planta, poderiam ser evitadas a partir da implementação de modernos métodos de gerência. Além disso, foi apontado também que mesmo se as deseconomias gerenciais de fato aparecessem (para elevadas escalas produtivas), elas seriam insignificantes em relação às economias de escala – que poderiam derivar de fontes, como veremos a seguir, no nível da planta, da multiplanta, ou da multiprodução – de forma que os custos totais por unidade produzida se manteriam constantes. Na defesa de uma curva de *CMeLP* em formato de L, muitos autores argumentaram ainda que as deseconomias de escala podem até ser significativas para elevadas escalas produtivas, o que resultaria, de fato, em aumento dos *CMeLP*; mas isso ocorreria num nível de produção tão elevado que estaria fora da área relevante de produção, podendo, portanto, ser ignorado. As fontes de economias e deseconomias de escala, citadas neste debate empírico como responsáveis pelo aumento e redução dos *CMeLP*, serão discutidas nos itens seguintes deste capítulo.

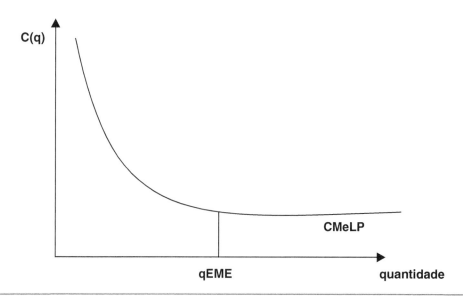

Gráfico 3.3 Curva de *CMeLP* em formato de L.

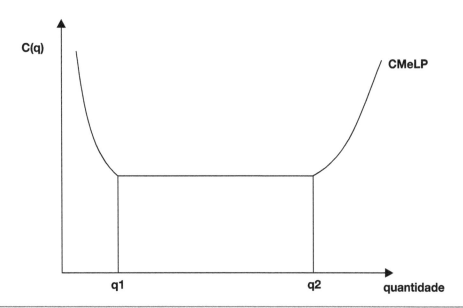

Gráfico 3.4 Curva de *CMeLP* com segmento horizontal.

Se aceitamos a possibilidade da curva de *CMeLP* em formato de L, como representada no Gráfico 3.3, é importante notar que, nesse caso, existe uma escala mínima eficiente (*EME*) da planta, em vez de um único tamanho ótimo da planta como apresentado na curva de *CMeLP* em formato em U. A *EME* corresponde ao nível da planta onde todas as economias de escala possíveis são exauridas e representa, portanto, a menor quantidade de produto (q^*) possível de ser obtida, de forma que o *CMeLP* seja minimizado. Ou seja, para uma curva de *CMeLP* com formato em L, para $q < EME$, a curva de *CMeLP* é decrescente; para $q > EME$ a curva de *CMeLP* é constante.

Alguns autores propuseram uma mescla entre as curvas de *CMeLP* em formatos de U e L, como representado no Gráfico 3.4. Nesse caso, existiriam economias e deseconomias de escala, respondendo, respectivamente, pelas fases decrescentes e crescentes da curva de *CMeLP*. No segmento plano da curva para uma determinada faixa de produção (entre os níveis q_1 e q_2), as economias e deseconomias de escala praticamente se igualariam, determinando, pois, uma faixa de custos constantes por unidade produzida. Essa faixa de custos constantes corresponderia, então, à existência de uma reserva de capacidade que seria planejada pela empresa, de forma a lhe conceder o máximo de flexibilidade na operação, sem incorrer em aumento de custos.

Na média, a empresa desejaria operar entre os níveis mínimo (q_1) e máximo (q_2) da região onde os *CMeLP* são minimizados e, sendo assim, quaisquer níveis de operação abaixo ou acima dos níveis mínimo e máximo, respectivamente, seriam tamanhos subótimos. Leia o Quadro 3.2.

QUADRO 3.2 MONOPÓLIO NATURAL

A estrutura de custos determina em grande medida a estrutura de mercado. A *EME* da planta produtiva, quando comparada com o tamanho do mercado, é uma importante medida para verificarmos quantas empresas podem operar na indústria.

O monopólio natural ocorre quando é eficiente para apenas uma empresa suprir a demanda do mercado. Nesse caso, os custos totais de produção aumentariam se duas ou mais empresas operassem, em vez de uma.

No caso do monopólio natural, a estrutura de custos é caracterizada por economias de escala em todos os níveis da faixa relevante de produção (região até o ponto onde a curva de demanda de mercado cruza com a curva de *CMeLP*). Dessa maneira, a *EME* da planta é tão grande que supre toda a demanda do mercado.

As indústrias de infraestrutura são bons exemplos de monopólio natural. No Brasil, os setores de energia elétrica e telecomunicações foram desenvolvidos com uma estrutura de monopólio natural, de propriedade estatal (monopólios estatais). Isso ocorreu em função do consenso de que esta seria a estrutura mais eficiente para desenvolver tais setores no Brasil. A propriedade estatal era justificada em função da necessidade dos altos investimentos que o setor privado não poderia fazer. A operação de mais de uma empresa seria, assim, ineficiente.

3.4.1 FONTES DE ECONOMIAS DE ESCALA

O debate empírico anteriormente relatado demonstra não haver um consenso sobre o formato da curva de *CMeLP*. Entretanto, como pudemos observar, em todas as possibilidades de curva anteriormente demonstradas havia duas características comuns: a existência de um segmento decrescente, indicando, portanto, a presença de economias de escala, e a existência de uma escala mínima eficiente (*EME*), onde então as economias de escala se esgotam. Essas características tornam-se, por conseguinte, propriedades que devem ser mais profundamente examinadas.

De fato, existem muitas razões empíricas para acreditarmos que os *CMeLP* sejam decrescentes, pelo menos inicialmente, à medida que a quantidade produzida no longo prazo se eleva, e que há um ponto em que as mesmas economias de escala se esgotam. Com relação a isso, a discussão sobre as estruturas de custo de longo prazo consiste, sobretudo, no exame empírico das fontes de economias de escala e deseconomias de escala.

Iniciaremos pelas economias de escala. As economias de escala estão, de um modo geral, associadas a dois tipos de fontes, quais sejam, as *economias* de escala *reais* e as *economias* de escala *pecuniárias*.

Consideremos o custo de produção representado pela seguinte expressão:

$$C(q) = \sum_{i=1}^{n} x_i p_i,$$

onde x_i é a quantidade do fator i, e p_i é o preço do fator i.

As economias de escala são ditas *reais* se o fator que as explica é o aumento proporcionalmente menor na quantidade média de fatores produtivos utilizados quando há um aumento da produção. Sendo assim, quando ocorre:

$$C(tq) < \sum_{i=1}^{n} t \cdot x_i p_i, \text{ sendo } t > 0,$$

temos, então, *economias de escala reais*, pois muito embora a produção esteja crescendo t vezes, a quantidade de insumos utilizados não cresce na mesma proporção, e sim em uma proporção inferior.

As economias de escala são ditas *pecuniárias* se o fator que as explica é uma redução no preço pago pelo insumo (p_i). Nesse caso, os custos da empresa se reduzem, mas não em resposta a mudanças reais no método de produção. Vale ressaltar que a redução de preços do insumo (p_i) e, portanto, a obtenção de ganhos de economias de escala pecuniárias por parte da empresa, reflete em geral ganhos de economias de escala reais por parte do fornecedor, uma vez que quanto maior é a demanda da empresa por fatores produtivos, menores serão os custos para o fornecedor produzi-los e fornecê-los. O nosso exame a respeito das fontes de economias de escala a ser feito aqui se deterá na análise das fontes de economias *reais*.

Existem quatro fontes principais de economias de escala reais.

1. Ganhos de especialização

    A redução dos *CMeLP* com o aumento da produção pode ser primeiramente explicada pelos ganhos de especialização. Essa fonte, que se observa no nível do produto, é uma das mais tradicionais, tendo sido ressaltada como ponto central por Adam Smith em seu importante trabalho *A Riqueza das Nações*, de 1776. Com uma maior quantidade de produto, maior poderá ser a divisão do trabalho, e mais os trabalhadores e máquinas poderão se especializar. Os trabalhadores adquirirão, pois, maior habilidade em suas funções e, com máquinas especializadas, maior será a sua produtividade, gerando, por conseguinte, menores custos. O Quadro 3.3 disposto a seguir nos traz exemplos a respeito dos ganhos de especialização produtiva e sua relação com comportamento do *CMeLP*.

2. Indivisibilidade técnica

    A segunda fonte de economia de escala se relaciona com o tamanho dos equipamentos industriais, sendo, portanto, observável no nível da planta produtiva. Muito embora seja possível aumentar a quantidade do fator K, não é viável dividi-lo, uma vez que suas unidades estão definidas discretamente. Desse modo, como nem sempre é possível comprar equipamentos com um tamanho exato para produzir a quantidade de produto exatamente necessária, possíveis subutilizações do equipamento podem servir para uma futura expansão produtiva. Dessa forma, haveria, então, uma expansão produtiva a taxas constantes, ocasionando, portanto, *CMe* decrescentes. Assim, para cada tamanho de equipamento industrial é provável encontrar retornos crescentes decorrentes da maior utilização deste equipamento até o esgotamento de sua capacidade.

QUADRO 3.3 ESPECIALIZAÇÃO E REDUÇÃO DOS CMELP

Dois exemplos ilustram como a especialização pode contribuir para a redução dos *CMeLP*. O primeiro é dado por Adam Smith, que analisa as vantagens da especialização na manufatura de alfinetes. Adam Smith afirmava que um trabalhador não qualificado para tal negócio, nem familiarizado com a utilização dos equipamentos usados, poderia fazer poucos alfinetes por dia. No entanto, na época em que o autor estava escrevendo *A Riqueza das Nações*, verificou-se uma tendência a uma divisão do trabalho para a produção do alfinete. Nessa divisão, o processo de produção foi repartido em "pequenas tarefas" (aproximadamente 18 etapas), onde cada trabalhador especializado passou a ser responsável por uma das etapas, resultando num aumento da produtividade dos trabalhadores e, consequentemente, na redução do *CMeLP*. No caso que ele descreve, dez trabalhadores especializados (alguns desempenhando duas ou três funções), trabalhando na produção do alfinete, produzem aproximadamente 48 mil alfinetes por dia.

O segundo exemplo é dado a partir de Henry Ford, que se tornou o maior produtor de automóveis (e provavelmente o mais bem-sucedido) no início do século XX, a partir do desenvolvimento da produção em massa. Ele adaptou a linha de montagem para carros padronizados e baratos numa série de funções desempenhadas por trabalhadores especializados. Foi obtida uma economia significativa a partir da redução do custo por unidade produzida apesar dos salários pagos terem sido consideravelmente altos em relação à média da época. Dessa maneira, ele criou, em 1914, um plano de participação nos lucros que distribuiu mais de US$ 30 milhões anualmente para seus empregados.

3. Economias geométricas

A terceira fonte de economia de escala é também relacionada com o tamanho do equipamento industrial, sendo, portanto, observado também no nível da planta produtiva. Essa fonte diz respeito às propriedades geométricas da unidade processadora. Em casos como das indústrias de processo químico e metalúrgico (como, por exemplo, o refino de petróleo, cimento, indústria química e geração de energia elétrica), a mais importante fonte de economias de escala no nível planta específico decorre da expansão do tamanho individual das unidades processadoras. O produto dessas unidades tende a ser proporcional ao volume da unidade, ao passo que o custo associado à produção é proporcional à área da superfície das unidades processadoras.[5]

Dois autores, John Haldi e David Whitcomb, realizaram um conhecido trabalho em 1967, em que procuraram estimar a relação entre o custo de capital (associado à compra de equipamentos ou à construção de plantas) e a sua capacidade (isto é, o limite superior de produção que pode ser obtido). Para realizar esse teste, os autores partiram de uma amostra de 687 tipos de equipamentos industriais, aplicando a seguinte equação exponencial:

$$C = aq^b,$$

onde C é o custo, q é a capacidade produtiva, a é uma constante, e b é o fator de escala. Se $b < 1$, existem economias de escala; se $b = 1$, existem retornos constantes de escala; e sendo $b > 1$, existem deseconomias de escala. Como resultado, Haldi e Whitcomb concluíram que 618 das máquinas da amostra (cerca de 90% do total) apresentaram retornos crescentes ao nível dos equipamentos, isto é, os custos não cresceram na mesma proporção que o crescimento da capacidade dos equipamentos, mesmo para capacidades elevadas. Foi possível então concluir que quanto maior a capacidade produtiva do equipamento (ou da planta), menores seriam os custos de aquisição associados. É importante ressaltar que este resultado não implica que os *CMeLP* declinam com a quantidade produzida, mas sim se reduzem com a compra de equipamentos (e construção de plantas). Assim, o teste verificou a existência de economias de escala no nível dos equipamentos e, portanto, da planta produtiva, onde se incluem fontes derivadas de indivisibilidades técnicas e as economias geométricas.

4. Economias relacionadas à lei dos grandes números

Uma outra relevante fonte de economia de escala, que se apresenta no nível da planta, está associada à lei dos grandes números: quanto maior for o tamanho da planta produtiva, sendo, portanto, maior o número de máquinas utilizadas, proporcionalmente menores deverão ser, por exemplo, o *staff* de manutenção e o número de peças de reposição necessário. Ou seja, a equipe e os materiais utilizados para reposição e conserto de peças destinados a manter qualquer nível de atividade produtiva diante da possibilidade de problemas técnicos cresce menos do que proporcionalmente em relação ao número de máquinas em operação.

Por exemplo, uma empresa pequena que utiliza apenas uma única máquina deverá manter duas máquinas para se precaver de possíveis defeitos. Uma empresa maior que utiliza um grande número de máquinas deve manter, como capacidade de reserva, apenas uma proporção das máquinas utilizadas. De forma análoga, o número de trabalhadores necessário para a realização de reparos não cresce proporcionalmente com o tamanho da escala.

44 Economia Industrial

Uma demonstração mais geral a respeito das economias de escala relacionadas à Lei dos Grandes Números está descrita no Quadro 3.4. O Quadro 3.5, por sua vez, apresenta uma forma prática de verificar a existência de economias de escala a partir do comportamento das funções custo.

QUADRO 3.4 ECONOMIAS DE ESCALA RELACIONADAS À LEI DOS GRANDES NÚMEROS

Consideremos inicialmente que: (1) p é a probabilidade de uma máquina apresentar defeito num período de produção; (2) n é o número de máquinas; e (3) cada funcionário da equipe de manutenção cuida de uma máquina quebrada em cada período. Se é grande, o número esperado de defeitos nas n máquinas num dado período pode ser descrito por uma distribuição binomial com média np e variância $np(1-p)$. Para um $n \geq 30$, essa distribuição se aproxima de uma normal. Suponha que a empresa deseja providenciar uma equipe de manutenção grande o suficiente para resolver de forma imediata um defeito que venha a aparecer em uma das máquinas, excluindo a possibilidade de que um grande número de máquinas apresente defeitos simultaneamente. Considere que a chance de a empresa não obter sucesso nessa estratégia seja de apenas 5%. Dessa forma, a quantidade máxima do fator trabalho necessária será:

$L = p + 1,96\sqrt{np(1-p)}$. Então, a quantidade de trabalhadores de manutenção por máquinas será dada por: $L = np + 1,96\sqrt{\dfrac{p(1-p)}{n}}$,

o que é uma função decrescente em n.

QUADRO 3.5 UMA MEDIDA DE ECONOMIAS DE ESCALA

Sabemos que para uma dada função de custos, a existência de economias de escala se observa quando os custos diminuem à medida que o nível de produto aumenta, quando então há custos médios decrescentes. Sendo assim, utilizando o conceito de elasticidade-custo poderíamos ter uma forma útil de medir economias de escala:

$$\varepsilon_c = \frac{(\Delta C / C)}{(\Delta Q / Q)}$$

Se $\varepsilon_c = 1$, então os custos aumentam proporcionalmente ao aumento no nível de produção; se $\varepsilon_c > 1$, então os custos aumentam proporcionalmente mais do que o aumento no nível de produto; finalmente se $\varepsilon_c < 1$, os custos aumentam menos rapidamente do que uma elevação do nível de produção. Dessa forma, é possível definir um *índice de economias de escala* do seguinte modo:

$$IEE = 1 - \varepsilon_c$$

se $\varepsilon_c = 1 \rightarrow IEE = 0$ não existem economias de escala

se $\varepsilon_c > 1 \rightarrow IEE < 0$ existem deseconomias de escala

se $\varepsilon_c = < 1 \rightarrow IEE > 0$ existem economias de escala

---

3.4.2 ECONOMIAS DINÂMICAS × ECONOMIAS ESTÁTICAS

As fontes de economias de escala destacadas até aqui são *estáticas*, uma vez que a nossa análise procurou relacionar o comportamento do *CMeLP* com a quantidade produzida, não tendo sido feita referência alguma ao tempo de produção despendido. Quando passamos a incorporar o tempo, isto é, a variação da quantidade com o passar do tempo, o relevante passam a ser as fontes de economias de escala *dinâmica*s. São duas as principais fontes de economias de escala dinâmicas:

1. Economias de reinício (*set up*)

Os custos de reinício estão envolvidos na operacionalização de equipamentos "multitarefas" para o desempenho de uma função ou produto específico. Como exemplo de empresas que utilizam equipamentos com várias funções podemos citar uma empresa produtora de automóveis. Tal empresa deve usar um equipamento de estamparia de metal que produz tanto o chassi quanto vários componentes, tais como portas, rodas, carroceria etc. O equipamento deve ser reinicializado toda vez que uma parte específica do produto final é produzida, uma vez que há a necessidade de regular a máquina para a execução de outra tarefa. O processo de ajuste do equipamento a um novo reinício envolve custos e tempo, visto que a regulagem da máquina implica que ela esteja fora de funcionamento. Nesse caso, quanto maior a produção, por mais tempo a máquina poderá operar com a mesma regulagem, o que irá reduzir os custos associados à perda de tempo necessária ao reinício da operação.

2. Economias de aprendizado

Quando um novo processo ou produto é iniciado, origina-se também um processo de aprendizado. Em geral, o processo de produção das primeiras unidades envolve um certo nível de tentativa e erro uma vez que novos métodos são estabelecidos e as pessoas são treinadas. Assim, os custos iniciais por unidade são geralmente altos. À medida que a produção aumenta, os trabalhadores se tornam mais rápidos e precisos em suas funções; as máquinas são adaptadas e os ajustamentos são feitos na direção do melhor sistema de produção. Recentemente, os economistas têm chamado atenção para o fato de que a primeira empresa a se mover (a primeira que entra no mercado e adquire tamanho substancial e experiência com um produto) terá vantagens sobre as empresas seguidoras em função das economias de aprendizado.

O resultado do processo descrito acima é uma curva de aprendizado, que apresenta um declínio no custo médio corrente na medida em que a produção total aumenta. A inclinação da curva de aprendizado depende de cada produto ou processo de produção específico, e um possível exemplo pode ser visto no Gráfico 3.5. Observe no gráfico que a curva de aprendizado está relacionada à produção acumulada, uma vez que, nesse caso, a nossa análise deve considerar o aspecto dinâmico da produção, isto é, a variação da quantidade produzida no tempo.

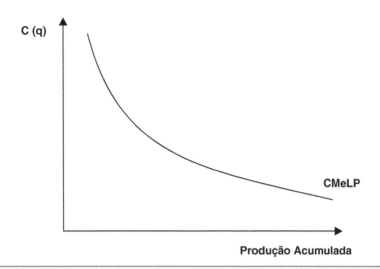

Gráfico 3.5 Curva de Aprendizado.

3.4.3 Economias de escopo

Até agora consideramos que a planta produtiva da empresa produzia apenas um tipo de produto. Vamos agora analisar a possibilidade de uma produção conjunta de duas ou mais mercadorias. Na prática, como ressaltado no Capítulo 2, a maior parte das plantas industriais produz vários produtos, cada um deles com sua própria estrutura de custos. Nesse caso, o custo de produção de um produto em particular depende não somente do seu próprio volume de produção, mas também do tamanho da planta onde o produto é feito. Uma possível razão para a produção conjunta, isto é, produção de mais de um produto numa mesma planta, é a existência de economias de escopo, que podem ser formalmente definidas como:

$$C(q_a, q_b) < C(q_a, 0) + C(0, q_b).$$

Isso significa dizer que o custo de produzir os produtos q_a e q_b conjuntamente é menor do que o custo de produzi-los separadamente. Ou seja, algumas empresas conseguem reduzir seus custos médios com a diversificação de produtos. O aumento da variedade de produtos no portfólio provoca uma redução em seu custo médio. É interessante observar que esta definição de economias de escopo decorre do conceito de subaditividade de custos, o que nos permite concluir que a existência de economias de escopo depende em grande medida das economias de escala.

Na prática, é possível identificar três fontes de economias de escopo, conforme descrito a seguir.

1. Existência de fatores comuns

A primeira fonte de economia de escopo é verificada quando, para a produção de um bem, é necessária a aquisição de um fator de produção comum, isto é, que se adquire uma única vez. Uma vez que tal fator tenha sido comprado, sua posterior utilização na produção de outro bem é praticamente gratuita.

46   Economia Industrial

Como exemplo, podemos citar a compra, por uma empresa, de um gerador de eletricidade para permitir que os picos de demanda por energia para a produção de um determinado bem sejam atendidos. Nesse caso, a produção de mais de um bem não demandará um novo gerador. De fato, a diversificação da produção implicará a redução do custo médio de cada produto, dado que a capacidade de geração de energia já foi instalada.

2. Existência de reserva de capacidade

A segunda fonte de economia de escopo ocorre quando um insumo (ou alguns insumos) pode(m) ser compartilhado(s) para produzir vários produtos em função de seu processo produtivo. Se existe capacidade ociosa[6] na planta instalada para a produção da principal linha de produto, a empresa tem um incentivo para procurar outros produtos que possam utilizar a reserva de capacidade. Esse tipo de economia de escopo se diferencia da anterior, já que a capacidade utilizada para a produção de um determinado bem não pode ser compartilhada para a produção de um outro, diferentemente do bem comum adquirido, como visto anteriormente. Somente a capacidade ociosa pode ser usada na produção de um bem que tenha um processo produtivo relativamente similar ao principal produto da empresa. Assim, esse tipo de economia de escopo estaria associado a uma das fontes de economias de escala reais, seja qual for a propriedade de indivisibilidade técnica anteriormente descrita. Vale ressaltar ainda que o entendimento da existência de capacidade ociosa como um tipo de economia de escopo requer o exame das condições de mercado bem como dos custos de produção.

3. Complementaridades tecnológicas e comerciais

A terceira fonte de economias de escopo surge de complementaridades tecnológicas e comerciais na produção de alguns bens, constituindo-se na fonte mais importante em termos de desdobramentos econômicos. Esse tipo de economia de escopo pode gerar sinergias na produção de alguns bens e ocorre quando os produtos apresentam similaridades em termos de base técnica e/ou de mercado. A utilização de insumos comuns e a propaganda com os produtos são importantes fontes desse tipo de economias de escopo. Esta última ocorre porque, na medida em que uma empresa realiza custos com propaganda de um determinado produto e este passa a ser reconhecido no mercado por sua qualidade, a empresa poderá incorrer em menores custos com propagandas de outros produtos.

3.4.4 Economias no nível da multiplanta

O exame das economias de escala feito até aqui considerou a empresa limitada no nível de uma única planta. Desse modo, nossa análise terminou por omitir um aspecto da realidade de operação das grandes empresas, qual seja o aspecto das operações multiplanta. Em um importante trabalho, F. Scherer e outros pesquisadores apresentaram em 1975 evidências a respeito da relevância e existência de empresas multiplantas, tendo concluído para uma amostra de 155 setores da indústria manufatureira (a quatro dígitos) norte-americana, que em mais da metade deles as empresas líderes possuíam mais de quatro plantas produtivas. A empresa transnacional é um exemplo particularmente relevante das operações multiplantas, o que será tratado de forma detalhada no Capítulo 17.

Se na prática é comum a muitos setores da indústria a existência de empresas que operam com múltiplas plantas, então é razoável supor que as empresas operem dessa forma porque podem tirar proveito de economias de escala que não estão disponíveis no nível de uma planta apenas. Quais seriam então as razões para a existência de operações multiplantas? É possível identificar quatro fatores principais que poderiam responder a essa questão, todos eles relacionados com o custo das empresas.

3.4.4.1 *Economias da duplicação*

A primeira fonte de economias no nível das multiplantas decorre da possibilidade de adição de nova capacidade produtiva ao longo do tempo. Considerando um mercado que cresce a uma taxa incremental ao longo do tempo, a empresa deve então planejar seus investimentos para se ajustar à demanda. Cada planta uma vez construída tem uma dada escala e custos associados. Supondo que a propriedade das economias geométricas implica que o custo de capital específico à planta cresce menos que proporcionalmente com o tamanho, então a empresa deve lidar com diferentes custos. Se a empresa tem que acompanhar o crescimento da demanda, ela pode escolher entre duas opções: realizar frequentes adições de capacidade em pequena escala ou adições menos frequentes numa escala maior. A primeira opção reduz o grau de excesso de capacidade que pode vir a se verificar na empresa, o que, entretanto, é compensado pelo maior custo unitário do capital. Por outro lado, adições menos frequentes implicariam maior capacidade ociosa.

3.4.4.2 *Custo de transporte*

A segunda fonte de economias de escala no nível multiplanta decorre dos custos de reunião dos insumos e dos custos de distribuição dos produtos. A existência de mercados geográficos dispersos e de centros fornecedores de insumos longínquos acaba acarretando significativos custos de transporte. Desse modo, a operação multiplanta seria uma forma de minimizar os elevados custos de transporte associados à operação nesses mercados.

3.4.4.3 *Alcance de especialização no nível das multiplantas*

Outra razão para a operação no nível das multiplantas é a possibilidade de alcançar especialização da produção em diferentes plantas. Assim, por exemplo, se a empresa multiplantas opera em mercados cujos padrões de comportamento da demanda são inversamente correlacionados, ou não correlacionados, a estratégia de especialização produtiva em direção às várias plantas daria à empresa uma maior segurança, reduzindo, assim, a variância do comportamento das suas receitas, diminuindo, portanto, o risco de operação em mercados diferentes. Além disso, ao alcançar a especialização no nível das várias plantas produtivas, a empresa pode reduzir os custos de reinício, já descritos anteriormente, uma vez que existe a possibilidade de que cada planta opere mais tempo com a mesma regulagem em suas máquinas.

3.4.4.4 *Flexibilização da operação*

Empresas que operam no nível multiplantas possuem maior flexibilidade na operação, o que pode contribuir para a redução dos custos quando comparados com os custos referentes a uma única planta. Isso poderia ser explicado pela possibilidade de compensação produtiva (fluxo produtivo) entre as múltiplas plantas de uma mesma empresa no caso de ocorrência de flutuações produtivas entre elas, ou no caso de redução de demanda. Nesse último caso, haveria então a possibilidade de a empresa fechar a planta produtiva com maior custo e operar somente com a(s) outra(s) planta(s), utilizando a capacidade instalada de modo mais eficiente.

3.4.5 DESECONOMIAS DE ESCALA

Como visto anteriormente, é claro o fato de que as economias de escala existem e que o *CMeLP* cai com o aumento do volume produzido, do tamanho da planta (e/ou equipamentos), das operações multiplantas e multiprodutos das empresas. Entretanto, existem também razões para acreditar que o *CMeLP* não se reduz indefinidamente, existindo, portanto, deseconomias de escala a partir de um determinado volume de produção.

Em geral, existem dois fatores principais que podem gerar deseconomias de escala:

1. Custos de transporte

    O custo de entrega do produto (ou o custo de levar os consumidores até o local onde o serviço/produto será oferecido) pode limitar as economias de escala no nível de uma única planta produtiva (ou no nível de um complexo de plantas), na medida em que quanto maior o nível de produto, maior deverá ser a venda e, portanto, maior a necessidade de alcançar consumidores. Isso leva ao crescimento dos custos de transporte por unidade vendida, e a magnitude desse crescimento depende da influência de alguns fatores adicionais. Dentre eles, destacamos três: o primeiro diz respeito ao tamanho da planta produtiva em relação ao tamanho do mercado. No caso de a oferta da planta representar apenas uma pequena parcela da demanda, será possível que esta planta aumente suas vendas sem necessariamente expandir seus custos de transporte. O segundo dos fatores tem a ver com a natureza do sistema de preços. Os custos de transporte absorvidos por uma empresa aumentam com o nível de produto quando os preços são uniformes em todos os mercados onde ela opera, ou então quando o preço num mercado mais distante é estabelecido por um concorrente local que possua melhores condições competitivas. O terceiro fator diz respeito à possibilidade de a empresa transferir os custos de transporte para os consumidores. Se isso ocorre, os custos de transporte crescem lentamente com o nível de produto.

    A combinação desses fatores resulta, em geral, em custos médios de transporte (*CMeT*) crescentes.

2. Deseconomias gerenciais

    Como havíamos visto no início do capítulo, a teoria tradicional da empresa fornece argumentos de que as deseconomias gerenciais constituiriam o fator responsável pela elevação dos *CMeLP* logo após a exaustão das economias de escala, o que explicaria a curva em formato de U. De acordo com a teoria tradicional da empresa, isso se explicaria porque após um

48 Economia Industrial

determinado ponto um aumento na equipe de gerência acarretaria aumento menos que proporcional na produção, o que causaria, então, o crescimento dos custos por unidade produzida no longo prazo. Esse decréscimo na eficiência gerencial poderia ser explicado primeiramente pelo fato de que após a empresa ter ultrapassado um tamanho ótimo, a equipe de gerência perderia o controle sobre o processo de decisão.

Em segundo lugar, a queda na eficiência gerencial seria decorrente da maior incerteza inerente ao comportamento da demanda e do processo de competição enfrentado pela empresa de grande porte.

Esses argumentos utilizados pela teoria tradicional para explicar que as deseconomias gerenciais seriam as responsáveis pelo crescimento do *CMeLP* foram aos poucos sendo contestados. Alguns autores procuraram demonstrar que a elevação da escala da planta produtiva não é necessariamente acompanhada por uma ineficiência gerencial. A descentralização do processo de tomada de decisão, a mecanização de várias funções gerenciais, o sistema de relatórios regulares entre os vários níveis hierárquicos, o uso de computadores e similares para o processamento de informação, tenderiam a amenizar as deficiências de uma complexa organização, de modo que as deseconomias gerenciais não seriam um problema no mundo industrial moderno. Ademais, o surgimento da empresa multidivisional (ver o Capítulo 2) como uma inovação organizacional também teria contribuído para "adiar" o ponto em que as deseconomias se manifestariam.

Como vemos, existe uma controvérsia a respeito de os fatores gerenciais constituírem ou não uma fonte de deseconomias de escala. Entretanto, como será visto na próxima seção, a evidência empírica demonstra que a curva de *CMeLp* tende a considerar, na prática, um formato em L. Isso nos fornece algum suporte para acreditar que esses fatores não parecem, na prática, representar uma fonte de deseconomias de escala ao ponto de elevar os custos unitários de produção no longo prazo.

3.4.6 Debate empírico sobre as curvas de CMeLP

Após a discussão a respeito das fontes de economias e deseconomias de escala, é interessante examinar como são feitos os exames empíricos sobre o formato da curva de *CMeLp*.

Até hoje foram vários os estudos empíricos realizados sobre custos, tendo sido possível identificar, de acordo com a metodologia utilizada, os seguintes grupos: estudos baseados em custos de engenharia, estudos baseados em análise estatística e estudos baseados nas técnicas do "sobrevivente".

1. Estudos baseados nos custos de engenharia

Esse método procura examinar as relações técnicas entre insumos e nível de produto dispostas na função de produção, utilizando para tanto as informações obtidas via aplicações de questionários e entrevistas entre engenheiros e pessoal, responsáveis pelo planejamento e projeto de novas plantas e unidades de produção. De posse dessas informações, os pesquisadores adeptos dessa metodologia procuram estimar as relações de custo para cada equipamento individual ou processo, integrando-os posteriormente por intermédio de um modelo econométrico.

Vários estudos utilizaram esse tipo de metodologia para o exame das economias de escala curvas de custo. Dentre eles, um estudo importante realizado por Scherer e outros pesquisadores em 1975 teve como objetivo estimar as economias de escala no nível da planta em 12 setores da indústria nos EUA e em outros cinco países (Canadá, Alemanha, França, Suécia e Inglaterra). Os dois principais resultados encontrados foram os seguintes: a *EME* é pequena em relação ao tamanho do mercado; a curva de *CMeLP*, na maior parte dos setores, possui uma reduzida inclinação na sua parte decrescente.

Se, por um lado, essa metodologia possui pontos positivos, como, por exemplo, o fato de considerar a melhor aproximação do que os economistas apontam como custos de produção, por outro, muitos ressaltam alguns problemas. O primeiro deles é o fato de que os custos de engenharia não consideram os fatores gerenciais, não sendo, portanto, possível a essa metodologia a mensuração das deseconomias de escala que poderiam advir dos problemas gerenciais. O segundo problema se refere ao elevado custo associado à aplicação dessa metodologia, uma vez que o método requer um elevado esforço de entrevistas.

2. Estudos baseados em análises estatísticas

Esse método de estudo sobre custos consiste na utilização de técnicas de regressão múltipla – numa análise *cross section* ou de séries temporais, para relacionar custos, como variável dependente, com variáveis independentes que traduzam aspectos relevantes do processo de produção da empresa. Em geral, as variáveis independentes utilizadas são as seguintes: volume de produção; razão da capacidade utilizada; diferenças entre os preços dos insumos; número de produtos diferentes ofertados (o que refletiria as economias e deseconomias de escopo); o volume acumulado de produção; diferenças em termos da "idade" do estoque de capital (refletindo, assim, a tecnologia utilizada) e outros mais. Como exemplo, Johnston, por meio de um estudo desse tipo em 1960, procurou estimar a curva de custos e a *EME* da escala produtiva para empresas de diferentes setores da manufatura e setores de utilidade pública nos EUA, como telecomunicações e energia elétrica.

Como resultado, para os setores de utilidade pública Johnston encontrou elevadas *EME*, o que era de se esperar, uma vez que esses setores eram considerados monopólios naturais. Para os setores da indústria de transformação, o pesquisador encontrou como resultado uma curva de *CMeLP* que tende a um formato em L, na qual para um reduzido nível de produção existem economias de escala, mas para um nível de produção maior essas economias se esgotam e o custo por unidade produzida torna-se constante.

As críticas a esse tipo de metodologia se referem à qualidade dos dados utilizados, já que, na maior parte das vezes, utilizam-se dados contábeis que não refletem os custos de oportunidade tão importantes para os economistas, como visto na introdução deste capítulo.

3. **Estudos baseados na técnica do "sobrevivente"**

Esse tipo de técnica de estudo foi desenvolvido por George Stigler em 1958 e tomou como base o princípio de que os tamanhos de empresas e plantas que "sobrevivem" e contribuem de forma crescente ao longo do tempo com a oferta da indústria são tamanhos eficientes. Desse modo, esse tipo de estudo procura observar somente a evolução do tamanho das empresas na indústria em diferentes pontos do tempo. A partir desse tipo de observação, os pesquisadores dessa linha de estudo procuram estimar o formato das curvas de custo na indústria em questão.

Muitos pesquisadores aplicaram essa "técnica da sobrevivência" para examinar uma série de indústrias. Como resultado, esses testes indicaram que a curva de *CMeLP* é horizontal para elevados níveis de produção (e tamanho da planta). Da mesma forma, os estudos indicaram que, na maior parte das vezes, a *EME* das plantas produtivas representa, em média, uma parcela de 2% do tamanho do mercado.

As principais críticas a esse tipo de metodologia se referem primeiramente à qualidade da observação feita, uma vez que muitos argumentam que essa técnica ignora as medidas de custos reais da empresa, ou qualquer outra medida que traduza a eficiência da empresa. Ademais, é possível argumentar que os critérios para distinção entre empresas sobreviventes e não sobreviventes são um tanto arbitrários e, além disso, os padrões de sobrevivência nem sempre são estáveis ao longo do tempo.

Como se viu, mesmo possuindo problemas metodológicos, os mais variados métodos de pesquisa empírica apontam para uma mesma direção ao sugerir que a curva de *CMeLP* não possui o formato em U, como postulada pela teoria tradicional. Ao contrário, os estudos tendem a mostrar que no longo prazo as curvas de custo por unidade produzida diminuem com reduzidos níveis de produção e permanecem constantes para escalas de produção elevadas; o que significa que, na prática, a curva de *CMeLp* tende a possuir um formato em L.

3.5 Conclusão

Este capítulo procurou apresentar os conceitos básicos a respeito da estrutura de custos, bem como discussões em perspectivas de curto e de longo prazos. A compreensão teórica desse tema é de suma importância para a análise dos comportamentos decisórios da empresa.

Vejamos alguns exemplos. A estrutura de custos constitui-se em um dos principais determinantes dos preços nas várias estruturas de mercado, além de determinar, em grande medida, a própria estrutura de mercado, uma vez que quanto maiores as economias de escala num dado tamanho do mercado, menor será o número de empresas na indústria em questão. Na forma de vantagem absoluta de custos ou na forma de *EME*, os custos determinam, de maneira significativa, a magnitude das barreiras à entrada. Além disso, um conhecimento da estrutura de custos de uma indústria é de extrema importância para a política de regulação governamental e defesa da concorrência.

Esses exemplos demonstram, portanto, a importância do conhecimento teórico a respeito dos custos para compreender e analisar, na prática, a dinâmica industrial.

50 Economia Industrial

3.6 Resumo

Neste capítulo aprendemos que:

- Os custos totais são a soma de todos os custos variáveis e fixos. Quando a quantidade produzida cresce, o aumento dos custos totais corresponde somente ao aumento dos custos variáveis necessários para produzir a maior quantidade de produto.
- Existem alguns outros conceitos importantes de custo: custo médio (CMe), custo variável médio ($CVMe$), custo fixo médio ($CFMe$) e custo marginal (CMg), que é o incremento ou adição ao custo que decorre da produção de uma unidade adicional.
- Existem dois tipos de análise de custos: de curto e de longo prazo. No curto prazo, um dos custos é fixo; e, no longo prazo, a empresa pode escolher a quantidade de todos os fatores utilizados.
- Lei dos rendimentos marginais decrescentes: no curto prazo, a existência de um fator fixo restringe o processo de produção a partir de um determinado ponto, quando a lei dos rendimentos marginais decrescentes começa a agir e a produtividade marginal do trabalhador diminui.
- A análise dos custos médios de longo prazo à medida que a produção aumenta indica se a empresa tem retorno de escala decrescente ou deseconomias de escala ($CMeLP$ aumenta à medida que a quantidade aumenta), retorno de escala constante ($CMeLP$ se mantém constante à medida que a quantidade aumenta), ou retorno de escala crescente ou economias de escala ($CMeLP$ diminui à medida que a quantidade aumenta).
- Monopólio natural: ocorre quando é eficiente apenas para uma empresa suprir a demanda de mercado. Neste caso, a estrutura de custos é caracterizada por economias de escala em todos os níveis da faixa relevante de produção.
- O debate empírico sobre o formato da curva de custo médio de longo prazo levou ao estudo sobre as principais fontes de economia de escala e deseconomia de escala. As economias de escala podem ser reais, caso o fator que as explica seja o aumento proporcionalmente menor na quantidade média de fatores produtivos utilizados quando há um aumento da produção (ganhos de especialização, indivisibilidade técnica, economias geométricas e economias relacionadas à lei dos grandes números), ou pecuniárias, se o fator que as explica é uma redução no preço pago pelo insumo. As deseconomias de escala, em geral, estão associadas aos custos de transporte e às deseconomias gerenciais.
- Economia de escopo ocorre quando o custo de produzir dois produtos diferentes conjuntamente é menor do que o custo de produzi-los separadamente. Existem três fontes de economias de escopo: existência de fatores comuns, existência de reserva de capacidade, e complementaridades tecnológicas e comerciais.

3.7 Questões para Discussão

1. Quais são os principais custos de curto e de longo prazo?
2. Como se define retornos de escala decrescentes, constantes e crescentes?
3. Quais são as principais fontes de economias de escala? E de deseconomias de escala?
4. O que leva à ocorrência da Lei dos Rendimentos Marginais Decrescentes?
5. Defina Monopólio Natural. Quais setores em geral são classificados como Monopólio Natural?
6. O que e quando se observa economia de escopo?
7. Por que a curva de custo médio de longo prazo tem formato em U? Qual o debate empírico relacionado ao formato da curva de custo?

Notas

1. Se C(q) é o custo total de produzir q unidades, o custo marginal é calculado da seguinte forma: $CMg = dC(q)/dq$.

2. Assumindo que o $CMg = \dfrac{\Delta CV(q)}{\Delta q}$ – uma vez que a variação do custo total em relação à variação do nível de produto independe do custo fixo – é possível então reescrevê-lo como $CMg = \dfrac{w\Delta L}{\Delta q}$. Admitindo que $PMgL = \dfrac{\Delta Q}{\Delta L}$, então $CMg = \dfrac{w}{PMgL}$. Desse modo, o CMg apresenta uma relação inversa com a PMgL. O aumento inicial no nível de produção é acompanhado do crescimento da PMgL, ocasionando, portanto, uma redução do CMg. Como se trata de uma análise de curto prazo, por conta da existência do fator fixo (K), à medida que se utiliza uma quantidade cada vez maior do fator variável (L), a PMgL passa a diminuir. A lei dos rendimentos marginais decrescentes faz então o CMg crescer.

3. Uma tecnologia é dita perfeitamente divisível quando é possível variar continuamente a proporção dos fatores produtivos, acarretando, assim, a possibilidade de variações contínuas dos níveis de produto.

4. De acordo com a teoria tradicional dos custos, a curva de *CMeLP* é derivada das curvas de *CMeCP*; cada ponto da curva de *CMeLP* corresponde a um ponto da curva de *CMeCP*, que é tangente à curva de *CMeLP* naquele ponto. Dada a flexibilidade dos fatores de produção no longo prazo, o *CMeLP* é sempre pelo menos tão baixo quanto o *CMeCP*; ou seja, é possível que a empresa produza determinada quantidade no longo prazo com menor custo do que no curto prazo.

5. Considere r como o raio da unidade processadora. Desse modo, as economias geométricas podem ser assim traduzidas: o custo de fabricação da unidade aumenta em r^2 enquanto o produto dela resultante (volume) aumenta em r^3.

6. A existência de capacidade ociosa pode ocorrer em função do tamanho do mercado ser menor do que a capacidade de produção de uma planta indivisível. Alternativamente, ela pode surgir como resultado da competição imperfeita, onde a maximização de lucros ocorre num nível de produto abaixo da capacidade instalada.

Bibliografia

HALDI, J.; WHITCOMB, D. Economies of scale in industrial plants. *Journal of Political Economy,* p. 373-385, 1967.

HAY, D.; MORRIS, D. *Industrial economics:* theory and evidence. 2. ed. Oxford: Oxford University Press, 1991.

JOHNSTON, J. *Statistical cost analysis*. New York: McGraw-Hill, 1960.

KOUTSOYIANNIS, A. *Modern microeconomics*. 2. ed. London: MacMillan Education, 1979.

SCHERER, F. et al. *The economics of multi-plant operations:* an international comparisons study. Cambridge: Harvard University Press, 1975.

SCHERER, F.; ROSS, D. *Industrial market structure and economic performance*. 3. ed. Boston: Houghton Mifflin, 1990.

SHEPERD, W. *The economis of industrial organization*. 4. ed. New Jersey: Prentice-Hall, 1996.

STIGLER, G. The Economies of scale. *The Journal of Law and Economics*, p. 54-71, 1958.

O Modelo Estrutura, Conduta e Desempenho e seus Desdobramentos

Lia Hasenclever e Ricardo Lobato Torres

4.1 Introdução

O nascimento da disciplina Economia Industrial é contemporâneo ao nascimento dos primeiros sistemas industriais na segunda metade do século XIX. Posteriormente, a disciplina passa a ser denominada, nos Estados Unidos, de organização industrial, como visto na Introdução do livro. Ela se inscreve na tradição da análise econômica anglo-saxônica e, em seguida, esta disciplina conheceu um enorme sucesso nos meios econômicos europeus e americanos. São ilustrativos os desenvolvimentos aportados por J. B. Say, na França; F. List, na Alemanha; T. Veblen e J. M. Clark, nos Estados Unidos; e Alfred Marshall, na Inglaterra.

Estes economistas se interessavam pelos problemas reais do funcionamento do sistema capitalista, tendo a indústria como principal motor da economia, e focaram seus esforços na explicação para o aparecimento de novos setores industriais, a formação dos cartéis e o impacto da concentração sobre o funcionamento dos mercados, a história dos trustes nos Estados Unidos, a formação dos preços e a decisão de localização das empresas. Segundo esses autores, esses assuntos são tratados de forma insatisfatória pelas teorias neoclássicas de equilíbrio parcial e geral para explicar qual a natureza e o funcionamento real das empresas, e quais os mecanismos de coordenação de suas atividades, incluindo o funcionamento dos mercados. Alguns destes questionamentos foram apresentados na conclusão do Capítulo 1 e desdobrados nos Capítulos 2 e 3 deste livro.

Em seus primórdios, a disciplina era essencialmente empírica. Estudava várias empresas e indústrias para tentar explicar as causas dos comportamentos desviantes das predições do modelo neoclássico tradicional. O seu foco é principalmente o estudo da estrutura das indústrias. Como visto no Capítulo 2, por indústria entende-se o conjunto de empresas produzindo bens e serviços substitutos entre si e, portanto, em concorrência em um mercado. Por estrutura entende-se não somente as características morfológicas das indústrias (número e tamanho das empresas, grau de concentração da indústria, entre outras características), mas também os princípios de seu funcionamento (o padrão de concorrência vigente, por exemplo).

Progressivamente, os estudos foram se estruturando em torno de um arcabouço de análise empírica comum que procurava prever como as atividades produtivas são trazidas em harmonia com a demanda por bens e serviços por meio de alguns mecanismos organizacionais, tais como o mercado, e como as variações e imperfeições no mecanismo organizativo afetavam o sucesso das indústrias em satisfazer o bem-estar econômico.

Nesta evolução, pode-se reconhecer a contribuição de vários autores na busca de conjuntos de atributos ou variáveis que influenciam o desempenho econômico e na construção de teorias detalhando as ligações entre esses atributos e o desempenho de cada indústria. O paradigma fundador da disciplina Economia Industrial, denominado Modelo Estrutura, Conduta e Desempenho (ECD), foi concebido por Edward E. Manson, da Universidade de Harvard, na década de 1930. Posteriormente, recebeu contribuições de diversos seguidores. Entre os mais relevantes, estão Joe Bain e Frederic M. Scherer.

54 Economia Industrial

Este capítulo tem por objetivo expor esse paradigma fundador da disciplina Economia Industrial, sublinhando as potencialidades intelectuais que ele abre para o estudo das empresas e indústrias, suas contribuições empíricas e os seus limites.

▌ 4.2 Os Antecedentes, o Escopo e o Método

Duas constatações empíricas estão na base da disciplina Economia Industrial. A primeira é que a estrutura dos mercados não corresponde àquela hipótese levantada no modelo neoclássico de concorrência perfeita, também denominada de "mercado natural". Segundo a teoria tradicional, apresentada no Capítulo 1, o número de empresas em um mercado deve ser igual ao tamanho do mercado dividido pelo tamanho ótimo que permite produzir ao custo total médio mínimo. Entretanto, os estudos empíricos realizados mostravam que o mais comum é se observar um grau de concentração das empresas bem superior ao da estrutura ótima do mercado em concorrência perfeita. Surge a questão de explicar por que isso ocorre e quais as consequências sobre o desempenho das indústrias para atingirem o bem-estar econômico.

A segunda constatação empírica é que a taxa de lucro varia entre os diversos setores da economia. Assim, ao contrário do que previa a teoria econômica neoclássica, que estipulava que haveria uma equalização das taxas de lucros em todos os mercados caso houvesse livre mobilidade dos fatores de produção, na realidade, há uma divergência das taxas de lucros. Portanto, ou a predição da teoria neoclássica estaria incorreta ou uma de suas hipóteses não seria válida. A segunda opção foi explorada pela Economia Industrial, que revelou haver barreiras à mobilidade dos fatores de produção e à entrada de novas empresas nos mercados.

Embora a Economia Industrial trate de temas comuns à teoria microeconômica, ela apresenta especificidades quanto aos objetivos e à metodologia adotados. Apesar disso, não chega a romper completamente com a tradição neoclássica, continuando a utilizar uma série de conceitos da microeconomia tradicional.

De fato, os autores responsáveis pela concepção do, assim denominado, novo paradigma de análise, adotaram uma filiação teórica distinta dos princípios metodológicos marginalistas e constituíram uma abordagem alternativa à teoria neoclássica ao reconhecerem os dois fatos estilizados acima como relevantes no desempenho econômico. Dessa forma, os fenômenos da concentração dos mercados e de barreiras à mobilidade dos fatores tornaram-se os principais objetos de estudo deste novo paradigma.

Edward Mason, um dos fundadores do paradigma alternativo, em artigo publicado em 1939 na *American Economic Review*, foi explícito a respeito da metodologia: a abordagem utilizada pode ser denominada de institucional no sentido que investiga os fatores institucionais e históricos responsáveis pela concentração dos mercados e impedimento à mobilidade dos fatores produtivos. Seus fundamentos se aproximam das abordagens utilizadas por economistas como T. Veblen, J. R. Commons, J. M. Clark e W. Sombart. O interesse principal é aplicação das teorias no controle econômico do ambiente moderno. Este ambiente traz mudanças econômicas profundas que podem ser tanto a fonte de aumento de bem-estar coletivo quanto da insuficiência ou insegurança econômica (Mason, 1939).

Antes de seu trabalho, deve-se, incontestavelmente, a Alfred Marshall os fundamentos da organização industrial. Em seus escritos, Marshall apresenta uma análise das fases de desenvolvimento das indústrias e se esforça para integrar as abordagens das escolas históricas em um quadro de análise clássico e neoclássico. Convencido de que as análises utilitaristas contemporâneas, realizadas pela escola neoclássica, não eram capazes de explicar os fenômenos reais, o autor levou em conta o papel das estruturas produtivas no desenvolvimento, criando um conjunto de instrumentos para compreender as realidades industriais. Chamou atenção para o peso das novas tecnologias, a organização do capital financeiro em escala mundial e a importância da estratégia das empresas sob situação de monopólio, desenvolveu os conceitos de economias internas e externas, aprofundou a análise dos rendimentos decrescentes, introduziu a noção de obstáculos à entrada, e colocou ênfase na importância da análise das indústrias como o lugar onde se organiza a concorrência e se estrutura as relações entre os agentes.

Portanto, contrárias ao objetivo principal de modelar e simplificar a observação praticada pela teoria neoclássica, as novas ideias ganham lugar na organização industrial adicionando novas variáveis nos modelos com a preocupação em fazer predições e *explanar* o mundo real. Os economistas da organização industrial são mais inclinados a explicações ricas em detalhes institucionais e quantitativos, sem descuidar da teoria que demanda a construção de fatos estilizados abstraídos da realidade.

Concluindo, pode-se dizer que eles seguem à risca a definição de ciência econômica formulada por Joseph Schumpeter: qualquer domínio de conhecimento que desenvolveu técnicas especializadas de busca de fatos, interpretação ou análise pode ser considerado uma ciência. No domínio econômico, segundo o mesmo autor, o exercício da análise econômica depende da habilidade simultânea em três técnicas: história, estatística e teoria econômica. Assim, os economistas industriais precisam dominar a teoria econômica para criar hipóteses sobre pressupostos fundamentais e suas consequências comportamentais. Eles precisam usar modernos métodos estatísticos para extrair generalizações apropriadas dos dados sobre estrutura e desempenho industrial. É necessária também alguma familiaridade com os métodos e os resultados da pesquisa histórica tanto para perceber o fluxo amplo de eventos ao longo do tempo quanto para extrair do emaranhado de detalhes institucionais as causas iniciais de desvio da norma.

As motivações dos fundadores desse paradigma alternativo para o estudo da Economia Industrial justificam-se por dois aspectos principais. Inicialmente, os estudos nesta área exercem uma influência contínua na formulação e na execução de políticas públicas em diversas áreas, como escolha entre empresas públicas e privadas, regulação ou desregulação dos serviços de utilidade pública, promoção da competição por meio de regras antitrustes e políticas de livre-comércio, estímulo à inovação por meio de patentes, financiamento a fundo perdido e subsídios. A segunda razão é contribuir para um paradigma em construção. A teoria, os dados e as metodologias estão gradualmente tornando-se disponíveis, mas ainda existe muito espaço para contribuições no avanço da fronteira do conhecimento.

Historicamente, há um pêndulo no interesse dos economistas pela disciplina Economia Industrial que, em princípio, bate ao contrário do funcionamento eficiente do mercado. Ou seja, à medida que a história mostra as deficiências do mercado natural, renova-se o interesse pela disciplina. Os economistas que acreditam ser necessário complementar o funcionamento do mercado com políticas públicas atuaram fortemente no período conhecido como a Grande Depressão (1887-1915), quando as leis antitrustes e as primeiras agências regulatórias federais estavam se formando, e entre 1933 e 1940, quando a teoria econômica estava envolvida com a problemática de restabelecer o funcionamento do mercado após a crise de 1933.[1] Após a Segunda Guerra, as atenções se voltaram para a questão da estabilização macroeconômica e o problema das nações em desenvolvimento, diminuindo o interesse pela área. Em 1970, o interesse foi fortemente reabilitado devido às mudanças econômicas profundas trazidas pelos novos paradigmas tecnológicos da informática e da biotecnologia, o esgotamento do uso de recursos naturais não renováveis como fontes de energia e as preocupações ambientais crescentes.

Entretanto, o interesse na disciplina ressurge neste período com novas orientações em relação à intervenção na economia. Quatro pressupostos mais condizentes com uma intervenção mais branda direcionam esse novo interesse: (1) ceticismo na efetividade da regulação governamental, (2) reconhecimento de que a organização dos mercados afeta os fluxos de comércio internacional, (3) dúvidas crescentes sobre a capacidade de adaptação e resposta das empresas industriais, e (4) um debate teórico sobre as relações de determinação propugnadas pelo Modelo ECD e suas implicações para as políticas antitrustes.

Ao longo da primeira década do século XXI, várias das novas orientações começam a ser questionadas e, com a ocorrência de uma nova crise econômica global, em setembro de 2008, reascende-se o debate sobre a necessidade eminente do restabelecimento das políticas para o bom funcionamento do mercado, em particular o mercado financeiro. No caso brasileiro, recomenda-se, como estratégia de crescimento e de desenvolvimento da economia, uma política de expansão da capacidade produtiva e de superação dos seus gargalos decorrentes de uma industrialização incipiente, característica dos países retardatários na construção de sua estrutura industrial. Entre os conjuntos de políticas propostas, estão aqueles voltados para a administração dos riscos provindos do setor externo e as políticas industriais (Lopez e Cardim, 2009).

A seguir, apresenta-se o Modelo ECD, paradigma que se contrapõe à teoria microeconômica neoclássica para o estudo do comportamento das empresas e do mercado, vista no Capítulo 1, considerado também como paradigma fundador da disciplina Economia Industrial.

4.3 O Modelo Estrutura-Conduta-Desempenho (ECD)

O Modelo ECD será apresentado aqui a partir da elaboração feita por Frederic M. Scherer em 1970 em seu livro *Industrial Market Structure and Economic Performance*, em sua terceira edição, revista e atualizada em conjunto com David Ross, em 1990.

Como já mencionado na seção anterior, deve-se a Edward Mason os esforços mais importantes na direção de oferecer um método de análise geral das realidades econômicas industriais. Ele unificou as abordagens de observações históricas e de reflexões teóricas críticas contemporâneas (Joan Robinson, Edward Chamberlin e Piero Sraffa, por exemplo) e apresentou o Modelo ECD como o *quadro unificador* capaz de permitir autonomia ao campo da Economia Industrial como uma disciplina independente. O autor elegeu quatro temas como foco de sua tarefa. Em primeiro lugar, os conceitos da microeconomia são muito abstratos, difíceis de estimar e, em especial, a concorrência pura e perfeita é concebida de maneira estática e sem considerar as decisões empresariais que emprestam dinamismo ao sistema econômico.

Em segundo lugar, é necessário que a metodologia seja capaz de misturar fatos empíricos e teoria para reconhecer os fatores determinantes, rejeitando abordagens puramente normativas e preferindo abordagens mais indutivas que levem em conta as realidades históricas e institucionais. Em terceiro lugar, é preciso repensar o conceito de mercado ligado a produtos homogêneos e não diferenciados, adotando-se o conceito de indústria definido por A. Marshall – conjunto de tamanho variável de produ-

56 Economia Industrial

tores com produções heterogêneas – muito mais realista. Finalmente, deve-se adotar a hipótese de que os comportamentos de uma empresa de uma dada atividade econômica são fortemente determinados pelas estruturas dominantes destas atividades.

Assim, pergunta-se inicialmente o que a sociedade deseja dos produtores de bens e serviços. A resposta, em geral, é um bom desempenho. O problema, então, passa a ser como definir desempenho, já que ele pode ser entendido a partir de várias dimensões e, portanto, significar diferentes objetivos e metas como os ilustrados a seguir:

1. O que, quanto e como produzir de forma eficiente, ou seja, sem desperdiçar recursos escassos e levando em conta qualitativa e quantitativamente a demanda do mercado?
2. Como obter aumentos contínuos de produtividade por meio da incorporação de oportunidades científicas e tecnológicas em novos produtos, processos, matérias-primas, formas de organização?
3. Como favorecer o pleno emprego dos recursos, especialmente dos recursos humanos?
4. Como distribuir equitativamente a renda, impedindo o ganho excessivo de produtores ou a apropriação indevida do excedente dos consumidores e/ou de determinados elos da cadeia produtiva?

A obtenção desses objetivos é eivada de conflitos políticos e a sua realização nunca poderá ser maximizada individualmente pelo produtor ou pelo consumidor, mas deve-se buscar uma solução de maior satisfação possível de cada um por meio da monitoração permanente do desempenho de cada indústria.

Apesar das dificuldades de mensuração do desempenho industrial, dado que os indicadores refletem sempre apenas parte da realidade, existem alguns indicadores clássicos na literatura econômica que podem ser adotados: magnitude da margem preço-custo; taxas de mudança na relação entre produto/empregado; níveis de preço; distância entre custo atual e possível custo mínimo; variabilidade do emprego ao longo do ciclo de negócios; lançamento de novos produtos etc.

A ideia básica do Modelo ECD consiste, portanto, em identificar que variáveis ou conjunto de atributos são capazes de explicar as diferenças de desempenho observadas a partir do monitoramento das indústrias. As condutas das empresas são diferenciadas e motivadas, principalmente, pelo tipo de estrutura da indústria. A estrutura da indústria, por sua vez, depende de certo número de condições básicas que são de naturezas bastante diversas: técnicas, institucionais e relevância da demanda. A Figura 4.1 ilustra esquematicamente o modelo.

Pressupõe-se que o desempenho em indústrias ou mercados particulares seja dependente da conduta ou das estratégias dos vendedores (produtores) e dos compradores (consumidores) em diferentes assuntos, como a política e a prática de preços, cooperação explícita ou tácita entre as empresas, estratégias de linhas de produtos e propaganda, esforços de pesquisa e desenvolvimento (P&D), investimento em plantas produtivas, táticas legais (como, por exemplo, *enforcement* dos direitos de patentes), e assim por diante. A conduta, por sua vez, depende da estrutura do mercado relevante,[2] caracterizada pelo número e tamanho dos vendedores e compradores; do grau da diferenciação física ou subjetiva dos produtos e serviços; da presença ou ausência de barreiras à entrada de novas empresas; do formato das curvas de custo; do grau de integração vertical das empresas; e da extensão de diversificação das empresas para outros mercados.

Finalmente, a estrutura de mercado é determinada por uma série de condições básicas. Por exemplo, do lado da oferta, os fatores determinantes da estrutura são: a localização e a propriedade da matéria-prima, a natureza das tecnologias relevantes (processos contínuos ou em batelada, ou alta ou baixa elasticidade de substituição dos insumos), o grau de sindicalização da força de trabalho, a durabilidade do produto, o padrão de entrega da produção (pronta entrega ou encomenda), relação entre valor e peso do produto, e o ambiente econômico informado pelas atitudes empresariais e pelo quadro legal. Do lado da demanda, devem-se incluir, entre outros fatores, as condições de elasticidade-preço da demanda, a disponibilidade de produtos substitutos, a taxa de crescimento e de flutuação da demanda ao longo do tempo, e os métodos de compra utilizados pelos compradores (à vista ou a crédito). As condições básicas são fortemente influenciadas pelas leis vigentes e pelos valores socioeconômicos predominantes na comunidade de negócios.

Como sugerem as setas na Figura 4.1, o fluxo causal ou a relação de determinação inicia-se nas condições básicas de demanda e de oferta, seguindo para a estrutura do mercado, para as condutas ou estratégias empresarias e para o desempenho. Nesta sequência, poderia dizer-se que as condições estruturais representadas pelas condições básicas e estrutura do mercado são exógenas, ou não determinadas pelo modelo, o que lhes empresta um caráter estático.

Porém, podem-se observar também importantes efeitos de retroalimentação ou de encadeamento representados pelas setas pontilhadas na Figura 4.1, prevendo-se efeitos sistêmicos de influência entre as variáveis. Por exemplo, um esforço intenso em P&D (conduta) pode alterar o paradigma tecnológico dominante na indústria (condição básica de oferta) e, portanto, suas condições de estrutura de custo e de diferenciação de produto (atributos da estrutura). Outro exemplo seria a política de preços (conduta) praticada por algumas empresas já estabelecidas na indústria, estimulando a entrada de novas empresas ou a saída de empresas já estabelecidas. Dessa forma, teria havido uma influência da conduta na estrutura representada pela mudança no número de vendedores/produtores. A partir desses e outros exemplos, pode-se pressupor que tanto as condições básicas de oferta e de demanda quanto a estrutura do mercado são determinadas endogenamente por meio do conjunto de relações do sistema, e não fixadas por forças exógenas, como se discutirá na próxima seção.

4.3.1 O papel das políticas e da regulação públicas

Se o mercado natural falha em organizar a indústria, conduzindo-a a um desempenho não eficiente, então, o governo precisa intervir. Sua intervenção pode se dirigir às variáveis da estrutura e/ou da conduta, conforme indicam as setas tracejadas da Figura 4.1.

O arsenal de instrumentos de política e de regulação é bastante amplo e na Parte VI deste livro eles serão discutidos em cinco capítulos; aqui citamos algumas possibilidades. Custos, investimentos e preços podem ser influenciados por taxas ou subsídios. A estrutura de mercado pode ser influenciada pelo estabelecimento de tarifas de comércio, quotas de importação e outras políticas voltadas para o comércio internacional ou atração de investimentos externos diretos. Outra forma de intervenção mais branda seria melhorar o provimento de informações tanto para consumidores quanto para produtores, reduzindo as

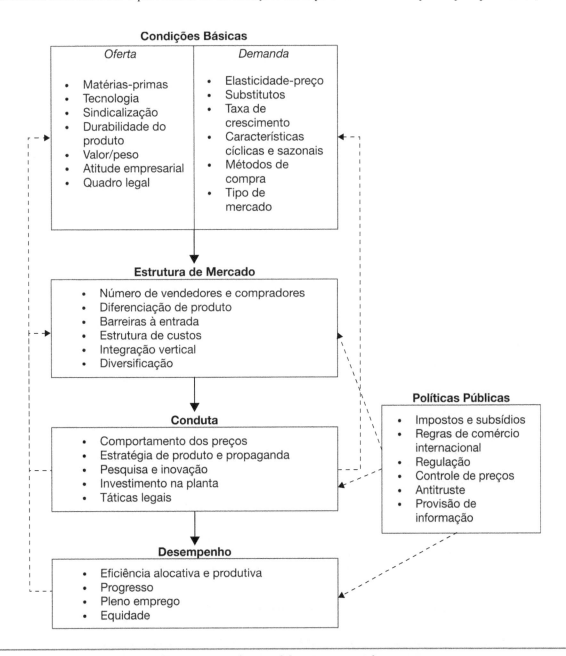

Figura 4.1 O Paradigma Estrutura-Conduta-Desempenho (Modelo ECD) – ver Scherer, p. 5.

58 Economia Industrial

assimetrias de informação. A regulação dos mercados é outra forma possível de intervenção ao se determinar condições prévias de operação e circulação de bens e serviços ou controlando os preços de entrada. As políticas antitrustes ou as políticas que incentivam a concorrência, bem como as políticas ambientais, são estratégias mais recentes e cada vez mais valorizadas como guias de bom desempenho industrial e formas indiretas ou passivas de intervir no mercado. Em casos extremos, o governo também pode decidir por prover, ele mesmo, por meio da produção pública, bens e serviços. A alternativa seria criar empresas públicas com funções reguladoras de custos, preços e padrões de qualidade capazes de emular uma concorrência entre os rivais privados que elevem o desempenho geral da indústria.

Como já desenvolvido anteriormente, a intensidade da intervenção praticada pelos governos varia em sentido inverso ao grau de bom funcionamento do mercado. Assim, em períodos nos quais o desempenho industrial se mostra pior, crescem as políticas intervencionistas. Há também diferenças importantes entre os países líderes na crença sobre a capacidade de o mercado natural organizar o desempenho industrial de forma eficiente. Os Estados Unidos, por exemplo, sempre foram crédulos, ao passo que a Europa e o Japão têm sido bem mais céticos.

A regulação pode ter um caráter genérico, quando é voltada para a economia como um todo, ou específico, para algumas indústrias apenas.

Entretanto, a justificativa econômica clássica, utilizada desde os escritos de Adam Smith para o Estado regular a economia, era garantir que as indústrias de bens e serviços públicos atendessem a todos os cidadãos de forma equitativa. Em geral, as empresas que atuam nesse setor (eletricidade, distribuição de gás, serviços telefônicos, estradas de ferro, dutos para transportar petróleo e gás natural) o fazem por intermédio de grandes empresas devido aos elevados custos fixos envolvidos nestas atividades e à necessidade de diluí-los por meio de grandes escalas de produção. Portanto, uma única empresa ocupa o mercado todo, formando o que se denomina monopólio natural. Daí a necessidade de regulação de custos, preços e qualidade dos bens e serviços.

Na prática, existem poucas empresas no que se denomina indústria de utilidade pública. Entretanto, várias outras indústrias são reguladas por outras razões. Uma justificativa para a intervenção é a presença de assimetrias de informação ou de externalidades. O primeiro caso é característico de indústrias com tecnologias e padrões de produção complexos, bem como produtos com características tecnológicas fora do padrão do senso comum. Nesse caso, justifica-se a regulação porque nem sempre a indústria costuma fornecer as informações suficientes para o consumo desses produtos, havendo a necessidade de se arbitrar um padrão por meio do estabelecimento de normas mínimas de produção e características do produto. O segundo caso é ilustrado pela poluição decorrente da produção industrial, uma conduta que afeta a todos e não somente os produtores que a geraram. Ou seja, a decisão de produção de uma empresa gera custos para a sociedade sem que ela tenha decidido produzir mais poluição. Há que se arbitrar por meio de taxas, quotas de emissão e outros instrumentos, multas às empresas para desestimular as condutas agressivas ao meio ambiente.

A regulação também pode se justificar para impedir que lucros extraordinários sejam apropriados por determinados grupos que não estão contribuindo para a melhoria do desempenho econômico. Os exemplos são mudanças conjunturais dos preços e abuso do poder de monopólio obtido por concessões do Estado (patentes e exploração exclusiva de recursos naturais).

Outra hipótese considerada para a regulação é a existência de interesses organizados para a obtenção de benefícios. Nesses casos, o regulador deve estar muito atento para não ser "capturado" pelo interesse dos regulados. Esses, em geral, têm mais conhecimento sobre os objetos de regulação do que os próprios reguladores e utilizam influências políticas para defenderem seus interesses de forma sistemática.

Enfim, a questão da regulação é extremamente complexa. Encontrar o ponto certo entre regular ou desregular é um desafio permanente. Entretanto, não regular pode significar deixar que o funcionamento do mercado natural, muitas vezes inadequado, distorça os resultados desejados pela sociedade.

A legislação antitruste, também conhecida como "defesa da concorrência", é uma forma específica de regulação. As principais diferenças em relação a outros tipos de regulação são o caráter episódico da regulação antitrustes e o escopo mais bem definido das intervenções. Entre as principais intervenções, estão: proibição de contratos, combinações e conspirações para restringirem o comércio; proibição de monopolização; proibição de discriminação de preços; e, em nível multinacional, o Tratado de Roma, de 1957, que contém uma política de competição explícita. Um maior detalhamento das particularidades das políticas e da regulação públicas, mas também das práticas brasileiras a respeito, será discutido na Parte VI desse livro.

4.4 Evidências Empíricas e Limitações do Modelo ECD

O entendimento da racionalidade de funcionamento do Modelo ECD, ou seja, das relações entre desempenho do mercado, estrutura e conduta das empresas, é ilustrado por casos reais de estudos industriais. Muitas propostas e tipos de verificações empíricas foram conduzidos para enriquecer ou verificar a veracidade das determinações causais propostas pelo quadro teórico que se acabou de apresentar. Eles podem ser resumidos por dois tipos de estudos: estudos de caso e estudos econométricos.

Os estudos de caso, realizados durante os anos 1950, foram devotados às atividades de base das indústrias de aço, petróleo e automóveis. Levaram-se em conta todos os aspectos qualitativos capazes de elucidar melhor a realidade industrial desses setores. Ainda que as informações quantitativas dos principais indicadores de concentração, de rentabilidade e outros tenham fornecido informações fecundas sobre o funcionamento do mercado, elas não foram suficientes para permitirem generalizações sobre o seu funcionamento. Um exemplo desse tipo de estudo realizado para analisar as modificações ocorridas na indústria brasileira de massas alimentícias encontra-se no Quadro 4.1.

Os estudos econométricos, conduzidos sobretudo nos anos 1960 e 1970, dedicaram-se a encontrar ligações específicas significativas entre certas estruturas e diversas medidas de desempenho. As análises de regressão foram realizadas a partir de amostras de atividade e verificações de hipóteses simples tais como: qual é a influência do grau de concentração das atividades sobre suas margens de lucro (Bain, 1941)? Sobre sua produtividade (Stigler, 1968)? Do tamanho das empresas sobre o grau de inovação (Scherer, 1970)? Ou testando relações mais complexas tais como: que papéis específicos exercem as variáveis características das estruturas das atividades sobre suas taxas de lucro (Bain, 1956)? Ou ainda qual é o impacto das despesas de publicidade sobre a lucratividade (Comanor e Wilson, 1979)? Apesar dos avanços metodológicos dos estudos econométricos, que possibilitavam a generalização das conclusões, sua análise baseava-se em regressões lineares simples entre duas variáveis, como as taxas de lucros e a estrutura de mercado (medidas em número de produtores ou índices de concentração). A análise das condutas das empresas em diferentes estruturas de mercado era, portanto, perdida.

Várias observações devem contribuir para marcar os limites destas abordagens metodológicas:

1. Os argumentos teóricos utilizados para incluírem este ou aquele aspecto estrutural da lista de variáveis explicativas eram frequentemente bem pobres e escolhidos sem referência a um modelo subjacente.
2. Às vezes os métodos se perdiam nos problemas infindáveis da causalidade e da simultaneidade do conjunto de variáveis da estrutura, conduta e desempenho, sem conseguir saber o que determinava o quê.
3. Enfim, a maioria das relações estaria caracterizada pelas condições históricas nas quais elas foram estabelecidas e dificilmente sobreviveriam a mudanças na economia.

QUADRO 4.1 A ANÁLISE ECD NAS INDÚSTRIAS DE MASSAS ALIMENTÍCIAS NO BRASIL

O estudo de Ferreira Jr. e Gomes (2006) aplicou a análise ECD para avaliar as modificações nas indústrias de massas alimentícias após a abertura comercial no Brasil a partir de 1990. O trabalho partiu do pressuposto de que a abertura comercial modificou as condições básicas da oferta ao expor as empresas nacionais à concorrência internacional. Os autores buscaram explorar, de maneira objetiva, dois componentes do modelo: a estrutura, medida pelo grau de concentração da produção; e o desempenho, medido por uma série de indicadores, como o nível de produção, exportação, importação, faturamento, lucratividade e custos de produção. A Tabela 4.1, a seguir, resume os principais resultados encontrados para a indústria de massas alimentícias.

TABELA 4.1 Indicadores de Estrutura e Desempenho na Indústria de Massas Alimentícias: 1995 e 2001

Ano	CR8[1]	Produção (mil ton.)	Exportação (mil ton.)	Importação (mil ton.)	Faturamento (R$ milhões)	L/F[2]	C/F[3]
1995	32,64	850	0,86	21,71	2.140,67	4,95	72,15
2001	48,52	935	1,78	14,52	1.899,15	0,59	72,81

Notas: [1]Participação nas vendas das oito maiores empresas; [2]Lucro sobre faturamento; [3]Custos de produção sobre faturamento.
Fonte: Ferreira Jr. e Gomes (2006).

Como se pode observar, houve uma tendência de concentração da produção entre as oito maiores companhias. Por outro lado, a produção e a exportação aumentaram, enquanto as importações reduziram-se. Analisando o faturamento em preços constantes de 2001, verifica-se uma queda no seu valor e, consequentemente, uma redução da lucratividade. Segundo os autores, boa parte da queda do faturamento se deu pela redução do preço das massas alimentícias ao longo do período analisado. Isso sugere que, apesar da concentração na estrutura, a abertura comercial promoveu um aumento da competição entre as empresas, o que pode ser observado na melhora do indicador de desempenho lucro sobre faturamento. A relação entre custos de produção e faturamento, por outro lado, apresentou um acréscimo, em parte porque o faturamento caiu, e em outra porque o aumento da competição exigiu melhoria na qualidade dos produtos fabricados, o que pode ter implicado aumento de custos na produção.

4.5 Desdobramentos e Contribuições

As principais limitações da disciplina Economia Industrial nascem do seu não rompimento inicial com a teoria neoclássica tradicional. A nova disciplina pretendia apenas confrontar as predições da economia pura com as evidências empíricas de funcionamento corrente dos mercados. Desde Alfred Marshall já se podia prever os seus desdobramentos modernos. De um lado, os fenômenos produtivos passaram a ser abordados a partir de uma ótica indutiva, dando um grande espaço às realidades institucionais. De outro lado, eles passaram a ser analisados a partir de uma ótica mais hipotética dedutiva, inicialmente apoiada em uma perspectiva da microeconomia evolucionista (inspirada no paradigma da biologia) e, posteriormente, cada vez mais, racionalizada. A segunda corrente hoje é dominante. Para compreensão sucinta dessa evolução e desdobramentos, consultar o Quadro 4.2.

Uma discussão introduzida nos anos 1970 sobre as relações de causalidade do modelo e já adiantada na Introdução deste livro pode resumir as contribuições e os possíveis desdobramentos do Modelo ECD. Imaginar o funcionamento do modelo supondo

---

QUADRO 4.2 RESUMO SUCINTO DAS EVOLUÇÕES DAS ABORDAGENS DE ECONOMIA INDUSTRIAL

- A partir das abordagens iniciais de J.B. Say, de List, de W. Ashley, de T. Veblen.
- Filho dos clássicos e pai dos neoclássicos, A. Marshall estabelece as bases da Economia Industrial (noção de "*indústria*" em vez de mercado, importância das "*economias de escala*", das "*elasticidades*", etc.)
- Em seguida,

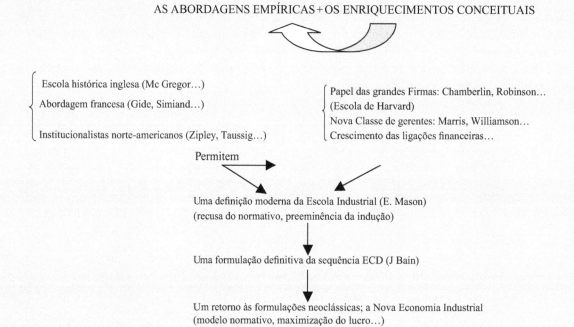

1. Críticas
   - Os "desvios" da abordagem inicial: os pós-marshalianos
   - (S. Labini, Clark, P. Andrews, E. Brenner...)
   - Os fundamentos da abordagem (A Escola Austríaca)
2. Emergência de uma Nova Economia Industrial: os neo-neoclássicos
   - Teoria do oligopólio e teoria dos jogos
   - Teoria dos "mercados contestáveis"
   - Teoria dos "custos de transação"
3. Desenvolvimento da mesoeconomia: além do mercado único, levando em conta as estruturas socioeconômicas; as interações entre estruturas e comportamentos; o jogo coletivo (grupos, cadeias produtivas, complexos industriais etc.)

Fonte: Adaptado de Morvan (1991), p. 33.

O Modelo Estrutura, Conduta e Desempenho e seus Desdobramentos   61

uma determinação endógena das condições básicas da demanda e da oferta permite que a análise paradigmática alternativa possa englobar tanto a tradição estática quanto a tradição dinâmica de concorrência da análise da Economia Industrial.

De fato, pode-se perceber claramente que o conceito de concorrência na análise econômica pode ter dois significados diferentes. Um primeiro que enfatiza a conduta dos vendedores/produtores e outro que enfatiza a estrutura do mercado. Além disso, enfatiza-se que esse conceito evoluiu ao longo do tempo.

Adam Smith considerava a essência da competição a rivalidade estabelecida de forma independente pelos vendedores/produtores para obter clientela para si em detrimento dos demais. Quanto mais vendedores, mais competitivo seria o mercado. A regulação do mercado se daria de forma automática ("mão invisível") por meio da atração de mais vendedores para o mercado que permitisse a realização de maiores taxas de lucro, as quais tenderiam a se reduzir pela divisão dos ganhos com um número cada vez maior de produtores. Dessa forma, os preços cairiam ao nível dos custos (esforço necessário para produzir), garantindo uma remuneração justa e equilibrada no longo prazo. É importante ressaltar que este movimento de redução das taxas de lucro ao nível dos custos no longo prazo não é incompatível com lucros extraordinários no curto prazo. Além disso, para que o mecanismo de alocação de investimentos via mercado funcionasse era preciso não haver barreiras à mobilidade perfeita dos fatores de produção.

A teoria econômica neoclássica, ao introduzir o raciocínio da disciplina de cálculo para formalizar a teoria econômica, redefiniu o conceito de competição imaginado por Adam Smith. Um mercado é considerado perfeitamente competitivo quando o número de empresas vendedoras vendendo um produto homogêneo é tão grande e a parcela individual de cada uma delas tão pequena que nenhuma empresa é capaz de influenciar significativamente o preço dos produtos por meio da variação da quantidade produzida por ela. Em outras palavras, o preço é um dado para as empresas. Ele é determinado pelas forças de oferta e demanda globais no mercado e foge ao controle delas. Esta definição de competição, diferentemente da adotada por Adam Smith, não segue o senso comum: uma batalha entre preços e outras estratégias para conquistar parcelas já ocupadas do mercado. Se o mercado é amplo o suficiente para não ser influenciado pelas decisões individuais dos produtores, então, pode haver competição sem rivalidade entre as empresas. Dessa forma, os produtores se restringem a decidirem sobre a quantidade a ser produzida.

Assim, considerando uma visão de concorrência estática, que toma o mercado como uma competição perfeita, hipótese levantada pela teoria neoclássica, a análise das condutas ou das estratégias das empresas é supérflua, dado que as informações fornecidas pela estrutura são suficientes para prever ou induzir o comportamento adequado das empresas. Logo, em um mercado de competição perfeita, as empresas não têm condições individuais de influenciar a concorrência e se comportarão de acordo com os sinais emitidos pelo mercado (preços), ajustando seus custos para não ter prejuízo. Em um mercado oligopolizado, elas se comportarão de forma colusiva para determinar seus preços de modo a extrair o máximo de excedente. Esta é considerada uma visão estática da concorrência porque as empresas apenas reagem às estruturas dadas dos mercados, não rivalizando diretamente com as demais empresas (ver Capítulo 18).

Esta é também a principal contribuição de Joe Bain, que retomara a abordagem de E. Mason, no início dos anos 1950, formalizando-a a partir de observações estatísticas sobre as relações causais entre estrutura, conduta e desempenho. O autor demonstrou que a taxa de lucro dos setores (indicador de desempenho) é estatisticamente correlacionada com o grau de concentração e com o nível de barreiras à entrada, afirmando existir uma relação indireta entre os desempenhos e as estruturas de mercado. O autor marca, de certa forma,[1] uma ruptura com a abordagem de E. Mason e um retorno à tradição neoclássica, conforme ilustra o Quadro 4.3, ou seja, os desempenhos podem ser diretamente deduzidos das características das estruturas.

A grande contribuição de Bain foi estudar as condições de entrada de concorrentes. Assim, a concorrência que um produtor enfrenta em um mercado não se resume apenas àquelas empresas já estabelecidas, mas também deve considerar as potenciais entrantes. As condições de entradas poderiam ser facilitadas, dificultadas (intermediárias) ou bloqueadas, de acordo com as barreiras impostas pelas empresas já estabelecidas no mercado. Bain estabeleceu três tipos de barreiras à entrada: diferenciação de produto, vantagens absolutas de custos e economias de escala. A presença de um ou mais desses elementos poderia dificultar a entrada dos competidores potenciais. Assim, sua teoria fornecia uma explicação alternativa para a inexistência, na vida real, de mercados perfeitamente competitivos.

Em outra visão dinâmica da concorrência, ilustrada pela Figura 4.2, mais condizente com a visão seminal de E. Mason, pressupõe-se que as empresas busquem permanentemente alterar as condições básicas de oferta e demanda e de estrutura do mercado por meio de suas estratégias a fim de obterem vantagens competitivas em seu favor. Os exemplos das estratégias de

---

[1] O termo "de certa forma" é aqui utilizado porque o autor, ao organizar o seu livro denominado *Industrial Organization*, de 1959, trabalha novamente com a ideia original de E. Mason considerando a intermediação da conduta entre a estrutura de mercado e o desempenho, diferentemente da teoria neoclássica.

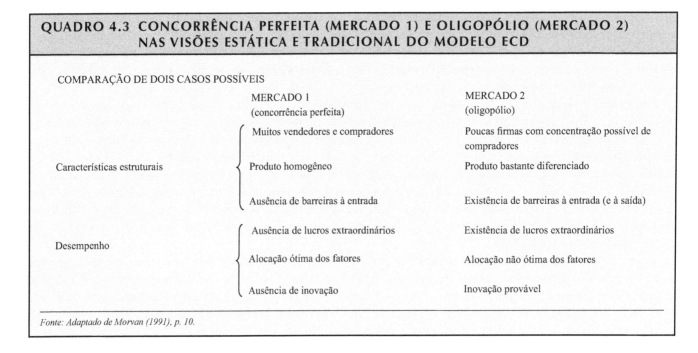

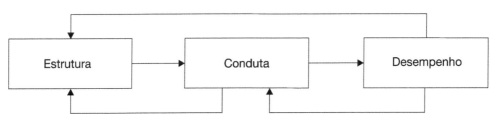

Figura 4.2 As Abordagens Dinâmica e Alternativa do Modelo ECD.

investimentos em P&D e de preço apresentadas anteriormente ilustram bem como as empresas são capazes de alterar, respectivamente, a condição básica de oferta e a estrutura da indústria. A evidência empírica, ao contrário do que supõe a visão estática de concorrência, tem mostrado condutas ou estratégias diferenciadas em ambos os tipos de estruturas. Tanto as pequenas empresas, atuando em mercados competitivos, podem introduzir inovações que provocam disrupturas em suas condições básicas de oferta, quanto as grandes empresas, atuando em estruturas oligopolizadas, podem não se comportar oclusivamente, abrindo guerras de preços desenfreadas ou adotando atitudes inovadoras relevantes para a acumulação do conhecimento. Essas evidências mostram que as estratégias empresariais devem ser objeto de estudo e não apenas serem deduzidas das estruturas existentes, como pressupõe a visão tradicional de concorrência. As estratégias das empresas são, portanto, responsáveis pelo dinamismo dos mercados.

Alguns autores chegam a falar do conceito de barreiras à entrada estáticas e dinâmicas. As primeiras são decorrentes das condições estruturais das indústrias e dos mercados, e as segundas resultam de estratégias deliberadas das empresas estabelecidas para deterem a entrada das empresas potenciais entrantes. Neste sentido, as estratégias empresariais são utilizadas como mecanismos de prevenção à entrada (consultar Capítulo 12 a respeito).

Outros chamam a atenção para as barreiras à saída. Qualquer custo que uma empresa tenha que incorrer para deixar uma indústria é uma barreira à saída. Um exemplo bastante comum são as multas contratuais.

Em geral, as barreiras à saída estão associadas aos custos irrecuperáveis. Estes custos estão associados quase sempre a fatores fixos tangíveis e intangíveis, e específicos à empresa ou ao produto. Os exemplos incluem as patentes combinadas com investimentos físicos e em especialização dos recursos humanos, e os investimentos em propaganda e marketing.

Em mercados nos quais os custos de capital não puderem ser facilmente repassados a terceiros devido à sua especificidade, as empresas estabelecidas estarão fadadas a permanecerem em seus mercados ou perderem todo ou quase todo o investimento inicial realizado. Um ótimo exemplo é a indústria ferroviária, na qual os trilhos utilizados não são vendáveis, fazendo com que as empresas ferroviárias permaneçam no mercado mesmo com prejuízo.

Mais recentemente, o conceito de competição foi ampliado com a noção de "mercado contestável". Em mercados nos quais a entrada e a saída de empresas não são dificultadas, ainda que as condições de homogeneidade dos produtos e número de produtores não sejam compatíveis com as condições de concorrência perfeita, há potencial para a competição. Dessa forma, nasceu o conceito de "competição potencial". Enfim, várias dessas contribuições e também os seus limites serão abordados no desenvolvimento deste livro, conforme já apresentado na Introdução.

4.6 Resumo

Neste capítulo aprendemos que:

- O desempenho econômico em indústrias específicas depende da conduta (ou estratégia) dos produtores (vendedores), isto é, das decisões estratégicas acerca da política de preços; da existência ou ausência de cooperação explícita ou tácita entre os concorrentes, da diversificação de produtos e propaganda, da pesquisa e desenvolvimento em busca de inovação, e do uso de proteções legais, como patentes de produtos e processos industriais etc.
- O padrão de conduta das empresas em determinadas indústrias, por sua vez, depende da estrutura do mercado, ou seja, do número e do tamanho relativo das empresas concorrentes, da estrutura de custos, das barreiras de entrega a novas empresas no mercado etc.
- A estrutura de mercado é moldada pelas condições básicas da oferta e da demanda. Do ponto de vista da oferta, são determinantes das condições básicas a propriedade sobre recursos naturais, a tecnologia, a sindicalização da força de trabalho, o marco legal das relações trabalhistas e empresariais etc. Do lado da demanda, são determinantes a elasticidade do preço da demanda, a existência de bens substitutos, a taxa de crescimento do mercado consumidor, o método de compra etc.
- Como implicações às políticas públicas, o Modelo ECD sugere que o desempenho econômico pode ser aproximado do idealizado pela sociedade mediante ações sobre as estruturas e as condutas de mercado, evitando-se, assim, o controle direto sobre variáveis como preço, quantidades, margem de lucros, entre outras características do livre mercado e da produção privada.
- Ainda do ponto de vista da ação governamental, o modelo permite analisar as formas mais efetivas de regulação da prestação de serviços de utilidade pública, uma vez que constituem monopólios e podem acarretar em condutas oportunistas e desempenho econômico aquém do desejado pela sociedade.

4.7 Questões para Discussão

1. Como as condições básicas de oferta e demanda influenciam a estrutura de mercado?
2. Qual a associação entre a estrutura de mercado e a conduta das firmas? E qual as consequências das condutas das firmas sobre o desempenho econômico?
3. Explique a diferença entre o Modelo ECD em sua visão tradicional, estática, e a versão dinâmica, sistêmica.
4. Quais as implicações do Modelo ECD para a formulação de políticas públicas?
5. Quais os avanços propostos pelo Modelo ECD em relação à teoria microeconômica neoclássica?

4.8 Sugestões de Leitura

BAIN, J. *Industrial Organization*. New York: John Wiley & Sons, Inc., 1959. Aluno de Edward Mason, neste livro o autor resgata os *insights* teóricos de seu orientador e organiza o paradigma que associa estrutura de mercado, conduta e desempenho econômico, apresentando evidências empíricas para essas associações a partir de estudos da economia dos Estados Unidos.

MASON, E. S. Price and production policies of large-scale enterprise. *American Economic Review*, v. 29, p. 61-74, 1939. Texto seminal do autor, que inaugura os estudos da Economia Industrial.

_____. The current state of the monopoly problem in the United States. *Harvard Law Review*, v. 62, p. 1265-1285, 1949. Segundo texto seminal do autor; neste artigo, discute-se o tipo de competição e o desempenho econômico esperado pela sociedade como forma de guia da análise das estruturas e condutas nos mercados, inclusive para fins de políticas públicas.

SCHERER, F. M.; ROSS, D. *Industrial market structure and economic performance*. Boston: Houghton Mifflin Company, 1990. Explora com maior riqueza de detalhes e maturidade o Modelo ECD desenvolvido por Bain em 1959.

Notas

1. O *National Resources Committee* foi um órgão americano de planejamento criado em 1933 e responsável pela eficiência de todo o sistema econômico com o fim de garantir os maiores ganhos possíveis do ponto de vista social em oposição aos pontos de vista dos empresários e da indústria. Sua ênfase de atuação era na coordenação das atividades econômicas, deixando a sua normatização específica a cargo de cada atividade econômica (Gruchy, 1939).

2. O conceito de mercado relevante (ver Capítulo 22) identifica a amplitude ou escopo de produtores e compradores que concorrem para a produção de produtos substitutos e os consomem indiferentemente e, portanto, devem ser incluídos entre os atores relevantes na dinâmica competitiva dos mercados.

Bibliografia

BAIN, J. The profit rate as a measure of monopoly power. *The Quarterly Journal of Economics*, v. 55, n. 2, p. 271-293, 1941.

_____. Market classifications in modern price theory. *The Quarterly Journal of Economics*, v. 56, n. 4, p. 560-574, 1942.

_____. *Barriers to new competition:* their character and consequences in manufacturing industries. Cambridge: Harvard University Press, 1956.

_____. *Industrial organization*. New York: John Wiley & Sons, Inc., 1959.

COMANOR, W. S.; WILSON, T. A. The effect on competition: a survey. *Journal of Economic Literature*, v. 17, n. 2, p. 453-476, 1979.

FERGUSON, P. R. *Industrial economics*: issues and perspectives. London: Macmillan Education Ltda., 1988

FERREIRA JÚNIOR, S.; GOMES, M. F. M. Ajustamentos nas agroindústrias de biscoitos e massas alimentícias no Brasil, 1995 a 2001. *Revista de Economia e Sociologia Rural*, Rio de Janeiro, v. 44, n. 1, p. 79-98, jan./mar. 2006.

GRUCHY, A. G. The Economic of National Resources Committee. *The American Economic Review*, v. 29, n. 1, p. 60-73, 1939.

LOPEZ, J.; Cardim, F. Uma Estratégia de Desenvolvimento na Tradição Keynesiana-Estruturalista. In: SICSÚ, J.; CASTELAR, A. (orgs). *Sociedade e economia:* estratégias de crescimento e desenvolvimento. Brasília: Ipea, cap. 6, p. 51-58, 2009.

MASON, E. S. Price and production policies of large-scale enterprise. *American Economic Review*, v. 29, p. 61-74, 1939.

_____. The current state of the monopoly problem in the United States. *Harvard Law Review*, v. 62, p. 1265-1285, 1949.

MORVAN, Y. *Fondements d'economie industrielle*. Paris: Econômica, 1991.

SCHERER, F. M. *Industrial market structure and economic performance*. Chicago: Rand McNally College Publishing, 1970.

_____; ROSS, D. *Industrial market structure and economic performance*. Boston: Houghton Mifflin Company, 1990.

STIGLER, G. *The organization of industry*. Chicago: The University of Chicago Press, 1968.

PARTE II

ANÁLISE ESTRUTURAL DOS MERCADOS

Concentração Industrial

Marcelo Resende e Hugo Pedro Boff

5.1 Introdução

A noção de estrutura de mercado desempenha um papel fundamental dentro do influente paradigma da estrutura-conduta--desempenho. Dessa forma, a quantificação do componente estrutural, em termos de medidas sintéticas ainda encontra ampla utilização em Economia Industrial.

As aplicações empíricas frequentemente se amparam em medidas de concentração deficientes, o que serve de motivação para uma apresentação comparativa das principais medidas empregadas em estudos na área. As medidas de concentração pretendem captar de que forma agentes econômicos apresentam um *comportamento dominante* em determinado mercado e, dessa forma, os diferentes indicadores consideram as participações no mercado dos agentes (por exemplo, a participação de cada empresa no total das vendas do setor), segundo diferentes critérios de ponderação.

Medidas de concentração industrial são úteis para indicar preliminarmente os setores para os quais se espera que o *poder de mercado* seja significativo. Contudo, existem pelo menos três razões para que esses indicadores, construídos a partir de participações de mercado, não sejam completos nesse tocante:[1]

1. Se a entrada em um mercado for fácil, nenhuma empresa poderá exercer poder de mercado, não importando o quão ampla seja sua participação nesse mercado;
2. Uma empresa pode ter uma parcela de mercado elevada não decorrente de poder de mercado, mas advinda de custos reduzidos ou de produtos de qualidade superior;
3. O cálculo de medidas de concentração pressupõe a delimitação de mercado e implica ignorar a disciplina exercida por substitutos próximos, comercializados em outros mercados.

Este capítulo pretende fornecer uma introdução às principais medidas de concentração usualmente utilizadas, indicando os méritos relativos desses diferentes indicadores. O capítulo está organizado da seguinte forma: a segunda seção apresenta três medidas de concentração e discute suas propriedades. A terceira seção apresenta uma ilustração empírica das medidas de concentração para setores industriais selecionados na economia brasileira recente. Finalmente, a quarta seção compara os méritos relativos das diferentes medidas segundo critérios levantados na literatura.

5.2 Medidas de Concentração

Índices de concentração pretendem fornecer um indicador sintético da *concorrência* existente em um determinado mercado. Quanto maior o valor do índice de concentração, menor é o grau de concorrência entre as empresas e mais concentrado (em

68 Economia Industrial

uma ou poucas empresas) estará o poder de mercado virtual da indústria. O *padrão concorrencial* vigente, contudo, é o resultado da ação dos produtores individuais (conduta), ao escolherem os níveis de preço ou as quantidades ofertadas (variáveis estratégicas), dadas as características específicas dos produtos fabricados (substituição ou diferenciação existente entre eles, níveis de qualidade etc.), as preferências dos consumidores e as condições de acesso (existência ou não de barreiras de mercado à entrada de novas empresas). As taxas de *preferências intertemporais* dos agentes, seus graus de *informação* e seus coeficientes de *aversão ao risco* (incerteza) são fatores que influenciam as tomadas de decisão. Enfim, o padrão concorrencial pode, eventualmente, ser balizado também por fatores de ordem *institucional*, tais como os arcabouços jurídico e tarifário (fiscal) que limitam ou disciplinam a atuação das empresas ou do mercado.

O padrão concorrencial contribui para dar uma *estrutura* particular à indústria, como consequência do *desempenho* das empresas e dos *resultados* obtidos, vale dizer: dados os recursos empregados, como consequência da maior ou menor eficiência produtiva alcançada (menores ou maiores custos) e da maior ou menor eficiência gerencial obtida (maiores ou menores lucros). Os resultados obtidos pelas empresas lhes conferem, pelo seu lado, um determinado "poder de mercado" individual no seio da indústria, que o índice de concentração tentará justamente capturar, de uma forma sintética.

O *poder de mercado* virtual de uma empresa individual está relacionado com sua capacidade de *controlar* o preço de venda do produto. Por isso, empresas mais eficientes, que produzem com custos de produção mais baixos, têm mais facilidade que as demais de competir em preço e de ocupar parcelas crescentes do mercado por meio de reduções progressivas no preço. Mais particularmente, o poder de mercado de uma empresa se manifesta pela sua capacidade de fixar e sustentar o preço de venda em um nível *acima* daquele fixado pelas concorrentes, sem prejuízo para sua participação no mercado.

O poder de mercado assume forma *aparente* na participação no mercado (*market share*) da empresa, a razão entre sua oferta (ou suas vendas) e a oferta total da indústria (ou vendas totais). Outras medidas de tamanho são também ocasionalmente usadas, tais como o patrimônio líquido, a capacidade produtiva instalada ou o número de empregados, muito embora as parcelas obtidas nesses casos não reflitam necessariamente o poder de mercado exercido pela empresa sobre o seu produto. Pelo seu lado, a distribuição resultante das parcelas de mercado entre as empresas cristaliza uma forma aparente da *estrutura do mercado*, de maneira que o índice de concentração deverá levar em conta não apenas o *nível* das parcelas de mercado individuais, como também a sua *distribuição* (que poderá ser mais ou menos desigual).

5.2.1 Concentração e desigualdade

Uma maior *concentração* industrial implica maior *desigualdade* na repartição do mercado entre as empresas, isto não significa que o inverso seja verdadeiro, isto é, que maior desigualdade implica maior concentração. Apesar de próximos, os dois conceitos não são equivalentes. Por exemplo, uma indústria composta de duas empresas que dividem o mercado em partes iguais possui graus de desigualdade e de concentração mínimos. Entretanto, a entrada de uma terceira empresa para atender 1% do mercado em detrimento das empresas estabelecidas (que preservam 49,5% cada uma) aumentará consideravelmente o grau de desigualdade, mas não o grau de concentração, já que o poder de mercado das empresas instaladas não será significativamente afetado com a presença da empresa entrante.

5.2.2 Medidas positivas e normativas

Do ponto de vista classificatório, podemos definir medidas de concentração como *parciais* ou *sumárias*, *positivas* ou *normativas*. Medidas de concentração *parciais* não utilizam os dados da totalidade das empresas em operação na indústria em consideração, mas apenas de uma parte delas. As chamadas *razões de concentração* (*concentration ratios*) constituem o principal exemplo dessa categoria. As medidas sumárias, por outro lado, requerem dados sobre todas as empresas em operação. Exemplos influentes são os índices de concentração de *Hirschman-Herfindahl*[2] e *entropia* a serem apresentados adiante.

Medidas de concentração *positivas* são unicamente função da estrutura aparente do mercado industrial (o nível e a distribuição das parcelas de mercado) e não dependem de qualquer parâmetro comportamental, seja ele relativo aos produtores (variações conjecturais, coeficientes de aversão à incerteza etc.), seja ele relativo aos consumidores (elasticidades diretas ou coeficientes de substituição). Medidas positivas resumem melhor os aspectos estatísticos presentes no fenômeno da concentração, mas nem sempre são adequadas para uma avaliação econômica (necessariamente normativa) do desempenho industrial.

Medidas de concentração *normativas* levam em conta, além da estrutura aparente, os parâmetros comportamentais mencionados anteriormente, que estão relacionados com as preferências dos produtores ou dos consumidores. Essas medidas visam avaliar normativamente o desempenho industrial, seja do ponto de vista dos primeiros (maiores ou menores lucros), seja do ponto de vista dos segundos (maior ou menor excedente do consumidor). Medidas normativas que visam a uma avaliação social (global) também podem ser construídas, levando em conta os interesses de todos os agentes (maior ou menor excedente total). No primeiro e no último casos, as medidas de concentração também dependerão dos parâmetros relacionados com os custos incorridos pelas empresas (tecnologia).

Neste capítulo, trataremos unicamente das medidas *positivas* de maior uso na literatura econômica. Vale lembrar que os indicadores positivos de concentração englobam dois componentes fundamentais: o número de empresas e a desigualdade no tamanho destas. Conforme veremos a seguir, um ou outro desses componentes nem sempre são adequadamente contemplados pelas medidas utilizadas com frequência em análises empíricas da estrutura industrial.

Introduziremos agora algumas notações. Seja X_i ($X_i > 0$) a informação disponível sobre a empresa i (quantidades produzidas ou vendas totais, por exemplo), que opera em uma indústria, compreendendo n empresas: $i = 1, 2, ..., n$. Suponha que as unidades de medida usadas para quantificar as informações sejam comuns às várias empresas (por exemplo, unidades ou toneladas para as quantidades; reais ou dólares para os valores monetários), de maneira que a agregação das informações das várias empresas seja possível. Assim, faz sentido calcularmos a informação agregada disponível para a indústria $X = \sum_{i=1}^{n} X_i$ e as parcelas de mercado de cada empresa $s_i = \dfrac{X_i}{X}$.

Suponha que as empresas são classificadas em ordem decrescente, de acordo com sua posição no mercado: $X_1 \geq X_2 \geq ... \geq X_n$, de modo que a empresa 1 é a maior do mercado ($s_1 \geq s_2 \geq ... \geq s_n$).

5.2.3 Razões de concentração

A *razão de concentração de ordem k* é um índice positivo que fornece a parcela de mercado das k maiores empresas da indústria ($k = 1, 2, ..., n$). Assim,

$$CR(k) = \sum_{i=1}^{k} s_i \tag{1}$$

Quanto maior o valor do índice, maior é o poder de mercado exercido pelas k maiores empresas. Nas aplicações empíricas, toma-se comumente $k = 4$ ou $k = 8$, isto é, considera-se apenas a participação das quatro ou das oito maiores empresas. As respectivas razões de concentração são conhecidas como $CR(4)$ e $CR(8)$. Contudo, observamos algumas deficiências imediatas dos índices CR:

1. Eles ignoram a presença das n-k empresas menores da indústria. Desse modo, fusões horizontais ou transferências de mercado que ocorrem entre elas não alterarão o valor do índice, se a participação de mercado da nova empresa (resultante da fusão) ou das empresas beneficiárias (das transferências) se mantiver abaixo da k-ésima posição;
2. Esses índices não levam em conta a participação relativa de cada empresa no grupo das k maiores. Assim, importantes transferências de mercado que ocorrerem no interior do grupo (sem exclusão de nenhuma delas) não afetarão a concentração medida pelo índice.

Essas omissões dificultam o uso do $CR(k)$ como uma medida do poder de mercado (ou do grau de competição) existente na indústria. Considera-se também que o uso desse índice para acompanhar a evolução da estrutura industrial ao longo do tempo poderá acarretar inconsistências de natureza, uma vez que as k empresas de referência podem não ser as mesmas entre dois períodos.

Tais dificuldades servem de motivação para a consideração de medidas *sumárias* que possuam propriedades mais atraentes. Nas seções seguintes discute-se duas dessas medidas e considera-se, do ponto de vista comparativo, a adequação das razões de concentração.

5.2.4 Índice de Hirschman-Herfindahl (HH)

Trata-se do índice positivo definido por:

$$HH = \sum_{i=1}^{n} s_i^2. \tag{2}$$

Tal expressão pode ser reescrita como $\sum_{i=1}^{n} s_i(s_i)$, o que evidencia a estrutura de pesos implícita no índice HH. Elevar cada parcela de mercado ao quadrado implica atribuir um peso maior às empresas relativamente maiores. Assim, quanto maior for HH, mais elevada será a concentração e, portanto, menor a concorrência entre os produtores.

70 Economia Industrial

O índice HH varia entre $1/n$ e 1. O limite superior do índice está associado ao caso extremo de *monopólio* no qual uma única empresa opera no mercado. O limite inferior decorre de que HH é uma função convexa definida no simplex $S_{n-1} = \left\{ S \in [0,1]^n : \sum_{i=1}^{n} S_i = 1 \right\}$. Assim, o índice assume o valor mínimo $HH = 1/n$ para $s_1 = s_2 = \ldots = s_n$, isto é, quando todas as empresas têm o mesmo tamanho ($s_i = 1/n$). Temos então[3]: $1/n \leq HH \leq 1$.

Observa-se que o limite inferior de HH decresce à medida que aumenta o número de empresas e que no limite (para $n \to \infty$) ele tende para zero.

Entretanto, isto não significa que HH sempre decresça com o aumento do número de empresas. A entrada de uma empresa adicional na indústria é compatível tanto com um aumento quanto com uma redução na concentração medida por HH. Isso poderá ser visualizado expressando-se o valor do índice em termos do *coeficiente de variação* das parcelas de mercado. Com efeito, como a média destas é $\bar{s} = 1/n$, a variância é $V(s) = (1/n)HH - (1/n)^2$. Lembrando que o coeficiente de variação empírico CV de uma variável é definido como a razão entre seu desvio-padrão e a sua média, obtemos a partir da expressão anterior: $(CV_s)^2 = V(s)/(1/n)^2 = nHH - 1$, ou, ainda,

$$HH = \frac{1}{n}\left[CV_s^2 + 1 \right].$$ (2a)

Nessa expressão, vemos que HH depende tanto do número de empresas quanto da dispersão relativa da repartição do mercado entre elas (CV_n). Como o valor da dispersão também depende de n, o efeito da entrada de uma nova empresa sobre a concentração é assinalado de maneira ambígua pela fórmula (2a). Tudo depende de como as empresas estabelecidas "acomodarão" a entrada da nova empresa. Se a acomodação não aumentar significativamente ou mesmo reduzir a dispersão preexistente entre as parcelas de mercado, então a entrada diminuirá a concentração. Ao contrário, se a acomodação aumentar significativamente a dispersão das participações no mercado, a entrada aumentará a concentração. Nesse caso, a entrada da nova empresa (dotada de eficiência muito acima ou muito abaixo da eficiência das empresas já instaladas) não será favorável para a concorrência industrial.

5.2.4.1 *Interpretação teórica*

Ao considerarmos o equilíbrio de um oligopólio homogêneo em competição de Cournot, podemos obter uma relação entre o índice HH e o grau de lucratividade da indústria, o que permite atribuir ao índice uma interpretação teórica. Esse aspecto torna o HH mais atraente que os demais, pois sua fórmula deixa de ser *ad hoc* (arbitrária), uma vez que está relacionada a um processo de otimização reconhecido em teoria econômica (maximização do lucro pelas empresas).

Com efeito, sob a hipótese de Cournot, cada empresa i escolhe as quantidades q_i que maximizam seu lucro individual $\pi_i(q_1, q_2, \ldots, q_i, \ldots q_n) = q_i P\left(\sum_{i=1}^{n} q_i \right) - C_i(q_i)$, não antecipando qualquer reação dos competidores a uma mudança nas suas quantidades escolhidas (conjecturas nulas). Então, se as funções inversas de demanda indireta (P) e de custo (C_i) forem contínuas e diferenciáveis e tais que π_i seja côncava em q_i, a condição de primeira ordem $P + q_i P' - C_i' = 0$ é necessária e suficiente para determinar a solução ótima. Usando-se as definições $\lambda_i = (P - C_i')/P$ para o índice de lucratividade de Lerner e $\varepsilon = -(\partial Q/\partial P)(P/Q)$ para a elasticidade-preço da demanda, a condição citada pode ser escrita como: $\lambda_i = s_i/\varepsilon$. Logo, $\sum_{i=1}^{n} \lambda_i^2 = HH/\varepsilon^2$ e, como $\sum_{i=1}^{n} \lambda_i = 1/\varepsilon$, vem:

$$HH = \frac{\sum_{i=1}^{n} \lambda_i^2}{\sum_{i=1}^{n} \lambda_i^2 + \sum_{j,k(j \neq k)} \lambda_j \lambda_k}.$$

Quanto maior é o grau de competição entre as empresas na indústria, maior é o quociente $\left(\sum_{j,k(j \neq k)} \lambda_j \lambda_k \right) / \sum_{i=1}^{n} \lambda_i^2$ e, em consequência, menor o índice HH. Usando o critério da otimização condicionada de uma função de bem-estar côncava para o produto industrial, Dansby e Willig (1979) mostram que $\sum_{i=1}^{n} \lambda_i^2$ é uma medida inversa da performance industrial para o caso homogêneo: quanto mais elevada a soma, mais afastada da posição ótima se acha a posição atual da indústria ($q_1, q_2, \ldots q_n$), o que (dada a proporcionalidade existente entre essa soma e o índice) permite considerar o HH também como um índice normativo.

5.2.4.2 *Uso normativo: Regulação e defesa da concorrência[4]*

Desde o início de 1980, a Federal Trade Commission dos Estados Unidos tem defendido a utilização do índice Hirschman-Herfindahl em substituição ao índice $CR(4)$ para fins de política antitruste. As orientações emitidas em 1992 a respeito de processos de fusões (Merger Guidelines) instituem bandas referenciais com o objetivo de balizar a análise das fusões potenciais entre empresas.

Com efeito, como *HH* é uma função convexa das parcelas de mercado, o efeito potencial das fusões horizontais entre duas ou mais empresas (sem alteração nas parcelas de mercado das outras) sempre resultará em aumento na concentração medida pelo índice. Suponha que as duas primeiras empresas (1 e 2) realizem uma fusão; a contribuição da nova entidade para a concentração é dada por $(s_1 + s_2)^2 = s_1^2 + s_2^2 + 2s_1s_2$, a qual é maior que $s_1^2 + s_2^2$, a contribuição dada anteriormente à concentração pelas duas empresas separadamente.

As agências antitruste trabalham com índices *HH* calculados a partir de participações de mercado medidas com base em 100 (percentuais) e não com base em 1 (razões decimais), como fizemos aqui. Nesse caso, o índice pode potencialmente variar entre 0 e 10.000. Três são as faixas propostas no Mergers Guidelines para balizar as análises preliminares de processos de fusões, considerando-se os valores potenciais do índice após a fusão entre duas empresas:

1. $0 \le HH < 1.000$: não existe preocupação quanto à competição na indústria, caso a fusão se concretize.
2. $1.000 \le HH \le 1.800$: existe preocupação quanto à competição se o aumento do índice for maior ou igual a 100 pontos, com relação ao índice pré-fusão.
3. $HH > 1.800$: existe preocupação quanto à competição se o aumento do índice for maior ou igual a 50 pontos, com relação à situação inicial (pré-fusão).

Um exemplo ilustrará o uso desses critérios. Considere uma indústria composta de quatro empresas com as participações de mercado (percentuais) de 40, 30, 20 e 10. Nesse caso, o índice inicial (pré-fusão) é $HH_{ante} = 40^2 + 30^2 + 20^2 + 10^2 = 3.000$. Suponha agora que a terceira e a quarta empresas abram processo de fusão na agência reguladora. Ao calcular o valor potencial do índice pós-fusão, o regulador obterá: $HH_{pós} = 40^2 + 30^2 + 30^2 = 3.400$. Esse valor inclui o processo na terceira faixa. Como a variação no índice $HH_{pós} - HH_{ante} = 400$ supera 50 pontos, o regulador obterá com isto um sinal de alerta contra tal fusão.

Note que ao calcular o valor potencial $HH_{pós}$, o regulador está adotando duas hipóteses simplificadoras: (i) a fusão entre as empresas não gera qualquer sinergia produtiva ou mercadológica para a nova empresa, uma vez que a posição atribuída a esta resulta da soma das posições das empresas originais; (ii) a fusão não afeta as posições de mercado das empresas não participantes, as quais se supõem permanecerem neutras e, conjuntamente, não "acomodarem" a eliminação de duas concorrentes e o surgimento de uma concorrente maior.

Apesar dessas limitações, as faixas propostas no Mergers Guidelines fornecem critérios diretores muito úteis para uma análise preliminar das propostas de fusão horizontal. Seu emprego não dispensa, todavia, detalhamentos posteriores.

5.2.4.3 *Números equivalentes*

Outro aspecto de interesse para a interpretação de um índice de concentração consiste em saber se este possui ou não a propriedade dos *números equivalentes*. Seja *s* o vetor das parcelas de mercado das *n* empresas em operação na indústria e *C* o valor da concentração industrial calculado pela fórmula: $C = C(s)$

O *número equivalente* associado ao índice $C(\cdot)$ define-se como o número de empresas (v_C) que torna consistente o valor *C* com o valor do índice obtido para uma indústria composta de v_C empresas de *igual tamanho*.

Assim, o número equivalente v_C resolve em *v* a equação: $C(\frac{1}{v}, \frac{1}{v}, \ldots, \frac{1}{v}) = C$. Como bons índices de concentração apresentam valores mínimos no caso simétrico (empresas de mesmo tamanho), temos $C \ge 1/n$. Usualmente, se requer que $C(\frac{1}{v}, \frac{1}{v}, \ldots, \frac{1}{v})$ seja decrescente em *v*. Então, se esse requerimento for satisfeito, podemos afirmar que $v_C \le n$. Assim, o número equivalente de empresas nunca será superior ao número efetivo.

Obviamente, v_C pode não ser um número inteiro, como seria desejável. Entretanto, seu valor serve como um indicador qualitativo do desempenho aparente da estrutura industrial. Quanto maior o valor de v_C (mais próximo de *n*), menos a estrutura do mercado restringe a competição na indústria, isto é, menos entraves existem para as empresas individuais exercerem plenamente seu poder concorrencial.

No caso do índice Hirschman-Herfindahl obtemos

$$HH = \sum_{i=1}^{v} (1/v)^2 = v(1/v)^2 = 1/v$$

de maneira que o número equivalente associado é: $v_H = 1/HH$.

72 Economia Industrial

5.2.4.4 *Padronização*

Ao longo do tempo, a variação do índice de concentração pode ser significativa. Por isso, alguns autores propuseram ajustes na sua fórmula para facilitar análises comparativas. Por exemplo, ajustes na amplitude de variação HH foram propostos, definindo-se o índice transformado:

$$HH' = \frac{1}{n-1}[nHH - 1]; \qquad n > 1.$$

Substituindo os valores extremos de HH na fórmula ajustada obtemos os limites 0 e 1, que são independentes de n.[5]

Versões ajustadas do índice HH podem ser úteis em algumas comparações intertemporais, quando se deseja (por alguma razão) controlar a concentração pelo número de empresas. Entretanto, é bom lembrar que n é um dos fatores determinantes do grau de concorrência existente na indústria (quanto maior o número de empresas, maior será esse grau), de modo que o uso de coeficientes ajustados (como o HH' anterior) somente se justifica quando a análise comparativa efetivamente demanda indicadores padronizados para a concentração.

5.2.5 Índice de entropia de Theil (ET)

Esse índice foi proposto por Theil (1967) no contexto da Teoria da Informação, mas ele pode ser aplicado em *Economia Industrial*, como veremos adiante. Seja A um evento genérico e p a sua probabilidade de ocorrência. A uma mensagem confirmando a ocorrência de A vem associado o que chamamos *grau de surpresa*, que varia na proporção inversa de p. Pelo seu lado, o *conteúdo informacional* da mensagem, notado h, é considerado uma função crescente e derivável do grau de surpresa associado à ocorrência de A, de modo que podemos expressá-lo como uma função decrescente de p, a probabilidade do evento relatado na mensagem: $h(p)$, com $h' < 0$. Theil particulariza a função h definindo-a por meio da função logaritmo: $h(p) = \ln(1/p) = -\ln(p)$.

O argumento anterior pode ser estendido para o caso de n eventos $A_1, A_2, \dots A_n$ com probabilidades $p_1, p_2, \dots, p_n$. Essas probabilidades somam 1 se pelo menos um desses eventos certamente ocorrer. Pode-se calcular o *conteúdo informacional esperado* da mensagem relatando a ocorrência de um destes eventos tomando-se a esperança matemática de $h(p)$ com relação à distribuição de probabilidade $p_1, p_2, \dots, p_n$:

$$E(h) = \sum_{i=1}^{n} p_i h(p_i).$$

Assim fica definido o *índice de entropia*, notado T. Usando-se a especificação de Theil para o conteúdo informacional obtemos:

$$ET = \sum_{i=1}^{n} p_i \ln(1/p_i) \tag{3}$$

O índice de entropia pode ser interpretado como uma medida *inversa* da concentração. Com relação a isso, Braga e Mascolo (1982) particularizam a interpretação da medida no contexto da *Economia Industrial* substituindo p_i pela parcela de mercado s_i da firma i. Reescrevendo a expressão (3) em termos de s_i tem-se uma medida inversa da concentração:

$$ET = \sum_{i=1}^{n} p_i \ln(1/p_i) \tag{3a}$$

Assim, dada a ocorrência de uma venda no mercado industrial, a probabilidade que essa venda tenha sido efetuada pela empresa i é s_i, e a contribuição desta para o conteúdo informacional presente na mensagem é $-s_i \ln(s_i)$, de modo que o índice ET estará indicando o conteúdo informacional esperado da ocorrência, calculado sobre todas as empresas da indústria. Trata-se, portanto, da informação prestada pela "empresa média". Quanto maior for esta, menor será o grau de surpresa associado à mensagem e menor o índice de entropia; em consequência, maior será a concentração na indústria.

Note que o limite inferior do índice (que corresponde à concentração máxima) é igual a zero. Esse valor ocorre em situação de monopólio, quando existe apenas um produtor ($s = 1$).

Para encontrarmos o limite superior de ET, usamos o fato de que $-ET$ é uma função convexa definida no simplex S_{n-1}. Assim, $-ET$ assume o valor mínimo quando todas as empresas são iguais ($s_i = 1/n$). Nesse caso, o índice valerá

$$-\sum_{i=1}^{n} \frac{1}{n} \ln\left(\frac{1}{n}\right) = \ln(n),$$

e teremos então:

$$0 \leq ET \leq \ln(n).$$

Podemos ainda determinar o *número equivalente* de empresas de igual tamanho consistente com o índice de entropia. Como acabamos de verificar, participações de mercado idênticas nos levam a $ET = ln(v)$. Assim, o número equivalente é dado por $v_T = e^{ET}$. Quando ET for mínimo, esse iguala 1; quando for máximo, iguala n:

$$1 \leq v_T \leq n.$$

Também, nesse caso, pode-se conceber uma versão ajustada do índice de entropia para que sua amplitude de variação seja unitária, com $\leq T' \leq 1$. Para tanto, basta definir índice ajustado como:

$$T' = -\frac{1}{\ln(n)} \sum_{i=1}^{n} s_i \ln(s_i)$$

5.3 Uma Ilustração

Nesta seção apresentamos valores dos índices anteriormente discutidos para setores industriais selecionados da economia brasileira. Uma dificuldade fundamental associada ao cálculo desses índices refere-se à disponibilidade de dados em um nível suficientemente desagregado. Idealmente, o cálculo das participações de mercado embutido nesses índices requer dados para setores no nível de quatro dígitos, de acordo com a Classificação Nacional das Atividades Econômicas do IBGE. Estes raramente se encontram disponíveis para os segmentos mais significativos da indústria brasileira. Isso explica a escassez de estudos detalhados para o Brasil, excetuando-se o trabalho de Braga e Mascolo (1982) que analisou o ano de 1978. A base de dados disponível apresenta duas deficiências principais: em primeiro lugar, o nível de classificação é o de três dígitos; em segundo lugar, os dados não refletem o desempenho da totalidade da indústria, mas apenas uma parte dela, mais particularmente, a das mil maiores empresas do Brasil, de acordo com as informações coletadas pelo *Centro de Estudos Empresariais* da Fundação Getúlio Vargas (período 1986-98). Contudo, calculamos os índices para os segmentos industriais mais homogêneos para obter valores mais consistentes. Os setores representados a seguir são: adubos e fertilizantes; tintas e vernizes; celulose, papel e papelão; têxtil; plásticos; e material cerâmico.

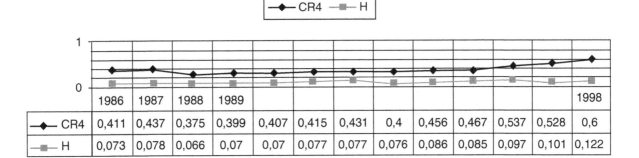

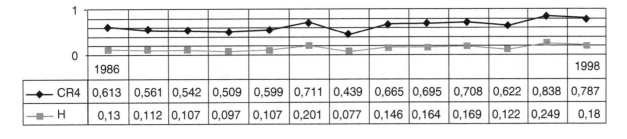

Celulose, Papel & Papelão

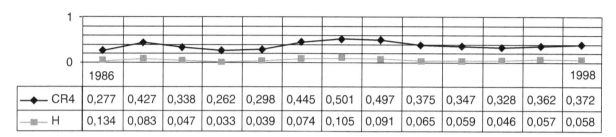

CR4	0,277	0,427	0,338	0,262	0,298	0,445	0,501	0,497	0,375	0,347	0,328	0,362	0,372
H	0,134	0,083	0,047	0,033	0,039	0,074	0,105	0,091	0,065	0,059	0,046	0,057	0,058

Têxtil

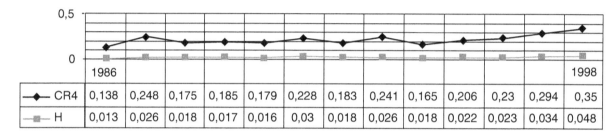

CR4	0,138	0,248	0,175	0,185	0,179	0,228	0,183	0,241	0,165	0,206	0,23	0,294	0,35
H	0,013	0,026	0,018	0,017	0,016	0,03	0,018	0,026	0,018	0,022	0,023	0,034	0,048

Plásticos

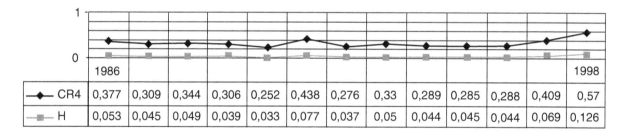

CR4	0,377	0,309	0,344	0,306	0,252	0,438	0,276	0,33	0,289	0,285	0,288	0,409	0,57
H	0,053	0,045	0,049	0,039	0,033	0,077	0,037	0,05	0,044	0,045	0,044	0,069	0,126

Material Cerâmico

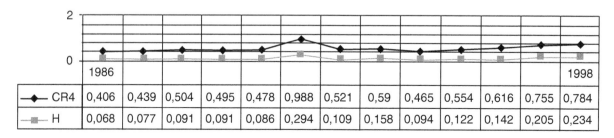

CR4	0,406	0,439	0,504	0,495	0,478	0,988	0,521	0,59	0,465	0,554	0,616	0,755	0,784
H	0,068	0,077	0,091	0,091	0,086	0,294	0,109	0,158	0,094	0,122	0,142	0,205	0,234

Pelos gráficos apresentados percebemos que os movimentos de concentração ou desconcentração ocorridos no seio das quatro maiores empresas refletem, de um modo geral, a dinâmica da concentração de todo o segmento industrial considerado. Notemos também que, com exceção do segmento celulose e derivados, todos os demais mostram tendência geral para aumento da concentração a partir de 1994, seja ela medida por $CR(4)$, ou por HH. Tal resultado é, todavia, uma casualidade, pois em outras amostras podem exibir trajetórias bastante distintas.

5.4 Escolha da Medida de Concentração

A discussão das seções anteriores evidencia a precariedade de medidas mais simplificadas, como as razões de concentração, e motiva o uso de medidas sumárias como o índice de Hirschman-Herfindahl. Exploraremos aqui, mais detalhadamente, a relação entre razões de concentração e o índice HH e apresentaremos alguns critérios axiomáticos encontrados na literatura. De um ponto de vista meramente empírico, existe certa evidência de que os diferentes índices de concentração poderiam estar captando dimensões comuns nos dados. Bailey e Boyle (1971) defenderam a utilização de medidas mais simplificadas como o $CR(4)$ diante da elevada correlação obtida com medidas mais complexas para o caso norte-americano. Resende (1995) empregou análise de componentes principais para detectar dimensões comuns em um conjunto de medidas de concentração calculadas para o caso norte-americano. Uma discussão fundamentada em critérios aceitáveis permitirá uma melhor avaliação comparativa dos diferentes índices.

5.4.1 Razões de concentração e índice Hirschman-Herfindahl

Em uma primeira abordagem, Boyes e Smyth (1979) chamam a atenção para o fato de que uma perfeita correlação entre índices de concentração não implica perfeita equivalência entre eles. Considere-se uma sequência de valores C_t de uma medida de concentração C crescendo a uma taxa constante g por período, isto é, $C_{t+1} = (1+g)\, C_t; t = 1,2,3,...$

Para que a medida de concentração alternativa C^* seja considerada equivalente à medida C, ela deverá apresentar o mesmo padrão de crescimento intertemporal, isto é, deve também crescer à taxa g por período. Suponha agora que C e C^* sejam perfeitamente correlacionados ao longo da reta $C_t = a + bC_t^*, t = 1,2,3,...$ Combinando as duas equações, obtemos: $C_{t+1}^* - C_t^* = (g/b)C_t$, ou ainda: $C_{t+1}^* = (ga/b) + (1+g)C_t^*$. Esta última expressão mostra que, a menos que as duas medidas de concentração sejam proporcionais ($a = 0$), a taxa de crescimento intertemporal de C^* será variável e diferente de g. Assim, apesar das medidas C e C^* apresentarem correlação perfeita, elas não são equivalentes.

Mostraremos em seguida que os índices $CR(4)$ e HH não exibem proporcionalidade e que, portanto, não são equivalentes entre si. Com efeito, podemos escrever:

$$CR(4) = 4\bar{s}_4, \text{ onde } \bar{s}_4 = \frac{1}{4}\sum\nolimits_1^4 s_i.$$

Por outro lado, o índice HH pode ser escrito como $4\bar{s}_4^2 + \sum\limits_{i=5}^{n} s_i^2$, de modo que temos:

$$HH = \frac{CR^2(4)}{4} + \sum_{i=5}^{n} s_i^2.$$

Logo, não existe proporcionalidade entre esses dois índices.

A equação anterior, expressando HH como função de $CR(4)$, sugere a existência de uma relação convexa entre esses dois índices, muito embora esta não seja biunívoca. Com efeito, pode-se facilmente verificar, a partir daquela equação, que um mesmo valor de $CR(4)$ é compatível com uma infinidade de distribuições do mercado e, em consequência, com uma infinidade de valores de HH. Tal fato foi explorado por Sleuwaegen *et alii* (1989). Focalizando a indústria europeia, eles conseguem reproduzir empiricamente a relação convexa descrita anteriormente (*horn relation*).

A figura a seguir mostra, no plano $CR(4) \times HH$, os pontos calculados para 13 segmentos da indústria brasileira em 1998. Apesar da deficiência da base de dados já mencionada (agregação em nível três dígitos, mil maiores empresas), a relação convexa esperada entre esses índices aparece claramente no gráfico representado.

BRASIL (1998): CR(4) x HH

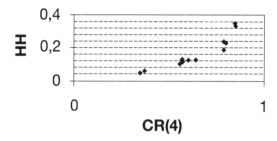

5.4.2 Critérios axiomáticos

Considerando um índice de concentração genérico C como uma função positiva das distribuições do mercado $s = (s_1, s_2, \ldots, s_n)$ pertencentes ao simplex unitário $(n-1)$-dimensional (S_{n-1}), Encaoua e Jacquemin (1980) propuseram cinco propriedades básicas que bons índices de concentração (positivos) devem atender. As três primeiras aplicam-se a indústrias fechadas, com número (n) fixo de empresas; as duas últimas aplicam-se a indústrias abertas, nas quais existem entrada e saída de empresas.

P1. Princípio da transferência: esse princípio estabelece que se uma empresa maior ocupar parte do mercado atendido por uma empresa menor, o índice de concentração não poderá diminuir. Formalmente:

$$\text{se } s_2 < s_1 \text{ e } 0 < \Delta < s_2, \text{ então } C(s_1 + \Delta, s_2 - \Delta, s_3, \ldots, s_n) \geq C(s_1, s_2, s_3, \ldots, s_n);$$

P2. Minimalidade em simetria: um bom índice de concentração deve apresentar valor mínimo no caso simétrico, quando todas as empresas detêm parcelas de mercado iguais. Formalmente:

$$C(\tfrac{1}{n}, \tfrac{1}{n}, \ldots, \tfrac{1}{n}) = \min_{s \in S_{n-1}} C(s)$$

P3. Critério de Lorenz: se em duas indústrias com o mesmo número de empresas e parcelas de mercado $s = (s_1, s_2, \ldots, s_n)$ e $r = (r_1, r_2, r_3, \ldots, r_n)$, respectivamente, a primeira distribuição dominar a segunda, a concentração na primeira deverá ser maior do que na segunda. Formalmente: se $C_s(k)$ é a razão de concentração de ordem K na indústria com parcelas s e $C_s(k) \geq C_r(k)$; $k = 1, 2, \ldots, n$ então $C(s) \geq C(r)$;

P4. Não decrescimento em fusões horizontais: por esse princípio, fusões horizontais nunca são benéficas para a concorrência: a concentração medida *ex-post* é maior que ou igual à concentração *ex-ante*. Formalmente: se s_1' é a parcela de mercado da nova empresa resultante da fusão das empresas 1 e 2, então: $C_{n-1}(s_1', s_2, \ldots, s_n) \geq C_n(s_1, s_2, s_3, \ldots, s_n)$;

P5. Não crescimento em simetria: em uma indústria com empresas de igual tamanho na qual existe acomodação perfeita à entrada de uma nova empresa, o índice de concentração não aumenta. Formalmente $C(\tfrac{1}{n}, \tfrac{1}{n}, \ldots, \tfrac{1}{n})$ é uma função não crescente de n.

Encaoua e Jacquemin (1980) mostram que se a propriedade P1 for satisfeita, então P2 e P3 também serão satisfeitas. Mostram também que se P2 e P4 forem conjuntamente atendidas, P5 também o será. Se h for uma função definida no intervalo $[0,1]$, os autores estabelecem a convexidade da função $sh(s)$ como uma condição suficiente para que o índice $C = \sum_{i=1}^{n} s_i h(s_i)$ atenda à propriedade P1. Além disso, o não decrescimento de h aparece como uma propriedade suficiente para que o índice C (anterior) também verifique P4.

Quais dos índices aqui apresentados podem ser considerados boas medidas da concentração industrial, à luz das cinco propriedades apresentadas?

Dada a convexidade das funções $sh(s) = s^2$ e $sh(s) = s\ln(s)$, os índices HH e $-ET$ verificam P1 e, em consequência, também P2 e P3. Por outro lado, como as funções h implícitas na definição dos dois índices são não decrescentes, eles também verificam P4. Logo, P5 também é satisfeita. Assim, os índices Hirschman-Herfindahl e o negativo do índice de Entropia (Theil) atendem os cinco requisitos propostos. Não é difícil verificar que as razões de concentração $CR(k)$ não atendem, necessariamente, os requisitos P1 e P4 (para $k = 1, 2, \ldots, n-2$).

Concentração Industrial 77

5.5 Resumo

Neste capítulo aprendemos que:

- As medidas de concentração industrial aproximam a estrutura industrial em termos de indicadores que procuram medir a dominância de empresas em setores específicos.
- As medidas de concentração se baseiam nas participações de mercado das empresas segundo diferentes esquemas de ponderação.
- Uma distinção mais básica sobre medidas de concentração se refere a medidas parciais e sumárias na qual as primeiras, ao contrário das últimas, não consideram a totalidade de empresas atuando no setor.
- O índice de Herfindahl-Hirschman depende tanto do número de empresas quanto da dispersão relativa da repartição do mercado entre elas.
- O índice de Herfindahl-Hirschman tem sido utilizado como filtro inicial para avaliar o efeito de fusões por parte das agências de defesa da concorrência.
- Tendo em vista as propriedades desejáveis a priori para as medidas de concentração industrial (em termos de axiomas), pode-se criticar as medidas parciais de uso corriqueiro.

5.6 Questões para Discussão

1. Quais são principais desvantagens das medidas parciais de concentração como as razões de concentração relativamente aos índices de Herfindahl-Hirschman?
2. As diferentes medidas de concentração industrial se baseiam nas participações de mercado das firmas segundo diferentes esquemas de ponderação. Dê pelo menos dois exemplos que indicam que participações de mercado elevadas não garantem a prevalência de poder de mercado.
3. Considere a publicação anual "Revista Exame: Maiores e Melhores"
   a) Calcule as razões de concentração para os diferentes setores disponíveis em diferentes anos.
   b) Em que pese a diferença das classificações setoriais e períodos considerados e abstraindo das agregações utilizadas, existem padrões semelhantes relativamente aos resultados obtidos por Pryor (1972, 1994, 2001)?
   c) Repita a análise para os índices de Herfindahl-Hirschman. Nesse caso, os padrões de ordenamento da concentração dos setores e a evolução temporal apresentam diferenças marcantes?

5.7 Sugestões de Leitura

PRYOR, F. L. An international comparison of concentration ratios, *Review of Economics and Statistics*, v. 54, p. 130-140, 1972.

_____. The evolution of competition in US manufacturing, *Review of Industrial Organization*, v. 9, p. 695-714, 1994.

_____. New trends in U.S. industrial concentration, *Review of Industrial Organization*, v. 18, p. 301-326, 2001.

Notas

1. Ver Baker e Bresnahan (1992) a este respeito.
2. Embora o índice HH venha comumente associado à Herfindahl (1950), sua paternidade pode ser atribuída a Hirschman que, alguns anos antes (1945), utilizou a norma euclidiana do vetor das parcelas de mercado ($= \sqrt{HH}$) para medir a concentração industrial norte-americana (Hirschman,1964).
3. Para se obter o limite inferior do índice considere o seguinte problema de minimização condicionada: $\sum_{i=1}^{n} s_i^2$ sujeito a $\sum_{i=1}^{n} s_i = 1$. A este problema de otimização vem associado o seguinte lagrangeano: $L = \sum_{i=1}^{n} s_i^2 - \lambda \left[\sum_{i=1}^{n} s_i - 1 \right]$. Em razão da convexidade do índice, as condições de primeira ordem sobre L são necessárias e suficientes para que obtenhamos um mínimo. Assim, igualando a zero as derivadas de L com relação a s_i e com relação ao multiplicador de Lagrange λ obtemos: $\frac{\partial L}{\partial s_i} = 2s_i - \lambda = 0$ e $\frac{\partial L}{\partial \lambda} = 1 - \sum_{i=1}^{n} s_i = 0$. A primeira equação implica $s_i = \lambda/2$ constante, de modo que, combinando $s_1 = s_2 = \ldots = s_n$ com a segunda equação vem: $s_i = 1/n$.
4. Para o caso brasileiro, consulte o Capítulo 22.
5. Ver a este respeito, Srivastava e Aggarwal (1979).

Bibliografia

BAILEY, D.; BOYLE, S. E. The optimal measure of concentration. *Journal of the American Statistical Society*, v. 56, p. 702-706, 1971.

BAIN, J. *Industrial organization*. New York: John Wiley & Sons, 1956.

BAKER, J.B.; BRESNAHAN, T. F. Empirical methods of identifying and measuring market power. *Antitrust Law Journal*, v. 61, p. 3-16, 1992.

BARBOSA, F. H. Medidas de concentração. *Revista de Econometria*, v. 1, p. 31-53, 1981.

BLACKORBY, C.; DONALDSON, D.; WEYMARK, J. A. A normative approach to industrial-performance evaluation and concentration indices. *European Economic Review*, v. 19, p. 89-121, 1982.

BOYES, W. J.; SMYTH, D. F. The optimal concentration measure: theory and evidence for the canadian manufacturing industry. *Applied Economics*, v. 11, p. 289-302, 1979.

BRAGA, H. C.; MASCOLO, J. L. Mensuração da concentração industrial no Brasil. *Pesquisa e Planejamento Econômico*, p. 12, 1982.

CARLTON, D. W.; PERLOFF, J. M. *Modern industrial organization*. New York: Harper-Collins, 1994.

DANSBY, R. E.; WILLIG, E. D. Industry performance gradient indices. *The American Economic Review*, v. 69, n. 3, p. 249-260, 1979.

DAVIES, S. Concentration. In: DAVIES, S.; LYONS, B. (orgs.). *Economics of Industrial Organization*. Essex: Longman, p. 73-126, 1988.

ENCAOUA, D.; JACQUEMIN, A. (1980) Degree of monopoly, indices of concentration and threat of entry. *International Economic Review*, v. 21, p. 87-105, 1980.

FILKENSTEIN, M. O.; FRIEBERG, R. M. The application of an entropy theory of concentration to the clayton act. *Yale Law Journal*, 1967.

HERFINDAHL, O. C. *Concentration in the steel industry*, Columbia University, dissertação de Ph.D. não publicada, 1950.

HOFFMAN, R. *Estatística para economistas*. São Paulo: Editora Pioneira, 1998.

RESENDE, M. Medidas de concentração industrial: uma resenha. *Análise Econômica*, v. 12, p. 24-33, 1994.

_____. On the characterization of market structure in U.S. industry: a principal components analysis. *Economia*, v. 19, p. 87-94, 1995.

SLEUWAEGEN, L. E.; DE BONDT, R. R.; DEHANDSCHUTTER, W. V. The Herfindahl Index and Concentration Ratios Revisited. *Antitrust Bulletin*, v. 34, p. 625-640, 1989.

SRIVASTAVA, D. K.; AGGARWAL, P. K. Measuring tax revenue centralization federal systems: a case study of India. *Public Finance*, v. 34, p. 414-433, 1979.

SUTTON, J. *Sunk costs and market structure*. Cambridge: MIT Press, 1991.

THEIL, H. *Economics and information theory*. Chicago: Rand McNally, 1967.

Diferenciação de Produtos

Luciano Dias Losekann e Margarida Gutierrez

6.1 Introdução

Como vimos no Capítulo 1, a hipótese de homogeneidade dos produtos é essencial para a definição da concorrência perfeita. Neste arcabouço analítico, como os consumidores consideram os produtos idênticos (isto é, substitutos perfeitos), a ocorrência de preços distintos não permite à empresa com preço superior realizar vendas, pois os consumidores optam por adquirir apenas da empresa com menor preço. Por isso, quando são considerados mercados sem diferenciação de produtos, respeitando as demais condições competitivas, o preço é único, sendo definido pelo mercado. Nesse caso, as empresas são *tomadoras de preços* (*price takers*), já que não podem influenciar o preço de mercado e, na verdade, se deparam com curvas de demandas perfeitamente elásticas.

Na prática, dificilmente as mercadorias que competem entre si são idênticas. Quando vamos a um supermercado, nos deparamos com produtos similares, mas não idênticos, que apresentam preços distintos. Contrariando o modelo de concorrência perfeita, muitas vezes os consumidores se dispõem a pagar preços superiores. Por exemplo, preferem abastecer o carro em postos de gasolina próximos à sua residência ou consumir seu refrigerante preferido, mesmo que seus preços sejam mais elevados.

O que explica esse comportamento é a diferenciação do produto. Os produtos são diferenciados segundo diversos aspectos como: local da oferta, qualidade do produto ou percepção da marca. Rigorosamente, basta que os consumidores percebam os produtos como diferentes, isto é, que tenham preferências subjetivas distintas, para ocorrer diferenciação de produto. Muitos produtos que apresentam características físicas idênticas são percebidos como diferentes pelos consumidores em função da marca. As empresas orientam parte relevante de seus recursos para consolidarem as marcas perante os consumidores.

Como os produtos diferenciados são substitutos imperfeitos, uma empresa pode fixar preços acima das demais e realizar vendas. Incorporar a diferenciação do produto como uma estratégia possível torna-se importante, na medida em que a maior parte das empresas produz uma grande variedade de bens/serviços e que uma grande parte das empresas que utilizam a diferenciação como uma estratégia de mercado tem algum poder de mercado. Dessa forma, empresas que atuam em mercados onde os produtos são diferenciados se defrontam com uma demanda residual inclinada,[1] havendo espaço para *fixação de preços*.

Em função de sua inadequação às situações reais, a hipótese de produto homogêneo é bastante criticada desde o início do século. Como vimos no Capítulo 1, o modelo de competição monopolística desenvolvido por Chamberlin, em 1933, considerado um marco no surgimento da Economia Industrial, incorpora a diferenciação de produtos. Posteriormente, muitos outros modelos, que utilizam vários aspectos do arcabouço da microeconomia tradicional, foram desenvolvidos para analisar esse aspecto.

As abordagens heterodoxas também dedicam parte relevante de sua análise para o processo de diferenciação. Na corrente evolucionista, seguindo a analogia com a diversidade de espécies, o processo de diferenciação resulta na criação de diversi-

---

[1] No modelo de concorrência perfeita, a curva de demanda residual é horizontal.

80 Economia Industrial

dades que são expostas ao ambiente seletivo. Essa abordagem analisa o resultado do processo de diferenciação em termos da geração de variedades e, principalmente, o seu efeito sobre a dinâmica da estrutura da indústria.

Este capítulo contém quatro seções, além desta introdução. Primeiramente são apresentados os fatores e os tipos de diferenciação de produtos. Na terceira seção, é desenvolvida a formalização do modelo de concorrência monopolística. Na quarta seção, é apresentada a classe de modelos para analisar o processo de diferenciação mais enfatizada pela literatura de Economia Industrial. Dois modelos locacionais são abordados: a cidade linear, desenvolvido por Hotteling, e a cidade circular, elaborado por Salop. Dada a característica do livro, os modelos foram expostos em versões simplificadas, mas que captam sua essência. Na última seção, são enfocadas as críticas aos modelos e a contribuição da corrente heterodoxa.

▌6.2 Fatores e Tipos de Diferenciação

Como a diferenciação de produtos decorre de fatores subjetivos, qualquer listagem das possibilidades de diferenciação é incompleta. Em linhas gerais, os produtos são diferenciados conforme os seguintes atributos: especificações técnicas; desempenho ou confiabilidade; durabilidade; ergonomia e *design*; estética; custo de utilização do produto; imagem e marca; formas de comercialização; assistência técnica e suporte ao usuário; financiamento aos usuários.

É importante destacar que há setores que apresentam uma *vocação* maior para a diferenciação, condicionada às características do produto (tecnológicas e possibilidades de uso) e/ou às dos seus consumidores. Isso porque a diferenciação implica um produto *novo* e para que essa estratégia tenha sucesso é preciso que o produto possa ser modificado e que, de fato, os consumidores o considerem um produto melhor que os existentes. Na verdade, a introdução de um produto *novo* depende, antes de tudo, dos critérios de avaliação dos consumidores. Há produtos que são avaliados por um único critério, como, por exemplo, por seu poder calorífico, e há outros que são avaliados por vários critérios (conforto, segurança, economia etc.). Evidentemente, existe uma maior possibilidade de competir por diferenciação quando se tratam de produtos avaliados em múltiplas dimensões. No Quadro 6.1 apresentamos um exemplo de multidimensionalidade do produto *software*.

Existem dois tipos de diferenciação de produto: a horizontal e a vertical. Duas variedades de um produto são consideradas verticalmente diferenciadas quando um dos produtos apresenta atributos mais desejáveis que o outro. Dessa forma, em condições de preços iguais, todos os consumidores escolhem apenas o melhor produto. Em uma definição mais rigorosa, a diferenciação é considerada vertical quando a utilidade de todos os consumidores aumenta quando o nível de uma característica do produto é aumentado. Normalmente, em mercados onde os produtos são verticalmente diferenciados, os diferenciais de preços são elevados. A diferenciação vertical de produto ocorre, por exemplo, entre dois carros do mesmo modelo, mas um com maior potência e conforto do que o outro. Ou seja, todos os consumidores se beneficiam quando o conforto de um carro é aumentado.

QUADRO 6.1 MULTIDIMENSIONALIDADE E TIPOS DE USUÁRIOS DE *SOFTWARES*

Os programas para computadores (*softwares*) são um exemplo de produto que possui várias dimensões para a realização de diferenciação. A Tabela 6.1 relaciona as dimensões de programas sujeitos à diferenciação e os tipos de usuários que lhes associam ganhos de valor.

TABELA 6.1 Dimensões de Diferenciação e Tipos de Usuários de *Softwares*

Dimensões	Usuários
Demora	Usuários pacientes/impacientes
Interface com o usuário	Usuários ocasionais/experientes
Conveniência	Usuários comerciais/domésticos
Resolução de imagem	Usos como boletim informativo/sofisticado
Velocidade de operação	Usuários estudantis/profissionais
Formato	Usos na tela/impressos
Capacidade	Usos gerais/específicos
Características	Usuários ocasionais/frequentes
Abrangência	Usuários leigos/profissionais
Aborrecimento	Usuários que atribuem muito/pouco valor ao tempo
Suporte	Usuários ocasionais/intensivos

Fonte: *Shapiro e Varian (1999).*

A diferenciação horizontal ocorre quando os produtos não podem ser considerados melhores ou piores, ou seja, não se pode ordenar a qualidade dos produtos. Isso ocorre porque, em situações de preços iguais, nem todos os consumidores escolhem a mesma variedade. A escolha irá depender do "gosto" do consumidor. Novamente, segundo uma definição estrita, a diferenciação é considerada horizontal quando a modificação em um atributo do produto causa aumento na utilidade de alguns consumidores e diminuição na de outros. Um exemplo de diferenciação horizontal é a cor de carros, alguns consumidores preferem carros pretos e outros, carros brancos. Normalmente, em situações de diferenciação horizontal, os preços das variedades são bastante próximos. Ainda que existam modelos que abordem a diferenciação vertical, os modelos mais conhecidos, que são apresentados neste capítulo, tratam da diferenciação horizontal.

6.3 Modelos de Competição Monopolística

Os modelos de concorrência monopolística, como o nome sugere, combinam elementos de situações de monopólio e de concorrência perfeita. Assim como no monopólio, as empresas não são consideradas tomadoras de preços. Ou seja, há espaço para a empresa decidir o preço cobrado, já que ela se defronta com uma curva de demanda residual negativamente inclinada, o que indica um poder de monopólio.

Por outro lado, as empresas estão sujeitas à concorrência de empresas que oferecem produtos substitutos próximos. Como a entrada é considerada livre nesses modelos, o resultado é um lucro econômico nulo, já que a ocorrência de lucros positivos atrai novas empresas até que este se iguale a zero novamente.

O modelo do consumidor representativo foi desenvolvido por Edward Chamberlin em 1933, o primeiro que incorpora a diferenciação de produto, e por isso é considerado uma das principais origens da Economia Industrial. Excetuando as hipóteses referentes à diferenciação de produto, as demais hipóteses utilizadas no modelo são as mesmas da concorrência perfeita apresentadas no Capítulo 1. A diferenciação do produto é considerada segundo duas hipóteses: os produtos são substitutos próximos e, apesar de produtos diferentes, a demanda e os custos são uniformes entre as empresas.

O objetivo final do modelo é verificar se o número de variedades é socialmente ótimo. A diferenciação de produtos gera um benefício decorrente do aumento das possibilidades de as características do produto se adequarem ao gosto do consumidor. Por outro lado, a criação de novos produtos gera maiores custos fixos associados aos esforços de venda (gastos em publicidade e outras estratégias de *marketing*). Assim, o modelo verifica se o número de variedades gerado por estímulos de mercado é o que maximiza a diferença entre benefícios e custos sociais.

Como vimos no Capítulo 1, se os produtos são diferenciados, a definição de mercado não é automática. Chamberlin utilizou o conceito de grupo de produtos, definido por agrupar produtos substitutos próximos (elasticidade preço cruzada elevada).

Os Gráficos 6.1a e 6.1b, que utilizam curvas de demanda lineares, descrevem o modelo de Chamberlin. As empresas atuam maximizando lucros, escolhendo o nível de produção que iguala a receita marginal ao custo marginal. Em uma situação inicial (Gráfico 6.1a), as empresas escolhem produzir q_i, com preços iguais a p_i, e realizam lucros extraordinários (área destacada no gráfico). Como a entrada é livre, essa situação não é sustentável.

A ocorrência de lucros econômicos atrai novas empresas para esse grupo de produtos. Com a entrada de novas empresas, que ocorre até igualar os lucros extraordinários a zero, há um deslocamento da curva de demanda residual de D_r para D_r' (Gráfico 6.1b). O novo ponto de equilíbrio (p_i', q_i') ocorre quando a curva de demanda residual é tangente à curva de custos médios, já que nesse ponto não há incentivos para as empresas entrarem ou saírem desse grupo de produtos, pois os lucros econômicos desaparecem.

O nível de produção socialmente ótimo ocorre quando as empresas são eficientes, ou seja, produzem ao menor custo médio possível. No Gráfico 6.1b, o nível de produção socialmente ótimo ocorre no ponto (p^*,q^*). Assim, o resultado do modelo é que o nível de produção de equilíbrio é socialmente ineficiente, já que as empresas atuam em escalas em que o custo médio não é mínimo. Isto é interpretado da seguinte forma: o excesso de diversidade de produtos não permite às empresas realizarem a totalidade das economias de escala disponíveis. Ou seja, os custos fixos, que o autor frisa como aqueles resultantes dos esforços de vendas derivados da criação de novos produtos, não são diluídos de forma ótima, ocorrendo uma situação de excesso de capacidade.[2]

---

[2] O modelo exposto é uma simplificação do modelo original. A análise de Chamberlin também incorporou outros elementos como o efeito da miopia decisória das empresas quando concorrem via preços. No modelo, as empresas cortam preços para aumentar a quantidade vendida considerando que as demais empresas manterão preços inalterados, mas como as outras empresas também acompanham o corte de preços, o efeito em aumento de vendas é inferior ao esperado. A consideração deste efeito de miopia torna o modelo mais complexo. Mas como o resultado não é alterado, optamos por centrar a análise na diferenciação de produtos.

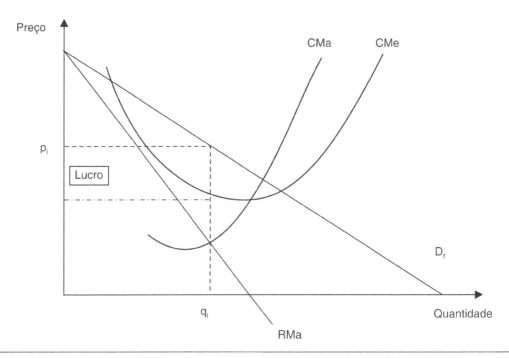

Gráfico 6.1a Modelo de Chamberlin antes da entrada de empresas.

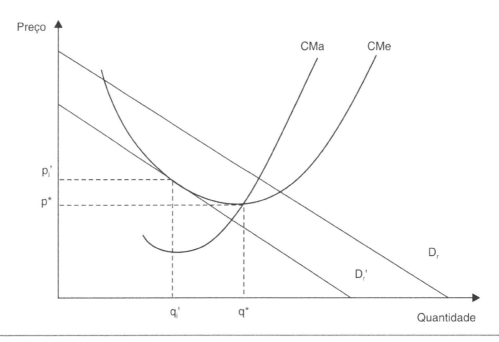

Gráfico 6.1b Modelo de Chamberlin após a entrada de empresas.

O modelo Chamberlin sofreu inúmeras críticas. Em função das hipóteses utilizadas, o tratamento da diferenciação de produtos não incorpora elementos fundamentais do processo. A hipótese de custos e demanda homogêneos entre as empresas é especialmente irrealista e restritiva. Se as empresas se deparam com demandas negativamente inclinadas (elasticidade finita), os produtos oferecidos têm de apresentar diferenças, mas, segundo o modelo, essas diferenças não têm impactos sobre os custos das empresas. Empiricamente, o que se observa são empresas que oferecem produtos diferenciados que têm preços e custos distintos entre si.

A hipótese de entrada livre na indústria também é incoerente com a possibilidade de diferenciação de produtos. A diferenciação é um fator que gera barreiras à entrada, já que as empresas entrantes têm de realizar gastos substanciais com esforços de venda para reverter a preferência do consumidor por produtos de empresas já estabelecidas, como será visto no Capítulo 7.

Apesar dessas limitações, a análise de Chamberlin teve grande importância para a evolução da ciência econômica por levar em conta de forma sistemática fatores desprezados até então, a diferenciação de produtos e os esforços de venda.

6.4 Modelos Locacionais

Já vimos que as empresas que oferecem produtos diferenciados competem entre si. No entanto, é de se esperar que quanto mais substituíveis os produtos mais intensa será a competição. Por exemplo, no mercado de refrigerantes, o preço da Coca-Cola tem maiores influências sobre a quantidade demandada de Pepsi do que sobre a demanda de Sprite *diet*. Os modelos locacionais têm o objetivo de enfatizar esse ponto na análise da diferenciação, avaliando os incentivos para as empresas produzirem mercadorias muito ou pouco diferenciadas.

Os modelos locacionais utilizam a analogia entre as características de produtos e a localização de lojas. Assim como os consumidores preferem adquirir produtos em lojas próximas às suas residências – o que só não ocorre se o custo de transporte para outra loja for inferior à diferença de preços, estes desejam também adquirir os produtos mais adequados às suas preferências, e somente não o fazem se o custo de adequação a um produto similar for inferior à diferença de preços.

Dois modelos são expostos: o modelo da cidade linear, conforme desenvolvido originalmente por H. Hotteling em 1929, e o modelo da cidade circular, elaborado por S. Salop em 1979.

6.4.1 Modelo da cidade linear

Nesse modelo, é considerada uma cidade com uma única avenida, onde os consumidores estão uniformemente distribuídos. Duas empresas que oferecem o mesmo produto decidem onde devem se localizar.

Apesar de, originalmente, o modelo de Hotteling ser voltado apenas para a distribuição espacial de empresas, desenvolvimentos teóricos posteriores demonstraram sua utilidade para analisar a diferenciação de um atributo dos produtos. Uma ilustração consiste em duas empresas que escolhem produzir balas mais ou menos doces. Nesse caso, cada produtor escolhe uma posição em um intervalo contínuo de possibilidades que corresponde à "doçura" da bala produzida, de forma que em um extremo do intervalo está a bala mais doce possível e no outro extremo, a bala menos doce.

O seu conteúdo analítico pode ser expresso de forma intuitiva. O Gráfico 6.2a ilustra, simplificadamente, o modelo de Hotteling. A empresa 1 se localiza a *a* quilômetros do início da cidade e a empresa 2 a *d* quilômetros do final. Considerando preços iguais entre as empresas, os consumidores devem adquirir produtos das empresas que estão mais próximas às suas residências. Assim, a empresa 1 captura todos os consumidores localizados nos intervalos *a* e *b* e a empresa 2 aqueles localizados nos intervalos *c* e *d*. O consumidor situado na posição *i* é indiferente entre adquirir na empresa 1 ou 2, pois a distância que tem de percorrer para chegar à empresa 1 (*b*) é mesma para a empresa 2 (*c*).

Na situação inicial em que as empresas se encontram equidistantes dos extremos, a empresa 1 tem incentivos para se encaminhar em direção ao centro da cidade, aumentando sua participação de mercado já que um número maior de consumidores terá menores custos de transporte para chegar à empresa 1 do que para chegar à empresa 2. Ou seja, o consumidor indiferente ficará mais à direita e o intervalo *a* + *b* aumenta (Gráfico 6.2b).

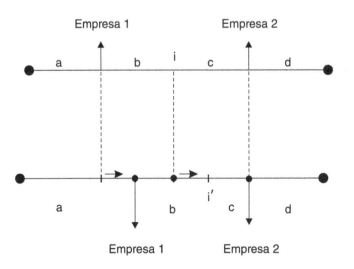

Gráfico 6.2a Modelo da Cidade Linear – Situação Inicial (Empresas Equidistantes).

Gráfico 6.2b Modelo da Cidade Linear – Movimento da Empresa 1.

84 Economia Industrial

No entanto, os mesmos incentivos também são válidos para a empresa 2, que também se encaminha para o meio procurando conquistar maior participação de mercado (este comportamento se assemelha ao das empresas que cortam preços no modelo de oligopólio de Bertrand – ver Capítulos 9 e 10 sobre o modelo). Após movimentos sucessivos, o equilíbrio ocorre quando ambas as empresas se encontram no meio da cidade.

Aplicando o raciocínio para a diferenciação de atributos dos produtos, o resultado é que as empresas têm incentivos para oferecer produtos semelhantes e não para diferenciar os produtos. No caso das balas, ambas as empresas ofereceriam balas com "doçura" moderada, nem muito, nem pouco doce. Esse resultado é conhecido como princípio da diferenciação mínima.

Podemos formalizar o modelo de Hotteling como se segue:

Sejam t o custo de transporte por quilômetro percorrido e u o comprimento da cidade em quilômetros ($u = a + b + c + d$), considerando custos de produção nulos e u consumidores uniformemente distribuídos, onde cada consumidor adquire uma unidade do produto.

Para o consumidor localizado no ponto i (indiferente entre adquirir da empresa 1 ou 2), vale a seguinte igualdade:

$$p_1 + tb = p_2 + tc \tag{1}$$

$$b - c = \frac{p_2 - p_1}{t} \tag{1b}$$

mas como $u = a + b + c + d$

$$b + c = u - a - d \tag{2}$$

somando (1b) e (2), temos:

$$2b = \frac{p_2 - p_1}{t} + u - a - d$$

$$b = \frac{1}{2}\left(\frac{p_2 - p_1}{t} + u - a - d \right) \tag{3}$$

subtraindo (1b) em (2), temos:

$$2c = \frac{p_1 - p_2}{t} + u - a - d$$

$$c = \frac{1}{2}\left(\frac{p_1 - p_2}{t} + u - a - d \right) \tag{4}$$

Em função das hipóteses, a quantidade vendida por cada empresa é:

$$q_1 = a + b \tag{5}$$

$$q_2 = c + d \tag{6}$$

Substituindo (3) em (5) e (4) em (6), temos:

$$q_1 = a + \frac{1}{2}\left(\frac{p_2 - p_1}{t} + u - a - d \right)$$

$$q_1 = \frac{1}{2}\left(\frac{p_2 - p_1}{t} + u + a - d \right) \tag{7}$$

$$q_2 = d + \frac{1}{2}\left(\frac{p_1 - p_2}{t} + u - a - d \right)$$

$$q_2 = \frac{1}{2}\left(\frac{p_1 - p_2}{t} + u - a + d \right). \tag{8}$$

Assim, pode-se definir os lucros de cada empresa:

$$\pi_1 = p_1 q_1 = p_1 \frac{1}{2}\left(\frac{p_2 - p_1}{t} + u + a - d \right)$$

$$\pi_2 = p_2 q_2 = p_2 \frac{1}{2}\left(\frac{p_1 - p_2}{t} + u - a + d \right).$$

Verificando os preços nos quais as empresas maximizam lucros.
Condição de primeira ordem (CPO):

$$\frac{d\pi_1}{dp_1} = \frac{1}{2}(u+a-d) - \frac{p_1}{t} + \frac{p_2}{2t} = 0 \tag{9}$$

$$\frac{d\pi_2}{dp_2} = \frac{1}{2}(u-a+d) - \frac{p_2}{t} + \frac{p_1}{2t} = 0. \tag{10}$$

Condições de segunda ordem (CSO):

$$\frac{d^2\pi_1}{dp_1^2} = \frac{d^2\pi_2}{dp_2^2} = -\frac{1}{1} < 0.$$

A partir de (9) e (10) temos, respectivamente:

$$u+a-d+\frac{p_2-2p_1}{t} = 0 \tag{11}$$

$$u-a+d+\frac{p_1-2p_2}{t} = 0. \tag{12}$$

A partir de (11), temos:

$$p_2 = 2p_1 - t(u+a-d). \tag{13}$$

Substituindo (13) em (12) e após algum desenvolvimento algébrico, temos os preços de equilíbrio.

$$p_1^* = t\left(u+\frac{a-d}{3}\right) \tag{14}$$

por analogia:

$$p_2^* = t\left(u+\frac{d-a}{3}\right). \tag{15}$$

Substituindo (14) e (15) em (7) e (8), temos:

$$q_1^* = \frac{1}{2}\left\{u+a-d+\frac{1}{t}\left[t\left(u+\frac{d-a}{3}\right) - t\left(u+\frac{a-d}{3}\right)\right]\right\}$$

$$q_1^* = \frac{1}{2}\left(u+\frac{a-d}{3}\right)$$

$$q_2^* = \frac{1}{2}\left(u+\frac{d-a}{3}\right).$$

Os lucros de cada empresa no ponto de equilíbrio serão:

$$\pi_1^* = t\left(u+\frac{a-d}{3}\right)\cdot\frac{1}{2}\left(u+\frac{a-d}{3}\right) = \frac{t}{2}\left(u+\frac{a-d}{3}\right)^2$$

$$\pi_2^* = \frac{t}{2}\left(u+\frac{d-a}{3}\right)^2.$$

Verificando a relação entre a localização das empresas e seus lucros:

$$\frac{d\pi_1^*}{da} = \frac{t}{3}\left(u+\frac{a-d}{3}\right) > 0, \text{pois } u > \frac{d-a}{3}$$

$$\frac{d\pi_2^*}{dd} = \frac{t}{3}\left(u+\frac{d-a}{3}\right) > 0, \text{pois } u > \frac{a-d}{3}.$$

Ou seja, o lucro da empresa 1 cresce conforme a aumenta, ocorrendo o mesmo para a empresa 2 em relação a d. Dessa forma, ambas as empresas têm incentivos para se afastarem dos pontos extremos, e o equilíbrio ocorre quando as duas empresas se localizam no ponto central da cidade. Vale, então, o princípio da diferenciação mínima.

Como esse resultado não é intuitivo nem comprovado empiricamente, já que a ocorrência de produtos diferenciados é característica fundamental de várias indústrias, outros autores desenvolveram modelos que contrariam os resultados de Hotteling. D'Aspremont, Gabszewicz e Thisse (1979) desenvolveram um modelo em que as empresas, além de definir a localização, também escolhem seus preços e apontam para um problema de descontinuidade da função de lucros, ocorrendo inexistência de equilíbrio se as empresas se encontram próximas ao ponto central da cidade. Para resolver esse problema de indefinição, os autores consideram custos de transporte quadráticos. Ou seja, os consumidores são mais sensíveis à distância que têm de percorrer para adquirir o produto, o que significa que valorizam mais o produto da loja mais próxima. Nesse caso, o equilíbrio ocorre com as empresas se localizando nos extremos da cidade. Dessa forma, segundo esses autores, o princípio da mínima diferenciação não é válido, e sim seu oposto, o da máxima diferenciação.

6.4.2 Modelo da cidade circular

O modelo de Hotteling analisa os incentivos existentes para que duas empresas estabelecidas diferenciem seus produtos, desprezando o efeito da entrada de novas empresas. O modelo de Salop, além de analisar a localização das empresas, também enfatiza os efeitos da entrada de empresas na indústria. O objetivo do modelo é verificar se o número de empresas que atuam no mercado, isto é, se o número de variedades geradas, é socialmente ótimo.

A consideração de um espaço circular, com consumidores distribuídos uniformemente por seu perímetro e empresas simétricas, é conveniente ao objetivo do modelo, já que não há vantagens iniciais de localização.[3] Uma interpretação prática seria a decisão da localização de quiosques ao redor de uma lagoa.

O modelo exposto neste item[4] considera consumidores que adquirem apenas uma quantidade do produto, n empresas estabelecidas em um círculo de perímetro 1, custo marginal c, custo de transporte t, custo fixo de implantação das empresas f. É adotado como hipótese que as empresas se localizam equidistantes umas das outras (ou seja, implicitamente considera-se o princípio da máxima diferenciação).

A Figura 6.1 descreve o modelo. No círculo, estão situadas n empresas a uma distância de $1/n$ umas das outras.

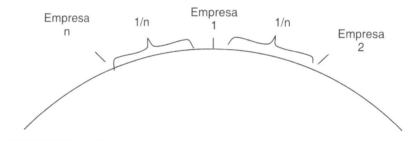

Figura 6.1 Cidade Circular.

Suponha um consumidor indiferente entre comprar na empresa 1 ou 2, localizado a uma distância a da empresa 1. Para este consumidor vale a igualdade:

$$p_1 + ta = p_2 + t(1/n - a)$$
$$a = \frac{p_2 + t/n - p_1}{2t}$$

A empresa 1 tem a demanda definida por $2a$ (consumidores localizados mais próximos à empresa 1 do que os consumidores indiferentes entre a empresa 1 e a 2 e entre a empresa 1 e a n). Em função da hipótese de simetria, podemos considerar os preços das demais empresas iguais a p.

---

[3] No modelo linear, se três empresas se distribuem na reta, por exemplo, a que se situa na posição central tem desvantagens, pois tem de competir com as duas outras empresas, ao passo que a firma mais próxima à extremidade esquerda detém um intervalo de consumidores cativos (entre a firma e a extremidade), só tendo que competir pelos consumidores localizados a sua direita (o mesmo vale para a firma à direita).

[4] A exposição segue, em grande medida, a de Tirole (1988).

$$D_1(p_1,p)=2a=\frac{p+t/n-p_1}{t}$$

$$\pi_1=(p_1-c)\frac{p+t/n-p_1}{t}-f$$

Podemos calcular o preço que maximiza os lucros da empresa 1:

$$(CPO)\ \frac{d\pi_1}{dp_1}=-\frac{1}{t}(p_1^*-c)+\frac{p+t/n-p_1^*}{t}=0$$

$$(CSO)\ \frac{d^2\pi_1}{dp_1^2}=-\frac{2}{t}<0$$

No equilíbrio simétrico $p_1^*=p_,$, assim:

$$p=c+\frac{t}{n}\tag{1}$$

Como a entrada é livre, o número de empresas no mercado é determinado pela condição de lucro nulo.

$$(p-c)\frac{p+t/n-p}{t}-f=0\tag{2}$$

Substituindo (1) em (2): $\frac{t}{n^2}-f=0$

O número de empresas e o preço no ponto de equilíbrio serão:

$$n=\sqrt{t/f}$$

$$p=c+\frac{t}{\sqrt{t/f}}=c+\sqrt{tf}$$

Para verificar a eficiência do resultado deve-se compará-lo ao número de empresas que maximiza o bem-estar social. Nesse caso, o número de empresas é aquele que minimiza a soma do total de custos fixos ($n\,f$) com o total gasto com transporte.

O total gasto com transporte é igual ao custo de transporte (t) multiplicado pela distância percorrida por cada consumidor. A distância máxima percorrida por um consumidor é de $1/2n$ – pois, se a distância for maior, é preferível se dirigir para outra empresa – e a mínima é 0. Neste intervalo a distância média percorrida é: $\int_0^{1/2n}xdx$ (a densidade ao longo do círculo é igual a 1). Como existem $2\,n$ desses intervalos no círculo, o total gasto com transporte é igual a $t\left(2n\int_0^{1/2n}xdx\right)$.

Calculando n que minimiza os custos totais:

$$(CPO)\ \frac{d}{dn}\left[nf+t\left(2n\int_0^{1/2n}xdx\right)\right]=\frac{d}{dn}\left(nf+\frac{t}{4n}\right)=0$$

$$f-\frac{t}{4n^2}=0$$

$$(CSO)\ \frac{d}{dn}\left(f-\frac{t}{4n^2}\right)=\frac{t}{2n^3}>0$$

Assim, o número de empresas que proporciona o maior nível de bem-estar:

$$n^*=\frac{1}{2}\sqrt{t/f}$$

Dessa forma, o número de empresas que corresponde ao ótimo social é metade do número que surge com a livre atuação do mercado. Portanto, como no modelo de Chamberlin, se o mercado opera livremente, é gerado um número de diversidades de produtos maior que o desejável.

6.5 Abordagens Alternativas

Os modelos locacionais, tais quais o modelo de Chamberlin, admitem hipóteses muito restritivas, constituindo-se, sobretudo, em um esforço de formalização. Nestes, não são consideradas as implicações do processo de diferenciação. Como não há uma interação entre a diferenciação e outros aspectos do desempenho da indústria, a diferenciação não é incorporada à formação de estratégias empresariais e à dinâmica da indústria.

Joe Bain, em 1956, considera a vantagem de diferenciação de produto uma das fontes de barreiras à entrada na indústria. Dessa forma, a entrada de novas empresas não é livre e as empresas podem obter lucros supranormais sem atrair competidores, como será visto com mais detalhes no Capítulo 7.

A abordagem evolucionista, apresentada na Parte III, incorpora o processo de diferenciação à dinâmica das indústrias. A diferenciação surge como resultado de uma inovação de produto que propicia poder de monopólio para as empresas inovadoras, dando lugar a lucros extraordinários. O surgimento de novos produtos ocorre segundo uma combinação de fatores estocásticos e determinísticos, que atuam no processo de geração de variedades (busca) e na sua seleção pelo mercado. Estes últimos são determinados pelas atitudes deliberadas das empresas e pela configuração do ambiente de seleção. P. Saviotti, em 1996, analisou o processo de geração de variedades na indústria, observando as regularidades presentes no processo.

As indústrias nas quais a diferenciação de produto se constitui em um importante instrumento de concorrência são classificadas como oligopólio diferenciado. Nessas indústrias, os gastos com comercialização e publicidade são elevados, assim como os esforços inovativos. O contínuo surgimento de novos produtos resulta em uma tendência à instabilidade estrutural, que só não é mais acentuada porque os gastos com vendas e com o processo inovativo são caracterizados pela cumulatividade. Dessa forma, frequentemente são as mesmas empresas que introduzem novos produtos.[5]

A competição pela diferenciação acaba atuando de três formas: aumenta as vendas de uma empresa em particular; atua sobre a demanda de mercado como um todo, incorporando novos consumidores; e garante a sobrevivência da empresa no mercado. Assim, a diferenciação é, ao mesmo tempo, uma arma agressiva, na medida em que a empresa está buscando garantir uma demanda maior para seus produtos, e defensiva, porque é uma forma de garantir sua posição no mercado em que atua.

A incorporação da estratégia da diferenciação do produto pelas empresas e de seus efeitos sobre a dinâmica da indústria ainda deve avançar do ponto de vista teórico. Esta representa uma das diretrizes da agenda heterodoxa.

6.6 Conclusão

Buscamos, neste capítulo, apresentar como a diferenciação de produto é analisada por diferentes correntes da Economia Industrial. A diferenciação de produtos envolve aspectos, como diferenciais de qualidade, que dificultam sua formalização. Os modelos apresentados recorrem a simplificações que não permitem aplicações imediatas. Os modelos se preocupam com questões específicas. Os modelos de Chamberlin focam o impacto da possibilidade de diferenciação sobre o bem-estar social e o de Hotteling os estímulos para a diferenciação.

Na corrente heterodoxa, as implicações do processo de diferenciação são enfatizadas, principalmente sobre a dinâmica da indústria. No entanto, esta proposta dificulta sensivelmente sua formalização. O instrumental existente se restringe, principalmente, a tipologias que associam características das estruturas de mercado e estratégias de empresas.

6.7 Resumo

Neste capítulo aprendemos que:

- Na economia real, os mercados se caracterizam pela competição de produtos não homogêneos.
- Produtos diferenciados podem ter preços superiores aos concorrentes e serem escolhidos pelos consumidores.
- A diferenciação de produto é um componente importante da estratégia de empresas.
- Na diferenciação vertical, é possível caracterizar produtos como superiores aos demais. Na horizontal, os consumidores não ordenam as características dos produtos da mesma forma. Produtos diferenciados verticalmente apresentam maiores diferenças de preços.

---

[5] Possas, M. L. (1985), p. 176.

- No modelo de competição monopolística, a livre entrada de empresas com produtos diferenciados acarreta resultado socialmente ineficiente. A diversidade excessiva implica excesso de capacidade e custos unitários superiores ao nível mínimo.
- Nos modelos locacionais, a possibilidade de diferenciação é analisada por meio da escolha da localização espacial de ofertantes.
- O modelo da cidade linear é aplicado para a diferenciação em um único atributo. As empresas diferenciadas buscam capturar os consumidores com gosto médio, que são disputados com os concorrentes. Assim, os produtos oferecidos se tornam similares, resultado que é conhecido como o princípio da mínima diferenciação.
- O modelo da cidade circular avalia o efeito da entrada de empresas com produtos diferenciados. Assim como o modelo de competição monopolística, a entrada livre resulta em número de ofertantes superior ao ótimo.

6.8 Questões para Discussão

1. Na Tabela 6.1, são listados os tipos de diferenciação de softwares. Elabore a mesma lista para aparelhos de celular.
2. Nessa lista, identifique os atributos que implicam diferenciação horizontal e vertical.
3. Utilize o arcabouço do modelo de competição monopolística para ilustrar a dinâmica de lançamento de novos modelos de aparelhos celulares.
4. O modelo da cidade linear é utilizado para explicar o comportamento de candidatos democratas e republicanos em eleições presidenciais nos Estados Unidos nos momentos das primárias e da eleição final. Como explicar a eleição de um candidato com plataforma extremista?

Bibliografia

BAIN, J. *Barriers to new competition*. Cambridge: Harvard University Press, 1956.

CHAMBERLIN, E. *The theory of monopolistic competition*. Cambridge: Harvard University Press, 1933.

D'ASPREMOND, C.; GABSZEWICZ, J.; THISSE, J. On hotteling's stability in competition. *Econometrica*, v. 17, p. 1045-1151, 1979.

GUIMARÃES, E. A. *Acumulação e crescimento da empresa:* um estudo de organização industrial. Rio de Janeiro: Zahar, 1982.

HOTELLING, H. Stability in competition. *Economic Journal*, v. 39, p. 41-57, 1929.

POSSAS, M. L. *Estruturas de mercado em oligopólio*. São Paulo: Hucitec, 1985.

POSSAS, M. S. *Concorrência e competitividade notas sobre a estratégia e dinâmica seletiva na economia capitalista*. Campinas: IE/Unicamp, Tese de Doutorado, 1993.

SALOP, S. Monopolistic competition with outside goods. *Bell Journal of Economics*, v. 10, p. 141-156, 1979.

SAVIOTTI, P. P. *Technological evolution, variety and the economy*. Cheltenham: Edward Elgar Publishing, 1996.

SHAPIRO, C.; VARIAN, H. *A economia da informação* – como os princípios econômicos se aplicam à era da internet. Tradução de Ricardo Inojosa do original *Information rules*. Rio de Janeiro: Campus, 1999.

TIROLE, J. *The theory of industrial organization*. Cambridge: The MIT Press, 1988.

WATERSON, M. Models of product differentiation. In: CABLE, J. (org.). *Current issues in industrial economics*. New York: St. Martin's Press, p. 105-133, 1994.

Barreiras Estruturais à Entrada

David Kupfer

7.1 Introdução

Até aqui nossa discussão sobre o funcionamento dos mercados enfatizou a concorrência que ocorre no interior de uma determinada indústria. O número e o tamanho relativo das diversas empresas que formam a indústria e a natureza das funções de custos associadas às atividades produtivas realizadas foram as variáveis utilizadas para explicar a lucratividade de um setor industrial. Indústrias com grau elevado de concentração seriam as mais lucrativas. Inversamente, estruturas industriais mais atomizadas seriam as menos lucrativas. O monopólio – a estrutura industrial com apenas uma empresa e, portanto, com máximo grau de concentração – corresponderia ao limite superior de lucratividade. No outro extremo, estruturas em concorrência perfeita – as mais atomizadas – definiriam o limite inferior de lucratividade nula, isto é, a condição em que o preço equivale ao custo marginal de produção.

Estudos empíricos, porém, revelam que raramente grau de concentração e economias de escala são suficientes para explicar a estrutura industrial. O tamanho mínimo econômico (ou EME – escala mínima eficiente – ver Capítulo 3) quase nunca supera a casa de 10% do tamanho do mercado assim como o crescimento dos custos médios de produção de fábricas com escalas subótimas geralmente é de pequena monta. Por que, então, a maioria das indústrias é concentrada? Mais importante: diversas tentativas de comprovação empírica da hipótese de que a lucratividade de uma indústria é positivamente correlacionada com o grau de concentração também levaram a resultados pouco conclusivos.

A principal deficiência das análises estruturais de indústrias baseadas somente em curvas de custos e participação das empresas no mercado está no fato de que ela é desenvolvida sem levar em conta, ao menos diretamente, a existência de outras empresas que atuam em outros setores da economia. Em uma economia formada por múltiplas indústrias, não parece razoável imaginarmos que essas sejam independentes entre si.

A partir do trabalho pioneiro de Joe S. Bain nas décadas de 1940 e 1950, ganhou corpo nas teorias de Economia Industrial a ideia de que o principal fator na determinação dos preços e da lucratividade em uma indústria está relacionado à facilidade ou à dificuldade que as empresas estabelecidas encontram para impedir a entrada de novas empresas, isto é, a existência ou não de barreiras à entrada na indústria.

Neste capítulo iremos nos concentrar no enfoque estrutural das barreiras à entrada, também conhecidas como barreiras à entrada estáticas ou exógenas.[1] Como veremos, são barreiras à entrada que decorrem exclusivamente da relação preço-custo médio de longo prazo predominante na indústria. Outros enfoques, baseados em análises dos comportamentos ativos ou reativos das empresas no que se refere às escolhas de preços e quantidades, as chamadas barreiras à entrada estratégicas, endógenas ou também prevenção de entrada, serão abordados no Capítulo 12.

92 Economia Industrial

O capítulo prossegue com a discussão dos conceitos de concorrência real e potencial, da qual surge toda a construção teórica da noção de barreira à entrada. Na terceira seção apresentamos as principais definições de barreira à entrada encontradas na literatura. O modelo conceitual de preço limite, que explicita o mecanismo econômico básico da criação de barreiras à entrada, e o exame destas na prática, por meio da análise de suas diversas fontes empíricas, são os temas da quarta e da quinta seções. Na sexta seção, o foco da análise é transferido para a noção de barreiras à saída e a apresentação dos princípios centrais da teoria da contestabilidade. Na conclusão, discutimos as limitações do enfoque estrutural das barreiras à entrada e apontamos os principais tópicos que ainda permanecem abertos na agenda de pesquisa sobre esse tema.

7.2 Concorrência Real e Potencial

Os modelos tradicionais de análise microeconômica limitam-se a examinar o conceito "marshalliano" de concorrência limitada a cada mercado, isto é, a concorrência em função do número e do tamanho relativo das diversas empresas que formam cada indústria. A essa noção de concorrência – chamada concorrência real – opõe-se a noção de concorrência potencial. Concorrência potencial relaciona-se à competição por lucros entre empresas já estabelecidas em uma determinada indústria e novas empresas interessadas em iniciar operação nessa mesma indústria – as empresas entrantes (ou empresas potenciais).

A ênfase na concorrência potencial é, de fato, típica do pensamento econômico clássico. Para essa corrente, se uma indústria apresenta lucros elevados, é de se esperar que novas empresas venham a se estabelecer nessa indústria buscando compartilhar esses lucros extraordinários. Simetricamente, se uma indústria apresenta desempenho deficitário, algumas empresas desejarão encerrar as atividades e transferir-se para indústrias mais atraentes. Nos setores superavitários, aumento da oferta, consequente à adição de capacidade, reduz preços e contrai lucros, ao passo que, nos setores deficitários, a redução da oferta, consequente à saída de empresas, contrai a oferta e eleva os lucros. A migração intersetorial dos capitais cessaria apenas quando as taxas de lucros se igualassem em todas as indústrias.

Como resultado, a concorrência é vista como um processo dinâmico, caracterizado por livre entrada e saída de capitais da indústria e, considerando a economia como um todo, pela tendência à igualação da taxa de lucro. A mobilidade interindustrial dos capitais é a força econômica determinante da dinâmica dos mercados e, portanto, são as interações entre empresas no processo econômico como um todo que devem ser a base para a teoria geral de preços e da produção.

Nessa visão, uma indústria somente poderia apresentar lucratividade superior à média por um certo período de tempo – o tempo necessário para que uma decisão de construir capacidade se materialize. Consequentemente, se uma indústria apresenta lucros extraordinários permanentes, alguma restrição à mobilidade do capital existe. Dizemos então que existem barreiras à entrada nessa indústria.

A noção de concorrência potencial e a existência de barreiras à entrada trazem importantes implicações sobre as escolhas de preços e quantidades realizadas pelas empresas que, de certo modo, sempre constituíram um desafio para a modelagem do funcionamento dos mercados.

Antes de prosseguirmos, convém definirmos os elementos básicos envolvidos em um problema da entrada.

1. *Empresas estabelecidas.* São as empresas que já atuam na indústria considerada. Comumente, as análises de entrada supõem que todas as empresas estabelecidas se coordenam com o objetivo de impedir entradas. Uma interpretação possível para essa hipótese é imaginarmos que o receio da concorrência potencial anula a concorrência real.

2. *Empresas entrantes.* Também chamadas empresas potenciais, correspondem a qualquer capital interessado em atuar na indústria analisada. A rigor, o número de empresas entrantes em uma indústria é indefinido. Para resolver esse problema, é usual imaginarmos que elas formam uma fila organizada de acordo com a capacidade de competir na indústria. A primeira da fila, isto é, aquela que reúne os melhores requisitos competitivos, é a primeira empresa entrante.

3. *Incentivo à entrada.* Associado à possibilidade de uma nova empresa vir a se estabelecer na indústria e obter lucros extraordinários por um certo período de tempo. Nas análises estáticas de entrada é comum considerar-se que somente haja incentivo à entrada se esses lucros puderem ser auferidos imediatamente após a entrada.

4. *Entrada.* Uma entrada corresponde a uma adição líquida de capacidade produtiva na indústria por uma nova empresa. Por essa definição estão excluídas a expansão de capacidade de uma empresa já estabelecida, pois não significa um novo agente no processo competitivo, e a entrada via fusão ou aquisição de uma empresa já estabelecida, pois não significa adição de capacidade.

5. *Saída.* Uma saída significa que uma empresa encerrou suas atividades, isto é, que um certo montante de capacidade produtiva foi permanentemente eliminado da indústria. Se uma empresa abandonar uma indústria vendendo seus ativos produtivos a um terceiro, não haverá saída; terá ocorrido tão somente uma transferência do controle de um negócio.

7.3 Barreira à Entrada: Definições

São muitos os enfoques sobre barreiras à entrada na literatura de Economia Industrial. Todos têm em comum a ênfase conferida ao longo prazo e a concorrência potencial como bases teóricas para o conceito. Qualquer fator que impeça a livre mobilidade do capital para uma indústria no longo prazo e, consequentemente, torne possível a existência de lucros supranormais permanentes nessa indústria, constitui barreira à entrada.

Entretanto, quando se busca uma definição mais operacional, a convergência já não é tão nítida. É possível, no entanto, reunir as definições mais amplamente utilizadas sobre barreiras à entrada em quatro grupos.

No primeiro grupo está a definição atribuída a Joe S. Bain, pioneiro e principal formulador teórico dessa corrente. Barreira à entrada corresponde a qualquer condição estrutural que permita que empresas já estabelecidas em uma indústria possam praticar preços superiores ao competitivo sem atrair novos capitais. Em termos práticos, isso significa que é possível a existência de lucros extraordinários no longo prazo porque as empresas entrantes não conseguem auferir após a entrada os mesmos lucros que as empresas estabelecidas obtêm pré-entrada.

No segundo grupo está a definição de J. Stigler: Existe barreira à entrada em uma indústria se há custos incorridos pelas empresas entrantes que não foram desembolsados pelas empresas estabelecidas quando iniciaram a operação. Essa assimetria de custos entre empresas estabelecidas e empresas entrantes após a entrada impossibilita essas últimas de obterem a mesma lucratividade que as primeiras.

No terceiro grupo predominam as visões como a de R. Gilbert, na qual somente há barreiras à entrada se é possível configurar vantagens competitivas atribuíveis exclusivamente à existência da empresa. Nessa terceira definição, somente há barreira à entrada quando há um diferencial econômico entre empresas estabelecidas e entrantes simplesmente porque as primeiras já existem e as outras ainda não. Esse "prêmio pela existência" é, necessariamente, a tradução econômica de algum tipo de "vantagem da primeira empresa a se mover" (*first-mover advantages*). Nessa visão, uma teoria de barreiras à entrada não pode ser construída sem uma teoria do comportamento oligopolista e sem a análise das barreiras à saída existentes na indústria. Esse tipo de tratamento é a motivação teórica básica das teorias de prevenção estratégica de entrada que, como já mencionamos, serão discutidas no Capítulo 12.

Há ainda um último grupo de definições de barreiras à entrada que reúne os autores que enfatizam os aspectos normativos da questão da entrada, dentre os quais C. Von Weizsacker é o principal representante. Nesse caso, a existência de diferenciais de custos entre empresas estabelecidas e entrantes não é condição suficiente para assegurar a presença de barreiras à entrada. É necessário, também, que impliquem distorções na alocação de recursos do ponto de vista social. Na Seção 7.5.2 faremos alguns comentários a esse respeito.

7.4 O Modelo Conceitual do Preço Limite

Vamos considerar uma indústria em equilíbrio temporário, na qual as empresas estabelecidas atuam em conjunto visando a prevenir entradas. As empresas podem produzir tanto bens homogêneos quanto diferenciados, conforme apresentado no Capítulo 6, mas sempre utilizam tecnologias que apresentam custos médios de longo prazo em forma de L, isto é, os custos médios são decrescentes com o aumento da escala até atingirem o nível equivalente à escala mínima eficiente, quando então se tornam constantes (ver Capítulo 3 para uma análise mais detalhada desse tipo de estrutura de custos).

Vamos considerar, ainda, o longo prazo como uma sequência de dois curtos prazos: o primeiro correspondente ao período pré-entrada e o segundo ao período pós-entrada. Finalmente, vamos supor que a empresa entrante (a mais capacitada a entrar dentre todas as empresas potenciais) avalia que haja incentivo à entrada somente se for possível a obtenção de lucro econômico positivo imediatamente após a entrada, isto é, o segundo dos dois períodos da análise é de pequena duração. Essa última hipótese é, de fato, a premissa fundamental das análises estáticas de entrada. Pode ser empiricamente interpretada como uma consequência direta da empresa entrante ser nova e, portanto, não ter suporte financeiro para operar com prejuízo mesmo que por um período curto de tempo. É importante registrar que essa premissa torna-se particularmente inadequada quando aplicada a empresas entrantes ligadas a capitais já constituídos, como no caso da entrada corresponder a uma diversificação de uma empresa já existente em outra indústria.

94 Economia Industrial

Para as empresas estabelecidas, uma possibilidade sempre à mão para prevenir entradas é fixar o preço no nível competitivo. Nesse caso, não haverá entrada simplesmente devido a ausências de incentivos. Essa escolha, porém, é também pouco atrativa para elas próprias, já que logicamente também não irão obter qualquer lucro, nos dois períodos. Melhor seria simplesmente fixar o preço no nível da maximização de lucros de curto prazo (do primeiro período). Nesse caso, será possível obter lucros positivos (e máximos) no primeiro período, após o que ocorrerão entradas que levarão o preço ao nível competitivo no segundo período.

Há, no entanto, uma opção intermediária. Se as empresas estabelecidas têm alguma vantagem competitiva em relação à empresa entrante, existe uma faixa de preços tal que é possível a elas obterem lucros positivos – mesmo que não os máximos possíveis no primeiro período – ao mesmo tempo em que nenhuma entrada seja incentivada. O valor superior dessa faixa é conhecido como preço limite. A adoção do preço limite torna possível às empresas estabelecidas auferirem um certo nível de lucros de forma permanente (isto é, no primeiro e no segundo períodos).

A questão é qual o preço limite que será escolhido pelas empresas existentes. Para responder a essa pergunta, Bain introduziu o conceito de condição de entrada, uma margem sobre os custos médios de longo prazo que as empresas estabelecidas podem incluir no preço sem atrair entradas.

Algebricamente,

$$E = \frac{P_L - P_C}{P_C} \text{ ou } P_L = P_C \left(1 + E\right)$$

onde E é a condição de entrada, P_L o preço limite e P_C o preço competitivo no longo prazo (equivalente ao custo médio mínimo de longo prazo).

Em relação à condição de entrada E podem prevalecer quatro situações distintas:

1. *Entrada fácil.* As empresas estabelecidas não têm vantagens de custos em relação à empresa entrante e não podem sustentar lucros extraordinários. Não há barreira à entrada e prevalece o preço competitivo.

2. *Entrada ineficazmente impedida.* As empresas estabelecidas têm pouca vantagem competitiva e por isso preferem praticar o preço de maximização de curto prazo. Com isso irão obter os lucros mais altos possíveis embora apenas no primeiro período, porque ocorrerão entradas até que o preço retorne ao nível competitivo no segundo período. Outra razão para esse comportamento decorre da existência de fatores que impliquem um longo período de maturação dos investimentos de sorte que o tempo necessário para que a entrada se materialize seja longo.

3. *Entrada eficazmente impedida.* As empresas estabelecidas têm vantagem competitiva significativa em relação à empresa entrante, razão pela qual preferem praticar o preço limite e barrar entradas em vez de adotarem o preço de maximização dos lucros no primeiro período e permitir entradas que anulem os lucros no segundo período. A condição para que essa opção seja preferida é que o lucro acumulado nos dois períodos proporcionado pela adoção do preço limite seja superior ao lucro máximo possível no primeiro período (e nulos no segundo).

4. *Entrada bloqueada.* É a situação na qual as vantagens competitivas das empresas estabelecidas são tão grandes que mesmo o preço de maximização dos lucros no primeiro período é inferior ao preço limite. Nesse caso, o preço de maximização do primeiro período está dentro da faixa de preços que não incentiva entradas e, portanto, as empresas existentes irão manter esses lucros permanentemente.

7.5 Barreiras Estruturais à Entrada na Prática

Nesse ponto, para poder tornar operacional o mecanismo conceitual de definição do preço limite que abordamos na seção anterior é necessário que as características estruturais das indústrias sejam devidamente especificadas. Por essa razão, para prosseguirmos a análise é necessário detalhar os elementos presentes na estrutura da indústria que podem constituir fontes de barreira à entrada. São eles:

1. Existência de vantagens absolutas de custos a favor das empresas estabelecidas.

2. Existência de preferências dos consumidores pelos produtos das empresas estabelecidas.

3. Existência de estruturas de custos com significativas economias de escala.

4. Existência de elevados requerimentos de capital inicial.

7.5.1 Vantagens absolutas de custos

Quando o custo médio de longo prazo das empresas entrantes é superior ao das empresas estabelecidas em qualquer nível de produção de um bem homogêneo dizemos que essas últimas detêm vantagens absolutas de custos.

A Figura 7.1 mostra como a existência de vantagens absolutas de custos pode originar barreiras à entrada na indústria – as barreiras de custos (*cost barriers*). Na figura, A é a empresa estabelecida e B a empresa entrante. As curvas representam os custos médios de longo prazo (CMeLP) de ambas quando há uma vantagem absoluta em favor de A. DD' é a demanda de mercado. Se A fixa o preço limite PL no nível justamente abaixo do CMeLP mínimo de B, a demanda residual para B é CD. Nesse caso, não há plano de produção possível para B no qual o preço de mercado seja superior aos seus custos médios de longo prazo. Como resultado, B não irá entrar e A poderá produzir Q_L e auferir os lucros extraordinários correspondentes a (PL – PC). QL.

De modo geral, as vantagens de custos para as empresas estabelecidas surgem como reflexo de (1) melhores condições de acesso a fatores de produção, principalmente tecnologia e recursos humanos e naturais; (2) acumulação de economias dinâmicas de aprendizado; ou ainda (3) imperfeições nos mercados de fatores.

Uma das principais fontes de diferenciais absolutos de custos é a tecnologia. Empresas já em operação podem deter patentes que restrinjam ou impeçam o acesso das empresas entrantes às técnicas produtivas mais eficientes. Também é possível que economias decorrentes do aprendizado acumulado pelas empresas estabelecidas sejam relevantes na explicação dos diferenciais de custos.

O acesso a matérias-primas também pode ser mais favorável para empresas já estabelecidas em determinadas circunstâncias de funcionamento desses mercados. Isso tende a ser particularmente frequente no caso do abastecimento de recursos naturais no qual é provável que as empresas existentes já explorem as reservas de melhor relação custo-qualidade, deixando para as empresas entrantes fontes de matérias-primas com custos maiores de exploração ou transporte ou ainda de menor qualidade. Analogamente, é de se esperar que, se os recursos humanos de maior qualificação são escassos, esses já tenham sido contratados pelas empresas em operação, impondo às empresas entrantes despesas elevadas em treinamento de pessoal ou a necessidade de pagar salários mais altos para atrair a mão de obra já empregada.

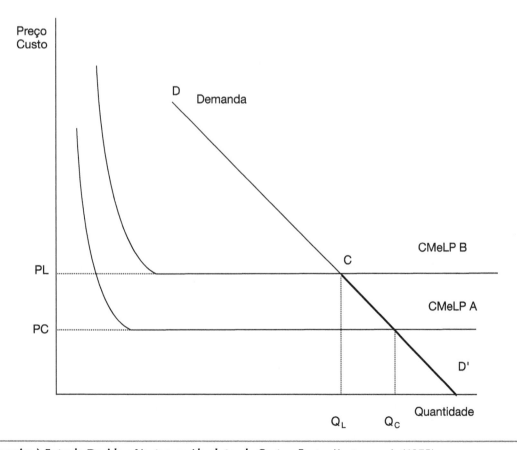

Figura 7.1 Barreira à Entrada Devido a Vantagens Absolutas de Custos. Fonte: *Koutsoyannis (1975)*.

96 Economia Industrial

Finalmente, o acesso ao capital também tende a se dar de forma mais favorável para empresas já existentes. Em vista de imperfeições dos mercados de capitais, que normalmente não conseguem avaliar riscos com exatidão, o financiamento a empresas já constituídas, que podem oferecer garantias reais, é concedido a taxas de juros inferiores ou prazos mais longos que para novos projetos. Em vista disso, os encargos financeiros tendem a ser maiores, pressionando os custos das empresas entrantes.

É importante salientar que embora sejam normalmente consideradas estruturais, as vantagens de custos podem ser modificadas por estratégias específicas de empresas, dentre as quais a busca de integração vertical, visando exercer posição de controle nos mercados de insumos, ou de proliferação de produtos, para ampliar os custos da empresa entrante, estão entre as mais relevantes.

Também é necessário enfatizar que há diversas situações de entrada que enfraquecem ou mesmo anulam as vantagens de custos para as empresas estabelecidas. Se, por exemplo, a empresa entrante é inovadora – detém melhor tecnologia que as empresas existentes – não é de se esperar que a entrada resulte eficazmente impedida.

Barreiras à entrada decorrentes de vantagens absolutas de custos são teoricamente compatíveis tanto com a definição de Bain quanto com a de Stigler, apresentadas na Seção 7.3. Empiricamente, no entanto, vantagens de custos são consideradas fontes pouco relevantes de barreiras à entrada na indústria em geral, apresentando importância restrita a um conjunto limitado de ramos industriais. Estão nesse grupo as indústrias extrativas de primeiro processamento de recursos naturais, tais como a metalurgia ou a indústria de minerais não metálicos ou ainda algumas agroindústrias.

7.5.2 EXISTÊNCIA DE ECONOMIAS DE ESCALA

Sugerida por Joe Bain como uma fonte igualmente fraca de barreira à entrada, a possibilidade de que a existência de significativas economias de escala em uma indústria[2] venha a constituir de fato impedimento à atuação de novas empresas é certamente a questão mais controvertida nesse tema. F. Modigliani e Sylos-Labini foram os autores pioneiros na discussão sobre a pertinência da adoção de um preço limite quando as estruturas de custos de empresas estabelecidas e empresas entrantes são rigorosamente iguais e o produto é homogêneo. Nessa linha de análise, as condições requeridas para a existência de barreiras de escala (*scale barriers*) são:

1. Escala mínima eficiente (EME) não negligenciável em comparação com o tamanho da demanda de mercado;
2. Custos médios de produção em escalas subótimas sensivelmente superiores aos custos médios mínimos de longo prazo, isto é, a elevada inclinação da curva de custos na região de escala subótima.

Podemos imaginar duas possíveis hipóteses de entrada. Na primeira, sabendo que a decisão de entrar em escala mínima eficiente provocará um incremento substantivo da oferta da indústria e, em consequência, uma sensível redução do preço de mercado, a empresa entrante opta por uma entrada em pequena escala (em escala subótima). Nesse caso, as empresas estabelecidas, que operam em escalas eficientes, poderão praticar um valor de preço limite correspondente ao diferencial de custos relativos a seu favor. Há consenso entre os economistas industriais que o resultado provável é a situação de entrada eficazmente impedida. Questiona-se, no entanto, o realismo dessa hipótese uma vez que somente em certas situações particulares, como por exemplo, quando a tecnologia confere grande flexibilidade de capacidade produtiva às empresas entrantes (modularização do investimento), pode-se esperar entradas em escalas subótimas.

Em uma segunda hipótese, mais realista, a empresa potencial decide entrar com a escala mínima eficiente. Nesse caso, poderá ou não haver excesso de capacidade produtiva na indústria, sendo necessário formular hipóteses adicionais a respeito da reação das empresas estabelecidas. É exatamente nesse ponto que a controvérsia ganha seus contornos mais nítidos.

As análises estruturais do problema da entrada geralmente aceitam que a reação mais provável das empresas estabelecidas é a chamada "não resposta em quantidade". Denominada posteriormente como "postulado de Sylos", a manutenção da quantidade produzida pelas empresas existentes implicará, no segundo período, excesso de oferta na indústria que, por sua vez, irá decretar uma queda do preço pós-entrada. Haverá portanto um nível de preço pré-entrada capaz de proporcionar às empresas estabelecidas uma lucratividade positiva, mas que irá reduzir-se para um nível pós-entrada incompatível com a obtenção de lucros pela empresa entrante.

A Figura 7.2 mostra como se dá a fixação do preço limite nas situações em que prevalece o "postulado de Sylos" de acordo com o modelo proposto por F. Modigliani.[3] Na figura, DD é a demanda de mercado e CMe é o custo médio de produção das empresas existente e entrante, supostos idênticos. Q_{EME} é a escala mínima eficiente que, como podemos perceber, é significativa quando comparada ao tamanho da demanda ao preço competitivo Q_C. A empresa existente poderá escolher a quantidade Q_L,

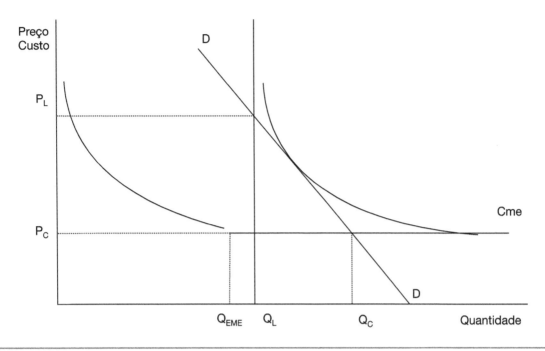

Figura 7.2 Economia de Escala e Barreira à Entrada: O modelo de Modigliani. Fonte: *Hay e Morris (1994)*.

exatamente aquela para a qual a demanda residual disponível para a empresa entrante não permite remunerar os custos médios de produção e, portanto, impossibilita uma entrada lucrativa.

O grau de barreira à entrada de escala será tanto maior quanto maior for a redução esperada para o preço pós-entrada. Essa, por sua vez, será tanto maior quanto menor a elasticidade-preço da demanda de mercado e maior a relação entre escala mínima eficiente e o tamanho da demanda ao preço competitivo. Isso é facilmente estabelecido na formulação a seguir:

1. Sob o postulado de Sylos, se o incremento da quantidade total de mercado ΔQ é devido exclusivamente à entrada e esta se dá na escala mínima eficiente Q_{EME}, então, $\Delta Q = Q_C - Q_L = Q_{EME}$
2. O preço pré-entrada P_L é tal que após a entrada reduz-se para P_C. Então, $\Delta P = P_L - P_C$
3. A elasticidade-preço da demanda de mercado é:

$$\varepsilon = \frac{\frac{\Delta Q}{Q_C}}{\frac{\Delta P}{P_C}} = \frac{Q_{EME}}{Q_C} * \frac{P_C}{P_L - P_C} \quad \text{ou} \quad P_L = P_C \left(1 + \frac{Q_{EME}}{Q_C * \varepsilon}\right)$$

4. Finalmente, a condição de entrada é $E = \frac{Q_{EME}}{Q_C * \varepsilon}$, diretamente proporcional à relação entre escala mínima eficiente e o tamanho do mercado ao preço competitivo e inversamente proporcional à elasticidade-preço da demanda.

Outra opção comportamental possível para as empresas existentes é a "não resposta em preço". Nessa hipótese, as empresas estabelecidas optam por contrair o nível de produção para manter a oferta total nos níveis pré-entrada, promovendo, assim, a acomodação da capacidade adicional introduzida pela empresa entrante no mercado. Há os que defendem esse comportamento como o mais plausível, uma vez que a manutenção da quantidade significaria uma guerra de preços que imporia perdas também para as empresas existentes, ao passo que a acomodação poderia lhes propiciar ainda algum nível de lucratividade pós-entrada.

A hipótese de reação baseada na manutenção do preço, se corresponde a um cenário mais otimista para a empresa entrante, sugere um comportamento ingênuo das empresas estabelecidas. Na prática, é necessário que as empresas estabelecidas, primeiro, não zelem pela preservação dos níveis de participação no mercado alcançados, possivelmente à custa de grandes esforços competitivos anteriormente empreendidos, e, segundo, contentem-se com uma dupla pressão negativa sobre seus lucros, pois venderão quantidades menores e ainda enfrentarão um acréscimo de custos por passarem a operar mais próximo ou

98 Economia Industrial

mesmo abaixo da escala mínima eficiente. Finalmente, o comportamento acomodativo poderá ainda estimular novas entradas na indústria, agravando as perdas iniciais sofridas pelas empresas estabelecidas.

É fácil perceber que o aprofundamento dessa questão vai além dos limites do enfoque estrutural do problema da entrada. A pura existência de economias de escala não impõe à empresa entrante qualquer custo que a empresa existente não tenha incorrido quando iniciou operação. Por essa razão, J. Stigler e seguidores rejeitam a possibilidade de que existam barreiras à entrada por esse motivo. Se não há qualquer assimetria de custos entre empresas recém-entrantes e empresas estabelecidas, não há razão para a empresa entrante acreditar que ocorra realmente uma guerra de preços após a entrada. Essa análise será retomada no Capítulo 12.

Quais as implicações da existência de barreiras de escala do ponto de vista da teoria do bem-estar? Basicamente, a existência de economias de escala de *per se* não significa perdas de bem-estar. Isso deixa de ser verdadeiro se derem margem à criação de barreiras à entrada. Se uma indústria envolve elevadas economias de escala, a eficiência alocativa requer uma estrutura industrial com alto grau de concentração para que a minimização de custos possa ser alcançada. Esse é o caso do monopólio natural. Se, no entanto, a indústria é concentrada devido a barreiras à entrada, ocorre perda de bem-estar porque na ausência de concorrência perfeita, lucros extraordinários estão sendo obtidos pelas empresas existentes.

7.5.3 Diferenciação de produtos

Na competição real, a existência de diferenciação de produtos influencia a estrutura de mercado nos moldes já discutidos no Capítulo 6. Implica a existência de algum grau de controle de seus preços pela empresa porque as curvas de demanda individual não são infinitamente elásticas, tornando possível elevar os preços acima do custo marginal sem comprometer completamente a receita.

Na competição potencial, a presença de diferenciação de produtos pode implicar a existência de barreiras à entrada. Se há lealdade dos consumidores para com os produtos vendidos pelas empresas existentes, as empresas entrantes têm forçosamente que vender a preços mais baixos para deslocar preferências estabelecidas ou incorrer em gastos superiores de publicidade para divulgar a nova marca. No primeiro caso, a curva de demanda para a empresa entrante ficará abaixo e à esquerda da curva de demanda das empresas estabelecidas. No segundo caso, haverá vantagens de custos para as empresas estabelecidas que farão com que os custos médios de longo prazo da empresa entrante sejam superiores em todos os níveis de quantidade. De fato, podemos notar que o custo médio total da empresa entrante equivalerá ao custo médio de produção da empresa existente mais uma parcela referente ao custo médio de penetração no mercado. Esse diferencial de custos médios poderá ser apropriado pelas empresas existentes como um sobrepreço permanente, tal qual quando existem vantagens absolutas de custos.

A análise dos custos médios de penetração é bastante complexa, de vez que forças contraditórias atuam sobre o resultado final. De um lado, há a possibilidade de que existam economias de escala importantes no que se refere ao esforço de venda, em particular, quando baseado em propaganda. De outro, é também esperado que o processo de conquista de novos consumidores enfrente dificuldades crescentes. A escala da entrada irá afetar o grau de barreira à entrada em uma ou outra direção, dependendo de qual efeito será predominante.

A mensuração do grau de barreira à entrada devido à diferenciação de produtos envolve um conhecimento aprofundado dos custos de servir ao mercado, mais difíceis de contabilizar que os custos de produção. De modo geral, dependerá das características do produto, da dimensão do esforço de venda imposto pelas firmas existentes e da natureza dos métodos de distribuição – exclusividades comerciais, montagem de redes de distribuição próprias ou de terceiros, entre outros. Em vista disso, é de difícil generalização.

Mesmo assim, há virtual unanimidade entre os economistas industriais de que a diferenciação de produto é a mais forte dentre as fontes de barreira à entrada na indústria. O motivo para isso é o fato de que são amplas as possibilidades de criação de vantagens da primeira empresa a se mover baseadas nas preferências dos consumidores. De modo geral, podemos esperar que a empresa entrante depare-se com a necessidade de deslocar preferências consolidadas pelas marcas das empresas estabelecidas. Em especial diante da diferenciação vertical, isso poderá ser muito custoso, pois a qualidade do produto oferecido pela empresa entrante é incerta para o consumidor. Essas vantagens da primeira empresa a se mover são particularmente intensas nas indústrias de bens duráveis – porque a pouca repetição do ato de compra dificulta o aprendizado do consumidor – e de maior valor unitário – porque os custos do "arrependimento", que são proporcionais ao valor do bem serão altos. A indústria automobilística é um dos melhores exemplos dessa situação.

Mais uma vez, a eficácia do impedimento à entrada baseada em diferenciação de produtos é reduzida ou anulada quando a empresa entrante é uma subsidiária de uma empresa que detém produtos ou marcas conceituadas em mercados de outros produtos (empresas em diversificação) ou regiões (empresas transnacionais). Nessas situações ocorre um fenômeno conhecido como "transbordamento" (*spill-over*), pelo qual há a transferência da credibilidade da empresa do mercado original para o novo mercado.

Finalmente, se não houver necessidade de deslocar preferências dos consumidores, isto é, se o esforço de venda da empresa entrante for equivalente ao realizado pelas empresas estabelecidas quando estas iniciaram operação, não haverá assimetria de custos e, portanto, não é de esperar que haja impedimento à entrada de acordo com a definição de Stigler.

7.5.4 Requerimentos iniciais de capital

Bain considerava que poderia existir uma quarta fonte de barreiras se a entrada de uma nova empresa em uma indústria exigisse a mobilização de elevada soma de capital para fazer face ao investimento inicial – as barreiras de capital (*capital barriers*). Assim como as barreiras de escala, as barreiras de capital surgem como consequência da existência de elevadas escalas mínimas eficientes. Porém, o surgimento de barreiras de capital exige somente que a escala mínima eficiente seja elevada em termos absolutos, mesmo que pouco significativa em comparação com o tamanho da demanda. (Como vimos anteriormente, a relação entre escala mínima eficiente e tamanho da demanda explica a existência ou não de barreiras de escala.) Barreiras de capital seriam um reflexo direto da dificuldade em financiar os grandes volumes de capital requeridos quando o investimento inicial é muito elevado, não tendo qualquer relação com os impactos sobre os preços ou lucratividade provocados pelo aumento da oferta total da indústria em consequência da entrada.

Tema controverso na literatura de Economia Industrial, a rigor barreiras de capital não se encaixam em nenhuma das definições de barreira à entrada expostas na Seção 7.3. De fato, salvo em situações em que há imperfeições no mercado de capitais, não é de se esperar que um empreendimento lucrativo deixe de ser realizado em função de escassez de fundos para financiar o investimento inicial, ainda mais se isso não ocorreu quando do investimento inicial das empresas estabelecidas. E, se essas imperfeições existem, elas irão implicar diferenciais absolutos de custos: do ângulo estrutural, barreiras de capital seriam tão somente um caso particular das barreiras de custos (financeiros, nesse caso) já discutidos anteriormente, e não uma fonte própria de impedimento à entrada na indústria.

Por que, então, é intuitivo que quanto maior o investimento inicial a ser realizado, mais difícil tende a ser a entrada de uma nova empresa na indústria? A resposta está no fato de que elevados requerimentos iniciais de capital são geradores de barreiras à saída, pois esses investimentos tendem a ser formados, em grande parte, por custos irrecuperáveis que irão ter importantes implicações sobre o comportamento estratégico das empresas. A discussão desse tema, no entanto, exige elementos analíticos que somente serão apresentados no Capítulo 12.

7.6 Barreiras à Saída: os Modelos de Contestabilidade

Ao final da década de 1970 passou-se a atribuir grande importância às condições que regem a saída de empresas da indústria como elementos relevantes da análise da decisão de entrada.

Barreiras à saída decorrem da existência de custos que as empresas necessitam arcar para encerrar a produção. Esses custos podem ser desembolsos efetivos como, por exemplo, os custos de rescisão dos contratos em vigor, ou custos de oportunidade referentes a investimentos realizados e ainda não totalmente amortizados, e que não tenham valor de revenda; os chamados custos irrecuperáveis (ver Capítulo 12).

A Teoria da Contestabilidade ganhou corpo no início da década de 1980. Representa uma hipervalorização da competição potencial diante da competição real. Para essa teoria, estrutura e mesmo condutas pouco importam porque o desempenho é consequência das condições básicas (entenda-se, funções de custos, em particular os custos irrecuperáveis) dos mercados. A estrutura da indústria é o resultado da determinação conjunta dos "planos" de produção (preços e quantidades) das firmas que a constituem. O mecanismo de equilíbrio na contestabilidade é devido à entrada e à saída de empresas nas indústrias em que a configuração endógena resultante é "não sustentável". O equilíbrio é assim assegurado pela existência de livre mobilidade do capital no sentido clássico e não propriamente por ações e reações das empresas rivais em uma dada indústria. Em outras palavras, o importante nas teorias de mercados contestáveis é a concorrência definida pela existência ou não de custos irrecuperáveis significativos para a empresa entrante.

Segundo essa teoria, uma configuração industrial é factível quando todas as empresas da indústria atendem a totalidade da demanda sem incorrer em prejuízo, o que depende somente da extensão do mercado, da técnica e dos preços dos fatores. Uma configuração industrial é sustentável quando, além de factível, não há plano possível para uma empresa entrante que lhe forneça lucros com os preços e quantidades que vigoram no mercado. Nesse caso, a indústria pratica preços tais que $P^e y^e - C(y^e) < E(y^e)$, onde P^e são os preços, y^e as quantidades, $C(y^e)$ os custos totais de produção das empresas estabelecidas e $E(y^e)$ os custos de entrada.

Preços não sustentáveis seriam a princípio temporários, isto é, toda configuração industrial não sustentável estaria em desequilíbrio e tenderia para uma configuração sustentável. A exceção ocorreria se as empresas entrantes receassem que as empresas estabelecidas reduzissem os preços para o nível sustentável após a entrada.

Há, no entanto, uma condição estrutural suficiente para assegurar que o equilíbrio da indústria ocorra sempre com configurações industriais sustentáveis: o mercado perfeitamente contestável, isto é, quando a entrada na indústria é livre e reversível sem custos. São os seguintes os requisitos para a existência de um mercado perfeitamente contestável:

1. Ausência de barreiras à entrada (na definição de Stigler) – não há diferenciais de custos entre empresas entrantes e estabelecidas porque ambas têm acesso aos mesmos fatores de produção e a mesma habilidade de servir mercados (qualidade, marcas etc.).
2. Ausência de barreiras à saída – custos irrecuperáveis são nulos, isto é, o capital empregado pode ser inteiramente recuperado seja porque pode ser revendido sem perdas, transferido para outra indústria ou ainda porque foi alugado ou subcontratado.

Fundamentalmente, essas duas condições permitem a existência de um tipo de competição de guerrilha (*hit and run competition*) capaz de disciplinar as decisões de preços das empresas mesmo no caso extremo do monopólio natural. Qualquer sobrepreço imposto pelas empresas estabelecidas daria lugar a uma entrada lucrativa até quando ocorresse a retaliação em preços. Nesse momento, a empresa entrante abandonaria a indústria, sem perdas devido à ausência de custos irrecuperáveis, retendo, assim, os lucros obtidos. O principal exemplo desse tipo de competição estaria no mercado de linhas aéreas porque o principal investimento envolvido – o avião – é um custo fixo, mas não é um custo irrecuperável.

A teoria da contestabilidade, como amplamente reconhecido, apresenta algumas limitações conceituais no que diz respeito à definição do monopólio natural e principalmente quanto à hipótese implícita, pouco geral, de que os preços se ajustam mais lentamente que as quantidades.

7.7 Conclusão

Nossa discussão sobre barreiras estruturais à entrada ao mesmo tempo em que trouxe uma grande riqueza de elementos para a análise do funcionamento dos mercados também deixou claro uma série de limitações. Embora a teoria seja útil para descrever características estruturais das indústrias, necessita ser enriquecida.

Análises estruturais da concorrência por meio de barreiras à entrada têm como principal limitação o seu caráter estático. A decisão de entrada é enfocada como dependente de uma expectativa de obtenção de lucros imediatamente após a entrada. Além disso, supõe que a demanda é dada, ao passo que a taxa de crescimento da demanda é forte determinante do grau de barreira à entrada na indústria. Quanto mais dinâmica a demanda, mais fracas tendem a ser as possibilidades de impedimento à entrada. Finalmente, falta uma reflexão mais aprofundada sobre as barreiras à saída.

Empresas estabelecidas e entrantes realizam investimentos e tomam decisões sob incerteza, baseadas em conjecturas sobre as suas quase-rendas futuras. As estratégias das empresas estabelecidas afetam tanto as conjecturas dos entrantes como as barreiras estruturais à entrada. Em consequência, o grau de barreira à entrada em uma indústria é somente em parte estrutural; em parte é também endógeno, isto é, decorrente das estratégias competitivas das empresas.

São muitos os elementos que influem na decisão de investimento da empresa entrante. As rendas presentes auferidas pelos ocupantes do mercado, o grau de barreira à entrada estática ou estrutural, as reações à entrada das empresas existentes, o comportamento provável dos outros membros da fila de empresas entrantes, os recursos relevantes já detidos pelos entrantes e a magnitude dos custos irreversíveis de reunir informações e decidir. Esses elementos variam de indústria para indústria e de tempo para tempo, implicando grande dificuldade de estabelecer princípios gerais sobre o problema da entrada.

É inegável que existem fragilidades no conceito de preço limite. Preço e demais formas de competição que repercutem instantaneamente sobre a relação preço-custo não são os únicos mecanismos de concorrência. A luta competitiva envolve também mecanismos que exigem investimentos prévios, muitas vezes de grande monta, dos quais a inovação é o principal, mas não único exemplo. Mesmo considerando somente o preço, o grau de barreiras à entrada não é o único elemento a explicar o comportamento das empresas.

A despeito dessas limitações, o enfoque estrutural das barreiras à entrada continua sendo uma ferramenta útil para a análise do funcionamento da indústria.

A novidade introduzida por Bain e seguidores não foi a constatação da existência de restrições à mobilidade do capital, mas a eleição da barreira à entrada como principal elemento da determinação do preço: significa deslocar o eixo da teoria de formação de preços da concorrência real para a concorrência potencial e, consequentemente, do curto para o longo prazo.

Se há barreira à entrada em uma indústria, então se aceita a existência do diferencial econômico entre empresas estabelecidas e novas empresas que, no entanto, pode assumir várias formas. A mais comum é associá-lo à relação preço-custo das empresas existentes e entrantes e utilizá-las em teorias de preço limite, como explicação estrutural para o *mark-up* praticado pelas empresas.

Não há dúvida de que a decisão de entrada de uma empresa também depende das avaliações *ex-ante* que ela faça das reações da empresa existente – por exemplo, se responde em preço ou em quantidade a uma entrada em larga escala. Por isso, é inegável que barreira à entrada seja apenas, em parte, um elemento estrutural e não deva ser reduzida a um aspecto formal da estrutura do mercado como o número de concorrentes. Barreiras à entrada são um elemento constitutivo do próprio oligopólio, elemento-chave da formulação de uma teoria da concorrência em oligopólio, tanto potencial quanto real. Afinal, são as mesmas forças que orientam as decisões competitivas nos dois casos.

7.8 Resumo

Neste capítulo aprendemos que:

- A existência de escalas mínimas eficientes de produção não parece constituir razão suficiente para explicar o elevado grau de concentração industrial que prevalece em muitos setores da atividade econômica.

- A concorrência potencial, aquela que é movida por empresas de fora de uma indústria interessadas em iniciar operação é, muitas vezes, mais relevante para determinar a dinâmica competitiva da indústria do que a concorrência real, aquele que se estabelece entre as empresas que já atuam na indústria.

- A existência ou não de barreiras à entrada na indústria, isto é, a facilidade ou dificuldade que as empresas estabelecidas encontram para impedir a entrada de novas empresas é o principal fator na determinação dos preços e da lucratividade em uma indústria.

- Empresas estabelecidas são as empresas que já atuam em uma dada indústria. Empresas entrantes (ou potenciais) são capitais interessados em atuar nessa indústria. Existe incentivo à entrada se a empresa entrante avalia que é possível obter lucros após entrar.

- São muitos os enfoques sobre barreiras à entrada na literatura de Economia Industrial. Existem as barreiras à entrada estáticas (ou exógenas) e estratégicas (ou endógenas), essas últimas também chamadas de prevenção de entrada (assunto do capítulo 11).

- As barreiras à entrada estáticas são as que decorrem exclusivamente da existência de diferenciais de preços praticados ou de custos médios de longo prazo incorridos por empresas estabelecidas e empresas entrantes predominantes na indústria que fazem com que as segundas não consigam obter lucros positivos imediatamente após a entrada mesmo quando as primeiras se mostrem lucrativas. Há diversos conceitos distintos na teoria sobre o tema.

- Na visão estrutural de Joe S. Bain, barreira à entrada corresponde a qualquer condição que permita que empresas já estabelecidas possam praticar preços superiores ao competitivo sem atrair novos capitais.

- Na definição de J. Stigler, a razão para a barreira à entrada é a existência de custos incorridos pelas empresas entrantes que não foram desembolsados pelas empresas estabelecidas quando iniciaram a operação.

102 Economia Industrial

- Na visão de R. Gilbert, somente há barreiras à entrada se é possível configurar vantagens competitivas atribuíveis exclusivamente à existência da empresa, quer dizer, vigora um "prêmio pela existência" que expressa, necessariamente, algum tipo de "vantagem de primeiro a se mover" (*first-mover advantages*).
- O mecanismo básico de funcionamento das barreiras à entrada é conhecido como "modelo do preço limite", segundo o qual existe uma *condição de entrada* dada pelo diferencial entre o preço limite em relação ao preço de equilíbrio competitivo cujo valor define se a entrada é *fácil, ineficazmente impedida, eficazmente impedida ou bloqueada*.
- Na prática, são quatro as fontes de barreiras à entrada na indústria: (i) existência de vantagens absolutas de custos a favor das empresas estabelecidas; (ii) existência de preferências dos consumidores pelos produtos das empresas estabelecidas; (iii) existência de estruturas de custos com significativas economias de escala; e (iv) existência de elevados requerimentos de capital inicial.
- A ausência de barreiras à saída, que corresponde a situações em que a decisão de entrada pode ser revertida sem perdas porque a parcela do capital empregado que não pode ser recuperado (os custos irrecuperáveis) é desprezível, dá margem a formas de competição que enfraquecem o funcionamento das barreiras à entrada.

7.9 Questões para Discussão

1. Comente a afirmação de que a mobilidade interindustrial de capitais é a força econômica determinante da dinâmica dos mercados.
2. Diferencie os conceitos de barreira à entrada propostos por Bain, Stigler e Gilbert.
3. A literatura registra até quatro grupos de fontes de barreira à entrada na indústria. Cite-as, explicando como funcionam.
4. Mencione fontes de barreiras à entrada para Bain que não sejam assim consideradas na acepção dos demais.
5. O que é o Postulado de Sylos? Discuta a importância da validade dessa hipótese para os modelos de barreira à entrada.
6. Pondere sobre a eficácia de cada uma dessas fontes de barreiras à entrada quando o entrante potencial é uma quase firma de um grupo empresarial em processo de diversificação.
7. Em condições de contestabilidade dos mercados, surgem formas de competição que anulam as barreiras à entrada. Explique esse ponto.

Notas

1. A literatura crítica a esse enfoque consagrou denominá-las também como barreiras à entrada inocentes.
2. Os conceitos e a análise empírica do fenômeno da economia de escala são discutidos em profundidade no Capítulo 3.
3. O modelo proposto por Sylos-Labini considera a existência de descontinuidades tecnológicas na indústria, de sorte que há três tamanhos de empresas (pequenas, médias e grandes) na estrutura industrial. Com isso, define-se uma faixa de variação para o preço limite, desde um valor superior correspondente ao preço máximo capaz de prevenir entradas até um valor inferior correspondente ao preço de exclusão. Independentemente dessa contribuição, as conclusões principais da modelagem de Sylos-Labini são as mesmas obtidas por F. Modigliani. Os leitores interessados em conhecer o modelo podem encontrar uma excelente resenha em Koutsoyannis (1975).

Bibliografia

BAIN, J. *Barriers to new competition*. Cambridge: Harvard University Press, 1956.

BAUMOL, W.; PANZAR, J. C.; WILLIG, R. D. *Contestable markets and the theory of industry structure.* San Diego: Harcourt, 1982.

CAVES R. E.; PORTER M. E. From entry barriers to mobility barriers. *Quaterly Journal of Economics*. v. 91, n. 2, p. 241-62, 1977.

DAVIES, S.; LYONS, B. *Economics of industrial organization.* Survey in economics. London: Longman, 1988.

FERGUSON, P. R.; FERGUSON, G. L. *Industrial economics:* issues and perspectives. UK: Macmillan, 1994.

GEROSKY, P. Competition policy and the structure-performance paradigm. In: DAVIES, S.; LYONS. *op. cit.* p. 166-191, 1988.

GILBERT, R. Mobility Barriers and the Value of Incumbency. In: SCHMALENSEE, R.; WILLIG, R. (eds.). *Handbook of industrial organization*. Cap. 8, v. I, 1989.

GUIMARÃES, E. A. *Acumulação e crescimento da firma.* Rio de Janeiro: Zahar, 1982.

HAY, D.; MORRIS, D. *Industrial economics:* theory and evidence. New York: Harper Collins, 1994.

KOUTSOYANNIS, A. *Modern microeconomics*. Houndmills: Macmillan, 1975.

MODIGLIANI, F. New developments on the oligopoly front. *Journal of Political Economy*, v. 66, n. 3, p. 215-232, 1958.

POSSAS, M. L. *Estruturas de mercado em oligopólio*. São Paulo: Hucitec, 1985.

REID, G.C. *Theories of industrial organization*. UK: Basil Blackwell, 1987.

SCHERER, F. M.; ROSS, D. *Industrial market structure and economic performance*. Boston: Houghton Mifflin, 1990.

SCHMALENSEE, R. Industrial economics: an overview. *Economic Journal*, v. 98, p. 643-68, 1988.

SHEPPERD, W.G. Contestability vs. competition. *American Economic Review*, n. 74, p. 572-87, 1984.

STIGLER, G. J. *The organization of industry*. Homewood: Richard D. Irwin, 1968.

SYLOS-LABINI, P. *Oligopólio e progresso técnico*. Rio de Janeiro: Forense Universitária, 1980.

TIROLE, J. *The Theory of industrial organization*. Cambridge: MIT Press, 1988.

Estrutura de Mercado e Inovação

Lia Hasenclever e Patrícia Moura Ferreira

8.1 Introdução

O estudo da inovação tecnológica foi durante muito tempo esquecido pela análise econômica, que priorizava análises de equilíbrio de curto prazo ou, quando se tratava de analisar o longo prazo, dedicava-se à análise da acumulação de capital e da distribuição de renda.

Foi somente após a Segunda Guerra Mundial que as ideias apresentadas por Joseph Schumpeter começaram a florescer, fundando o que hoje se denomina Economia da Inovação. Em seu livro *Teoria do Desenvolvimento Econômico*, publicado em 1912, o autor observa que a inovação cria uma ruptura no sistema econômico e no interior das indústrias, revolucionando as estruturas produtivas e criando fontes de diferenciação para as empresas.

A Economia da Inovação é o ramo da Economia Industrial que tem como principal objeto de estudo as inovações tecnológicas e organizacionais introduzidas pelas empresas para fazerem frente à concorrência e acumularem riquezas.

Em termos metodológicos, coexistem dois enfoques sobre o problema da inovação: relação entre inovação e estrutura industrial, e entre inovação e estratégias tecnológicas. Este capítulo trata do primeiro destes enfoques e resume os principais resultados dos estudos empíricos realizados sobre o tema entre as décadas de 1960 e 1980. No Capítulo 19, sobre estratégias de inovação, serão analisadas as estratégias de entrada e permanência das empresas baseadas em inovações tecnológicas e organizacionais, e as consequências dinâmicas desse comportamento sobre a estrutura industrial.

Este capítulo está organizado em quatro seções. A primeira apresenta as principais definições sobre a inovação industrial e os elementos constitutivos desse processo. A segunda seção apresenta os principais modelos econômicos de compreensão da inovação industrial. A terceira seção discute a agenda de pesquisa derivada dos trabalhos de Schumpeter para explicar a intensidade das inovações a partir de sua relação com o tamanho das empresas ou os padrões de concorrência existentes no mercado. Finalmente, na conclusão, tecemos algumas considerações sobre o Capítulo 19 de estratégias tecnológicas complementando estas com os avanços teóricos permitidos a partir da crítica aos trabalhos empíricos realizados sobre a relação entre inovação e estrutura industrial.

8.2 Inovação Industrial

A inovação industrial pode ser definida como a criação ou melhoria de bens e serviços lançados no mercado por uma empresa. Ela está intimamente relacionada ao processo de mudança tecnológica. Este, por sua vez, é resultado do esforço das empresas em investir em atividades de pesquisa e desenvolvimento (P&D) e na incorporação posterior de seus resultados em novos produtos, processos e formas organizacionais. Quando uma empresa produz um bem ou um serviço, ou usa um método ou insumo que é novo para ela, está realizando uma mudança tecnológica. Sua ação é denominada inovação.

Além da empresa e de suas atividades de P&D, o conjunto de instituições que contribuem para a inovação e a ligação entre elas compreende o que o autor B. A. Lundvall chamou sistema de inovação nacional. Entre essas instituições, estão as universidades, os institutos públicos de pesquisa, as agências públicas e privadas de fomento ao investimento em inovação, e o sistema educacional.

As atividades de P&D referem-se à pesquisa básica, pesquisa aplicada e desenvolvimento experimental. As primeiras regras e normas estabelecidas para a classificação dessas atividades, ainda hoje vigentes, são aquelas elaboradas pela Organização para a Cooperação e Desenvolvimento Econômico (OCDE) há 30 anos e publicadas no, hoje popularizado, Manual de Frascati. A partir da década de 1990, esse manual foi revisto e ampliado para incluir uma visão mais abrangente do processo de inovação,[1] quando foi criado o Manual Oslo, conforme discutido na subseção 8.4.1.

Como pesquisa básica, entende-se o trabalho teórico e experimental, empreendido primordialmente para compreender fenômenos e fatos da natureza, sem ter em vista qualquer aplicação específica. Como pesquisa aplicada, classificam-se as investigações originais concebidas pelo interesse em adquirir novos conhecimentos com finalidades práticas. E, como desenvolvimento experimental, entende-se a comprovação da viabilidade técnica/funcional de novos produtos, processos, sistemas e serviços, ou ainda o substancial aperfeiçoamento dos já existentes, buscado por meio de esforços sistemáticos a partir de conhecimentos técnico-científicos e/ou empíricos já dominados pela empresa ou obtidos externamente.

O ciclo de inovação pode ser dividido em três estágios: invenção, inovação, e imitação ou difusão. O processo de invenção está relacionado com a criação de coisas não existentes anteriormente e utiliza como principais fontes conhecimentos novos ou conhecimentos já existentes em novas combinações. Os resultados desse processo podem ser patenteados, isto é, o inventor é investido de direitos de propriedade sobre o uso comercial de sua invenção. No entanto, nem todas as invenções ou mesmo patentes chegam a se transformar em inovações, isto é, são lançadas no mercado com sucesso comercial. A introdução de inovações, por sua vez, permite a inserção de outras variações denominadas imitação (difusão das inovações). Essas variações são melhorias introduzidas nos bens e serviços inovadores para aproximá-los das necessidades dos usuários. Entretanto, o processo de imitação também pode ocorrer sem introdução de melhorias.

A introdução de uma inovação associada a um processo de invenção dá origem ao que se denomina inovação radical e o processo de imitação com introdução de melhorias é denominado introdução de inovação incremental.

8.3 Modelos de Análise Econômica da Inovação

Existem dois modelos alternativos e concorrentes utilizados para abordar a questão econômica da inovação. Esses modelos diferem tanto em função da concepção acerca da natureza do processo inovativo quanto em termos das principais predições decorrentes de suas conclusões. O primeiro deles deriva-se da tradição neoclássica e foi formulado em 1962 por Kenneth Arrow. É comumente conhecido como *modelo de incitação* e foi concebido para duas formas opostas de concorrência – concorrência pura e monopólio –, tendo sido posteriormente modificado para o estudo das várias formas de concorrência por P. Dasgupta e J. Stiglitz em 1980. O segundo modelo denomina-se *modelo de seleção* e segue a tradição evolucionista iniciada por E. Penrose e A. A. Alchian nos anos 1950 e retomada por Sidney Winter por volta dos anos 1960, sendo finalmente, consolidada por este autor em conjunto com Richard Nelson nos anos 1980. As diferentes concepções sobre a natureza do processo de inovação presentes nestes modelos e os seus conteúdos e principais predições serão detalhados a seguir.

8.3.1 MODELO DE INCITAÇÃO

O modelo de Arrow considera as seguintes hipóteses derivadas da teoria neoclássica como quadro geral para formulação de sua teoria: (1) o conhecimento é um bem de informação e todos os agentes são capazes de obtê-lo de forma igual e sem custos derivados de investimentos passados ou decorrentes da experimentação realizados pelas empresas, ao contrário, é fruto da genialidade dos inventores individuais; (2) as únicas situações de mercado existentes são a concorrência e o monopólio.

Decorrente desse quadro de análise, a atividade de invenção possui características próprias, também indicadas pelo autor. Esta atividade é arriscada e/ou sujeita a incertezas. Em segundo lugar, o produto dessa atividade pode ser apropriado por outros agentes. E, enfim, existem rendimentos crescentes na utilização da nova informação.

Entretanto, sua problemática central é saber se existem vantagens decorrentes das características das duas estruturas de concorrência consideradas – concorrência pura e monopólio – no que diz respeito à motivação para investir em P&D. Para que uma empresa invista em P&D, é preciso que o ganho resultante da inovação lhe seja atrativo, ou seja, é necessário que ele seja suficientemente elevado para financiar a P&D (atividade altamente arriscada) e assegurar um rendimento.

Arrow mostra que o monopólio já garante à empresa um sobrelucro derivado da própria situação de poder de mercado da empresa e, dessa forma, será necessário que a inovação permita uma redução de custos substancial para que o empresário esteja motivado a investir em P&D. Por outro lado, a empresa atuando em um mercado concorrencial e sem poder de fixar preços só tem uma forma de ampliar a sua margem de lucros, que é introduzir inovações permanentemente, ainda que seja prejudicada com margens de lucros que irão se erodir rapidamente pela entrada de novas empresas imitadoras.

Para se entender melhor o modelo de Arrow, observemos a Figura 8.1 (a), que mostra uma indústria com curva de demanda DD e curva de custo médio e marginal constantes CC antes da inovação. Na situação pré-inovação, a quantidade ofertada em monopólio é Q_m, o preço P_m e o lucro π_A; por outro lado, se for um caso de concorrência perfeita, tem-se quantidade Q_c, preço P_c e lucro zero. O modelo de Arrow supõe que a inovação é feita por uma empresa inovadora de fora da indústria que irá adotá-la, como, por exemplo, uma indústria fornecedora de equipamentos que tentará apropriar os benefícios da inovação cobrando um *royalty* r do uso da inovação.

Arrow trabalha com duas possibilidades de inovação: drástica e não drástica. Nos termos das definições adotadas por Schumpeter, inovação radical e incremental. No caso de uma inovação drástica, ocorre uma redução drástica dos custos. Na Figura 8.1 (a) essa redução é representada por $C–C'$ onde C' é o novo custo médio constante. Na concorrência perfeita, o inovador cobra r por unidade produzida usando a nova tecnologia. O novo custo marginal é então $C' + r$ e, consequentemente, o preço que maximiza o lucro das empresas, $P = C' + r$. Entretanto, a decisão ótima do inovador envolve maximizar rQ com respeito a r. O seu retorno será a diferença entre a receita da indústria e o custo de produção, ou seja, $(P-C')Q$. Como nesse caso não existe restrição para o inovador, ele escolhe r tal que a receita marginal da indústria se iguale a C', estabelecendo r^* que gera o retorno π_B.

No monopólio, o inovador cobra uma taxa fixa (*lump sum*) r como *royalty*, pois, se fosse uma taxa por unidade, o monopolista poderia ficar tentado a restringir a produção. Assim, o lucro do monopolista após adotar a inovação será π_B, onde a receita marginal é igual a C'. Entretanto, mesmo com a arrecadação de r, o máximo que o inovador pode ganhar com a inovação é o aumento do lucro resultante no monopólio, ou seja, $\pi_B - \pi_A$. Note ainda que, mesmo que o inovador seja capaz de se apropriar de todo o aumento do lucro, o seu retorno ainda será menor do que no caso competitivo.

A Figura 8.1 (b) mostra uma inovação não drástica, na qual a redução do custo é mais moderada. Nesse caso, existe uma restrição, $r \leq C - C'$. Em outras palavras, o máximo que o inventor pode ganhar no caso de concorrência perfeita é $(C - C')Q$, como se pode perceber na figura. Similarmente ao caso da inovação drástica, pode-se mostrar que esse montante é maior que o máximo que ele poderia ganhar no monopólio.

Nos dois casos, inovações drástica e não drástica, a motivação para inovar no monopólio é inferior à da concorrência perfeita. O modelo de Arrow conclui, então, que os mercados competitivos atraem mais atividade de pesquisa e desenvolvimento do que as indústrias monopolísticas.

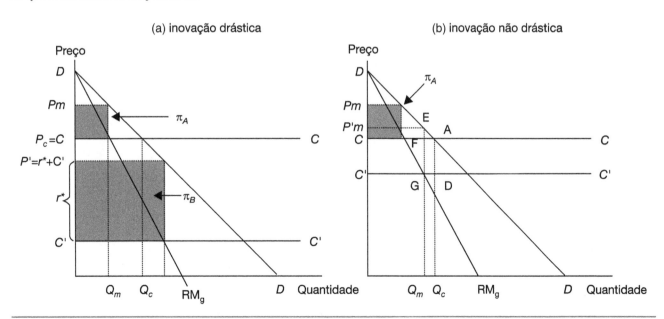

Figura 8.1 Incentivo para Inovar no Modelo de Arrow.

108   Economia Industrial

A partir dessas conclusões, o autor afirma que uma economia de mercado iria subinvestir em P&D. Isso porque, se aceitamos a tese simples de que uma empresa irá investir uma parte de seus recursos em P&D para produzir uma melhor informação (uma melhor técnica) capaz de lhe agregar uma vantagem, ela estaria prejudicada pelo fato de que outras empresas poderiam igualmente se beneficiar de seus resultados, causando uma impossibilidade privada de apropriação dos resultados do investimento.

O modelo de Arrow, por mais rico que seja, não esgota o estudo das formas de concorrência entre as empresas geradas por meio da inovação. Em outras palavras, a natureza do processo de descoberta próprio das atividades de P&D e a interação entre as empresas dão lugar ao nascimento de interesses estratégicos que alinham as empresas na busca pelas patentes, gerando distintas estruturas de mercado que podem ser mais ou menos concorrenciais.

O modelo Dasgupta-Stiglitz se propõe a estudar o comportamento inovador das empresas e esclarecer como a taxa de inovação interage com a estrutura de mercado predominante. Além disso, o modelo visa avaliar o impacto das variáveis centrais dessa interação: elasticidade-preço da demanda, as barreiras à entrada e a ligação entre investimentos em P&D e redução dos custos unitários. Assim, a P&D é vista como uma variável estratégica que permite à empresa inovar e logo produzir mais eficientemente. Essa vantagem estratégica tem um papel na contenção dos entrantes potenciais, constituindo-se em uma barreira à entrada.

As hipóteses mais importantes do modelo são a ausência de inovação de produto e de competição por preços. Em outras palavras, as empresas concorrem entre si por meio da introdução de inovações de processos que reduzem os seus custos, permitindo-lhes ganhar partes do mercado. A relação entre os investimentos em P&D e a redução do custo médio é explicitada da seguinte maneira: a P&D permite pagar uma redução do custo unitário, ou seja, o custo médio é uma função do montante investido pela empresa em P&D. Seja c(.) o custo médio e R o investimento em P&D, logo:

$$c(.) = \beta(R)^{-\alpha},$$

onde α é a elasticidade pesquisa-inovação.

A curva de demanda não se desloca no decorrer do processo (mas a elasticidade-preço não é infinita, é igual a e). Os preços dos fatores não variam e as empresas que conhecem as suas tecnologias de P&D maximizam seu lucro (as empresas ajustam instantaneamente as quantidades de insumos comprados ao seu nível ótimo). Não há incerteza, ou seja, as empresas têm perfeita informação sobre os preços e as quantidades. Os autores se situam em um cenário de Cournot, conforme será visto no Capítulo 10; as empresas irão, então, escolher o seu nível de produto (todas as empresas definem a mesma estratégia).

Suponhamos agora que a indústria é composta de N empresas independentes, as decisões de uma empresa não têm influência sobre as decisões das demais. Consideremos a empresa i que deverá escolher o nível de seu volume de produção (Q_i) e seu investimento em P&D (R_i) que maximiza seu lucro de um período:

$$Max\{[p(\hat{Q} + Q_i) - c(R_i)]Q_i - R_i\},$$

sendo $\hat{Q}$ o volume de produção da indústria (excetuando-se aquele da empresa i), $p(\hat{Q} + Q_i)$, $\hat{Q}$ o preço ou a função de demanda (prova-se que $Q^* = \hat{Q} + Q_i$).

Mostra-se que a condição de primeira ordem implica:

$$\frac{p - c}{c} = \frac{1}{eN - 1}$$

$$\frac{R^*}{pQ^* \cdot N^{-1}} = \frac{\alpha}{P/c} = \alpha\left(1 - \frac{1}{eN}\right)$$

onde R* é o investimento ótimo da empresa representativa, α é a elasticidade P&D do custo médio (uma alta de 1% da P&D reduz de α% o custo médio), Q* é o produto (*output*) da indústria ($pQ^* \cdot N^{-1}$ é, consequentemente, o produto da empresa representativa). Em uma situação caracterizada por barreiras à entrada, N é dado e sua escolha ótima do investimento em P&D depende de α, e eN.

O indicador $\frac{p - c}{c}$ é uma medida do grau de monopólio, conhecida em Economia Industrial como Índice de Lerner, que aumenta quando o número de empresas diminui. Entretanto, a intensidade de P&D diminui com o número de empresas $\left(\frac{R^*}{pQ^*}\right)$.

As soluções descobertas por Dasgupta-Stiglitz implicam que, assim que o número de empresas diminui, o produto total da indústria diminui da mesma forma, mas o investimento em P&D de cada empresa aumentará. Se considerarmos a hipótese de que não há efeito de transbordamento (*spill over*)[2] possível, é o investimento em P&D da empresa que determina a taxa de inovação (quer dizer, a redução do custo unitário). Nesta configuração, essa taxa aumenta assim que o número de empresas diminui. Tal proposição admite finalmente que, quando nos afastamos de uma configuração próxima da concorrência perfeita, a taxa de inovação cresce. Isso remete às duas chamadas hipóteses schumpeterianas, negando a hipótese de Arrow vista anteriormente.

Em uma configuração industrial onde há livre entrada, os novos entrantes erodirão as margens de lucro, reduzindo-o a zero. O grau de monopólio e a intensidade da P&D são também determinados por α. As duas variáveis diminuem com α. No limite para α = 0 (situação sem progresso técnico), reencontramos o modelo referente ao padrão da concorrência perfeita.

Se estivermos diante da presença de rendimentos de escala crescentes, uma só empresa monopoliza o mercado. A solução do problema de maximização de lucros indica que a intensidade de pesquisa ótima será igual a α (mesmo que ela seja igual a α/1α no caso de uma estrutura oligopolista com entrada livre). Os investimentos em P&D são, portanto, menores que sob o regime de oligopólio com entrada livre; por outro lado, não pode haver desperdício devido à duplicação dos esforços de P&D que caracterizam o modelo de concorrência. Em uma situação de monopólio, prevemos uma forte taxa de inovação (em oposição ao caso concorrencial em que existe muito investimento em P&D para pouca inovação).

A hipótese de ausência de transbordamento pode ser relaxada. Nesse caso, as conclusões acima expostas se modificarão ligeiramente. Mas, mesmo assim, o modelo não é capaz de incorporar a interatividade entre as empresas concorrentes (entre líderes e seguidoras), aspecto analisado pelo "modelo de seleção" exposto a seguir.

8.3.2 Modelo de seleção

Neste momento nos limitaremos a enunciar as estratégias de P&D, suas interações com a estrutura de mercado, progresso técnico e desempenhos industriais.[3] As empresas, tomadas como a unidade de análise fundamental, tendem a buscar técnicas alternativas às atualmente em uso, procurando aumentar sua rentabilidade. Essa é a melhor forma delas se desenvolverem. Uma atitude de se contentarem com as formas antigas de realizar suas atividades as levaria à falência.

Suponhamos que estamos dentro de um ambiente evolucionista em que as empresas não respondem da mesma forma aos sinais do mercado. As empresas que inovam e que não são rapidamente imitadas ou as empresas que imitam rapidamente podem, em geral, dominar a indústria. O modelo leva em conta dois tipos de comportamentos típicos das empresas: as políticas voltadas para a inovação e para a imitação.

Como afirmam Richard Nelson e Sidney Winter, as políticas das empresas não são determinadas por procedimentos de maximização. As empresas, ao se engajarem em uma estratégia de P&D, não sabem *ex-ante* se vão ou não ser bem-sucedidas; elas não conhecem o nível apropriado de P&D inovador ou imitativo. Existe um processo de aprendizagem que exclui uma estratégia clássica de busca de um equilíbrio. Somente o curso dos acontecimentos é que revelará se a estratégia foi ou não bem-sucedida.

Suponhamos que existam N empresas na indústria e que a produção (Q) da empresa i no tempo t é proporcional à sua capacidade de produção (K).

$Q_i(t) = A_i(t) \times K(t)$;

$A_i(t)$, o inverso do coeficiente de capital, resume a tecnologia.

A produção total da indústria se obtém por somatório e pode-se deduzir o preço de venda do bem.

$$Q(t) = \sum Q_i(t);$$
$$p(t) = d[Q(t)]$$

A margem unitária de lucro (ou o lucro por unidade de capacidade de produção) é:

$$\Pi_i(t) = p(t)A_i(t) - c_i - r_i m(t) - r_i n(t),$$

onde c é o custo de produção por unidade de capacidade de produção; rm e rn o montante das despesas em P&D por unidade de capital consagrado à imitação e à inovação, respectivamente.

As atividades de P&D geram progresso técnico (elevação da produtividade) por meio de um processo aleatório em duas etapas. Denominam-se por $d_i m(t)$ e $d_i n(t)$ as variáveis aleatórias que podem assumir valores 0 ou 1 de acordo com a decisão da empresa i que a conduz a imitar ou a inovar ao longo do período t. As probabilidades de sucesso são proporcionais aos investimentos em P&D.

$$\Pr[d_i m(t) = 1] = a_i m r_i m K(t)$$

Os parâmetros são escolhidos de forma que cada probabilidade não possa ser superior a 1.

$$\Pr[d_i n(t) = 1] = a_i n r_i n K(t)$$

110 Economia Industrial

Esse conjunto de pressupostos leva às seguintes possibilidades:

- para $d_i n = d_i m = 0$, tanto os esforços da empresa i em imitar as melhores tecnologias existentes entre os concorrentes como aqueles que visam descobrir novas tecnologias fracassam e, nesse caso, $A_i(t+1) = A_i(t)$;
- para $d_i m(t) = 1$, a empresa tem acesso garantido à melhor tecnologia de produtividade; $\hat{A}_i(t)$;
- para $d_i n(t) = 1$, a empresa tem acesso a uma nova tecnologia que conduz à adoção de uma técnica de produtividade. $\tilde{A}_i(t)$.

Para uma empresa que realiza ao mesmo tempo um processo de imitação e de inovação, seu nível de produtividade no período seguinte é dado por:

$$A_i(t+1) = Max[A_i(t), \hat{A}_i(t), \tilde{A}_i t)]$$

$\hat{A}_i(t)$ é a produtividade mais alta possível na indústria ao longo do período.

$\tilde{A}_i(t)$ é a variável aleatória, tal que:

$Log[\tilde{A}_i(t)]$ tem uma distribuição normal, $N[\lambda(t)\delta^2]$

com $(\lambda) = a + bt$ ou, dito de outra forma, com o tempo a produtividade média resultante da inovação aumenta (efeito da aprendizagem).

A capacidade de produção da empresa i no período $(t + 1)$ é definida pela relação contábil:

$$K_i(t+1) = I_i + (1-\delta) K_i(t);$$

onde I_i é a função de investimento da empresa i e δ a taxa de depreciação.

A evolução da estrutura de concorrência pode seguir diversas regras. A partir desse modelo, podem ser feitas algumas predições. Se as empresas não fazem qualquer esforço de P&D e têm a mesma produtividade do capital, a dinâmica do modelo torna-se determinista; as N empresas sobreviventes dividem igualmente o mercado. A simulação torna-se necessária assim que a situação é mais complexa, ou seja, quando as empresas têm produtividades diferentes e níveis de custo diferentes. As empresas que têm os níveis de custo mais baixos poderão eliminar do mercado as empresas que têm custos mais altos, e dividir entre elas as partes órfãs do mercado.

Suponhamos um processo generalizado de imitação, durante o qual algumas empresas não podem inovar (as despesas de P&D destinadas a inovar são nulas: $r_i n(t) = 0$ para toda i e para todo t). Supõe-se também que todas as empresas investem o mesmo volume de P&D por unidade de capital na estratégia de imitação $r_i m(t) = r$). As empresas que sobrevivem terão a mesma produtividade, igual à produtividade máxima, associada à melhor técnica conhecida inicialmente. Entretanto, o processo de difusão expulsará algumas empresas do mercado, ou seja, algumas empresas sairão da indústria ao longo do processo de difusão. Segundo as especificações retidas quanto à saída do mercado, reinicia-se o jogo com o número de empresas sobreviventes e teremos processos de seleção/difusão completamente distintos. Assim, na ausência de inovações (isto é, de progresso técnico que venha a romper o "equilíbrio" da indústria), a estrutura do mercado, que se estabiliza ao final do processo, é determinada pelo comportamento das empresas no que diz respeito à pesquisa de informações tecnológicas (comportamento imitativo) e às modalidades de difusão dos conhecimentos na indústria.

Os fenômenos mais interessantes a serem estudados são as formas de evolução de uma indústria tomando-se a estrutura do mercado inicial, os comportamentos interativos das empresas e as possibilidades de progresso técnico. Em seus primeiros trabalhos, Nelson e Winter (1982) estabeleceram várias condições iniciais para o número de empresas (cada qual definindo uma estrutura de mercado) e para o regime de financiamento do investimento das empresas. Em cada uma das simulações, a metade das empresas opta por uma estratégia imitativa e a outra metade por uma estratégia mista (inovação e imitação). Um dos resultados previsíveis dessa simulação é a tendência à baixa generalizada dos preços dos produtos.

Outra predição estabelece que uma estrutura do mercado mais competitiva (caracterizada por um número maior de empresas) produz um desempenho produtivo médio inferior. Em oposição, uma estrutura mais concentrada é capaz de gerar uma produtividade mais elevada. Entretanto, é importante notar que a explicação, nesse caso, não está relacionada com uma maior propensão a inovar do monopólio ou do oligopólio, como supõe Schumpeter e será visto na próxima seção, mas sim a um efeito de inércia: a técnica com melhor desempenho se difunde mais lentamente em uma estrutura de mercado onde várias empresas interagem.

8.4 Intensidade da Inovação: Mudança Tecnológica e Estrutura Industrial

A análise das relações entre a estrutura industrial (descrita em termos de repartição do tamanho das empresas, grau de concentração ou outros indicadores apontados nos Capítulos 5 e 7) e a mudança tecnológica durante um longo tempo foi encaminhada por meio da seguinte questão: Seriam algumas estruturas industriais mais favoráveis que outras ao investimento nas atividades de P&D e à sua eficácia?

Essa questão, que dominou a matéria Economia Industrial durante a década de 1960, é originária da denominada hipótese schumpeteriana que associa uma maior intensidade de inovação às grandes empresas. Em oposição, o quadro de análise neoclássica, como visto anteriormente, considera que o regime de concorrência, ou seja, em indústrias nas quais predominam as pequenas e médias empresas, promove mais adequadamente a inovação tecnológica, como pudemos inferir das predições do modelo de incitação anterior. Além disso, algumas vantagens estruturais são apontadas em favor da inovação nas pequenas e médias empresas: organização menos burocratizada, maior motivação para a criatividade e maior disposição para dividir o mercado.

Os diversos estudos empíricos realizados a partir de 1960 traduziram essa observação de Schumpeter em duas proposições independentes: (1) a inovação cresce mais que proporcionalmente com o tamanho da empresa; (2) a inovação cresce com a concentração do mercado.

Várias hipóteses foram utilizadas nesses estudos empíricos para justificar essa proposição do efeito positivo do tamanho da empresa ou do grau de concentração do mercado na atividade de inovação. Entre as principais, destacam-se: as imperfeições do mercado de capitais, que conferem vantagens para as grandes empresas por permitirem acesso mais fácil a financiamentos para os projetos de P&D, ou o fato de que as grandes empresas dispõem de recursos próprios; a existência de economias de escala na tecnologia, decorrentes da indivisibilidade de alguns equipamentos de P&D; os elevados custos fixos da inovação que podem ser compensados quando o inovador pode dividir por um maior volume de vendas; a complementaridade com outros ativos nas grandes empresas que permite aumentar a produtividade das atividades de P&D; e, finalmente, as empresas maiores e mais diversificadas estão mais bem posicionadas para explorar os resultados incertos das atividades de P&D pelo fato de atuarem em um escopo mais amplo de mercados.

Os contra-argumentos mais utilizados para negar a existência da mesma hipótese, por sua vez, referem-se às deseconomias de escala que a empresa estaria sujeita, provocadas, entre outros fatores, por perda de controle gerencial e decorrente redução da eficiência das atividades de P&D, bem como pela perda de incentivo ao espírito empreendedor, responsável pela habilidade em capturar benefícios de seus esforços, em função do aumento da burocratização dessas atividades.

Apesar da literatura empírica disponível sobre o teste dessas hipóteses ser bastante ampla, os resultados obtidos são relativamente inconclusivos e divergentes, como veremos na próxima subseção. Antes, porém, vejamos os tipos de medidas utilizadas para o teste dessas hipóteses e os problemas que podem derivar do uso dessas medidas.

8.4.1 MEDIDAS DE ENTRADA E DE SAÍDA, E RESULTADOS

Tomando-se as atividades de P&D como um sistema organizado e rotineiro que transforma recursos (entradas ou meios da pesquisa) em novos conhecimentos (saídas ou resultados da pesquisa) que, por sua vez, serão incorporados em novos produtos, processos e formas de organização, impactando a atividade econômica (resultados ou impactos da pesquisa sobre o sistema produtivo), pode-se visualizar, na Figura 8.2, o modelo conceitual e os diferentes tipos de indicadores utilizados para inferir os esforços de P&D e sua eficácia.

Esse conjunto de indicadores resultou de um esforço de padronização realizado pela Organização para a Cooperação e Desenvolvimento Econômico (OCDE) que está reunida no Manual de Frascati. Entre os indicadores mais utilizados na literatura empírica, destacam-se como indicadores de entrada o número de pessoas empregadas em P&D, ou o seu equivalente em horas trabalhadas nessas atividades, e as despesas de P&D realizadas, que incluem as despesas com as pessoas empregadas, as despesas com material de consumo e as despesas com depreciação dos equipamentos laboratoriais, entre outras.

Entre os indicadores de saída, destaca-se o número de patentes e, entre os indicadores de resultado empresarial, o percentual de receitas geradas atribuíveis aos novos produtos nos últimos 5 anos.

O modelo conceitual e os indicadores anteriormente enunciados, entretanto, apresentam algumas limitações, principalmente decorrentes do fato de que o *Manual de Frascati* apenas registra as atividades de P&D que são realizadas de forma organizada e contínua. Dessa forma, por exemplo, podemos adiantar os seguintes problemas nos estudos empíricos realizados.

1. Incluir entre as despesas somente as despesas realizadas com as atividades de P&D subestima a intensidade dessas despesas, que podem estar ocorrendo nos processos de aprendizagem decorrentes do uso de equipamentos gerados em outra indústria, por exemplo.
2. A mudança tecnológica pode ser decorrente de outras fontes que não as atividades de P&D da empresa, como, por exemplo, atividades de pesquisa desenvolvidas nas universidades.
3. Caracterizar os resultados da pesquisa pelo número de patentes indica melhor a propensão a inovar do que a propensão a investir; além disso, existe uma série de maneiras pelas quais as tecnologias podem se transformar em ativos rentáveis além do patenteamento. Em alguns casos, por exemplo, o segredo industrial é a maneira mais eficiente de apropriação, e outro importante aspecto é que nem toda patente se transforma em um novo produto ou processo.

112 Economia Industrial

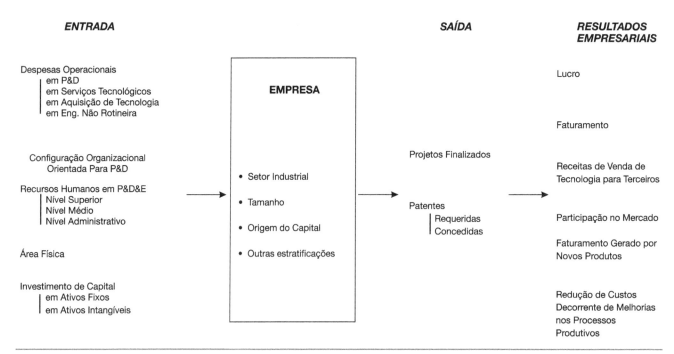

Figura 8.2 Modelo Conceitual sobre Indicadores Empresariais de Inovação Tecnológica. *Fonte:* Adaptado de Andreassi (1999) e ANPEI (1998).

Essa insatisfação com os indicadores de P&D está no centro da discussão de uma nova série de indicadores de ciência, tecnologia e inovação decorrente da adoção de uma visão menos linear e mais sistêmica do processo de inovação. Os novos indicadores incluídos são relativos às relações que se estabelecem entre as atividades de P&D, produção e marketing no interior da empresa e indicam que o processo de inovação não se esgota no departamento de P&D, mas transborda dentro da empresa e para além dela na relação com fornecedores e usuários. Estão relacionados com o processo de difusão da inovação e representam melhorias introduzidas ao longo do processo de produção, inclusive os desenvolvimentos conjuntos com fornecedores (novas máquinas e equipamentos, novos materiais, novos métodos de organização da produção, novos *designs* relacionados com aspectos funcionais e técnicos, entre outros) e as melhorias introduzidas na relação com os usuários (marketing, logística de distribuição, *design* estético, entre outros), conforme o modelo de Kline-Rosenberg, que será visto no Capítulo 19.

Por essas razões que foi concebido um novo manual, o Manual de Oslo (1992), para orientar as pesquisas nacionais sobre inovação. Essas pesquisas têm sido realizadas na OCDE, mas também em países em desenvolvimento, como o Brasil, por intermédio da Pesquisa de Inovação Tecnológica (Pintec), apresentada no Capítulo 29.

8.4.2 Evidências empíricas

A maioria dos estudos empíricos realizados tem utilizado, como visto anteriormente, as medidas de entrada em suas investigações. Isso se deve à maior facilidade de obtenção desses dados, uma vez que, em geral, fazem parte dos registros contábeis das empresas. Um resumo desses estudos e de seus resultados pode ser apreciado no Quadro 8.1.

Uma característica marcante do conjunto da pesquisa empírica sobre a relação entre tamanho da empresa e inovação é que existem várias categorias de resultados que podem ser identificadas no Quadro 8.1. Em uma primeira categoria, observou-se que a intensidade de P&D cresce fracamente com o tamanho da empresa. Na segunda, observou-se que a relação entre as variáveis é mais sutil, pois a atividade inovadora cresce mais do que proporcionalmente com o tamanho da empresa até certo limite, a partir do qual a relação pode ser fracamente negativa ou não existir. Encontram-se também resultados que indicam alguma evidência positiva em favor da hipótese de uma relação positiva entre as variáveis, mas, em alguns casos, ficou restrita a apenas a alguns setores, como é o caso da indústria química nos estudos de Mansfield (1964) e Grabowski (1968). Em contraposição, a quinta categoria mostra resultados que indicam que a intensidade de P&D diminui com o tamanho da empresa. E, por fim, de acordo com uma última categoria de resultados apresentados, as empresas muito pequenas ou muito grandes são as mais intensivas em P&D.

Na conhecida e divulgada resenha realizada por Cohen e Levin (1989) sobre inovação e estrutura de mercado, é possível encontrar também estudos que utilizaram uma medida de resultado para analisar a relação entre tamanho de empresa e inovação, e até mesmo nesse caso não se têm respostas conclusivas. Os autores citam os estudos empíricos realizados por Gellman

Research Associates (1976) e Bound et al. (1984), nos quais os resultados foram contrários à hipótese schumpeteriana: as empresas menores tiveram maior participação na introdução das principais inovações, ao passo que em Pavitt (1983) as maiores empresas responderam pelas maiores proporções de inovações.

Os estudos empíricos que testam a segunda hipótese atribuída a Schumpeter sobre a relação entre inovação e estrutura de mercado estão resumidos no Quadro 8.2. Da mesma forma que no Quadro 8.1, observamos pouco consenso quanto aos resul-

---

QUADRO 8.1 INOVAÇÃO E TAMANHO DA EMPRESA

1. Intensidade de P&D cresce fracamente com o tamanho da firma
   - Horowitz (1962)
   - Comanor (1967)
   - Hamberg (1964)
   - Worley (1961)
2. Atividade inovadora cresce mais do que proporcionalmente com o tamanho da firma até um certo limite, a partir do qual a relação pode ser fracamente negativa ou não existir
   - Scherer (1965)
   - Malecki (1980)
   - Loeb e Lin (1977)
   - Phillip (1971)
   - Link (1981)
   - Cohen (1987)*
3. Evidência positiva de uma relação monotônica entre tamanho e P&D
   - Soete (1979)
   - Meisel e Lin (1983)
   - Link (1980)
   - Loeb (1983)
4. Relação positiva apenas para alguns setores industriais, particularmente o caso da indústria química
   - Mansfield (1964)
   - Grabowsky (1968)
5. Relação negativa entre tamanho e intensidade de P&D
   - Smith e Creamer (1968)
   - Mueller (1967)
   - Shrieves (1976)
6. Intensidade de P&D primeiro diminui e depois aumenta com o tamanho da firma
   - Bound et al. (1984)
   - Cremer e Sirbu (1978)

Esse autor analisa o tamanho da linha do negócio, e não o tamanho da empresa como um todo.
Fonte: Cohen e Levin (1989) e Kamien e Schwartz (1982)

QUADRO 8.2 INOVAÇÃO E ESTRUTURA DE MERCADO

1. Intensidade P&D é positivamente relacionada à concentração de mercado
   - Horowitz (1962)
   - Kelly (1970)
   - Hamberg (1964)
   - Shrieves (1978)
   - Mansfield (1968)
   - Rosemberg (1976)
2. Concentração de mercado tem efeito negativo sobre P&D
   - Bozeman e Link (1983)
   - Wiliamson (1965)
   - Mukhopadhyay (1985)
3. Evidência de uma relação não linear "U invertido" entre intensidade de P&D e concentração de mercado
   - Scherer (1967)
   - Scott (1984)
   - Levin et al. (1985)

Fonte: Cohen e Levin (1989) e Kamien e Schwartz (1982)

114 Economia Industrial

tados. Apesar de muitos estudos revelarem uma relação positiva entre concentração de mercado e P&D, encontrou-se também evidência de que a concentração tem efeito negativo sobre a P&D. Em uma terceira categoria de resultados, identificou-se ainda uma relação não linear (U invertido) entre as variáveis, ou seja, a intensidade de P&D aumenta com a concentração de mercado até certo limite e a partir daí começa a declinar.

Apesar dos resultados divergentes, esses estudos concordam que a relação entre inovação e concentração depende das características específicas de cada indústria. Os estudos da última categoria do Quadro 8.2, por exemplo, forneceram evidência forte de que os resultados do efeito da concentração na inovação são sensíveis às condições específicas de cada indústria. Isso porque cada indústria possui características específicas, como a cumulatividade da mudança tecnológica, as oportunidades tecnológicas e a apropriabilidade dos efeitos da mudança tecnológica, características estas que compõem o regime tecnológico de cada indústria e geram incentivos diferentes para inovar.

8.5 Conclusão

Esses resultados inconclusivos da literatura talvez reflitam as dificuldades a que estão sujeitos os testes empíricos das chamadas hipóteses schumpeterianas. A dificuldade mais fundamental talvez seja identificar uma inovação, que, em princípio, pode ser considerada como um deslocamento para cima da função produção ou um novo produto, mas é extremamente difícil identificar tais fatos na prática. Encontrar a definição apropriada para a medida de entrada e de saída do processo inovador, assim como para o tamanho da empresa, é outro problema.

Outros aspectos seriam a consideração de outras variáveis do esforço tecnológico da empresa, tais como as atividades de aprendizado que se dão no processo produtivo e não nas atividades de P&D, e o entorno institucional em que a empresa está situada e que também contribui para a inovação. É importante, ainda, considerar dados setoriais devido às peculiaridades das mudanças tecnológicas específicas a cada setor. Ao examinar a relação entre tamanho da empresa e inovação ou entre estrutura de mercado e inovação, é necessário considerar ainda as oportunidades tecnológicas de cada indústria, assim como as oportunidades de negócio. Assim, percebe-se que uma avaliação mais apropriada das hipóteses schumpeterianas deve considerar um modelo mais completo de determinação de progresso tecnológico.

É importante destacar ainda que a grande dificuldade de sustentar inequivocamente uma ou outra tese decorre da inexistência de indicadores confiáveis de inovação e de um consenso sobre a definição de estrutura industrial, como discutido na subseção anterior.

Mais recentemente, essa análise empírica foi renovada para incluir a natureza das influências recíprocas das estruturas sobre a taxa e a direção da mudança tecnológica, como veremos na Parte V sobre estratégias empresariais. Ou seja, se certas estruturas determinam as transformações tecnológicas, as estruturas também se modificam, por sua vez, em função das estratégias de inovação adotadas pelas empresas e das diversas formas de concorrência existentes.

8.6 Resumo

Neste capítulo aprendemos que:
- A inovação industrial pode ser definida como a criação ou melhoria de bens e serviços lançados ao mercado por uma empresa. A mudança tecnológica está por trás do processo de inovação industrial e é o resultado pretérito do esforço das empresas, universidades, institutos de pesquisa em investirem em atividades de pesquisa e desenvolvimento (P&D). Se as empresas incorporarem esses resultados em novos produtos, processos e formas organizacionais, bem como em suas melhorias, está realizando uma inovação.
- O sistema de inovação nacional é definido como o ecossistema das instituições responsáveis pelo processo de inovação. Engloba não só as instituições que produzem P&D, mas também outras instituições tais como o sistema educacional, agências públicas e privadas de fomento ao investimento em P&D e normas e regulamentos de cada país, bem como as interações entre as instituições de P&D e as demais instituições.
- As atividades de P&D englobam as atividades de pesquisas básica e aplicada, assim como as de desenvolvimento experimental. O ciclo de inovação pode ser dividido em três estágios: invenção, inovação, e imitação ou difusão. As inovações podem ser radicais ou incrementais.
- Existem dois modelos econômicos para o entendimento do processo de inovação: modelo de incitação e modelo de seleção. O primeiro foi concebido pela tradição neoclássica estruturalista e o segundo, pela tradição evolucionista.

- No modelo neoclássico, o conhecimento é um bem livre e disponível para todos (informação perfeita) e as formas de concorrência são concorrência pura ou monopólio. Neste modelo, a maior incitação para investir em P&D ocorre em condições de concorrência pura, já que o monopolista já opera em situação de sobrelucros. Em outras palavras, são as condições estruturais de concorrência que influenciam o comportamento das empresas em relação aos investimentos em P&D.
- No modelo de seleção, o conhecimento não é um bem livre e depende dos investimentos pretéritos das empresas em P&D. Além disso, o fato de elas investirem em P&D e deterem conhecimento não lhes garante sucesso na inovação, que será ou não sancionada pelo mercado. A difusão das técnicas que permitam um melhor desempenho econômico será mais lenta em um mercado competitivo onde várias empresas interagem devido à inércia do processo.
- A hipótese schumpeteriana estabelece uma relação entre o tamanho das empresas e os padrões de concorrência para explicar a intensidade da inovação nas empresas. Segundo esta hipótese, a inovação cresce mais do que proporcionalmente com o tamanho das empresas ou cresce com a concentração de mercado.
- As aplicações empíricas para testar a hipótese schumpeteriana utilizaram várias medidas ou indicadores de entrada (*input*), saída (*output*) e resultado (*outcome*). Entre as medidas de entrada mais utilizadas, estão o número de pessoas empregadas em P&D e as despesas de P&D. Entre as medidas de saída, destacam-se o número de patentes requeridas e concedidas e, entre os indicadores de resultados, o percentual de receitas geradas com o lançamento de novos produtos nos últimos 5 anos em relação ao total de faturamento da empresa.
- O resultado destas pesquisas empíricas, seja em função dos indicadores utilizados, seja em função das características específicas de cada indústria e de seus ambientes institucionais, não comprova inequivocamente a hipótese schumpeteriana, gerando uma série de resultados inconclusivos.
- A visão estrutural do processo de inovação parece ser bastante limitada uma vez que não considera uma série de elementos do sistema nacional de inovação, restringindo-se a explicar o comportamento da empresa em estruturas de mercado distintas. Parece que cada vez mais as atividades de aprendizado na empresa, e não somente as atividades de P&D, são importantes para explicar a propensão a inovar das empresas, bem como as características das indústrias e os seus graus de maturidade e oportunidades tecnológicas, assim como o seu entorno institucional.
- A agenda de pesquisa empírica mais recente, em função dos problemas apontados anteriormente, tem concentrado seus esforços em estudos sobre os sistemas de inovação nacionais ou setoriais com foco em estudos de caso, que frequentemente trazem interpretações mais ricas e sutis sobre a relação entre inovação, estruturas de mercado, e indústria e características das firmas.

8.7 Questões para Discussão

1. Defina Inovação industrial e descreva seus elementos constitutivos.
2. Consulte o *Manual Frascati* (1963) e o *Manual Oslo* (1992) na internet e descreva as mudanças nos elementos constitutivos do processo de inovação.
3. Quais as principais diferenças entre os modelos econômicos de compreensão da inovação em termos de concepção da natureza do processo de inovação, conteúdo explicativo e predições sobre o comportamento das empresas?
4. Seriam empresas maiores e mercados mais concentrados mais propícios a incentivar a inovação? Discuta em sua resposta a hipótese schumpeteriana.
5. Quais as semelhanças e diferenças da hipótese schumpeteriana em relação aos modelos econômicos de incitação e seleção?
6. Faça uma resenha breve da literatura empírica acerca da verificação da hipótese schumpeteriana.
7. A que aspectos pode-se atribuir os resultados inconclusivos da literatura empírica resenhada sobre a hipótese schumpeteriana?
8. Quais têm sido as principais mudanças nas pesquisas empíricas realizadas após a década de 1990?

8.8 Sugestões de Leitura

A evolução mais recente dessa literatura empírica pode ser apreciada no livro de dois volumes, editado por Bronwyn H. Hall e Nathan Rosenberg, denominado *Handbook of the Economics of Innovation*, publicado em 2010 pela Editora Elsevier. O Capítulo 4, de autoria de Wesley M. Cohen, traz uma visão geral sobre os 50 anos de estudos empíricos da atividade inovativa e seu desempenho, discutindo as principais questões, as abordagens adotadas e os empecilhos ao desenvolvimento do campo de pesquisa, bem como as oportunidades para novas investigações.

Notas

1. Ver a respeito das causas e especificidades dessa mudança no texto de Freeman e Ivete (2005).
2. O termo significa que a P&D de uma empresa *i* qualquer serve a outra empresa *j* qualquer para diminuir o seu custo unitário. Em outras palavras, o investimento em conhecimento de uma empresa transborda para a outra sem que esta tenha custos.
3. Este modelo será mais bem compreendido após a leitura dos Capítulos 18 e 19.

Bibliografia

ANDREASSI, T. Estudo das relações entre indicadores de P&D e indicadores de resultado empresarial em empresas brasileiras. Tese de Doutorado. Departamento de Administração/USP, 1999.

ANPEI. *Indicadores empresariais de inovação tecnológica*: resultados da base de dados da ANPEI, ano 7, dez. 1998.

BOUND, J.; CUMMINS, C.; GRILICHES, Z. B. H.; JAFFLE, A. Who does R&D and who patens?. In: GRILICHES, Z. (org.). *R&D, patents and productivity*. Chicago: University of Chicago Press for the National Bureau of Economic Research, 1984.

COHEN, W. M.; LEVIN, R. C. Empirical studies of innovation and market structure. In: SCHAMALENSEE, R.; WILLIG, R. D. *Handbook of industrial organization*, p.1060-1107, 1989.

DAVIES, S.; Lyons, B. *Economics of industrial organizations.* Survey in economics. London: Longman, 1988.

FREEMAN, C.; SOETE, L. *The economics of industrial innovation*. New York: Oxford University Press, 2005.

_____. Developing science, technology and innovation indicators: what we can learn from the past. *Research Policy*, v. 38, p. 583-589, 2009.

GELLMAN RESEARCH ASSOCIATES. *Indicators of international trends in technological innovation*. Final report to the National Science Foundation, NTIS document PB-263-738. Jenkintown: Gellman Research Associates, 1976.

GRABOWSKI, H. G. The determinants of industrial research and development: a study of chemical, drug and petroleum industries. *Journal of Political Economy*, v. 76, p. 292-306, 1968.

HALL, P. *Innovation, economics & evolution.* Theoretical perspectives on changing technology in economic systems. New York: Harvester Wheatsheaf,1994.

KAMIEN, M.; SCHWARTZ, N. *Empirical studies of the schumpeterian hypotheses.* Market structure and innovation. Cambridge University Press, 1982.

LE BAS, C. *Economie de l'innovation*. Paris: Ed. Economica, 1995.

MANSFIELD, E. Industrial research and development expenditures: determinants, prospects, and relation of size of firm and inventive output. *Journal of Political Economy*, v. 72, p. 319-340, 1964.

OECD. *Manual de Oslo 1992*. Edição brasileira. Rio de Janeiro: FINEP, 1997.

_____. *Manual de Frascati 1963*. Edição espanhola. Madri: FECYT, 2002.

RESENDE, M.; HASENCLEVER, L. Intensidade em P&D e tamanho da firma: uma análise exploratória do caso brasileiro. *Estudos Econômicos*, SP, v. 28, n.4, p. 1-18, out.-dez. 1998.

SCHUMPETER, J. A. *Capitalismo, socialismo e democracia*. Rio de Janeiro: Zahar Editores, edição brasileira, 1984.

PARTE III

INTERAÇÃO ESTRATÉGICA

Uma Introdução à Teoria dos Jogos

Larry Carris Cardoso e Luís Otávio Façanha

9.1 Introdução

A teoria dos jogos pode ser definida, em princípio, como um conjunto de técnicas de análise de situações de interdependência estratégica, já possuindo história, tradição e prestígio consolidados no âmbito da matemática. Parte importante deste prestígio, entretanto, se deve à mobilização dos recursos oferecidos pela teoria dos jogos para utilização nas disciplinas das ciências sociais e da biologia, nas quais interações e conflitos entre atores e agentes constituem problemas tão reconhecidamente centrais quanto propícios para serem explorados e analisados com o emprego da teoria dos jogos. Nos dois sentidos, há, pelo menos, cinco autores principais a referenciar e prestigiar. Em primeiro lugar, J. von Neumann e O. Morgenstern (vN&M), autores do famoso *Theory of Games and Economic Behavior*, publicado em 1944, e, adicionalmente, J. Harsanyi, H. Selten, e J. Nash, laureados em 1994 com o Prêmio Nobel de Economia pelo conjunto de seus trabalhos.

De fato, desde a publicação do livro de vN&M, a penetração da teoria dos jogos em vários ramos das ciências aplicadas tem sido muito expressiva e, de um relativo aprisionamento inicial na esfera de trabalho de matemáticos e no estudo de jogos de soma zero, a teoria dos jogos difundiu-se. Nos dias de hoje, a terminologia e as noções de jogos de soma zero, de jogos cooperativos, de jogos não cooperativos e mesmo dos jogos evolucionários passaram a fazer parte da linguagem corrente de economistas, cientistas políticos, administradores, biólogos e jornalistas, e a ser objeto de interesses comprometidos com o domínio daquelas técnicas.

Este capítulo tem objetivo pedagógico, tira partido do aprendizado adquirido com excelentes livros-texto já disponíveis e pretende ser de utilidade para os que se interessam por quaisquer das ramificações apontadas da teoria dos jogos. Em particular, espera-se que a teoria dos jogos venha a ser valorizada pelo leitor como instrumento de identificação, descrição e análise das regras de jogos e de conflitos, propícia, portanto, para a organização e estruturação de diagnósticos e teorias, e para a qual os processos de competição e as questões organizacionais em especial talvez não devam ser tratados como meros detalhes. Abordaremos as situações de interdependência estratégica por meio dos jogos não cooperativos sem contemplar os jogos com informação incompleta, que são situações nas quais as características e as regras do jogo não são do conhecimento comum dos jogadores.

Na Seção 9.2, apresentam-se elementos e conceitos que exploram as virtudes descritivas da teoria dos jogos e a noção de regras de jogos. A análise de jogos e o estudo dos conceitos de equilíbrio têm início na Seção 9.3, que se dedica aos jogos estáticos e de decisões simultâneas. A Seção 9.4 estuda os jogos dinâmicos com informação completa. A Seção 9.5 oferece algumas notas sobre jogos repetidos. A Seção 9.6 apresenta um resumo; a Seção 9.7 mostra algumas questões para discussão e a 9.8, algumas sugestões de leitura.

9.2 Jogos de Estratégias: Representações e Explicitação de Regras de Jogos

O objetivo desta seção inicial é familiarizar o leitor com as representações de jogos e de regras de jogos. Como já foi assinalado na Introdução, pode ser útil recorrer à dimensão descritiva da teoria dos jogos antes de passar à análise dos jogos e aos conceitos de solução, uma vez que esses conceitos estão intimamente associados às regras dos jogos e às situações de conflito que os jogos representam.

Neste texto, discutiremos os jogos não cooperativos com informação completa. Nesses jogos, a interação estratégica não contempla manipulações de informação (por exemplo, a ocultação intencional dos custos por parte de uma empresa). Os jogos são jogos de informação completa e perfeita quando os jogadores podem observar as ações escolhidas pelo oponente. Quando isso não ocorre, dizemos que os jogos são jogos de informação imperfeita. Em todos os casos, podemos caracterizar os jogos por meio da forma extensiva (também denominada forma dinâmica) ou da forma estratégica (às vezes denominada forma normal). A forma estratégica é a representação mais popularizada de jogos, mas a subseção que se segue apresenta os jogos com informação completa na forma extensiva, uma vez que essa representação fornece descrição mais rica e completa dos jogos.

9.2.1 Representação extensiva de jogos com informação completa

Consideremos as decisões interdependentes de duas empresas quanto a investimentos a realizar na capacitação tecnológica e nas atividades de Pesquisa e Desenvolvimento (P&D). De forma realista, os montantes a serem investidos não podem ser avaliados com precisão, distinguindo-se apenas como investimentos elevados (E) ou investimentos menores (B) por comparação com alguma referência histórica. Sabe-se que a empresa I sempre toma suas decisões antes da empresa II, após o que a empresa II observa a escolha da empresa I, decidindo a seguir entre E ou B ou entre e ou b. Após a decisão da empresa II, a empresa I e a empresa II auferem ganhos finais, indicados no gráfico que se segue pelos números entre parênteses (o primeiro número indica o ganho da empresa I e o segundo, o ganho da empresa II).

Impossibilidades de avaliação quantitativa do potencial de mercado, taxas internas de retorno e outros critérios de seleção de oportunidades de investimento e decisão permitem apenas às firmas que ordenem as situações tidas como possíveis de acordo com suas preferências. Para a empresa I, o melhor dos desenlaces possíveis seria aquele em que seus investimentos pudessem ser baixos, pois isto implica menos esforço e menores custos organizacionais, com investimentos também baixos da empresa II (daí o ganho final de 4 para a empresa I). O segundo melhor desenlace para a empresa I caracteriza-se pela escolha de E pela empresa I e pela escolha de b pela empresa II (daí o pagamento de 3 para a empresa I). Acontece que, diante dos investimentos menores da empresa I, a empresa II também pode realizar investimentos elevados, e esta é a situação que a empresa II prefere a qualquer outra (daí o ganho final de 4 para a empresa II). Na ordem das preferências da empresa I, este seria o terceiro melhor desenlace do jogo (daí o ganho final de 2 para a empresa I). A empresa II também prefere investir pouco quando a empresa I investe pouco a investir pouco quando a empresa I investe muito. Quando as duas empresas investem muito, configura-se a pior das situações para ambas, o que está indicado por (1,1). Com isto em mente, pode-se recorrer à Figura 9.1, que traduz o problema em um "diagrama de árvore" simples.

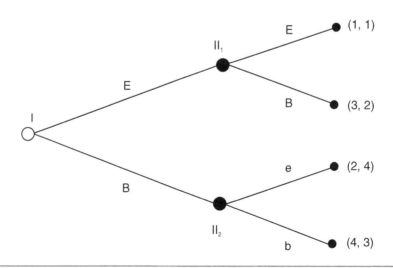

Figura 9.1 A Forma Extensiva de um Jogo com Informação Completa e Perfeita.

A árvore é constituída de ramificações, cada uma das quais conectando dois pontos, chamados "nós" ou "nodos". O nó que se encontra mais à esquerda é denominado "raiz" da árvore, e representa o início do jogo. Existem nodos sem ramificações (quatro no caso), que recebem, por isso, a denominação de "nós terminais". As sequências de eventos e as ramificações configuram "caminho de jogadas" e maneiras possíveis do jogo ser jogado, tendo como finalizações os nós terminais. Após cada nó terminal, a Figura 9.1 mostra a dupla de números que denota os ganhos finais (*payoffs*).

Como representação do jogo, a árvore explicita as incertezas – associadas às interdependências das ações possíveis de serem adotadas pelos jogadores – que antecedem os ganhos finais. Na Figura 9.1, está representado um jogo com *informação completa e perfeita*, pois as ações do jogador I são sempre observadas pelo jogador II antes do jogador II tomar suas decisões. O jogador sabe que está no nó e conjunto de informação II.1, ou no nó e conjunto de informação II.2 quando é a sua vez de jogar. Uma incerteza adicional a ser contemplada a seguir é a que decorre das impossibilidades de os jogadores observarem as decisões tomadas pelo outro jogador, diferentemente do que ocorre no jogo da Figura 9.1.

Tal como acontece em leilões e licitações, em que os competidores (sem comunicação prévia entre si) apresentam suas propostas em envelopes fechados, nos *jogos com informação completa e imperfeita*[1] existem dificuldades de comunicação entre os jogadores. No caso, quando a empresa II não pode observar as decisões tomadas pela empresa I, o jogo passa a ser descrito como a seguir, na Figura 9.2, situação em que a empresa I também terá dificuldades de prever as decisões tomadas pela empresa II (ponto que será mais elaborado quando estudarmos os conceitos de solução).

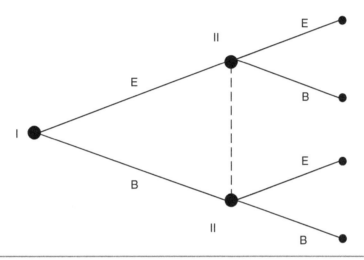

Figura 9.2 A Forma Extensiva de um Jogo com Informação Completa e Imperfeita.

Agora, os dois nós de decisão pertencentes à empresa II não podem mais ser distinguidos (como indica a linha tracejada) e passam a pertencer ao mesmo conjunto de informações. Vale dizer, na sua vez de jogar, a empresa II (e a empresa I, pois a situação é simétrica) não sabe se está no nó de decisão superior (que foi anteriormente indicado por II.1) ou inferior (antes indicado por II.2). Omitiremos os ganhos (que suporemos serem os mesmos do caso anterior) da Figura 9.2 para tornar mais nítida a apreensão visual das novas regras do jogo.

Com esses elementos, podemos agora elaborar o conceito de estratégia. Para um jogador determinado, uma *estratégia* é a regra de conduta que especifica um movimento e uma escolha de ramificação para cada um dos *conjuntos de informação* do jogador. No jogo com informação perfeita, o jogador e a empresa I possuem apenas um conjunto de informação, a partir do qual pode selecionar E ou B. Para o jogador e empresa II, uma possível estratégia deve especificar o que fazer quando estiver na posição II.1 (escolher E ou B), e o que fazer se for chamado a jogar na posição e nó II.2 (escolher e ou b). No jogo com informação imperfeita, especificamos que os dois jogadores decidem entre E ou B apenas, pois dos nós que pertencem a um único conjunto de informação devem se suceder as mesmas alternativas de escolha (a descrição do jogo está levando em conta o fato de o jogador II não saber em qual dos nós do mesmo conjunto de informação ele se encontra). Em um sentido mais amplo, é importante reconhecer que os jogadores jogam com objetivos (condicionais) múltiplos, e a partir de *conjuntos de estratégias* que, nas situações hipotéticas comentadas, podem ser especificadas como se segue:

Conjuntos de Estratégias		
	Quadro I	Quadro II
Empresa I	{E, B}	{E, B}
Empresa II	{Ee, Eb, Be, Bb}	{E, B}

9.2.2 A representação normal e forma estratégica de jogos

Para definirmos um jogo em forma estratégica, é necessário apenas especificar o conjunto de jogadores, o conjunto de opções e estratégias disponíveis para cada jogador, e os ganhos possíveis associados a cada jogada e escolha possível de estratégias. As formas estratégicas mostradas a seguir correspondem aos jogos representados por suas formas extensivas nas Figuras 9.1 e 9.2, respectivamente, à esquerda e à direita da Figura 9.3.

C_I \ C_{II}	Ee	Eb	Be	Bb
E	1,1	1,1	3,2	3,2
B	2,4	4,3	2,4	4,3

C_I \ C_{II}	E	B
E	1,1	3,2
B	2,4	4,3

Figura 9.3 Representações Normais de Formas Estratégicas.

Deve-se desde já adiantar que o recurso à forma estratégica pode se tornar tão trabalhoso quanto pouco promissor, observação que não justifica abdicar de seu uso. Entretanto, mais importante do que isso é reconhecer que a *forma estratégica é um modelo estático de jogo*, pois ignora questões temporais e trata o jogo como se os jogadores estivessem escolhendo suas estratégias simultaneamente (mesmo que haja um hiato de tempo entre as tomadas de decisão de um e do outro). Diferentemente, a *forma extensiva é um modelo dinâmico de jogo*, pois leva em conta e descreve de forma completa as sequências de movimentos e eventos possíveis de ocorrer ao longo do tempo quando o jogo for jogado.

A generalização do que foi exposto anteriormente se faz necessária e as notações que se seguem podem ser oportunas, justificadas e necessárias, uma vez que serão úteis em desenvolvimentos posteriores. Em primeiro lugar, os jogadores constituirão um conjunto J de J elementos, com $j = 1, ..., J$. Cada jogador j tem conjunto Cs_j de m estratégias, e $Cs_j = \{s_{j1}, ..., s_{ji}, ..., s_{jm}\}$. Por sua vez, um perfil de estratégias será representado pelo conjunto $S = (s_1, ..., s_J)$, que dirá respeito à combinação de estratégias que define uma célula na forma normal e estratégica dos jogos. Ou seja, S é extraído do conjunto Cs, com cada jogador genérico extraindo uma estratégia específica do seu conjunto de estratégias. Além disso, como a busca de equilíbrios obrigará a que se foque nas decisões de cada jogador, é conveniente representar a estratégia do jogador em questão por s_j e denotar o perfil de estratégias dos demais jogadores por s_{-j}. Finalmente, se dirá (por ora) que os jogos estão também descritos por coleção de funções de pagamento $U = \{u_1(.), ..., u_J(.)\}$ que atribuem utilidades aos jogadores em cada nó terminal que pode ser alcançado, e em cada célula da forma estratégica ou normal do jogo.

9.3 Conceitos de Solução: Análise de Jogos Estáticos com Decisões Simultâneas

A partir das observações da seção anterior, cabe agora indagar acerca de como elaborar, intuir e prever os desenlaces possíveis de jogos. O leitor terá acesso a *conceitos de solução para jogos* e *ao conceito de equilíbrio de Nash – EN*. Este conceito é inseparável da teoria dos jogos e, muito frequentemente, torna-se fonte de mal-entendidos.

O equilíbrio, quando encontrado, não deve ser interpretado como uma imposição normativa do tipo "o jogo deve ter este ou aquele desenlace" e/ou do tipo "o EN configura acordo autoimpositivo", como se verá logo adiante. Acordos que se pretendem autoimpositivos devem possuir características adicionais de incentivo e/ou constituir referências virtuosas de *convenções* ou *pontos focais* para que sejam tácitos, e não compulsoriamente adotados pelos jogadores. Se pretendermos supor a existência de acordos (que tenham a força de um equilíbrio), é recomendável que antes descrevamos e analisemos o jogo que permitiu a emergência do acordo.

Convém assinalar que a noção de equilíbrio não tem diretamente a ver com ganhos finais, e Kreps, persuasivamente numa das mais conhecidas maneiras de se referir ao desenlace de um jogo, referiu-se ao equilíbrio como uma "maneira razoável do jogo vir a ser jogado" no sentido de que, ao compartilharem a crença de que existe uma maneira óbvia de o jogo ser jogado, então os jogadores alcançariam o EN. Mas essa sugestão não deve levar o leitor a inferir que os desenlaces dos jogos venham a ser inequívocos. Em particular, os jogos podem não apresentar equilíbrio (quando jogados por meio de estratégias puras – veja o Apêndice), podem ter equilíbrio único e podem ter equilíbrios múltiplos. Ou seja, o EN é um conjunto que pode ser vazio, pode ser composto de elemento único e pode ser composto de mais de um equilíbrio. No caso de equilíbrios múltiplos, a "maneira razoável" de jogar contemplaria a identificação dos equilíbrios e a seleção do equilíbrio final (problema que será ilustrado melhor logo a seguir).

Isso sugere que, para alcançar o EN, a teoria dos jogos supõe que os jogadores estariam selecionando e depurando o conjunto de estratégias disponíveis. Duas *maneiras razoáveis* dos jogos serem jogados serão brevemente expostas a seguir. No primeiro método, os jogadores eliminam e descartam estratégias que não resistem a critérios de dominância, o que constitui um método muito criticado por sobrecarregar, como se verá, a suposta racionalidade dos jogadores (e a confiança depositada pelos jogadores na racionalidade dos oponentes, o que pode ser grave, especialmente quando as estratégias forem numerosas e as eliminações supostas forem muitas). No segundo método, as exigências de racionalidade atuam menos diretamente. Os jogadores descartam as estratégias disponíveis que não constituem melhores respostas às escolhas de estratégias que esses jogadores conjecturam que venham a ser adotadas pelos oponentes. As estratégias que sobrevivem a esse processo são denominadas *estratégias racionalizáveis*, sendo reconhecido que se trata do método mais poderoso de refinamento dos conjuntos de estratégias dos jogadores.

9.3.1 Equilíbrio de Nash – EN

Nesta subseção, o EN será formalmente apresentado, mas, antes disso, se discutirá dois métodos de solução que ajudam a explicitar os pressupostos de racionalidade a serem adotados, assim como o alcance deles.

9.3.1.1 *A Eliminação de Estratégias Dominadas*

Considere-se a representação normal de um jogo em forma estratégica, tal como na Figura 9.4, em que estão explicitados apenas os ganhos do jogador I associados às suas estratégias s_1 e s_2 e t_1 e t_2 do jogador II. Como segue:

II	t_1	t_2
s_1	x	y
s_2	z	w

Figura 9.4 Representação Normal de um Jogo em Forma Estratégica.

Diz-se que a estratégia s_1 é fortemente (e/ou estritamente) dominante (e s_2 é fortemente e/ou estritamente dominada) quando for constatado que $x > z$ e $y > w$. Caso se constate que $x = z$ (com $y > w$) ou que $y = w$ (com $x > z$), diz-se então que s_1 é fracamente dominante e s_2 é fracamente dominada.[2]

O importante a reter, no caso, é que os ganhos associados a dada estratégia do jogador *j* devem ser cotejados com o conjunto de ganhos associados às suas demais estratégias. Reconsideremos, agora, a representação normal e estratégica do jogo da Figura 9.3(b), reproduzida na Figura 9.5, sem levar em conta, no momento, as barras colocadas sobre e sob alguns dos números e pagamentos.

Por comparação entre linhas, pode-se observar que a *estratégia* (*pura*) E é forte e estritamente dominada para a empresa e jogador I: seja qual for a escolha da empresa/jogador II, a empresa I obtém pagamentos maiores escolhendo B (com probabilidade igual a 1) do que escolhendo E (com probabilidade igual a 1). A noção de dominância tem as implicações seguintes.

Podemos dizer que, dificilmente, a estratégia dominada E viria a ser escolhida pelo jogador I, fato que é também do conhecimento do jogador II, e que permite em princípio suprimir a estratégia E da representação do jogo sem alterar as regras do mesmo jogo. Com isso feito, a representação estratégica do jogo passa a ser a da Figura 9.5(b). Diante dessa versão simplificada do jogo, é esperado que o jogador II preferirá a estratégia E à estratégia B, caso o jogador II fosse também "racional" como o jogador I, e no sentido elementar em que a noção de racionalidade foi utilizada. Assim sendo, outra representação estratégica

124 Economia Industrial

(a)

C_I \ C_{II}	E	B
E	1,1	3,$\overline{2}$
B	$\underline{2},\overline{4}$	$\underline{4},3$

(b)

C_I \ C_{II}	E	B
B	2,4	4,3

Figura 9.5 Representações Estratégicas de Jogos, Completa (a) e com Estratégias Dominadas Suprimidas (b).

poderia ser apresentada incluindo apenas as estratégias B e E para os jogadores I e II, respectivamente, e o *equilíbrio do jogo* estaria definido por (B, E).

A eliminação de estratégias pelo critério de dominância é método potencialmente eficaz de simplificação, mas a teoria dos jogos recomenda cautela no seu uso, especialmente quando as eliminações ignoram a forma extensiva do jogo (ponto a ser mais esclarecido a seguir) ou quando muitas eliminações são executadas, como já foi assinalado. Neste último caso, o analista estaria impondo aos jogadores que refizessem por muitos turnos suas confianças na racionalidade do outro jogador, o que deve ser evitado, mas não a noção de dominância. Mais importante, talvez, é chamar a atenção para o uso indevido do método quando há identificação de estratégias fracamente dominadas.

Melhores Respostas (*best responses*)

Tendo avaliado o alcance possível do método de eliminação de estratégias pelo critério da dominância, pode ser do interesse do leitor dispor de outro método, considerado mais poderoso e confiável, que possa vir a ser também atribuído aos jogadores. Agora, suporemos que os jogadores eliminarão estratégias que jamais serão as melhores respostas às suas conjecturas acerca das estratégias a serem adotadas pelos demais jogadores.

Exploratoriamente, e com o auxílio do jogo explicitado na Figura 9.5(a), pode-se dizer que o jogador I (com estratégias representadas nas linhas) prefere adotar a estratégia pura B quando conjectura que o jogador II (com estratégias puras representadas nas colunas) adotará a estratégia E. A estratégia B propicia ao jogador I ganho maior do que E, o que recomenda *denominar a estratégia B de melhor resposta do jogador I à conjectura de que o jogador II jogará a estratégia E*; e, assim por diante, devendo-se fazer o mesmo para a conjectura do jogador I de que o jogador II jogará B e permitir ao jogador II que adote o mesmo procedimento.

As estratégias que resistem e sobrevivem a esse procedimento são denominadas *estratégias racionalizáveis*. Pode-se argumentar que esse método de eliminação está fortemente apoiado nos pressupostos de racionalidade individual e de conhecimento comum das regras do jogo e das racionalidades mútuas; as estratégias remanescentes foram selecionadas a partir de conjectura justificável (e/ou racionalizável) que os jogadores sustentam a respeito das estratégias que serão adotadas pelos demais jogadores.

O recurso ao formalismo permite generalizar os procedimentos adotados. Em um jogo em forma estratégica, diz-se que a estratégia s_{ji} é uma melhor resposta para o jogador j para o perfil de estratégias s_{-j} adotado pelos rivais se $u_j(s_{ji}, s_{-j}) \geq u(s'_j, s_{-j})$ para todas as outras estratégias que não i, s'_j pertencentes ao conjunto de estratégias Cs_j do jogador j, ($s'_j \in Cs$).

9.3.1.2 *Equilíbrios de Nash – ENs*

No caso anterior da Figura 9.5(a), se o jogador I escolhe E, a melhor resposta do jogador II é B. Mas a melhor resposta do jogador I à escolha de B pelo jogador II não é E, mas B. Portanto, (E, B) não é equilíbrio de Nash. Quando o jogador I escolhe B, a melhor resposta do jogador II é E, e não B. Caso o jogador II escolha E, a melhor resposta do jogador I é B. Portanto, E é a melhor resposta do jogador II à escolha de B pelo jogador I e B é a melhor resposta do jogador I à escolha de E pelo jogador II, ou seja, compatibilidade mútua que aponta (B, E) como equilíbrio; e (B, E) configura conjecturas e previsões corretas dos jogadores, o que, podendo-se mais uma vez argumentar, não é imposição obrigatória do pressuposto de racionalidade, que apenas leva às estratégias racionalizáveis.

O equilíbrio de Nash virá a ser definido a partir do requisito de que os jogadores estejam mutuamente corretos acerca de suas conjecturas, caso de (B, E) citado anteriormente. Mais formalmente, o equilíbrio de Nash refere-se ao perfil $s = (s_1, ..., s_j)$, associado aos j jogadores, de modo que, para todo j, $j = 1, ..., J$, $u_j(s_{ji}, s_{-j}) \geq u(s'_j, s_j)$. Devem todas as estratégias $s'_j \in C_s$.

Uma forma talvez menos trabalhosa de se chegar às estratégias racionalizáveis e ao(s) equilíbrio(s) de Nash – ENs, é a de assinalar os ganhos com barras, como se fez na Figura 9.5(a). Os ganhos que identificam as melhores respostas do jogador I às suas conjecturas acerca das escolhas de estratégias por parte do jogador II estão marcados com barras sob os números, e os pagamentos que identificam as melhores respostas do jogador II às suas conjecturas acerca das escolhas de estratégias do jogador I estão marcados com barras sobre os números. As células que vierem a conter barras sob e sobre os números identificam as estratégias que constituem ENs.

9.3.2 O DILEMA DO PRISIONEIRO: ESTRATÉGIAS DISCRETAS E EQUILÍBRIO DE NASH ÚNICO

É uma das mais famosas situações de interdependência estratégica analisadas pela teoria dos jogos e descreve, entre outras histórias concebíveis, a detenção em flagrante de dois ladrões por parte de um detetive zeloso. O detetive chega à delegacia com os ladrões, mas sem testemunhas, sabendo que o delegado exigirá provas do delito. Ocorre ao detetive colocar os ladrões em celas separadas, tornando-os incomunicáveis. Após alguma reflexão, o detetive resolve apresentar uma proposta a cada um dos detentos em separado. A um deles sugere a traição, delatar o outro detento como responsável pelo crime em troca de recompensa e confirmações perante delegado e juízes do testemunho contra o colega que resultariam em menos anos de detenção. Ao outro detento o detetive apresenta a mesma proposta, o que motiva dissecar a armadilha proposta. Os detentos somente têm duas alternativas: cooperar (entre si) e não ceder à proposta do detetive e negar a cooperação que os levou juntos ao crime, cedendo à proposta e indiciando o colega. Os detentos não sabem se o outro confessou ou não, pois o jogo é jogo de informação imperfeita. Se ambos confessarem, eles pegam 5 anos de prisão; se ambos não confessarem, eles pegam 1 ano de prisão; e, se um confessar e o outro não, o que confessou é solto e o outro é penalizado com 10 anos de prisão.

Sendo I e II os prisioneiros, o jogo na forma estratégica seria:

I \ II	n	c
n	(–5, –5)	(0, –10)
c	(–10,0)	(–1, –1)

n: não cooperar

c: cooperar

Figura 9.6 O Dilema do Prisioneiro.

Convidamos o leitor a exercitar o uso das barras (que identificam as melhores respostas), sendo, assim, fácil concluir que o equilíbrio de Nash desse jogo é atingido quando os detentos decidem indiciar o colega e se negarem a cooperar. Surpreende no resultado o fato de os jogadores obterem pena de 5 anos cada no lugar da pena de apenas 1 ano de prisão, que ocorreria no caso de ambos cooperarem.

O resultado do jogo dramatiza as possibilidades frequentes da interdependência estratégica resultar em perdas coletivas e em ineficiências sociais, o que já levou muitos filósofos a interpretarem o dilema como representação bastante fiel da "guerra de todos contra todos" anunciada pelo Leviatã, de Hobbes. Note que o resultado foi obtido sem que supuséssemos, como se faz correntemente, que, em cada célula, o ganho de um jogador é a perda do oponente, e que a soma dos ganhos em cada célula é nula (o famoso *jogo de soma zero*).

9.3.3 MODELO DE COURNOT: ESTRATÉGIAS CONTÍNUAS E EQUILÍBRIO ÚNICO

Uma interpretação corrente da literatura especializada de Microeconomia, Organização e Economia Industrial é a de que os jogos estáticos de oligopólio possuem a mesma estrutura do Dilema do Prisioneiro. Examinemos a proposta analisando o comportamento estratégico de duas empresas que disputam um mercado fazendo escolhas relativas às quantidades a produzir e ofertar. Para simplificar a descrição das regras do jogo, suponha que as condições de demanda são conhecidas e que o preço é dado por $p(q) = 1 - q$. Ignore-se, por enquanto, os custos de produção, ou suponha que os custos unitários de produção são constantes, iguais a c tal que $c = 0$.[3]

Para os *duopolistas de Cournot*, as estratégias e escolhas possíveis de quantidades q_j situam-se, em princípio, no intervalo [0,1], o que configura, diferentemente dos jogos até agora estudados, um conjunto de estratégias com infinitos elementos, e isto também quer dizer que, no caso de uma das empresas selecionar 1, todo o mercado poderia ser abastecido por ela. Mas as empresas não tomam decisões como firmas completamente independentes (ainda que, nos jogos de decisões simultâneas, as decisões individuais dos jogadores não sejam observadas pelos oponentes) e sim reconhecendo antes uma interdependência estratégica, que poderia ser explicitada, para a empresa I inicialmente, por função de lucro individual da forma.

$$L_1 = (1 - q_1 - q_2) \cdot q_1$$

Com isso estabelecido, convém retornar aos procedimentos anteriores antes de identificar o EN para o jogo dos duopolistas. Admitamos, assim, que as firmas identificam "melhores respostas" às escolhas possíveis do competidor.

Quando a empresa I conjectura que a empresa II virá a produzir zero, a melhor resposta é selecionar a produção de monopólio, e $q_1 = 1/2$. Identifica-se esta estratégia na Figura 9.3 usando o eixo das abscissas para representar as escolhas da empresa I. Em outro extremo, caso a empresa I conjecture que a empresa II deseja abastecer todo o mercado, a melhor resposta da empresa I é selecionar o nível de produção igual a zero. Estes dois pontos definem, assim, a *Correspondência de Melhores Respostas* (*e/ou de Reação*) da empresa I, denotada por R_1. A situação é simétrica, podendo o mesmo raciocínio ser aplicado à empresa II para definir sua *Curva de Melhor Resposta* ou *Curva de Reação*, dada por R_2.

C_I \ C_{II}	C	N
C	L*/2, L*/2	L^C, L^N
N	L^N, L^C	L^C, L^C

Figura 9.7 As Correspondências de Melhores Respostas no Modelo de Cournot.

Analiticamente, as melhores respostas das empresas seriam dadas pela regra de maximização de lucros. Para a empresa I, dado que $\partial[(1 - q_1 - q_2) \cdot q_1] / \partial q_1 = 0$, as melhores respostas seriam fornecidas pela expressão $q_1 = R_1(q_2) = (1 - q_2)/2$.

O *equilíbrio de Cournot-Nash*, ECN, ficará definido pela interseção das duas correspondências, ponto em que as conjecturas mútuas estão corretas e se compatibilizam, prevendo 1/3 do mercado para cada uma das empresas e 2/3 da quantidade total produzida, com p = 1/3 e lucros individuais de 1/9. Assim, a quantidade total a ser produzida é superior à de monopólio, com preços e lucros inferiores aos que este último arranjo propiciaria, mas inferior à quantidade total que seria produzida em concorrência perfeita.

A forma estratégica apresentada na Figura 9.8 ilustra a semelhança de estruturas, do jogo dos duopolistas de Cournot com o Dilema do Prisioneiro (L* é o lucro de monopólio e L_c o lucro previsto pelo Modelo de Cournot) e é ilustração do que se denomina análise da estabilidade do equilíbrio. De fato, caso as regras do jogo e instituições fossem outras e as empresas pudessem se coordenar como um monopólio (dividindo igualmente a quantidade a ser produzida e agindo como se ambas cooperassem), a produção individual seria de 1/4. A célula correspondente à escolha de estratégias {C, C} e os valores de L*/2 podem, então, ser identificados, recomendando-se fazer o mesmo com relação à célula {N, N} e aos lucros individuais, L_c, alcançados no equilíbrio de Cournot-Nash.

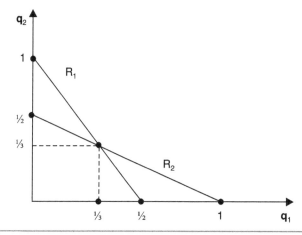

Figura 9.8 As Correspondências de Melhores Respostas no Modelo de Cournot.

E por que o acordo de monopolização não seria efetivo? Segundo o modelo aqui proposto, porque, uma vez que uma das empresas venha a anunciar a produção de 1/4, a outra empresa teria incentivos para, obedecendo sua correspondência de melhor resposta, responder com a produção $(1 - 1/4)/2 = 3/8$. Identifique os lucros das empresas I e II e alcance os valores das células correspondentes a $\{N, C\}$, $\{C, N\}$, L^N e L^C, que são os lucros individuais obtidos quando a escolha de estratégias é divergente. Com a forma estratégica completada, você terá alcançado a previsão de que o equilíbrio de Cournot-Nash viria a ser jogado. Mas vale também continuar o exame da estabilidade. Identificada a produção individual quando uma das empresas coopera e a outra desvia, você pode supor que a outra empresa virá, também, a desviar, o que levaria a empresa que inicialmente escolheu C a responder, agora, com $(1 - 3/8) = 5/16$, o que levaria a empresa que decidiu por não cooperar no primeiro lance a adotar a melhor resposta de 11/32, resultados que configurariam convergência das estratégias de melhores respostas para (1/3, 1/3).

Essa comparação, sugere que, para a coletividade de empresas envolvidas, o ECN prevê "ineficiências organizacionais". Mas a situação também contrasta com os resultados da concorrência perfeita, em que o mercado estaria sendo totalmente abastecido a preços nulos (pois o custo unitário variável é nulo, por hipótese, e a quantidade total produzida seria de 1, valendo sugerir que se localize no gráfico o par de estratégias ([1/2, 1/2]). Portanto, o ECN configuraria também "ineficiências sociais" à luz da produção máxima e do preço mínimo que poderia ser oferecido ao mercado e aos consumidores, resultado que virá a ser questionado pelo Modelo de Bertrand.

9.3.4 O MODELO DE BERTRAND: PRODUTOS HOMOGÊNEOS

Este modelo tem estrutura semelhante à do Modelo de Cournot e à do Dilema do Prisioneiro; entretanto, difere destes porque agora as empresas fazem escolhas de preços, em vez de selecionarem estratégias de quantidades a ofertar. Suponham-se condições de demanda idênticas às anteriores, em que os consumidores sempre optam por comprar da empresa com menor preço, uma regra acordada de divisão de mercado e custos unitários constantes. A regra (explicitada para facilitar o entendimento) diz que, a preço comum, cada empresa fica com metade da demanda total. Assim sendo, as duas empresas anunciam seus preços simultaneamente e as vendas para a empresa I, por exemplo, podem ser especificadas por D_1 e por:

$$D_1(p_1, p_2) = D(p_1) \quad \text{quando } p_1 < p_2;$$
$$D_1(p_1, p_2) = 1/2\, D(p_1) \quad \text{quando } p_1 = p_2;$$
$$D_1(p_1, p_2) = 0 \quad \text{quando } p_1 > p_2;$$

e a função objetivo como

$$L_1 = (p_1 - c)\, D_1(p_1, p_2)$$

A situação é simétrica e algo análogo pode ser estabelecido para a empresa II. O *equilíbrio de Bertrand-Nash – EBN* propõe que as duas empresas selecionarão $(p_1{}^*, p_2{}^*) = (c, c)$, o que, no caso de $c = 0$, equivale a preços nulos. Com preços nulos, as quantidades individuais produzidas seriam de 1/2 e a quantidade total alcançaria 1, como se os duopolistas estivessem competindo em regime de concorrência perfeita.

Antes de passar às qualificações, é importante proceder aos mesmos testes de consistência a que se submeteu o ECN. Considere-se, por exemplo, que os custos unitários são positivos e iguais a c e que $p_1 > p_2{}^* > c$. Nesse caso, a empresa I fica sem demanda e com lucros nulos. Se a empresa II mantiver o preço em $p_2{}^*$, e se a empresa I cobrar $p_1 = p_2{}^*$, o lucro unitário da empresa I será de $(p_1 - c)/2$. Caso a empresa I decida cobrar preço um pouco inferior ao da empresa II, na medida de $r > 0$, a empresa I aufere a margem unitária de lucro de $p_2{}^* - r - c$. A estratégia de cobrar $p_2{}^* - r$ domina, portanto, aquelas duas possibilidades. Além disso, empresa alguma cobrará preços inferiores ao custo unitário; e, se $p_1 > p_2 = c$, a empresa I ficará sem mercado, possibilitando inclusive à empresa II aumentar seu preço em medida pequena. A empresa II está diante de conjecturas semelhantes, o que confirma a estabilidade do EBN, no qual $p_1{}^* = p_2{}^* = c$.

9.3.5 ENS MÚLTIPLOS: SELECIONANDO EQUILÍBRIOS MÚLTIPLOS

Como já assinalamos, os jogos podem apresentar equilíbrios de Nash múltiplos e vale voltar ao jogo da Figura 9.1, agora na sua forma estratégica, para ilustrar os problemas a serem enfrentados. A Figura 9.9 reproduz o jogo da Figura 9.1 com os equilíbrios assinalados, como a seguir.

128 Economia Industrial

C_I \ C_{II}	Ee	Eb	Be	Bb
E	1,1	$\underline{3},\overline{2}$	$\underline{3},\overline{2}$	$3,\overline{2}$
B	$\underline{2},\overline{4}$	$2,\overline{4}$	$2,\overline{4}$	$\underline{4},3$

Figura 9.9 Equilíbrios de Nash para o Jogo do Quadro I.

Como se pode conferir, os equilíbrios de Nash definem o conjunto {(B, Ee), (E, Eb), (E, Be)} como maneiras prováveis de o jogo vir a ser jogado, situação que já foi caracterizada como embaraçosa para efeitos de previsão e, talvez, crítica para os jogadores, pois estão diante de dificuldades de se coordenarem para selecionar o desenlace do jogo. Por esta razão, diz-se que os equilíbrios múltiplos caracterizam falhas de coordenação, ponto que voltará a ser exemplificado a seguir.

9.3.5.1 *Exemplo de Falha de Coordenação*

O exemplo que se segue, referenciado pela Figura 9.10, tem versão curiosa, denominada *batalha dos sexos*. Neste jogo, dois parceiros decidem o que fazer no final de semana, sabendo ambos que um deles prefere ir ao cinema (uma das estratégias) e o outro prefere prestigiar o futebol (a segunda estratégia). Entretanto, ambos preferem estar juntos a ficar separados, o que na figura pode ser representado por ganhos de zero no lugar de 1. Mas outro roteiro possível para o jogo é o que discute interdependências estratégicas entre dois gerentes de uma empresa. O gerente de *marketing* (C_I) e o gerente de produção (C_{II}) procuram tomar decisões acerca, respectivamente, do tamanho dos lotes a produzir e do número de variedades de produtos a oferecer aos clientes. Há intenções da parte dos gerentes de maximizar o lucro da empresa para a qual trabalham, ou de minimizar custos, estocagem de produtos, paradas na linha de produção e outros conflitos a serem superados. Para um dos gerentes, oferecer mais produtos significa atender melhor aos desejos dos clientes e preços mais elevados. Entretanto, para um tamanho definido de lote, aumentar o número de produtos significa também aumentar estoques. Para o outro gerente, um dado número de variedades está associado a um tamanho apropriado de lotes. Lotes menores estão associados a estoques menores, mas obrigam a empresa a incorrer em custos de paradas nas linhas de produção e de reorientação destas para outros produtos. Quanto maior o tamanho dos lotes, mais onerosa a estratégia de aumentar a gama de variedades. Na Figura 9.10, N denota a estratégia de produzir um número grande de produtos e n a estratégia de produzir número menor de produtos; l denota a estratégia de operar com lotes menores e L denota a estratégia de operar com lotes maiores. Os pagamentos traduzem as preferências e os ganhos de l anunciam que as perdas associadas a descoordenações não seriam totais.

C_I \ C_{II}	l	L
n	1,1	3,4
N	4,3	1,1

Figura 9.10 Exemplo de Falência de Coordenação.

O jogo tem dois equilíbrios de Nash e a teoria dos jogos sugere que, em casos como estes, a seleção do equilíbrio estará sendo feita por elementos não incluídos na descrição do jogo. Consta que o equilíbrio (n, L) teria sido o escolhido pela Ford na época de fabricação do modelo T e que o equilíbrio (N, l) foi o selecionado pela General Motors por constituírem *pontos focais*[4] de uma empresa e da outra, respectivamente.

9.4 Jogos Dinâmicos com Informação Completa: Indução Retroativa (*backward induction*), Subjogos e Equilíbrio Perfeito em Subjogo

Antes de se recorrer a situações mais complexas, suponhamos que o jogo entre as empresas I e II se dê como está representado na Figura 9.1. Uma das maneiras de analisar o jogo apresentado, já conhecida, é recorrer à representação estratégica.

Como se viu, o conjunto de estratégias da firma I é {E, B}, e o conjunto de estratégias da empresa II é {Ee, Eb, Be, Bb}. Procedimentos análogos aos adotados na seção anterior permitem que se identifique o *conjunto de equilíbrios de Nash* {(B,

Ee),(E, Eb),(E, Be)} ou, renomeando convenientemente as estratégias, {(B, e dado II.2), (E, e dado II.1), (E, b dado II.1)}, resultado que merece ser por nós retido para elaboração posterior.

Recorramos, agora, à representação extensiva e dinâmica do jogo e levemos em conta que, sendo o jogo de conhecimento comum das empresas/jogadores, a empresa I, antes de tomar sua decisão, tire partido da possibilidade de se colocar no lugar da empresa II, seja no nó II.1, seja no nó II.2. Tentando antever os resultados condicionais de suas possíveis decisões, por empatia, confiando na racionalidade da empresa II, a partir de II.1, e caminhando no sentido do nó final do jogo, a empresa I pode deduzir que a empresa II decidiria por *b*, o que propicia a ela própria ganho de 2, superior ao ganho de 1 que seria auferido caso a empresa II decidisse por *e* (a duplicação das ramificações ajuda a explicitar o procedimento). Repita o procedimento levando em conta a possibilidade de o jogo chegar em II.2. Tendo descartado as ações *e*, no caso de II.1 e *b*, no caso de II.2, considere então que os nós II.1 e II.2 são nós finais do jogo e transfira os ganhos (3,2) e (2,4), respectivamente, para os novos nós finais. Você chegou à *forma reduzida* do jogo inicial, com a qual irá se defrontar a empresa I ao ter de tomar sua decisão inicial e depois de proceder à indução retroativa.

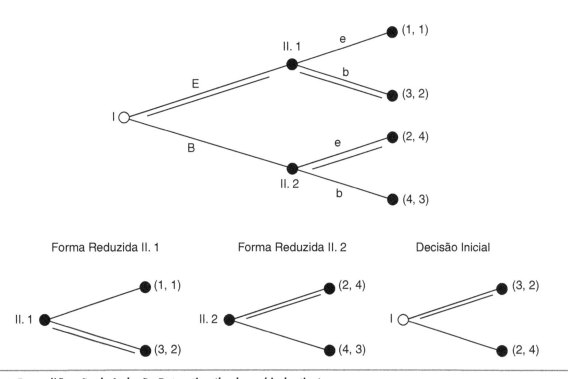

Figura 9.11 Exemplificação da Indução Retroativa (*backward induction*).

Como esperado, a empresa I decidirá por E, e o equilíbrio por indução retroativa, que se denominará *EN sequencialmente racional*, será (E, b dado II.1). Como se pode verificar, a indução retroativa refinou as previsões identificadas na análise da forma estratégica do jogo. Os equilíbrios que não passam pelo *teste da racionalidade sequencial*, segundo o procedimento adotado, mereceriam ser descartados.[5]

Convém, agora, a partir do resultado alcançado, indagar se é possível identificar ENs que satisfaçam o princípio de racionalidade sequencial em jogos mais gerais que envolvam informação imperfeita. Isso se adequaria às motivações iniciais do texto e se justifica recorrendo-se à forma extensiva que se reproduz na Figura 9.12.

Agora, podemos indagar ao leitor como proceder à obtenção das formas reduzidas do jogo. Notemos que, após alcançar os nós II.1 e II.2, as empresas I e II passam a jogar jogos de decisões simultâneas (afinal, a teoria dos jogos pode conviver com mudanças nas regras do jogo). Como se pode verificar, o jogo que se segue ao nó II.2 é um Dilema do Prisioneiro e o jogo que se segue ao nó II.1 é um jogo de coordenação. O equilíbrio de Nash do jogo à direita (a partir do nó II.2) é encontrado quando ambos renegam e perdem 5. O jogo que se inicia no nó II.1 tem dois equilíbrios de Nash (f, F) e (F, f). Resolvendo o jogo por indução retroativa, já observando os equilíbrios de Nash, o jogador I prefere jogar B, pois assim ele poderá ganhar ou perder 1 enquanto que, se jogasse E, deveria perder 5.

Antes de adotar o procedimento natural, convém justificar sua adoção com novas definições. Um *subjogo* de jogo em forma extensiva é um subconjunto do jogo com as seguintes propriedades: (1) o subjogo tem início em um conjunto de informações que contenha um único nó de decisão, como também todos os nós de decisão que se sucedem, e apenas estes nós; e (2) se um nó de decisão *x* pertence ao subjogo, então todo nó de decisão que pertença ao mesmo conjunto de informação ao qual pertence *x* deve pertencer ao subjogo. Obviamente, o jogo por inteiro é um dos subjogos a serem encontrados. O jogo do exemplo anterior possui três subjogos.

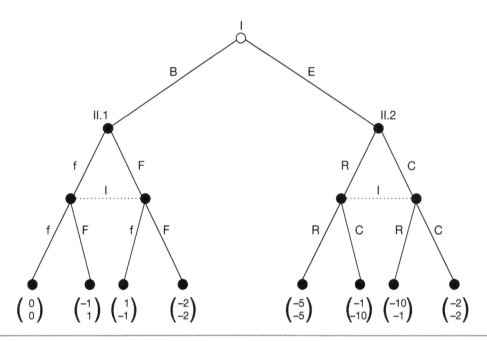

Figura 9.12 Representação Extensiva, Subjogos e Racionalidade Sequencial.

Sugerimos, então, que você adote o *método de indução retroativa generalizada* (v. MWG, *op.cit.*, p. 277, para prova formal), ou seja, que inicie pelo final da árvore do jogo e identifique ENs para cada um dos subjogos finais; depois, selecione um EN em cada um dos subjogos e derive a forma extensiva reduzida, repetindo os passos anteriores para o jogo reduzido e assim por diante até alcançar um perfil de equilíbrios, como acontece no exemplo citado, ou o equilíbrio único, quando for o caso. Mas examine também a definição que se segue.

Segundo Selten, um perfil de estratégias $s = (s_1, ..., s_J)$ em um jogo em forma extensiva de *J* jogadores é o *Equilíbrio Perfeito de Nash em Subjogo* (*Subgame Perfect Nash Equilibrium – SPNE*) se este equilíbrio induz um EN em cada subjogo do jogo em forma extensiva, devendo-se notar que, a partir de analogias com resultados já assinalados, todo SPNE é EN, mas nem todo EN é SPNE. Além disso, vale assinalar o resultado que o leitor já teria encontrado no exemplo anterior: o fato de que o conjunto de SPNEs não é necessariamente único.

9.4.1 O Modelo de Stackelberg

No Modelo de Stackelberg, supõe-se que a empresa *I* seja uma empresa já estabelecida (*incumbent*) no mercado que pode fazer valer seu compromisso de permanecer nesta atividade instalando capacidade antes da empresa *E* (*entrant*). Consideremos que os custos irrecuperáveis (*sunk costs*) comprometam as decisões da empresa *I* por certo período de tempo. Com isso, a empresa *I* estaria sinalizando à empresa *E* sua disposição de permanecer no mercado em períodos futuros. Isso dado, no primeiro estágio do jogo, a empresa *I* deve decidir pela quantidade a produzir. Com as simplificações adotadas, pode-se dizer que a empresa *E* é uma concorrente potencial que pode ingressar sem custos no mercado, ou é uma empresa que já participa deste como empresa marginal. No segundo estágio do jogo, a empresa *E* decide, então, pela quantidade a ser produzida, tendo observado a decisão prévia da empresa *I*.

Como se viu, em jogos dinâmicos, o jogador que tem a liderança – o responsável pelo primeiro movimento do jogo – pode se colocar no lugar dos demais jogadores e antecipar suas decisões. No caso, tudo se passaria como se a empresa I pudesse inspecionar as melhores respostas, dadas por RE, a serem selecionadas pela empresa E, dadas suas conjecturas a respeito das estratégias a serem selecionadas no primeiro estágio pela empresa I, vindo a empresa I a usar esta informação para decidir pela capacidade de produção que mais lhe convém no primeiro estágio do jogo. Dada a decisão inicial da empresa I, e como a empresa E confere credibilidade à decisão da empresa I, a empresa E observa a decisão da primeira e decide sob o comando de sua correspondência de melhores respostas.

Considere, por exemplo, que a correspondência de melhores respostas da empresa E seja dada por $q_E = (A - c - q_I)/2$, como no exemplo anterior. Como se viu, nesse caso a função de demanda é dada por $p(q) = A - q$, e os custos unitários são constantes e iguais a c para as duas empresas. Tendo esse conhecimento, a empresa I pode, assim, especificar sua função objetivo, que passa a ser $L_I = (A - c - q_I - (A - c - q_I)/2) q_I$. A otimização dessa função indicará à empresa I a decisão a ser tomada, ou seja, $q_I = (A - c)/2$. Na sua vez de jogar, a empresa E usará essa informação em R_E, obtendo como resposta $q_E = (A - c)/4$.

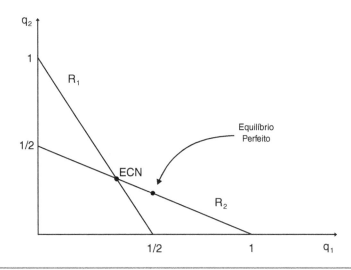

Figura 9.13 O Equilíbrio Perfeito de Nash em Subjogo – SPNE no Modelo de Stackelberg.

O SPNE é assim $[(A - c)/2, (A - c)/4]$, e está representado na Figura 9.13, onde se supõe $A = 1$ e $c = 0$, e que q_1 representa as quantidades produzidas da empresa I e q_2 representa as quantidades produzidas da empresa E. Note, a propósito do modelo estudado, que as escolhas da empresa I induzem pontos na correspondência de melhor resposta da empresa E.

No equilíbrio encontrado, a empresa I produz a quantidade de monopólio, 1/2 (no caso), seus lucros são máximos, e a empresa E aufere lucros positivos, mas inferiores aos lucros que obteria caso o jogo fosse um jogo de Cournot. Recomendamos que o leitor examine, como exercício útil, que os lucros da empresa E decrescem ao longo de sua correspondência de melhores respostas de 1/2, o que configura a situação em que a produção da empresa I é nula, e a empresa E pode decidir como monopólio, auferindo lucros máximos, até o ponto em que a empresa I produz 1, e os lucros da empresa E são nulos, valendo comentário equivalente para a empresa I.

Notemos que, no caso da disputa exigir da empresa E que realize investimentos iniciais para ingressar no mercado e no caso de esses investimentos serem superiores aos lucros correspondentes ao equilíbrio final, a empresa E poderá ter sua entrada no mercado bloqueada.

9.4.1.1 Estratégias Mistas e o Equilíbrio em Estratégias Mistas

Até aqui desconsideramos o uso de estratégias mistas por parte dos jogadores. Pela nossa experiência, o conceito de estratégia mista é de assimilação inicial difícil (razão porque, aliás, Dixit e Nalebuff e Dixit e Skeath dedicam longas e saborosas partes de seus livros ao tópico), mas se torna não descartável depois de aprendido. Correremos aqui o risco de oferecer uma abordagem sintética para as estratégias mistas e para o equilíbrio em estratégias mistas, lembrando ao leitor (e recorrendo ao argumento de) que jogos com estratégias finitas que não possuem equilíbrio de Nash em estratégias puras possuem equilíbrio de Nash em estratégias mistas.

Há inúmeras justificativas para supor o uso de estratégias mistas, tal como se exemplificará. Uma das mais consagradas e utilizadas é a que atribui aos jogadores intenções de tornar suas escolhas de estratégias difíceis de serem previstas pelo outro jogador (como em jogos de tênis, basquete e futebol). Mas o objetivo de transferir imprevisibilidades ao oponente obriga o jogador a evitar que seu comportamento se torne previsível e tornar suas escolhas aleatórias.

Por razões didáticas, em vez de recorrer a um jogo que não possua equilíbrio em estratégias puras, recorreremos a um jogo que possua dois equilíbrios e procuraremos identificar o terceiro equilíbrio em estratégias mistas. No jogo da Figura 9.14, não

132 Economia Industrial

é do interesse do jogador I assegurar ao jogador II que Cooperar (C) será implementada com certeza e probabilidade unitária. Também não há interesse por parte do jogador II de dar garantias ao jogador I de que (N, C) pode ser implementado.

Mas isso obriga que a escolha de C ou N por parte do jogador I ou do jogador II seja uma escolha probabilística (ou errática, se as probabilidades forem interpretadas como a frequência relativa de escolhas de C ou N em jogos similares). Assim sendo, supõe-se que o jogador I estará escolhendo C com probabilidade $(1 - p)$, N com probabilidade p, que o jogador II estará escolhendo C com probabilidade $(1 - q)$, N com probabilidade q e que as escolhas de probabilidades dos jogadores sejam independentes.

I \ II	C	N
C	2,2	2,3
N	3,2	0,0

Figura 9.14 Exemplo de Equilíbrio de Nash em Estratégias Mistas.

O equilíbrio de Nash em estratégias puras será um par (p, q), obtido da seguinte maneira. Quando o jogador II escolhe entre C ou N de acordo com $(1 - q, q)$, o jogador I pode distinguir entre C e N à luz de *ganhos esperados* (e *utilidades esperadas*), que denotaremos por $Eu_1(C)$ e $Eu_1(N)$, respectivamente, que suas estratégias propiciariam, dado o comportamento probabilístico suposto do jogador II, ou seja,

$$Eu_1(C) = 2(1-q) + 2q = 2, \quad \text{relativo à escolha de } C; \text{ e,}$$
$$Eu_1(N) = 3(1-q) = 3-3q, \quad \text{quando escolhe } N.$$

Cooperar C será a melhor resposta para o jogador I, $Eu_1(C) \geq Eu_1(N)$, ou quando $q \geq 1/3$, situação em que C será escolhida com probabilidade 1. Quando $q < 1/3$, a melhor resposta para o jogador I será escolher N com probabilidade 1. Quando $q = 1/3$, o jogador I será indiferente entre a escolha de C ou N, vindo a selecionar p no intervalo [0,1]. Podemos desenvolver o mesmo raciocínio para o jogador II e sintetizar com expressões e graficamente o que identificamos em termos de respostas ótimas e reações do jogador I e do jogador II na Figura 9.15. A expressão à esquerda, por exemplo, nos diz que o jogador I escolherá p segundo suas respostas ótimas $R(q)$, e p terá valor de 0 quando $q > 1/3$, estará no intervalo [0,1] quando $q = 1/3$, e terá valor de 1 quando $q < 1/3$. A figura integra as melhores respostas dos dois jogadores, sendo fácil verificar que o equilíbrio de Nash em estratégias mistas será $(p^*, q^*) = (1/3, 1/3)$.

Com isso, os ganhos e utilidades totais dos jogadores podem ser obtidos, sendo, para o jogador I, de:

$$Eu_1(p^*, q^*) = 1/3 \cdot 1/3(3) + 1/3 \cdot 2/3(3) + 2/3 \cdot 1/3(4) + 2/3 \cdot 2/3(0) = 17/9$$

De forma mais genérica, podemos denotar a estratégia mista do jogador j por σ_j entendendo por isso que o jogador j atribui às estratégias puras $s_{j1}, ..., s_{jM}$ as probabilidades $\sigma_{j1}, ..., \sigma_{jM}$, que somam a unidade, ou seja $\sigma_j = (\sigma_{j1}, ..., \sigma_{jM})$, e $\Sigma_m \sigma_{jm} = 1$, $\sigma_{ji} \geq 0$. No caso citado, denotemos C de s_{11} e N de s_{12} (para o jogador N e C podem ser chamadas s_{21} e s_{22}, respectivamente). Como anteriormente explicado, um equilíbrio em estratégias mistas é um perfil de estratégias mistas, com $p^* = (1 - p^*, p^*)$, para o caso do jogador I, e $q^* = (1 - q^*, q^*)$, para o jogador II; e um perfil para o conjunto de jogadores pode ser denotado por $\sigma = (\sigma_1, \sigma_J)$, sendo os componentes de σ vetores (no equilíbrio, p^* e q^*).

$$p = R(q) = \begin{cases} \{0\}, & \text{se } q > 1/3 \\ [0, 1], & \text{se } q = 1/3 \\ \{1\}, & \text{se } q < 1/3 \end{cases} \qquad q = R(p) = \begin{cases} \{0\}, & \text{se } p > 1/3 \\ [0, 1], & \text{se } p = 1/3 \\ \{1\}, & \text{se } q < 1/3 \end{cases}$$

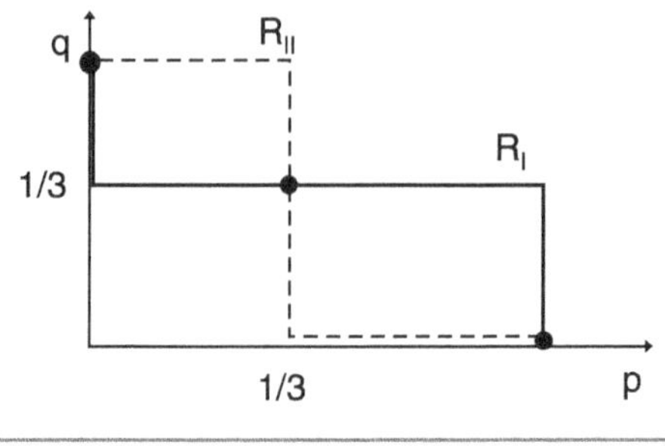

Figura 9.15 Respostas Ótimas e Equilíbrio de Nash em Estratégias Mistas.

Com a motivação já oferecida pelo cálculo da utilidade total, pode-se agora definir a *utilidade de von Neumann & Morgenstern – vN&M*. Como já assinalado, cada célula mostra o resultado da atuação da utilidade u (que representa as preferências dos jogadores) sobre os desenlaces possíveis dos jogos, tendo ali o *status* cardinal. Essa é a utilidade de *vN&M*, nada obrigando que venha a ser linear (de maneira geral, *u* pode ser uma função côncava se os jogadores forem avessos ao risco, e não neutros ao risco, como aqui supomos). Por sua vez, Eu é uma função linear que atua sobre os "prêmios". O leitor está convidado a verificar que, no equilíbrio e com jogadores neutros ao risco, teremos uE = Eu.

9.5 Nota sobre Jogos Repetidos

Podemos, agora, passar à intuição básica elaborada por um tipo especial de jogos dinâmicos, os jogos repetidos. Recorra-se ao exemplo simples que se segue. O jogo a ser considerado tem a estrutura do Dilema do Prisioneiro, em que a Cooperação (C) bilateral permite às empresas dividirem os mercados e obterem conjuntamente lucros de monopólio, denotados por L*. Quando uma das empresas se nega a cooperar – N, e quebra o acordo, a empresa pode (instantaneamente) abastecer o mercado como ofertante único e auferir os lucros de monopólio L*. Mas a situação é simétrica e, quando ambas se negam a cooperar, restam-lhes excedentes e lucros menores, como os resultados associados ao equilíbrio de Bertrand-Nash, denotados por L_B. As estratégias e pagamentos estão indicados a seguir, na Figura 9.16.

(N, N) é o equilíbrio de Nash – EN, único do jogo estático. Mas concebamos agora a possibilidade desse jogo vir a ser jogado repetidamente, sabendo cada um dos jogadores que, a cada turno do jogo, as estratégias jogadas no turno anterior serão divulgadas e virão a se tornar de conhecimento público. Procure não recorrer de imediato à forma extensiva desse jogo dinâmico e nem à possível representação estratégica da forma extensiva. Alerta-se que a mera descrição do jogo repetido é peculiarmente complexa em sentidos que se motivam a seguir.

Em relação ao primeiro turno do jogo, cujo equilíbrio ainda não é conhecido, denotemos as estratégias do primeiro jogador por s_1 e s_2 e as do segundo jogador por t_1 e t_2. Como as jogadas do primeiro turno são conhecidas no segundo turno do jogo, o conjunto H, que segue, denotaria as combinações possíveis de estratégias, e $H = \{(s_{1,t1}), (s_{1,t2}), (s_{2,t1}), (s_{2,t2})\}$. H configura a *história do jogo*, quando os jogadores passam do primeiro para o segundo turno. Procuremos, agora, identificar as estratégias puras de um dos jogadores no segundo turno do jogo. Essas estratégias seriam definidas por um s_i, que teria sido jogado no primeiro turno e, adicionalmente, pela estratégia pura que viria a ser selecionada no segundo turno em função da história do jogo. Na verdade, o segundo elemento do par que define a estratégia pura do segundo turno é uma função que associa a cada história possível, H_h (e $h = 1, ..., 4$ no caso), a estratégia pura a ser jogada no segundo turno. A h_1 pode estar associada às estratégias s_1, ou s_2, ou s_3, ou s_4, o mesmo ocorrendo com relação a h_2, a h_3 e a h_4. Com esse raciocínio, nós identificaremos 16 funções e 32 estratégias puras!

Jogos repetidos são, assim, peculiarmente difíceis de serem descritos, mas configuram questionamento útil e obrigatório das situações estáticas que analisamos anteriormente. Em particular, a previsão do Leviatã e do Dilema do Prisioneiro, da "guerra de todos contra todos", merece ser cotejada por desenlaces que tenham a força das reciprocidades (coopero hoje confiando que, no futuro, você, ou outro jogador que esteja no seu papel, venha a cooperar). Mais concretamente, é difícil antever que duas empresas venham a estabilizar um mercado no equilíbrio de Bertrand-Nash, com lucros nulos.

Assim sendo, recorramos a uma possível história, enredo ou rotina de reciprocidade. Por exemplo, a *rotina* ou *estratégia intimidadora* (também denominada *estratégia de reversão de Nash*) inicia cooperando, mas sucumbe ao primeiro sinal de desacordo, transitando para N e aí permanecendo. Voltando ao exemplo, isto quer dizer que os dois jogadores jogarão a estratégia intimidadora e/ou de reversão e que todos os elementos de H até o turno em questão são integrados por C apenas, ou que se está no primeiro turno do jogo. Mais formalmente, pode-se assim descrever as estratégias puras nesses jogos simples como,

$$s_{jt}(H^{t-1}) = C \text{ se todos os elementos de } H^{t-1} \text{ forem } (C,C) \text{ e/ou se } t = 1; \text{ ou}$$
$$s_{jt}(H^{t-1}) = N, \text{ de outra forma.}$$

de outra forma.

Nesse ponto, duas possibilidades devem ser contempladas e a primeira delas supõe que o jogo será jogado com um número limitado de jogadas. Os Argumentos de Indução Retroativa e de Equilíbrio em Subjogo permitem prever que (N, N) seriam as estratégias escolhidas pelos jogadores no último turno de jogadas, conhecimento que permite prever que (N, N) estaria sendo obtido no penúltimo turno e, assim, sucessivamente "para trás", levando a prever que (N, N) viria a ser implementado no estágio inicial. Ou seja, (N, N) é SPNE e induz EN (N, N) em cada subjogo, e não (C, C).

	II	C	N
I			
C		L*/2, L*/2	0, L*
N		L*, 0	L_B, L_B

Figura 9.16 Representação Estratégica para o Dilema do Prisioneiro com Pagamentos Dados pelo Equilíbrio de Bertrand-Nash e por Acordo de Monopolização.

Consideremos, entretanto, que o horizonte para o término do jogo é infinito. Equivalentemente, os jogadores podem ter incertezas quanto ao término do jogo, em vez de saberem que o jogo termina com probabilidade igual a 1 após número determinado de fases, como apontado no parágrafo anterior. Pode-se, também, supor que os jogadores talvez não sejam totalmente imediatistas, como anteriormente, descontem pagamentos futuros e possuam taxa de desconto $\delta \in (0;1)$.

O mais importante a reconhecer, nesse ponto, é que, depois de qualquer história prévia do jogo, as estratégias especificadas pela rotina intimidadora constituem EN do subjogo que é o jogo (anteriormente caracterizado) jogado por número infinito de vezes. O cálculo dos pagamentos associados às estratégias C e N é simples. Cooperando, cada um dos jogadores poderia obter

$$V(\text{Cooperar}) = L*/2 + \delta \cdot L*/2 + \delta\ 2 \cdot L*/2 + \ldots = (L*/2)/(1-\delta)$$

em que δ representa a probabilidade do jogo continuar, ou o desconto que os jogadores aplicam a pagamentos futuros. Caso um dos jogadores implemente N, no turno do jogo em que isto acontece o jogador aufere os lucros de monopólio L*, mas nos turnos seguintes este jogador estará auferindo apenas L_B, ou seja, lucros nulos, então:

V (Não cooperar) = L*

O acordo será compatível do ponto de vista do incentivo aos jogadores quando

$$V(\text{Cooperar})\text{-}V(\text{Não cooperar}) \geq 0, \text{ ou quando } \delta \geq 1/2.$$

O equilíbrio obtido, (C, C), sugere então que a *Monopolização e Colusão Tácita* entre as empresas e jogadores é um resultado viável (há outros equilíbrios possíveis, inclusive o não cooperativo). O importante a reter é que se trata de resultado cooperativo (possível de qualificar outras situações de interdependência) obtido por meio de mecanismos puramente não cooperativos.[6] Curiosamente, o resultado decorre de um importante teorema da teoria dos jogos, denominado Teorema Popular (*folk theorem*), cuja autoria ainda é desconhecida.

9.6 Resumo

Neste capítulo aprendemos que:

- A Teoria dos Jogos é um conjunto de técnicas que podem ser utilizadas para analisar situações de interdependência estratégica.
- As formas mais comuns de se representar os jogos são a forma extensiva (dinâmica) e a forma estratégica (normal).
- O equilíbrio de Nash é uma maneira de se encontrar a solução (resultado provável) de um jogo. Outras maneiras apresentadas aqui foram "Eliminação de Estratégias Dominadas" e "Melhores Respostas".
- Os Modelos de Cournot, Bertrand e Stackelberg são maneiras diferentes de competição entre empresas.

9.7 Questões para Discussão

1. Em quais casos uma determinada situação deve ser representada como um jogo na forma extensiva e não na forma normal? Discuta.
2. Supondo todas as demais condições constantes em um duopólio, para a firma 1 é mais vantajoso competir segundo o Modelo de Cournot ou de Stackelberg? E para a firma 2? Por quê?

3. Tomando como base um determinado jogo, se ele for repetido, o resultado pode ser diferente do mesmo jogo jogado uma única vez? Discuta.

4. O equilíbrio encontrado em um jogo de Bertrand equivale ao equilíbrio encontrado em um modelo de concorrência perfeita? Discuta.

9.8 Sugestões de Leitura

Esperamos que esta introdução tenha atendido às expectativas do estudante e do leitor, e contenha boas motivações para recorrerem a textos de maior fôlego. Nesse sentido, fazemos a seguir um comentário sobre a bibliografia indicada. No nível introdutório e com exigências técnicas menores do que as que o presente texto em alguns momentos apresentou, recomendamos entusiasticamente o livro de Dixit e Skeath (1999), que se trata de obra preparada para o ensino da teoria dos jogos em disciplinas básicas que antecedem (segundo a proposta dos autores) disciplinas formais de teoria (em cursos de Administração, Biologia, de Economia, e de Ciência Política). O livro amplia e sistematiza a excelente introdução de Dixit e Nalebuff (1991), que se tornou *best-seller* nos Estados Unidos da América. A bibliografia contém outros textos de introdução que merecem ser examinados (os que não estarão sendo contemplados pelas citações que se seguem). Como textos de base para estudos mais avançados, Gibbons (1992) e Binmore (1992) — com ou sem as extensões monumentais de 1994 e de 1998 — continuam atuais. Myerson (1991) e Osborne e Rubinstein (1994) já são considerados textos clássicos, mas são livros de leitura mais exigente. Uma abordagem mais compactada da teoria dos jogos pode ser encontrada nos Capítulos 7, 8 e 9 dedicados à teoria dos jogos por Mas-Colell, Whinston e Green, MWG (1995), que contém excelente sistematização de conceitos básicos. Extensões naturais da teoria dos jogos podem ser encontradas no capítulo dedicado ao estudo de Poder de Mercado (12) e nos Capítulos 13 e 14, dedicados aos problemas de contratos e ao desenho de mecanismos contratuais de incentivo. A esse respeito, vale chamar a atenção do leitor para os textos de Macho nos quais a informação incompleta e a teoria de contratos são tratadas de forma rigorosa e acessível aos estudantes de graduação (há um texto didático dos autores, disponível no Instituto de Economia da UFRJ, com o título "Teoria dos jogos, organizações e contratos: uma introdução" e que contempla estes tópicos). Para os estudantes que vêm demonstrando interesse crescente pelas abordagens evolucionistas e pelos jogos evolucionários, recomendamos fortemente recorrer a Binmore (1998), a Samuelson (1997) e a Young (1998).

Notas

1. De maneira mais geral, diz-se que um jogo é um jogo de *informação imperfeita* sempre que for recomendável incluir mais de um nó de decisão num mesmo "conjunto de informação", o que estará sendo aqui atendido pela linha tracejada. A linha indica que o jogador II decide sem saber se a sua posição é a que se segue a E, ou a que se segue a B. No jogo de informação perfeita, o conjunto de informação é definido por apenas um nó. Cada um dos nós de decisão é um conjunto de informação e encerra uma história do jogo.

2. Mais genérica e formalmente, uma estratégia s_{ji} do jogador j será considerada estritamente dominante se considerados todas as outras estratégias do conjunto S_j, que serão denotadas por s'_{ji}, e todos os possíveis perfis de estratégias selecionados pelos demais jogadores. Ou seja, para todos os possíveis s_{-j} (pertencentes ao conjunto S_{-j}) se tiver $u_j (s_{ji}, s_{-j}) > u_j (s'_{ji}, s_{-j})$, valendo modificações recomendáveis para o caso de estratégias fracamente dominantes (em que a desigualdade estrita seria substituída por $\geq$) e de estratégias estrita e fracamente dominadas (em que o sinal da desigualdade se inverte).

3. Para referências futuras, vale lembrar que, naquelas condições, um monopólio estaria decidindo pela produção de q = 1/2 como se adotasse a regra conhecida de maximização de lucros que recomenda igualar a receita marginal $\partial(p(q) \cdot q)/\partial q = 1 - 2q$, ao custo marginal, no caso igual ao custo unitário suposto nulo. Com isso, o monopólio cobraria $p(q) = 1 - 1/2 = 1/2$, com lucro total de L_j, em que $L_j = p.q - c.q = 1/4, j = 1,2$. Se a demanda estivesse sendo atendida por muitas firmas competindo em regime de *concorrência perfeita*, regra idêntica de maximização de lucros individuais estaria recomendando que as firmas produzissem $q = 1$, uma vez que para cada firma individual a demanda é infinitamente elástica em p.

4. Uma esclarecedora discussão sobre o tema pode ser encontrada em Kreps (1990c).

5. O resultado encontrado é caso particular do famoso *teorema de Zermelo* (há provas em Binmore, 1992, e em MWG, 1995, entre outros), que afirma que todo jogo finito com informação perfeita tem equilíbrio de Nash em estratégias puras. Na verdade, segundo Walker, 1995, o teorema de E. Zermelo é o primeiro teorema da teoria dos jogos (publicado em alemão em 1913), e afirma que o jogo de xadrez é estritamente determinado no sentido de possuir apenas um equilíbrio em estratégias puras.

6. Em Kreps (1990c), em Milgrom e Roberts (1992) e em Binmore (1992, 1994 e 1998), o leitor encontrará elaborações mais autorizadas do material aqui apresentado.

Bibliografia

ALT. J.; SHAPSLE, K. (orgs.). *Perspectives on positive political economy*. Cambridge: Cambridge University Press, 1990.

BIERMAN, H. S.; FERNANDEZ, L. *Game theory with economic applications*. Boston: Addison-Wesley, 1998.

BINMORE, K. *Fun and games:* a text on game theory. Lexington: D.C. Heath and Company, 1992.

_____. *Game theory and the social contract I:* playing fair. Cambridge: The MIT Press, 1994.

_____. *Game theory and the social contract II:* just playing. Cambridge: The MIT Press, 1998.

_____; DASGUPTA, P. *Economic organizations as games*. Oxford: Basil Blackwell, 1986.

DIXIT, A.; NALEBUFF, B. *Pensando estrategicamente*. São Paulo: Atlas, 1994.

_____; SKEATH, S. *Games of strategy*. New York: W.W. Norton & Comp, 1999.

FINK, E. C.; GATES, S.; HUMES, D. *Game theory topics:* incomplete information, repeated games and n-player games. Thousand Oaks: Sage Publications, 1998.

FUDENBERG, D.; TIROLE, J. (1986) Noncooperative game theory. In: Schamalensee e Willig (orgs.). Amsterdam: Elsevier/HIO, p. 260-327, 1986.

GIBBONS, R. *Game theory for applied economists*. Princeton: Princeton University Press, 1992.

KREPS, D. *Game theory and economic modelling*. Oxford: Clarendon Press, 1990a.

_____. *A course in microeconomic theory*. Princeton: Princeton University Press, 1990b.

_____. Corporate culture and economic theory. In: J. Alt e Shapsle (orgs.), p. 90-143, 1990c.

MACMILLAN, J. *Games, strategies & managers*. Oxford: Oxford University Press, 1992.

MAS-COLELL, A.; WHINSTON, M. D.; GREEN, J. R. *Microeconomic theory*, MWG. Oxford: Oxford University Press, 1995.

MILGROM, P.; ROBERTS, J. *Economics, organization, and management*. New Jersey: Prentice Hall, 1992.

MYERSON, R. B. *Game theory:* analysis of conflict. Cambridge: Harvard University Press, 1991.

OSBORNE, M. J.; RUBINSTEIN, A. *A course in game theory*. Cambridge: The MIT Press, 1994.

RASMUSEN, E. *Games and information:* an introduction to game theory. Oxford: Basil Blackwell, 1990.

SAMUELSON, L. *Evolutionary games and equilibrium selection*. Cambridge: MIT Press, 1997.

SCHMALENSEE, R.; WILLIG, R. (orgs.). *Handbook of industrial organization* – HIO. Amsterdam: North-Holland, 1989.

SHAPIRO, C. Theories of oligopoly behavior. In: Schamalensee e Willig (orgs.). Amsterdam: Elsevier/HIO, p. 329-414, 1986.

STRAFFIN, P. D. *Game theory and strategy*. Washington, DC: The Mathematical Association of America, 1993.

TIROLE, J. *The theory of industrial organization*. Cambridge: MIT Press, 1989.

VARIAN, H. *Microeconomic analysis*. New York: W.W. Norton & Comp., 1993.

WALKER, P. *An outline of the history of game theory*. Christchurch: University of Canterbury, 1995.

YOUNG, P. *Individual strategy and social structure:* an evolutionary theory of institutions. Princeton: Princeton University Press, 1998.

Capítulo 10

Modelos de Concorrência em Oligopólio

Hugo Pedro Boff

10.1 Introdução

Iniciaremos este capítulo definindo vários conceitos fundamentais para a descrição e a análise da concorrência industrial. Ao mesmo tempo, introduziremos notações que serão utilizadas no tratamento formal do tema, apresentado nas seções seguintes.

As variáveis sobre as quais os produtores podem exercer um controle (*variáveis de decisão*) são as quantidades (q) ou os preços (p): Como o resultado obtido pela ação de um produtor individual é afetado pelas ações dos outros produtores, é possível presumir que cada um adotará um comportamento estratégico, isto é, tomará suas decisões levando em conta as possíveis reações dos outros às suas próprias ações. Isto faz com que p e/ou q sejam vistos como variáveis *estratégicas* pelos produtores.

A escolha de uma variável estratégica e a forma de considerar as possíveis interações existentes entre as ações individuais estabelecem os diversos regimes ou modelos de concorrência na indústria.

10.1.1 Interações estratégicas

Seja

$$Q = \sum_{j=1}^{n} q_j$$

a oferta total de uma indústria formada por n firmas; a_i ésima firma oferta a quantidade q_i ao preço unitário p_i. Notamos q_{-i} (ou p_{-i}) para o vetor das quantidades (ou preços) da indústria privado do seu $_i$ ésimo componente q_i (ou p_i), de modo que $Q_{-i} = \sum_{j(j \neq i)} q_j = Q - q_i$, é a oferta agregada das empresas concorrentes do produtor i: Estes, serão denominados doravante empresas "rivais".

Chamamos variação conjectural, notada por v_i a variação na oferta das empresas rivais antecipada por cada produtor, quando este decide alterar o nível da sua produção (ou preço).[1] Assim por exemplo, se os produtores competem em quantidades em um mercado de produto homogêneo, a variação conjectural do produtor i será:

$$v_i = \frac{dQ_{-i}}{dq_i}$$

Em um mercado de produto heterogêneo (ou diferenciado), se os produtores competem em quantidades, a reação do produtor j antecipada pelo produtor i é:

138   Economia Industrial

$$v_{ij} = \frac{dq_j}{dq_i}$$

se os produtores competem em preços a reação antecipada é: $v_{ij} = \frac{dp_j}{dp_i}$.

Dependendo do valor atribuído pelos produtores à variação conjectural v, diferentes regimes concorrenciais são gerados na indústria. Entretanto, nada garante que a reação do rival antecipada por cada produtor coincidirá com a ação realmente empreendida por ele. Quando a coincidência acontece e os prognósticos de cada um se cumprem, dizemos que as conjecturas são consistentes.[2]

10.1.2 Modelos de concorrência

Assumimos neste capítulo que o principal objetivo das empresas é a maximização do lucro. A maneira de se escrever a função lucro depende da variável estratégica (q ou p); da natureza do produto (homogêneo ou diferenciado) e do horizonte de programação dos produtores. Esse último aspecto diz respeito à análise dinâmica da concorrência, a qual não será empreendida aqui.

Sendo C_i a função custo do produtor i, o Quadro 10.1 apresenta as funções lucro individuais $\pi_i = p_i q_i - C_i$ que o produtor i maximizará de acordo com a natureza do produto e a variável estratégica escolhida.

QUADRO 10.1 FUNÇÕES LUCRO SEGUNDO A VARIÁVEL DE CONTROLE E A NATUREZA DO PRODUTO

	Variáveis estratégicas	
Produto	*q*	*p*
Homogêneo	$q_i P(Q) - C_i(q_i)$	$pq_i(p) - C_i(q_i(p))$
Diferenciado	$q_i P_i(q_i;\ q_{-i}) - C_i(q_i)$	$p_i q_i(p_i;\ p_{-i}) - C_i(q_i(p_i;\ p_{-i}))$

Os modelos de concorrência se especificam a partir das hipóteses adotadas com relação ao tempo e à existência ou não de cooperação entre as empresas.

Em um contexto estático no qual a dimensão temporal é ignorada (somente os efeitos instantâneos das decisões são considerados), os produtores tomam suas decisões simultaneamente. Focalizaremos neste capítulo, quase exclusivamente, padrões competitivos em mercados estáticos. Uma exceção é feita ao modelo de Stackelberg, que pressupõe dois momentos. Quando as decisões são tomadas *sequencialmente*, em uma determinada ordem preestabelecida, temos um modelo *dinâmico*.

Com relação às formas de considerar as possíveis interações entre as empresas, os regimes competitivos podem ser classificados como concorrenciais, colusivos e *mistos*.

Na primeira classificação, supomos que os produtores atuem de maneira não cooperativa, cada qual maximizando sua própria função-lucro (antecipando ou não a possível reação dos rivais). Os exemplos mais conhecidos são o regime de *competição perfeita*, o regime de Cournot, o regime de *Bertrand* e o regime de *competição monopolística*.

Na segunda classificação, todos os produtores atuam de maneira *cooperativa*, maximizando o lucro agregado da indústria. Aqui, a cooperação pode ser *explícita* (existe um contrato entre os produtores, prevendo punições para desvios individuais) ou apenas *tácita*. Este segundo caso inclui situações no qual comportamentos não cooperativos levam a resultados colusivos (quando existe informação imperfeita ou incerteza entre os produtores). Ambos os casos caracterizam a formação de *cartel*.

Em regimes *mistos*, uma ou várias coalizões atuam no mercado conjuntamente com produtores independentes (*franja concorrencial*).

Trataremos neste texto unicamente da concorrência perfeita e de três modelos de competição imperfeita: Cournot (variável estratégica q e decisão simultânea); Bertrand (variável estratégica p e decisão simultânea) e Stackelberg (variável estratégica p ou q e decisão sequencial). A análise dos regimes de monopólio, de competição monopolística, do cartel e dos regimes mistos é feita em outros capítulos deste livro (Capítulos 1, 6 e 12).

Além da introdução, este capítulo inclui três outras seções. Na próxima seção, introduziremos as funções de reação, um conceito central para a análise do desempenho das empresas no equilíbrio industrial. Na seção, são apresentadas as condições de primeira ordem para o oligopólio homogêneo e para o oligopólio diferenciado. Na terceira seção introduziremos as medidas do excedente econômico utilizadas para uma análise normativa dos diferentes regimes concorrenciais apresentados.

Modelos de Concorrência em Oligopólio **139**

A decomposição do excedente total no excedente do consumidor e do produtor é particularizada para cada empresa individualmente, nos casos em que o produto é homogêneo ou heterogêneo. A quarta seção analisa mais detalhadamente a atuação das empresas nos diferentes regimes competitivos, a partir das condições do equilíbrio industrial. A leitura vem acompanhada de resultados explícitos obtidos no caso do duopólio. Uma análise comparativa dos excedentes gerados em cada regime é feita ao final das subseções. Na conclusão, realizamos uma síntese comparativa dos resultados proporcionados pelos diferentes regimes concorrenciais enfocados no capítulo.

10.2 Funções de Reação e Equilíbrio

Definimos o equilíbrio concorrencial da indústria pelos vetores de quantidades e preços $(q_e; p_e)$ que maximizam o lucro individual de cada produtor, isto é, tais que:

$$\pi_i(q_e, p_e) = \max_{q_i \, ou \, p_i} \; \pi_i(q_i, p_i; q_{-ie}, p_{-ie}) \quad \forall i$$

Mediante a introdução de algumas hipóteses adicionais podemos determinar o equilíbrio da indústria de acordo com o regime de concorrência vigente. De modo geral, a existência de equilíbrios para a indústria requer que as funções lucro de cada produtor (π_i) sejam quase côncavas com relação à variável estratégica escolhida (q_i ou p_i). A unicidade do equilíbrio requer o atendimento de condições de segunda ordem mais fortes para estas funções.

Sob a hipótese de diferenciabilidade (até a segunda ordem) das funções lucro com relação a todos os seus argumentos, apresentamos a seguir as condições de primeira ordem,

$$\frac{\partial \pi_i}{\partial q_i} = 0 \quad ou \quad \frac{\partial \pi_i}{\partial p_i} = 0, \quad i = 1, \, 2, \, ..., \, n$$

que devem ser satisfeitas para a existência do equilíbrio nos diferentes regimes de concorrência. As condições de primeira ordem engendram as chamadas funções de reação de cada produtor (ou *funções de resposta*) assumindo valores no conjunto das suas escolhas ótimas, para cada nível das variáveis de controle dos produtores rivais.

No caso, por exemplo, em que todas as empresas produzem um bem homogêneo e escolhem as quantidades como variável estratégica, a condição de primeira ordem para o produtor i é:

$$\frac{\partial \pi_i}{\partial q_i} = P + q_i P'[1 + v_i] - C_i' = 0 \tag{1a}$$

onde $v_i = \dfrac{dQ_{-i}}{dq_i}$ é a variação da oferta agregada dos rivais conjecturada pelo produtor i ao alterar seu nível de produção de equilíbrio.

No caso de produto *diferenciado* e competição em quantidades, a condição de primeira ordem do produtor i é:

$$\frac{\partial \pi_i}{\partial q_i} = p_i + q_i \sum_{j=1}^{n} \frac{\partial p_i}{\partial q_j} v_{ij} - C_i' = 0 \tag{1b}$$

onde $v_{ij} = \dfrac{dq_j}{dq_i}$ é a variação da oferta do produtor j antecipada pelo produtor i quando este altera a sua oferta de equilíbrio.

Se a variável estratégica for o *preço*, a condição de primeira ordem é:

$$\frac{\partial \pi_i}{\partial p_i} = q_i + (p_i - C_i') \sum_{j=1}^{n} \frac{\partial q_i}{\partial p_j} v_{ij} = 0 \tag{1c}$$

onde $v_{ij} = \dfrac{dp_j}{dp_i}$ é a variação no preço do produto j conjecturada pelo produtor i quando este altera seu preço de equilíbrio.

10.2.1 ESTABILIDADE DO EQUILÍBRIO

Seja x o vetor (com n componentes x_i) das variáveis de controle dos produtores ($x = p$ ou $x = q$) e notemos $\mu_i(x) = \dfrac{\partial \pi_i}{\partial x_i}$ para o lucro marginal auferido pelo produtor i com uma mudança na sua variável de controle.

Se $\dot{x}_i$ é a derivada de x_i com relação ao tempo, a equação $\dot{x}_i = s_i \mu_i(x)$ fornece uma descrição (míope) da dinâmica da variável x_i a partir dos desvios do equilíbrio, sendo $s_i > 0$ a velocidade dos ajustes. Evidentemente, no equilíbrio temos: $s_i \mu_i(x_e) = 0$. Para

140 Economia Industrial

escrever as n equações na forma vetorial, notemos $D_s = Diag[s_1; s_2; ...; s_n]$ para a matriz diagonal dos coeficientes de ajustamento e $m(x) = [\mu_1(x), \mu_2(x), ..., \mu_n(x)]$. Vale então a equação $\dot{x}_i = D_s \mu_i(x)$ para o sistema dinâmico completo.

Uma maneira usual de se efetuar um estudo local da estabilidade do sistema anterior, consiste em se proceder a uma aproximação linear da equação dinâmica ao redor de $x = x_e$. Dado que neste ponto temos $\dot{x}_i(x_e) = 0$, vem:

$$\dot{x}_i \cong D_s H_\pi (x - x_e)$$

onde $H_\pi = [h_{ij}]$ é a matriz de ordem n das segundas derivadas das funções lucro individuais, avaliadas no equilíbrio industrial:

$$h_{ij} = \frac{\partial \mu_i(x_e)}{\partial x_i \partial x_j} = \frac{\partial^2 \pi_i(x_e)}{\partial x_i \partial x_j}, \, i, j = 1, 2, ..., n.$$

A estabilidade do mercado na vizinhança do equilíbrio exige que se $x \gg x_e$, então, $\dot{x} \ll 0$, o que requer que a matriz $D_s H_\pi$ seja definida negativa.

No caso $n = 2$ (duopólio), para que a definição negativa de $D_s H_\pi$ seja satisfeita é necessário (e suficiente) que o traço desta matriz seja estritamente negativo e seu determinante estritamente positivo, isto é: $s_1 \frac{\partial^2 \pi_1(x_e)}{\partial x_1^2} + s_1 \frac{\partial^2 \pi_2(x_e)}{\partial x_2^2} < 0$ e

$s_1 s_2 \left[\frac{\partial^2 \pi_1(x_e)}{\partial x_1^2} \cdot \frac{\partial^2 \pi_2(x_e)}{\partial x_2^2} - \frac{\partial^2 \pi_1(x_e)}{\partial x_1 \partial x_2} \cdot \frac{\partial^2 \pi_2(x_e)}{\partial x_2 \partial x_1} \right] > 0$. Como estas desigualdades devem ser verificadas para qualquer s_1 e s_2, as condições

$$\frac{\partial^2 \pi_1(x_e)}{\partial x_1^2} < 0; \, \frac{\partial^2 \pi_2(x_e)}{\partial x_2^2} < 0 \qquad (C1)$$

$$\frac{\partial^2 \pi_1(x_e)}{\partial x_1^2} \cdot \frac{\partial^2 \pi_2(x_e)}{\partial x_2^2} - \frac{\partial^2 \pi_1(x_e)}{\partial x_1 \partial x_2} \cdot \frac{\partial^2 \pi_2(x_e)}{\partial x_2 \partial x_1} > 0 \qquad (C2)$$

são necessárias e suficientes no caso de duopólio.

10.2.2 FUNÇÕES DE REAÇÃO

Seja x_i a variável estratégica do produtor i. A função de reação do produtor, notada $x_i = R_i(x_{-i})$, fornece a melhor resposta do produtor i ao vetor estratégico x_{-i} dos rivais. Elas são obtidas resolvendo-se as equações (1a), (1b) ou (1c); conforme o caso, na variável q_i ou p_i. Obviamente, as quantidades (preços) de equilíbrio da indústria situam-se na *interseção* das superfícies (ou curvas) de reação, de modo que temos $q_{ie} = R_i(q_{-ie})$ ou $p_{ie} = R_i(p_{-ie})$, para todo i.

As superfícies de reação podem ser analisadas mediante a derivação direcional das funções de reação ou a diferenciação total das equações (1a), (1b), (1c). Uma representação simples das curvas de reação no plano q_i x q_j ou $(p_i$ x $p_j)$ é obtida no caso em que dois produtores disputam o mercado (*duopólio*). Nesse caso do duopólio, a inclinação da curva de reação $R_i(q_j)$ ou $R_i(p_j)$ do produtor i (notada $r_i = R_i'$) é obtida mediante diferenciação da condição de primeira ordem. Sua expressão geral é função das derivadas de primeira e de segunda ordem da função lucro do produtor: $\pi_i(x_i; x_i)$.

Diferenciando-se totalmente a condição de primeira ordem ($\partial \pi_i / \partial x_i = 0$) do programa de maximização do lucro, obtemos: $(\partial^2 \pi_i / \partial x_i^2) dx_i + (\partial^2 \pi_i / \partial x_i \partial x_j) dx_j = 0$, o que leva à seguinte derivada da curva de reação $x_i = R_i(x_j)$ do produtor i:

$$r_i \equiv \frac{dx_i}{dx_j} = -\frac{\partial^2 \pi_i / \partial x_i \partial x_j}{\partial^2 \pi_i / \partial x_i^2} \qquad (2)$$

Para facilidade da análise, trataremos aqui as variações conjecturais (v) como constantes. Isto implica que as funções de reação antecipadas pelos produtores sejam lineares. O cálculo da expressão (2) levará em conta a hipótese mencionada, introduzida apenas para simplificar a análise.

10.2.2.1 *Duopólio homogêneo*

Identificando dR_i com dq_i obtemos a partir de (1a):

$$[P' + (1 + v_i)(P' + q_i P'') - C_i''] dR_i + [P' + (1 + v_i) q_i P''] dq_j = 0$$

Desta equação (sempre avaliada no equilíbrio), obtemos a seguinte inclinação dR_i/dq_j da tangente à curva de reação $R_i(q_j)$ do produtor i:

$$r_i = -\frac{P' + (1 + v_i)q_i P''}{[P' + (1 + v_i)(P' + q_i P'') - C_i'']}$$

(3a)

Obtemos a inclinação da tangente à curva de reação $R_j(q_i)$ do produtor j permutando-se os índices i e j na equação anterior.

10.2.2.2 *Duopólio diferenciado*

a) Variável estratégica *quantidade*:

A diferenciação de (1b) leva à:

$$\left[2p_i' + v_i\left(\frac{\partial p_i}{\partial q_j} + q_i \frac{\partial^2 p_i}{\partial q_i \partial q_j}\right) + q_i p_i'' - C_i''\right]dR_i + \left[\frac{\partial p_i}{\partial q_j} + v_i q_i \frac{\partial^2 p_i}{\partial q_j^2} + q_i \frac{\partial^2 p_i}{\partial q_i \partial q_j}\right]dq_j = 0$$

A *derivada* dR_i/dq_j da curva de reação do produtor i será então:

$$r_i = -\frac{\left[\dfrac{\partial p_i}{\partial q_j} + v_i q_i \dfrac{\partial^2 p_i}{\partial q_j^2} + q_i \dfrac{\partial^2 p_i}{\partial q_i \partial q_j}\right]}{\left[2p_i' + v_i\left(\dfrac{\partial p_i}{\partial q_j} + q_i \dfrac{\partial^2 p_i}{\partial q_i \partial q_j}\right) + q_i p_i'' - C_i''\right]}$$

(3b)

onde p_i' e p_i'' designam as derivadas primeira e segunda da demanda inversa com relação às quantidades q_i.

b) Variável estratégica *preço*:

Identificando dR_i com dq_i; a diferenciação de (1c) leva à seguinte derivada da curva de reação do produtor i:

$$r_i = -\frac{\left[\dfrac{\partial q_i}{\partial p_j}(1 - C_i'' q_i') + v_i\left\{\dfrac{\partial^2 q_i}{\partial p_j^2}(p_i - C_i') - C_i''\left(\dfrac{\partial q_i}{\partial p_j}\right)^2\right\} + (p_i - C_i')\dfrac{\partial^2 q_i}{\partial p_i \partial p_j}\right]}{\left[q_i'(2 - C_i'' q_i') + v_i\left\{\dfrac{\partial q_i}{\partial p_j}(1 - C_i'' q_i') + \dfrac{\partial^2 q_i}{\partial p_i \partial p_j}(p_i - C_i')\right\} + (p_i + C_i')q_i''\right]}$$

(3c)

onde q_i' e q_i'' designam as derivadas primeira e segunda da demanda direta com relação ao preço p_i. Aqui também a inclinação da tangente à curva de reação do produtor j no equilíbrio é obtida permutando-se os índices i e j em (3b) ou (3c).

10.2.3 Conjecturas consistentes

Convém distinguir as reações expressas pelas curvas $R_i(q_j)$ das reações expressas por v_{ij}. As primeiras são respostas ótimas efetivas de um dos produtores, face à oferta do outro. As outras são conjecturadas, na determinação do equilíbrio, e somente podem ser efetivas quando consistentes.

No caso do duopólio, temos $v_{ij} \equiv v_i$; $v_{ji} \equiv v_j$, e a consistência exigirá que a resposta efetiva de um dos produtores seja plenamente antecipada pelo outro, isto é:

$$r_i = v_j;\ i, j = 1,\ 2$$

(4)

O sinal das derivadas (3a) – (3c) nos informa sobre o modo ótimo de reagir de um produtor face a desvios do equilíbrio nas quantidades ofertadas ou no preço praticado pelo outro.

142 Economia Industrial

10.2.4 SUBSTITUIÇÃO E COMPLEMENTARIDADE ESTRATÉGICAS

Seja um duopólio e x_i, x_j as variáveis de controle dos oligopolistas, as quais podem ser p ou q. As variáveis x_i e x_j são ditas *substitutas estratégicas* se $\partial^2\pi_i/\partial x_i\partial x_j < 0$, $(i \neq j = 1,2)$ isto é, se o lucro marginal de cada produtor decresce quando o rival aumenta o nível da sua variável de controle. Inversamente, elas são ditas *complementares estratégicas* quando $\partial^2\pi_i/\partial x_i\partial x_j > 0$, isto é, o lucro marginal do produtor cresce quando o rival aumenta o nível de sua variável de controle.

Note que esta derivada cruzada figura no numerador de (2) e que a negatividade do seu denominador $(\partial^2\pi_i/\partial x_i^2)$ é uma condição necessária para que o equilíbrio do duopólio seja estável (condição C1).

Temos então que a estabilidade do equilíbrio requer que as curvas de reação sejam negativamente inclinadas se as variáveis forem substitutas estratégicas e positivamente inclinadas se as variáveis forem complementares estratégicas.

Frisemos que estas definições e propriedades se aplicam tanto às situações em que as variáveis de controle são os preços quanto àquelas em que as variáveis de controle são as quantidades.

10.2.5 BENS E ESTRATÉGIAS

Devemos distinguir a substituição existente *entre os bens* (expressas por $\partial p_i/\partial q_j < 0$ na competição em quantidades, ou por $\partial q_i/\partial p_j > 0$ na competição em preços), da substituição *entre estratégias*, pois uma não implica a outra.

Como variáveis de controle, as quantidades podem, por exemplo, ser substitutas estratégicas, ainda que os bens sejam complementares. Com efeito, a expressão $\partial^2\pi_i/\partial q_i\partial q_j = \partial p_i/\partial q_j + q_i(\partial^2 p_i/\partial q_i\partial q_j)$ pode ser negativa, com os bens sendo complementares: $\partial p_i/\partial q_j > 0$. As mesmas observações são válidas para a complementaridade estratégica.

Todavia, no duopólio com demanda linear (doravante, duopólio linear), os efeitos de segunda ordem sobre a demanda são nulos, de maneira que a substituição ou complementaridade dos bens e das variáveis estratégicas são conceitos equivalentes.

O desempenho industrial depende da tecnologia disponível (custos), da conduta dos produtores (variáveis estratégicas e conjecturas) e do comportamento da demanda (preferências). Neste último aspecto em particular, veremos, à frente, como a atuação de empresas envolvidas em um mesmo regime de concorrência poderá apresentar um desempenho bastante distinto, se as estratégias (ou os bens) forem substitutos ou complementares.

As equações $(1a) - (1c)$ e as expressões $(3a) - (3c)$ serão particularizadas na Seção 10.4, quando iremos explorar os diversos regimes de competição contemplados neste capítulo.

10.3 Excedente Econômico

O excedente econômico total (ET) gerado pela atividade produtiva compõe-se de duas parcelas. A parcela dos consumidores, chamada *excedente do consumidor* (EC) e a parcela dos produtores, chamada *lucros* (Π):

$$ET = EC + \Pi$$

Para o cálculo do excedente econômico, os efeitos de variações na renda dos consumidores sobre o seu consumo serão ignorados.

10.3.1 INDÚSTRIA COM PRODUTO HOMOGÊNEO

Para uma indústria com produto *homogêneo*, atendendo à demanda agregada representada pela função de demanda $p = P(x)$, o excedente econômico gerado pelo produtor i pode ser aproximado pelo *excedente Marshalliano* (Wi) definido aqui por:

$$W_i = \int_0^{q_i}\left[P(x+Q_{-i})-C_i'(x)\right]dx \tag{5a}$$

onde C_i' é o custo marginal da empresa i; q_i a oferta atual da empresa i.

O excedente econômico total é:

$$ET = \sum_{i=1}^n W_i$$

sendo $Q = \sum_{i=1}^n q_i$ e $p = P(Q)$ o preço atual. Podemos então escrever $P - C_i' = P - p + p - C'$; de maneira que W_i pode ser escrito como: $\int_0^{q_i}[P(x+Q_{-i})-p]dx + \int_0^{q_i}\left[p-C_i'(x)\right]dx$. Da primeira parcela obtemos o excedente do consumidor:

$$EC = \sum_{i=1}^n \int_0^{q_i}[P(x+Q_{-i})-p]dx \tag{5b}$$

e da segunda parcela obtemos o lucro agregado na indústria:

$$\Pi = \sum_{i=1}^{n} \int_{0}^{q_i} \left[p - C_i'(x) \right] dx = pQ - \sum_{i=1}^{n} [C_i(q_i) - C_i(0)] \tag{5c}$$

A Figura 10.1 ilustra a decomposição do excedente marshalliano gerado pela produção da empresa i.

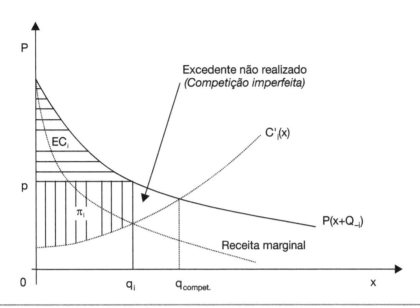

Figura 10.1 Excedente Marshalliano. EC: excedente do consumidor; π: excedente do produtor (lucro).

10.3.2 Indústria com produto diferenciado

Em um oligopólio *diferenciado*, a empresa i faz face à demanda inversa $P_i(q_i; q_{-i})$, a qual supõe-se positiva e contínua sobre um poliedro limitado do $\mathbb{R}_+^n$, diferenciável com relação aos seus argumentos e decrescente em q_i.

Notamos W_{ij} para o excedente econômico gerado pela demanda do bem i por meio de variações na oferta do bem j (para $i \neq j$; é o efeito substituição).

Esta quantidade é calculada como:

$$W_{ii} = \int_{0}^{q_i} \left[P_i(x; q_{-i}) - \phi_i'(x) \right] dx$$

$$W_{ij} = \int_{0}^{q_i} P_i(x; q_{-j}) dx - \phi_i'(q_i) q_j; \ i \neq j = 1, 2, ..., n.$$

de maneira que a contribuição da empresa i para o excedente econômico será dado por:

$$W_i = \sum_{j=1}^{n} W_{ij}$$

Para o excedente do consumidor os valores correspondentes são calculados por:

$$W_{ij}^c = \int_{0}^{q_i} P_i(x; q_{-i}) dx - P_i q_j; (i, j = 1, 2, ..., n)$$

Entretanto, a análise de bem-estar habitual para o duopólio diferenciado não requer o uso direto das expressões anteriores, uma vez que são focalizados apenas os excedentes agregados. Nestes casos, o procedimento usual (mais simples) consiste em se avaliar as variações no excedente total medindo este pela utilidade do vetor da produção corrente, $q = [q_1, q_2, ..., q_n]$, a partir da qual são geradas as demandas inversas P_i

$$ET = U(q)$$

As variações no *excedente do consumidor* serão então capturadas a partir das variações na diferença entre a utilidade e o lucro agregado:

$$EC = U(q) - \Pi(q) \qquad (5d)$$

onde $\Pi(q) = \sum_{i=1}^{n} \pi_i(q)$ é o lucro agregado, o qual é igual à soma dos lucros das empresas. Evidentemente, U é uma função arbitrária, mas estritamente crescente nas quantidades (q_1, q_2).

10.4 Regimes de Concorrência

10.4.1 Regime de competição perfeita

No regime de competição perfeita, consideramos que os produtores ofertam um produto homogêneo e competem em quantidades. Em uma indústria perfeitamente competitiva, cada produtor presume que toda variação na sua oferta não altera significativamente o preço do produto no mercado. Olhando-se para a equação (1a), esta premissa é equivalente à conjectura do produtor *i* de que os efeitos de preço de um aumento na sua oferta $dq_i > 0$ são neutralizados por uma redução igual na oferta dos rivais $dQ_{-i} = -dq_i$. Assim, o preço é considerado pelos produtores como uma constante determinada exogenamente.

Colocando então $v_i = -1$ em (1a) obtemos a condição de equilíbrio, preço = custo marginal:

$$p = C'_i \qquad (6a)$$

Logo, os custos marginais das empresas são equalizados no equilíbrio da indústria $(q_e; p_e)$.

Se a empresa *i* tiver custo marginal mais baixo que a empresa *j* (j ($C'_i < C'_j$)), produzirá no equilíbrio quantidades mais elevadas ($q_{ie} > q_{je}$). Dado que não existe interação estratégica entre as empresas, as curvas de reação entre os dois produtores são retas que se cruzam perpendicularmente, definidas por: $q_{ie} = C'^{-1}_i(p)$ e $q_{je} = C'^{-1}_j(p)$, como mostra a Figura 10.2.

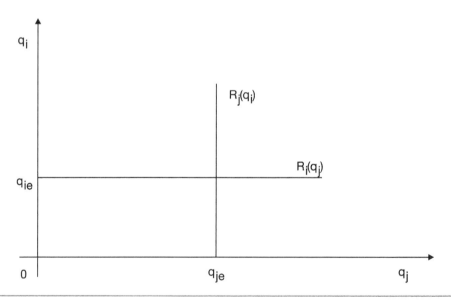

Figura 10.2 Curvas de reação. Competição perfeita.

Note que uma variação conjectural nula ou negativa ($v_i \leq 0$) corresponde à hipótese de uma reação "acomodativa"; face a um aumento na sua oferta, o produtor *i* conjectura que os rivais diminuirão suas quantidades ofertadas. O equilíbrio puramente competitivo corresponde ao caso de acomodação perfeita.

No plano do bem-estar, o regime de competição perfeita é o que maximiza o excedente econômico total (*ET*) e o excedente dos consumidores (*EC*), definidos em (5a) – (5c). Na Figura 10.1, o excedente total gerado por cada empresa em competição perfeita inclui também o triângulo indicado pela seta, o qual representa a *perda de bem-estar* associada à competição imperfeita isto é, ao fato de a empresa não dimensionar a oferta para igualar seu custo marginal ao preço de mercado.

10.4.2 Regime de Cournot (*A. A. Cournot, 1801-77*)

O regime concorrencial de Cournot corresponde à competição em quantidades onde cada produtor presume que uma variação na sua oferta *não é antecipada* pelos rivais. As variações conjecturais são nulas.

Se o produto for *homogêneo*, colocamos $v_i = dQ_{-i}/dq_i = 0$ na equação $(1a)$, de maneira que a condição de primeira ordem do produtor i torna-se:

$$P + q_i P' - C_i' = 0; \quad i = 1, 2, ..., n. \tag{7a}$$

A maximização do lucro ocorre onde a receita marginal $(P + q_i P')$ iguala o custo marginal (ver Figura 10.1). Como esta é menor que o preço P, a oferta de equilíbrio no regime de Cournot (q_{ie}^c) é menor que a de equilíbrio em concorrência perfeita (q_{ie}^c): $q_{ie}^C < q_{ie}^c$. Em consequência, o preço do equilíbrio de Cournot será mais elevado que o do equilíbrio em concorrência perfeita $p^C > p^c$. Por outro lado, se os custos marginais forem não decrescentes, a equação $(7a)$ mostra que os custos totais da indústria não são minimizados, pois os custos marginais não são igualados no equilíbrio (salvo no caso simétrico).

Do ponto de vista social, o regime de Cournot é dominado pelo regime de competição perfeita, visto que este último regime maximiza o bem-estar, isto é, o excedente total e o excedente dos consumidores. Entretanto, o regime de Cournot é preferível do ponto de vista privado pois, tipicamente, proporciona lucros mais elevados para as empresas individualmente.

Notando-se $\lambda_i \equiv \dfrac{P - C_i'}{P}$ para a margem preço-custo marginal (*índice de Lerner*), $s_i = \dfrac{q_i}{Q}$ para a parcela de mercado da empresa i e $\varepsilon = \dfrac{\partial Q}{\partial p} \cdot \dfrac{p}{Q}$ para o módulo da elasticidade-preço da demanda direta (todas as grandezas sendo avaliadas no ponto de equilíbrio), podemos escrever a equação $(7a)$ como:

$$\lambda_i = \frac{s_i}{\varepsilon} \tag{8a}$$

Com $v_i = 0$, a inclinação da tangente à curva de reação $R_i(q_j)$ do produtor i no duopólio homogêneo (dada em $(3a)$) simplifica-se em:

$$r_i = -\frac{P' + q_i P''}{2P' + q_i P'' - C_i''} \tag{9a}$$

Pela condição (4) da consistência das conjecturas, a condição $r_1 = r_2 = 0$ somente será verificada se o numerador de $(9a)$ for nulo, o que requererá demanda convexa $(P'' = -P'q_i \geq 0)$. Uma condição suficiente para que a conjectura de Cournot seja consistente é que P seja constante.

Com efeito, é possível mostrar que no duopólio linear homogêneo, com custo marginal constante, a única conjectura (constante) consistente na competição em quantidades é: $v_1 = v_2 = -1$ (conjectura de competição perfeita).

As condições (C1) e (C2) para a estabilidade do equilíbrio dão, neste caso:

$$2P' + q_i P'' - C_i'' < 0 \quad i = 1, 2 \text{ e} \tag{i}$$

$$(2P' + q_i P'' - C_i'')(2P' + q_j P'' - C_j'') - (P' + q_i P'')(P' + q_j P'') > 0 \tag{ii}$$

Depois de efetuadas as simplificações possíveis na última expressão, percebe-se que a desigualdade $P' + q_i P'' \leq 0$ é necessária para que a condição (ii) seja atendida.

Conjuntamente com (i), vem que as condições:

$$C_i'' \geq 0 \ \text{ e } \ P' + q_i P'' \leq 0,$$

são suficientes para a estabilidade do equilíbrio de Cournot.

A expressão $P' + q_i P''$ é também a derivada da receita marginal do produtor i com relação a q_j. Logo, a estabilidade do equilíbrio requer que os aumentos na oferta do rival reduzam a receita marginal do produtor. A partir de $(9a)$, note que a estabilidade do equilíbrio implica que a curva de reação seja negativamente inclinada $(r_i < 0)$. Neste caso, os bens i e j *serão substitutos estratégicos*, porque $\partial^2 p_i / \partial q_i \partial q_j = P' + q_i P'' \leq 0$: a oferta adicional do rival reduz o lucro marginal do produtor.

146 Economia Industrial

Se o produto for diferenciado, colocamos $v_{ij} = dq_j/dq_i = 0$ (para todo $j \neq i$), e obtemos a partir de $(1b)$:

$$p_i + q_i \frac{\partial p_i}{\partial q_i} - C_i' = 0 \tag{7b}$$

Notando $\dfrac{1}{\varepsilon_i^C} = -\dfrac{\partial p_i}{\partial q_i} \cdot \dfrac{q_i}{p_i}$ para a elasticidade da demanda inversa pelo bem i e notando λ_i^C o índice de Lerner avaliado no equi-líbrio de Cournot, obtemos o equivalente de $(8a)$:

$$\lambda_i^C = \frac{1}{\varepsilon_i^C} \tag{8b}$$

Com $v_i = 0$, a inclinação da tangente à curva de reação do produtor i no duopólio heterogêneo (dada em $(3b)$) simplifica-se em:

$$r_i^C = -\frac{\left[\dfrac{\partial p_i}{\partial q_j} + q_i \dfrac{\partial^2 p_i}{\partial q_i \partial q_j} \right]}{\left[2p_i' + q_i p_i'' - C_i'' \right]} \tag{9b}$$

Aqui, a consistência da conjectura de Cournot requer que o numerador de $(9b)$ se anule. Então, se a demanda for linear, os bens devem ser independentes ($\partial p_i/\partial q_j = 0$).

É possível mostrar que o equilíbrio do duopólio diferenciado linear, com custo marginal constante, admite conjecturas (constantes) consistentes, cujo valor depende dos parâmetros da demanda.

As condições (C1) e (C2) para a estabilidade do equilíbrio dão, neste caso:

$$2p_i' + q_i p_i'' - C'' < 0 \quad i = 1,2 \text{ e} \tag{i}$$

$$(2p_i' + q_i p_i'' - C_i'')(2p_j' + q_j p_j'' - C_j'') - \left(\frac{\partial p_i}{\partial q_j} + q_i \frac{\partial^2 p_i}{\partial q_i \partial q_j} \right)\left(\frac{\partial p_j}{\partial q_i} + q_j \frac{\partial^2 p_j}{\partial q_j \partial q_i} \right) > 0 \tag{ii}$$

Em face de $(9b)$, vemos que a estabilidade do equilíbrio de Cournot é compatível com qualquer inclinação das curvas de reação. Por exemplo, o equilíbrio pode ser instável ainda que as curvas de reação tenham inclinação negativa. Tal acontece quando a condição (i) é violada e os bens forem complementos estratégicos, isto é, $\partial p_i/\partial q_j + q_i \partial^2 p_i/\partial q_i \partial q_j > 0$: o aumento na oferta do rival j aumenta o lucro marginal do produtor i.

10.4.2.1 *Demandas lineares*

Uma situação frequentemente considerada em análises teóricas é a das *demandas lineares* ($P0 = 0$) ou ($P'' = 0$ ou $p_i'' = p_j'' = \partial^2 p_i/\partial q_i \partial q_j = 0$), no caso heterogêneo, e custos marginais *constantes* ($C_i'' = 0$). Nestas situações, as curvas de reação $R_i(q_j)$ são lineares e, como vimos, a substituição ou complementaridade estratégicas e dos bens são equivalentes.

O duopólio *homogêneo* é sempre estável, e a derivada da curva de reação é: $r_i^C = r_j^C = -\dfrac{1}{2}$, de maneira que as curvas de reação serão negativamente inclinadas.

Dado que $p_i', p_j' < 0$, o *duopólio diferenciado* é estável se

$$4p_i' p_j' - (\partial p_i/\partial q_j)(\partial p_j/\partial q_i) > 0.$$

As demandas estão bem definidas quando os efeitos de *substituição* (*Slutsky*) são simétricos, o que requer $(\partial p_i/\partial q_j) = (\partial p_j/\partial q_i) = -\gamma$ (digamos).

Como vemos, a estabilidade do duopólio não depende da substituição ou da complementaridade existente entre os bens. A derivada da reta de resposta reduz-se neste caso a: $r_i^C = \gamma/2p_i'$.

A inclinação das retas dependerá da relação de substituição ou complementaridade. Se os bens forem substitutos ($\gamma > 0$), a inclinação será negativa; se eles forem complementares ($\gamma < 0$) a inclinação será positiva.

A Figura 10.3, no plano $x_j \times x_i$ ilustra as duas situações, para a variável estratégica quantidades ($x = q$) ou preços (x).

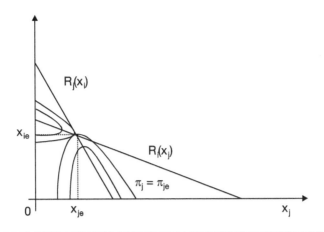

Figura 10.3A Curvas de reação e de isolucro no duopólio linear. $x=q$: Cournot (*bens substitutos*); $x=p$: Bertrand (*bens complementares*).

Geometricamente, as curvas de reação R_i formam o *locus* dos pontos q (ou p) tais que $d\pi_i = 0$. Cada ponto sobre a curva é interceptado por uma *curva de isolucro* do produtor, a qual é definida pela equação implícita: $\pi i\,(q_i;q_j) = k$; $k \geq 0$.

Se os bens forem *substitutos*, as curvas de isolucro serão côncavas, como indicado na Figura 10.3A. Neste caso, quanto mais elevada a curva, menor é o nível de lucro da empresa. Na Figura 10.3A desenhamos duas curvas de isolucro (duas para cada produtor) interceptadas pelas curvas de reação respectivas. Se os bens forem *complementares*, as curvas de isolucro serão convexas, como indicado na Figura 10.3B.

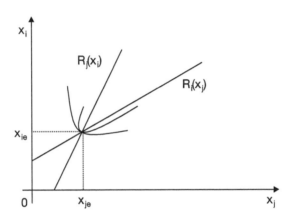

Figura 10.3B Curvas de reação e de isolucro no duopólio linear. $x=q$: Cournot (*bens complementares*); $x=p$: Bertrand (*bens*).

No equilíbrio (x_{je}, x_{ie}), onde as curvas de reação se interceptam, as curvas de isolucro $\pi_i\,(x_i,x_j) = \pi_{ie}$; $(i, j = 1, 2)$ são tangentes, uma à outra.

Para compreendermos o porquê da inclinação das retas de resposta representadas na Figura 10.3, consideramos que, no caso de produtos *perfeitamente substitutos*, face a um aumento na oferta do rival, o preço diminui e o produtor *i* evitará uma redução nos seus lucros retraindo a oferta, dado que sua demanda residual diminui: a preço menor, corresponde oferta menor. Se os dois produtos forem *substitutos imperfeitos*, a retração da demanda pelo seu produto causada pelo aumento da oferta do produto corrente e a subsequente queda no seu preço, levará o produtor *i* a ajustar para menos sua oferta, a fim de manter seu nível de lucro.

Enfim, se os dois produtos forem *complementares*, o aumento na demanda residual do produtor *i* causada pelo aumento na oferta do rival eleva o preço do seu produto: a preço maior corresponde oferta maior.

10.4.3 Regime de Bertrand (*J. Bertrand*, 1822-1900)

O regime concorrencial de Bertrand corresponde à competição em preço na qual cada produtor presume que alterações no seu preço não são antecipadas pelos rivais.

148 Economia Industrial

Se o produto for homogêneo e se todas as empresas operarem com retornos de escala constantes na produção (e não tiverem restrições de capacidade), a empresa i com menor custo marginal (c_i) monopolizará o mercado, oferecendo o produto a qualquer preço p tal que $c_i \le p < c_j$, onde c_j é o custo marginal da segunda empresa mais eficiente. Naturalmente, o produtor i maximizará seu lucro (ver o Quadro 10.1) fixando o preço logo abaixo de $c_j : p_{ie} = c_j - \epsilon; 0 < \epsilon < c_j - c_i$. Não terá interesse em tomar $\epsilon = 0$, pois a empresa j, ao fixar seu preço em c_j, poderá então operar reduzindo o lucro da empresa i. Quando $c_i = c_j = c$, o preço de equilíbrio será c; as duas empresas dividirão o mercado e ambas terão lucro zero.

Se o produto for diferenciado, colocamos $v_{ij} = dp_j / dp_i = 0$ (para todo $j \ne i$); e obtemos a partir de ($1c$):

$$q_i + (p_i - C_i')\frac{\partial q_i}{\partial p_i} = 0 \qquad (7c)$$

Notando $\epsilon_i^B = -\dfrac{\partial q_i}{\partial p_i} \cdot \dfrac{p_i}{q_i}$ para a elasticidade da demanda direta pelo bem i, obtemos o equivalente de ($8b$):

$$\lambda_i^B = \frac{1}{\epsilon_i^B} \qquad (8c)$$

A expressão ($8c$) é análoga à ($8b$) do regime de Cournot. Não são idênticas, pois os valores de equilíbrio nos dois regimes não são (em geral) os mesmos.

Todavia, revelam um aspecto comum: no equilíbrio da indústria, *os produtores obtêm margens unitárias de lucro tanto maiores quanto menor for a elasticidade-preço das suas demandas residuais.*

Com $v_i = 0$, a inclinação da tangente à curva de reação $p_i = R_i(p_j)$ do produtor i no duopólio diferenciado (dada em ($3c$)) simplifica-se em:

$$r_i^B = -\frac{\left[(1 - C_i''q_i')\dfrac{\partial q_i}{\partial p_j} + (p_i - C_i')\dfrac{\partial^2 q_i}{\partial p_i \partial p_j}\right]}{\left[(2 - C_i''q_i')q_i' + (p_i - C_i')q_i''\right]} \qquad (9c)$$

Face à condição (4), a consistência da conjectura de Bertrand requer que o numerador de ($9c$) se anule. Se a demanda pelo produto i for linear nos preços, esta consistência exige custos marginais decrescentes ($C_i'' = 1/q_i' < 0$) ou bens independentes ($\partial q_i / \partial p_j = 0$) muito embora a primeira condição não seja suficiente.

A condição (C1) para a estabilidade do equilíbrio dá, neste caso:

$$(2 - C_i''q_i')q_i' + (p_i - C_i')q_i'' < 0; \quad i = 1, 2$$

Esta condição é atendida se $C_i'' \ge 0$ e $q_i'' \le 0$. A condição (C2) é complexa, mas pode ser expressa mais simplesmente como: $r_i^B r_j^B < 1$, onde r_j^B é definida com ($9c$), permutando-se o índice i com j.

Logo, para que o equilíbrio do duopólio diferenciado de Bertrand seja estável, é suficiente que os custos marginais sejam não decrescentes ($C_i'' \ge 0$), as curvas de demanda sejam côncavas nos preços ($q_i'' \le 0$) e as curvas de reação suavemente inclinadas ($r_i^B r_j^B < 1$).

Em termos de estratégias, lembremos que o equilíbrio de Bertrand é estável se as curvas de reação são positivamente inclinadas quando os *preços* são complementos estratégicos ($\partial^2\pi_i / \partial p_i \partial p_j$ positivo), e negativamente inclinadas quando os preços são substitutos estratégicos ($\partial^2\pi_i / \partial p_i \partial p_j$ negativo).

10.4.3.1 *Demandas lineares*

Se os duopolistas fazem face a demandas *lineares* e incorrem em custos marginais *não decrescentes*, r_i^B terá o sinal de $\dfrac{\partial q_i}{\partial p_j}$.

Assim, se os bens i e j forem *substitutos* ($\partial q_i / \partial p_j > 0$), as curvas de reação nos preços serão positivamente inclinadas: $r_i^B > 0$. Se os bens forem *complementares* ($\partial q_i / \partial p_j < 0$), as curvas de reação serão negativamente inclinadas: $r_i^B > 0$.

Tomando-se $x = p$, a Figura 10.3 mostrada na seção anterior ilustra o equilíbrio de Bertrand para o duopólio linear com custo marginal constante no espaço dos preços $p_j \times p_i$. As curvas de reação $p_i = R_i(p_j)$ são lineares com inclinação $r_i^B = -(\partial q_i / \partial p_j)/2q_i'$ constante ($i = 1, 2$).

Pela Figura 10.3B vemos que o equilíbrio de Bertrand com bens substitutos imperfeitos (preços complementos estratégicos) é o dual do equilíbrio de Cournot com bens complementares. A Figura 10.3A mostra que o equilíbrio de Bertrand com bens complementares (preços substitutos estratégicos) é o dual do equilíbrio de Cournot com bens substitutos (imperfeitos). Obviamente, os valores de equilíbrio obtidos nos dois regimes não são (em geral) idênticos ($q_e^C \neq q_e^B$ e $p_e^C \neq p_e^B$). Entretanto, no cálculo operacional, pode-se passar de um ao outro com a permutação das quantidades pelos preços e a substituição dos parâmetros da demanda inversa pelos parâmetros correspondentes da demanda direta.

10.4.4 BERTRAND × COURNOT

Para compararmos a performance do duopólio nos regimes de Bertrand e Cournot, vamos usar a hipótese de que, dados os preços p_1, p_2 e a renda m, o consumidor representativo dotado de preferenciais quase lineares escolhe as quantidades dos bens que maximizam a função de utilidade quadrática:

$$U(q_i, q_2) = q_0 + \alpha_1 q_1 + \alpha_2 q_2 - \tfrac{1}{2}(\beta_1 q_1^2 + \beta_2 q_2^2 + 2\gamma q_1 q_2) \tag{10}$$

sob a restrição orçamentária $q_o + p_1 q_1 + p_2 q_2 \leq m$; onde q_o é um bem numerário. As demandas inversas ótimas resultantes desta otimização, para cada bem, são dadas por:

$$p_i = \alpha_i - \beta_i q_i - \gamma q_j; \quad i, j = 1; \ 2 \tag{11a}$$

Sob a hipótese $\alpha_i \beta_j - \alpha_j \gamma > 0$ ($i \neq j$), o *equilíbrio em Cournot* está definido para $\delta = \beta_1 \beta_2 - \gamma^2 > 0$. Se $\alpha_1 = \alpha_2$, o termo $d = \gamma^2 / \beta_1 \beta_2$ é visto como um *grau de diferenciação* dos produtos, variável entre 0 (bens independentes) e 1 (substitutos perfeitos).

Como nosso propósito é comparar dois padrões concorrenciais distintos, podemos supor, sem perda de generalidade, que as empresas incorrem em custos idênticos e nulos. A confrontação dos dois regimes em duopólio realizada a seguir acompanha de perto a exposição feita por Singh e Vives citados anteriormente.

Colocando $\Delta = 4\beta_1 \beta_2 - \gamma^2$, e usando as equações (7b), o equilíbrio em Cournot dá:

$$q_{ie}^C = (2\alpha_i \beta_j - \alpha_j \gamma)/\Delta \tag{12a}$$

$$p_{ie}^C = \beta_i \, q_{ie}^C \tag{13a}$$

$$\pi_i^C = \beta_i \, (q_{ie}^C)^2 \tag{14a}$$

Para calcularmos o *equilíbrio em Bertrand*, fazemos uso das demandas diretas:

$$q_i = a_i - b_i p_i + c p_j; \quad i, j = 1, \ 2 \tag{11b}$$

Os parâmetros a_i, b_i e c_i exprimem-se em função dos parâmetros α_i; b_i e γ, tomando-se o inverso do sistema (11a) o que dá:

$$a_i = (\alpha_i \beta_j - \alpha_j \gamma)/\delta; \ b_i = \beta_j/\delta; \ c = \gamma/\delta.$$

Colocando $D = 4b_1 b_2 - c_2$; e usando as equações (7c) obtemos os seguintes valores no equilíbrio em Bertrand:

$$p_{ie}^B = (2a_i b_j + a_j c)/D \tag{12b}$$

$$p_{ie}^C = \beta_i \, q_i^C \tag{13b}$$

$$\pi_i^C = \beta_i \, (q_{ie}^C)^2 \tag{14b}$$

Note que $D = \Delta/\delta^2$.

A substituição dos valores de a, b e c dados acima nas equações (12b) – (14b) do equilíbrio em Bertrand permite uma comparação direta com os valores correspondentes do equilíbrio em Cournot. Em particular, obtemos:

$$p_{ie}^C - p_{ie}^B = \frac{\alpha_i}{(4/d) - 1} > 0 \text{ e}$$

$$q_{ie}^B - q_{ie}^C = \frac{\gamma^2 (\alpha_i \beta_j - \alpha_j \gamma)}{\delta \Delta} \geq 0.$$

150 Economia Industrial

Vemos que os preços no equilíbrio em Bertrand são menores e as quantidades maiores do que no equilíbrio em Cournot, independentemente do grau de substituição ($\gamma > 0$) ou de complementaridade ($\gamma < 0$) existente entre os bens.

Assim, o duopólio de Cournot aparece como mais colusivo que o de Bertrand. A razão está no fato de que, dado o preço do rival, ao escolher o seu nível de preço, o produtor i percebe uma elasticidade da demanda mais elevada (coeficiente angular $= b_i$) que aquela percebida quando escolhe as quantidades no modelo de Cournot (coeficiente angular $= 1/\beta_i = b_i - c^2/b_j < b_i$). Em consequência, no regime de Bertrand, os aumentos de preço acima do custo marginal são mais suaves do que no regime de Cournot.

O excedente econômico total ET é avaliado pela utilidade $U(q_{1e}, q_{2e})$ explicitada em (10). Como U é crescente e côncava nas quantidades, vemos que $ET^B > ET^C$. Por outro lado, o excedente dos consumidores, calculado usando-se (5d), é uma função decrescente e convexa dos preços, de modo que $EC^B > EC^C$. Assim, do *ponto de vista social*, o padrão competitivo de Bertrand domina o padrão de Cournot.

Do *ponto de vista privado*, sendo $\pi_i(q_{1e}, q_{2e})$ o lucro da empresa i ($i = 1; 2$), é possível mostrar que o resultado da comparação entre os dois regimes depende da relação existente entre os bens. Se os bens forem *substitutos* ($\gamma > 0$) temos $\pi_i^C > \pi_i^B$, de maneira que as empresas obtêm, individualmente, lucros maiores ao competirem em quantidades. Se os bens forem *complementares* ($\gamma < 0$), então $\pi_i^B > \pi_i^C$ e a competição em preço entre ambas é dominante. Enfim, se os bens forem *independentes* ($\gamma = 0$), o lucro auferido pela empresa é idêntico em ambos os regimes, de modo que a escolha do padrão competitivo torna-se irrelevante para as empresas.

Os resultados obtidos para o duopólio linear com retornos constantes, no qual as empresas concordam em escolher a mesma variável de controle (q ou p), são consistentes com aqueles obtidos em um jogo em *dois estágios*, no qual cada produtor escolhe primeiramente a variável estratégica e, em seguida, compete com o rival escolhendo o nível da variável eleita que maximiza o seu lucro [Singh & Vives, 1984]. Neste caso, são considerados também os equilíbrios dos mercados nos quais os produtores elegem variáveis de controle distintas (q, p) ou (p, q).

Não surpreendentemente, a estratégia dominante de ambos os produtores prevê, no primeiro estágio, a escolha das quantidades (q, q) se os bens forem substitutos, e dos preços (p, p) se os bens forem complementares.

Resumindo, no caso de *substituição entre os bens*, temos um conflito entre o interesse privado e o interesse social, pois, como vimos, o padrão de Cournot proporciona lucros maiores, mas menor excedente econômico que aquele gerado no padrão de Bertrand. Se os bens forem *complementares*, os interesses coincidem, pois, neste caso, o padrão de Bertrand leva a maiores excedentes, tanto para os produtores como para os consumidores. Se os bens forem *independentes*, os dois regimes são equivalentes.

A passagem do duopólio de Cournot para o duopólio de Bertrand é, portanto, *Pareto-eficiente* (há ganhos sem que ninguém perca) somente se os produtos forem *complementares*.

10.4.4.1 *Oligopólio*

Todavia, os resultados descritos anteriormente são sensíveis à hipótese de duopólio adotada. No caso de um número maior de empresas ($n = 3; 4; ...$), não é possível resumir as condições para a dominância de um regime sobre o outro unicamente em função da substituição ou da complementaridade existente entre os bens. Introduzindo-se as simetrias $\beta_i = 1; \gamma_i = \gamma$ ($i = 1, 2, ..., n$) entre as empresas a partir da utilidade quadrática como em (10), e mantendo-se a hipótese dos custos marginais constantes e idênticos ($= 0$), a diferença existente entre os parâmetros α ($\alpha_i \neq \alpha_j$) assinalará diferenciais de qualidade (vertical) existente entre os bens. Os seguintes resultados são então obtidos:[3]

a) Se os bens são substitutos, a relação $p_i^C - p_i^B > 0$ se mantém, de modo que o excedente dos consumidores será maior com a competição em preços. Entretanto, se as diferenças de qualidade entre os produtos forem elevadas, as empresas i que ofertam produtos de maior qualidade [$\alpha_i > \sum_{j(j \neq i)} \alpha_j / (n-1)$] podem auferir lucros maiores no regime de Bertrand do que no regime de Cournot. Assim, a dominância deste último regime não fica estabelecida, *do ponto de vista privado*;

b) Se os bens são complementares, a relação $\pi_i^B > \pi_i^C$ se mantém, de maneira que o excedente dos produtores será maior na competição em preços. Entretanto, se as diferenças de qualidade entre os produtos forem elevadas, as empresas que ofertam produtos de baixa qualidade podem vir a praticar preços maiores no regime de Bertrand do que no regime de Cournot. Em consequência, a dominância do primeiro regime não está assegurada, *do ponto de vista social*.

Modelos de Concorrência em Oligopólio   151

10.4.5 Regime de Stackelberg (*H. von Stackelberg*, 1934)

O regime de Stackelberg pressupõe decisões sequenciais em dois estágios. No primeiro, o produtor 1 (chamado *líder*) toma sua decisão escolhendo q_1 (ou p_1) para maximizar seu lucro. Na segunda etapa, os outros $n - 1$ produtores (chamados *seguidores*) efetuam suas melhores escolhas (q_j ou p_j) individualmente, dada a escolha do líder.

Para facilidade da exposição, trataremos o caso do duopólio ($n=2$). O equilíbrio de modelos sequenciais é obtido por indução retroativa.[4] Assim, o líder (que move primeiro) considerará a função de melhor resposta do seguidor $x_2 = R_2(x_1)$, obtida da condição de primeira ordem relativa à maximização do lucro do seguidor.

Aqui, temos $v_2 = 0$, com $x = q, p$.

10.4.5.1 *Liderança em quantidades*

No modelo de liderança em quantidades (*quantity leadership*), o líder maximizará em q_1 a função lucro:

$$\pi_1 (q_1; R_2(q_1)) = q_1 p_1(q_1; R_2(q_1)) - C_1(q_1).$$

onde $q_2 = R_2(q_1)$ é a função de reação do seguidor, obtida resolvendo-se implicitamente, em q_2, a condição de primeira ordem ($7a$) no caso homogêneo, ou ($7b$) no caso diferenciado.

Note que se o produto for *homogêneo*, a demanda inversa p_1 escreve-se: $P(q_1 + R_2(q_1))$.

A condição de primeira ordem para o líder é:

$$P + q_1 P'[1 + R_2'(q_1)] - C_1' = 0$$

$$p_1 + q_1 \left[\frac{\partial p_1}{\partial q_1} + \frac{\partial p_1}{\partial q_2} R_2'(q_1) \right] - C_1' = 0$$

Comparando-se a primeira destas equações com ($1a$) e a segunda com ($1b$) vemos que a variação conjectural (consistente) do líder é:

$$R_2'(q_1) = -\left(\frac{\partial^2 \pi_2}{\partial q_2 \partial q_1} \right) \bigg/ \left(\frac{\partial^2 \pi_2}{\partial q_2^2} \right)$$

Vamos analisar o caso do *duopólio diferenciado*. O duopólio homogêneo aparece como um caso particular do primeiro, quando existe substituição perfeita entre os bens.

Se o equilíbrio for estável e os bens forem *substitutos estratégicos*, então $\frac{\partial^2 \pi_2}{\partial q_2 \partial q_1} < 0$ e $R_2'(q_1) < 0$, de modo que o líder antecipa corretamente que o seguidor "acomodará" os aumentos de oferta, reduzindo a sua.

Se os bens forem *complementos estratégicos*, então $\frac{\partial^2 \pi_2}{\partial q_2 \partial q_1} > 0$ e $R_2'(q_1) > 0$ e o líder considera a atitude "mimética" do seguidor, o qual replicará os aumentos ou contrações da sua oferta.

Em ambos os casos, se os efeitos de segunda ordem não forem dominantes, deveremos ter $\frac{\partial p_1}{\partial q_2} R_2' > 0$; de maneira que, em face da condição de primeira ordem apresentada anteriormente, a receita marginal do líder será maior do que a percebida por este produtor em competição de Cournot.

Assim, o líder sempre produzirá quantidades maiores do que o faria no regime de Cournot: $q_1^S > q_1^C$.

Quanto ao *seguidor*, como sua função de resposta é decrescente num caso e crescente no outro, segue-se que ele ofertará quantidades menores se os bens forem *substitutos* ($q_2^S < q_2^C$) e maiores se os bens forem complementares ($q_2^S > q_2^C$). Em ambos os casos, os lucros do líder são maiores do que obteria na competição independente: $\pi_1^S > \pi_1^C$. Isto é ilustrado graficamente nas Figuras 10.4 e 10.5, que mostram o equilíbrio de Stackelberg (*liderança em quantidades*) no duopólio linear quando os bens são substitutos e complementares, respectivamente.

Um *argumento* simples confirma este fato: como o líder seleciona seu nível de produção ótimo sobre a curva de resposta do seguidor, escolheria o nível de Cournot se este lhe proporcionasse lucro mais elevado. Assim, qualquer que seja a relação entre os bens, o lucro do líder é maior do que aquele que obteria em competição de Cournot. Para o seguidor, o argumento

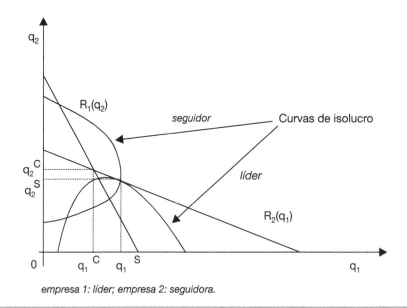

empresa 1: líder; empresa 2: seguidora.

Figura 10.4 Equilíbrio de Stackelberg com bens substitutos (liderança de quantidades). *Empresa 1: líder; Empresa 2: seguidora.*

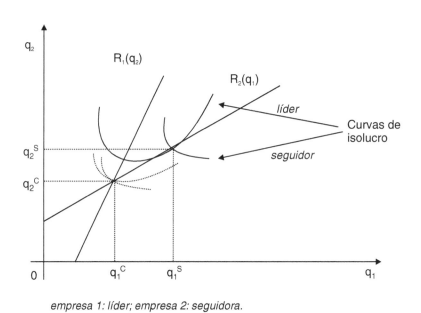

empresa 1: líder; empresa 2: seguidora.

Figura 10.5 Equilíbrio de Stackelberg com bens complementares (liderança em quantidade). *Empresa 1: líder; empresa 2: seguidora.*

geométrico das Figuras 10.4 e 10.5 mostra que, com relação ao regime de Cournot, seu lucro será menor do que em Cournot se os bens forem *substitutos* ($\pi_2^S < \pi_2^C$) e maior se os bens forem *complementares* $\pi_2^S > \pi_2^C$, respectivamente.

O fato de o lucro da empresa líder ser maior que π_1^C aparece pelo nível da sua curva de isolucro (tangente à R_2) na Figura 10.4, a qual se situa em um nível mais baixo da curva passando pela interseção de R_2 com R_1 (não representada), que é o equilíbrio de Cournot. Por outro lado, a curva de isolucro da seguidora passando pelo equilíbrio de Cournot (não representada), é mais baixa que aquela que passa pelo equilíbrio de Stackelberg e, por isso, $\pi_2^S < \pi_2^C$.

Com bens complementos estratégicos, as curvas de isolucro são convexas e, quanto mais elevadas, maiores os níveis de lucro. Na Figura 10.5, as curvas passando pelo equilíbrio de Stackelberg são superiores àquelas (pontilhadas) passando pelo equilíbrio de Cournot. Assim, ambos os produtores auferem lucros mais elevados. A Figura 10.5 também ilustra o fato de que ambos os produtores ofertarão quantidades também mais elevadas neste caso: $q_1^S > q_1^C$ e $q_2^S > q_2^C$. Obviamente, a oferta agregada será maior: $Q^S > Q^C$.

Modelos de Concorrência em Oligopólio 153

A resolução do equilíbrio para o caso do duopólio linear diferenciado e simétrico permite que se obtenha uma ilustração *algébrica* deste resultado. Retomemos esse caso, apresentado na Seção 10.4.3 (com custos zero). O uso das condições de primeira ordem (7b) para a seguidora e (7d) para a líder leva às seguintes quantidades e preços de equilíbrio:

$$q_1^S = \frac{\alpha}{4}\left(\frac{4\beta - 2\gamma}{2\beta^2 - \gamma^2}\right) \qquad \text{(empresa líder);}$$

$$q_2^S = \frac{\alpha}{4}\left(\frac{4\beta - 2\gamma - \gamma^2/\beta}{2\beta^2 - \gamma^2}\right) \qquad \text{(empresa seguidora);}$$

$$p_1^S = \frac{\alpha}{4}\left(\frac{4\beta^2 - 2\beta\gamma - 2\gamma^2 + \gamma^3/\beta}{2\beta^2 - \gamma^2}\right) \qquad \text{(empresa líder);}$$

$$p_2^S = \frac{\alpha}{4}\left(\frac{4\beta^2 - 2\beta\gamma - \gamma^2}{2\beta^2 - \gamma^2}\right) \qquad \text{(empresa seguidora).}$$

Notemos que se os bens forem independentes, então $q_1^S = q_2^S$. Se os bens forem substitutos ou complementares ($\gamma \neq 0$), teremos $q_1^S > q_2^S$. Por outro lado, como $\beta > \gamma$, o preço praticado pela seguidora será maior que aquele praticado pela empresa líder: $p_2^S > p_1^S$.

Colocando-se $\alpha_i = \alpha$; $\beta_i = \beta$ nas equações (12a) – (14a), podemos efetuar a comparação direta do equilíbrio em Stackelberg com o equilíbrio em Cournot no caso simétrico. Os resultados obtidos são sumariados a seguir:

a) Com *bens substitutos*, a oferta da indústria é maior do que no equilíbrio simétrico de Cournot ($Q^S > Q^C$) e o preço praticado pelo líder é menor que o praticado pelo seguidor; ambos são menores que o preço no equilíbrio de Cournot: $p_1^S < p_2^S < p^C$.

   No duopólio *simétrico* ($\pi_1^C = \pi_2^C = \pi^C$), o lucro da empresa líder é maior do que o da seguidora. Temos, de fato: $\pi_1^S > \pi^C > \pi_2^S$. A dominância da posição de líder é explicada pelo fato dela mover-se primeiro. Se as empresas escolhem capacidades de produção, e a seguidora for proponente ao ingresso no mercado, a dominância da posição de líder é vista como um *prêmio* auferido pelo fato de ser *pioneira*.

b) Com *bens complementares*, a oferta da empresa líder é maior que a da seguidora. Temos: $q_1^S > q_2^S > q^C$ Já o preço praticado pela seguidora é maior que o preço em Cournot, o qual é maior que o preço praticado pelo líder: $p_2^S > p^C > p_1^S$. Para os lucros, temos a seguinte hierarquia: $\pi_2^S > \pi_1^S > \pi^C$. Surpreendentemente, a seguidora aufere lucros maiores que a empresa líder. Aqui, o fato de mover-se em segundo é favorável à seguidora. Como o lucro marginal da seguidora cresce com as ofertas adicionais da líder, o fato de fixar sua oferta após a líder lhe permite ajustar as quantidades para elevar o preço a ponto de auferir lucro superior ao da empresa líder.

10.4.5.2 *Excedente econômico: Stackelberg × Cournot*

Referindo-nos ao duopólio diferenciado linear e simétrico, vimos que a oferta agregada em Stackelberg é sempre maior que a oferta em Cournot: $Q^S > Q^C$. Assim, como a função de utilidade é crescente nas quantidades, o padrão de Stackelberg, com liderança em quantidades, socialmente domina o padrão de Cournot. O mesmo pode ser dito com relação ao ponto de vista dos consumidores, pois o seu excedente é função decrescente do nível de preços.

Do ponto de vista privado, se os bens forem *substitutos*, a empresa líder preferirá o regime de Stackelberg e a seguidora o regime de Cournot. Se os bens forem *complementares*, ambas preferirão o regime de Stackelberg, mas a líder desejará ser seguidora. Neste caso, nenhuma das empresas tem incentivo em mover primeiro.

Resumindo, a passagem do regime de Cournot para o regime de Stackelberg (socialmente preferível) é *Pareto-eficiente* somente se os bens forem *complementares*, pois, neste caso, empresas e consumidores, no conjunto, são beneficiados. Se os bens forem substitutos, esta passagem é lesiva à empresa seguidora, que vê seu lucro diminuir.

A passagem inversa, do regime de Stackelberg para o de Cournot, também não é *Pareto-eficiente*, pois, neste caso, a líder será a empresa prejudicada.

10.4.5.3 *Liderança em preço*

No modelo de liderança em preço (*price leadership*) e produto *diferenciado*, o líder maximizará em p_1 a função lucro $\pi_1(p_1; R_2(p_1))$; obtida substituindo-se p_2 pelo valor da reação da seguidora:

154 Economia Industrial

$$\pi_1 = p_1 q_1(p_1; R_2(p_1)) - C_1(q_1(p_1; R_2(p_1))).$$

A condição de primeira ordem é:

$$q_1 + (p_1 - C_1')\frac{\partial q_1}{\partial p_1}\left[1 + R_2'(p_1)\right] = 0 \tag{7e}$$

Comparando-se esta equação com (1c), vemos que a variação conjectural consistente do líder é $v_1 = R_2'$.

Se o equilíbrio for estável e os preços praticados pelos produtores forem *complementos estratégicos*, então $\dfrac{\partial^2 \pi_2}{\partial p_2 \partial p_1} > 0$ e $R_2'(p_1) > 0$, de maneira que o líder sabe que seus aumentos de preço não serão combatidos, mas acompanhados pelo seguidor. (Lembre-se de que no padrão de Bertrand, a conjectura da empresa é de que seus aumentos de preço não serão seguidos: $v_1 = 0$). Como a receita marginal proporcionada ao líder por um aumento do preço é maior do que no padrão de Bertrand, o preço de equilíbrio do líder será maior: $p_1^S > p_1^B$.

O seguidor define seu preço após o líder e, como sua função de resposta é crescente, fixará seu preço também acima do nível de Bertrand: $p_2^S > p_2^B$.

Tal resultado pode ser visualizado pela Figura 10.5, substituindo-se quantidades por preços. Pelo argumento racional da lucratividade, deduzimos que o lucro do líder é maior do que aquele que ele obteria no regime de Bertrand.

Todavia, no caso *simétrico*, o lucro do líder será menor que o da seguidora, porque o lucro marginal desta cresce com os aumentos de preço efetuados pelo líder, de maneira que temos, tipicamente, $\pi_2^S > \pi_1^S > \pi^B$.

Resultado, assim, paradoxal, já encontrado na liderança em quantidades com bens *complementares estratégicos*, pode ser mais bem entendido se os bens forem substitutos (tal será o caso se os efeitos de segunda ordem sobre a demanda não forem dominantes): o seguidor ajustará seu preço para mantê-lo abaixo de p_1^S, para estimular a demanda pelo seu produto, e assim auferir lucro superior ao do líder.

O cálculo algébrico do equilíbrio em Stackelberg para o duopólio diferenciado, linear e simétrico confirma este *rationale.*

Com efeito, retomemos o duopólio linear diferenciado e simétrico (com custos zero) apresentado na Seção 10.4.3. O uso das condições de primeira ordem (7c) para a seguidora e (7e) para a líder leva às seguintes quantidades e preços de equilíbrio:

$$p_1^S = \frac{\alpha}{4}\left(\frac{4b + 2c}{2b^2 - c^2}\right) \qquad \text{(empresa líder)};$$

$$p_2^S = \frac{\alpha}{4}\left(\frac{4b + 2c - c^2/b}{2b^2 - c^2}\right) \qquad \text{(empresa seguidora)};$$

$$q_1^S = \frac{\alpha}{4}\left(\frac{4b^2 + 2bc - 2c^2 - c^3/b}{2b^2 - c^2}\right) \qquad \text{(empresa líder)};$$

$$q_2^S = \frac{\alpha}{4}\left(\frac{4b^2 + 2bc - c^2}{2b^2 - c^2}\right) \qquad \text{(empresa seguidora)}.$$

Note que se os bens forem independentes ($c = 0$), então $p_1^S = p_2^S$. Se os bens forem substitutos ou complementares ($c \neq 0$), o preço praticado pela empresa líder será superior ao preço adotado pela seguidora: $p_1^S > p_2^S$. Por outro lado, como $\beta > |\gamma|$ a empresa seguidora ofertará quantidades maiores: $q_2^S > q_1^S$.

Colocando-se $a_i = a$; $b_i = b$ nas equações (12b)–(14b), podemos efetuar a comparação direta do equilíbrio em Stackelberg com o equilíbrio em Bertrand no caso simétrico. Os resultados obtidos são sumariados a seguir:

a) Com *preços complementares estratégicos* (bens substitutos), é fácil verificar que os preços serão maiores do que em Bertrand. Temos, com efeito, a seguinte hierarquia: $p_1^S > p_2^S > p^B$ e, para as quantidades, $q_2^S > q^B > q_1^S$. Os lucros auferidos pela empresa seguidora serão maiores que os da empresa líder. Ambos são superiores aos lucros obtidos em Bertrand: $\pi_2^S > \pi_1^S > \pi^B$;

b) Se os preços praticados pelos produtores forem *substitutos estratégicos* (bens complementares), então $\dfrac{\partial^2 \pi_2}{\partial p_2 \partial p_1} < 0$ e $R_2'(p_1) < 0$, de maneira que o líder antecipa corretamente que seus aumentos de preço serão sancionados por reduções de preço do seguidor. Em princípio, o líder deveria fixar seu preço abaixo do preço em Bertrand, já que sua receita marginal é menor do que o seria naquele regime. Todavia, aumentos no seu nível de preço forçam a empresa seguidora a manter seu preço em nível mais baixo, o que eleva o lucro marginal do líder.

Se os efeitos de segunda ordem não são importantes, as perdas de receita do líder (decorrentes da retração na demanda causada pela alta do seu preço) serão atenuadas pela receita induzida com o aumento na demanda pelo produto do seguidor, dada a complementaridade existente entre os bens. Portanto, no equilíbrio simétrico teremos: $p_1^S > p^B > p_2^S$ (o que pode ser visualizado substituindo-se a variável q por p na Figura 10.5).

O lucro dos produtores é função crescente do preço, de modo que deveremos obter, neste caso, a seguinte hierarquia de resultados para as empresas: $\pi_1^S > \pi^B > \pi_2^S$. Os resultados obtidos no duopólio linear e simétrico confirmam esta interpretação. A oferta da empresa líder é menor que a da seguidora e ambas são menores que a oferta que obteriam no equilíbrio simétrico em Bertrand: $q^B > q_2^S > q_1^S$.

10.4.5.4 *Excedente econômico: Stackelberg × Bertrand*

Referindo-nos ao caso do duopólio diferenciado linear e simétrico, os resultados obtidos mostram que a oferta agregada do duopólio, com liderança em preço, é menor que a oferta no duopólio de Bertrand em ambos os casos, com *substitutos*, ou com bens *complementares* (preços substitutos estratégicos): $Q^B > Q^S$.

Como a oferta agregada é aqui um indicador suficiente para se avaliar o bem-estar, vemos que, contrariamente ao mercado com liderança em quantidades, a liderança em preços não é socialmente desejável no caso do oligopólio linear.

Do ponto de vista social temos, neste caso a hierarquia: Bertrand $\succ$ Stackelberg $\succ$ Cournot.

Do ponto de vista *privado*, se os bens forem *substitutos*, tanto a empresa líder como a seguidora preferirão o regime de Stackelberg. Todavia, nenhuma das empresas desejará fixar o preço em primeiro lugar, pois o lucro da líder é menor que o da seguidora. Se os bens forem *complementares*, apenas a empresa líder preferirá o regime de Stackelberg. A empresa seguidora prefere ser independente e competir em Bertrand.

Assim, a passagem do regime de Bertrand ao regime de Stackelberg não é *Pareto-eficiente* pois os consumidores serão lesados. A passagem inversa, do regime de Stackelberg para o de Bertrand, também não é *Pareto-eficiente* pois, neste caso, a líder será a empresa prejudicada.

10.4.5.5 *Produto homogêneo*

Quando o custo marginal da empresa seguidora não for constante, também será possível analisar o modelo competitivo de Stackelberg com liderança em preços no caso de uma indústria com produto *homogêneo*. Os produtos ofertados pelas empresas são substitutos perfeitos um do outro.

Neste caso, devemos ter: $p_2 = p_1 = p$ (o seguidor vende ao preço fixado pelo líder), de maneira que a curva de oferta do seguidor será determinada por:

$$C_2'(q_2) = p \quad \text{(equilíbrio competitivo, com preço dado).}$$

O líder considerará a *demanda residual*:

$$q_1(p) = Q(p) - C_2'^{-1}(p)$$

e escolherá o preço p para maximizar o lucro:

$$\pi_2(p) = p\left\{Q(p) - C_2'^{-1}(p)\right\} - C_1\left(Q(p) - C_2'^{-1}(p)\right).$$

Como neste caso os bens são substitutos perfeitos, ambas as empresas auferirão lucros maiores (ou iguais) aos do regime de Bertrand (sem restrição de capacidade). No caso de *custos simétricos*, o lucro da empresa líder será maior do que o da seguidora.

10.5 Conclusão: Análise do Bem-estar nos Diferentes Regimes Competitivos

Resumimos agora os resultados da análise do bem-estar obtidos a partir dos modelos de liderança em quantidades e em preços de Stackelberg, quando comparados com aqueles obtidos nos modelos de competição independente das Seções 10.4.2 e 10.4.3 Cournot e Bertrand, respectivamente.

Na Seção 10.4.4 mostramos que o regime de Bertrand domina socialmente o regime de Cournot, na medida em que provê, no equilíbrio, uma maior oferta de bens: $Q^B > Q^C$. Em seguida, mostramos que, na competição em preços, o regime de Ber-

156 Economia Industrial

trand também domina o regime de Stackelberg: $Q^B > Q^S$-preços. Na competição em quantidades, pelo seu lado, o regime de Stackelberg domina o regime de Cournot: Q^S-quant. $> Q^C$.

Assim, a competição independente em preços (Bertrand) aparece como o melhor regime competitivo do *ponto de vista social*, e a competição independente em quantidades (Cournot) aparece como o pior. O regime de Stackelberg, com competição em preços ou em quantidades, situa-se em uma posição intermediária entre estes dois regimes.

Do *ponto de vista privado*, na competição em preços para bens substitutos, ambas as empresas preferem o regime de Stackelberg ao regime de Bertrand, o que conflita com a preferência dos consumidores, que adquirem os bens a preços mais baixos neste último regime. Na competição em quantidades para bens complementares, o regime de Stackelberg é preferível ao de Cournot. Neste caso particular, unicamente, o interesse das empresas pode ser compatível com o interesse dos consumidores, no seu conjunto.

Obviamente, estes resultados dependem da hipótese assumida para o duopólio linear e simétrico. A não linearidade das curvas de demanda e/ou de custos abre a possibilidade para a existência de equilíbrios múltiplos e para a instabilidade. A assimetria de custos entre as empresas altera não apenas a hierarquia dos lucros entre elas como também o excedente dos consumidores. Ainda que (em condições regulares) não haja dificuldades maiores para se determinar e analisar o equilíbrio de uma indústria compreendendo um número arbitrário de empresas assimétricas, os resultados da comparação entre os desempenhos obtidos, em cada um destes regimes, são sensivelmente obscurecidos pela assimetria dos custos ou das preferências dos consumidores. A qualificação dos regimes dependerá, também, da magnitude destas assimetrias (vide confronto Bertrand *versus* Cournot, na Seção 10.4.3). A dominância de um padrão competitivo sobre o outro não pode ser estabelecida, em toda generalidade.

10.6 Resumo

Neste capítulo aprendemos que:
- A estabilidade do equilíbrio na indústria requer que as curvas de reação dos produtores sejam negativamente inclinadas se as variáveis de controle das firmas (quantidades ou preços) são substitutas estratégicas e positivamente inclinadas se estas variáveis forem complementares estratégicas.
- A consistência das variações conjecturais no duopólio requererá que a resposta efetiva de um produtor seja plenamente antecipada pelo outro.
- No duopólio linear, a competição em preços (Bertrand) leva a preços menores e quantidades maiores do que na competição em capacidades (Cournot). O excedente total é maior; mas, do ponto de vista privado, se os bens são substitutos, os lucros serão menores que em Cournot.
- No equilíbrio do duopólio linear simétrico, com bens substitutos, a liderança em capacidades (Stackelberg) provê uma oferta agregada maior e preços menores que em Cournot. Todavia, só o lucro da líder é maior que o lucro auferido em Cournot. Com bens complementares, os lucros são maiores que em Cournot; mas, supreendentemente, nenhuma das firmas quer mover primeiro: o lucro da firma líder será menor que o da seguidora.
- No equilíbrio do duopólio linear simétrico, com preços complementares estratégicos, a liderança em preços (Stackelberg) leva a preços e lucros mais elevados que em Bertrand. Mas aqui também a firma líder tem lucro menor que a seguidora. Muito embora ambas prefiram a concorrência hierarquizada à concorrência independente (Bertrand), nenhuma delas deseja liderar. Com preços substitutos estratégicos, o lucro da firma seguidora será menor que o de Bertrand, de modo que a concorrência hierarquizada não será vantajosa para ela.

10.7 Questões para Discussão

1. Imagine um oligopólio simétrico no qual as firmas competem em capacidades e incorrem no mesmo custo marginal constante. Usando a condição de primeira ordem dada na equação (1a) da seção 10.2, mostre que, se a conjectura dos demais concorrentes de uma firma for igual à n-1, obtemos a solução de monopólio. Ou seja, se cada ofertante conjectura que, ao aumento de 1 ponto na sua capacidade, a resposta de cada concorrente será combativa, ou seja, de aumentar também em 1 ponto na sua capacidade produtiva, o oligopólio apresentará o resultado perfeitamente colusivo.
2. No contexto do item anterior, se a conjectura dos demais concorrentes da firma for igual à -1, obtemos a solução de concorrência perfeita. Ou seja, se cada ofertante conjectura que, ao aumento de 1 ponto na sua capacidade, a resposta de cada

concorrente será acomodatícia, de reduzir em 1/(n-1) a sua capacidade, o oligopólio apresentará o resultado perfeitamente competitivo.

3. A hierarquização entre os diferentes regimes competitivos torna-se complexa com o aumento do número de firmas e das assimetrias técnicas existentes entre elas, como indicado na seção 10.4.4.1. O investimento na qualidade dos produtos (diferenciação vertical) pode ser uma saída para as firmas atenuarem a competição em preços e aumentarem seus lucros acima do nível de Cournot?

4. A competição em quantidades é mais onerosa do que a competição em preços, pois o custo da mudança da capacidade produtiva ou da oferta corrente envolve ajustamentos mais lentos e custosos do que os ajustamentos de preço. Por isso, pode-se pensar que, independentemente do grau de substituição existente entre os produtos ofertados, as firmas competem em capacidades na fase inicial de instalação e, uma vez estabelecidas no mercado, competem em preço. Discutir.

5. Nos modelos de diferenciação horizontal (Hotelling, 1929), o equilíbrio existe se as firmas se situam não muito próximas umas das outras, muito embora seus lucros aumentem com a proximidade, até um certo limite (princípio da diferenciação mínima). Nos modelos de localização com diferenciação vertical, as firmas escolhem o nível de qualidade do produto que mais o diferencia dos produtos concorrentes (princípio da diferenciação máxima). A oferta de variedades é um fenômeno inerente ao processo competitivo?

10.8 Sugestões de Leitura

LANCASTER, K. The economic of product variety: a survey. In: *Market Science*, v. 9, n.3, Summer 1990.

SHY, O. *Industrial organization* – theory and applications. Cambridge: MIT Press, 1995, Capítulos 7 e 12.

Notas

1. Reações antecipadas na determinação do equilíbrio foram primeiramente consideradas por A.L. Bowley (1924). A atual designação é devida a R. Frisch. (1933).

2. Como a análise à frente sugere, a consistência das conjecturas ocorre em situações um tanto excepcionais, em modelos não dinâmicos. Esta limitação reflete a dificuldade de se operar com um conceito dinâmico no interior de um mecanismo estático. Apesar de a inconsistência torná-las menos úteis do ponto de vista operacional, as reações antecipadas pelos produtores ganharão relevo na apresentação que segue por uma razão didática: os modelos teóricos mais usuais de competição entre as empresas (competição perfeita, Cournot, Bertrand, Stackelberg) ou de cartel, podem ser entendidos a partir do seu prisma, sendo gerados por valores particulares da variação conjectural.

3. Conforme Hackner, 2000.

4. Esse método é descrito no Capítulo 11.

Bibliografia

BOFF, H. P.; WERLANG, S. R. C. Cournotian competition under knightian uncertainty. *Revista de Econometria*, v. 18, n. 2, p. 265-308, 1998.

CABRAL, L. M. B. Conjectural variations as a reduced form. *Economic Letters*, v. 49, p. 397-402, 1995.

DENECKERE, R.; DAVIDSON, C. Incentives to form coalitions with Bertrand competition. *Rand Journal of Economics,* v. 16, n. 4, p. 473-486, 1985.

DIXIT, A. Comparative statics for oligopoly. *International Economic Review*, v. 27, n. 1, p. 107-122, 1986.

DOCKNER, E. J. A dynamic theory of conjectural variations. *The Journal of Industrial Economics*, v. XL, n. 4, p. 377-397, 1992.

FARRELL, J.; SHAPIRO, C. Horizontal mergers: an equilibrium analysis. *The American Economic Review*, v. 80, n. 1, p. 107-12, 1990.

HACKNER, J. A note on price and quantity competition in differentiated oligopolies. *Journal of Economic Theory*, v. 93, p. 233-239, 2000.

HART, O. D. Monopolistic competition in the spirit of Chamberlin: a general model. *Review of Economic Studies*, v. LII, p. 529-546, 1985.

KAMIEN, M. I.; SCHWARTZ, N. L. Conjectural variations. *Canadian Journal of Economics*, p. 191-211, 1983.

MAS-COLELL, A.; WHINSTON, M. D.; GREEN, J. R. *Microeconomic theory*. Oxford: Oxford University Press, Caps. 3, 4, 5, 12, 1995.

PERRY, M. K.; PORTER, R. H. Oligopoly and the incentive for horizontal mergers. *The American Economic Review*, v. 75, p. 219-27, 1985.

SALANT, S. W.; SWITZER, S.; REYNOLDS, R. J. Losses from horizontal mergers: The effects of an exogenous change in industry structure on Cournot-Nash equilibrium. *Quarterly Journal of Economics*, v. XCVII, n. 2, p. 185-189, 1983.

SCHERER, F. M.; ROSS, D. *Industrial market structure and economic performance*. Boston: Houghton Mifflin Co., Caps. 2, 6, 7, 1990.

SHAKED, A.; SUTTON, J. Relaxing price competition through product differentiation. *Review of Economic Studies*, v. XLIXI, p. 3-13, 1982.

SHY, O. *Industrial organization*. Cambridge: The Mit Press, Caps. 3, 4, 5, 6, 7, 8, 1995.

SINGH, N.; VIVES; X. Price and quantity competition in a differentiated duopoly. *Rand Journal of Economics*, v. 15, p. 4, Winter 1984.

TIROLE, J. *The theory of industrial organization.* Cambridge: The MIT Press, Caps. 1, 5, 7, 1989.

VARIAN, H. R. *Microeconomics analysis.* New York: W.W. Norton & Co., 3. ed., Caps. 1, 4, 5, 7, 9, 10, 14, 16, 1992.

VIVES, X. On the efficiency of Bertrand and Cournot equilibria with product differentiation. *Journal of Economic Theory*, v. 36, p. 166-175, 1985.

WILLIAMSON, O. E. Economies as an antitrust defense: the welfare tradeoffs. *The American Economic Review*, v. LVIII, n. 1, p. 18-36.7, 1968.

Coordenação Oligopolista

Carlos Frederico Leão Rocha

11.1 Introdução

Nos capítulos anteriores, vimos que a presença de interação entre empresas em um mesmo mercado – inseridas em processos de concorrência que podem ser descritos por jogos não cooperativos, com formato do Dilema do Prisioneiro – pode conduzir a soluções subótimas do ponto de vista das empresas. Isto é particularmente relevante em situações em que a concorrência por preços é acirrada, podendo levar à inviabilidade das estruturas oligopolistas no longo prazo. A ideia de que as empresas assistirão passivamente sua eliminação do mercado por causa de concorrência predatória parece pouco plausível. Isto levanta, por um lado, algumas dúvidas sobre os processos concorrenciais puramente baseados em preços,[1] por outro, sugere que – caso as escolhas dos consumidores permaneçam sensíveis aos preços – as empresas deverão empreender algum acordo para não reduzir os preços.

A adoção de acordos parece ser possível, uma vez que se abandone a hipótese estática dos modelos anteriores. Podemos intuir que, uma vez observadas as sequências de movimentos que cortam preços, afetando negativamente seus lucros, as empresas notarão a inconsistência do processo concorrencial em que estão envolvidas. Devemos supor, portanto, que as empresas repensarão as hipóteses míopes – presentes nos modelos de Cournot e Bertrand – a respeito da reação de seus rivais, ou seja, não parece ser razoável que as empresas suponham que diante de uma mudança de suas estratégias de preço ou quantidade, as rivais manterão suas estratégias anteriores.

A revisão estratégica em direção à maximização conjunta de lucros parece ser uma possibilidade. Este comportamento já havia sido previsto por Adam Smith:

Pessoas da mesma profissão [do mesmo setor de negócios] raramente se encontram, mesmo que seja para momentos alegres e divertidos, mas as conversações sempre terminam em conspiração contra o público ou em algum incitamento para aumento dos preços.[2]

De fato, a evidência empírica de Economia Industrial e a história de empresas e relatos de casos em organismos de defesa da concorrência demonstram haver inúmeras situações em que empresas estabelecem acordos de preços tácitos ou formais. Acordos formais são aqueles em que empresas estabelecem algum tipo de comunicação e combinam entre si regras específicas de estabelecimento de preços ou formas de comportamento diante de distintas situações. Estes acordos podem ser escritos ou apenas mantidos por intermédio de palavra. Acontece que normalmente as autoridades de defesa da concorrência estão bastante atentas a essas práticas. Muitas vezes, portanto, as empresas não podem se reunir em grupos, nem estabelecer comunicação explícita. Nestes casos, quando passam a coordenar seus preços e ações, seguem regras tácitas, ou seja, que não foram combinadas explicitamente, mas que a vivência na indústria e o processo de aprendizagem estabeleceram como prática saudável para as empresas. Um exemplo de acordos formais é a Organização dos Países Exportadores de Petróleo (OPEP), que estabelece quotas de produção para cada um de seus membros, impedindo que a oferta exceda um determinado nível e permitindo o estabelecimento de preços acima do custo marginal. Um exemplo de acordo tácito pode ser observado na praia em que é facilmente perceptível que o preço da cerveja na areia é mais caro do que o preço da cerveja nos quiosques e não costuma ser diferenciado entre vendedores atuando na mesma faixa, ou seja, entre ambulantes e entre quiosques. Neste caso, não houve comunicação entre todos os agentes presentes, mas parece que eles têm algum mecanismo que possibilita a uniformização dos preços, mesmo quando as condições de demanda se alteram.

Este capítulo se propõe a tratar alguns aspectos que facilitam ou prejudicam a coordenação oligopolística. Na primeira seção, os elementos básicos para a existência destes acordos são esboçados. A segunda seção é dedicada à discussão de situações e características de mercado que prejudicam a coordenação em preços. A quarta seção discute alguns modos de superar estes problemas.

11.2 Condições Básicas de Coordenação

Admitamos um mercado de um produto homogêneo com apenas duas empresas. Elas têm custos marginais idênticos e constantes. Neste caso, a solução de Bertrand será preço igual a custo marginal, com as duas empresas dividindo o mercado. Suponha, conforme a Figura 11.1, que a indústria mantenha custos fixos elevados. Nesta situação, as empresas estarão funcionando com prejuízo e, no longo prazo, seu destino será sair da indústria.

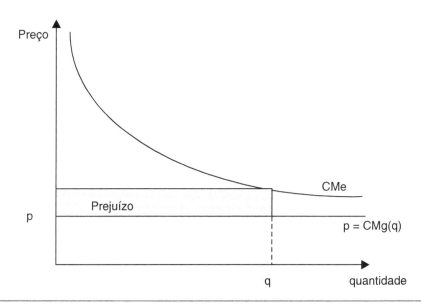

Figura 11.1 Prejuízo causado pela adoção da solução de Bertrand.

Uma alternativa à saída da indústria é a cooperação em preços, ou seja, a formação de um acordo tácito ou formalizado que deverá ter o estabelecimento de seus preços coordenado. O grande problema para a manutenção do acordo está no incentivo existente para reduzir os preços e conquistar todo o mercado. Suponhamos que os consumidores sejam perfeitamente sensíveis ao preço, de maneira que uma pequena (talvez mínima) redução no preço seja percebida pelo consumidor. Se as empresas chegam a um acordo inicial em que o preço é igual ao de monopólio, p^M, elas obterão o lucro de monopólio proporcionado pelo mercado, ou seja, $\pi^C = \dfrac{\pi^M}{2}$, onde π^C e π^M são, respectivamente, o lucro de cada empresa participante do acordo e o lucro de monopólio. Se um concorrente sair unilateralmente do acordo, aplicando preço igual a $p^M - \varepsilon$, onde $\varepsilon \to 0$, então seu lucro nesse período será igual a $\pi^M = 2\pi^C$, ou seja, se o oligopolista fugir do acordo, ele dobra o seu lucro. A empresa que não descumpriu o acordo e manteve seu preço em p^M permanece fora do mercado, pelo menos por este período.

O problema está em conhecer a reação de seu concorrente, ou seja, supondo que a detecção por parte do rival se dê no mesmo período em que a redução de preços ocorreu, que tipo de *retaliação* será empreendido pela empresa que se manteve no acordo. Várias hipóteses podem ser formuladas. Parece razoável para iniciar a discussão sobre coordenação de preços que se formule a hipótese de reação mais pessimista na visão do oligopolista: caso um dos parceiros não coopere, seu rival perder completa e eternamente a confiança no processo de cooperação, para nunca mais aceitar entrar em acordo por preços; ou seja, em todos os períodos posteriores o preço será igual ao custo marginal e o lucro de ambos será 0. Esta é uma estratégia conhecida como gatilho de preços, muitas vezes denominada também como competição impiedosa (do inglês *grim*). Desta maneira, podemos pensar que os dois oligopolistas se veem diante das seguintes opções. Caso venham a trair o acordo, eles obterão o lucro de monopólio no primeiro período, mas receberão lucro 0 em todos os períodos subsequentes. Caso contrário, eles obterão metade do lucro de monopólio no período atual e em todos os períodos subsequentes. Suponha que o lucro dos períodos subsequentes seja descontado pela taxa de juros, de maneira que o lucro do período i seja contabilizado no primeiro período como $\delta^{(i-1)}\pi$, sendo $\delta = \dfrac{1}{1+r}$, onde δ é o fator de desconto, r, a taxa de desconto e i, o período em que o lucro é percebido. Assim, a empresa decidirá cooperar desde que os retornos em caso de cooperação sejam superiores aos retornos em caso de traição, ou seja,

$$\pi^C + \delta\pi^C + \delta^2\pi^C + \ldots + \delta^{(i-1)}\pi^C + \ldots > \pi^M \Rightarrow$$
$$\frac{1}{1-\delta}\frac{\pi^M}{2} > \pi^M \Rightarrow \delta > \frac{1}{2}.$$

Isto quer dizer que a cooperação deverá existir desde que o fator de desconto quanto ao futuro seja suficientemente elevado (ou seja, a taxa de desconto seja suficientemente pequena). Cabe ressaltar, contudo, que muitos elementos devem ser adicionados à taxa de desconto do lucro futuro. Por exemplo, rendimentos futuros também devem ser descontados pela probabilidade de o acordo terminar ou o mercado se extinguir. Supondo que esta probabilidade seja expressa por ρ, então $\delta = \dfrac{1}{1+r}(1-\rho)$. Suponhamos, então, que a probabilidade da relação terminar seja igual a 0. Assim, $\delta = \dfrac{1}{1+r}$. Se a probabilidade da relação terminar é 1, então, $\delta = \dfrac{1}{1+r} \cdot 0 = 0$. Isto significa que quanto maior a instabilidade do mercado maior será a dificuldade para se chegar a um acordo em preços.

11.2.1 Intensidade da retaliação e cooperação

Devemos esclarecer que os resultados dependerão do tipo de retaliação a ser adotado pelas empresas traídas (ver o Quadro 11.1). A história dos mercados não indica que, uma vez rompido o acordo, nunca mais haverá cooperação entre as empresas, como foi suposto anteriormente. As empresas tendem a relutar em ter preços reduzidos eternamente, principalmente em indústrias que detêm elevados custos fixos e a condução do preço ao nível do custo marginal implica pesados prejuízos para as empresas, como parece ser a regra geral das indústrias concentradas. Empresas em ambientes oligopolistas procuram constantemente a formação de acordos por preços. Uma vez encontrada uma violação, o mais provável é que arranjos sejam realizados para que a cooperação seja retomada. Desta maneira, a hipótese de que as empresas nunca mais se entenderão parece ser radical demais. Suponha alternativamente que a reação da empresa seja não cooperar nos dois períodos imediatamente após a traição e cooperar no terceiro período. Neste sentido, o lucro da empresa traidora deverá ser determinado por:

$$\pi^M + 0 + 0 + \delta^3\frac{\pi^M}{2} + \delta^4\frac{\pi^M}{2} + \ldots = \pi^M + \frac{\delta^3}{1-\delta}\pi^M > \pi^M.$$

QUADRO 11.1 SOLUÇÕES DO DILEMA DO PRISIONEIRO

Um torneio patrocinado por Robert Axelrod reuniu diversos estudiosos de Teoria dos Jogos com o objetivo de conhecer a melhor maneira possível de enfrentar o Dilema do Prisioneiro. Cada estudioso foi encarregado de elaborar uma estratégia com que iria enfrentar todos os demais concorrentes e suas respectivas estratégias. A estratégia que apresentou o melhor resultado final foi aquela escolhida por Anatol Rapoport, denominada *tit-for-tat* ou o bíblico *olho por olho, dente por dente*. Nesta estratégia, Anatol iniciava cada enfrentamento com um movimento colaborativo. Caso o seu rival colaborasse, ele responderia colaboração, caso o seu rival empreendesse uma estratégia traidora, ele responderia traição, ou seja, sendo $a_{i,t}$ a estratégia da empresa "i" no período t, $a_{i,t} = a_{j,t-1}$. É interessante perceber que muitas vezes esta não era a melhor estratégia contra cada uma das estratégias individualmente, mas, *na média*, foi a que obteve o melhor resultado.

Isto significa que para haver cooperação será necessário que

$$\pi^C + \delta\pi^C + \delta^2\pi^C > \pi^M \Rightarrow (1+\delta+\delta^2)\frac{\pi^M}{2} > \pi^M \Rightarrow (1+\delta+\delta^2)\pi^M > 2\pi^M, \text{ou}$$

$$\delta > 0{,}618.$$

162 Economia Industrial

Este resultado fornece um importante ensinamento neste estágio: sob o ponto de vista da empresa que romperá o acordo, quanto mais branda a ameaça de retaliação, menor a probabilidade de haver cooperação; quanto mais feroz a retaliação, maior o número de situações em que ocorrerá cooperação. Logo, a cooperação depende fundamentalmente da retaliação.

O mais interessante a respeito deste resultado é que, sob o ponto de vista da empresa que foi traída, conforme sugerido anteriormente, a competição impiedosa não é a melhor opção. Uma vez tendo sido traída, caso adote a estratégia impiedosa, seus lucros serão 0 em todos os demais períodos; caso retorne ao acordo, pelo menos em um período, seu lucro será superior a 0. Este problema levanta uma questão adicional: ainda que a ameaça de adoção de estratégias impiedosas seja a melhor opção para evitar a traição, sua credibilidade após a violação do acordo é pequena. A empresa traída terá muito pouco incentivo para manter seus preços iguais aos custos marginais. Isto conduz a um segundo importante ensinamento a ser extraído desta análise: a natureza indeterminada do oligopólio e de suas inúmeras variantes de interação.

11.3 Condições que Dificultam a Coordenação

Existem diversas condições que dificultam a coordenação empresarial, criando problemas adicionais. Elas estão normalmente associadas com:

1. Dificuldade de detecção da violação ao acordo
2. Assimetrias nas estruturas de custos
3. Heterogeneidade do produto
4. Número de empresas presentes no mercado
5. Estruturas de custos
6. Alterações nas condições presentes no mercado

11.3.1 SEGREDOS, DETECÇÃO E ACORDOS

Um problema parecido com o provocado pela retaliação ocorre quando há dificuldade de detecção por parte da empresa. Suponha que os preços não possam ser imediatamente observados devido à possibilidade de manutenção de contratos em segredo entre fornecedor e usuário de um determinado serviço. Neste caso, as empresas só observarão os preços no período seguinte, em decorrência de variações em suas demandas. A consequência é que as empresas venham a retaliar somente dois períodos após a ocorrência de traição do acordo por um de seus participantes. Os lucros da empresa traidora serão determinados então por $\pi^M + \delta\pi^M + 0 + 0 + ...$ Para haver cooperação, então,

$$\frac{1}{1-\delta}\frac{\pi^M}{2} > \pi^M + \delta\pi^M \Rightarrow \delta > \frac{1}{\sqrt{2}} \cong 0,707,$$

ou seja, os requisitos para não violação do acordo são superiores ao caso da estratégia gatilho analisado anteriormente.

11.3.2 ASSIMETRIAS NOS CUSTOS

A existência de assimetrias de custos pode ser um importante obstáculo à manutenção do acordo oligopolista. Conforme pode ser observado na Figura 11.2, empresas com custos marginais diferentes, repartindo o mercado igualmente, terão percepções bastante distintas quanto ao preço a ser estabelecido para a maximização de lucros e também quanto à quantidade a ser vendida. A empresa de custos mais elevados tenderá a aplicar preços maiores e a vender quantidades inferiores. A obtenção de um acordo tácito se torna mais difícil pela falta de convergência a um preço comum a prevalecer no acordo. Supondo que as duas empresas iniciem estabelecendo preços iguais aos de monopólio, a empresa de custos inferiores, ao aplicar preços menores, atrairá demanda da empresa de custos superiores, deslocando sua curva para a esquerda e a curva de demanda da empresa de custos superiores para a direita. Isto pode ser interpretado pela empresa de custos elevados como o início de uma guerra de preços, levando a mais cortes de preços.

Uma alternativa a este procedimento é o estabelecimento de um cartel, em que as empresas dividam o mercado de acordo com o nível de seus custos marginais, conforme exposto na Figura 11.3. O cartel estará maximizando os lucros quando os custos marginais se encontram com a receita marginal na Figura 11.3C. Nesta situação, a empresa 1 terá uma produção muito superior àquela da empresa 2. Neste caso, o excedente total do produtor será definido como a área cinza na Figura 3C e o excedente destinado a cada uma das empresas será definido pelas áreas cinzas nas Figuras 3A e 3B. Como pode ser percebido, a empresa 1 recebe um excedente significativamente superior àquele da empresa 2. Isto pode gerar insatisfação, conduzindo a empresa 2 a solicitar partição mais equitativa. A solução requererá uma coordenação ainda superior, como, por exemplo, a formação de uma organização central encarregada de receber e distribuir lucros entre as empresas.

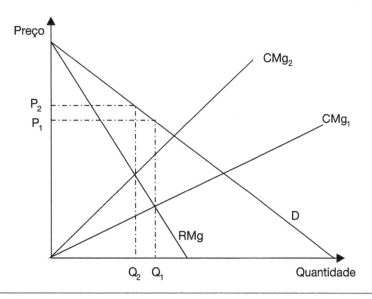

Figura 11.2 Custos Marginais Assimétricos e Determinação de Preços e Quantidades.

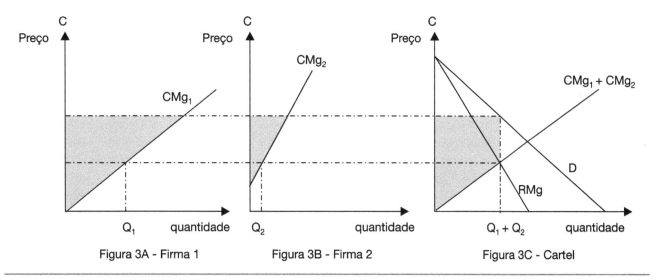

Figura 11.3 Solução de cartel de quantidades.

11.3.3 Heterogeneidade de produto

A heterogeneidade de produto pode se manifestar como obstáculo à coordenação oligopolista sob quatro formas: diferenciação de produto, diferenciação geográfica, mudanças nos parâmetros da qualidade do produto e produtos complexos.

A principal implicação da diferenciação de produto é a presença de assimetrias nas curvas de demanda individuais. Mais uma vez os preços de monopólio para as duas empresas tenderão a ser diferentes. Isto pode ser observado na Figura 11.4, que mostra que, neste caso, a empresa com a curva de demanda D_1 aplicará preços mais elevados. A discordância quanto aos preços de equilíbrio pode gerar conflitos entre as empresas. Neste caso, a situação é ainda mais complicada do que a discordância de preços em casos de diferenças de custos porque a reação usual para a empresa de preços mais altos seria diminuir seu preço, acentuando ainda mais a distorção no que se refere à partição do mercado. Uma alternativa para a empresa 2 seria aproximar seu produto em relação àquele da empresa 1, acirrando a concorrência por preços.

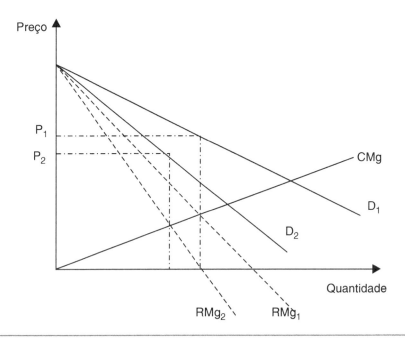

Figura 11.4 Diferenciação de produtos e assimetrias nas curvas de demandas individuais.

O aumento do número de atributos torna o produto mais complexo e tem dois efeitos. Primeiro, na medida em que aumenta a quantidade de atividades a ser coordenada, a coordenação pode se tornar muito complexa, requerendo procedimentos muito complicados e criando situações de difícil monitoração. A indústria de máquinas e equipamentos em alguns casos prepara seus produtos com requisitos específicos de cada cliente. O grau de diferenciação do produto é tão grande que exige que a equipe de vendas seja da própria fábrica e que os vendedores sejam engenheiros especializados. A combinação de preços neste setor pode ter que chegar ao nível de especificar o preço de cada componente utilizado em uma máquina, exigindo a composição de um livro de normas. Ao mesmo tempo, sistemas de financiamento da compra podem ser muito variados, exigindo o conhecimento de todos os desembolsos a serem realizados. Fica claro que monitorar um acordo neste setor se torna muito mais difícil do que monitorar um acordo no setor de refrigerantes. O segundo efeito está associado ao primeiro, mas tem outras consequências que dificultam o acordo oligopolista. Com o aumento do número de atributos do produto a serem diferenciados, o grau de especificidade do produto cresce, a ponto de ser desenhado para cada cliente. Desta maneira, cada cliente deverá ter um preço diferente aplicado sobre seu produto. Isto facilita a formação de acordos entre o fornecedor e o usuário, mantendo contratos que têm cláusulas secretas de redução de preços. Como consequência, haverá um problema de detecção de eventuais traições aos acordos firmados entre produtores. O Quadro 11.2 ilustra essa situação por meio do exemplo histórico fornecido pelo setor de transporte ferroviário nos Estados Unidos no final do século XIX.

QUADRO 11.2 O CASO DAS ESTRADAS DE FERRO: CRIAÇÃO DE FEDERAÇÃO DE EMPRESAS

A análise da indústria de transporte ferroviário nos EUA, durante o último quartil do século XIX, ajuda a compreender as dificuldades encontradas na formação de acordos oligopolistas. A indústria era caracterizada por elevados custos afundados e quase-fixos, representados, respectivamente, pela construção da linha férrea e por sua manutenção. Em simultâneo, os custos variáveis (marginais) eram bastante reduzidos, conduzindo a uma configuração de custos semelhante àquela da Figura 11.1. A precificação no nível do custo marginal comprometia, assim, a sobrevivência da indústria no longo prazo. Acordos de preços eram, portanto, fundamentais.

Com o objetivo de coordenar o fluxo de mercadorias e estabelecer acordos, foi criada uma federação de empresas. Acordos de preços foram firmados. Havia, no entanto, uma característica na indústria que levava à negociação das tarifas caso a caso. As cargas transportadas variavam quanto aos locais de origem e destino e peso e forma de transporte. Como consequência, tarifas eram obtidas por acordos entre as estradas de ferro e seus usuários. Ainda que preços elevados fossem estabelecidos, o formato decrescente da curva de custos criava incentivos à redução de tarifas para atrair tráfego, diminuindo o custo médio. Como resultado, vários acordos foram rompidos.

Havia ainda um problema adicional que tornava mais difícil a manutenção do acordo. Enquanto alguns produtores tinham um horizonte de longo prazo, outros mantinham horizontes de curto prazo, refletindo-se em descontos muito elevados sobre os rendimentos futuros. A figura de Jay Gould parece ter sido particularmente importante a este respeito. Com forte atuação na bolsa de valores, a maior

> parte de seus rendimentos advinha da especulação, ou seja, da venda de ações em períodos de alta e compra em períodos de baixa. Seu controle sobre uma das principais companhias de estrada de ferro permitia a obtenção de informação privilegiada sobre o andamento de negócios. Assim, tão logo se chegava a um acordo por preços, Gould ordenava que parte de suas linhas reduzisse secretamente suas tarifas, atraindo mais tráfego. Como consequência, seus lucros se elevavam. A traição só era percebida pelos demais membros conforme o fluxo de carga ia se transferindo de suas linhas para aquelas operadas por Jay Gould. Entre o período em que os lucros se elevavam e a reação das demais empresas, o preço das ações das estradas de ferro controladas por Gould se elevava. Gould então vendia parte de suas ações. Com a quebra do acordo e o início de guerra tarifária, os lucros caíam, tendo efeito negativo sobre os preços das ações. Gould atuava, então, no mercado, comprando as ações que vendera em alta. A instabilidade dos preços nesse mercado só foi solucionada após uma onda de fusões que permitiu a concentração da indústria.
>
> *Fonte: Chandler, A. The Visible Hand. The Belkap Press, Cambridge (MA), 1974.*

O caso das ferrovias americanas chama a atenção para alguns elementos que devem ser considerados na análise de situações de coalizão. Primeiro, a taxa de desconto está longe de ser única entre os agentes e a heterogeneidade de objetivos entre as empresas participantes de um oligopólio deve ser um elemento de análise. Segundo, a importância da possibilidade de diferenciação de produto. E terceiro, o efeito das estruturas de custos no comportamento colusivo das empresas.

11.3.4 Número de concorrentes

Suponha que em vez de dois concorrentes no mercado, existam três. Desta maneira, o lucro das empresas no acordo por preços é $\pi^{C,3} = \dfrac{\pi^M}{3}$. Isto conduz a consequências importantes. Supondo que a retaliação seja a mais violenta possível, a condição para haver acordo deverá ser então que

$$\frac{1}{(1-\delta)}\pi^{C,3} > \pi^M, \text{ ou seja, } \frac{1}{(1-\delta)}\frac{\pi^M}{3} > \pi^M \Rightarrow \delta > \frac{2}{3},$$

ou seja, as condições em que o futuro é descontado têm de ser melhores do que quando só há dois concorrentes no mercado.

11.3.5 Estruturas de custos

A existência de custos fixos elevados e o formato dos custos marginais parecem ser importantes elementos para o rompimento ou a manutenção das relações amistosas entre as empresas. Quando custos marginais são crescentes, elevações na quantidade produzida implicam aumentos nos custos. Essa característica dificulta o rompimento de acordos tácitos. Tomemos uma estrutura de custos e demanda como a presente na Figura 11.5a. A curva tracejada positivamente inclinada representa os custos marginais de cada empresa individual. A curva contínua positivamente inclinada é a curva de custos do cartel ou de oferta da

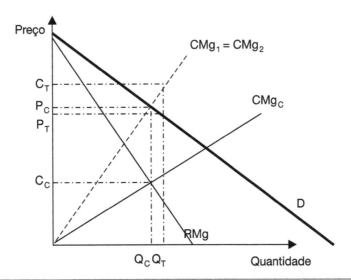

Figura 11.5a Cartel com Custos Marginais Crescentes.

indústria, que é determinada pela soma horizontal das curvas de custos marginais individuais. O preço do cartel é determinado por P_C e o custo marginal de cada uma das empresas é C_C. Se uma empresa reduzir unilateralmente o preço do bem deverá suprir todo o mercado. Suponhamos que ela escolha um preço um pouco menor do que P_C, como, por exemplo, P_T. A este preço o mercado estará demandando a quantidade Q_T. No entanto, para produzir individualmente Q_T, a empresa traidora do acordo incorrerá em um custo marginal $C_T > P_T$, o que cria incentivo para redução da quantidade produzida ou aumento do preço, facilitando a coordenação.

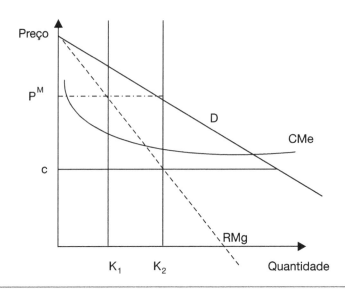

Figura 11.5b Cartel com Limitação de Capacidade Produtiva.

Um caso especial de custos marginais crescentes é a limitação de capacidade. Como pode ser observado na Figura 11.5b, pode-se imaginar a restrição de capacidade como a presença de uma curva de custos perfeitamente inelástica a partir de uma determinada quantidade K. Suponha que a empresa possa escolher dois tamanhos de plantas que apresentam custos marginais constantes até o limite da capacidade e a partir daí o custo marginal é infinito. Se houver apenas duas empresas no mercado, e as duas escolherem a capacidade K_2, cada uma poderá isoladamente preencher todo o mercado, quando o preço for igual ao de monopólio. Se elas entrarem em um acordo ou formarem um cartel, o preço de monopólio pode ser adotado com cada uma utilizando metade de sua capacidade. Esta situação poderá comportar guerras de preços pelo incentivo que as empresas terão para ocupar a capacidade ociosa e reduzir seus custos médios. Suponha agora que as empresas tenham capacidade produtiva $K_1 = \dfrac{K_2}{2}$. Nesta situação, cada empresa só poderá isoladamente preencher metade da demanda quando o preço for igual ao de monopólio. Desta maneira, reduções de preço não poderão ser acompanhadas por aumento da quantidade produzida por cada empresa. Assim, se uma empresa resolver reduzir seu preço, ela não ocupará mais mercado, e mesmo que atraia consumidores da rival não poderá fornecer-lhes produtos. Pode-se concluir, portanto, que uma boa forma de garantir a coordenação tácita ou formal é a limitação da capacidade produtiva.

As dificuldades para manutenção do acordo tendem a crescer com o nível de custos fixos. Isto pode ser ilustrado pela Figura 11.6. Suponha dois mercados, ambos com a mesma demanda D e com duas empresas. No primeiro mercado, têm-se custos médios representados por CMe_1 e custos marginais CMg_1. No segundo, os custos médios são representados por CMe_2 e os custos marginais por CMg_2, que é a mesma curva que CMg_1. Percebe-se, portanto, que a única diferença entre os dois mercados são os elevados custos fixos que incorrem as duas empresas que atuam no mercado 1 e os menores custos fixos que incorrem as empresas que atuam no mercado 2. Caso atuem como cartel, as empresas de ambos os mercados deverão dividir a demanda total do mercado, Q_T, com preço P, produzindo, cada uma, Q_F. Percebe-se que, no primeiro mercado, as empresas terão custos médios maiores que os preços ($C_1 > P$) e, no segundo mercado, os custos médios serão inferiores ao preço ($C_2 < P$). A principal diferença está em que, enquanto no primeiro mercado as empresas atuam com prejuízo representado pela área tracejada, no segundo mercado elas obtêm lucro representado pela área cinza. Como consequência, existe maior estímulo para as empresas do primeiro mercado violarem o acordo.

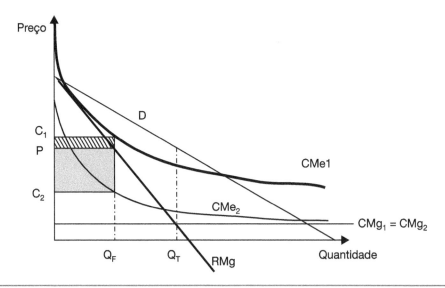

Figura 11.6 Custos Fixos Assimétricos e a Solução de Cartel.

11.3.6 MUDANÇAS NAS CONDIÇÕES DO MERCADO

A exposição anterior adotou duas hipóteses que não parecem ser verdadeiras na maior parte das situações, isto é, assumiu-se que:

1. O preço adotado no acordo será igual ao de monopólio; e
2. As condições gerais do mercado e da indústria permanecem inalteradas, ou seja, privilegiamos analisar as condições que dificultam a coordenação oligopolista em situação estática.

Algumas razões podem existir para que o preço a ser adotado pela indústria em oligopólio com coordenação tácita ou formal não seja igual ao que seria estabelecido em monopólio. Inicialmente, pode haver regulação econômica (ver Capítulo 23) que impede que o preço se situe acima de um determinado nível. Segundo, conforme já ressaltado, não será em todo caso que as empresas concordarão a respeito de qual seria o preço que maximizaria os lucros em conjunto. Terceiro, existem situações em que o preço pode ser um importante instrumento para impedir novas entradas (ver Capítulos 7 e 12).

A impossibilidade de se adotar o preço de monopólio cria problemas adicionais para o cartel. Conforme ressaltado na Subseção 11.2.3, surgirá a pergunta sobre que preço adotar. A resposta pode ser bastante complexa em situações de assimetria, como as apontadas anteriormente, mas principalmente quando há desconhecimento a respeito dos custos ou condições de produção alheias. Isto pode ocorrer devido a várias razões. A comunicação entre as partes pode ser proibida legalmente; uma parte pode querer divulgar informação a respeito de seus custos, mas as condições gerais de concorrência podem ser tais que geram desconfiança quanto à informação concedida.

A consequência imediata da falta de informação é que a coordenação deverá ser alcançada pelo aprendizado. A questão está em que o aprendizado leva tempo e produz erros. Movimentos de preço podem parecer agressões entre empresas rivais, gerando situações de conflito entre as empresas. A discordância entre as partes conduz à guerra de preços.

Os problemas de aprendizado dos preços de equilíbrio parecem ser especialmente graves quando há mudanças nos custos, na qualidade e nos atributos dos produtos. A forma de coordenação de preços em indústrias de maior dinamismo tecnológico ou organizacional deve, portanto, comportar regras tácitas ou formais de mudanças nos preços quando há alterações nas condições básicas que regem as decisões de produção da empresa. As diferentes formas de coordenação e as condições que a tornam mais fácil serão exploradas na próxima seção.

11.4 Condições que Facilitam a Coordenação

As incertezas quanto aos movimentos dos rivais podem induzir as empresas a adotarem comportamentos defensivos, o que geraria resultados bastante conhecidos, como a rigidez dos preços. Neste caso, supõe-se que os oligopolistas adotam duas hipóteses: (1) elevações nos preços não serão acompanhadas por suas rivais; e (2) reduções nos preços serão seguidas pelos demais concorrentes, implicando apenas pequenas mudanças na quantidade demandada. A curva de demanda *individual* da empresa apresentará uma quebra, conforme expresso na Figura 11.7, que apresenta a curva de *demanda quebrada* de Paul Sweezy,[3] em que a curva de demanda é mais elástica para aumentos nos preços e inelástica para reduções. O resultado parece óbvio. Mudanças nos custos não deverão causar, pelo menos em um primeiro momento, alterações nos preços.

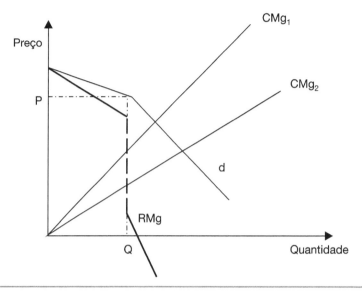

Figura 11.7 Curva de Demanda Quebrada.

Por razões semelhantes, alterações na demanda tendem a não influenciar imediatamente os preços. O mais provável é que, em indústrias suficientemente concentradas, pequenas flutuações na demanda sejam respondidas por variações nos estoques ou atraso nas entregas de produtos do que por reduções ou aumentos nos preços. Isto significa que o ajuste em estruturas concentradas será representado basicamente por alterações nas quantidades vendidas. Este comportamento pode ser observado em muitas ocasiões em várias indústrias. Em períodos de redução da demanda por automóveis, fruto de algum choque macroeconômico, percebe-se, por exemplo, que a primeira reação das empresas é aumentar os estoques de automóveis nos parques das montadoras, ou seja, elas mantêm a produção. Uma razão para isto está no elevado custo de dispensa ou manutenção da força de trabalho. Em um segundo momento, as empresas dão férias coletivas, impactando a produção. Somente em períodos muito longos de crise são observadas alterações nos preços.

11.4.1 Regras de bolso e o princípio do custo total

Uma maneira de manter a coordenação da indústria diante de mudanças nas condições de custos é a utilização de regras de bolso[4] para a formação de preços. Isto normalmente consiste na formulação de princípios gerais de formação de preços a partir dos custos. O formato mais usual destas regras é o princípio do custo total que se constitui em uma convenção adotada pela maior parte das empresas que atuam em oligopólio, segundo trabalho de Hall e Hitch (1939).[5] De acordo com este princípio, as empresas calculam seus preços a partir de seus custos unitários variáveis (ou custos diretos), adicionando uma margem para cobrir os custos fixos e o lucro, ou seja, $p5v1mv$, onde v são os custos unitários variáveis (custos diretos) e m é a soma da margem de lucro e o percentual dos custos fixos a ser coberto pela venda de cada unidade (*mark-up*). O principal problema na aplicação do princípio do custo total é saber qual o percentual dos custos fixos que deve ser coberto por cada unidade vendida, uma vez que as vendas tendem a variar ao longo do tempo. O mais provável, neste caso, é calcular este percentual a partir do que se acredita ser o grau normal de utilização da capacidade ou o grau de utilização planejado. Assim, apenas quando alterações no grau de utilização da capacidade forem persistentes haverá revisão da margem. Outro ponto importante é saber qual a margem de lucro a ser adotada. O artigo original de Hall e Hitch argumentava a respeito de uma margem considerada *justa*. Uma interpretação alternativa seria que o nível de barreiras à entrada deverá determinar a amplitude das margens de lucro. A adoção do princípio do custo total permite que mudanças nos preços, fruto de pequenas alterações nos custos, sejam visualizadas por todas as empresas, evitando interpretações que sugiram o início de uma guerra de preços.

O nível da margem de lucro, em decorrência das múltiplas opções que se encontram à disposição dos oligopolistas, provoca a discussão sobre possíveis situações em que haja uma confluência de opiniões sobre que preços ou que margens devem ser estabelecidos. Esta é a abordagem dos *pontos focais*, que partem do princípio de que, na presença de equilíbrios múltiplos, haverá algum elemento externo que determinará a escolha de um equilíbrio específico. Suponha que dois estudantes de economia tenham marcado ir ao jogo do Flamengo, no Maracanã, meia hora antes do início da partida, mas tenham esquecido de combinar o local de encontro. Provavelmente, a maior parte das pessoas concordaria que a estátua do Bellini é o local para onde ir encontrar o amigo. Neste sentido, a estátua do Bellini seria um ponto focal. Apesar de o encontro poder se dar em qualquer canto do Maracanã, há uma convergência de opiniões de que o Bellini é o local correto. Este tipo de procedimento pode ser adotado para determinar margens de lucro.

11.4.2 Liderança de preços

A liderança de preços é uma importante forma de se chegar à coordenação de preços. Nesta concepção, uma empresa anunciaria mudanças de preços que seriam seguidas pelas demais existentes na indústria. Esta prática, além de gerar coordenação, pode evitar suspeitas de comunicação ilegal por parte de organismos de defesa da concorrência. Existem três formas de liderança de preços: (1) empresa dominante, (2) colusão e (3) barométrica.

A liderança de preços por empresa dominante ocorre quando há uma empresa líder que tem grande parcela do mercado e alguma vantagem em relação às demais, controlando o mercado. Esta empresa adota, então, o preço que melhor lhe convém, dada a estrutura de oferta das empresas seguidoras, ou seja, ela antecipa a escolha de quantidade das empresas marginais para cada preço, calculando a demanda residual. A partir da demanda residual, ela estabelece o preço que maximiza os seus lucros, sendo seguida pelas demais empresas da indústria. A Figura 11.8 ilustra esta situação. A curva D é a demanda do mercado e S_F a oferta das empresas da franja. A empresa líder antecipa a oferta das empresas da franja, subtraindo da demanda total a quantidade que seria ofertada por estas empresas. A partir deste procedimento, ela obtém a curva de demanda residual d. Ela então maximiza os seus lucros a partir da curva de demanda individual, obtendo o preço P_L e ofertando Q_L. No entanto, a este preço, a demanda do mercado é Q_T, sendo a diferença igual à quantidade ofertada pelas empresas da franja, Q_F. Aparentemente, este é o caso dos ovos de Páscoa apresentado no Quadro 11.3.

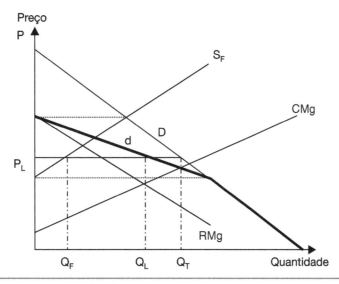

Figura 11.8 Liderança de preços com empresa dominante.

QUADRO 11.3 OVOS DE CHOCOLATE

Durante o período de Páscoa, no Brasil, há uma forte demanda por chocolate, principalmente ovos de chocolate. O mercado de venda a varejo de chocolate é composto de grandes empresas de lojas de departamento e supermercados e pequenos estabelecimentos ciliares, basicamente padarias e lojas de conveniência. A concorrência por preços neste mercado é feroz, devido ao grande número de empresas existentes e ao entendimento geral de que, caso os ovos não sejam vendidos até o domingo de Páscoa, não haverá mais mercado. Assim, as empresas têm forte incentivo para a redução de preços. Há ainda um problema adicional. Devido ao grande número de empresas no mercado, a comunicação entre elas, para se chegar a um acordo, é muito difícil. Nesta situação, uma conhecida loja de departamentos brasileira adota um procedimento bastante interessante. Ela anuncia na televisão que detém os menores preços do mercado em razão de ter os menores custos e que qualquer redução de preços por parte dos concorrentes será respondida com mais redução. Desta maneira, solicita aos concorrentes que não reduzam preços. Este tipo de procedimento pode ser entendido como liderança de preços.

170 Economia Industrial

Em estruturas mais concentradas, com elevadas barreiras à entrada, e em que não existem diferenças de custos relevantes, não há empresa dominante. Isto significa que nenhuma empresa poderá impor o preço que maximize os seus lucros individuais. Ao mesmo tempo, há necessidade de encontrar regras que possibilitem mudanças nos preços, evitando os casos de curva de demanda quebrada e guerra de preços, em um contexto em que normalmente a comunicação entre as empresas é proibida. Nestas condições, as empresas costumam convergir para a aceitação da liderança de um dos participantes do mercado. Este é o processo conhecido como liderança de preços *colusiva*. A escolha da líder pode ser feita de diversas maneiras. Algumas vezes, ela ocorre por razões históricas. Por exemplo, ainda que a partir do início do século a parcela de mercado da US Steel na indústria de aço norte-americana tenha decrescido, sendo inclusive ultrapassada por outras empresas, ela se manteve como líder em preços durante todo o processo.

Na liderança barométrica, não há uma empresa grande que consiga impor sua vontade às demais empresas da indústria. A líder de preços é normalmente uma pequena empresa que avalia as condições de demanda e custos no mercado. Após entender que existem razões suficientes para conduzir uma mudança nos preços, ela altera os seus preços. As demais empresas da indústria, muitas vezes de tamanho superior, têm a opção de seguir ou não a alteração preconizada pela líder. Caso as demais empresas avaliem positivamente a mudança empreendida, ela será validada; caso elas entendam que a alteração não tem razão de ser, elas mantêm seus preços iniciais. Se os preços das demais empresas são mantidos, a primeira empresa retorna ao seu preço inicial. O mais importante é que suas mudanças não são entendidas como um rompimento do acordo inicial.

11.5 Conclusão

Este capítulo nos fornece alguns ensinamentos importantes a respeito do processo de concorrência oligopolista que merecem ser ressaltados. Primeiro, mostra que os modelos de oligopólio clássicos, estáticos e dinâmicos, ainda que dotados de instrumentos de teoria dos jogos, apresentam com resultados hipóteses temporais que limitam as possibilidades de reação das empresas. Na verdade, os processos de formação de preços são muito mais indeterminados do que preveem estes modelos.

Segundo, ao chamar a atenção para o grande número de possibilidades de comportamento em situações de rompimento de acordo, o capítulo acaba levantando questões que devem ser tratadas mais à frente. De um lado, aparece a ideia de credibilidade das ações, que deve ser tratada no Capítulo 12; de outro, levanta a importância da diversidade de tipos de agentes, questões que serão abordadas por teorias evolucionárias.

Terceiro, ressalta a importância de estudos setoriais e até mesmo casos de empresas individuais para se compreender a evolução e o comportamento de preços nos mercados.

Por fim, ao introduzir contextos mais dinâmicos chama a atenção para a ação estratégica das empresas. Um exemplo disto é o caso dos ovos de Páscoa, em que o comprometimento com preços mais reduzidos acaba por ser um elemento importante para garantir preços altos. Este ponto também deverá ser tratado no Capítulo 12.

11.6 Resumo

Neste capítulo aprendemos que:

1. Empresas em mercados concentrados têm tendência a procurar acordo de preços. Cartéis e acordos formais estão proibidos. Empresas procuram acordos tácitos.
2. O problema para a manutenção do acordo está no incentivo existente para reduzir os preços e conquistar todo o mercado.
3. Os incentivos à manutenção dos acordos dependerão dos rendimentos esperados, caso o acordo seja mantido, dos rendimentos esperados se a empresa trair o acordo e da taxa de desconto do futuro.
4. A taxa de desconto do futuro depende da taxa de juros e da probabilidade de o acordo não mais existir no futuro.
5. As seguintes condições dificultam a manutenção do acordo:
    - **(i)** dificuldade de detecção da violação do acordo;
    - **(ii)** assimetrias nas estruturas de custos;
    - **(iii)** heterogeneidade do produto;
    - **(iv)** número de empresas presentes no mercado;
    - **(v)** estruturas de custos; e
    - **(vi)** alterações nas condições presentes no mercado.

Coordenação Oligopolista 171

6. Condições que facilitam o acordo:
   (i) Aplicação do princípio do custo total ou formas de apreçamento que permitam estabilidade dos preços ou previsibilidade da direção de seu movimento em situações de mudanças nas condições do mercado.
   (ii) Liderança de preços, seja ela barométrica, por empresa dominante ou por colusão.

11.7 Questões para Discussão

1. Explique o significado de horizonte infinito.
2. Pensando em um jogo de Dilema do Prisioneiro, suponha os seguintes automata:
   a. Grim ou sombrio – o automaton inicia cooperando. Se receber em retorno uma traição, nunca mais coopera.
   b. *Tit-for-tat* – o jogador começa atuando com cooperação. Ao receber de volta cooperação, continua cooperando. Se receber em algum momento traição, passa a jogar traição até receber como retorno cooperação. Então, joga cooperação na vez seguinte, e assim por diante.
   c. Começa colaborando. Se receber em retorno traição, continua colaborando até receber duas traições em seguida, quando não coopera mais.
   Descreva o retorno da traição em cada uma das situações em que o oponente é representado por um desses automatas.
3. Suponha uma empresa de petróleo líder na distribuição de combustíveis em um determinado mercado doméstico. O mercado apresenta uma função inversa da demanda de $P(Q) = A - bQ$. Todas as empresas têm um custo marginal constante igual a $c < A$. A capacidade de produção das empresas seguidoras é definida por $K < Q = \dfrac{A - P}{b}$. Qual o preço de um sistema de colusão por liderança de preços?
4. Uma dificuldade para se tratar serviços são os obstáculos para a definição de um produto, dada a inexistência de uma referência física. Ao mesmo tempo, indústrias como a siderurgia tendem a ser classificadas como fabricantes de produtos homogêneos. Descreva por que é mais fácil a colusão tácita no segundo mercado quando comparado com o primeiro.

Notas

1. De fato, processos de diferenciação de produto e outras alternativas de rivalidade existem e são analisados nos Capítulos 6 e 8.
2. SMITH, Adam *A riqueza das nações:* investigação sobre sua natureza e suas causas. Coleção Os Economistas. São Paulo: Abril, 1982, p. 139.
3. SWEEZY, P. Demand under conditions of oligopoly. *Journal of political economy*, n. 47, p. 568-573, 1939.
4. Do inglês *rules of thumb*.
5. HALL, R.; HITCH, C. Price theory and business behavior. *Oxford Economic Papers*, n. 2, p. 12-45, 1939.

Bibliografia

CHANDLER, A. *The visible hand*. Cambridge: The Belkap Press, 1974.

HALL, R.; HITCH, C. Price theory and business behavior. *Oxford Economic Papers*, n. 2, p. 12-45, 1939.

SCHERER F. M.; ROSS, D. *Industrial market structure and economic performance*. Cambridge: Houghton Mifflin, 1990.

SMITH, A. *A riqueza das nações:* investigação sobre sua natureza e suas causas. Coleção Os Economistas. São Paulo: Abril, 1982.

SWEEZY, P. Demand under conditions of oligopoly. *Journal of Political Economy,* n. 47, p. 568-573, 1939.

Prevenção Estratégica à Entrada

Carlos Frederico Leão Rocha

Capítulo 12

12.1 Introdução

Este capítulo visa à exposição da moderna teoria de prevenção à entrada. A motivação para o tema é fornecida por duas questões distintas associadas à teoria do preço limite, que tem origem nos trabalhos de Bain e Sylos Labini (abordados no Capítulo 7). De um lado, as hipóteses comportamentais presentes nessa corrente de autores eram limitadas, sofrendo críticas dirigidas a seu caráter *ad hoc* e à falta de consistência. De outro, os trabalhos empíricos concluíram pela deficiência explicativa da teoria com respeito a diversos fatos estilizados encontrados.

A nova teoria de prevenção à entrada enfrentou essas questões principalmente com a utilização do conceito de *custos irrecuperáveis* (*sunk-costs*), que passou a ser compreendido como importante ferramenta estratégica à disposição das empresas em processos de competição com rivalidade. As principais conclusões dessas teorias são: o questionamento teórico do paradigma estrutura-conduta-desempenho ao demonstrar que, em grande medida, posicionamentos estratégicos das empresas podem alterar a estrutura do mercado; a eleição dos custos irrecuperáveis como importante instrumento de concorrência e o retorno aos estudos de caso, em detrimento das análises longitudinais comuns no pós-guerra.

O capítulo está dividido em três seções. Na primeira, o conceito de custos irrecuperáveis é apresentado como importante gerador de assimetrias entre as empresas, ao mesmo tempo em que são levantadas as limitações do postulado de Sylos e, por consequência, do paradigma do preço limite. A segunda seção é voltada à exposição do modelo de impedimento à entrada de Dixit, formulando-se uma taxinomia de comportamento estratégico. A terceira seção se dedica à exposição de problemas onde há assimetrias de informação.

12.2 Custos Irrecuperáveis e Assimetrias de Custos

12.2.1 Fatos estilizados

A literatura de Economia Industrial ressalta alguns fatos estilizados que levantam dúvidas sobre a suficiência do arcabouço teórico de estrutura-conduta-desempenho (ECD) explorado na Parte II deste livro para explicação das configurações industriais e seu desempenho nas economias modernas. De um lado, há comprovação empírica de relação entre elevada escala mínima eficiente da planta e alta concentração de mercado, ou seja, neste caso a estrutura de custos, influencia a estrutura do mercado. Ao mesmo tempo, a evidência empírica aponta que a ampliação do tamanho do mercado não altera os seus níveis de concentração, sugerindo que tamanho de mercado e tamanho da empresa tendem a ser positivamente correlacionados. Estudos

174 Economia Industrial

internacionais mostram que países com mercados de tamanho substancialmente diferente apresentam níveis de concentração semelhantes. Os estudos empíricos encontram ainda que a relação entre economias de escala e concentração sugeriria níveis de concentração muito mais reduzidos do que aqueles efetivamente encontrados nas economias desenvolvidas.

O preenchimento desta lacuna é feito, dentre outros, por Alfred Chandler[1] ao enfatizar a importância da primeira empresa a se mover na determinação da estrutura de mercado. De acordo com o autor, os primeiros a explorar economias de escala e escopo e investir em ativos específicos relacionados com organização gerencial, distribuição e pesquisa adquirem potentes vantagens competitivas ou vantagens da primeira empresa a se mover. A atenção se desloca da determinação da conduta e do desempenho pela estrutura para os movimentos estratégicos da empresa no impedimento da entrada, explicando, assim, as distintas configurações industriais.

12.2.2 DEFINIÇÃO DE CUSTOS IRRECUPERÁVEIS

O investimento em plantas e capacitação específica para determinadas atividades têm, por consequência, a aquisição de ativos (físicos ou humanos) que não podem ser transacionados sem perda total ou parcial de seu valor. Esta é a ideia relacionada a *custos irrecuperáveis*, que são despesas realizadas cujo *custo de oportunidade* de sua utilização é igual ou próximo a zero.

Suponhamos que uma empresa que atue no comércio resolva abrir uma loja em um centro comercial. A empresa deve encontrar um local onde se instalar. Para tal, ela deverá alugar um estabelecimento no centro comercial; deverá assinar um contrato, que conterá uma cláusula de ressarcimento em caso de rompimento, por um prazo – digamos de um ano. Suponhamos ainda que o sistema legal do país funcione adequadamente a ponto de conseguir impor aos signatários do contrato todas as suas cláusulas e que a cláusula de rompimento preveja o pagamento por qualquer uma das partes de todas as mensalidades até o final do contrato. Suponhamos que, seis meses após ter assinado o contrato, o empresário descubra que seu negócio não é rentável. Ainda que decida fechar o estabelecimento, o empresário não poderá recuperar os gastos de aluguel comprometidos até o final do contrato. Isto quer dizer que independente de sua vontade, ele estará incorrendo em um custo equivalente a seis meses de aluguel. Esta é a essência dos custos irrecuperáveis. Uma vez que a empresa tenha se comprometido com eles, não pode voltar atrás em sua decisão. Dessa maneira, mesmo que se constitua em um custo para a empresa, a despesa realizada ou por realizar não se constitui em um *custo econômico strictu sensu* por não poder ter uso alternativo.

No exemplo citado, deve-se observar que a característica fundamental do custo irrecuperável é que o momento de decisão de gasto é distinto de seu período de utilização. O conceito de custos irrecuperáveis tem uma dimensão essencialmente temporal. Não se deve, portanto, confundir custos irrecuperáveis com custos fixos. Os custos fixos não variam com o volume de produção, ao passo que os custos irrecuperáveis não podem ser alterados com o tempo e, portanto, uma vez tendo a empresa realizado o dispêndio neles, ela não poderá alterá-los.

Em razão de serem definidos por intermédio de seu custo de oportunidade, os custos irrecuperáveis estão geralmente – não necessariamente – associados a *ativos específicos*, porque estes normalmente apresentam dificuldade para encontrar utilização alternativa. Isto pode ser observado comparando-se dois tipos de investimento em capacidade produtiva. Suponhamos que uma empresa tenha realizado um investimento na construção de uma planta de energia ao lado de uma mina de carvão. Caso o negócio não se verifique rentável, a opção de alocar os recursos mobilizados na planta para uso alternativo parece pouco provável, uma vez que ela foi desenhada em um local específico para um fim também específico. Suponhamos, alternativamente, que uma empresa compre uma loja em um centro comercial com o objetivo de utilizá-la para vender roupas. Caso o negócio não seja bem-sucedido, não é difícil encontrar utilização alternativa para o ativo comprado, como, por exemplo, convertê-lo em um restaurante. Assim, o investimento na planta de energia deve ser entendido como um custo irrecuperável e a compra da loja, não.[2]

12.2.3 UMA NOVA ABORDAGEM DO PREÇO LIMITE: CUSTOS FIXOS E IRRECUPERÁVEIS

A incapacidade de entrar e sair da indústria sem custos conduz ao aperfeiçoamento (ou viabilização) do que se conheceu como paradigma do preço limite apresentado no Capítulo 7 e que tinha como principal foco de análise a formação de preços em indústrias que contavam com a presença de substanciais descontinuidades tecnológicas. Ainda que a indústria contasse com substanciais economias de escala, uma empresa poderia, teoricamente, adentrar uma indústria a qualquer momento produzindo no nível de custo médio mínimo e precificar abaixo dos preços das empresas estabelecidas nesta indústria, retirando, portanto, qualquer vantagem das empresas já estabelecidas. A presença de investimentos específicos é, portanto, necessária para que as empresas não possam sair sem incorrer em perdas, penalizando a empresa que ingressar na indústria em busca de lucros de curto prazo.

A Figura 12.1 apresenta uma situação em que esta questão pode ser visualizada com maior clareza. Existe apenas uma empresa estabelecida no mercado com uma função de custos formada por $C(q) = F + cq$, gerando uma curva de custos médios

(CMe*EST*) decrescente que se aproxima assintoticamente da curva de custos marginais (CMg), constantes ao longo de toda a região relevante. Esta empresa enfrenta uma curva de demanda inversa linear (D), formada por $P(q) = A - bQ$ também representada na figura, junto com a receita marginal (RMg). Em uma situação sem concorrente potencial, a empresa igualaria a receita marginal aos custos marginais, estabelecendo preço PM e vendendo qM unidades, maximizando seus lucros no curto e no longo prazos.

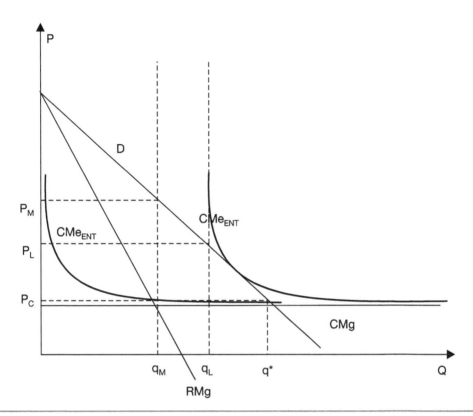

Figura 12.1 Estabelecimento do preço-limite.

A possibilidade de entrada gera, no entanto, uma situação um pouco diferente. Supondo a inexistência de outro concorrente na indústria, mas a presença de concorrência potencial de outra empresa que detém a mesma tecnologia, não necessariamente maximizar os lucros no curto prazo implica maximizá-los no longo prazo. Nesta figura, a empresa estabelecida não detém qualquer vantagem de custos e os produtos não são diferenciados, impossibilitando que o consumidor faça distinção entre eles.

Adiciona-se, entretanto, o postulado de Sylos que afirma que a empresa estabelecida manterá a quantidade produzida anteriormente após o ingresso da nova concorrente, independentemente da quantidade a ser escolhida pela entrante (ou seja, ela age como uma líder de Stackelberg).[3] Isto implica que mantido o preço que maximiza os lucros no curto prazo, ou seja, PM, existe espaço para a entrada de uma nova empresa, produzindo a preços inferiores.

Aceitando-se que as empresas estejam concorrendo por quantidades, como é usual em Stackelberg, e sendo a função de lucro da empresa entrante representada por $\pi ENT\, (qENT,\, qEST) = [A - b(qENT + qEST)]qENT - (F + cqENT)$, a função de reação da empresa entrante será determinada por:

$$\frac{\partial \pi_{ENT}}{\partial q_{ENT}} = A - bq_{EST} - 2bq_{ENT} - c = 0 \Rightarrow q_{ENT} = \frac{A - c - bq_{EST}}{2b},$$

sempre que $\pi ENT \geq 0$, ou seja,

$\pi_{ENT}(q_{ENT}, q_{EST}) = [A - b(q_{ENT} + q_{EST})]q_{ENT} - (F + cq_{ENT}) \geq 0$, que substituindo $q_{ENT} = \dfrac{A - c - bq_{EST}}{2b}$, resulta em

$q_{EST} \leq Y \leq \dfrac{(A-c)}{b} - 2\sqrt{\left(\dfrac{F}{b}\right)}$.

Como resultado, o entrante em potencial terá a seguinte função de reação:

$$q_{ENT} = \begin{cases} \dfrac{A-c-bq_{EST}}{2b}, \ se \ q_{EST} \leq Y = \dfrac{(A-c)}{b} - 2\sqrt{\left(\dfrac{F}{b}\right)}. \\ 0, \ para \ outras \ quantidades \end{cases}$$

A empresa estabelecida pode, então, escolher entre maximizar o lucro no curto prazo e aceitar a entrada da nova empresa, ou estabelecer a quantidade $q_{EST} = \dfrac{(A-c)}{b} - 2\sqrt{\left(\dfrac{F}{b}\right)}$, impedindo a entrada da concorrente em potencial, conforme pode ser visto na Figura 12.2. A opção é entre uma situação em que a empresa obtém lucros elevados em um primeiro período e depois obtém lucros próximos a zero e outra em que os lucros são mais estáveis nos diferentes períodos em questão. A escolha dependerá do diferencial de lucros nas duas situações e da taxa de desconto aplicada para os períodos futuros.[4]

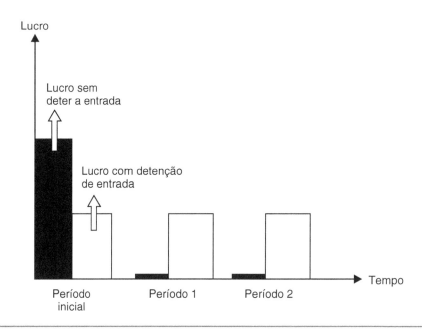

Figura 12.2 Lucro da firma estabelecida com e sem detenção da entrada.

No Capítulo 7, distinguiram-se quatro situações quanto à entrada de concorrentes potenciais. A entrada poderia estar bloqueada, eficazmente impedida, ineficazmente impedida ou livre. O primeiro e o último casos são de pouca relevância, visto tratarem-se ou de monopólio natural ou de um mercado concorrencial. As situações relevantes aparecem quando a entrada está eficazmente ou ineficazmente impedida. Neste último caso, a empresa estabelecida decidirá maximizar seus lucros no curto prazo; no anterior, a empresa estabelecida decidirá maximizar os lucros no longo prazo, prevenindo entradas.

Deve-se ressaltar que se a empresa puder vender sem perda de valor o equipamento ou dispensar os recursos humanos contratados sem custos adicionais representados em F, ela poderá ingressar no mercado por um período, vender ao preço PC da Figura 12.1 e depois se retirar, vendendo os ativos adquiridos. *Isto sugere que mais do que as descontinuidades tecnológicas ntadas por Sylos Labini, os custos fixos devem ser irrecuperáveis para que as barreiras à entrada sejam viáveis.* Conforme ressaltado por Tirole (1988:308-11), a presença de *custos irrecuperáveis* impossibilita o ajuste mais rápido de quantidades em relação a preços.

12.2.4 CREDIBILIDADE E POSTULADO DE SYLOS

O postulado de Sylos formula uma hipótese comportamental questionável. Um dos problemas do postulado está em destituir as concorrentes em potencial da possibilidade de agir por conta própria, forçando-as a adotar posição passiva de seguidoras. Somente em situações muito especiais isto ocorreria. Isto pode ser exemplificado pelo modelo de liderança de preços apresentado no Capítulo 10. Naquela situação é razoável pensar que as empresas da margem se adaptarão às decisões tomadas pela líder por haver assimetria nos custos. Isto não parece plausível, contudo, quando as concorrentes são empresas grandes com custos simétricos aos das empresas estabelecidas. Seria esperado que a decisão de entrada não fosse tomada por uma regra *ad hoc* que não assegura, em qualquer nível, que o comportamento será ótimo. Não se pode, portanto, falar de um equilíbrio de Nash. Fica evidente a fraqueza do postulado de Sylos quando a empresa estabelecida se confronta com um pequeno número de grandes empresas potenciais entrantes. É, por conseguinte, mais plausível adotar a hipótese de igualdade de condições após a entrada com respeito ao processo decisório.[5] A Figura 12.3 apresenta um jogo em forma extensiva em três estágios. No primeiro, a empresa estabelecida pode produzir em duas quantidades, alta, representada por $Y = \frac{(A-c)}{b} - 2\sqrt{\left(\frac{F}{b}\right)} > q_M$, ou baixa, representada por qM. No segundo estágio, a potencial entrante pode escolher ingressar no mercado ou não. Caso não entre, o jogo termina com a empresa estabelecida produzindo a quantidade anteriormente escolhida; caso ingresse no mercado, o jogo caminha para o terceiro estágio, onde as duas empresas concorrem por quantidades.

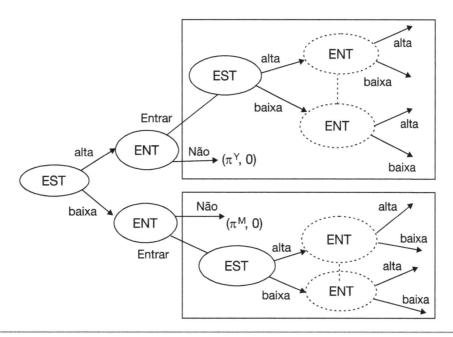

Figura 12.3 Árvore de jogo oligopolista.

Resolvendo o jogo por indução para trás, percebe-se que o resultado dos dois subjogos do terceiro estágio, apresentados dentro dos retângulos, é o mesmo. Ambas as empresas escolhem quantidades de Cournot,[6] aqui representadas por $q_{COURNOT} = \frac{A-c}{3b}$, ou seja, não importa se o jogo prossegue pela sequência em que a empresa estabelecida define quantidades Y ou qM, as quantidades após a entrada serão as mesmas. Isto ocorre porque a ameaça de manter a quantidade anterior à entrada não é crível.[7]

A questão está em que, apesar de apresentar problemas, é possível verificar situações em que as empresas atuam com preços inferiores aos de monopólio e superiores aos concorrenciais e em regiões inelásticas da curva de demanda.[8] Dois tipos de solução são normalmente apontados para este problema:

1. A utilização de custos irrecuperáveis na tentativa de criar comprometimento entre as ações do período após a entrada e as ameaças do período anterior à entrada; e
2. A busca de algum problema de imperfeição de informação que dê à empresa estabelecida a alternativa de tentar enganar a potencial entrante.

12.3 Custos Irrecuperáveis e Barreiras à Entrada

12.3.1 O modelo de Dixit

O modelo de Avinash Dixit de 1980, assim como a seção anterior, parte de uma situação em que existe uma empresa estabelecida e uma empresa entrante, tratando-se, portanto, de um duopólio. Existem apenas dois períodos em questão: o período 0, anterior à entrada, e o período 1, posterior à entrada. A função custos apresenta uma pequena alteração. Em vez de se dividir em custo fixo e custo variável, o modelo apresenta três tipos de custo: custo fixo, custo da capacidade instalada e custo de produção. Os custos unitários de produção e de capacidade instalada são constantes ao longo da região relevante, de maneira que a função custos da empresa "i" tem a seguinte formulação:

$$C_i = F + kK_i + cq_i,$$

onde F é o custo fixo, Ki é a capacidade produtiva da empresa "i" e qi, sua quantidade de produção; k e c são, respectivamente, o custo unitário da capacidade produtiva e de produção. Por questão de simplificação, adota-se uma curva de demanda linear de tal maneira que a função inversa da demanda da indústria, como anteriormente, é representada por $P(Q) = A - bQ$.

No primeiro período, a empresa estabelecida escolhe uma capacidade produtiva $\bar{K}$, que servirá para produzir neste período e permanecerá para o seguinte. Esta capacidade poderá (ou não) ser acrescida no próximo estágio. No segundo período, a empresa entrante escolherá se ingressa na indústria, concorrendo em um duopólio de Cournot com a empresa estabelecida, ou não.

A primeira observação a ser feita, neste esquema, é a descontinuidade da função custos da empresa estabelecida no segundo período, determinada por:

$$C_{EST} \begin{cases} F + k\bar{K} + cq_{EST}, \text{ para } q_{EST} \leq \bar{K} \\ F + (k+c)q_{EST} \text{ para } q_{EST} > \bar{K} \end{cases}$$

gerando uma descontinuidade nos custos marginais em que até o nível de capacidade escolhido no primeiro período os custos marginais serão representados por c e, depois, por $k+c$. De maneira semelhante, a empresa entrante deverá ter a função custos representada por $CENT = F + (k+c)qENT$ em toda a faixa relevante, ficando clara a assimetria de custos entre as concorrentes, fruto apenas da vantagem da primeira empresa a se mover detida pela empresa estabelecida.

Esta assimetria de custos gera consequências para o jogo de Cournot após a entrada. Quando os dois custos marginais são representados por $k+c$, as duas curvas de reação são definidas como

$$R_i(q_j) = \frac{a - (k+c) - bq_j}{2b},$$

ao passo que quando a empresa estabelecida já instalou sua capacidade e incorre em custos marginais mais reduzidos, sua curva de reação é

$$R_i(q_j) = R_{EST}(q_{ENT}) = \frac{a - c - bq_{ENT}}{2b}.$$

Assim, a prévia instalação de capacidade tem como principal consequência o deslocamento da curva de reação da empresa estabelecida de REST para R'EST, conforme pode ser visto na Figura 12.4. Além da descontinuidade na curva de reação da empresa estabelecida, representada pela linha grossa no gráfico, percebe-se que a empresa estabelecida na curva de menor custo marginal sempre responderá com maior quantidade às decisões de produção da empresa entrante. Isto significa que a ameaça de a empresa estabelecida utilizar maior quantidade é crível.

A Figura 12.5 contempla, além das duas curvas de reação (com capacidade instalada no primeiro período e sem capacidade instalada no primeiro período) da empresa estabelecida, a curva de reação da empresa entrante. O segmento de linha mais grossa

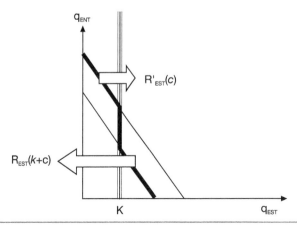

Figura 12.4 Curva de reação da empresa estabelecida.

sobre a curva de reação da empresa entrante representa os possíveis equilíbrios de Nash para diferentes níveis de capacidade instalada no primeiro período. Assim, se o nível de capacidade escolhido pela empresa estabelecida, no primeiro período, for KC, representado na Figura 12.5 pela linha dupla contínua, os níveis de produção obtidos pelas duas empresas serão iguais às quantidades de Cournot; se a empresa estabelecida implantar capacidade igual à quantidade de monopólio, representada pela linha dupla tracejada na Figura 12.5, ela produzirá a quantidade de líder de Stackelberg, ao passo que a empresa entrante produzirá a quantidade de seguidora de Stackelberg; se a empresa estabelecida escolher implantar capacidade KV, representada pela linha dupla pontilhada na Figura 12.5, ela irá produzir quantidade igual à capacidade instalada, ao passo que a entrante irá produzir uma quantidade que será denominada de V_2; qualquer nível de capacidade superior a KV terá V_2 sempre como resposta por parte da empresa entrante, deixando à empresa estabelecida a alternativa de produzir quantidade equivalente a KV, ou seja, implantação de capacidade, no primeiro período, superior a KV gerará capacidade ociosa.

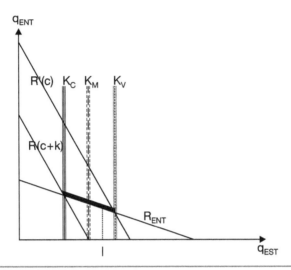

Figura 12.5 Curvas de reação da empresa estabelecida e da entrante.

A observação importante em todos estes casos é que entre KC e KV a adição de capacidade por parte da empresa estabelecida dá credibilidade em níveis de produção no período após a entrada. Isto significa que se a quantidade que detém a entrada, Y, conforme colocado anteriormente, estiver situada entre estes dois pontos, a empresa estabelecida poderá deter a entrada implantando capacidade. Quando a quantidade que detém a entrada

$$Y = \frac{(A-(c+k))}{b} - 2\sqrt{\left(\frac{F}{b}\right)} > q_M$$

estiver à esquerda de KC, a entrada não ocorrerá independente da ação da empresa estabelecida, ao passo que, se Y estiver à direita de KV, a entrada estará *livre*. Os casos interessantes estão, portanto, entre KC e KV. O primeiro caso ocorre quando $Y < qM$, ou seja, a quantidade que detém a entrada é menor do que a quantidade que a empresa estabelecida escolheria se fosse atuar como monopolista no primeiro período. Nesta situação, ela deverá escolher a capacidade produtiva KM, detendo a entrada e maximizando os lucros no curto prazo. Assim, para qualquer Y inferior a KM, a entrada estará *bloqueada*. Logo, os casos relevantes de impedimento da entrada se darão quando Y se situar entre KM e KV. Suponha que se a empresa implantar a capacidade I, ela detém a entrada. Neste caso, deve-se comparar a lucratividade da *empresa estabelecida* nas duas situações alternativas. Primeiro, se ela se desvia da maximização dos lucros no curto prazo, instalando capacidade I. Nesta situação, a empresa entrante decide permanecer fora do mercado e a empresa estabelecida produz quantidade igual a I no primeiro e no segundo períodos. Alternativamente, a empresa estabelecida pode escolher a capacidade produtiva de monopólio KM, maximizar seus lucros no primeiro período, produzindo a quantidade de monopólio; no segundo período, a empresa produzirá a quantidade de líder de Stackelberg (igual à de monopólio e, no caso específico de demanda linear $q_M = \frac{A-c}{2b}$) e a empresa entrante decidirá ingressar no mercado, produzindo a quantidade de seguidora de Stackelberg,

$$q_S = \frac{A-c}{4b}. \text{ Se } \pi_{EST}(q_M, 0) + \delta\pi_{EST}(q_M, q_S) < \pi_{EST}(q_I, 0) + \delta\pi_{EST}(q_I, 0),$$

então a entrada estará *eficazmente impedida*; caso contrário, a entrada estará *ineficazmente impedida*.

Deve-se observar, no entanto, que, no caso proposto, ainda que a entrada esteja ineficazmente impedida, é interessante a empresa implantar capacidade no primeiro período até a quantidade de Stackelberg, fazendo com que a empresa entrante estabeleça a quantidade de seguidora.

12.3.2 Concorrência por preços

Dixit propõe três extensões para seu modelo: (1) o entrante adquire a condição de líder por quantidades, após a entrada; (2) custos crescentes de capacidade produtiva; e (3) concorrência por preços (Bertrand) após a entrada. As duas primeiras servem como sugestão de exercício para o estudante. A terceira é, contudo, de especial interesse para este capítulo. Quando uma empresa faz investimento em capacidade produtiva, seus custos marginais se reduzem, permitindo que ela pratique preços mais reduzidos; no entanto, a realização do investimento tem de ser no exato valor da diferença entre o custo marginal sem investimento e o custo marginal com investimento, multiplicado pela quantidade produzida. Isto pode ser visto na Figura 12.6, em que se pode identificar o custo do investimento representado pela área hachurada (A + B). Como resultado, ainda que a escolha com expansão de capacidade seja racional, a empresa que investiu em capacidade acima da quantidade de monopólio estará, no primeiro período, obtendo lucros inferiores aos máximos.[9]

A concorrência de Bertrand, conforme visto no Capítulo 10, gera curvas de reação positivamente inclinadas, como na Figura 12.7. Percebe-se que uma redução do custo marginal permite que a empresa estabelecida seja mais agressiva na concorrência

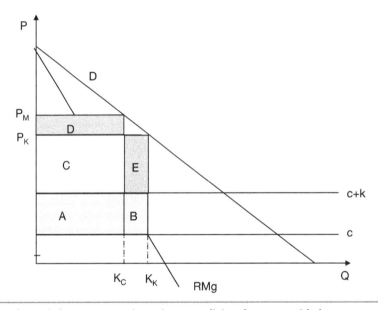

Figura 12.6 Custos no segundo período, com e sem investimento adicional em capacidade.

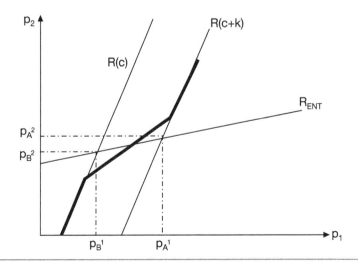

Figura 12.7 Curvas de reação com concorrência por preços após a entrada.

Prevenção Estratégica à Entrada **181**

por preços, ao deslocar sua curva de reação para a esquerda. Assim, $R(c)$ é sua função de reação quando investimentos são realizados no primeiro período, $R(c+k)$, caso contrário, $RENT$ é a função de reação da empresa entrante. A linha grossa é a função de reação da empresa quando é feito um nível específico de investimento, $\bar{K}$. Percebe-se que há uma quebra na função de reação da empresa estabelecida. A região da curva de reação da entrante que está em linha dupla representa os preços que podem ser escolhidos pela empresa estabelecida e que impedirão a entrada.

12.3.3 ACOMODAÇÃO DA ENTRADA

Existe, no entanto, uma importante diferença entre os resultados obtidos por concorrência por preços e concorrência por quantidades na situação de *entrada ineficazmente impedida*. Enquanto se pode concluir que, no segundo caso, a empresa deve manter a sua agressividade em relação à concorrente, adicionando capacidade, no primeiro caso a adição de capacidade quando a entrada está ineficazmente impedida não está necessariamente assegurada. Na Figura 12.7, quando a empresa não adiciona capacidade no primeiro período, ela estará dividindo o mercado ao preço pA^1; caso ela adicione capacidade, seu preço será inferior, podendo chegar, no caso do investimento máximo, a pB^1, com o mercado também dividido. Como os custos totais, conforme discutido na Figura 12.6, permanecem os mesmos, o resultado é uma redução dos lucros.

A explicação para a diferença de comportamento da empresa estabelecida está no efeito estratégico do investimento em capacidade. O investimento em capacidade torna menores os custos marginais da empresa estabelecida. Isto fortalece sua posição em um processo de concorrência, pois, por um lado, em concorrência por preços, custos inferiores implicam possibilidade de aplicar preços menores e, por outro lado, em concorrência por quantidades, torna consistente a escolha de quantidades mais elevadas. Em ambos os casos, o efeito estratégico sobre a empresa entrante é a redução de seus lucros. Esta redução pode ser suficiente (ou vantajosa para a empresa estabelecida) para deter a entrada de novos concorrentes, ou não. Se a entrada for *eficazmente impedida,* o investimento será realizado.

A diferença dos dois processos de concorrência (preços e quantidades) se dá quando a entrada está ineficazmente impedida. Nesta situação, a empresa estabelecida deve escolher a melhor estratégia para *acomodar a entrada*. Se a concorrência se der por quantidades, a elevação da quantidade da empresa estabelecida irá implicar redução da quantidade da empresa entrante, ou seja, quantidades são substitutos estratégicos, isto é, as curvas de reação são negativamente inclinadas, ou seja,

$$\frac{dq_i}{dq_j} < 0.$$

Uma redução da quantidade da empresa entrante é benéfica à empresa estabelecida, porque implica possibilidade de aumento de sua própria quantidade. Logo, em situações de concorrência por quantidade, a empresa estabelecida adotará estratégias *agressivas* em termos de capacidade, procurando produzir maior quantidade do que a entrante. Se a concorrência for por preços, a redução dos preços da empresa estabelecida, fruto da redução de seus custos marginais, implicará redução dos preços da empresa entrante. A redução de preços da empresa entrante tem efeito negativo sobre a empresa estabelecida, ou seja, os preços são estrategicamente complementares

$$R_i'(p_j) = \frac{dp_i}{dp_j} > 0.$$

Isto significa, portanto, que reduções no preço da empresa entrante também terão como resposta reduções nos preços da empresa estabelecida, resultando em impactos negativos sobre os lucros. Logo, a estratégia de investir em capacidade adicional até a quantidade de monopólio pode não ser a melhor alternativa. Isto significa que o melhor movimento estratégico para a empresa estabelecida na indústria, no caso de concorrência por preços após a entrada de uma nova concorrente, pode ser não adicionar a capacidade. De fato, no Capítulo 10 foi visto que a restrição de capacidade pode ser uma boa forma de atingir lucros altos quando a concorrência de Bertrand prevalece após a entrada. Isto sugere que a empresa estabelecida pode, no primeiro período, desviar da maximização de lucros no curto prazo, implantando capacidade abaixo da ótima no curto prazo para possibilitar preços superiores no segundo período.

É interessante perceber, no entanto, que os elementos de concorrência não se limitam a preços e quantidades. Há outras maneiras em que as empresas concorrem, como, por exemplo, diferenciação de produto. Pode-se, de uma maneira geral, pensar que quando o elemento da concorrência for estrategicamente substituto, ou seja, apresentar curvas de reação negativamente inclinadas, a melhor estratégia de acomodação da entrada será realizar o investimento e agir *agressivamente*. De maneira alternativa, quando os elementos da concorrência forem estrategicamente complementares, ou seja, tiverem curvas de reação positivamente inclinadas, a melhor estratégia para acomodar a entrada será ser *permissivo* e investir pouco em capacidade.

182 Economia Industrial

12.3.4 Custos irrecuperáveis e estratégias competitivas

Devemos também ressaltar que o investimento em capacidade é apenas uma entre as diversas possibilidades de se realizar dispêndios em custos irrecuperáveis. Investimento em P&D, capacitação da mão de obra, fixação da marca, entre outros, são maneiras de realizar gastos em custos irrecuperáveis, prevenir a entrada de empresas potenciais rivais e dar consistência a posicionamentos estratégicos e ameaças.

Um exemplo de marca fortemente consolidada pode ser dado no mercado de telecomunicações no Brasil. A Embratel deteve o monopólio das chamadas interurbanas e internacionais no Brasil por muitos anos. A liberalização do mercado para novas empresas nos anos 1990 possibilitou que concorrentes surgissem. Um dos maiores concorrentes foi a Intelig. Ainda que pesadas campanhas publicitárias tivessem sido realizadas tentando fixar o nome da empresa e ensinar um número de discagem, os serviços da Intelig permanecem sendo menos utilizados do que os da Embratel pelo simples fato de que os consumidores desconheciam ou estão pouco acostumados com a nova empresa.

A decisão do CADE no processo de fusão da Brahma e da Antarctica para formação da Ambev também levou em consideração elementos referentes à marca. Os reguladores entenderam que algum espaço deveria ser aberto para a entrada de novos concorrentes, uma vez que as principais empresas presentes no setor estavam se juntando. Assim, determinaram a venda da marca Bavaria já consolidada, para que outra empresa pudesse entrar no mercado sem desvantagens adicionais. Neste mesmo processo, pode-se perceber outra fonte de assimetrias entre empresas estabelecidas e entrantes. Para comercializar a Bavaria, as autoridades de defesa da concorrência determinaram que a Ambev disponibilizasse ao novo detentor da marca sua rede de distribuição por um período de cinco anos.

A presença de diferentes instrumentos em que se possa investir em custos irrecuperáveis pode, então, influenciar pesadamente sobre a estrutura de mercado que deverá prevalecer, na medida em que funciona como uma maneira de deter a entrada. Assim, mercados em que é possível a realização constante de investimentos em custos irrecuperáveis deve apresentar estruturas mais concentradas do que mercados em que a realização de investimentos em custos irrecuperáveis é apenas ocasional. J. Sutton distingue os custos irrecuperáveis em duas categorias: (1) exógenos; e (2) endógenos. Os custos irrecuperáveis exógenos são representados por investimentos que são realizados apenas uma vez, não tendo desdobramentos. Isto ocorre, por exemplo no investimento em uma planta em processos de alta intensidade de capital. Custos irrecuperáveis endógenos geram desdobramentos porque são parte essencial do processo de concorrência da indústria. Nesta categoria se encontram investimentos em propaganda e P&D. Enquanto barreiras à entrada a partir de custos irrecuperáveis exógenos se esgotam e tendem a desaparecer ou perder sua importância com o crescimento do mercado, a presença de custos irrecuperáveis endógenos permite, em contrapartida, o estabelecimento de barreiras à entrada e à saída de longo prazo. Os resultados empíricos de Sutton (1988) para propaganda e Sutton (1998) para P&D confirmam sua hipótese, mostrando que indústrias onde estas características são relevantes têm maior grau de concentração.

Como consequência deste tipo de análise, além do processo de concorrência funcional, baseada em preços, quantidades, parcelas de mercado, qualidade, entre outros, há um processo estratégico de concorrência, a partir da realização de investimentos em custos irrecuperáveis, criador de irreversibilidades para a empresa estabelecida e de assimetrias entre elas e as empresas entrantes.

Um segundo aspecto dos custos irrecuperáveis é que eles podem ser utilizados não só como instrumentos para prevenir a entrada, mas também como forma de concorrer com outras empresas já presentes no mercado.

12.4 Informação e Barreiras à Entrada

12.4.1 Preço limite com informação assimétrica

Na seção anterior, o questionamento do postulado de Sylos, de que as empresas estabelecidas mantêm a quantidade produzida após a entrada, foi superado pelo investimento em custos irrecuperáveis, criadores de assimetrias entre a empresa estabelecida e as concorrentes potenciais. Uma alternativa a esta formulação é a suposição de assimetrias de informação entre as empresas.

O modelo de Milgrom e Roberts propõe que a empresa estabelecida utilizará o preço pré-entrada para influenciar a decisão de entrada de suas concorrentes potenciais; em contrapartida, estas últimas tentarão inferir, a partir dos preços aplicados, o nível de custo da empresa estabelecida. A principal base para este tipo de argumentação continua sendo a curva de reação que a entrante deverá se defrontar. Quando a concorrência após a entrada ocorre por quantidades, que são elementos estrategicamente substitutos, a curva de reação da empresa entrante cruza as duas curvas, gerando, respectivamente, as quantidades qB e qA (ver Figura 12.8a). Se a quantidade Y, que detém a entrada da concorrente potencial, estiver entre esses dois pontos,

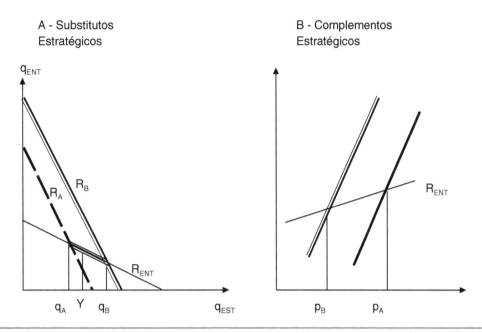

Figura 12.8 Curvas de reação com informação privada.

conforme a Figura 12.8a, a entrada da rival estará detida apenas no caso em que a empresa estabelecida tiver custos baixos. A Figura 12.8b apresenta análise semelhante para o caso de concorrência por preços.

Suponhamos que possam existir dois tipos de empresa. É conhecimento comum que há probabilidade ρ de a empresa estabelecida ter custos baixos e probabilidade $(1-\rho)$ de ter custos altos.[10] A empresa estabelecida conhece seus custos, mas a empresa entrante só conhece a distribuição da probabilidade de que sua rival tenha custos altos ou baixos. A empresa estabelecida deve escolher um preço. O preço alto (pA) maximiza os lucros no curto prazo se a empresa tem custos altos, ao passo que o preço baixo (pB) maximiza os lucros se a empresa tem custos baixos. A empresa potencial entrante, após observar a escolha de preços da empresa estabelecida, deve decidir se entra ou não.

A Figura 12.9 expõe um jogo que simula a interação das duas empresas. A linha tripla representa um movimento inicial aleatório que designa o nível de custos da empresa estabelecida. Após este movimento, a empresa estabelecida saberá em que parte da árvore do jogo estará. Se tiver custos baixos, estará no tronco de cima, caso contrário, estará no de baixo. Ciente de seus custos, a empresa estabelecida se movimenta para a esquerda, pA, ou para a direita, pB. As duas linhas tracejadas representam o nível de informação da empresa entrante que, apesar de conhecer o lado da figura (esquerdo ou direito), desconhece se ela

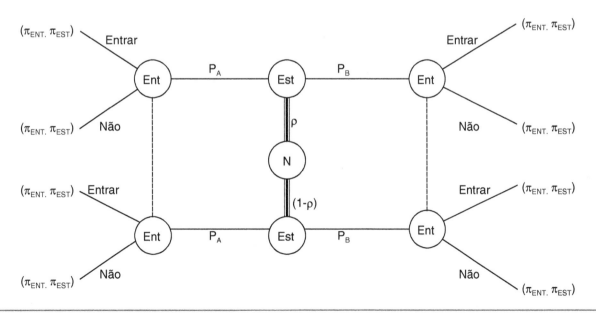

Figura 12.9 Jogo de simulação.

184 Economia Industrial

está enfrentando uma empresa de custos baixos ou altos, ou seja, se está situada no tronco de cima ou no de baixo. Se a informação fosse simétrica, ou seja, se a empresa entrante tivesse conhecimento perfeito sobre os custos da empresa estabelecida, só ingressaria no mercado se a empresa estabelecida tivesse custos altos, pois $\pi ENT(CB) < 0 < \pi ENT(CA)$.

A empresa estabelecida tem maiores lucros atuando como monopolista do que como duopolista, independente de seus custos serem altos ou baixos, significando que, em caso de ter custos baixos, ela gostaria de se revelar para a empresa estabelecida. Ao mesmo tempo, se a empresa tivesse custos altos, ser-lhe-ia vantajoso evitar a entrada, de maneira que ela gostaria de enganar a empresa entrante, fazendo-se passar por uma empresa com custos baixos. Dois tipos de equilíbrio são factíveis nesta situação:

1. Equilíbrio com separação – empresas com níveis de custos diferentes lucrariam mais adotando estratégias distintas; e
2. Equilíbrio conjunto (pooling) – empresas adotam mesma estratégia independente de seus custos.

Na situação de equilíbrio conjunto, a estratégia anterior da empresa estabelecida não melhora as condições de informação da empresa entrante, de maneira que ela ingressará com probabilidade $1 - \rho$ e não ingressará com probabilidade ρ, sendo sua situação completamente determinada pela distribuição de probabilidade inicial quanto aos custos da empresa estabelecida, impossibilitando ação do preço limite.

Suponhamos que MA representa o lucro da empresa estabelecida com custos altos quando atua como monopolista e MB, seu lucro como monopolista e com custos baixos; DA é o lucro quando ela é duopolista e tem custos altos e DB, quando duopolista com custos baixos. Suponhamos que exista um preço limite $P^L < P_M^B$, tal que

$$M^B + \delta D^B \leq M^B (P^L) + \delta M^B \Rightarrow M^B - M^B(P^L) \leq \delta(M^B - D^B) \qquad (1)$$

e

$$M^A + \delta D^A \geq M^A(P^L) + \delta M^A \Rightarrow M^A - M^A(P^L) \geq \delta(M^A - D^A) \qquad (2)$$

A equação (1) indica que o lucro da empresa estabelecida quando tem custos baixos e aplica o preço de monopólio pB no primeiro período, permitindo a entrada de sua empresa rival e obtendo lucros de duopólio no segundo período, é inferior ao lucro da empresa estabelecida com custos baixos, quando ela aplica o preço que detém a entrada (PL) no primeiro período e atua como monopolista também no segundo período. A equação (2) expõe uma situação em que a empresa estabelecida tem custos altos e seus lucros quando aplica preço de monopólio no primeiro período – permitindo o ingresso no mercado da empresa entrante e atuando como duopolista no segundo período – serão maiores do que se adotar a alternativa de aplicar o preço limite (que detém a entrada) no primeiro período, mantendo-se como monopolista no segundo.[11] Caso as equações (1) e (2) prevaleçam, existirá um equilíbrio com *separação*, ou seja, PL será um preço que só será adotado pela empresa com custos baixos. Em contrapartida, a empresa com custos altos utilizará seu preço de monopólio. Como consequência, apesar de a empresa estabelecida, no caso de custos baixos, manipular seu preço, a empresa entrante não é enganada. Ela aprende perfeitamente os custos da empresa estabelecida, entrando somente nas condições em que entraria se a informação fosse perfeita.

Suponha agora que a equação (1) seja válida, mas a (2) seja substituída por:

$$M^A + \delta D^A \leq M^A(P^L) + \delta M^A \Rightarrow M^A - M^A(P^L) \leq \delta(M^A - D^A) \qquad (3)$$

que indica que a empresa estabelecida, quando tem custos altos, terá maior nível de lucros se adotar o preço limite, detendo o ingresso da potencial entrante, do que se maximizar os lucros no curto prazo, utilizando o preço de monopólio e permitindo o ingresso da empresa potencial entrante. Neste caso, não se distingue as estratégias da empresa estabelecida nos dois casos alternativos de custos altos e baixos, ou seja, a estratégia do preço limite será adotada independente do nível de custos da empresa estabelecida, caracterizando um equilíbrio conjunto ou *pooling*. Neste caso, a taxa de entrada se dá em condições distintas daquelas de informação perfeita. Para a determinação da intensidade de entrada é necessário conhecer as condições de lucratividade da empresa entrante. Suponhamos que

$$\rho(D_{ENT}^B) + (1 - \rho)D_{ENT}^A < 0 \qquad (4)$$

ou seja, que o lucro em duopólio da empresa entrante, quando a empresa estabelecida tem custos baixos, multiplicado pela probabilidade da empresa estabelecida ter custos baixos, mais o lucro da empresa entrante, quando a empresa estabelecida tem custos altos, multiplicado pela probabilidade da empresa estabelecida ter custos altos é inferior a zero. Isto significa que a expectativa de lucro da empresa entrante caso escolha ingressar no mercado será negativa. Se as condições (1), (3) e (4) forem válidas, a implementação do preço limite por parte da empresa estabelecida, independente de seu nível de custos, garantirá um nível de entrada inferior ao que ocorre quando a informação é perfeita.

Suponhamos agora que as condições (1) e (3) prevalecem, mas a condição (4) é substituída pela equação (5):

$$\rho(D_{ENT}^B) + (1 - \rho)D_{ENT}^A > 0. \tag{5}$$

Isto significa que a expectativa de lucro da empresa entrante é positiva. Prevalecendo as condições (1), (3) e (5), a empresa entrante não aprende com o preço, mas a distribuição de probabilidade sugere que seu rendimento será superior se ela decidir entrar. Logo, a entrada ocorre com intensidade superior às condições de informação perfeita, não importando a prática de preços da empresa estabelecida. A melhor ação, tanto para empresas de custo baixo, quanto para as de custo alto, é adotar, no primeiro período, o preço que maximiza seus lucros no curto prazo. Devemos notar que, particularmente para as empresas de custo baixo, seria mais vantajoso ter informação perfeita.

12.4.2 CUSTOS DE SAÍDA, REPUTAÇÃO E COMPORTAMENTO PREDATÓRIO

Uma questão enfatizada neste capítulo se refere às hipóteses comportamentais antes da entrada de uma nova empresa no mercado. No entanto, situações relevantes podem ocorrer quando, após o ingresso no mercado, as empresas devem decidir suas estratégias. Suponhamos que, nas condições levantadas anteriormente, no caso de equilíbrio *pooling*, ou seja, prevalecem as condições (1) e (3), a empresa entrante decida ingressar no mercado porque a condição (5) é satisfeita. A empresa estará entrando no mercado desconhecendo o nível de custos da empresa estabelecida. Suponhamos que a empresa estabelecida tenha custos baixos. Nesta situação, se, antes de tomar a decisão de entrada, a informação fosse perfeita, a nova empresa não teria entrado. Uma vez que tenha ingressado no mercado, a imposição de um preço *PL* por parte da empresa estabelecida expulsaria a nova concorrente, desde que os custos irrecuperáveis fossem desprezíveis. Esta estratégia é conhecida como *predatória,* que consiste na imposição de preços baixos, que reduzem os lucros de ambas as partes no curto prazo, mas que têm como objetivo elevar os lucros da empresa dominante (ou seja, que adota o comportamento predatório) no longo prazo.

Uma vez que este tipo de comportamento pode ser adotado pela empresa estabelecida com custos baixos, a manutenção de informação imperfeita, ou seja, os custos da empresa estabelecida permanecendo sua informação privada mesmo após a entrada da nova concorrente, a estratégia predatória também poderá ser adotada pela empresa estabelecida, mesmo tendo custos altos. Nestes casos, ganha importância a comparação entre a solidez financeira das duas empresas. O Quadro 12.1 ilustra uma situação de comportamento predatório.

QUADRO 12.1 COMPORTAMENTO PREDATÓRIO EM ALGUNS MERCADOS

Um exemplo de comportamento predatório em uma indústria com reduzidos custos irrecuperáveis ocorreu no mercado de transporte aéreo nos EUA durante a década de 1980, quando houve uma pesada desregulação. Após o mercado ter sido desregulado, uma série de novas empresas ingressou com serviços mais baratos, de menor qualidade, mas com preços inferiores. Isto fazia com que as novas linhas aéreas tivessem custos substancialmente inferiores às empresas já estabelecidas. A resposta das grandes linhas aéreas foi um corte imediato de suas tarifas nos trechos de entrada das novas companhias. O resultado foi a incapacidade de sobrevivência de grande parte das empresas novas, que deixaram o mercado após alguns anos. A ocorrência de uma guerra de preços na indústria de café norte-americana durante a década de 1970 também nos informa sobre comportamento predatório. A General Foods controlava 45% do mercado oriental dos EUA por intermédio de sua marca Maxwell House. A marca Folger, controlada pela Procter e Gamble e forte no mercado norte-americano ocidental, resolveu invadir o mercado oriental. A resposta da Maxwell House foram fortes cortes de preço. A guerra de preços foi instalada, concluindo pela permanência da Folger, na década de 1980.

Algumas vezes, comportamentos predatórios são adotados por empresas que ingressam no mercado, desde que tenham maior solidez financeira ou acesso fácil a insumos. Isto ocorreu durante a década de 1990 no Brasil na indústria de laticínios, quando a Parmalat adotou uma estratégia agressiva de preços para abrir espaço no mercado, eliminando as empresas da margem, formada por cooperativas e evitando uma confrontação direta com sua concorrente maior, a Nestlé.

Às vezes uma empresa pode desejar adotar um comportamento de preços baixos independente de visar à expulsão de outra empresa do mercado ou de sinalizar custos baixos, mas apenas indicar que tem comportamento agressivo a futuros concorrentes em potencial. Dessa maneira, os rendimentos que pretende usufruir não serão diretamente obtidos pela saída de uma empresa específica, mas pela manutenção de reputação ao longo dos anos.

186 Economia Industrial

12.5 Conclusão

Ao acentuar a importância das estratégias empresariais na detenção da entrada e nos processos competitivos posteriores, o capítulo advoga a inversão da lógica que vai da determinação da estrutura para a conduta, mostrando que também a conduta irá determinar a estrutura do mercado. Isto pode ser corroborado com importante evidência empírica.

Outro elemento a ser enfatizado é a importância do comprometimento estratégico para dar credibilidade às ações das empresas. Dessa forma, conforme ressaltado por Chandler:

> *Estas empresas (primeiras a se mover) junto com algumas poucas seguidoras que entraram em seguida na indústria não competiam mais com base em preços. Em vez disso, elas competiam por parcelas de mercado ou lucros por intermédio de medidas funcionais e estratégicas. Eles assim agiram* funcionalmente *melhorando seus produtos, processos, marketing, política de compras e relações de trabalho, e* estrategicamente *ao se direcionarem a mercados em crescimento com maior rapidez e se retirarem dos mercados em declínio mais rapidamente e de maneira mais efetiva do que seus competidores.* (Tradução livre de Chandler, 1990:8, grifos do original.)

Os elementos funcionais ressaltados por Chandler são justamente aqueles em que os custos irrecuperáveis têm importância. Deve-se, no entanto, ressaltar que os elementos estratégicos no sentido de Chandler não são tratados neste capítulo. Esta conclusão aponta que a maior parte dos elementos de competição aqui considerada se baseia em hipóteses iniciais de assimetria entre os agentes. A partir do momento em que se assume o pioneirismo de uma empresa, ela age para realizar investimentos irreversíveis que dão credibilidade a ameaças de comportamento. Essa ênfase é voltada para situações anteriores ao pioneirismo, que determinam o movimento mais rápido em direção a mercados em crescimento. Neste caso, a análise deste capítulo é limitada, e o recurso à história e a outras teorias em que elementos de racionalidade não substantiva estão presentes parece ser importante. A Parte V deste livro tratará deste assunto.

12.6 Resumo

- A existência de barreiras à entrada pode ser eficaz na explicação de redução do ritmo de entrada, mas não consegue explicar a prática de preço-limite na presença de entrada potencial em grande escala.
- Originalmente, a explicação para o uso de preço-limite se baseava no uso do postulado de Sylos que propõe que empresas entrantes adotarão a hipótese de que as empresas estabelecidas manterão suas quantidades de produção mesmo após a entrada.
- A ameaça de manutenção das quantidades, proposta no postulado de Sylos, é pouco crível, dadas as curvas de reação presentes no período após a entrada.
- Custos irrecuperáveis são investimentos realizados que têm custo de oportunidade igual a zero, ou seja, são decisões de despesa que não têm retorno.
- A presença de custos irrecuperáveis permite dar a ameaças realizadas no período inicial credibilidade de sua concretização no período pós-entrada.
- O uso de custos irrecuperáveis pode ter funções distintas em situações de prevenção ou de acomodação da entrada.
- Assimetria informacional é outra maneira de se explicar a adoção de preço-limite.

12.7 Questões

1. Um dos fatos que chama a atenção na indústria do cinema é o elevado salário de grandes estrelas. Uma explicação para esse fenômeno está na capacidade de um ator (ou uma atriz) atrair público, independentemente da qualidade do filme. Pode-se afirmar que o desenvolvimento de um ator ou atriz consiste em custos irrecuperáveis?
2. Ainda sobre cinema, é conhecida a capacidade de diretores como Woody Allen atraírem atores e atrizes por remunerações surpreendentemente baixas. Conhecendo o fato estilizado explicitado na questão 1, dê uma explicação para esse fenômeno.
3. O artigo de Dixit enfatiza capacidade instalada como custo irrecuperável. Dê três exemplos alternativos de custo irrecuperável.
4. Um casal recém-casado procura apartamento. E sempre que há algum interesse, o corretor tenta convencê-lo a dar um sinal. Qualifique o sinal como um custo irrecuperável.
5. Uma prática de negócios muito comum é o licenciamento cruzado de patentes. Nesse tipo de prática, duas empresas concorrentes licenciam mutuamente produtos da rival.

a. Explique como essa ação pode auxiliar na manutenção de preços elevados.

b. Em que classificação de gatos e cães você enquadraria essa prática?

6. Suponha um mercado monopolista cuja demanda inversa é definida por $P(Q) = 100 - Q$. A empresa estabelecida tem uma estrutura de custos definida por $C(K, q) = 10 + aK + c$, em que *10* é o custo quase-fixo, K, a capacidade produtiva de uma unidade, a, o custo de uma unidade de capacidade produtiva, e c, o custo marginal de cada unidade produzida.

a. Sabendo que o gasto em K se constitui em um investimento em custos irrecuperáveis, calcule em que condições a entrada estará eficazmente impedida.

b. Calcule a partir de que condições a entrada estará ineficazmente impedida.

Notas

1. CHANDLER, A. *Scale and scope:* the dynamics of industrial capitalism. Cambridge: The Belkap Press, 1990.

2. Mais uma vez, deve ser ressaltado que os custos irrecuperáveis não ocorrem apenas com ativos específicos como o exemplo do aluguel da loja torna claro.

3. Ver os Capítulos 9 e 10.

4. No geral pode-se supor que o fator de desconto no período t deverá ser igual a δ', onde $\delta = \dfrac{1}{1+r}$, sendo r a taxa de desconto. Normalmente, utiliza-se a taxa de juros como referência para determinar o nível da taxa de desconto, no entanto, outros elementos que não a taxa de juros, tais como progresso técnico e expectativas, podem afetá-la.

5. Isto não significa, portanto, que seria plausível pensar em capacitação semelhante. No entanto, conforme será facilmente perceptível, com a finalidade de simplificar a exposição, os próximos passos serão tomados com conhecimento tecnológico pleno por parte da entrante.

6. Ver Capítulo 10 a respeito de modelos de oligopólio estáticos.

7. Ver a noção de equilíbrio perfeito em subjogo no Capítulo 9.

8. Ver a noção de equilíbrio perfeito em subjogo no Capítulo 9.

9. Deve-se lembrar ao aluno que a receita marginal é negativa nas regiões inelásticas da demanda, sendo um contrassenso que empresas com poder de monopólio atuem de forma a reduzir suas receitas. Logo, não seria esperado que isto ocorresse e uma solução racional deve ser buscada.

10. Caso maximizasse os seus lucros, estaria obtendo o lucro equivalente à área C + D, contra C + E quando tenta deter a entrada.

11. Esta versão é baseada em uma simplificação do modelo de MILGROM, P. e ROBERTS, J. Limit pricing and entry under incomplete information. *Econometrica*, v. 50, p. 443-460, 1982, presente em TIROLE, *J. The theory of industrial organization*. Cambridge: The MIT Press, p. 368-371, 1988. A versão original além de informação privada sobre os custos da empresa estabelecida prevê também informação privada sobre os custos da empresa entrante.

12. Em todos os casos o lucro do segundo período está descontado por δ.

Bibliografia

BAIN, J. *Barriers to new competition.* Cambridge: Harvard University Press, 1956.

CHANDLER, A. *Scale and scope:* the dynamics of industrial capitalism. Cambridge: The Belkasp Press, 1990.

DIXIT, A. The role of investment in entry deterrence. *Economic Journal*, v. 27, p. 95-106, 1980.

GILBERT, R. Mobility barriers and the value of incumbency. In: SCHMALENSEE, R.; WILLIG, R. *The handbook of industrial organization.* Amsterdam: North-Holland, 1989.

JACQUEMIN, A. *The new industrial organization.* Cambridge: MIT Press, 1987.

MILGROM, P.; ROBERTS, J. Limit pricing and entry under incomplete information. *Econometrica*, v. 50, p. 443-460, 1982.

SCHERER F. M.; ROSS, D. *Industrial market structure and economic performance.* Cambridge: Houghton Mifflin, 1990.

SUTTON, J. *Sunk costs and market structure.* Cambridge: MIT Press, 1988.

_____. *Technology and market structure.* Cambridge: MIT Press, 1998.

SYLOS-LABINI, P. *Oligopólio e progresso técnico.* Rio de Janeiro: Forense Universitária, 1982.

TIROLE, J. *The theory of industrial organization.* Cambridge: MIT Press, 1988.

PARTE IV

A GRANDE EMPRESA CONTEMPORÂNEA

Capítulo 13

Teoria dos Custos de Transação

Ronaldo Fiani

13.1 Introdução

Até a publicação do artigo pioneiro de Ronald Coase (Prêmio do Banco da Suécia para as Ciências Econômicas em Memória de Alfred Nobel em 1991) em 1937, intitulado *The Nature of the Firm* (*A natureza da firma*), a teoria econômica tratava em detalhes apenas dos custos de produção. Embora se reconhecesse a existência também dos custos de transação no sentido de que não apenas o ato de produzir, mas também o ato de comprar e vender, acarretava custos, supunha-se em geral que os custos associados às transações econômicas eram negligenciáveis, de tal forma que os únicos custos que realmente importavam eram os custos de produção.

Em função dessa ênfase praticamente exclusiva em custos de produção, a empresa era vista fundamentalmente como uma função de produção: combinando-se as quantidades de vários insumos por meio de um processo produtivo qualquer, conseguia--se obter uma quantidade y de produto final. Por exemplo, dada uma quantidade de couro, verniz, pregos, eletricidade, horas de trabalho na linha de produção etc., conseguia-se uma certa quantidade de sapatos. Ao economista competia exclusivamente conhecer a relação matemática entre os insumos e o produto para, juntamente com o preço desses mesmos insumos e do produto final, calcular a quantidade a ser produzida que maximizaria o lucro da empresa, isto é, sua quantidade de equilíbrio.

Ronald Coase em seu artigo busca uma definição da empresa "que corresponda ao que ela é no mundo real". Para isso, faz uma pergunta algo primária, mas que, surpreendentemente, nenhum dos mais importantes economistas até aquele momento havia feito: por que existem empresas? Dito de outra forma, por que existem organizações dirigindo o processo produtivo em que relações hierárquicas, definidas pela subordinação dos empregados à direção da empresa, determinam como se deve organizar a produção?

Isso porque a teoria econômica até aquele momento não tinha estudado organizações, apenas mercados. Portanto, havia um vasto material explicando o funcionamento dos mercados, mas não das empresas. Contudo, é evidente que uma série de etapas do processo produtivo não passam pelo mercado, mas são realizadas dentro das empresas. No caso do exemplo inicial dos sapatos, o corte do couro, sua costura, a aplicação de verniz, a colocação do solado e várias outras etapas do processo produtivo acontecem dentro da empresa, e não no mercado, ou seja, não são realizadas por outras empresas, não obstante sejam etapas produtivas claramente distintas. Assim, é necessário entender por que todas as etapas da produção de um produto não podem ser levadas a cabo por uma série de agentes individuais independentes formando uma cadeia em que cada um comprasse no mercado daquele agente que se encontrasse em uma etapa anterior do processo de produção até que o último agente na cadeia vendesse o produto acabado ao consumidor final. Em outras palavras, é preciso explicar o que leva diferentes etapas do processo produtivo a serem integradas verticalmente dentro da hierarquia de uma empresa.

192 Economia Industrial

A resposta já se encontra, de certa forma, implícita na pergunta: se a cadeia de agentes independentes imaginada anteriormente não se concretiza na produção de bens e serviços de natureza complexa, se vivemos em um mundo com grandes unidades fabris e não com indivíduos que trocam entre si em toda etapa que a divisão das tarefas permitir, é porque estas etapas devem envolver um custo menor quando realizadas no interior das empresas do que seria o caso se as mesmas etapas fossem realizadas por agentes independentes e integradas por meio de trocas no mercado. Em outras palavras, as empresas (organizações que decidem hierarquicamente a alocação dos fatores de produção no seu interior substituindo o mecanismo de mercado) existem porque os custos de transação desse tipo de organização devem ser menores do que os custos de transação no mercado para as mesmas transações.

O artigo de Ronald Coase deu início, dessa forma, ao estudo das condições sob as quais os custos de transação deixam de ser desprezíveis e passam a ser um elemento importante nas decisões dos agentes econômicos, contribuindo para determinar a forma pela qual são alocados os recursos na economia. A análise dessas condições e das consequências dos custos de transação para a eficiência do sistema constitui o objeto da Teoria dos Custos de Transação (TCT).

A esta resposta do porquê da existência de empresas, se segue uma outra pergunta: dado que existem empresas, mas que estas também não são a única forma de organização do processo produtivo, pois há um grande número de transações que também se dão pelo mercado, quais são os limites das empresas para organizar a produção? Quando é mais interessante produzir sob a direção de uma hierarquia – isto é, por intermédio da organização da empresa – e quando é mais interessante deixar que o mercado, por meio do mecanismo de preços, coordene a produção?

O capítulo está dividido em quatro seções, além desta introdução. Na primeira seção, estudaremos a natureza e os fatores determinantes dos custos de transação. Na segunda seção, serão analisadas as diferentes naturezas dos contratos. Na terceira, detalham-se os tipos de transações e as estruturas de governança. Finalmente, na última seção, apresentamos algumas evidências empíricas sobre os custos de transação.

13.2 Natureza e Fatores Determinantes dos Custos de Transação

13.2.1 Natureza dos custos de transação

Custos de transação são os custos que resultam da divisão do trabalho, ou seja, da divisão de tarefas no processo produtivo. Assim, os agentes enfrentam custos de transação toda vez que recorrem ao mercado para adquirir aquilo que é necessário para a produção de um bem ou serviço. Isso levou alguns teóricos de custos de transação, como Ronald Coase, a identificar os custos de transação como os custos de recorrer ao mercado. Nesta abordagem, custos de transação são os custos de negociar, redigir e garantir o cumprimento de um contrato, e a unidade básica de análise quando se trata de custos de transação seria o contrato.

Contudo, Oliver Williamson (prêmio Nobel em 2009) percebeu que essa abordagem dos custos de transação como custos de se recorrer ao mercado apresentava um grave problema: ela pressupunha que, se não houvesse mercados, não haveria custos de transação! O próprio Ronald Coase afirmou isso ao alegar que em uma economia socialista os custos de transação seriam nulos.

Oliver Williamson percebeu que os custos de transação possuem uma dimensão mais fundamental, que transcende a presença dos mercados. Custos de transação são os custos de se organizar o funcionamento do sistema econômico, dada a divisão do trabalho – onde por divisão de trabalho entende-se a divisão das tarefas produtivas, seja no interior de uma mesma unidade produtiva (a divisão de tarefas no interior de uma empresa), seja entre diferentes unidades produtivas (uma empresa fornecendo insumos para outra). De forma mais precisa, os custos de transação são os custos que resultam de um ativo (um recurso empregado na produção) atravessar uma *interface tecnológica*, sendo uma interface tecnológica a fronteira entre duas etapas produtivas diferentes. Quando um ativo atravessa uma interface tecnológica, ele passa de uma etapa do processo de trabalho para outra. Isso pode acontecer tanto no interior de uma empresa como em uma transação no mercado. Em cada caso, os custos serão diferentes. Assim, há custos de transação tanto quando uma empresa decide internalizar uma etapa do processo produtivo – produzindo ela mesma o insumo – como quando ela decide adquirir o insumo já pronto de outra empresa, mas os custos de transação em um caso e em outro serão diferentes, pois a forma de organizar o processo produtivo será distinta em cada caso.

Mas por que os custos de transação serão diferentes de acordo com a forma em que se organize o processo produtivo? Pelo fato de que as transações apresentam diferenças nas suas características que afetam seus custos, fazendo com que estes custos sejam mais elevados de acordo com a forma que se organize a passagem do ativo pela interface tecnológica: por uma transação no mercado ou por uma transferência entre etapas da produção no interior da empresa. Nos casos em que os custos de transação são elevados caso a passagem dos ativos pela interface tecnológica se dê pelo mercado, este não se mostra uma forma adequada para se organizar o processo de produção, e outras formas de organizar a produção têm de ser consideradas, como a realização da transação no interior da própria empresa.

A TCT elabora, assim, um conjunto de hipóteses que, caso se verifiquem em uma dada etapa do processo produtivo, tornam os custos de transação significativos, caso a transferência do ativo pela interface tecnológica se dê por uma transação no mercado: racionalidade limitada, complexidade e incerteza, oportunismo e especificidade de ativos. Essas hipóteses são os fatores determinantes da existência de custos de transação e serão tratadas em seguida.

13.2.2 FATORES DETERMINANTES DE CUSTOS DE TRANSAÇÃO

13.2.2.1 *Racionalidade limitada, complexidade e incerteza*

O ponto de partida no tratamento da questão dos custos em transações no mercado é o reconhecimento, a partir dos trabalhos de H. Simon, de que o comportamento humano, ainda que sendo intencionalmente racional, enfrenta limitações. Estas limitações possuem fundamentos neurofisiológicos (que limitam a capacidade humana de acumular e processar informações) e de linguagem (que limitam a capacidade de transmitir informações). Caso a racionalidade humana fosse ilimitada, qualquer contrato poderia incorporar cláusulas antecipando qualquer circunstância futura e, assim, a forma de organizar as transações perderia importância, pois não seria possível haver disputas em transações no mercado: tudo seria previsto de forma clara e inequívoca. Nesta hipótese irrealista, não haveria empresas, apenas transações pelo mercado.

Mas a presença de racionalidade limitada em si não basta para que os custos de transação em transações no mercado se tornem importantes: racionalidade limitada não teria qualquer interesse analítico se o ambiente econômico onde se processam as transações fosse absolutamente previsível e simples. Dito de outra forma, racionalidade limitada só se torna um conceito relevante para a análise em condições de *complexidade e incerteza.*

Ambientes simples, mesmo com racionalidade limitada, não oferecem dificuldades porque as restrições de racionalidade dos agentes não são exigidas. Já no caso de transações de elevada complexidade, a descrição de todos os desdobramentos envolvendo a transação e a especificação das decisões em cada circunstância pode se tornar extremamente custosa, impedindo os agentes de especificar antecipadamente o que deveria ser feito a cada circunstância. Outro fator a pressionar a racionalidade limitada dos agentes é a existência de incerteza. Há incerteza quando eventos futuros não podem ser previstos com exatidão. Assim, há incerteza quando se trata de um fenômeno aleatório ao qual se atribui uma dada probabilidade (incerteza no sentido convencional de risco), e também quando sequer é possível atribuir uma probabilidade ao fenômeno (por exemplo, é impossível atribuir com exatidão uma probabilidade a uma guerra futura em uma região). A presença de incerteza, *mesmo que seja no sentido convencional de risco*, combinada com racionalidade limitada, dificulta definir e distinguir as probabilidades associadas às diferentes circunstâncias que podem afetar a transação. Dito de outra forma, mesmo que seja possível, em princípio, calcular as probabilidades dos eventos, isso pode ser muito difícil, dada a racionalidade limitada dos agentes que participam da transação.

Racionalidade limitada, complexidade e incerteza têm como consequência gerarem *assimetrias de informação.* Assimetrias de informação nada mais são do que diferenças nas informações que as partes envolvidas em uma transação possuem, particularmente quando essas diferenças afetam o resultado final da transação.

13.2.2.2 *Oportunismo e especificidade de ativos*

Racionalidade limitada, ambiente complexo e incerteza criam as condições adequadas para os agentes adotarem iniciativas oportunistas. Por oportunismo entende-se a transmissão de informação seletiva, distorcida,[1] e *falsas promessas* (*self-disbelieved*) sobre o comportamento futuro do próprio agente (neste último caso, o agente em questão estabelece compromissos que ele mesmo sabe, *a priori*, que não irá cumprir). Como não se pode distinguir antes de se realizar a transação no mercado a sinceridade dos agentes, há problemas na execução e renovação do contrato.

O conceito de oportunismo na TCT, portanto, possui um sentido diverso daquele que se utiliza na linguagem corrente, em que um comportamento "oportunista" é muitas vezes definido como a habilidade por parte de um agente de identificar e explorar as possibilidades de ganho oferecidas pelo ambiente. É importante ter clareza de que oportunismo, neste último sentido, *não é* oportunismo para a TCT. Oportunismo na TCT está essencialmente associado à manipulação de assimetrias de informação visando à apropriação de ganhos indevidos em relação aos lucros envolvidos na transação.

Para se entender melhor o sentido do oportunismo na TCT, considere-se o seguinte caso: uma empresa solicita ao seu fornecedor uma mudança na especificação de um determinado insumo. Seu fornecedor informa que a mudança pretendida na especificação provocará um aumento no custo do insumo superior ao aumento que efetivamente ocorre.

Trata-se, então, de uma atitude oportunista da empresa fornecedora, uma vez que a racionalidade limitada de seu cliente e a complexidade na fabricação do insumo impedem que o comprador do insumo possa conhecer as particularidades da produção daquele insumo e, portanto, avaliar a exatidão do aumento de custo informado pelo fornecedor. Ocorre, então, uma disputa em torno dos lucros, pois quanto maior o preço do insumo anunciado pelo fornecedor, *coeteris paribus*, menor o lucro da empresa compradora.

O outro tipo de oportunismo acontece quando há problemas na execução de uma transação contratada. Por exemplo, quando uma empresa fornecedora de um insumo a um preço fixo reduz o nível de qualidade para reduzir seus custos. Este segundo tipo de oportunismo é conhecido na literatura por *problema moral* (*moral hazard*).

Contudo, mesmo racionalidade limitada, complexidade, incerteza e oportunismo não bastam ainda para gerar problemas no funcionamento dos mercados. Uma última condição se faz necessária. Esta condição é designada como transações que envolvem ativos específicos, isto é, ativos cujas transações ocorrem em pequeno número (*small numbers*) por haver poucos vendedores e compradores para os ativos em questão. Neste tipo de transação, apenas um número limitado de agentes está habilitado a participar: a especificidade dos ativos transacionados reduz, simultaneamente, os produtores capazes de ofertá-los e os demandantes interessados em adquiri-los.

O problema associado com a especificidade de ativos é que, uma vez que o investimento em um ativo específico tenha sido feito, comprador e vendedor passam a se relacionar de uma forma exclusiva ou quase exclusiva. Se um dado fornecedor é o único capaz de produzir um insumo com as particularidades desejadas por uma empresa específica, tanto o fornecedor está ligado àquela empresa, pois é a única que compra seu produto, como a empresa cliente está vinculada ao fornecedor, que é o único capaz de produzir o insumo de que necessita.

Esse vínculo entre produtor e comprador derivado da especificidade dos ativos envolvidos na transação pode dar origem ao que a literatura convencionou chamar "problema do refém" (*hold-up*). Esse problema ocorre quando uma das partes que realizou um investimento em um ativo específico torna-se vulnerável às ameaças da outra parte de encerrar a relação. Essas ameaças podem permitir a essas partes obter condições mais vantajosas do que as do início da transação.

O problema do refém pode se verificar tanto na relação entre o vendedor e o comprador, como vice-versa. Considere o caso de uma empresa geradora de energia elétrica que disponha apenas de uma outra empresa de transmissão para vender sua energia, ao passo que esta última compra a energia que vende de várias geradoras. Caso a empresa geradora em questão realize investimentos no aumento de sua capacidade de geração, ficará refém da empresa de transmissão para a venda da energia gerada pela sua capacidade adicional. A empresa transmissora poderá barganhar melhores preços pela energia comprada simplesmente ameaçando não comprar a energia adicional produzida. O mesmo exemplo poderia ser pensado da forma inversa, com uma empresa geradora que atendesse a diferentes mercados, dentre eles uma empresa transmissora que comprasse exclusivamente sua energia.

A especificidade de ativos é uma condição necessária para que o risco associado a atitudes oportunistas seja significativo; caso contrário, a própria rivalidade entre os numerosos agentes aptos a participarem da transação, tanto no papel de vendedores como de compradores, reduziria a possibilidade de atuações oportunistas. No limite dessa situação de pequenos números, podemos vir a ter uma situação de monopólio bilateral, com apenas um vendedor e um comprador, caso que a teoria convencional sempre teve dificuldade em tratar.

Aqui a TCT identifica um problema interessante. Uma transação que inicialmente se caracterizava como tendo muitos agentes habilitados, isto é, como uma transação de grandes números (*large numbers*), à medida que se desenvolve no tempo pode se converter em uma transação de *small numbers*.

Isto se daria pelo que a TCT convencionou chamar "vantagens da primeira empresa a se mover" (*first-move advantages*): aqueles que vencem as ofertas iniciais terão vantagens não triviais sobre seus concorrentes potenciais baseadas em conhecimento acumulado (*learning by doing*) sobre seus clientes. Obviamente, isto só pode ser relevante no caso de barganhas recorrentes envolvendo *ativos específicos* e em um ambiente dinâmico em constante mudança. A esse processo, em que transações de grandes números acabam por se converter em transações de pequenos números, a teoria dos custos de transação chamou *transformação fundamental*.

Racionalidade limitada, complexidade e incerteza, oportunismo e ativos específicos acarretando pequeno número de transações geram dificuldades significativas no momento de se contratar uma transação, isto é, adquirir um insumo ou serviço por meio do mercado. Essas dificuldades se refletem em custos de contratação. Para entender melhor essa questão, é preciso considerar a natureza dos contratos e compreender as limitações dos mercados no que diz respeito a transações com ativos específicos.

13.3 A Natureza dos Contratos

A presença das condições descritas anteriormente na passagem de um ativo por uma interface tecnológica torna bastante problemática a contratação desta transação no mercado, especialmente se ela será concretizada em uma data futura. Racionalidade limitada, complexidade e incerteza, oportunismo e especificidade de ativos geram dificuldades no momento de negociar e redigir um contrato, assim como quando for necessário garantir sua execução mais tarde.

Contudo, há diferentes tipos de contratos, sendo preciso, então, analisar em que medida cada tipo de contrato se ajusta a uma dada configuração de custos de transação. Podemos discernir quatro tipos básicos de contratos:

1. Contratos que especificam no presente uma determinada performance no futuro.
2. Contratos que especificam no presente uma determinada performance no futuro condicionada à ocorrência de eventos definidos antecipadamente no futuro, isto é, contratos de cláusulas condicionais.
3. Contratos de curta duração, realizados apenas nos momentos em que as condições necessárias para a realização da transação efetivamente se concretizam, isto é, contratos de curto prazo sequenciais.
4. Contratos estabelecidos hoje com o direito de selecionar no futuro uma performance específica dentro do conjunto de performances estipulado previamente, isto é, de estabelecer uma *relação de autoridade*.

O contrato do tipo (1) pode ser descartado para transações que envolvam complexidade e incerteza. Na medida em que não permite nenhuma flexibilidade para ajustes a mudanças nas circunstâncias futuras, é adequado apenas para as transações mais simples, que não envolvem custos de transação significativos. Os três tipos seguintes de contrato merecem atenção mais detalhada.

13.3.1 Contratos de cláusulas condicionais

Neste tipo de contrato, as partes estabelecem um dado desempenho dependendo do que ocorra no futuro. Uma rede de lanchonetes pode estabelecer um contrato com o seu fornecedor de sorvetes em que é admitido um fornecimento extra caso, no verão, o consumo de sorvete ultrapasse determinado volume diário.

Este tipo de contrato enfrenta duas dificuldades. A primeira delas diz respeito à dificuldade de redação à medida que a complexidade aumenta: em função da racionalidade limitada dos agentes, torna-se muito difícil antecipar todas as circunstâncias futuras, assim como as providências que devem ser tomadas.

Uma segunda dificuldade diz respeito à necessidade de garantir o cumprimento do contrato. Em primeiro lugar, para garantir que o contrato está sendo executado da forma prevista, é preciso determinar quais as condições, dentre as que definem as medidas a serem tomadas, estão efetivamente se realizando a cada momento. Em outras palavras, é preciso que sejam verificadas com *precisão e a baixo custo* quais as circunstâncias que estão vigorando em um dado instante. Quando as condições vigentes não podem ser identificadas com precisão e a baixo custo, abre-se espaço para que cada parte identifique como condição vigente aquela que lhe é mais conveniente, tomando então atitudes oportunistas.

Em segundo lugar, ainda que as condições vigentes possam ser discernidas a baixo custo e com precisão, ainda há o problema de identificar se a parte responsável pela execução das tarefas realmente adotou as medidas adequadas de acordo com aquelas condições. Em ambientes muito complexos, isto mais uma vez pode dar margem a atitudes oportunistas.

Resulta, assim, que esse tipo de contrato é o mais indicado quando há o interesse de se preservar o vínculo entre comprador e vendedor, dada a existência de ativos com algum grau de especificidade, em um ambiente em que a complexidade não tem consequências severas em termos de custos de negociação e garantia dos contratos. Trata-se, assim, de um contrato limitado a situações não muito complexas e incertas, e a ativos que possuem moderada especificidade.

13.3.2 Contratos de curto prazo sequenciais

Neste tipo de contrato, vendedor e comprador não possuem um vínculo contratual duradouro. As ofertas são feitas a cada momento em um mercado à vista (*spot*) com cada comprador adquirindo o que deseja apenas no momento em que a necessidade se faz sentir. Trata-se de um tipo de contrato que reduz expressivamente qualquer problema de adaptação entre as partes envolvidas, pois não há necessidade de se antever as circunstâncias futuras que irão afetar a transação: ela somente é realizada no momento em que se faz necessária e as condições futuras já são conhecidas.

Esse gênero de contrato, portanto, também enfrenta limitações. Inicialmente, ele exige a existência de um mercado *spot*, onde os custos para que vendedores e compradores se encontrem e negociem sejam baixos, de tal forma que os agentes possam recorrer a este mercado sem ônus significativo. Isto exige que a transação não envolva, fundamentalmente, ativos específicos. O objeto da transação tem de ser homogêneo, de tal forma que não faça diferença tanto a identidade do comprador como a do vendedor.

Por outro lado, esse tipo de contrato também não está livre de atitudes oportunistas. Embora antes das transações se efetivarem haja realmente um caso de grandes números, após a efetivação da transação pode ser que ocorra a transformação fundamental vista anteriormente, isto é, que um processo de aprender fazendo leve o vendedor a adquirir informação privilegiada sobre o comprador, passando a ter vantagens na competição com os demais vendedores. Estabelecida assim a vantagem, o vendedor pode adotar atitudes oportunistas.

Este tipo de problema é comumente observado nas licitações do setor público: apesar de, a princípio, todos os licitantes estarem em igualdade, o vencedor da licitação acaba adquirindo informação sobre o serviço prestado, o que o coloca em vantagem diante dos demais nas licitações seguintes. O mesmo também ocorre no mercado de trabalho. Embora no momento da admissão o trabalhador frequentemente se encontre em igualdade com os demais candidatos no mercado de trabalho, o exercício de sua função acaba conferindo conhecimentos que dão vantagem em relação a outros candidatos no mercado, caso a empresa decidisse contratar trabalhadores em contratos sequenciais de curto prazo. Por sinal, essa é a razão dessa forma de contrato não ser comum no mercado de trabalho.

Os contratos de curto prazo sequenciais são adequados, portanto, em situações onde não há o interesse em preservar os vínculos entre comprador e vendedor, e onde a transformação fundamental não se verifique.

13.3.3 A RELAÇÃO DE AUTORIDADE

A característica da relação de autoridade de um agente sobre outro é que ao primeiro é facultado definir o que o segundo deverá executar dentre um conjunto de ações possíveis. Assim, um gerente administrativo pode determinar, dentre as várias ações admitidas para um funcionário administrativo, qual é a mais adequada para determinada situação. Da mesma forma, quando o gerente de produção decide que determinado insumo tem de passar de uma etapa na fábrica para a etapa seguinte em determinadas condições, ele está escolhendo, dentre as várias ações previamente determinadas, qual o setor responsável por aquela etapa tem de adotar e, portanto, está exercendo uma relação de autoridade sobre o referido setor.

A primeira vantagem da relação de autoridade é o fato de que não é necessário antecipar todas as circunstâncias futuras, bem como as ações que devem ser executadas para cada uma delas. Em outras palavras, não é necessário gerar a *árvore de decisões* antecipadamente e, dessa maneira, não há problemas em relação à racionalidade limitada dos agentes, como no caso dos contratos de cláusulas condicionais em ambientes complexos.

A segunda vantagem diz respeito ao fato de que, sob a relação de autoridade, não é necessário recontratar sucessivamente a cada mudança na situação, pois o agente que possui a autoridade pode promover os ajustes necessários sem ter de elaborar um novo contrato (por exemplo, um gestor pode reorganizar o processo produtivo sem ter de refazer o contrato de trabalho de todos os envolvidos), o que reduz significativamente os custos de transação em circunstâncias onde existe especificidade de ativos, representando, nesse caso, uma vantagem comparativamente aos contratos de curto prazo sequenciais.

Contudo, deve ficar claro que a relação de autoridade é *incompatível* com a transação no mercado, pois pressupõe que uma das partes envolvidas (aquela que não possui autoridade) abra mão de sua autonomia. Em outras palavras, não há na relação de autoridade a autonomia que normalmente se pressupõe em uma oferta e uma demanda independentes. Por isso, trata-se de uma relação adequada a transações com ativos de elevada especificidade em ambientes de complexidade e incerteza, sendo o tipo de relação que se encontra no interior de uma empresa.

Toda a discussão até aqui se deu em termos de especificidade de ativos como se fosse uma característica puramente qualitativa: os ativos ou são ou não são específicos. Na verdade, há graus de especificidade, como teremos oportunidade de ver. A necessidade ou não de integrar verticalmente para poupar custos de transação deve ser verificada em relação ao grau de especificidade de ativos. Em outros termos, devem-se tipificar as transações pelo grau de especificidade de ativos. Esse será o próximo assunto a ser abordado.

13.4 Tipos de Transações e Estruturas de Governança

Todos os problemas citados (racionalidade limitada, complexidade, incerteza, oportunismo e pequeno número de transações) ganham maior ou menor destaque de acordo com o tipo de transação em análise ou, na terminologia de Oliver Williamson, de acordo com o tipo de investimento realizado. Portanto, é preciso, de acordo com a teoria dos custos de transação, classificar os diferentes tipos de transações. Inicialmente, é necessário definir em que grau os ativos envolvidos são específicos: caso sejam ativos com mercados muito limitados, as transações com esses ativos são designadas pela teoria dos custos de transação *transações com ativos específicos.*

Para os agentes envolvidos nesse tipo de transação, assegurar a sua continuidade é condição indispensável para estimular a decisão de investimento. Tanto para o fornecedor do ativo específico como para o seu comprador, há o interesse em que a

Teoria dos Custos de Transação   197

relação não seja interrompida para preservar os investimentos feitos por parte do comprador e por parte do vendedor. Obviamente, isto pressupõe que se trate de transações frequentes ao longo do tempo, ou seja, *recorrentes*. Em transações *ocasionais*, tal necessidade (de continuidade da transação ao longo do tempo) não se mostra tão significativa.

O outro caso polar no que diz respeito ao caráter das transações seria o de *transações não específicas* envolvendo equipamento ou materiais padronizados, em geral submetidos à normalização técnica. Na situação de fronteira, teríamos as *transações mistas*.

Vistas as características das transações de acordo com o grau de especificidade de ativos, o passo seguinte é examinar as diferentes formas de implementar as transações em função dessa especificidade. Para isso, temos de conhecer as estruturas de governança.

Como afirmamos, uma situação de racionalidade limitada, complexidade, incerteza, oportunismo e pequenos números (*small numbers*) pode envolver graves problemas, de acordo com o tipo de transação envolvida. Para assegurar a realização das transações, desenvolveram-se vários tipos de estruturas de governança. Uma estrutura de governança define-se como o arcabouço institucional no qual a transação é realizada, isto é, o conjunto de instituições e tipos de agentes diretamente envolvidos na realização da transação e na garantia de sua execução. Vejamos como a teoria dos custos de transação classifica estas estruturas e como elas se relacionam com o tipo de investimento realizado pela empresa.

1. *Governança pelo Mercado*: forma adotada em transações não específicas, especialmente eficaz no caso de transações recorrentes. Não há esforço para sustentar a relação e, na avaliação de uma transação, as partes precisam consultar apenas sua própria experiência. É o caso que mais se aproxima da noção ideal de mercado "puro".
2. *Governança Trilateral*: aqui é exigida a especificação *ex-ante* de uma terceira parte, tanto na avaliação da execução da transação quanto para a solução de eventuais litígios. É a mais adequada em transações ocasionais, sejam elas de caráter misto ou mesmo específico.
3. *Governança Específica de Transação*: neste caso, o fato de os ativos transacionados não envolverem padronização aumenta significativamente o risco da transação e a possibilidade do surgimento de conflitos de solução custosa e incerta. Ao mesmo tempo, quanto maior o grau em que as transações forem recorrentes, maior a possibilidade de cobrir os custos derivados da constituição de um arcabouço institucional específico para a transação.[2] Ou seja, se a transação acontece com frequência, vale a pena constituir uma estrutura de governança para lidar com ela, apesar dos custos que isto envolve. Dois tipos de estruturas podem, então, surgir: (a) um *contrato de relação*, onde as partes preservam sua autonomia; e (b) uma estrutura unificada e hierarquizada, isto é, uma empresa. A probabilidade da opção por uma estrutura unificada e hierarquizada cresce com o caráter idiossincrático do investimento.

Podemos caracterizar um contrato de relação, de acordo com Paul Milgrom e John Roberts, da seguinte maneira: as empresas envolvidas não se preocupam em elaborar contratos detalhados, que estipulem de forma exaustiva todos os procedimentos a serem adotados. Ao contrário, as empresas envolvidas estabelecem metas e objetivos a serem alcançados. Da mesma forma, estabelecem condições gerais de execução do contrato, especificando critérios para circunstâncias imprevistas que definam quem tem a autoridade para agir e os limites para essas ações. Também são estabelecidos mecanismos para a resolução de conflitos, caso eles ocorram.

Como exemplo de contrato de relação teríamos a pesquisa e desenvolvimento de projetos realizados conjuntamente por empresas, cuja evolução é incerta e não pode ser prevista com antecipação.

A alternativa ao contrato de relação, quando a especificidade da transação juntamente com os demais problemas que geram custos de transação significativos (racionalidade limitada, complexidade, e incerteza e oportunismo) tornam até mesmo o contrato de relação inviável, é a estrutura hierarquizada da empresa, e, nesse caso, a empresa integra verticalmente a etapa que ela transacionaria no mercado.

A Tabela 13.1 sintetiza a relação entre o tipo de investimento e a estrutura de governança.

TABELA 13.1 Características das Transações

Frequência das Transações	Não Específicas	Mistas	Específicas
Ocasionais	Governança de Mercado	Governança Trilateral	Governança Trilateral
Recorrentes	Governança de Mercado	Governança Bilateral (Contrato de Relação)	Organização Interna (Empresa)

Fonte: *Williamson (1986, p. 117)*.

Quanto mais "caminhamos" da esquerda para a direita e de cima para baixo, maior é a tendência no sentido de que as transações por meio do mercado sejam substituídas por transações em que estruturas de governança mais específicas – como a governança trilateral, em que há uma terceira parte regulando ou arbitrando a transação, ou as partes estão vinculadas por um contrato de relação – sejam constituídas. Isto prossegue com o aumento da especificidade de ativos e da recorrência da transação até o limite em que esta passa a ser realizada no interior da empresa, que cria uma estrutura de governança específica para isto (seja uma divisão, departamento ou filial), isto é, que ocorra o que se convencionou chamar de um processo de *verticalização*.

Em termos gerais, o que está acontecendo é que o caráter crescentemente específico das transações – com a consequente redução no número de vendedores e compradores do ativo – reduz progressivamente as vantagens que o mercado oferece, em especial a vantagem de se obter o ativo a um preço mais baixo, pois o mercado precisa agregar um grande volume de demandas para realizar, assim, economias de escala. Ao mesmo tempo, os custos derivados de negociar, redigir, implementar e verificar a execução adequada das cláusulas contratuais crescem, e com isto os custos de transação. É da comparação destes dois termos (economias de escala *versus* custos de transação) que caberá a decisão final quanto à forma institucional mais adequada para a organização da transação: via mercado ou via estrutura hierárquica da empresa.

Este ponto é importante e deve ser ressaltado. A condição para a obtenção de economias de escala é a de que o mercado seja suficientemente extenso para que os ganhos de escala possam ser aproveitados. Isto nada mais é do que a existência de um grande número de transações, o que, por sua vez, significa que o ativo transacionado possui um grau de especificidade bastante baixo. Se o ativo não é específico, o mesmo ativo pode ser oferecido a um número razoavelmente grande de clientes potenciais e, assim, o produtor ganha escala, e com isso pode oferecer o ativo em questão a um preço mais baixo do que o custo que o demandante teria se produzisse o ativo apenas para si mesmo.

Ao mesmo tempo, por ser um ativo de baixo grau de especificidade, a soma dos custos de negociar, redigir e garantir a execução de um contrato deixa de ser expressiva: sendo o ativo pouco específico, não envolve complexidade e incerteza, e com isso a negociação e a redação dos contratos não pressionam a racionalidade limitada dos agentes. Além disso, sendo o ativo pouco específico, temos transações em grande número, o que significa muitos vendedores e compradores no mercado, limitando, assim, as vantagens de qualquer uma das partes em adotar atitudes oportunistas: sempre se pode encontrar um outro fornecedor ou outro cliente para transacionar o ativo.

Dessa forma, o empresário compara dois custos: o custo de produzir ele mesmo o insumo, e com isso integrá-lo verticalmente na empresa, e o custo de adquirir o insumo no mercado. No custo de produzir ele mesmo o insumo, o empresário considera que a perda de escala (pois ele estará produzindo apenas para si mesmo) vai tornar o insumo mais caro do que se fosse adquirido do mercado, onde o insumo é produzido não apenas para o empresário em questão, mas para todos os demais que desejam adquiri-lo. Por outro lado, o empresário tem de considerar, caso decida não produzir ele mesmo o insumo, os custos de transação de obter o insumo no mercado.

Se o insumo é pouco específico e as transações no mercado são de grande número, isto significa que provavelmente economias de escala significativas são realizadas pelos produtores desse insumo no mercado, e o empresário terá de considerar um aumento de custo significativo caso ele mesmo decida produzir o insumo, pois não terá a mesma escala dos produtores no mercado. Por outro lado, como o insumo é pouco específico, os custos de transação não devem ser expressivos. Como sairá muito mais caro (por perda de escala) produzir o insumo do que adquiri-lo no mercado (já que os custos de transação são baixos), o empresário deverá optar por comprar o insumo com baixo grau de especificidade no mercado, não integrando verticalmente sua produção.

O mesmo já não ocorre caso a transação sob análise seja do gênero *small numbers*. Neste caso, o ativo é produzido tendo em vista as necessidades específicas do demandante; logo, há pouca ou nenhuma possibilidade do ativo ser produzido para outros demandantes, e com isso as vantagens em termos de escala de produção (com a consequente redução de custos) se perdem ao mesmo tempo em que os problemas de negociação e implementação do contrato aumentam. Pode passar a ser mais barato, então, para o demandante produzir ele mesmo o ativo em questão do que recorrer a uma transação via mercado em termos de custo final. Isto porque, produzindo ele mesmo, não há perda de escala significativa, uma vez que, sendo o insumo específico, seu mercado é muito limitado e ele economiza em custos de transação.

Obviamente, este último tipo de dificuldade só tende a piorar à medida que a frequência da transação aumente: os custos de negociar, implementar e verificar os contratos aumentam na mesma razão da continuidade das transações, desde que elas sejam específicas.

Deve estar clara a importância da especificidade de ativos para a determinação da relevância dos custos de transação em um caso específico. Mas quais são as causas da especificidade de ativos? São identificadas quatro fontes de especificidade de ativos:[3]

1. Especificidade de localização: decisões prévias visando minimizar custos de estocagem e transporte podem gerar ativos com especificidade de localização: ativos que, uma vez instalados, se tornam de transporte muito difícil ou impraticável. Uma subestação de distribuição de energia elétrica ou um gasoduto seriam exemplos.

Teoria dos Custos de Transação   199

2. Especificidade física: características de *design* podem reduzir o valor do ativo em uma aplicação alternativa. Equipamentos sob encomenda se enquadram nesse caso.

3. Especificidade de capital humano: este tipo de especificidade surge fundamentalmente por meio de processos de "aprender fazendo" (*learning by doing*) dos empregados de uma empresa. Isto é especialmente verdadeiro para a mão de obra alocada nos laboratórios de pesquisa e desenvolvimento das empresas, mas pode afetar qualquer atividade que exija aprendizado demorado pela prática.

4. Especificidade de ativos dedicados: surge nos casos em que o fornecedor faz um investimento que, exceto pela promessa de venda de uma quantidade expressiva de produto para um determinado cliente, não seria feito, pois resultaria em capacidade ociosa elevada. Como exemplo, temos os investimentos de fornecedores de autopeças para atender a uma montadora: uma parcela expressiva de sua capacidade instalada depende da concretização das encomendas da montadora.

Esses quatro itens listam as principais fontes de especificidades dos ativos. Resta agora verificar se as especificidades acima relacionadas, juntamente com assimetria de informação, realmente determinam o grau de verticalização das indústrias. Para isso, temos de considerar os trabalhos que examinaram a evidência empírica.

13.5 Evidência Empírica dos Custos de Transação

O primeiro esforço sistemático de examinar empiricamente a teoria dos custos de transação foi publicado em 1982 por Kirk Monteverde e David Teece.[4] Em seu trabalho, aqueles autores examinaram a escolha entre integrar verticalmente ou recorrer ao mercado das empresas Ford e General Motors nos Estados Unidos. Utilizou-se uma lista de 133 componentes automotivos, os quais foram observados se eram produzidos internamente pelas empresas ou comprados de fornecedores. A hipótese era a de que o fator determinante na escolha era o esforço de engenharia aplicado a cada um desses componentes, o que identificaria uma especificidade de ativos humanos. Dessa forma, quanto maior o esforço de engenharia em um dado componente, maiores as chances desse componente ser produzido internamente.

Também foram distinguidos os componentes que eram específicos de cada companhia e eram comuns no mercado automobilístico. A hipótese era a de que componentes específicos de uma das empresas teriam especificidades físicas, derivadas de um *design* particular, o que também aumentaria a probabilidade desses componentes específicos serem produzidos dentro da empresa, em vez de adquiridos de fornecedores no mercado.

A hipótese nula, contra a qual a hipótese de que custos de transação gerados pela especificidade de ativos acarretaria integração vertical era testada, consistia simplesmente na hipótese de que a especificidade de ativos não determinaria a integração vertical da empresa na produção daqueles itens. É importante notar que, além da especificidade de ativos, tratava-se de transações recorrentes, pois as empresas precisavam adquirir repetidamente os componentes para montar os veículos.

Os resultados obtidos por Monteverde e Teece foram compatíveis com as hipóteses da teoria dos custos de transação, permitindo rejeitar a hipótese nula. Isso deu a primeira sustentação empírica para toda a discussão acerca dos custos de transação determinando as etapas da cadeia produtiva integradas verticalmente dentro da empresa.

Scott Masten publicou, em 1984, um estudo empírico referente às compras de uma empresa americana aeroespacial acerca dos componentes que ela tinha se comprometido a fornecer para o governo americano. Um questionário foi fornecido ao pessoal de compras da empresa para que os componentes fossem classificados de acordo com os seus diferentes graus de especificidade e complexidade. Masten encontrou evidências de que aumentam as chances de os componentes serem produzidos internamente quanto maiores os seus graus de complexidade e especificidade.

Outros estudos foram feitos, envolvendo, por exemplo, a decisão da empresa entre empregar seus próprios vendedores ou firmar contratos com representantes de vendas autônomos. Em todos eles, verificou-se evidência empírica de que a verticalização tende a ocorrer quanto maior a especificidade e complexidade da transação.

13.6 Aplicações da Teoria dos Custos de Transação

As duas principais aplicações da teoria dos custos de transação têm sido, afora análises de Economia Industrial acerca de estruturas verticais, nas áreas de defesa da concorrência e regulação econômica. Essas duas aplicações serão discutidas brevemente a seguir.

200 Economia Industrial

13.6.1 Defesa da concorrência

A teoria dos custos de transação foi responsável, notadamente a partir dos trabalhos de Oliver Williamson, por uma revisão significativa dos conceitos que norteavam a política norte-americana de defesa da concorrência no final dos anos 1960. Com efeito, naquele momento qualquer movimento de integração vertical era avaliado negativamente do ponto de vista da defesa da concorrência: considerava-se que o único motivo por trás da decisão de uma empresa de se integrar verticalmente seria subtrair um fornecedor de seus concorrentes, dificultando a competição no setor e, com isso, aumentando indiretamente seu poder de mercado.

Ocorre, porém, que, muitas vezes, um movimento de uma empresa no sentido da integração vertical com um fornecedor pode ter como objetivo economizar custos de transação em função de elevado grau de especificidade e complexidade das transações. Nesse caso, o processo de integração vertical representa um aumento na eficiência da economia, e não necessariamente uma tentativa de solapar a competição subtraindo um fornecedor, até mesmo porque, se for elevada a especificidade dos ativos envolvidos, o fornecedor em questão provavelmente não encontraria outros compradores para sua produção.

Outro exemplo de aplicação da teoria dos custos de transação para a defesa da concorrência diz respeito às chamadas restrições verticais. Um tipo bastante comum de restrição vertical é a franquia, em que o agente franqueado se compromete a adquirir seus produtos apenas de um dado fornecedor, ostentando a marca desse.

Suponha agora que uma empresa tivesse um produto de qualidade superior, pelo qual os consumidores estariam dispostos a pagar um preço maior, mas que para isso o produtor tivesse de cumprir com três condições: (1) tornar reconhecidos os atributos superiores de seu produto, (2) manter controle de qualidade sobre esses atributos, e (3) manter um controle de custos para evitar que o preço do produto se torne proibitivo.

Em uma situação em que os consumidores tivessem racionalidade ilimitada, isso é, fossem capazes de imediatamente identificar que estava sendo oferecido um produto superior, assim como verificar a qualidade efetiva do produto, não haveria qualquer problema. Bastaria o produtor oferecer seu produto no mercado por intermédio de qualquer revendedor, os consumidores perceberiam as diferenças e pagariam o preço adequado pelo produto de melhor qualidade.

Todavia foi visto que a suposição de que os consumidores têm perfeito conhecimento de tudo o que é necessário não é uma hipótese adequada para enfrentar a realidade do mercado. A hipótese mais adequada nesse sentido é a de *racionalidade limitada*. Assim, nosso hipotético produtor enfrenta não apenas a dificuldade de informar que seu produto tem qualidade superior, como também o problema de fazer com que os consumidores acreditem nessa informação, pelas restrições em função da racionalidade limitada dos indivíduos.

O nosso produtor terá de, simultaneamente, atrair a atenção dos consumidores para os atributos de seu produto, garantir que esses atributos não sejam afetados até a aquisição pelo consumidor e, finalmente, monitorar todo o processo de uma forma economicamente conveniente.

A forma economicamente adequada é a franquia: na medida em que o produtor obriga um revendedor a comprar insumos com exclusividade dele e a revender o produto nas condições que especifica (que podem ir desde a forma de estocagem e manuseio até ao *layout* do local de revenda e visualização da marca do produtor), ele garante que um produto de qualidade superior chegue ao consumidor sem descaracterizar seus atributos. Ao mesmo tempo, o produtor reduz a possibilidade de atitudes oportunistas por parte do revendedor, tais como exibir a marca franqueada de qualidade superior, mas vender um produto inferior e mais barato, aumentando sua margem de lucro.

13.6.2 Regulação econômica

Em termos de regulação econômica, a contribuição mais importante da teoria dos custos de transação se deu no sentido de reavaliar as vantagens das concessões de serviços públicos em relação à regulação direta de uma empresa por um órgão governamental.

Serviços públicos se enquadram frequentemente na categoria de "monopólio natural". Dito de forma muito resumida, um setor é considerado monopólio natural quando o custo de produzir com uma única empresa é menor do que produzir com mais do que uma empresa. Isto ocorre na distribuição de energia elétrica, por exemplo: é mais barato ter uma única empresa distribuindo energia elétrica do que duas empresas com suas linhas instaladas uma ao lado da outra, o que duplicaria os custos totais.

A recomendação corrente da teoria é que, nesses casos, o governo regulamente a empresa monopolista para estabelecer seu lucro no valor mínimo para cobrir o custo de oportunidade do investimento. Alguns autores, contudo, começaram a argumentar que a regulação governamental seria desnecessária, mesmo sendo a empresa monopolista. O argumento é que, para tanto, bastaria que a concessão fosse renovada periodicamente, estando a empresa vencedora sujeita a concorrer a cada renovação com outras empresas por meio de leilão.

A teoria dos custos de transação forneceu os instrumentos para demonstrar a precariedade desse argumento. Seria necessário, inicialmente, definir o prazo de duração da concessão. Se fosse por um prazo curto, isto é, se a concessão fosse renovada por intermédio de contratos de curto prazo sequenciais, o concessionário não teria o estímulo para fazer os investimentos de longo prazo de maturação. Isto porque haveria muitos problemas no momento de se transferir essa concessão de uma empresa para outra: quais os valores que a nova concessionária iria pagar pelos ativos da concessionária anterior? Pelo seu valor histórico, o que em caso de inflação impediria a empresa que perdeu a concessão de recuperar o investimento feito, ou pelo seu valor de mercado, obrigando a nova concessionária a pagar preços de ativos novos por ativos que ela não decidiu adquirir?

Se o contrato da concessão for de longo prazo, outro tipo de custo de transação surge. Mesmo que o prazo da concessão seja suficiente para o concessionário amortizar todos os investimentos, agora surgem os problemas característicos dos contratos de longo prazo anteriormente vistos: são necessárias cláusulas condicionais que antecipem todas as circunstâncias relevantes no futuro. Isso em ambiente de complexidade e incerteza pode dar margem a atitudes oportunistas por parte tanto da empresa regulada como do regulador.

A teoria dos custos de transação sugere, então, que concessões não devem ser pensadas como algo a substituir a regulação, uma vez que, embora a regulação tenha problemas, a concessão renovada periodicamente não está isenta de dificuldades de natureza transacional. É necessário, assim, que, mesmo com os leilões de concessão, o agente regulador continue monitorando e, caso necessário, controlando preços, custos e investimento da empresa concessionária.

13.7 Resumo

Neste capítulo aprendemos que:

- Não existem apenas custos para produzir um bem, os chamados custos de produção. Há também os custos quando se organiza como o bem será produzido entre interfaces tecnológicas ou etapas de produção.
- Os custos dos diferentes tipos de organização da produção, ou seja, os custos que dependem de quais insumos serão produzidos pela própria empresa e quais serão adquiridos no mercado são os custos de transação.
- Dependendo dos custos de transação, uma dada etapa do processo de produção pode ser realizada pela empresa ou contratada no mercado.
- Transações no mercado são problemáticas quando os custos de transação são elevados.
- Um nível elevado de custos de transação depende da presença das seguintes condições: racionalidade limitada, complexidade e incerteza, oportunismo e transações em pequenos números.
- Transações em pequenos números dependem da presença de ativos específicos. As fontes de especificidade de ativos são: especificidade de localização física, de capital humano e de ativos dedicados.
- O nível dos custos de transação afeta o tipo de contrato e a estrutura de governança.
- Custos de transação são importantes em uma série de setores na economia, mas especialmente para regulação e defesa da concorrência.

13.8 Questões para Discussão

1. Explique a diferença entre custos de produção e custos de transação.
2. Como é possível explicar a existência das empresas por custos de transação?
3. Qual o problema com a definição de custos de transação por Ronald H. Coase?
4. Qual é a definição de custos de transação de Oliver Williamson?
5. Quais são as condições para que os custos de transação sejam elevados em uma transação no mercado?
6. Quais são os principais tipos de contratos de acordo com o nível dos custos de transação?
7. Defina estruturas de governança.
8. Quais são os tipos de estruturas de governança?
9. Quais são as fontes de especificidades dos ativos?
10. Qual a relação entre especificidade de ativos e economias de escala?

13.9 Sugestões de Leitura

- WILLIAMSON, O. E. *The economic institutions of capitalism*: firms, markets, relational contracting. Nova York: The Free Press, 1985. Este livro apresenta os conceitos fundamentais da teoria dos custos de transação.
- WILLIAMSON, O. E. *The mechanisms of governance*. Oxford: Oxford University Press, 1996. Este livro discute o conceito de estruturas de governança.

Notas

1. Transmissão seletiva de informações consiste em transmitir apenas as informações que favorecem a parte na transação, omitindo aquelas que reduziriam os seus ganhos. Transmissão de informações distorcidas consiste em falsear informações para com isso obter ganhos que de outra forma não seriam possíveis.
2. É importante notar que a criação de um arcabouço institucional gera custos fixos. Por exemplo, uma divisão de uma empresa responsável pela produção de um insumo utilizado pela própria empresa representa um custo fixo, pois a despesa com folha de pagamento, material de consumo etc. será a mesma independentemente do volume de insumo produzido. Dessa forma, a criação de um órgão desse tipo só se justifica quando as transações em que sua participação é necessária atingem determinado volume mínimo.
3. É importante não esquecer que a especificidade de ativos não é a única condição para a integração vertical. Assim, caso o equipamento sob encomenda seja adquirido em transações ocasionais, como foi visto anteriormente, isto não deverá levar à integração vertical.
4. Para uma resenha dos vários testes empíricos da teoria dos custos de transação, ver Joskow (1991).

Bibliografia

COASE, R. H. The nature of the firm. *Economica*, s/n, p. 386-405, 1937.

JOSKOW, P. L. Asset specificity and structure of vertical relationships: empirical evidence. In: WILLIAMSON, O.; WINTER, S. G. (orgs.). *The nature of the firm:* origins, evolution, and development. Oxford: Oxford University Press, 1991.

MILGROM, P.; ROBERTS, J. *Economics, organization and management*. New Jersey: Prentice Hall, 1992.

WILLIAMSON, O. E. *Markets and hierarchies:* analysis and antitrust implications. New York: The Free Press, 1975.

_____. *The economic institutions of capitalism:* firms, markets, relational contracting. New York: The Free Press, 1985.

_____. *Economic organization:* firms, markets and policy control. New York: N.Y. University Press, 1986.

_____. *Antitrust economics*. Oxford: Basil Blackwell, 1987.

_____. *The mechanisms of governance*. Oxford: Oxford University Press, 1996.

Capítulo 14

Organização das Grandes Corporações

João Luiz Pondé

14.1 Introdução

A partir dos anos 1970, diferentes áreas da ciência econômica foram afetadas pela proliferação de trabalhos, teóricos e empíricos, orientados por enfoques que podem ser caracterizados como institucionalistas. Partindo da convicção de que "as instituições importam", várias contribuições importantes têm procurado analisar como as características internas desta instituição fundamental para a sociedade em que vivemos – a empresa capitalista – afetam os processos econômicos; além disso, a aplicação da teoria econômica para explicar a gênese e o desenvolvimento de uma ampla variedade de instituições também se estendeu para a investigação dos determinantes dos tipos de empresas e formas de organização predominantes, quase sempre procurando identificar a lógica de eficiência a estas subjacente.

O estudo dos determinantes e efeitos econômicos da organização interna da empresa não havia se mostrado, até então, um tema de pesquisas atrativo para os economistas, mesmo para aqueles dedicados à área de Economia Industrial. Certamente, a desconsideração deste conjunto de fenômenos como objeto de estudo relevante não refletiu a sua real importância para a operação do sistema econômico, dado que grande parte das atividades produtivas é dirigida por decisões tomadas no contexto de organizações empresarias, dentro das quais os sinais emitidos pelo mercado atuam apenas após a mediação de uma diversidade de procedimentos gerenciais.

Em parte, as causas para esta omissão estavam na crença disseminada entre seus membros de que o desafio maior da ciência econômica estava em compreender os mecanismos relacionados à interação dos agentes nos mercados, em especial no que se refere à aparente capacidade das economias capitalistas de gerar resultados agregados com um relativo grau de ordem, ainda que cada indivíduo atue movido apenas por seus interesses particulares e egoístas. Em suas tentativas de desenvolver teorias do funcionamento dos mercados, os economistas acabaram dispensando um tratamento, no mínimo, superficial à empresa, frequentemente reduzindo-a a uma unidade decisória moldada à maneira de um indivíduo capaz de maximizar uma função objetivo bem definida ou a um conjunto de relações técnicas representadas nas funções de produção. Mesmo quando a empresa em si foi objeto de algum esforço de teorização, como no caso de modelos de crescimento da empresa que são apresentados no Capítulo 2, esta foi tomada como uma entidade individual e sua estrutura interna, que determina os padrões de interação entre seus membros, foi deixada em segundo plano.

Neste capítulo, discutiremos três abordagens econômicas da organização interna da grande empresa. A primeira delas é composta de uma diversidade de modelos teóricos que se caracterizam por estender o alcance do instrumental teórico da microeconomia tradicional para a análise das formas específicas de organização da empresa, partindo de uma redefinição conceitual desta última, que passa a ser considerada como uma rede de contratos. A segunda abordagem é aquela oferecida pela teoria dos custos de transação na versão proposta por Oliver Williamson, cujos principais conceitos já foram apresentados no

Capítulo 13. Como veremos mais a seguir, esta teoria não apenas procura explicar os movimentos de integração vertical, como também se aplica a processos de mudança da organização interna das empresas ao longo do tempo. Por último, será apresentada uma abordagem que enfatiza o papel da estrutura organizacional da empresa em mobilizar os conhecimentos necessários ao aprendizado tecnológico. Trata-se de um conjunto de contribuições que resulta, principalmente, de trabalhos do programa de pesquisa neo-schumpeteriano, embora influência de ideias geradas de fora da Economia Industrial – basicamente de teorias das organizações de natureza mais sociológica – também se faça presente.

14.2 A Empresa como um Nexo de Contratos

Esta abordagem da organização da empresa tem como marco o artigo publicado por Armian Alchian e Harold Demsetz, em 1972, ao qual se seguiu uma vasta literatura que tem como característica central o uso da teoria microeconômica neoclássica para explicar propriedades e características de uma ampla variedade de formas organizacionais e relações contratuais. As principais inovações teóricas que permitiram este movimento foram uma redefinição conceitual da empresa em termos contratuais, o relaxamento da hipótese de perfeita informação e a admissão do fato de que os agentes estão propensos ao oportunismo pós-contratual. (Ver o Capítulo 13 para essa discussão.)

14.2.1 Um novo conceito de empresa

Em vez de conceberem a empresa como uma unidade decisória ou uma unidade produtiva cujas fronteiras e principais características organizacionais são determinadas pela tecnologia em uso, os autores desta abordagem vão defini-la como uma ficção legal que serve como um "nexo" para um conjunto de relações contratuais entre os indivíduos. Tais relações ainda se caracterizam pela existência de direitos sobre os ativos e receitas da organização, que são de propriedade de alguns indivíduos e podem ser vendidos a terceiros sem a permissão das demais partes dos contratos firmados.[1] Em outras palavras, a empresa nada mais é do que uma rede de contratos entre os proprietários dos recursos produtivos utilizados nos seus processos produtivos; a entidade jurídica correspondente a esta consiste apenas em um artifício criado para centralizar as relações contratuais em torno de uma parte contratante, em vez de organizá-la em um agregado de relações bilaterais.

Como visto no Capítulo 13, em um mundo onde não existissem custos de coletar informações, a configuração específica destes contratos seria irrelevante para a eficiência do sistema econômico, dado que os agentes seriam capazes de elaborar contratos aptos a garantir, sem qualquer custo adicional, a efetivação das transações desejadas. Contudo, se a informação não é um bem livre, os contratos jamais poderão incluir termos para solucionar conflitos entre as partes e empreender ajustes na distribuição de custos e benefícios para todas as eventualidades previstas. Além disso, caso uma das partes suspeite do não cumprimento de algum compromisso pela outra parte do contrato, a comprovação de que isto está efetivamente ocorrendo e o uso das salvaguardas legais para corrigir o problema exige o comprometimento de recursos adicionais para este fim.

Abre-se, então, a possibilidade da emergência de comportamentos que podem ser caracterizados como uma manifestação do que a literatura denomina de "risco moral" (*moral hazard*) – uma conduta oportunista pela qual uma das partes de um contrato muda sua conduta após este ter sido pactuado, se aproveitando do fato de que só ele tem acesso a algumas informações para obter ganhos em detrimento de um ou mais agentes com os quais a relação contratual foi estabelecida.[2] Um exemplo de uma possível manifestação do risco moral na empresa está em um empregado que cumpre sua função – estabelecida contratualmente – de forma desleixada e reduz sua produtividade, sabendo que o contratante não poderá facilmente detectar sua conduta.

A empresa é caracterizada, então, como um conjunto articulado de contratos, que especifica os direitos de propriedade vigentes para as condutas e interações dos agentes que desta participam. Os direitos de propriedade – entendidos como regras socialmente definidas quanto aos usos que os agentes podem dar aos recursos econômicos – são, em parte, definidos pela legislação e pelo sistema legal em vigor, mas têm seu conteúdo estendido, alterado e/ou especificado pelas relações contratuais livre e voluntariamente estabelecidas pelos indivíduos e grupos de indivíduos. Assim, a legislação vigente de direitos de propriedade e os contratos em uso resultam em uma estrutura de oportunidades e restrições, bem como recompensas e penalidades, cujo efeito é fixar uma matriz de custos e benefícios associados às várias ações possíveis. Em outras palavras, os direitos de propriedade determinam uma *estrutura de incentivos* para as decisões e ações. Definida no âmbito do nexo de contratos de cada empresa, esta estrutura de incentivos condiciona os comportamentos dos agentes e delimita a extensão em que os compromissos contratuais firmados serão vulneráveis a comportamentos oportunistas.

A definição de empresa como um nexo de contratos tem duas implicações importantes:

1. A distinção entre as interações que se processam entre os agentes dentro do mercado e aquelas que se processam dentro da empresa é diluída, já que, em ambos os casos, teríamos apenas relações contratuais livremente pactuadas entre agentes econômicos. O contrato de trabalho entre um trabalhador e seu empregador e o contrato de fornecimento de insumos entre empresas independentes são vistos como diferindo apenas em grau. Por isso, vários autores desta abordagem vão repudiar a concepção de que as organizações empresariais se caracterizam por possuírem relações entre os agentes baseadas em mecanismos de autoridade que configuram estruturas hierárquicas. Ao contrário, vão defender que a própria noção de uma fronteira entre o que está "dentro" e o que está "fora" da empresa deve ser abandonada – o que existiria seria apenas uma variedade de relações contratuais, cujas características permitem analisá-las como um conjunto contínuo. As distinções de classes que permitam delimitar precisamente o que faz parte e o que não faz parte da empresa não são consideradas relevantes;

2. Na medida em que as relações entre os agentes no nexo de contratos que define a empresa são da mesma natureza que aquelas verificadas no mercado, abre-se a possibilidade, para os teóricos neoclássicos, de modelar a organização da empresa da mesma maneira como são modeladas as relações entre os agentes econômicos em um mercado, como um resultado de equilíbrio para uma complexa rede de interações entre indivíduos autônomos. Assim, a abordagem do nexo de contratos desenvolve diferentes modelos que, a partir de condições iniciais determinadas, permitem a identificação de resultados de equilíbrio e uma avaliação de suas propriedades de eficiência.

Portanto, explicar a organização da empresa é, nesta abordagem, explicar o equilíbrio particular observado em um nexo de contratos. O pressuposto na definição do equilíbrio é que os agentes renegociarão os termos dos contratos sempre que, com isso, sejam auferidos ganhos líquidos, ou seja, pelo menos um agente possa auferir um ganho sem gerar perdas para os demais. Dessa forma, a organização de equilíbrio resultante possui a propriedade de ser uma solução ótima para o problema de coordenar as interações dos agentes dentro da empresa.

14.2.1.1 *Custos de agência e as empresas de capital aberto*

Em uma importante vertente desta abordagem, a eficiência dos contratos é analisada a partir dos conceitos de *relação de agência* e *custo de agência*. Uma relação de agência ocorre sempre que exista um contrato, formal ou informal, pelo qual um indivíduo ou grupo de indivíduos – o *principal* – contrata um ou mais indivíduos – o(s) *agente(s)* – para desempenhar alguma atividade de seu interesse, delegando aos contratados algum poder de decidir de que maneira a atividade será executada. O problema básico de qualquer relação de agência é que, se o comportamento dos indivíduos envolvidos é pautado pela busca do interesse próprio, o principal poderá encontrar dificuldades em induzir o agente a se comportar de maneira que maximize o ganho do principal – o agente pode preferir executar as atividades para as quais foi contratado de uma forma que incremente o *seu* ganho em detrimento do ganho do principal.

Assim, o nexo de contratos que define uma empresa pode ser analisado como um conjunto de relações de agência, cuja eficiência, por sua vez, pode ser analisada a partir do conceito de *custo de agência*. Tais custos envolvem as perdas sofridas pelo principal devido a uma conduta oportunista dos agentes e o dispêndio de recursos em evitar que isso ocorra, o que envolve:

1. O custo residual para o principal gerado pela relação de agência, ou seja, o valor das perdas impostas ao principal devido aos agentes tomarem atitudes divergentes daquelas que maximizam ganho do principal;
2. As despesas de monitoramento incorridas para verificar se os agentes estão atuando da maneira desejada pelo principal;
3. Os dispêndios realizados pelos agentes para assegurar seu comprometimento com os interesses do principal (*bonding costs*).[3]

Em outras palavras, os custos de agência são gastos de recursos econômicos decorrentes da existência de dificuldades em fazer com que os agentes tomem decisões ótimas do ponto de vista do bem-estar do principal. Dado que a coleta de informações sempre acarreta um gasto de recursos, os custos de agência serão um dado da realidade econômica, da mesma maneira que os custos de transporte das mercadorias.

Uma importante aplicação da noção de custos de agência está nos modelos teóricos que investigam a organização das empresas de capital aberto, mais especificamente as estruturas organizacionais que emergem da necessidade de garantir que os interesses dos proprietários das ações sejam levados em conta nas decisões tomadas pelos executivos da empresa. Desde os anos 1930, após a publicação do estudo de Bearle e Means, *The Modern Corporation and Private Property*, o reconhecimento de que a gerência profissional de uma empresa de capital aberto era capaz de tomar decisões em seu benefício e em detrimento dos interesses dos proprietários foi frequentemente considerado um forte indício de que a teoria da firma exposta nos livros--texto de microeconomia não era aplicável a este tipo de organização. Na medida em que os executivos profissionais tomavam

206 Economia Industrial

decisões de acordos com sua própria função objetivo, argumentava-se, o comportamento da empresa não mais refletiria a maximização de lucros – ou, mais precisamente, a maximização de seu valor presente. Por outro lado, isso implicaria que a alocação de recursos resultante não seria ótima, ou que, em outras palavras, os custos incorridos em gerar uma determinada quantidade de produto seriam maiores do que os verificados no caso de uma empresa de capital fechado.

A abordagem do nexo de contratos proporciona uma reinterpretação da natureza e da avaliação de eficiência das empresas de capital aberto, que pode ser resumida nas seguintes proposições:

1. A hipótese de comportamento maximizador não deve ser aplicada à empresa como organização, mas sim a cada um de seus membros. Assim, mesmo uma empresa dirigida pelo seu proprietário não apresentará um comportamento que maximiza seus lucros ou seu valor presente. O proprietário tomará as decisões relativas ao destino da empresa para maximizar seu bem-estar e este resulta de benefícios oriundos tanto de ganhos pecuniários na forma de rendas monetárias quanto de ganhos não pecuniários – estes últimos incluindo o ambiente de trabalho (escritórios, secretárias), relações pessoais com empregados, comprar insumos de amigos, ter um computador de último tipo para brincar com ele etc. Um equilíbrio entre estes dois tipos de ganhos ocorre quando a utilidade marginal de uma unidade monetária gasta em cada item não pecuniário é igual à utilidade marginal do aumento da riqueza do proprietário em uma unidade monetária;

2. Já se a empresa é administrada por executivos assalariados, o que antes era um problema de decisão entre ganhos pecuniários e não pecuniários por parte do proprietário-gerente, agora se torna uma relação de agência. A divergência entre os interesses entre os acionistas e os executivos resulta do fato destes últimos poderem auferir ganhos não pecuniários sem "pagar" por isso, já que a redução dos lucros da empresa não afeta seu bem-estar na mesma magnitude;

3. Por sua vez, os custos de agência inerentes às empresas de capital aberto podem ser minimizados por uma reelaboração dos contratos entre executivos e os acionistas, que corresponde à criação do aparato de monitoramento e controle de decisões que caracterizam a moderna sociedade por ações – envolvendo a formação de conselhos de administração, procedimentos de coleta e processamento de informações, especificação de mecanismos de prestação de contas aos acionistas etc.

Dessa maneira, a organização da empresa de capital aberto é analisada como uma solução contratual ótima para uma relação de agência não eliminável em um mundo no qual a informação é custosa. Sua implementação permite que os ganhos oriundos da abertura do capital das empresas e da constituição de mercados de capitais – em termos de uma gestão de portfólio mais eficiente dos proprietários de ativos – sejam auferidos, ao mesmo tempo em que os custos de agência são minimizados. Por conseguinte, a existência destes custos de agência não constitui, em si, uma evidência de que a empresa de capital aberto seja uma organização que opere em condições subótimas quando uma solução contratual de equilíbrio é obtida.

14.3 Custos de Transação e Mudança Organizacional

O tratamento oferecido por Oliver Williamson, dos determinantes da organização interna da empresa, é uma extensão natural da sua explicação de processos de integração vertical vista no Capítulo 13. Se a internalização de um conjunto de atividades oferece um aparato administrativo que proporciona economias de custos de transação, também acarreta novos custos inexistentes nos mercados. Do mesmo modo como a existência de custos de transação relativamente mais elevados em transações realizadas no mercado determina a substituição desta estrutura de governança pela organização hierárquica da empresa, a possibilidade de auferir economias de custos de transação pode resultar em alterações nas características desta organização, desencadeando um processo de *mudança organizacional*.

O argumento central aqui é que a organização das transações dentro de uma empresa não elimina o oportunismo, mas procura controlá-lo por meio de uma gama de incentivos que o mercado não possui e por meio de mecanismos mais desenvolvidos para o monitoramento e o controle das ações – a hierarquia. Ao suprimir as relações mercantis e o processo competitivo a estas associadas, as hierarquias geram uma série de distorções burocráticas, entre as quais devem ser destacadas:

1. A propensão de diferentes estratos gerenciais a utilizar os recursos das empresas para perseguir metas próprias,[4] o que pode ser agravado pelo desenvolvimento de padrões de reciprocidade e manutenção do *status* dos gerentes, em um esquema do "viva e deixe viver" que distorce as tomadas de decisões. Muitas vezes, decisões internas operacionais e de investimento estão sujeitas à politização, o que coloca o desempenho global da empresa em segundo plano diante dos conflitos de interesses dos diferentes membros da organização;

2. A ocorrência do que Williamson denomina de "comportamento persistente", derivado da inércia interna que dificulta rápidas mudanças. Os pactos que naturalmente emergem da citada politização da organização podem torná-la pouco flexível, na

medida em que reestruturações mais profundas na sua forma de atuar podem ameaçar a posição de subgrupos específicos, o que resulta em processos de seleção mais lenientes do que os encontrados nos mercados – as redes de compromissos tornam as penalidades sujeitas à negociação.[5]

A incorporação teórica dos custos relacionados à burocracia no funcionamento das empresas significa que a organização interna das transações não elimina as dificuldades contratuais, apenas as situa em um novo patamar, retirando a intermediação do mercado. De fato, a sua internalização em estruturas hierárquicas requer a criação de incentivos alternativos aos oferecidos pelo mercado – na função de sancionar, penalizar ou premiar a conduta dos agentes – e mecanismos de controle para coordenar a interação entre as distintas atividades envolvidas.[6] Esta abordagem da organização empresarial, enfatizando a relevância das capacitações necessárias para a construção das estruturas de governança apropriadas, permite conceber a empresa como o produto de uma série de inovações organizacionais que têm a intenção e o efeito de economizar em custos de transação.

Um exemplo de como a teoria dos custos de transação explica as mudanças na organização interna das empresas está na explicação de Williamson para o surgimento e proliferação das empresas multidivisionais a partir dos anos 1930. O Quadro 14.1 detalha esse exemplo. Neste contexto, deve-se notar que, não obstante estas constituam uma inovação organizacional geradora de ganhos de eficiência, a teoria de Williamson não concebe qualquer estrutura organizacional poupadora de custos de transação como constituindo, necessariamente, uma forma institucional "ótima", ou ainda uma decorrência direta das necessidades de gerenciar as atividades produtivas dentro de uma base técnica e evolução da estrutura industrial específicas. Trata-se, isto sim, de uma "solução" historicamente datada, cuja análise a partir da teoria dos custos de transação se dá no sentido de identificar a lógica subjacente à sua criação e difusão.[7]

QUADRO 14.1 CUSTOS DE TRANSAÇÃO E A PROLIFERAÇÃO DAS EMPRESAS MULTIDIVISIONAIS

Até os anos 1930, as grandes empresas eram organizadas em uma estrutura funcional, na qual as atividades eram reunidas em departamentos delimitados por funções específicas. Já na empresa multidivisional, as atividades são agrupadas em divisões que reúnem todas ou quase todas as funções necessárias para atuar em um determinado mercado ou linha de produtos; cada divisão passa a se subordinar a um escritório central dedicado à formulação da estratégia de médio e longo prazos da empresa.

Do ponto de vista da teoria dos custos de transação, a empresa multidivisional é uma inovação organizacional, o produto de tentativas de reproduzir comportamentos competitivos mercantis entre as divisões e, simultaneamente, aumentar a eficácia do controle interno sobre as transações por meio da sua decomposição em níveis estratégicos e operacionais. Sua natureza pode ser mais claramente entendida a partir das dificuldades enfrentadas pelas empresas funcionais. Estas últimas são estruturadas a partir de departamentos que reúnem atividades com características semelhantes (por exemplo: vendas, produção etc.), os quais estão subordinados a um escritório central, que concentra os principais processos de tomada de decisões. Com o crescimento da empresa e a diversificação das suas áreas de atuação, tal forma organizacional é submetida a tensões crescentes no que se refere à gestão das transações. A sobrecarga de decisões sobre o escritório central, somada à insuficiência dos canais de comunicação entre este e as várias partes funcionais, repercute em dificuldades de implementar um planejamento estratégico eficaz, bem como na emergência de submetas por parte dos departamentos, já que os mecanismos de controle mostram-se limitados. O dilema colocado por esta situação – enfrentado por empresas como a General Motors e a Du Pont na década de 1920 (Cf. Chandler, 1962) – está em descentralizar a tomada de decisões sem permitir que o oportunismo venha a gerar divergências nas condutas dos diversos grupos constituintes da empresa e uma elevação dos custos de transação. A empresa multidivisional apresenta-se como uma inovação organizacional que oferece novos instrumentos para enfrentar estas dificuldades transacionais, na medida em que altera fundamentalmente os sistemas de gestão introduzindo três elementos básicos:

1. A separação das responsabilidades na tomada de decisões, distinguindo entre as *estratégicas*, a cargo do escritório central, e as *operacionais*, a cargo das divisões;[8]

2. A disponibilidade, por parte do escritório central, de um aparato de controle capaz de avaliar o desempenho das divisões, incluindo um *staff* adequado, do poder de manipular os mecanismos de incentivo e da possibilidade de realizar auditorias internas;

3. A centralização dos fluxos de caixa e a sua realocação, por parte do escritório central. Os recursos são distribuídos entre as divisões a partir das suas perspectivas de expansão e sua importância estratégica para os objetivos globais da corporação, o que faz com que, no que se refere às características da alocação destes recursos, a empresa multidivisional funcione como uma miniatura do mercado de capitais.

Dessa forma, a multidivisionalização representa uma alternativa encontrada para, no âmbito de uma estrutura hierárquica, descentralizar a tomada de decisões em um sistema complexo de agentes que executam ações interdependentes, permitindo que o conjunto da organização ganhe a necessária capacidade de se adaptar a novas circunstâncias sem que as condutas sejam excessivamente desviantes devido ao oportunismo.

14.4 Organização Empresarial e Processos de Aprendizado

A terceira abordagem a ser estudada enfoca a empresa como uma *acumulação de conhecimentos produtivos*, e, principalmente, como uma entidade capaz de ampliar estes conhecimentos e produzir inovações. Consequentemente, os autores que a desenvolvem dão à estrutura organizacional da empresa um importante papel na preservação deste conhecimento ao longo do tempo e na sua articulação e integração, proporcionando um contexto institucional dentro do qual se processa o aprendizado tecnológico e organizacional.

Apesar de não conceber a grande empresa como uma estrutura de governança que coordena as interações entre os indivíduos que a compõem e atenua as manifestações de condutas oportunistas, esta abordagem compartilha duas características com a teoria dos custos de transação proposta por Williamson. Em primeiro lugar, concebe a empresa como configurando um conjunto de arranjos institucionais qualitativamente distintos daqueles presentes nos mercados, no sentido de que estabelecem um padrão de interação entre os agentes que possuem uma natureza distinta daquele que se verifica nos mercados, seja entre compradores e vendedores ou entre concorrentes. Isso significa que tais organizações possuem uma dinâmica própria, que não pode ser tratada como um resultado de equilíbrio das iniciativas dos agentes individuais na negociação de contratos. Em segundo lugar, adota uma abordagem essencialmente *comparativa*, no sentido de que as proposições sobre os condicionantes da mudança observada da organização das empresas ao longo do tempo são o resultado de uma análise, teórica e empírica, que compara as propriedades de diferentes formas organizacionais e procura identificar os efeitos das diferenças encontradas para o desempenho competitivo das empresas.

Para melhor compreender como a organização da grande empresa está relacionada a processos de aprendizado é necessário, antes de mais nada, atentar para a grande diversidade de atividades envolvidas nos processos de geração de inovações. O desenvolvimento de um novo produto, por exemplo, requer o preciso monitoramento da evolução das necessidades dos prováveis consumidores e a identificação de oportunidades de mercado não aproveitadas por empresas rivais, a combinação das capacitações incorporadas nas equipes de P&D com informações técnicas e científicas obtidas externamente, a transformação dos protótipos em bens com qualidade e baixo custo, e a adaptação do processo produtivo e das características da mão de obra fabril ao novo produto. Além disso, a estratégia de marketing e os canais de distribuição devem ser adequados e eficazes, serviços pós-venda de suporte e manutenção devem ser criados quando necessários e, muitas vezes, é crucial o acompanhamento do produto em condições reais de utilização perante os usuários, para garantir um incremento gradativo do seu desempenho. Em suma, as inovações tecnológicas constituem o resultado, o ponto de convergência de uma ampla gama de processos de aprendizado, muitas vezes tratados parcialmente pela literatura – quando são estudados os trabalhos das equipes de P&D em departamentos formalizados, o *learning by doing* ou o *learning by using*.

Estes processos de aprendizado caracterizam-se, fundamentalmente, por:

1. Incerteza quanto aos resultados dos esforços de aprendizado, bem como dos seus desdobramentos que podem se mostrar necessários antes de obtido o resultado final. Como atividade criativa, o aprendizado é sempre um empreendimento em aberto, obviamente com gradações decorrentes da magnitude do avanço tecnológico a ser empreendido e do seu afastamento diante das soluções já existentes – por exemplo, a incerteza tende a ser maior nas atividades de pesquisa básica do que no desenvolvimento de novos modelos de produtos já existentes. Consequentemente, os participantes diretos não possuem condições de especificar previamente as capacitações necessárias, de modo que o intercâmbio de informações e a troca de experiências, dentro e fora do grupo diretamente envolvido, devem ser intensos. Pode mostrar-se necessário um esforço contínuo e flexível de resolução de problemas que envolve uma ampla variedade de indivíduos, impedindo que se estabeleça uma divisão de tarefas em compartimentos estanques, onde não haja porosidade para os fluxos de conhecimentos;[9]

2. Presença de conhecimentos tácitos, cuja transmissão e compartilhamento não se fazem por meio de uma linguagem formal codificada, exigindo – tanto para a sua difusão quanto para a integração de subconjuntos de informações – relações interpessoais duradouras, acumulação de experiências compartilhadas e aquisição de capacitações pela demonstração da sua aplicação efetiva. Os elementos tácitos de boa parte do conhecimento acumulado nas empresas é uma das causas dos limites de linguagem que tornam as informações contextuais e locais difíceis de serem repassadas além do círculo de alguns indivíduos ou grupos;

3. Abrangência das capacitações necessárias para gerar novos produtos e processos. Em qualquer empresa, as inovações resultam de um conjunto amplo de conhecimentos, muitos dos quais bastante especializados, abarcando não apenas áreas e subáreas técnicas, mas também habilidades e informações "econômicas". Nestas últimas estão incluídos conhecimentos acerca de mercados, consumidores, mão de obra etc., bem como as experiências de pessoas alocadas em distintos depar-

tamentos funcionais das empresas, que resultam em capacitações específicas e úteis para o aprendizado tecnológico. Por exemplo, os engenheiros dos departamentos de assistência técnica geralmente adquirem conhecimento sobre o desempenho dos equipamentos dos clientes e as dificuldades encontradas na sua manutenção, que não estão diretamente disponíveis para seus colegas do departamento de engenharia do produto.

O Quadro 14.2 representa uma taxonomia dos processos de aprendizado.

QUADRO 14.2 UMA TAXONOMIA DOS PROCESSOS DE APRENDIZADO

O aprendizado que leva ao acúmulo de capacitações nas empresas pode ocorrer em diferentes formas, às quais usualmente correspondem soluções organizacionais específicas. Ao propor uma taxonomia dos processos de aprendizado, Malerba (1992) identifica seis tipos básicos:

1. O *learning by doing* consiste em uma forma de aprendizado que ocorre no processo de manufatura, após as atividades de P&D terem se completado, materializando-se no desenvolvimento de uma habilidade crescente na produção, que reduz os custos com mão de obra por unidade de produto, ou ainda diminui a incidência de problemas de qualidade. Também se incluem no *learning by doing* aquelas inovações incrementais no produto que resultam de capacitações obtidas por meio do envolvimento direto da empresa no processo produtivo.
2. O *learning by using* ocorre com a utilização do produto pelo seu usuário final, podendo resultar tanto em práticas de operação e manutenção mais eficazes quanto em informações que, repassadas para a empresa produtora, repercutem na introdução de melhoras incrementais no produto.
3. O *learning by advances in science and technology* consiste na absorção e na utilização de novos desenvolvimentos da ciência e da tecnologia, gerados por instituições de pesquisa externas à empresa.
4. O *learning from inter-industry spillovers* envolve atividades voltadas para a absorção de informações e conhecimentos relacionados ao que outras empresas – frequentemente concorrentes – estão fazendo. Um exemplo clássico está em esforços de engenharia reversa, quando uma empresa desmonta e analisa produtos de concorrentes para tentar imitar alguma solução tecnológica que lhe pareça interessante.
5. O *learning by interacting* ocorre quando uma empresa troca informações e realiza alguma forma de cooperação tecnológica com outras empresas, sejam estas fornecedores e usuários situados ao longo da mesma cadeia produtiva ou empresas que atuam em outras indústrias.
6. O *learning by searching* engloba aquelas atividades de busca de novas tecnologias que são internas à empresa e, na maioria dos casos, formalizadas em departamentos ou equipes de pesquisa e desenvolvimento.

Esta variedade de processos de aprendizado torna patente o equívoco de relacionar as inovações apenas a atividades de P&D, pois aquelas requerem a junção das esferas técnica e econômica de uma maneira que possa ser desempenhada pela organização ao mesmo tempo em que atenda também às necessidades do mercado, o que implica fusão e cooperação entre muitas atividades nas áreas funcionais de *marketing*, P&D, produção, manutenção etc.[10]

Dado que as inovações, radicais ou incrementais, resultam de processos de aprendizado marcados por estas características, um condicionante decisivo da intensidade e eficácia do seu desenvolvimento está nas relações sociais estabelecidas entre os direta e indiretamente responsáveis por gerá-las. Portanto, a inovação não deve ser vinculada apenas à ação criadora de um agente, ou de um grupo de agentes que possa ser tomado como unidade autossuficiente, mas à *conduta interativa* de vários atores, sejam estes empresas, grupos dentro destas ou indivíduos.[11] No nível microeconômico, torna-se relevante investigar as instituições que sustentam tais processos coletivos e sociais, proporcionando uma teia de inter-relações entre diversas unidades econômicas e delimitando as possibilidades de trocas de informações, cooperação e compartilhamento de experiências. Em parte, tais instituições são proporcionadas pela estrutura interna da empresa, que oferece os canais necessários para a integração de distintos conhecimentos em uma diversidade de processos de aprendizado.

Por conseguinte, uma proposição central desta abordagem da empresa é que existem relações passíveis de serem identificadas entre os padrões setoriais de introdução e difusão de progresso técnico, de um lado, e certas características organizacionais das empresas, de outro. A depender da base de conhecimentos e informações com a qual opera um dado setor produtivo, determinadas estruturas organizacionais se mostram mais funcionais para o aprendizado tecnológico do que outras. Assim, se em alguns casos uma maior especialização e compartimentalização das atividades tecnologicamente criativas – com o estabelecimento de laboratórios de pesquisa e desenvolvimento relativamente isolados do resto da empresa – promove grandes rupturas e avanços técnicos em uma indústria cuja tecnologia é mais "científica"; em outros, a difusão de conhecimentos por meio de toda a organização e a descentralização podem resultar em progressivas inovações incrementais. O desafio de cada empresa

210   Economia Industrial

está em, por intermédio do seu aperfeiçoamento organizacional, adequar sua estrutura interna aos requerimentos interativos do aprendizado, os quais, pela própria natureza dinâmica das tecnologias, tendem a se alterar com o tempo.

Note-se que os setores produtivos podem se diferenciar no tocante a que áreas funcionais devem interagir mais intensamente para gerar inovações – em certas condições, os canais de comunicação entre os departamentos de P&D e a produção podem ser cruciais para garantir produtos de baixo custo e boa qualidade; em outras, o primeiro deve interagir mais proximamente com o *marketing*, para adequar precisamente os projetos dos produtos às necessidades dos clientes. Em certo sentido, pode-se dizer que a base de conhecimentos e informações com que a empresa opera possui não só uma *abrangência*, mas também uma *hierarquização*, que define a importância relativa e o grau de interdependência entre conjuntos de capacitações.

Assim, a consideração deste condicionante organizacional do aprendizado tecnológico torna-se um fator importante para se compreender por que algumas empresas enfrentam dificuldades significativas em realizar a transição para um novo paradigma tecnológico, ainda que tenham usufruído de posições de liderança no passado. Nesses casos, a estrutura organizacional desenvolvida em função das características dos processos de aprendizado associado a uma determinada tecnologia pode se mostrar menos apropriada no contexto de uma nova tecnologia, de maneira que a empresa terá dificuldades em competir com novos concorrentes, que estão comprometidos com soluções organizacionais bem-sucedidas no passado e conseguem explorar com mais eficácia os desafios tecnológicos que estão surgindo.

14.5 Conclusão

As três abordagens discutidas apresentam diferenças importantes, seja no que se refere às hipóteses teóricas básicas que são propostas, seja na opção de enfatizar um ou outro aspecto da organização das empresas. Tais diferenças não implicam uma óbvia incompatibilidade entre elas, mas sim apontam a necessidade de uma avaliação cuidadosa de possíveis complementaridades ou eventuais divergências, sugerindo, respectivamente, a possibilidade de integrá-las em um esforço de teorização mais geral ou o caminho de confrontá-las como competidoras na geração de explicações adequadas da organização das empresas.

Como vimos, a abordagem da empresa como um nexo de contratos e a teoria dos custos de transação proposta por Williamson compartilham uma perspectiva contratual, na qual formas organizacionais são analisadas como respondendo às necessidades de coordenar e conter condutas oportunistas. No entanto, esta convergência no que se refere a um foco comum em um determinado aspecto da interação dos agentes dentro das organizações é acompanhada de divergências teóricas relevantes no que se refere a:

1. Que hipóteses comportamentais são adotadas, pois a abordagem da empresa como um nexo de contratos supõe agentes que tomam decisões para maximizar alguma função objetivo, ao passo que a teoria dos custos de transação é construída a partir da noção de racionalidade limitada de Herbert Simon;
2. Em que medida a estrutura hierárquica da organização das empresas possui uma natureza específica que deve ser tratada teoricamente. Para Williamson, as hierarquias configuram arranjos institucionais irredutíveis às transações mercantis, ao passo que vários autores da abordagem do nexo de contratos acabam por diluir a distinção teórica entre relações contratuais internas à empresa e relações de compra e venda estabelecidas nos mercados de bens e serviços;
3. Se é adequada a opção de modelar a construção de soluções organizacionais como um processo que conduz a um resultado de equilíbrio que pode, de alguma forma, ser caracterizado como ótimo. Os autores da abordagem do nexo de contratos assumem que sim, enquanto a teoria dos custos de transação apenas pressupõe uma tendência à difusão das soluções organizacionais relativamente mais eficientes, dado um conjunto limitado e historicamente predefinido de alternativas.

Por outro lado, a abordagem da empresa como uma acumulação de conhecimentos produtivos enfatiza a funcionalidade da organização das empresas em processos de aprendizado e inovação, o que desde já a diferencia das teorias contratuais. Para alguns defensores desta abordagem, o fato da dinâmica de inovação ser um elemento central da operação das economias capitalistas reduz significativamente a relevância das abordagens puramente contratuais da organização econômica, já que estas se limitariam a analisar as dificuldades contratuais que podem surgir a partir da interação dos agentes com uma base técnica dada.

Além disso, sua inspiração schumpeteriana – e, no caso de alguns dos autores que a desenvolveram, filiação explícita ao programa de pesquisa neo-schumpeteriano ou evolucionista – faz com que seja fácil identificar uma incompatibilidade com a abordagem do nexo de contratos, dado que esta se desenvolve estritamente dentro dos limites da corrente tradicional (*mainstream*). A relação com a teoria dos custos de transação, contudo, é mais complexa, sendo possível vislumbrar um espaço para a busca de complementaridades e, possivelmente, alguma integração teórica.

Uma dificuldade nesta direção resulta de Williamson formular sua proposta teórica quase sempre na forma de uma estática comparativa, na qual decisões quanto à implementação de uma dada solução organizacional são afetadas por uns poucos parâmetros que determinam sua eficiência relativa. A superação desta dificuldade exige algo que o próprio Williamson faz de forma implícita ao discutir exemplos históricos de mudanças organizacionais – a reformulação da teoria dos custos de transação como um instrumental analítico capaz de auxiliar na compreensão de processos de inovação organizacional, na medida em que estabelece teoricamente relações entre propriedades de tipos organizacionais e suas eficiências relativas. Isso significa subordinar as contribuições da teoria dos custos de transação a uma teoria mais geral – e schumpeteriana – do processo de concorrência.

Além disso, o estabelecimento desta relação de complementaridade exige o reconhecimento de que as empresas são instituições complexas e que apresentam múltiplas dimensões e propriedades. Sua organização interna constitui tanto o espaço institucional em que se processa o aprendizado e o acúmulo de capacitações, quanto um conjunto de arranjos institucionais que coordena as interações dos agentes para conter as manifestações do oportunismo. Certamente a importância relativa – para a competitividade da empresa – de um melhor desempenho em termos de aprendizado e inovação e da eficiência em termos de custos de transação pode variar amplamente, inclusive a partir das características estruturais de cada setor produtivo.

Existe uma ampla literatura que permite o aprofundamento deste e de outros temas relacionados à organização da empresa, ainda que raramente traduzida para o português. Sobre a abordagem dos custos de transação, o livro de Oliver Williamson, *The Economic Institutions of Capitalism*, é uma referência clássica e indispensável. Uma exposição mais ampla da organização econômica a partir de uma perspectiva contratual é oferecida no livro-texto de Paul Milgrom e John Roberts, *Economics, Organization and Management*. Uma comparação entre três abordagens apresentadas é feita por Sidney Winter, no artigo "On Coase, Competence, and the Corporation". Além disso, o periódico *Industrial and Corporate Change* frequentemente apresenta artigos sobre a discussão realizada ao longo deste capítulo.

14.6 Resumo

Neste capítulo aprendemos que:

- A Teoria Econômica oferece instrumentos úteis para compreender os determinantes da organização interna das grandes corporações, bem como seus efeitos para a eficiência do sistema econômico.
- Para alguns economistas, a empresa capitalista deve ser concebida como um *nexo de contratos*, uma ficção legal que serve como eixo central dos contratos pactuados entre os proprietários dos fatores de produção. A organização da firma, nesta abordagem, é uma solução contratual eficiente que economiza custos de agência, cuja configuração de equilíbrio pode ser analisada de forma análoga ao equilíbrio de um mercado.
- Uma importante aplicação da abordagem da firma como um nexo de contratos é a organização das empresas de capital aberto, especialmente no que se refere aos mecanismos que garantem a minimização dos custos de agência entre os acionistas e os executivos responsáveis pela gestão da empresa.
- Na abordagem de Oliver Williamson, a estrutura organizacional da grande empresa corresponde a uma estrutura de governança específica: a hierarquia. Deste modo, a organização da grande empresa – como, por exemplo, nas empresas multivisionais – se desenvolve de maneira a construir aparatos administrativos que geram reduções de custos de transação, economizando em racionalidade limitada e contendo condutas oportunistas.
- Os economistas schumpeterianos destacam a importância da organização interna das empresas para a *acumulação de conhecimentos produtivos*, especialmente por intermédio da introdução de inovações. A organização interna da firma, ao estabelecer os canais por meio dos quais seus membros interagem, aprendem e compartilham conhecimentos, mostra-se um importante determinante do desempenho inovador e das trajetórias de expansão das empresas. Deste modo, torna-se possível discernir relações entre os padrões setoriais de introdução e difusão de progresso técnico, de um lado, e certas características organizacionais das empresas, de outro.

212 Economia Industrial

14.7 Questões para Discussão

1. Por que a organização interna das empresas é um importante tema de pesquisa para os economistas?
2. O que significa definir a empresa capitalista como um "nexo de contratos"?
3. Como os custos de agência afetam a organização das empresas de capital aberto?
4. Qual a importância das inovações organizacionais para a dinâmica de crescimento das empresas?
5. Como o surgimento e difusão das empresas multidivisionais pode ser explicado pela teoria dos custos de transação de Oliver Williamson?
6. De que maneira o sucesso de determinadas empresas, na introdução e difusão de inovações tecnológicas, pode estar associado às suas características organizacionais?
7. Empresas inovadoras de diferentes setores devem necessariamente apresentar uma organização interna similar?
8. Em que medida as abordagens teóricas apresentadas no capítulo são *alternativas* ou *complementares*?

14.8 Sugestões de Leitura

NORTH, D. C.; MENARD, C.; SHIRLEY, M. M. *Handbook of new institutional economics*. Berlim: Springer, 2005. Este livro apresenta uma ampla revisão dos temas, teorias e análises empíricas que compõem a Nova Economia Institucional. Vários dos seus capítulos aprofundam as questões tratadas ao longo deste capítulo.

WINTER, S. On coase, competence, and the corporation. In: WILLIAMSON, O. E.; WINTER, S. (orgs.). *The nature of the firm*: origins, evolution, and development. Oxford: Oxford University Press, p. 179-195, 1991. Este artigo apresenta uma comparação entre as diversas abordagens teóricas apresentadas no capítulo.

Notas

1. Por "ficção legal" entende-se aqui uma entidade organizacional construída dentro de uma determinada legislação e que esta permite tratar, para certos fins, como um indivíduo.

2. Nunca é demais relembrar que o oportunismo consiste em uma propensão a adotar um comportamento de busca do interesse próprio de forma maliciosa, ou seja, incluindo esforços no sentido de enganar um outro agente, frequentemente por meio da omissão ou da deturpação de informações. Assim, o risco moral é uma manifestação do oportunismo, cujo exemplo clássico é o do agente que, após contratar um seguro para proteger algum ativo valioso, adota um comportamento mais desleixado no que se refere a precauções contra a ocorrência de algum sinistro, o que faz com que a probabilidade deste ocorrer seja maior após a realização do seguro do que antes. Do ponto de vista das seguradoras, a existência do risco moral significa que, se o valor do prêmio for calculado a partir da probabilidade do sinistro antes do seguro ser vendido, ou mesmo de uma promessa de cada segurado em manter sua conduta inalterada, o resultado será uma dificuldade de cobrir o pagamento dos sinistros ocorridos a partir do valor arrecadado com os prêmios.

3. Isso significa que são gastos recursos – pelo agente – para produzir uma garantia de que não serão tomadas ações que causem danos ao principal, ou que este será compensado. Um exemplo destes custos está no pagamento de taxas – pelo franqueado – em contratos de franquia.

4. Chamadas também de submetas, cuja busca (*subgoal pursuit*) é definida como um esforço de indivíduos no sentido de manipular o sistema administrativo com vistas ao atendimento dos interesses individuais e coletivos, em detrimento do desempenho da organização como um todo.

5. Em princípio, é mais fácil deixar de comprar de um fornecedor do que vender uma divisão em um movimento de desverticalização.

6. Trata-se, em última análise, de desenvolver sistemas decisórios e de ajuste da organização a um ambiente em transformação que sejam eficientes, além de coibir submetas de grupos específicos que colidam com a estratégia global da empresa.

7. Outra inovação nas organizações empresariais, cuja natureza pode ser mais bem compreendida a partir da Teoria dos Custos de Transação, encontra-se no surgimento das empresas multinacionais. Cf. Williamson (1985, p. 290-294) e Teece (1985).

8. Como aponta Simon (1979), uma das propriedades da organização como tal está em permitir a abordagem de decisões complexas a partir da sua decomposição entre indivíduos que assumem responsabilidades específicas, ao mesmo tempo em que são conectados por uma estrutura de comunicação e por relações de autoridade.

9. Assim, no que se refere aos processos de aprendizado, a divisão social do trabalho deve ser acompanhada de intensos fluxos de troca de conhecimentos, para o que são exigidos os canais apropriados.

10. Consultar Capítulos 8 e 19 a respeito.

11. Significando que o aprendizado não é o resultado de um conjunto homogêneo de atividades e relações sociais condensadas em um departamento de P&D.

Bibliografia

ALCHIAN, A. A.; DEMSETZ, H. Production, information costs, and economic organization. *American Economic Review*, v. 62, dezembro, p. 777-795, 1972.

CHANDLER JR., A. D. *Scale and scope:* the dynamics of industrial capitalism. Cambridge: The Belknap Press of Harvard University Press, 1990.

JENSEN, M.; MECKLING, W. Theory of the firm: managerial behavior, agency costs, and ownership structure. *Journal of Financial Economics*, v. 3, p. 305-360, 1976.

MALERBA, F. Learning by firms and incremental technical change. *Economic Journal*, v. 102, julho, p. 845-859, 1992.

_____; ORSENIGO, L. Technological regimes and firm behavior. *Industrial and Corporate Change*, v. 2, n. 1, 1993.

MILGROM, P.; ROBERTS, J. *Economics, organization and management.* Englewood Cliffs: Prentice-Hall, 1992.

NELSON, R. R.; WINTER, S. *An evolutionary theory of economic change.* Cambridge: Harvard University Press, 1982.

WILLIAMSON, O. E. The modern corporation: origins, evolution, attributes. *Journal of Economic Literature*, v. 19, p. 1537-1568, dez. 1981.

WINTER, S. On coase, competence, and the corporation. In: WILLIAMSON, O. E.; WINTER, S. (orgs.) *The nature of the firm:* origins, evolution, and development. Oxford: Oxford University Press, p. 179-195, 1991.

Diversificação, Competências e Coerência Produtiva

Jorge Britto

15.1 Introdução

O conceito de empresa elaborado nas visões institucionalista e schumpeteriana, abordadas nos Capítulos 2, 13 e 19, identifica-a como um organismo em contínuo crescimento, associado, por um lado, à sua capacidade de geração interna de lucros e, por outro, às possibilidades que a estrutura da indústria em que ela atua colocam para a "realização" do potencial de acumulação gerado por meio do processo de investimento. O ponto de partida dessa formulação reside no fato de que a empresa, de uma forma ou de outra, está "obrigada" a crescer, isto é, a reinvestir produtivamente os lucros gerados, podendo ser percebida como um *locus* de acumulação de capital. Nesse processo, a empresa se esforça continuamente para encontrar escoadouros para suas produções atual e futura, mobilizando recursos gerados a partir de sua acumulação interna e/ou de fontes externas de financiamento.

O fenômeno da diversificação refere-se à expansão da empresa para novos mercados distintos de sua área original de atuação. A diversificação é uma alternativa extremamente interessante para viabilizar o crescimento da empresa na medida em que lhe permite superar os limites de seus mercados correntes ao mesmo tempo em que possibilita, por meio da gestão de um conjunto de diversas atividades, ampliar o "potencial de acumulação" que influencia a dinâmica do crescimento empresarial. A diversificação corporativa (e, por extensão, a reorientação corporativa) é um aspecto fundamental da estratégia de uma empresa, uma vez que essas atividades determinam em quais setores a empresa competirá. Existem diferentes dimensões capazes de serem consideradas na caracterização desse fenômeno: a extensão ou o nível de diversificação, a direção da diversificação (relacionada *versus* não relacionada), e os impactos sobre o desempenho e o crescimento da firma.

Este capítulo aborda as conexões entre diversificação e crescimento da empresa enfatizando a discussão sobre as possíveis direções que o processo de diversificação pode tomar – analisadas em termos do grau de similaridade com as atividades originais da empresa –, bem como seus condicionantes internos e externos. Essa discussão é desenvolvida em oito seções. A primeira delas caracteriza de forma sintética o fenômeno abordado, ressaltando alguns problemas presentes no tratamento analítico e na mensuração do fenômeno. A segunda seção discute as principais motivações para o processo de diversificação, correlacionado-as tanto a fatores concretos como a concepções teóricas distintas acerca dos fatores críticos condicionantes do crescimento das firmas. A terceira seção aborda as principais direções do processo de diversificação mencionadas na literatura e fornece evidência empírica ao tema investigado. A quarta seção discute a relação mais geral entre diversificação e crescimento da empresa, incorporando uma sistematização dos principais ganhos advindos da diversificação na viabilização do processo de crescimento. A quinta e a sexta seções discutem, respectivamente, os condicionantes do processo de diversificação internos e externos à empresa, atribuindo particular importância à maneira como o perfil de competências das empresas e a dinâmica competitiva das diferentes atividades industriais influenciam o processo. A sétima seção discute as principais formas para viabilizar o processo de diversificação: o investimento em nova capacidade ou a realização de fusões e aquisições. A oitava seção discute a possibilidade de analisar as firmas diversificadas na perspectiva de "grupos econômicos".

15.2 Caracterização e Mensuração do Fenômeno

O processo de diversificação refere-se à expansão da empresa para novos mercados distintos de sua área original de atuação, o que lhe permite superar os limites de seus mercados correntes ao mesmo tempo em que possibilita ampliar o "potencial de acumulação" que influencia a dinâmica do crescimento empresarial (Edith Penrose, 1959). Do ponto de vista analítico, a complexidade do fenômeno da diversificação decorre precisamente do fato dele se constituir em um processo que se confunde com outras dimensões do crescimento empresarial, relacionadas às múltiplas dimensões das interações da empresa com o meio ambiente no qual a mesma se insere.

Ao contrário do que propõe a análise da microeconomia tradicional, não é comum que, no processo de concorrência inter-capitalista, as empresas limitem suas atividades a um único tipo de produto ou mercado. Na verdade, essa concorrência muitas vezes obriga as empresas a se expandirem para diferentes mercados, diversificando seus campos de atuação. Entretanto, o tratamento desse fenômeno não é uma questão trivial.

Na literatura de Economia Industrial, a discussão deste fenômeno encontra-se integrada a um corpo teórico mais amplo que aborda, como questão central, o processo de crescimento da empresa, analisado a partir das interações que se estabelecem entre as noções de estrutura-conduta-desempenho. Desse modo, particular ênfase costuma ser atribuída aos impactos da dinâmica concorrencial sobre a lógica do processo de expansão da empresa para novos mercados. No entanto, o processo de diversificação, ao ser viabilizado, amplia o espaço da concorrência para além de mercados particulares, convertendo-se em instrumento que permite às empresas sustentar suas posições relativas diante de outras empresas também diversificadas, em um contexto associado à evolução do sistema econômico como um todo.

A complexidade da grande empresa industrial como agente econômico introduz um elemento adicional a ser considerado na discussão do fenômeno da diversificação. Em particular, há indícios de que uma série de fenômenos que ocorrem no interior dessa empresa – relacionados à maneira como se estrutura um determinado perfil de competências e como são equacionados diversos tipos de conflitos intraorganizacionais – afeta a formulação de estratégias capazes de orientar o seu posicionamento diante da evolução do meio externo, as quais poderão ou não incorporar um projeto de diversificação para novas atividades. Além disso, o vínculo que se estabelece entre a diversificação e o comprometimento de recursos líquidos da empresa faz com que esta esteja articulada à maneira como é operacionalizada a sua política de investimentos, o que envolve uma determinada sistemática de avaliação de oportunidades e uma determinada forma pela qual o risco e a incerteza são incorporados ao horizonte das decisões empresariais.

No plano mais concreto da realização de estudos empíricos, o tratamento do fenômeno da diversificação também não é trivial. Uma primeira questão refere-se à caracterização em si do fenômeno. É possível pensar que uma empresa A que fabrica um único produto pode ser caracterizada como "não diversificada", ao passo que uma empresa B que fabrica três produtos poderia ser caracterizada como "diversificada". Todavia, essa caracterização pode não se mostrar adequada se o produto fabricado pela empresa A for ofertado em diversos modelos distintos entre si, ou se os três produtos fabricados pela empresa B nada mais forem do que pequenas variações de um produto principal. Observa-se, portanto, que a caracterização e a mensuração do processo de diversificação são afetadas pelos elementos utilizados para diferenciar o conjunto de atividades realizadas pelas empresas, podendo-se, a princípio, estabelecer uma distinção entre as características relacionadas à base técnico-produtiva e à base comercial dessas atividades[1]. Nesse ponto, uma avaliação mais precisa da amplitude do processo de diversificação depende do sentido atribuído àquelas características do tratamento empírico do fenômeno.

Outro aspecto importante também relacionado às investigações empíricas do fenômeno da diversificação diz respeito à possibilidade de mensuração desse fenômeno utilizando-se as fontes de informações estatísticas disponíveis. Nesse sentido, é comum, na realização de análises empíricas, a caracterização dos processos de diversificação produtiva das empresas a partir da utilização, como fonte básica de informações, de dados levantados pelas classificações setoriais de atividades industriais realizadas por órgãos estatísticos oficiais. No entanto, essas classificações setoriais estão normalmente carregadas de arbitrariedades em sua definição, sofrendo os defeitos associados à dicotomia entre definição pela categoria de mercado ou pela semelhança técnica, o que muitas vezes dificulta a compreensão do processo de diversificação em toda a sua amplitude e complexidade.

Os problemas da classificação de atividades são recorrentes, sendo comuns situações de empresas cujas atividades são agrupadas em um setor de atividades classificado de forma excessivamente agregada (envolvendo, por exemplo, o conjunto de indústrias agroalimentares). Tais empresas podem, a princípio, serem classificadas como "não diversificadas", quando um maior detalhamento naquele nível de classificação poderia apontar no sentido de conclusões diferentes.

Apesar dos problemas mencionados, é comum a utilização de determinados indicadores que procuram captar o nível de diversificação de empresas particulares. Dessa forma, é frequente a identificação de uma medida da diversificação produtiva D, construída tendo como base o número e a importâncias das n atividades em que a empresa em questão está presente. Geralmente, esta medida é construída ponderando-se a importância quantitativa de cada uma das atividades realizadas em relação ao valor total da produção da empresa diversificada, definindo-se, assim, um indicador análogo ao índice de Herfindahl-Hirschman utilizado para avaliar o grau de concentração industrial em setores específicos:

$$D = 1 - \sum_i^n P_i^2$$

Onde P_i corresponde à proporção do valor da produção da empresa na atividade i (que varia de 1 até n) em relação ao valor total da produção da empresa em suas diversas áreas de atuação. Desse modo, se a empresa restringe sua atuação a uma única atividade, D assume valor zero; ao passo que uma repartição igualitária da produção entre diversas atividades conduz a que D assuma um valor $D = 1 - 1/n$. Além disso, a medida utilizada é pouco sensível às atividades de pequeno peso relativo no total do valor da produção da empresa, o que a torna uma medida apropriada para realização de estudos com um recorte setorial.

Outro indicador utilizado para mensurar o grau de diversificação de uma empresa particular é aquele baseado em um índice de entropia, também conhecido como índice de Jacquemin-Berry, que é dado por:

$$D = \sum_i^n P_i \cdot \log \frac{1}{P_i}$$

Nesse caso, o indicador D assume um valor nulo quando a empresa restringe sua atuação a uma única atividade; e o valor $\log n$, quando sua produção se reparte igualmente entre as diversas atividades em que está presente. A principal vantagem desse indicador refere-se à possibilidade de decompor a diversificação total da empresa em dois ou mais componentes. Desse modo, torna-se possível a utilização de informações provenientes de bases estatísticas com níveis distintos de detalhamento quanto à classificação de atividades industriais, decompondo-se a diversificação total em componentes interclasses e intraclasses. Por meio desse índice, é possível avaliar a importância relativa (em termos de tamanho, geralmente medido como número de funcionários ou volume de negócios) de unidades de negócios individuais. Uma desvantagem desse método é que ele deixa de considerar a distância das principais atividades de negócios.

Além das medidas de diversificação estruturadas de forma "contínua", é possível destacar outras medidas com foco nas relações entre atividades. O índice de Varadarajan-Ramanujam (1987) combina algum tipo de categorização das atividades das empresas diversificadas para medir a diversificação, conforme proposto por Rumelt (1974).

Para diferenciar mais claramente os tipos de relacionamentos entre as empresas do portfólio de uma empresa, os pesquisadores precisam de um meio de definir e categorizar esses relacionamentos. Para captar a relação entre os negócios da firma, os pesquisadores introduziram medidas de relacionamentos. Essas medidas podem capturar melhor o parentesco do que as medidas contínuas e categóricas, mas cada uma delas apenas capta uma dimensão desse parentesco. Teece, Rumelt, Dosi e Winter (1994) avançaram consideravelmente nessa direção ao proporem uma medida de "coerência corporativa" usando o princípio do sobrevivente. Neste sentido, utilizaram o banco de dados Trinet Large Establishment e mediram a relação entre diferentes combinações de códigos ISIC de quatro dígitos em sua amostra. Essa medida de coerência, ao contrário dos métodos anteriores, não se baseia na classificação do código ISIC, mas nas frequências observadas empiricamente, ou na relação formal empiricamente determinada entre diferentes indústrias, e assim privilegia a visão baseada em recursos. No tocante à discussão dos inter-relacionamentos entre atividades, a sistematização proposta por Bryce e Winter (2009) distingue medidas baseadas em patentes, gastos em P&D e categorias ocupacionais (ver Quadro 15.1).

Por meio do índice proposto, Bryce e Winter (2009) procuraram avaliar o grau de parentesco intersetorial utilizando informações do Longitudinal Research Database e desenvolveram o denominado índice de Bryce-Winter para medir a relação interindustrial entre áreas de negócios das empresas. A Figura 15.1 visualiza o princípio básico desta abordagem graficamente. O resultado do estudo mostrou que o índice tem maior validade preditiva do que as medidas de coerência. Define-se, neste sentido, a medida J_{ij}, onde i e j denotam as diferentes indústrias de acordo com o código ISIC de quatro dígitos, J_i, j o número de empresas de multiprodutos que estão ativas em i e j, e n_i, n_j o número de atividades de uma empresa nas indústrias i e j. O número de empresas multiprodutos que estão ativas nos segmentos i e j pode ser determinado da seguinte forma

$$J_{ij} = \sum_k C_{ik} C_{jk}$$

onde $C_{ik} = 1$, quando o negócio k está ativo em i, e $C_{ik} = 0$, quando isso não ocorre; o valor esperado para uma distribuição aleatória é dado por

$$\mu_{ij} = \frac{n_i n_j}{K}$$

218 Economia Industrial

QUADRO 15.1 MEDIDAS DE RELACIONAMENTOS ENTRE ATIVIDADES E INDICADORES DE DIVERSIFICAÇÃO

Medida	Fórmula matemática	Componentes	Base empírica	Tipo de relação	Uso primário	Fonte
Matriz insumo--produto de Scherer	$R = \cos \theta = \dfrac{x \cdot y}{\|x\| \ \|y\|}$	$\cos \theta$ é o coeficiente de correlação de Pearson entre as categorias x e y, que são vetores centralizados de *inputs* de tecnologia de todas as outras categorias da indústria	Fluxos de P & D baseados em dados de uso de patentes	Baseado na similaridade entre perfis de fluxos de tecnologia	Testes da visão baseada em recursos	Robins e Wiersema, 1995; Scherer, 1982
Categorias profissionais	$R_{ij} = \displaystyle\sum_{k \in K} (x_{i,k} - y_{jk})^2$	x e y são os valores normalizados do percentual de empregados que se enquadram na classe ocupacional k nas indústrias i e j. Estas distâncias são agrupadas em grupos setoriais relacionados (RIGs)	Classes ocupacionais	Baseado na similaridade entre classes ocupacionais entre indústrias	Testes da visão baseada em recursos	Farjoun, 1990, 1994
Distância tecnológica (patentes)	$R_{ij} = \displaystyle\sum_{c} \Pr(i\,|\,c)N_{ic}$	O relacionamento da empresa i com a indústria j é uma soma entre as classes de patente c da probabilidade de que as patentes da classe c sejam atribuídas à indústria i multiplicada pelo número de patentes de empresas em cada classe	Patentes	Baseado em atribuições feitas a patentes pelo Escritório Canadense de Patentes para indústrias de uso provável, que por sua vez são combinadas com o sistema US SIC em concordância com a U.S. Patent Class proposta por Silverman (1996)	Testes da visão baseada em recursos	Silverman, 1996, 1999
Índice de Bryce-Winter	$\tau_{ij} = \dfrac{J_{ij} - \mu_{ij}}{\sigma_{ij}}$	J é a contagem do número de empresas que se diversificam em indústrias normalizadas usando a distribuição hipergeométrica; τ é convertido em uma matriz de distância ponderada, e as pontuações do caminho mais curto por meio dessa matriz se tornam medidas de relacionamento entre indústrias	Todos os movimentos de diversificação na economia manufatureira dos Estados Unidos	Implícito em metodologia e decorrente de argumentos de economia de escopo	Testes da visão baseada em recursos; exame de decisões de expansão longitudinal	Bryce e Winter (2007)

Fonte: David Bryce e Sidney Winter (2009).

Assim, a diversificação não relacionada pode ser determinada da seguinte forma:

$$KDU = \sum_{j=1}^{m} S_j \sum_{\substack{i=1 \\ j \neq j}}^{m} \cdot S_i \frac{\mu_{ij}}{J_{ij}}$$

Para todo

$$J_{ij} > 0$$

onde K corresponde ao total de negócios da empresa multiproduto; J_{ij}, ao número de empresas multiproduto que estão ativas em i e j; n_i, n_j ao número de atividades nas indústrias i e j; s_i, s_j à proporção de faturamento dos segmentos i e j dos negócios k; e m ao número de segmentos dos negócios k.

Bryce e Winter utilizaram dados do US Census Office apenas para as classes de códigos ISIC 2000-3999, cobrindo todos os pares possíveis de combinações de quatro dígitos que abrangem apenas as indústrias de manufatura (indústria de transformação). No entanto, seu índice captura apenas a relação entre os códigos ISIC de quatro dígitos de fabricação.

Industry i J	1	2	3	...	...	...	
1		$J_{1,2}$	$J_{1,3}$	$J_{1,4}$	...	...	
2			$J_{2,3}$	$J_{2,4}$	...	...	
3				$J_{3,4}$	...	...	
...					...	...	
...						...	$\sum = n_i$

$$\sum = n_j$$

Figura 15.1 Uma Abordagem para a Determinação Empírica do Parentesco entre Atividades. Fonte: Bryce e Winter (2009).

15.3 Motivações e Condicionantes do Processo de Diversificação

As empresas podem aumentar ou reduzir seu nível de diversificação por diversos motivos. Os motivos econômicos, por exemplo, incluem a busca de economias de escala e escopo de múltiplos produtos, em que os custos unitários podem ser reduzidos pelo aumento no volume de vendas ou outros benefícios, como a redução de custos fixos associados ao crescimento por meio da diversificação. Além disso, as empresas podem diversificar por razões estratégicas, como o aprimoramento de capacidades ou o posicionamento competitivo superior por meio da entrada em novos mercados de produtos. Da mesma forma, razões econômicas e estratégicas podem motivar a empresa a reorientar e reduzir seu nível de diversificação quando as justificativas estratégicas e econômicas para estar em um determinado negócio não são mais justificadas.

A princípio, é possível estabelecer uma diferenciação, no tocante às motivações básicas do processo de diversificação, entre uma diversificação "compulsória", induzida por problemas de demanda e rentabilidade; uma diversificação "induzida", reflexo mais direto da lógica competitiva à qual a empresa se encontra submetida; e uma diversificação "autônoma", reflexo de motivações estratégicas.

Esse elenco variado de estímulos pode ser associado a determinados "grupos" com características comuns. O "motivo sinérgico" decorre da constatação de situações nas quais existe sinergia quando unidades individuais são operadas como uma única organização. A sinergia ocorre quando a soma de todas as empresas juntas é igual ou maior do que a soma separadamente. Argumenta-se que a diversificação em negócios relacionados pode aumentar o poder de mercado da empresa diversificada, o que, por sua vez, pode ajudá-la a melhorar sua posição estratégica de longo prazo. Além disso, a sinergia pode ser criada se as operações das unidades individuais se complementarem de modo que haja benefícios em oferecer aos consumidores uma linha completa de produtos.

No plano técnico-produtivo, e incorporando também a presença de sinergias, é comum associar o fenômeno da diversificação à presença de economias de escopo. O termo é atribuído aos economistas John C. Panzar e Robert D. Willig (1981), indicando que uma das principais vantagens derivadas da diversificação é a redução de custos em função da produção múltipla. As economias de escopo existem quando há benefícios de custo decorrentes da utilização de um recurso em uma variedade de atividades realizadas em conjunto e não de forma independente. Vale a pena notar uma diferença entre economias de escala e economias de escopo: enquanto no caso das primeiras, as vantagens são derivadas de um aumento na (escala de) produção do mesmo produto, no caso das segundas, elas seriam decorrentes da variedade de produtos utilizando os mesmos recursos, conforme discutido mais detalhadamente no Capítulo 3.

Outro conjunto importante de motivações associa-se a uma visão que privilegia o risco subjacente à operação de negócios. Neste sentido, o principal objetivo da diversificação seria reduzir os riscos envolvidos na condução dos seus negócios, o que seria obtido por meio da distribuição das atividades da empresa em mais áreas com diferentes graus de riscos e ciclos econômicos. Quando um dos retornos dos ativos é considerado insuficiente, os resultados poderiam ser compensados por um ativo com desempenho mais positivo, garantindo, assim, certa estabilidade na receita e rentabilidade. O Boston Consulting Group (2006) observou que o risco empresarial se encontra usualmente disperso por um conjunto de indústrias diversas e pode-se repartir este risco por meio da estruturação de empresas que se defrontam com tecnologias, forças competitivas, características de mercado e bases de clientes essencialmente diferentes. O Quadro 15.2 apresenta uma sistematização do possível portfólio de atividades com base nos riscos subjacentes que considera como critérios diferenciadores a taxa de crescimento do mercado e a participação relativa da firma no mercado, a partir dos quais quatro "grupos" de atividades são identificados.

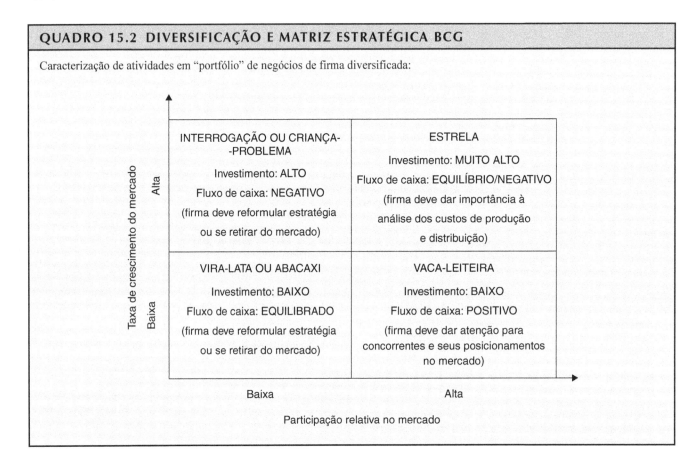

Outro conjunto importante de motivações para o processo de diversificação está relacionado ao fortalecimento do poder de mercado: Supõe-se, nesse sentido, que uma empresa que produz e opera em muitos mercados não precisa avaliar de forma estrita a maximização de lucros em todos os mercados na medida em que seu poder em determinado setor também é determinado pelo tamanho e pelo tipo de atividades realizadas em outros setores. Grandes empresas diversificadas têm à sua disposição os meios pelos quais impactar negativamente rivais menores e mais focados nas várias indústrias em que competem.

É possível também referenciar a discussão sobre as motivações para um processo de diversificação a diversas perspectivas teóricas sobre o que determina o escopo estratégico de uma empresa. Essas perspectivas procuram explicar por que as empresas optam por aumentar seus níveis de diversificação, bem como o que pode motivar uma redução nos níveis de diversificação. A teoria de custos de transação (TCT), a visão baseada em recursos (RBV), a teoria da agência, e a visão evolucionária baseada em rotinas e aprendizado podem ser destacadas como as principais perspectivas teóricas que fornecem uma justificativa para tais decisões de escopo estratégico.

Na perspectiva da TCT, como visto no Capítulo 13, identificam-se custos e incertezas associados à negociação e contratação de transações (custos de transação) no mercado que podem ser reduzidos organizando essas transações independentes sob o guarda-chuva de uma única entidade corporativa. Nesta perspectiva, um único contrato de longo prazo pode ser menos dispendioso de negociar do que uma série de contratos de curto prazo, principalmente quando a dificuldade associada à previsão de condições ambientais futuras torna problemática a especificação dos detalhes inerentes às transações.

Com relação especificamente às firmas diversificadas, Williamson (1975) postula que existem eficiências de custo de transação que um mercado de capitais interno (ou seja, um mercado de capitais "em miniatura") possui e o mercado de capitais externo não, o que permite uma alocação mais eficiente dos recursos. Assume-se nessa perspectiva que, enquanto o mercado de capitais externo tem acesso a um conhecimento relativamente limitado em relação a um grande número de oportunidades de investimento, o mercado de capitais interno tem acesso a um conhecimento relativamente amplo sobre um pequeno número de oportunidades de investimento.

Na perspectiva da teoria da agência, os motivos por trás da diversificação estariam fortemente vinculados a elementos da relação de agência entre proprietários e gerentes (Jensen e Meckling, 1976; Jensen, 1986). A situação retratada é a de separação entre o proprietário e o gerente, em que o gerente não possui nenhum patrimônio. Neste contexto, o motivo da diversificação pode refletir aspirações e objetivos da alta gerência.

Quatro razões principais para os gestores diversificarem podem ser destacadas. A primeira delas compreende o fortalecimento da autonomia e do poder gerencial. Neste sentido, observa-se que a remuneração gerencial, por exemplo, tende a aumentar com o tamanho e o escopo estratégico da empresa (ou seja, níveis mais altos de diversificação), embora níveis de diversificação mais altos possam não necessariamente resultar em melhor lucratividade. As decisões de diversificação impõem custos de agência à empresa na medida em que a diversificação impulsionada por tais motivos serve a interesses financeiros gerenciais, enquanto não fornece nenhum benefício financeiro aos acionistas. Uma segunda razão refere-se ao processo de "entrincheiramento gerencial" característico de situações nas quais os gestores procuram se diversificar em mercados ou produtos de uma forma que aumente a demanda por suas competências e habilidades específicas. Uma terceira razão refere-se especificamente à redução dos riscos para os gerentes, que procuram reduzir seu risco de emprego diversificando para diferentes mercados e produtos, o que torna a organização menos dependente de um único mercado ou produto. Por fim, uma quarta razão vincula-se à denominada "teoria do fluxo de caixa livre", marcada por uma situação na qual, em vez de remunerar os proprietários, os gerentes gastam o excesso de fluxo de caixa em aquisições. Neste sentido, a diversificação na direção de uma linha de negócios com um valor presente líquido negativo, embora prejudicial para os acionistas, apresenta aos gestores um meio de manter o controle sobre esses recursos.

De acordo com a visão baseada em recursos (RBV), o aumento das margens de lucro constitui um estímulo para diversificar com base em recursos obtidos com excessos de fatores de produção. A noção de "recursos" refere-se aos fatores adquiridos, arrendados e produzidos para uso próprio pela empresa; aos serviços que a empresa criou por meio desses fatores; e ao conhecimento acumulado ao longo do tempo (Montgomery, 1994). As evidências sugerem que, quanto maior a empresa, mais recursos ela controla; portanto, deve ter um desempenho acima da média no setor. Os recursos agrupados e as capacidades que lhes são agregadas ao longo do tempo sustentam a vantagem competitiva da empresa (Barney, 1991). A teoria da RBV argumenta que a diversificação corporativa deriva da existência de recursos subutilizados (aqueles com excesso de capacidade) com potencial de criação de valor em outras linhas de negócios (por meio de economias de escopo) e do desejo concomitante dos gerentes em explorar esse potencial de criação de valor (Penrose, 1959).

Outra questão importante para a RBV, em conexão com a alavancagem de recursos estrategicamente importantes, decorre de suas características intrínsecas, que Barney (1986, 2006) descreveu em seu amplamente conhecido "esquema VRIN". Neste sentido, argumenta-se que o caráter "estratégico" dos recursos decorre da medida em que tais recursos são valiosos, raros, inimitáveis ou não substituíveis pela concorrência. Quando estas condições são satisfeitas, os recursos podem ser considerados como "ativos estratégicos" que oferecem potencial para a geração de receitas acima da média no futuro. As empresas têm a possibilidade de explorar o potencial de seus ativos estratégicos em outros setores por meio de estratégias de diversificação; por outro lado, por serem difíceis de imitar ou substituir por outros ativos, isso reforça a sustentação da competitividade e da rentabilidade nos novos mercados (Silverman, 1999; Wan et al., 2011).

Na perspectiva da economia evolucionária, na qual as decisões dos agentes são tomadas num ambiente "complexo" e estão fortemente baseadas em rotinas organizacionais que se consolidam por meio de processos de aprendizado, é possível articular uma "capacidade de absorção" refletida na aprendizagem organizacional com os efeitos da diversificação corporativa (Andreou e Louca, 2016). Especificamente, a capacidade de uma organização de aprender com decisões estratégicas surge da existência de uma capacidade de absorção, que se desenvolve quando a empresa repete uma ação corporativa específica e/ou acumula experiência operando em um determinado ambiente. A experiência relevante passada permite que a empresa reconheça e codifique explicitamente novos conhecimentos valiosos em sistemas, rotinas e procedimentos que guiam suas ações futuras. Neste sentido, a diversificação proporciona as condições necessárias para o desenvolvimento de benefícios experimentais repetitivos e acumulativos (Mayer et al., 2014) incorporados ao aprendizado organizacional e às rotinas. Como resultado, uma empresa

222　Economia Industrial

que busca diversificações repetitivas aprofunda o aprendizado ao reconhecer e assimilar novas experiências que surgem da repetição de tais processos. Desse modo, empresas diversificadas gerenciam processo de alta complexidade que retroalimentam o aprendizado e fortalecem a capacitação dos agentes.

15.4 Direções Possíveis do Processo de Diversificação

Na literatura sobre diversificação de empresas, é comum identificar determinadas direções que orientam o processo. Existem dois tipos fundamentalmente diferentes de estratégia de diversificação corporativa, dependendo da inter-relação dos negócios no portfólio da empresa: diversificação relacionada e diversificação não relacionada.

A diversificação relacionada ocorre quando os negócios do portfólio da empresa compartilham ativos ou recursos estratégicos, como tecnologia, marca ou canais de distribuição, possibilitando a realização de ajustes estratégicos entre negócios cruzados. A diversificação relacionada proporciona sinergias operacionais que, por sua vez, se traduzem em vantagens competitivas de longo prazo. Os benefícios da diversificação relacionada podem ser vistos de diversos ângulos: ela permite que uma empresa aproveite as vantagens competitivas da transferência de habilidades, reduza os custos de fazer negócios, explore o uso comum de uma marca bem conhecida, e tenha uma capacidade competitiva mais forte em determinada etapa dos negócios.

A diversificação não relacionada ocorre quando os negócios de uma empresa não compartilham ativos ou recursos estratégicos e não possuem inter-relações de importância estratégica. Neste tipo de estratégia de diversificação, as atividades que compõem suas respectivas cadeias de valor são tão diferentes que nenhuma relação comercial cruzada com valor relevante está presente. Algumas possíveis vantagens deste tipo de diversificação podem ser destacadas. Em primeiro lugar, destaca-se a disseminação do risco. Os riscos envolvidos na condução dos negócios podem ser distribuídos por empresas cujas atividades são completamente diferentes umas das outras. Isso possibilita à empresa investir em qualquer setor potencialmente lucrativo sem se preocupar com a correlação com o *core business*. Outra vantagem é o fato da rentabilidade da empresa não depender dos picos positivos ou negativos da economia, uma vez que este tipo de diversificação se baseia em diferentes mercados com diferentes tendências.

A diversificação não relacionada tem sido também associada à exploração de economias financeiras, ao impacto de descontinuidades tecnológicas e à concorrência entre grupos acima de mercados particulares. Além disso, a superação das "falhas" do mercado de capitais pode levar à diversificação não relacionada. No entanto, desafios em termos da capacidade gerencial para viabilizar este tipo de estratégia podem ser mencionados. A realização de avaliações sobre a rentabilidade em um mercado completamente diferente do *core business* original requer elevada capacidade gerencial. Outros desafios podem incluir o gerenciamento dos fluxos de informações e do processo de tomada de decisão no interior da empresa.

De uma forma geral, quando as empresas têm como foco principal o lucro, parece ser mais razoável aventurar-se em estratégias de diversificação relacionadas, nas quais os lucros são altos mas há menor crescimento e baixo nível de risco. Por um lado, uma empresa com foco no crescimento pode optar por empreender uma estratégia de diversificação não relacionada visando um crescimento mais elevado, mesmo com lucros menores e maior nível de risco. Por outro lado, no caso em que uma empresa experimenta baixo crescimento e lucros, o desinvestimento pode ser uma solução para alcançar melhores resultados.

A discussão sobre as possíveis direções do processo de diversificação pode ser ampliada e sistematizada considerando-se dois critérios básicos. O primeiro deles refere-se à proximidade existente entre as atividades originais da empresa e as novas atividades para as quais ela está se expandindo, particularmente em termos da posição desta nos diferentes estágios do processo de transformação de insumos em produtos ao longo das cadeias produtivas. A partir desse critério, é possível distinguir movimentos de diversificação horizontal (ou lateral) daqueles relacionados à diversificação (ou integração) vertical. O segundo critério diz respeito ao grau de similaridade existente entre as atividades originais da empresa e as novas atividades em termos das competências produtivas e gerenciais necessárias para operá-las de forma eficaz. Neste caso, é possível estabelecer uma distinção entre processos de diversificação concêntrica – nos quais essa similaridade é explicitamente explorada como fonte de vantagens competitivas – e processos de diversificação conglomerada, nos quais tal aspecto não é considerado pelas empresas na definição das suas estratégias de expansão para novos negócios. A seguir, são discutidas algumas características dessas alternativas ressaltando-se os principais desdobramentos de cada uma delas em termos do processo de crescimento da empresa.

15.4.1 Diversificação horizontal

Esse tipo de diversificação consiste na introdução de produtos que, de alguma forma, estejam relacionados aos produtos originais da empresa em termos do mercado atingido e que possam ser vendidos pelos canais de distribuição já estabelecidos ou a partir da extensão destes. Este processo baseia-se na adição de produtos semelhantes a uma linha de negócios já existente que visa grupos de clientes atuais. Desse modo, a expansão para novos segmentos de mercado associa-se a uma extensão da área de especialização da empresa, seja no que se refere à base tecnológica, seja no que diz respeito à área de comercialização explorada em suas atividades originais. Basicamente, o processo de diversificação visa possibilitar a exploração de economias de escopo e dos canais de comercialização disponíveis para a empresa.

As características específicas das tecnologias de produto e processo utilizadas pela empresa influenciam esse tipo de diversificação. Alguns exemplos ilustram essas alternativas. No caso de processos contínuos, é importante considerar se estes estão baseados em equipamentos especializados ou em instalações do tipo multipropósito. Neste último caso, torna-se possível diversificar a linha de produtos a partir da utilização dos mesmos equipamentos básicos, como ocorre no caso de empresas atuantes em diversos segmentos da denominada indústria de química fina (envolvendo-se com a produção de fármacos, fertilizantes, aditivos etc.). Mesmo no caso de indústrias associadas a processos contínuos que utilizam equipamentos especializados, é possível que, ao atingir determinado estágio da cadeia de transformação via integração vertical "para frente" (discutida na próxima subseção), as empresas se defrontem com múltiplas alternativas em termos de diversificação horizontal ou lateral. Como exemplos, é possível citar as empresas petroquímicas de terceira geração (particularmente as especializadas na produção de plásticos) e as empresas siderúrgicas ou de alumínio que se expandem para a etapa de laminação.

No caso das indústrias de montagem, também é possível identificar características tecnológicas que favorecem processos de diversificação horizontal. Como exemplo, é possível mencionar a consolidação de uma "arquitetura modular" do produto, relacionada a um tipo particular de *design* que se baseia numa complexa estrutura de componentes e subsistemas intercambiáveis e interdependentes. Neste caso, identifica-se a possibilidade de obtenção de uma maior variedade de produtos por meio de modificações na maneira como se combinam os diferentes componentes modulares, o que amplia as possibilidades de diversificação horizontal. Como exemplos, é possível citar as indústrias automobilística e eletrônica. Nessas indústrias, a flexibilização dos processos de produção envolvendo a combinação de um maior grau de automatização com a adoção de novas técnicas organizacionais (células de produção, sistemas *just-in-time* etc.) também favorece movimentos de diversificação horizontal.

Os processos de diversificação horizontal podem ser favorecidos não apenas em função das características específicas das tecnologias de produto e processo nas atividades originais da empresa, como também em função da capacitação mercadológica acumulada por esta em suas atividades de origem. No que se refere à dimensão mercadológica das atividades realizadas, a disseminação de práticas baseadas em esforços de vendas e propaganda, paralelamente ao fortalecimento da marca comercial da empresa, facilita a entrada em novos negócios, não só devido à facilidade da empresa de se adaptar a um padrão competitivo semelhante, como em razão da possibilidade dela vir a superar preferências pelos produtores já estabelecidos, atraindo consumidores no novo mercado.

A diversificação horizontal amplia a possibilidade de realização do potencial de acumulação da empresa, elevando sua flexibilidade operacional e diminuindo sua vulnerabilidade em relação às variações cíclicas da demanda em seu mercado original. É também possível elevar a capacidade de financiamento das diversas atividades por meio de práticas de "subsídios cruzados" entre elas, seja por meio de uma transferência de recursos que permita à empresa empreender políticas predatórias em ramos de atividade específicos no intuito de ganhar mercado, seja por meio da implementação de políticas de preço articuladas nos diversos ramos de atuação, as quais, adequando-se às condições de elasticidade-preço da demanda em cada mercado, poderiam permitir à empresa maximizar o seu ganho global.

Na diversificação horizontal, uma vez que as empresas operam dentro do mesmo ambiente econômico, há pouca flexibilidade, e as firmas permanecem sensíveis às mesmas flutuações cíclicas e às mesmas condições gerais da concorrência A sinergia entre atividades, juntamente com a extensão do alcance tecnológico, é fator importante para viabilizar esse padrão de diversificação. A especificidade dos recursos, a informação completa e a menor resistência da estrutura organizacional influenciam esse tipo de estratégia. Por outro lado, uma possível desvantagem dessa forma de diversificação pode ser a dependência da empresa em relação a um grupo mais restrito de consumidores.

224 Economia Industrial

15.4.2 Diversificação (integração) vertical

No caso da integração vertical, a empresa assume o controle sobre diferentes estágios (ou etapas) associados à progressiva transformação de insumos em produtos finais. Na análise dessa alternativa, é importante considerar que, muitas vezes, a transformação de insumos em produtos, dada a complexidade do processo de produção, não ocorre de maneira linear, podendo diversos estágios convergir para uma etapa particular do processo (gerando ligações convergentes entre eles) ou, alternativamente, um determinado estágio oferecer insumos a serem utilizados sequencialmente em distintos processos (gerando ligações divergentes entre eles). É necessário considerar também os vínculos qualitativos que se estabelecem entre os diversos estágios, associados à maneira como as especificações referentes ao produto/processo em determinado estágio condicionam as atividades nos demais com os quais ele se articula. Quando essas especificações são muito rígidas, envolvendo uma baixa margem de tolerância, a empresa pode se ver obrigada a assumir ela própria a responsabilidade pela produção naquele estágio, sob pena de ter de adquirir no mercado um insumo que não atende satisfatoriamente às especificações de seu processo de produção.

Isso ocorre quando uma empresa passa atuar em etapas anteriores de seu ciclo de produção ou avança para etapas subsequentes do mesmo ciclo. O paradigma da teoria dos custos de transação sugere que a integração vertical elimina os custos de transação do uso do mercado para regular as trocas, podendo ser desencadeada por várias razões, como a busca de um maior poder de barganha em termos de qualidade/quantidade do suprimento, a adequação de margens e o desejo de estruturar redes para ampliar as vendas de produtos atuais e aumentar os lucros. Existem dois tipos básicos de integração vertical: a integração para trás (*upstream*), que corresponde à entrada em estágios anteriores do processo de produção; e a integração para frente (*downstream*), que, ao contrário, envolve a entrada em estágios posteriores.[2]

Algumas diferenças importantes entre essas alternativas podem ser mencionadas. Em primeiro lugar, considerando o produto originariamente gerado pela empresa, percebe-se que a integração para trás não modifica a natureza desse produto, o que já não acontece no caso da integração para frente, que intensifica o processo de elaboração, aproximando-o do estágio associado à geração de um produto final. Em segundo lugar, percebe-se que o processo de integração para frente pode envolver a entrada em atividades não estritamente industriais, vinculadas em especial à distribuição-comercialização do produto final ou à prestação de serviços pós-venda. Finalmente, ao passo que na integração para trás corre uma elevação do valor agregado ao produto, mas não se altera o seu preço nem provavelmente a receita obtida ao longo do processo (supondo que a produção original permaneça inalterada), na integração para frente tanto o valor agregado como o preço e a receita obtidos são modificados.

A literatura sobre integração vertical identifica uma série de fatores que atuam como condicionantes do processo. Em primeiro lugar, destacam-se condicionantes de ordem técnica. Dentre estes, é possível mencionar: (1) desequilíbrios ou desbalanceamentos entre diferentes estágios do processo de produção, decorrentes de mudanças tecnológicas; (2) externalidades tecnológicas, relacionadas a situações em que a existência de padrões de interconexão e interdependência entre atividades do ponto de vista técnico (e/ou mercadológico) favorece o processo de integração vertical;[3] (3) a necessidade de aglutinação de novas competências quando, integrando-se para frente, a empresa se defronta com um ponto de "divergência" nas ligações entre estágios do processo produtivo ou, alternativamente, integrando-se para trás, defronta-se com um ponto de "convergência" nessas ligações; (4) a necessidade de equilibrar convenientemente uma cadeia de produção que comporta diferentes estágios, cada um deles possuindo uma escala econômica particular.[4]

Em segundo lugar, destacam-se os condicionantes referentes à eficiência econômica. A análise desse tipo de alternativa de crescimento deveria ser confrontada com possíveis ganhos a serem obtidos pela redução de custos de produção e/ou transação. No intuito de sistematizar esses condicionantes, é possível mencionar os seguintes fatores: (1) a redução de custos de produção propiciada pela integração vertical, seja por meio da redução de gastos com estoques, transporte de materiais e com diversos custos indiretos, seja por meio da possibilidade de se utilizar determinados fatores comuns nos diferentes estágios do processo de produção da empresa integrada, incrementando os níveis de eficiência da empresa; (2) a possibilidade da obtenção de ganhos de eficiência na medida em que, ao longo do processo de integração, a empresa expanda-se para atividades em que é possível obter expressivas economias de escala e escopo; (3) a possibilidade de redução de custos de transação, particularmente quando a integração estiver relacionada à expansão para atividades que envolvem ativos específicos ou nas quais outros entraves dificultam a aquisição de fatores no mercado; (4) a possibilidade de aumentar os níveis de segurança da empresa no aprovisionamento de insumos críticos, tanto em termos quantitativos como qualitativos. A eventual utilização de preços de transferência entre operações realizadas em unidades de uma empresa integrada que opera com diferentes estágios da cadeia produtiva também pode constituir importantes estímulos para a consolidação desse tipo de expansão.

Em terceiro lugar, destacam-se os condicionantes do processo de integração vertical relativos ao processo competitivo nas indústrias em que a empresa atua. Indústrias próximas àquelas tradicionalmente caracterizadas como oligopólio homogêneo apresentam maior grau de integração vertical. A lógica competitiva envolve a exploração de mercados cativos internos à empresa e/ou de preços de transferência entre as diversas atividades da empresa integrada, o que pode representar uma importante vantagem diante de concorrentes com menor grau de integração. Um outro aspecto dessa lógica é a criação de uma proteção contra a concorrência potencial de novos produtores. Isto ocorre porque a integração vertical modifica qualitativa e quantitativamente as condições de entrada na indústria, reforçando eventuais barreiras e exigindo dos produtores potenciais um esforço expressivo para atingir a escala e o nível de integração aos produtores já existentes.

Na discussão da articulação entre a lógica competitiva e a importância do processo de integração vertical, deve-se considerar também as sinalizações oferecidas pela análise da evolução do "ciclo de vida" do produto, evitando-se os prejuízos de uma integração precoce e orientando-se o processo para uma etapa de maior maturidade da indústria, na qual a possibilidade de redução de custos assume maior importância. Por outro lado, é importante considerar também a possibilidade de a concorrência estimular processos de desverticalização de grandes empresas integradas – como tem ocorrido em algumas empresas de bens de consumo duráveis –, o que resultaria na intensificação de práticas de subcontratação e na consolidação de redes de empresas verticalmente estruturadas.[5]

A possibilidade de integração vertical geralmente se associa às estratégias de longo prazo da empresa. Além disso, a integração vertical se diferencia da diversificação horizontal na medida em que torna a empresa em questão mais sensível à instabilidade dos mercados em que atua, reduzindo sua flexibilidade ao elevar o nível de comprometimento do capital produtivo com o conjunto das atividades integradas. Na prática, porém, observa-se que as estratégias de diversificação horizontal ou vertical muitas vezes se interpenetram e se reforçam mutuamente. Assim, a diversificação horizontal pode preparar e facilitar a integração vertical, do mesmo modo que a integração vertical amplia a base tecnológica da empresa, possibilitando uma diversificação horizontal posterior.

15.4.3 Diversificação concêntrica

Essa estratégia envolve ampliar o portfólio de produção adicionando produtos novos ou similares a uma linha de negócios já existente e bem-sucedida com o objetivo de aproveitar ao máximo o potencial do sistema e das tecnologias de marketing existentes. Como exemplo, pode-se considerar o caso de um fabricante de computadores que produz computadores pessoais do tipo desktops e começa a produzir computadores portáteis (notebooks). As descontinuidades tecnológicas e a concorrência são os principais impulsionadores da diversificação concêntrica à medida que as empresas buscam fortalecer seus recursos, permitindo a descoberta de habilidades inesperadas para si e para sua concorrência (Hoskisson e Hitt, 2005).

A diversificação concêntrica pode assumir diferentes formas de acordo com o grau de semelhança entre as competências requeridas para operar de forma eficaz as diversas unidades da empresa diversificada. Na diversificação concêntrica, o aspecto crucial refere-se à exploração do núcleo de competências essenciais da empresa – conceito a ser abordado em mais detalhes adiante – como fonte de vantagens competitivas que possibilita ou favorece a entrada em novas áreas de atuação. Desse modo, a empresa procura manter um padrão coerente de expansão para novos mercados explorando e alargando suas competências originais.

Como resultado dos movimentos de diversificação concêntrica, consolida-se um tipo de empresa diversificada que está presente em diversos mercados que se encontram relacionados entre si do ponto de vista técnico-produtivo e/ou do ponto de vista das capacitações gerenciais necessárias para operar aquelas unidades de maneira eficaz. Esse tipo de empresa baseia sua estratégia de diversificação no acúmulo de uma capacitação genérica que pode ser utilizada em diferentes mercados, o que lhe confere uma vantagem concorrencial em relação a outras empresas que não dispõem desse tipo de capacitação. Essa capacitação pode, inclusive, estar restrita ao plano gerencial. Nesses casos, supõe-se que a empresa pode auferir ganhos em virtude do intercâmbio de recursos produtivos, financeiros e gerenciais entre suas diversas unidades, o que resultaria em ganhos de eficiência para estas.

Na medida em que a diversificação concêntrica busca explorar o núcleo de competências essenciais da empresa como fonte de vantagens competitivas em novos mercados, ela tende a se sobrepor e a se confundir com as alternativas de diversificação horizontal (principalmente) e integração vertical, discutidas anteriormente. Desse modo, os mesmos condicionantes que eram válidos para aquelas direções exercem influência na determinação da viabilidade da diversificação concêntrica.

É possível identificar algumas diferenças entre o movimento mais geral de diversificação concêntrica e as demais alternativas anteriormente mencionadas em termos dos impactos advindos sobre as condições concretas da concorrência nas atividades para as quais a empresa está se expandindo. Assim, ao passo que a diversificação horizontal tem um impacto direto

226 Economia Industrial

sobre as barreiras à mobilidade (ao fortalecer a posição competitiva dos produtores que atuam em vários mercados próximos) e a integração vertical sobre as barreiras à entrada (impondo uma maior escala de produção intraempresas), a diversificação concêntrica, por si só, não tende a reforçar diretamente tais barreiras na medida em que, nesse caso, as empresas atuariam em vários mercados articulados de maneira relativamente tênue. Desse modo, a empresa poderia se defrontar com problemas para se posicionar dinamicamente diante da concorrência (efetiva e potencial) nos diferentes mercados, desde que não tenha ela própria uma capacitação econômico-financeira condizente com seu nível de diversificação e não disponha de canais facilmente acessíveis para a transferência de recursos entre atividades de acordo com os sinais de mercado.

É importante lembrar também que, provavelmente, o ritmo da incorporação de novos avanços tecnológicos não é o mesmo nos diferentes mercados em que a empresa atua. Assim, a necessidade de acompanhar o estado da arte nas atividades tecnologicamente mais dinâmicas pode acabar fazendo com que a empresa ajuste sua estratégia com vistas a se precaver contra os riscos de um nível de diversificação excessivo e da consequente particularização dos recursos disponíveis.

15.4.4 DIVERSIFICAÇÃO CONGLOMERADA

A evolução de uma estratégia de diversificação concêntrica para uma estratégia de diversificação conglomerada envolve uma progressiva redução dos níveis de sinergia entre as atividades da empresa até atingir-se uma situação em que essas inter-relações são tão tênues que a empresa diversificada poderia ser visualizada como um conjunto de atividades não correlacionadas entre si. Nesse caso, apesar da presença em diferentes atividades, a ampliação do horizonte de diversificação da empresa pode fazer com que o caráter extremamente díspar dessas atividades acarrete problemas em termos da consolidação de um nível de competência que lhe permita posicionar-se satisfatoriamente nos diferentes mercados em que atua.

Compreendida como uma diversificação não relacionada, quando as empresas se envolvem nessa estratégia muitas vezes tendem a se expandir para mercados antes inexplorados. Isso implica mudar para novos produtos, equipamentos, canais de distribuição ou serviços que não têm relação tecnológica ou comercial com os produtos atuais, mas que podem atrair novos grupos de clientes. A diversificação conglomerada pode também ser influenciada por uma oportunidade de investimento particularmente atrativa em termos de crescimento e lucros. A diversificação também ocorrer em função de fatores aleatórios ou de um viés gerencial decorrente de informações incompletas, que podem influenciar a empresa a tomar essa decisão sem considerar os benefícios sinérgicos ou de criação de valor.

Considerando os fatores estritamente tecnológicos, existem três modificações para que a empresa diversifique-se de forma conglomerada. A primeira delas envolve o surgimento de novas oportunidades atrativas para a realização de investimentos, que podem não estar conectadas às atividades originais da empresa. A segunda alternativa decorre do impacto desestabilizador de uma inovação tecnológica mais radical sobre as atividades originais da empresa. Finalmente, a diversificação conglomerada pode ser induzida por um nível extremamente específico de especialização da empresa, o que a impede de estabelecer relações de sinergia com outras atividades.

Diferentemente dos fatores estritamente tecnológicos, há situações em que a diversificação conglomerada é deliberadamente explorada como alternativa de crescimento. A opção por esse tipo de estratégia pode ser motivada pelo desenvolvimento de modernas tecnologias gerenciais, acrescido do fortalecimento das atividades de planejamento, que permita a identificação de níveis de sinergia entre atividades aparentemente desconectadas. A possibilidade de obtenção de um acesso privilegiado ao mercado de capitais também possibilita a realização de operações de fusões e aquisições que reforçam esse tipo de estratégia. Além disso, a implantação de modernas técnicas de planejamento financeiro em empresas diversificadas amplia as possibilidades de obtenção de ganhos por cada ação adquirida, reforçando cumulativamente a expansão para novos mercados. Observa-se também que as operações de fusão ou aquisição de empresas, realizadas a partir de estratégias de diversificação conglomerada são menos vulneráveis às proibições e obstáculos impostos por agências de regulação da concorrência do que as mesmas operações no caso de uma diversificação horizontal ou vertical.

A ênfase numa estratégia de diversificação conglomerada também pode acarretar alguns problemas para a viabilização de um crescimento autossustentado da empresa. A entrada em atividades muito díspares entre si pode dar origem a uma estrutura organizacional confusa e a uma elevação dos níveis de risco do portfólio de negócios da empresa, o que pode acabar fazendo com que alguns proprietários da empresa – no caso de serem empresas baseadas em uma estrutura dispersa de propriedade – tentem se desfazer de suas ações no mercado. Além disso, o comprometimento de recursos disponíveis com uma grande variedade de produtos e mercados também pode não ser bem visto pelos acionistas na medida em que resulte em aumento do risco e redução da flexibilidade operacional. Outro limitante é sua maior vulnerabilidade diante de uma reversão cíclica mais pronunciada, uma vez que a falta de articulação entre atividades pode tornar complicada uma reorganização de cunho defensivo destas diante de um contexto recessivo. Finalmente, é necessário ter cuidado com a ênfase atribuída à entrada em

Diversificação, Competências e Coerência Produtiva   227

indústrias com grande potencial tecnológico, pois se, no curto prazo, as perspectivas de ganho tendem a ser promissoras, é possível que a incapacidade de a empresa desenvolver a necessária capacitação exigida para o acompanhamento do ritmo de desenvolvimento tecnológico acabe por abortar o próprio processo de diversificação.

15.5 Diversificação e Crescimento da Empresa

A discussão do processo de diversificação como alternativa para viabilizar o crescimento da empresa fundamenta-se na análise da ação de um agente particular, a empresa "diversificada e diversificante", que apresenta estrutura organizacional e perfil de competências bastante complexos, o que se reflete na sua presença em diferentes mercados. Essa discussão concebe a expansão para novos mercados como alternativa recorrente no horizonte decisório da empresa, viabilizando a realização do seu potencial de acumulação em seus mercados de origem e a expansão para novas áreas de atuação.

A diversificação proporciona uma série de benefícios que permitem acelerar o ritmo de acumulação e o crescimento da empresa, e que podem ser decorrentes de três grupos distintos de fatores. O primeiro deles está associado à busca de novas áreas de atuação como alternativa para acelerar o ritmo de crescimento da empresa. O segundo grupo de fatores envolve os benefícios relacionados ao incremento da eficiência técnico-produtiva das empresas envolvendo a exploração de sinergias e a melhor utilização dos recursos disponíveis. Finalmente, um terceiro grupo de fatores envolve os benefícios relacionados à ampliação da rentabilidade da empresa ao longo do tempo. A diversificação é analisada nos vários modelos de Economia Industrial tendo como contraponto um objetivo mais geral: a compreensão da dinâmica de crescimento da empresa. A argumentação desenvolvida por Edith Penrose em 1959 compreende a empresa como entidade complexa orientada para o crescimento, e não como mero agente definidor de preços e de quantidades de equilíbrio, como visto no Capítulo 2. Enfatiza-se, nesse tipo de análise, que o processo de crescimento tem a capacidade de internalizar a tomada de decisões na empresa ao reforçar a dimensão administrativa/deliberativa e ao diminuir a importância das forças de mercado na alocação dos recursos produtivos. O papel do mercado como força abstrata que conduz necessariamente a uma situação de equilíbrio é substituído pela ação da concorrência intercapitalista.

Segundo Edith Penrose, a grande empresa industrial influencia diretamente suas possibilidades de diversificação para uma maior gama de mercados. Em primeiro lugar, essa empresa é intrinsecamente complexa do ponto de vista administrativo e organizacional, caracterizando-se pela presença de diversos níveis hierárquicos, pela separação entre propriedade e gerência, pela presença de múltiplos objetivos que norteiam suas decisões, e pela sua atuação como unidade autônoma de planejamento cujas atividades estão relacionadas e coordenadas. Em segundo lugar, a empresa é vista como um agrupamento de recursos produtivos tangíveis e intangíveis que são capazes de gerar serviços responsáveis pela viabilização do processo de produção. Dentre esses serviços, particular importância é atribuída aos denominados serviços gerenciais (*managerial services*), que assumem um caráter idiossincrático em cada empresa, influenciando decisivamente seu processo de crescimento. Em terceiro lugar, é possível identificar condicionantes do processo de crescimento que dizem respeito a fatores internos à empresa, envolvendo a capacidade empresarial *vis-à-vis* os níveis de risco e a incerteza atribuídas às expectativas de crescimento.

A disponibilidade de "serviços gerenciais" afeta decisivamente o processo de crescimento empresarial. A autora parte da hipótese de que os serviços gerenciais estão associados a um tipo de conhecimento que é acumulado de forma idiossincrática por cada empresa por meio da experiência obtida com a operação dos negócios e com a implementação de planos de expansão. Ao mesmo tempo, é comum que, ao longo do processo de crescimento, uma parcela desses serviços permaneça ociosa, tornando-se rentáveis apenas quando existe uma possibilidade de expansão para novos mercados. A disponibilidade desses serviços gera incentivos à expansão para novos mercados que independem diretamente de estímulos ambientais. Além disso, ao longo do processo de crescimento, o estoque de "serviços gerenciais" modifica-se não apenas do ponto de vista quantitativo como qualitativo devido a três fenômenos: (1) a aquisição de novos serviços, relacionados à expansão do quadro de pessoal envolvido com atividades de gestão, e a integração dos novos serviços ao estoque de serviços preexistente; (2) a existência de um certo lapso temporal para que os novos serviços adquiram a experiência necessária à identificação e exploração das possibilidades de expansão; (3) a tendência a que ocorram, ao longo do processo, mudanças na estrutura organizacional da empresa que afetam as possibilidades de exploração do potencial dos serviços gerenciais no processo de expansão.

A disponibilidade de serviços gerenciais limita as possibilidades de crescimento da empresa em cada momento no tempo. Em particular, ao se diversificar para novos mercados, a empresa defronta-se, de forma recorrente, com os limites impostos pela necessidade de expandir seus serviços gerenciais devido a problemas de coordenação e integração desses serviços àqueles existentes.

228 Economia Industrial

A análise dos limites internos à empresa no processo de diversificação é desenvolvida por Penrose em três etapas, cada uma delas associada a um efeito distinto. Considerando-se um dado período de tempo – em analogia com a abordagem estática da microeconomia tradicional –, é possível considerar a existência de um estoque fixo de serviços gerenciais cuja utilização poderia estar associada à presença de deseconomias que afetam negativamente os custos unitários de produção. No entanto, considerar como fixo o estoque de serviços gerenciais implica desconhecer os efeitos dos ganhos de experiência que poderiam contrabalançar os efeitos das deseconomias supracitadas. Um segundo efeito está relacionado às situações em que os incentivos proporcionados pela disponibilidade de serviços gerenciais tendem a desaparecer. Em particular, as seguintes situações podem conduzir a esse tipo de efeito: (1) quando a expansão para novos mercados envolve produtos totalmente novos para a empresa ou o estabelecimento de plantas ou subsidiárias em novas áreas geográficas; (2) quando existe um elevado grau de especialização nos recursos comprometidos com novas atividades, o que faz com que desapareçam as conexões com os serviços e a experiência disponíveis nas atividades originais da empresa; (3) quando a vantagem proporcionada pela existência de tais serviços restringe-se a uma maior facilidade de entrada na nova atividade devido a efeitos de reputação.

O terceiro tipo de efeito considerado diferencia-se da abordagem tradicional das deseconomias de escala na medida em que diz respeito ao ritmo de expansão das atividades da empresa, e não à sua dimensão absoluta. Admite-se que a proporção dos serviços gerenciais requeridos para manter as operações da empresa em relação ao total de serviços produtivos pode se elevar. Este efeito é mais intenso quando o porte da empresa se torna excessivamente elevado em relação ao ritmo das respostas exigidas diante das pressões competitivas dos ambientes em que ela atua. Esse problema pode se agravar na medida em que é improvável que a disponibilidade de serviços gerenciais possíveis de serem comprometidos com o processo de expansão – que funcionam como um estímulo interno à aceleração do crescimento empresarial – cresça a uma taxa mais elevada do que o crescimento dos serviços produtivos totais da empresa. Desse modo, tende a ocorrer um decréscimo da produtividade média dos serviços gerenciais mobilizados, enquanto eleva-se o custo unitário desses serviços para taxas de crescimento acima de um certo nível. Em consequência, observar-se-ia uma elevação dos gastos com serviços gerenciais por unidade monetária adicional obtida no processo de expansão para novos mercados. Esse efeito ficou conhecido na literatura de Economia Industrial como efeito Penrose.

A intensidade do efeito Penrose depende das características específicas da diversificação. A complexidade do processo de expansão, isto é, da variedade de novos produtos e mercados em que a empresa irá atuar aumenta a necessidade de comprometimento dos serviços gerenciais com o processo de expansão. A proximidade entre as atividades contempladas no processo de expansão e as atividades originais da empresa reduz a necessidade de serviços gerenciais.

Outros autores procuram avançar no sentido do estabelecimento de conexões mais diretas entre o processo de diversificação e as possibilidades de crescimento da empresa nos diferentes mercados em que ela atua. Dentre estes, uma referência importante é a de Robin Marris. O autor pressupõe que a maximização do crescimento é o objetivo mais geral da empresa, vinculando-o diretamente ao processo de diversificação. O problema refere-se à possibilidade da empresa determinar a taxa de crescimento máxima que pode obter por meio da diversificação, que está sujeita a duas restrições básicas: uma restrição mercadológica, relacionada à possibilidade de se compatibilizar a expansão da oferta com o crescimento da demanda nos novos mercados; e uma restrição financeira (suposta como exógena no modelo), relacionada ao montante de recursos e ao nível de risco que a empresa está disposta a comprometer no processo.

Supõe-se que a expansão para novos mercados possibilita à empresa elevar sua taxa de crescimento. No entanto, o sucesso desse processo dependerá do volume de recursos mobilizados para o lançamento de produtos nos novos mercados. Pode-se identificar um limite para o volume de recursos, uma vez que, para um montante predeterminado de gastos com o lançamento de produtos, a taxa de sucesso decrescerá quando o número de novos produtos aumentar. A razão implícita para o decréscimo é que o montante de gasto destinado a cada um deles irá diminuir.

Desse modo, é possível associar esse processo a uma taxa de crescimento da demanda (G_D), que é função positiva da taxa de diversificação (n) e da taxa de sucesso dos produtos lançados (h). A taxa de sucesso dos produtos lançados, por sua vez, estaria relacionada positivamente à própria taxa de diversificação e aos gastos em publicidade e P&D. No que se refere aos gastos em publicidade e P&D, estes estariam inversamente relacionados à margem de lucro da empresa (L) na medida em que, dadas as condições concretas de competição nos mercados em que ela atua, ela não tem como elevar autonomamente essa margem para financiar aqueles gastos.

Por outro lado, com o incremento da diversificação, supõe-se que o sucesso dos novos lançamentos ocorra a taxas decrescentes diante da limitação das competências e da capacidade mercadológica da empresa. Em consequência, para um dado volume de recursos destinados ao lançamento de novos produtos – associado a uma margem de lucro particular –, a taxa de crescimento da demanda da empresa (associada à taxa de sucesso mencionada) aumentará menos que proporcionalmente em relação à taxa de diversificação, conforme demonstra a curva I_1 no Gráfico 15.1. Quando o montante de recursos disponíveis para o lançamento de novos produtos aumenta (em virtude de uma queda na margem de lucro), a curva se desloca para cima, permitindo a obtenção de maiores taxas de crescimento para cada nível de diversificação.

Existe, porém, uma contrapartida à elevação dos gastos com a promoção dos produtos: a redução dos recursos que podem ser direcionados para investimentos produtivos nos novos mercados. Nesse sentido, é importante considerar as interações existentes entre o montante de recursos destinados a esses investimentos, a taxa de crescimento da oferta da empresa e o seu nível de diversificação.

Como hipótese, supõe-se que a taxa de crescimento da oferta (G_S) é função positiva do lucro total (LT) disponível para financiar o investimento, da relação produto/capital (Y/K) e do nível de diversificação (n). O lucro total disponível para financiar a expansão da oferta está positivamente correlacionado à margem de lucro da empresa (L). Além disso, admite-se que esse lucro total está correlacionado ao nível de diversificação da seguinte forma: quando a diversificação se intensifica, a produção e o lucro aumentam, atingem um máximo e começam a cair em decorrência da presença de economias e deseconomias internas e da tendência à diminuição da relação produto/capital. Supõe-se, ademais, que o coeficiente de capital da empresa como um todo se eleva quando se intensifica o processo de diversificação, uma vez que o aumento menos que proporcional dos produtos de sucesso em relação aos novos produtos pressiona para cima aquele coeficiente. Em consequência, define-se uma taxa de crescimento da oferta que é função da margem de lucro e do nível de diversificação da empresa. A curva F_1 do Gráfico 15.1 reflete essa tendência, evidenciando que, para uma determinada margem de lucro, a taxa de crescimento da oferta da empresa tende a se reduzir quando se acentua o processo de diversificação devido à pressão exercida sobre o coeficiente de capital. Por outro lado, a elevação da margem de lucro implica um aumento dos recursos disponíveis para investimento e, portanto, um deslocamento para cima da supracitada curva.

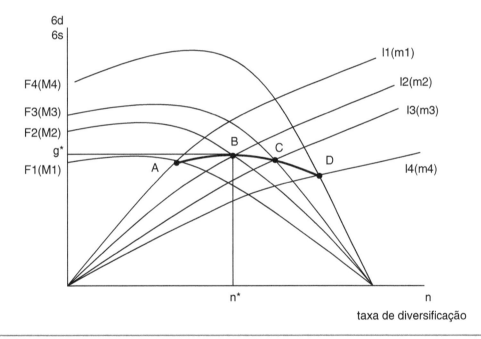

Gráfico 15.1 Taxa Ótima de Diversificação.

Considerando os dois processos em conjunto, percebe-se que existe uma interação entre a taxa de crescimento da demanda e a taxa de diversificação mediada pelos recursos destinados ao lançamento de novos produtos (o que afeta a perspectiva de crescimento da demanda nos respectivos mercados). Por outro lado, também existe uma interação entre a taxa de crescimento da oferta e a taxa de diversificação mediada pelo volume de recursos destinados a investimentos (o que afeta a perspectiva de crescimento da oferta naqueles mercados). Essas duas formas de aplicação de recursos concorrem entre si pela alocação de uma massa de lucros definida exogenamente de tal forma que uma redução nos recursos destinados a investimento acarreta uma ampliação dos recursos disponíveis para o lançamento de novos produtos, e vice-versa. Para cada repartição desses recursos, seria possível definir um ponto de equilíbrio que associa uma determinada taxa de crescimento da oferta e da demanda a determinada taxa de diversificação, conforme denotam os pontos A, B, C e D no Gráfico 15.1.

Considerando as repartições possíveis dos recursos disponíveis entre investimento e promoção de novos produtos, seria possível definir uma curva de "crescimento equilibrado" associada à união dos pontos de equilíbrio relacionados a cada repartição. De fato, considerando as funções $G_D = f(n, L)$ e $G_S = f(L, n)$, é possível estabelecer $G_D = G_S$ como condição para um "crescimento equilibrado", o que gera um sistema com uma equação e duas incógnitas (L e n), que pode ser resolvido predeterminando-se o valor de uma das variáveis. Predeterminando-se o valor da margem de lucro (L), são definidos vários pares de curvas (G_D e G_S) em função da taxa de diversificação (n), a partir dos quais são obtidos pontos correspondentes à curva de crescimento equilibrado (para os quais $G_D = G_S$). Essa curva – correspondente no Gráfico 15.1 à união dos pontos A, B, C e D – define, para as margens de lucro exógenas, as alternativas em termos de um grau de diversificação compatível com o crescimento dos mercados para os quais a empresa está se expandindo. Este referencial fornece às empresas uma indicação geral de uma estratégia que compatibilize o risco crescente, associado à entrada em novos negócios, com as consequências advindas do emprego nessas atividades de seu capital produtivo.

A avaliação das consequências e dos impactos da diversificação corporativa sobre o desempenho da firma é motivo de controvérsias na literatura empírica. Em geral, as pesquisas indicam que altos níveis de diversificação têm impacto negativo sobre o valor gerado devido aos custos gerenciais associados à administração de um portfólio extremamente complexo de negócios. No entanto, a diversificação relacionada pode levar a níveis mais altos de desempenho do que a diversificação não relacionada devido ao potencial de maior lucratividade da utilização de recursos compartilhados.

O efeito da diversificação corporativa sobre o desempenho da empresa tem sido discutido a partir de três linhas básicas de argumentação. O argumento tradicional do denominado "modelo linear" é o de que a diversificação e o desempenho são linear e positivamente relacionados. Esta posição se baseia em várias suposições, incluindo aquelas derivadas da teoria do poder de mercado e dos argumentos de eficiência do mercado interno, entre outras. Em contraste com o argumento apresentado acima, vários pesquisadores desenvolveram teorias que postulam uma relação de desempenho de diversificação curvilínea (não linear). Essa linha de abordagem reconhece que o aumento da diversificação pode não estar associado ao aumento concomitante do desempenho, pelo menos não durante todo o *continuum* relevante. Duas alternativas surgiram na literatura – o "modelo U invertido" e o "modelo intermediário" –, conforme ilustrado pela Figura 15.2. Cada um deles postula que alguma diversificação (ou seja, um nível moderado ou uma diversificação relacionada) é melhor que nenhuma; no entanto, diferem em suas previsões acerca da tendência de desempenho à medida que a empresa avança em direção a uma diversificação ainda maior (geralmente não relacionada).

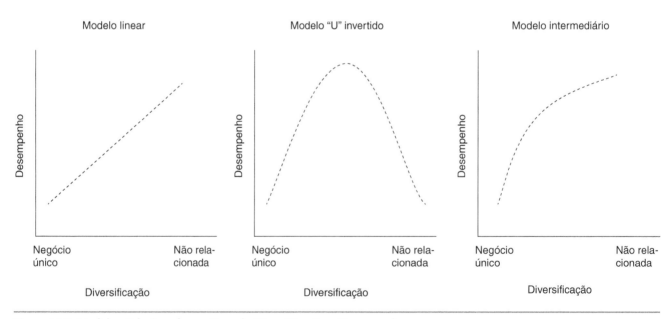

Figura 15.2 Modelos Relacionados ao Grau de Diversificação e Desempenho.

De uma maneira geral, os resultados dos estudos sobre a relação entre estratégia de diversificação e desempenho são inconclusivos. Provavelmente, isso se deve às dificuldades para encontrar um indicador adequado para inferir os relacionamentos entre atividades. Em um esforço para conceber um método mais eficaz de avaliar os benefícios hipotéticos do relacionamento entre recursos, alguns autores procuram analisar a relação entre o desempenho da empresa e a diversificação corporativa

Diversificação, Competências e Coerência Produtiva **231**

relacionada. Argumenta-se, nesse sentido, que um índice de relacionamento baseado em recursos produz resultados significativamente diferentes em comparação àqueles derivados das medidas tradicionais de relacionamento com base no sistema de classificação padrão ISIC, e que tais medidas podem ajudar a explicar a variabilidade no desempenho financeiro da empresa induzida pela diversificação corporativa.

Em resumo, a partir das evidências disponíveis, Santalo e Becerra (2008) concluem que: (a) a evidência empírica é inconclusiva; (b) as perspectivas e os resultados dos modelos diferem com base na perspectiva metodológica escolhida pelo pesquisador; e (c) a relação entre a diversificação e o desempenho é complexa e é afetada por variáveis intervenientes e contingentes, como diversificação relacionada *versus* não relacionada e modo de diversificação.

15.6 Condicionantes Internos à Empresa no Processo de Diversificação

Evidências levantadas pela moderna literatura de Economia Industrial demonstram que o processo de diversificação raramente ocorre de maneira aleatória. Ao contrário, a expansão para novos mercados é decisivamente afetada pelo nível de "especialização" preexistente das empresas, bem como pelas sinalizações do ambiente competitivo em que estão inseridas. Esses fatores conferem uma lógica particular ao processo de diversificação, baseada em certa *coerência* quanto à definição de novas oportunidades de negócios a serem exploradas no processo de crescimento empresarial.

O nível de especialização de cada empresa está correlacionado a duas dimensões. A primeira delas diz respeito à maneira como se articulam as diversas atividades de uma empresa presente em diferentes mercados, compreendendo aspectos organizacionais da sua estrutura interna. Supõe-se, nesse sentido, que é possível identificar diferentes modelos organizacionais por meio dos quais a empresa diversificada pode se estruturar e que afetam sua capacidade de resposta diante de estímulos competitivos provenientes do meio externo.

A segunda dimensão é o nível de especialização de cada empresa expresso nos conceitos de base tecnológica e área de comercialização, também formulados por Penrose. As bases tecnológicas compreendem cada tipo de atividade produtiva que utiliza máquinas, processos, capacitações e matérias-primas complementares e estreitamente associados ao processo de produção. Como visto no Capítulo 2, é possível não apenas que diferentes indústrias venham a ter a mesma base tecnológica (automóveis e caminhões, por exemplo), como também que uma indústria específica envolva bases tecnológicas distintas (como no caso da indústria farmacêutica, que tanto pode envolver processos químicos como biotecnológicos). O conceito de área de comercialização, por sua vez, refere-se a um grupo de clientes sobre os quais a empresa espera exercer influência por um mesmo programa de vendas. As características dessa área de comercialização estão particularmente associadas aos procedimentos mercadológicos adotados nos ambientes em que a empresa distribui seus produtos. Considerando esses conceitos, a coerência do processo de diversificação manifesta-se na existência de características comuns entre a base tecnológica e a área de comercialização das atividades originais da empresa e as das novas atividades incorporadas pelo processo de diversificação.

É possível delimitar, com base no nível de especialização expresso na base tecnológica e na área de comercialização da empresa, um determinado horizonte de diversificação, que compreende indicações quanto às direções em que a expansão para novos mercados se mostra mais factível. Diante desse horizonte, é comum que as empresas privilegiem uma linha de menor resistência no processo de expansão, baseada num menor afastamento em relação à sua área de especialização original. No entanto, ao mesmo tempo em que a expansão para novos negócios encontra-se restringida pelo horizonte de diversificação, essa expansão, uma vez ocorrida, alarga continuamente aquele horizonte. Desse modo, o processo de crescimento empresarial com base em indicações oferecidas pelo horizonte de diversificação assume um caráter nitidamente cumulativo, pois a diversificação envolve necessariamente o contato com novas bases tecnológicas e áreas de comercialização, o que amplia o leque de oportunidades a serem exploradas e reforça o movimento de expansão para novos mercados.

Não obstante o caráter cumulativo do horizonte de diversificação da empresa, existem alguns outros aspectos relacionados ao seu nível de especialização que também podem desempenhar um papel importante na criação de estímulos à expansão para novos mercados. Em particular, é possível identificar determinadas atividades funcionais integradas à estrutura organizacional da empresa, que funcionariam como polo irradiador de oportunidades, capazes de serem aproveitadas em um projeto de diversificação. As atividades de P&D, por exemplo, adquirem grande importância, principalmente quando os conhecimentos gerados podem ser aplicados em atividades distintas daquelas nas quais a empresa se encontra especializada. Do mesmo modo, os esforços de promoção e vendas permitem o fortalecimento de relações de clientela com eventuais consumidores e favorecem a consolidação da reputação da empresa no mercado, fatores também capazes de favorecer o aprofundamento de uma estratégia de diversificação.

Outro elemento que desempenha papel importante na definição dos condicionantes internos do processo de diversificação é a existência de serviços produtivos ociosos. Esses serviços envolvem, por um lado, indivisibilidades técnicas associadas à presença de economias de escala e, por outro, o surgimento de novos serviços produtivos no curso do processo normal de operação e expansão da empresa. Segundo Penrose, esses novos serviços funcionariam como economias de crescimento, distintas das economias de escala tradicionais, impulsionando a diversificação na medida em que fornecem às empresas vantagens em relação às demais para oferecer novos produtos no mercado. A obtenção dessas economias de crescimento se autorreforça, pois as novas unidades, uma vez estabelecidas, começam a crescer do mesmo modo que o resto da empresa, em resposta a economias similares.

A análise original de Penrose pode ser complementada por interpretações que concebem as empresas como organizações dotadas de competências específicas, que evoluem ao longo do tempo como resultado de processos internos de aprendizado e em função de mudanças adaptativas realizadas diante das alterações nas condições ambientais. Estas interpretações ressaltam a importância de processos cumulativos de aprendizado que alteram permanentemente as competências organizacionais e tecnológicas das empresas. As habilidades genéricas (*metaskills*) adquiridas pelas organizações ao longo desse processo resultam na consolidação de competências organizacionais que definem opções estratégicas mais factíveis para as empresas e delimitam as oportunidades de expansão para novos mercados possíveis de serem exploradas. Além disso, a consolidação de mecanismos de aprendizado e de rotinas organizacionais orientadoras do processo decisório exerce importante influência sobre as possibilidades de expansão da empresa para novos mercados. Em particular, a diversificação será facilitada se estiver orientada para indústrias onde se possa reproduzir, em parte, as rotinas já experimentadas pela empresa em seus mercados de origem, ou nas quais a experiência obtida por meio dos processos de aprendizado lhe permita usufruir algum tipo de vantagem competitiva. A diversificação seria também facilitada quando orientada para setores em que a empresa possa aprofundar as estratégias mercadológicas e tecnológicas exploradas em seus mercados de origem.

Em contrapartida, cabe ressaltar dois impactos dinâmicos do processo de diversificação sobre o perfil de competências das empresas. Por um lado, a diversificação permite incrementar a capacitação técnico-produtiva dos agentes, a partir da ampliação das fontes potenciais de aprendizado tecnológico, bem como lhes permite explorar oportunidades tecnológicas e mercadológicas atrativas em mercados em que as competências já acumuladas representam algum tipo de vantagem competitiva diferencial. Por outro lado, a diversificação permite reduzir o risco implícito na desestabilização do nível de capacitação das empresas em virtude de mudanças tecnológicas mais radicais, facilitando a reconfiguração do seu perfil de competências e a reorientação do processo de crescimento em direções mais promissoras.

A análise de Prahalad e Hamel (1990) segue essas diretrizes e propõe o conceito de competências essenciais (*core competences*). O problema básico abordado pelos autores refere-se à identificação do núcleo de competências das empresas e de eventuais dilemas que costumam estar presentes na exploração dessas competências no processo de crescimento empresarial. O gerenciamento das competências essenciais da empresa envolve cinco dimensões básicas. A primeira delas compreende o desenvolvimento destas competências ao longo do tempo, envolvendo um processo cumulativo baseado em pequenos avanços em relação à situação inicial. A segunda dimensão baseia-se na difusão de competências no nível da empresa, correlacionando-se ao grau de articulação e formalização do conhecimento no plano intraempresarial. A terceira dimensão envolve a integração de competências para atingir determinados objetivos predeterminados. A quarta dimensão associa-se ao balanceamento entre o aprofundamento do aprendizado em campos correlatos aos das competências preexistentes e a extensão do esforço de capacitação para novos domínios. Finalmente, uma quinta dimensão envolve a renovação de competências, contornando-se a aversão natural a novas perspectivas devido ao fenômeno da inércia organizacional.

As alternativas de *diversificação* e *especialização* – esta última entendida como a busca da centralização das atividades da empresa em um número restrito de negócios (*core business*) que refletem suas competências essenciais – aparentemente constituiriam movimentos antagônicos no âmbito das estratégias de crescimento das empresas. Assim, enquanto a especialização procuraria focar as capacitações concentrando o risco, a diversificação buscaria reduzir o risco por meio da expansão para novos negócios com maior ou menor sinergia em relação aos negócios originais da empresa. Na prática, porém, esse aparente antagonismo é muitas vezes substituído por uma complementaridade entre as duas estratégias, na medida em que a consolidação e fortalecimento de determinadas competências essenciais pode se converter em importante fator de estímulo à expansão para novos mercados. De fato, estas competências conferem à empresa vantagens competitivas diferenciais que podem viabilizar a expansão para novos mercados em função das expectativas de evolução de suas atividades correntes e da rentabilidade potencial de novas atividades.

Um último condicionante interno às empresas do processo de diversificação refere-se especificamente ao formato organizacional e à estrutura de propriedade que as empresas adotam. A questão relativa à coerência do processo de diversificação aparece de forma bastante nítida no caso de empresas multidivisionais, sejam elas do tipo multiproduto ou verticalmente integradas.[6] Essas empresas tendem a apresentar um padrão de diversificação que pode ser caracterizado como concêntrico, induzido por características tecnológicas e/ou mercadológicas das atividades previamente desenvolvidas. Nesse caso, o processo de diversificação visa possibilitar a exploração de economias de escopo e outras sinergias tecnológicas entre atividades, bem como os diversos canais de comercialização disponíveis para a empresa. Para esse tipo de empresa, a direção do processo está fortemente associada à presença de elementos de sinergia entre as suas atividades originais e as novas oportunidades potencialmente interessantes. Essa sinergia envolve a identificação de níveis de complementaridade entre as diversas atividades realizadas de tal maneira que a soma em termos da capacitação da empresa seja superior no nível de capacitação existente nas diversas atividades se estas fossem tomadas isoladamente. Desse modo, o inter-relacionamento entre as várias atividades é tal que permite a redução do custo de operação e/ou a melhoria da qualidade do produto gerado quando essas atividades são comparadas com os segmentos de uma empresa diversificada que operam independentemente.

A expansão para novos mercados de empresas que, *grosso modo*, podem ser caracterizadas como conglomerados gerenciais ou como companhias de investimento é conduzida de forma distinta da anteriormente mencionada. Em geral, seguem uma lógica financeira de distribuição dos riscos. Em particular, as companhias de investimento tendem a orientar seu processo de diversificação segundo a lógica da teoria do portfólio.

A ideia básica dessa teoria é que existe um *trade-off* entre lucratividade e risco associado às atividades de uma empresa diversificada. Nesse sentido, duas estratégias alternativas podem ser mencionadas. A primeira delas privilegia a lucratividade e envolve a seleção de atividades altamente rentáveis mas que estejam forte e negativamente correlacionadas entre si. A segunda estratégia privilegia o menor risco, sendo baseada na seleção de atividades cuja correlação de lucratividade tenha uma variância próxima de zero. Utilizando a sua capacidade de mobilizar um grande volume de recursos líquidos, essas empresas podem se beneficiar tanto do efeito associado à redução do risco em seu portfólio de negócios, como obter vantagens resultantes da ampliação deste.

A diversificação pode combinar duas lógicas – coerência técnico-produtiva e financeira –, como é o caso de empresas que fazem parte de grandes grupos econômicos. Nesse caso, não obstante a possibilidade de as empresas individualmente procurarem explorar níveis de sinergia no processo de expansão para novos mercados, é provável que essa expansão se subordine à estratégia de crescimento mais geral do grupo a que pertencem.

15.7 Condicionantes Externos à Empresa no Processo de Diversificação

Vejamos como as características estruturais dos ambientes competitivos em que as empresas se inserem afetam a diversificação. Dois aspectos são particularmente importantes. O primeiro deles refere-se ao potencial de crescimento do mercado nas atividades originais da empresa, o qual, ao ser confrontado com o potencial de acumulação gerado pela empresa (decorrente de lucros retidos disponíveis para reinvestimento), pode estimular a expansão para novos mercados. O segundo aspecto envolve a maneira como elementos específicos das estruturas de mercado e padrões de competição associados predeterminam direções mais factíveis a serem exploradas na diversificação.

O comportamento da demanda nos mercados correntes da empresa estimula o processo de diversificação quando há: (1) tendência à sua retração associada ao baixo dinamismo tecnológico da atividade, ao acirramento da competição, à reduzida elasticidade-renda ou a outros componentes da teoria do ciclo do produto; (2) intensificação de flutuações cíclicas dessa demanda que poderiam apontar para o seu esgotamento em longo prazo; (3) crescimento relativamente lento em relação às expectativas de expansão da empresa. No primeiro caso (retração da demanda), a decisão de diversificar precede a identificação de oportunidades atraentes em novos negócios, com a diversificação operando não apenas como determinante do crescimento, mas também como exigência para a própria sobrevivência da empresa. Saliente-se que não necessariamente esse processo ocorre de maneira caótica, uma vez que mudanças duradouras da demanda costumam se manifestar apenas como tendência de longo prazo, o que permite certa adaptação da empresa no sentido de criar condições para que o processo seja bem-sucedido. No segundo caso (flutuações cíclicas da demanda), destaca-se a diversificação para atividades que, em conjunto com as originais, permitam uma relativa estabilização do ciclo de negócios da empresa. Finalmente, no terceiro caso (crescimento lento da demanda), a empresa não se encontra tão pressionada para diversificar como nos casos anteriores; no entanto, diante das suas expectativas de expansão, a abertura de novas frentes de atuação constitui uma alternativa interessante. Nesse caso, o principal estímulo ao processo é a atratividade de novas oportunidades de negócios, particularmente em razão do maior dinamismo tecnológico e/ou mercadológico destas em relação às atividades originais da empresa.

234 Economia Industrial

A dinâmica competitiva não só estimula a expansão para novos mercados, como informa à empresa quais as direções mais factíveis para a diversificação diante do seu nível de especialização. Desse modo, estabelece-se um vínculo entre o processo de diversificação e os padrões competitivos das diferentes estruturas de mercado, que predeterminam direções para o processo. Assim, cada padrão de concorrência setorial é responsável pela geração de estímulos – relacionados a fatores que atuam como fontes de vantagens competitivas em cada ambiente – que influenciam decisivamente o ritmo e a direção dos processos de diversificação. É importante lembrar, porém, que, como esse padrão de concorrência é essencialmente dinâmico, compreendendo fatores que podem se modificar ao longo do tempo, os estímulos aos processos de diversificação também podem se alterar.

Como exemplo, é possível mencionar as transformações ocorridas no padrão de concorrência de diversas indústrias produtoras de *commodities* industriais – siderúrgicas e de alumínio, por exemplo – que resultaram em mudanças nos estímulos gerados em termos do processo de diversificação de empresas nelas atuantes –, evoluindo-se de uma ênfase na integração vertical "para trás", vinculada ao aprovisionamento de insumos, para o sentido de dar uma maior ênfase na diversificação horizontal, vinculada ao esforço de enobrecimento e agregação de valor aos produtos gerados. Considerando os estímulos ao processo de diversificação provenientes do padrão de concorrência setorial, observa-se que a não diversificação enfraquece a posição competitiva da empresa, uma vez que os lucros obtidos por seus concorrentes em outros mercados poderiam ser deslocados para seu mercado de origem, ameaçando sua cota de participação e, no limite, eliminando-a do mercado.

Por fim, é interessante considerar uma situação alternativa em que a empresa já apresenta um nível preexistente de diversificação elevado, o que possibilita que sua estratégia de crescimento guarde uma relativa autonomia em relação ao padrão de competição das diferentes indústrias nas quais ela participa. Nesse caso, o processo de diversificação relaciona-se a uma política de crescimento que extrapola os diferentes mercados em que a empresa atua, assumindo uma dinâmica própria. A dimensão autônoma desse tipo de diversificação relaciona-se à necessidade da empresa planejar uma busca constante por atividades lucrativas em que possa atuar. Quando a diversificação converte-se num determinante crucial da política de crescimento da empresa, deixando de ser um evento pontual, a identificação e a análise de novas oportunidades passam a ser atividades fundamentais, sendo realizadas por profissionais altamente especializados. Por outro lado, na medida em que o crescimento é o objetivo a ser alcançado, fortalece-se a possibilidade de entrada em indústrias promissoras do ponto de vista tecnológico ou mercadológico, mesmo que essas não se coadunem perfeitamente com a área de especialização e com o padrão de competição das atividades originais da empresa.

15.8 Formas de Diversificação: Investimentos em Nova Capacidade e Operações de Fusões/Aquisições, e o Papel dos Grupos Econômicos

Uma vez decidido diversificar, duas alternativas se colocam para a empresa em termos da viabilização desse processo. A primeira delas envolve a criação de uma capacidade de produção totalmente nova, expressa em uma nova unidade produtiva. A esse tipo de estratégia, é comum correlacionar-se a noção de crescimento interno. A segunda alternativa compreende a aquisição ou a fusão com uma empresa já atuante no mercado objeto da diversificação. Essa empresa incorpora a nova unidade à sua estrutura organizacional, utilizando-a para incrementar seu nível de especialização e, consequentemente, para alargar o horizonte de diversificação que possibilita dar continuidade ao seu crescimento. As estratégias baseadas em aquisições ou fusões estão geralmente associadas à noção de crescimento externo.

Pelo modo de diversificação, entendemos a extensão em que uma empresa depende do desenvolvimento de negócios internos, alianças, aquisições, ou uma combinação delas. As empresas podem escolher um modo em detrimento de outro, dependendo das características da indústria de destino, da estrutura e dos processos internos da empresa envolvida, dos recursos internos existentes, e da relevância dos recursos que espera encontrar após a entrada no novo negócio. Além das considerações econômicas, outras considerações que influenciam a escolha do modo de entrada inorgânico são a experiência anterior e as motivações gerenciais, a presença de assimetria de informação, as condições do ambiente econômico, os fatores de risco, as considerações antitruste, as externalidades de rede, a disponibilidade de recursos excedentes e a velocidade com a qual a entrada ocorre (March e Simon, 1958; Jensen e Meckling, 1976; Dhir e Dhir, 2015; Tihany et al., 2000; Eisenmann, 2002; Mayer e Whittington, 2003; Yin e Shanley, 2008).

O crescimento externo se diferencia do interno na medida em que, enquanto o último resulta num aumento da capacidade produtiva não só da empresa, mas também da indústria em questão e de outras atividades a ela articuladas, o primeiro só altera a capacidade da própria empresa que adotou a estratégia, funcionando, no nível da indústria, como mera transferência de propriedade. O elemento fundamental que caracteriza o crescimento externo é, portanto, a aquisição de unidades já existentes, que não deixam de funcionar; a eventual reorganização desses ativos pela empresa adquirente não altera essa característica, mesmo porque essa reorganização também é possível no caso de ativos criados por meio de crescimento interno.

As fusões e as aquisições relacionadas ao processo de crescimento externo constituem um importante determinante da intensidade e direção do processo de diversificação. As análises baseadas em levantamentos de informações sobre movimentos de fusões e aquisições de empresas geralmente demonstram que uma parcela significativa dessas operações pode ser classificada como diversificação. Além disso, levantamentos sistemáticos realizados sobre "maiores e melhores" empresas, como o da *Fortune 500*, demonstram que as novas linhas de negócios que emergem nessas empresas estão geralmente associadas a este tipo de operação, indicando que a maioria das tentativas de diversificação ocorre por intermédio de processos de aquisição de outras empresas. O Quadro 15.3 aborda esse aspecto tomando como referência a experiência recente da economia brasileira.

QUADRO 15.3 FUSÕES E AQUISIÇÕES NA ECONOMIA BRASILEIRA

A ocorrência de importantes mudanças no ambiente institucional interno e externo tem estimulado a aceleração do processo de fusões e aquisições na economia brasileira. Em decorrência disso, a realização de fusões e aquisições vem assumindo crescente importância na economia brasileira. Entre 1990 e 1999, 53% das F&A realizadas no Brasil se concentraram nos setores de infraestrutura, destacando-se a privatização e a reestruturação do setor de telecomunicações. No início deste período, o setor mais proeminente foi o de bens intermediários, consequência direta da privatização das empresas siderúrgicas e petroquímicas. Contudo, na segunda metade da década, o maior destaque foram as F&A relacionadas à privatização da infraestrutura. Destacaram-se também as operações de F&A relacionadas ao setor financeiro. Informações mais atualizadas disponíveis apontam para um crescimento expressivo do número de fusões e aquisições no Brasil a partir de 2002, conforme ilustrado pelo Gráfico 15.2. O levantamento de informações realizado por Rohde (2013) indica que, entre 2004 e 2012, o número de operações cresceu 388%, enquanto o valor total das mesmas se elevou em 137% (ver Tabela15.1). Informações levantadas pelo ranking setorial dessas operações naquele período indicaram maior número de operações nos setores de alimentos e bebidas, instituições financeiras e energia; maior montante nos setores de instituições financeiras, telecomunicações, alimentos e bebidas, energia, óleo e gás, e mineração; e maior valor médio das operações nos setores de telecomunicações, óleo, gás e siderurgia (ver Tabela 15.2).

TABELA 15.1 Evolução das Grandes Operações de Fusões e Aquisições no Brasil entre 2004 e 2012

	2004	2005	2006	2007	2008	2009	2010	2011	2012	Var
Total de Operações	74	91	123	233	241	196	262	363	361	388%
Operações Divulgadas	53	71	90	181	169	129	181	221	202	281%
Valor Total	25.694	7.652	37.467	35.562	72.985	52.576	88.763	87.585	60.916	137%
Valor Médio	347,2	84,1	304,6	152,6	302,8	268,2	331,2	241,3	168,7	

Fonte: Mergermarket (2013), in Rohde (2013).

TABELA 15.2 Ranking Setorial de Fusões e Aquisições – 2004-2012

Número de Transações	Nº	Valor Total das Operações	US$ milhões	Valor Médio das Operações	US$ milhões
Alimentos e bebidas	172	Instituições financeiras	79.990	Telecomunicações	1.600
Instituições financeiras	171	Telecomunicações	68.820	Óleo e gás	1.058
Energia	145	Alimentos e bebidas	41.541	Siderurgia	1.055
Varejo	121	Energia	40.102	Papel e celulose	665
Serviços	116	Óleo e gás	31.725	Instituições financeiras	606
Insumos industriais	111	Mineração	30.566	Mineração	546
Químicos	91	Transporte	19.940	Alimentos e bebidas	378
Telecomunicações	81	Químicos	18.805	Transporte	369
Transporte	79	Varejo	15.666	Químicos	336
Agricultura	73	Serviços	15.381	Energia	321

Fonte: Mergermarket (2013), In Rohde (2013).

A grande vantagem das fusões e das aquisições como estratégia de expansão para novos mercados reside na possibilidade de reduzir ou eliminar os riscos tecnológicos e de mercado implícitos na diversificação. O esforço para a integração organizacional entre duas empresas pode ser minimizado na medida em que a empresa adquirida conserve sua autonomia, funcionando como "centro de lucros", com os vínculos se restringindo à adequação de sua conduta aos objetivos mais gerais da empresa adquirente. No caso em que a empresa adquirida não apresenta uma rentabilidade satisfatória, a aquisição pode ser viabilizada se a empresa adquirente considera a possibilidade de correção desses problemas por meio, por exemplo, da introdução de práticas de gestão mais modernas. Além disso, do ponto de vista da empresa adquirente, esse tipo de operação possui uma série de vantagens, tais como: (1) diminuição de exigências em termos de desembolsos e das dificuldades diretivas e técnicas; (2) obtenção de uma posição favorável no mercado objeto da diversificação, reduzindo substancialmente a pressão do processo competitivo associada à entrada em uma nova indústria; (3) incorporação de um parque produtivo já dimensionado e de recursos já adaptados à utilização em que são empregados.

As evidências levantadas pela literatura sobre fusões e aquisições sugerem que a escassez de recursos técnico-produtivos internos para a expansão é um dos principais fatores propulsores dessas operações. Nesse sentido, se, por um lado, a diversificação parece ser explicada pelo excesso de recursos financeiros, por outro, as fusões e as aquisições, que são instrumentos fundamentais do processo de diversificação, muitas vezes constituem respostas a problemas de escassez de recursos técnico--produtivos por parte das empresas. É importante considerar, porém, que a realização de aquisições para viabilizar a expansão para novos mercados pressupõe certos tipos de "qualidades empreendedoras" da empresa adquirente, bem como envolve custos específicos que devem ser avaliados estrategicamente por ela. Desse modo, uma empresa especializada dificilmente se aventuraria em um novo mercado em relação ao qual ela não possuísse um mínimo de capacitação potencialmente útil, mesmo que restrita à esfera gerencial. Uma exceção importante em relação a esta tendência seria representada pelas aquisições de empresas extremamente dinâmicas do ponto de vista tecnológico ou mercadológico.

Os custos relacionados ao processo de aquisição estão diretamente associados às avaliações sobre possíveis desdobramentos em termos da competitividade das empresas, verificações que são realizadas, respectivamente, pela empresa adquirente e pela adquirida. Apesar da influência de outros fatores (inclusive aqueles associados a facilidades fiscais), a tendência é a de que a avaliação realizada pela adquirente seja positivamente afetada pelo fato da produção da adquirida de alguma forma complementar suas próprias atividades. As evidências demonstram que, de fato, a maioria das fusões e aquisições é motivada pela possibilidade de acessar recursos complementares entre as empresas. Nesse sentido, diversas análises ressaltam a importância do acesso a ativos e competências complementares na realização de movimentos de fusões e aquisições, particularmente por meio da viabilização de processos de "fertilização cruzada" entre as competências dos agentes, que são fundamentais para o reforço da competitividade em um número cada vez maior de áreas. Segundo essas análises, observa-se uma tendência a que os campos de especialização das grandes empresas permaneçam relativamente estáveis ao longo do tempo quando são considerados os possíveis desdobramentos dos processos de fusões e aquisições.

As operações de fusões e aquisições entre empresas realizadas com o propósito de viabilizar processos de diversificação têm impactos diretos sobre o poder de mercado das empresas.[7] No nível setorial, a realização desse tipo de operação resulta em tendência à elevação do grau de concentração nas respectivas indústrias, não só devido aos possíveis impactos diretos em termos da integração de ativos, mas também em razão dos efeitos indiretos sobre as condições concretas da concorrência naqueles mercados. Esta concorrência tende a se acirrar, impondo uma revisão das estratégias das demais empresas, o que pode representar um estímulo adicional à continuidade daquelas operações. Além disso, a realização de operações de fusões e aquisições de caráter "diversificante" pode resultar em rearranjo das operações e dos ativos das empresas envolvidas nos respectivos mercados de atuação com o intuito de explorar mais eficazmente o potencial daqueles mercados e o perfil de competências das empresas, incrementando sua competitividade e reforçando o seu poder de mercado. Por fim, é importante considerar os possíveis impactos desse tipo de operação sobre as condições das barreiras à entrada nas indústrias associadas. Quanto a esses impactos, dois aspectos devem ser considerados. Por um lado, as operações de fusões e aquisições de caráter "diversificante" permitem que as empresas contornem eventuais barreiras à entrada nos mercados que são objeto de seu interesse na medida em que passam a dispor de uma fatia do mercado previamente ocupada. Por outro lado, uma vez consumado esse tipo de operação, as empresas envolvidas podem empreender um esforço calcado na recomposição de ativos e na adoção de diversas práticas concorrenciais (subsídios cruzados entre atividades, por exemplo). Isto resulta não só na desestabilização da concorrência naqueles mercados, mas também na elevação das barreiras à entrada a eles associadas na medida em que impõe novos requisitos em termos do porte empresarial necessário para neles atuar.

Um desdobramento natural dos processos de diversificação no plano empresarial é a consolidação de "grupos econômicos", cuja característica principal é a integração em uma mesma estrutura de propriedade de um conjunto de firmas que, muitas

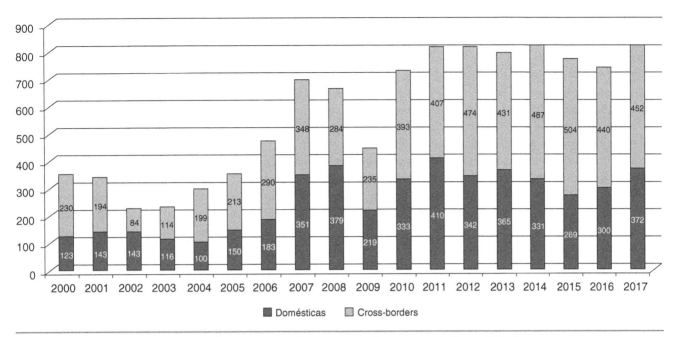

Gráfico 15.2 Evolução das Operações de Fusões e Aquisições no Brasil – 2002-2017. Fonte: KPMG.

vezes, operam como entidades legalmente separadas. Uma definição mais abrangente de grupo econômico pode ser encontrada em Portugal et. al. (1994), que o definem como "[...] uma empresa ou conjunto de empresas que estão subordinadas a um centro único de poder e de decisão estratégica, embora atuem em diversos mercados com uma organização institucional descentralizada e com diferentes graus de autonomia nas decisões de gestão. Por controle estratégico, entende-se o poder de definir e vetar grandes linhas de desenvolvimento no que diz respeito a investimentos, expansão de mercado, diversificação, progresso tecnológico e opções gerais de longo prazo. Este controle faz do grupo um centro de poder no sentido amplo: poder interno diante dos recursos materiais e financeiros que movimenta e frente à massa de pessoas que emprega; e poder para fora, traduzido na capacidade de interferência no mercado, nos circuitos financeiros, nas relações políticas (partidárias ou não), na legislação e no Estado". (1994, p. 26)

Como justificativa para a existência de grupos econômicos, dentre os argumentos gerais indutores do processo de diversificação já mencionados, quatro aspectos podem ser destacados. O primeiro deles parte da constatação de que a presença em vários mercados aumenta o poder do grupo em cada mercado individual. Firmas que se interagem em vários mercados (via competição multiponto) são mais propensas a reconhecerem as dependências mútuas e, portanto, a sustentarem coalizões tácitas nos diversos mercados. Um segundo fator refere-se ao compartilhamento de recursos comuns ou complementares entre os vários negócios/mercados quando esses são interligados, o que compreende aspectos como relacionamento com fornecedores, plantas, tecnologias, sistemas de distribuição e consumidores. Um terceiro fator refere-se à capacidade dos grupos econômicos se aproveitarem das imperfeições de mercado (capital e trabalho) e da escassez do talento empresarial nos países em desenvolvimento, reforçando as vantagens competitivas nos mercados em que atuam. Por fim, um quarto fator decorre da possibilidade dos grupos econômicos se aproveitarem de distorções das ações governamentais, mesmo quando elas não pretendem explicitamente encorajá-los.

Quanto às características organizacionais dos grupos econômicos, alguns aspectos podem ser destacados. Em relação à estrutura de controle, é bastante comum que o controle de um grupo econômico esteja nas mãos de uma única família. (Khanna; Yafeh, 2007). A utilização de esquemas piramidais de controle permite que, por meio de uma intrincada rede de participações, o controle de uma grande extensão de ativos seja viabilizado com pouco uso de capital próprio (Colpan e Hikino, 2010; Morck 2010). Quanto à estrutura de coordenação, essa pode variar consideravelmente, desde padrões mais descentralizados, como no caso dos *keiretsu* japoneses, até padrões de comando mais centralizado, como no caso dos *chaebol's* da Coreia. Cabe destacar também a importância do papel das instituições financeiras na dinâmica de formação desses grupos. Assim, enquanto nos países em que predominam os FIGs (*financial-industrial groups*), os bancos encontram-se subordinados às empresas dos setores industriais; em outros países, o papel dos bancos é preponderante, como, por exemplo, no caso da China (Granovetter, 2005). No tocante à relação entre grupos econômicos e o governo, dependendo do país, o governo pode ter papel importante na formação de grupos (como no caso da China), ou mesmo a própria figura do governante pode fazer este papel para fins

238 Economia Industrial

pessoais (como no caso da Indonésia). Além disso, os grupos econômicos desenvolvem e acumulam recursos e capacitações que permitem o aproveitamento rápido de oportunidades abertas pela política econômica em economias em rápido processo de desenvolvimento industrial.

Quanto aos esquemas gerais de crescimento e diversificação dos grupos econômicos, três padrões gerais mencionados por Schneider (2010) podem ser destacados. O padrão de crescimento e diversificação "orgânico" desenvolve-se segundo uma lógica que privilegia a exploração de economias de escopo; os processos de integração vertical de subsidiárias; bem como a exploração de sinergias no plano operacional, na capacitação de pessoal e na estrutura de competências. O padrão de crescimento e diversificação baseado na lógica de "portfólio" privilegia as operações de fusões e aquisições por meio das quais os grupos se diversificam para gerenciar riscos e maximizar retornos no mercado para governança corporativa, preferencialmente por intermédio da compra e venda de empresas. Por fim, o padrão de crescimento e diversificação induzido por "políticas" representa um movimento em resposta aos incentivos e diretivas governamentais. Neste sentido, o Quadro 15.4 apresenta as informações levantadas por Hiratuka e Rocha (2015) sobre o desempenho de grupos econômicos nacionais no Brasil entre 2002 e 2010 e uma síntese dos padrões de diversificação desses grupos segundo a taxonomia de Schneider.

QUADRO 15.4 DINAMISMO E PADRÕES DE DIVERSIFICAÇÃO DE GRUPOS ECONÔMICOS NO BRASIL

A análise de Hiratuka e Rocha (2015) procura selecionar uma amostra de 25 grupos econômicos de capital nacional para um estudo mais detalhado de seu desempenho e suas estratégias de atuação. Esta seleção contemplou critérios de importância relativa, mas também critérios para permitir focar setores e atividades considerados importantes, além de incluir estratégias relativamente diversas em termos de forma de atuação dos grupos. Os grupos escolhidos, assim como a evolução de sua receita bruta de 2002 a 2010, são apresentados na Tabela 15.3.

TABELA 15.3 Receita Bruta de Grupos Econômicos Selecionados (2002-2010) (em R$ milhões)[1]

Grupos Econômicos	2002	2003	2004	2005	2006	2007	2008	2009	2010
Petrobras	155.337	189.162	200.329	225.665	250.977	255.317	314.358	244.104	268.107
Vale	23.915	28.977	38.653	44.550	57.118	77.657	82.590	52.751	85.345
Eletrobras	41.273	32.160	32.409	28.136	29.738	29.084	35.617	31.763	29.815
Bradesco	73.852	66.938	62.166	75.157	83.416	87.191	108.317	113.600	121.983
Votorantim	19.217	24.189	28.646	27.970	40.684	41.361	45.089	34.923	34.224
Itaúsa	56.136	40.040	44.987	49.653	63.138	65.994	101.691	122.506	47.942
Gerdau	17.457	22.620	31.178	32.118	33.615	39.989	46.293	28.106	35.666
Telemar Norte Leste (Telemar) – Oi	25.206	27.842	29.469	29.851	29.608	29.424	30.043	48.405	45.928
Usiminas	13.149	15.903	21.290	21.497	19.996	21.657	23.399	15.705	17.236
JBS-Friboi	–	–	–	–	5.803	17.228	34.361	58.482	57.107
Odebrecht	20.742	24.844	29.015	29.536	29.363	36.739	45.240	43.038	53.861
Sadia (BR Foods)	7.345	8.391	9.746	10.495	9.703	11.516	28.006	19.686	26.033
Companhia Energética de Minas Gerais (Cemig)	10.577	11.420	12.984	14.749	16.581	18.471	18.213	18.472	18.958
Companhia Paranaense de Energia (Copel)	5.893	6.133	7.384	8.590	9.068	9.265	9.174	9.316	10.546
Camargo Corrêa	9.701	10.670	9.884	10.030	12.115	14.530	16.774	20.064	20.374
Companhia Siderúrgica Nacional (CSN)	9.568	11.884	16.318	15.481	13.764	16.872	19.738	14.881	17.471
Cosan	2.458	2.441	2.728	3.405	4.769	3.485	8.784	17.670	19.783

continua

Diversificação, Competências e Coerência Produtiva 239

TABELA 15.3 Receita Bruta de Grupos Econômicos Selecionados (2002-2010) (em R$ milhões)[1] *(Continuação)*

Grupos Econômicos	2002	2003	2004	2005	2006	2007	2008	2009	2010
Companhia Paulista de Força e Luz (CPFL) – Energia	0,00	11.583	12.719	13.745	14.940	16.620	15.876	16.619	17.557
Empresa Brasileira de Aeronáutica (Embraer)	12.276	9.458	13.668	11.520	10.212	12.043	13.125	11.451	9.381
Andrade Gutierrez	5.414	5.518	5.822	5.960	7.670	9.231	12.987	19.273	18.196
Suzano	5.445	6.024	6.784	7.135	8.303	4.636	5.143	4.752	5.132
Randon	1.541	1.905	2.645	3.109	3.084	3.722	4.290	3.923	4.662
Queiroz Galvão	2.650	2.214	2.793	3.791	4.431	5.190	6.104	7.365	7.404
WEG	2.405	2.888	3.467	3.753	4.310	5.324	6.044	5.413	5.283
Companhia Tecidos Norte de Minas (Coteminas)	1.654	1.830	2.264	2.166	5.089	5.231	3.924	3.283	3.140
Total	523.211	565.034	627.345	678.062	767.492	837.781	1.035.181	965.546	981.134

Fonte: Hiratuka e Rocha (2015) com base no jornal Valor Econômico (várias edições).

Além disso, a análise Hiratuka e Rocha (2015) contempla uma avaliação do desempenho financeiro e um acompanhamento dos principais movimentos estratégicos realizados por estes grupos e suas unidades de negócios mediante informações veiculadas na imprensa especializada (em especial o jornal Valor Econômico) e das informações corporativas divulgadas em relatórios anuais. A Tabela 15.4 sistematiza as informações recolhidas no decorrer da análise do desempenho e os principais movimentos estratégicos dos grupos escolhidos no período recente, contemplando, especificamente, informações sobre o tipo de expansão predominante, as tendências de diversificação/especialização e as áreas privilegiadas no processo de crescimento.

TABELA 15.4 Síntese dos Aspectos Qualitativos das Estratégias dos Grupos Econômicos

Empresa	Tipo de Expansão	Diversificação/Especialização	Áreas Principais
Petrobras	Principalmente orgânico, embora com aquisições relevantes na petroquímica e em etanol	Diversificação, embora com menor ímpeto após a descoberta do pré-sal	Petróleo e gás Energia Refino e petroquímica
Itaú	Aquisição (Itaú Unibanco) orgânica	Expansão horizontal no setor financeiro. Redução do peso das atividades industriais	Finanças Indústria (tecnologia da informação – TI, química, metais e louças sanitárias)
Bradesco	Orgânico	Especialização com expansão horizontal no setor financeiro apenas	Finanças Participação acionária minoritária em áreas de mineração (Vale) e energia (CPFL)
Vale	Aquisições	Expansão horizontal dentro da mineração para minerais não metálicos e fertilizantes. Início de diversificação na área de energia	Mineração Fertilizantes Logística Energia
JBS/Friboi	Aquisições	Expansão vertical em direção a produtos industrializados. Diversificação para papel e celulose, energia, cosméticos e finanças	Proteína animal Papel e celulose Cosméticos Finanças Mídia

continua

240 Economia Industrial

TABELA 15.4 Síntese dos Aspectos Qualitativos das Estratégias dos Grupos Econômicos (*Continuação*)

Empresa	Tipo de Expansão	Diversificação/Especialização	Áreas Principais
Odebrecht	Aquisições e expansão orgânica	Diversificação para defesa, saneamento e energia	Petroquímica Engenharia e construção Infraestrutura Saneamento Energia Defesa Naval
Oi	Aquisição	Expansão horizontal para ter serviços convergentes	Telecomunicações
Gerdau	Aquisição e crescimento orgânico	Expansão horizontal e vertical	Siderurgia Mineração
Empresa	Tipo de expansão	Diversificação/especialização	Áreas principais
Votorantim	Aquisições e crescimento orgânico	Diversificação	Cimento Minerais não ferrosos
Eletrobras	Crescimento orgânico	Especialização	Energia
BR Foods	Aquisição	Expansões horizontal e vertical	Alimentos
Camargo Corrêa	Aquisição	Diversificação	Cimento Engenharia e construção Calçados Energia Concessão de transportes Naval Incorporação imobiliária
Cosan	Aquisição/*joint ventures*	Expansão vertical com entrada na distribuição. Diversificação para logística, alimentos e energia	Biocombustíveis Distribuição de combustível Alimentos Logística
Cemig	Aquisição e crescimento orgânico	Expansão vertical Diversificação para saneamento	Energia Saneamento
Andrade Gutierrez	Aquisição	Diversificação	Engenharia e construção Telecomunicações Energia Saneamento Serviços médicos Naval
CPFL	Aquisição	Expansão vertical	Energia
CSN	Aquisição e expansão orgânica	Expansão horizontal	Siderurgia Logística Energia Mineração Cimento
Usiminas	Expansão orgânica	Expansão vertical	Siderurgia Mineração Bens de capital sob encomenda
Copel	Expansão orgânica e aquisições	Expansão vertical Diversificação	Energia Telecomunicações Saneamento
Embraer	Expansão orgânica e aquisições	Diversificação	Aeroespacial Defesa
Suzano	Expansão orgânica	Especialização Expansão vertical	Papel e celulose Energias renováveis Biotecnologia
Coteminas	Aquisições	Expansão vertical	Têxtil Varejo

continua

TABELA 15.4 Síntese dos Aspectos Qualitativos das Estratégias dos Grupos Econômicos (*Continuação*)

Empresa	Tipo de Expansão	Diversificação/Especialização	Áreas Principais
Queiroz Galvão	Expansão orgânica e aquisições	Diversificação	Petróleo o gás Engenharia e construção Naval Energia Concessão de rodovias
Randon	Expansão orgânica/joint ventures	Expansões horizontal e vertical	Autopeças Vagões Veículos rebocados
WEG	Expansão orgânica e aquisições	Expansão horizontal	Motores elétricos Equipamentos para geração, transmissão e distribuição elétrica Tintas

Fonte: Hiratuka e Rocha (2015).

15.9 Conclusões

A diversificação corporativa como estratégia surgiu na década de 1920 e gradualmente se tornou mais comum nos anos 1950 e 1960 até atingir seu pico no final dos anos 1970 e início dos anos 1980 no caso da economia norte-anericana. Durante as décadas de 1980 e 1990, no entanto, a pressão do mercado de capitais para a maximização da riqueza dos acionistas levou à adoção de estratégias pelas quais muitas empresas refocalizaram seus portfólios de negócios e, assim, reduziram seus níveis de diversificação corporativa desinvestindo negócios não relacionados para se concentrarem em seus negócios predominantes. Pesquisas mais recentes indicam que essa tendência de menor diversificação corporativa continuou até o final do século XX, e permaneceu durante a primeira década do século XXI (Basu, 2010).

A diversificação pode ser definida como a entrada de uma empresa em novos mercados ou indústrias ainda inexplorados, seja por meio de processos de desenvolvimento interno, seja pela aquisição de ativos que envolvam mudanças na sua estrutura administrativa e nos processos de gerenciamento de negócios. A estratégia de diversificação encontra-se atrelada às estratégias de negócios orientadas para o crescimento da empresa com o objetivo de aumentar seu ganho financeiro por meio de um maior volume de vendas e do fortalecimento de suas vantagens competitivas nos diversos mercados em que atua. Quando implementada da maneira correta, a diversificação pode amortecer os problemas advindos de crises econômicas ou permitir uma reorientação estratégica capaz de ampliar as possibilidades de crescimento da firma. No entanto, sua implementação bem--sucedida requer conhecimentos aprofundados e uma avaliação completa da empresa e do seu ambiente de negócios. Neste sentido, embora às vezes a diversificação seja difícil para as pequenas empresas, ela pode revelar-se inevitável quando seus mercados originais se tornam inviáveis.

A diversificação corporativa (e, por extensão, a sua reorientação) são aspectos fundamentais da estratégia de uma empresa, uma vez que essas atividades determinam em quais setores a empresa competirá. Existem duas dimensões relevantes para a discussão do fenômeno: extensão (ou seu nível) da diversificação e o sentido (estratégia) da diversificação, distinguindo-se padrões de diversificação relacionada e não relacionada. São relativamente comuns as situações nas quais as unidades de negócios da firma diversificada encontram-se intimamente relacionadas e compartilham um número significativo de recursos e capacidades. O número de unidades de negócios e a distribuição de vendas nestas unidades refletem a extensão ou o nível de diversificação.

Para medir a diversificação corporativa, os pesquisadores examinam os negócios em que a empresa opera (em outras palavras, o portfólio de negócios da empresa). A diversificação pode ser medida utilizando-se medidas categóricas (como a tipologia de Wrigley/Rumelt), medidas de contagem discreta (baseada no número de negócios em que a empresa opera), instrumentalizadas por meio de medidas contínuas, como o índice concêntrico e a medida de entropia. À medida que o campo da estratégia evoluiu, os pesquisadores buscaram compreender não apenas a quantidade de diversificação na carteira, mas também a maneira pela qual os negócios dentro dessa carteira estão relacionados uns com os outros. No entanto, não há nenhuma medida perfeita de diversificação, com as diversas abordagens apresentando vantagens e desvantagens.

É possível também avançar no sentido de uma visão mais "integrada" dos condicionantes do processo de diversificação articulando argumentos teórico-conceituais, fatores que podem operar como estímulos ou "gatilhos" do processo em situações objetivas e possíveis direções que o processo pode assumir, correlacionado-as também a distintos "modos" capazes de viabilizar o processo.

15.10 Resumo

Neste capítulo aprendemos que:

- O fenômeno da diversificação refere-se à expansão da empresa para novos mercados distintos de sua área original de atuação, constituindo uma alternativa importante e interessante para viabilizar o seu crescimento, o que lhe permite superar os limites de seus mercados correntes e ampliar o "potencial de acumulação" que influencia a dinâmica do crescimento empresarial.
- Observaram-se alguns problemas presentes no tratamento analítico e na mensuração do fenômeno, tais como: 1) os limites impostos pelos sistemas padronizados de classificação de atividades econômicas para retratar o fenômeno; 2) a necessidade de incorporar indicadores que reflitam os relacionamentos entre as atividades que afetam o processo de diversificação; 3) os problemas relativos à definição da estrutura de propriedade das empresas que podem criar dificuldades para a avaliação do processo.
- Na análise do fenômeno, é usual abordar a extensão ou o nível de diversificação, suas motivações, a direção da diversificação (relacionada *versus* não relacionada), e os impactos sobre o desempenho e o crescimento da firma.
- O capítulo ressalta as conexões entre diversificação e crescimento da empresa, enfatizando a discussão das possíveis direções que o processo de diversificação pode tomar, bem como os seus condicionantes internos e externos.
- Por fim, procura-se também discutir as principais formas para viabilizar o processo de diversificação – o investimento em nova capacidade ou a realização de fusões e aquisições –, bem como a possibilidade de analisar firmas diversificadas sob a perspectiva analítica de "grupos econômicos".

15.11 Questões para Discussão

1. Discuta os principais problemas relacionados à utilização de sistemas padronizados de classificação de atividades econômicas para a discussão do fenômeno da diversificação.
2. Discuta as principais diferenças entre a utilização das classificações categóricas, de índices contínuos e de medidas de relacionamentos entre atividades na discussão sobre o fenômeno da diversificação.
3. No tocante às motivações do fenômeno da diversificação, identifique e discuta os fatores que dizem respeito à aceleração do ritmo de crescimento da empresa, ao incremento da eficiência técnico-produtiva, à estabilização e dinamização das vendas, e ao fortalecimento de seu poder de mercado.
4. No tocante aos condicionantes básicos do processo de diversificação, distinga os principais fatores mencionados, respectivamente, pelas abordagens da teoria da agência, da teoria dos custos de transação, da visão baseada em recursos, e da abordagem evolucionária da firma.
5. Quanto às direções da diversificação, diferencie as principais alternativas e os impactos relacionados aos padrões de diversificação relacionada e não relacionada.
6. Discuta os principais condicionantes do impacto da diversificação no crescimento da firma segundo as interpretações de Penrose e Marris.
7. Discuta os principais problemas que costumam estarem presentes no levantamento de informações e nas definições de medidas capazes de orientar uma avaliação empírica da relação entre diversificação e desempenho da firma.
8. Discuta as principais diferenças entre as alternativas de crescimento interno e de crescimento baseado em operações de fusões/aquisições como alternativas para viabilizar processos de diversificação.
9. Identifique as principais características dos grupos econômicos e discuta as principais alternativas em termos de padrões de diversificação no processo de crescimento desses grupos.

Notas

1. O primeiro conceito refere-se, basicamente, às características dos processos de produção e às tecnologias empregadas; ao passo que o segundo refere-se às características dos processos de comercialização e vendas, bem como à diversidade de redes de comercialização e à base de clientes atingidos. A distinção entre esses conceitos é utilizada por Edith Penrose para definir os conceitos de "base tecnológica" e "área de comercialização" que delimitam as possibilidades de diversificação para uma empresa particular, conforme discutido na Seção 15.4.

Diversificação, Competências e Coerência Produtiva   243

2. É comum, na literatura de Economia Industrial, a caracterização dessas alternativas utilizando a nomenclatura francesa, que distingue, respectivamente, processos de integração "a montante" e "a jusante".

3. Como exemplo, é possível citar o caso de indústrias em rede, geralmente associadas a setores de infraestrutura, nas quais se observa um padrão de interconexão e compatibilidade entre unidades produtivas presentes em diferentes estágios de determinada cadeia de produção e distribuição (caso dos setores de eletricidade e telefonia, por exemplo). Isto constitui em requisito básico para a obtenção de níveis satisfatórios de eficiência para as empresas. Nesses casos, observa-se também a presença de externalidades de demanda que também favorecem a existência de um grau elevado de integração de atividades produtivas.

4. Este aspecto envolve, por exemplo, uma comparação entre o consumo cativo de determinado insumo e a escala mínima para produzi-lo de forma eficiente.

5. A esse respeito, ver a discussão desenvolvida no Capítulo 16 sobre os fatores que estimulam a consolidação desse tipo de arranjo e sobre as características de sua estrutura interna.

6. Para a caracterização desse tipo de empresa, ver a análise desenvolvida no Capítulo 2.

7. É importante distinguir, nesse sentido, os impactos relacionados a operações de fusões e aquisições entre firmas de uma mesma indústria. Esses impactos são mais diretamente perceptíveis nas situações em que essas operações são realizadas no intuito de viabilizar processos de diversificação das empresas envolvidas para novos mercados, o que requer uma discussão mais cuidadosa.

Bibliografia

ALCHIAN A.; WOODWARD, S. The firm is dead: long live to the firm. *Journal of Economic Literature*, v. 26, p. 65-79, 1988.

ANDREOU, P. C.; LOUCA, C. Organizational learning and corporate diversification performance. *Journal of Business Research*, 2016.

BARNEY, J. Firm resources and sustained competitive advantage. *Journal of Management*, v. 17, n. 1, p. 99-120, mar. 1991.

_____. Is there a diversification discount, diversification, payout policy and firm value. *Management Journal*, 2006.

_____. Organizational culture: can it be a source of sustained competitive advantage? *Academy of Management Review*, v. 11, n. 3, p. 656-666, 1986.

BASU, N. Trends in corporate diversification. *Financial Markets and Portfolio Management*, v. 24, p. 87-102, 2010.

BONELLI, R. As estratégias dos grandes grupos industriais brasileiros nos anos 90, Texto para Discussão, n. 569, IPEA, 1998.

BOSTON CONSULTING GROUP. *How the world's top diversified companies produce superior returns*, 2006.

BRITTO, J. N. P. O processo de diversificação da firma: uma abordagem dinâmica exploratória. *Nova Economia*, v. 3, n. 1, p. 195-224, 1993.

BRYCE D.; WINTER, S. A general interindustry relatedness index. *Management Science*, v. 55, p. 1570-1585, Sep. 2009.

CAVES, R. E.; PORTER, M. E.; SPENCE, A. M. *Competition in the open economy*: a model applied to canada. Cambridge: Harvard University Press, 1980.

CHANDLER, A. *Scale and scope*. Cambridge: Harvard University Press, 1990.

_____. What is a firm? A historical perspective. *European Economic Review*, v. 36, p. 483-494, North-Holland, 1992.

COASE, R. H. The nature of the firm. *Economica*, v. 4, p. 386-405, 1937.

COLPAN, A. M.; HIKINO, T. Foundations of business groups: toward an integrated framework. In: COLPAN, A. M.; HIKINO, T.; LINCOLN, J. R. (eds.). *The Oxford handbook of business groups*. New York: Oxford Press, 2010.

DHIR, S. Diversification: literature review and issues. *Strat. Change*, v. 24, p. 569-588, Published online in Wiley Online Library, DOI: 10.1002/jsc.2042, 2015.

DOZ, Y. Managing core competency for corporate renewal: towards a managerial theory of core competencies. In: DOSI, G.; MALERBA, F. (orgs.) *Organization and strategy in the evolution of enterprise*. Amsterdam: Elsevier Publishers, 1996.

EISENMANN,T. R. The effects of CEO equity ownership and firm diversification on risk taking. *Strategic Management Journal*, v. 23, p. 513-534, 2002.

FERRAZ, J. C.; ROCHA, F; LOOTTY, M. *Fusões e aquisições:* estratégias de crescimento, investimento direto e inovação, mimeo, IE-UFRJ, 2000.

GEORGE, K. D. Diversification and aggregate concentration, Journal of Industrial Economics, v. 20; reimpresso em BASIL, S. Y. (org.) *Economics of industrial structure*. London: Penguin Modern Economic Readings, 1973.

GRANOVETTER, M. Business groups and social organization. In: SMELSER, N.; SWEDBERG, R. *The handbook of economic sociology*. New York: Princeton University, 2005.

GRANSTRAND, O.; PATEL, P.; PAVITT, K. *Multi-technology corporations*: why they have distributed rather than distinctive core competencies. Mimeo, Brighton, mar. 1997.

GRANT, R. M.; JAMMINE, A. P.; THOMAS, H. Diversity, diversification, and profitability among British manufacturing companies, 1972-84, *The Academy of Management Journal*, v. 31, p. 771-801, dec. 1988.

GRZEBIELUCKAS, C.; MARCON, R.; MELLO, R. B.; ALBERTON, A. *Estratégia de diversificação*: conceitos, motivos e medidas, III Encontro Nacional de Estratégia São Paulo SP, 9 a 11 de maio de 2007.

HIRATUKA, C.; ROCHA, M. A. M. *Grandes grupos no Brasil*: estratégias e desempenho nos anos 2000. Texto para discussão 2049/Instituto de Pesquisa Econômica Aplicada. Brasília/Rio de Janeiro: Ipea, 2015.

HITT, M. A.; IRELAND, D. R.; HOSKISSON, R. E. *Administração estratégica*. São Paulo: Pioneira Thompson Learning, 2003.

_____; HOSKISSON, R. *Strategic management, competitiveness and globalization*: concepts and cases. 7. ed. Boston: Cengage Learning, 2005.

_____; MECKLING, W. H. Theory of the firm: Managerial behavior, agency costs and ownership structure. *Journal of Financial Economics*, v. 3, p. 305-360, 1976.

_____. Agency costs of free cash flow, corporate finance and takeovers. *American Economic Review*, v. 76, n. 2, p. 323-329, 1986.

KHANNA, T.; YAFEH, Y. Business groups in emerging markets: paragons or parasites? *Journal of Economic Literature*, v. 45, p. 331-372, 2007.

MARCH J. C.; SIMON, H. A. *Organizations*. John Wiley: New York, 1958.

MARRIS, M. The modern corporation and economic theory. In: MARRIS, R.; WOOD, A. (org.) *The corporate economy*: growth, competition and economic potential. London: MacMillan, 1971.

MAYER, M.; WHITTINGTON, R. Diversification in context: A cross-national and cross-temporal extension. *Strategic Management Journal*, v. 24, n. 8, p. 773-781, 2003.

_____; STADLER, C.; HAUTZ, J. The relationship between product and international diversification: The role of experience. *Strategic Management Journal*. DOI: 10.1002/smj.2296, 2014.

MONTGOMERY, C. A. Corporate diversification. *Journal of Economic Perspectives*, v. 8, p. 163-178, 1994.

_____; SINGH, H. Diversification strategy and systematic risk. *Strategic Management Journal*, v. 5, n. 2, p. 181-191, Apr./June 1984.

MORCK, R. The riddle of the great pyramids. In: COLPAN, A. M.; HIKINO, T.; LINCOLN, J. R. (eds.). *The Oxford handbook of business groups*. New York: Oxford Press, 2010.

NELSON, R. Why firms differ, and how does it matter? *Strategic Management Journal*, v. 12, p. 61-74, 1991.

PANZAR, J. C.; WILLIG, R. D. Economies of scope. *American Economic Review*, v. 71, p. 268-272, 1981.

PENROSE, E. *The theory of the firm*. Oxford: Oxford University Press, 1959.

PERRY, S. R. A meta-analytic review of the diversification – performance relationship: aggregating findings in strategic management. Thesis (Doctoral of Philosophy). Florida: Florida Atlantic University, 1998.

PORTUGAL, J. G. (coord.). *Grupos econômicos*: expressão institucional da unidade empresarial contemporânea. São Paulo: FUNDAP, 1994. (Série Estudos de Economia do Setor Público).

PRAHALAD, C. K.; HAMEL, G. The core competence of the corporation. *Harvard Business Review*, maio-jun.1990.

RAMANUJAM, V.; VARADARAJAN, P. Research on corporate diversification: a synthesis. *Strategic Management Journal*, v. 10, p. 523-552, 1989.

REED, R.; LUFFMAN, G. Diversification: the growing confusion. *Strategic Management Journal*, v. 7, 1986.

RICHARDSON, G. B. The organization of industry. *Economic Journal*, v. 82, p. 883-896, set. 1972.

ROCHA, M. A. M. Grupos econômicos e capital financeiro: uma história recente do grande capital brasileiro. Tese (Doutorado). Campinas: Universidade Estadual de Campinas, 2013.

ROHDE, G. M. A evolução das operações de fusões e aquisições no Brasil entre 1994 e 2014. Dissertação de Final de Curso – Economia. Porto Alegre: UFRGS, 2013.

RUMELT, R. P. *Strategy, structure, and economic performance*. Cambridge: Harvard University Press, 1974.

_____. *Diversification in industry* – United States: strategy, structure and economic performance. Cambridge: Harvard Business School Classics, 1986.

SANTALO, J.; BECERRA, M. Competition from specialized firms and the diversification – performance linkage, 2008. Disponível em: https://onlinelibrary.wiley.com/doi/abs/10.1111/j.1540-6261.2008.01333.x. Acesso em: 9 dez. 2019.

SCHERER, F. M.; ROSS, D. *Industrial market structure and economic performance*. Boston: Houghton Mifflin Company, 1990.

SCHNEIDER, B. R. Business groups and the state: the politics of expansion, restructuring and collapse. In: COLPAN, A. M. et al. (ed.). *Oxford handbook of business groups*. New York: Oxford University, 2010.

SIFFERT, N. F. Governança corporativa: padrões internacionais e evidências empíricas no Brasil nos anos 90. *Revista do BNDES*, n. 9, jun. 1998.

SILVERMAN, B. S. Technological resources and the direction of corporate diversification: Toward an integration of the resource-based view and transaction cost economics. *Management Science*, v. 45, n. 8, p. 1109-1124, 1999.

SIQUEIRA, T. V. Os grandes grupos brasileiros: desempenho e estratégias na primeira metade dos anos 90. *Revista do BNDES*. Rio de Janeiro, v. 7, n. 13, p. 3-32, jun. 2000.

STAW, B. M; SANDELANDS, L. E.; DUTTON, J. E. Threat-rigidity effects in organizational behavior: a multilevel analysis. *Administrative Science Quarterly*, v. 26, p. 501-524, 1981.

STEINDL, J. *Maturidade e estagnação no capitalismo americano*. Coleção Os Economistas. São Paulo: Nova Cultural, 1986.

TEECE, D. J.; RUMELT, R. P.; DOSI, G.; WINTER, S. Understanding corporate coherence: theory and evidence, *Journal of Economic Behavior and Organization*, v. 23, p. 1-30, jan. 1994.

_____; PISANO, G. The dynamic capabilities of firms: an introduction. *Industrial Corporate Change*, v. 1, n. 3, 1994.

_____; D.; RUMELT, R.; DOSI, G.; WINTER, S. Understanding corporate coherence: theory and evidence. *Journal of Economic Behavior and Organization*, v. 23, p. 1-30, 1994.

TIHANY, L.; ELLSTRAND, A. E.; DAILY, C. M.; DALTON, D. R. Composition of the top management team and firm international diversification. *Journal of Management*, v. 26, p. 1157-1177, 2000.

WAN, W. P.; HOSKISSON, R. E.; SHORT, J. C.; YIU, D. W. Resource-based theory and corporate diversification: Accomplishments and opportunities, *Journal of Management*, v. 37, p. 1335-1368, Sep. 2011.

WERNERFELT, B.; MONTGOMERY, C. A. Tobin's q and the Importance of focus in firm performance. *American Economic Review*, v. 78, p. 246-250, 1988.

WESTON, J. F. The nature and significance of conglomerate firms. *St. John's Law Review*, v. 44, 1977; também impresso em YAMWY, B. S. (org.) *Economics of Industrial Structure*. London: Penguin Books, 1973.

WIERSEMA, M. F.; BECK, J. B. *Corporate or product diversification Oxford research encyclopedia of business and management*. Online Publication, 2017.

WILLIAMSON, O. *Market and hierarchies*: analysis and antitrust implications. New York: The Free Press, 1975.

_____. Managerial discretion, organization forms and the multi-division hypothesis. In: MARRIS, R.; WOOD, A. (org.) *The corporate economy*: growth, competition and economic potential. London: MacMillan, 1971.

_____. The modern corporation: origins, evolution, attributes. *Journal of Economics Literature*, dez. 1981.

_____. *The economic institutions of capitalism*. New York: Free Press, 1985.

_____; WINTER, S. (orgs.) *The nature of the firm*: origins, evolution and development. Oxford: Oxford University Press, 1991.

WRIGLEY, L. *Divisional autonomy and diversity*. Boston, 1970.

YIN, X.; SHANLEY, M. Industry determinants of the merger versus alliance decision. *Academy of Management Review*, v. 33, p. 473-491, 2008.

Cooperação Interindustrial e Redes de Empresas

Jorge Britto

16.1 Introdução

A ocorrência de múltiplas formas de cooperação produtiva e tecnológica entre empresas é um tema que tem sido abordado de maneira recorrente pela literatura de Economia Industrial. Em consequência, observa-se uma crescente convergência entre as visões de diferentes escolas de pensamento de que a análise dos fatores subjacentes a um melhor desempenho competitivo deve centrar-se não apenas na empresa individual, mas principalmente na investigação das relações entre as empresas, e entre estas e as demais instituições. A amplitude e a complexidade das interdependências entre empresas e outras organizações ou instituições tem sido estudada cada vez mais por meio da utilização de um recorte analítico baseado no conceito genérico de rede. A utilização desse conceito como referencial analítico de forma mais ou menos explícita tem auxiliado a investigação de temas bastante diversos, tais como:

1. Alianças estratégicas entre empresas e outras formas de cooperação produtiva e tecnológica.
2. Programas de cooperação específicos, envolvendo agentes com competências em áreas distintas, que interagem entre si para viabilizar determinada inovação.
3. Processos de subcontratação e terceirização realizados por empresas especializadas em determinadas atividades, que dariam origem a redes estruturadas verticalmente no interior de cadeias produtivas.
4. Sistemas flexíveis de produção baseados em relações estáveis e cooperativas entre empresas atuantes em determinado ramo de atividades.
5. Distritos industriais baseados na aglomeração espacial de empresas e outras instituições que interagem entre si no âmbito de determinada região.
6. Sistemas nacionais, regionais e setoriais de inovação baseados na especialização e na interação de diversos tipos de agentes envolvidos com a realização de atividades inovativas (empresas, universidades, outras instituições etc.).

A relevância do conceito de rede decorre da sua capacidade em captar a crescente sofisticação das relações interindustriais que caracteriza a dinâmica econômica contemporânea. Desde a década de 1990, diversas tendências relacionadas ao padrão evolutivo das principais economias capitalistas reforçam a relevância dessa temática, tais como:

1. A consolidação de um paradigma organizacional incorporando novos princípios gerenciais que enfatizam a cooperação interindustrial nas articulações entre produtores e fornecedores.
2. A estruturação de sistemas produtivos que incorporam o conceito de especialização flexível como princípio organizador das atividades.

3. A intensificação da concorrência e a globalização dos mercados, que resultam em estímulos à montagem de alianças estratégicas com múltiplos formatos entre empresas.
4. A consolidação de um paradigma tecnológico baseado em novas tecnologias de informação e telecomunicação que facilitam a interação entre agentes.
5. A evolução no sentido de uma sistemática de realização de atividades inovativas crescentemente baseadas na aglutinação de múltiplas competências e em projetos cooperativos de caráter interdisciplinar.
6. A mudança de enfoque da política industrial implementada em diversos países no sentido de privilegiar-se o apoio a redes envolvendo diversas empresas, em contraposição ao apoio a empresas isoladas.

O interesse que o conceito de rede vem despertando na literatura de Economia Industrial decorre, em boa medida, da sua maleabilidade. De fato, as estruturas em rede constituem um quadro de referência que pode ser aplicável à investigação de múltiplos fenômenos caracterizados pela densidade de relacionamentos cooperativos entre os agentes, o que reforça a interdependência entre suas respectivas competências e impõe a necessidade de algum tipo de coordenação coletiva das ações adotadas. Nesse sentido, observa-se também uma certa confusão semântica entre os conceitos de "empresas em rede", "redes de empresas" e "indústrias em rede". O primeiro deles associa-se a conformações intraorganizacionais que se estruturam como um desdobramento evolutivo da empresa multidivisional a partir do advento de novas tecnologias de informação-telecomunicação. As "indústrias em rede" estão geralmente associadas aos setores de infraestrutura e se baseiam em padrão de interconexão e compatibilidade entre unidades produtivas, o que se constitui em requisito básico para a operação eficaz destas. O conceito de "redes de empresas", por sua vez, refere-se a arranjos interorganizacionais baseados em vínculos sistemáticos – muitas vezes de caráter cooperativo – entre empresas formalmente independentes que dão origem a uma forma particular de coordenação das atividades econômicas.

Este capítulo aborda um tipo particular de estrutura em rede, as redes de empresas, procurando discutir algumas características e propriedades desses arranjos que condicionam a sua capacidade de resposta diante dos estímulos ambientais. O capítulo está dividido em cinco seções, além desta introdução. A primeira seção associa a utilização do conceito de rede à representação da complexidade inerente ao tratamento dos problemas econômicos. A segunda seção discute a importância do conceito genérico de rede dentro da teoria econômica, ressaltando-se, em especial, a importância do conceito de redes de empresas como objeto específico de investigação. A terceira seção apresenta uma sistematização dos principais elementos estruturais constituintes das redes de empresas. A quarta seção desenha um quadro analítico de referência no tocante aos processos internos e às propriedades dessas redes. A quinta seção apresenta uma discussão sobre as características de alguns modelos estilizados dessas redes, discussão está efetuada com base no quadro analítico anteriormente construído.

16.2 Sistemas Complexos em Economia e o Conceito de Rede

O estudo de sistemas complexos baseia-se em uma perspectiva científico-metodológica que investiga como as relações entre as partes sustentam o comportamento conjunto de determinado sistema e como o mesmo interage com o ambiente. A funcionalidade de um sistema complexo está intrinsecamente vinculada às relações estabelecidas entre as partes, e não apenas ao papel individual das partes que o constituem. Neste tipo de sistema, identificam-se relações entre componentes sem controle central baseadas em regras de operação simples que levam a um comportamento coletivo complexo, a um processamento sofisticado das informações, e à adaptação via aprendizado e evolução. A coletânea de artigos coordenada por Furtado, Sakowski e Tóvolli (2015) sistematiza algumas contribuições importantes no campo da análise das questões econômicas baseadas nesta perspectiva metodológica.

Na prática, isto significa que o termo sistema complexo (SC) apresenta qualidades próprias – ou emergentes – que não podem ser deduzidas das qualidades individuais dos seus componentes. Em razão de seu comportamento acentuadamente sistêmico, as propriedades destes sistemas só podem ser identificadas durante o seu comportamento coletivo, sendo irredutíveis ao nível de seus componentes individuais. Os modelos matemáticos utilizados para a representação de sistemas complexos são geralmente baseados em ferramentas estatísticas, teoria de informação, dinâmica não linear e teoria dos grafos.

Os fenômenos naturais relacionados a diferentes campos do conhecimento, como a matemática, a física, a química, a biologia e, mais recentemente, a economia, dentre outros, têm sido objeto de estudos e pesquisas baseados nesta perspectiva metodológica. A hipótese é a de que muitos sistemas, ao serem observados para buscar seu entendimento, são mais bem descritos por métodos que permitam a modelagem e a análise das interações entre as diferentes partes desse sistema. Para entender e desenvolver instrumentos de intervenção em sistemas complexos, é preciso unir numa matriz metodológica coerente dois aspectos fundamentais: (1) a análise das partes e de suas relações; e (2) a análise das relações entre o conjunto das partes – a estrutura do sistema – com o ambiente. Para a teoria de sistemas complexos, a questão principal é como descobrir e investigar qualidades específicas que resultam da interação de suas partes e das partes com o ambiente.

De acordo com Tesfatsion (2006), a economia pode ser classificada como um sistema complexo por duas razões complementares. Primeiro porque um grande número de unidades individuais estabelece relações sistemáticas em um nível micro. Segundo porque as interações entre estas unidades geram regularidades em escalas superiores que envolvem propriedades emergentes únicas que não dependem somente das características intrínsecas das unidades individuais envolvidas na relação.

No entanto, observa-se um interesse ainda limitado na aplicação da perspectiva de sistemas complexos na economia, apesar dessas ideias estarem apresentadas em vários *insights* de economistas clássicos importantes, como Herbert Simon, Friedrich von Hayek, Gunnar Myrdal e Nicholas Georgescu-Roegen. Apesar de dois economistas renomados, Kenneth Arrow e Brian Arthur, estarem diretamente envolvidos na fundação do Instituto Santa Fé, no final da década de 1980, cujo foco é direcionado para esse tipo de análise, o interesse ainda se encontra mais confinado aos trabalhos elaborados a partir da noção de rendimentos crescentes (Arthur, 2014). Neste sentido, um impulso importante para uma perspectiva mais geral em relação aos sistemas complexos na economia veio de economistas evolucionários interessados no processo de geração de variedade a partir dos impactos da introdução de inovações (Foster e Metcalfe, 2002; Foster, 2005; Robert e Yoguel, 2015).

No campo da análise de sistemas complexos, a presença de redes estruturadas está usualmente associada às microunidades utilizadas como instrumentos para representação e análise desses sistemas (Mitchell, 2000). A análise dessas redes poderia ser aplicada aos diferentes campos do conhecimento. Nas Ciências Econômicas, o conceito pode ser aplicado aos sistemas de interações entre consumidores e produtores, à análise da estruturação de redes de fornecedores para a geração de produtos de alta tecnologia e alto valor agregado, à análise dos fluxos de comércio externo, e à transmissão de informações e cooperação e integração de competências para viabilizar processos inovativos, dentre outros aspectos.

A análise de redes, numa perspectiva mais geral, atribui particular relevância à estrutura ou "topologia" dessas configurações. Basicamente, as redes complexas são constituídas por um número variado de pontos ou nós, os quais se encontram ligados por conexões que traduzem a natureza das relações entre os mesmos. Alguns conceitos, medidas e propriedades podem ser associados à "análise topológica de redes" (ver Quadro 16.1 e Figura 16.1) numa perspectiva mais geral, em particular por meio da contribuição do ferramental da análise de grafos. No entanto, é possível associar as redes complexas a problemas do "mundo real", em oposição às redes e grafos "simples", que apenas modelam problemas teóricos. A maioria das características das redes do mundo real (*real-world networks*) que têm atraído a atenção dos pesquisadores nos últimos anos refere-se às formas como estas redes se estruturam e operam.

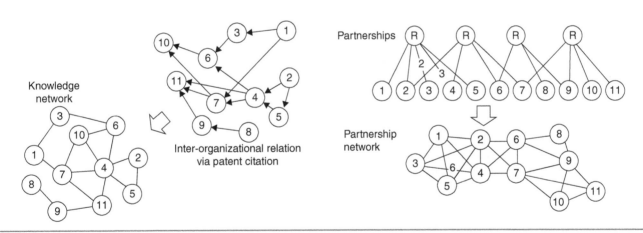

Figura 16.1 Representação de Redes pela Teoria dos Grafos. Fonte: Okamura e Vonortas (2009). pp. 129-130.

QUADRO 16.1 ELEMENTOS ESTRUTURAIS DAS REDES DE EMPRESAS	
Elementos Morfológicos Gerais das Redes	**Elementos Constitutivos das Redes de Empresas**
Nós	Empresas ou Atividades
Posições	Estrutura de Divisão de Trabalho
Ligações	Relacionamentos entre Empresas (aspectos qualitativos)
Fluxos	Fluxos de Bens (tangíveis) e de Informações (intangíveis)

250 Economia Industrial

O que distingue as redes em economia das redes em outras áreas do conhecimento é que as ligações entre os nós existem ou não como consequência de uma análise de custo-benefício realizada por agentes que tomam decisões segundo o seu próprio interesse e que executam ações em função de suas próprias expectativas sobre acontecimentos futuros. Neste sentido, estas redes evoluem de modo endógeno à medida que se desenrola a interação local entre agentes que são racionais. A questão central no que concerne às redes econômicas diz respeito às forças subjacentes ao estabelecimento de ligações entre quaisquer dois agentes com estas motivações, refletindo afinidades que podem ser encontradas entre aqueles que escolhem estar em contato ou são postos em contato com outros por mera aleatoriedade.

Nas redes econômicas, os nós podem representar famílias, empresas, instituições financeiras, instituições de pesquisa, agências e departamentos governamentais, enquanto as ligações correspondem, por exemplo, aos fluxos reais e monetários que põem em contato estes agentes. Esta descrição encontra-se próxima daquilo que é conhecido como "circuito econômico", onde, em princípio, observa-se um elevado grau de heterogeneidade entre cada classe de agentes. Neste sentido, a falta de homogeneidade não se restringe à natureza dos nós, estando também relacionada com a especificidade das ligações e do conteúdo dos fluxos associados. Uma rede econômica compreende uma teia não homogênea de relações no sentido em que o grau de um nó, isto é, o número de conexões diretas com outros vértices, varia entre os nós.

As análises baseadas no conceito de redes em economia podem contemplar, como nós, firmas e outros tipos de organizações, setores ou ramos de atividades, regiões geográficas, campos do conhecimento ou campos tecnológicos. A análise de redes em economia usualmente está relacionada com elementos de um referencial analítico mais abrangente, podendo-se destacar as seguintes contribuições: 1) a perspectiva neoinstitucionalista da teoria dos custos de transação, nas quais as redes operam como formas híbridas de governança; 2) as análises elaboradas no campo da sociologia econômica, nas quais estas redes representam uma estrutura de relações sociais a partir da qual é reforçado o processo de *embeddedness;* 3) as análises da microeconomia tradicional, na qual as decisões dos agentes podem ser influenciadas por "externalidades de rede"; e 4) a perspectiva da teoria evolucionária neo-schumpeteriana, na qual as redes operam como inovação organizacional indutora de processos de aprendizado e inovação.

▌ 16.3 O Conceito de Rede na Ciência Econômica e a Noção de Redes de Empresas

A utilização do conceito de rede como artifício analítico na abordagem de problemas econômicos reflete não apenas a recuperação de temas tradicionalmente abordados pela economia política clássica – discutindo a especificidade da divisão social do trabalho entre as empresas –, como também a incorporação de uma série de contribuições importantes da sociologia e da matemática, evidenciando uma abordagem nitidamente interdisciplinar. No âmbito das ciências exatas, o conceito de rede tem motivado o desenvolvimento de um instrumental sofisticado aplicável à caracterização e ao estudo da estrutura de sistemas complexos e dinâmicos. No caso das ciências sociais, a utilização deste tipo de recorte enfatiza a importância de se entender a estrutura do sistema de relações que conectam diferentes agentes, bem como os mecanismos de operação deste sistema responsáveis pela sua reprodução, fortalecimento e eventual transformação ao longo do tempo. As análises baseadas no conceito de rede pressupõem que a configuração dos vínculos presentes e ausentes entre os pontos que conformam determinado sistema revela estruturas específicas, que constituem um objeto relevante de investigação. Quando se transpõe esse conceito para o estudo dos problemas atinentes à ciência econômica, uma primeira questão relevante diz respeito à identificação das situações nas quais este conceito poderia – ou deveria – ser utilizado.

Na utilização do conceito genérico de rede pela teoria econômica, é possível diferenciar duas abordagens distintas. A primeira delas ressalta o caráter instrumental do conceito de rede para a compreensão da dinâmica de comportamento dos diferentes mercados. Neste caso, o conceito é utilizado no tratamento dos problemas de natureza alocativa recorrentemente enfrentados pela ciência econômica, estando relacionado à noção de externalidades em rede como princípio orientador da análise. A presença de externalidades em rede em determinados mercados reflete a existência de efeitos diretos e indiretos da interdependência entre as decisões dos agentes que neles atuam. Esta perspectiva de análise opta por um recorte nitidamente microeconômico, procurando entender como determinada rede de relações afeta as decisões tomadas pelos agentes econômicos fundamentais (produtores e consumidores) em mercados particulares. Usualmente, a literatura sobre o fenômeno distingue os seguintes tipos de externalidades em rede:

1. Externalidades técnicas relacionadas a situações em que a interdependência entre os agentes do ponto de vista técnico resulta em modificações nas características das respectivas funções de produção.
2. Externalidades pecuniárias, que se traduzem em uma mudança nos preços relativos dos fatores e em modificações das estruturas de custo das empresas.

Cooperação Interindustrial e Redes de Empresas 251

3. Externalidades tecnológicas associadas a efeitos do tipo *spill-over*, que resultam em mudanças no ritmo de adoção e difusão, como também nas inovações em determinado mercado.
4. Externalidades de demanda presentes em situações em que a demanda de bens oferecidos por unidade é afetada por modificações na demanda de outras unidades ou em que a demanda de um consumidor individual é influenciada pela demanda agregada do mesmo bem.

A análise tradicional das externalidades em rede procura modelar e discutir o fenômeno relativo ao surgimento de rendimentos crescentes no interior de mercados nos quais algumas das características mencionadas estão presentes. Este fenômeno mostra-se particularmente importante no caso de um elenco variado de indústrias caracterizadas por um grau elevado de integração e interdependência entre unidades produtivas, as denominadas indústrias em rede. Supõe-se, nesse sentido, que as mencionadas externalidades funcionam como fator de fortalecimento das interdependências entre unidades produtivas inseridas nessas indústrias, possibilitando a caracterização dos mercados respectivos como uma rede de agentes interdependentes. Como principais características dessas estruturas em rede, é possível mencionar:

1. A presença de um grau elevado de compatibilidade e complementaridade técnica entre os agentes e as atividades por eles realizadas.
2. A existência de um grau elevado de integração de atividades produtivas no nível da rede devido à presença de externalidades técnicas, pecuniárias e de demanda.
3. A geração de externalidades tecnológicas e outros tipos de ganhos relacionados ao progresso técnico devido à variedade de empresas inseridas nesses arranjos e à complementaridade entre as respectivas competências.
4. A consolidação de uma infraestrutura particular que conforma tais sistemas, a qual implica certo grau de irreversibilidade quanto a investimentos realizados por agentes que a eles se integram.

Nesta perspectiva, a rede de empresas pode ser referenciada a um conjunto organizado de unidades de produção parcialmente separáveis que operam com rendimentos crescentes que podem ser atribuídos tanto a economias de escala como a uma função global de custos "subaditivos" que refletem a presença de externalidades significativas de natureza técnica, pecuniária e tecnológica, assim como efeitos relacionados a importantes externalidades de demanda. Esta definição salienta a importância dos conceitos de interdependência e de compatibilidade no que se refere às esferas da produção e da demanda nos mercados em que se inserem as estruturas em rede. Considerando esses aspectos, a discussão sobre como operam estas redes é referenciada à maneira como surgem estes diversos tipos de externalidades nos mercados respectivos.

A interdependência entre diferentes partes da rede afeta as condições de produção/custos. Como exemplos, destacam-se as situações nas quais o custo de envio de um bem depende da dimensão e da densidade dos pontos integrados à respectiva rede. A conformação das redes não afeta apenas as condições de produção, mas também as condições de procura. Pode-se, então, mencionar a "Lei de Metcalfe", segundo a qual o valor de uma rede aumenta exponencialmente com o número de unidades a ela ligadas. Os benefícios que os agentes obtêm através da conexão a uma rede designam-se por economias de rede "diretas". Identificam-se também economias de rede "indiretas", quando o aumento da dimensão da rede implica o aumento da variedade oferecida ou a existência de produtos e serviços complementares a um menor custo. As externalidades de rede podem criar efeitos *lock-in*, tornando alternativas técnicas menos atraentes em termos dos benefícios que proporcionam a consumidores e/ou produtores.

Na operação dos mercados, é possível também distinguir o impacto de dois tipos de redes econômicas: as redes técnicas e as redes não técnicas. No caso das redes técnicas, os produtores e consumidores estão interligados por meio de uma infraestrutura física. Uma rede técnica é caracterizada por um conjunto de lugares geográficos (pontos) interconectados formando um sistema composto por nós e elos interdependentes e resultando numa infraestrutura particular, a qual implica um certo grau de irreversibilidade para os investimentos. Já as redes não técnicas interligam produtores e consumidores por elos virtuais, que não requerem uma infraestrutura física dedicada, estando relacionadas a complementaridades no consumo e na produção.

A importância que estes efeitos assumem em determinados mercados dá origem à noção de "indústrias de rede", caracterizadas como uma atividade que conecta usuários entre si ou com produtores por meio de um sistema (ou sistemas) dedicado baseado em uma infraestrutura física (no caso das redes técnicas) ou virtual (no caso das redes não técnicas). Como exemplos, destacam-se redes de comunicação, sistemas de energia (*power grids*), sistemas de transporte e plataformas de software. Nestas indústrias, a presença de economia de escala e escopo se combina com "economias de densidade" relacionadas aos ganhos de eficiência proporcionados pela maior extensão e complexidade das redes que conectam consumidores e produtores. Tradicionalmente, as indústrias de rede "clássicas" podem estar associadas a uma estrutura de nós, *links* e fluxos, com os nós correspondendo a locais físicos no espaço, os *links* às conexões físicas estabelecidas entre os nós, e os fluxos a algum tipo de produto, serviço ou informação transferido por meio daqueles *links*. Neste sentido, é comum que as "indústrias de rede" estejam vinculadas a uma "arquitetura técnica de interconexão" estruturada em três níveis: 1) uma infraestrutura material (ou física) que possibilita a ligação entre os vários nós; 2) uma "infoestrutura" que permite gerenciar informações de maneira a otimizar a utilização daquela infraestrutura por meio de um sistema de operação eficaz; 3) uma estrutura de aplicações (ou aplicativos) associadas ao conjunto de serviços disponibilizados por meio do sistema, diferenciados em termos de qualidade e preços e que se adaptam a diferentes segmentos de usuários ou clientela.

Em contraste com as análises que ressaltam o papel das externalidades em rede sobre a dinâmica alocativa de diferentes mercados, é possível caracterizar um outro tipo de abordagem que discute o conceito de rede menos a partir dos possíveis efeitos gerados sobre o comportamento de consumidores e produtores, e mais do ponto de vista da constituição de um tipo particular de instituição com a capacidade de coordenar a realização de atividades econômicas. Nesse caso, a ênfase recai na caracterização das estruturas em rede como um *objeto específico* de investigação. Estas estruturas estariam associadas a determinados elementos básicos constituintes, bem como a mecanismos de operação particulares, responsáveis pela geração de estímulos endógenos indutores de processos adaptativos face à evolução do ambiente.

Comparando-se este enfoque com a perspectiva anteriormente mencionada, que privilegia a discussão dos efeitos de externalidades em rede sobre os mecanismos de ajustamento dos diferentes mercados, duas diferenças básicas podem ser destacadas. Por um lado, a ênfase da análise recai nos processos de estruturação e transformação destas redes a partir de estímulos internos e externos, e não apenas no impacto que a formação destas estruturas acarreta sobre a dinâmica alocativa dos diferentes mercados. Por outro lado, considerando estas redes como objeto específico de investigação, os processos alocativos que ocorrem em seu interior passam a ser concebidos como uma faceta particular dos mecanismos de operação destas estruturas, tornando-se necessária a discussão de outras dimensões associadas a estes mecanismos.

Na literatura de Economia Industrial, a identificação das redes de empresas como objeto específico de investigação vem assumindo crescente importância. A análise dessas redes é desenvolvida a partir de uma crítica à divisão artificial entre a empresa e o ambiente externo em que está inserida. Pressupõe, portanto, que este ambiente se encontra institucionalmente estruturado em função da densidade dos vínculos produtivos e tecnológicos estabelecidos entre as empresas e outras instituições. O conceito de redes de empresas baseia-se, assim, em uma perspectiva de análise que ressalta a dimensão social das relações entre empresas e seus possíveis desdobramentos sobre a conformação institucional do ambiente econômico e sobre o padrão de conduta dos agentes. No plano metodológico, as redes de empresas são, por excelência, um objeto focado em análises que privilegiam um recorte mesoeconômico da dinâmica industrial, as quais ressaltam o papel desempenhado pelos subsistemas estruturados na modulação daquela dinâmica. Desse modo, estas redes caracterizam-se pela existência de uma autonomia relativa em relação às forças externas, bem como pela presença de certo grau de auto-organização e de uma capacidade endógena de transformação que lhes conferem um caráter essencialmente dinâmico.

Estes "subsistemas" podem apresentar uma grande diversidade institucional, operando como "linhas de força" básicas do processo de transformação das estruturas industriais. Nesta perspectiva, as redes de firmas poderiam ser concebidas como um subconjunto organizado de atores interdependentes. No plano teórico, a análise das especificidades das redes de firmas tem sua origem em revisões críticas e em tentativas de sofisticar a teoria da firma tradicional. Estas análises procuram captar com maior precisão a complexidade da firma enquanto agente econômico, discutindo o processo de paulatina "abertura" da mesma para relacionamentos externos.

Duas linhas principais de argumentação podem ser destacadas neste sentido: uma delas correlaciona estas transformações à geração de respostas aos problemas de processamento de informações em um ambiente crescentemente complexo; enquanto a outra ressalta o papel das firmas como repositórios de conhecimentos e competências acumulados ao longo do tempo.

A sofisticação das análises que correlacionam a existência de firmas a problemas de processamento de informações pode ser identificada, principalmente, nos trabalhos de matriz teórica "neoinstitucionalista", que ressaltam a importância dos "custos de transação" na organização de atividades econômicas. No âmbito da teoria dos custos de transação, as redes de firmas constituem "formas híbridas" de governança, localizadas no meio-termo entre a firma integrada e o mercado atomizado. Estas redes estariam associadas a transações frequentes com algum grau de incerteza e que envolvem ativos mediamente específicos. Em termos da sistemática contratual, estas formas híbridas caracterizam-se por um processo de barganha entre agentes interdependentes, o que resulta na elaboração de "contratos incompletos" (não totalmente formalizados) que incorporam salvaguardas contra posturas oportunistas dos agentes, além de mecanismos adaptativos capazes de garantir a resolução de conflitos via negociação. Basicamente, estas redes são compreendidas como um arranjo interorganizacional que compatibiliza o recebimento de estímulos exógenos do mercado com a geração de estímulos endógenos de tipo administrativo. Desse modo, elas permitem compatibilizar a realização de adaptações de caráter "autônomo" (de forma reativa aos sinais do mercado) com adaptações que demandam a "coordenação" de diferentes funções produtivas, que são repartidas entre os componentes da rede.

Em contraste com as análises que salientam o problema de processamento de informações, outras abordagens enfatizam o papel das firmas enquanto depositárias de conhecimentos e competências acumuladas ao longo do tempo. Estas abordagens associam as firmas aos recursos produtivos e tecnológicos que elas controlam e se ajustam ao longo do tempo, ressaltando a importância de um processo cumulativo que altera permanentemente as competências organizacionais e tecnológicas dos agentes. No âmbito deste tipo de visão, as redes de firmas são concebidas como instâncias que permitem a aglutinação, integração e criação de competências ao longo do tempo por meio de processos interativos de aprendizado institucionalmente condicionados. Basicamente, estas redes operam como estruturas de coordenação que permitem integrar competências individuais complementares, convertendo-as em fontes de novas oportunidades. Nesta perspectiva, a montagem de arranjos cooperativos é concebida como um meio particularmente eficaz para impulsionar o processo inovativo e possibilitar a exploração de novas oportunidades tecnológicas. Baseadas em instâncias autônomas que estabelecem entre si relações extremamente sofisticadas, estas redes viabilizam o balanceamento entre a "descentralização" e a "coesão" imprescindíveis à identificação e à interpretação de informações tecnológicas e sinais competitivos. Por um lado, estas redes permitem a criação de novos conhecimentos e competências, vista como requisito para viabilizar a exploração de "quase rendas" associadas à exploração de novas oportunidades produtivas e tecnológicas. Por outro lado, tais redes garantem uma maior "reversibilidade" em termos dos recursos mobilizados coletivamente pelos agentes nelas inseridos, permitindo um melhor enfrentamento da incerteza inerente ao ambiente econômico.

É possível avançar no sentido de algumas implicações da utilização do conceito de redes de empresas. Em particular, três procedimentos gerais de operacionalização de estudos empíricos baseados nesse conceito podem ser mencionados. Em primeiro lugar, é importante ter claro qual a estrutura da rede a ser considerada na investigação, o que envolve uma série de questões importantes, tais como: a definição dos critérios para o agrupamento dos seus elementos constituintes e das ligações a eles associadas; a demarcação dos limites da estrutura; a caracterização das forças endógenas que emergem da consolidação da rede etc. Em segundo lugar, observa-se que, quando se evolui do plano das empresas individuais para o plano mesoeconômico dos arranjos interorganizacionais, a discussão deve contemplar não apenas as estratégias individualmente definidas pelas empresas, como também as diversas práticas socialmente construídas que permitem a continuidade e o aprofundamento da cooperação entre as partes envolvidas no arranjo que proporcionam algum tipo de benefício econômico para estas. Em terceiro lugar, é importante considerar na análise possíveis desdobramentos da consolidação daqueles arranjos em termos da geração de vantagens competitivas diferenciais para as empresas neles integradas.

16.4 Redes de Empresas: Elementos Estruturais

A utilização do conceito de rede como artifício analítico na compreensão de múltiplos fenômenos pode ser correlacionada a alguns elementos morfológicos que são comuns a este tipo de estrutura. Especificamente, quatro elementos morfológicos genéricos – nós, posições, ligações e fluxos – podem ser ressaltados como partes constituintes das estruturas em rede. No caso específico das redes de empresas, estes elementos básicos assumem características particulares. O Quadro 16.1 procura sintetizar estas características associando a cada um dos elementos morfológicos genéricos constituintes das estruturas em rede a expressão destes no âmbito específico das redes de empresas.

Em primeiro lugar, é possível definir um conjunto de agentes, objetos ou eventos em relação ao qual a rede estará definida. Na caracterização morfológica de uma rede, este conjunto associa-se ao conceito de pontos focais ou nós que compõem a estrutura. Na caracterização dos nós que constituem as unidades básicas das redes de empresas, duas perspectivas distintas de análise podem ser ressaltadas. A primeira identifica as empresas inseridas nestes arranjos como unidades básicas a serem investigadas. Nessa perspectiva, estas redes são concebidas como o produto das estratégias adotadas pelos agentes nelas inseridos que induzem o estabelecimento de relacionamentos sistemáticos entre eles. Partindo-se das empresas como nós fundamentais das redes, torna-se possível captar a conformação da estrutura a partir da análise das estratégias de relacionamentos dessas empresas, as quais se refletem na formação de alianças estratégicas com outros agentes.

À análise que elege as empresas como unidade básica dos arranjos estruturados na forma de redes é possível contrapor outro tipo de enfoque, que caracteriza determinadas atividades como pontos focais daqueles arranjos. Enquanto no caso anterior esta unidade estaria associada a determinado agente e seus relacionamentos externos, neste último caso esta unidade estaria referenciada a uma determinada atividade produtiva ou a uma determinada indústria. Assim, particular relevância costuma ser atribuída aos fatores que explicam a aproximação-integração de diferentes atividades produtivas no interior de uma estrutura em rede.

O detalhamento morfológico das estruturas em rede pressupõe também a identificação das posições que definem como os diferentes pontos se localizam no interior da estrutura. Estas posições estão associadas a uma determinada divisão de trabalho que conecta os diferentes agentes visando atingir determinados objetivos. A consolidação desta divisão de trabalho é uma consequência natural da diversidade de atividades necessárias à produção de determinado bem, envolvendo a integração de capacidades operacionais e competências organizacionais dos agentes, bem como a compatibilização-integração das tecnologias incorporadas nos diferentes estágios das cadeias produtivas.

É possível também associar as estruturas em rede a determinadas ligações entre seus nós constituintes. Em função da estrutura destas ligações, é possível distinguir estruturas dispersas – nas quais o número de ligações entre pontos é bastante limitado – de estruturas mais densas – nas quais cada ponto está ligado a praticamente todos os demais pontos que conformam a rede. A identificação da configuração das ligações entre nós que conformam a rede é também particularmente importante para a caracterização desse tipo de estrutura.

No caso das redes de empresas, a caracterização destas ligações deve contemplar um detalhamento dos relacionamentos organizacionais, produtivos e tecnológicos entre os membros da rede, inclusive no que se refere aos aspectos qualitativos destes. Basicamente, estes relacionamentos podem ser referenciados a dois aspectos-chave: a forma e o conteúdo. Quanto à forma dos relacionamentos, um aspecto crucial refere-se ao grau de formalização do arcabouço contratual que regula as relações entre agentes. A funcionalidade desse arcabouço contratual pode estar associada a três propriedades. Em primeiro lugar, este arcabouço deve definir um conjunto de mecanismos de coordenação com vistas a atingir determinados objetivos pelas partes envolvidas. Em segundo lugar, ele deve contemplar mecanismos de prevenção contra a adoção de posturas oportunistas pelos agentes que estabelecem a relação. Finalmente, em terceiro lugar, este arcabouço deve incluir mecanismos de incitação à adoção de um comportamento eficiente pelas partes envolvidas.

A caracterização morfológica das redes de empresas requer também a identificação do conteúdo de seus relacionamentos internos. Considerando que esses relacionamentos estão articulados a um determinado esquema de divisão de trabalho, é possível identificar três tipos de ligações qualitativamente distintos em função de um nível crescente de complexidade. Em primeiro lugar, existem ligações sistemáticas entre agentes que se restringem ao plano estritamente mercadológico, não envolvendo o estabelecimento de diretrizes comuns relacionadas a procedimentos produtivos nem a compatibilização-integração das tecnologias empregadas. Em segundo lugar, é possível caracterizar as ligações que envolvem a integração de etapas sequencialmente articuladas ao longo de determinada cadeia produtiva. Nesse caso, a compatibilização de uma série de procedimentos técnico--produtivos se faz necessária para elevar o nível de eficiência proporcionado pela estruturação da rede. Finalmente, o terceiro tipo de ligação – qualitativamente mais sofisticado – envolve a integração de conhecimentos e competências retidos pelos agentes para viabilizar a obtenção de inovações tecnológicas. Nesse caso, as ligações entre agentes extrapolam a mera compatibilização de procedimentos produtivos, envolvendo também a realização de um esforço tecnológico conjunto e coordenado.

Avançando no sentido da caracterização morfológica das estruturas em rede, observa-se que a mera descrição das ligações entre nós é insuficiente, tornando-se necessário identificar a natureza específica dos fluxos que circulam pelos canais de ligação entre aqueles nós. No caso específico das redes de empresas, a análise desses fluxos é mais complicada em função do caráter complexo dessas redes.[1] Para operacionalizar a análise, é possível identificar os diferentes fluxos internos que estão presentes nas redes de empresas. Em primeiro lugar, destacam-se os fluxos tangíveis baseados em transações recorrentes estabelecidas entre os agentes pelas quais são transferidos insumos e produtos. Esses fluxos compreendem operações de compra e venda realizadas entre os agentes integrados à rede. Três aspectos diferenciam qualitativamente esses fluxos de transação daqueles externos à rede: (1) o caráter sistemático das transações realizadas devido à presença de incentivos específicos à continuidade e ao aprofundamento das articulações entre agentes; (2) a realização de algum tipo de adaptação nos procedimentos produtivos realizados devido à integração da empresa à rede; (3) o reforço da especificidade dos ativos envolvidos na transação como reflexo de adaptações mútuas realizadas nos procedimentos operacionais com a continuidade e o aprofundamento das articulações entre empresas.

Simultaneamente aos fluxos tangíveis, existem os fluxos intangíveis: os fluxos informacionais que conectam os diversos agentes integrados às redes. Do ponto de vista metodológico, a investigação desses fluxos é mais problemática devido à sua natureza intangível, o que dificulta o processo de quantificação dos estímulos que são emitidos e recebidos pelos agentes. Além disso, não existe – como no caso dos fluxos baseados em bens – um arcabouço contratual que regule a transmissão e a recepção desses fluxos. Por fim, deve-se considerar que o conteúdo das informações transmitidas pode variar bastante em termos de seu grau de codificação. Uma parcela importante dessas informações apresenta, inclusive, um caráter tácito, estando baseadas em padrões cognitivos idiossincráticos retidos pelos agentes responsáveis pela sua transmissão e recepção.

A diferenciação proposta entre os vários elementos morfológicos das estruturas em rede – nós, posições, ligações e fluxos – constitui um exercício de simplificação. De fato, a utilização do conceito de redes de empresas como instrumental analítico requer não apenas a identificação daqueles elementos no contexto abordado, como também das interconexões que se estabelecem entre eles, o que requer um esforço de sistematização de dupla direção. Por um lado, é importante realizar uma análise que parta das características dos elementos básicos da rede – determinados nós compostos por empresas e atividades – para, a partir daí, expandir o foco no sentido das posições por eles ocupadas em determinado esquema de divisão de trabalho, especificando-se as características das ligações entre eles estabelecidas e dos fluxos associados a essas ligações. Por outro lado, é importante também realizar um percurso analítico em sentido inverso, verificando-se como a necessidade de coordenar e agilizar os fluxos intrarrede afeta as ligações e o posicionamento dos pontos focais da estrutura.

É importante ressaltar também alguns problemas rotineiramente presentes na análise das redes de empresas. O primeiro deles decorre do fato de que essas estruturas são, na verdade, construções abstratas elaboradas com o intuito de reforçar o poder explicativo de um determinado tipo de análise. Em particular, não se deve esperar que os agentes econômicos integrados a essas redes tenham maior clareza sobre as características morfológicas dessas estruturas. Um segundo problema refere-se à dificuldade prática para se definir os limites dessas redes. Tradicionalmente, as análises sobre o fenômeno procuram contornar esse problema por meio da definição dos limites vinculados a um determinado ramo industrial, tecnologia, produto, país ou região para o qual confluem as ligações intrarrede. No entanto, a utilização de um ou outro critério para delimitação daquelas redes não elimina o caráter arbitrário do recorte. Um terceiro aspecto refere-se especificamente ao processo de transformação destas estruturas ao longo do tempo. De fato, as evidências demonstram que essas redes são essencialmente heterogêneas no que se refere à sua velocidade de transformação, a qual é afetada pela capacidade dos agentes ajustarem seu comportamento em função dos estímulos do processo competitivo.

16.5 Redes de Empresas: Dimensões Relevantes de Operação e Propriedades Internas

A discussão sobre a operação das empresas em situações concretas envolve três impactos distintos associados à consolidação destes arranjos. Em primeiro lugar, identificam-se impactos diretos associados à esfera técnico-produtiva, que dizem respeito ao aumento da eficiência operacional decorrente da exploração de economias técnicas e à redução de custos de produção e de transação em virtude da consolidação da rede. Em segundo lugar, é possível identificar impactos indiretos associados às instâncias de coordenação das decisões produtivas e tecnológicas dos agentes inseridos na rede, que permitem um melhor enfrentamento da incerteza subjacente à concorrência intercapitalista. Finalmente, em terceiro lugar, identificam-se impactos dinâmicos associados à estruturação dessas redes, que dizem respeito à criação, à circulação e à difusão de informações, assim como ao aprofundamento de mecanismos específicos de aprendizado no interior da rede, o que reforça a capacitação tecnológica e alavanca o potencial inovativo dos agentes integrados ao arranjo. Esses impactos refletem-se em três dimensões distintas – sistematizadas na Figura 16.2 – que procuram representar a natureza específica dos fenômenos que ocorrem no interior das redes de empresas, que são discutidas mais detalhadamente nesta seção do capítulo.

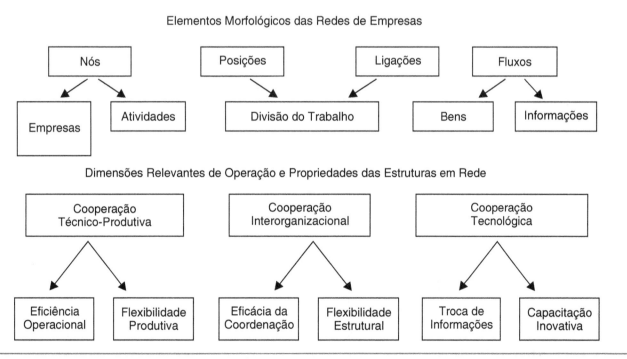

Figura 16.2 Referencial Analítico.

256 Economia Industrial

16.5.1 Cooperação técnico-produtiva em redes de empresas

Esta dimensão associa-se à sistemática de divisão do trabalho e ao padrão de especialização de funções produtivas entre os diversos agentes inseridos na rede a partir dos quais se conformam sistemas técnico-produtivos com características específicas que proporcionam ganhos de eficiência para os participantes da rede. A consolidação de sistemas técnico-produtivos estruturados na forma de redes implica a necessidade de aperfeiçoamento da logística de coordenação dos fluxos produtivos no interior desses arranjos. Quanto mais complexa for essa logística, maior será a necessidade de uma coordenação coletiva eficaz das ações dos agentes, tanto do ponto de vista quantitativo como do qualitativo. Em especial, é importante compatibilizar os níveis de desempenho técnico-produtivo entre os diversos agentes integrados à rede contemplando desde os ajustamentos nas tecnologias relacionadas ao produto físico gerado e às características dos processos de produção até os procedimentos gerais de formação de recursos humanos, de padrões de controle de qualidade e de normalização técnica.

A obtenção de uma maior eficiência técnico-produtiva por meio da consolidação de redes de empresas encontra-se condicionada por dois fatores principais. Em primeiro lugar, observa-se que a obtenção desse tipo de ganho depende das características dos produtos gerados e dos processos empregados no nível da rede. De fato, as possibilidades de obtenção de economias de escala ou escopo no nível da rede – por meio de um processo de especialização produtiva de seus membros – são decisivamente afetadas pelas características tecnológicas dos produtos gerados. Existem também determinados requisitos em termos de compatibilidade técnica entre componentes e subsistemas – variando de acordo com a complexidade tecnológica do produto – que influenciam a distribuição de tarefas entre os membros da rede. Em segundo lugar, a obtenção de ganhos de eficiência depende dos mecanismos utilizados para coordenar os fluxos produtivos no interior dessas redes. Supõe-se que, quanto mais complexa for a estrutura da rede em termos de sua logística interna, mais importante será a coordenação coletiva dos procedimentos operacionais em seu interior, tanto do ponto de vista quantitativo como do qualitativo. A otimização da logística intrarrede por meio da incorporação e difusão de inovações organizacionais – via sistemas do tipo *just-in-time*, por exemplo – deve também estar contemplada neste nível de análise.

Considerando os impactos mencionados, é possível destacar dois tipos de ganhos associados às práticas produtivas adotadas no nível da rede: o aumento da eficiência operacional e o incremento da flexibilidade produtiva. O aumento da eficiência operacional envolve a geração de ganhos técnico-econômicos associados a economias de escala e escopo, assim como outros impactos relacionados ao aumento da qualidade e produtividade dos processos produtivos em seu interior. A obtenção desses ganhos requer a estruturação de um esquema de divisão do trabalho suficientemente azeitado para proporcionar ganhos de especialização, assim como a incorporação de práticas produtivas que garantam uma compatibilização dos níveis de eficiência entre os membros da rede.

O incremento da flexibilidade produtiva está relacionado à capacidade da rede realizar ajustes na sua logística interna face à evolução do mercado e às pressões competitivas mais gerais. Esse tipo de ganho diz respeito à velocidade de resposta da produção gerada pela rede diante de uma eventual mudança nas condições do mercado. Em ambientes dinâmicos, a logística operacional da rede deve ser suficientemente ágil para viabilizar os ajustes requeridos diante de mudanças circunstanciais nas condições do mercado. Para responder eficazmente aos sinais do mercado, a logística intrarrede deve estruturar-se para evitar a acumulação de estoques indesejados entre as diferentes etapas do processo de produção e impedir a geração de desbalanceamentos produtivos relevantes entre as diversas atividades realizadas.

16.5.2 Coordenação interorganizacional nas redes de empresas

Os ganhos competitivos proporcionados pela consolidação de redes de empresas extrapolam uma dimensão estritamente técnico-produtiva, envolvendo também a capacidade de enfrentar, de forma coordenada, a instabilidade ambiental. Esse aspecto diz respeito à estrutura de poder e à conformação hierárquico-funcional da rede, ressaltando os mecanismos internos de resolução de conflitos e a especificidade da concorrência existente entre os membros da rede. Basicamente, essa dimensão refere-se ao tamanho relativo dos agentes participantes da rede, bem como ao grau de centralização das relações internas que a conformam. Ela contempla também as sistemáticas contratuais que regem as interações entre agentes, as quais envolvem tanto mecanismos de incentivo que estimulam a interação – promovendo a repartição dos ganhos de produtividade e das quase rendas geradas por meio da rede – como formas particulares de resolução dos conflitos. Nesse sentido, é possível associar cada tipo de rede a um regime de transações específico, no qual se destaca uma determinada base contratual – incorporando mecanismos específicos de incentivo e controle – que regula as interações entre seus membros, bem como um determinado nível de confiança mútua que pode ser encontrado em seus relacionamentos internos.

A diversidade institucional inerente às redes de empresas dificulta a caracterização do regime de transações que lhes é subjacente. Apesar disso, há indícios de que as características desses regimes são decisivamente afetadas pelo grau de hierarquização interna da rede, o qual, por sua vez, é influenciado pelo tamanho relativo de seus membros e pela maior ou menor centralização de seus fluxos internos. Além disso, outros aspectos correlacionados ao regime de transações subjacente às redes de empresas podem ser mencionados: (1) as relações típicas entre empresas que podem ser observadas em cada tipo de rede, a partir das quais se pode ter uma noção mais precisa sobre as respectivas estruturas de governança; (2) as principais formas de coordenação das decisões no nível da rede, ressaltando-se o objeto dessa coordenação – que pode envolver múltiplas dimensões – e a base contratual na qual ela se apoia; (3) as características das ações coletivas adotadas pelos membros da rede, que permitem a obtenção de ganhos de eficiência facilitando a repartição de tarefas e possibilitam um enfrentamento coordenado da turbulência ambiental; (4) os níveis de confiança mútua presentes nos relacionamentos internos nas redes.

Considerando os aspectos mencionados, é possível destacar dois tipos de ganhos associados às práticas cooperativas adotadas no nível da rede: o fortalecimento da eficácia do processo de coordenação interorganizacional e a realização de ajustes na estrutura morfológica da rede em função de estímulos ambientais. A eficácia do processo de coordenação interorganizacional é decisivamente afetada pelas características específicas da estrutura interna da rede. Em especial, esta coordenação é influenciada pelo grau de centralização dos fluxos de autoridade internos à rede, envolvendo a presença (ou não) de empresas ou outras instituições com a função de coordenar ou compatibilizar as decisões operacionais e estratégicas adotadas pelos membros da rede. Essa propriedade está também associada à natureza específica das ações coletivas adotadas pelos membros da rede. Dois elementos de caracterização dessas ações coletivas podem ser mencionados: o seu caráter bilateral ou multilateral, associado ao número de partes envolvidas; e o seu caráter horizontal ou vertical, associado ao padrão de especialização dos agentes envolvidos. Com base nesses critérios, quatro tipos básicos de ações coletivas podem ser identificados no nível da rede: (1) ações coletivas bilaterais de caráter horizontal, que envolvem pares de empresas que realizam o mesmo tipo de atividade; (2) ações coletivas bilaterais de caráter vertical, que envolvem ligações específicas entre duas empresas na cadeia produtiva; (3) ações coletivas multilaterais de caráter horizontal, quando um conjunto de empresas similares decide se articular para realizar uma tarefa qualquer; (4) ações coletivas multilaterais de caráter vertical, que envolvem diversas empresas localizadas em diferentes pontos da cadeia produtiva que se articulam para atingir um objetivo comum.

Ainda no que se refere ao processo de coordenação intrarrede, é possível considerar outro tipo de ganho, este associado à capacidade da rede ajustar sua conformação morfológica em função de estímulos ambientais. Essa flexibilidade interorganizacional compreende mudanças nas funções desempenhadas pelos membros da rede por meio das modificações na própria estrutura do arranjo devidas ao processo de entrada e saída de agentes. De fato, em ambientes voláteis, as redes de empresas terão maiores probabilidades de gerar ganhos competitivos se operarem como estruturas reversíveis, capazes de promover ajustes na sua estrutura interna em função de estímulos ambientais. Nessas condições, seria interessante que a rede operasse a partir de um núcleo central de agentes e competências, em torno do qual gravitariam outros agentes periféricos que seriam absorvidos ou excluídos da rede em função de estímulos ambientais.

16.5.3 Cooperação tecnológica em redes de empresas

Do ponto de vista dinâmico, o reforço da competitividade por meio da consolidação das redes de empresas envolve o fortalecimento do potencial inovativo de seus membros constituintes. Nesse sentido, uma das principais características das redes de empresas refere-se à criação e à circulação de conhecimentos e informações envolvendo a consolidação de um processo de aprendizado coletivo que amplia o potencial inovativo da rede. Esse aprendizado coletivo é resultante de um intercâmbio de informações e competências que inclui a incorporação do aprendizado individual de cada agente em um *pool* social de conhecimentos (comerciais, gerenciais, mercadológicos, tecnológicos etc.) gerados a partir da rede.

É possível identificar quatro formas de aprendizado coletivo que são específicas ao ambiente intrarrede. A primeira delas envolve a criação de conhecimentos tecnológicos intencionalmente desenvolvidos em cooperação, contemplando a realização de atividades conjuntas de pesquisa e desenvolvimento entre os componentes das redes a partir da consolidação de uma certa divisão de trabalho que orienta o esforço tecnológico realizado. Nesse caso, as redes estruturam-se a partir da montagem de projetos particulares, nos quais interagem agentes dotados de competências complementares envolvidos com diferentes etapas do ciclo de P&D-produção. Essa característica remete à análise desses arranjos no sentido da discussão dos seguintes aspectos: (1) a identificação dos principais objetivos que orientam a realização dos esforços conjuntos de P&D entre os membros da rede; (2) a descrição do arcabouço institucional que serve de base para a sua realização, incluindo a identificação do papel dos agentes e dos mecanismos de incentivo mobilizados; (3) a avaliação do volume de recursos efetivamente comprometidos com a realização destes esforços.

Um segundo tipo de aprendizado intrarrede relaciona-se à circulação de conhecimentos tecnológicos no interior desse tipo de arranjo. Esse tipo de aprendizado assume um caráter informal na medida em que não requer necessariamente o comprometimento de recursos com atividades de P&D. Nesse caso, a cooperação tecnológica atua no sentido de permitir uma aceleração do processo inovativo por meio de um intercâmbio de informações que retroalimenta o esforço tecnológico dos agentes. A análise das redes de empresas deve incluir a discussão dos mecanismos mobilizados para disseminar informações tecnológicas relevantes em seu interior, contemplando os seguintes aspectos: (1) a descrição dos sistemas de informação tecnológica que se encontram disponíveis para os membros da rede; (2) a avaliação dos mecanismos pelos quais o conhecimento codificado circula no interior da rede; (3) a avaliação dos instrumentos mobilizados para viabilizar a circulação de conhecimentos tácitos entre os membros da rede.

Uma terceira forma de aprendizado intrarrede está relacionada ao incremento coordenado das competências dos agentes em seu interior. Como exemplo, é possível mencionar a realização de investimentos na qualificação de recursos humanos por meio da coordenação dos esforços de treinamento entre os membros da rede. Outro exemplo importante refere-se à realização de esforços visando à redução do hiato de competências técnicas entre os membros da rede por meio da disseminação de padrões comuns de tecnologia industrial básica. Para compreender esse aspecto, a análise das redes de empresas deve contemplar a discussão dos seguintes tópicos: (1) a identificação das instituições especificamente montadas com a intenção de facilitar o incremento das competências dos membros da rede; (2) a avaliação do processo de evolução dessas competências ao longo do tempo visando a identificar como evoluem os diferenciais existentes entre os diversos membros da rede.

Uma última forma de aprendizado intrarrede refere-se à sua conversão em estrutura propulsora da difusão de novas tecnologias. Nesse sentido, a rede funciona como um mercado organizado que favorece a difusão de novas tecnologias, quando comparada com mercados comuns baseados em transações particularizadas. Essa perspectiva pressupõe que novas tecnologias se difundem mais rapidamente entre agentes que estabelecem relações sistemáticas entre si. Nesse ponto, a análise das redes de empresas deve incluir um melhor detalhamento dos fluxos tecnológicos internos à rede, bem como a discussão dos mecanismos internos de transferência tecnológica e de outros aspectos que podem acelerar o processo de difusão em seu interior.

Duas propriedades genéricas podem estar associadas ao processo de cooperação tecnológica que ocorre no nível da rede: a capacidade de seus membros identificarem e processarem informações relevantes, e o fortalecimento de capacitações inovativas por meio da aglutinação de competências e qualificações complementares. O fortalecimento da capacidade de processamento de informações refere-se à complexidade e à densidade dos fluxos informacionais intrarrede, bem como à "socialização" de conhecimentos entre os agentes integrados à rede. Essa propriedade assume particular importância em ambientes complexos e voláteis, que estão permanentemente emitindo sinais que necessitam ser capturados, interpretados e respondidos pelos agentes econômicos.

Além do processamento de informações, é importante considerar como a rede é capaz de fortalecer as capacitações inovativas de seus membros. Tal propriedade assume particular importância em ambientes dinâmicos, nos quais o reforço da competitividade requer a introdução continuada de inovações no mercado. Para que essa propriedade se torne operativa, é necessário que ocorra uma aglutinação das competências dos membros da rede por meio de projetos conjuntos orientados à integração de competências. Em algumas situações, as inovações tecnológicas obtidas são o resultado de um processo consciente e intencional por parte dos agentes que conduz à montagem de projetos cooperativos de P&D. Em outras situações, é possível que inovações tecnológicas venham a ser obtidas naturalmente como subprodutos dos relacionamentos produtivos e tecnológicos que interligam os diferentes agentes integrados à rede.

16.6 Redes de Empresas na Prática: Uma Tentativa de Sistematização

Nos últimos anos, uma vasta literatura vem se dedicando à construção de tipologias sobre redes de empresas. Em geral, essas tipologias estão baseadas na caracterização de determinados modelos estilizados por meio dos quais se procura formatar a diversidade institucional das redes. O Quadro 16.2 apresenta, a título de ilustração, três dessas tipologias. Apesar dos problemas relacionados à construção de tais tipologias,[2] estas são importantes como um quadro de referência capaz de captar a diversidade institucional desses arranjos. Com esse intuito, são discutidas, a seguir, três formas estilizadas de redes de empresas recorrentemente mencionadas na literatura: (1) redes de subcontratação, nas quais se destaca a presença de uma empresa principal responsável pela coordenação dos fluxos internos à rede; (2) redes baseadas na aglomeração espacial de agentes em distritos industriais; (3) redes tecnológicas, montadas com o intuito de permitir um intercâmbio de competências a partir do qual seria possível viabilizar a introdução de inovações no mercado.

QUADRO 16.2 REDE COMO SISTEMA COMPLEXO – ELEMENTO DE ANÁLISES DE GRAFOS

A caracterização de "redes complexas" tem avançado consideravelmente a partir da utilização das ferramentas da "teoria dos grafos" (Barabási e Pósfai, 2016; Naimzada, Stefani e Torriero, 2009; Newman, 2010; Steen, 2010). Do ponto de vista técnico, uma rede complexa corresponde a um grafo G = (N, L), onde N e L são dois conjuntos. O conjunto N contém nós, vértices ou pontos da rede; e L corresponde às ligações ou arestas que põem em contato os nós. Assim, os elementos de L irão corresponder a pares de elementos de N. O primeiro conjunto contém N elementos: N = {n1, n2,..., nN}; e o segundo conjunto é de ordem L, isto é, detém L elementos: L = {l1, l2,..., lL}. O que distingue uma rede complexa de um simples grafo é o conjunto de propriedades específicas da sua estrutura topológica (Figura 16.1).

Analisar a topologia de uma rede é uma tarefa complicada, mas são precisamente as suas propriedades que a definem como um objeto complexo. A primeira diferenciação a ser considerada é em relação ao número de vértices e à capacidade de análise visual. Enquanto as redes de dezenas ou centenas de nós podem ser analisadas de forma visual, essa abordagem é inútil quando falamos de milhares, milhões ou bilhões de nós. Neste sentido, algumas propriedades gerais dessas estruturas podem ser consideradas:

- Grau de densidade: mostra a relação entre o número de conexões existentes e o número de possíveis conexões em rede.
- Grau de centralidade: consiste em um número de pontos com os quais um ponto particular está diretamente relacionado.
- Grau de centralização: diz respeito a uma condição especial na qual um ponto desempenha um papel que é claramente central porque é altamente ligado à rede
- Grau de intermediação: refere-se à possibilidade de que um ponto venha a mediar a comunicação entre pares de nós.
- Grau de proximidade: refere-se à capacidade de, a partir de um ponto, alcançar-se todos os nós em uma rede
- Centralidade de grau (*degree centrality*): refere-se à contagem do número de adjacências de um vértice v definindo uma medida de efeitos e influências imediatas
- Centralidade de proximidade (*closeness centrality*): mede o quanto cada vértice está próximo dos demais (em termos de distância geodésica); mede se ponto interagente e reúne sinais de outros pontos da rede de forma mais rápida
- Centralidade de intermediação (*betweeness centrality*): refere-se à percentagem de vezes que um vértice i necessita de um vértice k com o objetivo de chegar a um vértice j através do caminho mais curto. Mede se um ponto encontra-se em muitos caminhos de tal forma que conecta diferentes componentes de uma rede
- Centralidade de autovetor (*eigenvector centrality*): mensura a importância de um vértice em termos das relações com outros vértices importantes na rede. O vértice passa a ser central na rede se estabelece relações com outros vértices importantes.

Além das medidas mencionadas, é possível destacar algumas propriedades gerais que costumam estar presentes em "redes não aleatórias":

- Efeito *small-world*: hipótese de que, não obstante a dimensão da rede, é possível encontrar caminhos relativamente curtos entre cada par de nós definindo a propriedade do "mundo pequeno" (*small-world*), o que tem implicações sobre a dinâmica da circulação de informações na rede.
- Transitividade ou agrupamento: refere-se a uma alta probabilidade de um ponto A ser ligado a C, dado que A se liga a B, e B se liga a C, o que, observando a topologia do grafo, se traduz na formação de agrupamentos (*clustering*).
- Grau de um vértice: refere-se à quantidade de arestas que chegam a este vértice. A distribuição dos graus refere-se à fração de nós que partilham um mesmo grau. As redes cuja distribuição dos graus é uma lei de potência (*power law*) são chamadas de redes sem escalas (*scale-free*).
- Assortatividade: uma rede é assortativa se os vértices com alta/baixa centralidade de grau tendem a estar conectados a vértices similares, ou seja, de também alta/baixa centralidade de grau. Se a rede é classificada como disassortativa, os vértices com alta/baixa centralidade de grau estão inclinados à conexão com vértices com baixa/alta centralidade de grau.

Uma vez definidos os elementos que compõem a rede e identificada sua estrutura de ligações, é possível utilizar diversos tipos de ferramentas (*softwares*) para caracterização de suas propriedades a partir de uma análise de grafos. Dentre os "pacotes" mais utilizados com esse intuito, destacam-se como ferramentas os *softwares Gephi, igraph*, UCINET, *Graph-tool and NetworkX, Paje*k, *Tulip*, dentre outros, utilizados para a análise e visualização de dados relacionados.

16.6.1 REDES DE SUBCONTRATAÇÃO

Um primeiro tipo de rede descrito na literatura são as redes verticais baseadas em estratégias de desintegração e subcontratação de grandes grupos industriais. Essas redes caracterizam-se pela presença de relações de cooperação entre fornecedor-cliente e produtor-usuário, incorporando, dentre outras tendências, o alargamento da duração dos acordos entre empresas, uma nova repartição de tarefas entre o contratante e as empresas subcontratadas, uma intensificação da cooperação técnica e do intercâmbio de informações entre os agentes, e uma redução do número de subcontratados diretos em favor de práticas de cooperação mais interativas com os subcontratados principais. Geralmente, essas redes surgem a partir do processo de desverticalização de grandes empresas produtoras de bens de consumo duráveis, induzido por fatores tecnológicos ou estímulos competitivos. Nesse caso, a integração de componentes costuma estar baseada em uma arquitetura modular do produto, que aumenta a variedade de modelos possíveis de serem obtidos elevando a flexibilidade associada ao conjunto de atividades produtivas integradas à rede.

260 Economia Industrial

O principal objetivo dessas ligações produtivas é a geração de produtos diferenciados a partir da integração de componentes e subsistemas utilizando-se plataformas similares como meio para elevar a variedade do leque de produtos obtidos. O exemplo da evolução recente das relações entre montadoras e fornecedoras na indústria automobilística ilustra algumas das principais características desse tipo de rede (ver Quadro 16.3)

QUADRO 16.3 TIPOLOGIAS DE REDES DE EMPRESAS

A) GAROFOLI (1993)

1. *Sistemas de Produção em Grande Escala (Redes Verticais): aglomeração espacial de unidades com presença de vínculos fortemente hierarquizados que confluem no sentido de grandes empresas especializadas na montagem de componentes.*
2. *Sistemas de Pequenas Empresas (Distritos Industriais): pequenas empresas concentradas do ponto de vista espacial cujos inter-relacionamentos não se prendem a vínculos hierárquicos, e sim a práticas de cooperação bidirecionais.*
3. *Produção Descentralizada (com Presença de Empresa Dominante): presença de unidades dispersas do ponto de vista espacial que, no entanto, mantêm sólidos vínculos de dependência hierárquica em relação à empresa responsável pela montagem de componentes.*
4. *Acordos Cooperativos Baseados em Alianças Estratégicas: colaboração entre agentes dispersos do ponto de vista espacial que estabelecem entre si práticas cooperativas não hierarquizadas baseadas no intercâmbio de informações e na reciprocidade de ações.*

B) MARKUNSEN (1994)

1. *Distritos Marshallianos Tradicionais: redes baseadas na especialização funcional de agentes atuantes em determinada região, na qual se destaca a presença de pequenas e médias empresas.*
2. *Distritos do Tipo Centro Radial: redes localizadas espacialmente em determinada região cuja estrutura se articula em torno de uma ou várias grandes empresas atuantes em determinado setor.*
3. *Plataformas Industriais Satélites: redes ancoradas na presença de subdivisões ou sucursais de empresas multinacionais atraídas por uma dotação particular de recursos locais.*
4. *Distritos Suportados pelo Estado: redes que são estruturadas a partir da ação de alguma agência ou empresa estatal que funciona como âncora do desenvolvimento econômico regional.*

C) LANGLOIS E ROBERTSON (1995)

1. *Distrito Marshalliano: estrutura com grau de integração de propriedade e grau de coordenação baixos. Tendência à especialização de recursos via especializações horizontal e vertical de PMEs autônomas.*
2. *Distritos do Tipo "Terceira Itália": estrutura com baixo grau de integração de propriedade e elevado grau de coordenação, caracterizada pela forte especialização horizontal-vertical de pequenas empresas. A competição entre agentes restringe-se a campos que geram competências distintivas (design, por exemplo). Presença de cooperação na provisão de infraestrutura e serviços.*
3. *Distritos Inovativos do Tipo Venture Capital (como o Sylicon Valley): presença de empresas de base tecnológica como núcleo central da rede. Coordenação promovida pela mediação de venture capital, com tendência à paulatina consolidação de propriedade. Crescimento a partir de capacitação tecnológica preexistente.*
4. *Redes Japonesas (Kaisha Networks): redes com núcleo bem definido, composto por uma empresa principal que promove coordenação. Ênfase em contratos "relacionais" de longo prazo com estímulo à confiança e à redução de custos de transação. Otimização da logística de produção de sistemas do tipo just-in-time. Possibilidade de interpenetração de propriedade e de conexões financeiras entre agentes.*

Os ganhos técnico-produtivos obtidos usualmente dizem respeito à geração simultânea de economias de escala e escopo ao longo da cadeia produtiva. As economias de escala estão presentes na especialização das empresas (montadoras e fornecedoras), ao passo que as economias de escopo decorrem da possibilidade de obtenção de diferentes especificações finais do produto a partir da mesma linha de produção por meio da arquitetura modular de componentes. Além disso, o reforço da flexibilidade produtiva como fator de geração de ganhos competitivos assume grande importância no âmbito dessas redes. O incremento dessa flexibilidade está geralmente vinculado à otimização da logística interna da rede entre montadoras e fornecedoras pela disseminação de técnicas organizacionais do tipo *just-in-time*.

A estruturação de relações de subcontratação baseadas na cooperação interindustrial requer a montagem de uma estrutura de autoridade que seja funcional para a coordenação dessas relações. A montagem de uma estrutura de poder sustentável no âmbito dessas redes compreende um processo pelo qual esta estrutura vai sendo legitimada como um arranjo interorganizacional adequado ao enfrentamento da incerteza inerente ao ambiente econômico. Existem quatro aspectos que merecem ser ressaltados quanto a esse processo: (1) a criação de códigos de conduta consensualmente aceitos que integrem as ações dos agentes; (2) a coordenação das relações de troca e dos fluxos de informações que se estabelecem entre os agentes; (3) a montagem de uma estrutura de comando subjacente à rede com determinado grau de centralização e que seja validada pelos seus membros; (4) a incorporação de práticas de gestão que garantam a eficácia do arranjo interorganizacional ao longo do tempo.

Muitas vezes, é possível observar uma nítida segmentação das relações de subcontratação nessas redes que diferencia uma subcontratação de primeiro nível, baseada em relações mais cooperativas, de uma subcontratação de segundo nível, fundamentada em relações puramente mercantis. No primeiro caso, observa-se que o agente subcontratado desempenha uma função de concepção, adequando-se à especificação de resultados e às normas funcionais definidas pelo contratante, mas gozando de autonomia para desenvolver o produto de acordo com suas competências. Nesse tipo de relação, os agentes contratados desempenham uma função completa, beneficiando-se de um contrato plurianual que amplia as possibilidades de interação e aprendizado mútuo com o contratante. A informação técnica que circula na rede é extremamente densa e sofisticada, movendo-se em um duplo sentido que permite a compatibilização entre os patamares de eficiência técnico-produtiva e a integração das competências tecnológicas e organizacionais.

Em contraste, no segundo nível do mercado de subcontratação, predominam as relações particularizadas entre os agentes, que se aproximam das relações mercantis tradicionais e contemplam um baixo grau de interatividade e um fluxo informacional relativamente restrito. Nesse segmento, é possível à empresa contratante substituir com facilidade as empresas subcontratadas, minimizando os custos de troca de fornecedores e favorecendo a flexibilidade operativa. O subcontratado de segundo nível realiza um conjunto de tarefas restritas, geralmente associadas à obtenção de uma peça ou componente que atenda aos requisitos técnicos impostos pelo contratante. Esse tipo de empresa, em geral, não participa do processo de concepção do produto, possuindo um nível restrito de competência.

A hierarquização de fornecedores por meio da criação de diversos segmentos de subcontratação amplia as barreiras à entrada externas à rede e cria barreiras à entrada internas, ambas relacionadas às dificuldades que um fornecedor enfrenta para ascender do segmento de segundo nível para o segmento de primeiro nível do mercado de subcontratação. Essas barreiras estão menos associadas a fatores estritamente técnicos e mais relacionadas a uma capacitação tecnológica prévia dos fornecedores que facilite a maior interação com as empresas contratantes. Outro aspecto importante refere-se à localização espacial das empresas que estabelecem entre si relações de subcontratação de caráter cooperativo. Observa-se que a integração de competências no âmbito dessas redes e a consolidação de relações interativas em seu interior requerem certa proximidade espacial entre os agentes, o que estimula a organização de subsistemas locais.

Em termos da organização e gestão das empresas, é interessante distinguir os impactos sobre subcontratados e contratantes. Para as empresas subcontratadas, a consolidação de relações interindustriais cooperativas requer uma intensificação do processo de capacitação produtiva e tecnológica, imprescindível ao aprofundamento das interações com os contratantes. Em especial, é necessário que os fornecedores de componentes adequem seus procedimentos produtivos a patamares mínimos de eficiência incorporando modernas técnicas organizacionais que incrementem a eficiência técnico-produtiva de seus membros. Dentre estas, destacam-se as modernas técnicas de controle e gerenciamento da qualidade ao longo das várias etapas dos processos produtivos, bem como o incremento contínuo da produtividade. A difusão dessas técnicas insere-se na consolidação de um sistema de *just-in-time* externo que integre os diversos componentes da rede de subcontratação, otimizando a configuração do sistema técnico-produtivo por ela mobilizado.

Para as empresas contratantes, a consolidação de relações cooperativas também resulta em importantes impactos. Em linhas gerais, observa-se uma paulatina reconfiguração organizacional dessas empresas, que tendem a se especializar em funções mais nobres, associadas a um maior conteúdo intelectual e relacional. Dentre essas atividades, destacam-se: pesquisa e desenvolvimento; concepção; montagem e controle final; disseminação de normas relativas a procedimentos operacionais e à sistemática de controle e garantia da qualidade; compatibilização técnica e tecnológica dos insumos adquiridos; venda e financiamento etc. Além disso, a redistribuição de tarefas e funções resulta na combinação de três efeitos que alteram a configuração interna das empresas contratantes: (1) o desenvolvimento e/ou dinamização de determinados serviços e funções internos (compras, controle de qualidade, P&D); (2) a intensificação dos fluxos informacionais por meio da integração de sistemas computacionais e da incorporação de novas tecnologias de telecomunicação; (3) o posicionamento dessas empresas como gestores das relações de subcontratação realizadas no âmbito da rede.

No que se refere ao processo de cooperação tecnológica, a consolidação desse tipo de rede geralmente envolve uma sofisticação dos fluxos de informação que interligam empresas montadoras e seus fornecedores. Alguns aspectos desse processo podem ser enfatizados. Em primeiro lugar, destaca-se o intercâmbio de informações sobre o desempenho e a qualidade dos componentes entre empresas montadoras e seus fornecedores. Esse intercâmbio facilita o aperfeiçoamento dos produtos existentes e a geração de novos modelos com base em ajustes na arquitetura modular do produto. A intensificação dos fluxos de informações entre montadoras e fornecedores é resultado também do desenvolvimento conjunto de novos componentes. Nesse caso, os fluxos de informação assumem um caráter bidirecional, utilizando uma infraestrutura sofisticada e estando associados ao desenvolvimento de códigos específicos de comunicação. O conteúdo desses fluxos envolve não apenas a transmissão de ordens entre montadoras e fornecedores, como também os seguintes aspectos: (1) desenvolvimento de especificações de com-

262 Economia Industrial

ponentes e subsistemas (via intercâmbio de arquivos de CAD,[3] por exemplo); (2) negociações e ajustamentos relacionados à logística de entrega de componentes visando a sua otimização; (3) monitoramento da qualidade dos componentes produzidos; (4) solução de problemas técnicos relacionados ao processo de suprimento no menor espaço de tempo; (5) intercâmbio geral de informações técnicas.

A consolidação de um processo de desenvolvimento conjunto de novos componentes e subsistemas entre montadoras e empresas fornecedoras requer a integração de capacitações inovativas no interior dessas redes. A integração dessas capacitações envolve inovações programadas baseadas em projetos de desenvolvimento de produtos que procuram integrar novos componentes e subsistemas no interior de determinada arquitetura modular. Para viabilizar a geração dessas inovações, é comum a divisão de tarefas e de atribuições entre os agentes participantes, em especial empresas montadoras e seus fornecedores de primeiro nível. Ao mesmo tempo em que o *design* de alguns componentes e subsistemas é transferido para os fornecedores mais capacitados, as empresas montadoras devem ser capazes de avaliar adequadamente a capacitação de seus fornecedores para verificar até que ponto esta transferência é possível. O objetivo é garantir que os componentes desenvolvidos atendam aos requisitos de desempenho e de qualidade exigidos.

16.6.2 DISTRITOS E AGLOMERAÇÕES INDUSTRIAIS

Um segundo tipo de rede estaria baseado na obtenção de ganhos de eficiência em virtude da aglomeração espacial de atividades complementares do ponto de vista tecnológico e/ou mercadológico por meio da formação de distritos ou aglomerações industriais. O conceito de distritos industriais foi elaborado a partir dos desdobramentos da análise originariamente formulada por Alfred Marshall, e está relacionado aos diversos ganhos proporcionados pela especialização produtiva das empresas e pela sofisticação da divisão do trabalho proporcionada pela aglomeração espacial de empresas atuantes em um mesmo ramo de atividade, ou em atividades relacionadas. Além disso, a noção de distritos industriais tem sido correlacionada não apenas com a presença de empresas, mas também com um conjunto de outras instituições que conformam um ambiente local capaz de reforçar a competitividade das firmas atuantes nesses distritos.[4] Na medida em que a existência de uma aglomeração espacial de indústrias é um pré-requisito para a existência desses distritos, evidências relativas a esse processo de aglomeração podem constituir um ponto de partida para a caracterização desses distritos. Nesse sentido, o Quadro 16.4 apresenta algumas evidências relativas à existência de aglomerações industriais na economia brasileira.

QUADRO 16.4 REDES VERTICAIS DE SUBCONTRATAÇÃO: A EXPERIÊNCIA DA INDÚSTRIA AUTOMOBILÍSTICA

A indústria automobilística mundial vem passando nas últimas décadas por um processo de acirramento da competição que tem reforçado a busca por uma maior flexibilidade produtiva, particularmente pela disseminação de novas formas de organização e gerenciamento da produção que se baseiem nos conceitos de *just-in-time*, produção por encomenda, minimização do *lead time*; qualidade perfeita e controle de qualidade total, operários multiqualificados e desverticalização de atividades produtivas. Essas transformações têm modificado de forma significativa as relações entre empresas montadoras e seus fornecedores. Destaca-se, nesse sentido, a tendência, por parte das montadoras, de transferência (ou terceirização) para fornecedores da produção de componentes e sistemas maiores e mais complexos, bem como uma maior participação de fornecedores no *design* e construção, execução e montagem de sistemas automotivos. Consolida-se, desse modo, um processo de estruturação de redes de subcontratação que contemplam uma diferenciação hierárquica entre fornecedores. Em função dessa tendência, os fornecedores da indústria automobilística encontram-se divididos hierarquicamente (ver Figuras 16.4 e 16.5). As montadoras tendem a aumentar a escala necessária de produção para repartir os custos de *design* dos veículos, mas em geral a inovação e o *design* ainda estão concentrados nas matrizes das indústrias. Os fornecedores de primeiro nível (sistemistas) são aqueles que fornecem componentes mais complexos, como partes eletrônicas e até mesmo subsistemas montados. Alguns deles costumam instalar unidades produtivas dentro da linha de montagem de veículos junto com seus clientes. Estas empresas precisam de cobertura global a fim de acompanhar as montadoras para vários locais ao redor do mundo. No segundo nível, encontram-se fornecedores que tanto suprem os fornecedores de primeiro nível quanto as montadoras. Geralmente, envolvem peças e componentes de menor complexidade. Alguns destes fornecedores têm evoluído para a condição de grandes fornecedores globais. Os fornecedores de primeiro nível requerem capacidades de *design* e inovação, mas o seu alcance global pode ser mais limitado. Já no terceiro nível, o relacionamento dessas empresas tende a ser apenas com fornecedores de primeiro e segundo níveis, dificilmente fornecendo diretamente para a montadora de veículos. Na maioria dos casos, habilidades de engenharia rudimentares são obrigatórias. Neste nível da cadeia de componentes, os patamares de habilidade e investimentos em treinamento são limitados.

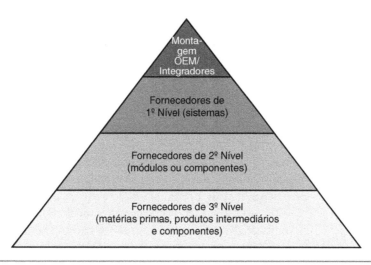

Figura 16.4 Estrutura Hierárquica de Fornecimento na Indústria Automobilística. Fonte: ATKearney (2016) "How Automakers Can Survive the Self-Driving Era".

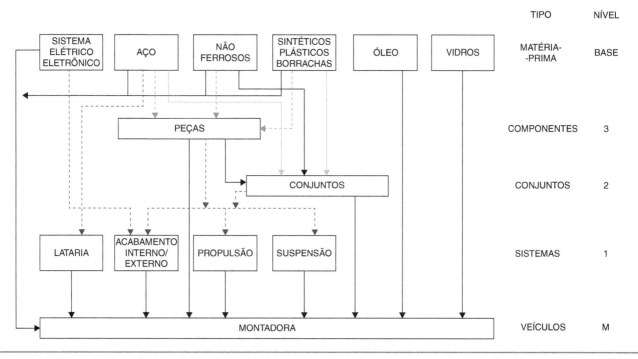

Figura 16.5 Fluxos de Fornecimento de Matérias-Primas, Componentes, Conjuntos e Sistemas na Indústria Automobilística. Fonte: Dias, A. V. C.; Galina, S. V. R. e Silva, F. D. (1999).

O conceito de distritos industriais está associado à presença de sistemas de produção locais fortemente integrados e marcados pelas seguintes características: (1) a ocorrência de uma especialização produtiva no nível local com base em um processo histórico de acúmulo de competências; (2) a relevância da produção concentrada em determinadas localidades em relação à produção total de determinada indústria no âmbito nacional; (3) a existência de uma intensa divisão de trabalho no nível local, em termos intra e interindustriais, responsável pela redução dos custos de transação nas operações realizadas entre empresas locais; (4) a presença de uma pluralidade de protagonistas no nível local associada à existência de um grande número de agentes locais satisfatoriamente capacitados e à ausência de uma empresa dominante claramente identificável para o conjunto de atores participantes da rede; (5) a ampliação cumulativa da base de conhecimentos dos agentes locais por meio do processo de especialização, facilitando a introdução de novas tecnologias e viabilizando o aumento dos níveis de produtividade; (6) a existência de um sistema eficiente de transmissão de informações no nível local, garantindo uma circulação rápida e eficiente de informações sobre escoadouros para a produção, tecnologias alternativas, disponibilidade de componentes de insumos, e novas técnicas de marketing e comercialização; (7) a existência de um elevado nível de qualificação dos recursos humanos no nível local como resultado de um processo histórico de sedimentação de habilidades e conhecimentos; (8) a generalização de relações diretas entre os agentes no nível local, o que facilita a difusão extensiva de inovações tecnológicas e organizacionais, favorecendo o aumento da eficiência dos sistemas locais de produção.

A literatura especializada sobre o tema associa este tipo de rede a um conjunto de empresas e instituições espacialmente concentradas que estabelecem entre si relações verticais – compreendendo diferentes estágios de determinada cadeia produtiva – e horizontais – envolvendo o intercâmbio de fatores, competências e informações entre agentes genericamente similares. Em termos da sua conformação interna, esses *clusters* geralmente abrangem empresas interdependentes (incluindo fornecedores especializados), agentes produtores de conhecimento (universidades, institutos de pesquisa, empresas de consultoria etc.), instituições-ponte (consórcios, incubadoras etc.) e consumidores, que se articulam entre si por meio de uma cadeia produtiva espacial e setorialmente localizada. Ao se apoiarem mutuamente, os agentes integrados a esses arranjos conferem vantagens competitivas no nível industrial para uma região particular, permitindo explorar diversas economias de aglomeração e outros tipos de externalidades indutoras de um maior nível de eficiência econômica. Apesar da cooperação produtiva e/ou tecnológica não ser um requisito necessário para a consolidação desse tipo de rede, supõe-se que a sua estruturação estimula um processo de interação local que viabiliza o aumento da eficiência produtiva, criando um ambiente propício à elevação da competitividade dos agentes integrados à rede. As análises dessas redes também ressaltam os impactos das articulações entre agentes em termos da geração de efeitos de aprendizado e da dinamização do processo inovativo em escala local ou regional.

A "divisão de trabalho" no interior dessas redes está baseada na geração de economias de especialização na produção de insumos, partes e componentes visando reduzir os custos de produção e facilitar as adaptações requeridas por uma demanda volátil. Os ganhos técnico-produtivos obtidos estão associados à redução de custos e ao reforço da flexibilidade produtiva decorrente da possibilidade de ajustar-se à logística de operação da rede em função do comportamento sazonal do mercado. A provisão de serviços técnicos especializados no nível local também tenderia a se desenvolver como consequência dos vínculos cooperativos estabelecidos entre os membros da rede.

As análises que abordam a constituição de distritos industriais ressaltam três propriedades básicas dessas redes. Em primeiro lugar, destaca-se o papel crucial desempenhado pela presença de economias externas específicas ao espaço territorial onde interagem os agentes, relacionadas à possibilidade de se reproduzirem e difundirem localmente conhecimentos técnicos e qualificações profissionais especializadas que conferem vantagens competitivas para os participantes da rede. Em segundo lugar, destaca-se a presença de um balanceamento permanente de princípios de cooperação e competição entre as empresas participantes, o que resulta na consolidação de regras e normas de conduta que permitem uma redução substancial dos custos de transação com os quais se defrontam os agentes. Em terceiro lugar, destaca-se a existência de um balanço entre regras de interação estritamente mercantis e regras de regulação social estabelecidas no nível local, o que se reflete na criação de instituições especificamente dedicadas à resolução de problemas de falhas de mercado e ao reforço de valores baseados em princípios de solidariedade social.

Outro aspecto recorrentemente mencionado como fator de fortalecimento da competitividade de empresas inseridas nessas redes refere-se à realização de um elenco de ações conjuntas e coordenadas pelos agentes que resultam em ampliação da eficiência coletiva proporcionada pela sua consolidação, aspecto ressaltado na análise de Schmitz (1994) sobre o tema. Essa eficiência coletiva está geralmente associada ao intercâmbio de informações e ao fortalecimento de laços cooperativos entre os agentes. Para o incremento dessa eficiência, contribuem também diversos estímulos endógenos que elevam as possibilidades de ganhos competitivos para os membros desse tipo de rede. Destaca-se, em primeiro lugar, a difusão de inovações tecnológicas e organizacionais no nível local. Em segundo lugar, a montagem de um sistema eficiente para circulação e difusão de informações relevantes no âmbito dessas redes, principalmente aquelas relativas a inovações tecnológicas e à disponibilidade de insumos fundamentais. Em terceiro lugar, a capacidade dos sistemas locais de produção desenvolverem uma capacitação comercial e mercadológica que facilite a antecipação das tendências de comportamento do mercado, viabilizando a rápida introdução de novos produtos em função dessas tendências.

Em termos da sua morfologia, essas redes caracterizam-se pela presença de certo nível de dispersão dos agentes, envolvendo um baixo nível de hierarquização interna e estando baseadas na especialização funcional de empresas independentes. Desse modo, essas estruturas podem ser caracterizadas como redes policêntricas, nas quais os atores cooperam ou competem entre si de forma voluntária por meio de um conjunto de relações verticais e horizontais. A coordenação dos fluxos internos às redes envolve diversas alternativas, que refletem a sua diversidade institucional. Em alguns distritos, observa-se claramente uma coordenação promovida por agentes externos, responsáveis pela distribuição dos produtos gerados. Alternativamente, pode envolver uma coordenação promovida por empresas montadoras localizadas nos estágios finais da cadeia produtiva que, em função do seu nível de capacitação, também atuam na definição do *design* dos produtos. É possível também identificar situações em que alguns fornecedores especializados em insumos, equipamentos ou etapas críticas do processo de produção também acabam assumindo um papel importante na coordenação dos fluxos internos à rede.

O processo de coordenação intrarrede caracteriza-se também pela implementação de ações coletivas indutoras de aumentos dos níveis de eficiência. As análises sobre distritos industriais costumam atribuir particular importância a dois tipos principais de ações coletivas. O primeiro deles compreende a montagem de centros prestadores de serviços técnicos especializados nestes distritos. Estes centros funcionam como núcleos geradores de externalidades no nível da rede, que podem ser apropriadas pelos seus membros para gerar um maior nível de eficiência. A segunda alternativa compreende a montagem de associações empresariais em locais que funcionam como núcleo de intercâmbio de informações e competências, operando também como grupos de pressão dos interesses de seus membros no plano político-institucional mais amplo.

A intensidade do intercâmbio de informações entre os agentes integrados a essas redes reflete as suas condições institucionais específicas. É comum que os fluxos informacionais assumam um caráter unidirecional, originando-se dos agentes de distribuição e das empresas montadoras na direção da vasta teia de fornecedores integrados ao arranjo. Esses fluxos envolvem a predefinição do *design* e de outros atributos que devem ser atendidos pelos fornecedores. Devido à simplicidade das informações transmitidas e ao caráter não sistemático do processo de transmissão, eles raramente requerem a criação de uma infraestrutura particular ou a definição de protocolos específicos que facilitem a comunicação. Isto não significa que, em determinadas redes, não possa haver um intercâmbio horizontal de informações mais intenso devido à presença de associações empresariais e centros de prestação de serviços técnicos especializados. Além disso, em alguns distritos destaca-se a presença de fornecedores especializados que desempenham um papel importante na disseminação de informações relativas às práticas operacionais que se fazem necessárias para ampliação dos níveis de eficiência das diversas empresas integradas à rede.

A consolidação dessas redes é também responsável pela intensificação dos mecanismos de aprendizado por interação em escala local que reforçam a eficiência produtiva de seus membros. Esse aprendizado por interação é afetado pela intensidade do intercâmbio de informações entre agentes e pela infraestrutura institucional subjacente. Em primeiro lugar, este tipo de aprendizado induz o fortalecimento das competências dos fornecedores, facilitando o aperfeiçoamento do *design* de produtos e componentes produzidos localmente. Em segundo lugar, esse aprendizado facilita a difusão de padrões técnicos mais sofisticados, reduzindo assimetrias entre fornecedores quanto ao nível de eficiência produtiva. Outro aspecto importante refere-se à difusão de padrões de controle de qualidade mais rígidos por meio dessas interações, assim como de técnicas organizacionais mais modernas que aumentam a produtividade ao longo da cadeia de suprimento. Finalmente, a interação entre agentes desempenha um papel importante na coordenação de ações coletivas dos membros da rede, reforçando os compromissos mútuos estabelecidos entre eles.

A intensidade dos esforços inovativos realizados no interior dessas redes varia em função do grau de sofisticação tecnológica dos produtos gerados. No caso de produtos pouco sofisticados, os esforços inovativos assumem um caráter não sistemático, envolvendo inovações incrementais baseadas em mecanismos de aprendizado que emergem como subproduto das práticas produtivas adotadas. Os próprios esforços inovativos de caráter formal – consubstanciados em gastos de P&D – adquirem especificidades nesse tipo de rede. Geralmente, esses esforços estão baseados numa centralização das atividades de *design* em determinadas empresas – montadoras, fornecedores especializados ou agentes distribuidores – e envolvem melhorias incrementais nos produtos gerados e variações dos componentes que devem ser atendidas pelos fornecedores. A capacidade de realizar aperfeiçoamentos constantes no *design* dos produtos gerados, inclusive visando à conquista de novos mercados, é um aspecto que distingue os distritos industriais mais dinâmicos daqueles que envolvem uma mera parcialização de tarefas visando à redução de custos. É possível também identificar nichos mais dinâmicos do mercado atendido por algumas dessas redes, que trabalham com produtos mais sofisticados do ponto de vista tecnológico. Nesses segmentos de mercado, as atividades de *design* requerem um nível de capacitação mais elevado, sendo centralizadas em empresas montadoras que coordenam uma teia de fornecedores com base na definição de rígidos padrões de qualidade a serem atendidos.

16.6.3 REDES TECNOLÓGICAS

Estas redes estão associadas a inter-relacionamentos cooperativos entre empresas e agentes inseridos na infraestrutura científico-tecnológica, integrando múltiplas competências e viabilizando a exploração de oportunidades tecnológicas promissoras. É possível correlacionar o conceito de rede tecnológica[5] com a situação em que a configuração organizacional envolve a articulação de agentes autônomos e interdependentes objetivando a introdução de uma inovação no mercado e/ou a sua difusão extensiva pelo tecido industrial, cuja interação resulta na consolidação de mecanismos de "coordenação coletiva" das decisões tomadas. Na medida em que a estruturação desse tipo de configuração associa-se a um objetivo concreto – a viabilização do processo inovativo –, a sua morfologia institucional adquire um caráter essencialmente transitório, modificando-se paulatinamente em função dos requisitos impostos pela dinâmica inerente ao processo inovativo. Devido à multiplicidade de atores envolvidos, a consolidação das redes tecnológicas muitas vezes não é um fenômeno "natural", destacando-se a importância de programas tecnológicos que integram os agentes e suas respectivas ações, os quais podem ser montados a partir de agências governamentais. A princípio, a montagem dessas redes não requer uma aglomeração espacial de unidades nem se associa diretamente a indústrias particulares, e sim a determinadas tecnologias cuja base de conhecimento adquire um caráter nitidamente multidisciplinar.

A estruturação de redes tecnológicas evidencia que determinadas articulações interorganizacionais são particularmente importantes para impulsionar o processo inovativo e alavancar a criação de novos mercados. Em particular, a formação dessas redes se mostra funcional nas seguintes circunstâncias: (1) existindo forte interdependência e complementaridade entre as competências dos agentes; (2) no caso de contratos cujos resultados não podem ser identificados e repartidos *ex-ante* (contratos incompletos); (3) no caso de atividades cujo esforço de P&D assume um caráter essencialmente multidisciplinar, integrando profissionais de diferentes áreas do conhecimento científico e tecnológico; (4) no caso de inovações cujos direitos de propriedade não estejam claramente estabelecidos; (5) no caso de conhecimentos de caráter tácito que não são facilmente transferíveis entre os agentes, demandando algum tipo de requalificação e cooperação; (6) em contextos sujeitos à elevada incerteza mercadológica e tecnológica, o que amplia os riscos e custos inerentes ao esforço inovativo. As redes tecnológicas podem também ser percebidas como um arranjo organizacional particularmente funcional no que se refere à adequação ao caráter sistêmico do processo inovativo. Dois aspectos principais caracterizam essas redes: (1) o estabelecimento de conexões entre os agentes diretamente responsáveis pela realização de atividades de P&D e aqueles envolvidos com a produção industrial de bens que incorporam as tecnologias geradas; (2) o estabelecimento de uma divisão de trabalho nos diferentes estágios do ciclo de P&D, caracterizado pela presença de mecanismos de retroalimentação (*feedback loops*) entre as etapas realizadas. Considerando estes aspectos, dois objetivos principais podem ser associados à consolidação deste tipo de rede. Em primeiro lugar, a integração de competências permite reduzir o tempo de desenvolvimento de novas tecnologias. Em segundo lugar, essas redes desempenham um importante papel para o fortalecimento de ligações entre agentes, induzindo progressivamente a consolidação de uma cadeia produtiva mais bem estruturada.

Os relacionamentos estabelecidos entre as empresas no interior dessas redes estão geralmente associados à divisão de tarefas no ciclo P&D-produção. A estrutura interna dessas redes baseia-se em uma definição relativamente fluida de tarefas e responsabilidades de acordo com os requisitos necessários à integração de conhecimentos nos diferentes estágios do processo de P&D. Em termos da conformação institucional, observa-se a presença nessas redes de empresas de base tecnológica que geram efeitos de transbordamento (*spin-offs*) indutores do processo de capacitação no âmbito destes arranjos. Muitas vezes, essas empresas são originárias do próprio meio universitário, integrando profissionais de perfil nitidamente acadêmico que decidem redirecionar sua qualificação no sentido de aplicações industriais. Além disso, é comum a presença, nesse tipo de arranjo, de instituições-ponte entre a ciência e a indústria.

Observa-se também uma tendência à realização de ajustes na estrutura dessas redes em função da evolução do ciclo de vida das tecnologias e produtos gerados, o que confere um caráter mais fluido a elas. Na fase de consolidação dessas redes, a realização de projetos de P&D coordenados por empresas de base tecnológica é particularmente relevante. Nessa fase, destaca-se também a coordenação baseada em programas cooperativos de caráter público ou semipúblico. Ao longo dos diferentes estágios do ciclo de vida das tecnologias geradas, o grau de centralização da estrutura tende a aumentar, com a rede evoluindo de um formato em que predominam instituições dedicadas a atividades de pesquisa para um formato no qual assume maior proeminência as atividades diretamente produtivas. Em consequência, é comum que ocorra uma progressiva formalização dos mecanismos de coordenação e da base contratual que orienta as relações entre as empresas, a qual se combina com uma maior centralização da estrutura da rede. Como reflexo desse processo, é possível mencionar a interpenetração dos direitos de propriedade entre empresas de base tecnológica e grandes empresas localizadas nos setores finais e usuários das tecnologias geradas. Isto funciona como um mecanismo de incentivo que favorece a sustentação de determinadas formas de cooperação.

Os fluxos de informações que conectam os diferentes agentes integrados a esse tipo de rede são usualmente bastante complexos, estando associados a mecanismos de retroalimentação (*feed-back loops*) entre diferentes estágios do processo de P&D. É possível associar esses fluxos a uma transmissão de estímulos semelhante àquela retratada no modelo de Kline-Rosenberg, conforme será visto no Capítulo 19. Em geral, esses fluxos estruturam-se a partir de relacionamentos interpessoais entre indivíduos ou grupos envolvidos no processo de pesquisa, a partir dos quais é possível viabilizar a transmissão de conhecimentos tácitos. Desse modo, a rede desempenha um importante papel como estrutura facilitadora da codificação de conhecimentos associados a diferentes quadros cognitivos e a diferentes campos técnico-científicos. Essa codificação permite a transferência de conhecimentos gerados em ambientes – universidades, institutos de pesquisa, empresas etc. – nos quais as ações dos agentes baseiam-se em quadros de referência distintos.

Considerando essas características, a capacidade de processamento de informações dessa rede contempla, em geral, três aspectos. O primeiro deles refere-se à identificação de informações científico-tecnológicas relevantes a partir das quais oportunidades atrativas de investimento podem ser vislumbradas. A montagem dessas redes também facilita o acesso de seus membros a informações relevantes para a solução de problemas enfrentados no processo de desenvolvimento. O segundo aspecto refere-se à criação de mecanismos próprios de codificação do conhecimento no âmbito da rede que tornem mais fácil o intercâmbio de informações entre as esferas científica e industrial. O terceiro aspecto refere-se à possibilidade de integração de diferentes conhecimentos visando impulsionar o processo inovativo. Por fim, a importância dos conhecimentos tácitos na viabilização do esforço inovativo implica uma necessidade de contatos diretos entre agentes inseridos em grupos de pesquisa. O uso de sistemas dedicados com grande capacidade de processamento de informações pode ser importante em etapas específicas do trabalho de P&D, mas não é necessariamente um requisito para o intercâmbio de informações entre agentes envolvidos em esforços tecnológicos conjuntos.

Um dos aspectos-chave das redes de desenvolvimento tecnológico refere-se, precisamente, à criação de conhecimentos intencionalmente desenvolvidos a partir da cooperação entre agentes. A criação destes conhecimentos envolve a realização de um esforço conjunto de P&D entre os membros das redes. É possível avançar na caracterização da morfologia interna destas redes correlacionando-a com a especificidade de diferentes etapas do processo de P&D. Albertini e Butler (1996), por exemplo, ressaltam a importância da exploração de complementaridades de competências e da redução de incertezas ao longo do processo de P&D utilizando dois critérios para diferenciar aqueles arranjos: (1) a incerteza quanto aos resultados finais possíveis de serem obtidos, que está associada à impossibilidade de definir-se *ex-ante* o resultado da interação; (2) a incerteza sobre os "meios" necessários para alcançar estes resultados, que está relacionada com as tecnologias utilizadas para obtenção de soluções. Com base nos referidos critérios, Albertini e Butler identificam quatro alternativas que refletem padrões específicos de interação nesse tipo de arranjo (Figura 16.3): (1) Rede Especulativa de Pesquisa, associada à incerteza elevada tanto quanto aos resultados a serem obtidos como aos meios para alcançá-los e baseando-se fortemente em articulações com instituições de pesquisa para a realização de estudos prospectivos; (2) Rede Exploratória de Pesquisa, associada a uma incerteza baixa sobre os resultados, mas a uma incerteza alta sobre os meios como alcançá-los, envolvendo articulações com agentes que dominam tecnologias potencialmente úteis para alcançar os resultados pretendidos; (3) Rede Exploratória de Desenvolvimento, associada a uma incerteza alta sobre os resultados e a uma incerteza baixa sobre os meios como alcançá-los, envolvendo articulações com instituições de pesquisa especializadas no domínio de tecnologias promissoras; (4) Rede de Desenvolvimento Aplicado, associada a uma incerteza baixa tanto em termos dos resultados como dos meios para alcançá-los, contemplando articulações com firmas que possuem competências complementares visando viabilizar desenvolvimentos concretos a aplicações objetivas de determinadas tecnologias.

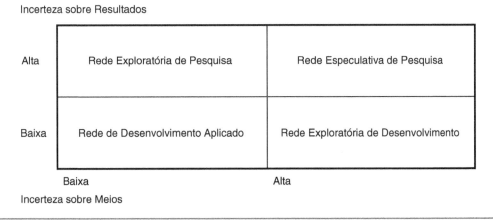

Figura 16.3 Exemplos de Redes Direcionadas para Atividades Inovadoras. Fonte: Albertini e Butler (1996).

Por outro lado, na medida em que se conecta a noção de "redes tecnológicas" descrita à intensificação de vínculos cooperativos entre o setor produtivo e a infraestrutura de C&T, uma questão relevante refere-se à consolidação dos "ambientes de inovação" que tendem a tornar essa cooperação mais frutífera. Neste sentido, um aspecto particularmente importante é a presença de arranjos institucionais que, tradicionalmente, reforçam estas possibilidades de interação, alguns dos quais são sistematizados no Quadro 16.5.

268 Economia Industrial

QUADRO 16.5 AGLOMERAÇÕES INDUSTRIAIS: EVIDÊNCIAS DA EXPERIÊNCIA BRASILEIRA

O conceito de aglomerações (ou *clusters*) industriais refere-se à emergência de uma concentração geográfica e setorial de empresas a partir da qual são geradas externalidades produtivas e tecnológicas indutoras de um maior nível de eficiência e competitividade. Ao se apoiarem mutuamente, as empresas integradas a esses arranjos conferem vantagens competitivas no nível industrial para uma região particular, permitindo explorar diversas economias de aglomeração. Apesar da cooperação produtiva e/ou tecnológica não estar necessariamente presente nessas aglomerações, supõe-se que a estruturação destas estimula um processo de interação local que viabiliza o aumento da eficiência produtiva, criando um ambiente propício à elevação da competitividade dos agentes integrados ao arranjo. Além disso, a intensificação das articulações e interações entre empresas presentes nessas aglomerações pode ter impactos importantes em termos da geração de efeitos de aprendizado e da dinamização do processo inovativo em escala local ou regional.

Algumas análises têm contribuído para um mapeamento mais detalhado da presença de aglomerações industriais na economia brasileira. A análise de Domingues e Ruiz (2006) discute as articulações entre produção industrial, origem do capital e bases tecnológicas, identificando a presença de 15 grandes aglomerações industriais no Brasil, que correspondem a 75% do valor bruto da transformação industrial brasileira, e de 11 aglomerações tecnológicas, que respondem por 78% das patentes (*proxy* para capacitação tecnológica). Verificou-se que as mais proeminentes aglomerações industriais estão conectadas às maiores aglomerações tecnológicas. O trabalho de Góis Sobrinho e Azoni (2015), por sua vez, procurou identificar aglomerações industriais relevantes (AIR) diversificadas existentes no Brasil em 2010 aplicando a técnica *Exploratory Spatial Data Analysis* – ESDA aos dados de valor adicionado bruto industrial municipal, o que permitiu identificar 17 AIRs em 2010 (Tabelas 16.1 e 16.2).

TABELA 16.1 Aglomerações Industriais Espaciais (AIE) e Tecnológicas (ATE) (2000)

	AIE VTI (R$ milhões)	%	ATE Patentes	%
São Paulo (SP)	97.798	41,6	2.507	44,3
Rio de Janeiro (RJ)	13.632	5,8	464	8,1
Porto Alegre (RS)	12.120	5,2	265	4,7
Belo Horizonte (MG)	10.102	4,3	283	5
Curitiba (PR)	8.642	3,7	273	4,8
Salvador (BA)	7.621	3,2	45	0,8
Joinville (SC)	5.899	2,5	233	4,1
Vale do Aço (MG)	4.173	1,8	–	–
Vitória (ES)	3.570	1,5	59	1
Volta Redonda (RJ)	3.280	1,4	–	0,1
Caxias do Sul (RS)	2.851	1,2	128	2,3
Fortaleza (CE)	2.231	0,9	–	–
Recife (PE)	2.097	0,9	44	0,8
Londrina (PR)	1.137	0,5	121	2,1
Natal (RN)	1.131	0,5	–	–
Total	176.284	75	4.422	78,2

Fonte: Domingues e Ruiz (2006)

Aprofundando a análise do professo de aglomeração espacial de atividades produtivas, o conceito de Aglomerações Produtivas Locais (APL) foi elaborado de modo a adequar-se às características gerais desse processo de aglomeração à realidade das economias em desenvolvimento, em particular à realidade regional brasileira bastante heterogênea (Cassiolato e Lastres, 2003). Tal terminologia foi desenvolvida com o intuito de analisar e preservar os efeitos positivos das aglomerações produtivas e promover medidas que protegessem e promovessem as capacitações locais. A Rede de Pesquisa em Sistemas Produtivos e Inovativos Locais (Redesist) define arranjos produtivos locais (APLs) como um conjunto de agentes econômicos, políticos e sociais localizados no mesmo território desenvolvendo atividades econômicas correlatas e que apresentam vínculos expressivos de produção, interação, cooperação e aprendizagem. Esta definição norteou a realização de diversos estudos focalizados nestes arranjos distribuídos por todo o território nacional (ver Figura 16.6). Neste sentido, é possível diferenciar APLs de conformação vertical, que apresentam uma estrutura mais complexa formada pela interação e cooperação de agentes em diferentes elos da cadeia produtiva local, de APLs de conformação mais horizontal entre empresas localizadas no mesmo elo da cadeia produtiva, as quais podem ser ligações diretas ou mediadas por associações empresariais. Um aspecto particularmente importante para a caracterização de APLs refere-se à presença, com diferentes graus de intensidade, de processos de geração, compartilhamento e socialização de conhecimentos, o que favorece a intensificação e a socialização de múltiplas formas de aprendizado.

Cooperação Interindustrial e Redes de Empresas 269

TABELA 16.2 Participação das AIRs e das Regiões no Total Acional (2010)

	% do VAB Nacional	Crescimento 2000-09	Especializações da AIR
Norte	**6,74%**	**107,82%**	
Parauapebas	1,81%	384%	Extração de minerais metálicos; Fabricação de produtos alimentícios; Metalurgia; Fabricação de produtos de madeira
Belém	0,55%	4%	Fabricação de produtos alimentícios; Fabricação de produtos de madeira; Metalurgia; Fabricação de bebidas
Nordeste	11,99%	46,26%	
Salvador	2,69%	33%	Fabricação de produtos químicos; Fabricação de produtos de borracha e de material plástico; Fabricação de produtos alimentícios; Fabricação de produtos de metal
Recife	1,41%	49%	Fabricação de produtos alimentícios; Fabricação de produtos de borracha e de material plástico; Fabricação de produtos de metal; Fabricação de produtos químicos
Fortaleza	1,27%	44%	Confecção de artigos de vestuário e acessórios; Fabricação de produtos alimentícios; Preparação de couros e fabricação de calçados; Fabricação de produtos têxteis
Centro-Oeste	**5,58%**	**72,87%**	
Goiânia	0,63%	28%	Fabricação de produtos alimentícios; Confecção de artigos de vestuário e acessórios; Fabricação de móveis; Fabricação de produtos de minerais não metálicos
Sudeste	**58,04%**	**25,79%**	
São Paulo	29,21%	10%	Fabricação de veículos automotores, reboques e carrocerias; Fabricação de produtos alimentícios; Fabricação de produtos de metal; Fabricação de produtos de borracha e de material plástico
Rio de Janeiro	6,02%	16%	Confecção de artigos de vestuário e acessórios; Fabricação de produtos alimentícios; Fabricação de produtos de metal; Fabricação de produtos de borracha e de material plástico
Belo Horizonte	5,78%	77%	Fabricação de veículos automotores, reboques e carrocerias; Fabricação de produtos alimentícios; Metalurgia; Fabricação de produtos de metal
Campos	4,30%	102%	Confecção de artigos de vestuário e acessórios; Extração de petróleo e gás natural; Atividades de apoio à extração de minerais; Fabricação de produtos alimentícios
Vitória	1,84%	85%	Fabricação de produtos alimentícios; Fabricação de produtos de metal; Manutenção, reparação e instalação; Fabricação de produtos de minerais não metálicos
Uberlândia	1,39%	54%	Fabricação de produtos alimentícios; Fabricação de produtos químicos; Fabricação de coque, produtos derivados do petróleo e de biocombustíveis; Fabricação de produtos de metal
Sul	**17,65%**	**26,43%**	
Porto Alegre	3,31%	15%	Preparação de couros e fabricação de calçados; Fabricação de produtos de metal; Fabricação de produtos de borracha e de material plástico; Fabricação de produtos alimentícios
Curitiba	2,75%	28%	Fabricação de produtos alimentícios; Fabricação de veículos automotores, reboques e carrocerias; Fabricação de produtos de metal; Fabricação de produtos de borracha e de material plástico
Joinville	2,58%	48%	Confecção de artigos de vestuário e acessórios; Fabricação de produtos têxteis; Fabricação de produtos de borracha e de material plástico; Fabricação de máquinas, aparelhos e materiais elétricos
Caxias do Sul	0,99%	46%	Fabricação de veículos automotores, reboques e carrocerias; Fabricação de produtos de metal; Fabricação de móveis; Fabricação de produtos alimentícios
Londrina*	0,48%	18%	Fabricação de produtos alimentícios; Confecção de artigos de vestuário e acessórios; Fabricação de móveis; Fabricação de produtos de metal
Brasil	**100%**	**33,74%**	
Total AIR	**67%**	**28,96%**	

Fonte: Góis Sobrinho e Azoni (2015)

QUADRO 16.6 AMBIENTES INOVADORES: UMA SISTEMATIZAÇÃO

Rubio (2001) e Bellavista e Sanz (2009) propõem sistematizações que distinguem diferentes tipos de "ambientes inovadores":

- Parques Científicos (*Science Parks*): base territorial próxima a centros politécnicos superiores ou centros de pesquisa avançada. Normalmente são de tamanho médio, diretamente ligados às universidades e não vinculados às atividades manufatureiras. O trabalho realizado pelas empresas no âmbito do parque, em princípio, é limitado.
- Tecnopólis: não possuem uma concentração espacial e contam com uma coordenação central de diferentes pontos existentes em uma cidade. Muitas vezes compreendem *technocells*, que possuem tamanhos variados e estão inter-relacionadas com o entorno visando à disseminação de tecnologias e à promoção de processos de transformação conectados com o mercado global. São dotadas de estrutura e recursos próprios, e oferecem todas as funções e serviços urbanos típicos como residências, educação, lazer e assistência.
- Parques Tecnológicos (*Technology Parks*): podem ser de médio ou grande porte, e têm como característica a disponibilidade de terrenos para venda e aluguel. Também disponibiliza produção intensiva, geralmente vinculada à presença de empresas de base tecnológica (*start-ups*), que podem ter sua origem no meio acadêmico. O parque tecnológico diferencia-se de um parque científico ou de pesquisa pela maior importância atribuída à atividade de produção, enquanto que a participação de instituições acadêmicas não possui importância essencial;
- Parques de Pesquisa (*Research Parks*): são relacionados com uma ou mais universidades, estruturando-se no intuito de promover atividades de pesquisa e desenvolvimento por meio da parceria entre universidade e indústria. Estão localizados no entorno de universidades ou de instituições acadêmicas ou de pesquisa, cujas atividades desenvolvidas são principalmente de busca e pesquisa de vanguarda científica e tecnológica.
- Centros de Inovação: estrutura destinada a satisfazer as exigências e necessidades de empresas geralmente novas e inovadoras com alto risco de mercado. Apoiam a criação de empresas de alta tecnologia, principalmente as de pequeno e médio portes.
- Incubadora Comercial: centro em que se concentram, em um espaço limitado, empresas novas. Seu objetivo é aumentar a possibilidade de desenvolvimento e a taxa de sobrevivência destas empresas pondo à sua disposição edifícios de caráter modular com serviços de assistência comuns.
- Parques Empresariais ou Comerciais: ambientes de qualidade com uma vasta gama de atividades de produção limpa, montagem, venda, exposição e outras atividades administrativas.

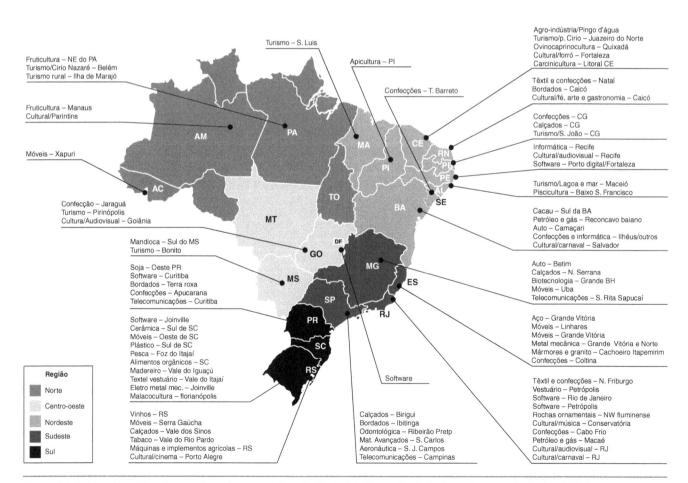

Figura 16.6 APLs Identificadas em Pesquisas Empíricas da Redesist. Fonte: Redesist http://www.redesist.ie.ufrj.br/

16.7 Conclusões

Conforme mencionado, o interesse pelo conceito de rede decorre, em boa medida, da sua plasticidade, o que o torna aplicável à investigação dos múltiplos fenômenos caracterizados pela densidade de relacionamentos cooperativos entre os agentes que reforça a interdependência entre suas respectivas competências e impõe a necessidade de algum tipo de coordenação coletiva das ações adotadas. O foco da análise centrou-se no conceito de "redes de empresas", que se refere a arranjos interorganizacionais baseados em vínculos sistemáticos – muitas vezes de caráter cooperativo – entre empresas formalmente independentes que dão origem a uma forma particular de coordenação das atividades econômicas. Neste sentido, procurou-se avançar na discussão dos principais elementos estruturais constituintes das redes de empresas e na caracterização das "dimensões" relacionadas aos processos internos e às propriedades dessas redes. Esta análise é ilustrada por meio da caracterização de diferentes "modelos estilizados" de redes de firmas, elaborada a partir do quadro analítico anteriormente construído.

Por fim, é possível apontar alguns instrumentos para operacionalização de análises empíricas de redes de firmas com base na perspectiva descrita. Em primeiro lugar, destaca-se a coleta de informações estruturadas sobre os agentes, os relacionamentos e sobre o objeto desses relacionamentos. Neste sentido, cabe mencionar o levantamento de informações sistematizadas sobre relacionamentos, alianças estratégicas e práticas cooperativas utilizando bancos de dados sobre transações, *outputs* científico--tecnológicos (patentes e bibliometria) ou outros resultados advindos dos relacionamentos. Em segundo lugar, destaca-se a representação desses relacionamentos na forma matricial, que pode contemplar, por exemplo, matrizes de relacionamentos, matrizes insumo-produto tradicionais ou matrizes de fluxos tecnológicos. Em terceiro lugar, destaca-se a utilização da "análise de grafos" para a caracterização topológica dos agentes e da estrutura de relacionamentos, eventualmente complementada pela realização de análises de *cluster* (*cluster analysis*) para identificação e caracterização de grupos homogêneos. Em quarto lugar, destaca-se o estabelecimento de correlações entre características estruturais e a *performance* da rede em termos de determinado resultado econômico. Neste sentido, três dimensões de "impactos" da consolidação de redes podem ser destacados: (1) a análise da macroestrutura institucional e dos condicionantes ambientais que influenciam a estruturação e transformação das redes econômicas; (2) os efeitos gerados sobre as estratégias dos agentes (princípios de *networking*) e sobre a alocação de recursos (*network effects*); (3) a análise de processos internos à rede e da evolução e transformação da estrutura ao longo do tempo com base em algum modelo representativo de sistemas complexos (modelo de ciclo de vida, por exemplo). Em quinto lugar, destaca-se a importância de uma análise de natureza mais qualitativa — fundamentada em algum referencial teórico — sobre a natureza da estrutura de relacionamentos, a institucionalidade subjacente, os impactos gerados e a capacidade da rede de se adaptar positivamente às transformações do ambiente.

16.8 Resumo

Neste capítulo aprendemos que:

- As estruturas em rede podem constituem uma ferramenta de análise importante para retratar a complexidade no plano micro e mesoeconômico.
- Na caracterização topológica dessas redes, importantes contribuições são fornecidas pelos conceitos e ferramentas da "teoria dos grafos".
- Os conceitos de "empresas em rede", "redes de empresas" e "indústrias em rede", que refletem o uso desse ferramental, tratam de fenômenos distintos.
- O conceito de "redes de empresas" refere-se a arranjos interorganizacionais baseados em vínculos sistemáticos – muitas vezes de caráter cooperativo – entre empresas formalmente independentes, que dão origem a uma forma particular de coordenação das atividades econômicas.
- No tocante especificamente às "redes de empresas", é possível sistematizar os principais elementos estruturais constituintes dessas estruturas (nós, posições, ligações e fluxos), bem como caracterizar três impactos principais associados à consolidação dessas redes: o aumento da esfera técnico-produtiva, a melhor coordenação das decisões produtivas e tecnológicas dos agentes envolvidos, e o aprofundamento de mecanismos específicos de aprendizado. Estes três impactos reforçam a capacitação tecnológica e alavancam o potencial inovativo dos agentes integrados ao arranjo.
- Duas linhas principais de argumentação desenvolvidas a partir teoria da firma tradicional podem ser destacadas na caracterização dessas redes: (1) a geração de respostas aos problemas de processamento de informações em um ambiente crescentemente complexo; (2) a integração de conhecimentos e competências por meio de processos interativos de aprendizado institucionalmente condicionados e capazes de impulsionar processos inovativos e possibilitar a exploração de novas oportunidades tecnológicas.

272 Economia Industrial

16.9 Questões para Discussão

1. Discuta a relevância do conceito de rede para a representação de "sistemas complexos".
2. Identifique as principais diferenças entre as abordagens que privilegiam a análise das "redes de firmas" como "processadoras de informações" e como núcleos de "integração de competências".
3. Procure associar os elementos morfológicos gerais associados às redes de firmas – nós, posições, ligações e fluxos – a uma situação concreta de estruturação desse tipo de arranjo.
4. Identifique os principais impactos potenciais da consolidação de redes de firmas associados às três dimensões mencionadas, a saber: eficiência técnico-produtiva; coordenação interorganizacional; circulação de informações, aprendizado e incremento de capacitações inovativas.
5. Discuta as principais características da coordenação interorganizacional e da cooperação produtiva e tecnológica nas redes (verticais) de subcontratação referenciando-as às tendências e transformações observadas na indústria automobilística.
6. Identifique os principais ganhos de eficiência resultantes da aglomeração espacial de atividades referenciando aos diferentes tipos de "modelos" de formação de distritos ou aglomerações industriais.
7. Identifique as principais características de "redes tecnológicas" associadas à dinamização de processos inovativos e à maneira como as mesmas podem ser fortalecidas pela presença de diferentes "ambientes inovadores" em determinado setor ou território.

Notas

1. De fato, as redes de firmas se confundem e se sobrepõem a diversos outros tipos de estruturas, tais como: (1) sistemas técnico-produtivos baseados em relações interindustriais recorrentes entre empresas; (2) redes de comunicação estruturadas para facilitar um intercâmbio sistemático de informações entre agentes; (3) redes sociais baseadas em relacionamentos interpessoais sistemáticos de caráter informal entre agentes.
2. Muitas vezes essas tipologias apresentam um caráter essencialmente descritivo, restringindo seu poder explicativo à especificidade dos casos retratados. Portanto, é problemática, a partir destas descrições, a identificação de elementos comuns aos vários tipos de estruturas que permitam realizar comparações entre elas.
3. *Computer Aided Design.*
4. Para uma sistematização de análises com base nesse tipo de recorte, ver, por exemplo, Nadvi e Schmitz (1994), Schmitz e Musyck (1994), Pyke e Sengenberg (1992), Pyke (1994), bem como o número especial do periódico *World Development* de setembro de 1999.
5. Callon et al. (1992), da escola da sociologia da inovação, criaram o conceito alternativo de rede técnico-econômica.

Bibliografia

ALBERTINI, S.; BUTLER, J. R&D networking in a pharmaceutical company: some implications for human resource management. *R&D Management*, v. 25, p. 4, 1995.

ANTONELLI, C. Economie des réseaux: variété et complémentarité. In: RALLET, A.; TORRE, A. (orgs.) Économie *industrielle et* économie *spatiale*. Paris: Economica, 1995.

ARCANGELI, F.; BELUSSI, F.; GRUIN, V. *Towards the 'penelope' firm: retractile and reversible networks*. Periódico apresentado no Third ASEAT Conference "Managing New Technologies into the 21th Century". Manchester, p. 6-8, set. 1995.

ARTHUR, W. B. *Complexity and the economy.* Oxford: Oxford University Press, 2014.

AXELSSON, B.; EASTON, G. (orgs.). *Industrial networks:* a new view of reality. London: Routledge, 1993.

BANDT, J. Aproche meso-économique de la dynamique industrielle. *Revue d'Economie Industrielle*, n. 49, 3º trimestre, 1989.

BARABÁSI, A.-L.; PÓSFAI, M. *Network science*. [S.l.]: Cambridge: Cambridge University Press, 2016.

BELLAVISTA, J. Sanz, L. Science and technology parks: habitats of innovation, introduction to special section. *Science and Public Policy*, p. 36-40, 2009.

BIDAULT, F. Apprentissage et reseaux. *Economies et societés*. Série Dynamique technologique et organization, v. 1, n. 5, p. 79-101, maio 1993.

BRITTO, J. Características estruturais e modus operandi das redes de firmas em condições de diversidade tecnológica. Dissertação de Doutorado. Rio de Janeiro: IE-UFRJ, 1999.

CALLON, M.; LAREDO, P.; RABEHARISON, V.; GONARD, T.; LORAY, T. The management and evaluation of technological programs and the dynamics of techno-economic networks: the case of the AFME. *Research Policy*, v. 21, p. 215-236, 1992.

CASSIOLATO, J. E.; LASTRES, M. H. O foco em arranjos produtivos e inovativos locais de micro e pequenas empresas. In: LASTRES, M. H.; CASSIOLATO, J. E.; MACIEL, M. L. (org.). *Pequenas empresas:* cooperação e desenvolvimento local. Rio de Janeiro: Relume Dumará, p. 21-34, 2003.

CASTRO, L. H. *Arranjo produtivo local.* Brasília: Sebrae, 2009.

COOKE, P.; MORGAN, K. *The associational economy:* firms, regions and innovation. Oxford: Oxford University, 1998.

CURIEN, N. *Économie des réseaux.* Repères, La Decouverte, Paris, 2000.

DIAS, A. V. C.; GALINA, S. V. R.; SILVA, F. D. Análise contemporânea da cadeia produtiva do setor automobilístico: aspectos relativos à capacitação tecnológica. Anais ENEGP 1999. Disponível em: http://abepro.org.br/biblioteca/ENEGEP1999_A0577.pdf. Acesso em: 9 dez. 2019.

DOMINGUES, E. P.; RUIZ, R. M. Aglomerações industriais e tecnológicas: origem do capital, inovação e localização. *Economia e Sociedade,* Campinas, v. 15, n. 28, p. 515-543, dez. 2006.

DUSSAGE, P.; GARETTE, B. Alliances stratégiques – mode d'emploi. *Revue Française de Gestion,* p. 4-18, set.-out. 1991.

ECONOMIDES, N. The economics of networks. *International Journal of Industrial Organization,* v. 14, n. 2, mar. 1996.

FORAY, D. The secrets of industry are in the air: industrial cooperation and the organizational dynamics of the innovative firm. *Research Policy,* n. 20, p. 393-405, 1991.

FOSTER, J. From simplistic to complex systems in economics. *Cambridge Journal of Economics,* v. 29, p. 873-892, 2005.

_____; Metcalfe, S. *Frontiers and evolutionary economics:* competition, self-organization and innovation policy. Cheltenham: Edward Elgar, 2001.

FREEMAN, C. Networks of innovators: a synthesis of research issues. *Research Policy,* n. 20, p. 499-514, 1991.

FRUIN, W. M.; NISHIGUCHI, T. Supplying the Toyota Production System: intercorporate organizational evolution and supplier subsystems. In: KOGUT, B. (org.) *Country competitiveness:* technology and the organizing of work. Oxford: Oxford University Press, 1993.

FURTADO, B. A.; SAKOWSKI, P. A. M.; TÓVOLLI, M. H. *Modelagem de sistemas complexos para políticas públicas/editores.* Brasília: IPEA, p. 436, 2015.

GAROFOLI, G. Economic development, organization of production and territory. *Revue d'Economie Industrielle,* n. 64, 2º trimestre 1993.

GÓIS SOBRINHO, E. M.; AZZONI, C. R. Aglomerações industriais relevantes do Brasil em 2010. *Revista Brasileira de Estudos Regionais e Urbanos (RBERU),* v. 9, n. 1, p. 1-18, 2015.

GRABHER, G. (org.). *The embedded firm:* on the socioeconomics of industrial networks. London/New York: Routledge, 1993.

GRANDORI, A.; SOFA, G. Inter-firm networks: antecedents, mechanisms and forms. *Organization Studies,* v. 16, n. 2, p. 183-214, 1995.

GRANOVETTER, M. Economic action and social structure: the problem of embeddedness. *American Journal of Sociology,* v. 91, p. 3, 1985.

HAGEDOORN, J.; SCHAKENRAAD, J. Technology partnering and corporate strategies. In: HUGHES, K. (org.) *European competitiveness.* Cambridge: Cambridge University Press, 1993.

HARRISON, M.; STORPER. B. Flexibility, hierarchy and regional development: the changing structure of industrial production systems and their forms of governance in the 1990s. *Research Policy,* n. 20, p. 407-422, 1991.

JOHANSSON, B.; KARLSSON, C.; WESTIN, L. (orgs.). *Patterns of a network economy.* Berlin: Springer-Verlag, 1994.

KLINE, S. J. Innovation is not a linear process. *Research Management,* p. 36-45, jul.-ago. 1986.

LANGLOIS, R.; ROBERTSON, P. *Firms, markets and economic change* – a dynamic theory of business institutions. London/New York: Routledge, 1995.

MALERBA, F.; VONORTAS, N. S. (eds.). *Innovation networks in industries.* Cheltenham: Edward Elgar, 2009.

MARKUSEN, A. Sticky places in slippery space: a typology of industrial districts. *Economic Geography,* p. 293-313, 1995.

MITCHELL, M. *Complexity:* a guided tour. New York: Oxford University, 2000.

NAIMZADA, A. K.; STEFANI, S.; TORRIERO, A. (eds.) *Networks, Topology and Dynamics? Theory and Applications to Economics and Social Systems.* Berlin: Springer-Verlag, 2009.

NEWMAN, M. *Networks:* an introduction. Oxford: Oxford University Press, 2010.

OKAMURA, K.; VONORTAS, N. S. Partnership networks and knowledge networks in five sectors. In: MALERBA, F.; VONORTAS, N. S. (eds.) *Innovation networks in industries.* Cheltenham: Edward Elgar, 2009).

PIORE, M.; SABEL, C. *The second industrial divide.* New York: Basic Books, 1984.

PORTER, M. Clusters and new economics of competition. *Harvard Business Review,* p. 77-90 nov.-dez. 1998.

PROCHNICK, V. *Redes de firmas em setores intensivos em tecnologia no Brasil.* Dissertação de Doutorado. Rio de Janeiro: Coppe-UFRJ, dez. 1996.

PYKE, P. *Small firms, technical services and inter-firm cooperation.* Research Series nº 99. Genebra: International Institute for Labour Studies (ILO), 1997.

_____; SENGENBERGER, W. (orgs.) *Industrial Districts and local economic regeneration.* Genebra: International Institute for Labour Studies, 1992.

ROBERT. V.; YOGUEL, G. El enfoque de la complejidad y la economía evolucionista de la innovación. In: ROBERT, V.; YOGUEL, G.; BARLETTA, F. (eds.) *Tópicos de la teoría evolucionista neoschumpeteriana de la innovación y el cambio tecnológico.* Los Polvorines: Universidad Nacional de General Sarmiento/Ciudad Autónoma de Buenos Aires: Miño y Dávila, p. 416, 2014.

RUBIO, J. C. O. *Los parques científicos y tecnológicos en españa:* retos y oportunidades. Madrid: Dirección General de Investigación de La Comunidad de Madrid, 2001.

SABÓIA, J. *Desconcentração industrial no Brasil nos anos 90:* um enfoque regional, mimeo, 2000.

SAXENIAN, A. *Regional advantage:* culture and competition in Silicon Valley and Route 128. Cambridge: Harvard University Press, 1994.

SCHMITZ, H. Collective efficiency and increasing returns. *IDS Working Paper*, v. 50, março 1997.

_____; MUSYCK, B. Industrial districts in Europe: policy lessons for developing countries. *World Development*, v. 23, n. 1, p. 9-28, 1995.

_____; NADAVI, K. *Industrial clusters in less development countries*: review of experiences and research agenda. Sussex: IDS Discussion Paper, University of Sussex, jan. 1994.

TESFATSION, L. S. *Agent-based computational economics:* a constructive approach to economic theory. Society for Computational Economics, 2006.

THOMPSON, G.; FRANCES, J.; LEVACIC, R.; MITCHELL, J. *Markets, hierarchies and networks*. London: Sage Publications, 1991.

YOSHINO, M.; RANGAN, U. *Strategic alliances:* an entrepreneurial approach to globalization. Cambridge: Harvard Business School Press, 1995.

A Empresa Transnacional

Reinaldo Gonçalves

17.1 Introdução

Os desenvolvimentos teóricos recentes a respeito da empresa transnacional (ET) ainda são ignorados ou minimizados. Há os que ignoram esses desenvolvimentos, ao mesmo tempo em que se entusiasmam com os avanços ocorridos em áreas como teoria dos jogos, equilíbrio geral, crescimento endógeno etc.[1] A minimização, por seu turno, ocorre em decorrência do viés formalista que contagiou a Ciência Econômica e que associa formalização (geralmente, a matemática) com conhecimento científico.[2]

A importância da ET é evidente. No contexto do atual processo de globalização, a ET é o principal *locus* de acumulação e de poder econômico a partir do seu controle sobre ativos específicos (capital, tecnologia e capacidades gerencial, organizacional e mercadológica).[3] No capitalismo contemporâneo, a ET encontra-se cada vez mais identificada com a categoria de grupo econômico do que com a de empresa.[4] O grupo econômico (ou a grande empresa) tem sofrido transformações importantes (ver Quadro 17.1 para alguns fatos estilizados). Na dimensão organizacional, passou-se da estrutura piramidal para a de rede, o foco deslocou-se do interno para o externo, e o alcance transferiu-se do mercado doméstico para o mercado global.

A expressão empresa transnacional tem tido uso mais corrente que empresa multinacional desde os anos 1970 do século passado. Essa distinção surgiu em decorrência do debate sobre a criação de empresas multinacionais no âmbito de esquemas regionais de integração econômica envolvendo países em desenvolvimento. Nesse sentido, a expressão "multinacional" estaria reservada a empresas formadas por associações entre empresas de países em desenvolvimento (inclusive, com forte presença de associações e parcerias entre empresas estatais) com atuação regional, ao passo que a expressão "transnacional" estaria referenciada às grandes empresas originárias dos países desenvolvidos com atuação em escala global.

Este capítulo trata da natureza da empresa transnacional. Não há dúvida de que houve importantes desenvolvimentos teóricos, no âmbito da microeconomia, a partir do final dos anos 1970. No entanto, procuramos transcender a dimensão estritamente microeconômica da ET, ainda que esta dimensão esteja no centro da nossa análise.

A ET é a empresa de grande porte que controla ativos em pelo menos dois países. A ET responde pela quase totalidade dos fluxos de investimento externo direto (IED). A teoria desenvolvida neste capítulo assenta-se na relação entre a empresa, o território e o sistema econômico. A ET é entendida como o principal agente dos processos de internacionalização da produção, centralização e concentração do capital, e destruição criadora. Ocorre que a ET também é o resultado da interação desses processos. A ET é sujeito e objeto dos processos de internacionalização da produção, centralização e concentração do capital, e destruição criadora.

Na dimensão microeconômica, a ET é o agente de realização do processo de internacionalização da produção. Esse processo ocorre sempre que residentes têm acesso a bens e serviços com origem em não residentes (isto é, mercadorias originalmente

276 Economia Industrial

produzidas por não residentes). E ele se expressa de três formas: exportação, licenciamento de ativos e investimento externo direto. O território é o território usado (base da produção e das trocas materiais), que impõe às empresas um conjunto de fatores que influenciam ou determinam sua localização espacial.[5] O sistema é o capitalismo, com sua macrodinâmica de acumulação em escala global.[6]

QUADRO 17.1 DA EMPRESA LOCAL À EMPRESA GLOBAL: QUE DIFERENÇA UM SÉCULO FAZ		
Características	Século XX	Século XXI
Organização	Piramidal	Em rede
Foco	Interno	Externo
Estilo	Rígido	Flexível
Fonte de força	Estabilidade	Mudança
Estrutura	Autossuficiente	Interdependente
Recursos	Átomos – ativos físicos	Bits – informação
Operações	Integração vertical	Integração virtual
Produtos	Produção em massa	Customização em massa
Alcance	Doméstico	Global
Resultados financeiros	Trimestrais	Em tempo real
Controle de estoque	Mensal	Por hora
Estratégia	Do topo à base	Da base ao topo
Liderança	Dogmática	Por inspiração
Trabalhadores	Empregados	Empregados e terceirizados
Expectativa no emprego	Segurança	Crescimento pessoal
Motivação	Para competir	Para construir
Melhorias	Incrementais	Revolucionárias
Qualidade	A melhor possível	Sem compromisso

Fonte: Revista Business Week, apud Dinheiro, 13 de setembro de 2000, p. 53.

O argumento central deste capítulo é que a natureza da ET é tão complexa, e os seus determinantes operariam em condições tão diversas e seriam tão heterogêneos, que não parece ser possível a construção de uma teoria geral. Todavia, isto não nos impede de tentar desenvolver uma visão abrangente e uma moldura analítica para a compreensão do fenômeno da ET.

O conceito de *abrangência* significaria a adoção de um enfoque que incorpore variáveis associadas à própria ET e aos territórios (espaços nacionais), bem como fatores relacionados ao *modus operandi* do sistema capitalista. Procuramos ir além de interpretações que restringem a análise a planos relativamente elevados de abstração, concentrando-se unicamente em elementos sistêmicos. Ao mesmo tempo, procuramos superar as deficiências de interpretações que restringem o escopo de análise, concentrando-se em elementos microeconômicos. Assim, a nossa análise abrangente significaria um esforço de integração de elementos de natureza micro e macroeconômica e, mais precisamente, a integração entre empresa, território e sistema econômico.

Na Seção 17.2 discutimos uma interpretação microeconômica, segundo a qual fatores que operam no âmbito das empresas determinariam a natureza da ET e o fluxo de IED. Na Seção 17.3 analisamos os fatores locacionais específicos, isto é, as variáveis relativas ao território (espaços nacionais), que determinariam as formas do processo de internacionalização da produção. Na Seção 17.4 desenvolvemos uma interpretação sistêmica da internacionalização da produção e da natureza da ET a partir de processos próprios à dinâmica de acumulação capitalista. Na Seção 17.5 apresentamos questões relativas à macrodinâmica capitalista. A última seção apresenta uma síntese da visão abrangente a respeito da natureza da ET.

17.2 Empresa Transnacional: Interpretação Microeconômica

Há uma ampla literatura que analisa os fundamentos microeconômicos da ET, bem como resenhas úteis desta literatura.[7] A primeira contribuição importante, utilizando o enfoque da organização industrial para o estudo dos determinantes do IED, foi dada por Penrose em 1956.[8] O argumento básico de Penrose é que o IED é uma consequência do processo de crescimento da empresa. Ela argumenta que as empresas têm uma forte tendência para se expandir, e expansão significa diversificação da produção, assim como penetração em novos mercados internos e externos.

Penrose também argumenta que as empresas que são bem-sucedidas têm alguns recursos internos que lhes permitem aproveitar as oportunidades de expansão. Ela assinala que capacidade gerencial, conhecimento tecnológico e inovações constituem os elementos que criam, em grande parte, as condições para expansão da empresa. Assim, coloca-se indireta e pioneiramente a ideia de que uma empresa, a fim de realizar IED, deve possuir alguma vantagem especial.

17.2.1 FATORES ESPECÍFICOS À PROPRIEDADE

A ideia de que uma empresa deve possuir algumas vantagens para poder penetrar em mercados externos por meio do IED foi, na realidade, a contribuição básica de Hymer em 1960.[9] Segundo este autor, empresas engajam-se em operações externas porque têm algumas vantagens que as empresas do país receptor do investimento não têm. Dessa forma, os custos associados com a operação internacional – devido à falta de conhecimento do novo meio ambiente, discriminação eventual e outros tipos de riscos e incertezas – devem ser compensados por lucros extras derivados dessas vantagens.

Dentre essas vantagens, cabe destacar o uso de tecnologia de produção mais eficiente, de um sistema de distribuição mais eficaz ou, então a fabricação de um produto diferenciado. Talvez o caso mais famoso de vantagem específica à propriedade seja o segredo da fórmula industrial da Coca-Cola (ver Quadro 17.2).

QUADRO 17.2 FATOR ESPECÍFICO À PROPRIEDADE: A FÓRMULA DA COCA-COLA

"Desvendar os segredos nucleares do laboratório americano de pesquisa atômica em Los Alamos soa mais fácil do que uma pesquisa na biblioteca. Já a Coca-Cola há mais de cem anos mantém sob sigilo a fórmula do refrigerante mais popular do planeta. Qual o segredo?

A composição da Coca-Cola é guardada a sete chaves desde 1886, quando John Pemberton produziu o primeiro lote da bebida. A empresa quase nada diz sobre o precioso líquido. A única cópia da fórmula fica trancada num cofre do Sun Trust Bank em Atlanta, informa o porta-voz Trey Paris. Em que agência, ele não diz. Escrita à mão, essa receita só pode ser fornecida a alguém depois do voto favorável do conselho de administração da Coca-Cola, revela Frederick Allen no livro *A fórmula secreta*.

Não significa que ninguém sabe o segredo. Segundo Paris, "um punhado" de funcionários da Coca-Cola sabe a fórmula de cabeça. Quem são, ele não revela. A lenda, de acordo com um executivo da Coca-Cola, é que três pessoas conhecem o segredo, entre elas o presidente da empresa, Douglas Daft (que se recusou a falar). Algumas outras saberiam parte da fórmula. Os poucos felizardos nunca viajam juntos, para garantir que a fonte da Coca-Cola nunca seque.

E por que a ciência não revela pistas? A Coca-Cola contém 17 ou 18 ingredientes. Aí entram o tradicional corante caramelo e açúcar, bem como um mix de óleos conhecido por 7X (segundo boatos, uma mistura de laranja, limão, canela e outros). Destilar substâncias naturais como essas é complicado, já que há milhares de elementos em sua composição, diz Tom Murray, especialista em química analítica da Chemir/Polytech Laboratories. Uma empreitada dessas sairia por cerca de US$ 100 mil. E ainda assim, Murray não teria como descobrir o volume exato de cada ingrediente.

Uma coisa ninguém deve achar no xarope: cocaína. Embora a fórmula original de Pemberton incluísse uma dose mínima da droga, a Coca-Cola de hoje não contém cocaína. Desde quando? É outro segredo."

Fonte: Reed Tucker, Fortune Américas, 22 de agosto de 2000, p. 6.

Hymer apresenta outra razão importante para o IED: empresas podem investir no exterior a fim de se antecipar à competição. Ele também assinala como outro objetivo a redução de riscos por meio da diversificação, em termos do número de mercados onde a empresa tem atividades. No entanto, essa explicação não é tão importante quanto aquelas baseadas nos argumentos de vantagens específicas e de investimento defensivo.

A tese básica de Hymer (das vantagens específicas) também foi utilizada por vários outros autores (por exemplo, Balassa, Kindleberger, Caves, Vernon) para explicar diferentes aspectos do comportamento das empresas transnacionais.

Neste ponto, tendo em mente o fato de que o IED é somente uma das formas de se explorar vantagens monopolísticas em mercados externos, deveríamos colocar a principal questão teórica relacionada ao IED: Por que empresas que investem no exterior, devido ao fato de possuírem uma certa vantagem monopolística, não exploram esta mesma vantagem por meio da exportação ou do licenciamento? Esta é, na realidade, a questão-chave da moderna teoria da internacionalização da produção.

17.2.1.1 *IED e licenciamento*

O primeiro fator importante que leva empresas a preferir o IED, no lugar de concessão de licenças, refere-se ao problema da valorização do ativo intangível (por exemplo, tecnologia). Assim, na medida em que existem expectativas diferentes no que se refere ao retorno obtido por meio do uso deste ativo e às imperfeições no mercado de ativos intangíveis, o concessor (ou empresa licenciadora) e o concessionário (empresa licenciada) podem avaliar diferentemente os benefícios futuros. A dificuldade em se chegar a um acordo sobre o valor real do ativo afeta a decisão da empresa entre usar ela própria o ativo por meio do IED ou, então, conceder uma licença para uso deste ativo por uma empresa local. Em outras palavras, a decisão é entre apropriação direta dos benefícios da vantagem monopolística, via IED, ou apropriação indireta por meio da concessão de licença a outras empresas.

Ocorre que uma inovação (por exemplo, produto novo) pode estar relacionada a um pacote de conhecimento. Nesse sentido, não é suficiente ser capaz de produzir o novo produto, mas é necessário também saber como servir o mercado. Assim, o sucesso de um novo produto está intimamente associado aos seus aspectos mercadológicos, em termos não somente de publicidade, mas também de capacidade organizacional específica ao mercado deste novo produto. Isso também é verdade no caso, por exemplo, de marcas. O retorno relativo do pacote inteiro pode ser superior à soma dos retornos relacionados a cada um dos seus componentes. Assim, se existe alguma diferença nos retornos esperados pelo concessor e concessionário, o primeiro no que se refere ao pacote como um todo, e o último somente quanto aos componentes que pretende comprar, é provável que a negociação encontre sérios obstáculos. Portanto, surge a preferência pelo IED.

Vale também mencionar que a transferência de tecnologia, por meio da concessão de licenças, envolve um certo risco em termos de controle. Assim, se algum tipo de conhecimento é transferido para uma dada empresa torna-se necessário proteger o caráter sigiloso e inovador da tecnologia. Espera-se que, com o objetivo de evitar a difusão do conhecimento e, portanto, o desaparecimento de uma vantagem monopolística, as empresas prefiram investir no exterior em vez de conceder licença.

Além disso, existe o risco de que o concessionário, usando a tecnologia, penetre em outros mercados, que de alguma forma eram ocupados pelo concessor. Por exemplo, um concessionário pode usar os novos métodos de produção (licenciados) e reduzir seus custos e, portanto, obter uma vantagem competitiva, em termos de outros mercados externos nos quais o concessor ou qualquer de suas subsidiárias esteja operando. Consequentemente, isto prejudicaria a posição de mercado do concessor. A existência de fortes restrições às exportações em muitos contratos de transferência de tecnologia é a melhor prova deste argumento.

Outro fator importante, que induz empresas a investirem em vez de concederem licenças, origina-se das políticas governamentais orientadas para contrabalançar o poder de barganha da ET no processo de negociação dos contratos de transferência de ativos intangíveis. É possível que uma melhor supervisão do governo sobre esses contratos, com o objetivo de limitar o alcance e reduzir o número de restrições impostas pela ET nesses contratos, tenda a afetar as decisões dessas empresas na direção do IED ou, pelo menos, desestimular a concessão de patentes.

Vale a pena assinalar que empresas podem ter alta propensão a evitar riscos, seja porque têm gerência e diretoria conservadoras, seja porque a empresa é de tamanho pequeno e, consequentemente, não tende a ter investimentos significativos no exterior, que requerem um certo volume mínimo de capital. Esses aspectos indicam que empresas pequenas e menos agressivas tendem a ter uma propensão a investir no exterior inferior às de empresas grandes e dinâmicas.

O risco de não recuperação de um ativo específico, após a vigência de um contrato de patente (salvo se associado a uma marca) tende a desestimular a relação contratual.

O IED toma como garantido o tamanho do mercado e sua estabilidade. Quando o mercado do ponto de vista do concessor não é suficientemente grande e estável, é mais sensato conceder licenças a produtores domésticos, com o objetivo não somente de ter um retorno sobre um ativo intangível que é um bem público dentro da empresa, mas também testar o mercado para investimento futuro. Assim, é evidente a importância do território e sua influência sobre o processo de internacionalização da produção e sobre a natureza da ET.

17.3 Território: Fatores Locacionais

Os desenvolvimentos recentes mais significativos a respeito da natureza da ET têm sido feitos no sentido de integrar a teoria do comércio e do IED num único corpo teórico.[10] A ideia central desses desenvolvimentos teóricos é que comércio, investimento e licenciamento são formas da internacionalização da produção, de modo que os principais determinantes de cada um desses movimentos (por exemplo, tecnologia e dotação de fatores) tendam também a ser os elementos determinantes dos outros movimentos.

17.3.1 IED E EXPORTAÇÃO

O primeiro determinante encontrado na literatura sobre IED, que tem suas raízes na teoria tradicional do comércio internacional, está relacionado às restrições ao movimento de fatores. O diferencial de dotação de fatores é a variável-chave. A existência de amplas fontes de matéria-prima (*resource seeking*), assim como reduzidos custos de mão de obra (*efficiency seeking*), justificariam o IED em setores intensivos em recursos naturais e trabalho. A capacitação tecnológica também pode ser vista como uma variável de estoque (de fator de produção). Nesse caso, a ET pode ter uma estratégia de busca de ativos específicos como o conhecimento tecnológico e a capacidade mercadológica (*asset seeking*), inclusive, por meio de acordos que envolvam fluxos de IED.[11] Além disso, elevados custos de transporte também estimulariam o IED.

A imobilidade internacional dos recursos naturais e os custos de transporte foram determinantes bastante significativos do IED no passado e, mesmo atualmente, encontramos importantes fluxos de IED em subsidiárias com expressiva atividade de exportação, inclusive orientadas para mercados regionais, como o Nafta (Acordo de Livre Comércio Norte-americano) e o Mercosul (Mercado Comum do Cone Sul). No entanto, o diferencial na dotação de fatores não parece ser responsável por uma parcela significativa do total do IED na indústria de transformação. No passado recente, é provável que a estratégia de busca de ativos esteja crescendo em importância tendo em vista a aceleração do progresso técnico.

A política comercial também tem sido mencionada na literatura há algum tempo (*market seeking*). No caso dos países em desenvolvimento, quando há medidas orientadas para a substituição de importações (tarifas, quotas etc.), o comportamento das empresas que exportam para esses países é influenciado por tais medidas. O processo de substituição de importações tende, de modo geral, a mudar a forma da internacionalização (do comércio para o IED). Experiência mais recente mostra, também, que o IED japonês na Europa e nos EUA foi, em certa medida, determinado pelo neoprotecionismo de meados dos anos 1970 até o final dos anos 1980.[12]

A ET que opera em oligopólio diferenciado, por meio do seu conhecimento único sobre a comercialização e adaptação do produto, é capaz de se apropriar de uma quase-renda. Isso é verdadeiro para bens de consumo, bem como para bens de produção em que a existência de serviços de manutenção é importante. A empresa localizada no próprio mercado tem maior possibilidade de prever corretamente os resultados da introdução de novos produtos do que uma empresa localizada no exterior. Isto significa que se todos os fatores pró e contra forem tomados em consideração, teríamos um estímulo ao IED.

A estrutura de mercado internacional pode, também, ser determinante. Na medida em que existe uma interdependência de empresas em estruturas oligopolísticas, uma reação por parte das outras empresas é esperada quando um dos membros do oligopólio penetra num mercado particular. Se supomos que a presença da ET está associada a estruturas oligopolísticas de mercado, devemos esperar que alguns investimentos se originem deste padrão de comportamento – reação oligopolística – criado pela interdependência.[13]

A necessidade de se controlar os sistemas de distribuição em um dado território também surge como um impulso para se investir no exterior. Em alguns tipos de produto e mercado, o problema da disponibilidade do produto em tempo exato e quantidades corretas é muito importante para o desempenho da empresa. Outro aspecto é a necessidade de se ter controle sobre o mercado, de modo que uma previsão mais acurada da demanda seja feita, e, consequentemente, isso induziria ao IED. Vale também mencionar que atitudes do tipo "compre o produto nacional" existente em alguns mercados, de forma que consumidores tenderiam a dar maior valor aos produtos nacionais do que aos estrangeiros, poderiam também ser determinantes do IED.

Vale mencionar, ainda, o modelo do ciclo do produto. Esse modelo foi desenvolvido por Vernon e outros autores, na década de 1960, para explicar a relação entre IED e exportação de novos produtos desenvolvidos nos Estados Unidos.[14] De forma resumida, o argumento é que os produtos passam por três fases distintas. A primeira é a do produto novo. Nesta fase, a produção está localizada em países desenvolvidos, onde está concentrada grande parte das atividades de pesquisa e desenvolvimento tecnológico. De modo geral, nesta fase são pouco expressivos os fluxos de investimento externo para localização de plantas em outros mercados e, portanto, a internacionalização da produção expressa-se, sobretudo, por meio das exportações da empresa inovadora a partir do seu país de origem.

A segunda fase é a do produto em maturação, caracterizada por um produto mais padronizado. Nesta fase, as economias de escala começam a ser importantes e surge uma preocupação maior quanto aos custos de produção. Começam, então, a surgir ameaças à posição estabelecida da empresa inovadora em decorrência da importância crescente dos produtos substitutos e dos diferenciais de custo. A decisão entre exportar ou fabricar o produto no exterior começa a ser determinada pela concorrência com outras empresas e por fatores locacionais (por exemplo, políticas de substituição de importações). O resultado tende a ser o maior crescimento dos fluxos de IED comparativamente aos de exportação.

A terceira fase é a de completa padronização do produto. Nesta fase, os custos de produção são a base da concorrência em decorrência do avanço dos produtos substitutos. O principal resultado é a realocação internacional da produção tomando como base os preços relativos dos fatores de produção. Naturalmente, os fatores locacionais (por exemplo, tamanho do mercado e política comercial) têm influência crescente na forma da internacionalização da produção. Isto significa que, nesta última fase, o país de origem da empresa inovadora pode se tornar um importador líquido do produto (importações provenientes, inclusive, de subsidiárias da empresa-matriz localizadas em países com custos mais baixos).

280 Economia Industrial

O modelo do ciclo do produto não explica a parcela do IED que não é substituidora de importações, assim como não trata dos investimentos que objetivam a fabricação de produtos antigos e completamente padronizados. Finalmente, o modelo desconsidera o fato de que alguns novos produtos são planejados de tal forma que possam penetrar em países diferentes com distintos padrões de consumo.

17.3.2 IMPERFEIÇÕES DE MERCADO E INTERNALIZAÇÃO

Na ótica microeconômica, o fenômeno da ET é visto como uma resposta às imperfeições de mercado. As imperfeições nos mercados, tanto de bens quanto de fatores e, especialmente, as imperfeições relativas a produtos intermediários e conhecimento levam ao desenvolvimento da ET por meio do processo de internalização das vantagens específicas à propriedade. Dessa forma, a empresa prefere, "ela própria fazer" (exportar ou realizar IED) do que "fazer outra empresa fazer" (licenciamento).[15]

Há tipos diferentes de imperfeições de mercado que criam incentivos à internalização. A internalização ocorre sempre que os benefícios compensem os custos. Há benefícios da criação de mercados futuros dentro da empresa, o que garante o fornecimento permanente de fluxos de conhecimento, isto é, conhecimento não é uma mercadoria como, por exemplo, o petróleo que tem um mercado futuro. A possibilidade de a empresa ter um sistema discriminatório de preços de produtos intermediários e de conhecimento permite definir estruturas diferenciadas de custo em diferentes mercados. No caso de produtos intensivos em conhecimento, a internalização permite evitar os custos da barganha bilateral em decorrência das diferentes expectativas quanto ao valor do próprio conhecimento. A internalização reduz a incerteza do comprador, que controla melhor as atividades intraempresa do que as operações realizadas via mercado. Por fim, há o benefício de se minimizar o efeito da política governamental por meio do mecanismo de preços de transferência (subfaturamento e superfaturamento dos produtos importados e exportados). Também chama-se a atenção para os ganhos associados à capacidade para melhorar o controle de qualidade.[16]

Os principais custos estariam relacionados aos custos de administração e comunicação causados pela internalização, a questão da discriminação política contra empresas estrangeiras e os custos associados ao mercado externo (operações internacionais com custos marginais crescentes).

Embora haja esforços no sentido de apresentar o enfoque da internalização como uma teoria geral do IED e da ET, seu impacto em termos da consolidação de um paradigma tem sido um tanto limitado. Assim, Caves não dá nenhuma ênfase especial ao conceito de internalização, ao passo que os trabalhos relativos a este enfoque são mencionados como extensões e variantes do enfoque da organização industrial ou dos ativos intangíveis.[17] Kojima, por exemplo, argumenta que os trabalhos recentes relacionados à teoria da internalização tendem a negligenciar os aspectos macroeconômicos do IED, tanto no país investidor, quanto no país receptor do investimento.[18]

Há a percepção de que internalização é um "conceito à procura de uma 'teoria', visto que permanecem dúvidas importantes referentes à capacidade da síntese emergente de explicar e prever o comportamento da ET".[19] Um dos principais contribuintes da literatura na área argumentou que "a procura por uma teoria geral da ET tem levado ao 'esticamento' de conceitos parciais ou a uma taxonomia cada vez mais complicada. Os desafios à nova ortodoxia são enfrentados pela redefinição de conceitos centrais ou inventários de classificação cada vez maiores".[20]

A principal crítica que pode ser feita a esse enfoque eclético do fenômeno da internacionalização da produção que enfatiza as imperfeições de mercado e tenta integrar comércio, investimento e licenciamento de tecnologia numa única estrutura teórica é que, na realidade, o que se tem alcançado é uma taxonomia dos determinantes comuns dos movimentos internacionais de fatores de produção e produtos. De fato, necessitamos ir mais longe e argumentar que não é possível a elaboração de uma teoria geral da ET ou da internacionalização da produção, da mesma forma que não é possível construir uma teoria geral, quer para comércio, quer para IED.[21]

17.4 Sistema Econômico

A nossa proposta é apresentar não uma teoria geral da internacionalização da produção ou da ET (não acreditamos na possibilidade de tal empreendimento), mas sim uma estrutura analítica abrangente, que integre elementos de natureza sistêmica com elementos específicos à propriedade (empresas) e fatores locacionais específicos (países). Isto é, desenvolvemos uma visão que integre elementos macro e microeconômicos.

17.4.1 Concentração e centralização do capital

De Marx aprendemos que o capitalismo é essencialmente um processo de acumulação de capital, que não existe capitalismo sem relações econômicas internacionais, e que as condições da produção capitalista e suas crises levam a uma concentração e centralização do capital.[22] A expansão da produção capitalista "exige uma concentração simultânea de capital, pois as condições de produção requerem o emprego de capital numa escala maior. A produção capitalista também exige sua centralização, isto é, a absorção dos pequenos capitalistas pelos grandes e sua privação do capital".[23]

Segundo Marx, o aumento da produtividade do trabalho é um elemento intrínseco ao modo de produção capitalista. Este aumento na produtividade é alcançado por meio de uma crescente divisão do trabalho e crescente cooperação dos trabalhadores assalariados no processo produtivo. E ambos dependem da escala de produção. Assim, o desenvolvimento da produtividade do trabalho exige enormes, e cada vez maiores, quantidades de capital. Com o desenvolvimento do sistema capitalista e "com a crescente massa de riqueza que funciona como capital, a acumulação aumenta a concentração daquela riqueza nas mãos de capitalistas individuais, e, em consequência, amplia a base da produção em larga escala e os métodos específicos de produção capitalista".[24] Neste sentido, no que se refere ao desenvolvimento da produção capitalista "uma crescente concentração de capital é, por conseguinte, uma das exigências materiais assim como um dos seus resultados".[25]

Dados a competição intercapitalista, o desenvolvimento do capital financeiro e o aumento das escalas mínimas de produção, defrontamo-nos com um processo de centralização de capital. Este processo é reforçado nas crises de superprodução, nas quais os menores capitalistas sofrem mais do que os grandes, tendo em vista o maior poder de mercado bem como a maior capacidade de mobilização de recursos destes últimos. Nesse ponto, vale diferenciar os conceitos marxistas de concentração e centralização do capital. Segundo Marx, centralização "pressupõe uma mudança na distribuição de capital já à mão, e funcionando", e, portanto, esse processo "não depende de forma alguma de um crescimento positivo na magnitude do capital social. E esta é uma diferença específica entre centralização e concentração, o último sendo somente um outro nome para reprodução numa escala ampliada".[26]

Além desses aspectos assinalados por Marx, deveríamos argumentar acerca do crescente papel do progresso técnico na dinâmica do capitalismo contemporâneo. Na medida em que o progresso tecnológico contribui, de forma significativa, para o crescimento econômico, e as exigências em termos de tempo e recursos nesta atividade tornam-se cada vez maiores, poderíamos esperar que as grandes empresas desempenhariam um papel cada vez mais importante no processo de inovação tecnológica devido à maior disponibilidade de recursos nessas empresas. Assim, as grandes empresas com as maiores taxas de crescimento, devido aos esforços de diversificação e produção de inovações, teriam uma crescente importância no desenvolvimento do capitalismo contemporâneo. Na realidade, esta é a segunda parte de nossa análise, que desenvolvemos logo adiante.

É importante mencionar que não precisamos trabalhar com uma forte hipótese subconsumista a fim de entender o investimento externo. Na realidade, a ET pode existir sem transferência de capital na forma de capital-dinheiro. O controle de uma empresa no exterior pode ocorrer por meio da cessão de ativos na forma de tecnologia e capacidades gerencial, mercadológica e organizacional. O problema da "realização do capital" é básico em qualquer estrutura capitalista, mas não deve ser superenfatizado na explicação de certos aspectos da dinâmica do capitalismo, incluindo o entendimento do IED. Deve-se notar, no entanto, que há evidência empírica recente favorável ao argumento, que mostra o efeito da insuficiência da demanda agregada sobre os fluxos de saída de IED do Reino Unido.[27]

Retornando à questão do processo de concentração e centralização do capital assinalado por Marx, verifica-se que este tem várias dimensões, algumas foram previstas por ele e outras não. Para ilustrar, a expansão global do capitalismo estava presente nos textos clássicos de Marx, enquanto o desenvolvimento desigual e heterogêneo do capitalismo global estava ausente.[28] Essas dimensões, bem como a evidência empírica não fazem parte do escopo deste trabalho. A evidência empírica aponta para um processo de concentração e centralização, assinalado por Marx, que se constitui na primeira parte da nossa perspectiva geral da dinâmica capitalista.[29]

17.4.2 Destruição criadora

Na análise realizada por Schumpeter da instabilidade econômica inerente ao desenvolvimento capitalista, que ele sempre enfatizou como um processo histórico e orgânico, podemos encontrar elementos estruturais adicionais da dinâmica capitalista.

Segundo Schumpeter, "o impulso fundamental que coloca e mantém a máquina capitalista em movimento vem dos novos bens de consumo, novos métodos de produção ou transporte, novos mercados, e novas formas de organização industrial que a empresa capitalista cria".[30] Na realidade, a realização de "novas combinações" de recursos e forças que aparecem de forma descontínua é a base do conceito schumpeteriano de desenvolvimento.

282 Economia Industrial

Assim a introdução de novos produtos ou produtos aperfeiçoados, novos métodos de produção, novas formas de organização, bem como o uso de novas fontes de matérias-primas e componentes e a penetração em novos mercados domésticos e externos, levam à expansão industrial e à mudança econômica. Inovações tecnológicas, abertura de novos mercados e mudanças na organização industrial criam instabilidade no sistema capitalista, na medida em que surgem de forma descontínua. Esse processo de mudanças descontínuas que aparecem substituindo antigas estruturas por novas é chamado por Schumpeter de processo de destruição criadora. Na fase competitiva do capitalismo, até o final do século XIX, este processo derivou-se de inovações realizadas por novas empresas, que substituíram antigas empresas, sob a liderança do empresário, ao passo que no capitalismo monopolista contemporâneo as inovações são principalmente realizadas dentro das grandes empresas.

No capitalismo contemporâneo, que Schumpeter chamou de capitalismo trustificado, a competição de mercado ocorre por meio, não somente da competição de preços, mas, principalmente, de inovações tecnológicas. Assim, empresas que procuram manter ou expandir suas parcelas de mercado necessitam inovar, engajar-se num processo de inovação tecnológica porque, de outra forma, por meio da introdução de novos produtos e novos métodos de produção outras empresas afetarão a estrutura de mercado. Nesse sentido, o desenvolvimento capitalista decorre de um processo de destruição criadora, pelo qual novas combinações substituem antigas combinações. E as posições de mercado monopólicas ou oligopólicas alcançadas por qualquer empresa não têm um caráter permanente devido às incessantes atividades tecnológicas realizadas por outras empresas, isto é, existe uma rivalidade entre empresas dentro ou fora da indústria. Essas incessantes atividades de pesquisa aplicada exigem não somente volumes elevados de recursos financeiros e não financeiros para enfrentar a crescente especialização e complexidade da pesquisa básica existente, como também o compromisso de tempo nas atividades de pesquisa e as incertezas envolvidas nessas atividades.

Esses aspectos fazem com que, no sistema schumpeteriano, as grandes empresas, geralmente com posições de mercado monopólicas ou oligopólicas, sejam os principais agentes do processo de inovação. Suas posições de mercado monopólicas ou oligopólicas capacitam-nas, por meio de um certo controle sobre o mercado, a se apropriar dos ganhos relativos às inovações e, em consequência, os riscos relacionados a esta atividade encontram-se minimizados.

Assim, no sistema schumpeteriano, as grandes empresas, que dominam os mercados no capitalismo contemporâneo e, em geral, têm poderes monopólicos ou oligopólicos nestes mercados, são as principais responsáveis pela realização de inovações e mudanças estruturais. Por conseguinte, as grandes empresas têm o papel mais importante na expansão industrial e no processo geral de crescimento econômico por meio do progresso técnico.[31]

17.5 Macrodinâmica Capitalista

A ET deve ser entendida a partir de uma perspectiva histórica, conforme ressaltado na seção anterior. Isto significa que a ET é parte de um processo histórico caracterizado por uma concentração e centralização do capital, que foi identificado por Marx nos anos 1960 do século XIX. A ET tem suas raízes na primeira fase da internacionalização do capital nos anos 1970 do século XIX – a chamada expansão imperialista –, na qual o capital financeiro desempenhou um papel importante, bem entendido por autores marxistas e não marxistas nos seus aspectos econômicos e não econômicos.[32] Na realidade, a ET surge no início da fase de predominância dos interesses do grande capital na última década do século XIX.

A ET também resulta da aceleração do processo identificado por Schumpeter como destruição criadora, principalmente depois da Segunda Grande Guerra, que tem tido como seu principal agente as maiores empresas nos polos do sistema capitalista. Este processo caracteriza-se por incessantes e descontínuos movimentos no progresso tecnológico. Este progresso tecnológico incessante, juntamente com a necessidade de abertura e ampliação de novos mercados domésticos e externos, caracterizam o recente processo de concentração e centralização do capital, e o processo de internacionalização da produção; isto é, o processo de concentração e centralização do capital à escala mundial.

Assim, a ET surge como o resultado de dois movimentos gerais que ocorrem no desenvolvimento do capitalismo. A ideia central é que o capitalismo, ao exigir a abertura de novos mercados domésticos e externos, vai levar à criação e expansão da ET. A natureza da ET é determinada pela convergência do processo de concentração e centralização do capital e do processo de destruição criadora. Estes dois processos, o primeiro mostrado por Marx e o segundo por Schumpeter, convergem no sentido de transformar a ET na quintessência desse movimento, fazendo com que ela esteja entre as maiores empresas do mundo capitalista e, adicionalmente, torne-se "agressor", o patrocinador do processo de desenvolvimento tecnológico, e o principal responsável pela dinâmica capitalista.

A evidência empírica disponível parece dar suporte, por um lado, à nossa perspectiva marxista-schumpeteriana da macrodinâmica capitalista. Observa-se um movimento de centralização e concentração do capital, com as grandes empresas capitalistas tendo uma crescente participação na produção, por meio seja da maior taxa de acumulação, seja do processo de fusões e aquisições. Adicionalmente, a grande empresa tem tido um papel significativo no processo de inovação tecnológica.

17.6 Conclusão

A nossa visão abrangente da internacionalização do capital consiste em entender o fenômeno da ET como um epifenômeno da própria dinâmica de desenvolvimento capitalista. A ET surge, então, como a resultante da convergência dos processos de concentração e centralização do capital e de destruição criadora. A ET é o principal objeto da macrodinâmica capitalista, mas também é o seu principal sujeito. A ET é a grande empresa capitalista e o principal agente de realização dos processos de internacionalização da produção, concentração e centralização do capital, e de destruição criadora.

A ET tem como característica básica o fato de ser uma grande empresa e possuir vantagens específicas. No entanto, a posse de vantagens específicas à propriedade surge como condição necessária, porém não suficiente, para explicar a internacionalização da produção em termos do seu movimento inicial, das formas assumidas, e da distribuição espacial (escolha de territórios). A "condição de suficiência" seria determinada pela interação de um conjunto de fatores locacionais específicos. Interagindo com os elementos sistêmicos e específicos às empresas (microeconômicos), os fatores locacionais aparecem como variáveis determinantes para a escolha da forma do movimento de internacionalização da produção.

O fato é que os próprios fatores locacionais específicos (operando no território, no espaço-nacional) dependem de fatores sistêmicos, pois eles surgem em função das necessidades de expansão do sistema capitalista em escala mundial. No caso de fatores sistêmicos que afetam os fatores locacionais específicos, o exemplo óbvio é o processo de desenvolvimento dependente dos países do Sul. Nos países do Norte, podemos destacar os gastos militares dos governos nacionais que estimulam o progresso tecnológico.

A visão abrangente da natureza da ET procura ter um caráter histórico na medida em que aceita o fato de que a cada momento a interação de fatores econômicos, políticos, sociais e culturais define um novo conjunto de pesos específicos para as variáveis determinantes. Em consequência, a resultante das variáveis muda de uma forma incessante, o que nos remete a uma análise dinâmica do processo de internacionalização da produção por meio da expansão das empresas transnacionais. Em síntese, a ET é sujeito e objeto dos processos de internacionalização da produção, centralização e concentração do capital e destruição criadora.

17.7 Resumo

Neste capítulo aprendemos que:

- A internacionalização da produção ocorre sempre que residentes de um país têm acesso a bens e serviços com origem em não residentes.
- A empresa transnacional é protagonista do processo de internacionalização da produção.
- A distinção entre empresa transnacional e empresa multinacional decorre da existência, de um lado, de empresas formadas por associações entre capitais de países em desenvolvimento e, de outro, de empresas de grande porte originárias de países desenvolvidos com atuação global.
- A transferência de ativos específicos de propriedade das empresas para agentes no exterior envolve riscos.
- As políticas governamentais afetam a escolha das formas de internacionalização da produção.
- O processo de internacionalização da produção depende do ciclo de vida do produto.
- Processos de natureza sistêmica afetam elementos específicos à propriedade (vantagens-empresa) e fatores locacionais específicos (vantagens-país).

17.8 Questões para Discussão

1. Discuta o argumento: a empresa transnacional é o principal *locus* de acumulação de capital, progresso técnico e poder econômico no capitalismo contemporâneo.
2. O que distingue os determinantes estratégicos do investimento externo direto relacionados a recursos naturais (*resource seeking*), eficiência (*efficiency seeking*), ativos específicos (*asset seeking*) e mercados (*market seeking*)?
3. Quais são as formas básicas do processo de internacionalização da produção?
4. Quais são as principais vantagens-empresa (vantagens específicas de propriedade das empresas transnacionais)?
5. A natureza das empresas transnacionais impede a elaboração de uma teoria geral dos determinantes da existência dessas empresas.

284 Economia Industrial

6. Discuta o principal argumento de Edith Penrose: empresas têm uma forte tendência para se expandir, e expansão significa tanto diversificação da produção como entrada em novos mercados internos e externos.
7. Por que empresas que possuem vantagem monopolística exploram essas vantagens no exterior via investimento externo direto em vez de exportação ou relações contratuais?
8. O que se entende por internalização da produção?
9. O que se entende como concentração e centralização do capital, segundo Karl Marx?
10. O que se entende como processo de destruição criadora, na visão de Joseph Schumpeter?

▌ 17.9 Sugestões de Leitura

Para uma discussão da natureza da empresa transnacional segundo a teoria da internalização, ver a revisão feita por pioneiros da área: Peter J. Buckley e Mark Casson, *The Multinational Enterprise Revisited*. Londres: Palgrave Macmillan, 2010; capítulo 1 (The future of the multinational enterprise after 30 years).

Análise empírica interessante sobre os determinantes (vantagens-empresa e fatores locacionais específicos) do investimento externo direto é apresentada por Bruce A. Blonigen, A review of the empirical literature on FDI determinants. *Atlantic Economic Journal*, Vol. 33, 2005, p. 383-403.

Diversos aspectos teóricos do papel do investimento externo direto em países em desenvolvimento são discutidos em Sarbaji Chauduri e Ujjaini Mukhopadhyay, *Foreign Direct Investment in Developing Countries. A Theoretical Evaluation*, Nova York: Springer, 2014.

As bases de dados sobre instituições e a relação entre investimento externo direto e instituições são temas tratados por Agnès Bénassy-Quéré, Maylis Coupet e Thierry Mayer, Institutional determinants of foreign direct investment. *The World Economy*, 2007, p. 764-782.

A literatura sobre empresas transnacionais e investimento externo direto tem enfatizado o papel das instituições no processo de internacionalização da produção. Para uma revisão da literatura e um estudo de caso, ver Devrim Dumludag, An analysis of the determinants of foreign direct investment in Turkey: the role of the institutional context. *Journal of Business Economics and Management*, Vol. 10 (1), 2014, p. 15-30.

O tema da corrupção é tratado na literatura sobre determinantes do investimento externo direto; ver Alvaro Cuervo-Cazurra, Who cares about corruption? *Journal of International Business Studies*, Vol. 37, 2006, p. 807-822.

Para uma análise empírica dos determinantes locacionais (econômicos, políticos e institucionais) do investimento externo direto nos países que formam o BRICS, ver Pravin Jadhav, Determinants of foreign direct investment in BRICS economies: analysis of economic, institutional and political factors. *Procedia – Social and Behavioral Sciences*, Vol. 37, 2012, p. 5-14.

O relatório anual da Conferência das Nações Unidas sobre Comércio e Desenvolvimento (UNCTAD), *World Investment Report* é a principal fonte de análise, informação e dados sobre investimento externo direto e empresas transnacionais. O relatório de 2011 foca nas formas de produção internacional que não envolvem investimento externo direto, e o relatório de 2018 trata da relação entre investimento e políticas industriais. Os relatórios podem ser baixados diretamente do portal da UNCTAD.

Discussão sobre as expectativas de investimento externo direto e seus determinantes é apresentada nos relatórios de 2016 e 2018 do *World Investment Report* da UNCTAD. Esses relatórios apresentam resultados de pesquisas de questionário com executivos de empresas transnacionais sobre determinantes do investimento externo direto no futuro. As pesquisas distinguem e listam fatores macroeconômicos (exemplo, volatilidade de taxas de câmbio), fatores relativos a políticas governamentais (exemplo, incerteza geopolítica), fatores empresariais (exemplo, desenvolvimento tecnológico) e fatores externos (exemplo, migração).

▌ Notas

1. Como exemplo recente de omissão, ver BAUMOL, W. J. What Marshall didn't know: on the twentieth century's contributions to Economics. The Quarterly Journal of Economics, v. 115, n. 1, February 2000.
2. Como exemplo de minimização, ver o livro-texto de KRUGMAN, P. R.; OBSTFELD, M. *International economics. Theory and policy*. 3. ed. New York: Harper Collins, p. 161, 1994.
3. GONÇALVES, R. *Globalização e desnacionalização*. São Paulo: Paz e Terra, 1999.

4. GONÇALVES, R. Grupos econômicos: uma análise conceitual e teórica. *Revista Brasileira de Economia*, v. 45, n. 4. p. 491-519, 1991.

5. SANTOS, M. *Por uma outra globalização*. Rio de Janeiro: Record, p. 96-97, 2000.

6. CHESNAIS , F. *La mondialisation du capital*. Paris: Syros, 1994.

7. PITELIS, C. N.; SUGDEN, R. (orgs.). *The nature of the transnational firm*. 2. ed. London: Routledge, 2000; JACQUEMOT, P. *La firme multinationale: une introduction économique*. Paris: Economica, 1990; e HOOD, N.; YOUNG, S. *The economics of multinational enterprise*. London: Longman, 1979.

8. PENROSE, E. T. Foreign investment and the growth of the firm. *Economic Journal*, v. 66, p. 220-235, 1956; reproduzido em DUNNING, J. H. (org.). *International Investment*. Reino Unido: Penguin Books Ltd., p. 243-264, 1956.

9. HYMER, S. The International operations of national firms: a study of direct foreign investment. Tese de Doutorado, MIT, 1960. Cambridge: The MIT Press, p. 41-42, 1976.

10. DUNNING, J. H. Trade, location of economic activity and the MNE: a search for an eclectic approach, em OHLIN, B. et al. *The international allocation of economic activity*. London: The Macmillan Press, 1977.

11. MICHALET, C. A. Les accords inter-firmes internationaux: un cadre pour l'analyse. In: ARENA, R. et al. *Traité d'economie industrielle*. Paris: Economica, p. 278-290, 1988.

12. DUNNING, J. H. *The globalization of business*. London: Routledge, p. 134-165, 1993.

13. KNICKERBOCKER, F. T. *Oligopolistic reaction and multinational enterprise*. Boston: Harvard University Press, 1973.

14. VERNON, R. The international investment and international trade in the product cycle. *Quarterly Journal of Economics*, 80, v. p. 190-207, 1966.

15. BUCKLEY, P. J.; CASSON, M. *The future of the multinational enterprise*. London: The Macmillan Press, 1976.

16. CASSON, M. The theory of foreign direct investment. In: BLACK, J.; DUNNING, J. H. (eds.). *International capital movements*. London: The Macmillan Press, 1982.

17. CAVES, R. E. *Multinational enterprise and economic analysis*. 2. ed. Cambridge: Cambridge University Press, 1996.

18. KOJIMA, K. Macroeconomic versus international business approach to direct foreign investment. *Hitotsubashi Journal of Economics*, v. 23, n. 1, p. 1-19, jun. 1982.

19. McCLAIM, D. Foreign direct investment in the United States: Old currents, "new waves", and the theory of direct investment. In: KINDLEBERGER, C. P.; AUDRETSCH, D. B. (eds.). *The multinational corporation in the 1980s*. Cambridge: The MIT Press, p. 295, 1983.

20. BUCKLEY, P. J. New theories of international business. Some unresolved issues. In: CASSON, M. (ed.). *The growth of international business*. London: George Allen and Unwin Ltd., p. 34, 1983.

21. GONÇALVES, R. A teoria do comércio internacional: uma resenha. *Economia. Ensaios*, v. 12, n. 1, p. 3-20, dez. 1997.

22. MARX, K. *O capital*. London: Lawrence & Wishart, 1970. (3 volumes),

23. Ibid. v. III, p. 246.

24. Ibid. v. I, p. 585.

25. Ibid. v. III, p. 219.

26. Ibid. v. I, p. 586-587.

27. PITELIS, C. N. The TNC: an all-weather company. In: PITELIS; SUGDEN, *op. cit.*, p. 193-209.

28. FERNANDES, L. O manifesto comunista e a dialética da globalização. In: *O manifesto comunista 150 Anos depois*. Rio de Janeiro: Contraponto, p. 109-119, 19971.

29. BOTTOMORE, T. *Dicionário do pensamento marxista*. Edição inglesa de 1983. Rio de Janeiro: Zahar, p. 55-56, 1997.

30. SCHUMPETER, J. A. *Capitalism, socialism and democracy*. 5. ed. London: George Allen & Unwin Ltd., p. 83, 1976.

31. Uma síntese da evidência empírica é apresentada em Gonçalves, R. *Empresas transnacionais e internacionalização da produção*. Rio de Janeiro: Vozes, p. 28-31, 1992.

32. COHEN, B. J. *A questão do imperialismo*. Edição inglesa de 1973. Rio de Janeiro: Zahar, 1976.

Bibliografia

AGARWAL, J. P. Determinants of foreign direct investment: a survey. *Weltwirtschaftliches Archiv*, v. 116, p. 739-773, 1980.

ALIBER, R. Z. Money, multinationals and sovereigns. In: KINDLEBERGER, C. P.; AUDRETSCH, D. (orgs.). *The multinational corporation in the 1980s*. Cambridge: The MIT Press, p. 245-259, 1983.

BAIN, J. S. *International differences in industrial structure*. New Haven: Yale University Press, 1968.

BALASSA, B. American direct investment in the common market. *Banca Nazionale del Lavoro Quarterly Review*, n. 76, p. 134-135, june 1966.

BARANSON, J. Technology transfer through the international firm. *The American Economic Review*, v. LX, n. 2, May 1970.

BAUMOL, W. J. What Marshall didn't know: on the twentieth century's contributions to Economics. *The Quarterly Journal of Economics*, v. 115, n. 1, February 2000.

BRASH, D. *American investment in australian industry*. Cambridge: Harvard University Press, 1966.

BROWN, M. B. *Essays on imperialism*. London: Spokerman Books, 1972.

BUCKLEY, P. J. New theories of international business. Some unresolved issues. In: CASSON, M. (org.) *The growth of international business*. London: George Allen and Unwin Ltd, p. 34-50, 1983.

_____. A critical review of theories of the multinational enterprise. *Aussenwirtschaft*, v. 36, p. 70-87, 1981.

_____; CASSON, M. *The future of the multinational enterprise*. London: The Macmillan Press Ltd., 1976.

BUKHARIN, N. *Imperialism and world economy*. London: The Merlin Press, 1915.

CALVET, A. A synthesis of foreign direct investment theories and theories of the multinational firm. *Journal of International Business Studies*, v. 12, p. 43-60, 1981.

CANTWELL, J. Theories of international production. *Discussion papers in international investment and business studies*, n. 122, University of Reading, England, 1988.

CASSON, M. C. *Alternatives to the multinational enterprises*. London: The MacMillan Press Ltd., 1979.

_____ (org.). *The growth of international business*. London: George Allen and Unwin, 1983.

_____. The theory of foreign direct investment. In: BLACK, J.; DUNNING, J. H. (orgs.) *International capital movements*. London: The MacMillan Press Ltd., 1982.

CAVES, R. E. Industrial economics of foreign investment. The case of the international corporation. *Journal of World Trade Law*, v. 5, n. 3, May-June 1971.

_____. International corporations: the industrial economics of foreign investment. In: DUNNING, J. H. (org.) *International investment*. Harmondsworth: Penguin Books Ltd., p. 265-301, 1971.

_____. Multinational firms, competition and productivity in host-country markets. *Economics*, v. 41, n. 162, May 1974.

CAVES, R. E. Industrial organization. In: DUNNING, J. H. (org.). *Economic analysis and the multinational enterprise*. London: George Allen & Unwin Ltd, p. 115-146, 1974.

_____. *Multinational enterprise and economic analysis*. Cambridge: Cambridge University Press, 1982.

COHEN, B. J. *A questão do imperialismo*. Rio Janeiro: Zahar Editores, 1976.

DUNNING, J. H. (org.) *International investment*. Harmondsworth: Penguin Books Ltd., 1972.

_____. The determinants of international production. *Oxford Economic Papers*, v. 25, n. 3, p. 289-336, November 1973.

_____ (org.). *Economic analysis and the multinational enterprise*. London: George Allen & Unwin Ltd., 1974.

_____. Trade, location of economic activity and the MNE: a search for an eclectic approach. In: OHLIN, B. et al. *The international allocation of economic activity*. London: MacMillan Press Ltd., 1977.

_____. Explaining changing patterns of international production: in defence of the eclectic theory. *Oxford Bulletin of Economics and Statistics*, v. 41, n. 4, p. 269-295, 1979.

_____. *International production and the multinational enterprise*. London: George Allen and Unwin, 1981.

EVELY, R.; LITTLE, I. M. D. *Concentration in british industry*. Cambridge: Cambridge University Press, 1960.

FAJNZYLBER, F. *La industrialización trunca de America Latina*. México: ET/Editorial Nueva Imagen, 1983.

FURTADO, C. *Development and underdevelopment*. Berkeley: University of California Press, 1967.

GALBRAITH, J. K. *The new industrial sta*te. Boston: Houghton Mifflin, 1967.

GORDON, L.; GROMMERS, E. *Unites States manufacturing investment in Brazil*. The impact of brazilian government policies 1946-1960. Boston: Harvard University, 1962.

HILFERDING, R. *El capital financiero*. Madri: Editorial Tecnos, 1910.

HIRSCH, S. An international trade and investment theory of the firm. *Oxford Economic Papers*, v. 28, p. 258-270, 1976.

HOBSON, J. A. *Imperialism. A study*. London: George Allen & Unwin Ltd., 1968.

HOOD, N.; YOUNG, S. *The economics of multinational enterprise*. London: Longman, 1979.

HORST, T. Firm and industry determinants of the decision to invest abroad: an empirical study. *The Review of Economics and Statistics*, n. 54, p. 258-266, 1972.

HUFBAUER, G. C. The multinational corporation and direct investment. In: KENEN, P. B. (org.) *International trade and finance. Frontiers for research*. Cambridge: Cambridge University Press, 1975.

HYMER, S. The international operations of national firms: a study of direct foreign investment. Ph.D. Thesis, MIT, 1960.

_____. The internationalization of capital. *Journal of Economic Issues*, v. 6, n. 1, March, p. 91-111, 1972.

_____. The multinational corporation and the law of uneven development. In: RADICE, H. (org.) *International firms and modern imperialism*. Cambridge: Harmondsworth: Penguin Books Ltd., p. 37-62, 1975.

KINDLEBERGER, C. P. The international firm and the international capital market. *The Southern Economic Journal*, v. 34, n. 2, out. 1967.

_____. *American business abroad*. Six lectures on direct investment. New Haven: Yale University Press, 1969.

KNICKERBOCKER, F. T. *Oligopolistic reaction and multinational enterprise*. Boston: Harvard University Press, 1973.

KOJIMA, K. Macroeconomic versus international business approach to direct foreign investment. *Hitotsubashi Journal of Economics*, v. 23, n. 1, junho, p. 1-19, 1982.

LALL, S.; STREETEN, P. *Foreign investment and developing countries*. London: The Macmillan Press, 1977.

LENIN, V. I. *Imperialism, the highest stage of capitalism*. Pequim: Foreign Languages Press, 1917.

MAGDOFF, H. Imperialism without colonies. In: OWEN, R.; SULCLIFFE, B. (orgs.) *Studies in the theory of imperialism*. London: Longman Group Ltd., 1972.

MAGEE, S. P. Information and the multinational corporation: an appropriability theory of direct foreign investment. In: BHAGWATI (org.). *The New International Economic Order*. Cambridge: MIT Press, 1977.

MARX, K. *Capital*, 3 volumes. London: Lawrence & Wishart, 1970.

McCLAIN, D. Foreign direct investment in the United States: old currents, 'new waves', and the theory of direct investment. In: KINDLEBERGER, C. P.; AUDRETSCH, D. B. (orgs.) *The multinational corporation in the 1980s*. Cambridge: The MIT Press, p. 278-333, 1983.

ORR, D. Foreign control and foreign penetration in the Canadian manufacturing industries. University of British Columbia, *mimeo*, 1973.

OZAWA, T. Peculiarities of Japan's multinationalism: facts and theories. *Banca Nazionale del Lavoro Quarterly Review*, n. 115, p. 404-426, December 1975.

PARKER, J. E. *The economics of innovation:* the national and international enterprise in technological change. London: Longman, 1974.

PENROSE, E. T. *Foreign investment and the growth of fhe firm*. In: DUNNING, J. H. (org.) p. 243-264, 1972.

PHELPS, D. M. *Migration of industry to South America*. Westport: Greenwood Press Publishers, 1939.

RUGMAN, A. M. Internationalization as a general theory of foreign direct investment: a re-appraisal of the literature. *Weltwirtschaftliches Archiv*, v. 114, n. 2, p. 365-379, 1980.

SCHNEIDER, F.; FREY, B. Economic and political determinants of foreign direct investment. *World Development*, v. 13, n. 2, p. 161-175, 1985.

SCHUMPETER, J. A. *Impérialisme et classes sociales*. Paris: Flammarion, 1984.

_____. The instability of Capitalism. *Economic Journal*, p. 361-386, september 1928.

_____. *Capitalism, socialism and democracy*. 5. ed. London: George Allen & Unwin, 1976.

SHEPHERD, W. G. Trends of concentration in American manufacturing Industry, 1947-1948. *Review of Economics and Statistics*, May 1964.

STARK, W. *The accumulation of capital*. London: Routledge and Kegan Paul Ltd., 1971.

STEVENS, G. V. C. The determinants of investment. In: DUNNING, J. H. (org.) *Economic analysis and the multinational enterprise.* London: George Allen & Unwin Ltd., 1974.

TEECE, D. J. Technological and organizational factors in the theory of the multinational enterprise. In: CASSON, M. (org.) *The growth of international business*. London: George Allen and Unwin Publishers, p. 31-62, 1983.

UNCTAD. *World Investment Report*. Genebra: United Nations Conference on Trade and Development. Publicação anual. Disponível em: www.unctad.org. Acesso em: 9 dez. 2019.

U.S. DEPARTMENT OF COMMERCE. *Historical statistics of the United States. Colonial Times to 1970*. Washington D.C.: USGPO, 1975.

VAUPEL, J. W. *Characteristics and motivations of US corporations with manufacture abroad*. Paris: Atlantic Institute, 1971.

VERNON, R. The product cycle hypothesis in a new international environment. *Oxford Bulletin of Economies and Statistics,* v. 41, p. 255-267, November 1979.

_____. The international investment and international trade in the product cycle. In: SAVASINI J. A. et al. (orgs.) *Economia internacional.* São Paulo: Saraiva, p. 89-107, 1979.

WEISS, L. W. Quantitative studies of industrial organization. In: INTRILIGATOR, M. (org.) *Frontiers of quantitative economics*. Amsterdam: North-Holland Publishers, 1971.

WOLF, B. M. Industrial diversification and internationalisation: some empirical evidence. *Journal of Industrial Economics*, v. 26, n. 2, p. 177-191, 1977.

PARTE V

ESTRATÉGIAS EMPRESARIAIS

Concorrência Schumpeteriana

Mario Luiz Possas

18.1 Introdução

O objeto deste capítulo é a teoria da concorrência esboçada em suas linhas básicas por J. Schumpeter na primeira metade do século XX e aperfeiçoada nas últimas duas décadas por autores da corrente neo-schumpeteriana, em sua maioria também identificados pela abordagem evolucionista ou evolucionária, que vem se desenvolvendo sob inspiração daquele autor e por analogia aos avanços da biologia evolucionista moderna. A característica mais destacada deste enfoque é que, em contraste com o enfoque estático tradicional, a concorrência na economia capitalista passa a ser vista como um processo evolutivo e, portanto, dinâmico, gerado por fatores endógenos ao sistema econômico, notadamente as *inovações* que emergem incessantemente da busca de novas oportunidades lucrativas por parte das empresas em sua interação competitiva.

A próxima seção contém uma síntese das três grandes visões de concorrência anteriores à schumpeteriana: a clássica, a marxista e a neoclássica. Por contraste a essas é possível destacar, na Seção 18.3, os principais traços da teoria schumpeteriana da concorrência, incluindo elementos da contribuição neo-schumpeteriana mais recente. A Seção 18.4 procura identificar algumas implicações normativas e de política econômica – especialmente para a política de concorrência – dessas proposições teóricas. Segue-se uma breve conclusão do capítulo.

18.2 Diferentes Visões da Concorrência na Teoria Econômica

Não há propriamente, na tradição da Economia como ciência, nenhuma "teoria da concorrência" anterior ao advento da obra do economista austríaco J. Schumpeter no século XX.[1] Mas há diversas "noções" de concorrência que, mesmo sem constituir alguma teoria sistemática, tiveram um papel importante em relegar a concorrência a uma posição meramente acessória na teoria econômica.

Passemos brevemente em revista as mais importantes dentre essas noções: a *clássica*; a de *Marx*; e a *neoclássica*, ainda hoje dominante – para melhor situar a revolução teórica representada pela abordagem *schumpeteriana*.

18.2.1 A noção "clássica" de concorrência

Como apresentado nos Capítulos 1 e 7, a noção "*clássica*" de concorrência – adotada por Smith, Ricardo e seus contemporâneos – está associada à livre *mobilidade do capital* entre diferentes indústrias, implicando a *livre entrada* (livre iniciativa) ou ausência de "barreiras à entrada". No início do capitalismo, essas barreiras estavam relacionadas com privilégios monopolistas, ou seja, restrições institucionais ou legais à livre concorrência e à livre iniciativa. A concorrência era vista como um *processo* que se desenrola ao longo do tempo, pelo qual os investimentos são atraídos pelas indústrias que proporcionam maior taxa de lucro, afastando-se das de menor rentabilidade. Seria esse contínuo fluxo intersetorial de capitais, possibilitado justamente pela *concorrência* entre capitais – ou seja, por sua *mobilidade* entre indústrias –, o responsável pela suposta *tendência à igualação* das taxas de lucro entre distintas atividades nas economias capitalistas.

Entretanto, é característico do enfoque teórico da Economia Clássica, especialmente em sua vertente ricardiana (e, hoje, "neo-ricardiana"), sua preocupação maior com o *resultado* desse processo – ou seja, com a formação de uma *taxa de lucro uniforme* entre indústrias, e os respectivos preços "naturais" ou de equilíbrio intersetorial – do que com o *processo da concorrência em si*, já prenunciando o viés *estático* da Ciência Econômica tal como viria a se consolidar com a teoria do equilíbrio geral, em fins do século XIX. Nesse quadro, a concorrência não é objeto de análise em si, mas só interessa pelos seus *efeitos tendenciais* ou de *longo prazo*, associados à teoria da *determinação dos preços* e da *taxa de lucro de equilíbrio*.

18.2.2 A CONCORRÊNCIA EM MARX

Para *Marx*, a concorrência também era considerada mais como um processo auxiliar – embora importante – para atingir determinados fins previstos pela teoria, do que como um objeto em si mesmo digno de ser teorizado. Na concepção de Marx a concorrência não tem o *status* de gerar *por si mesma* efeitos relevantes na economia capitalista; ela cumpre apenas um papel intermediário de "executar" as "leis de movimento" (para usar sua expressão) dessa economia, determinadas em nível mais "fundamental" (das relações de produção e das leis do capital) que o nível "superficial" da concorrência, incapaz de criar ou afetar essas determinações. Isso não exclui o reconhecimento da importância da concorrência, em Marx, como um *pressuposto* para a teoria do valor e do capital; bem como sua aceitação, no essencial, da visão clássica da concorrência como "mobilidade dos capitais", atuando como o mecanismo básico para a tendência à formação de uma taxa de lucro uniforme.

Por outro lado, é importante notar que Marx *também* tinha uma percepção aguda da concorrência como um mecanismo permanente de introdução de *progresso técnico*, capaz de tornar *endógena* à economia capitalista a capacidade de mudança estrutural via inovações – na sua linguagem, de tornar o "desenvolvimento das forças produtivas" uma "lei de movimento" básica da economia capitalista. Este é um elemento crucial para uma *teoria dinâmica da concorrência*, que será retomado por Schumpeter muito mais tarde.

18.2.3 A NOÇÃO NEOCLÁSSICA DE CONCORRÊNCIA

A concepção clássica foi também adotada – e estendida – por Marshall, um dos pioneiros da tradição neoclássica e fundador da Microeconomia. Sua principal contribuição nesse terreno foi dar contornos mais precisos à noção *neoclássica* de concorrência, predominante ainda hoje. Na sua versão atual, trata-se da noção de *concorrência perfeita*, associada ao atomismo de mercado (tanto na oferta como na demanda), em que as empresas individuais são tomadoras de preço (*price takers*), ou seja, incapazes de afetar o preço de mercado, determinado pelo equilíbrio entre oferta e demanda, com *preço* de mercado igual a seu *custo marginal*. As implicações normativas dessas hipóteses são fundamentais para o enfoque estático de *eficiência alocativa*, predominante em praticamente todas as aplicações de política econômica. Implicações normativas idênticas, mas que dispensam o atomismo de mercado, são extraídas, ainda no campo neoclássico, pela recente teoria de "*mercados contestáveis*" (1982), apresentada no Capítulo 7, cujos resultados podem ter algum interesse teórico, mas cujo interesse empírico, em função de pressupostos pouco realistas, dependem de uma avaliação de suas aplicações.

18.3 A Teoria Schumpeteriana da Concorrência e o Papel das Inovações

18.3.1 A VISÃO DE SCHUMPETER

Em que consiste a noção – mais que isso, a "teoria" – de concorrência proposta por Schumpeter? Trata-se de uma noção não ortodoxa, mas potencialmente a mais interessante de todas, hoje conhecida como *concorrência schumpeteriana*. Sua principal característica é que ela se insere numa visão *dinâmica* e *evolucionária* do funcionamento da economia capitalista. Por ela, a *evolução* desta economia é vista *ao longo do tempo* (e por isso é *dinâmica* e *evolucionária*) como baseada num *processo* ininterrupto de introdução e difusão de *inovações* em sentido amplo, isto é, de quaisquer mudanças no "espaço econômico" no qual operam as empresas, sejam elas mudanças nos produtos, nos processos produtivos, nas fontes de matérias-primas, nas formas de organização produtiva, ou nos próprios mercados, inclusive em termos geográficos.

Por sua vez, qualquer *inovação*, nesse sentido amplo, é entendida como resultado da busca constante de *lucros* extraordinários, mediante a *obtenção de vantagens competitivas* entre os agentes (empresas), que procuram se *diferenciar* uns dos outros nas mais variadas dimensões do processo competitivo, tanto os tecnológicos quanto os de mercado (processos produtivos, produtos, insumos, organização; mercados, clientela, serviços pós-venda). No Capítulo 8 tivemos a oportunidade de discutir amplamente esse tema.

18.3.2 Concorrência schumpeteriana

Os principais traços da teoria schumpeteriana da concorrência, em síntese, são discutidos a seguir.

A concorrência schumpeteriana caracteriza-se pela busca permanente de *diferenciação* por parte dos agentes, por meio de *estratégias* deliberadas, tendo em vista a obtenção de vantagens competitivas que proporcionem *lucros de monopólio*, ainda que temporários.

Por isso mesmo, *concorrência não é o contrário de monopólio*. Se bem-sucedida, a busca de novas oportunidades, ou *inovações* em sentido amplo, *deve gerar* monopólios, em maior ou menor grau e duração. Se eles serão ou não eliminados eventualmente, por meio de novos concorrentes e/ou imitadores, é algo que não pode ser preestabelecido. Na ocorrência de retornos crescentes à escala, como é frequente, vantagens monopolísticas tendem a se *consolidar*, em vez de desaparecer.

A concorrência é um processo (*ativo*) de *criação* de espaços e oportunidades econômicas, e não apenas, ou principalmente, um processo (*passivo*) de *ajustamento* em direção a um suposto equilíbrio, nem supõe qualquer estado tendencial "normal" ou de *equilíbrio*, como nos enfoques clássico e neoclássico. O desfecho do processo de concorrência não é predeterminado, mas depende de uma interação complexa de forças que se modificam ao longo do mesmo processo – mecanismos dependentes da trajetória (*path dependence*), como são chamados na literatura –, tornando muitas vezes impossível prever a própria existência, que dirá as características de um estado terminal. Esse, por sinal, é um traço típico de processos evolutivos.

Nessa concepção, concorrência implica o surgimento *permanente* e *endógeno* de *diversidade* no sistema econômico capitalista, também como convém a um processo evolutivo. Importa mais a *criação* de diferenças, por meio das *inovações* em sentido amplo, do que sua *eliminação*, mesmo que tendencial, como nos enfoques clássico e neoclássico.

Há muitas *formas* ou *dimensões* da concorrência, sendo a concorrência em preços apenas a mais tradicional e mais simples, mas não a mais importante ou mais frequente. A concorrência se dá também por *diferenciação do produto* (inclusive qualidade) e, especialmente, por *inovações*, que no sentido schumpeteriano – muito amplo, como se viu – envolve toda e qualquer criação de novos espaços econômicos (novos produtos e processos, novas formas de organização da produção e dos mercados, novas fontes de matérias-primas, novos mercados).

Essa ênfase na *diferenciação* dos agentes e na *multiplicidade* dos instrumentos de concorrência e dos ambientes concorrenciais implica destacar a importância da *diversidade* dos fatores *microeconômicos* na caracterização dos esforços e resultados competitivos; em particular, a *diversidade estratégica* e a *variedade tecnológica* como elementos centrais na análise da concorrência.

A *empresa* é a unidade de análise da concorrência schumpeteriana, por ser a unidade de decisão e de apropriação dos ganhos. O *mercado* é o seu *locus*, definido como o espaço de interação competitiva principal entre as empresas (pode haver outros) em sua rivalidade e orientação estratégica; há, portanto, um componente subjetivo – de *avaliação estratégica* – nesta definição de "mercado". É claro que fatores objetivos relacionados à demanda e à oferta dos produtos e serviços – seu grau de substituibilidade, sua afinidade tecnológica etc. – são critérios que balizam essa definição.

Embora a unidade de análise seja a empresa, as condições *ambientais* são decisivas – seja no nível *de mercado*, onde se dá efetivamente o processo de concorrência, seja no nível mais geral, *sistêmico*, onde se definem as *externalidades* e as *políticas* que afetam a concorrência.

A interação, ao longo do tempo, entre as *estratégias das empresas* – não apenas de inovação, mas também de investimento, de preços etc. – ou seja, *estratégias competitivas*, de um modo geral – e as *estruturas de mercado* preexistentes gera uma *dinâmica industrial*, pela qual a configuração de uma indústria, em termos de produtos e processos (tecnologias) utilizados, de participações no mercado das empresas, de rentabilidade, de crescimento etc., vai se transformando ao longo do tempo.

Assim, as *estruturas de mercado* são relevantes, mas não algo único nem imutável. Tanto podem condicionar, com maior ou menor intensidade, as condutas competitivas e as estratégias empresariais, como podem ser por estas modificadas, de forma deliberada e às vezes até profunda (no caso de inovações chamadas "radicais", que afetam fortemente o funcionamento de vários mercados). Tais mudanças devem ser consideradas como inteiramente normais, e não excepcionais, podendo apresentar características evolutivas mais ou menos regulares, como nas situações tratadas pelas noções de ciclo industrial e ciclo de produto. Em outras palavras, essas estruturas são em grande medida *endógenas* ao processo competitivo, e sua evolução deve ser vista no contexto da *interação* dinâmica entre *estratégia* empresarial e *estrutura* de mercado.

294   Economia Industrial

Nesse enfoque, concorrência não é um "dado" ou um conjunto de "precondições" – atomismo de mercado, racionalidade otimizadora dos agentes, informação completa – necessários para o equilíbrio competitivo, como na moderna ortodoxia axiomática da teoria econômica neoclássica. Tampouco é um processo de ajustamento a posições de equilíbrio, com *eliminação de lucros anormais* e de desvios considerados fortuitos, como no enfoque clássico e no neoclássico mais tradicional. É, na verdade, um processo de interação entre empresas *voltadas* à *apropriação de lucros* – ou, em outros termos (não usados por Schumpeter), à valorização dos ativos de capital.

Essa apropriação de lucros *não* pressupõe nem conduz a algum *equilíbrio* – como, por exemplo, a igualação entre taxas de retorno do capital, presente tanto na teoria clássica como na neoclássica. *Ao contrário*, está relacionada a *desequilíbrios* oriundos do esforço de diferenciação e criação de vantagens competitivas pelas empresas, que se esforçam por retê-las na forma de *ganhos monopolistas*, ainda que temporários e restritos a segmentos específicos de mercado.

Assim, os *lucros não são* "*normais*" em qualquer acepção – eles são conceitualmente mais próximos de *quase-rendas* (como na acepção de Marshall – rendimentos derivados da *escassez* temporária de determinados ativos) do que de rendimentos de um fator *em equilíbrio*, como na tradição neoclássica. Mais ainda, a própria noção de uma *taxa de lucro* "*ex post*" – razão entre o lucro obtido e o capital aplicado – *perde o sentido*, uma vez que o lucro resultante de um esforço competitivo bem-sucedido não tem qualquer relação causal com a *magnitude* do capital aplicado, e tampouco há qualquer tendência à homogeneização dessa relação entre os agentes econômicos do mesmo mercado ou de diferentes mercados, *ainda que* haja livre mobilidade do capital entre indústrias.

Da mesma forma, as situações monopolísticas criadas a partir de inovações bem-sucedidas *não* devem ser vistas como intrinsecamente anticompetitivas, pois constituem o objetivo mesmo, e o resultado esperado, do processo competitivo, ainda que de forma temporária e restrita. É por isso que, como já visto, *monopólio* (uma configuração de mercado, às vezes temporária) e *concorrência* (um processo) *não* são incompatíveis entre si – muito *ao contrário*!

18.3.3 A ABORDAGEM NEO-SCHUMPETERIANA

O quadro de referência teórico descrito na seção anterior, tão diferente do ortodoxo, vem sendo retomado e desenvolvido nas últimas quase três décadas por economistas da corrente neo-schumpeteriana, que em sua vertente mais microeconômica também adotam (e são conhecidos por) uma perspectiva "*evolucionária*" (e, portanto, dinâmica) da teoria e da análise microeconômica. Entre seus principais expoentes destacam-se R. Nelson e S. Winter, que fincaram o marco inicial dessa perspectiva com seu livro clássico *Uma teoria evolucionária da mudança econômica*.[2]

Esses autores – acompanhados por muitos outros participantes dessa corrente –, além de seguir as principais ideias de Schumpeter a respeito da dinâmica da concorrência e da inovação e sua importância na economia capitalista, propõem romper com os pressupostos metodológicos tradicionais (neoclássicos) – particularmente o de *equilíbrio*, substituído pela noção mais geral de *trajetória*; e o de *racionalidade maximizadora* ou *substantiva*, substituído pelo de *racionalidade limitada* ("*bounded*") ou *processual* ("*procedural*", na terminologia adotada por Herbert Simon).

Na analogia *evolucionária* proposta por Nelson e Winter são introduzidas as noções básicas de *busca* ("*search*") de inovações, procedidas pelas *empresas* a partir de estratégias; e de *seleção* ("*selection*") dos resultados econômicos dessas mesmas inovações, realizada pelo *mercado* – o *ambiente de seleção* por excelência – e, secundariamente, por outras instituições (centros de pesquisa, universidades etc.), conforme desenvolvido no Capítulo 8.

Este tipo de análise microdinâmica e os modelos desenvolvidos por esses e outros autores da corrente evolucionária neo-schumpeteriana baseiam-se na interação temporal entre as *estratégias* empresariais, que envolvem o referido processo de *busca* de inovações – mas abrangendo ainda outras estratégias competitivas e decisões (produção, investimento, preços) – e o processo de *seleção* pelo mercado dessas mesmas inovações.

A *trajetória* resultante – a evolução temporal da indústria, em que se vai modificando *endogenamente*, por meio das *inovações* e de sua seleção pelo mercado, a configuração ou a estrutura da indústria em termos de produtos, tecnologias, participações e concentração de mercado etc. – é o principal objeto de análise. Geralmente são utilizadas técnicas de modelagem por *simulação*, em vez de tentar obter soluções analíticas unívocas, como nos modelos neoclássicos tradicionais, que só examinam soluções de equilíbrio e sua estabilidade.

18.3.4 SÍNTESE

Em suma, a concorrência schumpeteriana é uma teoria em que a criação de novas oportunidades lucrativas – a dimensão *ativa* da concorrência, capaz de promover incessantemente *diferenciação* entre os agentes e *transformações* na esfera econômica – é *tão ou mais importante* que a tendência à eliminação de vantagens ou de diferenças entre os agentes – a dimensão *passiva* da concorrência, na verdade *a única* que havia sido implicitamente focalizada em todas as análises anteriores a Schumpeter (com exceção parcial de Marx, como vimos).

O destaque dado no enfoque schumpeteriano ao conceito de *inovações em sentido amplo* reflete essa ideia crucial: não se trata apenas de enfatizar a mudança *tecnológica* – como às vezes se supõe ao interpretar erroneamente, de forma reducionista, a *concorrência schumpeteriana* –, mas *toda e qualquer mudança no espaço econômico*, promovida pelas empresas em busca de vantagens e consequentes ganhos competitivos. É esta – a *dimensão "ativa"* da concorrência, criadora de todo tipo de *variedade* dentro do sistema econômico capitalista, e não eventuais "ajustamentos" (se houver algum) a uma nova posição de equilíbrio, como nas tradições anteriores –, que importa para fundamentar uma *teoria dinâmica* da concorrência capitalista. Isto porque é ela que permite explicar a notável capacidade que a economia capitalista apresenta – *por si mesma* e não por "choques exógenos", como preferem pensar os economistas ortodoxos – de gerar *mudança qualitativa*, isto é, transformações em todo o espectro de atividades capazes de produzir lucros; o que só é compreensível quando se analisa a concorrência e seus efeitos *ao longo do tempo* – em suma, o *processo (dinâmico) de concorrência* –, em vez de contentar-se com supostos "*estados* de equilíbrio" (análise estática) que, também supostamente, representariam de forma adequada e suficiente o funcionamento dessa economia.

Apesar dos ganhos em realismo teórico do enfoque schumpeteriano, seu conteúdo mais complexo e seu instrumental de análise mais incipiente o tornam um referencial, embora promissor, ainda longe de ampla aceitação no campo econômico da corrente principal (*mainstream*) e, por extensão, nas aplicações normativas. Sejam essas aplicações voltadas para a defesa da concorrência ou para a política industrial, em geral os economistas supõem que dependam de referenciais de análise mais unívocos e mais "precisos", ainda que essa precisão seja não raro ilusória.

18.4 Implicações Normativas e de Política Econômica

A análise normativa empregada universalmente em teoria econômica é, ainda hoje, a baseada nos conceitos de *bem-estar social* e correspondente *eficiência social ou alocativa* formulados por Pareto no início do século XX. Como se sabe, a noção de eficiência alocativa ou de Pareto propõe que uma alocação social – por exemplo, uma certa distribuição de bens e serviços, promovida pelo sistema de preços (ou algum outro sistema alocativo) – é "superior de Pareto" a outra – e portanto socialmente mais eficiente – se for "fracamente" preferível (sua utilidade não for inferior) a esta outra para todo indivíduo – consumidor, no caso –, e estritamente preferível (utilidade maior) para pelo menos um. O "ótimo de Pareto", ou uma alocação "eficiente de Pareto", é tal que não há outra alocação que lhe seja superior de Pareto. Ou, em termos mais simples, sempre que só for possível melhorar a posição de alguém piorando a posição de outrem.

Os chamados "teoremas fundamentais do bem-estar" demonstram que, sob certas condições restritivas (que asseguram a existência do equilíbrio geral competitivo – preferências convexas e insaciáveis, concorrência perfeita, ausência de retornos crescentes na produção etc.), uma alocação de equilíbrio geral competitivo é eficiente de Pareto, e vice-versa; o que estabelece uma relação biunívoca entre *concorrência perfeita* (entre outras restrições) e *eficiência alocativa* ou *ótimo(s) de Pareto*.

Essa vinculação entre concorrência perfeita e eficiência alocativa, que só pode ser estabelecida no nível da *economia como um todo* – por meio do modelo de equilíbrio geral competitivo e dos teoremas fundamentais do bem-estar a ele associados – foi rapidamente absorvida pela Microeconomia. Essa migração pouco crítica – uma vez que há várias restrições na passagem do conceito de eficiência alocativa desde o nível de equilíbrio econômico *geral*, em que foi formulado, para o de equilíbrio *parcial* em mercados individuais – acabou por induzir a análise normativa microeconômica a tratar como *anomalias* ou distorções, sob o título de "*falhas de mercado*", os desvios dos mercados e/ou indústrias do mundo real em relação tanto à norma competitiva "ideal" (concorrência perfeita *versus* "imperfeições" e poder de mercado), quanto às demais premissas necessárias ao equilíbrio geral – entre outras, a presença de externalidades, economias de escala e de escopo, problemas de coordenação e custos de transação.

Como as formas de mercado concentradas são tratadas pelo enfoque normativo de eficiência alocativa aplicado a mercados específicos? Façamos uma brevíssima recapitulação, seguida de uma crítica desde a perspectiva schumpeteriana.

Posições *monopolísticas* são tratadas, na microeconomia tradicional, como associadas a uma restrição da oferta e a preços acima do nível competitivo, supondo que a empresa esteja maximizando lucros a curto prazo. A noção de poder de mercado é diretamente definida por essa capacidade de fixar preços acima dos custos marginais e unitários, obtendo lucros acima do "normal" (identificado aqui com o nível de preços competitivo, ou seja, que já embute um custo de oportunidade para o empresário). Nesse enfoque estático, o poder de mercado permite ao monopolista apropriar-se de parte do excedente do consumidor

296 Economia Industrial

(efeito *distributivo*) e acarreta redução de eficiência alocativa para o conjunto da sociedade (efeito *alocativo* conhecido como perda de bem-estar social ou ônus do monopólio, que apresentamos no Capítulo 1).

Nesse quadro, supõe-se que a preservação de posições monopolistas tem por efeito, assim como por desígnio, exercer um tal poder discricionário sobre preços de forma mais ou menos automática.

Os casos de *oligopólio* recebem um tratamento essencialmente semelhante, embora menos unívoco. Uma importante tradição de análise econômica de oligopólio, iniciada por Chamberlin, sustentava que em princípio agentes oligopolistas racionais deveriam operar como um monopólio com maximização conjunta de lucros, que por sua vez seriam repartidos por quotas. A incorporação progressiva e recente da teoria dos jogos na análise da interação estratégica oligopolista permitiu reformular a questão de modo mais rigoroso, buscando explicar a rigidez de preços em níveis acima do competitivo por procedimentos de colusão tácita de preços, mediante formação de "preços focais" (preços convencionais) ou liderança de preços. Tais condutas concertadas, explícitas ou tácitas, implicam preços e lucros supracompetitivos, embora não necessariamente no nível de maximização conjunta, e em geral em nível a princípio indeterminado. Seja como for, o resultado é tratado analogamente ao monopólio, isto é, como manifestação e exercício de poder de mercado, com prejuízo líquido alocativo para a sociedade.

As exceções amplamente aceitas são apenas os chamados monopólios naturais – e, por extensão, "oligopólios naturais" –, decorrentes de escalas mínimas eficientes das empresas que, devido a uma presença importante de economias de escala e/ou de escopo, são significativos em comparação com o mercado. Tais situações tendem a ser aceitas como um custo social em perda de bem-estar a ser concedido em troca do benefício social de maior eficiência estática (custos unitários mais baixos), desde que o monopólio seja submetido à regulação pública para assegurar que os preços de fato socializem tal benefício. No Capítulo 23 essas estruturas são analisadas em detalhe.

Em todo esse tratamento analítico convencional perpassa a ênfase no *preço* e o viés *estático*, inclusive para expressar poder de mercado; ambos objeto de crítica original por parte de Schumpeter (1942) e dos autores neo-schumpeterianos, que vêm buscando recentemente tratar das implicações normativas da teoria schumpeteriana da concorrência.

Quanto ao primeiro aspecto (*preço*), vale ressaltar que no enfoque schumpeteriano a concorrência não se reduz à concorrência em preços, assim como o poder de mercado não se expressa apenas neles. A concorrência, especialmente no âmbito das grandes empresas oligopolistas, se dá com instrumentos muito mais poderosos e eficazes, capazes de criar todo tipo de diferenciação (tecnológica, produtiva, comercial, organizacional, de mercado, estratégica) entre os concorrentes na busca pela apropriação de ganhos diferenciais ou quase-rendas monopolistas, e que Schumpeter, como vimos, caracterizou como *inovações lato sensu*. Nesse contexto, o poder de mercado é bem mais diversificado nas causas e formas de manifestação, assim como nas possíveis formas de controle, do que o simples mecanismo de preços.

Quanto ao viés *estático*, Schumpeter argumentou que os comportamentos restritivos associados convencionalmente às grandes empresas monopolistas e oligopolistas são apenas um momento, não raro temporário, do processo concorrencial, por ele visto dinamicamente como de "*destruição criativa*" das estruturas econômicas preexistentes. Nessa perspectiva, eles representam

> *(...) incidentes, muitas vezes inevitáveis, de um processo de expansão de longo prazo que eles mais protegem do que impedem. Não há mais paradoxo nisto do que em dizer que os automóveis podem correr mais* porque *são dotados de freios.*[3]

Patentes e outros mecanismos legais de proteção temporária e condicional a monopólios, associados à propriedade intelectual, não diferem em substância econômica de procedimentos defensivos destinados à proteção de vantagens competitivas conquistadas mediante esforços inovativos que, muito frequentemente (ainda que nem sempre), acarretam aumento de bem-estar social em perspectiva dinâmica.

Evitar que esses ganhos monopolísticos sejam rapidamente exauridos por imitação fácil e difusão precoce é condição indispensável para assegurar retorno econômico aos investimentos (de P&D, principalmente) voltados às inovações bem-sucedidas, viabilizando um fluxo razoável destas e os efeitos dinâmicos de bem-estar decorrentes. Distinguir entre esses casos e os de mero abuso de posição dominante no mercado é, em princípio, difícil, provavelmente não comportando regras simples e gerais. No entanto, é essencial que uma *política de concorrência*, e por consequência a *análise* econômica *antitruste*, reconheça a importância do problema, para melhor enfrentá-lo, como veremos no Capítulo 22.

Uma *política de concorrência* – às vezes chamada de política de "defesa da concorrência" – tem por finalidade precípua tanto *proteger* como *estimular* a concorrência nos mercados onde ela esteja ameaçada, seja por intermédio da própria legislação antitruste, seja pela ação dos órgãos por ela incumbidos desse tipo de intervenção nos mercados. Portanto, nessa perspectiva teórica schumpeteriana, ela não pode ser vista como *intrinsecamente* antagônica à existência de posições monopolistas ou oligopolistas, ou seja, de poder de mercado diferenciado.

A *criação e ampliação* de *poder de mercado*, em primeiro lugar, tanto ou mais que a *atenuação de assimetrias*, em segundo lugar, constituem aspectos inseparáveis do processo de concorrência. No primeiro caso, por assim dizer, sua dimensão que chamamos de "ativa", transformadora das estruturas econômicas mediante inovações e reprodutora das desigualdades de poder

Concorrência Schumpeteriana 297

econômico entre os agentes; e no segundo – este, o único tratado pelas teorias tradicionais – sua dimensão que denominamos "passiva", de ajustamento a eliminação de diferenças, por imitação, inovações secundárias e entrada nos mercados. Em qualquer caso, nem o equilíbrio, nem a equalização das assimetrias, nem a supressão do poder econômico são características do processo concorrencial, que dirá suas propriedades principais, como suposto pela teoria tradicional.

18.5 Conclusão

Não poderíamos encerrar este capítulo sem uma necessária referência ao *âmbito* da concorrência e de um de seus atributos principais, a *competitividade*. Apesar de ser usada quase sempre com viés empiricista, esta última noção pode ganhar um contorno mais rigoroso a partir da teoria schumpeteriana da concorrência.

Embora tanto concorrência como competitividade tenham como unidade a *empresa* no nível da ação estratégica, o *mercado* é de fato, como reconhecido na tradição antitruste, um espaço privilegiado tanto na teoria como na intervenção normativa e reguladora. Do ponto de vista teórico, isto se deve não só ao fato de o mercado ser o *locus* da concorrência, mas especialmente porque os *instrumentos* da disputa competitiva são definidos por características técnico-produtivas específicas de cada indústria e por características do produto associadas à demanda; isto é, no âmbito do mercado; podendo mesmo configurar determinados *padrões* de concorrência – quando apresentem alguma regularidade.

Além disso, aspectos regulatórios, infraestruturais, sociais e mesmo macroeconômicos – *sistêmicos*, em suma – agem de forma decisiva para calibrar a intensidade do processo competitivo e eventualmente reforçar a *competitividade* das empresas ali atuantes e, por extensão, da indústria correspondente. Preservar e fortalecer a concorrência, nesse quadro, implica a criação/reprodução de um *ambiente competitivo*. Este compreende: (1) estratégias empresariais *inovativas* e a adoção de critérios de *eficiência* produtiva, no plano das *empresas*; e, (2) no plano do *mercado*, a presença sistemática de *pressões competitivas* internas e potenciais (ameaça de entrada) e de *fatores sistêmicos* favoráveis à concorrência e à competitividade, seja oferecendo externalidades positivas (infraestrutura adequada, mão de obra qualificada etc.), seja assegurando condições macroeconômicas favoráveis ao crescimento e ao financiamento, seja mesmo por meio de legislação adequada e outros instrumentos de defesa da concorrência e da política industrial (como, por exemplo, os instrumentos cambiais e de grau de proteção tarifária e não tarifária, de política comercial).

A implicação mais clara dessas considerações é que a *concorrência* e a *competitividade não* surgem de forma *espontânea* – como supõem frequentemente os economistas com viés mais liberal –, mas dependem de modo crucial da adequação das condições ambientais e, por extensão, de medidas de política econômica. Em outras palavras, *concorrência* e *competitividade* devem ser *construídas*, tanto por iniciativa da *política* econômica – em particular, as políticas industrial e de concorrência (desde que tratadas de forma não antagônica) – com apoio da própria legislação antitruste e regulatória, quanto pelas *estratégias* das próprias empresas, pressionadas pela concorrência local ou (principalmente) pela mundial, num contexto globalizado como o atual.

Nesse sentido, fortalecer a concorrência não implica obrigatoriamente "enfraquecer" (reduzir seu tamanho e/ou sua lucratividade) as empresas, como por vezes se depreende do antigo e muito citado slogan segundo o qual "as leis antitruste foram criadas para proteger a concorrência, e não os concorrentes". No enfoque schumpeteriano, concorrência fortalecida requer um *ambiente* intensamente *competitivo*, o qual, por sua vez, supõe empresas competidoras fortes, isto é, *empresas competitivas*, por sua capacitação e por sua eficiência técnica, produtiva e organizacional.

Na visão schumpeteriana da concorrência, um mercado atomístico, composto de empresas economicamente insignificantes e desprovidas de qualquer poder de mercado, como paradigma competitivo, é uma lamentável ficção da ortodoxia econômica que, se verdadeira, debilitaria o ambiente competitivo e o processo de concorrência ao ponto de tornar este último *inoperante*, com consequentes prejuízos ao consumidor e ao bem-estar social, quando visto em perspectiva dinâmica.

18.6 Resumo

Neste capítulo aprendemos que:

- O processo de concorrência esboçado por J. Schumpeter e desenvolvido pela abordagem evolucionista inspirada nos avanços da biologia evolucionária moderna constitui-se em uma visão alternativa à análise de concorrência com fortes implicações normativas.

298 Economia Industrial

- A principal diferença deste enfoque em relação ao enfoque tradicional é que a concorrência passa a ser vista como um processo evolutivo, dinâmico por seus próprios elementos endógenos ao sistema econômico, decorrente da incessante introdução de inovações pelas empresas na busca de novas oportunidades lucrativas e diferenciação das mesmas.

- A J. Schumpeter pode-se atribuir a teoria da concorrência no pensamento econômico. Antes dele podem-se encontrar diferentes noções de concorrência na literatura clássica, marxista e neoclássica. O traço comum entre essas noções é que este fenômeno não foi objeto de teorização por nenhuma destas correntes. Ele era caracterizado pela livre mobilidade de capitais entre as indústrias, ou seja, pela ausência de barreiras à entrada, o que permitia a livre movimentação dos capitais e explicava a tendência à igualação das taxas de lucro e à determinação dos preços de equilíbrio. Desta forma, era um elemento explicativo das tendências de longo prazo da economia, e não uma explicação da concorrência em si e de seu papel na dinâmica econômica.

- K. Marx, apesar de comungar com a visão anterior, se destacou por perceber também que a concorrência entre os capitais era um mecanismo relevante para explicar a introdução constante do progresso técnico, capaz de tornar endógena à economia capitalista a mudança estrutural via introdução de inovações. Segundo ele, trata-se de uma lei de movimento básica que permitia o incessante desenvolvimento das forças produtivas. Esse aspecto será retomado por J. Schumpeter.

- Segundo J. Schumpeter, a economia capitalista estaria em constante evolução a partir de um processo ininterrupto de introdução e difusão de inovações, sejam elas mudanças nos produtos, nos processos produtivos, nas fontes de matérias-primas, nas formas de organização produtiva, seja nos próprios mercados, inclusive em termos geográficos. As inovações são introduzidas pelas empresas na busca de lucros extraordinários e diferenciação concorrencial.

- Os principais traços da concorrência schumpeteriana são: busca permanente de diferenciação das empresas por meio da introdução de inovações que lhes proporcionem vantagens competitivas em relação a seus concorrentes, podendo inclusive gerar monopólios temporários; concorrência como um processo ativo e deliberado das empresas, e não um processo reativo a mudanças do mercado; dinâmica que cria variedades e diversidade, em vez de ser um processo de igualação entre as empresas como no enfoque neoclássico; empresa como a unidade de análise do processo de concorrência e o mercado o seu *locus*; condições ambientais influenciando a concorrência, embora a empresa seja a unidade de análise; relevância das estruturas de mercado, mas sem ser imutáveis, podendo inclusive serem alteradas pela introdução de inovações radicais; estruturas endógenas ao processo competitivo resultantes da interação dinâmica entre estratégia empresarial e estratégia de mercado; lucros como quase rendas geradas pela escassez relativa da inovação tão logo ela é introduzida e que vão se deteriorando à medida em que ela é imitada.

- A abordagem neo-schumpeteriana posterior propõe o rompimento com pressupostos metodológicos da teoria neoclássica, a saber: o de equilíbrio, substituído pela noção de trajetória; e o de racionalidade econômica maximizadora ou substantiva, substituído pela racionalidade limitada ou procedural, ou seja, aquela que depende do grau de aprendizado pretérito dos agentes.

- A teoria schumpeteriana da concorrência traz implicações normativas diferentes da análise normativa empregada universalmente na teoria econômica baseada nos conceitos de bem-estar formulados por W. Pareto. Segundo o autor, a alocação mais eficiente é a proporcionada pelo equilíbrio competitivo. Quaisquer desvios desse equilíbrio trariam perdas de bem-estar ou ônus do monopólio para o conjunto da sociedade.

18.7 Questões para Discussão

1. Qual a principal semelhança entre as noções de concorrência das visões clássica, marxista e neoclássica?
2. A teoria da concorrência de J. Schumpeter difere basicamente em que das noções de concorrência anteriores? Qual aspecto há em comum com a noção de K. Marx?
3. Quais desdobramentos adicionais foram propostos pelos neo-schumpeterianos e em que medida eles fortalecem os pressupostos da teoria da concorrência schumpeteriana?
4. Quais novas visões de bem-estar social são contrapostas à visão tradicional de eficiência alocativa?

Notas

1. Sua primeira obra importante, Teoria do Desenvolvimento Econômico, foi publicada em alemão em 1911 e traduzida para o inglês em 1934 (existe tradução em português: S. Paulo, Ed. Abril Cultural, 1982, col. Os Economistas). Embora já contivesse todos os elementos básicos para

uma teoria da concorrência, esta ainda estava ofuscada por dois outros temas centrais para o autor – a inovação e o desenvolvimento econômico. Que ambos representam os principais efeitos da concorrência na economia capitalista só se torna claro num de seus últimos e mais importantes livros, Capitalismo, Socialismo e Democracia, 1942, caps. 7 e 8 (trad. port. Rio de Janeiro, Zahar Ed., 1984).

2. NELSON, R.; WINTER, S. *An evolutionary theory of economic change*. Cambridge: Harvard University Press, 1982.
3. Schumpeter (1942), p. 88.

Bibliografia

NELSON, R.; WINTER, S. *An evolutionary theory of economic change.* Cambridge: Harvard University Press, 1982.

SCHUMPETER, J. *Teoria do desenvolvimento econômico*. Trad. port. S. Paulo: Abril Cultural, 1982.

_____. *Capitalismo, socialismo e democracia*. Trad. port. Rio de Janeiro: Zahar, 1984.

Estratégias de Inovação

Lia Hasenclever e Paulo Tigre

19.1 Introdução

O estudo das estratégias de inovação é um tema relativamente recente na literatura sobre Economia Industrial. A principal corrente teórica que aborda o assunto é a institucionalista-schumpeteriana, que focaliza sua análise na empresa, nos setores industriais e nas relações em rede com outros agentes econômicos. A empresa é concebida como um organismo vivo em permanente mutação que recebe influências de seu ambiente (mercado), mas ao mesmo tempo é capaz de transformá-lo ou criar novos mercados ou indústrias a partir da introdução de inovações tecnológicas. Esta visão contrasta com a visão exposta no Capítulo 8, onde se discutiu a questão da intensidade da inovação em função do padrão de concorrência existente no mercado em que a empresa estava situada. Em outras palavras, a empresa era tomada como um agente passivo, que apenas reagia aos estímulos do mercado, podendo ou não ser incitada por este.

Na concepção da escola institucionalista-schumpeteriana algumas inovações radicais que são acompanhadas de inovações organizacionais e institucionais são caracterizadas como "sistêmicas". Por exemplo, o processo de difusão da energia elétrica no final do século XIX exigiu a montagem de redes de distribuição, novas formas de compra e venda e uma institucionalidade (legislação, agentes, sistema de financiamento) distinta da adotada quando as principais fontes energéticas eram o carvão e o querosene. As empresas, que na visão desta escola são consideradas organismos vivos, utilizam as inovações para introduzirem variedades na estrutura industrial existente e criarem novas estruturas. Além disso, a concepção e a implementação da estratégia de inovação de uma empresa levam em conta a sua organização interna e as suas relações externas com o sistema de inovação mais amplo em que está inserida.

As estratégias de inovação neste capítulo serão abordadas pelo estudo de três temas principais. Na primeira seção, serão focadas as estratégias de entrada e permanência das empresas em uma nova indústria por meio da introdução de inovações e sua relação com o ambiente tecnológico. Na segunda seção, as formas de organização da inovação nas empresas, em particular a coordenação interna exercida para implementar as estratégias de inovação. Na terceira seção abordaremos as formas de organização externa adotadas pelas empresas para acessar e difundir as inovações surgidas no ambiente tecnológico. Finalmente, à guisa de conclusão, serão abordadas as implicações dinâmicas que a visão estratégica da inovação pode representar para a transformação das estruturas industriais, avançando na interação dinâmica subjacente aos conceitos de estratégia e estrutura.

302 Economia Industrial

19.2 Estratégias de Entrada, Inovação e Ambiente Tecnológico

O tema estratégias de entrada das empresas no mercado não despertou atenção da abordagem adotada pela corrente principal da teoria econômica, fortemente influenciada pela visão neoclássica, uma vez que as empresas, segundo esta tradição, não agem na criação de mercados e interagem muito pouco entre si, limitando-se a reagir às mudanças ambientais. Isto significa supor que o comportamento da empresa é resultante de fatores externos a ela – grau de concentração do mercado, barreiras estruturais à entrada, entre outros. As empresas, nesta tradição, são desprovidas de poder discricionário, de capacidade de influenciar a concorrência em seu favor, de rivalizar diretamente com as demais empresas estabelecidas e potenciais entrantes. Em consequência, a eficiência e o desempenho de uma indústria estão principalmente referidos ao padrão de concorrência existente em um mercado.

No início da década de 1980, entretanto, a literatura de Economia Industrial evoluiu no sentido de enfatizar o fato das oportunidades e custos de entrada e saída influenciarem a eficiência e o desempenho de uma indústria. Os autores W. J. Baumol, J.C. Panzar e R.D. Willig mostram que são os custos irrecuperáveis (*sunk costs*), estudados nos Capítulos 3 e 12, e não as economias de escala ou barreiras estáticas, estudadas no Capítulo 7, que constituem a principal barreira à entrada de novas empresas em uma indústria.

Uma questão relacionada com este aspecto e não estudada pelos autores anteriormente mencionados, mas que nos interessa analisar, é em que medida a decisão de entrada de uma empresa em uma indústria pode estar associada com a inovação tecnológica, como o supôs J. Schumpeter. Ou, se mesmo que a decisão de entrada não esteja associada à inovação tecnológica, poder-se-ia relacionar a entrada com as forças de renovação tecnológica dos setores? Ou, ainda, se a introdução de inovações tecnológicas traz irreversibilidades e introduz custos irrecuperáveis que explicam as barreiras à entrada?

A entrada de empresas novas em uma indústria pode ser analisada de forma diferente se usamos a abordagem da concorrência como um processo de seleção (ver no Capítulo 8 o modelo de seleção e no Capítulo 18 a noção de concorrência schumpeteriana). Como visto, nesta perspectiva as empresas entrantes que estiverem incorporando inovações poderão, ou não, obter sucesso dependendo de como as empresas estabelecidas respondem à entrada.

A seguir serão analisadas algumas evidências empíricas sobre o processo de entrada em uma indústria associado à introdução de inovações usando uma abordagem econométrica e uma abordagem evolucionista.

19.2.1 ESTUDO DAS EVIDÊNCIAS EMPÍRICAS: ABORDAGEM ECONOMÉTRICA

É importante observarmos que o estudo da relação entre a entrada de empresas (geralmente de pequeno porte) em uma indústria e a propensão a inovar é muito difícil de ser inferida por meio de testes econométricos. O acúmulo de evidências sobre o papel das pequenas empresas na inovação tecnológica é ainda muito pequeno. Além disso, a causalidade inversa da mesma relação – a existência de oportunidades tecnológicas em uma indústria pode ser mais bem aproveitadas pelas pequenas empresas que são flexíveis – também é uma hipótese totalmente plausível.

Subjacente a esta questão, podem ser percebidos vestígios do debate acerca da capacidade da estrutura de mercado determinar a evolução da tecnologia ou de estabelecer as chamadas trajetórias tecnológicas. Entretanto, de maneira geral, é muito difícil construir um modelo operacional porque as condições de entrada na indústria e as oportunidades tecnológicas são dificilmente observáveis ou, mais precisamente, não são perceptíveis por todas as empresas ao mesmo tempo devido às diferentes distribuições do conhecimento entre elas.

Apesar destas dificuldades todas, Paul Geroski, em 1991, fez uma tentativa de mensurar a relação entre as maiores e comercialmente bem-sucedidas inovações e a taxa de entrada de novas empresas em cada indústria, utilizando o banco de dados do *Science Policy Research Unit* da Universidade de Sussex, e entrevistas com 79 indústrias inglesas. Os principais resultados observados foram:

1. Os impactos que as empresas entrantes causaram sobre as condições médias das indústrias (medidos em termos de aumento de faturamento provocado pela entrada de novas empresas) são modestos.
2. O fluxo de entrada de empresas no mercado é bem mais fraco que o fluxo de saída.

O autor observou ainda que, se há grandes diferenças interindustriais, é importante ressaltar que estas diferenças nas atividades de inovação são mais marcadas e estáveis ao longo do tempo, ao passo que as diferenças nas taxas de entrada não o são. Assim podemos resumir os seguintes fatos estilizados quanto à caracterização das relações entre inovação e entrada:

1. A taxa de entrada de novas empresas em uma determinada indústria já existente é dificilmente previsível. Isto sugere que as condições de entrada são provavelmente muito sensíveis a um vasto espectro de fatores ligados às condições particulares de cada mercado.

2. As barreiras à entrada são menos eficientes como uma arma de dissuasão à entrada do que como mecanismos de regulação; elas poderiam, entretanto, explicar as taxas de saídas de empresas relativamente altas.
3. A correlação existente entre entradas de novas empresas e inovações é positiva, mas modesta, e não permite identificar o sentido da causalidade. A coincidência observada entre taxa de entrada elevada e forte propensão a inovar decorre de indústrias para as quais as barreiras à entrada são fracas e as oportunidades tecnológicas particularmente ricas.

Como visto, a abordagem econométrica enfatiza as estruturas de mercado e as características tecnoeconômicas da indústria para explicar a relação da taxa de entrada de novas empresas e a propensão a inovar. Entretanto, os resultados econométricos são incapazes de encontrar uma correlação significante entre estas duas variáveis e também de precisar o sentido da causalidade para explicar se a entrada de novas empresas em uma indústria é consequência ou causa da introdução de inovações.

19.2.2 Estudo das evidências empíricas: abordagem evolucionista

Quando adotamos a abordagem institucionalista-schumpeteriana, os aspectos pertinentes não são mais as estruturas de mercado ou as características tecnoeconômicas da indústria, mas sim aquelas relacionadas ao ambiente econômico ou regime das empresas, conforme propôs S. Winter (1986). Esta concepção tem origem nos dois modelos de Schumpeter sobre a empresa inovadora: o modelo da pequena empresa inovadora fundada pelo "gênio criador" do empreendedor e o modelo de gestão da inovação organizado pela grande empresa que procura rotinizar o processo de criação tecnológica. Estes dois modelos nos remetem às caracterizações da empresa capitalista identificadas historicamente por J. Schumpeter: a pequena empresa emergente, criada pelo empreendedor, e a grande empresa estabelecida, que introduz inovações rotineiramente a partir de suas atividades de P&D.

Ainda que estes dois modelos possam se apresentar como marcando duas épocas históricas sucessivas – o surgimento das indústrias e as suas maturidades, representando a criação de novas pequenas empresas e seu crescimento e consolidação –, a abordagem evolucionista os considera como dois tipos ideais, duas instituições, dois setores de criação tecnológica que podem coexistir.[1]

Um exemplo da coexistência destes dois modelos em uma indústria já madura é a criação da empresa Microsoft, que introduz uma inovação não rotinizada, isto é, contra o padrão ou trajetória tecnológica vigente na indústria de computadores, e revoluciona os padrões desta indústria, sem criar uma nova indústria, mas introduzindo significativas barreiras à entrada.

Assim, em vez de raciocinar a partir do conceito clássico de indústria, visto no Capítulo 2, os trabalhos de S. G. Winter enfatizam as características do ambiente econômico das empresas. Dois regimes econômicos podem ser identificados. O *regime empreendedor* é aquele que se apresenta favorável às empresas que entram (ou que nascem) na indústria e é pouco receptivo às atividades de inovação das empresas existentes na indústria. Ele se opõe ao *regime tradicional* ou *rotineiro*, onde as grandes empresas estabelecidas são as principais responsáveis pela introdução de inovações. Dessa forma, pode-se concluir que o primeiro modelo enfatiza a importância do papel da pequena e média empresa na introdução de inovações e o segundo principalmente o papel das grandes empresas.

Alguns autores, como G. Dosi em seu trabalho de 1988, sugerem que os dois regimes tecnológicos representam, em linhas gerais, a evolução de uma indústria, em particular a sua emergência e a sua fase de maturidade. Segundo o autor, na fase de *emergência da indústria* há uma fase de tentativa e erro que pode afetar os aspectos técnicos, econômicos e comerciais da inovação. Nesta fase os empreendedores trabalham com uma taxa de risco elevada, conforme havia previsto Schumpeter. Muitas vezes, neste período de emergência de novas tecnologias, constata-se o aparecimento de novas empresas. Neste período também é frequente que o progresso técnico seja produzido de forma associada entre empresas e instituições técnicas.

Na fase de *maturidade,* quando as empresas já se consolidaram e cresceram constituindo um oligopólio, a mudança técnica é a principal arma da concorrência. Elas são capazes de mudar as regras do jogo concorrencial, derrubar certas barreiras à entrada e criar outras, provocar o desaparecimento imediato de certos concorrentes e demandar o aparecimento de outros produtores complementares, tais como fornecedores e clientes. A inovação, a difusão e a exploração comercial não são separadas. Quanto mais a estrutura tecnológica é coerente, mais o mecanismo de criação da inovação e das novas técnicas torna-se endógeno aos mecanismos econômicos, sendo internalizados pelas empresas.

Uma indústria nascente está sempre alicerçada sobre um modelo empreendedor, já que nenhuma empresa tem uma posição sólida no mercado. Já em uma indústria madura, podem ocorrer as duas situações polares de acordo com a importância das barreiras à entrada. Se as barreiras são altas, um pequeno número de grandes empresas estabelecidas gera o essencial do progresso técnico, como no modelo de P. Sylos Labini (1984). No caso das barreiras à entrada serem baixas, a necessidade de inovação é maior, pois as empresas estabelecidas são sucessivamente ameaçadas por novas gerações de empresas concorrentes.

Assim, é necessário fazer distinção entre os dois regimes (empreendedor e rotineiro) em relação à origem das inovações: são os novos entrantes que inovam no regime empreendedor e são as empresas estabelecidas que o fazem no regime rotineiro.

304 Economia Industrial

No regime rotineiro existem duas variantes. Na primeira, as empresas estabelecidas inovam protegidas por elevadas barreiras à entrada. Na segunda variante, são criadas novas empresas inovadoras porque as barreiras à entrada estão ausentes.

A conclusão essencial será que o regime empreendedor gera menos concentração – a mesma conclusão apontada por Schumpeter e já vista no Capítulo 8 – mas, da mesma forma, menos crescimento em termos de produto. Se acrescentarmos o fato de que neste regime a difusão leva tempo, podem-se associar a cada um destes regimes tecnológicos, trajetórias de crescimento muito específicas, conforme Quadro 19.1.

QUADRO 19.1 REGIMES TECNOLÓGICOS E TRAJETÓRIAS DE CRESCIMENTO

Regime	Crescimento	Crescimento da Produtividade
Rotineiro	Mais forte	Mais forte
Empreendedor	Mais fraco	Mais fraco

Fonte: Le Bas, 1995, p. 79.

Os dois regimes têm as mesmas condições em termos de crescimento potencial dos conhecimentos por ser o crescimento da produtividade potencial nos dois regimes idêntico. Da mesma forma, os dois regimes se igualam no que diz respeito às condições de imitação (por hipótese, não existe nem proteção nem patentes).

No que diz respeito à dinâmica de inovação, há algumas distinções entre os dois regimes, como se pode observar a partir do Quadro 19.2.

QUADRO 19.2 DINÂMICA DA INOVAÇÃO E REGIMES TECNOLÓGICOS

Regime	Volume da inovação	Impacto sistêmico da inovação	Velocidade da difusão	Crescimento da produtividade
Rotineiro	Grande	Fraco	Forte	Forte
Empreendedor	Fraco	Grande	Fraco	Fraco

Fonte: Le Bas, 1995, p. 79.

O regime rotineiro, apesar de produzir um maior número de inovações, produz principalmente inovações incrementais, ou seja, com impacto sistêmico fraco. O elevado grau de concentração do regime rotineiro garante a velocidade da difusão das inovações entre as grandes empresas estabelecidas e um aumento de produtividade forte.

19.3 Inovações e Estruturas de Organização das Empresas

As empresas, concebidas como organizações, ao escolherem as suas estratégias tecnológicas terão que introduzir estruturas organizacionais compatíveis para suportá-las. Iremos abordar duas análises bastante conhecidas entre os autores schumpeterianos-institucionalistas que se opõem ao tradicional modelo linear e sequencial da inovação, subjacentes à maioria das análises neoclássicas sobre a organização das atividades de P&D no interior das empresas.

O primeiro é o modelo concebido por S. J. Kline e por N. Rosenberg, em 1986, que está mais referido às interações entre as atividades de P&D e às demais funções da empresa, tais como produção e marketing. O modelo está voltado para a geração de inovações, mas também pode ser utilizado para captar as interações que têm lugar no interior de uma cadeia de valor. Isso inclui um conjunto de atividades envolvendo redes de empresas com distintas especializações, universidades e centros de pesquisa.

O segundo é o modelo concebido por M. Aoki, em seus trabalhos de 1986 e 1988, que está direcionado para compreender as estruturas de organização das empresas como um todo e as principais diferenças entre as estruturas em contextos socioculturais diferentes. Aoki recorre à descrição de dois tipos idealizados de empresas – a empresa americana e a empresa japonesa – concentrando sua análise no fluxo de informações e nos processos de aprendizagem internos e externos.

19.3.1 O modelo de Kline-Rosenberg

Em oposição ao modelo linear de inovação, que supõe que a empresa aplica o conhecimento científico para descobrir novos processos e produtos, a partir de uma visão unidirecional, S. J. Kline e N. Rosenberg, em 1986, criaram um modelo que enfatiza as ligações existentes entre as diferentes atividades de pesquisa e as atividades industriais e comerciais. Como visto no Capítulo 8, as diferentes atividades de pesquisa são divididas em básica, aplicada e experimental e o processo de inovação nasce destas atividades e de suas interações com as demais funções da empresa, tais como as atividades de produção, marketing e vendas.

Este modelo, que pode ser visualizado na Figura 19.1, possui uma cadeia central de interações e quatro outros pontos de interatividade intensa. Na cadeia central, a direção parte de uma invenção ou concepção analítica para os estados de concepção detalhada (protótipo de produto e processo), de produção e de comercialização. Este seria o caminho para geração de conhecimento que já era admitido pelo modelo linear de inovação.

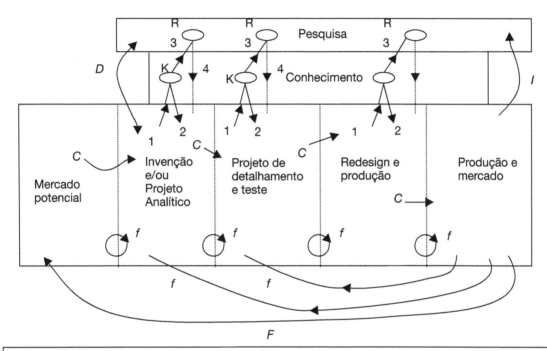

Figura 19.1 Fluxo de Informação e Cooperação no Modelo Kline-Rosenberg. (Tradução a partir de Le Bas, 1995, p. 81.)

Entretanto, o modelo de Kline-Rosenberg especifica outras relações que estão além desse caminho central e enfatizam a natureza sistêmica do processo de inovação:

1. Fluxos de informação curtos e longos entre as várias fases, permitindo a troca de informações, por exemplo, entre os usuários (departamento de produção) e os inventores (departamento de P&D) para a identificação de novas oportunidades.
2. Uma interatividade entre ciência e inovação que não se restringe ao departamento de P&D, mas se estende a toda cadeia central de inovação.
3. A existência de conhecimento acumulado (competências) no interior das empresas que lhes permite "ler" melhor as oportunidades tecnológicas que se apresentam.

306 Economia Industrial

É importante ressaltar ainda que o modelo mostrado tanto poderia estar representando uma única empresa, que desenvolve desde a pesquisa básica até a comercialização dos produtos e seus vários departamentos – pesquisa corporativa onde é desenvolvida a pesquisa básica, pesquisa aplicada e desenvolvimento experimental, onde são detalhados os protótipos de cada área de negócios; produção e comercialização –, ou um conjunto de empresas especializadas que se inter-relacionam como clientes e fornecedoras, ou, ainda, um conjunto de empresas especializadas, institutos de pesquisa e universidades que fazem parcerias com o único propósito de produzir inovações.[2] Essas redes de cooperação foram estudadas no Capítulo 16.

19.3.2 Modelo de Aoki (empresa a e empresa j)

M. Aoki procurou determinar a importância de alguns determinantes de eficácia das organizações industriais. Ele destacou que a capacidade de aprendizagem, as formas de coordenação internas às organizações e as estruturas informacionais contribuem fortemente para explicar a eficiência das empresas. Para ilustrar suas observações criou dois tipos ideais e polares de empresa: a empresa A, que representa genericamente as empresas americanas, e a empresa J, que representa o modelo adotado pelas empresas japonesas.[3]

A empresa A possui uma estrutura principalmente vertical de circulação de informações e exprime um desequilíbrio entre a distribuição do aprendizado bastante mais concentrado nos altos escalões ou hierarquias. Esta centralização da informação e esta hierarquia de controle induzem a importantes ineficiências, tais como a baixa capacidade dos gerentes em captar a informação e tratá-la adequadamente; simetricamente nenhum mecanismo incita os assalariados do chão de fábrica a partilhar informações pertinentes. Dessa forma, a empresa tende a apresentar dificuldades de adaptação quando o ambiente está evoluindo rapidamente devido à sua inflexibilidade e dificuldade em interpretar as necessidades de mudança. O grau de integração é muito mais elevado na empresa A, ao passo que a empresa J apela para a coordenação contratual de curto e de longo prazos.

Na empresa J, a organização do trabalho e a coordenação entre os diversos departamentos ou células de produção são estruturadas em torno de um tipo particular de sistema de informações, que é distinto dos modelos clássicos de hierarquia funcional. A empresa J baseia-se em uma comunicação horizontal entre as suas várias unidades funcionais ou departamentos, bem como valoriza a solução autônoma de problemas em cada uma das unidades funcionais individuais, permitindo o espírito de equipe e cooperação entre os seus vários funcionários (operários e gerentes), em contraste com as especializações excessivas e fragmentadas estabelecidas na empresa A. Esta estrutura descentralizada favorece adaptações repentinas e rápidas das atividades da empresa a um mercado e a um ambiente tecnológico em evolução constante.

Em outras palavras, este tipo de estrutura descentralizado permite a rapidez das comunicações internas necessárias a uma adaptação organizada contra os choques globais que assolam o mercado e uma ação descentralizada contra os choques locais. Ainda que este sistema de coordenação dependa em grande parte das competências (ou das capacidades intelectuais do tratamento das informações) do conjunto dos funcionários, incluindo operários e assalariados. M. Aoki, em seu trabalho de 1988, enfatiza como ponto central de sua análise o sistema de incitação que permite manter as competências no interior da empresa ou desenvolvê-la por meio do mecanismo horizontal de transmissão da informação. Tratando-se de estímulos individuais, o autor afirma que o operário mais produtivo em uma empresa do tipo J é aquele cujas competências são generalistas, possui uma função menos definida.

Outras qualidades deste operário, que lhe permitiriam ampliar a produtividade do trabalho, seriam um espírito cooperativo, grande facilidade de adaptação às novas tarefas, uma capacidade de comunicação com os demais colegas de equipe e de tomar iniciativa para resolver os problemas. O autor chama atenção ainda para o fato de que o rodízio de tarefas entre os vários operários pode ser um estímulo muito interessante para ampliar o espírito de cooperação entre os operários e suas competências.

A empresa J criou um sistema que permite avaliar a aquisição de conhecimentos, as motivações e a eficácia dos assalariados: a hierarquia por escalonamento, por meio da qual os assalariados da empresa concorrem. Destacaremos aqui a título de exemplo a estrutura das atividades de P&D nas empresas da indústria japonesa e, em particular, nas empresas da indústria elétrica e eletrônica que são intensivas nestas atividades. As empresas dispõem de um laboratório central de pesquisa e em cada divisão uma célula de P&D ou departamento de engenharia. Foi este último que jogou um grande papel no processo de criação técnica das grandes empresas japonesas. As características do sistema são: ligação estreita entre a concepção do produto e do processo (engenharia) e a fabricação (produção), transferência de informações garantida pela forte interatividade entre estes departamentos e mobilidade dos trabalhadores.

O laboratório central de pesquisa, todavia, viu seu papel aumentar durante a segunda metade da década de 1970. Sua missão principal, em conjunto com as células de P&D das divisões ou os departamentos de engenharia, era ampliar o potencial de conhecimentos técnicos de base das empresas e aportar novos conhecimentos. A absorção de conhecimentos tecnológicos vindos do exterior deve ser combinada com o conhecimento tecnológico acumulado no interior das empresas.

Existe, assim, uma espécie de isomorfismo (correspondência biunívoca entre elementos de dois grupos que preserva as operações de ambos) entre a forma que as atividades de P&D são organizadas e dirigidas e a forma que as tarefas operacionais são executadas e coordenadas. Isomorfismo entre as comunicações horizontais não hierárquicas na coordenação das operações e a parceria de conhecimentos entre o laboratório central de P&D e o departamento de P&D da divisão.

A hierarquia por escalas, que é um modo de gestão das competências coerente com a estrutura de informação horizontal e descentralizada, irá igualmente reger os recursos humanos investidos em P&D. A saída de um pesquisador ou de um engenheiro é permanentemente desincentivada. A consequência é a fraca mobilidade dos pesquisadores entre as empresas e a difusão mais lenta ou mais dificultada de conhecimentos entre elas. Esta circulação de conhecimentos mais fraca entre as empresas favorece, todavia, uma forte circulação na empresa que pode ser associada a uma forte comunicação que se estabelece entre pesquisadores, entre pesquisadores e engenheiros, entre departamento técnico e de produção, entre outros. Esta excessiva especialização da empresa em uma competência específica poderá dificultar a absorção de conhecimentos de outras disciplinas não relacionadas com as competências de cada empresa, se isto for necessário.

Podemos deduzir que a empresa J não está preparada para gerar projetos pluridisciplinares que ultrapassem as competências estabelecidas na própria empresa. Para tanto ela busca se fundir com outras empresas para provocar um choque de visões apesar desta estratégia trazer dificuldades de incitação de dois escalonamentos de hierarquia distintos e independentes.[4]

19.4 Inovação e Formas de Coordenação Externas

A cooperação entre as empresas, além de favorecer a eficácia produtiva, permite avançar mais rapidamente na criação tecnológica, agregando competências não disponíveis em uma empresa. Este tema alimenta hoje vários eixos de pesquisa em Economia Industrial e pode ser abordado segundo dois aspectos particulares que interessam às estratégias de inovação: a coordenação vertical das atividades e a padronização ou normatização das atividades industriais.

19.4.1 Inovação e coordenação vertical das atividades

Realizar uma inovação tecnológica significa também poder se apropriar dos benefícios econômicos do progresso técnico, tanto nos processos quanto nos produtos, sob a forma de "quase-rendas" ou "sobrelucros". Portanto, assim que estudamos as diferentes restrições que pesam sobre a empresa inovadora, destacamos aquelas vindas das empresas concorrentes, que podem ter estratégias de imitação, e das empresas potenciais entrantes, que podem dispor de produtos ou de tecnologias que desloquem as anteriores, por meio das estratégias de preços dos fornecedores e dos clientes.

De fato, as quase-rendas da inovação podem ser absorvidas pelas empresas fornecedoras ou por aquelas que comercializam o produto. O saber tecnológico novo baseado em informação é um bem público: toda a venda de um novo produto revela uma informação a um agente econômico que a utiliza para fazer eventualmente concorrência ao inovador. As formas de implementar esta estratégia são várias: licenciamento, cópias, imitação, entre outras.

O principal problema que se apresenta para o inovador é que a apropriabilidade deste conhecimento, ou seja, a capacidade do inovador reter em seu benefício as quase-rendas ou os sobrelucros gerados pela inovação não está totalmente assegurada pelo sistema de propriedade intelectual. De fato, ainda que o inovador esteja protegido, o sistema de propriedade intelectual apresenta limites. Estes limites estão relacionados, entre outros fatores, com o grau de conhecimento tácito embutido em cada tecnologia e com a velocidade de difusão do conhecimento. Pode-se dizer que, quanto maior o conteúdo de conhecimento tácito de uma tecnologia, maior é a proteção que o sistema de propriedade intelectual pode oferecer e quanto maior é a velocidade de difusão do conhecimento em uma área, menos importante é a proteção do sistema de propriedade intelectual.

Outro problema que se coloca é estimar o valor da inovação para que as bases dos contratos de licenciamento e parcerias possam ser estabelecidas. Em geral, a estimativa do valor da inovação foge a algumas regras econômicas estabelecidas para, às vezes, revelar as relações de forças econômicas nas negociações de preços. As empresas com maior poder de mercado obterão melhores preços. É neste momento que se dá a repartição da quase-renda de inovação entre o produtor e os outros agentes econômicos (empresas fornecedoras e compradoras).

D. J. Teece, em 1986, mostrou em um artigo que as empresas que tinham ganhado a competição tecnológica, fracassaram, todavia, em se apropriar dos benefícios econômicos de seus avanços tecnológicos. Ele recomendava que as empresas aumentassem suas atenções para os ativos complementares, ou seja, conhecimentos e competências necessárias à fabricação e

308 Economia Industrial

à comercialização de bens rentáveis para as empresas inovadoras, que na maioria das vezes são de propriedade das empresas estabelecidas fornecedoras e clientes.

Dois aspectos precisam ser destacados para melhor entendimento da relação entre apropriação das quase-rendas de inovação e a coordenação vertical. O primeiro aspecto está relacionado ao fato de que a empresa inovadora não poderá se beneficiar de forma completa de seus investimentos para gerar a inovação se sua gestão sobre os ativos complementares não for apropriada.

O segundo aspecto diz respeito à forma de propriedade que a empresa inovadora tem que ter em relação aos ativos complementares. Gerenciar ativos complementares não significa obrigatoriamente ter a propriedade destes ativos, como era comum se imaginar no passado onde o grau de integração vertical das empresas era bem mais intenso. Autores como Erick von Hippel, em seu trabalho de 1988, ou como Michael Porter, em seu livro de 1989, trouxeram outra perspectiva, analisando que a chave do entendimento do sucesso da inovação estava nas relações estreitas estabelecidas entre a empresa inovadora, as empresas usuárias da inovação e as empresas que comercializam a inovação. Dessa forma, uma boa adequação entre as características técnicas do produto (e da inovação) e as necessidades dos usuários tem frequentemente mais importância do que as características do processo de produção da inovação em si, como o tamanho dos investimentos e a estrutura do departamento de P&D. Em outras palavras, os autores estão querendo enfatizar que a fonte das inovações pode não estar localizada no interior das empresas, mas no seu exterior. E. von Hippel, neste sentido, mostrou, por meio de vários estudos de caso, a importância dos usuários como fonte de inovação.

Todos esses fatores mostram a importância da estratégia vertical das empresas que buscam combater duas imperfeições básicas de mercado – incapacidade de se apropriar da inovação e comportamentos oportunistas dos fornecedores e dos clientes. Neste sentido, as estratégias verticais são consideradas muito importantes no estímulo à inovação e, em geral, causam poucos efeitos indesejáveis de monopólios espúrios. Por estratégia vertical entendemos a escolha de certa coordenação entre diferentes empresas da cadeia produtiva em oposição ao sistema de trocas no mercado onde a incerteza é mantida.

Uma vez que a opção da coordenação vertical esteja escolhida, gerando troca de informações e conhecimento tácito entre diferentes agentes, ainda é preciso fazer uma segunda escolha entre integração vertical pura e as várias formas de cooperação: quase-integração, parceria, ligação em rede, franquia, *joint-venture*, entre outras. Estas formas de cooperação foram estudadas em detalhe no Capítulo 16.

Uma integração vertical pura tende a unificar as diferentes empresas fornecedoras e clientes em uma única empresa, reduzindo a diversidade da troca de informações entre fornecedores e clientes e a possibilidade de estabelecer uma saudável concorrência entre fornecedores ou clientes. Estas desvantagens têm levado as empresas a cada vez mais utilizar outras formas de cooperação como alternativa à integração vertical pura.

19.4.2 Inovação e padronização

Uma tecnologia, para ser amplamente difundida, precisa adotar padrões de produção e de uso. Em outras palavras, precisa dispor de técnicas de produção e de técnicas de uso, de um sistema técnico já constituído que vai permitir sua utilização, mas que ao mesmo tempo vai introduzir certas restrições ao seu uso. Um exemplo é o sistema operacional e os componentes utilizados pelos computadores. Neste caso, a tecnologia necessita de um padrão técnico que vai permitir a utilização de aplicativos, criando, ao mesmo tempo, determinadas restrições ou aprisionamentos. Estas restrições são variáveis conforme as tecnologias e seus ciclos. Dessa forma, no caso das tecnologias de rede, que não podem funcionar sem uma forte interatividade com outras tecnologias, a restrição de compatibilidade é mais forte. Os exemplos mais marcantes são as tecnologias de informação e telecomunicações, mas outras tecnologias mais antigas como a ferrovia e a energia elétrica também precisaram estabelecer padrões para poderem se conectar.[5]

Nos períodos de nascimento das tecnologias há lugar para uma competição entre padrões concorrentes que tentam se impor sobre os demais no sentido de estabelecer um "padrão de fato" para o mercado. Nem sempre apenas um padrão se impõe, mas não há espaço para muitos. Por outro lado, o padrão dominante nem sempre é tecnicamente melhor. Nos dois casos identificam-se ineficiências econômicas.

A literatura econômica sobre normas e padrões é bastante extensa e aborda normas técnicas em oposição a normas de comportamento humano. Reconhece também que certas normas técnicas são impostas pela regulamentação, indicando que nem sempre o mercado é o agente mais eficiente para permitir uma maior harmonia entre interesses dos produtores e consumidores (ver Parte VI).

Para resumir a controvérsia que o tema da padronização suscita, podem-se enfatizar duas grandes abordagens. A primeira supõe que a compatibilidade é uma variável estratégica da empresa; ela é vista como uma iniciativa no sentido de maximizar uma função de utilidade. Esta é a visão adotada, por exemplo, no livro de C. Shapiro e H. Varian, intitulado, *A economia da informação*, onde os autores mostram a ideia, também consagrada por outros autores, de que a padronização é, em geral, preferível para duas empresas em concorrência, a menos que uma das duas empresas domine a outra. Mostram também que as motivações privadas e sociais para realizar a padronização ou adotar uma norma podem divergir. Isto se daria quando as empresas adotassem a compatibilidade para reduzir a concorrência entre elas e prejudicassem os consumidores (ver Capítulo 23 a respeito).

A segunda abordagem concebe a padronização como um processo mais complexo, no qual os usuários e os avanços tecnocientíficos intervêm por meio de um processo mútuo de retroalimentação. Nesta linha de reflexão estão autores mais heterodoxos, como, por exemplo, os institucionalistas-neo-schumpeterianos. Para estes autores a racionalidade do sistema é mais importante que a racionalidade individual, mostrando como uma tecnologia muitas vezes de menor qualidade e desempenho econômico pode se impor como a norma e tornar-se, ao longo do processo, cada vez mais eficiente devido aos efeitos de aprendizagem.[6] Outros autores salientam que o fato da nova tecnologia considerar o capital instalado e as externalidades de rede geradas pelas tecnologias atuais atrasa a adoção de novas tecnologias.

19.5 Conclusão

Quais as implicações dinâmicas que a visão estratégica da inovação pode representar para a transformação das estruturas industriais? Na visão schumpeteriana-institucionalista, a empresa e o seu ambiente ou estrutura industrial estão em permanente troca. As estratégias de inovação da empresa implicam mudanças nas estruturas tecnoeconômicas existentes e nas estruturas organizacionais e institucionais, criando e destruindo mercados.

19.6 Resumo

Neste capítulo aprendemos que:

- O estudo das estratégias de inovação das empresas pode ser feito a partir de três perspectivas: (1) estratégias de entrada, inovação e ambiente tecnológico; (2) inovações e estruturas de organização das empresas; (3) inovação e formas de coordenação externas.
- Na primeira perspectiva, a hipótese é a de que a entrada de uma empresa em uma nova indústria pode estar associada à inovação tecnológica e às oportunidades tecnológicas setoriais.
- Nessa perspectiva, observam-se duas abordagens metodológicas empíricas possíveis: a econométrica e a evolucionista. A abordagem econométrica, fundamentada nos modelos ECD, é de difícil comprovação devido aos inúmeros fatores e situações particulares de cada mercado intervenientes. Entretanto, os estudos de Geroski (1991) apontam para a existência de uma correlação positiva entre entrada de novas empresas e inovação, sem ser possível precisar, entretanto, o sentido da causalidade.
- A abordagem evolucionista, fundamentada na análise da concorrência e nos regimes de seleção, cria dois modelos para análise: o modelo da pequena empresa inovadora e o modelo da grande empresa. O primeiro modelo, um regime empreendedor, é mais adequado para analisar a entrada de empresas que criam inovações disruptivas e são capazes de transformar ou criar novas indústrias. O segundo modelo, um regime rotineiro, é mais adequado para analisar o papel das grandes empresas na criação de rotinas para as atividades de pesquisa e desenvolvimento.
- Esses dois modelos são historicamente datados, ainda que possam também coexistir em determinados momentos. O primeiro modelo descreve a emergência das indústrias e o segundo modelo a sua maturidade.
- Na segunda perspectiva, a hipótese é a de que a introdução de inovações exige estruturas organizacionais compatíveis para apoiá-las. Existem duas abordagens distintas sobre a estrutura mais adequada para a realização e a abrangência das atividades de pesquisa e desenvolvimento (P&D): o modelo linear e o modelo de Kline & Rosenberg.
- No primeiro modelo, considera-se que a criação das inovações deve ficar isolada das demais funções da empresa e até mesmo que a função P&D só deveria ser internalizada na empresa quando passasse para a fase de desenvolvimento (caracterização e protótipo dos produtos, bem como simulação dos processos). A fase de pesquisa (básica e aplicada) ficaria a cargo das universidades e centros de pesquisa.
- No segundo modelo, considera-se que a criação das inovações deva ser integrada às demais funções da empresa e que esta também realiza pesquisa básica e aplicada para além do desenvolvimento de produtos e processos. Isso significa que parte do conhecimento é produzida pelas empresas, mas isso não significa que elas sejam autossuficientes na criação de inovações. Muitas vezes elas se valerão da cooperação com universidades, centros de pesquisa ou outras empresas para o seu processo de inovação.

310 Economia Industrial

- Aoki (1986) refere-se à estrutura vertical *versus* a horizontal, representadas, respectivamente, segundo o autor, pelos modelos americano (empresa A) e japonês (empresa J).
- Na empresa A, mais integrada, a circulação de informações (principal insumo para criação de conhecimento na empresa) é vertical e hierarquizada, concentra o aprendizado nos altos escalões ou hierarquias, gera desequilíbrios e ineficiências para se adaptar e captar os estímulos de mudança do ambiente.
- Na empresa J, menos integrada mas com forte coordenação contratual, a circulação de informações é horizontal entre as suas várias unidades funcionais ou departamentos, bem como valoriza a solução autônoma de problemas em cada uma das unidades funcionais, sem necessidade de recorrer ao seu superior. Esta estrutura descentralizada favorece adaptações repentinas e rápidas da empresa às mudanças de seu ambiente.
- Na terceira e última perspectiva em que abordamos as estratégias de inovação, a hipótese é a de que a cooperação entre empresas, universidades e centros de pesquisa pode ser eficaz para avançar mais rapidamente na criação tecnológica, agregar competências não disponíveis internamente e estimular a difusão das inovações.
- Teece (1986) chama a atenção para a importância de coordenar as atividades externas das empresas para aproveitar os benefícios econômicos dos avanços tecnológicos (quase rendas ou sobrelucros) devido à natureza do conhecimento, um bem que se difunde facilmente. Esta coordenação pode ser feita por meio de licenciamento ou integração vertical *versus* relações estreitas de cooperação (parcerias, ligação em rede, *joint ventures*, franquia, quase integração, entre outras formas).
- Paradoxalmente, as empresas precisam difundir as inovações e transformá-las em padrões para obterem ganhos de escala no mercado, adotando padrões de produção e uso. Existem também tecnologias que exigem restrições de compatibilidade. São as denominadas tecnologias de redes. As tecnologias de comunicação e informação, elétrica e ferroviária são exemplos.

19.7 Questões para Discussão

1. Em que medida a entrada das empresas em um setor está relacionada com inovações ou oportunidades tecnológicas renovadas dos setores?
2. Relacione introdução de inovações, irreversibilidades tecnológicas e custos irrecuperáveis com a existência de barreiras à entrada.
3. Descreva sucintamente as diferenças entre a teoria tradicional e a teoria institucionalista schumpeteriana na análise do fenômeno estratégia de inovação.
4. Forneça exemplos de casos de indústrias emergente e madura, e descreva o regime tecnológico de cada tipo de indústria.
5. Qual o efeito de cada regime sobre o processo de concorrência?
6. Explicite as diferenças entre a empresa A e a empresa J, e destaque as vantagens e desvantagens de uma ou outra estrutura organizacional para a estratégia de inovação.
7. Discuta como a cooperação entre empresas, universidades e centros de pesquisa pode acelerar o processo de criação e difusão tecnológicas.
8. O conhecimento, principal matéria-prima da inovação, é de fácil difusão. A estratégia de integração vertical é a única forma de garantir a apropriação dos ganhos econômicos da introdução de inovação?
9. A difusão das inovações exige o estabelecimento de padrões e restrições de compatibilidade. Discuta o paradoxo entre inovação e padronização.

Notas

1. Ver Langlois, R. (1998) a este respeito.
2. Para uma taxonomia dos fluxos de conhecimento entre as empresas e as universidades consultar o artigo de Pavitt (1984).
3. O modelo de Aoki estava refletindo a passagem do fordismo para o pós-fordismo, por volta do final da década de 1980, liderada pelas empresas japonesas. Hoje a maioria das empresas dinâmicas incorpora as mudanças organizacionais que facilitam a coordenação de informações possibilitadas pelo uso das novas tecnologias.
4. A esse respeito, ver Nonaka e Takeuchi (1997).
5. Consultar para um exemplo brasileiro da importância da padronização para a difusão de tecnologia a tese de Souza, 2008.
6. O artigo de Paul David de 1985 sobre o modelo do teclado de uma máquina de escrever, conhecido como modelo QWERTY, é um excelente exemplo.

Bibliografia

AOKI, M. Horizontal versus vertical information structure of the firm. *American Economic Review*, v. 76, 1986.

_____. *Information, incentives and bargaining in the japanese economy*. Cambridge: Cambridge University Press, 1988.

BAUMOL, W. J.; PANZAR, J. C.; WILLIG, R. D. *Contestable market and the theory of industrial structure*. San Diego: Harcourt Brace Jovanovitch, 1982.

DAVID, P. Clio and the economics of QWERTY. *The American Economic Review*, v. 75, n. 2, p. 332-337, 1985.

DOSI, G. Sources, procedures and economic effects of innovation. *Journal of Economic Literature*, v. 26, p. 1120-1171, set. 1988.

GEROSKI, P. *Market dynamics and entry*. Oxford: Blackwell Publishers, 1991.

KLINE, S. J.; ROSENBERG, N. An overview of innovation. In: LANDAU, R.; ROSEMBERG, N. (orgs.) *The positive sum strategy*. Washington: National Academy Press, 1986.

LANGLOIS, R. N. Schumpeter and personal capitalism. In: ELIASSON, G.; GREEN, C. (orgs.). *Microfoundations of economic growth*. A schumpeterian perspective. Michigan: The University of Michigan Press, 1998.

LE BAS, C. *Economie de l'innovation*. Paris: Economica, 1995.

NONAKA, I.; TAKEUCHI, H. *Criação de conhecimento na empresa*. Rio de Janeiro: Campus, 1997.

PAVITT, K. Sectorial patterns of technical change: towards a taxonomy and a theory. *Research Policy*, v. 13, p. 343-373, 1984.

PORTER, M. *Vantagem competitiva*. Criando e sustentando um desempenho superior. Rio de Janeiro: Campus, 1989.

SHAPIRO, C.; VARIAN, R. H. *Economia da informação*. Rio de Janeiro: Campus, 2000.

SOUZA, T. L. Metrologia e padronização técnica como ferramentas para a competitividade e inovatividade industrial: uma análise a partir da indústria brasileira de etanol combustível. Tese de Doutorado em Economia. Rio de Janeiro: IE/UFRJ, 2008.

TEECE, D. J. Profiting from technological innovation: implications for integration, collaboration, licensing and public policy. *Research Policy*, n. 5, 1986.

VON HIPPEL, E. *The sources of innovation*. Cambridge: Cambridge University Press, 1988.

Estratégias de Propaganda e Marketing

Edmar Luiz Fagundes de Almeida e Luciano Losekann

Capítulo 20

20.1 Introdução

Um elemento fundamental na busca de rentabilidade pelas empresas consiste no processo de diferenciação em relação ao comportamento médio da indústria. A propaganda é um instrumento muito utilizado para a diferenciação de produtos. O objetivo básico da empresa ao realizar propaganda é influenciar na formação das preferências dos consumidores, aumentando a demanda de seu produto. Portanto, a propaganda é um elemento relevante da estratégia competitiva das empresas.

A propaganda é uma atividade econômica muito relevante. O montante gasto em propaganda nos Estados Unidos é superior ao produto interno bruto (PIB) de muitos países (Quadro 20.1). Ao gerar receita para os meios de comunicação, a propaganda possibilita a penetração desses por toda a sociedade contribuindo para o bem-estar coletivo. Só assim, as emissoras de televisão podem deixar de cobrar de seus consumidores (TV aberta), os jornais podem ter preços de banca inferiores ao seu custo e aplicativos para celular podem ser gratuitos.

Apesar da relevância da propaganda, esta é tradicionalmente negligenciada na análise econômica. Este capítulo tem como objetivo analisar a influência da propaganda sobre o processo de concorrência, avaliando seus efeitos no desempenho das empresas e, consequentemente, na estrutura da indústria. Neste capítulo, serão apresentados os modelos econômicos que analisam os determinantes e efeitos dos gastos em propaganda.

20.2 A Propaganda como Instrumento de Diferenciação

O principal objetivo da propaganda é proporcionar um aumento das vendas por meio da modificação das preferências dos consumidores ou aumento do nível de informação destes últimos sobre o produto comercializado. A propaganda pode ser vista como um instrumento para aumentar a transparência do mercado por meio da divulgação de informações sobre fabricantes, produtos e preços, constituindo um meio para a implementação de estratégias de comercialização diferenciadas e mais bem adaptadas ao ambiente de seleção da indústria.

Cada empresa busca estabelecer uma estratégia de comercialização mais adaptada ao mercado. Isto se materializa pela escolha de uma forma de propaganda adequada ao tipo de produto, às características do mercado e ao posicionamento estratégico do conjunto de empresas concorrentes. As empresas podem lançar mão de diversas formas de propaganda: (1) anúncios nos meios de comunicação de massa e redes sociais; (2) promoções por meio da concessão de incentivos pecuniários à experimentação de um novo produto; (3) criação de marcas e logotipos para produtos e serviços de fácil memorização por parte dos consumidores; (4) ou mesmo por meio de um esforço de vendas especial com vendedores de porta em porta. O tipo de propaganda adotada dependerá basicamente do tipo do produto ou serviço e do público-alvo.

QUADRO 20.1 O MERCADO GLOBAL DE PROPAGANDA

Os Estados Unidos são o país onde os gastos de propaganda são maiores, totalizando US$ 197 bilhões em 2017. O mercado brasileiro é considerável, ocupando a sexta posição no ranking mundial de gastos em propaganda. O Brasil é o maior mercado da América Latina. Apesar desta posição, o gasto brasileiro é quinze vezes inferior ao norte americano (Dados do Mídia Dados Brasil 2018).

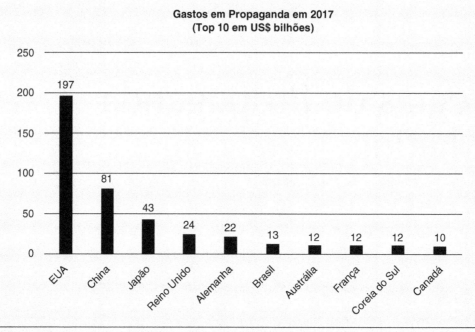

Fonte: Mídia Dados Brasil 2018.

20.3 Anúncios nos Meios de Comunicação de Massa

A comunicação de massa realizada por meio do rádio, da televisão, da Internet e redes sociais, entre outros, representa um eficiente instrumento de difusão de informação entre os consumidores. Uma propaganda na televisão é capaz de atingir milhões de consumidores, informando-os e convencendo-os sobre a qualidade e vantagens de produtos de determinadas marcas. O poder de influência dos meios de comunicação de massa e, mais recentemente, das redes sociais nas preferências dos consumidores leva as empresas a alocar um grande volume de recursos com gastos com propaganda. O desenvolvimento da televisão a partir dos anos 1950 foi acompanhado pelo crescimento da propaganda como uma atividade econômica importante das economias industriais. Ver o Quadro 20.2 sobre os tipos de mídia e gastos em propaganda no Brasil.

Várias empresas (agências) atuam no mercado de propaganda oferecendo diversos tipos de serviços especializados. As agências de propaganda são especializadas em tipo de mídia ou/e por tipo de produto anunciado – por exemplo, agências especializadas em anúncios de outdoor ou agências especializadas em marketing político. Assim, apesar do mercado publicitário ser relativamente "atomizado", algumas empresas detêm elevado poder de mercado em nichos específicos de mercado. Ver no Quadro 20.3 as características do mercado publicitário brasileiro e o posicionamento das agências por participação nas vendas.

A propaganda em meios de comunicação de massa visa construir uma boa impressão do produto anunciado. As campanhas publicitárias podem prover informações sobre a qualidade e preço do produto aos consumidores, ou associando o consumo daquele produto com determinados resultados ou efeitos positivos. Frequentemente estamos sendo alvo de campanhas publicitárias que tentam associar, por exemplo, o consumo de cigarros com atividades que dão a sensação de liberdade e sucesso; o consumo de refrigerante ou cerveja com a sensação de alívio do calor; a compra de automóveis com a imagem de sucesso profissional.

As campanhas publicitárias, quando bem-sucedidas, são capazes de criar uma imagem positiva do consumidor em relação à marca do produto. Isto é conhecido como imagem de marca de um produto ou de uma linha de produtos. Esta imagem de marca é um ativo da empresa proprietária e seu valor é tão maior quanto maior a sua relevância para a diferenciação positiva da empresa no processo de concorrência. Tendo em vista que a marca é um ativo para a empresa, existem leis que protegem os proprietários destas marcas da fraude e imitação. No Brasil, esta proteção é garantida pelo Instituto Nacional da Propriedade Intelectual (INPI). Ver o Quadro 20.4.

QUADRO 20.2 OS TIPOS DE MÍDIA

O total investido em propaganda em todo tipo de mídia no Brasil alcança cerca de R$ 50 bilhões. A maior parte deste montante é direcionada para a televisão, que representa 58% do total. A internet é o segundo meio com maior participação nos gastos. Jornais, rádios e revistas vêm perdendo participação e representaram 10% dos gastos em 2017.

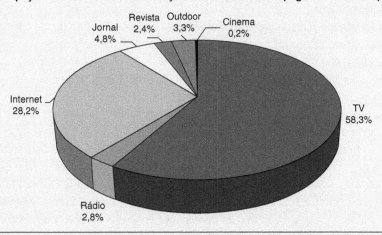

Participação dos Meios de Comunicação nos Gastos em Propaganda no Brasil (2017)

Jornal 4,8% | Revista 2,4% | Outdoor 3,3% | Cinema 0,2% | Internet 28,2% | Rádio 2,8% | TV 58,3%

Fonte: Mídia Dados Brasil 2018

QUADRO 20.3 O MERCADO PUBLICITÁRIO BRASILEIRO

A indústria de propaganda nacional é bastante segmentada. Os índices de concentração da indústria são baixos, o CR(4) é de apenas 20% e o índice Herfindahl-Hirshman é de 283. Outra característica da indústria de propaganda é a forte presença de empresas multinacionais. A maior empresa de capital nacional, Artplan, é apenas a 7ª colocada no ranking. A empresa líder do setor é a norte americana Y&R (Young & Rubicam), conforme a Tabela 20.1 a seguir.

TABELA 20.1 Ranking de Agências no Brasil (Janeiro a Novembro de 2018)

Posição	Agência	Investimento (R$ milhões correntes)
1º	Y R	3.557
2º	MY Agência	2.698
3º	Africa	2.552
4º	Ogilvy	2.340
5º	Leo Burnett Neo Comunicação	2.228
6º	Talent Marcel	2.132
7º	Artplan	2.128
8º	DPZ e T	2.086
9º	Publicis PBC Comunicação	2.068
10º	JWT	1.974

Nota: A terceira coluna (investimento) corresponde à soma dos gastos com publicidades dos clientes que contrataram as referidas agências no período de janeiro a novembro de 2018.
Fonte: Kantar Ibope Media.

QUADRO 20.4 INSTITUTO NACIONAL DA PROPRIEDADE INTELECTUAL – INPI

O INPI é uma autarquia federal criada em 1970 e vinculada ao Ministério da Indústria, do Comércio e do Turismo. Tem por finalidade principal executar as normas que regulam a propriedade industrial. Suas principais funções são a concessão de marcas e patentes, a responsabilidade pela averbação dos contratos de transferência de tecnologia e o registro de programas de computador, contratos de franquia empresarial, de desenho industrial e de indicações geográficas.

20.4 A Propaganda de Informação e de Persuasão

Basicamente, as campanhas publicitárias podem se dividir em dois tipos: a propaganda de informação e a de persuasão. No primeiro caso, a campanha publicitária é centrada na apresentação das características dos produtos, buscando dar maior transparência ao mercado quanto às vantagens do produto. Já no segundo caso, a campanha busca transformar a preferência dos consumidores, associando o consumo do produto a determinados resultados ou sensações. O tipo de campanha publicitária escolhida dependerá do tipo de produto.

Os produtos que podem ter suas principais características apreendidas antes mesmo de seu consumo são conhecidos como bens de busca (*search goods*). Os principais atributos destes produtos podem ser facilmente revelados por uma apresentação visual e oral. Alguns exemplos seriam roupas, materiais esportivos etc. Outros produtos só podem ter suas características inteiramente reveladas por meio do seu consumo ou uso. Este é caso de produtos como bebidas, cigarro, perfumes ou comida, que são conhecidos como bens de experiência (*experience goods*).

No caso dos produtos de busca, a propaganda via informação pode ter efeitos importantes sobre as escolhas dos consumidores. Neste caso, a propaganda oferece informações sobre os produtos por meio de fotos ou descrições. A propaganda pela informação teria pouco efeito em produtos que requerem a experiência do consumidor para ter seus atributos revelados. Dessa forma, no caso dos produtos de "experiência", o tipo de campanha publicitária empregada é principalmente via persuasão. O objetivo é mudar as preferências dos consumidores, levando-os a experimentar o produto. Dada a dificuldade de informar sobre os produtos de tipo "experiência", muitas vezes as campanhas publicitárias são centradas em marcas. O caso dos sanduíches McDonald's é um exemplo clássico em que o objetivo da campanha é levar o consumidor a provar os sanduíches da marca.

Não é por acaso que as franquias se difundiram concomitantemente ao desenvolvimento da propaganda em meios de comunicação de massa. As franquias representam um tipo de relação comercial entre empresas cada vez mais comuns nas economias industrializadas. Neste tipo de relação, uma empresa licencia para uma outra empresa uma tecnologia de processo e produto testada e aprovada e o direito de utilizar a mesma marca da empresa licenciadora. As franquias abrangem principalmente produtos do tipo "experiência", uma vez que neste caso uma marca pode estar associada a uma qualidade de produto ou serviço já conhecida do consumidor. A criação de franquias representa uma forma de valorização da marca por meio do aproveitamento de economias de escala na propaganda. Isto é, na medida em que uma grande quantidade de empresas se estabelece com uma mesma marca por meio da franquia,[1] o volume de recursos disponíveis para investimento em propaganda torna-se expressivo, a um custo relativamente baixo para as empresas individualmente.

20.5 Relevância da Marca para o Processo de Concorrência

Os modelos relacionados com a teoria do consumidor e da empresa na microeconomia tradicional partem do pressuposto de que os agentes detêm informação plena e perfeita sobre as características dos produtos e tecnologias. Neste sentido, a propaganda não contribuiria para o aumento das vendas dos produtos na abordagem microeconômica tradicional, uma vez que os consumidores não se tornariam mais informados sobre determinados produtos e não teriam suas preferências modificadas por ela.

Modelos econômicos posteriores analisam o papel da propaganda no mercado a partir do reconhecimento de que os consumidores possuem informações imperfeitas sobre os produtos disponíveis no mercado. Esta imperfeição da informação é vista como uma falha do mercado e está associada a diversos problemas: (1) fontes de informação não são plenamente isentas; (2) o elevado custo de obtenção da informação;[2] (3) a capacidade limitada dos consumidores de estocar informações disponíveis nos mercados. Modelos que reconhecem falhas do mercado no processo de informação aos consumidores passaram a analisar a propaganda como um instrumento disponível para melhorar o nível de informação dos consumidores e maximização dos lucros das empresas.

A utilização de marcos analíticos baseados na ideia de informação imperfeita abre espaço propício para a incorporação da propaganda em modelos microeconômicos. A hipótese básica do conceito de informação imperfeita é que o processo de decisão dos agentes é limitado pela falta de informações sobre as variáveis do mercado. Além do problema de informação imperfeita, alguns modelos levam em consideração a racionalidade limitada dos agentes. A partir deste novo fundamento microeconômico, a informação passa a ser um componente importante da estratégia de comercialização das empresas, uma vez que, ao informar consumidores de racionalidade limitada, pode-se influir sobre suas preferências. A utilidade dos produtos passa a não depender somente de suas características intrínsecas, mas pode ser variável de acordo com o nível e tipo de informações que os consumidores recebem que podem estar associados a marcas. Neste sentido, a explicação do comportamento dos consumidores, em contexto de racionalidade limitada, leva em consideração outros sinais do mercado que não o preço.

No contexto de informação imperfeita, a marca passa a ter um papel importante no comportamento dos consumidores, uma vez que associa características de produtos, níveis de qualidade de fabricação e de prestação de serviços a um nome e logotipo. O estabelecimento de uma imagem de marca pode ser visto como um contrato de confiança entre fabricantes e clientes, construído ao longo do tempo, garantindo um nível de qualidade de práticas e produtos.

A marca pode se desenvolver a partir da propaganda, que tenta difundir mais rapidamente as informações que os consumidores só poderiam adquirir após muito tempo de experiência acumulada no consumo de produtos e serviços. Este processo de informação e convencimento resulta na agregação de valor ao produto. Não é por acaso que empresas tentam associar marcas a produtos de difícil diferenciação. Tomates, por exemplo, não podem ser diferenciados segundo o produtor, mas podem ser classificados de acordo com a qualidade. A propaganda pode associar uma marca a tomates de melhor qualidade. O consumidor que, por meio da propaganda, obteve a informação que os tomates de determinada marca são de melhor qualidade, pode ser induzido a pagar mais pelo produto desta marca, para não perder seu tempo escolhendo seus tomates no supermercado.

20.6 Nível Ótimo de Propaganda

Vários modelos e estudos econométricos buscam analisar a determinação do nível ótimo de propaganda e seus efeitos sobre o desempenho das empresas e o processo competitivo. Neste item serão apresentados os principais modelos em formulações simplificadas.[3]

O modelo de Dorfman e Steiner (1954) é o primeiro a estudar o nível ótimo de propaganda. O modelo considera custo unitário constante da propaganda T por mensagem. A quantidade de mensagens de propaganda, A, em conjunto com os preços, P, determina a quantidade demandada, Q.

$$Q = Q(A,P) \qquad \frac{\partial Q}{\partial A} > 0 \qquad \frac{\partial Q}{\partial P} < 0$$

Considerando $C(Q)$ os custos excluindo os gastos em propaganda, a função de lucros pode ser definida como:

$$\Pi = PQ(A,P) - C[Q(A,P)] - AT$$

O nível de propaganda que maximiza os lucros é determinado pela primeira derivada da função de lucros em relação à quantidade de propaganda igualada a zero:

$$\frac{\partial \Pi}{\partial A} = \left(P - \frac{\partial C}{\partial Q}\right)\frac{\partial Q}{\partial A} - T = 0$$

Dessa forma, a razão ótima de gastos em relação à receita da empresa será:

$$\frac{AT}{PQ} = \left(\frac{P - \partial C / \partial Q}{P}\right)\frac{A}{Q} \times \frac{\partial Q}{\partial A}$$

Interpretando o resultado, a razão ótima dos gastos em propaganda é igual à margem preço custo multiplicada pela elasticidade da resposta da demanda à realização de propaganda $\left(a = \frac{A}{Q} \times \frac{\partial Q}{\partial A}\right)$.

Considerando que a empresa fixa preços visando maximizar lucros de forma que a margem preço custo se iguala ao inverso da elasticidade-preço da demanda $(1/\varepsilon)$, pode-se reescrever a equação anterior:

$$\frac{AT}{PQ} = \frac{a}{\varepsilon}$$

Este modelo tem dois defeitos principais. Os efeitos da propaganda são duradouros, não se esgotando em um único período. Portanto, a análise deve incorporar os efeitos dinâmicos. Além disso, o modelo não considera a resposta dos competidores.

318 Economia Industrial

O modelo de Arrow e Nerlove (1962) oferece uma análise dinâmica da propaganda.[4] Para considerar o efeito da propaganda ao longo do tempo é necessário incorporar uma taxa de desconto (α). Por outro lado, a propaganda perde efeito ao longo do tempo pelo esquecimento dos consumidores à taxa δ. Assim, a elasticidade de longo prazo da demanda em relação à propaganda pode ser definida como:

$$a^* = \int_0^\infty ae^{-(\alpha+\delta)t}dt = \frac{a}{\alpha+\delta}$$

Substituindo esta equação no resultado de Dorfman e Steiner temos:

$$\frac{AT}{PQ} = \frac{a}{\varepsilon(\alpha+\delta)}$$

Cable (1973) incorpora a resposta de outras empresas por meio da propaganda. Pode-se redefinir a função de lucros incorporando na demanda a quantidade de propaganda de outras empresas, $\overline{A}$.

$$\Pi = P.Q(A,\overline{A},P) - C[Q(A,\overline{A},P)] - AT$$

$$\frac{\partial \Pi}{\partial A} = \left(P - \frac{\partial C}{\partial Q}\right)\left(\frac{\partial Q}{\partial A} + \frac{\partial Q}{\partial A}\cdot\frac{\partial \overline{A}}{\partial A}\right) - T = 0$$

$$\frac{AT}{PQ} = \left(\frac{P - \partial C/\partial Q}{P}\right)\left(\frac{\partial Q}{\partial A}\cdot\frac{A}{Q} + \frac{\partial Q}{\partial \overline{A}}\cdot\frac{\overline{A}}{Q}\cdot\frac{\partial \overline{A}}{\partial A}\cdot\frac{A}{\overline{A}}\right) = \left(\frac{P - \partial C/\partial Q}{P}\right)(a + \overline{a}\eta)$$

onde $\overline{a} = \frac{\partial Q}{\partial \overline{A}}\cdot\frac{\overline{A}}{Q}$ é a elasticidade da demanda em relação à propaganda de competidores e $\eta = \frac{\partial \overline{A}}{\partial A}\cdot\frac{A}{\overline{A}}$ é a elasticidade da resposta de propaganda de competidores com relação à propaganda da empresa.

Este conjunto de modelos aponta que os gastos em propaganda são determinados pela margem de preço-custo, as elasticidades da demanda em relação à propaganda da empresa e a propaganda de competidores, a elasticidade da resposta da propaganda dos competidores em função de propaganda da empresa, a taxa de perda de efeito da propaganda ao longo do tempo e a taxa de desconto da empresa.

Como foi exposto anteriormente, existem dois tipos de propaganda, de informação ou persuasão. George Stigler, em 1961, analisou a propaganda do primeiro tipo. No seu modelo, os consumidores não conhecem o produto da empresa até receber informações. A propaganda é uma forma da empresa informar o consumidor sobre as características do produto. O modelo considera que a cada período novos consumidores passam a fazer parte do mercado, ao passo que outros esquecem as informações do produto ou saem do mercado, perdendo interesse sobre o produto. Assim, para um mercado de tamanho N, a proporção de consumidores informados (λ) é uma função do alcance da propaganda – isto é, a proporção de consumidores que a propaganda consegue informar no período (C), considerando um dado nível de propaganda (A) – e do número de novos consumidores no mercado (b). Este último conjunto é constituído por consumidores que efetivamente estão chegando no mercado e por consumidores que "esqueceram" a informação recebida em períodos anteriores.

No primeiro período existem CN consumidores informados. No segundo período, a quantidade de consumidores informados será formada por três conjuntos:

1. Consumidores do primeiro período que permanecem informados – $C(1-b)N$
2. Novos consumidores informados – CbN
3. Consumidores que já estavam no mercado no primeiro período, mas que não foram informados sobre o produto, sendo informados somente no segundo período – $CN(1-C)(1-b)$

O total de consumidores informados no segundo período é $CN[1+(1-b)(1-C)]$.

No k-ésimo período, o total de consumidores informados será:

$$CN[1+(1-b)(1-C)+...+(1-b)^{k-1}(1-C)^{k-1}]$$

Após um número elevado de períodos, esta série pode ser aproximada por:

$$\frac{C}{1-(1-C)(1-b)} N = \lambda N$$

A elasticidade da demanda em relação à realização de propaganda pode ser definida como:

$$a = \frac{A}{Q} \cdot \frac{\partial Q}{\partial \lambda} \cdot \frac{\partial \lambda}{\partial C} \cdot \frac{\partial C}{\partial A}$$

$\frac{\partial Q}{\partial \lambda}$ é uma medida da sensibilidade da demanda em relação à proporção de consumidores informados. $\frac{\partial \lambda}{\partial C}$ é a sensibilidade da proporção de consumidores informados em relação ao alcance da propaganda. $\frac{\partial C}{\partial A}$ representa a sensibilidade do alcance da propaganda em relação a uma unidade extra de propaganda.

O autor explora o termo $\frac{\partial \lambda}{\partial C}$ da equação da elasticidade, interpretado como um fator de atratividade da propaganda. Quanto maior seu valor, o gasto com propaganda tende a aumentar, já que seu retorno se eleva. Stigler aponta que a realização de propaganda apresenta retornos decrescentes em relação à quantidade de consumidores potenciais que recebe informações sobre o produto. Isto ocorre porque apesar dos termos λ e C terem relação positiva, esta também é decrescente $\left(\frac{\partial^2 \lambda}{\partial C^2} < 0 \right)$. Ou seja, quanto mais o mercado está informado, mais difícil é informar um consumidor adicional.

Outro ponto tratado no modelo é relacionamento entre a atratividade da propaganda $\left(\frac{\partial \lambda}{\partial C} \right)$ e a proporção de consumidores no mercado, ou a taxa de rotatividade do mercado, b. Para valores de b pequenos em comparação a C, o aumento da rotatividade estimula a realização de propaganda, porque a empresa deseja informar os novos consumidores sobre o produto. No entanto, quando a rotatividade é muito elevada em relação ao alcance da propaganda, o gasto de propaganda é desestimulado, já que o efeito duradouro da propaganda diminui.[5]

20.7 A Construção de Barreiras à Entrada por meio da Propaganda

A estratégia competitiva de uma empresa pode visar a construção de barreiras à entrada de novos concorrentes. Os gastos com propaganda podem contribuir para a construção destas barreiras, impondo um custo irrecuperável (*sunk cost*) para a atuação na indústria. Ao investir no reconhecimento de suas marcas por meio da propaganda, as empresas estabelecidas podem impor um "pedágio" para a entrada de novos concorrentes. Na medida em que as marcas das estabelecidas se consolidam, os novos concorrentes deverão arcar com gastos de propaganda muito superiores aos das empresas estabelecidas para conseguir penetrar neste mercado. Este investimento é uma condição necessária para contornar o viés dos consumidores em favor das empresas já estabelecidas. Muitas vezes, as empresas entrantes não detêm capacidade financeira para arcar com estes custos irrecuperáveis ou estes tornam a entrada não atrativa em termos econômicos.

Uma vez que uma boa imagem de marca exige, além de grandes investimentos em propaganda, uma experiência acumulada por parte dos consumidores, as marcas estabelecidas contam com uma vantagem comparativa importante diante dos novos entrantes. Esta vantagem comparativa pode ser vista como um capital acumulado na forma de uma imagem de marca em favor das empresas estabelecidas. Dessa forma, as empresas detentoras de uma imagem de marca favorável usufruem de um certo grau de monopólio, que frequentemente estão associadas a taxas de lucro supranormais.

Comanor e Wilson (1967) apontam que o custo de penetração em mercados onde os gastos com propaganda são elevados é o principal determinante de barreiras à entrada. Em função de efeitos cumulativos, as empresas estabelecidas gastam menos em propaganda para proteger sua marca do que uma empresa entrante que tem de construir a marca.

O Gráfico 20.1 descreve o efeito da propaganda na construção de barreiras à entrada. A empresa estabelecida arca com custos de C_a, que incluem o gasto com propaganda para a manutenção da marca. Os custos das empresas entrantes (Ce) são compostos por C_a somado ao custo de penetração no mercado, C_p. O preço que previne a entrada, neste caso, será superior a P_e (o quanto superior é determinado pela relação entre a escala mínima eficiente da entrante, EME, e o tamanho do mercado).

Esta estratégia de criação de barreiras à entrada por meio de gastos em propaganda é comum em mercados de produtos relativamente homogêneos voltados para o grande público. Um exemplo é o mercado de produtos de higiene e limpeza que, apesar de ser um produto de baixa complexidade tecnológica e pouca possibilidade de diferenciação, é dominado por um pequeno grupo de empresas multinacionais (principalmente Unilever e Procter & Gamble). Para limitar a entrada de novos concorrentes, estas empresas alocam uma parcela importante de seus recursos para campanhas publicitárias (Quadro 20.5). Estas empresas investem maciçamente em propaganda não apenas para barrar a entrada de novos concorrentes, mas utilizam esta estratégia competitiva para disputar cada ponto percentual do mercado. Um novo entrante neste mercado teria que investir em propaganda de forma mais agressiva ainda para estabelecer sua imagem diante de outras marcas, configurando uma barreira praticamente intransponível para novos entrantes.

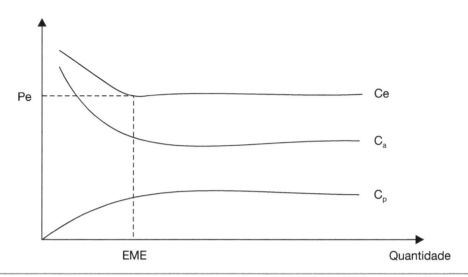

Gráfico 20.1 Barreiras à Entrada e Propaganda.

QUADRO 20.5 ANUNCIANTES

O setor de comércio varejista é o segmento líder em gastos com propaganda no Brasil, cerca de 18% do total. Supermercados e cadeias de lojas ocupam grande espaço da mídia com seus anúncios. As empresas deste tipo normalmente realizam propaganda informativa, anunciando suas ofertas aos consumidores.

A empresa que mais gastou em propaganda no Brasil em 2017 foi a Hypermarcas, hoje Hypera Pharma. Os setores farmacêutico e de higiene e limpeza são preponderantes nos gastos em propaganda em todo o mundo. Entre os cinco maiores anunciantes brasileiros, somente a AMBEV (4º lugar) não atua nesses setores. O interessante é que as características físicas dos produtos desses segmentos são relativamente homogêneas, e a propaganda se torna o principal meio de diferenciação.

O setor automotivo representa parte relevante dos gastos em propaganda no mundo inteiro. Neste setor, a propaganda tem uma função diferente, já que os automóveis apresentam diferenças físicas substanciais, servindo tanto para informar o consumidor sobre novidades quanto para interferir na formação de suas preferências.

Ranking dos Principais Anunciantes no Brasil (2017)

Posição	Anunciante	Despesa (R$ milhões)
1º	Hypermarcas	3.737
2º	Genomma	3.124
3º	Unilever	1.825
4º	Ambev	1.561
5º	Procter & Gamble	1.559
6º	Divcom Pharma Nordeste	1.495
7º	Claro	1.477
8º	Caixa	1.443
9º	Trivago	1.340
10º	Ultrafarma	1.256

Fonte: Mídia Dados 2018.

20.8 A Propaganda Persuasiva e as Práticas Desleais de Concorrência

Muitos estudos apontam os efeitos negativos na alocação de recursos do mau uso da imagem de marca. Estes estudos argumentam que a propaganda pode direcionar as preferências dos consumidores para produtos inferiores, limitando a capacidade de empresas com produtos de melhor qualidade ou preços inferiores de se impor no mercado.

O caso da concorrência dos remédios genéricos com seus similares de marca ilustra bem as distorções possíveis na alocação de recursos em decorrência da propaganda. Neste caso, laboratórios fabricantes de medicamentos de marca investem em propaganda para passar a mensagem que seu produto é mais confiável que os concorrentes. Estas campanhas muitas vezes levam os consumidores a pagar muito mais caro pelo remédio de marca para não correr um suposto risco de comprar produtos genéricos, que na verdade são idênticos. Neste caso, a propaganda apenas será considerada propaganda persuasiva se afirmar que os produtos concorrentes são inferiores. Entretanto, existem muitas maneiras de sugerir esta mensagem sem colocá-la explicitamente. O consumidor acaba pagando mais caro para minimizar seus supostos riscos.

Estudos recentes tentam explicar as distorções econômicas associadas à propaganda por meio de uma análise dinâmica do processo de concorrência. Isto é, a difusão de produtos de pior qualidade se deve ao tempo necessário para que os consumidores adquiram e acumulem informações sobre as características e desempenhos dos produtos. No curto prazo, algumas marcas estabelecidas com maior volume de vendas podem estar associadas a produtos de qualidade inferior aos concorrentes. Entretanto, uma marca inferior não pode persuadir os consumidores de forma durável, pois estes, no médio e no longo prazos, acabarão por "descobrir" as vantagens dos produtos concorrentes.

A propaganda pode ser um poderoso instrumento de práticas desleais de concorrência, uma vez que a propaganda de persuasão pode mudar as preferências dos consumidores para uma marca em detrimento de outra. As práticas desleais ocorrem quando uma campanha publicitária tenta não apenas melhorar a imagem de um produto, mas também denegrir a imagem dos concorrentes com informações negativas, muitas vezes não verídicas. Este tipo de prática normalmente é coibido pela legislação que regulamenta a propaganda. No Brasil, a legislação impede inclusive a comparação entre produtos concorrentes, dando pouco espaço para este tipo de prática desleal. Ver o exemplo das restrições à propaganda de cigarros no Quadro 20.6.

QUADRO 20.6 RESTRIÇÕES À PROPAGANDA DE CIGARROS

Sabidamente, a propaganda tem relevantes efeitos sobre a demanda de mercadorias. Mas como o governo deve agir em relação à propaganda de produtos cujo consumo é nocivo aos consumidores? Como já ocorre em outros países, o governo brasileiro restringiu a propaganda de cigarros por meio da Lei Federal nº 10.167 de 2000. Esta lei proibiu os anúncios nos meios de comunicação (inclusive na internet), em outdoors, placas e cartazes luminosos. Até então, a indústria do tabaco tinha uma grande participação no mercado publicitário. No ano de 1999, a indústria gastou cerca de R$ 60 milhões com propaganda em televisão, revistas e jornais.

Era particularmente importante a participação dos gastos em propaganda de empresas de cigarro para certos tipos de mídia. As marcas de cigarro realizavam pesados aportes em eventos culturais e esportivos.

Posteriormente, como parte da campanha antitabagista, os fabricantes foram obrigados a veicular imagens de advertência nos maços de cigarros. O objetivo da campanha foi descontruir os artifícios das campanhas publicitárias de cigarros, que procuravam relacionar o consumo de cigarros a pessoas bonitas e saudáveis. Assim, são divulgadas imagens impactantes dos malefícios à saúde relacionados ao consumo de cigarros.

20.9 Conclusão

Neste capítulo foi ressaltado o papel da propaganda no processo de concorrência empresarial. Tentamos mostrar que a propaganda tem um papel central na estratégia de comercialização da empresa, que é um dos principais instrumentos de diferenciação no processo de concorrência. É por meio desta diferenciação que a empresa pode obter uma taxa de lucro acima da média da indústria, garantindo um aumento de sua participação no mercado.

A importância da propaganda no processo de concorrência das economias industriais resultou numa expressiva alocação de recursos para esta atividade. No Brasil, os gastos com propaganda se situam em cerca de 1% do PIB, atraindo um grande número de empresas para este mercado. Os serviços de propaganda variam segundo o tipo de mercado e de produto anunciado e o tipo de meio de comunicação utilizado para fazer o anúncio. Entretanto, o objetivo principal de toda campanha publicitária é o mesmo: atuar sobre as preferências dos consumidores em favor de um produto ou uma marca de produtos.

322 Economia Industrial

Basicamente, as campanhas publicitárias se dividem em dois tipos: as campanhas de informação que tentam mudar as preferências dos consumidores revelando informações sobre produtos que não são do conhecimento dos consumidores; e as campanhas de persuasão cujo objetivo é associar o produto a certos padrões de qualidade ou tipos de resultados que levem os consumidores a experimentá-lo. Neste capítulo mostramos que a marca é um dos principais instrumentos da propaganda. Uma das principais formas de atuação da propaganda é a promoção da fidelidade dos consumidores às marcas de produtos e serviços. Neste sentido, a imagem de marca é um ativo importante de uma empresa, uma vez que é por meio dela que a empresa implementará sua estratégia de diferenciação via comercialização, podendo inclusive impor barreiras à entrada de novos concorrentes quando atingir uma posição dominante nesta indústria.

20.10 Resumo

- A propaganda é instrumento para diferenciação de produtos, caracterizando a estratégia competitiva das empresas.
- O gasto com propaganda é muito significativo. Nos Estados Unidos, alcança 1% do PIB.
- A participação da internet como meio para realização de propagandas vem crescendo continuamente, com destaque recente para as redes sociais. A internet já rivaliza com a televisão como principal meio de propaganda.
- A propaganda de informação é centrada na divulgação das características dos produtos, aumentando o conhecimento de potenciais consumidores. A propaganda de persuasão busca influenciar as preferências dos consumidores associando o consumo de produtos a realizações e sensações de bem-estar.
- Os bens de busca são aqueles cujos atributos são identificados visualmente ou por meio de especificações sem a necessidade de seu consumo ou uso, como roupas e eletrodomésticos. Os bens de experiência têm suas características plenamente identificadas no momento do consumo, como restaurantes e bebidas.
- Geralmente, a propaganda de informação é mais efetiva em bens de busca e a propaganda de persuasão é a forma adotada por bens de experiência.
- Na teoria microeconômica, a propaganda é incorporada em modelos que tratam de informação imperfeita.
- Um conjunto de modelos determina o nível ótimo de propaganda analisando seu custo e benefício no objetivo de maximização de lucros das empresas de formas estática e dinâmica.
- O modelo de Stigler analisa a propaganda de informação e indica que ela tem retorno decrescente. Quanto mais o mercado está informado, mais custoso é informar novos consumidores.
- Gastos em propaganda criam barreiras à entrada nos mercados. O modelo de Comanor e Wilson aponta que os gastos em propaganda apresentam efeitos cumulativos que favorecem empresas estabelecidas em relação a entrantes.
- A propaganda pode influenciar negativamente a alocação de recursos econômicos, possibilitando que escolhas inferiores se perpetuem.

20.11 Questões para Discussão

- Apresente e justifique exemplos de propaganda de informação e persuasão.
- A teoria aponta que a propaganda de informação é mais utilizada para bens de busca e a propaganda de persuasão para bens de experiência. Identifique duas campanhas publicitárias atuais que seguem essa tendência. Identifique um contraexemplo.
- No texto do capítulo, o segmento de limpeza e higiene ilustra a criação de barreiras estratégicas à entrada via gastos em propaganda. Sugira outros segmentos da indústria nos quais a propaganda também tem esse papel.

Notas

1. Alguns exemplos de franquias importantes no mercado brasileiro são McDonald's, Subway, Bob's, Casa do Pão de Queijo, O Boticário, entre outros.
2. Por exemplo, o grande número de empresas oferecendo o produto inviabiliza a comparação dos preços e condições oferecidas por cada uma destas empresas em um determinado mercado.
3. As versões apresentadas seguem, em larga medida, a exposição de Hay e Morris (1979).
4. Os autores utilizam o conceito de "*goodwill stock*" para representar o efeito cumulativo da propaganda nas preferências dos consumidores.

5. Estes resultados podem ser verificados pela análise das primeiras e segundas derivadas de λ:

$$\frac{\partial \lambda}{\partial C} = \frac{b}{(C+b-Cb)^2} > 0$$

$$\frac{\partial^2 \lambda}{\partial C^2} = \frac{2b(1-b)}{(C+b-Cb)^3} < 0, \text{ pois } C > 0,\ b > 1$$

$$\frac{\partial^2 \lambda}{\partial C \partial b} = \frac{C-b+bC}{(C+b-Cb)^3} > 0 \text{ se } C-b+bC > 0, \text{ i.e. } \frac{1}{b} > \frac{1}{C} - 1.$$

Bibliografia

ANGELIER, J. P. *Economie industrielle:* éléments de méthode. Fontaine: Presses Universitaires de Grenoble, p. 131, 1991.

CABLE, J. In: COWLING, K. *Market structure and corporate behaviour*. Oxford: Gray-Mills Publishing Limited, p. 105-124, 1973.

COMANOR, W.; WILSON, T. Advertising, market structure and performance. *Review of Economics and Statistics*, v. 49, p. 423-440, nov. 1967.

DORFMAN, R.; STEINER, P. Optimal advertising and optimal quality. *A.E.R.*, v. 44, p. 826-836, 1954.

GLAIS, M. *Économie industrielle:* les stratégies concurrentielles des firmes. Paris: Éditions Litec, 1992.

HAY, D.; MORRIS, D. *Industrial Economics*. Oxford: Oxford University Press, 1979.

MEIO E MENSAGEM. Vários números.

MÍDIA DADOS. Mídia Dados Brasil 2018. Diponível em: http://midiadados.org.br/2018/Midia%20Dados%202018%20%28Interativo%29. pdf. Acesso em: 14 jan. 2019.

NELSON, R.; WINTER, S. *An evolutionary theory of technical change*. Cambridge: Harvard University Press, p. 437, 1982.

NERLOVE, M.; ARROW, K. Optimal advertising policy under dynamic conditions. *Economica*, n. 29, p. 129-142, 1962.

PORTER, M. *Estratégia competitiva:* técnicas para análise de indústrias e concorrência. Rio de Janeiro: Campus, 1996.

_____. *Vantagem competitiva:* criando e sustentando um desempenho superior. Rio de Janeiro: Campus, 1999.

SHAPIRO, C. Premiums for high quality products. *Quarterly Journal of Economics*, nov. 1985.

STIGLER, G. The Economics of Information. *J.P.E.* v. 69, p. 213-225, 1961.

WILLIAMSON, O. Selling expenses as a barrier to entry. *Quarterly Journal of Economics*, v. 77, p. 112-128, fev. 1961.

Capítulo 21

Estratégias de Financiamento

Helder Queiroz Pinto Junior

21.1 Introdução

É muito frequente observarmos na literatura econômica uma separação formal estabelecida entre o conjunto de "fenômenos reais", relativos à esfera produtiva, e os "fenômenos financeiros". É bem verdade que alguns autores importantes, como Hilferding e Schumpeter, discutiram a importância do sistema financeiro, em particular a importância do crédito para o desenvolvimento industrial. Entretanto, a maior parte dos trabalhos de Economia Industrial não presta suficiente atenção à dimensão financeira.

Isto é explicado, em parte, pelo fato de o estudo dos problemas financeiros ter sido considerado, durante muitos anos, um campo de trabalho à parte, uma espécie de "primo pobre" da economia,[1] tratando basicamente dos aspectos técnicos e contábeis dos mecanismos de financiamento das empresas.

Entretanto, desde os anos 1950, observa-se um aumento considerável dos trabalhos teóricos versando sobre a interdependência entre o sistema financeiro e o sistema industrial. As preocupações com este tema se articulam em torno da seguinte questão principal: de que forma as condições de financiamento e a estrutura de financiamento das empresas influenciam as decisões de investimento das empresas?

Para aportar elementos de resposta, três abordagens privilegiam a análise das relações de causalidade entre sistema financeiro e sistema industrial. A primeira investiga o desenvolvimento do sistema financeiro como resultado das transformações do sistema industrial. Nesse caso, as decisões de investimento produtivo comandariam as mudanças do sistema financeiro, exigindo deste último a necessidade de adequação dos instrumentos de crédito à evolução do perfil do investimento produtivo. Cabe notar que, nesse tipo de abordagem, as relações de interdependência são frágeis e o papel do sistema financeiro é reativo: as mudanças constituem uma resposta à economia real.

A segunda vertente examina os problemas de direitos de propriedade dos grupos e conglomerados, ressaltando a importância do capital financeiro para o controle acionário de grandes corporações. Essa vertente remonta aos estudos de Berle e Means, publicados em 1932,[2] sobre a concentração industrial e financeira da economia norte-americana. Esse tipo de abordagem vem recentemente ganhando espaço nos estudos de teoria das organizações.

A terceira busca destacar as relações de interdependência entre os sistemas industrial e financeiro, caracterizados por um estado de interação permanente. Isto é, os limites ao desenvolvimento do sistema industrial não são independentes da estrutura do sistema financeiro. Sob esta ótica, as escolhas tecnológicas das empresas podem estar condicionadas por problemas relacionados com a oferta e os instrumentos de crédito.

Apesar dos diferentes focos de análise, todas essas abordagens destacam o problema de mobilização de recursos financeiros para o crescimento da empresa.

326　Economia Industrial

É importante notar que uma empresa sempre recorre a diversas fontes de financiamento para implementar seus programas de investimento. Elas podem ser classificadas da seguinte maneira:

1. Reinversão dos lucros retidos (autofinanciamento).
2. Emissão de ações (captação de recursos dos acionistas).
3. Emissão de títulos financeiros (mecanismos de financiamento direto).
4. Empréstimos bancários (mecanismos de financiamento indireto).

A estrutura de financiamento da empresa é definida como sendo a escolha de uma combinação das fontes de financiamento apresentadas anteriormente. A mobilização de recursos por meio de cada uma dessas fontes representa um custo distinto para a empresa. Essas fontes constituem o conjunto de instrumentos que são conhecidos na literatura de Economia Industrial como finanças corporativas (*corporate finance*).

Um dos problemas mais importantes de gestão econômico-financeira e da escolha da estrutura de financiamento diz respeito ao custo de cada uma dessas fontes de financiamento. Se a participação de cada uma delas nos programas anuais de investimento da empresa é estável, o custo médio do capital pode ser utilizado como referência para a determinação da taxa de desconto para a seleção de investimentos. Essa observação será analisada nas próximas seções, à luz das principais abordagens teóricas sobre as inter-relações entre decisões de investimento e decisões de financiamento das empresas.

Na Seção 21.2 será analisado o efeito de alavancagem e o teorema de Modigliani Miller e na Seção 21.3 a interdependência das decisões de financiamento e investimento. Finalmente na Seção 21.4 são apresentadas as principais conclusões.

▎21.2　O Efeito de Alavancagem e o Teorema de Modigliani e Miller

As decisões de financiamento e de investimento estão permanentemente ligadas às seguintes questões:

1. Que taxa de desconto utilizar?
2. Qual o custo de capital máximo que é possível suportar?
3. Como selecionar investimentos em situação de restrição de crédito?

Vamos ver de que forma a Economia Industrial tem tentado oferecer elementos de resposta a essas questões.

O estudo de Modigliani e Miller, de 1958, é considerado uma referência fundamental no debate teórico sobre as decisões de investimento e de financiamento das empresas. Na visão destes autores, o custo de capital das empresas independe das estruturas de financiamento das empresas, mensurada pelo indicador γ que representa a razão endividamento-capitais próprios (*debt-equities ratio*).

O teorema compreende duas etapas de análise: a primeira pressupõe que as empresas desejam não apenas maximizar seus lucros, mas também maximizar seu valor de mercado. A segunda destaca que o valor de mercado (V) da empresa independe de γ.

O teorema de Modigliani e Miller (MM) contesta a visão tradicional sobre o efeito de alavancagem do endividamento sobre a rentabilidade dos capitais próprios. Vejamos, inicialmente, de que forma a visão tradicional aborda o problema.

21.2.1　Visão tradicional de efeito sobre efeito de alavancagem

Para isso, é importante definir algumas variáveis fundamentais para a análise da estrutura de financiamento das empresas.

Vamos considerar, inicialmente, o valor de mercado V que é definido como sendo igual a:

$$V = S + D,$$

onde: S é o valor de mercado dos capitais próprios e D é o valor de mercado da dívida total da empresa. O indicador D/S reflete a estrutura de endividamento global da empresa.

A estrutura de financiamento pode ser definida como a participação relativa de cada modalidade de financiamento utilizada pela empresa. Considerando que a empresa se financia apenas com as modalidades S e D, o peso de cada modalidade na estrutura de financiamento é dado respectivamente por:

$$S/V \, e \, D/V.$$

O passo seguinte é a definição do custo de capital das empresas. Esse é um tema controverso entre os estudiosos de teoria financeira. Se, por um lado, o custo dos capitais emprestados é normalmente determinado pela taxa de juros dos empréstimos contratados, a mensuração dos custos dos capitais próprios depende sempre de um conjunto de premissas e de critérios adotados para a sua definição, devendo refletir o custo de oportunidade da empresa. De uma maneira esquemática, podemos definir o custo médio ponderado de capital da seguinte maneira:

$$CMK = r(S/V) + i(D/V),$$

onde: r = custo dos capitais próprios e i = custo dos capitais de empréstimo.

Admitindo a ausência de incidência fiscal, uma formalização simples do efeito de alavancagem para um montante total de investimento a ser realizado é apresentada a seguir:

$$\alpha = RE/KI \tag{1}$$

$$\beta = (RE - CF)/KP \tag{2}$$

$$KI = KP + KE \tag{3}$$

$$CF = KE \times i \tag{4}$$

onde:
α = indicador de rentabilidade do capital investido
β = indicador de rentabilidade dos capitais próprios
RE = resultado operacional
KI = capital investido
KP = capital próprio
KE = capital de empréstimo
i = taxa de juros
D = dívida total
CF = custos financeiros

Consideremos duas situações (I e II) com relação ao modo de financiamento. A primeira situação é chamada de autofinanciamento total, isto é, a empresa financia seu programa de investimento apenas com capitais próprios. Na segunda, denominada efeito de alavancagem, a empresa recorre a capitais de empréstimos para financiar uma parte do seu programa de investimentos.

Assim, na situação I, α é exatamente igual a β, pois o montante dos capitais próprios corresponde ao total do capital investido. Em outros termos:

$$\alpha = \beta = RE/(KP + KE), \text{como } KE = 0, \text{logo} \, \alpha = \beta = RE/KI$$

Na situação II, é fácil encontrar, a partir de (1) e (2), que:

$$\beta = (\alpha KI - CF)/KP \tag{5}$$

Se substituirmos KI e CF em (5), observamos:

$$\beta = (\alpha(KP + KE) - KEi)/KP \tag{6}$$

Como o nosso objetivo é analisar as relações entre α e β, podemos, com a ajuda do indicador endividamento-capitais próprios γ,[3] encontrar:

$$\gamma = KE/KP \tag{7}$$

$$\beta = \alpha(1 + \gamma) - (\gamma i) \tag{8}$$

328 Economia Industrial

Duas hipóteses complementares são necessárias para demonstrar que a rentabilidade dos capitais próprios é mais elevada quando a empresa se endivida:

1. α é constante para as situações I e II;
2. $i < \alpha$.

A primeira hipótese sustenta que as características técnicas e econômicas do projeto não se alteram, ou seja, a rentabilidade econômica (não financeira!) esperada do projeto é a mesma, independente do seu modo de financiamento. A segunda indica que a taxa de juros referente ao empréstimo contratado é menor que a rentabilidade econômica do projeto: a empresa, por prudência, não contratará empréstimos com taxas de juros superiores à rentabilidade econômica esperada.

Dessa forma, o ponto onde $i = \alpha$ é chamado "ponto de apoio da alavanca". Assim, se $\gamma = 0$, a empresa não tem dívidas e reencontramos o resultado da situação I: $\beta = \alpha$. Porém se $\gamma > 0$, β assumirá valores maiores do que na situação I, admitindo as duas hipóteses mencionadas anteriormente. Esse resultado indica que a rentabilidade dos capitais próprios é "alavancada" pelos recursos de empréstimos.

À luz desta abordagem, a gestão financeira da empresa deve buscar o ponto ótimo para γ, que coincide com o custo médio de capital mínimo.

21.2.2 TEOREMA DE MODIGLIANI E MILLER (MM)

As proposições fundamentais de MM contestam a visão anterior e estabelecem que o valor de mercado (V) e o custo de capital (CMK) são independentes da estrutura de financiamento da empresa. Isto significa que a visão de MM postula uma neutralidade entre decisões de investimento e de financiamento. Em outras palavras, o CMK independe da forma de financiamento escolhida.[4] As principais hipóteses de MM são:

1. Existência de um mercado perfeito de capitais
2. Nível de risco conhecido
3. Ausência de restrição de solvência da empresa
4. Informação perfeita
5. Ausência de incidência fiscal

Para MM o valor de mercado da empresa depende apenas da capacidade de realização de lucros no longo prazo. Além disso, a taxa de desconto utilizada para a seleção de investimentos independe da modalidade de financiamento escolhida.

Consideremos a situação inicial, no instante $t = 1$:

$$CMK_1 = r_1 (S_1 / V_1) + i_1 (D_1 / V_1).$$

Na visão de MM, se em $t = 2$ a empresa decide investir contratando novos empréstimos, o aumento da dívida $D_2 > D_1$ não afeta CMK, pois a variação do nível de endividamento, mesmo alterando a razão D/V, compensada por um aumento de remuneração associada aos capitais próprios. Logo, no instante $t = 2$, $r_2 > r_1$.

A Tabela 21.1 resume de forma simplificada, com um exemplo numérico, o principal resultado do teorema de MM. Tanto em $t = 1$ como em $t = 2$, CMK permanece igual a 0,08, apesar do aumento do nível de endividamento. Isso ocorre devido ao aumento da remuneração dos capitais próprios.

TABELA 21.1 Custo Médio de Capital e a Abordagem de Modigliani-Miller

	$t = 1$	$t = 2$
V	100	120
S	60	60
D	40	60
r	0,10	0,11
i	0,05	0,05
$CMK = r\,(S/V) + i\,(D/V)$	0,08	0,08

A Figura 21.1 ilustra as visões tradicional e a de MM sobre as relações entre CMK e γ.

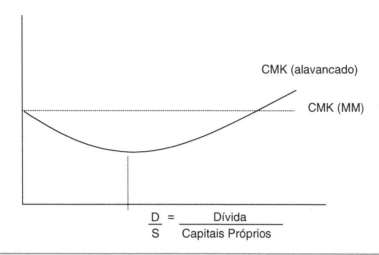

Figura 21.1 Custo Médio de Capital e o Indicador Dívida/Capitais Próprios.

21.3 A Interdependência das Decisões de Financiamento e de Investimento

A abordagem de MM provocou um intenso debate na literatura econômica sobre as relações entre decisões de financiamento e de investimento. Essas críticas estão centradas, em particular, no caráter pouco realista das hipóteses de funcionamento dos mercados de capitais.[5] A lógica subjacente das proposições de MM está baseada na hipótese de que os meios de financiamento são perfeitamente substitutos entre si. Entretanto, a possibilidade da utilização de diferentes formas de financiamento está sujeita a aspectos referentes às condições de acesso ao crédito e às diversas técnicas de financiamento.

21.3.1 Racionamento de crédito e decisões de investimento

Quanto às condições de acesso ao crédito, a abordagem de MM reserva um papel passivo ao sistema financeiro. Num mercado perfeito de capitais, a taxa de juros cumpre o papel de equilibrar oferta e demanda de crédito. Como observa Stiglitz (1969), não haveria lugar, nesse caso, para problemas de racionamento de crédito. Entretanto, esse é um problema concreto. As instituições financeiras levam em conta simultaneamente a rentabilidade esperada dos projetos a serem financiados e a capacidade da empresa de reembolsar as dívidas contratadas.

Desse ponto de vista, o risco financeiro de novos projetos exige a avaliação da capacidade de assegurar o pagamento das dívidas.[6] Esse tipo de informação afeta diretamente as condições de financiamento. Isto é explicado pelo fato de que os empréstimos considerados mais arriscados têm contratos de financiamento com condições mais restritivas: prazos mais curtos e taxas de juros mais elevadas. Este argumento leva à rejeição do pressuposto de neutralidade entre decisões de financiamento e de investimento. Quando a empresa está mais endividada, seus projetos se tornam mais arriscados e o financiamento mais caro. Ora, isso se reflete no custo médio de capital da empresa.

Vale lembrar que as diferenças de custo entre as diversas fontes de financiamento estão ligadas ao problema dos riscos financeiros assumidos pelos credores. De forma simplificada, podemos afirmar que o "departamento projetos" toma recursos emprestados do "departamento financeiro" a um custo médio de capital. Porém, em grandes empresas, o risco econômico e financeiro das múltiplas atividades pode ser distinto.

Dessa forma, importa avaliar a questão da escolha da taxa de desconto para o processo de seleção de investimentos. Como se sabe, uma taxa de desconto baixa implica a seleção de projetos mais capital intensivos. Em contrapartida, uma taxa de desconto alta conduz à seleção de projetos menos capital intensivos.

Em situações de racionamento de crédito, a taxa de desconto cumpre mais um papel na seleção de investimentos: a arbitragem de uma taxa de desconto irá então refletir escolhas estratégicas. Nestas condições, o "departamento projetos" não pode tomar emprestado ao "departamento financeiro" a uma taxa equivalente ao custo médio de capital, e os métodos de análise de risco devem ser mais sofisticados.

A técnica de avaliação de projetos, conhecida como método do valor presente, favorece a exploração de economias de escala e o desenvolvimento de grandes projetos num contexto onde não existam restrições de financiamento. Assim, dados dois projetos A e B, se o investimento inicial do projeto A (I_a) e do projeto B (I_b) são, respectivamente, iguais a 1.000 e 200, a

330 Economia Industrial

seleção é feita, a partir do cálculo atualizado do fluxo de caixa (somatório das receitas menos despesas) descontado ao longo da vida útil do projeto, por meio da comparação do projeto de maior valor atual. Se o valor atual do projeto A (V_a) é maior do que o valor atual do projeto B (V_b), o projeto A é selecionado apesar do maior investimento inicial.

Mesmo sem entrar na análise detalhada da determinação da taxa de desconto a ser utilizada no cálculo econômico, pode-se constatar que o custo do investimento inicial e seu modo de financiamento não constituem uma restrição fundamental nesse tipo de método. Porém, num contexto de racionamento de crédito, esse tipo de método não é suficiente. Nesse caso, apesar de ser mais interessante, do ponto de vista estritamente econômico, o desenvolvimento do projeto A pode não se concretizar, pois o seu equacionamento financeiro será muito mais complexo, em função da diferença do custo do investimento inicial. Esse aspecto assume uma relevância ainda maior nas indústrias altamente intensivas em capital e com longo prazo de maturação dos investimentos. Se a empresa possui uma relação endividamento-capitais próprios elevada, a contratação de empréstimos adicionais pode comprometer a sua capacidade de solvência.

Isto posto, cabe notar que o problema de racionamento de crédito não está tão somente relacionado com a liquidez das instituições financeiras. O papel ativo do sistema financeiro confere um caráter seletivo às decisões de oferta ou de restrição de crédito. Nesse caso, o que importa são as condições de solvência do tomador de empréstimo que deve ser capaz de oferecer garantias de reembolso dos recursos emprestados.

21.3.2 COMPORTAMENTO DE AUTOFINANCIAMENTO, ESPECIFICIDADES SETORIAIS E O PROJECT FINANCE

Outra crítica comum ao teorema de MM se deve ao fato do não reconhecimento das especificidades dos programas de investimentos em diferentes setores da atividade econômica. Muitas vezes, o recurso ao autofinanciamento é absolutamente necessário. Tal é o caso das indústrias extrativas minerais, como, por exemplo, a indústria de petróleo. A atividade de exploração e prospecção é usualmente financiada com capitais próprios devido aos riscos geológicos e ao caráter aleatório associados à atividade de descoberta de novas jazidas. Porém, uma vez comprovada a existência de reservas, a atividade de produção e as demais atividades da cadeia produtiva desta indústria podem combinar diferentes estratégias de financiamento.

Um *project finance* é uma técnica de financiamento baseada na atratividade de um projeto específico e não na análise do endividamento global da empresa, como os denominados *corporate finance*. O *project finance* é uma modalidade de financiamento garantido pelas receitas, ativos e colaterais (por exemplo, direitos de concessão) de um projeto específico.

Isso significa que quando os credores decidem financiar um *project finance*, eles se baseiam na capacidade do projeto gerar recursos que garantam o pagamento e remuneração de seu capital, independentemente dos outros fluxos que compõem o balanço das empresas empreendedoras do projeto. Para tanto, cria-se a figura de uma Sociedade de Propósito Específico (SPE),[7] capaz de representar o projeto como entidade.

A constituição da SPE requer uma estrutura que delimite os compromissos dos agentes envolvidos. A SPE é um verdadeiro nó de contratos com: instituições financeiras, investidores institucionais, bancos, construtores, clientes, fornecedores, seguradoras, poder concedente, entre outros. Isto explica os elevados custos de transação para o desenvolvimento de um *project finance*. Esses custos refletem as despesas legais envolvidas na elaboração do projeto, pesquisa e gerenciamento de informações, aspectos fiscais, preparação de documentação. Quanto maior a incerteza quanto às variáveis que definem a rentabilidade do projeto, maiores serão o tempo de busca de instrumentos contratuais visando a assegurar a maior cobertura possível de contingências. Em muitos casos, a falta de históricos comparativos de projetos semelhantes e a impossibilidade de uso de determinadas ferramentas de garantia podem inviabilizar a opção por um *project finance*.

A estrutura contratual e financeira montada tem a finalidade principal de fundamentar os arranjos necessários para viabilizar a participação dos potenciais agentes econômicos e a perfeita identificação de riscos e respectiva alocação otimizada. Neste aspecto, a preocupação primordial é dar garantias e proteções contra os riscos a que estarão sujeitos os participantes.

Em relação aos riscos que podem influenciar o sucesso de um projeto, estes podem ser de inúmeras naturezas e de difícil mensuração. Dessa forma, quando se opta por um *project finance,* a gestão e alocação dos riscos entre os agentes envolvidos torna-se questão fundamental. Essa alocação não é simples e depende dos tipos de agentes que serão envolvidos.

Uma característica interessante de um *project finance* é a sua capacidade de alavancar capital. O empreendedor entra com uma parcela de capital próprio (em geral de 20% a 40%) e financia o restante com as garantias oferecidas pelo projeto. Isso possibilita ao empreendedor chegar a um arranjo de capital onde seu desembolso direto ou seu endividamento podem ser bastante reduzidos. A empresa aumenta, portanto, sua capacidade de investimento.

Como vimos anteriormente, quando uma empresa tem em sua estrutura de capital uma proporção de endividamento bastante elevada, o seu risco de crédito aumenta dificultando outros aportes de capital. Em tese, o *project finance* tem a vantagem de permitir alavancagem elevada de projetos permitindo endividamento das empresas empreendedoras na proporção de sua participação e não na proporção de investimento total efetuado no projeto. Isso ocorre porque um projeto com esse tipo de financiamento se apresenta, usualmente, como entidade independente com atividade contábil separada das demais da empresa. Esse arranjo é chamado de *off-balance-sheet* e, portanto, não consta na contabilidade da empresa como dívida. Essa vantagem tem grande efeito para as empresas empreendedoras que não têm seus riscos de crédito aumentados.[8]

Em paralelo, o custo do capital próprio é, em geral, mais elevado que o de recursos provenientes de terceiros. Por conseguinte, a necessidade de alavancar o empreendimento significa aumentar a remuneração do capital próprio (*equity*).

21.4 Conclusão

Apesar das diferentes abordagens teóricas, é possível afirmar que as inter-relações entre a esfera produtiva e a esfera financeira, interpretadas à luz dos problemas entre decisão de investimentos e de financiamento, revelam que as características técnicas e econômicas de um projeto de investimento podem ser influenciadas pela estrutura de endividamento da empresa e pelas condições de financiamento impostas pelo sistema financeiro. Essa constatação deixa claro os limites da abordagem de MM.

Em 1974 Stiglitz[9] forneceu contribuições que permitem retomar o problema dessas inter-relações, classificando as decisões de expansão da empresa segundo:

1. As diferentes modalidades de financiamento
2. A forma de distribuição de suas receitas
3. Os montantes dos programas de investimento
4. Os projetos específicos a serem desenvolvidos e a seleção das tecnologias de produção

Segundo Stiglitz, (1) e (2) são decisões típicas de financiamento, ao passo que (3) e (4) se referem às decisões de investimento. Para este autor, é impossível tratar esses quatro grupos de decisão de forma separada, pois os sinais referentes, por exemplo, ao comportamento da política financeira da empresa constituem um sinal importante para a rentabilidade esperada dos investimentos. Dessa forma, a capacidade de mobilização de recursos depende da estrutura de financiamento, mas também do ambiente financeiro, isto é, da organização das instituições financeiras e bancárias. Na mesma direção de análise, o exame da interdependência entre sistema financeiro e a esfera produtiva deve buscar focalizar o problema da mitigação dos riscos industriais e financeiros.

Desse modo, não é possível ignorar que as instituições financeiras estão atentas às modalidades de financiamento das empresas e às escolhas do tipo de investimento a ser implementado.

A este respeito ver especialmente as críticas de Stiglitz, J. (1969), "A Re-examination of the Modigliani-Miller Theorem", *American Economic Review*, v. 59, dezembro, p. 784-793, a respeito do debate provocado sobre as relações entre decisão de financiamento e investimento.

21.5 Resumo

Neste capítulo aprendemos que:

- A estrutura de financiamento da empresa é definida como sendo a escolha de uma combinação de fontes de financiamento, tais como: reinversão dos lucros retidos (autofinanciamento), emissão de ações (captação de recursos dos acionistas), emissão de títulos financeiros (mecanismos de financiamento direto) e empréstimos bancários (mecanismos de financiamento indireto).
- Um dos problemas mais importantes da gestão econômico-financeira e da escolha da estrutura de financiamento diz respeito ao custo de cada uma dessas fontes de financiamento.
- As decisões de financiamento e de investimento estão permanentemente ligadas a questões como: qual taxa de desconto a ser adotada; o custo de capital máximo que é possível suportar; e a seleção de investimentos em situação de restrição de crédito.
- A Teoria da Alavancagem e, especialmente, o Teorema de Modigliani-Miller são considerados as referências fundamentais no debate teórico sobre as decisões de investimento e de financiamento das empresas.
- A principal mensagem do Teorema de Modigliani-Miller estabelece que o valor de mercado (V) e o custo de capital (CMK) são independentes da estrutura de financiamento da empresa. Isto significa que a visão de MM postula uma neutralidade entre decisões de investimento e de financiamento.

332 Economia Industrial

- Para outros autores, como Stiglitz, o Teorema de Modigliani-Miller, ao preconizar a hipótese de mercado perfeito de capitais, peca ao desconsiderar os problemas de racionamento de crédito. E, no mundo real, este é um problema concreto, pois as instituições financeiras levam em conta simultaneamente a rentabilidade esperada dos projetos a serem financiados e a capacidade da empresa de reembolsar as dívidas contratadas.

21.6 Questões para Discussão

1. Identifique as principais fontes de financiamento dos investimentos das empresas.
2. Quais as principais hipóteses e resultados que diferenciam a teoria da alavancagem e o Teorema de Modigliani-Miller?
3. Quais os principais limittes da abordagem de Modigliani-Miller?
4. Caracterize a condição de racionamento de crédito e aponte as possíveis alternativas de financiamento para contorná-la.

Notas

1. Expressão utilizada por GOLDSMITH, R.W., in Prologomènes à l'analyse comparative des structures financières, *Revue d'Economie Politique*, maio-junho, 1970, pp. 395-424.
2. BERLE, A.; MEANS, G. *The modern corporation and private property*. New York: MacMillan, 1932.
3. O indicador g é a relação endividamento-capitais próprios para o programa de investimentos a ser realizado. Se a empresa possui apenas os ativos referentes a um único projeto, o valor de g se confundirá com o valor de D / S.
4. Outra consequência importante: as decisões da empresa quanto à arbitragem entre a política de dividendos a serem distribuídos e o montante de recursos a serem reinvestidos (a parcela de autofinanciamento) são irrelevantes para o valor de mercado da empresa.
5. Ezra Solomon definiu, de maneira irônica, o mercado perfeito de capitais como aquele que satisfaz as condições estabelecidas por Modigliani-Miller. Ver SOLOMON, E. What should we teach in a course in business finance?. *Journal of Finance*, v. XXI, maio 1966.
6. O que explica, nos dias de hoje, a importância das chamadas agências de avaliação de risco, como por exemplo a Standard and Poor's e a Moody's. O papel dessas agências é precisamente tentar reduzir os problemas de informação imperfeita e assimétrica que são observados nos mercados de capitais.
7. Podendo também assumir outras denominações como: SPC (Special Purpose Company); CPE (Companhia de Propósito Específico) etc.
8. Vale observar que a *Securities and Exchange Commission* (SEC) americana tem sido mais rígida em relação às apresentações contábeis das companhias e, mesmo que os *project finance* não sejam incorporados aos balancetes, tem-se obrigado a apresentação desses empreendimentos em notas de rodapé. Com isso, essa vantagem que as empresas esperam obter em relação à sua proporção de endividamento pode ser ilusória e não transparente às empresas que divulgam ratings de riscos.
9. STTIGLIZ, J.. On the Irrelevance of corporate financial policy. *American Economic Review*, v. 64, n. 6, p. 851-866, 1974.

Bibliografia

BERLE, A.; MEANS, G. *The modern corporation and private property*. New York: MacMillan, 1932.

GOLDSMITH, R. W. Prologomènes à l'analyse comparative des structures financières. *Revue d'Economie Politique*, p. 395-424, maio-jun. 1970.

SOLOMON, E. What should we teach in a course in business finance? *Journal of Finance*, v. 21, maio 1966.

STIGLITZ, J. A Re-examination of the Modigliani-Miller Theorem. *American Economic Review*, v. 59, p. 784-793, dez. 1969.

_____. On the Irrelevance of corporate financial policy. *American Economic Review*, v. 64, n. 6, p. 851-866, 1974.

PARTE VI

POLÍTICAS E REGULAÇÃO DOS MERCADOS

Defesa da Concorrência

Maria Tereza Leopardi Mello

22.1 Introdução

Uma política de defesa da concorrência tem por finalidade garantir a existência de condições de competição preservando ou estimulando a formação de ambientes competitivos com vistas a induzir, se possível, maior eficiência econômica como resultado do funcionamento dos mercados. Em princípio, a concorrência pode (e deve) ser promovida e defendida em vários âmbitos de atuação do Estado, mas existem sistemas legais especificamente voltados para essa finalidade (no Brasil como em diversos países) – que consistem nas chamadas *leis de defesa da concorrência* (ou *leis antitruste*), conforme o Quadro 22.1.

Este capítulo fornece uma visão panorâmica dos objetivos, características e principais conceitos e parâmetros de análise envolvidos na aplicação da lei antitruste. O tema se situa numa intersecção do Direito e da Economia; sua análise constitui sempre um híbrido de aspectos jurídicos e econômicos;[1] por isso, referências à legislação são imprescindíveis. Algumas referências ao sistema antitruste americano também serão úteis, pois a lei desse país, embora não tenha sido a primeira, é, sem dúvida, uma das mais antigas no mundo. Em torno da experiência de sua aplicação, desenvolveu-se rica literatura econômica e jurídica que serve de referência para discutir certas questões antitruste independentemente dos sistemas de cada país. O Quadro 22.2 contém uma breve história da legislação antitruste americana.

QUADRO 22.1 DEFESA DA CONCORRÊNCIA E LEI ANTITRUSTE NO BRASIL

Juridicamente, a lei antitruste no Brasil (Lei nº 12.529/2011) decorre de norma constitucional que determina a repressão ao "... abuso de poder econômico que vise à dominação dos mercados, à eliminação da concorrência e ao aumento arbitrário de lucros". (Constituição, art. 173, § 4º). Mas "livre concorrência" também é princípio constitucional da Ordem Econômica (cf. art. 170, IV), o que significa uma diretriz geral que deve orientar todas as ações dos poderes públicos (tanto a produção legislativa quanto as ações de governo e as decisões judiciais). Portanto, defesa da concorrência não se resume apenas à lei antitruste e ao arcabouço institucional voltado para sua aplicação, mas também a todas as ações do Estado relacionadas a ela; todos os agentes do poder público que tomam decisões que possam afetar as condições de concorrência nos mercados devem levar em conta o princípio.

No âmbito do Executivo, o órgão atualmente encarregado da aplicação da lei antitruste é o Conselho Administrativo de Defesa Econômica (o CADE, uma autarquia federal). Também participa do sistema de defesa da concorrência a Secretaria de Acompanhamento Econômico do Ministério da Fazenda (SEAE), que é responsável por opinar sobre os aspectos concorrenciais de atos normativos (leis e regulamentos, inclusive aqueles emanados de agências reguladoras) e exerce um papel que pode ser caracterizado como de "advocacia da concorrência" junto à administração pública federal.

O CADE atua na defesa da concorrência como *direito difuso*. Tem poder de determinar a cessação de uma prática anticompetitiva e aplicar multas, além de autorizar certos atos de concentração. Se, ademais, uma prática anticompetitiva acarretar também danos privados (a empresas concorrentes, por exemplo), uma ação de indenização pode ser proposta, mas no Judiciário (cf. art. 47 da Lei nº 12.529/2011). De qualquer modo, prejuízos privados só podem ser motivo de ação com base na legislação antitruste se a eles se associarem *também* prejuízos à concorrência (ver Seção 22.1 deste capítulo).

336　Economia Industrial

QUADRO 22.2 A LEGISLAÇÃO NORTE-AMERICANA DE DEFESA DA CONCORRÊNCIA

A primeira lei antitruste americana – conhecida como *Lei Sherman* – data de 1890. No essencial, essa lei buscou consolidar e siste-matizar questões que já eram discutidas anteriormente pelo Judiciário sob o prisma privado (antes da lei, as empresas prejudicadas por atos anticompetitivos de suas concorrentes já podiam contestar judicialmente tais atos alegando prejuízos individuais). A inovação mais importante da *Lei Sherman* foi permitir a contestação de contratos, acordos ou práticas comerciais por iniciativa do Estado ou de terceiros (isto é, permitiu tratar a concorrência como bem jurídico de interesse da sociedade em geral, e não apenas das empresas eventualmente prejudicadas por práticas anticompetitivas). Tal lei é composta de duas seções:

Seção 1: proíbe "contratos, combinações em forma de truste ou de outro tipo, ou conspirações para restringir o comércio ..." (essen-cialmente, proíbe cartéis explícitos).

Seção 2: proíbe tentativas de monopolizar mercados por iniciativa individual ou combinada (o que não implica a proibição de mono-pólios em si, quando alcançados por meios competitivos normais).

A forma genérica da *Lei Sherman* levou os legisladores a detalhar melhor a repressão a certas condutas por uma nova lei – a *Lei Clayton,* de 1914 – que, no essencial, proíbe:

- na Seção 2, a discriminação de preços com efeitos anticompetitivos (esta seção foi posteriormente emendada pela *Lei Robinson--Patman,* de 1936);
- na Seção 3, as práticas de venda casada (*tie-ins*) e de acordos de exclusividade (*exclusive dealing*), quando gerem prejuízos à con-corrência;
- na Seção 7, as fusões que possam prejudicar a concorrência (posteriormente emendada pela *Lei Celler-Kefauver* em 1950);
- na Seção 8, o controle de empresas competidoras por meio de participações cruzadas nas respectivas direções executivas (*interlocking directorates*).

Também em 1914 foi criada por lei a *Federal Trade Comission* (F.T.C.), responsável – ao lado do Departamento de Justiça (*Department of Justice – D.o.J.*) – pela aplicação das leis antitruste e pela promoção de ações de defesa da concorrência perante o Judiciário.

O caráter jurisprudencial do sistema jurídico nos Estados Unidos torna tão ou mais importante que a própria lei a jurisprudência dos tribunais criada pela sua aplicação ao longo do tempo.

Este capítulo está organizado da seguinte forma, além desta introdução. Na seção seguinte, são apresentados os principais objetivos e características da defesa da concorrência. Na Seção 22.3, os conceitos básicos da análise antitruste. Na Seção 22.4 são descritos os padrões da ação antitruste. E, finalmente, na Seção 22.5 são apresentados temas para discussão.

▌22.2 Defesa da Concorrência: Objetivos e Características

A política de defesa da concorrência busca limitar o exercício do poder de mercado, pois, em princípio, empresas que detêm esse poder são capazes de prejudicar o processo competitivo, gerando ineficiências como resultado de seu exercício. Note-se, no entanto, que a lei antitruste não torna o poder de mercado – nem os monopólios – ilegais, mas apenas tenta controlar a *forma* pela qual esse poder é adquirido e mantido. A lei procura reprimir o exercício *abusivo* de poder de mercado, e não o poder em si.[2]

É implementada, normalmente, por meio de dois padrões básicos de ação: (*a*) aquele voltado para as condutas dos agentes no processo competitivo; (*b*) aquele relacionado aos parâmetros *estruturais* que condicionam tais condutas.

As regras relativas à *conduta* preveem punições às práticas anticompetitivas (*restritivas* da concorrência) derivadas do exercício abusivo de *poder de mercado*. Tais práticas abusivas podem ter natureza horizontal ou vertical, como será visto na Seção 22.3.1 e, independentemente de prejudicarem uma ou outra empresa concorrente, serão consideradas ilícitas se res-tringirem *o processo concorrencial*, prejudicando, em última análise, os consumidores. A essas regras atribui-se, em geral, o caráter *repressivo*.

As ações de caráter *estrutural* buscam evitar o surgimento de estruturas de mercado *mais* concentradas – que aumentem a probabilidade de exercício abusivo de poder de mercado – por meio do *controle preventivo* sobre os chamados *atos de con-centração* (fusões, aquisições, *joint-ventures* etc.), que também podem apresentar natureza horizontal ou vertical.[3]

Tanto num caso como no outro, a lei de defesa da concorrência não impõe aos agentes econômicos a obrigação de efetiva-mente competir nem diz por qual forma os agentes devem fazê-lo. Apenas busca canalizar as forças de mercado e as estratégias das empresas na direção da competição e, com ela, da inovatividade e da eficiência, *evitando que o processo concorrencial seja restringido* por agentes com poder suficiente para isso. Nesse sentido, não age diretamente sobre os resultados desse pro-cesso, mas sim *nos meios* que levam a esse resultado. Em outras palavras, a lei antitruste não impõe aos agentes obrigações que assegurem *diretamente* os resultados positivos associados idealmente à concorrência; trata-se, ao contrário, de um tipo de regulação *reativa* do Estado que impõe ao agente o dever de abster-se de praticar certos atos: cumpre-se a lei enquanto não se prejudica o processo concorrencial.

Daí duas características peculiares da política antitruste: (*a*) o objetivo de defender o processo de concorrência implica a necessidade de reprimir *qualquer* tipo de prática que provoque o *efeito* de restringir esse processo, pois será esse *efeito* que irá caracterizar um ato como proibido perante a lei antitruste;[4] (*b*) as imposições decorrentes da lei são, substancialmente, abstenções (*não produzir efeitos anticompetitivos*).

Uma última observação é a de que o objetivo da lei antitruste consiste em defender *o processo concorrencial*, e não os concorrentes individualmente considerados, e tampouco de forma direta os consumidores. A proteção do processo competitivo, cuja existência, supõe-se, gera resultados socialmente aproveitáveis (bem-estar), é de interesse de toda a sociedade – e não deste ou daquele concorrente em particular –, e como tal é juridicamente amparada. Trata-se, assim, de um típico *interesse difuso* de que é titular um grupo indeterminável de pessoas (Quadro 22.1).[5]

A observação é necessária para distinguir o âmbito de incidência da lei antitruste do de outros sistemas jurídicos que lhe são próximos – tais como o de repressão à *concorrência desleal* e o de *defesa do consumidor* – mas que protegem interesses de natureza diversa. Estes outros sistemas jurídicos se diferenciam pelos objetivos visados, pelas técnicas de análise, pelos conceitos utilizados e pelos canais institucionais competentes para garantir os direitos protegidos. O sistema de repressão à concorrência desleal incide sobre as relações entre particulares (concorrentes); o interesse tutelado de forma imediata é o do concorrente que pode sofrer danos por atos *desleais* (como, por exemplo, divulgar informação falsa sobre produto de concorrente para desviar sua clientela). No caso da defesa do consumidor, os interesses tutelados pela lei são aqueles dos consumidores *finais* – individual ou coletivamente. Embora os interesses dos consumidores possam ser afetados por práticas anticompetitivas ou pelo fato de a concorrência estar ausente num certo mercado, isso não é uma condição necessária para a aplicação da lei do consumidor ou para o reconhecimento de direitos (há direitos de consumidor independentemente de haver danos à concorrência).

22.3 Conceitos Básicos da Análise Antitruste

Toda análise antitruste gira em torno da noção de *poder de mercado:* danos ou restrições à concorrência só podem ser causados por empresas detentoras desse *poder*, que é, portanto, *condição necessária* para haver ilicitude do ponto de vista da lei. Mas não é suficiente, pois a ilicitude depende ainda da constatação de *efeitos anticompetitivos* (efetivos ou potenciais) que decorram de uma conduta ou de um ato de concentração.

Contudo, certas condutas restritivas ou certos atos de concentração, ainda que provoquem efeitos negativos sobre a concorrência, podem também gerar ganhos de *eficiência* que os compensem. Dentre os ganhos típicos de eficiência estão, por exemplo, reduções de custo associadas a economias de escala e escopo, aumentos de produtividade ou qualidade, aperfeiçoamentos tecnológicos, economias de custos de transação etc. Nesses casos, há consenso no sentido de que tais condutas ou atos de concentração não devem ser proibidos quando seus eventuais efeitos restritivos forem devidamente compensados pelas *eficiências* por eles geradas; caso contrário, a aplicação da lei provocaria ineficiências nos mercados e teria um resultado oposto ao interesse social.

A partir das afirmações feitas nos dois parágrafos anteriores, podemos identificar os conceitos usados em toda análise antitruste: em primeiro lugar, é necessário identificar a existência de *poder de mercado*, para o que se requer, como passo logicamente prévio, a delimitação do mercado em que tal poder é exercido (conceito de *mercado relevante*) e a análise das *condições de mercado* que tornam provável (ou não) o exercício desse poder de mercado. Tendo em vista que uma mesma conduta/ato pode apresentar efeitos ambíguos sobre a concorrência – restritivos, mas geradores de *eficiências* –, é necessário identificar esses dois tipos de efeitos e ponderá-los a fim de verificar qual deles prevalece, para só proibir condutas/atos que apresentarem *efeitos anticompetitivos líquidos*. À análise desses conceitos serão dedicadas as subseções seguintes.

22.3.1 MERCADO RELEVANTE

Delimitar o *mercado relevante* é um passo prévio essencial da análise antitruste, pois é em relação a ele que se calculam os indicadores de concentração e se analisam todas as demais condições necessárias à caracterização do poder de mercado e ao seu exercício, assim como os danos à concorrência. Esse *mercado* deve ser definido caso a caso, e o adjetivo que o acompanha (*relevante*) se refere à sua pertinência para o caso sob julgamento: trata-se de identificar o(s) mercado(s) em que atua(m) os agentes envolvidos e no(s) qual(is) ocorre(m) os supostos efeitos restritivos de uma conduta ou ato de concentração.

338 Economia Industrial

O mercado relevante é definido como um *locus* (produto/região) em que o poder de mercado possa (hipoteticamente) ser exercido. Os principais conceitos utilizados para isso são as *elasticidades-preço da demanda e da oferta*. Existe uma clássica definição estabelecida pelos órgãos antitruste dos Estados Unidos que é universalmente adotada, inclusive no Brasil (embora com uma formulação diferente, conforme pode ser visto no Quadro 22.3).

QUADRO 22.3 MERCADO RELEVANTE – DEFINIÇÕES NOS ESTADOS UNIDOS E NO BRASIL

Nos Estados Unidos, conforme o documento Diretrizes para Análise de Fusões Horizontais (*Horizontal Merger Guidelines*) do *FTC/DoJ* de 1992, um mercado relevante para a análise antitruste é definido como

... um produto ou grupo de produtos e uma área geográfica na qual ele é produzido ou vendido, tal que uma hipotética empresa maximizadora de lucros, não sujeita a regulação de preços, que seja o único produtor ou vendedor, presente ou futuro, daqueles produtos naquela área, poderia provavelmente impor pelo menos um pequeno, mas significativo e não transitório, aumento no preço, supondo que as condições de venda de todos os outros produtos se mantêm constantes. Um mercado relevante é um grupo de produtos e uma área geográfica que não excedam o necessário para satisfazer tal teste.

Na lei brasileira, todas as referências à posição dominante (poder de mercado) são feitas em relação a um *mercado relevante* que, entretanto, não é definido no texto legal. Usaram-se, durante muito tempo, as definições da literatura e do sistema americano citadas acima. O conceito foi, já há algum tempo, *institucionalizado* em Resoluções e Guias de Análise do CADE: O mercado relevante do produto compreende bens e serviços considerados substituíveis entre si pelo consumidor devido às suas características, preço e utilização. Em sua dimensão geográfica, o mercado relevante compreende a área em que as empresas ofertam seus produtos ou que os consumidores buscam mercadorias na qual um monopolista conseguiria impor elevações de preços significativas – utilizando-se, em geral, o parâmetro de 5%. (Guia para análise dos atos de concentração horizontal, 2016)

A tarefa de delimitar um mercado relevante consiste num exercício hipotético que busca, por aproximações sucessivas, estabelecer um grupo de *produtos* e uma área geográfica na qual, em relação a tais produtos, um hipotético monopolista possa elevar preços e auferir *maiores* lucros com isso (ou, dito de outra forma, na qual o exercício de poder de mercado, que se busca prevenir ou reprimir, seja *logicamente* possível). Avalia-se a reação da *demanda* ao hipotético aumento de preços, pois este pode não ser lucrativo se os consumidores puderem buscar outros produtos ou produtores de outros locais.

Na dimensão *produto*, identificam-se aqueles que concorrem entre si, incluindo não apenas os produtos idênticos (substitutos perfeitos), mas também os *substitutos próximos*.[6] Deve haver *alta substitutibilidade* dos produtos considerados *dentro* do mercado; ao mesmo tempo, deve ser *baixa* a substitutibilidade destes em relação aos produtos considerados *fora* do mercado. Em outras palavras, tanto a demanda pelo(s) produto(s) do mercado relevante quanto sua oferta devem ter *elasticidades-preço* suficientemente baixas para que um eventual aumento de preço resulte em *maiores* lucros – e não menores – para a empresa que hipoteticamente exerce poder de mercado.

Essa identificação é feita, em princípio, pelo lado da *demanda*,[7] observando-se que não basta a mera possibilidade técnica de substituição para determinar a inclusão de um produto no mesmo mercado que outro, mas sim que os demandantes o façam habitualmente.

Em sua dimensão *geográfica*, o mercado relevante é definido como uma área na qual os produtos (e seus substitutos) são produzidos ou vendidos, o que varia conforme o tipo de produto e tecnologia, custos de transporte, sistema de distribuição, barreiras tarifárias e não tarifárias às importações etc. Procura-se delimitar a área sujeita à atuação de uma empresa hipoteticamente monopolista para detectar, na hipótese de aumentos de preços: (*a*) se os consumidores podem comprar o produto em outras localidades a custos acessíveis; ou (*b*) se concorrentes de outras localidades podem direcionar suas vendas para essa região a custos acessíveis.

Uma vez identificado um mercado [produto/área] possível, o passo seguinte é proceder ao *teste do monopolista hipotético*: verifica-se se uma empresa hipotética, maximizadora de lucros e detentora de um também *hipotético monopólio* da oferta – a hipótese mais pessimista para o bem-estar – no mercado considerado [produto/área] é capaz de impor um aumento de preço *significativo* e *persistente* para caracterizar um *exercício de poder de mercado*. O *mercado relevante* é definido, então, como o *menor* mercado possível (o menor agregado de produtos combinado com a menor área) que satisfaça o critério anterior.

A delimitação do mercado relevante depende de quanto se supõe que deva aumentar o preço para configurar o suposto exercício abusivo de poder de mercado. No Brasil costuma-se usar o parâmetro de 5%.[8] A definição de qual deva ser esse percentual de aumento de preço é, do ponto de vista econômico, arbitrário, embora seja absolutamente imprescindível do ponto de vista jurídico para possibilitar a aplicação da lei. Esse ponto merece ser mais bem explicado.

Para se definir um mercado relevante, identificam-se, inicialmente, um certo grupo de produtos e uma área possíveis de serem considerados *um mercado*. Procede-se, então, ao teste do monopolista hipotético tomando por parâmetro um certo percentual de aumento de preço (suponhamos 10%): verifica-se se um monopolista seria capaz de impor um aumento de 10% no preço (daqueles produtos naquela área). O mercado [produto/área] passará no teste se o preço de monopólio (que maximiza os lucros do monopolista hipotético) corresponder tão exatamente quanto possível a esses 10% de aumento – nem mais nem menos. Dentre outras, duas hipóteses em que o mercado [produto/área] não atende às condições do teste podem ser pensadas:

1. Se a elasticidade-preço da demanda for muito alta, o suposto monopolista hipotético não conseguiria elevar o preço suficientemente (a 10%), o que denota que o mercado [produto/área] foi definido de forma muito restrita. Será necessário redefini-lo – pela inclusão de mais produtos possíveis substitutos e/ou pela ampliação da área geográfica considerada – até que se encontre uma combinação [produto/área] em relação à qual a elasticidade da demanda seja menor, tornando possível o tal aumento de preços em 10%.
2. Se a elasticidade-preço da demanda for muito baixa, o suposto monopolista hipotético seria capaz de elevar seu preço num percentual superior aos 10% tomados como parâmetro (o preço de monopólio que maximiza lucros estaria num nível superior ao preço competitivo aumentado em 10%). Isso denota que o mercado [produto/área] foi definido de forma demasiadamente ampla, pois existe uma outra combinação possível [de produto/área], mais restrita, na qual o aumento de 10% poderia ser imposto (o nível de preço que maximiza os lucros do monopolista corresponderia ao preço aumentado em 10%). Portanto, também nesse caso, o mercado deve ser redefinido, pois, de acordo com o conceito, busca-se o *menor* mercado possível para satisfazer o critério (" ...que não excedam o necessário para satisfazer tal teste"). Deve-se, então, procurar uma combinação [produto/área] mais restrita, para a qual a elasticidade-preço da demanda seja maior.

Percebe-se, assim, que, se alterarmos o percentual de aumento de preço considerado, os resultados poderiam ser diferentes. Se tomarmos como parâmetro 5%, por exemplo, a primeira hipótese poderia ter outra solução: o monopolista hipotético – que não seria capaz de impor um aumento de 10% – poderia ser capaz de aumentar seu preço em 5%, e assim o mercado [produto/área] estaria adequadamente definido (seria um *mercado relevante antitruste*).

As hipóteses anteriores apontam para um resultado geral importante: para uma dada função de demanda, quanto *mais alto* o limiar de aumento de preço tomado como referência, *menor* será a elasticidade-preço da demanda necessária para que o mercado [produto/área] passe no teste.[9]

A Figura 22.1 ilustra esse resultado representando, de forma geral, o exercício que define o mercado relevante. A demanda (D) é suposta linear para simplificar.

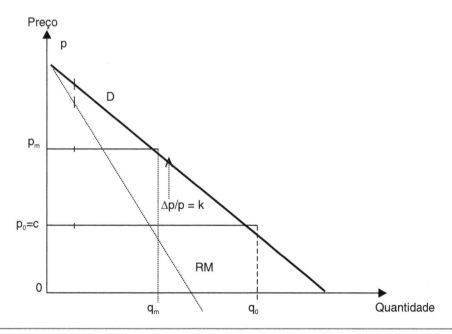

Figura 22.1 Mercado relevante antitruste.

340 Economia Industrial

Suponhamos uma posição inicial competitiva, em que o preço (p_0) se situa no nível competitivo (igual ao custo unitário c, no caso suposto constante e, portanto, igual ao marginal). Se monopolizado o mercado (ou cartelizado, com maximização conjunta de lucros), o preço será elevado ao nível que maximiza os lucros, p_m, ao qual a receita marginal iguala os custos marginais (= c). Se (e só se) tal elevação de preços se der à taxa considerada abusiva ($\Delta p/p = k$) – o que depende da elasticidade-preço da demanda –, *então* o mercado assim delimitado (nas dimensões produto e geográfica) será um *mercado relevante antitruste*.

Finalmente, como já mencionado, a elasticidade da oferta também deve ser considerada na delimitação do mercado relevante, embora não esteja incorporada no exercício anterior. Isso é feito num passo seguinte, depois de o mercado relevante ter sido definido (com base na demanda), incluindo-se a oferta *potencial* do(s) produto(s) considerado(s). Isto é, considera-se o potencial de aumento da oferta pela reorientação da capacidade já existente para a produção dos produtos em questão por *empresa*s que, por algum motivo, não estejam produzindo, mas possam fazê-lo sem grandes investimentos e em curto prazo. Quanto menores estes (prazos e custos), maiores as possibilidades de que um aumento de oferta por acréscimo de ofertantes venha a contestar o poder de mercado das *empresa*s estabelecidas.

A delimitação do mercado relevante afeta diretamente os resultados de um julgamento: para um dado volume de vendas da(s) empresa(s) envolvida(s), quanto menor um mercado, maiores as possibilidades de existir poder de mercado e, portanto, potencial de danos à concorrência; ao contrário, quanto maior, mais diluída será a participação da empresa investigada e menor a probabilidade de haver efeitos anticoncorrenciais.

Em princípio, o conceito é suficientemente adaptável a qualquer situação e a qualquer tipo de mercado, e não há limite de tamanho (nem para mais nem para menos) do mercado: tanto podemos ter um mercado *mundial* quanto um restrito a um município, tanto um mercado de um só produto quanto de vários etc.

Uma vez identificado o *mercado relevante* pelo exercício hipotético acima descrito, passa-se à análise de suas condições concretas – o grau de concentração, a parcela de mercado da *empresa* envolvida no caso etc. A utilização de medidas de concentração de mercado e a avaliação do nível das barreiras à entrada são os principais instrumentos para a análise do *poder de mercado.*

22.3.2 PODER DE MERCADO

Poder de mercado está associado à capacidade de restringir a produção e aumentar preços para, não atraindo novos competidores, obter lucros *acima do normal*; é definido como poder de fixar preços significativa e persistentemente acima do nível competitivo, *isto é,* dos custos médios. Ressalte-se que o poder de mercado não se expressa apenas em preços –a maioria das condutas consideradas anticompetitivas não ocorre via preços, mas a definição é utilizada por ser simples e de fácil aplicação. Tal definição implica a suposição de que a empresa capaz de elevar preços significativa e persistentemente acima dos custos possui poder de mercado e pode exercê-lo por qualquer outro meio disponível.[10]

O critério de participação da empresa no mercado (*market-share*) é uma primeira aproximação para avaliá-lo. Além disso, recorre-se também aos indicadores de concentração de mercado, como o CR(4) e o HH, vistos no Capítulo 5, para verificar a *possibilidade estrutural* de existência de poder de mercado.[11]

A análise antitruste, coerente com o modelo *Estrutura-Conduta-Desempenho*, parte do suposto de que maior concentração da oferta (estrutura) implica maior probabilidade de colusão (conduta) e, por consequência, de preços e lucros mais elevados. Pressupõe-se que o poder de mercado é função crescente da concentração, pois a existência de *pequeno número* de concorrentes e/ou sua *desigualdade* favorecem conluios tácitos ou explícitos, pelo menos entre as empresas líderes. Essa, entretanto, é uma aproximação precária, pois a concentração é apenas condição necessária, mas não suficiente, para o surgimento de poder de mercado; não há correlação perfeita entre ambas as variáveis.[12] Veja o Quadro 22.4 para uma definição de poder de mercado na lei brasileira.

QUADRO 22.4 PODER DE MERCADO NA LEI BRASILEIRA

A lei brasileira utiliza o termo *posição dominante* para designar, praticamente, o mesmo conceito que *poder de mercado*. Posição dominante é definida como *capacidade de alterar unilateral ou coordenadamente as condições de mercado* pela detenção de uma parcela de mercado de 20% ou mais de um mercado relevante.

A posição dominante também pode ser exercida coletivamente, caso em que a parcela de mercado a ser considerada deve ser calculada em relação ao grupo de empresas envolvidas num determinado caso.

Esse parâmetro, contudo, gera apenas uma *presunção* não absoluta; nada impede que se discuta e comprove que, apesar de deter uma parcela de mercado superior a 20%, outras variáveis fazem com que a empresa não possa exercer poder de mercado (e, portanto, não detenha posição dominante).

Medidas de participação no mercado e indicadores de concentração isoladamente podem não significar muito se não forem analisados em conjunto com outros fatores, entre os quais se destacam as condições de entrada na indústria, a existência de competidores potenciais e a dinâmica da concorrência.

Barreiras à entrada[13] são uma condição decisiva para a avaliação de poder de mercado. Sabe-se que na ausência de barreiras à entrada não é possível fixar preços acima dos custos de forma persistente e significativa (portanto, não é possível exercer poder de mercado). Por isso, as *barreiras à entrada* são um elemento fundamental da análise antitruste, não só para *atos de concentração,* como também (quase sempre) para *condutas.*

Apesar de não permitir uma mensuração totalmente objetiva, o *nível* das barreiras à entrada num mercado concentrado (oligopólio ou monopólio) é o principal instrumento de avaliação do poder de mercado das empresas que nele atuam. Entretanto, numa visão dinâmica, ele deve incluir a *capacidade inovativa* da indústria e das empresas concorrentes potenciais, pois *a inovação* é o principal antídoto tanto às barreiras à entrada quanto à possibilidade de abuso de poder de mercado pelas empresas dominantes.

A existência de poder de mercado (e a possibilidade de seu exercício) é condição necessária para a aplicação da lei antitruste, pois quem não o detém não poderá prejudicar a concorrência no mercado, ainda que queira. Portanto, se com esse passo de análise se conclui que a(s) empresa(s) envolvida(s) num caso não possui(em) – individual ou coletivamente – tal poder, o caso deve ser encerrado, pois não é relevante do ponto de vista antitruste. Não existe razão para continuar a investigação, pois será logicamente impossível a existência de prejuízo à concorrência (alvo da ação antitruste) – ainda que se possa estar ferindo outros sistemas legais.

22.3.3 EFICIÊNCIAS E PRINCÍPIO DA RAZOABILIDADE

Como já mencionado, condutas ou atos de concentração restritivos da concorrência podem também promover eficiências compensatórias, que devem, então, ser analisadas caso a caso. O que importa, em qualquer caso, são os efeitos líquidos sobre a eficiência econômica. Essa forma de abordagem decorre *logicamente* dos objetivos da lei antitruste e se fundamenta juridica e economicamente: a lei busca reprimir o abuso de poder de mercado porque ele é gerador de ineficiências; logo, não deve proibir atos/condutas que gerem ganhos de eficiência líquidos, pois, se o fizer, gerará ineficiências tão ou mais significativas do que as que visa combater.

A análise das eficiências deve observar algumas condições:

1. Em primeiro lugar, o exame de eficiências é exigido *apenas* se houver um significativo risco de prejuízo à competição como decorrência do ato ou conduta em questão. Caso se avalie que *sequer existe* um efeito anticompetitivo, a análise será interrompida neste ponto, e a identificação e a avaliação de eficiências serão desnecessárias.
2. As eficiências consideradas aptas a compensar os efeitos restritivos devem ser uma *decorrência necessária daquele ato ou conduta* para justificar sua autorização por parte das autoridades antitruste (isto é*,* devem ser *críveis* por razões estruturais ou por alguma forma de comprometimento efetivo das empresas envolvidas).
3. Deve-se comprovar, ainda, que as eficiências geradas por atos ou condutas restritivos não poderiam ser alcançadas de outra forma menos lesiva ao processo concorrencial. Só se justifica autorizar uma restrição à concorrência se isso for uma condição necessária aos ganhos de eficiência alegados; caso contrário, tais ganhos poderiam ser alcançados com uma hipótese melhor para o bem-estar.

Em suma, do ponto de vista *lógico*, toda e qualquer análise antitruste de ato ou conduta em que se suponha existir *algum efeito anticompetitivo* real ou potencial envolve, como *último* passo *conclusivo*, a avaliação dos *efeitos líquidos em termos de eficiência* do ato ou conduta examinado.[14]

Tal abordagem – que considera os *efeitos líquidos* e não apenas os restritivos – é hoje conhecida no âmbito antitruste como princípio da razoabilidade (*rule of reason*) e tem sua origem ligada à jurisprudência americana. Nos Estados Unidos, o Judiciário faz uma distinção entre duas categorias de práticas e aplica, a cada uma, um método de abordagem: (*a*) o princípio da razoabilidade, que implica a necessidade de avaliação – caso a caso – dos efeitos das práticas investigadas e de suas eventuais justificativas (em termos de eficiências compensatórias), e só é considerada ilícita a prática cujos efeitos líquidos sejam negativos; e (*b*) a chamada abordagem *per se*, aplicada àquelas práticas restritivas às quais não se associam, normalmente, ganhos de eficiência significativos. Neste caso, não se discutem os *efeitos* da prática investigada; basta provar sua ocorrência para que seja considerada ilícita.

Deve-se notar, contudo, que a abordagem *per se* não é incongruente com a análise econômica desenvolvida em torno da importância das eficiências eventualmente geradas por práticas restritivas; trata-se apenas de um método judicial – de

342 Economia Industrial

aplicação da lei – que simplifica a análise e economiza custos para julgar tipos de condutas cuja *não razoabilidade* é suposta. Ou seja, o critério traduz a percepção de que é desnecessário avaliar pormenorizadamente os efeitos líquidos em face da evidência teórica, estatística e jurisprudencial de que determinadas condutas não geram normalmente benefícios relevantes, de forma que sua condenação não ocasionará injustiças, senão excepcionalmente. Em contrapartida, isto permite substancial economia de custos públicos e privados implicados no processamento de um caso pelo princípio da razoabilidade (ver o Quadro 22.5).

QUADRO 22.5 O PRINCÍPIO DA RAZOABILIDADE E A ABORDAGEM "PER SE" NOS ESTADOS UNIDOS E NO BRASIL

Desde o final do século passado, o Judiciário norte-americano se viu na contingência de julgar certas práticas de empresas, cujas defesas se baseavam no argumento de que as restrições proporcionadas à concorrência eram "razoáveis" e, em alguns casos, constituiriam até meio de garantir a própria concorrência. Como a *Lei Sherman* desde 1890 proibia práticas que restringissem o comércio, estabeleceu-se intenso debate sobre o significado a ser dado a tais *restrições*. De um lado, colocaram-se aqueles que defendiam caber ao Judiciário a análise – caso a caso – dos efeitos das práticas para só condenar as segundas nos casos em que os primeiros fossem considerados negativos (não razoáveis). Por outro lado, defendia-se que qualquer restrição ao comércio deveria ser proibida *per se* (fosse ou não razoável) em nome da segurança jurídica; opinião que prevaleceu nesse primeiro momento. Por exemplo, num caso de 1897, julgava-se um acordo de preços entre concorrentes e a defesa alegou que os preços fixados eram *razoáveis*; argumentou um juiz no caso: "se somente se incluir no significado da lei aquelas restrições não razoáveis, a determinação daquilo que é razoável será alcançada com grande incerteza". (J. Peckham, *in US v. Trans Missouri Freight Association*, 1897)

Em casos julgados já no começo do século passado (anos 1910, aproximadamente), o Judiciário americano começou a admitir certos argumentos de defesa com base na razoabilidade dos efeitos restritivos – critério de análise que ficou conhecido como *rule of reason*; manteve-se, todavia, o entendimento de que certas categorias de práticas seriam presumidamente ilegais – isto é, devem ser consideradas ilícitas *per se* (por exemplo, costuma-se considerar os *acordos horizontais para fixação de preços* uma prática ilegal *per se*).

As definições da jurisprudência americana a respeito do que seja ilegal *per se* têm evoluído no sentido de admitir que não há, praticamente, nenhuma categoria de práticas de mercado que possam produzir efeitos apenas negativos; há só aquelas que, *em sua maioria e na maior parte das vezes*, produzem *mais* efeitos negativos que positivos e que, por uma questão de economia processual/administrativa, não precisam passar por uma apuração e discussão mais detalhada sobre seus efeitos:

"A regra per se requer que o Tribunal proceda a uma ampla generalização a respeito da utilidade social de certas práticas comerciais... Casos que não se enquadram nessa generalização podem aparecer, mas a regra per se reflete o juízo de que tais casos não são suficientemente comuns ou importantes a ponto de justificar o tempo e os gastos requeridos para identificá-las..." *In* caso *Sylvania* de 1984 (*apud* Cohen, 1997).

Em suma, uma prática analisada sob o critério *per se* não precisa passar por uma apuração mais detalhada porque os custos que isso implicaria superam os benefícios de tal procedimento. Por outro lado, a análise *per se* propicia uma solução mais rápida para o caso e pode servir de *orientação* para os agentes (no sentido de evitar que sejam cometidas práticas que, na maioria das vezes, têm, de fato, mais efeitos restritivos).

Essa diferenciação, note-se, é jurisprudencial e os tipos de práticas incluídas numa e noutra abordagem mudam ao longo do tempo. Observa-se no Judiciário dos Estados Unidos a tendência de aceitar certas justificativas para práticas que antes eram consideradas ilícitas *per se*, aumentando, assim, as categorias de práticas que são analisadas com base no princípio da razoabilidade. Isso é fruto de intenso debate e argumentação econômicos que se travam na literatura e perante o Judiciário.

O *sistema antitruste brasileiro* é compatível com a abordagem do princípio da razoabilidade, tanto no julgamento de condutas quanto na avaliação de atos de concentração.

Em relação às condutas, a lei caracteriza a ilegalidade pelos efeitos: quaisquer atos, independentemente de sua forma, serão considerados *infração à ordem econômica* se produzirem – efetiva ou potencialmente – efeitos contrários à concorrência. Embora a lei atual não o diga expressamente, está suposto que se devem considerar tais efeitos como *líquidos*. Assim, pode-se dizer que a ilicitude de condutas na nossa lei antitruste, identificada pela noção de *abuso de posição dominante*, é caracterizada: (*a*) pela existência de efeitos restritivos da concorrência; e (*b*) pela ausência de efeitos positivos mais que compensadores dos primeiros.

Em relação aos atos de concentração, a lei prevê expressamente que a aprovação de atos que apresentem potencial de prejudicar a concorrência ou resultem na dominação de mercados relevantes condiciona-se à análise das eficiências geradas, que devem ser aptas a compensar o potencial anticompetitivo.

22.4 Padrões da Ação Antitruste

É interessante notar que o devido encadeamento lógico dos conceitos analisados na seção anterior estabelece, como consequência, os passos fundamentais do raciocínio embutido em toda análise de casos sob a lei antitruste – que são, no geral, comuns para julgamento de condutas e para controle dos atos de concentração, como pode ser visto na síntese apresentada no Quadro 22.6.

QUADRO 22.6 PASSOS DA ANÁLISE ANTITRUSTE PARA CASOS DE CONDUTAS E ATOS DE CONCENTRAÇÃO

	Condutas	Atos de Concentração
I – Verificação da existência de poder de mercado		
1. Delimitação do mercado relevante	Identificar o(s) mercado(s) relevante(s) de atuação da(s) empresa(s) investigada(s) e/ou o mercado afetado pela conduta (se forem diferentes).	Identificar o(s) mercado(s) relevante(s) afetado(s) pelo ato (basicamente aqueles mercados em que as duas empresas atuam).
2. Análise da posição das empresas envolvidas no(s) mercado(s) relevante(s)	Cálculo do *market-share* da(s) empresa(s) investigada(s), nos mercados relevantes identificados. Indicadores de concentração do(s) mercado(s).	Cálculo do *market-share* resultante da operação de concentração no(s) mercado(s) relevante(s) afetado(s). Indicadores de concentração e comparação com a situação anterior (pré-concentração).
3. Análise das condições de exercício do poder de mercado	Formas de concorrência e grau de rivalidade no(s) mercado(s) relevante(s); avaliação das barreiras à entrada; possibilidade de concorrência por importações.	Formas de concorrência e grau de rivalidade no(s) mercado(s) relevante(s); avaliação das barreiras à entrada; possibilidade de concorrência por importações.
Conclusão: há poder de mercado e condições para seu exercício?		
Não	Os envolvidos não detêm poder de mercado; é logicamente impossível haver danos à concorrência. O caso deve ser encerrado.	Implica que o ato não cria nem reforça poder de mercado, devendo ser, portanto, aprovado sem condições.
Sim	É possível que a conduta provoque efeitos restritivos; passa-se à etapa seguinte para identificá-los.	O ato provoca efeitos anticompetitivos *potenciais*; passa-se à etapa seguinte para verificar se há eficiências compensatórias.
II – Identificação dos efeitos anticompetitivos	São diversificados e variáveis conforme o tipo de conduta. Se houver algum efeito restritivo, passa-se à etapa seguinte.	Já está suposto existirem tais efeitos em potencial como resultado da etapa anterior. É preciso, então, avaliar a *intensidade* deles, que depende do grau de aumento de concentração e da parcela de mercado em relação à situação anterior.
III – Identificação das eficiências geradas pelo ato/conduta	Também são variáveis conforme o tipo de conduta. São típicas as economias de custo de transação.	Eficiências típicas: economias de escala e escopo; economias de custos de transação; melhorias tecnológicas. Avalia-se se as eficiências não poderiam ser atingidas de outra forma.
IV – Conclusão/efeitos líquidos		
Se positivos	Não há infração à ordem econômica.	O ato deve ser aprovado integralmente.
Se negativos	Há infração: ordem para cessar a prática e estabelecer penalidades (multas e outras)	O ato deve ser proibido ou, o que é mais comum, podem ser impostas condições para sua aprovação.

Em primeiro lugar, identifica-se a existência de poder de mercado e das condições para seu exercício a partir de um mercado relevante previamente definido; avaliam-se os efeitos anticoncorrenciais – efetivos ou potenciais – da conduta ou do ato de concentração sobre o(s) mercado(s) relevante(s) considerado(s); e examinam-se os possíveis ganhos de *eficiência* ou outros benefícios gerados por eles. A análise termina por uma ponderação entre efeitos anticompetitivos e ganhos de eficiência. Caso os primeiros prevaleçam, a conduta será considerada ilícita e terá suas devidas consequências jurídicas, ou o ato de concentração

344 Economia Industrial

será proibido (ou serão impostas condições para sua aprovação). Importante notar que, na prática das autoridades antitruste, muitas vezes alguns desses procedimentos são dispensados porque estão supostos os elementos característicos[1].

Veremos a seguir alguns aspectos principais – econômicos e legais – da análise de condutas e atos.

22.4.1 Condutas anticompetitivas

Costumam-se dividir as condutas anticompetitivas em horizontais e verticais. Horizontais são as que reduzem a concorrência entre empresas *de um mesmo mercado*; verticais, as que ocorrem no âmbito das relações entre empresas que se relacionam como compradoras e vendedoras ao longo da cadeia produtiva.

As práticas *horizontais* consistem, basicamente, em acordos entre concorrentes ou em concorrência predatória entre eles. Em ambos os casos, implicam reduzir ou eliminar a concorrência do mercado visando ao aumento de poder de mercado – em conjunto, via acordos, ou individualmente, via preços predatórios, a curto ou a longo prazos, respectivamente (ver o Quadro 22.7).

As condutas *verticais* consistem em restrições praticadas por ofertantes de bens/serviços de um mercado (*de origem*) que afetam outro mercado relacionado verticalmente – *a montante* ou *a jusante* –, chamado de *mercado-alvo*. Pressupõem sempre a existência de poder de mercado no mercado relevante *de origem* e seus prováveis efeitos restritivos podem se fazer sentir tanto no *mercado-alvo* quanto no *de origem* (quando a prática reforça a posição dominante neste). Por isso, a análise irá requerer sempre atenção especial aos mecanismos de interação entre esses dois mercados. As práticas verticais mais típicas estão descritas no Quadro 22.7.

Os principais efeitos anticoncorrenciais das condutas verticais, e que estão presentes em todos os tipos, são a facilitação de práticas concertadas (cartéis) ou o reforço unilateral de poder de mercado de empresa no mercado relevante *de origem*. Outros efeitos restritivos são variáveis conforme o tipo de conduta, tais como: "fechamento" do *mercado-alvo* para concorrentes efetivos ou potenciais (aumento do nível das barreiras à entrada), inclusive pelo aumento de custos de rivais; exploração monopolista dos usuários de serviços pós-venda; e atenuação da concorrência *entre* ou intramarcas.

Também os prováveis efeitos compensatórios associados às restrições verticais variam conforme o tipo de conduta. Os mais comuns são: redução dos custos de transação[15] pela detenção de condutas oportunistas, incentivando a qualidade dos serviços nos *mercados-alvo* e protegendo a reputação e os investimentos em ativos específicos de empresas no mercado *de origem*; economias de escala e escopo no *mercado-alvo*; e proteção ao desenvolvimento tecnológico no mercado *de origem*. O Quadro 22.8 resume a matéria de lei sobre as condutas anticompetitivas.

QUADRO 22.7 PRINCIPAIS CONDUTAS TÍPICAS HORIZONTAIS E VERTICAIS

HORIZONTAIS

Preços predatórios são definidos como "prática deliberada de preços abaixo do custo variável médio visando eliminar concorrentes para, em momento posterior, poder praticar preços e lucros mais próximos do nível monopolista". Para caracterizar a ocorrência de preço predatório, é necessária a análise das condições efetivas de custos e do comportamento dos preços ao longo do tempo a fim de afastar hipóteses de práticas sazonais normais ou de políticas comerciais da empresa. Considera-se também a estrutura de mercado provável resultante da eliminação de concorrentes (para testar a consistência da conduta predatória).

Acordos entre concorrentes podem apresentar-se sob diversos tipos, o que repercute na consideração dos efeitos anticompetitivos prováveis e possíveis eficiências. Temos:

1. *Cartéis* – acordos explícitos ou tácitos entre concorrentes que afetam parte substancial do mercado relevante e envolvem o estabelecimento de preços, quotas de produção, e distribuição e divisão territorial. Em geral, considera-se que não existem benefícios compensatórios que possam decorrer desta prática.

2. *Outros acordos entre empresas* – costuma-se distinguir dos cartéis aquelas "restrições que envolvem apenas parte do mercado e/ou esforços conjuntos temporários voltados à busca de maior eficiência, especialmente produtiva ou tecnológica". Tais acordos exigem uma avaliação mais cuidadosa sobre os possíveis benefícios, pois, normalmente, apresentam efeitos anticompetitivos menores que os cartéis.

3. *Acordos de associações de profissionais* – práticas que limitam injustificadamente a concorrência entre profissionais, principalmente pelo tabelamento de preços. Uma possível justificativa, aqui, pode ser a alegação de que preços uniformes visam à garantia da qualidade dos serviços prestados. O CADE tem sistematicamente condenado práticas de tabelamento promovidas por associações e sindicatos de profissionais liberais.

---

[1] Assim, por exemplo, em alguns casos a própria ocorrência de determinada conduta já supõe poder de mercado por parte da empresa autora, sendo desnecessária uma investigação para provar sua existência; nos casos de cartel, a literatura econômica praticamente não identifica nenhuma possível eficiência compensatória, não sendo necessário efetuar uma profunda investigação sobre os efeitos líquidos da conduta, que são, por suposto, negativos.

VERTICAIS

1. *Fixação de preços de revenda* – estabelecimento, pelo produtor, de preços (mínimo, máximo ou rígido) a serem praticados pelos distribuidores/revendedores, garantido por ameaça efetiva de sanções pela não observância da imposição. Em geral, os efeitos anticompetitivos são maiores quando os preços fixados têm a função de *mínimos* (ou *rígidos* com função de mínimos).
2. *Restrições territoriais e de base de clientes* – limites, impostos pelo produtor, das áreas de atuação dos distribuidores/revendedores, restringindo a concorrência e a entrada em diferentes regiões do *mercado-alvo.*
3. *Acordos de exclusividade* – compromisso de revendedores/distribuidores no sentido de adquirir bens/serviços de determinado produtor (ou vice-versa) com exclusividade, ficando proibidos de comercializar produtos de rivais. O CADE tem sistematicamente condenado esse tipo de conduta praticada por planos de saúde que impõem obrigação de dedicação exclusiva dos médicos conveniados (que ficam impedidos de atender por outros planos).
4. *Recusa de venda/negociação* (*ou boicote*) – estabelecimento unilateral, pelo fornecedor, de condições de negócio oferecidas a distribuidores/revendedores, em geral utilizado como forma de retaliação contra distribuidores/revendedores relutantes em aderir a acordos de exclusividade ou fixação de preços de revenda. Pode também ocorrer no sentido contrário, isto é, mediante condições impostas unilateralmente por compradores aos fornecedores. A recusa de venda praticada por detentor de controle sobre *infraestrutura essencial* (*essential facilities*) requer cuidados especiais de análise. Em geral, tais práticas são objeto de regulação específica.
5. *Venda casada* – subordinação da venda de um produto/serviço à aquisição de outro produto/serviço. Normalmente, está relacionada à tentativa de *alavancagem* de poder de mercado (usa-se o poder de mercado detido no mercado do produto *subordinante* para criar ou aumentar o poder no mercado do produto *subordinado*).
6. *Discriminação de preços* – fixar diferenciadamente preços (ou outras condições de venda) de um mesmo produto/serviço para diferentes compradores. Essa prática não é intrinsecamente anticompetitiva, e frequentemente está associada a eficiências.

QUADRO 22.8 CONDUTAS ANTICOMPETITIVAS NA LEI BRASILEIRA E SUAS CONSEQUÊNCIAS JURÍDICAS

Na lei brasileira, a ilegalidade de uma conduta depende se ela produz certos efeitos, que são apresentados nos seguintes termos: "limitar, falsear ou de qualquer forma prejudicar a livre concorrência ou a livre iniciativa; dominar mercado relevante de bens ou serviços; aumentar arbitrariamente os lucros; exercer de forma abusiva posição dominante" (art. 36). A lei estabelece, ainda, um elenco de condutas típicas, mas isso é meramente exemplificativo, no sentido de que não esgota todas as condutas possíveis, nem constituem, em si, condutas ilegais (art. 36, § 3°).

Tais efeitos são descritos na lei de modo muito genérico, ficando a cargo da análise econômica identificá-los nos casos concretos e ponderá-los com eventuais eficiências, como explicado na seção anterior. O que é importante, do ponto de vista jurídico, é que qualquer conduta – prevista ou não prevista expressamente na lei – pode ser considerada ilegal, e que tal ilegalidade dependerá sempre da análise dos efeitos econômicos – considerados em termos líquidos.

Em princípio, submetem-se às disposições da lei antitruste qualquer pessoa, física ou jurídica, pública ou privada, ou qualquer associação ou entidade (art. 31). A definição ampla implica que mesmo entidades sem fins lucrativos devem observar as normas da lei antitruste (já que não se faz referência ao tipo de atividade, nem ao propósito lucrativo), o que é importante para não limitar o escopo da aplicação das regras de defesa da concorrência. Assim, por exemplo, sindicatos patronais ou entidades de classe podem ser processados; isso é relevante porque essas entidades são várias vezes usadas como articuladoras de cartéis. A lei também submete à sua disciplina agentes que "...exerçam atividade sob regime de monopólio legal". Portanto, a regulação de certas atividades, em princípio, não as retira do escopo da lei antitruste, que se aplica a setores regulados, inclusive serviços públicos (neste caso, coloca-se a questão da articulação institucional entre agências regulatórias – ou poder concedente – com as autoridades antitruste).

Quando uma conduta é julgada como infração à ordem econômica, ela fica sujeita a diversos tipos de consequências jurídicas (nos planos administrativo, civil e penal):

Sanções administrativas (aplicadas pelas autoridades antitruste): obrigação de fazer cessar a prática ilícita por determinação do CADE; multa pela infração, que pode variar de 0,1% a 20% do faturamento bruto da empresa ou grupo no ramo de atividade em que ocorreu a infração; para entidades que não são empresas, a lei prevê multa no valor de R$ 50 mil a R$ 2 milhões de reais (art. 37).

Essas consequências se aplicam sempre. A lei prevê ainda outras penalidades (art. 38), a serem aplicadas a infrações de maior gravidade: publicação da decisão; proibição de contratar com instituições financeiras oficiais e de participar de licitações; recomendação ao INPI para conceder licença compulsória de patentes; pode-se até impor a cisão de sociedade, transferência de controle acionário, e outras medidas necessárias para a eliminação dos efeitos nocivos à concorrência.

Consequências judiciais civis: os prejudicados podem pedir no Judiciário a cessação da prática e indenização por danos, lembrando que esta última só pode ser reivindicada com base na lei antitruste se ao prejuízo individual se associar também algum prejuízo à concorrência (cf. art. 47 da Lei nº 12.529/2011).

Consequências penais: são estabelecidas na Lei nº 8.137/90, art. 4º, que tipifica crimes contra a ordem econômica, para os quais se prevê pena de 2 a 5 anos de reclusão ou multa. Essas penas também só são decididas pelo Judiciário.

346 Economia Industrial

22.4.2 ATOS DE CONCENTRAÇÃO

O controle dos atos de concentração tem a finalidade de prevenir a criação ou o reforço de poder de mercado que pode resultar da união de dois ou mais competidores (no caso de concentrações horizontais) ou de parceiros comerciais (no caso de integrações verticais).

As principais fontes de ganhos de eficiências em atos de concentração são: economias de escala e escopo; economias de racionalização e especialização; utilização e expansão de capacidade; sinergias e outras formas de interação entre ativos complementares; economias em P&D, tecnologia e eficiências dinâmicas; economias de custos de transação (de negociação de contratos, de prevenção de comportamentos oportunistas, de *governance* de relações contratuais), estas presentes sobretudo em integrações verticais.

Algumas situações típicas de *atos* que apresentam potencial anticompetitivo – e suas respectivas eficiências – podem ser identificadas como se segue:

1. Concorrentes reais ou potenciais se fundem para melhor aproveitar economias de escala baixando custos, mas possivelmente aumentando preços e lucros.
2. Concorrentes potenciais se unem em *joint-venture* para desenvolver um novo produto ou eliminar investimentos duplicados em P&D e evitar os custos de uma "corrida para chegar primeiro"; isso pode retardar a introdução da inovação no mercado.
3. Concorrentes multiproduto combinam especializar-se fornecendo um ao outro os insumos necessários; reduzem, assim, os custos e aumentam a especialização de equipamento e pessoal, mas à custa de eliminar a concorrência em qualidade e preços.

Concentração é o termo geralmente empregado para identificar situações em que os participantes perdem sua autonomia (unidades de decisão antes independentes e autônomas se juntam e passam a ser uma só).

Nossa lei atual caracteriza como atos de concentração: fusões; aquisições; incorporações; formação de grupos societários; e ainda outros tipos de contratos associativos, consórcios e *joint-ventures*. O controle alcança também as integrações verticais com potencial anticompetitivo.

A avaliação desses atos, como mostrado no Quadro 22.9, envolve a análise de seu impacto sobre o(s) mercado(s) relevante(s) da operação para verificar em que medida provoca a diminuição do grau de concorrência existente antes da concentração (porque elimina a concorrência em parte substancial de mercado relevante ou porque cria/reforça posição dominante). Se provocar a diminuição da concorrência, o ato é proibido, a não ser que seus efeitos restritivos possam ser contrabalançados pelas seguintes condições compensatórias (cumulativamente): (*a*) que o ato tenha por objetivo algum ganho de eficiência (aumentar produtividade, competitividade, qualidade de bens/serviços ou propiciar a eficiência e o desenvolvimento tecnológico ou econômico); (*b*) que seus benefícios sejam repartidos com os consumidores; e (*c*) que seus efeitos restritivos se limitem ao estritamente necessário para atingir os objetivos visados.

> **QUADRO 22.9 CONTROLE DOS ATOS DE CONCENTRAÇÃO NA LEI BRASILEIRA – CRITÉRIOS PARA SUBMISSÃO**
>
> A lei brasileira busca prevenir as situações que possam levar ao exercício abusivo de posição dominante obrigando a submissão ao CADE de quaisquer atos de concentração em que: (*a*) uma das partes envolvidas tenha faturamento igual ou maior que R$ 400 milhões; (*b*) pelo menos uma outra parte tenha faturamento igual ou maior que R$ 30 milhões (art. 88 – tais valores constam da lei original e são reajustados periodicamente). Consideram-se como atos *de concentração* as fusões, aquisições, incorporações, contratos associativos, consórcios ou *joint-ventures* (art. 90).
>
> A concentração submetida ao CADE será proibida se implicar a *eliminação da concorrência em parte substancial do mercado relevante, ou a criação ou reforço de posição dominante,* a não ser que apresente também ganhos que compensem seu potencial anticompetitivo. Tais condições estão elencadas no art. 88, § 6º, da Lei nº 12.529/2011: (*a*) que haja ganhos de eficiência (aumento de produtividade ou qualidade, ou eficiência e desenvolvimento tecnológico), e (*b*) que parte relevante dos benefícios seja repassada aos consumidores.

A condição (*a*) corresponde às *eficiências* em sentido estrito (eficiência alocativa); as demais constituem salvaguardas mínimas para a concorrência e buscam minimizar os efeitos anticompetitivos que não sejam estritamente ligados às eficiências. Desse modo, para a lei brasileira, o enfoque centrado apenas na eficiência alocativa não é referência absoluta; é preciso também demonstrar que um eventual prejuízo ao mercado será mínimo (pela condição *"c"*) e que os ganhos de eficiência serão, pelo menos em parte, repassados para o consumidor (condição *"b"*).

Na avaliação do ato de concentração, as autoridades podem aprová-lo integralmente, rejeitá-lo ou aprová-lo parcialmente; neste último caso, impõem-se, para a aprovação do ato, condições para mitigar os seus efeitos restritivos nos mercados relevantes afetados.

22.5 Conclusão e Temas para Discussão

Iniciamos este capítulo afirmando que a concorrência pode ser promovida em âmbitos diversos de atuação do Estado e não se resume, portanto, à aplicação da lei antitruste. Deve ser um objetivo mais amplo de política e, como tal, se relaciona com outras políticas públicas que possam ter efeitos pró-competitivos.

Diferentemente da aplicação da lei antitruste, que possui um caráter predominantemente defensivo, existem várias possibilidades de políticas que podem visar tanto à conformação de ambientes competitivos como também ao fortalecimento da competitividade (no sentido de capacidade para concorrer) das empresas. Ambos – ambiente e agentes – são necessários para haver, de fato, uma concorrência cujos efeitos são reconhecidamente positivos do ponto de vista do interesse social.

Assim, por exemplo, uma *política industrial*[16] tem estreitas relações com uma política de defesa da concorrência. Pode apresentar uma dimensão pró-competitiva à medida que se preocupa com o nível de eficiência da indústria e busca criar condições para que as empresas adquiram ou reforcem sua competitividade. Ocorre, porém, que a política industrial pode ter outras dimensões que, eventualmente, não se harmonizem com a concorrência (proteção às empresas nacionais contra a concorrência externa, por exemplo).

Embora identifiquemos política industrial quase sempre com medidas protetoras *contra* concorrência, essa não necessariamente é uma característica intrínseca a toda política industrial. A discussão sobre *se* e *como* seria possível harmonizá-la com a defesa da concorrência é uma questão ainda em aberto.

Outra questão que coloca desafios à compatibilização com a defesa da concorrência é a *regulação*, que será tratada no Capítulo 23. Em princípio, a existência de uma regulação setorial implica menor grau de liberdade nas decisões dos agentes econômicos regulados e a imposição de certas obrigações a esses agentes pelo regulador. Mesmo nessas circunstâncias, em que o comportamento dos agentes é controlado pelo próprio poder público, pode haver a necessidade de aplicação das normas de defesa da concorrência, particularmente em situações de regulação parcial.[17] Isso, entretanto, gera uma série de problemas de compatibilização entre sistemas legais e decisões de diferentes autoridades do poder público. Ademais, a autoridade reguladora pode ter um importante papel promotor da concorrência e preventivo de práticas anticompetitivas; afinal, concorrência e regulação não são a antítese um do outro, mas meios diferentes de buscar o mesmo objetivo – garantir condições de eficiência nos mercados.

Contudo, aqui nos ressentimos da falta de uma "cultura da concorrência". A tradição no tratamento dos serviços públicos e outros tipos de regulação de atividades econômicas no Brasil tendeu não só a desconsiderar preocupações concorrenciais (por exemplo, a concessão com exclusividade sempre foi a regra), como também a proteger os participantes contra eventuais possibilidades de competição. Isso parece estar mudando.

Assim, por exemplo, nas mudanças institucionais recentes por que passaram importantes setores de infraestrutura – como telecomunicações e energia elétrica –, novas agências reguladoras são criadas justamente para implementar um processo de introdução da concorrência. Vemos uma série de medidas *preventivas* da concorrência serem tomadas pelas próprias agências reguladoras: normas que garantem o acesso a instalações essenciais, que disciplinam as condições de entrada nos mercados, que limitam as concentrações etc. Tais normas têm um efeito decisivo sobre a conformação de novos ambientes competitivos.

De qualquer modo, a relação entre políticas regulatórias e de defesa da concorrência também enseja temas jurídicos e econômicos para discussão à medida que, assim como podem ser compatíveis, também podem apresentar dimensões divergentes que irão requerer critérios para solução de conflitos.

A propriedade intelectual também enseja muitas questões atinentes à defesa da concorrência. As formas jurídicas de apropriabilidade apresentam, em geral, efeitos ambíguos sobre a concorrência: a um só tempo podem ter efeito pró-competitivo, incentivando inovações, e constituir um instrumento de poder de mercado, restringindo a competição. Em que medida o uso de uma patente ou marca – como base para o exercício do poder de mercado — pode ser processado e condenado perante a lei antitruste? Em que medida processar alguém por uso indevido de tecnologia patenteada pode ser caracterizado como *sham litigation?* Do mesmo modo que a regulação, também aqui temos um conflito potencial entre sistemas jurídicos e um amplo espaço ainda aberto para discussão dos critérios de aplicação das leis.

348 Economia Industrial

22.6 Resumo

Neste capítulo aprendemos que:

- No âmbito da defesa da concorrência, Direito e Economia devem sempre estar juntos por duas razões principais: (1) porque os conceitos utilizados na implementação da lei são quase sempre construídos como híbridos de elementos jurídicos e econômicos; (2) porque, na aplicação da lei antitruste, a análise econômica tem implicações jurídicas (isto é, é na análise econômica que se baseia a distinção entre o que é lícito e o que é ilícito).
- A lei antitruste estabelece dois padrões de ação para a defesa da concorrência: um controle preventivo, pela submissão prévia de atos de concentração com potencial ofensivo à concorrência; um controle repressivo, pelo julgamento de condutas anticompetitivas.
- A caracterização das condutas anticompetitivas na lei brasileira se dá pelos efeitos da conduta, e não pela ocorrência da conduta em si. Uma vez julgada ilícita pela autoridade encarregada da implementação da lei antitruste no Brasil (o CADE), a conduta é proibida e a empresa é multada (além da possibilidade de outras penalidades acessórias).
- O controle das concentrações é feito mediante a submissão obrigatória ao CADE de alguns atos (fusões, aquisições, incorporações, contratos associativos, consórcios e *joint-ventures*) que envolvam empresas com faturamento acima do estabelecido na lei (R$ 400 milhões, valor reajustável periodicamente). O CADE pode autorizar, proibir ou aprovar parcialmente o ato, impondo condições para mitigar seus efeitos anticompetitivos.
- Tanto os casos de condutas anticompetitivas quanto os de atos de concentração podem apresentar efeitos ambíguos, isto é, restritivos da concorrência mas promotores de eficiências ao mesmo tempo. Por isso, a análise antitruste sempre procura identificar os efeitos líquidos.

22.7 Questões para Discussão

1. Identifique e analise os parâmetros para se distinguir o uso e o abuso de poder de mercado (ou: quando o uso do poder de mercado é ilícito pela legislação antitruste e quando não o é?)
2. Analise o conceito de poder de mercado e como essa concepção se relaciona ao conceito jurídico de posição dominante da lei antitruste brasileira. Pode-se dizer que a existência de posição dominante é uma condição necessária para haver uma conduta ilícita por essa lei? Por quê?
3. Discuta – *vis-à-vis* legislações de outros países – a opção da lei brasileira de considerar a partilha de benefícios com o consumidor como um dos critérios para avaliar a mitigação dos efeitos anticoncorrenciais dos atos de concentração. Quais referências poderiam ser usadas para mensurar essa partilha?

22.8 Sugestões de Leitura

Manuais sobre economia e direito antitruste nos Estados Unidos

HOVENKAMP, H. *Federal antitrust policy:* the law of competition and its practice. Eagan: West Publishing, 1994.

SULLIVAN, E. T.; HARRISON, J. L. *Understanding antitrust and its economic implications.* 3. ed. NewYork: Matthew Bender, 1998.

VISCUSI, W. K.; VERNON, J. M.; HARRINGTON Jr., J. E. *Economics of regulation and antitrust.* 2. ed. Cambridge: MIT Press, 1995.

Manuais de organização industrial com capítulos voltados para antitruste

CARLTON, D. W.; PERLOFF, J. M. *Modern industrial organization.* 3. ed. Boston: Addison-Wesley, 2000.

SCHERER, F. M.; ROSS, D. *Industrial market structure and economic performance.* 3. ed. Boston: Houghton Mifflin, 1990.

Coletânea de textos sobre antitruste

GAVIL, A. I. (org.). *An antitrust anthology.* Cincinnati: Anderson, Publishing, 1996.

Artigo

WILLIAMSON, O. Economies as an antitrust defense: the welfare tradeoffs. *American Economic Review*, v. 58, p. 18-36, mar. 1968.

No Brasil

FARINA, E. Desregulamentação e o controle do abuso de poder econômico. *Revista de Economia Política,* v. 14, n. 3, p. 78-93, 1994.

MATTOS, C. (coord.). A *revolução antitruste no Brasil* – a teoria econômica aplicada a casos concretos. São Paulo: Singular, v. I, 2003.

_____ A *revolução antitruste no Brasil* – a teoria econômica aplicada a casos concretos. São Paulo: Singular, v. II, 2008.

Estes dois volumes são coletâneas de textos de autores diversos – todos especialistas na área antitruste que desenvolvem trabalho acadêmico e de consultoria – que analisam casos já julgados pelas autoridades antitruste no Brasil. São excelentes exemplos de como a análise econômica é fundamental para as decisões jurídicas.

PONDÉ, J.; FAGUNDES, J.; POSSAS, M. Custos de transação e política de defesa da concorrência. *Revista de Economia Contemporânea*, n. 2, p. 115-135, jul.-dez 1997.

POSSAS, M. Os conceitos de mercado relevante e de poder de mercado no âmbito da defesa da concorrência. *Revista do IBRAC*, n. 1, p. 82-102, 1996.

SALGADO, L. H. *A economia política da ação antitruste*. São Paulo: Singular, 1997.

Sobre o direito antitruste no Brasil

BRUNA, S. V. *O poder econômico e a conceituação do abuso em seu exercício*. São Paulo: Revista dos Tribunais, 1997.

FERRAZ, JR., T. S. Da abusividade do poder econômico. *Revista de Direito Econômico*, n. 2123-2130, out./dez. 1995.

SCHUARTZ, L. F. Dogmática jurídica e Lei 8.884/94. *Cadernos de Direito Tributário e Finanças Públicas*, ano 6, n. 23, abr./jun. 1998.

Notas

1. No sentido de que o Direito provê a *forma* para conteúdos econômicos. Muitos dos conceitos econômicos que serão utilizados já foram vistos em outros capítulos deste livro; a eles remeteremos o leitor, quando necessário, tratando aqui apenas das especificidades de sua aplicação ao âmbito antritruste.

2. É por isso que a existência de poder de mercado é condição para a aplicação da lei antitruste, como se verá adiante; mas isso não será ilícito quando resultar de processo *natural* decorrente da maior eficiência de um agente em relação a seus competidores (a lei brasileira é clara a esse respeito, cf. art. 36, § 1º).

3. Podem também ser objeto de controle as fusões *conglomeradas*, ou seja, aquelas entre empresas de mercados distintos, mas relacionados estrategicamente – isto é, com proximidade de linha de produtos ou de localização.

4. Isso tem importantes implicações jurídicas, já que se trata de um critério para distinção entre ato lícito e ilícito. A questão será mais bem discutida adiante, quando tratarmos dos efeitos possíveis das práticas.

5. Diz-se que um interesse é *difuso* quando pertence a pessoas indeterminadas e ligadas por circunstâncias de fato (isto é, não se pode determinar quais indivíduos pertencem ao grupo). A concorrência é claramente estabelecida como tal na Lei nº 12.529/2011, que afirma que "a coletividade é a titular dos bens jurídicos protegidos por esta lei".

6. Ver o Capítulo 2.

7. O lado da oferta é incorporado na análise num passo posterior, como veremos adiante.

8. Dependendo do caso, também podem ser usados os percentuais de 5% ou de 15%. Nos Estados Unidos, trabalha-se com a hipótese de um aumento de 5% a partir de um preço no nível competitivo, embora possa ser superior (em geral, até 10%).

9. Vemos, assim, que o conceito de mercado relevante, embora construído totalmente com técnica econômica, é também um conceito jurídico, dada a absoluta necessidade de definir previamente a proporção de aumento de preço que se considera abusiva.

10. Por exemplo, uma firma que detenha poder de mercado também pode baixar artificialmente seus preços por tempo suficiente para gerar prejuízos a concorrentes a fim de excluí-los do mercado. Essa e outras condutas tipicamente anticompetitivas serão discutidas adiante.

11. O HH (índice de Herfindahl-Hirschman) é de longe o mais usado na área antitruste em função de sua simplicidade e qualidades técnicas (é pouco sensível ao *market-share* de empresas de pequena participação, o que permite usar dados incompletos sem acarretar séria imprecisão).

12. Conforme visto também no Capítulo 5.

13. Para análise de barreiras à entrada, ver os Capítulos 7 e 12.

14. Os ganhos típicos de eficiência que podem estar associados a condutas e atos de concentração serão tratados na seção seguinte.

15. Sobre custos de transação, ver o Capítulo 13.

16. Sobre política industrial, ver o Capítulo 24.

17. Situação na qual se regulam apenas alguns aspectos ou apenas alguns segmentos do setor, deixando espaços livres para o comportamento estratégico dos regulados. Nesses casos, havendo graus de liberdade para as decisões dos agentes, também há espaço para o abuso de poder de mercado, que deve ser, então, reprimido.

Bibliografia

BRUNA, S. V. O poder econômico e a conceituação do abuso em seu exercício. São Paulo: Revista dos Tribunais, 1997.

CARLTON, D. W.; PERLOFF, J. M. *Modern industrial organization*. 3. ed. Boston: Addison-Wesley, 2000.

COHEN, W. Per se illegality and truncated rule of reason: the search for a foreshortened antitrust analysis, 1997. Disponível em: http://www.ftc. gov. Acesso em: 10 dez. 2019.

FORGIONI, P. *Fundamentos do antitruste.* São Paulo: Revista dos Tribunais, 1998.

KRATTENMAKER, T. G. Per se violations in antitrust law: confusing offenses with defenses. In: GAVIL, A. I. (org.) *An antitrust anthology.* Cincinnati: Anderson Publishing, 1996.

POSSAS, M. Os conceitos de mercado relevante e de poder de mercado no âmbito da defesa da concorrência. *Revista do IBRAC,* n. 1, p. 82-102, 1996.

SCHUARTZ, L. F. Dogmática jurídica e Lei 8.884/94. *Cadernos de Direito Tributário e Finanças Públicas,* ano 6, n. 23, abr./jun. 1998.

SULLIVAN, E. T.; HARRISON, J. L. *Understanding antitrust and its economic implications.* 3. ed. New York: Matthew Bender, 1998.

VISCUSI, W. K.; VERNON, J. M.; HARRINGTON JR., J. E. *Economics of regulation and antitrust.* 2. ed. Cambridge: MIT Press, 1995.

Regulação Econômica

Helder Queiroz Pinto Junior e Ronaldo Fiani

23.1 Introdução

Define-se regulação como qualquer ação do governo no sentido de limitar a liberdade de escolha dos agentes econômicos. Dessa forma, quando um agente regulador (uma agência responsável por algum setor da economia, como eletricidade, telecomunicações etc.) fixa uma tarifa para um determinado serviço, está restringindo a liberdade que uma empresa tem de estabelecer o preço pela sua atividade.

Da definição acima, porém, é possível perceber que o campo da regulação é muito mais extenso do que apenas a regulação de preços (tarifária). Com efeito, ele se estende também à regulação de quantidades (por meio de limites mínimos de produção ou da limitação do número de empresas que podem atuar em determinado setor), regulação de qualidade (garantia da presença de determinadas características no serviço ou produto a ser ofertado), regulação de segurança no trabalho (quando a legislação obriga as empresas no setor de construção civil a equipar seus trabalhadores com determinados equipamentos de segurança, está da mesma forma limitando a liberdade que as empresas possuem de decidir qual equipamento elas devem fornecer aos seus trabalhadores), entre outros. Vamos nos preocupar aqui fundamentalmente com regulação de preço e, em alguma medida, com regulação de qualidade.

Nas abordagens mais convencionais não se espera que haja qualquer necessidade do governo interferir na liberdade de decisão econômica das empresas, uma vez que se supõe a economia em uma situação de concorrência perfeita, quando o mercado fornece estímulos eficientes por meio do mecanismo de preços para a alocação de recursos, como visto no Capítulo 1. Contudo, a teoria econômica, mesmo em suas vertentes mais liberais, reconhece que existem algumas situações em que o mercado não consegue levar a uma alocação eficiente de recursos, entendida como aquela em que os custos de oportunidade são minimizados. Uma dessas situações seria representada pela presença de externalidades. Como é sabido, caso haja externalidades o benefício ou custo sociais superam o benefício ou custo para a empresa que produz o serviço ou bem. Assim, há uma tendência a produzir em quantidade insuficiente o bem ou serviço no caso do benefício social ser superior ao benefício do produtor privado, ou há uma tendência a produzir em quantidade excessiva o bem ou serviço cujo custo social é mais elevado do que o custo do produtor privado.

Mas externalidades não são o único caso em que o mercado não fornece estímulos adequados para a alocação eficiente dos recursos. Uma outra circunstância é a de monopólio natural ou ainda o caso onde o monopólio natural se apresenta em conjunto com a presença de fortes externalidades típicas das indústrias de rede, conforme definida no Capítulo 16.

Neste capítulo vamos discutir, na primeira seção, o conceito do monopólio natural em duas circunstâncias distintas: monopólio natural com um produto e monopólio natural multiproduto, seguida de uma discussão onde se apresentam os fenômenos de monopólio natural nas indústrias de rede. Na segunda seção serão apresentadas as várias formas de regulação dos preços e, finalmente, na terceira seção será apresentada uma visão histórica da regulação em outros países antes e depois do período de 1980, seguida de uma descrição sobre regulação no Brasil.

23.2 O Conceito do Monopólio Natural

23.2.1 Monopólio natural com um produto

No caso de um monopólio natural com um único produto, os custos são menores se produzimos uma dada quantidade x do produto em uma única firma do que em duas. Essa propriedade, conhecida como *subaditividade* da função de custo, foi apresentada no Capítulo 3. Algebricamente, se temos $x^* = x_1 + x_2$, onde x^*, x_1, x_2 são quantidades de um mesmo produto, teremos um monopólio natural se graças à hipótese de subaditividade da função de custo for verdade que:

$$Ca(x^*) < C_b(x_1) + C_c(x_2) \tag{1}$$

onde C representa a função custo e a, b e c, três empresas distintas. Dessa forma, o que (1) mostra é que é mais barato produzir $x^* = x_1 + x_2$ apenas na firma A do que distribuir essa produção entre as firmas B e C. A questão que se coloca agora é: sob quais condições pode-se assegurar que a proposição (1) é verdadeira? A condição necessária e suficiente para que a proposição (1) seja verdadeira é que haja *economias de escala em toda a amplitude relevante de produção*. Como veremos adiante, economias de escala são condição suficiente e necessária somente no caso de um único produto.

Ocorre, porém, que, se há economias de escala em toda a amplitude relevante de produção, a firma se encontra na situação descrita no Gráfico 23.1 a seguir. Na situação do Gráfico 23.1, há o problema típico de um monopólio natural: se fosse estabelecido que a firma monopolista deve produzir com o preço ótimo do ponto de vista do bem-estar social, p_c, o qual é igual ao custo marginal (representado pela curva CMg) segue-se que à quantidade demandada a esse preço (q^*, definida pela curva D, o preço que permitiria à firma obter um lucro normal sobre o capital investido é p_e, que cobre os custos médios e é superior a p_c. Isso se deve ao fato de que como o custo médio (CMe) é declinante, dada a presença de economias de escala, o custo marginal é inferior ao médio. Assim, a solução ótima, de que o preço deve ser estabelecido igual ao custo marginal, não é mais possível.

As soluções para o preço de um monopolista natural nesse caso serão discutidas mais adiante. É necessário agora, contudo, considerar o caso de um monopólio natural multiproduto.

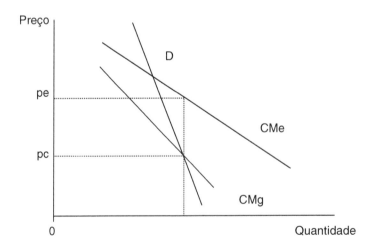

Gráfico 23.1 Monopólio natural.

23.2.2 Monopólio natural multiproduto

A condição para o monopólio natural multiproduto continua sendo a mesma do monopólio natural com um único produto: subaditividade de custos. Ocorre que a subaditividade de custos em monopólios naturais multiprodutos para dois produtos X e Y exige que:

$$C_a(Q_x, Q_y) < C_b(Q_x, 0) + C_c(0, Q_y) \tag{2}$$

onde C representa a função custo, Q_x e Q_y as quantidades de X e Y e a, b e c, três empresas distintas.

Note-se que agora, na proposição (2), é mais barato produzir uma dada quantidade de cada produto (Q_x, Q_y) em uma única empresa A do que a mesma quantidade dos dois produtos, cada um em uma firma diferente. Assim, é mais barato fornecer acesso à Internet e ligações convencionais de voz pela mesma empresa, usando a mesma rede, do que por duas empresas diferentes.

O que é importante perceber é que, nesse caso, a presença de economias de escala não é condição nem necessária, nem suficiente, como antes era no caso de um monopolista com um produto, para a subaditividade de custos. Isto porque agora é importante a presença de *economias de escopo*. Caso não haja economias de escopo, *ainda que haja economias de escala em cada produto considerado isoladamente*, a proposição (2) não será verdadeira. Por outro lado, com significativas economias de escopo, mesmo que não haja economias de escala em cada produto, a proposição (2) será verdadeira.

23.2.3 Indústrias de rede

Indústrias de rede, como definido no Capítulo 16, são um caso especial de monopólio natural. As indústrias de rede exploram a multiplicidade de relações transacionais entre os agentes econômicos situados em diferentes nós da rede, envolvendo um princípio de organização espacial e territorial. A partir desta definição, é fácil compreender por que as indústrias voltadas para a provisão de infraestrutura econômica (eletricidade, gás, telecomunicações, transportes, água e saneamento básico) são caracterizadas como indústrias de rede.

As indústrias de rede são marcadas por três elementos que contribuem para a formação de um modo de organização industrial particular. São eles:

1. A existência de externalidades.
2. A importância das economias de escala.
3. A articulação em torno da infraestrutura propriamente dita – a infraestrutura de base que comporta os serviços de transporte/ transmissão do fluxo do produto – dos diferentes tipos de serviços finais e do serviço de coordenação da rede.

As indústrias de rede possuem como característica distintiva o fato de gerarem as *externalidades de rede*: o benefício de um usuário depende do número de usuários ligados à rede. O benefício de um consumidor que dispõe de uma linha telefônica depende diretamente do número de pessoas que estão conectadas, e com as quais ele pode se comunicar.

Como acontece em todos os casos de externalidades, trata-se de um problema de falha de mercado: como não há forma de um consumidor remunerar outro pelo benefício da adesão desse segundo a rede, há a possibilidade de não se alcançar uma expansão eficiente da rede. Essa necessidade de garantir um nível adequado de interconexão pode demandar a regulação do setor.

Além disso, o fato de que essas redes em geral apresentam economias de escala demanda regulação da entrada para se evitar duplicação ineficiente de infraestrutura, com a consequente elevação de custos e perda de bem-estar.

Por último, o fato de essas redes envolverem conexão direta com os consumidores gera um poder de mercado significativo para as empresas que administram essas redes, o que, associado com as vantagens derivadas de sua localização, que geram rendas extraordinárias, acabam por completar o conjunto de argumentos favoráveis à regulação.

As indústrias de redes eram tradicionalmente consideradas como monopólios naturais, com pesadas barreiras à entrada e à saída que justificaram a presença ativa do Estado na regulação dessas atividades.

23.3 Formas de Regulação dos Preços

Nesta seção iremos apresentar as várias formas de regulação que podem ser adotadas e algumas formas de regular os preços conhecidas.

23.3.1 Regulação por taxa de retorno

No processo de regulação por taxa de retorno, o regulador arbitra um vetor tarifário (tarifas para cada tipo de produto ou serviço da firma regulada), visando garantir para a firma regulada uma taxa de retorno considerada adequada ao prosseguimento de suas atividades. A proposição (3) a seguir descreve esse tipo de procedimento:

$$\sum p_i q_i = CV(q_1, q_2, \ldots, q_n) + \pi(K), \qquad (i = 1, \ldots, n) \tag{3}$$

onde p_i representa a tarifa para um dado serviço, ou produto, produzido na quantidade q_i pela firma regulada, CV é o custo variável total resultante da produção dos vários bens e serviços nas quantidades q_i, π é a taxa de lucro bruto (incluindo depreciação) sobre o capital investido da firma K. Assim, o que a equação (3) diz é que a receita total, derivada dos vários produtos ou serviços da firma regulada, deve ser igual ao custo operacional, mais a depreciação do capital, e ainda deixar uma taxa de lucro normal sobre o capital investido.

A determinação prática da equação (3) envolve uma série de dificuldades. A primeira delas diz respeito à dimensão de K. Quais os ativos que devem ser computados no valor do capital da empresa? A inclusão indiscriminada de qualquer ativo incentivaria a empresa a investir excessivamente não só em ativos de pouca utilidade para suas tarefas produtivas, como até mesmo a manter ativos que, embora úteis do ponto de vista de sua atividade, estariam superdimensionados em relação à demanda, isto é, seriam mantidos ociosos. Cabe ao regulador admitir para o cálculo do capital da empresa regulada apenas os ativos *úteis e utilizados*.

O segundo problema diz respeito à taxa de retorno da empresa (π). Qual é a taxa de retorno adequada para a empresa regulada? A solução mais óbvia pareceria ser o custo de capital da empresa: desde que a empresa obtivesse uma taxa de retorno igual ao custo que possui para levantar seu capital, não haveria obstáculos à continuidade de suas atividades, assim como não haveria, em princípio, motivo para supor que a firma estaria obtendo lucros extraordinários. Ocorre, porém, que a determinação do custo de capital da empresa não é tarefa simples. Conforme visto no Capítulo 21, embora seja relativamente mais fácil determinar o custo de capital sobre os títulos emitidos pela empresa, e até mesmo em suas ações preferenciais, isso não ocorre com suas ações ordinárias, cuja taxa de retorno, exigida pelos acionistas, está sujeita a diferentes métodos de cálculo, que acabam por dar diferentes resultados.

O problema seguinte é a determinação do custo variável (CV). Isso exige não só conhecer a fundo a contabilidade da empresa regulada, mas, frequentemente, também seu processo produtivo. Essa necessidade requer do regulador um corpo técnico altamente especializado.

Por último, temos o problema da determinação da receita da empresa. De fato, embora a proposição (3) não explicite, as próprias tarifas p_i acabam influenciando a quantidade demandada, por meio das funções de demanda inversas $q_i(p_1, p_2, ..., p_n)$. Assim, ao estabelecer as tarifas, o regulador indiretamente estabelece as quantidades vendidas que, junto com aquelas tarifas, vão compor a receita total. E mais, indiretamente, dada a quantidade vendida, as tarifas também irão afetar o custo variável total CV. É necessário, então, conhecimento preciso da demanda, para evitar desequilíbrios entre receitas e custos.

Há ainda uma outra dificuldade com este método de regulação tarifária, que diz respeito às características gerais do método, e não à aplicação da proposição (3) em particular. O método de regulação por taxa de retorno, dada a complexidade de sua operação, é um método adequado apenas quando as condições de custos e demanda não variam de forma significativa em períodos relativamente curtos de tempo, isto é, quando custos e demanda são relativamente estáveis. Quando custos e demanda mudam com rapidez, devido a mudanças tecnológicas ou a variações nos hábitos ou na renda dos consumidores, este processo se torna muito lento para dar conta dessas mudanças. Mais grave ainda é que o método de regulação por taxa de retorno, na medida em que busca garantir uma taxa de lucro mínima, não fornece estímulos adequados ao aumento da eficiência, tão importante em fases de mudanças tecnológicas aceleradas.

Por fim, aponta-se ainda como outro problema da regulação por taxa de retorno o chamado *efeito Averch-Johnson*. Este efeito adviria do fato de que a agência reguladora, ao estabelecer a taxa de retorno adequada para a operação da firma regulada, que irá servir de base para o cálculo das tarifas, tende a estabelecer essa taxa de retorno acima do valor de mercado (pois se estabelecesse abaixo a firma regulada teria problemas para operar, por não estar obtendo o custo de oportunidade sobre o capital investido).

Ao estabelecer a taxa de retorno acima do valor de mercado, a agência torna o capital para a empresa regulada mais barato do que ele efetivamente é. Por exemplo, se a taxa de retorno for estabelecida em 10% ao ano para a empresa regulada, e a taxa de retorno média da economia é de 5% ao ano, o regulado recebe pelo capital investido o dobro de custo de levantar esse mesmo capital no mercado.

Assim, ele tenderá a substituir trabalho por capital (pois o capital para ele é subsidiado). Supondo-se a substitutibilidade perfeita entre esses dois fatores, a consequência será a de que a empresa regulada empregará uma quantidade excessiva de capital, a qual, se obtivesse por ela o mesmo retorno das demais atividades da economia, somente empregaria se a sua produção fosse bem maior do que é. Isto resulta em alocação ineficiente de recursos.

Contudo, esse mesmo *efeito Averch-Johnson* pode apresentar um lado positivo: maior intensidade de capital significa frequentemente não apenas melhor qualidade, como também tecnologias mais modernas. Em função desses problemas de caráter mais geral, desenvolveu-se um método alternativo, conhecido como preço-teto, que discutiremos a seguir.

23.3.2 Preço-teto (*price cap*)

Uma das inovações em regulação econômica de mais rápida difusão foi o critério do preço-teto (*price cap*), na sua versão inglesa batizado como *Índice de Preço de Varejo Menos X* (IPV-X; em inglês RPI-X – *Retail Price Index Minus X*). Inicialmente aplicado para a *British Telecom*, em 1984, acabou por se expandir para outras empresas e setores na Inglaterra (*British Gas, British Airports Authority*, companhias regionais de fornecimento de água e na distribuição de energia elétrica), assim como para outros países (sendo o caso mais notório o do setor de telecomunicações nos EUA).

Basicamente, o sistema consiste em estabelecer um limite superior para a indústria regulada aumentar seus preços, limite este que pode ser estabelecido para cada preço individualmente ou para a média de preços dos serviços fornecidos pela indústria regulada. No caso do *IPV-X*, o teto do reajuste é estabelecido como sendo um índice geral de preços menos um valor *X* a título de aumento de produtividade. Esse teto de reajuste vale entre os períodos de revisão tarifária, quando a tarifa que serve como base do reajuste é reavaliada.

Assim, se fosse escolhido um índice de preço *I* para reajuste entre os períodos de revisão tarifária, e se fosse almejado um crescimento de produtividade de 2% ao ano, teríamos um fator X de 2%, e nosso índice de reajuste anual ficaria:

$$(I) - 2\%.$$

Portanto, em um dado ano, se o índice de preços *I* fosse de 5%, a firma regulada sujeita a essa regra de reajuste teria direito então a 5% – 2% = 3% de aumento em sua tarifa.

Os defensores do *IPV-X* apontam as seguintes vantagens em relação aos métodos até então empregados de regulação, especialmente o com base na taxa de retorno:

1. É um método que atinge exclusivamente os serviços em que a empresa regulada atua como monopolista. Assim, supondo uma empresa multiproduto, que atue também em mercados competitivos, o *IPV-X* incidiria apenas naqueles mercados em que a empresa efetivamente atua como monopolista. Nos demais mercados, não há necessidade de regulação. Note a diferença em relação à regulação por taxa de retorno, em que é necessário estabelecer todas as tarifas, de modo que a receita global da empresa gere a taxa de retorno adequada.
2. Como toda redução de custos é apropriada pela empresa, espera-se que o *IPV-X* estimule a eficiência produtiva e promova a inovação. Assim, se os custos da empresa subiram apenas 1%, em função de ganhos de eficiência, ao passo que, como no exemplo anterior, o índice de preços *I* aumentou 5% e ela tem o direito a um reajuste de 3% nas tarifas, a empresa regulada se apropria integralmente do ganho resultante da diferença entre o reajuste a que tem direito, em função do aumento do índice de preços *I*, e o crescimento inferior de seus custos.
3. O custo do aparato da regulação econômica seria baixo, uma vez que este se resumiria ao cálculo de índices de preços, sem envolver o levantamento de dados contábeis a respeito da empresa regulada (quase sempre sujeitos a problemas de alocação de custos fixos e avaliação de valor de ativos), exceto no momento de revisão tarifária.
4. Dada a simplificação do processo regulatório, este se encontra menos sujeito ao risco de ser manipulado pela empresa regulada, com informações falsas sobre demanda e custos, ou seja, está menos sujeito ao que se conhece como "risco de captura".

As vantagens citadas merecem tratamento em maior detalhe. No que diz respeito à vantagem de número (1), é importante salientar suas virtudes como instrumento de defesa da concorrência: a imposição de um preço-teto nos segmentos em que a empresa atua como monopolista permite evitar que ela, por meio de uma política de subsídios cruzados, subsidie os preços nos segmentos competitivos com os lucros extraordinários obtidos no segmento monopolista para praticar preços predatórios contra seus competidores.

A vantagem de número (2) é o resultado da substituição de um esquema de incentivos pouco poderoso como é a regulação por taxa mínima de retorno. Nesta última, tendo a empresa uma taxa de retorno mínima garantida, os incentivos à redução de custos são pouco eficientes. É verdade que o modelo de regulação anteriormente adotado tentava corrigir este problema por meio do conceito de ativos "úteis e utilizados", que tentava distinguir do capital contabilizado pelo agente regulado aqueles elementos que realmente contribuíam de forma efetiva para a produção. Assim, na escolha dos ativos úteis, seria possível privilegiar aqueles itens mais modernos. Obviamente, dada a assimetria de informações entre a empresa regulada e a agência reguladora, esta distinção entre os ativos produtivos envolve problemas conceituais significativos, além de substanciais custos de transação para as partes envolvidas.

Porém o *IPV-X* também apresenta problemas, o mais sério deles dizendo respeito ao investimento. Uma forma de aumentar a taxa de lucro quando há um teto de receita é reduzir a base de capital sobre a qual esta taxa é calculada. O sistema de preço-teto tem, portanto, como resultado indesejável promover o subinvestimento, com efeitos negativos não apenas sobre o crescimento da oferta da empresa regulada, mas também sobre a qualidade dos serviços prestados ou sobre os estímulos para a inovação. Para minimizar este problema é exigido da agência reguladora um esforço adicional para controlar os planos de investimento e a qualidade dos serviços prestados pela firma regulada, o que invalida em grande medida a vantagem (3) descrita anteriormente.

Outro elemento que também contribui por colocar em dúvida a vantagem (3) e acaba por afetar igualmente a vantagem (4) é o fato de que, na prática, o valor de *X* não pode ser estabelecido sem levar em consideração elementos tais como taxa de retorno da firma regulada, valor de seus ativos, custo do capital, taxas esperadas de crescimento da produtividade e da demanda etc., o que torna o processo de regulação tão complexo e vulnerável às assimetrias de informação quanto o método convencional com base no estabelecimento de uma taxa mínima de retorno para a firma regulada.

Ainda assim, permanece apenas a vantagem operacional (1) e, salvo as restrições anteriores e *ceteris paribus*, espera-se que um teto para o preço atue favoravelmente principalmente nos setores sujeitos a processos de rápida inovação tecnológica, onde os incentivos à modernização e eficiência são mais fortes.

23.3.3 Regra do componente de preço eficiente

A regra do componente de preço eficiente (*efficient component-pricing rule*, ou simplesmente RCPE) é citada na literatura para problemas de interconexão, ou quando existe a necessidade de uma empresa utilizar a infraestrutura de uma rival. Suponha que, como acontece, uma empresa de telefonia local seja proprietária de uma prestadora de serviço de acesso à Internet. Qual a tarifa que esta empresa de telefonia local deve cobrar de outras prestadoras de acesso à Internet, que também utilizam sua rede? A RCPE procura estabelecer um critério para essa tarifa, e casos desse gênero.

A Figura 23.1 representa uma situação em que só existe uma forma de ligar X a W, isto é, passando por *c*, ao passo que há duas maneiras de ligar W a Y: ou por meio de *a*, ou por meio de *b*. O leitor pode imaginar que o trecho XW é a linha telefônica que possui, sendo *c* a empresa de telefonia local, enquanto Y seria o acesso à Internet que tanto pode ser feito pelo provedor *a*, de propriedade da mesma empresa *c*, quanto pelo provedor independente *b*. O ponto a ser destacado aqui é que *b* precisa do acesso a *c* se quiser fornecer seus serviços. Por isso, esse tipo de problema em regulação é conhecido como problema do *preço de acesso*.

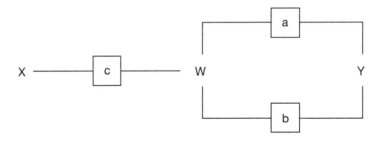

Figura 23.1 Diferentes formas de acesso.

Vamos supor agora que o custo de utilizar *c* seja constante e igual a R$ 4. Por sua vez, o custo de *a* (o custo de acessar a Internet) do provedor de propriedade da empresa de telefonia local seja R$ 3. E que a receita total recebida pela empresa de telefonia fixa e seu provedor por um acesso a Internet seja R$ 10 (um preço que, a princípio, vamos supor equivalente a uma situação de concorrência). Qual deve ser o preço cobrado pelo acesso a *c*?

Uma primeira hipótese seria cobrar um preço igual a R$ 4, remunerando a empresa de telefonia local apenas pelo custo de utilizar sua rede. Na verdade, esse tipo de solução não é adequado porque quando fornece acesso à sua rede, a empresa de telefonia local não tem apenas o ônus do custo de utilização da rede, mas também o ônus do lucro que perde, pois deixa de fornecer, pela empresa provedora que possui, o acesso à Internet.

Assim, o mais adequado, na verdade, é remunerar a firma de telefonia local pelo custo de *c* mais os lucros sacrificados *por deixar de vender um acesso à rede pelo provedor que possui*. O lucro quando ela própria vende o acesso à rede é: R$10 – R$4 – R$3 = R$3, ou seja, a receita de um acesso, menos o custo da rede de telefonia local, menos o custo do provedor da empresa de telefonia fixa. Dessa maneira, o valor que deve ser cobrado do provedor concorrente é: R$4 + R$3 = R$7. Essa é uma solução eficiente?

Para avaliar se essa é uma solução eficiente, imaginemos que o provedor independente é mais eficiente, de tal forma que seu custo de acesso é menor. Vamos supor R$2. Seu custo total seria então: R$2+R$7=R$9. Note que, dado o preço final de R$10, o provedor independente tem um lucro extraordinário de R$1. Isto lhe permite cobrar um preço ligeiramente inferior ao da firma de telefonia local com seu provedor, digamos, R$9,50, e capturar o mercado. A firma de telefonia local fecharia o seu provedor e passaria apenas a alugar o serviço de acesso à rede de telefonia fixa para o provedor independente. Apesar disso, ela estaria tão bem quanto antes, pois continuaria obtendo o mesmo lucro de R$3.

Vamos supor agora que o provedor independente é menos eficiente. Vamos supor que seu custo é de R$4. Nesse caso, seu custo total é R$4+R$7=R$11. Como o preço é R$10, o provedor independente, por ser menos eficiente, acaba por ter prejuízo e se retira do mercado.

É nesse sentido, então, que essa é uma regra do preço eficiente: uma vez aplicada, ela garante que apenas as firmas mais eficientes permanecerão no mercado. Mas é importante notar que isso apenas é verdade se o preço final tiver sido estabelecido em bases competitivas. Suponhamos que o preço tenha sido estabelecido em R$11, um valor acima daquele que seria realizado em condições de concorrência. O provedor independente seria obrigado a pagar R$4+R$4=R$8. Se após a sua entrada o preço se reduzisse (em virtude da concorrência) para R$10, o provedor independente penalizado com o pagamento de R$8 apenas permaneceria no mercado se seus custos fossem iguais ou inferiores a 2/3 dos custos da empresa verticalmente integrada, supondo que o provedor da empresa integrada tenha custo de R$3 (isto é, se fossem iguais a R$2).

Assim, a eficiência dessa regra depende significativamente da fixação do preço final em níveis concorrenciais.

23.3.4 REGULAÇÃO DE MONOPÓLIO MULTIPRODUTO: A REGRA DE RAMSEY

A regra de Ramsey é uma solução para monopólios multiprodutos, onde os preços dos produtos ou serviços são estabelecidos para minimizar as perdas dos consumidores, resultantes da necessidade do monopolista de cobrir seus custos totais e, portanto, dada a situação de monopólio natural, não poder igualar os preços aos custos marginais. Trata-se de uma solução em preços lineares (as despesas do consumidor variam na mesma proporção da quantidade consumida). Um monopólio multiproduto seria o caso de uma estrada de ferro que transportasse diferentes tipos de cargas (*containers* e granel ou grãos), ou ainda carga e passageiros.

Uma derivação um pouco mais formal da regra de Ramsey, ou regra de Ramsey-Boiteux, como também é conhecida, é apresentada a seguir. Considere uma firma monopolista produzindo n produtos nas quantidades $q^* = (q_1, q_2, ..., q_n)$. Sua função custo é dada por $C(q^*)$. As demandas para os n produtos são representadas por funções de demanda inversa do tipo: $p_i(q_i)$, $i = 1, 2, ..., n$. Supõe-se que as funções de custo e de demanda são diferenciáveis, assim como as elasticidades cruzadas das demandas são nulas.

Como de costume, o excedente líquido do consumidor, V_i, para o *i-ésimo* produto seria dado por:

$$V_i = \int_0^{q_i} p_i(q_i)dq_i - p_i(q_i)q_i \tag{4}$$

O leitor deve reconhecer que a integral em (4) representa a área total sob a curva de demanda, ao passo que o segundo termo representa a despesa total do consumidor com o bem i. Assim, (4) nada mais é do que o excedente líquido do consumidor.

Se derivarmos (4) em função de q_i, o resultado dará a variação no excedente do consumidor em função da quantidade:

$$\frac{\partial V_i}{\partial q_i} = p_i(q_i) - p_i(q_i) - p_i'(q_i)q_i = -p_i'(q_i)q_i \tag{5}$$

Por outro lado, o lucro total π da firma monopolista é dado por:

$$\pi = \sum_{i=1}^{n} p_i(q_i)q_i - C(q^*) \tag{6}$$

Se considerarmos como medida do bem-estar da sociedade (W) a soma dos excedentes líquidos dos consumidores para todos os produtos com o lucro da firma, teremos:

$$W = \sum V_i + \pi \tag{7}$$

358 Economia Industrial

Temos agora de encontrar uma solução que maximize o bem-estar da sociedade dada a restrição de que o lucro do monopolista seja igual a zero (lucro econômico nulo), o que no caso do monopólio significa preço igual a custo médio. Assim trabalhamos com a restrição de que $\pi^* = 0$. Esse tipo de problema se resolve da forma habitual, formando o lagrangeano, L, a partir do multiplicador de Lagrange λ:

$$\max_{q} L = W + \lambda(\pi - \pi^*) \tag{8}$$

A condição de primeira ordem para um dado produto q_i nos dá:

$$\frac{\partial L}{\partial q_i} = p_i(q_i) - CMg_i + \lambda[p_i(q_i) + q_i p_i'(q_i) - CMg_i] = 0 \tag{9}$$

Note-se que o custo marginal do produto i, CMg_i, é calculado supondo-se constante a quantidade produzida dos demais produtos.

Rearrumando os termos de (9) obtemos:

$$[p_i(q_i) - CMg_i](1 + \lambda) = -q_i p_i'(q_i)\lambda \tag{9.a}$$

Dividindo ambos os lados de (9.a) por $p_i(q_i)$ e $(1 + l)$, e lembrando que a elasticidade-preço é, por definição, $(dq/dp) \times (p/q)$, chega-se a:

$$\frac{p_i(q_i) - CMg_i}{p_i(q_i)} = \frac{-\lambda}{1 + \lambda} \cdot \frac{1}{e_i} \tag{10}$$

Onde e_i é a elasticidade-preço da demanda por i.

O preço calculado em (10) é o preço de Ramsey para o produto i. Nessa equação vemos que o preço do produto i é inversamente proporcional à sua elasticidade: quanto maior ela for, menor será o preço. A intuição para esse resultado é que quanto maior a elasticidade-preço, maior a redução na quantidade consumida de um bem em função de uma elevação no seu preço e, consequentemente, maior a perda de bem-estar dos consumidores. Logo, para minimizar essas perdas, sujeitas à necessidade da empresa de cobrir os seus custos (lucro zero), é necessário que os preços dos vários produtos sejam estabelecidos na proporção inversa de suas elasticidades.

23.3.5 TARIFA EM DUAS PARTES

Outra regra para o cálculo do requerimento de receita da empresa para a tarifação pode ser feita pela utilização de preços não lineares.[1]

A tarifa em duas partes (*two-part tariff*) é calculada por uma taxa fixa para o rendimento total, que é independente da venda do produto ou serviço, e um preço por unidade do serviço efetivamente usado. Os resultados de Ramsey para o monopólio multiproduto podem ser utilizados neste caso. Para isto, basta considerar que, além do produto que está sendo transportado pela rede, existe um outro serviço: o acesso à rede.

Assim, esse tipo de tarifa é particularmente útil na definição de um regime tarifário para os segmentos de transporte e/ou transmissão nas indústrias de redes. Ela pode ser definida da seguinte maneira:

$$T(q) = A + P_i$$

Ou seja:

Tarifa em duas partes = componente fixo (acesso) + preço por unidade consumida.

É importante observar que a solução de *Ramsey* permite uma boa ilustração do problema de tarifa em duas partes. No cálculo da tarifa em duas partes, considerando os elementos que a compõem como produtos distintos, o produto pelo qual a demanda é mais inelástica (acesso) deve ser remunerado com um *mark-up* maior sobre o custo marginal ($A > CMg$). Por sua vez, o componente de utilização corrente deverá ter seus preços iguais ao custo marginal, gerando, portanto, uma combinação ótima.

Porém, se o preço de acesso é muito alto, alguns consumidores podem considerar que o benefício de preço ao custo marginal para utilização corrente é menor do que o custo de acesso, levando-os a não adquirirem o direito de acesso. Isso faz com que o preço de acesso se torne elástico. Neste caso, a solução de *Ramsey* implica o aumento em ambos os componentes dos preços, produzindo como resultado: $A > CMg$ e $P > CMg$.

Regulação Econômica 359

23.4 A Regulação na Prática

23.4.1 Antecedentes de regulação econômica: Modelos básicos norte-americano e europeu

No início do século XX, com o surgimento das primeiras empresas de telefonia, água, eletricidade e gás, o processo efetivo de constituição de redes beneficiou-se da adoção de inovações tecnológicas, que permitiram às empresas trocarem de escala geográfica de operação: inicialmente organizadas em torno do fornecimento local dos serviços, as inovações tecnológicas associadas à transmissão/transporte do fluxo de serviços permitiram a conexão de consumidores mais distantes, favorecendo a otimização da capacidade instalada e o aproveitamento dos ganhos de escala. Como resultado, monopólios territoriais e integração vertical das diferentes etapas da cadeia produtiva tornaram-se o modo básico de organização dessa indústria.

A importância da infraestrutura para o desenvolvimento econômico, pelo fato de ser portadora de externalidades positivas, associada às características básicas do modo de organização mencionado anteriormente, justificou a necessidade da intervenção estatal nessas indústrias.

Apesar dos traços comuns desse modo de organização, a intervenção estatal e os instrumentos de regulação utilizados variaram muito nos países industrializados. Podemos, de forma esquemática, destacar duas formas de regulação das indústrias de rede até o início dos anos 1980. A primeira, desenvolvida essencialmente nos EUA, tem como objetivo básico a defesa do interesse público. Ela é centrada no controle dos monopólios privados das indústrias de rede, tendo como característica básica o arcabouço jurídico-institucional norte-americano, apoiado nas tradições e com forte primado da jurisprudência para arbitragens dos conflitos entre diferentes agentes.

Nessas circunstâncias e em função da dimensão continental, um grande poder regulatório foi acordado às comissões públicas estaduais a partir dos anos 1930.[6] Vale observar que na tradição da legislação americana de regulação da concorrência baseada nas leis antitruste, o monopólio é a exceção; a concorrência é a norma.

Nos EUA, por exemplo, a necessidade de supervisionar a concentração (política antitruste) é que fornece o fundamento básico da intervenção estatal para garantir o interesse público nos setores onde o abuso de posições dominantes demanda uma vigilância particular.[7] Esta abordagem do serviço público está fortemente vinculada à concepção de liberalismo político, que por meio da instrumentalização da esfera do direito público busca proteger os consumidores do poder de monopólio da operadora das indústrias de rede.

Para entender melhor este argumento é indispensável examinar alguns dos atributos da concepção de serviço público de infraestrutura. É possível identificar a presença de dois atributos nos chamados serviços públicos:

1. É essencial para a maior parte da população e para os diferentes setores da atividade econômica;
2. O mercado é incapaz de fornecê-lo na quantidade demandada e com a mesma qualidade, pois existe assimetria na relação entre usuários e produtores; ou seja, em presença de falhas de mercado, os produtores podem se beneficiar de poder de monopólio.

Nos EUA, esse encaminhamento institucional não objetiva, como em vários países europeus, atribuir uma legitimidade ao Estado para que este seja o agente promotor – como operador, financiador e gestor do desenvolvimento das indústrias de rede. Do ponto de vista econômico, essas indústrias comportavam as características de rendimentos crescentes e externalidades que justificavam as situações de monopólio natural e a estrutura verticalizada das empresas operadoras. Porém, é indispensável notar que a grande parte das empresas de utilidade pública (*utilities*) americanas é privada.

A definição de interesse público, nos EUA, repousa sobre a ideia de arbitragem de conflitos, isto é, o interesse público é resultante do processo de confrontação de interesses individuais. Por essa razão, as instituições de direito público ocupam um lugar de destaque para a regulação de diferentes indústrias de rede, estruturando-se no nível estadual, por meio de diferentes comissões públicas estaduais, que funcionam com elevado grau de autonomia com relação à administração federal. Os instrumentos de regulação, em particular os mecanismos tarifários, garantiam, por um lado, a operação das indústrias de rede articuladas em torno da estrutura monopolista; por outro, eles limitavam a extensão geográfica das suas atividades.

Na Europa, a partir da década de 1940, o Estado assumiu as responsabilidades, na maioria dos países europeus, de planejamento, operação, coordenação e gestão da infraestrutura econômica. Do ponto de vista jurídico-institucional, a atenção foi voltada para a definição das propriedades de serviço público (continuidade, neutralidade e capacidade de adaptação).

Do ponto de vista da estrutura industrial, o modelo das indústrias de redes europeias caracterizou-se pela constituição de grandes empresas estatais dispondo de monopólios territoriais e integradas verticalmente.

360   Economia Industrial

O principal modo de organização das indústrias de redes dos países em desenvolvimento foi fundamentado em duas razões principais. A primeira está ligada à percepção da infraestrutura econômica como vetor das transformações estruturais necessárias (passagem de uma economia de base agrícola para uma economia de base industrial) e, consequentemente, como fonte de externalidades positivas para a economia como um todo. A segunda razão está relacionada com os fluxos de financiamento necessários para a expansão acelerada das redes. Dada a limitação da capacidade de investimento, os créditos provenientes dos bancos internacionais e os aportes do Banco Mundial foram de extrema importância nesse período. Conclui-se que as condições de financiamento induziram os países em desenvolvimento a adotarem o modo de organização industrial já difundido em outros países.

23.4.2 As reformas dos anos 1980 e a nova fase da regulação

Os traços gerais das reformas, muito embora sejam subordinados ao ambiente institucional de cada país, podem ser ilustrados pela implementação total ou parcial das seguintes medidas:

1. Desverticalização dos diferentes segmentos de atividade da cadeia produtiva dos serviços de infraestrutura.
2. Introdução da concorrência em diferentes segmentos de atividade das indústrias de rede.
3. Abertura do acesso de terceiros às redes.
4. Estabelecimento de novas formas contratuais.
5. Privatização das empresas públicas.
6. Implementação de novos mecanismos de regulação e criação de novos órgãos reguladores.

O processo de reestruturação das indústrias de rede vem modificando profundamente o modo de organização industrial e as formas de regulação que governavam as atividades econômicas e os serviços prestados pelas empresas operadoras. Esse processo engendra novas oportunidades de negócio e uma redefinição das estratégias tradicionais das empresas, além de reservar ao Estado novas atribuições especialmente em matéria de regulação e de defesa da concorrência.

Esse processo, muitas vezes apelidado de forma imprecisa de desregulamentação, reúne um conjunto de medidas de política econômica, visando à introdução da concorrência, à desintegração vertical e, em muitos casos, à privatização das empresas públicas.

Note-se que com a entrada de novas empresas operadoras, desloca-se sensivelmente o foco central da regulação, antes fundado na supervisão de empresas estatais. A nova forma de regulação setorial implica uma maior complexidade institucional e uma nova forma de intervenção do Estado.

Ao contrário do que o termo sugere, a desregulamentação não é sinônimo de ausência de regulamentação. Ao contrário, o processo de desmantelamento das estruturas de mercado verticalizadas e monopolistas tem reservado um papel central para as tarefas de regulação. Desse modo, a desregulamentação deve ser entendida como uma política econômica, conduzida pelos governos, visando à remoção de barreiras à entrada. Dessa forma, objetiva-se introduzir pressões competitivas nas indústrias de infraestrutura com o intuito de incrementar a eficiência econômica.

Sob esta ótica, vários países criaram novas agências de regulação econômica responsáveis pela transição para novos modos de organização, contemplando maior grau de concorrência em determinados segmentos de atividade.

Observa-se que, na maior parte das atividades em rede, surge uma separação cada vez mais clara entre, de um lado, a rede de infraestrutura de base que transmite sinais, energia, água etc. e, de outro, a rede teleinformática de comando que presta o serviço de coordenação do uso da infraestrutura. As funções de comercialização e de coordenação tornam-se muito mais importantes.

É precisamente esta dualidade funcional entre a infraestrutura de base e a rede de comando que representa o motor do movimento de abertura de diversas indústrias de rede (livre acesso ou *open acess*), por meio do incremento e da diversificação da oferta de serviços, desestabilizando o modelo tradicional de organização industrial das indústrias de rede.

Não obstante a diversidade de novos modos de organização industrial que emergem em diferentes países e a importância relativa das funções de transmissão/transporte e de distribuição,[8] o traço comum que orienta a reforma das indústrias de rede é sustentado por dois princípios básicos: por um lado, o serviço de comando das redes pode ser oferecido por um mercado aberto a diferentes empresas, com regras de planejamento flexíveis para que a segurança da infraestrutura de base seja garantida e as necessidades dos diferentes clientes possam ser atendidas; por outro lado, a gestão das infraestruturas de base permaneceria em regime de monopólio natural, baseada na justificativa da existência de economias de escala importantes, com possibilidade, contudo, de introdução de mecanismos quase concorrenciais. A articulação desse conjunto de tarefas implica a construção de um novo marco regulatório e a criação de instrumentos de coordenação diferentes daqueles utilizados no modelo de planejamento centralizado.

É interessante observar que do ponto de vista da abordagem de Economia Industrial nasce uma problemática nova: no passado, a firma gozava de condições monopolísticas em todos os segmentos das indústrias de rede; atualmente, as possibilidades oferecidas pelas inovações tecnológicas e as pressões competitivas que favorecem a entrada de novos atores fazem com que diversas indústrias de rede passem a combinar atividades/serviços concorrenciais e não concorrenciais, abrindo campo, por um lado, para a separação, ao menos do ponto de vista contábil e da gestão, do controle/propriedade da infraestrutura de base e dos demais serviços. Por outro lado, reforça-se a necessidade de coordenação da utilização da infraestrutura de base, já que a eficiência das indústrias de rede permanece vinculada à importância da interconexão que, na prática, materializa economias de coordenação.[9]

As firmas presentes nessas indústrias podem efetivamente competir com outros concorrentes em um determinado segmento das indústrias de rede e, ao mesmo tempo, dispor de um monopólio em um segmento diferente. Em outras palavras: atualmente, no âmbito de uma indústria de rede, diferentes estruturas de mercado podem ser identificadas, comportando um número variável de empresas operadoras. A própria tarefa de regulação assume também outra dimensão: sem abrir mão da necessidade de coordenação sistêmica, a tarefa de regulação das indústrias de rede, hoje, requer instrumentos que permitam regular, simultaneamente, segmentos dessas indústrias onde algum grau de concorrência é possível de ser observado e outros que preservam características de monopólio natural.

O papel dos novos órgãos de regulação setorial torna-se muito mais complexo. No passado, regular a indústria era sinônimo de regular tanto a conduta como o desempenho de uma única empresa monopolista e verticalizada. A complexidade de mudanças simultâneas no modo de organização industrial, das formas de regulação e nos direitos de propriedade numa indústria de rede requer a construção de um novo ambiente institucional, no qual as ações dos órgãos reguladores reúnem um leque de missões de regulação, entre as quais se destacam:

1. Supervisionar o poder de mercado dos operadores e evitar práticas anticompetitivas.
2. Organizar a entrada de novos operadores e promover a competição.
3. Zelar pela implementação de um novo modo de organização industrial.
4. Defender e interpretar as regras, arbitrando os eventuais conflitos entre atores.
5. Complementar o processo de regulamentação.
6. Estimular a eficiência e a inovação, estimulando a repartição dos ganhos de produtividade registrados na indústria com os consumidores.
7. Zelar pelas condições de operação coordenada das redes.
8. Assegurar o cumprimento das missões de serviço público.

23.4.3 A REGULAÇÃO NO BRASIL

No Brasil, as experiências internacionais influenciaram a agenda de reestruturação dos setores de infraestrutura, sustentada pelos mesmos princípios. Aqui, como já mencionamos, o argumento central estava articulado com a falta de capacidade de financiamento das empresas estatais. Assim, caberia aos capitais privados dos novos operadores a missão de recuperar o nível de investimentos em infraestrutura, eliminando os gargalos de crescimento dos demais setores da economia.

Atualmente o escopo de atuação das agências reguladoras se expandiu. Após a criação das agências de eletricidade (ANEEL), telecomunicações (ANATEL) e de petróleo e gás (ANP), foram criadas novas agências reguladoras que regulam outros setores da economia, não necessariamente de infraestrutura, tais como: a Agência Nacional de Saúde Suplementar (ANS), criada pela Lei n. 9.961, de 28 de janeiro de 2000 para regulamentar o setor de saúde suplementar – que compreende os planos de saúde; a Agência Nacional do Cinema (ANCINE), criada em 6 de setembro de 2001 pela Medida Provisória 2.228-1 visando ao fomento, à regulação e à fiscalização do mercado do cinema e do audiovisual no país; e a Agência Nacional de Aviação Civil (ANAC), criada pela Lei n. 11.182, de 27 de setembro de 2005 para regular e fiscalizar as atividades de aviação civil e de infraestrutura aeronáutica e aeroportuária.

A Tabela 23.1 apresenta a lista das principais agências federais de regulação no Brasil. Cabe notar que, além destas, também foram criadas, na maioria dos estados da federação, uma série de órgão de regulação estaduais. De um modo geral, as agências estaduais têm características multisetoriais, isto é, têm a atribuição, no âmbito de um só órgão, de regular diferentes atividades econômicas, tais como saneamento, transportes urbanos (ônibus, trens, barcas etc.), distribuição de gás canalizado, entre outras responsabilidades.

362 Economia Industrial

TABELA 23.1 Agências Reguladora Federais no Brasil

Agência	Legislação	Ministério supervisor
Agência Nacional de Energia Elétrica (ANEEL)	Lei nº 9.427 /96	Ministério de Minas e Energia (MME)
Agência Nacional de Telecomunicações (ANATEL)	Lei nº 9.472/97	Ministério das Comunicações (MC)
Agência Nacional de Petróleo, Gás Natural e Biocombustível (ANP)	Lei nº 9.478/97	Ministério de Minas e Energia (MME)
Agência Nacional de Vigilância Sanitária (ANVISA)	Lei nº 9.782/99	Ministério da Saúde (MS)
Agência Nacional de Saúde Suplementar (ANS)	Lei nº 9.961/00	Ministério da Saúde (MS)
Agência Nacional de Águas (ANA)	Lei nº 9.984/00	Ministério do Meio Ambiente (MMA)
Agência Nacional de Transportes Aquaviários (ANTAQ)	Lei nº 10.233/01	Ministério dos Transportes (MT)
Agência Nacional de Transportes Terrestres (ANTT)	Lei nº 10.233/01	Ministério dos Transportes (MT)
Agência Nacional do Cinema (ANCINE)	MP nº 2.228/01	Casa Civil
Agência Nacional de Aviação Civil (ANAC)	Lei nº 11.182/05	Ministério da Defesa
Agência Nacional da Mineração (ANM)	Lei nº 13.575/17	Ministério de Minas e Energia (MME)

QUADRO 23.1 TARIFA EM DUAS PARTES: MÉTODOS PARA ESTIMAÇÃO DE CUSTOS

Este tipo de regime vem sendo progressivamente adotado nas indústrias de rede, em particular para as linhas de transmissão de eletricidade e para a rede de transporte de gás (gasodutos). Vários exemplos concretos ilustram o uso da tarifa de transporte nas indústrias de rede.

Quatro métodos distintos foram utilizados na classificação de custos para a determinação deste tipo de tarifa de transporte:

Straight Fixed-Variable (*SFV*): quanto maior o fator de carga[2] da empresa que utiliza as linhas de transporte e transmissão (denominadas *carriers* – carregadoras), menores serão seus custos unitários para o serviço de transporte. O custo de transportar volumes incrementais é baixo pelo fato de se ter uma pequena parcela de custos fixos na movimentação adicional.[3] À medida que as empresas carregadoras podem vender volumes adicionais no mercado *spot* a baixo custo, elas têm incentivo a operar com maior fator de carga possível, o que os leva a maximizar a capacidade de transporte.

Seabord: garantia que os consumidores "interruptíveis"[4] fora dos períodos de pico,[5] também arcassem com parte dos custos fixos, incidindo uma maior porcentagem sobre a parcela de movimentação.

United: neste critério, além dos custos variáveis, 75% dos custos fixos seriam repassados à parcela de movimentação. Sua utilização teve como objetivo reverter a situação declinante de utilização da capacidade de transporte instalada, ocorrida nos Estados Unidos em 1973, em consequência do baixo suprimento de gás no mercado. Neste caso, os carregadores com baixo fator de carga não seriam tão penalizados como no caso de SFV.

Modified Fixed – Variable (*MFV*): vigorou nos Estados Unidos entre os anos de 1983 e 1992, quando a FERC (órgão regulador federal de energia) o substituiu pelo método SFV. Os custos fixos relacionados ao Imposto de Renda e à remuneração do capital, juntamente com os custos variáveis, seriam repassados à parcela de movimentação. Este critério visava à adequada utilização dos gasodutos no mercado a preços competitivos em relação aos combustíveis alternativos.

23.5 Resumo

Neste capítulo aprendemos que:

- O campo de estudo da regulação econômica é extenso e envolve a regulação de preços (tarifária), de quantidades, de qualidade, de segurança no trabalho, entre outros.
- A teoria econômica contribui de forma significativa para a compreensão da regulação de monopólios naturais e das denominadas indústrias de rede voltados para a provisão de infraestrutura econômica (eletricidade, gás, telecomunicações, transportes, água e saneamento básico).
- Dentre as principais atribuições das agências reguladoras, destaca-se a regulação de preços e tarifas. Tal tarefa pode ser interpretada à luz de importantes ferramentas microeconômicas, as quais podem ser adaptadas ao perfil de cada mercado a ser regulado.
- Nos anos 1990, o processo de reestruturação das indústrias de rede, antes organizadas em regime de monopólio natural, modificou profundamente o modo de organização industrial e as formas de regulação que governavam as atividades econômicas e os serviços prestados. Esse processo reservou ao Estado novas atribuições especialmente em matéria de regulação e de defesa da concorrência em diversos países do mundo, inclusive no Brasil, onde a partir do fim dos anos 1990 foram criadas várias agências reguladoras federais e estaduais.

23.6 Questões para Discussão

1. Defina o conceito de monopólio natural ilustrando em particular as diferenças entre as condições de mono e multiprodutos
2. Compare as principais características, vantagens e limites das diferentes regras de regulação tarifária.
3. Caracterize as principais mudanças estruturais e institucionais das indústrias de rede a partir das reformas dos anos 1990.
4. Quais são as principais atribuições desejáveis para o exercício, na prática, das tarefas de regulação?

23.7 Sugestão de Leitura

BALDWIN, Robert; CAVE, Martin; LODGE, Martin (ed.). *The Oxford handbook of regulation*. Oxford University Press, 2008. Uma revisão geral dos vários aspectos da regulação.

Notas

1. Vale recordar que um preço linear é aquele em que a receita iguala-se ao produto entre o volume vendido e o seu preço (R = preço x volume transportado).
2. Fator de carga corresponde ao percentual da capacidade instalada total que é utilizada.
3. A noção de movimentação se refere aos volumes das mercadorias (commodities) efetivamente transportados.
4. Consumidores interruptíveis são aqueles que assinaram contratos de compra de um produto ou serviço com uma cláusula que faculta ao transportador a interrupção do fornecimento do produto. Note que, neste caso, o comprador do produto deve buscar diversificar as fontes de suprimento.
5. Período de pico ou de ponta corresponde aos horários de máxima utilização da capacidade instalada. A demanda por serviços de infraestrutura possui essa componente de sazonalidade. Em determinados momentos do dia, a demanda é particularmente mais elevada. Por exemplo, os horários de pico do fornecimento de eletricidade acontecem, em geral, à noite entre 19h e 22h, quando uma grande quantidade de equipamentos elétricos é utilizada ao mesmo tempo.
6. Por meio da promulgação do PUHCA (*Public Utility Holding Act Commission*).
7. Vale recordar que, apesar da enorme influência política econômica que exerciam, o presidente Roosevelt colocou os "barões" das estradas de ferro, da telefonia e da energia elétrica sob o controle das leis antitruste.
8. Diversas indústrias de rede são articuladas em torno da infraestrutura de base de distribuição local, como o serviço postal. Outras indústrias de rede não dispõem de uma infraestrutura de base de distribuição, como, por exemplo, as redes ferroviárias e aeroviárias.
9. As economias de coordenação eram viabilizadas no antigo modelo pela concentração em torno das estruturas públicas; elas podem ser identificadas em três níveis distintos: operacional (regras de acesso à rede, encaminhamento dos fluxos, gestão das externalidades); comercial (regras tarifárias e contratuais, eventual perequação) e estratégica (segurança e expansão da rede a longo prazo).
10. Em caso de não concordância de uma das partes, é evidentemente assegurado o direito de apelação ao Poder Judiciário.

Bibliografia

ARMSTRONG, M.; COWAN, S.; VICKERS, J. *Regulatory reform:* economic analysis and british experience. Cambridge: The MIT Press, 1994.

BAUMOL, W. J.; SIDAK, J. G. *Transmission pricing and stranded costs in the electric power industry*. Washington: The AEI Press, 1995.

BERG, S.; TSCHIRHART, J. *Natural monopoly regulation:* principles and practice. Cambridge: Cambridge University Press, 1988.

KANSKY, K. J. Measures of networks structure. *Flux*, número especial, 1989.

NEWBERY, D. M. *Privatization, restructuring, and regulation of network utilities*. Cambridge: The MIT Press, 2000.

VISCUSI, W. K.; VERNON, J. M.; HARRINGTON Jr., J. E. *Economics of regulation and antitrust*. Cambridge: The MIT Press, 1995.

Política Industrial

João Carlos Ferraz, Germano Mendes de Paula e David Kupfer

24.1 Introdução

A participação do Estado na economia é uma questão controversa entre os economistas. A extensa literatura existente pode ser organizada em três correntes teórico-analíticas principais: liberal (ou ortodoxa), desenvolvimentista e evolucionista. A perspectiva liberal examina as fronteiras de atuação do Estado e do mercado na promoção de atividades econômicas. A ótica desenvolvimentista prioriza o poder econômico e produtivo das nações no contexto internacional. Na perspectiva evolucionista, o foco está na competência dos agentes econômicos em promoverem inovações que transformem o sistema produtivo. Essas diversas correntes estão associadas a diferentes quadros analíticos e posições normativas. Neste contexto, por muitas vezes, o debate escapa aos limites da análise econômica para enveredar por questões tipicamente ideológicas, dificultando a compreensão adequada do tema. Nesse capítulo, tentaremos evitar essa via do debate.

Esvaziado de juízos de valor, o objetivo mais tradicional da política industrial é a promoção da atividade produtiva na direção de estágios de desenvolvimento superiores aos preexistentes em um determinado espaço nacional. Do ponto de vista conceitual, política industrial deve ser entendida como *o conjunto de incentivos e regulações associadas a ações públicas que podem afetar a alocação inter e intraindustrial de recursos, influenciando a estrutura produtiva e patrimonial, a conduta e o desempenho dos agentes econômicos em um determinando espaço nacional.*

Este capítulo está organizado da seguinte forma. Na próxima seção, discutiremos a relação entre Estado e mercado. Nas três seções seguintes, abordaremos os principais tópicos da literatura sobre política industrial mediante o exame das três correntes mencionadas que associam a política industrial respectivamente às falhas de mercado, ao desenvolvimento das nações e à evolução das competências de agentes econômicos. Na sexta seção, nos concentraremos na relação entre política industrial e outras políticas de Estado, tais como a política macroeconômica, de comércio exterior, regulação de infraestruturas, ciência e tecnologia. A seguir, as experiências internacionais e brasileiras serão revistas. À luz da discussão anterior, ao final do capítulo, serão resumidas as principais questões relativas à intervenção do Estado na promoção do desenvolvimento industrial.

24.2 As Relações entre Estado e Mercado

Em uma retrospectiva histórica, as ideias sobre a relação entre Estado e mercado oscilam como um pêndulo. O primeiro pensamento sistemático vem dos mercantilistas, que advogavam a intervenção do Estado no comércio e na indústria. Com Adam Smith, surgiu e se difundiu a noção da mão invisível do mercado, que aloca recursos de modo eficiente, culminando com o liberalismo e o padrão-ouro do fim do século passado. A partir da primeira metade do século XX, o pêndulo se moveu novamente: da hegemonia do mercado em direção a uma forte intervenção do Estado para atingir metas nacionais e sob distintos formatos ideológicos, como o keynesianismo sob o New Deal, nos Estados Unidos, ou o marxismo-leninismo, na União Soviética. Após a Segunda Guerra Mundial, as diferenças do papel do Estado entre as diversas nações aumentaram: algumas seguiram trajetórias mais intervencionistas ao passo que outras optaram por caminhos mais liberalizantes. De modo geral, porém, pode-se afirmar que predominou a constituição de Estados de Bem-Estar, nos quais as políticas públicas exerceram funções de grande proeminência. Com poucas exceções, nos países em desenvolvimento esse período correspondeu ao esforço de industrialização, fortemente baseado em planejamento estatal e políticas proativas de substituição de importações.

A partir dos anos 1980, capitaneado pelas políticas praticadas pelos governos Thatcher, na Inglaterra, e Reagan, nos Estados Unidos, o liberalismo voltou a ganhar espaço entre as nações desenvolvidas. Na nova versão, denominada neoliberalismo, os estados nacionais passaram a concentrar atenção na manutenção da estabilidade macroeconômica e na liberalização dos mercados em detrimento da política industrial e de outras ações de cunho mais intervencionista.

Esse movimento pendular refletiu-se nos países em desenvolvimento ao longo da segunda metade do século XX com a aplicação do rol de políticas associadas ao "Consenso de Washington". Essa expressão foi cunhada para resumir um conjunto de medidas de política econômica consensuais entre as agências supranacionais localizadas na capital norte-americana. A linha geral era orientar os Estados nacionais a concentrar atenção na manutenção da estabilidade macroeconômica, para o que as reformas estruturais visando assegurar sustentabilidade fiscal e a desregulamentação da atividade econômica, privatização e liberalização comercial e financeira, as chamadas políticas "favoráveis ao mercado (*market-friendly*)", deveriam constituir a essência das ações de políticas dos governos. (Williamson 1993)

Neste século XXI estamos observando esforços teóricos para ancorar as análises sobre as relações entre Estado e mercado em bases mais substantivas, abandonando a polarização anterior. Os avanços nesse campo tentam incorporar, principalmente, cinco constatações.

Primeiro, o sucesso do desenvolvimento asiático, desde o Japão nos anos 1960 ao mais recente caso chinês, forçou os economistas a incluírem as instituições públicas nos modelos de desenvolvimento econômico (Amsden, 1994; Aoki, 1997; Page 1994). Mais recentemente, em 2012 Daron Acemoglu e James Robinson publicaram o livro "Por Que As Nações Fracassam" que sustenta a tese de que o principal fator explicativo do sucesso ou do fracasso dos países em se desenvolverem são as instituições políticas e econômicas neles existentes.

Segundo, a importância da inovação e do aprendizado como fontes de eficiência, já demonstrada por economistas consagrados como Solow (1957) ou Arrow (1962), foi formalizada com as contribuições da chamada "Nova Teoria do Crescimento" sobre retornos crescentes de escala associados ao avanço do progresso técnico, que implicaram uma ampliação dos espaços economicamente justificáveis para a ação do Estado (Romer, 1990).

Terceiro, os economistas passaram a admitir com maior ênfase a existência de informação imperfeita e de racionalidade limitada como restrições ao funcionamento do mercado sob as quais se dá a atuação do Estado. Essas visões mais pragmáticas da estrutura de incentivos que determina o comportamento dos agentes econômicos implicam a necessidade de maiores esforços para compreender e melhorar a qualidade da ação pública (Rodrik, 1997; Metcalfe, 1995; Mowery, 1995).

Em quarto lugar, a crise financeira internacional que estourou em 2008 e a grande recessão que se seguiu impeliram os Estados a adotarem medidas proativas de política econômica em defesa de suas empresas e mercados de acordo com seus interesses nacionais.

Finalmente, em quinto lugar, o que muitos denominam de uma nova (quarta?) revolução industrial está transformando estruturas industriais e padrões de consumo. Para além do avanço do progresso técnico em si mesmo e da ação de empresas investindo fortemente em inovação, os Estados nacionais estão empreendendo políticas ativas de desenvolvimento produtivo para garantir que suas empresas sejam partícipes relevantes das corridas tecnológicas e seus cidadãos possam se beneficiar dos frutos deste progresso.

Esse novo contexto reforça a percepção de que a polarização do debate entre Estado e mercado é desprovida de sentido, fortalecendo a visão de cientistas políticos que enfatizam a responsabilidade histórica dos Estados no processo de transformação econômica das sociedades. Isto porque cada Estado está imerso em um conjunto concreto de relações sociais, que define espaços, canais e modos de negociação entre administração pública e agentes econômicos de forma dinâmica e associada ao estágio de desenvolvimento de suas nações. Assim, como defende Evans (1995), o debate não deve ser sobre o quanto o Estado intervém, e sim sobre o tipo e a qualidade da intervenção e suas consequências.

Este tipo de visão recupera as contribuições de autores clássicos, como List (1841) e Gerschenkron (1962) e mais recentemente Chang (2003), que demonstraram, com base em análises históricas dos processos de industrialização de países europeus, a importância do papel do Estado como agente do desenvolvimento industrial. Na Europa do século XIX, o tipo de intervenção do Estado variou em grande medida de acordo com o nível de desenvolvimento das forças produtivas das economias nacionais. A disseminação da ideologia do livre comércio à época atendia aos interesses da economia britânica, então dominante, enquanto o Estado era visto como protetor dos interesses dos capitalistas nacionais em outros países europeus. Para List (1841), a posse da capacidade de aumentar a riqueza nacional era mais importante do que a riqueza em si mesma, como defendido por Adam Smith. Em condições de atraso relativo, cabia aos Estados nacionais – no seu caso, o alemão – empreender esforços para aumentar a quantidade e a qualidade do capital humano, e também para acessar a melhor tecnologia disponível, o que demandaria políticas industriais ativas e de longo prazo por meio da combinação de mecanismos de proteção e incentivo (especialmente tarifas de importação e crédito de longo prazo em condições favoráveis). Para esse autor, liberalização ou proteção comercial, por exemplo, são somente meios para determinados fins: o desenvolvimento do poder produtivo. Qual política seria mais eficaz dependeria, em grande medida, do estágio de desenvolvimento de uma nação em relação aos líderes internacionais.

Na mesma direção também argumentaram Stiglitz, Lin e Monga (2013) e Mazzucato (2013), que discutiram as experiências recentes não somente de países avançados, mas também de países em desenvolvimento. Os primeiros realizaram um esforço analítico para especificar os princípios sobre os quais os Estados formulam e realizam intervenções; já a segunda autora defendeu, com base em evidências empíricas contundentes do processo de inovação tecnológica, que, mesmo em países com modelos de Estado convencionalmente considerados "não intervencionistas" como os Estados Unidos, o desenvolvimento produtivo e inovador requerem a existência de um "Estado empreendedor" e de instituições orientadas para missões de longo prazo de maturação que, geralmente, as empresas sozinhas não se dispõem a enfrentar.

Em síntese, a discussão sobre as relações entre Estado e mercado emerge quando se questiona a efetividade do sistema privado em alocar recursos econômicos escassos para os fins desejados de uma sociedade. Essa discussão deve ser necessariamente pautada pelas necessidades de desenvolvimento de uma nação em um dado momento específico de seu tempo histórico. A estratégia e o modo de intervenção do Estado devem ser coerentes com o estágio de desenvolvimento dos agentes produtivos de um país, sempre tendo como referência os avanços da fronteira internacional.

24.3 Política Industrial na Ótica das Falhas de Mercado

Como apresentado no Capítulo 1 desse livro, na visão neoclássica o mercado competitivo é o alocador eficiente dos recursos. Supondo informação perfeita e reversibilidade sem ônus das decisões, os agentes racionais realizam escolhas que maximizam não apenas o seu bem-estar individual, mas também o coletivo. A livre mobilidade dos fatores e o atomismo dos agentes levam a que o mecanismo de demanda e oferta determine preços de equilíbrio ótimos do ponto de vista social, significando que qualquer aumento extra na utilidade de um grupo específico somente pode ser atingido a expensas da utilidade de outro grupo. Portanto, se todos os mercados forem competitivos, a política industrial é não somente desnecessária como, sobretudo, indesejável. A intervenção governamental seria necessária se, e somente se, o mecanismo de preços não capturasse todos os benefícios e custos de oportunidade associados à produção e ao consumo de bens. Nessas situações ocorrem o que os economistas neoclássicos denominam falhas de mercado. Assim, a política industrial teria como escopo central buscar corrigir as falhas de mercado.

Na ótica das falhas de mercado, a intervenção pública deve ser passiva, limitando-se exclusivamente às situações de funcionamento subótimo da alocação via mercados competitivos. Somente nesses casos os benefícios potenciais a serem alcançados poderiam superar o custo da intervenção pública.

Não é simples a passagem de uma justificativa teórica baseada em uma assertiva genérica – as falhas de mercado justificam a intervenção – para sua aferição em um contexto específico e, consequentemente, a derivação concreta de implicações políticas. O primeiro passo seria a classificação, sob algum tipo de critério geral suficientemente robusto, do que constitui uma falha de mercado. Embora a própria literatura econômica sobre o tema não seja muito clara, é possível enumerar cinco tipos principais de falhas de mercado:

1. Estruturas de mercado concentradas ou condutas não competitivas (oligopólios e monopólios)
2. Presença de externalidades
3. Existência de bens públicos
4. Existência de bens de propriedade comuns
5. Diferenças de preferências intertemporais sociais e privadas

Estruturas oligopolizadas ou monopolizadas decorrem, muitas vezes, da existência de economias de escala, isto é, os custos unitários de produção reduzem-se à medida que a produção se eleva. Se a empresa se depara com custos médios de longo prazo decrescentes ou, pelo menos, não crescentes, a situação de monopólio natural poderá ter lugar (veja a exposição desse tema no Capítulo 3). Para a sociedade, fica estabelecido um dilema: a minimização de custos significará uma estrutura monopólica com a empresa dotada de poder de mercado fixando preços além do nível competitivo.

Uma vez que os mercados, na atualidade, são preponderantemente oligopolizados, não chega a ser surpreendente que a política industrial seja um tema tão relevante. Nesse caso, os principais mecanismos da política industrial são a política de concorrência com vistas à redução do poder de mercado das grandes empresas, tanto do ponto de vista de possíveis condutas anticompetitivas quanto da concentração do mercado por intermédio de fusões e aquisições. Enfim, de acordo com a perspectiva de falhas de mercado, as políticas de regulação de concorrência buscam evitar que o exercício do poder de mercado resulte em perda de bem-estar para o consumidor, tendo como parâmetro desejável o desempenho de mercados competitivos, conforme explicado no Capítulo 22.

Externalidades ocorrem quando as decisões de um agente econômico influenciam, positivamente ou negativamente, outros agentes. O exemplo clássico de externalidade negativa diz respeito à poluição. Considerem-se duas empresas, sendo uma refinaria de produtos petrolíferos e uma fábrica de pescado. A refinaria produz não somente derivados de petróleo, mas também poluição marinha. Assim, a poluição é um custo para a fábrica de pescado, mas não para a refinaria, que define sua produção em função dos custos e preços dos seus produtos. A consequência desta externalidade é a ineficiência alocativa, pois haverá excesso de produção de derivados de petróleo e subprodução de pescado. Analogamente, uma externalidade positiva (ou sinergia), como um distrito industrial, não seria captada na contabilidade individual de cada agente, acarretando um subinvestimento em cada uma das atividades.

Reforçando o argumento, a política industrial sob a ótica das falhas de mercado requer medidas corretivas complementares à atuação de agentes privados racionais. São em número de três as formas de correção do problema introduzido pela externalidade: (1) fusão entre as empresas envolvidas porque, nesse caso, a externalidade negativa ou positiva passaria a ser contabilizada, respectivamente, como um custo ou como uma receita pelo tomador de decisão; (2) criação de um imposto ou subsídio para corrigir os preços dos produtos e aproximá-los de seus custos de oportunidade; ou (3) atribuição de direitos de propriedade de forma que se crie um mercado para externalidade. Naturalmente, os mecanismos de política industrial para correção de falhas de mercado devido a externalidades devem ser aplicados cuidadosamente para não gerar nenhuma outra distorção derivada.

Outra falha de mercado ocorre no *fornecimento de bens públicos*. Bens públicos possuem duas características principais: a não exclusividade e a não rivalidade. A primeira significa que a propriedade do bem não pode ser atribuída como um direito exclusivo de um único agente econômico. Portanto, ele não pode ser possuído, comprado ou vendido. Por exemplo, o benefício da iluminação de uma avenida não pode ser privilégio apenas de um indivíduo ou de um subconjunto dos usuários dessa avenida, pois ninguém pode ser excluído desse benefício. A não rivalidade quer dizer que a agregação de novos consumidores não altera o custo dos bens consumidos. No exemplo citado, mesmo com o incremento de população, esse custo não aumentaria.

Em função dessas características, o fornecimento de bens públicos dá margem a um tipo de comportamento oportunista conhecido como o problema do "carona" (*free rider*): a possibilidade de usar sem pagar. O mercado tende a falhar no fornecimento de bens públicos, pois os incentivos para o ofertante são insuficientes. Como solução, esses bens devem ser ofertados diretamente pelo Estado ou por meio de concessões.

Bens de propriedade comum (ou difusa) também tendem a estimular comportamentos incompatíveis com o ótimo social. Isto é, quando direitos de propriedade não são apropriáveis individualmente, podem existir poucos incentivos para conservar ou melhorar propriedades comuns, como, por exemplo, uma área de produção de pescado. Um determinado agente, mesmo sabendo que certas práticas são predatórias e poderão comprometer a viabilidade futura da atividade, não seria incentivado a mudar sua conduta pelo receio de que os demais agentes não farão o mesmo. Novamente, caberá ao Estado disciplinar a taxa de exploração dessas reservas.

Finalmente, o mercado falha se existem *diferenças quanto às preferências intertemporais sociais e privadas*, quer dizer, quando agentes privados divergem da sociedade quanto às suas preferências entre consumo corrente e futuro de um bem ou serviço. A pesquisa básica é um bom exemplo dessa situação. Como apresenta uma taxa de retorno muito demorada, os investimentos nesse campo, embora de interesse para a sociedade como um todo, tendem a ser subalocados pelos agentes privados. Neste caso, a falha de mercado se concretiza e justifica a intervenção do Estado.

Em resumo, se os mercados falham em prover o uso eficiente de recursos, existiriam, em tese, espaços para a intervenção pública na forma de políticas industriais. Assim, segundo uma perspectiva ortodoxa, a política industrial teria finalidade essencialmente corretiva no sentido de amenizar os impactos negativos das falhas de mercado.

A teoria neoclássica, no entanto, não parece ser uma base apropriada para prescrições de política. Isto porque, devido aos pressupostos de informação e racionalidade perfeitas típicos da visão ortodoxa, a possibilidade de falhas de mercado é restrita a poucas situações. Porém, se os agentes econômicos falham em assimilar e interpretar quantidades ilimitadas de informação, isto é, se prevalecem a racionalidade limitada e a informação imperfeita, geradoras de incertezas, a percepção do futuro varia

Política Industrial 369

de modo considerável. Isto cria oportunidades para que certos agentes tenham vantagens sobre outros ou que alguns possam cometer equívocos. Incertezas, em suma, são geradoras de falhas de mercado e podem demandar intervenções públicas, uma possibilidade pouco enfatizada dentro do campo conceitual neoclássico.

24.4 Política Industrial na Ótica Desenvolvimentista

A corrente desenvolvimentista deve ser apreciada levando-se em consideração três conjuntos de condicionantes: o contexto específico, isto é, as características intrínsecas da nação onde a intervenção está sendo empreendida; o tempo histórico, a saber, em que estágio de desenvolvimento de um país estão sendo implementadas políticas ativas; e, finalmente, o contexto internacional. Ou seja, em diferentes momentos do tempo, o contexto internacional ajuda a definir se políticas intervencionistas são aceitas ou rechaçadas, facilitando ou dificultando a ação de um Estado específico. Por exemplo, o período que parte da Grande Depressão, e principalmente após a 2ª Guerra Mundial, até o final dos anos 1980 foi rico em experiências nacionais desenvolvimentistas bem-sucedidas.

A corrente desenvolvimentista compreende a atuação do Estado como um elemento ativo e não apenas corretivo, como sugerido pelos defensores da abordagem de falhas de mercado. O conceito "desenvolvimentista" (*developmental*) caracteriza um Estado que estabelece como princípio de legitimidade a capacidade de promover e sustentar o desenvolvimento, entendido como a combinação de taxas de crescimento econômico altas e sustentadas e mudança estrutural no sistema produtivo.

A argumentação da intervenção parte da noção do *apoio e proteção à indústria nascente*. Inicialmente defendido por John Stuart Mill e levado ao extremo por F. List (1841), a premissa principal é a de que a indústria que está se constituindo em um determinado país terá, muito provavelmente, custos mais elevados do que os vigentes em países onde a atividade já se encontra estabelecida. Portanto, a não intervenção governamental tenderia a perpetuar uma determinada divisão internacional do trabalho. Logo, *a ótica desenvolvimentista guarda estreita relação com o estágio de desenvolvimento das forças produtivas de um determinado país e é mais "intervencionista" quanto mais tardio for o processo de industrialização.*

A proteção à indústria nascente possui duas premissas básicas. Primeiro, os custos de produção, apesar de relativamente altos inicialmente, tendem a se reduzir de modo significativo na medida em que os fabricantes se aproveitam das economias de aprendizagem (os custos unitários de produção diminuiriam em função da experiência industrial acumulada ao longo do tempo). Com isso, o hiato de eficiência entre as nações tenderia a se reduzir no tempo. Segundo, tendo em vista a diminuição da desvantagem inicial, a proteção deveria ser temporária. Caso contrário, os consumidores domésticos estariam sempre adquirindo bens a preços acima dos praticados no mercado internacional, reduzindo não apenas o seu bem-estar mas também perpetuando a ineficiência produtiva. Na agenda de temas que devem integrar a definição de uma estratégia industrial ativa por parte do Estado destacam-se a relevância da manufatura como setor estratégico, capaz de dinamizar a economia como um todo; a importância central do capital intelectual e do *learning by doing*; e a necessidade de importar as tecnologias estrangeiras mais avançadas.

Para A. Gerschenkron (1962), os países avançados representam o horizonte de possibilidades futuras para os países em desenvolvimento. Portanto, não se trata de inovar, mas de copiar um mapa produtivo existente e fazer uma nação crescer a taxas superiores aos líderes internacionais em um processo de emparelhamento (*catching-up*). A existência desse horizonte produtivo facilitaria a identificação das metas a serem atingidas e minimizaria as falhas das administrações públicas.

Em um contexto desenvolvimentista, todos os instrumentos de política econômica (cambial, monetária e fiscal; de comércio exterior; de regulação da concorrência e da propriedade etc.) são colocados a serviço do objetivo industrializante. Em um Estado desenvolvimentista, as políticas beneficiam o setor privado, a empresa nacional, e priorizam o crescimento, a rivalidade e a produtividade tendo como referência a melhor prática internacional para emular experiências. O Estado tem legitimidade política e um corpo técnico capacitado, dotado dos instrumentos de intervenção necessários. Nesse sentido, *o Estado desenvolvimentista lidera o mercado*, pois as autoridades tomam iniciativas sobre que produtos e tecnologias deveriam ser encorajados, mobilizando os necessários instrumentos de incentivo e regulação.

Mas, em geral, subsistem diferenças em termos de taxa de crescimento, estrutura e composição da indústria, instrumentos efetivamente utilizados em cada país e ideologia subjacente às políticas empreendidas em cada nação, principalmente quando o processo de industrialização envolve um período longo do tempo. Por exemplo, a Coreia do Sul diferencia-se da maioria dos países de industrialização tardia devido à disciplina que o Estado exerceu sobre o setor privado. O sucesso sul-coreano dependeu, em grande medida, da capacidade de o Estado criar distorções de preço para guiar as atividades econômicas na direção do investimento. Assim, o Estado sul-coreano privilegiou a grande empresa nacional, restringiu as atividades das empresas estrangeiras, facilitou a importação de tecnologia e, notavelmente, subsidiou o investimento de um grupo selecionado de empresas para estimular um conjunto de indústrias específicas. Em contrapartida, foram impostos padrões de desempenho

370 Economia Industrial

extremamente rígidos, em geral associados ao sucesso exportador. Ao mesmo tempo, no Estado sul-coreano, assim como em Taiwan, as políticas focalizaram alvos em andamento, isto é, privilegiaram, sucessivamente, as indústrias produtoras de bens com crescente elasticidade-renda da demanda (Amsden, 1994).

Na América Latina, o Estado também participou ativamente do processo de industrialização focalizando indústrias de bens de consumo não duráveis e duráveis, e ainda as de bens intermediários, independentemente da natureza do capital das empresas. Em grande medida, a extensão dos setores promovidos esteve associada ao tamanho das economias de cada país. Na argumentação de Raul Prebish sobre a perversidade das relações desiguais de troca entre países centrais e periféricos, que perpetuariam a restrição externa ao crescimento, a industrialização é compreendida como o meio mais efetivo para promover o desenvolvimento das sociedades latino-americanas. A estratégia que se popularizou como o modelo de substituição de importações, na verdade, constituiu um grande esforço dos países latino-americanos em criar capacidade produtiva local com a contribuição de empresas estatais, nacionais e estrangeiras. Para tanto, foram introduzidos incentivos ao investimento e regulações contra as importações, bem como constituídas empresas estatais principalmente para atuar na área de infraestrutura. Mas, ao contrário do padrão asiático, a meta e, portanto, o controle das políticas não era definido pelo desempenho nos mercados, e sim pela construção de capacidade produtiva. Para os asiáticos, o indicador de controle era o sucesso exportador; para os latino-americanos, o grau de nacionalização da produção (Suzigan e Villela, 1997).

A despeito das diferenças de sucesso destas duas regiões – nos países do Leste Asiático o dinamismo industrial tem sido nitidamente superior ao dos países da América Latina desde os anos 1980 –, uma avaliação de suas estruturas industriais revela que, sob a ótica desenvolvimentista, há sucesso quando a estratégia e as políticas dos Estados nacionais são coerentes com as trajetórias do progresso técnico e o estágio de desenvolvimento das nações.

Os principais desafios para a corrente desenvolvimentista estão associados à capacidade de o Estado evoluir em sua forma de intervenção adaptando-se às mudanças na indústria. Observe-se que, ao longo do tempo, com a maturação da competência industrial de um país, a intervenção estatal precisa ser ajustada para promover a articulação com as decisões privadas (Ferraz, Kupfer e Marques, 2014).

24.5 Política Industrial na Ótica da Competência para Inovar

A política industrial pela ótica das competências para inovar destaca as relações entre estrutura de mercado, estratégia empresarial e progresso técnico. Este ponto de partida é de fundamental importância, pois aí se ressalta não apenas como a estrutura de mercado influencia as estratégias empresariais – uma causalidade que já tinha sido amplamente discutida pelo paradigma denominado "Estrutura-Conduta-Desempenho" –, mas também como as referidas estratégias possuem a capacidade de alterar as próprias estruturas de mercado (ver o Capítulo 4). É claro que este processo é mais visível em setores com ritmo elevado de mudança tecnológica. Assim, inspirada em Schumpeter, esta abordagem enfatiza que as inovações se constituem o motor do desenvolvimento do capitalismo (Freeman, 1974).

Como apresentado nos Capítulos 8 e 18, os economistas associados a esta corrente rejeitam os pressupostos de equilíbrio nos mercados, informação perfeita e racionalidade dos agentes. A racionalidade é limitada, persistem assimetrias de informação e as externalidades não são meros determinantes de falhas de mercado que devem ser corrigidas para convergir para o caminho do equilíbrio. Assimetrias e externalidades são a razão de ser do processo de acumulação e crescimento de uma economia de mercado. A competição é um processo dinâmico, o mercado é o *locus* das interações estratégicas, da rivalidade entre as empresas. As empresas investem na formação de competências para criar assimetrias competitivas, diferenciar produtos e ganhar posição no mercado; esse é o ânimo que as move a crescerem à frente de seus concorrentes (Nelson e Winter, 1982).

Quatro aspectos são fundamentais para o entendimento desta abordagem:

1. *Concorrência por inovação tecnológica*: Diversamente da visão das falhas de mercados, que é centrada na visão convencional de concorrência via preços, aqui se enfatiza a competição por meio de inovações e seus efeitos dinâmicos.
2. *Inter-relações entre agentes econômicos*: Existem vantagens advindas da cooperação entre empresas e dessas com universidades, centros de pesquisa e mesmo consumidores, o que se expressa no conceito de aprendizado por interação.
3. *Estratégia, capacitação e desempenho*: As empresas avaliam seu ambiente competitivo, definem os caminhos a seguir sob a restrição do nível da capacitação existente, e alocam recursos para o fortalecimento da capacitação tecnológica que, uma vez posta em marcha, definirá parâmetros de eficiência produtiva e diferenciação de produtos para cada uma.
4. *Importância do ambiente e processo seletivo*: Fortalece a importância econômica das tecnologias superiores ao longo do tempo, de modo que melhores práticas são repetidamente introduzidas e aprimoradas e se tornam referências móveis e constantes para a conduta dos agentes econômicos.

Assim, o que os economistas ortodoxos chamam de falhas de mercado, na verdade, constituem a força do crescimento e da mudança estrutural do capitalismo, que podem e devem ser induzidas mediante regimes específicos de regulação e incentivos. A sequência lógica da argumentação schumpeteriana parte do processo de concorrência pela inovação; o investimento em inovações, por sua vez, é pleno de incertezas, abrindo espaços para a intervenção pública orientada para induzir as empresas a experimentar, descobrir e introduzir produtos, serviços e processos superiores aos existentes em um mercado específico. O mercado, por sua vez, é relevante como espaço de seleção entre agentes, e não como um mecanismo de alocação. Embora o protagonista seja a empresa e o espaço de atuação o mercado, o Estado tem um papel relevante a desempenhar, seja ampliando a intensidade do processo seletivo, seja criando instituições facilitadoras do processo de geração e difusão de novas tecnologias.

Nesse campo, a política industrial e a política tecnológica superpõem-se, dando lugar ao que se denomina "política de inovação". O âmbito da política industrial pela ótica da competência para inovar deve ser o estímulo a um ambiente econômico competitivo. Mais do que conferir prioridade à política antitruste, o Estado volta-se para estimular as empresas a desenvolverem novas capacitações, uma vez que o progresso tecnológico se baseia em conhecimentos tácitos e específicos de difícil transferência. Além disso, o Estado deve fomentar a articulação e as alianças estratégicas para que essas aumentem as capacitações empresariais num ambiente competitivo mais seletivo. Em outras palavras, a cooperação entre empresas pode representar um aspecto da própria concorrência e ser, portanto, pró-competitiva, e não uma conduta antagônica a ela.

A intervenção pública deve focalizar tanto o lado da demanda quanto a capacidade de oferta de novas tecnologias. O objetivo constante é lograr que qualquer posição de mercado possa ser disputada por empresas inovadoras. Pelo lado da demanda, são úteis os subsídios para os agentes interessados na difusão de novas tecnologias, principalmente aquelas associadas a retornos crescentes de adoção. Pelo lado da oferta, é necessário apoiar as iniciativas de construção de capacitação tecnológica.

Para promover um ambiente indutor de condutas tecnológicas proativas, é necessário mesclar múltiplos instrumentos. São eles: subvenção a projetos de alta densidade tecnológica, incentivos fiscais à pesquisa e desenvolvimento (P&D), financiamento em condições preferenciais para a inovação, direcionamento das compras do setor público e disponibilidade de capital de risco para novos empreendimentos, além de medidas orientadas a garantir a apropriabilidade privada do investimento tecnológico (patentes) e assegurar padrões técnicos (metrologia, normalização e qualidade). Além disso, são extremamente importantes os investimentos e as ações orientadas ao fortalecimento das instituições que compõem o sistema de inovação local ou nacional, especialmente os institutos dedicados à investigação científica e tecnológica e à formação de recursos humanos de alto nível.

Todavia, não podemos esquecer que os recursos para "fazer política" são limitados e os processos decisórios são de racionalidade limitada. Por lidar com a inovação tecnológica, a política industrial pela ótica da competência para inovar opera, ela própria, sob incerteza, fazendo da existência da uma institucionalidade pública altamente capacitada um importante requisito para o seu sucesso (Kupfer, 2003).

24.6 Política Industrial na Prática: Instrumentos Horizontais e Verticais

A discussão da política industrial na prática exige como passo prévio demarcar as relações existentes entre esta e a política macroeconômica. De um lado, a política macroeconômica afeta a política industrial ao: (*a*) determinar os preços relativos de produtos transacionáveis e não transacionáveis por meio da taxa de câmbio; (*b*) influenciar o nível de investimentos via taxa de juros; (*c*) sinalizar, mediante a estabilidade macroeconômica e a capacidade fiscal do Estado, a possibilidade de implantar políticas de incentivo e de investimento em infraestrutura, educação, ciência e tecnologia. Diferentes indústrias são afetadas de forma distinta pela política macroeconômica. Um exemplo claro é a política cambial: indústrias exportadoras e importadoras têm, naturalmente, seus lucros afetados de forma contrária caso a taxa de câmbio esteja sobre ou subvalorizada. Do outro lado, uma política industrial bem-sucedida pode facilitar a gestão da política macroeconômica por meio do aumento da eficiência e da produtividade na economia.

Um ponto essencial da política industrial refere-se ao caráter deliberado da atuação estatal. É bem verdade que existe uma diferença entre as políticas industriais e tecnológicas explícita e implícita. A primeira se expressa em leis, regulações, órgãos, planos de desenvolvimento e declarações governamentais. Já a política industrial implícita é mais difícil de identificar. Não é incomum que determinadas ações de política industrial não sejam implementadas como anunciadas ou mesmo não atinjam plenamente seus objetivos. Analogamente, um país pode estar adotando uma determinada política industrial sem que essa ação esteja explicitamente contida em documentos formais.

A política industrial pode ser descrita e avaliada de acordo com a natureza do instrumento e o alvo pretendido. Existem dois tipos de políticas prioritárias. De um lado, estão as chamadas políticas horizontais (ou funcionais), pautadas em medidas

372 Economia Industrial

de alcance global. De outro lado, estão as políticas verticais (ou seletivas), desenhadas para fomentar indústrias, cadeias produtivas ou grupos específicos de empresas.

Os instrumentos de política industrial podem ser agrupados de acordo com a sua natureza. Um primeiro grupo congrega o *regime de regulação*: a arbitragem do processo concorrencial, englobando a política antitruste e a comercial, assim como regulações referidas à propriedade intelectual, consumidor e meio ambiente. Em última instância, procura-se ampliar a pressão competitiva sobre as empresas, por meio, por exemplo, de uma política antitruste mais vigorosa, ou a redução dessa pressão, mediante o aumento da proteção tarifária. Um segundo grupo relaciona-se ao *regime de incentivos* por intermédio de medidas fiscais e financeiras, como os incentivos fiscais a P&D e créditos e estímulos à exportação.

As *políticas industriais horizontais* são aquelas que buscam melhorar o desempenho da economia na sua totalidade sem privilegiar alguma indústria específica. Retornando à definição de política industrial, esse tipo de política busca alterar o mecanismo geral de alocação de recursos na produção.

Do ponto de vista da regulação, vários instrumentos encaixam-se nesse tipo de política, com destaque para:

1. Concorrência: repressão de condutas anticompetitivas (vendas casadas, acordos para fixação de preços, discriminação de preços etc.) e controle dos atos de concentração (fusões, aquisições e *joint-ventures*).
2. Infraestrutura: políticas de concessões (privatizações) e controle administrativo de preços (mecanismos de reajuste de tarifas de serviços, como energia elétrica e telecomunicações).
3. Comércio exterior: políticas tarifária e não tarifária, prevenção de concorrência desleal (anti-*dumping,* diretos compensatórios e salvaguardas).
4. Propriedade intelectual: patentes, marcas e transferência de tecnologia.

Do ponto de vista dos incentivos, vários instrumentos são mobilizados pelo Estado, sendo os principais:

1. Inovação: incentivos aos gastos com P&D, fomento à difusão de tecnologias e informações.
2. Capital: crédito e financiamento a longo prazo, estímulos às exportações (crédito e seguro de crédito), financiamento às importações.
3. Incentivos fiscais: deduções fiscais em âmbito nacional, estadual ou municipal para promoção de atividades industriais.
4. Compras de governo: mecanismos preferenciais para produtores locais.

Também são alvos da política industrial horizontal as políticas genéricas associadas ao desenvolvimento do entorno nos quais operam as empresas. Dentre elas, destacam-se: a política de infraestrutura – geração e distribuição de energia elétrica, transporte, portos e telecomunicações; a política de recursos humanos – educação, qualificação da mão de obra; e a política de ciência e tecnologia – investimentos e subsídios aos institutos de pesquisa e universidades de um país.

Já as *políticas industriais verticais* privilegiam deliberadamente uma indústria específica. Ou seja, a partir de decisões estratégicas, o Estado mobiliza parte dos instrumentos anteriormente descritos, focalizando e privilegiando um conjunto de empresas, indústrias ou cadeias produtivas. Retornando, mais uma vez, à definição de política industrial, este tipo de ação visa modificar as regras de alocação entre setores. Por esse motivo, elas também são denominadas de seletivas ou de *targeting.*

Quatro são os principais argumentos que justificariam a proeminência de algumas indústrias comparativamente a outras:

1. Indústrias com maior valor agregado: supondo tudo mais constante, uma maior proporção de trabalhadores localizados em indústrias com maior valor agregado resultaria em maior renda *per capita.*
2. Indústrias com grande poder de encadeamento: esses setores apresentariam grande efeito multiplicador ao longo da cadeia produtiva, com efeitos "para frente" (*forward linkage*) ou "para trás" (*backward linkage*). Historicamente, esse foi o argumento utilizado para estimular indústrias produtoras de insumos básicos, como a siderurgia (grandes efeitos de encadeamento para frente), ou as indústrias produtoras de bens de consumo de alto valor agregado, como a indústria automobilística (grandes efeitos de encadeamento para trás).
3. Indústrias com grande dinamismo potencial: tendo em vista que o crescimento da renda agregada seria maior, consequentemente haveria um incremento da renda *per capita.*
4. Indústrias nascentes ou com retornos crescentes de escala: o Estado deveria estimular o desenvolvimento de novas indústrias, que, inicialmente, apresentariam custos mais elevados do que os verificados em países já produtores.

É importante indicar que, apesar de ênfases distintas, os países, geralmente, adotam políticas de cunhos horizontal e vertical simultaneamente, embora a importância delas tenda a se alterar ao longo do tempo. A partir da década de 1990, foi se configurando um padrão de intervenção estatal no âmbito dos países industrializados, nos quais a política industrial recorre predominantemente a instrumentos de cunho horizontal. Ao mesmo tempo, instrumentos de cunho vertical são aplicados especialmente na promoção de indústrias nascentes e em declínio, nas quais a reestruturação se mostra particularmente relevante. Ou seja, tanto indústrias de alto ritmo tecnológico quanto indústrias muito maduras, que tendem a empregar um elevado contingente de pessoas, acabam sendo priorizadas em termos de política industrial. Naturalmente, os instrumentos são divergentes, utilizando-se estímulos financeiros para P&D no primeiro caso, e restrições comerciais de caráter não tarifário no segundo.

24.7 Experiências Internacionais

Ao contrário do discurso político e da postura das nações desenvolvidas em fóruns internacionais, em que se destaca a defesa da liberalização econômica como melhor forma de se promover o crescimento econômico e o bem-estar social, a maioria dos países implementa, na prática, políticas industriais. Estas buscam fortalecer a capacidade competitiva de suas empresas em um ambiente internacional crescentemente aberto aos fluxos de capital, bens, serviços e tecnologia.

No que tange à experiência internacional recente, em particular diante dos desafios relacionados à provável nova revolução tecnológica, vários países vêm adotando estratégias de grande envergadura que norteiam suas políticas públicas e mobilizam o setor privado visando fortalecer e reposicionar suas economias. Diferentemente das políticas industriais do passado, esses novos planos são orientados por desafios tecnológicos e visões de longo prazo que definem missões para as instituições e para a política pública.

Ainda que essas estratégias nacionais apresentem seletividade em torno de desafios a serem vencidos, com programas para *clusters* tecnológicos e/ou sistemas produtivos (o que requer o uso de instrumentos verticais), a prioridade é o alcance das missões orientadoras para vencer os desafios do desenvolvimento. Assim, estas estratégias fazem uso também de medidas horizontais, para mobilizar as distintas capacidades das empresas, universidades, centros de pesquisa e agências públicas em uma direção específica. Em outras palavras, combinam-se políticas verticais (para *clusters* tecnológicos ou para focos setoriais, fomentando os ecossistemas de inovação que articulam redes colaborativas de empresas, *start-ups*, universidades e agências públicas) e políticas horizontais (para endereçar desafios relevantes, tais como: formar recursos humanos qualificados, capacitar pequenas e médias empresas, proporcionando externalidades-chave na forma de redes de laboratórios avançados e programas de assistência tecnológica).

Ainda no que concerne às experiências internacionais recentes de política industrial mais marcantes, cabe destacar pelo menos cinco elementos presentes em todos os países: a) prioridade ao desenvolvimento produtivo e tecnológico no mais alto nível de decisão pública; b) visão de longo prazo ancorada em diagnósticos e prognósticos substantivos; c) planos explícitos com alocação de recursos substanciais e estáveis; d) governança organizada envolvendo as agências públicas relevantes; e e) concertação público-privada. De fato, as estratégias são baseadas em sólidas avaliações da situação nacional perante o contexto geopolítico e visam (re)posicionar a economia de cada país no tabuleiro da economia mundial.

Todavia, as justificativas das estratégias nacionais extrapolam a questão da competitividade: a inovação é compreendida e defendida como um meio para a resolução de grandes desafios societais. No âmbito dos principais desafios endereçados, destacam-se: questões ambientais e climáticas, transição demográfica (envelhecimento da população), saúde e qualidade de vida, segurança nacional e segurança cibernética, uso eficiente de recursos, e participação da sociedade.

Em sua essência, portanto, a inovação adquire centralidade nas políticas de desenvolvimento dos países. Não se trata somente de fortalecer capacidades competitivas, mas de estimular competências empresariais a enfrentar e resolver os desafios contemporâneos do desenvolvimento. Como exemplo de visões de longo prazo ambiciosas, destacam-se: a visão chinesa, cujo enfoque enfatiza o posicionamento estratégico da sua indústria na economia global; e a japonesa, que busca alcançar uma ampla transformação da sociedade.

Em relação às ações de política industrial propriamente ditas, uma preocupação central é o desenho de instituições, programas e iniciativas quer verticais, quer horizontais, para assegurar que os resultados dos esforços de P&D sejam efetivamente incorporados em sistemas produtivos cada vez mais complexos. Para isso, vários países estão investindo em centros de tecnologia aplicada e em instalações de produção-piloto focalizadas em tirar inovações dos laboratórios. Destacam-se também os recursos financeiros disponibilizados e suas fontes, assim como os principais instrumentos mobilizados tanto do lado da oferta quanto do da demanda, incluindo-se também os instrumentos não financeiros. Neste contexto, cada estratégia nacional tende a estabelecer metas ambiciosas para mobilização de recursos financeiros públicos e privados para ciência, tecnologia e inovação (CT&I).

As iniciativas de coordenação e governança priorizam a criação de plataformas nacionais de cooperação e comunicação que estimulem a colaboração entre todos os diferentes atores do sistema de inovação. Estas iniciativas são articuladas à visão nacional comum em torno das novas tecnologias por meio de programas estratégicos nacionais. Quanto à governança e à di-

374 Economia Industrial

visão de tarefas entre público e privado, prioriza-se a identificação da equipe de coordenação responsável pelas prioridades, bem como o direcionamento estratégico e a estruturação da rede de instituições públicas e privadas (empresas, associações de classe, outras instituições privadas) e daquelas apenas públicas (laboratórios oficiais, universidades, empresas estatais). Exemplos recentes podem ser encontrados em programas como o "Indústria 4.0" na Alemanha ou no "Made in China 2025".

24.8 Experiência Brasileira

No Brasil, a política industrial ativa correspondeu ao processo de substituição de importações, que se iniciou nos anos 1930 com os bens não duráveis de consumo, aprofundou-se nas décadas de 1950 e 1960 com os bens duráveis de consumo e, nas de 1970 e 1980, com os bens intermediários e parte da indústria de bens de capital. O objetivo da política industrial era o de criar capacidade produtiva local, porém deixando em segundo plano algumas questões associadas à eficiência produtiva. As principais características desse longo período, que foi marcado por uma política industrial ativa e com o intenso uso de instrumentos de cunho vertical, foram:

1. Estado-empresário: verificou-se a proliferação de empresas estatais tanto nos setores de infraestrutura (como telecomunicações e energia elétrica), quanto na indústria de transformação (siderurgia, petroquímica, fertilizantes).
2. Protecionismo: a indústria nascente sempre contou com uma política comercial baseada especialmente em barreiras não tarifárias. Além disso, mesmo indústrias já maduras continuaram a contar com esse tipo de benefício.
3. Investimento estrangeiro: atração de um elevado contingente de empresas transnacionais para instalarem filiais no país. Porém, a atuação em determinados setores, considerados de segurança nacional, foi desestimulada e, em outros, forçaram-se *joint-ventures* entre empresas estrangeiras e o capital local (privado ou estatal);
4. Incentivos fiscais setoriais e regionais: alguns setores considerados prioritários receberam elevados incentivos fiscais (como empréstimos a taxas de juros subsidiadas). Tais incentivos também tiveram uma lógica de tentativa de diminuir a disparidade entre regiões, estimulando a constituição de empresas nas regiões Norte, Nordeste e Centro-Oeste.

A direção da política industrial brasileira foi fortemente alterada no governo Collor (1990-92), quando se passaram a privilegiar instrumentos horizontais. Neste sentido, pode ser destacado o Programa Brasileiro de Qualidade e Produtividade (PBQP), que buscava disseminar novas técnicas organizacionais com vistas ao aumento da produtividade. Nesse período, instrumentos de cunho vertical foram utilizados apenas para a indústria de informática. Os principais instrumentos empregados foram: (*a*) o início da abertura comercial eliminando barreiras não tarifárias e promovendo uma reforma tarifária, o que resultou num crescimento substancial das importações; (*b*) o começo do programa de privatização com a venda do controle acionário em empresas siderúrgicas e de fertilizantes; (*c*) desregulamentação, revertendo a herança anterior em que o papel direcionador do Estado era muito acentuado. Nessa época, também foram introduzidos incentivos fiscais para P&D, em especial para a indústria de informática.

A partir de 1994, em função do Plano Real, a política industrial subordinou-se de forma veemente à prioridade de estabilização econômica, perdendo ainda mais espaço em relação à política macroeconômica. Como consequência da redução das tarifas alfandegárias e valorização cambial, as importações incrementaram-se substancialmente e foram utilizadas como mecanismo de pressão de disciplina dos preços para os bens produzidos domesticamente. O processo de privatização foi expandido, incluindo setores de infraestrutura, como telecomunicações e distribuição de energia elétrica. A política de concorrência ampliou o seu leque de atuação, pois, até 1994, somente disciplinava práticas anticompetitivas, passando, a partir de então, a atuar em atos de concentração (fusões, aquisições e *joint-ventures*). Por outro lado, a indústria automobilística foi contemplada com redução de tributos e tarifas de importação superiores à média nacional como forma de garantir empregos aos metalúrgicos e, especialmente, expandir a produção de automóveis com motores de baixas cilindradas. Da mesma forma, foram mantidos os incentivos à produção em Manaus (Zona Franca) e para a indústria de informática. Cresceram, também, as iniciativas dos estados em promover isenções fiscais para empreendimentos industriais, em particular para a indústria automobilística e para as indústrias têxtil, de confecções e de calçados, estas, principalmente, em estados do Nordeste. Isto deu início a um processo de guerra fiscal nem sempre favorável ao desenvolvimento da indústria brasileira.

A partir de 2003, o Brasil voltou a formular e implantar planejamentos estratégicos em diferentes áreas. A inovação tecnológica, assim como a difusão e a aplicação de novos conhecimentos, foi compreendida como um fator primordial para o aumento da produtividade e a promoção do crescimento econômico. Também as políticas horizontais de apoio à inovação empresarial – que incluíam crédito tributário sobre o dispêndio de P&D e recursos não reembolsáveis para micro, pequenas e médias empresas – tornaram-se prioridades (Kupfer, Ferraz e Marques, 2013).

Entre 2004 e 2014 três planos de política industrial foram elaborados e postos em prática:

1. A "Política Industrial, Tecnológica e de Comércio Exterior (PITCE)", de 2004-2007, teve como foco o fortalecimento de atividades de inovação e o apoio a setores industriais selecionados (bens de capital, eletrônica, farmacêutica e *softwares*). Suas principais contribuições foram a criação de um novo quadro institucional, incluindo uma nova legislação, para induzir a inovação; a constituição de um fórum tripartite de alto nível para promover um consenso sobre estratégias e prioridades industriais; e a criação de agências facilitadoras (como a Agência Brasileira de Desenvolvimento Industrial – ABDI e a Agência Brasileira de Promoção de Exportações e Investimentos – APEX-Brasil) para promover o desenvolvimento industrial e as exportações (Brasil 2003).
2. A "Política de Desenvolvimento Produtivo (PDP)", de 2008-2010, formulada em um contexto de crescimento econômico e de termos de troca muito favoráveis no comércio internacional, concentrou-se em fomentar o investimento e sustentar o ciclo de crescimento. Tinha foco setorial mais amplo do que a PITCE, cujo arranjo institucional serviu de instrumental para mobilizar a ação pública anticíclica quando eclodiu a grande crise internacional (Brasil 2008).
3. O "Plano Brasil Maior (PBM)", de 2011-2014, marcado pela continuação da crise internacional e pela concorrência acirrada das importações, agravada pela apreciação cambial do real, direcionou-se para um foco setorial ainda mais amplo do que a PDP e enfatizou a agregação de valor das cadeias produtivas nacionais por meio da inovação. Suas ações, entretanto, acabaram se dedicando a defender o mercado interno e buscar melhorar as condições sistêmicas para a competitividade.

No contexto do PBM, cumpre destacar o lançamento do Plano Inova Empresa, um programa que representou uma mudança qualitativa no modelo de políticas de desenvolvimento produtivo por pelo menos três elementos constituintes: (*a*) organização da política em torno de desafios tecnológicos e áreas (econômicas) estratégicas; (*b*) chamadas a empresas e consórcios de empresas e/ou institutos de pesquisa para apresentarem planos de inovação por meio de editais públicos sequenciais, ao longo dos quais se exigia crescente especificação dos avanços destes programas; (*c*) implementação do fomento por meio de ação articulada de agências públicas, principalmente o BNDES e a FINEP (Brasil, 2013 e Mazzucato e Penna, 2016)

Observados em conjunto, PITCE, PDP e PBM apresentaram uma linha de continuidade – por exemplo, em seu foco na inovação e na competitividade –, mas com adaptações para enfrentar diferentes desafios econômicos conjunturais aos quais essas políticas tiveram que responder. Representaram um retorno das políticas industriais ativas, com avanços e conquistas, e também um esforço de integração da política industrial com a política de CT&I para que as empresas estivessem estimuladas a incorporar inovação em seus processos produtivos como forma de aumentar sua competitividade global. Entretanto, o foco na gestão de curto prazo da economia – balança de pagamentos, crise internacional, "custo Brasil" – dificultou a implantação efetiva de ações perenes, de longo prazo (Kupfer, Ferraz e Marques, 2013).

24.9 Conclusão

Política industrial deve ser entendida como o conjunto de incentivos e regulações associadas a ações públicas que podem afetar as alocações inter e intrassetorial de recursos, influenciando as estruturas produtiva e patrimonial, a conduta e o desempenho dos agentes econômicos em um determinado espaço nacional. Em todos os casos, pretende-se aumentar a capacidade produtiva e competitiva das empresas, setores e países. Para países em desenvolvimento, busca-se alcançar os líderes internacionais; para países avançados, o objetivo é manter a posição de liderança ou avançar sobre competidores de outras nações.

A discussão anterior pode ser resumida em quatro pontos principais. Primeiro, não é relevante discutir a intensidade de intervenção, mas os propósitos desta. Em geral, em estágios de desenvolvimento iniciais, as políticas são muito ativas; em estágios superiores, a intervenção torna-se indireta (possibilitando que os espaços para o capital privado sejam ampliados). Assim, o estilo da intervenção deve evoluir ao longo do tempo *pari passu* com a maior acumulação das competências empresariais. Se bem-sucedido, o Estado transita na direção de políticas de coordenação utilizando instrumentos cada vez mais sofisticados. Ao longo do tempo, a criação de capacidade produtiva cede espaço para medidas que promovam a rivalidade concorrencial, a inserção externa competitiva e o desenvolvimento tecnológico.

Segundo, é importante destacar as relações próximas entre política industrial e outras políticas econômicas, principalmente aquelas de caráter macroeconômico. Estas afetam a conduta e o desempenho dos agentes econômicos, ao passo que as políticas industriais, se bem-sucedidas, podem fortalecer a estabilidade e a capacidade de crescimento econômico.

Terceiro, a literatura econômica diverge, profundamente, em termos da necessidade de ações estatais do tipo de política industrial e quanto a quais devem ser seus objetivos. Em grande medida, essas divergências se devem aos pressupostos teóricos adotados pelas diversas correntes. Mas o avanço do conhecimento econômico indica a existência de espaços legítimos para a in-

376 Economia Industrial

tervenção pública, em particular em áreas sujeitas a retornos crescentes de escala ou, ainda, à presença de externalidades positivas ou negativas. Nesse sentido, é inconteste a necessidade de medidas públicas para promover a concorrência e o desenvolvimento tecnológico, assim como para minimizar os efeitos negativos da atividade industrial – concorrência predatória, poluição etc.

Quarto, a análise concreta de experiências nacionais, regionais ou setoriais demanda uma avaliação criteriosa da competência do Estado em exercer um papel proativo na sociedade. Para minimizar as imperfeições da intervenção, o Estado deve ter agências, pessoal qualificado, informação e instrumentos adequados. O poder dessas agências em relação a outras agências públicas deve ser suficiente para empreender sua missão. Contudo, a real capacidade do Estado de empreender políticas para a indústria deve estar ancorada na legitimidade pública para exercer sua tarefa.

Finalmente, diante dos desafios de uma nova revolução tecnológica, vários países vêm adotando estratégias de grande envergadura que norteiem suas políticas públicas e mobilizem o setor privado visando fortalecer e reposicionar suas economias. Diferentemente das políticas industriais do passado, esses novos planos são orientados por uma visão de longo prazo que define missões para as políticas públicas, principalmente centradas na inovação, para enfrentar os desafios do desenvolvimento contemporâneo.

24.10 Resumo

Neste capítulo aprendemos que:

- O objetivo central da política industrial é a promoção da atividade produtiva na direção de estágios de desenvolvimento superiores aos preexistentes em um determinado espaço nacional.
- A política industrial engloba um conjunto de incentivos e regulações públicos que podem afetar as alocações inter e intrassetorial de recursos, influenciando as estruturas produtiva e patrimonial, a conduta e o desempenho dos agentes econômicos em um determinado espaço nacional,
- A participação do Estado na promoção das atividades produtivas de um país é uma questão controversa entre os economistas. A literatura existente pode ser organizada em três correntes principais: liberal (ou ortodoxa), desenvolvimentista e evolucionista.
- A corrente liberal examina as fronteiras de atuação do Estado e do mercado na promoção de atividades econômicas. Nessa corrente, a intervenção pública deve ser passiva, limitando-se ao objetivo de corrigir possíveis falhas do mercado como mecanismo de alocação.
- A ótica desenvolvimentista prioriza os poderes econômico e produtivo das nações no contexto internacional. As autoridades tomam iniciativas sobre quais produtos e tecnologias deveriam ser encorajados, mobilizando os necessários instrumentos de incentivo e regulação. Assim, o Estado lidera o mercado.
- Na perspectiva evolucionista, o foco está na competência dos agentes econômicos em promoverem inovações que transformem o sistema produtivo. Essa corrente destaca as relações entre estrutura de mercado, estratégia empresarial e progresso técnico.
- A observação prática da política industrial requer analisar a natureza dos instrumentos utilizados e os alvos pretendidos por suas ações. As políticas industriais pautadas em medidas de alcance geral, que não discriminam os agentes econômicos, são chamadas de *horizontais*. As políticas industriais desenhadas para fomentar empresas ou indústrias específicas são denominadas *verticais* (ou seletivas).
- Ao contrário do discurso político predominante nas últimas décadas, em que se destaca a defesa do liberalismo econômico, a maioria dos países implementa, na prática, políticas industriais de grande alcance. No século XXI, a inovação adquiriu centralidade nas políticas industriais de diversos países.
- Os anos 2000 marcaram o retorno da política industrial no Brasil com a edição de três programas (a PITCE, 2004-2007; a PDP, 2008-2010; e o PBM, 2011-2014). No entanto, nesse retorno da política industrial no Brasil preponderaram os efeitos indesejados trazidos pelas flutuações da ordem econômica. Em geral, tais flutuações resultaram em ênfase excessiva às questões macroeconômicas e de curto prazo, deixando os objetivos estruturantes que essas políticas ambicionavam em segundo plano.

24.11 Questões para Discussão

1. Mostre as principais premissas estabelecidas pela literatura econômica a respeito das relações entre Estado e mercado.
2. Discuta as razões que contribuíram para a retomada da importância da política industrial no século XXI.

3. Quais são as principais falhas de mercado e como a visão liberal da política industrial propões corrigi-las?
4. Quais são os principais argumentos manejados pelos autores desenvolvimentistas para justificar a conclusão de que Estado deve liderar o mercado?
5. Quais são os aspectos centrais da abordagem da política industrial na perspectiva da competência para inovar?
6. Explique o que são políticas industriais horizontais e verticais mostrando os elementos centrais que as diferenciam.
7. Apresente os principais elementos que caracterizam as políticas industriais recentes enfatizando o papel desempenhado pela inovação na sua formulação.
8. Construa uma linha do tempo da experiência brasileira de política industrial posicionando e caracterizando as fases de substituição de importações, da abertura e da retomada recente.

Bibliografia

AMSDEN, A. *Asia's next giant:* South Korea and late industrialization. Oxford: Oxford University Press, 1989.

_____. Why isn't the whole world experimenting with the East Asian model to develop? *World Development*, v. 22, n. 4, 1994.

AOKI, M. Uninteded fit: organizational evolution and government design of institutions in Japan. In: AOKI, M.; HYUNG-KI, K.; OKUNO-FUJIWARA, M. *The role of government in East Asian economic development.* Oxford: Clarendom Press, 1997.

ARROW, K. J. The economics implications of learning by doing. *Review of Economic Studies*, v. 29, jun. 1962.

BRASIL. *Diretrizes de política industrial, tecnológica e de comércio exterior*. Brasília: MDIC, 2003.

_____. *Brasil Maior*: inovar para competir. Competir para crescer. Texto-Base. Brasília: MDIC, 2011.

_____. *Plano Inova Empresa*: apresentação de lançamento. Brasília: MCTI, 2013.

_____. *Política de desenvolvimento produtivo*: inovar e investir para sustentar o crescimento. Livreto. Brasília: MDIC, 2008.

CHANG, H. *Kicking away the ladder:* development strategy in historical perspective. London: Anthem Press, 2003.

CORREA, P. G.; VILLELA, A. Política industrial: fundamentos teóricos com referência ao caso brasileiro. Textos para Discussão, v. 24. Rio de Janeiro: BNDES, 1995.

DOSI, G.; PAVITT, K.; SOETE, L. *The economics of technical change and international trade*. New York: New York University Press, 1990.

EVANS, P. *Embedded autonomy:* states and industrial transformation. New Jersey: Princeton University Press, 1995.

FERGUSON, P. R.; FERGUSON, G. J. *Industrial economics:* issues and perspectives. 2. ed. New York: New York University Press, 1994.

FERRAZ, J. C.; KUPFER, D.; MARQUES, F. S. Industrial policy as an effective development tool: lessons from Brazil. In: SALAZAR-XIRINACHS, J. M.; NÜBLER, R. I.; KOZUL-WRIGHT, R. (eds.). *Transforming economies:* making industrial policy work for growth, jobs and development. Geneva: International Labour Office, p. 291-396, 2014.

FREEMAN, C. *The economics of industrial innovation*. London: Penguin Books, 1974.

GERSCHENKRON, A. *Economic backwardness in historical perspective*. Cambridge: Harvard University Press, 1962.

HAY, D. A.; MORRIS, D. J. *Industrial economics and organization:* theory and evidence. 2. ed. New York: Oxford University Press, 1991.

HERRERA, A. Social determinants of science policy in Latin America: explicit science policy and implicit sciency policy. In: COOPER, C. (org.). *Science, technology and development:* the political economy of technical advance in underveloped countries. London: Frank Cass, 1973.

IEL/CNI et al.. *Construindo o futuro da indústria brasileira*. Volume 2 – Tecnologias disruptivas e indústria: Desafios e recomendações, 2018.

PROJETO INDÚSTRIA 2027. Riscos e oportunidades para o Brasil diante das inovações disruptivas. Brasília: IEL/CNI, Brasília, mimeo.

JOHNSON, C. *MITI and the japanese miracle:* the growth of industrial policy, 1925-1975. Stanford: Stanford University Press, 1982.

KATZ, J. *Pasado y presente del comportamiento tecnologico de America Latina*. Santiago: Cepal, mimeo, 1999.

KUPFER, D. Política industrial. *Econômica*, Rio de Janeiro, v. 5, n. 2, p. 281-298, 2003.

_____; FERRAZ, J. C.; MARQUES, F. S. The return of industrial policy in Brazil. In: STIGLITZ, J. E.; LIN, J. Y. *The industrial policy revolution*. London: Palgrave, p. 327-339, 2013.

LIPSEY, R.; CARLAW, K. Assessing innovation policies: taking Schumpeter seriously on technology policy, paper 25. Ottawa: Industry Canada Working, 1998.

LIST, F. *The national system of political economy*. edição inglesa. London: Longman, 1841.

MAZZUCATO, M. *The entrepreneurial state:* debunking public vs. private sector myths. London: Anthem Press, 2013.

_____; PENNA, C. C. R. *Mission-oriented policies in practice:* the case of Brazil's Inova programme. In: SPRU 50th Anniversary Conference, Brighton, 2016

METCALFE, S. The economic foundations of technology policy: equilibrium and evolutionary perspectives. In: STONEMAN, P. (org.) *Handbook of economics of innovation and technological change*. Oxford: Blackwell, 1995.

MOWERY, D. The practice of technology policy. In: STONEMAN, P. (org.). *Handbook of economics of innovation and technological change*. Oxford: Blackwell, 1995.

NELSON, R. R.; WINTER, S. G. *An evolutionary theory of economic change*. Cambridge: Harvard University Press, 1982.

PAGE, J. The East Asian miracle, an introduction. *World Development*, v. 22, n. 4, 1994.

RODRIK, D. The paradoxes of the successful State. *European Economic Review*, v. 41, p. 411-442, 1997.

ROMER, P. M. Endogenous technological change. *Journal of Political Economy*, v. 98, n. 5, out. 1990.

SOLOW, R. M. Technical change and the aggregate production function. *Review of Economics and Statistics*, v. 39, ago. 1957.

STIGLITZ, J; LIN, J. M. C. The rejuvenation of industrial policy. In: STIGLITZ, J; LIN, J. M. C. *The industrial policy revolution I:* the role of government beyond ideology. International Economic Association (IEA) Series – Conference, v. 151-I. London: Palgrave Macmillan, 2013.

SUZIGAN, W.; VILLELA A. V. *Industrial policy in Brazil*. Campinas: Instituto de Economia da Unicamp, 1997.

WILLIAMSON, J. Democracy and the Washington Consensus. *World Development*, v. 21, n. 8, p. 1329-1336, 1993.

Política Comercial

Jorge Chami Batista e Marta Calmon Lemme

25.1 Introdução

A política comercial compreende um conjunto de instrumentos capazes de modificar diretamente os preços relativos locais entre bens exportados e importados de um país, mantida a taxa de câmbio constante. Dessa forma, por alterar os incentivos à produção e ao consumo dos diferentes setores da economia, a política comercial pode ser vista como parte importante da política industrial.

Os economistas tendem a concordar que há ganhos com o comércio internacional. Um país que não faz comércio com o resto do mundo (país em autarquia) é forçado a produzir todos os bens e serviços a serem consumidos no país. Ao fazer comércio, o país pode se tornar mais especializado, exportando os bens e serviços que faz melhor e mais barato e importando os bens e serviços que o resto do mundo faz melhor e mais barato. Assim, o país e o resto do mundo tornam-se mais eficientes. O comércio também tende a ampliar as oportunidades de aprendizagem, estimulando imitação e inovação (Grossman e Helpman, 1991).

Na ausência de políticas comerciais, diz-se que o país está em livre-comércio. Entre a autarquia e o livre-comércio há muitos diferentes graus de intervenção possíveis por meio de políticas comerciais. O conjunto de modelos teóricos e de evidências empíricas existentes na literatura não oferece recomendações claras e consistentes para a implementação de políticas comerciais (Krugman, 1987). Dessa forma, descreveremos neste capítulo os principais argumentos a favor e contra o uso de políticas comerciais, deixando ao leitor ponderá-los. No entanto, é relativamente consensual que, ao se decidir pela implementação de políticas comerciais, estas devem ser temporárias e seletivas.

É um fato bem documentado que países avançados como Estados Unidos, Alemanha e Japão iniciaram seus processos de industrialização com o apoio de políticas comerciais. Mais recentemente, países como República da Coreia, Taiwan e Cingapura também se industrializaram com o uso de políticas industriais e comerciais, obtendo grande expansão de suas exportações e alcançando altos níveis de renda. Contudo, o nexo causal entre as diferentes políticas adotadas e o sucesso econômico desses países não é evidente. Para alguns analistas, essas políticas tiveram papel positivo (Stiglitz, 1996), ao passo que, para outros, elas não foram relevantes (Krugman, 1994).

O Brasil adotou políticas fortemente protecionistas em quase todo o período do pós-guerra, especialmente entre o primeiro choque do petróleo e o final dos anos 1980, sendo um dos últimos países emergentes a iniciar seu processo de abertura comercial.[1] Nos anos 1990, a abertura unilateral brasileira reduziu significativamente as tarifas aduaneiras e eliminou a quase totalidade das barreiras não tarifárias. O Brasil também assinou o Tratado de Assunção (1991), dando início ao Mercosul, uma união aduaneira que pretendia tornar inteiramente livre o comércio de mercadorias entre Argentina, Brasil, Uruguai e

380 Economia Industrial

Paraguai, e estabelecer uma política comercial comum, incluindo uma Tarifa Externa Comum (TEC), para o comércio entre esses países e o resto do mundo.

Além desta introdução, este capítulo está organizado da seguinte forma: a segunda seção descreve os instrumentos da política comercial. As medidas do grau de proteção de um país são apresentadas na terceira seção, ao passo que os efeitos da política comercial são examinados na quarta seção. A quinta seção trata das principais regras do comércio internacional e a sexta seção faz uma breve referência aos acordos regionais. Ao longo de todo o capítulo, procura-se ilustrar os pontos abordados com as práticas no Brasil.

25.2 Instrumentos de Política Comercial

Existe um leque muito amplo de instrumentos de política comercial. Neste item, serão abordados alguns deles, à exceção das medidas antidumping e compensatórias, que serão tratadas na próxima seção.

25.2.1 Tarifas de importação e subsídios às exportações

Uma tarifa de importação é um imposto cobrado sobre bens importados. A tarifa pode ser *ad valorem* ou específica. A primeira é a mais frequentemente utilizada pelos países e é cobrada por um percentual aplicado ao valor do bem importado. Por exemplo, 10% de cada 100 dólares de importação geram 10 dólares de imposto.[2] A segunda é cobrada por um valor fixo por unidade do bem importado. Por exemplo, 10 centavos de dólar por quilo.

Dessa forma, mantido o volume (quantidade) de importação constante, o imposto arrecadado com uma tarifa *ad valorem* varia em função de mudanças do preço do bem importado, porém não se altera quando a tarifa é específica. Por esta razão, a tarifa específica tende a ser aplicada sobre produtos primários, cujos preços são mais voláteis no mercado internacional. Os Estados Unidos aplicam tarifas específicas, por exemplo, sobre suas importações de açúcar, fumo e suco de laranja, produtos em que o Brasil é competitivo no mercado internacional. Observe-se que a alíquota específica onera mais proporcionalmente os fornecedores que apresentam menores preços. O Brasil não utiliza tarifas específicas, tendo em vista o risco de violar os limites máximos das tarifas *ad valorem* acordados na OMC e no Mercosul. No caso de ser aplicada tarifa específica, o equivalente *ad valorem* é apurado dividindo-se o montante do imposto pelo preço do produto. Assim, no caso de redução do preço, ocorreria elevação do percentual equivalente ao imposto específico.

Embora os países tipicamente imponham impostos (tarifas) apenas sobre suas importações, impostos podem igualmente ser aplicados sobre as exportações. Os impostos sobre exportações, quando ocorrem, são comumente aplicados com a finalidade de garantir o abastecimento interno a preços inferiores. O Brasil, por exemplo, aplicou, por cerca de 18 anos, imposto sobre exportação de couro *wet blue* e, por cerca de 26 anos, sobre exportação de couro salgado. Em países com grande participação nas exportações mundiais de determinados produtos primários, os impostos de exportação podem aumentar os preços internacionais dessas mercadorias e, dessa forma, melhorar os termos de troca dos países exportadores.

Um subsídio à exportação é análogo a uma tarifa de importação, podendo também ser *ad valorem* (proporcional ao valor exportado) ou específico (fixo por unidade exportada). Para todos os efeitos, um subsídio é um imposto com o sinal negativo. Subsídios também podem ser dados ao crédito de exportação. Nesse caso, o governo reduz as taxas de juros pagas nos financiamentos às exportações relativamente às taxas de mercado para financiamentos com prazos e riscos equivalentes.

25.2.2 Cotas de importação e restrições voluntárias às exportações

As cotas de importação fixam a quantidade ou o valor máximo que pode ser importado em um determinado período de tempo, geralmente 1 ano. Para implementar uma cota de importação, o governo normalmente emite licenças de importação para pessoas físicas ou jurídicas residentes no país ou no exterior. Ao emitir um número determinado de licenças, cada uma autorizando a importação de certa quantidade ou valor do produto, o governo garante um teto para o volume ou valor total a ser importado. Se a cota impõe uma restrição ao volume ou valor que seria importado na sua ausência, então o preço local de importação do bem aumenta e os detentores de licenças de importação obtêm lucros conhecidos como renda da cota.

Assim, as cotas de importação, quando restritivas da mesma forma que as tarifas, tendem a aumentar o preço pago domesticamente pelo bem importado e reduzem as quantidades importadas. Porém, ao contrário das tarifas, o governo nada arrecada como receita direta da importação se ele simplesmente emite e distribui as licenças. Esse procedimento pode ainda ter custos ao país se envolver corrupção por parte da burocracia estatal responsável pela concessão das licenças. Alternativamente, o governo pode leiloar as licenças de importação quando há um grande número de potenciais compradores, passando a receber a renda da cota. Como veremos, os acordos multilaterais restringiram severamente o uso desse instrumento protecionista. O Brasil eliminou praticamente todas as cotas e proibições de importações de bens em 1990.

Outra prática comum é estabelecer uma cota de importação com tarifa reduzida ou livre de tarifa para determinados países exportadores (cotas tarifárias). As importações acima da cota sofrem a incidência de tarifa superior. Nesse caso, não há limite fixo para o total importado, mas a renda da cota obtida pelos detentores de licenças depende da diferença entre as tarifas dentro e fora da cota. Um exemplo é a chamada cota Hilton de importações de carnes nobres pela União Europeia oferecida ao Brasil, Argentina, Uruguai, Austrália, Nova Zelândia, Estados Unidos e Canadá. Esta cota foi negociada no início dos anos 1980, durante a Rodada Uruguai, como uma compensação da União Europeia a alguns países que exportavam carnes nobres para os hotéis da cadeia Hilton desde os anos 1950. Cotas tarifárias também foram utilizadas no comércio intra-Mercosul (pêssegos, pneus remoldados), nesta instância com o objetivo de restringir o livre-comércio e reduzir as importações dos países-membros.

Em alguns casos, cotas de importação foram impostas por meio de acordos voluntários de exportação. Essa foi frequentemente uma maneira de driblar as restrições impostas pelos acordos multilaterais. Um dos exemplos mais famosos foi a restrição quantitativa aceita pelo Japão às suas exportações de automóveis para os Estados Unidos a partir de 1981. Essas restrições são forçadas pelo país importador ao país exportador sob a ameaça de impor unilateralmente restrições ainda mais severas. O país exportador aceita a restrição se a ameaça é crível. Como as licenças de importação são distribuídas aos países exportadores, eles ao menos se beneficiam da renda da cota. Portanto, esse instrumento tem um custo elevado para o país importador, já que a quantidade importada diminui, o preço local do bem importado aumenta, e o governo não obtém qualquer receita direta.[3] Restrições voluntárias foram negociadas entre o Brasil e os demais membros do Mercosul, e entre o Brasil e a China.

25.2.3 NECESSIDADE DE REQUISITOS LOCAIS E AQUISIÇÃO DE BENS

Outro instrumento protecionista são as normas legais que exigem uma fração mínima de conteúdo doméstico nos bens vendidos localmente. Esse instrumento foi utilizado por vários países em desenvolvimento que estabeleciam uma parcela mínima para o valor adicionado local no preço do bem. Compras de governos, de empresas estatais ou de empresas fortemente regulamentadas também podem ser utilizadas como instrumentos de política comercial se são forçadas a privilegiar fornecedores domésticos mesmo quando seus preços são superiores aos dos produtos importados.[4]

As importações de equipamentos no Brasil eram reguladas até 1990, permitindo-se apenas a importação de bens sem similar nacional.[5] Os exames de similaridade e dos índices de nacionalização eram feitos por empresas estatais ou pelas associações empresariais. Era um instrumento de alto custo administrativo e bastante vulnerável à corrupção. Posteriormente, o Brasil passou a adotar o conceito de Processo Produtivo Básico (PPB) como uma das contrapartidas para a obtenção de benefícios fiscais por parte das empresas situadas na Zona Franca de Manaus (ZFM) e de fabricantes de bens de informática e automação no país. O Processo Produtivo Básico (PPB) foi criado pela Lei nº 8.387, de 30/12/2001, e consiste em etapas fabris mínimas necessárias que as empresas devem cumprir para fabricar determinado produto e se beneficiar dos incentivos fiscais estabelecidos pela ZFM e pela Lei de Informática.[6] Mais recentemente, índices de conteúdo local passaram a ser um dos quesitos nos leilões de concessão de áreas para a exploração de petróleo e gás da Agência Nacional de Petróleo, Gás Natural e Biocombustíveis (ANP), elevando os custos da exploração no Brasil.

25.2.4 BARREIRAS TÉCNICAS E BUROCRÁTICAS

Diferenças de regulamentação entre os países com respeito aos seus imperativos de: segurança nacional; prevenção de práticas enganosas; proteção da saúde ou segurança humana, da saúde ou vida animal ou vegetal, ou do meio ambiente, podem significar enormes obstáculos ao comércio internacional. Considera-se que as normas e os regulamentos constituem barreira técnica ao comércio quando são muito pouco transparentes, não se baseiam em normas internacionalmente aceitas, implicam procedimentos de avaliação de conformidade não transparentes e/ou dispendiosos ou, ainda, inspeções excessivamente rigorosas (CNI/INMETRO, 2002). Os produtos importados de origem vegetal ou animal são, particularmente, sujeitos a normas fitossanitárias e a procedimentos mais exigentes e menos transparentes do que os aplicados aos produtos domésticos. Procedimentos burocráticos podem elevar os custos de comércio de alguns bens de tal forma que, no limite, acabam por inviabilizar o próprio comércio do bem.

25.3 Medidas do Grau de Proteção

O cálculo do grau de proteção de uma economia que possa ser comparado ao de outras economias não é nada trivial. Um dos indicadores mais utilizados é a tarifa média simples (média aritmética). Esse indicador nada informa sobre a distribuição dos valores das tarifas por produtos. Outras estatísticas descritivas, tais como valor máximo, mínimo, moda, mediana e desvio-padrão, podem ajudar nessa tarefa. No entanto, alguns setores ou produtos podem ter maior peso que outros na pauta de importações. Para isto, costuma-se calcular a tarifa média ponderada. O problema com esse indicador é que uma alta tarifa pode restringir as importações de tal forma que a multiplicação da alta tarifa pelo valor importado pode resultar em um valor próximo de zero. Dessa forma, subestimar-se-ia o grau de proteção. As barreiras não tarifárias são mensuradas tipicamente pela frequência em que ocorrem no conjunto de itens tarifários ou por meio de uma estimativa do seu valor equivalente a uma tarifa *ad valorem*. Na prática, essas estimativas são bastante imprecisas. As tarifas nominais de importação também nada informam sobre o resultado líquido da proteção quando, além do bem final, os insumos, partes e componentes também sofrem a incidência de imposto de importação. Para isso, calcula-se a taxa (tarifa) de proteção efetiva considerando a tarifa sobre o bem final, as tarifas sobre os insumos importados, e os coeficientes direto e indireto desses insumos na produção do bem.[7] Em geral, as estruturas tarifárias dos países apresentam uma escalada, que significa um aumento do imposto de importação ao longo da cadeia produtiva. Por essa razão, para produtos mais elaborados, a proteção efetiva tende a ser maior que a proteção nominal.

A tarifa nominal média brasileira decresceu de 57,5% em 1987 para 13,5% em 1993, e para 12% em 1995 (Kume et al., 2003). Desde então, a tarifa nominal média aplicada tem sofrido variações por conta de alterações da TEC de caráter permanente ou temporário.[8] Em julho de 2014, a tarifa média aplicada pelo Brasil era de 11,7%.[9] A tarifa efetiva caiu de 45% em 1990 para cerca de 23% em 1994, mas manteve-se relativamente estável, em torno de 25%, de 2005 a 2014,[10] sem considerar o reaparecimento de barreiras não tarifárias. Segundo o indicador de restrições às importações do Banco Mundial, que inclui barreiras tarifárias e não tarifárias, o Brasil mantém-se como uma economia mais fechada que diversos países em desenvolvimento.[11] Embora tanto o desvio-padrão quanto a amplitude tenham se reduzido substancialmente entre o final dos anos 1980 e o final dos anos 1990, a estrutura da tarifa nominal sofreu pouca alteração. Isto sugere uma certa endogeneidade da estrutura tarifária no Brasil.[12] Assim, as indústrias de veículos automotores, equipamentos eletrônicos e vestuário mantiveram-se entre os setores com as maiores tarifas nominais.

25.4 Efeitos da Política Comercial

A política comercial pode ser usada com diferentes finalidades: (1) melhorar os termos de intercâmbio; (2) corrigir as distorções causadas por falhas de mercado; (3) obter uma distribuição de renda ótima; e (4) alcançar metas exógenas de comércio, produção e consumo doméstico. Trataremos no que se segue apenas das duas primeiras finalidades.[13]

25.4.1 EFEITOS ESTÁTICOS EM COMPETIÇÃO PERFEITA

Ao adotar uma medida de proteção, o governo cria uma cunha entre o mercado interno e o externo, implicando, em geral, aumento do preço doméstico em relação ao preço internacional, redução do consumo doméstico e das importações e aumento da produção. Se o país for grande, isto é, relevante no mercado internacional como demandante do produto, também será observada redução do preço internacional, o que leva a ganhos nos termos de troca do país que adotou a tarifa.

Com base na mensuração das variações dos excedentes do produtor e do consumidor, é possível quantificar o efeito da tarifa sobre o bem-estar, conforme ilustrado pelo Quadro 25.1.

A aplicação desse mesmo método de análise a um subsídio às exportações revela um efeito negativo sobre o bem-estar, uma vez que haverá perdas de eficiência na produção e no consumo; e o efeito nos termos de troca, se houver, também será negativo. As demais medidas protecionistas não tarifárias tendem a ter um efeito estático sobre o bem-estar pior que o da tarifa,[14] seja porque não geram receita para o governo (exceto as medidas de defesa comercial: direito antidumping e direito compensatório), seja por permitir poder de mercado aos ofertantes locais.

As estimativas desse efeito estático das políticas comerciais sobre o bem-estar de algumas economias tendem a ser negativas.

QUADRO 25.1 EFEITOS DA TARIFA SOBRE O BEM-ESTAR

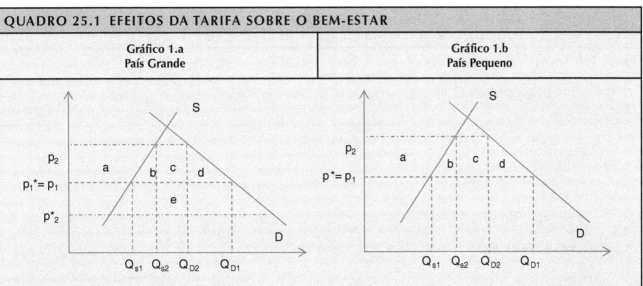

p_1^* – preço internacional antes da tarifa; p_1 – preço doméstico; p_2^* – preço internacional após tarifa; p_2 – preço doméstico após tarifa; (QD1-QS1) – importação antes da tarifa; (QD2-QS2) – importação após tarifa

Perdas e Ganhos
Redução do Excedente do Consumidor: $a+b+c+d$
Aumento do Excedente do Produtor: a
Ganho do Governo (receita com tarifa): $c+e$

Resultado Líquido
– País Grande: $e-(b+d)$;
  se $e > b+d$, há aumento do bem-estar e a tarifa corresponde à "tarifa ótima"
  se $e < b+d$, redução do bem-estar
– País Pequeno: Redução do bem-estar equivalente a $(b+d)$

Significado de e, b e d
– e – ganhos dos termos de troca (só ocorre no caso de país grande)
– b – perda de eficiência na produção
– d – perda de eficiência no consumo

25.4.2 Imperfeições de mercado

Os efeitos sobre o bem-estar tornam-se mais complexos quando se admite que as economias estão sujeitas a falhas de mercados.[15] Nesse caso, o conceito de variação no excedente do produtor não é uma boa aproximação para os custos e benefícios da política comercial sobre a oferta. O argumento tem como fundamento a teoria da segunda melhor alocação de recursos. Essa teoria estabelece que a política de não intervenção é desejável em qualquer mercado somente se todos os outros mercados estiverem funcionando de modo adequado. Caso contrário, uma intervenção pode aumentar o bem-estar, mesmo que distorça os incentivos em um mercado específico.[16]

Mas isto não significa que qualquer intervenção deverá aumentar o bem-estar em países em desenvolvimento. Da mesma forma que políticas comerciais podem trazer benefícios sociais marginais não computados na análise de mercado, podem também introduzir novos custos. Argumenta-se que, além das perdas de eficiência alocativa (distorções na produção e no consumo), políticas protecionistas geram perdas de eficiência técnica e perdas pela menor diversidade de produtos e insumos. As perdas de eficiência técnica ocorrem quando a menor concorrência com produtos importados produz menor empenho gerencial das firmas locais por redução de custos e melhoria de qualidade (Moreira e Correa, 1996). A menor diversidade de produtos produz perda de bem-estar se o consumidor valoriza a diversidade e pela queda na produtividade por falta de oferta de alguns bens de capital e insumos especializados. O Quadro 25.2 apresenta argumentos pró e contra a política comercial na presença de economias de escala interna e externa, exemplos de imperfeições de mercado, cuja principal implicação é que, na ausência de políticas para sua correção, as firmas produzirão e investirão aquém ou além do socialmente ótimo.

384 Economia Industrial

QUADRO 25.2 ARGUMENTOS PRÓ E CONTRA POLÍTICA COMERCIAL NA PRESENÇA DE ECONOMIAS INTERNAS E EXTERNAS DE ESCALA

Pró	Contra
1. Economias Internas de Escala: Necessidade de investimento inicial elevado e mercado de capitais inexistente ou ineficiente.	
Proteção permite sobrepreço que viabilizaria autofinanciamento das empresas	Proteção implica entrada excessiva de firmas com operação abaixo da escala mínima competitiva.[20] Melhor política: Medidas para atrair capital estrangeiro de longo prazo e desenvolvimento de mercado local de capitais de longo prazo.
2. Economias Externas Estáticas: País anão produz, porém, detém vantagens comparativas potenciais (baixos custos). Há produção no País B com firmas competitivas internacionalmente.	
Uma firma que quisesse se instalar no País A apresentaria custo superior àquelas empresas que atuam no País B. Proteção viabilizaria instalação de empresas no País A (desde que mercado suficientemente grande para abrigar número de firmas necessário para alcance de custo competitivo).	Melhor política: subsidiar a produção de forma decrescente em relação ao número de firmas é mais adequado para sanar o problema da apropriabilidade (firmas não conseguem ser integralmente compensadas pelos benefícios que produzem).
3. Economias Externas Dinâmicas: País A não produz, porém detém vantagens comparativas potenciais (baixos custos). Há produção em países desenvolvidos (pioneiros).	
Produção nos países pioneiros apresenta baixo custo unitário, pois as firmas já acumularam conhecimento, descendo boa parte da curva de aprendizagem. No País A, a ausência de experiência implica custo unitário inicial muito elevado, constituindo obstáculo à implantação da indústria. Proteção temporária como forma de viabilizar instalação da indústria no País A (Argumento da Indústria Nascente).	Melhor política: subsídio à produção decrescente em relação à produção acumulada (indicador de aprendizagem).[21]

Os argumentos contrários à proteção se baseiam no princípio geral de que é sempre preferível tratar diretamente as falhas de mercado, evitando-se, assim, distorções não intencionais e custos adicionais decorrentes da política comercial. Há ainda duas linhas de argumentação contrárias às políticas comerciais: a primeira argumenta que não há métodos de análise suficientemente precisos para diagnosticar as falhas de mercado,[17] de modo que se prescrevam políticas que assegurem maior bem-estar; a segunda argumenta que as políticas comerciais sofrem interferências de natureza política que introduzem custos adicionais significativos (falhas de governo).[18] Por fim, políticas comerciais podem gerar retaliação de outros países que se sintam prejudicados, gerando ainda novos custos.[19]

25.5 Regulação Internacional – O Acordo da OMC e as Principais Regras sobre Comércio Internacional

O desejo de criar uma instituição que tratasse do comércio internacional vem desde o final da II Guerra Mundial. Porém, naquela época, não foi possível a sua criação, tendo sido firmado tão somente o Acordo Geral sobre Comércio e Tarifas (GATT). O GATT serviu de base para a realização de oito rodadas de negociação, possibilitando a redução do imposto de importação, notadamente o dos países desenvolvidos. À medida que esses países reduziam as alíquotas do imposto de importação, intensificavam a utilização de medidas não tarifárias, gerando a necessidade de um maior detalhamento sobre as regras relativas a essas medidas. Além disso, setores considerados como sensíveis pelos países desenvolvidos, tais como agricultura, têxteis e vestuário, foram de fato excluídos do âmbito das regras multilaterais, passando a ser protegidos por meio de restrições quantitativas e, no caso dos produtos agrícolas, beneficiados por subsídios às exportações.

Ademais, as mudanças sofridas pela economia mundial fizeram com que outros temas até então não cobertos pelo acordo geral (investimentos, propriedade intelectual e serviços) ganhassem relevância na agenda negociadora.

Assim, em 1986, foi lançada a Rodada Uruguai, considerada a mais importante das rodadas de negociação e da qual resultou a criação da Organização Mundial do Comércio. A Rodada Uruguai aprimorou as regras relativas ao comércio de bens tangíveis, resgatou os produtos da cadeia agrícola e da têxtil para o âmbito das regras multilaterais, e estabeleceu regras relativas aos novos temas (serviços, propriedade intelectual e investimentos).[22] Destaca-se também, dentre os resultados dessa rodada, o aprimoramento do procedimento de solução de controvérsias, que tornou mais eficaz o mecanismo para a resolução de disputas entre os países.[23]

Ao se criar a OMC, estabeleceu-se que uma de suas funções[24] seria servir de fórum de negociações entre os membros, buscando-se um desenho no qual as negociações fossem realizadas, inicialmente, no âmbito dos comitês que compõem aquela instituição. Evitava-se, assim, a necessidade de realização de grandes rodadas de negociações. Este desenho, no entanto, não se mostrou eficaz, visto que gerava a polarização das negociações, impedindo ofertas cruzadas entre os diferentes temas (por exemplo, agricultura e serviços). Assim, após a tentativa frustrada de lançamento da Rodada do Milênio, deu-se início, em novembro de 2001, à Rodada de Doha, com prazo até janeiro de 2005 para sua conclusão. No entanto, esta rodada permanece inconclusa e sem perspectiva devido aos interesses divergentes diante de uma abrangente agenda negociadora.

A análise da evolução das rodadas negociadoras mostra que se, por um lado, os países consideram importante o estabelecimento de regras que impeçam uma escalada protecionista e a transformação do comércio em um jogo de soma negativa; por outro, revela a crescente resistência dos países, à medida que boa parte da proteção foi sendo eliminada, em restringir a capacidade para atender interesses econômicos e políticos locais ao limitar seus instrumentos remanescentes de política comercial.

A seguir, apresentam-se as principais regras atualmente vigentes relacionadas ao comércio de bens tangíveis.

25.5.1 Princípios fundamentais

Os princípios fundamentais do acordo, presentes desde o GATT 1947, se referem à não discriminação. O princípio do "Tratamento Nacional" estabelece que um produto estrangeiro, após a sua internalização no país importador (isto é, após o pagamento do imposto de importação e das taxas específicas), deverá receber o mesmo tratamento em relação a impostos e taxas, leis e regulamentos domésticos que as mercadorias produzidas internamente. Busca-se evitar, assim, a discriminação contra o produto estrangeiro, o que invalidaria concessões negociadas com os demais países signatários do acordo.

O outro princípio fundamental refere-se à "Cláusula da Nação Mais Favorecida", a qual estabelece que, quando um país dá a algum outro membro um tratamento favorável, o mesmo tratamento deverá ser estendido aos demais países signatários do acordo. Busca-se assegurar a igualdade de tratamento para todos os países-membros da OMC independentemente de seu peso econômico. Esta cláusula, no entanto, comporta algumas exceções, dentre as quais se destacam: a possibilidade de formação de áreas de livre-comércio e uniões aduaneiras, como também tratamento diferenciado para países em desenvolvimento (Sistema Geral de Preferências, por exemplo).

25.5.2 Principais regras relativas ao comércio de bens tangíveis

25.5.2.1 *Imposto de Importação e Cotas Tarifárias*

Conforme já mencionado, o acordo multilateral não implica qualquer compromisso de eliminação da proteção tarifária, nem existe uma forma predeterminada para a realização das reduções de tarifas. Os resultados das concessões (reduções tarifárias) de cada país são registrados em uma lista individual de compromissos. As tarifas registradas nessa lista são denominadas "tarifas consolidadas" e representam um teto ao imposto de importação a ser cobrado pelo país.[25]

Até a Rodada Uruguai, as consolidações de tarifa foram feitas principalmente pelos países desenvolvidos e se referiam basicamente a produtos não agrícolas. Um dos resultados alcançados pela Rodada Uruguai foi uma ampliação significativa dos compromissos assumidos pelos países em termos de tarifas (Figura 25.1), em especial pelos países em desenvolvimento.

Em relação aos produtos agrícolas,[26] antes da Rodada Uruguai, muitos desses produtos eram protegidos pelos países desenvolvidos por meio de restrições quantitativas (cotas). Na Rodada Uruguai, houve a conversão dessas cotas para tarifas, o que ficou conhecido como "processo de tarificação". Essas tarifas foram consolidadas e, em sua maioria, foram estabelecidas na forma de alíquotas específicas. No entanto, as tarifas resultantes desse processo eram tão elevadas que inviabilizavam as importações desses produtos. Assim, para garantir um acesso mínimo aos mercados desses países, foram estabelecidas cotas tarifárias.

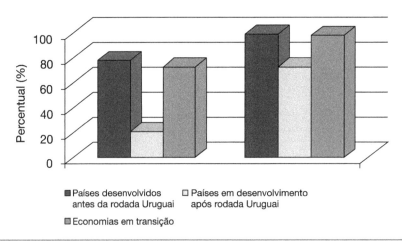

Figura 25.1 Linhas Tarifárias Consolidadas. *Fonte*: www.wto.orgapud *"The Results of the Uruguay Round of Multilateral Trade Negotiations: Market Access for Goods and Services — Overview of the Results"*, Geneva, 1994.

É interessante notar que o imposto de importação de fato cobrado nos países desenvolvidos para a maioria dos produtos corresponde à alíquota consolidada. Já no caso dos países em desenvolvimento, o imposto efetivamente aplicado na maioria das linhas tarifárias é inferior ao consolidado (Tabela 25.1). Assim, os países em desenvolvimento podem, a qualquer momento, aumentar o nível de proteção tarifária até o nível consolidado.

TABELA 25.1 Alíquotas Consolidadas e Aplicadas (Países Selecionados)

País/Bloco	Alíquota Média Simples (%)					
	Todos os Produtos		Produtos Agrícolas		Produtos Não Agrícolas	
	Consolidada	Aplicada (2017)	Consolidada	Aplicada (2017)	Consolidada	Aplicada (2017)
EM DESENVOLVIMENTO						
África do Sul	19,2	7,6	39,1	8,5	15,7	7,5
Brasil	**31,4**	**13,4**	**35,4**	**10,2**	**30,8**	**13,9**
Chile	25,2	6	26,1	6	25	6,0
China	10	9,8	15,7	15,6	9,1	8,8
Índia	48,5	13,8	113,5	32,8	34,6	10,7
DESENVOLVIDOS						
CE	5	5,1	11,8	10,8	3,9	4,2
Japão	4,5	4,0	18	13,3	2,5	2,5
Estados Unidos	3,4	3,4	4,9	5,3	3,2	3,1

Fonte: Elaboração própria com base em informações disponíveis na WTO *(https://www.wto.org/english/thewto_e/countries_e/)*

25.5.2.2 Salvaguardas

Para viabilizar o processo de liberalização, o GATT contém algumas cláusulas de salvaguarda, que se referem à possibilidade de aplicação de uma medida emergencial de proteção de caráter temporário. As salvaguardas previstas no artigo 29 do GATT foram regulamentadas pelo Acordo sobre Salvaguardas (AS) apenas na Rodada Uruguai, e podem ser aplicadas se a produção doméstica de um bem sofrer prejuízo grave (ou ameaça de sofrê-lo) se, em decorrência de evolução imprevista e das obrigações assumidas no âmbito do Acordo da OMC, houve um surto de importações.[27]

Não existe definição no acordo sobre a forma de aplicação dessa medida. No entanto, as medidas até hoje aplicadas corresponderam a aumento do imposto de importação e aplicação de restrição quantitativa. Cabe ainda registrar que o acordo proibiu a realização de "acordos de restrição voluntária" e "acordos de organização de mercado". No entanto, conforme já mencionado, esses acordos continuam sendo "voluntariamente" estabelecidos.

A aplicação da medida de salvaguarda, regulamentada no AS, reflete um reconhecimento de que os produtores domésticos perderam competitividade e, por isso, não têm condições de conviver com o nível de proteção tarifária consolidada.[28]Assim, a aplicação dessa medida objetiva a preservação de uma indústria local e pode envolver a adoção de medidas por parte do governo para viabilizar a recuperação da produção doméstica.

A despeito do caráter emergencial da medida e das condições bastante restritas para sua aplicação, observa-se que a sua utilização tem sido relativamente intensa,[29] ainda que, para evitar o risco de retaliação por parte dos parceiros comerciais, a maioria aplicou a medida por um período não superior a 3 anos.

25.5.2.3 *Medidas Antidumping*

As medidas antidumping têm como objetivo proteger os produtores domésticos de importações objeto de dumping originárias de um ou de alguns países.[30] A definição de dumping, estabelecida no Acordo da OMC, refere-se à mera discriminação de preços praticados no mercado interno (denominado de "valor normal")[31] do país exportador e o preço de exportação, devidamente ajustados para se garantir uma comparação justa. Assim, existirá dumping se o valor normal for superior ao preço de exportação.[32] O cálculo da margem de dumping é realizado por empresa produtora/exportadora do(s) país(es) investigado(s) e a margem apurada determinará o limite da medida a ser aplicada. Para esse fim, são enviados questionários aos produtores/exportadores estrangeiros com a intenção de apurar informações que permitam o cálculo individual da margem.

A determinação de dumping não é condição suficiente para a aplicação de medida de proteção. Há que ser demonstrado, por meio da análise da evolução da situação dos produtores domésticos do produto similar ao importado ("indústria doméstica") com base em diversos indicadores, que as importações investigadas estão causando problemas (perdas) para os produtores domésticos ou ameaçam causá-los.

Assim, pelo menos teoricamente, a medida antidumping teria um efeito menos distorcido sobre o comércio do que as tarifas. Em primeiro lugar, seria justificada pelo fato de evitar que os produtores domésticos de um país que promoveu a abertura de seu mercado sejam prejudicados pelo excesso de proteção conferido por outro país. Isto porque, quanto maior a proteção, maior a possibilidade de diferenciação de preços. Ademais, seria um instrumento seletivo – isto é, aplicado apenas a determinadas origens e limitado ao montante de dumping apurado pelo exportador. E, ainda, no caso de uma empresa estrangeira ser competitiva, a aplicação da medida, ainda que reduzisse a vantagem de preço que a empresa tem ao exportar, não seria necessariamente suficiente para impedir a importação.

No entanto, na prática, a realidade é bastante distinta, uma vez que o Acordo Antidumping ainda contém inúmeras ambiguidades e imprecisões que permitem que os governos dos países importadores atuem com bastante discricionariedade ao calcular o dumping e avaliar o eventual dano causado pelas importações investigadas.

Neste sentido, tendo em vista à existência de barreiras ao comércio, naturais e derivadas da proteção, que restringem a concorrência no mercado interno, é relativamente frequente a prática de dumping, tal como definido no acordo, nas exportações. Quanto à determinação do dano, a análise, em virtude dos diversos indicadores a serem considerados, contempla um elevado grau de subjetividade. Ademais, observa-se, com certa frequência, a aplicação de medidas antidumping sobre importações de um produto originárias de diversos países, fechando, assim, de fato, a economia às importações de um determinado bem.

Além disso, ainda que as medidas tenham prazo de vigência de 5 anos, a introdução no acordo da possibilidade explícita de sua prorrogação por igual período sem restrições, condicionada à realização de revisão, permite que uma medida antidumping seja mantida indefinidamente.

À medida que o processo de redução tarifária foi avançando sob a égide do GATT, observou-se a intensificação da utilização das medidas antidumping. Os principais aplicadores deste instrumento, no período pré-OMC, foram os países desenvolvidos, visto serem estes os que estavam de fato implementando cortes dos níveis tarifários. Este cenário se modificou após a Rodada Uruguai, com os países em desenvolvimento passando a ter um papel de destaque na aplicação dessas medidas. A intensificação da utilização das medidas antidumping pelos países em desenvolvimento (Figura 25.2) ocorreu não apenas em função dos compromissos por eles assumidos em termos de consolidação tarifária e delimitação da utilização de restrições quantitativas, como também pelo fato de muitos desses países terem liberalizado as importações (inclusive, conforme já comentado, com tarifas aplicadas inferiores aos níveis consolidados).[33]

O Brasil, de 1995 a 2017, aplicou 251 medidas, ocupando a quarta posição dentre os membros da OMC aplicadores dessas providências. As origens mais afetadas pelas medidas aplicadas pelo Brasil, nesse período, foram China e Estados Unidos. Por outro lado, o Brasil também se encontra dentre os membros mais afetados pela aplicação dessas medidas, 101 delas, ocupando a 10ª posição, sendo a Argentina a responsável por cerca de 40% dessas medidas (40). Os setores químico e metalúrgico foram os que apresentaram maior relevância em termos de medidas aplicadas pelo Brasil; em relação às medidas aplicadas contra exportações brasileiras, destacam-se os setores metalúrgicos e de eletroeletrônicos.[34]

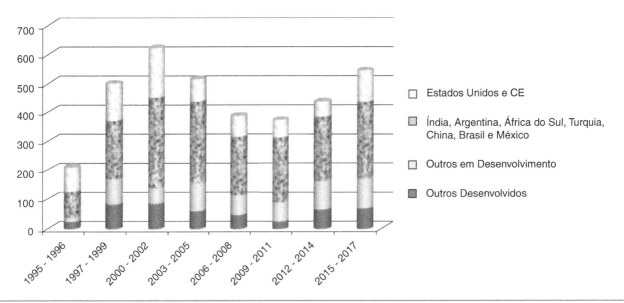

Figura 25.2 Aplicação de medidas antidumping por grupo de países. *Fonte: Elaboração Própria, a partir de dados disponíveis no site da OMC (www.wto.org).*

A proliferação da utilização das medidas antidumping como mecanismo de proteção pode inibir a estratégia das empresas exportadoras que investem mais agressivamente na redução de custos e melhoria de qualidade a fim de penetrar no mercado externo. Isto pode representar uma redução nas taxas de inovação e crescimento globais.

25.5.2.4 *Medidas de Proteção contra Subsídios Concedidos por Outros Países*

O Acordo sobre Subsídios e Medidas Compensatórias (ASMC), da OMC, estabelece regras para que um país possa defender seus interesses no caso de ter sua produção doméstica afetada pela concessão de subsídios.[35]

Os países que se sintam prejudicados podem entrar com uma ação na OMC contra o membro que concede subsídios, cujos prazos para resolução e ônus da prova do país reclamante irão variar em função da categoria do subsídio objeto da reclamação.[36] As categorias estabelecidas para esse fim são: proibidos,[37] acionáveis[38] e não acionáveis.[39]

Esta classificação reflete a percepção do grau de distorção ao comércio gerado pelo subsídio. Aqueles que afetam diretamente o comércio por estimularem as exportações ou restringirem as importações são considerados proibidos; ao passo que os acionáveis, por serem específicos, podem gerar distorções (mas não obrigatoriamente geram) pelo fato de alterarem as condições de funcionamento do mercado, mudando a alocação de recursos e estimulando a produção de determinados produtos. Já os subsídios de disponibilidade geral, por não afetarem, em princípio, a alocação de recursos, não gerariam efeitos distorcivos sobre o comércio.

Quando a concessão de subsídio específico (proibidos ou não) por um país implicar dano aos produtores domésticos de outro país em decorrência de importações do produto beneficiado pelo subsídio, o governo do país importador poderá, alternativamente à ação perante a OMC, aplicar medida compensatória. Para esse fim, deverá seguir procedimento similar ao previsto para aplicação de medidas antidumping (isto é, iniciar investigação, dar oportunidade para que outras partes interessadas que não os produtores domésticos apresentem informações e manifestações, e determinar o montante de subsídio específico e a existência de dano causado pelas importações do produto beneficiado pelo(s) subsídio(s) específico(s)).

A utilização de medidas compensatórias é bem menos frequente que a de medidas antidumping. De 1995 a 2017, foram aplicadas apenas 257 medidas compensatórias por todos os países-membros da OMC, tendo o Brasil aplicado apenas oito medidas.

Em relação às regras previstas no ASMC, cabe destacar os seus impactos sobre a formulação da política industrial e seus resultados. Conforme Lemme et al. (2007), o acordo refletiria a concepção de que políticas horizontais (envolvendo a concessão de subsídios de disponibilidade geral) seriam aceitáveis por não gerarem efeitos distorcivos sobre o comércio, não sendo, portanto, passíveis de ações perante a OMC e nem sujeitas à aplicação de medidas compensatórias. Já no caso de políticas seletivas, no entanto, envolvendo subsídios específicos (acionáveis), a análise das implicações das regras estabelecidas no âmbito da OMC seria mais complexa. Se a política for implementada para gerar resultados rápidos, outros países podem questioná-la, tendo menor dificuldade para demonstrar a ocorrência dos efeitos adversos dela decorrentes na OMC. Porém, o maior risco, no caso da política implicar aumento de competitividade e, por consequência, aumento das exportações, é que essas exportações venham a ser obstaculizadas pela imposição de medidas compensatórias. No caso de políticas envolvendo subsídios proibidos, deve ser considerado que o seu questionamento no âmbito da OMC implicaria menor ônus da prova para o país reclamante, facilitando, assim, uma "condenação" da política adotada e a retirada do subsídio.[40] No caso de subsídios às exportações, os seus efeitos poderiam ser facilmente amainados por meio da aplicação de medidas compensatórias, ou mesmo de medidas antidumping, visto que a concessão desse tipo de subsídio implica preço superior no mercado interno (supostamente protegido) em relação ao preço no mercado internacional.

Cabe, por fim, registrar, no que se refere às regras para subsídios, o tratamento diferenciado conferido para os produtos agrícolas. A criação do Acordo sobre Agricultura (AA) no âmbito da Rodada Uruguai representou uma solução de compromisso: por um lado, foi possível trazer o comércio agrícola para o âmbito da regulação multilateral; em contrapartida, os elevados subsídios concedidos pelos países desenvolvidos foram referendados, inclusive os subsídios à exportação, ainda que sujeitos a compromisso de redução. Acordou-se que, por um prazo de 9 anos, os subsídios agrícolas, desde que concedidos em conformidade com os compromissos de redução assumidos no âmbito do AA, não poderiam ser objeto de ações perante a OMC.[41] Somente poderiam ser objeto de medidas compensatórias caso as investigações para esse fim fossem iniciadas com a "devida moderação", expressão suficientemente vaga para contemplar as mais distintas interpretações.

25.5.2.5 *Regras sobre Outras Medidas que Afetam o Comércio de Bens*

O Acordo da OMC contempla ainda regras sobre distintos instrumentos que, ainda que justificáveis, podem ser usados de maneira arbitrária e protecionista para burlar compromissos de liberalização assumidos. Destacam-se, neste grupo, os Acordos sobre Barreiras Técnicas ao Comércio e o Acordo sobre Medidas Sanitárias e Fitossanitárias, que reconhecem a legitimidade de os governos aplicarem medidas para assegurar proteção da vida ou das saúdes humana, animal ou vegetal, do meio ambiente. Essas medidas não seriam aplicadas de maneira arbitrária e, por essa razão, impediria-se que venham a se constituir em uma restrição ao comércio internacional.[42]

O Acordo da OMC também estabelece regras relativas aos procedimentos de importação – tais como: licenciamento de importações e valoração aduaneira (determinação da base de cálculo do imposto de importação), entre outros. Visa-se evitar que os governos criem obstáculos administrativos injustificados às importações.

25.6 Acordos Regionais

Ainda que as regras multilaterais estabeleçam o princípio de não discriminação, abre-se uma exceção para a realização de acordos comerciais regionais. Para os acordos de livre-comércio, requer-se que "substancialmente todo" o comércio de bens esteja isento de tarifa entre os países-membros dentro de um período razoável de tempo (segundo o artigo 24, parágrafo 3, do GATT 1994, esse período não deveria exceder 10 anos, exceto em circunstâncias excepcionais). Para as uniões aduaneiras, requer-se adicionalmente que a proteção média conferida pelos países integrantes da união aduaneira para terceiros países não supere o grau de proteção vigente antes da implementação do acordo.

Os acordos de livre-comércio têm como objetivo a liberalização do fluxo de comércio de bens entre os países signatários do acordo por meio da eliminação das tarifas aplicadas ao comércio intrazona. Nos acordos de livre-comércio, os países signatários continuam livres para estabelecer sua política comercial em relação a terceiros países. Nos acordos firmados após os anos 1990, foram incluídas regras relativas à liberalização do comércio de serviços, a investimentos e à propriedade intelectual.

Já nas uniões aduaneiras, além de se buscar a liberalização do comércio intrazona, os países-membros adotam uma política comercial comum em relação a terceiros países (por exemplo, uma tarifa externa comum; e regras para aplicação comum de medidas antidumping, compensatórias e de defesa comercial).

Existem outros tipos de acordos que preveem uma maior integração dos países: o mercado comum, no qual, adicionalmente aos elementos que caracterizam a união aduaneira, se prevê a liberalização dos fluxos de trabalho e capital, assim como a união econômica e monetária, que inclui o estabelecimento de moeda única.

Portanto, quanto maior o grau de integração entre os países, maior a cessão de soberania requerida. Por exemplo, no caso das uniões aduaneiras, quando comparadas às áreas de livre-comércio, os países deixam de ter autonomia para determinar a sua política comercial, que passa a ser estabelecida em conjunto pelos países integrantes da união. Além disso, o aprofundamento da integração comercial e econômica entre os países implica a necessidade de harmonização de suas políticas internas, visto que políticas distintas podem ter implicações significativas sobre a alocação dos recursos intrazona.

É justamente por implicar menor restrição aos países na gestão de sua política comercial e políticas internas que a maioria dos acordos negociados ou em negociação são acordos de livre-comércio ou acordos de alcance parcial (estes são compromissos nos quais se negocia uma dedução da tarifa aplicada para terceiros países).[43]

390 Economia Industrial

Observa-se, a partir dos anos 1990, uma proliferação de acordos regionais/bilaterais. Embora esses tratados sejam um passo na direção da liberalização do comércio, em função da multiplicidade de regras que vão sendo estabelecidas, podem acabar gerando obstáculos ao comércio. Mais especificamente, o fato de os países firmarem diversos acordos com distintos parceiros gera, muitas vezes, a adoção de regras e critérios diferenciados para os diversos países. Com isso, dificulta-se a percepção do custo de importação relativo para cada uma das possíveis origens do produto a ser adquirido, em especial durante o período de implementação.

Além disso, há que se considerar que os acordos firmados entre grupos de países podem gerar efeitos positivos (criação de comércio)[44] e negativos (desvio de comércio)[45] e que, nem sempre, o resultado líquido auferido por um acordo é positivo.

25.6.1 A EXPERIÊNCIA RECENTE BRASILEIRA

Em 1991, o Brasil assinou o Tratado de Assunção com Argentina, Uruguai e Paraguai, que previa o estabelecimento de um mercado comum, o Mercosul, em 1994, com livre circulação de bens, serviços e fatores produtivos, e uma política comercial comum. Embora tenham ocorridos avanços no processo de integração, com liberalização da maior parte do fluxo de bens entre os países, ainda hoje existem barreiras não tarifárias aplicadas no comércio intrazona. No que se refere à política comercial comum, somente foi possível o estabelecimento de uma Tarifa Externa Comum (TEC), mas que ainda comporta muitas exceções, permitindo-se aos países integrantes do bloco aplicar alíquotas distintas daquelas previstas na TEC para uma ampla gama de produtos. Além disso, ainda se observa a "dupla cobrança" da TEC sobre produtos importados de fora da região. Se um produto é importado pelo Brasil de fora da região, estando sujeito à cobrança da TEC, e depois é reexportado para um país do bloco, será novamente cobrado o imposto de importação. Isto implica que os países não se beneficiam de uma das principais vantagens da união aduaneira sobre os acordos de livre-comércio, que é evitar os custos associados ao exame das regras de origem. Por essas razões, é comum a referência ao Mercosul como uma "união aduaneira imperfeita". Além do Mercosul, Brasil, como parte integrante deste bloco, também firmou acordos de livre-comércio com Chile, Bolívia, México, Peru, Colômbia, Equador e Venezuela a partir da segunda metade dos anos 1990. Fora do continente sul-americano, foram estabelecidos acordos de preferências tarifárias com Índia e de união aduaneira com a África do Sul, como também acordos de livre-comércio com Israel, Egito e Palestina, sendo que este último ainda não entrou em vigor. Encontra-se ainda em negociação o acordo de livre-comércio com a União Europeia

25.7 Resumo

Neste capítulo aprendemos que

- Existem diversos instrumentos de política comercial que podem ser utilizados pelos governos.
- A utilização desses instrumentos, todavia, implica ganhos e perdas para agentes domésticos e também pode ter impactos sobre os preços internacionais dependendo do tamanho do país que os adote.
- O Acordo da OMC estabelece regras que restringem a autonomia dos governos na implementação de suas políticas comerciais. No caso de um país considerar que outro país adotou medidas que ferem as regras acordadas, pode iniciar uma controvérsia no âmbito da OMC com vistas à busca de uma solução.
- Por meio de acordos comerciais com parceiros, os países podem aprofundar a liberalização do comércio. A proliferação de acordos bi ou plurilaterais, todavia, em função do estabelecimento de regras distintas, pode gerar obstáculos ao comércio com terceiros países.

25.8 Questões para Discussão

1. Por que países exportadores líquidos de produtos agrícolas reclamam da escalada tarifária observada para esses produtos na União Europeia?
2. Por que, e em quais condições, a concessão de subsídios para uma indústria pode gerar efeitos negativos para suas exportações?
3. A medida antidumping é uma forma de evitar que um país arque com o ônus da proteção concedida por outro país. Discuta.
4. Discuta os impactos positivos e negativos resultantes do aumento da proteção tarifária para um determinado produto.
5. Tendo em vista que a literatura recente tem mostrado evidências de que países se especializam cada vez mais em produtos, ou mesmo em segmentos de produtos, em vez de indústrias, como isto afeta o desenho de políticas comerciais?

Política Comercial 391

25.9 Sugestões de Leitura

CHAMI BATISTA, J.; LIU, Y. Export quality and the dynamics of north-south competition. *The World Economy*, v. 40, n. 1, p. 207-232, 2017.

CNA BRASIL. As escaladas tarifárias no comércio do agronegócio com os Estados Unidos. *Informativo Especial*, n. 12, abr. 2017. Disponível em https://www.cnabrasil.org.br/assets/arquivos/boletins/12-informativo_especial_0.43956900%201514916993.pdf. Acesso em: 10 dez. 2019.

FONTAGNÉ, L.; GAULIER, G.; ZIGNAGO, S. Specialization across varieties and north-south competition. *Economic Policy*, v. 23, n. 53, p. 51, 2008.

HUMMELS, D.; KLENOW, P. The variety and quality of a nation's exports. *The American Economic Review*, v. 95, n. 3, p. 704-23, 2005.

LEMME, M. C.; NAIDIN, L.; GADELHA, M. F. Subsídios em Doha: propostas de negociação e implicações para os interesses brasileiros. In: VEIGA, P. M. (org.). *Comércio e política comercial no Brasil*. São Paulo: Singular, 2007.

SCHOTT, P. Across-product versus within-product specialization in international trade. *The Quarterly Journal of Economics*, v. 119, n. 2, p. 647-78, 2004.

Notas

1. Para uma visão histórica das estatísticas do comércio brasileiro, ver Chami Batista (2003).

2. Nos Estados Unidos, a base para a incidência da tarifa é o valor f.o.b. (*free on board*) da mercadoria, o que significa o valor da mercadoria já embarcada no país de origem. A prática no Brasil é tomar, como base de cálculo para a tarifa de importação, o valor c.i.f. (*cost, insurance and freight*) do bem importado, o que significa incluir os custos de fretes e seguros até o ponto de entrada no país.

3. Por outro lado, pode induzir o investimento estrangeiro direto no país importador, como foi o caso da indústria automobilística japonesa nos anos 1980 (Chami Batista, 2008).

4. O *Buy American Act* de 1933 (e emendas posteriores) restringe a compra de suprimentos e materiais de construção por agências de governo aos produtos definidos como bens finais produzidos domesticamente (*domesticend-products*). Esses bens têm que ser manufaturados nos Estados Unidos e utilizar componentes domésticos com um peso superior a 50% do custo de todos os componentes (Chami Batista, 2002).

5. Essa prática do exame de similar nacional começou nos anos 1950 no Brasil, mas o Decreto-Lei nº 37, de 1966, regulou a prática e ficou conhecido como a "Lei do Similar Nacional".

6. O texto original da Lei nº 8.248, de 23/10/1991, conhecida como Lei de Informática, não adotou o conceito de PPB como contrapartida aos seus incentivos fiscais, os quais eram concedidos aos bens de informática e automação fabricados no país com níveis de valor agregado local compatíveis com as características de cada produto. Com a publicação da Lei nº 10.176, de 2001, finalmente o PPB foi incorporado à legislação como contrapartida aos benefícios fiscais da Lei de Informática, somado à obrigatoriedade, já existente, de aplicação de recursos financeiros em Pesquisa e Desenvolvimento (P&D). Disponível em: <http://www.mdic.gov.br/sitio/interna/interna.php?area=2&menu=1103> Acesso em 30/07/2012.

7. Esse coeficiente é obtido por meio de uma matriz insumo-produto da economia e a taxa de proteção efetiva é igual a: $e = (n-ab)/(1-a)$, em que 'e' é a taxa de proteção efetiva, 'n' é a tarifa nominal sobre o produto, 'b' é a tarifa nominal sobre os insumos, e 'a' é o percentual dos insumos importados.

8. A Tarifa Externa Comum (TEC) pode sofrer alterações definitivas de forma a adequar a alíquota estabelecida para um produto a uma mudança das condições de produção. Por exemplo, um produto sujeito a uma alíquota aplicável a produto fabricado no bloco poderá ter sua alíquota reduzida para o nível mínimo previsto na TEC caso deixe de ser produzido. Além disso, existe a possibilidade de alterações temporárias e que são válidas apenas para o país que as solicita. Os mecanismos existentes para realização dessas alterações são: (1) lista de exceção, instrumento que permite que um país aplique para um número limitado de itens alíquotas distintas daquelas previstas na TEC; (2) redução tarifária por desabastecimento, aplicável a uma cota; e (3) ex tarifários para bens de capital e bens de informática, que permitem a redução tarifária para produtos sem produção nacional.

9. Ver Castilho, M. (2015).

10. Castilho, M. (2015) A tarifa efetiva para automóveis, camionetas e utilitários era de 127% em 2014, enquanto a tarifa nominal média no mesmo período era de 29%.

11. Em 2009, o indicador para o Brasil foi de 21,7% comparado com: Rússia e México, ambos com 15,2%; Índia, 14,9%; China, 9,7%; Argentina, 9,2%; Chile, 7,2%; e África do Sul, 5,3%. Em relação ao grau de abertura das economias — relação do total de comércio (importações mais exportações) sobre o PIB—, o Brasil apresentou o menor índice, 18%, dentre os países anteriormente mencionados em 2016: Argentina, 20,8%; Índia, 27,3%; China, 32,9%; Rússia, 36,5%; Chile, 48%; África do Sul, 50,5%; e México, 72,7%.

12. Abreu (2007) fez uma análise cuidadosa da economia política da política comercial brasileira. Ferreira e Facchini (2005) estudaram a relação entre a estrutura de proteção e a estrutura industrial no Brasil no período 1988 e 1994. Ver também Oliveira (2009).

13. Os instrumentos de política comercial não são vistos, teoricamente, como os mais adequados para melhorar a distribuição funcional da renda. Metas exógenas são difíceis de racionalizar, exceto quando elas têm como base considerações de natureza política, estratégica ou moral que as colocam no primeiro lugar das prioridades de uma ordem de preferência social lexicográfica (Dixit e Norman, 1980).

14. Em competição imperfeita, há exceções em que cotas de importação, por exemplo, geram resultados superiores para o país que a tarifa (Helpman e Krugman, 1989).

15. A existência de desemprego ou subemprego persistente de mão de obra e de um mercado de capital e/ou de trabalho incapazes de transferir recursos para setores com grande potencial de rendimentos elevados também seriam sinais de falhas de mercado. O dualismo econômico, presente em países menos desenvolvidos e caracterizado por grandes diferenciais de salários entre trabalhos semelhantes em diferentes setores, seria um dos sinais de que os mercados não estão funcionando bem. Segundo algumas análises, contudo, a própria política comercial pode agravar a economia dual (Krugman e Obstfeld, 1994).

16. No seu clássico livro sobre política comercial, Corden (1974) distingue bem a defesa do livre-comércio da defesa do *laissez-faire*. É perfeitamente possível defender intervenções de políticas econômicas para, por exemplo, melhorar a distribuição da renda, mas acreditar que, *grosso modo*, o livre-comércio é a melhor alternativa.

17. Por exemplo, para confirmar a suposição de que o país sob análise possui vantagem comparativa potencial na indústria com economias externas, seria necessário estimar o efeito das economias externas estáticas sobre o custo unitário a cada nível de produção no país que serve de referência (País B) e projetar esse mesmo efeito para a indústria a ser desenvolvida no País A. No caso de economias externas dinâmicas, o cálculo seria ainda mais complexo, pois seria necessário projetar a evolução ao longo das curvas de aprendizagem tanto para os pioneiros como para o país A. Em ambos os casos de economias externas, deveria ser projetada a possível reação das firmas já estabelecidas no país que se beneficia dessas economias. Além de estudar os efeitos da política comercial sobre o bem-estar para cada setor isoladamente (análise de equilíbrio parcial), seria necessário analisar os efeitos das diferentes alternativas para a estrutura de impostos para justificar maior proteção ou subsídios a determinadas indústrias em detrimento de outras (enfoque de equilíbrio geral).

18. Embora os benefícios sociais da decisão de liberalizar o comércio ultrapassem em muito os seus custos, esses benefícios são divididos por um grande número de pessoas, ao passo que os custos são concentrados em um pequeno grupo. Assim, o grupo "perdedor" se mobiliza para evitar a abertura de mercado, ensejando atividades políticas para capturar o Estado e favorecer seus interesses (*rent-seeking*). Devemos a Olson (1965) a ideia de que a atividade política em função de um grupo é um bem público e a identificação do problema, que ele denominou ação coletiva: embora haja interesses do grupo como um todo em pressionar por políticas favoráveis, não há nenhum interesse individual em fazer o mesmo.

19. O uso da teoria dos jogos é necessário para o exame adequado das possibilidades de retaliação e suas consequências.

20. A proteção por meio de instrumentos quantitativos, como uma cota de importação, por exemplo, incentiva o conluio das empresas locais.

21. Nos modelos de economias abertas ao comércio com crescimento endógeno (a taxa de progresso tecnológico é determinada pelo modelo), a presença de economias externas dinâmicas no processo de inovação implica que intervenções de políticas no mercado de pesquisa e desenvolvimento podem aumentar o bem-estar. Esse resultado requer, no entanto, que as externalidades sejam específicas de cada país (os transbordamentos tecnológicos não ultrapassem as fronteiras do país) e a produtividade em pesquisa seja constante. Além disso, se há externalidades positivas e negativas simultaneamente (como no caso dos modelos de melhoria de qualidade dos produtos), a recomendação pode ser tanto um subsídio à atividade de pesquisa e desenvolvimento (caso as externalidades positivas sejam dominantes), ou um imposto sobre essa atividade (no caso oposto). Ver Grossman e Helpman (1991).

22. Os seguintes acordos foram criados na Rodada Uruguai: o Acordo Geral sobre Comércio de Serviços (GATS); o Acordo sobre Aspectos dos Direitos de Propriedade Intelectual Relacionados ao Comércio (TRIPS); e o Acordo sobre Medidas de Investimento Relacionadas ao Comércio (TRIMS).

23. O procedimento de solução de controvérsias estabeleceu prazos para a condução do processo, assim como a possibilidade de recursos às avaliações realizadas pelos painéis por meio do estabelecimento do Órgão de Apelação. Adotou também a regra do "consenso negativo", isto é, as recomendações emanadas dos painéis (ou das recomendações dos painéis revistas pelo Órgão de Apelação) somente podem ser rejeitadas se houver consenso dos países neste sentido. O objetivo foi garantir a adoção dessas recomendações distintamente do que se observava no período pré-OMC, quando as recomendações somente eram adotadas se todos os países concordassem (regra do "consenso positivo").

24. As outras funções da OMC são: facilitar a implementação, administração e operação dos acordos; administrar o procedimento de solução de controvérsias; e administrar o mecanismo de revisão de políticas comerciais (TPRM).

25. Os países são livres para reduzir o imposto de importação. Porém, para aumentá-lo acima do nível consolidado, terão de entrar em negociações com os principais países fornecedores do produto adquirido e, se for o caso, dar uma compensação pelo "rompimento do acordo".

26. Produtos agrícolas, na definição da OMC, referem-se aos produtos cobertos pelo Acordo sobre Agricultura.

27. Para a aplicação de medida de salvaguarda, o governo do país importador deve conduzir uma investigação, dando oportunidade para que importadores e produtores/exportadores estrangeiros se manifestem e apresentem informações. Além disso, deve ser feita notificação à OMC e ser dada a oportunidade para a realização de consultas com os principais países fornecedores do produto em questão. A medida poderá ser aplicada por um prazo de 4 anos, prorrogável por igual período no caso de países desenvolvidos. Para os países em desenvolvimento, o período máximo de aplicação da medida é de 10 anos. Na hipótese da medida vigorar por mais de 3 anos, negociações com os principais países fornecedores deverão ser realizadas com o intuito de se discutir uma compensação em virtude do rompimento temporário de uma concessão.

28. Por essa razão, o acordo prevê que, no caso da medida durar mais de 12 meses, esta deverá ser gradualmente liberalizada com o objetivo de facilitar o ajuste da produção doméstica e, caso dure mais de 3 anos, o governo que aplicou a medida deverá revê-la na metade de sua vigência para determinar se tal providência continua a ser necessária (ou se a sua liberalização pode ser acelerada). No caso da legislação brasileira, estabeleceu-se a obrigação dos produtores que solicitam a aplicação da medida apresentarem um compromisso de ajustamento que indique as medidas a serem implementadas para permitir a recuperação da competitividade da produção doméstica considerando o

grau de proteção acordado. No caso da legislação norte-americana, está prevista a possibilidade de aplicação de medida para que, entre outros objetivos, seja possível o "desmonte" da indústria afetada e sua reconversão.

29. Conforme informação disponível no site da OMC (acesso em 30/10/2018), de março de 1995 até dezembro de 2017, foram aplicadas 166 medidas, sendo os principais países aplicadores a Índia (21 medidas), a Indonésia (17 medidas), a Turquia (16 medidas), Chile e Jordânia (ambos com nove medidas). O Brasil até 2017 aplicou duas medidas de salvaguarda sobre importações de: (1) brinquedos, deliberação que vigorou por 10 anos (1996 a 2006); e (2) coco ralado, por igual período (2002 a 2012). O Brasil abriu também investigações para aplicação de salvaguardas sobre importações de mídias óticas graváveis (2008) e vinhos (2012), mas as encerrou sem aplicação da medida.

30. Assim como no caso das medidas de salvaguarda, para a aplicação de medidas antidumping, o governo do país importador deve realizar uma investigação, normalmente solicitada pelos produtores domésticos que estão se sentindo afetados pelas importações a baixos preços, para determinar a existência de dumping e de dano aos produtores domésticos causado pelas importações objeto de dumping.

31. Em determinadas condições (inexistência de vendas para o mercado interno do país exportador ou vendas em volume muito limitado), o "valor normal" poderá ser determinado com base no valor construído (custo de produção, despesas e margem razoável de lucro) ou no preço de exportação para terceiro país.

32. Para fins de determinação do valor normal, vendas abaixo do custo para o mercado interno, se realizadas em volume significativo, entre outras condições, poderão ser desconsideradas.

33. A relação existente entre a intensificação da utilização do instrumento e o processo de liberalização comercial fica bastante evidente quando se observa a China. Ao entrar na OMC em 2001, aquele país assumiu uma série de compromissos de liberalização da sua economia, os quais começaram a ser implementados em 2002. E, a partir daí, a China transformou-se em um dos principais aplicadores de medidas antidumping. De 2002 a 2017, aplicou 197 medidas antidumping, sendo o sexto principal aplicador desses dispositivos dentre os países membros da OMC no período de 1995 a 2017.

34. www.wto.org

35. Segundo a definição do ASMC, subsídios são definidos como uma contribuição financeira do governo, real ou potencial, que implique benefício. Os subsídios são classificados em duas grandes categorias: (1) específicos, isto é, quando sua concessão está restrita a determinados produtos, indústrias, empresas e/ou regiões; ou (2) de disponibilidade geral.

36. O Brasil, por exemplo, acionou o Canadá na OMC por conta dos subsídios conferidos à Bombardier (empresa produtora de aeronaves civis) em 1997 e 2001. Também foi acionado pelo Canadá em função dos subsídios à exportação concedidos para a EMBRAER em 1996.

37. São considerados como proibidos os subsídios à exportação (isto é, aqueles cuja concessão esteja condicionada ao desempenho exportador) e os subsídios que discriminem contra o produto importado (isto é, aqueles cuja concessão esteja condicionada à utilização do produto doméstico em detrimento do produto estrangeiro). Os subsídios proibidos são, por definição, considerados como subsídios específicos. No caso de subsídios proibidos, o país reclamante deve demonstrar apenas a existência do subsídio que se enquadre nesta categoria e os prazos para a conclusão do caso são mais céleres. Se for considerado que de fato é concedido um subsídio proibido, o país reclamado deverá eliminar o subsídio em questão em prazo a ser acordado ou, não sendo possível, em prazo a ser arbitrado.

38. Os subsídios acionáveis se referem aos demais subsídios específicos. No caso de reclamação relativa a subsídio acionável, além de demonstrar a concessão de subsídio específico pelo país reclamado, o reclamante deverá demonstrar os efeitos adversos que o subsídio está causando para os seus interesses (quer seja em seu mercado interno, quer seja no mercado do país que concede o subsídio ou em terceiro mercado, ou ainda no mercado internacional, por meio de efeitos de depressão de preços). Na hipótese de ser determinado que o subsídio é específico e está causando prejuízo aos interesses do país reclamante, não necessariamente o subsídio deverá ser eliminado, podendo ser adotadas medidas para anular os efeitos adversos causados.

39. Os subsídios não acionáveis correspondem aos subsídios de disponibilidade geral. Os países que pretendam adotá-los têm a obrigação de notificar à OMC previamente, dando, assim, a oportunidade para que outros países solicitem ao secretariado uma avaliação sobre se o subsídio notificado de fato se enquadra na categoria "não acionável". Se confirmado que o programa notificado é "não acionável", nenhuma ação contra o país que o adota pode ser tomada.

40. Cabe registrar a existência de interpretações distintas sobre o significado exato da expressão "retirada do subsídio" (*withdraw all of the subsidy*).

41. Ainda durante a vigência da Cláusula de Paz, o Brasil iniciou duas ações na OMC sobre subsídios agrícolas: a controvérsia do açúcar contra a União Europeia e a do algodão contra os Estados Unidos. Nos dois casos, os países reclamados foram "condenados".

42. Esses acordos recomendam a harmonização das medidas adotadas pelos países-membros e, para esse fim, a adoção de dispositivos que sejam embasados em normas aceitas internacionalmente. Estabelecem, adicionalmente, a obrigatoriedade de notificações à OMC relativas à criação de novas medidas ou alteração daquelas já existentes para garantir a transparência das exigências estabelecidas pelos países que devem ser cumpridas não apenas pelos produtos importados, mas também pelos produtos domésticos.

43. Conforme informação disponível no Regional Trade Agreements Information System (RTA-IS), da OMC, acesso em outubro/2018, dos mais de 290 acordos comerciais regionais em vigor, cerca de 85% se referem a acordos de livre-comércio.

44. Entende-se que ocorre criação de comércio quando um fornecedor local é substituído por um fornecedor do outro país com o qual o acordo foi firmado.

45. Ocorre desvio de comércio quando um fornecedor estrangeiro, de um terceiro país, é substituído por um fornecedor do país com o qual se firmou o acordo, sendo a substituição decorrente da redução de tarifa promovida pelo acordo firmado.

Bibliografia

ABREU, M. P. *Comércio exterior:* interesses do Brasil. Rio de Janeiro: Elsevier, 2007.

CASTILHO, M. (coord.). *A estrutura recente da proteção nominal e efetiva no Brasil.* Relatório Final para a FIESP, Grupo de Indústria e Competitividade, 20015. Rio de Janeiro: IE/UFRJ. Disponível em http://retaguarda.iedi.org.br/midias/artigos/55a99ce821474fde.pdf. Acesso em: 10 dez. 2019.

CHAMI BATISTA, J. Potencial para o Brasil das compras governamentais nos países do hemisfério: elementos para demandas brasileiras sobre o tema no âmbito da ALCA. Relatório Final para o Ministério das Relações Exteriores, *mimeo*, jul. 2002.

_____. O setor externo brasileiro no século XX. In: *Estatísticas do Século XX*. Rio de Janeiro: IBGE, 2003.

_____. Competing for the U.S. import market: NAFTA and Non-NAFTA countries. In: McKINNEY, J.; GARDNER H. S. (eds.) *Economic integration in the Americas*. Abingdon: Routledge Publishing, 2008.

CORDEN, W. M. *Trade policy and economic welfare*. Oxford: Clarendon Press, 1974.

DIXIT, A.; NORMAN, V. *Theory of international trade*. Cambridge: Cambridge University Press, 1980.

FERREIRA, P. C.; FACCHINI, G. Trade liberalization and industrial concentration: evidence from Brazil. *The Quarterly Review of Economics and Finance*, v. 45, p. 432-446, 2005.

GROSSMAN, G.; HELPMAN, E. *Innovation and growth in the global economy*. Cambridge: The MIT Press, 1991.

HELPMAN, E.; KRUGMAN, P. *Trade policy and market structure*. Cambridge/London: The MIT Press, 1989.

INMETRO. *Barreiras técnicas às exportações:* o que são e como superá-las. Rio de Janeiro: Inmetro, 2002.

KRUGMAN, P. Is free trade passé? *The Journal of Economic Perspectives*, v. 1, n. 2, p. 131-144, 1987.

_____. The myth of Asia's miracle. *Foreign Affairs*, nov. 1994.

_____; OBSTFELD, M. *International economics theory and policy*. 3. ed. London: HarperCollins College Publishers, 1994.

KUME, H.; PIANI, G.; SOUZA, C. F. B. A política brasileira de importação no período 1987-1998: descrição e avaliação. In: CORSEUIL, C. H.; KUME, H. (org.). *A abertura comercial brasileira nos anos 1990:* impactos sobre emprego e salário. Rio de Janeiro: Ipea, v. 1, 2003.

LEMME, M. C.; NAIDIN, L.; GADELHA, M. F. Subsídios em Doha: propostas de negociação e implicações para os interesses brasileiros. In: VEIGA, P. M. (org.). *Comércio e política comercial no Brasil*. São Paulo: Singular, 2007.

MOREIRA M. M.; CORREA, P. Abertura comercial e indústria: o que se pode esperar e o que se vem obtendo. *Revista de Economia Política*, v. 17, n. 2 (66), p. 61-91, 1986.

OLSON, M. *The Logic of Collective Action*. Cambridge: Harvard University Press, 1965.

OMC. *Comprendrel'OMC*. Genéve: OMC, 2003.

SAMPAIO OLIVEIRA, G. A. The political economy of brazilian trade policy: domestic and international determinants – empirical testing and data investigation, XXXVII Encontro Nacional de Economia (ANPEC). Foz do Iguaçu, dez. 2009.

STIGLITZ, J. E. Some Lessons from the East Asian Miracle. *The World Bank Research Observer*, v. 11, n. 2, ago. 1996.

WTO & ITC (UNCTAD/WTO). *World Tariffs Profile 2008*, Suíça, WTO Secretariat, 2008.

Política Ambiental

Maria Cecília J. Lustosa e Carlos Eduardo Frickmann Young

26.1 Introdução

A Política Ambiental é o conjunto de metas e instrumentos que visam reduzir os impactos negativos da ação antrópica – do homem – sobre o meio ambiente. Como toda política, possui justificativa para sua existência, fundamentação teórica, metas, instrumentos e prevê penalidades para aqueles que não cumprem as normas estabelecidas. Interfere nas atividades dos agentes econômicos e, portanto, a maneira pela qual é estabelecida influencia as demais políticas públicas, inclusive as políticas industrial e de comércio exterior. Por outro lado, as políticas econômicas favorecem um tipo de composição da produção e do consumo que tem impactos importantes sobre o meio ambiente.

A importância da Política Ambiental tem sido crescente, principalmente nos países industrializados, e seus efeitos sobre o comércio internacional podem ser percebidos com o surgimento de barreiras não tarifárias. Como cada país possui problemas ambientais específicos, há diferenças nos princípios e tipos de instrumentos de Política Ambiental adotados, mas há traços gerais que são comuns a todos os países.

O objetivo desse capítulo é apresentar, de forma introdutória, o tema Política Ambiental. A seção 26.2 expõe as principais razões para a adoção de uma Política Ambiental. A seção 26.3 discute as possíveis soluções econômicas para os problemas ambientais e a seção 26.4 apresenta os principais instrumentos de Política Ambiental. A seção 26.5 descreve o histórico e as principais características da Política Ambiental no Brasil. Ao final do capítulo, é apresentado um resumo do que foi exposto, algumas questões para discussão e sugestões de leitura sobre o tema.

26.2 Razões para Adoção da Política Ambiental

A Política Ambiental é necessária para induzir ou forçar os agentes econômicos a adotarem posturas e procedimentos menos agressivos ao meio ambiente, ou seja, reduzir a quantidade de poluentes lançados no ambiente e minimizar a depleção dos recursos naturais.[1] No caso das indústrias, os recursos naturais são transformados em matérias-primas e energia, gerando impactos ambientais iniciais (desmatamento, emissões de gases poluentes, erosão de solos, entre outros). As matérias-primas e a energia são os insumos da produção, tendo como resultados o produto final e os resíduos – fumaça, resíduos sólidos e efluentes líquidos. Após o consumo do produto, temos mais resíduos como resultado de todo o processo de produção e consumo (Figura 26.1). Como os recursos naturais utilizados nos processos industriais são finitos, e muitas vezes não renováveis, a utilização deve ser racional a fim de que o mesmo recurso possa servir para a produção atual e para as gerações futuras – esse é o princípio do Desenvolvimento Sustentável.[2]

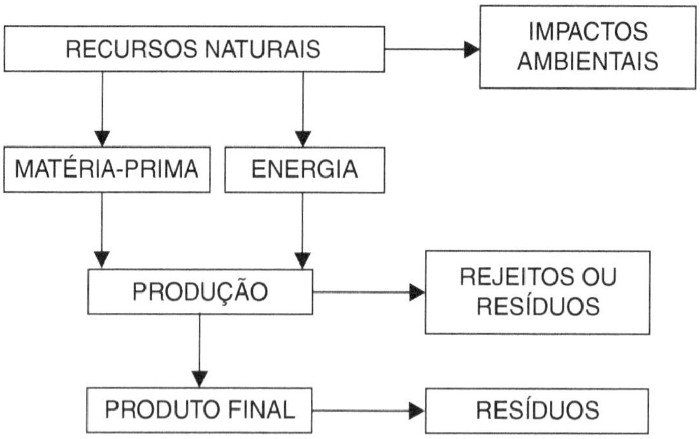

396 Economia Industrial

Figura 26.1 O processo de produção e a geração de impactos ambientais.

O atual padrão tecnológico da produção industrial é intensivo em energia e matérias-primas. Além do mais, não é possível que uma tecnologia aproveite 100% dos insumos sem gerar resíduos. Juntamente com a produção surgem os rejeitos (ou resíduos); e, se suas quantidades forem maiores que a capacidade de absorção pelo meio ambiente, eles geram poluição. Essa tem efeitos negativos sobre o bem-estar da população e sobre a qualidade dos recursos naturais, afetando a harmonia dos ecossistemas e aumentando os gastos públicos – o Quadro 26.1 exemplifica os gastos públicos com as doenças relacionadas à poluição no Brasil. Se todos os países do mundo adotassem o mesmo padrão produtivo, os recursos naturais iriam se esgotar rapidamente e o planeta ficaria sem condições de ser habitado, dado o surgimento de problemas ambientais globais e locais.[3]

A poluição industrial está associada ao padrão de especialização da economia e à escala de produção. Ou seja, como umas indústrias são mais poluidoras do que outras (Quadro 26.2), a estrutura industrial será mais poluidora quando for especializada em indústrias de grande potencial de emissões de poluentes. Quanto maior a escala de produção, maiores serão as emissões industriais[4] em termos absolutos.

A sistematização da Política Ambiental é recente, pois somente a partir do início do século XX a legislação ambiental começou a dar os primeiros passos. Isso não significa que não havia problemas ambientais no início da Revolução Industrial, pois a base energética da atividade econômica era a queima de carvão mineral, uma importante fonte de poluição do ar. Além do mais, o rápido processo de urbanização sem infraestrutura adequada trouxe problemas ambientais, como poluição das águas, falta de drenagem e geração de volumes crescentes de resíduos sólidos sem disposição adequada.

QUADRO 26.1 GASTOS COM SAÚDE DEVIDOS ÀS POLUIÇÕES ATMOSFÉRICA E HÍDRICA NO BRASIL

A poluição atmosférica é um dos grandes problemas atuais das regiões metropolitanas devido ao processo de urbanização, que muitas vezes ocorreu de maneira desordenada. A excessiva concentração de poluentes no ar causa graves problemas para a saúde humana, sendo a principal responsável por doenças respiratórias como bronquite e bronquiolite agudas, gripe, alergias, bronquites crônicas, enfisema, asma, bronquiectasia, entre outras. As crianças e os idosos são as principais vítimas.

Tal como o ar, a água é um dos recursos ambientais mais usados pelo homem – dessedentação humana ou animal, irrigação, geração de energia, insumo industrial, higiene pessoal, transporte, lazer e outros usos. A poluição hídrica é prejudicial à saúde humana e gera várias doenças, tais como cólera, infecções gastrintestinais, febre tifoide, poliomielite, amebíase, esquistossomose e shiguelose.

Segundo estudo realizado pelo IPEA/RJ (Seroa da Motta, 1995), os gastos médicos (realizados pelo antigo sistema Inamps) associados à poluição hídrica doméstica no Brasil no ano de 1989 foram de US$ 40,2 milhões e os gastos hospitalares na cidade de São Paulo com doenças causadas por poluição atmosférica no mesmo ano foram de US$ 785 mil. Os custos médios de saúde *per capita* associados à poluição hídrica foram de US$ 2,97 e US$ 0,84 associados à poluição atmosférica (para as populações de São Paulo, Rio de Janeiro e Cubatão).

É importante lembrar que esses são gastos com tratamento de doenças, sem contar as perdas econômicas que ocorrem devido à morbidade e à mortalidade causadas pela poluição. Ou seja, pessoas doentes perdem dias de trabalho e a produtividade cai, além da produção que foi sacrificada devido à morte de trabalhadores e da mão de obra futura.

Você já imaginou o quanto poderá ser economizado com a redução da poluição?

Fonte: Elaboração própria com base em Seroa da Motta, R. (coord.). Contabilidade Ambiental: teoria, metodologia e estudos de caso no Brasil. Rio de Janeiro: IPEA, caps. 8 e 9, 1995.

Política Ambiental 397

QUADRO 26.2 INDÚSTRIAS COM MAIOR POTENCIAL DE EMISSÃO DE POLUENTES		
	Tipo de Poluente	**Tipo de Indústria**
Poluentes da água	Carga orgânica (DBO)	Metalurgia de não ferrosos; papel e gráfica; químicos, não petroquímicos; açúcar
	Sólidos suspensos	Siderurgia
Poluentes do ar	Dióxido de enxofre (SO_2)	Metalurgia de não ferrosos; siderurgia; refino de petróleo e petroquímica
	Dióxido de nitrogênio (NO_2)	Refino de petróleo e petroquímica; siderurgia
	Monóxido de carbono (CO)	Siderurgia; metalurgia de não ferrosos; químicos diversos; refino de petróleo e petroquímica
	Compostos orgânicos voláteis	Refino de petróleo e petroquímica; siderurgia; químicos diversos
	Material particulado inalável	Siderurgia; óleos vegetais e gorduras para alimentação; minerais não metálicos

Fonte: Young, C.E.F. e Pereira, A.A. Controle ambiental, competitividade e inserção internacional: uma análise da indústria brasileira. XXVIII Encontro Nacional de Economia, Campinas: ANPEC, 2000.

A acumulação de poluentes e resíduos, juntamente com o aumento das atividades industriais, agrícolas e da urbanização desordenada, começou a tomar proporções alarmantes. Surge, portanto, a necessidade de sistematizar as normas de conduta em relação ao meio ambiente.

26.3 Soluções Econômicas para os Problemas Ambientais

Nessa seção vamos discutir a Política Ambiental sob a perspectiva econômica mostrando soluções teóricas para os problemas ambientais. Inicialmente, veremos que é possível criar um mercado para que poluidores e vítimas da poluição possam chegar a um acordo sobre o nível de poluição "ideal", mas isso somente será possível em casos particulares, quando os direitos de propriedade estiverem bem definidos. Em outra abordagem, a poluição é vista como uma externalidade[5] negativa e a solução para o problema é que o poluidor internalize as externalidades – princípio do *poluidor-pagador*.

26.3.1 A LIVRE NEGOCIAÇÃO (OU TEOREMA DE COASE)

Se há poluidores e vítimas da poluição, por que uns não negociam com os outros e tentam resolver o problema sem a interferência pública por meio da Política Ambiental? Em outras palavras, por que não se cria um mercado para negociar a quantidade de poluição aceitável?

Essa questão foi levantada por Ronald Coase (prêmio Nobel de 1991) em seu artigo "The Problem of Social Cost" publicado em 1960, no qual argumenta que a solução dos problemas ambientais pode surgir por meio da livre negociação entre as partes envolvidas. O argumento central é que as partes interessadas, por meio de um processo de barganha, irão chegar a um consenso, resultando numa solução ótima (ou seja, melhor do que qualquer outra imposta "de fora").

A hipótese básica do argumento é que, quanto menor a redução na poluição, maior o custo marginal de abatê-la[6] e menor é o benefício marginal para a parte afetada. A partir do nível de poluição Q_3 (Figura 26.2), inicia-se um processo de barganha e as partes envolvidas irão negociar até o ponto em que o custo marginal de reduzir a poluição seja igual ao benefício marginal de reduzi-la – ponto E. Nesse ponto, a vítima da poluição não estará mais disposta a pagar um valor adicional para o agente poluidor para que este reduza a poluição. Ou seja, ela prefere "suportar" um pouco de poluição (Q_2) a gastar mais (acima de P) e o poluidor só aceitará reduzir ainda mais seus níveis de poluição por uma quantia maior do que a vítima está disposta a pagar (Quadro 26.3).

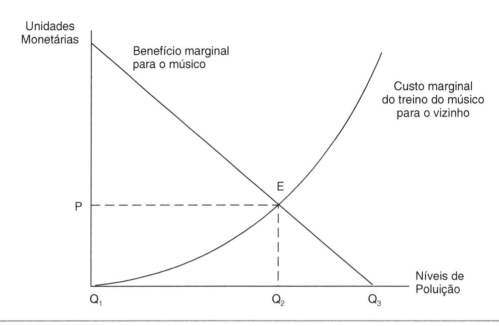

Figura 26.2 Livre negociação entre o poluidor e a vítima da poluição.

QUADRO 26.3 EXEMPLO DE LIVRE NEGOCIAÇÃO ENTRE POLUIDOR E VÍTIMA DA POLUIÇÃO

Um baterista profissional resolveu praticar seu instrumento à noite, gerando muito barulho (ponto Q_3 na Figura 26.2). Mas esse é o mesmo período em que Cadu, um estudante de economia que estuda pela manhã e trabalha à tarde, tem para estudar. Como não havia nenhuma restrição legal à poluição sonora, Cadu resolveu ir até o apartamento do vizinho e negociar uma solução para o problema. O baterista, por sua vez, disse que, quanto mais ensaiasse, maior seriam seus rendimentos. O que fazer? Como na aula do dia Cadu aprendeu o teorema de Coase, ele propôs ao músico uma certa quantia para que a sessão de bateria não mais ocorresse (nível de poluição zero ou Q_1). Mas o baterista não aceitou, pois a quantia era inferior ao que receberia tocando. Contudo, sabendo que a produtividade do ensaio do baterista é decrescente com o tempo da sessão e que a irritação de Cadu é crescente a cada minuto adicional que o vizinho pratica seu instrumento, eles foram negociando até que chegaram a um acordo: o músico tocaria menos à noite (nível de poluição Q_2) recebendo do estudante de economia uma compensação equivalente a P pelo tempo de redução do ensaio, obtido na interseção entre a curva de custo marginal de abatimento da poluição (custo do tempo de ensaio) com a curva benefício (menos irritação) marginal do estudante em escutar o barulho. Note que, pelo teorema de Coase, o mesmo ponto Q_2 de poluição seria alcançado se existisse uma lei de poluição sonora que atribuísse à vítima (no caso, o estudante) o direito de interromper a atividade causadora do barulho. Nesse caso, seria o baterista quem compensaria Cadu pelo tempo do ensaio ao mesmo valor P que iguala o custo marginal de abatimento da poluição com o benefício marginal de abatimento da poluição de suportar o barulho.

Fonte: Elaboração própria.

Entretanto, apesar da existência hipotética de uma solução de mercado, a livre negociação entre as partes envolvidas muitas vezes não é viável na prática, seja por causa do grande número de vítimas ou poluidores envolvidos, seja porque os direitos de propriedade sobre o ambiente não estão definidos. Por exemplo, como se daria a negociação entre as vítimas da poluição do ar por emissão veicular nos grandes centros urbanos com os usuários dos automóveis? Como negociar quando o poluidor também é uma das vítimas, ou não dispõe de informações adequadas sobre as perdas que lhe são infligidas? Ou seja, os direitos de propriedade devem estar bem delimitados para que possibilite a criação de um mercado.

Assim, a livre negociação só será possível em casos particulares, envolvendo poucos negociadores, devido a uma série de problemas na sua implementação:

1. Altos custos de transação, ou seja, os custos de reunir as diversas vítimas, de contratar advogados, os custos processuais, entre outros, podem ser tão elevados que não compensam os ganhos que serão obtidos.
2. A maioria dos problemas ambientais afeta bens que não têm direito de propriedade bem definido, como parte dos recursos marinhos, o ar, a água e outros bens livres – ou seja, a livre negociação somente é possível quando os direitos de propriedade estão bem definidos.

3. Negociação entre gerações, isto é, há problemas ambientais cujas vítimas são as gerações futuras e não há um consenso em torno de quem irá negociar em nome delas.

Na prática, dadas as limitações da solução de mercado – a livre negociação entre as partes envolvidas –, formas diretas de intervenção são necessárias para fazer com que os poluidores, que causam problemas ambientais para diversas pessoas, assumam os custos da poluição ou reduzam seus níveis de emissão de poluentes.

26.3.2 A internalização das externalidades

Os mercados podem apresentar falhas importantes no seu funcionamento quando parte dos custos envolvidos na produção ou consumo de um recurso não é plenamente capturada por aqueles que se beneficiam de tais atos. Assim, esses custos não são contabilizados *privadamente*, não havendo motivação para que seus causadores corrijam suas ações. Mas isso não significa que eles não acabem incidindo sobre outras parcelas da sociedade. Diz-se, então, que tais custos são *socializados* por meio da geração de externalidades (Quadro 26.4).

QUADRO 26.4 EXEMPLO DA FÁBRICA DE CIMENTO QUE POLUI O AR

"Observe-se que esta situação [poluição atmosférica] só ocorre porque, como se disse anteriormente, o ar é um bem público, ou melhor, não é de propriedade de ninguém. Se o dono da fábrica [de cimento] fosse também o dono do ar [...], certamente tomaria todo cuidado para conservar esse ar em condições adequadas à produção do cimento. Igualmente, se as pessoas da cidade tivessem comprado o ar da cidade (e, portanto, possuíssem sobre ele um direito *exclusivo*), o dono da fábrica teria que incorporar uma indenização por estar poluindo o ar da cidade, ou recorreria a filtros de controle para não o poluir. Num e noutro caso [...] percebe-se que o resultado (a alocação de recursos) é distinto do que se verifica na prática com os bens públicos. Pela natureza deste tipo de bens, há uma falha de mercado envolvida. Os custos privados diferem dos custos sociais, e uma empresa que maximiza lucro toma decisões que não são socialmente eficientes."

Fonte: MARGULIS, S. (org.). *Meio Ambiente: aspectos técnicos e econômicos*. Brasília: IPEA, Cap. 6, p.136, 1996.

Microeconomicamente, isso quer dizer que as curvas de custo dos que são geradores da emissão (Figura 26.3) não incorporam plenamente todos os custos envolvidos (CMg_1) e por isso as quantidades produzidas (Q_1) excedem o nível de ótimo social (Q_2).

Qual a solução para esse problema? Fazer com que o poluidor incorpore as externalidades, ou seja, os custos sociais também devem ser adicionados ao custo marginal privado, fazendo com que a curva de custo marginal se desloque para a esquerda (CMg_2). Assim, a fim de que o poluidor incorpore as externalidades, o custo marginal a ser considerado deve ser CMg_2 e a quantidade produzida deve ser menor, atingindo o ótimo social em Q_2. Este é o princípio do *poluidor-pagador*.

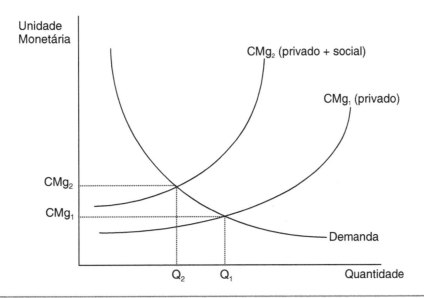

Figura 26.3 Custos marginais privados com a incorporação das externalidades.

400 Economia Industrial

■ 26.4 Instrumentos de Política Ambiental

Os instrumentos de Política Ambiental têm a função de internalizar o custo externo ambiental e podem ser divididos em três grupos: instrumentos de comando e controle (ou regulação direta), instrumentos econômicos (ou de mercado) e instrumentos de comunicação (Quadro 26.5). Todos eles possuem vantagens e desvantagens, razão pela qual a análise da experiência de diversos países evidencia uma combinação desses diversos tipos de instrumentos em suas Políticas Ambientais.

QUADRO 26.5 TIPOLOGIA E INSTRUMENTOS DE POLÍTICA AMBIENTAL		
Instrumentos de Comando e Controle	**Instrumentos Econômicos**	**Instrumentos de Comunicação**
• Controle ou proibição de produto • Controle de processo • Proibição ou restrição de atividades • Especificações tecnológicas • Controle do uso de recursos naturais • Padrões de poluição para fontes específicas	• Taxas e tarifas • Subsídios • Certificados de emissão transacionáveis • Sistemas de devolução de depósitos	• Fornecimento de informação • Acordos • Criação de redes • Sistema de gestão ambiental • Selos ambientais • Marketing ambiental

Fonte: Elaboração própria com base em Kemp, R.; Smith, K. e Becher, G. How should we study the relationship between environmental regulation and innovation? Relatório final do programa de pesquisa DGIII-IPTS, 2000 e Almeida, L. T. Política Ambiental: uma análise econômica. Campinas: Papirus, 1998.

26.4.1 Instrumentos de comando e controle

Os instrumentos de comando e controle são também chamados de instrumentos de regulação direta, pois implicam o controle direto sobre os locais que estão emitindo poluentes. O órgão regulador estabelece uma série de normas, controles, procedimentos, regras e padrões a serem seguidos pelos agentes poluidores, como também diversas penalidades (multas, cancelamento de licença, entre outras) caso não se cumpra o estabelecido.

Esse procedimento requer uma fiscalização contínua e efetiva por parte dos órgãos reguladores, implicando altos custos de implementação. Os instrumentos de comando e controle são eficazes no controle dos danos ambientais, mas podem ser injustos por tratar todos os poluidores da mesma maneira, sem levar em conta diferenças de tamanho da empresa e a quantidade de poluentes que lança no meio ambiente. São exemplos de instrumentos de comando e controle: exigência de utilização de filtros em chaminés das unidades produtivas, fixação de cotas para extração de recursos naturais (madeira, pesca e minérios), concessão de licenças para funcionamento de fábricas e obrigatoriedade de substituição da fonte energética da unidade industrial – substituição de lenha por energia hidrelétrica em siderúrgicas, por exemplo.

26.4.2 Instrumentos econômicos

Os instrumentos econômicos, também denominados instrumentos de mercado, visam à internalização das externalidades ou de custos que não seriam normalmente incorridos pelo poluidor ou usuário.

As principais vantagens da utilização dos instrumentos econômicos em relação aos de comando e controle são:

1. Permitir a geração de receitas fiscais e tarifárias – por meio da cobrança de taxas, tarifas ou emissão de certificados – para garantir os recursos para pagamento dos incentivos e prêmios ou capacitar os órgãos ambientais. É considerado um *duplo-dividendo*, pois, além da melhoria ambiental, gera receitas para os órgãos reguladores.
2. Considerar as diferenças de custo de controle entre os agentes e, portanto, alocar de forma mais eficiente os recursos econômicos à disposição da sociedade, permitindo que aqueles com custos menores tenham incentivos para expandir as ações de controle. Portanto, com os instrumentos econômicos a sociedade incorre em custos de controle inferiores àqueles que seriam incorridos se todos os poluidores ou usuários fossem obrigados a atingir os mesmos padrões individuais.
3. Possibilitar que tecnologias menos intensivas em bens e serviços ambientais sejam estimuladas pela redução da despesa fiscal que será obtida em função da redução da carga poluente ou da taxa de extração.
4. Atuar no início do processo de uso dos bens e serviços ambientais.

5. Evitar os dispêndios em pendências judiciais para aplicação de penalidades.
6. Implementar um sistema de taxação progressiva ou de alocação inicial de certificados segundo critérios distributivos em que a capacidade de pagamento de cada agente econômico seja considerada.

São exemplos de instrumentos econômicos: empréstimos subsidiados para agentes poluidores que melhorarem seu desempenho ambiental, taxas sobre produtos poluentes, pagamentos por serviços ambientais (PSA), depósitos reembolsáveis na devolução de produtos poluidores – depósito sobre vasilhames de vidro – e licenças de poluição negociáveis – a fábrica tem um patamar máximo de emissões e, caso não o utilize, pode negociar sua licença "para poluir" com terceiros.

26.4.3 INSTRUMENTOS DE COMUNICAÇÃO

Os instrumentos de comunicação são utilizados para conscientizar e informar os agentes poluidores e as populações atingidas sobre diversos temas ambientais, tais como: danos ambientais causados, atitudes preventivas, mercados de produtos ambientais, tecnologias menos agressivas ao meio ambiente, e aumento da cooperação entre os agentes poluidores para buscar soluções ambientais. São exemplos de instrumentos de comunicação: a educação ambiental, a divulgação de benefícios para as empresas que respeitam o meio ambiente, e os selos ambientais.

26.5 Política Ambiental no Brasil

26.5.1 HISTÓRICO DA POLÍTICA AMBIENTAL

O atraso no estabelecimento de normas ambientais e agências especializadas no controle da poluição industrial demonstra que, de fato, a questão ambiental não configurava entre as prioridades de política pública. Até a década de 1970, não existia um órgão especificamente voltado ao controle ambiental. As legislações existentes tratavam da exploração de alguns recursos naturais por meio de medidas isoladas:

1. Código Florestal de 1934 (Decreto nº 23.793): tratava da questão das matas nativas, sendo posteriormente reformado pela Lei nº 4.771 de 1965.
2. Código de Águas de 1934 (Decreto nº 24.643): estabelece normas de uso dos recursos hídricos, com especial atenção ao seu aproveitamento hidrelétrico.
3. Comissão Executiva da Defesa da Borracha de 1947 (Lei nº 86): estabelecia medidas que visavam à assistência econômica da borracha natural, reestruturada posteriormente em 1967.
4. Superintendência do Desenvolvimento da Pesca (Sudepe) de 1962 (Lei Delegada nº 10), vinculada ao Ministério da Agricultura.

Somente em 1973 a questão ambiental passou a ser tratada com uma estrutura independente, seguindo a recomendação da Conferência das Nações Unidas sobre o Meio Ambiente (CNUMA). Criou-se a Secretaria Especial do Meio Ambiente – Sema (Decreto nº 73.030), vinculada ao Ministério do Interior. A estrutura do sistema de gestão ambiental tomou por modelo a experiência norte-americana, caracterizada por dois elementos básicos: um grande nível de descentralização e um acentuado viés regulatório baseado nos instrumentos de comando e controle. Este esquema favorece a regulação direta das empresas e, por isso, demanda recursos humanos e técnicos para o controle que, no caso brasileiro, estão muito acima das disponibilidades dos órgãos fiscalizadores.

Embora leis e normas tenham sido criadas ainda na década de 1970, apenas em 1981 é que a Lei nº 6.938 estabeleceu os objetivos, as ações e os instrumentos da Política Nacional do Meio Ambiente. Os objetivos são não só a preservação, a melhoria e a recuperação da qualidade ambiental, mas também estabelecer o compromisso de assegurar as condições para o desenvolvimento socioeconômico, os interesses da segurança nacional e a proteção da dignidade da vida humana. Atende-se aos princípios já previstos na Constituição e constitui outros que asseguram a tutela jurídica do meio ambiente. Os instrumentos explicitados são (art. 9):

1. O estabelecimento de padrões de qualidade ambiental.
2. O zoneamento ambiental.
3. A avaliação de impactos ambientais.
4. O licenciamento e a revisão de atividades efetiva ou potencialmente poluidoras.

Foi constituído o Sistema Nacional do Meio Ambiente (Sisnama), posteriormente regulamentado pelo Decreto nº 99.274/1990, estabelecendo o ambiente institucional da gestão ambiental pública no país (Quadro 26.6).

402 Economia Industrial

QUADRO 26.6 AMBIENTE INSTITUCIONAL DA GESTÃO AMBIENTAL NO BRASIL

O ambiente institucional para a gestão ambiental no Brasil é composto pelas três esferas de poder – federal, estadual e municipal (incluindo o Distrito Federal). O Sisnama é constituído por:

Órgão Superior	Órgão Consultivo e Deliberativo	Órgão Central
Conselho de Governo	Conama	MMA

Órgãos Executores	Órgãos Seccionais	Órgãos Locais
Ibama e ICMBio	Estados	Municípios

1. Conselho de Governo – é o órgão superior do Sisnama. Sua função é a de assessoramento à presidência da República no que tange à formulação da Política Nacional do Meio Ambiente e às diretrizes governamentais.
2. Ministério do Meio Ambiente (MMA) – é o responsável pela formulação, planejamento, coordenação, supervisão e controle da Política Nacional do Meio Ambiente, e dá as diretrizes nacionais para o meio ambiente. É o órgão central do Sisnama.
3. Conselho Nacional do Meio Ambiente (Conama) – é o órgão consultivo e deliberativo do Sisnama e está vinculado ao MMA. O Conama é um órgão colegiado cujos membros são representantes do governo e da sociedade civil que têm envolvimento com as questões ambientais. A finalidade do conselho é assessorar, estudar e propor as diretrizes de políticas governamentais para o meio ambiente e os recursos ambientais. É composto por câmaras técnicas permanentes e temporárias, que podem estar ativas ou não, e que discutem temas relativos ao meio ambiente. A determinação dos padrões de qualidade ambiental é de competência do Conama. Estes parâmetros são normalmente baseados na experiência internacional.
4. Instituto Brasileiro do Meio Ambiente e dos Recursos Naturais Renováveis (Ibama) – é um dos órgãos executores do Sisnama e está vinculado ao MMA. Foi criado em 1989 e assumiu os direitos, créditos, obrigações e receitas dos órgãos reguladores extintos.* Cabe ao Ibama (no nível federal) a responsabilidade pelo controle e fiscalização de atividades capazes de provocar a degradação ambiental. A exigência de estudos de impacto ambiental (EIA) e de relatórios de impacto ambiental (Rima) constitui a base de avaliação para o licenciamento das atividades efetiva ou potencialmente poluidoras, sendo este o principal instrumento disponível para a gestão ambiental.
5. Instituto Chico Mendes de Conservação da Biodiversidade (ICMBio) – é o responsável pela administração das Unidades de Conservação (UCs) e da pesquisa sobre biodiversidade, além de sua proteção e conservação. Tais atribuições eram de responsabilidade do Ibama até 2007, quando o ICMBio foi criado. É o outro órgão executor do Sisnama e está vinculado ao MMA.
6. Órgãos Seccionais – no âmbito estadual, o controle e a fiscalização de atividades que têm impactos negativos sobre o meio ambiente são de responsabilidade dos órgãos ou entidades estaduais – como o Instituto Estadual do Ambiente (Inea), no Rio de Janeiro, e a Companhia de Tecnologia de Saneamento Ambiental (Cetesb), em São Paulo. As multas e outras penalidades aos agentes que violam os padrões estabelecidos são determinadas de forma diferenciada pelas agências estaduais de controle.
7. Órgãos Locais – no âmbito municipal, são responsáveis pelo controle e fiscalização de atividades que podem causar danos ao meio ambiente em suas jurisdições.

Não há hierarquia entre as agências federais, estaduais e municipais, sendo umas independentes das outras. Os estados, municípios e o Distrito Federal elaboram normas supletivas e complementares àquelas que foram estabelecidas pelo Conama.

Fonte: Elaboração própria com base em http://www.mma.gov.br/governanca-ambiental/sistema-nacional-do-meio-ambiente e http://www.portalambiental.gov.br/estruturas/sinima/_arquivos/sisnama.pdf. Arquivos consultados em: 24 jul. 2018.
*Foram extintos o IBDF (Instituto Brasileiro de Desenvolvimento Florestal), a Sema (Secretaria Especial do Meio Ambiente), a SUDHEVEA (Superintendência da Borracha) e a Sudepe (Superintendência do Desenvolvimento da Pesca) pelas Leis nº 7.732/1989 e 7.735/1989.

Em 1996, foi instituída a Política Nacional de Recursos Hídricos (Lei nº 9.433) e criou-se o Sistema Nacional de Gerenciamento de Recursos Hídricos e o Conselho Nacional de Recursos Hídricos. Em 2000, foi criada a Agência Nacional de Águas – ANA (Lei nº 9.984), responsável pela implementação da Política Nacional de Recursos Hídricos e pela coordenação do sistema nacional de gerenciamento de recursos hídricos. Também relacionada aos recursos hídricos, a Lei nº 10.881 de 2004 dispõe sobre os contratos de gestão entre a ANA e entidades delegatárias das funções de agências de águas relativas à gestão de recursos hídricos de domínio da União. Em 2010, foi estabelecida a Política Nacional de Segurança de Barragens, destinada à acumulação de água para quaisquer usos, à disposição final ou temporária de rejeitos e à acumulação de resíduos industriais, e foi criado o sistema nacional de informações sobre segurança de barragens – ambos na forma da Lei nº 12.334/2010.

No que tange a outros temas importantes para o meio ambiente, em 1998 as condutas e atividades lesivas ao meio ambiente passam a sofrer sanções penais e administrativas estabelecidas pela Lei nº 9.605 – a Lei de Crimes Ambientais. Posteriormente, o Decreto Federal nº 3.179, de 1999, regulamentou a Lei nº 9.605/1998 no que tange a infrações, penalidades, procedimento administrativo e outras providências.

O Sistema Nacional de Unidades de Conservação da Natureza – SNUC foi instituído em 2000 pela Lei nº 9.985. Em 2006, a Lei nº 11.284 regulamentou a gestão de florestas públicas para a produção sustentável instituindo o Serviço Florestal Brasileiro – SFB na estrutura do MMA e criando o Fundo Nacional de Desenvolvimento Florestal – FNDF, e a Lei nº 11.428 ordenou a utilização e proteção da vegetação nativa do bioma da Mata Atlântica. A Política Nacional de Resíduos Sólidos foi instituída pela Lei nº 12.305 de 2010. O Código Florestal de 1965 (Lei nº 4.771) foi substituído em 2012 pela nova Lei Florestal (Lei nº 12.651/2012), alterando as métricas das áreas de preservação permanente (APPs) e as áreas de reserva legal (RL), os principais instrumentos do antigo código. Foram, portanto, reduzidos os requisitos mínimos legais de conservação de florestas em propriedades privadas a fim de maximizar a área disponível para cultivo e pastagens.

26.5.2 Principais características da política ambiental brasileira

A questão ambiental não foi prioridade no processo de industrialização brasileiro. Desde o estabelecimento de indústrias intensivas em emissões, vindas dos países desenvolvidos nos anos 1970 para produzir bens intermediários, aos vazamentos de óleo do setor petrolífero ocorridos no ano 2000 e o rompimento da barragem de uma mineradora – o Desastre de Mariana, são vários os exemplos de descaso do setor industrial brasileiro com a questão ambiental. Uma das consequências desse relativo descaso com a questão ambiental é a presença cada vez mais importante de indústrias intensivas em recursos naturais e energia ou que apresentam um alto potencial poluidor. Isso é demonstrado pela Figura 26.4, na qual observamos que o crescimento das indústrias de alto potencial poluidor no período 1981-1999 foi nitidamente superior ao da média geral da indústria, sugerindo uma especialização relativa em atividades potencialmente "sujas".

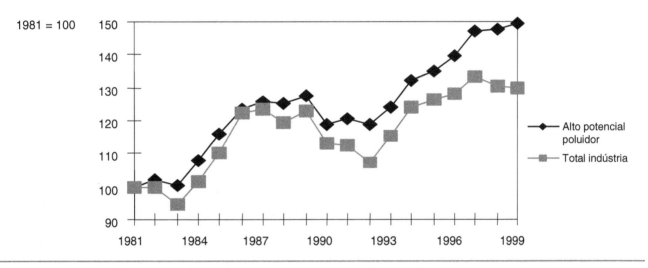

Figura 26.4 Produção física, produto industrial com alto potencial poluidor e total – Brasil, 1981/1999 (1981 = 100).
Fonte: IBGE – Departamento de Indústria (DIND)

Uma série de razões pode ser apontada para explicar essa intensificação das atividades poluentes na composição setorial do produto industrial. Em primeiro lugar, o atraso no estabelecimento de normas ambientais e agências especializadas no controle da poluição industrial demonstra que, de fato, a questão ambiental não configurava entre as prioridades de política pública – apenas na segunda metade dos anos 1970 foi criado o primeiro órgão especificamente para esse fim, a Fundação Estadual de Engenharia do Meio Ambiente no Rio de Janeiro (FEEMA).

Em segundo lugar, a estratégia de crescimento associada à industrialização por substituição de importações no Brasil privilegiou setores intensivos em emissão. A motivação inicial do processo de industrialização por substituição de importações era baseada na percepção de que o crescimento de uma economia periférica não poderia ser apenas sustentado em produtos diretamente baseados em recursos naturais (extração mineral, agricultura ou outras formas de aproveitamento de vantagens comparativas absolutas definidas a partir da dotação de recursos naturais). Contudo, embora o Brasil tenha avançado na consolidação de uma base industrial diversificada, esse avanço esteve calcado no uso indireto de recursos naturais (energia e matérias-primas baratas), em vez de se expandir por intermédio do incremento na capacidade de gerar ou absorver progresso técnico – chave para o crescimento sustentado, mas que ficou limitado a algumas áreas de excelência.

Essa concentração em atividades intensivas em emissão aumentou ainda mais a partir da consolidação dos investimentos do II Plano Nacional de Desenvolvimento (II PND), que resultou em forte expansão de indústrias de grande potencial poluidor – especialmente dos complexos metalúrgico e químico/petroquímico – sem o devido acompanhamento do tratamento dessas emissões. Outro fator que contribuiu para o incremento de atividades industriais poluidoras foi a tendência de especialização do setor exportador em atividades potencialmente poluentes.

Dadas essas especificidades da industrialização brasileira em relação ao meio ambiente, a Política Ambiental vai adquirir contornos específicos, com ampla utilização dos instrumentos de comando e controle. O modelo de licenciamento concentrou a maioria dos avanços em poucos estados onde as agências de meio ambiente desenvolveram-se de forma mais efetiva, como o Instituto Estadual do Ambiente (Inea) e a Companhia Ambiental do Estado de São Paulo (Cetesb), órgãos dos governos dos estados do Rio de Janeiro e São Paulo, respectivamente.

Contudo, existe grande heterogeneidade entre essas agências e, na maioria dos estados, existe enorme carência técnica, financeira e de pessoal que impede uma ação efetiva. Vários desses problemas foram agravados pela crise fiscal vivenciada por diversas administrações estaduais e pela falta de apoio político, resultando no declínio da qualidade da ação das agências ambientais. As lacunas deixadas por essa crescente paralisia estadual têm sido parcialmente preenchidas pela maior atuação de agências municipais, principalmente nas regiões metropolitanas. Essa multiplicidade de níveis administrativos pode levar a conflitos de competência, com prejuízo para as populações envolvidas.

Mesmo onde houve fortalecimento das agências ambientais, a qualidade ambiental não necessariamente melhorou, como em São Paulo. Isso se deve, além das dificuldades internas do setor ambiental, à falta de investimento em infraestrutura e serviços urbanos que são de outras competências administrativas (saneamento, transporte público, coleta de lixo, habitação popular), à persistência de grandes bolsões de pobreza (proliferação de favelas e outros ambientes degradados), e a padrões de consumo que resultam em agravamento das condições ambientais (o rápido crescimento da frota de automóveis particulares é o exemplo mais gritante).

Os aspectos ambientais ainda estão pouco integrados na formulação de políticas públicas. O problema é agravado pela falta de informações sobre a extensão e relevância dos problemas resultantes da degradação ambiental. A criação de um sistema de indicadores ambientais que compile os dados obtidos pelas agências de controle poderia facilitar essa integração, definindo áreas de prioridade de ação.

Essa série de problemas levou a ser questionado o atual sistema de gestão que se baseia nos instrumentos de comando e controle. Em primeiro lugar, a ação desses órgãos é reativa, sendo que a expansão de suas atividades é, normalmente, resultado do agravamento de problemas não resolvidos. Os procedimentos atuais de estudo de impacto ambiental (EIA) e relatório de impacto ambiental (Rima) são passíveis de várias críticas, pois existe pouca clareza quanto aos critérios adotados no seu enquadramento como instrumentos de avaliação de impactos ambientais. Na prática, não se observa a apresentação de alternativas tecnológicas e locacionais, e as áreas de influência consideradas são bastante restritas. Além disso, o princípio de independência da equipe responsável pela elaboração dos estudos entra em contradição com a prática de se permitir ao proponente do projeto a indicação e contratação dessa equipe.

A fiscalização também apresenta sérios problemas. Os principais referem-se à já mencionada escassez de recursos humanos e financeiros em virtude da crise do Estado brasileiro em seus diversos níveis e à fraca integração entre os distintos níveis de governo. Além disso, a rigidez do sistema de normas atualmente vigente retira flexibilidade dos gestores ambientais, tornando-os muito pouco efetivos no sentido de criar estímulos aos agentes sociais para que adotem práticas mais adequadas ao ambiente.

Uma vez atendidos os padrões de emissão, há pouco interesse do agente para que melhore ainda mais sua performance. Por outro lado, no caso de indústrias estabelecidas sob um padrão tecnológico prévio à definição dos padrões ambientais, os custos de readaptação podem ser significativos, o que levaria em alguns casos ao fechamento da indústria, com enorme custo social.

A saída apontada por grande parte da literatura para esse problema é a incorporação de instrumentos econômicos, como o pagamento por serviços ambientais (PSA) (Quadro 26.7), ou baseados no princípio do *poluidor-pagador*. Nesse instrumento, as emissões passam a ser cobradas mesmo estando em conformidade com os padrões máximos, mas ao mesmo tempo permite-se que os agentes emissores negociem entre si seus próprios limites de emissão de modo a minimizar os custos sociais de ajuste.[7] Indústrias mais antigas, cujo custo de readaptação seja mais alto, poderiam se beneficiar por meio da negociação com outros agentes mais eficientes no controle ambiental. Além disso, ao contrário de um único padrão, haveria a possibilidade de impor um "preço" mais elevado nas emissões que resultem em maior poluição e valores mais baixos onde o problema não é relevante, pois a concentração de poluentes resultante de emissões pode variar consideravelmente devido às circunstâncias do local afetado.

Em suma, embora a experiência brasileira, especialmente em alguns estados do Sudeste e do Sul do país, possa ser considerada como avançada se comparada com a de outros países latino-americanos, o modelo de gestão resultou em avanços limitados no controle da poluição e outras formas de degradação. Problemas importantes permanecem sem solução e, se comparados com os padrões dos países desenvolvidos, os indicadores de qualidade ambiental no Brasil ainda estão bastante abaixo do satisfatório. Se por um lado a dinâmica errática de crescimento econômico, a acelerada urbanização e a crise do Estado ocorridas a partir dos anos 1980 podem ser apontadas como parte da questão, por outro lado o modelo de gestão adotado mostrou-se inadequado para tratar de diversos problemas. Sendo assim, os próprios gestores ambientais reconhecem a necessidade de se buscar formas mais eficientes de controle.

> **QUADRO 26.7 APLICAÇÃO DE INSTRUMENTOS ECONÔMICOS NO BRASIL: EXEMPLOS DE PAGAMENTOS POR SERVIÇOS AMBIENTAIS (PSA)**
>
> O pagamento por serviços ambientais é um instrumento econômico de política ambiental no qual o "poluidor" paga para que o "protetor" receba. O PSA tem como objetivo valorizar bens e serviços que o meio ambiente fornece gratuitamente para a sociedade, tais como: provisão de água, beleza cênica, dispersão de poluentes de rios e oceanos, regulação do clima, entre outros, de modo que o "gestor" das áreas naturais se sinta estimulado a proteger o bem comum. São exemplos de PSA:
>
> - ICMS ecológico: implantado pioneiramente no estado do Paraná em 1992 para recompensar municípios por manterem áreas protegidas e reservas de bacias hidrográficas. Mais 16 estados da federação adotam esse instrumento econômico.
> - Programa Conservador das Águas (Minas Gerais – Extrema): primeira iniciativa municipal que paga os proprietários rurais valores fixos em função do percentual de erosão evitada, melhorando a oferta e a qualidade da água.
> - Programa Produtor de Água na bacia hidrográfica dos rios Piracicaba, Capivari e Jundiaí (PCJ): um dos programas mais famosos do país, pois esses rios formam o Sistema Cantareira, que abastece a Grande São Paulo. Os serviços ambientais são financiados com a cobrança pelo uso da água gerida pelo Comitê da Bacia PCJ.
> - Sociedade de Pesquisa em Vida Sustentável e Educação Ambiental (SPVS) – Carbono Evitado (municípios do Paraná e de Santa Catarina): o programa atua em sete municípios no estado do Paraná e em dois no estado de Santa Catarina, e tem como objetivo proteger os remanescentes de florestas de araucária, que possuem potencial para compensação dos gases de efeito estufa. O PSA é calculado com base no custo real para garantir a preservação da propriedade e a margem de retorno ao proprietário.
>
> *Fonte: Adaptado de Young, C. E. F. e Bakker, L. B. D. Instrumentos econômicos e pagamentos por serviços ambientais no Brasil. In: FOREST TRENDS (org.). Incentivos Econômicos para Serviços Ecossistêmicos no Brasil. Rio de Janeiro: Forest Trends, 2015, pp. 33-56 apud Lustosa, Cánepa e Young (2018)*

26.6 Resumo

Neste capítulo aprendemos que:

- A Política Ambiental é o conjunto de metas e instrumentos que visam reduzir os impactos negativos da ação antrópica sobre o meio ambiente.
- A Política Ambiental é necessária para induzir ou forçar os agentes econômicos a adotarem posturas e procedimentos menos agressivos ao meio ambiente.
- Os recursos naturais utilizados nos processos industriais são finitos e sua utilização deve ser racional a fim de que o mesmo recurso possa servir para a produção atual e para as gerações futuras.
- A necessidade de sistematizar as normas de conduta em relação ao meio ambiente se deram pela acumulação de poluentes e resíduos juntamente com o aumento das atividades industriais e agrícolas e da urbanização desordenada, que começou a tomar proporções alarmantes.
- O Teorema de Coase estabelece que as partes interessadas, por meio de um processo de barganha, irão chegar a um consenso, resultando numa solução de mercado ótima para os problemas ambientais.
- A solução de mercado possui limitações; portanto, é necessário que o poluidor incorpore as externalidades pelo princípio do *poluidor-pagador*.

406 Economia Industrial

- Os instrumentos de Política Ambiental têm a função de internalizar o custo externo ambiental e podem ser divididos em três grupos: instrumentos de comando e controle (ou regulação direta), instrumentos econômicos (ou de mercado) e instrumentos de comunicação.
- No Brasil, o atraso no estabelecimento de normas ambientais e agências especializadas no controle da poluição industrial demonstra que a questão ambiental não configurava entre as prioridades de política pública, pois, até a década de 1970, não existia um órgão especificamente voltado ao controle ambiental.
- Embora a Política Ambiental brasileira possa ser considerada como avançada se comparada com a de outros países latino-americanos, o modelo de gestão ambiental pública resultou em avanços limitados no controle da poluição e outras formas de degradação, com problemas importantes sem solução e indicadores de qualidade ambiental abaixo do satisfatório.

26.7 Questões para Discussão

1. Quais as principais razões para o estabelecimento da Política Ambiental?
2. Por que o Teorema de Coase não pode ser aplicado em todas as situações de conflito por problemas ambientais?
3. Descreva os instrumentos de Política Ambiental e compare-os.
4. Pesquise exemplos de instrumentos de Política Ambiental e classifique-os de acordo com a tipologia apresentada. Justifique sua resposta.
5. Compare as datas de criação de órgãos voltados ao controle ambiental do Brasil e de outros países da América Latina, da América do Norte e da Europa. A que conclusões você chegou?
6. Quais as razões para explicar o aumento das atividades poluidoras na composição do produto industrial do Brasil a partir da década de 1980?
7. Quais as razões que levam a questionar o atual sistema de gestão ambiental público baseado nos instrumentos de comando e controle?
8. O pagamento por serviços ambientais (PSA) é um tipo de instrumento econômico que está sendo utilizado com mais frequência no Brasil. Procure exemplos de PSA no seu estado ou na sua região, descreva-os e avalie sua efetividade para proteção do meio ambiente.

26.8 Sugestões de Leitura

Economia do Meio Ambiente, de Peter May, Maria Cecilia Lustosa e Valéria da Vinha (organizadores), publicado pela Campus em 2003, com 2ª (2010) e 3ª (2018) edições revisadas e ampliadas por Peter May. Em vários capítulos de diferentes autores, o livro trata de vários aspectos da Economia do Meio Ambiente, tanto o enfoque da economia neoclássica como o da economia ecológica. Outros temas como agricultura, comércio internacional, recursos hídricos e mudanças climáticas são tratados em suas interfaces com o meio ambiente.

Política Ambiental: uma análise econômica de Luciana Togeiro de Almeida publicado pela Papirus em 1998. Mostra diferentes enfoques teóricos (neoclássico, institucionalista e evolucionista) dos instrumentos de Política Ambiental, descreve a experiência de Política Ambiental de vários países e apresenta os instrumentos privilegiados de Política Ambiental no Brasil.

A Regulamentação Ambiental: Instrumentos e Implementação, de Sérgio Margulis, publicado pelo IPEA/RJ como Texto para Discussão nº 437 em 1996. Apresenta os principais instrumentos de Política Ambiental e relata a experiência de diversos países no assunto.

Notas

1. Os recursos naturais podem ser classificados em três tipos: os renováveis – fauna e flora –, os não renováveis – minerais e fósseis – e os livres – água, ar, luz solar e outros que existem em abundância. Mesmo assim, os recursos renováveis e livres podem se tornar não renováveis na medida em que sua taxa de renovação seja inferior à sua taxa de utilização.
2. O Desenvolvimento Sustentável é definido no estudo da Comissão Mundial sobre Meio Ambiente e Desenvolvimento intitulado Nosso Futuro Comum, editado em 1991 pela Fundação Getúlio Vargas, como "aquele que atende às necessidades do presente sem comprometer a possibilidade de as gerações futuras atenderem às suas próprias necessidades" (p. 46). Centra-se em três eixos principais: crescimento econômico, equidade social e equilíbrio ecológico.

3. São exemplos de problemas ambientais globais o aquecimento global (efeito estufa) e a destruição da camada de ozônio. Os problemas ambientais locais são, entre outros, a poluição de recursos hídricos e a degradação dos solos.

4. É importante distinguir emissões industriais de poluição industrial. As emissões são os resíduos da atividade industrial que são em parte absorvidas pelo meio ambiente. Quando a capacidade assimilativa do meio ambiente é inferior à quantidade de emissões surge, então, a poluição.

5. Sobre o conceito de externalidade, ver Hal Varian, *Microeconomia: princípios básicos*. Rio de Janeiro: Editora Campus, 1999.

6. Abatimento, segundo o Dicionário Brasileiro de Ciências Ambientais, é a "diminuição de uma parcela de poluição por meio de técnicas de controle ambiental".

7. A adoção de instrumentos econômicos permite que um agente emita acima de um padrão médio estabelecido, desde que os outros agentes decidam reduzir seu nível de emissão por meio de compensações financeiras diretas (venda de certificados de emissão) ou indiretas (redução do imposto a pagar). Dentro do sistema vigente, o fato de um agente emitir em um nível muito abaixo do padrão legal não lhe garante vantagem adicional em relação à situação em que está apenas ligeiramente abaixo do padrão.

PARTE VII

GUIA PARA ANÁLISES EMPÍRICAS

Modelos Estatísticos

Lucia Silva Kubrusly

27.1 Introdução

As técnicas empíricas em Economia Industrial para quantificar e predizer as formas de comportamento das empresas têm sido muito utilizadas. A técnica mais usada por diversos autores era a análise de regressão. Estes autores estavam interessados em examinar a existência de relação entre a estrutura de mercado e a lucratividade, e saber se a existência de barreiras à entrada elevadas permitia a obtenção de lucros mais altos e como a estrutura do mercado afetava a taxa de avanço tecnológico, assim como outras questões desse tipo.

A análise de regressão é adequada quando as variáveis envolvidas são quantitativas, de preferência tenham distribuição normal e, principalmente, quando existe uma hipótese teórica, como por exemplo um modelo econômico que estabeleça a relação entre as variáveis envolvidas.

Mais recentemente, tem crescido o uso de outras técnicas estatísticas para a análise de indústrias devido principalmente à grande quantidade e diversidade dos dados coletados e à falta de modelos teóricos que estabeleçam relações funcionais entre tantas variáveis. As técnicas de análise exploratória de dados têm sido cada vez mais utilizadas devido ao fato de não necessitarem de hipóteses iniciais nem quanto às relações existentes entre as variáveis, nem com relação à forma das distribuições de probabilidades das variáveis envolvidas. A desvantagem é que os resultados obtidos só permitem afirmações mais fracas do ponto de vista teórico.

O objetivo deste capítulo é discutir algumas destas técnicas estatísticas alternativas exemplificando o uso destes modelos na análise da indústria. Para isso, é necessário introduzir alguns conceitos básicos de análise de dados. O primeiro seria o conceito de *banco de dados*, que em geral é formado por diversas informações (variáveis) observadas para um conjunto de elementos ou objetos. Esses objetos formam a amostra ou o universo de estudo. As informações podem ser dispostas numa matriz que chamamos de matriz de dados. Considerando um conjunto de p variáveis, observadas para n elementos, podemos escrever:

$$X_{ij} = \begin{bmatrix} X_{11} & \cdots & X_{1p} \\ \vdots & \ddots & \vdots \\ X_{n1} & \cdots & X_{np} \end{bmatrix}$$

onde X_{ij} é o valor da j-ésima variável, observada para o i-ésimo elemento.

412 Economia Industrial

O problema da análise de dados assume diferentes aspectos dependendo do tamanho do banco de dados (isto é, do número de variáveis) e também do tipo de variável observada. Quanto aos tipos de variáveis, estas podem ser quantitativas (discretas ou contínuas), ordinais e categóricas. Variáveis quantitativas são as que expressam características de natureza numérica, como por exemplo: preço, custo, dias trabalhados durante o ano, número de peças defeituosas num processo de produção etc. As variáveis categóricas, por outro lado, descrevem em geral características nominais de indivíduos ou objetos, como por exemplo: sexo, região de procedência, profissão etc. Variáveis desse tipo podem ser analisadas pelas frequências com que ocorrem numa dada amostra. As variáveis ordinais permitem uma ordenação, mas não podem ser tratadas como quantidades. Um exemplo seria o grau de instrução de um indivíduo, que é medido por "primeiro grau", "segundo grau" e "terceiro grau". Observe que existe uma ordem entre esses valores, mas não se pode dizer que aquele que tem o "segundo grau" tem duas vezes mais instrução do que aquele que tem o "primeiro grau".

Quanto às técnicas estatísticas apresentadas, daremos ênfase aos modelos voltados para analisar a associação entre variáveis. Em geral, a análise da associação entre variáveis permite verificar se o valor de uma certa variável X está relacionado com o valor que outra variável Y assume para um mesmo elemento.

O capítulo será dividido em quatro seções. Na Seção 27.2, será discutida a análise de dados categóricos utilizando-se tabelas de contingência e algumas medidas de associação de variáveis categóricas. A Seção 27.3 será dedicada às primeiras medidas de associação para variáveis quantitativas e à análise de correlações. As duas últimas seções são dedicadas aos modelos de análise estatística multivariada. Serão discutidos os modelos de análise de componentes principais e análise de grupamento (*cluster analysis*).

27.2 Associação de Variáveis Categóricas

Variáveis categóricas são variáveis nominais que, em geral, dividem uma amostra em categorias, como, por exemplo, sexo ou estado civil ou região geográfica etc. O instrumento que permite analisar simultaneamente duas varáveis categóricas é a *tabela de contingência*. Esta é uma tabela de frequência de dupla entrada construída conforme as definições a seguir.

Definição 1: Sejam X e Y duas variáveis categóricas assumindo as categorias $x_1, x_2, ..., x_p$ e $y_1, y_2, ..., y_q$, respectivamente. Considere que X e Y foram observadas sobre n objetos, e seja n_{ij} o número de indivíduos que assumem a categoria simultaneamente. É possível dispor essas informações numa tabela de contingência:

	$y_1 \cdots y_q$	
x_1	$n_{11} \quad \cdots \quad n_{1q}$	n_1
$\vdots$	$\vdots \quad \ddots \quad \vdots$	$\vdots$
x_p	$n_{p1} \quad \cdots \quad n_{pq}$	n_p
	$n_1 \cdots n_q$	n

onde: $n_{i.} = \sum_j n_{ij}$ e $n_{.j} = \sum_j n_{ij}$

A tabela de contingência pode ser usada para investigar a associação entre as variáveis X e Y. Essa análise é baseada no fato de quem se X e Y são independentes, então

$$n_{ij}/n \cong (n_{i.}/n)(n_{.j}/n).$$

A partir dessa ideia, foi definida a estatística χ^2, que mede o grau de associação entre duas variáveis categóricas:

$$\chi^2 = \sum_{i,j} \frac{\left(n_{ij} - \left(n_{i.}n_{.j}/n\right)\right)^2}{n_{i.}n_{.j}/n}$$

Note que o numerador da estatística χ^2 será próximo de zero se X e Y forem independentes. Por outro lado, quanto maior a associação entre X e Y, maior o valor da estatística χ^2. Assim, essa estatística serve para medir o grau de associação entre duas variáveis categóricas. A partir dessa estatística, é possível estabelecer um teste para independência entre duas variáveis (o teste χ^2 de independência). No entanto, como medida de associação, essa estatística nem sempre é adequada por não ser limitada superiormente, isto é, não existe um valor que corresponde à máxima associação. Para resolver esse problema, K. Pearson propôs o seguinte coeficiente:

Definição 2: Sejam X e Y duas variáveis aleatórias categóricas assumindo as categorias $x_1, x_2, ..., x_p$ e $y_1, y_2, ..., y_q$ respectivamente. Suponha que X e Y foram observadas sobre n elementos, e suponha que foi obtida a estatística do χ^2. O coeficiente de contingência C é definido por:

$$C = \sqrt{\frac{\chi^2}{\chi^2 + n}}$$

Esse coeficiente é nulo quando X e Y são perfeitamente independentes e aumenta na medida em que a associação entre X e Y aumenta. Além disso, é possível provar que C nunca assume valores maiores que a unidade. Mas mesmo no caso da associação entre X e Y ser perfeita, C pode não atingir o valor 1. Na verdade, o valor máximo de C depende da dimensão da tabela de contingência considerada, e é dado por:

$$C_{max} = \sqrt{\frac{k-1}{k}}$$

onde k é o mínimo entre o número de categorias de X e o número de categorias de Y. Note que, se o número de categorias de X e Y for suficientemente grande, C aproxima-se do valor 1. Assim, o coeficiente de contingência assume valores em uma faixa limitada,

$$0 \leq C \leq \sqrt{\frac{k-1}{k}}$$

sendo que:

$$C \cong 0 \Rightarrow \text{independência} \qquad C \cong \sqrt{\frac{k-1}{k}} \Rightarrow \text{associação perfeita}$$

Exemplo 1

Num estudo sobre a informatização da indústria cafeeira no estado de Minas Gerais realizado por Zambalde, A. L. (2000), foram obtidas diversas informações sobre as empresas do setor, tais como: tipo de organização, tipo de administração, número de sacas comercializadas, número de funcionários, grau de escolaridade dos funcionários, tempo em que a empresa usa equipamentos de informática, tipos de equipamentos etc. Deste banco de dados, tomemos, por agora, as seguintes variáveis categóricas:

ORGANIZAÇÃO – assumindo as categorias: Produtoras, Cooperativas, Torrefadoras e Solubilizadoras.

ADMINISTRAÇÃO – assumindo as categorias: Contratada, Cooperada, Familiar e Societária.

A seguir, apresentamos a tabela de contingência, a estatística χ^2 e o coeficiente de contingência C.

TABELA 27.1 Tabela de Contingência

ORGANIZAÇÃO	ADMINISTRAÇÃO				
	contratada	cooperada	familiar	societária	Total
Cooperativa	5	15	0	0	20
Produtora	4	0	6	0	10
Solubilizadora	2	0	0	0	2
Torrefadora	1	0	21	9	31
Total	12	15	27	9	63

$$\chi^2 = 69{,}76;$$
$$C = 0{,}725 \ (C_{max} = 0{,}866).$$

Apenas observando a Tabela 27.1, nota-se que administração "cooperada" e "societária" só ocorre nas "cooperativas" e nas "torrefadoras", respectivamente. As "produtoras" têm administração "contratada" ou "familiar", mas as "torrefadoras" em geral adotam a administração "familiar". O coeficiente de contingência é alto, indicando forte dependência entre o tipo de organização e o tipo de administração adotada.

414 Economia Industrial

Ainda examinando o mesmo banco de dados, vamos agora verificar se existe associação entre o tipo de organização e o número de sacas comercializadas. Neste caso, temos uma variável categórica (organização) e uma variável contínua (número de sacas). Para efetuar essa análise, devemos transformar a variável contínua em variável categórica, conforme mostramos a seguir.

ORGANIZAÇÃO – Produtoras, Cooperativas, Torrefadoras, Solubilizadoras.

NÚMERO DE SACAS – Pequeno (até *5.000*)
         Médio (de *5.001* a *90.000*)
         Grande (maior que *90.000*)

A seguir, apresentamos a tabela de contingência (Tabela 27.2), a estatística χ^2, e o coeficiente de contingência C.

TABELA 27.2 Tabela de Contingência

	NÚMERO DE SACAS			
ORGANIZAÇÃO	grande	médio	pequeno	Total
Cooperativa	17	3	0	20
Produtora	2	6	2	10
Solubilizadora	0	2	0	2
Torrefadora	2	13	1	31
Total	21	24	18	63

$$\chi^2 = 42,33;$$
$$C = 0,634\,(C_{max} = 0,816).$$

Olhando a Tabela 27.2, vemos que as "cooperativas" estão concentradas na categoria "grande", as "produtoras" são em geral classificadas em "médio", e as "torrefadoras" estão concentradas nas categorias "médio" e "pequeno". Como as categorias "pequeno", "médio" e "grande" estão distribuídas de forma quase uniforme na amostra total, essa leitura já permite concluir que as variáveis não são independentes. O coeficiente de contingência fornece uma medida bastante alta para o grau de associação entre as variáveis. Esse resultado nos permite concluir que a quantidade de café comercializada depende do tipo de organização considerada.

É interessante ressaltar que nas duas análises mostradas anteriormente, a leitura da tabela permitiu verificar a existência de dependência entre as variáveis. O coeficiente C forneceu o grau de associação existente. Portanto, esses instrumentos se completam na análise da associação entre variáveis categóricas. Na seção seguinte, passaremos à análise da associação de variáveis quantitativas.

27.3 Associação de Variáveis Quantitativas

Variáveis quantitativas são as mais adequadas para a formulação de modelos estatísticos e, para se convencer disso, basta considerar a enorme quantidade de estatísticas definidas para esse tipo de variáveis. A seguir, definiremos algumas das estatísticas mais utilizadas para análise univariada, e depois passaremos às estatísticas usadas para avaliar a associação de variáveis quantitativas.

Definição 3: Seja X uma variável quantitativa observada para n elementos. A sua média amostral é definida por:

$$\bar{X} = \frac{1}{n}\left(\sum_i X_i\right)$$

Esta é uma medida da tendência central de uma série de dados. Informa em torno de que valor os dados estão dispostos. Outras medidas muito utilizadas são a variância e o desvio-padrão, definidos a seguir.

Definição 4: Seja X uma variável quantitativa observada para n elementos. A sua variância amostral é definida por:

$$Var(X) = \frac{1}{n}\left(\sum_i (X_i - \bar{X})^2\right)$$

Definição 5: Seja X uma variável quantitativa observada para n elementos. O seu desvio-padrão amostral é definido por:

$$DP(X) = \sqrt{Var(X)}$$

Essas duas últimas estatísticas informam sobre a dispersão de uma variável, isto é, sobre o espalhamento de uma série de dados.

Voltando agora ao problema de analisar a associação entre duas variáveis quantitativas, o coeficiente de correlação amostral é a medida mais utilizada. Esta medida é baseada no grau de relação linear entre duas variáveis X e Y. Antes de definir o coeficiente de correlação, é necessário definir a covariância de duas variáveis quantitativas.

Definição 6: Sejam X e Y duas variáveis quantitativas observadas para n elementos. A covariância amostral de X e Y é definida por:

$$S_{xy} = \frac{1}{n}\left(\sum_i (X_i - \bar{X})(Y_i - \bar{Y})\right)$$

sendo $\bar{X}$ e $\bar{Y}$ as médias amostrais de X e Y, respectivamente.

A covariância de X e Y é uma medida da *relação linear* entre essas variáveis. Valores negativos indicam relação linear inversa, isto é, valores altos para X estão associados a valores baixos para Y. Valores positivos de S_{xy} indicam relação linear direta, ou seja, valores altos de X correspondem a valores altos de Y. Valores de S_{xy} próximos de zero indicam ausência de relação linear entre as variáveis. É possível mostrar que, se X e Y são independentes, então $S_{xy}=0$. A recíproca não é verdadeira. Isto é, pode ocorrer $S_{xy}=0$ e X e Y não serem independentes. Na verdade, basta que a relação entre as variáveis seja não linear para que isso ocorra.

Pela definição da covariância amostral pode-se notar que seu valor depende da unidade de medida utilizada. Para se obter uma medida de associação que independa da unidade de medida das variáveis, foi definido o coeficiente de correlação amostral.

Definição 7: Sejam X e Y duas variáveis quantitativas observadas para n elementos. O coeficiente de correlação amostral de X e Y é definido por:

$$r_{xy} = \frac{\sum_i (X_i - \bar{X})(Y_i - \bar{Y})}{nDP(X)DP(Y)},$$

sendo $DP(X)$ e $DP(Y)$ os desvios-padrão amostrais de X e Y, respectivamente. O coeficiente de correlação amostral é definido de tal forma que $-1 \leq r_{xy} \leq 1$.

A interpretação do coeficiente de correlação de X e Y é baseada no fato de que, se $r_{xy}=\pm 1$, existe relação linear perfeita entre as variáveis (associação direta se $r=+1$, associação inversa se $r=-1$); se $r_{xy}=0$, não existe relação linear entre as variáveis. Dessa forma, este coeficiente fornece um *grau de associação linear* entre as variáveis.

Na análise de correlação amostral, usualmente é feito um teste de hipótese (para ausência de correlação) sobre cada coeficiente estimado. Uma apresentação detalhada sobre testes estatísticos está fora do escopo deste capítulo. O leitor interessado encontrará uma boa introdução sobre o assunto em Bussab, W. e Morettin, P. (2005). Diremos apenas que, em um teste de hipótese, fazemos uma afirmação sobre alguma característica da variável de estudo e verificamos se esta afirmação é válida tendo como base as informações amostrais, isto é, os valores observados para a variável em questão. No caso do teste para correlação, a hipótese estatística mais frequente é: "não existe correlação entre as variáveis", ou melhor, $r_{xy}=0$. Portanto, uma vez realizado o teste de hipótese, é possível verificar se existe ou não correlação entre cada par de variáveis e, no caso de existir, qual o grau de associação de cada par, que é avaliado pelo valor do coeficiente estimado.

Frequentemente, em análise de dados, trabalhamos com um número $p > 2$ de variáveis. Nesse caso, as covariâncias e as correlações podem ser calculadas para todos os pares possíveis de variáveis, e é usual apresentá-los sob a forma de matrizes:

$$S(p \times p) = \begin{bmatrix} S_{11} & \cdots & S_{1p} \\ \vdots & \ddots & \vdots \\ S_{p1} & \cdots & S_{pp} \end{bmatrix} \qquad R(p \times p) = \begin{bmatrix} 1 & r_{12} & \cdots & r_{1p} \\ r_{21} & 1 & \cdots & r_{2p} \\ \vdots & \vdots & \ddots & \vdots \\ r_{p1} & r_{p2} & \cdots & 1 \end{bmatrix}.$$

416 Economia Industrial

As matrizes de covariância e de correlação são simétricas e seus elementos S_{ij}, no caso da matriz de covariância, ou r_{ij}, no caso da matriz de correlação, fornecem a covariância e a correlação entre as variáveis X_i e X_j, respectivamente. A diagonal da matriz de covariância fornece as variâncias das variáveis, ao passo que a matriz de correlação tem diagonal unitária. Essas duas matrizes podem ser usadas como instrumento de análise, e podem também servir de base para outros métodos estatísticos, como será visto no modelo de Análise de Componentes Principais, que será apresentado na Seção 27.4.

Exemplo 2

Voltando ao estudo sobre a informatização da indústria cafeeira no estado de Minas Gerais, nessa seção serão analisadas algumas das variáveis contínuas observadas na pesquisa. O universo de análise é composto de 63 empresas entre cooperativas, produtoras, torrefadoras e solubilizadoras. Utilizaremos a matriz de correlação como instrumento de análise. As variáveis escolhidas para essa aplicação foram:

n *sacas* – número de sacas de *60* kg de café comercializadas
n *funcio* – número de funcionários que trabalham na empresa
estudo – é a média dos anos de estudo dos funcionários da empresa
tempo – indica o tempo (em anos) em que a empresa já vem usando equipamentos de informática
equip1 – quantidade de microcomputadores em rede + quantidade de microcomputadores independentes
equip2 – quantidade de impressoras (matriciais, jato de tinta, a *laser*)

TABELA 27.3 Matriz de Correlação (N = 63)

	n sacas	*n* funcio	estudo	tempo	equip1	equip2
n sacas	1,00	0,615*	0,237	0,406*	**0,787***	**0,741***
n funcio		1,00	0,122	0,558*	**0,717***	**0,746***
estudo			1,00	0,271*	0,247	0,273*
tempo				1,00	0,457*	0,532*
equip1					1,00	**0,843***
equip2						1,00

negrito (coeficientes > 0,70 indicando forte correlação).
*Rejeitada a hipótese de não correlação no nível de 5%, isto é, provavelmente existe correlação.

A estrutura das correlações é bastante forte, e todas as variáveis apresentam a maioria dos coeficientes de correlação significativamente diferentes de zero. As maiores correlações foram observadas entre "*n* sacas" e "*n* funcio" com "equip1" e "equip2", e também entre os diferentes tipos de equipamentos. Isto indica que as maiores empresas tendem a ter mais equipamentos, e quem tem mais equipamento de certo tipo tende a ter mais equipamento do outro tipo. Observa-se também uma correlação moderada entre "tempo" e "*n* sacas", "*n* funcio", "equip1" e "equip2", mostrando uma tendência moderada das empresas maiores possuírem os equipamentos dos dois tipos há mais tempo.

Nesse exemplo, a análise de associação entre as variáveis foi feita diretamente da matriz de correlação. Se, no entanto, o número de variáveis cresce muito, a análise dessa matriz torna-se muito difícil. Na próxima seção, será apresentado um modelo estatístico adequado para analisar as associações das variáveis dispensando a inspeção direta da matriz de correlação.

27.4 Análise de Componentes Principais

Considere um conjunto de p variáveis observadas sobre n elementos. Já vimos que podemos dispor essas informações em uma matriz de dados $X(n \times p)$. A análise de componentes principais tem como objetivo descrever a configuração dos elementos no espaço das variáveis. Na Figura 27.1 é apresentado um exemplo em que duas variáveis X_1 e X_2 são observadas sobre sete elementos. Note que esses elementos formam uma "nuvem de pontos" com coordenadas nos eixos X_1 e X_2.

As componentes principais C_1 e C_2 do conjunto de pontos estão representadas na figura e fornecem *as direções de maior dispersão* dos pontos observados. Trata-se de uma rotação ortogonal do sistema de referência original (dado pelas variáveis X_1 e X_2), onde C_1 é uma combinação linear de X_1 e X_2 na direção de maior dispersão (ou variância) dos pontos. C_2 é também uma combinação linear de X_1 e X_2 ortogonal a C_1.

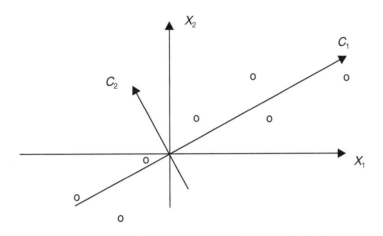

Figura 27.1 As componentes principais de um conjunto de observações.

Voltando à matriz $X(n \times p)$ representando n observações de p variáveis, podemos nos referir a uma nuvem de n pontos no espaço R^p. As componentes principais extraídas serão combinações lineares das p variáveis, tais que C_1 tenha variância máxima; C_2 deve ter variância máxima e ser ortogonal a C_1 (em termos estatísticos, isto equivale à não correlação entre as componentes); e assim sucessivamente até que C_p será uma combinação linear das p variáveis com variância máxima e ortogonal a $C_1, C_2, \ldots C_{p-1}$. Então, o modelo de análise de componentes principais pode ser escrito pelo seguinte conjunto de equações:

$$C_1 = \sum_j a_{j1} X_j, \quad \text{var}(C_1) = \max$$
$$C_2 = \sum_j a_{j2} X_j, \quad \text{var}(C_2) = \max$$
$$\text{corr}(C_1, C_2) = 0.$$
$$\vdots \qquad \vdots$$
$$C_p = \sum_j a_{jp} X_j, \quad \text{var}(C_p) = \max$$
$$\text{corr}(C_k, C_p) = 0 \quad k = 1, 2, \ldots, p-1.$$

Na extração das componentes $C_1, C_2, \ldots, C_p$, ocorre que as variâncias são decrescentes devido à restrição crescente de não correlação entre elas. Usualmente, as últimas componentes têm variâncias tão pequenas que podem ser desprezadas (na Figura 27.1, a dispersão na direção da primeira componente é tão maior que na direção da segunda que a configuração dos pontos pode ser quase totalmente descrita na direção de C_1). Frequentemente é possível uma redução na dimensão inicial do problema mantendo-se apenas as $q < p$ primeiras componentes, que devem descrever uma "grande percentagem" da variância total do conjunto de p variáveis.

27.4.1 Determinação das componentes principais

Considere a primeira componente principal:

$$C_1 = a_{11} X_1 + a_{21} X_2 + \ldots + a_{p1} X_p. \text{ Sendo}$$
$$X = (X_1, \ldots X_p)' \text{ e } a_1 = (a_{11}, \ldots a_{p1})', \text{podemos escrever:}$$
$$C_1 = a_1' X.$$

Dessa forma, o problema de determinar a primeira componente passa a ser o de determinar $a_1 \in R^p$ cuja direção seja a da maior variância do conjunto de pontos. O problema se resolve encontrando a *direção de a_1*; portanto, podemos considerar sua norma unitária, isto é: $a_1' a_1 = 1$.

418 **Economia Industrial**

Sendo $C_1 = a_1'X$, é possível mostrar que: $Var(C_1) = a_1'Sa_1$, onde S é a matriz de covariância amostral de X. Assim, o problema a ser resolvido é um problema de *maximização com restrição*, que pode ser definido assim:

Determine $a_1 \in R^p$ tal que

$$Var(C_1) = a_1'Sa_1 = max, \text{sujeito a:}$$
$$a_1'a_1 = 1.$$

A solução desse problema pode ser obtida utilizando-se o método dos multiplicadores de Lagrange. A função lagrangeana será:

$$L = a_1'Sa_1 - \lambda_1 (a_1'a_1 - 1).$$

Derivando em relação a a_1 e igualando a zero:

$$2(S - \lambda_1 I)a_1 = 0$$
$$Sa_1 = \lambda_1 a_1.$$

Esta é a equação característica da matriz S que permite extrair seus autovalores λ_1 e autovetores a_1. Por outro lado, voltando à expressão para a variância da componente:

$$
\begin{aligned}
Var(C_1) &= a_1'Sa_1 = a_1' \lambda_1 a_1 = \lambda_1 a_1'a_1, \text{pois } \lambda_1 \text{ é um escalar;} \\
\text{como } a_1'a_1 &= 1, \text{então} \\
Var(C_1) &= \lambda_1.
\end{aligned}
$$

Assim, a variância da primeira componente é um autovalor da matriz S. Como essa variância deve ser máxima, λ_1 é o maior autovalor de S. O vetor a_1 será o autovetor correspondente, com norma unitária.

O procedimento para determinar as demais componentes é o mesmo, e a solução completa é obtida quando são extraídos todos os autovalores e autovetores da matriz S. Portanto, operacionalmente falando, determinar as componentes principais de um conjunto de dados é extrair os autovalores e autovetores de sua matriz de covariância S. Em aplicações do modelo de análise de componentes principais, muitas vezes as variáveis são padronizadas, isto é, são transformadas de tal forma que suas médias são iguais a zero, e suas variâncias são unitárias. Nesse caso, a matriz de covariância se transforma na matriz de correlação. Portanto, é possível resolver o modelo de componentes principais decompondo a matriz de covariância ou a matriz de correlação.

27.4.2 Interpretação da solução do modelo de componentes principais

O modelo de análise de componentes principais permite diversas interpretações. Já mencionamos que a solução do modelo se traduz geometricamente como uma rotação ortogonal do sistema de coordenadas fornecido pelas variáveis iniciais X.[1] Aqui ressaltaremos as questões mais básicas do ponto de vista estatístico. Serão apontados os aspectos indispensáveis para se compreender o resultado do modelo de componentes principais. Assim sendo, focalizaremos o papel desempenhado pelos autovalores λ_k e pelos autovetores a_k ($k = 1, 2, ...p$) obtidos na solução.

27.4.3 Interpretação dos autovalores

Como já foi visto anteriormente na solução do modelo, a componente C_k terá variância igual ao autovalor λ_k da matriz de covariância (ou correlação). Quando são extraídas todas as p componentes, a variância do conjunto de dados é totalmente reproduzida:

$$\lambda_1 + \lambda_2 + ... + \lambda_p = \text{variância total} = tr\, S,$$

onde $tr\, S$ é a soma dos elementos da diagonal da matriz S, isto é, a soma das variâncias de todas as variáveis iniciais X.

Portanto, a medida da importância descritiva de uma componente C_k qualquer é dada pela razão entre a sua variância e a variância total, isto é, a proporção da variância total descrita por ela:

$$\frac{\lambda_k}{trS} = \frac{\lambda_k}{\sum_{k=1}^{p} \lambda_k}.$$

Na aplicação do modelo de componentes principais, frequentemente são desprezadas as últimas componentes devido à pequena participação destas na explicação da variância total. Supondo que são mantidas $q < p$ componentes, a proporção da variância explicada pelas q componentes será:

$$\frac{\sum_{k=1}^{q} \lambda_k}{\sum_{k=1}^{p} \lambda_k} = \text{Proporção da variância explicada.}$$

Esta proporção serve de critério para a escolha do número de componentes mantidas na análise. Deve-se manter um número q de componentes que descrevem uma proporção "razoável" da variância total.

27.4.4 INTERPRETAÇÃO DOS AUTOVETORES

A combinação linear das variáveis que compõem a componente C_k

$$C_k = a_{1k} X_1 + \ldots + a_{pk} X_p$$

tem como coeficientes as coordenadas do k-ésimo autovetor. O sinal e a grandeza de a_{jk} indicam o sentido e a contribuição da j-ésima variável para a k-ésima componente. É possível mostrar que a covariância entre a variável X_j e a componente C_k é:

$$\text{cov}(X_j, C_k) = \lambda_k a_{jk}.$$

Assim, quanto maior o coeficiente a_{jk}, maior a associação entre a variável X_j e a componente C_k. Esse resultado é muito importante para a interpretação, pois permite identificar as variáveis que estão mais fortemente associadas a cada componente.

Como já foi mencionado, se as variáveis são padronizadas, a solução do modelo é obtida a partir da matriz de correlação. Nesse caso, é possível mostrar que:

$$corr(X_j, C_k) = \sqrt{\lambda_k} \cdot a_{jk}.$$

Novamente, a associação entre as variáveis e as componentes é medida em função dos coeficientes a_{jk}.

Exemplo 3

Nos anos 1995, 1996 e 1997, foi realizada, com o apoio do BNDES, CNI e SEBRAE, uma pesquisa sobre alguns setores da indústria brasileira contendo informações sobre produtividade, qualidade e recursos humanos em diversas empresas. Neste exemplo, usaremos os dados relativos ao ano de 1997. Entre as 35 variáveis que compunham a pesquisa, selecionamos 14 delas:

dias de produção perdidos por interrupções não previstas.

percentual das exportações na receita operacional líquida (ROL).

percentual dos salários no custo.

produtividade = ROL – custo da matéria-prima/número de empregados.

percentual de pedidos atendidos dentro do prazo de entrega.

percentual de defeitos.

dias de estoque do produto acabado.

percentual da ROL obtido com novos produtos.

420 Economia Industrial

percentual da ROL aplicado na aquisição de equipamentos.

demissões por estabelecimentos.

taxa de rotatividade.

treinamento formal por empregado (horas).

taxa de acidentes.

taxa de absenteísmo.

Os setores da indústria incluídos na pesquisa foram: minerais não metálicos; metalurgia; mecânica; materiais elétricos e de comunicações; materiais de transporte; madeira; mobília; borracha; química; papel e papelão; produtos farmacêuticos e veterinários; perfumaria, sabões e velas; produtos de matéria plástica; têxtil; vestuário, calçados, artefatos de tecido; produtos alimentares; bebidas; editorial e gráfica; diversos.

Considerando essa base de dados, é possível explorá-la segundo o ponto de vista das variáveis (os indicadores de desempenho e recursos humanos) ou do ponto de vista dos elementos (os setores da indústria). O modelo de componentes principais é adequado para a análise das relações entre variáveis, sendo, portanto, esse ponto de vista adotado agora. Na próxima seção, será desenvolvido um método (método de análise de grupamento) que permitirá a análise dos setores da indústria.

Os resultados apresentados a seguir foram obtidos com o auxílio do *SPSS V 8.0*[2] a partir das variáveis padronizadas. A Tabela 27.4 apresenta as variâncias das componentes e a proporção da variância total explicada por cada uma delas.

TABELA 27.4 Variância Explicada

Componente	λ = Variância	% Variância	% Acumulado
1	3,898	27,84	27,84
2	2,128	15,20	43,04
3	1,983	14,17	57,21
4	1,777	12,69	69,89
5	1,095	7,82	77,71
6	0,790	5,64	83,36
7	0,639	4,57	87,93
8	0,499	3,57	91,49
9	0,385	2,75	94,25
10	0,282	2,01	96,23
11	0,193	1,38	97,63
12	0,137	0,98	98,61
13	0,120	0,86	99,47
14	0,074	0,53	100

Para interpretar essa tabela, devemos lembrar que, trabalhando com variáveis padronizadas, a variância total das variáveis é igual ao número de variáveis envolvidas, que nesse exemplo é 14. Assim, cada variável é responsável por 1/14 da variância total, o que corresponde a 7,1% da variância. Assim, podemos avaliar a agregação obtida pelo modelo, constatando que a primeira componente mantém 27,84% da variância e que apenas as três primeiras componentes mantêm quase 60% da variância total. Essas três primeiras componentes serão retidas para análise. A Tabela 27.5 fornece a matriz das componentes com os valores:

$$\sqrt{\lambda_k}\, a_{jk} = \text{corr}(X_j, C_k), k = 1, 2, 3; j = 1, 2, \ldots 14$$

Examinando esse resultado, vemos que a componente 1 tem forte correlação positiva com "Dias perdidos", "Produtividade", "% Entrega no prazo" e "Treinamento". Observamos também forte correlação negativa com "% Salário no custo", "Defeitos", "Tx Absenteísmo". Por isso é possível interpretar essa componente como uma dimensão associada ao *desempenho do setor* (exceto para a variável "Dias perdidos"). Isto porque os setores que apresentarem *altos valores* para "Produtividade", "% Entrega no prazo", "Treinamento" e apresentarem ao mesmo tempo *baixos valores* para "% Salário no custo", "Defeitos", "Tx Absenteísmo" terão maiores valores associados à componente 1, e estes serão os setores com melhor desempenho. Os setores que se comportarem de maneira inversa terão os menores valores para a componente 1.

TABELA 27.5 Matriz das Componentes

	Componente 1	Componente 2	Componente 3
Dias perdidos	**0,777**	0,077	−0,079
% Exp na receita	−0,205	**0,576**	**−0,674**
% Salário no custo	−0,595	−0,149	−0,064
Produtividade	**0,847**	−0,162	−0,296
% Entrega no prazo	**0,411**	0,035	**0,534**
% Defeitos	**−0,757**	−0,047	−0,274
Estoque de produto	0,331	0,210	**0,453**
% Rec c/n produtos	0,112	0,299	0,227
% Rec ap/equipam	−0,233	0,202	**0,692**
Demissões	0,145	**0,656**	0,011
Tx Rotat	−0,256	**0,678**	0,362
Treinamento	**0,734**	0,237	**−0,400**
Tx Acidente	0,018	**0,774**	−0,183
Tx Absenteísmo	**−0,803**	0,136	−0,101

A componente 2 está associada às variáveis "% Exportação na receita", "Demissões", "Tx Rotatividade" e "Tx Acidentes". Com exceção da primeira variável, essa componente descreve a dimensão de *condições para o trabalho*. A componente 3 opõe "% Exportação" e "Treinamento" a "% Entrega no prazo", "Estoque de produto" e "% Receita aplicada a equipamentos", diferenciando dois tipos de setores: um caracterizado pelas exportações e que pratica o treinamento dos funcionários; e outro que dá prioridade à entrega no prazo, mantendo estoque e aplicando em equipamentos. Vale ressaltar que estas duas últimas componentes têm variâncias bem menores que a primeira (ver na Tabela 27.4), o que necessariamente torna essas associações e tendências mais fracas.

27.5 Análise de Grupamento

Antes de explicar a técnica aqui denominada análise de grupamento, advertimos o leitor que essa mesma técnica pode aparecer na literatura com diversos nomes. Pode ser chamada de análise de *cluster*, análise de agrupamentos, ou ainda análise de conglomerados. Adotamos aqui o termo usado em 1982 por Lucas, L. C. S, que faz uma descrição bastante detalhada desta técnica. A seguir, introduziremos a ideia da análise de grupamento examinando um exemplo muito simples.

A Figura 27.2 representa as medidas das variáveis X_1 e X_2 sobre um conjunto de elementos. Observamos dois pequenos grupos de pontos próximos: um no primeiro quadrante com seis pontos, e outro no segundo quadrante com quatro pontos. No que se refere às variáveis X_1 e X_2, podemos dizer que os seis pontos no primeiro quadrante são semelhantes. O mesmo podemos dizer dos quatro pontos no segundo quadrante. Além disso, podemos ainda afirmar que esses dois grupos são diferentes.

Essa figura permite observar a *configuração dos elementos no espaço gerado pelas variáveis* X_1 e X_2. Evidentemente, essa análise visual só foi possível por estarmos considerando duas variáveis. Considerando um conjunto de p variáveis, sendo $p > 2$, a configuração dos elementos no espaço *p-dimensional* não permite mais uma análise visual. A análise de grupamento tem por objetivo identificar grupos de elementos semelhantes no espaço das variáveis assim mesmo como acabamos de fazer aqui, só que dispensando a visualização dos pontos, isto é, permitindo a utilização de $p > 2$ variáveis. Assim, a análise de grupamento procura identificar a estrutura de grupos dos elementos segundo um critério definido pelo conjunto de p variáveis observadas. O problema da análise de grupamento pode ser colocado da seguinte forma:

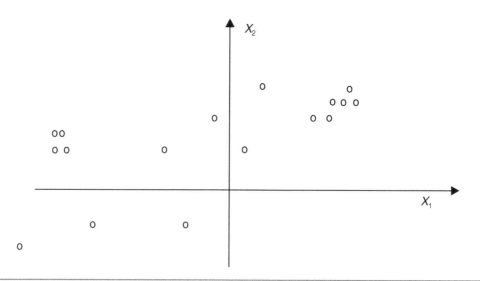

Figura 27.2 Representação de um conjunto de elementos no espaço das variáveis X_1 e X_2.

Seja $X = \{X_1, ..., X_p\}$ um conjunto de variáveis, e $E = \{e_1, ..., e_n\}$ o conjunto de elementos que se deseja grupar. Com base no conjunto X, determinar uma partição de E em grupos g_i tal que:

se $e_r, e_s \in g_i \Rightarrow e_r, e_s$ são semelhantes;

se $e_r \in g_i, e_s \in g_j \Rightarrow e_r, e_s$ são distintos.

Para a solução desse problema, é necessária uma medida de similaridade entre os elementos. Usa-se frequentemente a distância entre os elementos no espaço das variáveis como medida de similaridade. Pensando em um conjunto de n elementos, é possível construir uma matriz que fornece todas as distâncias entre eles. Essa *matriz de distância* entre os elementos é o ponto de partida dos diferentes métodos utilizados para resolver o problema de análise de grupamento.

A distância entre os elementos pode ser calculada de várias maneiras. Examinemos a métrica de Minkowski, que fornece uma forma geral de distância entre dois elementos.

Sejam dois elementos da matriz de dados:
$e_r = (X_{1r}, ... X_{pr})$, $e_s = (X_{1s}, ..., X_{ps})$, a distância de Minkowski entre esses elementos é dada por:

$$d(e_r, e_s) = \left[\sum_{i=1}^{p} |X_{ir} - X_{is}|^m\right]^{1/m}.$$

Note que, se $m = 2$, a expressão anterior se transforma na distância euclidiana, e por isso podemos dizer que esta é uma forma generalizada de distância.

Uma vez escolhida uma medida de distância, é necessário um procedimento que, examinando essas distâncias, determine uma partição do conjunto dos elementos, resolvendo o problema de análise de grupamento. Existem vários métodos para resolver o problema. A seguir focalizaremos alguns métodos hierárquicos aglomerativos. O leitor interessado em outros tipos de métodos deve procurar na Seção 27.8 deste capítulo as referências indicadas.

27.5.1 Métodos hierárquicos aglomerativos

O método hierárquico aglomerativo, como a maioria dos métodos de análise de grupamento, parte de uma matriz de distância entre os elementos. De um modo geral, são métodos iterativos, com número de iterações igual ao número de elementos. Na inicialização do método, cada elemento é considerado como um grupo separado, ou seja, inicialmente contamos com n grupos. A seguir, os dois grupos mais próximos, segundo a métrica escolhida, formarão um novo grupo, e nessa iteração contamos $n-1$ grupos. As distâncias são devidamente recalculadas, e novamente os dois grupos mais próximos formam um grupo, e nesse momento contamos com $n-2$ grupos. Esse procedimento se repete até que tenhamos um único grupo contendo os n elementos. A seguir mostramos um pequeno exemplo.

Exemplo 4

Considere duas variáveis observadas sobre cinco elementos e seja a matriz de distância dada a seguir:

	E1	E2	E3	E4	E5
E1	0	2	5	7	10
E2		0	6	3	8
E3			0	7	4
E4				0	6
E5					0

Vemos que os elementos mais próximos são E1 e E2, pois apresentam as melhores distâncias entre elas. No próximo passo esses dois elementos aparecem juntos, formando o primeiro grupo, e a nova matriz de distância será:

	(E1,E2)	E3	E4	E5
(E1,E2)	0	5	3	8
E3		0	7	4
E4			0	6
E5				0

Nesse passo forma-se o grupo (E1, E2, E4) e a nova matriz será:

	(E1,E2,E4)	E3	E5
(E1,E2,E4)	0	5	6
E3		0	4
E5			0

O próximo grupo será (E3, E5) e a matriz de distância será:

	(E1,E2,E4)	(E3,E5)
(E1,E2,E4)	0	5
(E3,E5)		0

A solução final pode ser representada num diagrama em árvore chamado *dendograma* (Figura 27.3).

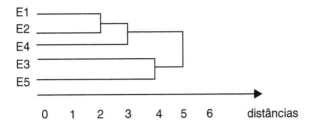

Figura 27.3 Solução da análise de grupamento.

A escolha do número de grupos da solução final faz parte da interpretação do resultado. Isto é, o método fornece diversas partições do conjunto de elementos. A escolha da "melhor" partição é feita pelo analista. Nesse exemplo, percebe-se dois grupos distintos, um formado por E1, E2 e E4; o outro, com menor similaridade, formado por E3 e E5.

Na descrição de um método de análise de grupamento, é necessário definir como *atualizar as sucessivas matrizes de distância*. No exemplo anterior, a distância entre os grupos foi definida pela menor das distâncias entre os elementos dos grupos. Esse é um dos métodos para análise de grupamento, que é chamado de "ligação simples". Escolhemos esse método para o exemplo citado principalmente pela sua simplicidade no cálculo das novas distâncias. Outros métodos vêm se mostrando mais eficientes na identificação de estruturas de grupos. Neste capítulo, descreveremos brevemente alguns dos métodos hierárquicos mais usados.

O Método de Ligação Simples – Esse método consiste em atualizar a matriz de distância considerando a distância entre grupos como a menor distância entre os elementos dos grupos. Isto é, se o *grupo 1* é composto dos elementos *a, b*, e se o *grupo 2* é composto dos elementos *c, d*, então a distância entre os dois grupos será o menor valor entre $d(a,c)$, $d(a,d)$, $d(b,c)$ e $d(b,d)$. Esse foi o método usado no exemplo citado.

O Método do Centroide – Neste método, cada grupo é representado por um ponto (o centroide), cujas coordenadas no espaço das variáveis é a *média das variáveis dos elementos do grupo*. Dessa forma, a cada iteração são calculadas as distâncias entre os centroides e serão aglomerados os dois grupos cujos centroides estão mais próximos.

O Método de Ward – A ideia do método de Ward é avaliar os grupos pela sua dispersão. A dispersão *dentro* de cada grupo é medida pela soma dos desvios quadráticos entre seus elementos. Isto é, se um grupo tem q elementos, a dispersão dentro dele será:

$$SQD = \sum_{i}^{q}[d(e_i,o)]^2,$$

onde *o* é o centroide do grupo.

O método de Ward, em cada iteração, busca juntar dois grupos tais que o acréscimo em *SQD* seja mínimo.

Exemplo 5

Nesse exemplo analisaremos a mesma matriz de dados utilizada na aplicação do modelo de componentes principais na Seção 27.4, só que agora buscaremos grupos de setores da indústria brasileira semelhantes quanto aos indicadores observados. Utilizaremos aqui o mesmo conjunto de 14 indicadores (variáveis) e os mesmos 19 setores da indústria. Foi escolhido o método do centroide com distância euclidiana e os resultados foram obtidos com o *software SPSS V 8.0*. Apresentamos a seguir a solução na forma de dendrograma (Figura 27.4).

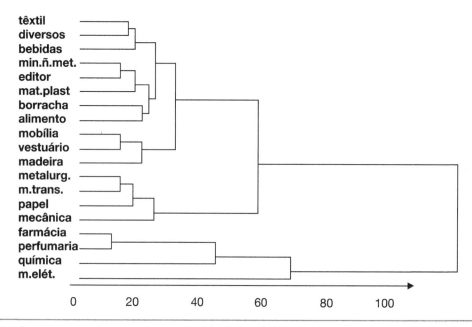

Figura 27.4 Análise de grupamento para os setores da indústria brasileira – 1997.

Analisando o dendrograma anterior, notamos nitidamente a formação de dois grandes grupos. O primeiro composto dos setores Farmácia, Perfumaria, Química e Material Elétrico, estando este último um tanto separado dos demais. O segundo grande grupo é formado por todos os demais setores que compõem o universo de análise. Assim, chama a atenção a distinção dos setores de Farmácia, Perfumaria, Química e Materiais Elétricos dos demais setores da indústria. É razoável supor que os indicadores usados na análise (as variáveis) têm um comportamento diferente nestes setores se comparados com os outros. Uma possível hipótese que pode ser levantada diante desse resultado é que foram destacados os setores mais modernos da economia (Farmácia, Perfumaria, Química, Material Elétrico). No entanto, seria necessário a utilização de outras técnicas de análise de dados para confirmar ou não essa conjectura.

Voltando agora nossa atenção para o segundo grande grupo formado, vemos que, dentro deste, outros grupos também são formados. Chama a atenção o destaque de Metalurgia, Material de Transporte, Papel e Mecânica dos demais setores. O próximo grupo, composto de 11 setores, mostra-se bastante homogêneo (pois se juntam em um nível de distância baixo comparado com a distância máxima do dendrograma), porém ainda podemos observar o alto grau de similaridade dos setores Mobiliário, Vestuário e Madeira.

27.6 Resumo

Neste capítulo aprendemos que:

- Analisar uma matriz de dados é pesquisar relações entre variáveis e/ou objetos.
- Sendo as variáveis categóricas, a base da análise é a matriz de contigência.
- No caso de variáveis contínuas, pode-se usar como base da análise a matriz de correlações entre variáveis ou a matriz de distância entre objetos.
- Foram apresentadas, entre os diversos métodos de análise multivariada, duas técnicas: uma orientada pelas relações entre variáveis; e outra orientada pelas semelhanças entre objetos no espaço das variáveis.

27.7 Questões para Discussão

1. Na presença de dados, o uso de modelos estatísticos é sempre adequado. Discuta.
2. Em todos os casos, as estatísticas exploratórias são um bom começo para a análise de dados. Discuta.
3. Como proceder para escolher o método estatístico mais adequado?
4. Quanto mais conhecimento tivermos dos dados utilizados, melhor será a interpretação dos resultados. Discuta.
5. Porque conhecer os modelos teóricos que definem os métodos estatísticos (qualquer método) é importante?

27.8 Sugestões de Leitura

Neste capítulo apresentamos brevemente alguns modelos estatísticos para a associação de variáveis. Ao leitor interessado em aprofundar um pouco mais seu estudo, apresentamos algumas referências básicas e comentários por assunto aqui abordado. Assim, recomendamos, para outras análises da tabela de contingência definida na Seção 27.2, os livros de Benzécri, J. P. et al. (1980), e Bouroche, J. M. e Saporta, G. (1982). Mais detalhes sobre o modelo de componentes principais podem ser encontrados no Capítulo 3 do livro de Mingoti, S. A. (2007) ou no livro de Jolliffe, I. T. (1986), este último todo dedicado à análise de componentes principais. Quanto aos métodos de análise de grupamento, a abordagem mais completa está no livro de Anderberg (1973). Recomendamos também o Capítulo 12 do livro de Johnson, R. A. e Wichern, D. W. (1992), o Capítulo 6 do livro de Mingoti, S. A. (2007), e ainda o trabalho de Lucas, L. C. S. (1982), no qual diversos métodos são detalhadamente apresentados. Especialmente para alunos de Economia, recomendamos o trabalho de Barros, A. C. (1992), no qual é apresentada uma análise da matriz de insumo-produto usando métodos de análise de grupamento. Aplicações das técnicas estatísticas multivariadas à análise econômica podem ser vistas em Kubrusly, Saboia e Barros (2010), Kubrusly (2011), ou Saboia, Kubrusly e Barros (2014).

Notas

1. Outros aspectos geométricos desse modelo podem ser vistos em Jolliffe (1986).
2. Versão 8.0 do *software* Pacote Estatístico para as Ciências Sociais (*Statistical Package of Social Science – SPSS*).

Bibliografia

ANDERBERG, M. R. *Cluster analysis for applications*. Cambridge: Academic Press, 1973.

BARROS, A. C. *Relações intersetoriais em matrizes de insumo-produto:* uma abordagem da análise de agrupamento. Dissertação de mestrado. Rio de Janeiro: Coppe/UFRJ, 1992.

BENZÉCRI, J. P. et al. *La pratique de l'analyse des données*. Dunod: Paris, 1980.

BNDES, CNI, SEBRAE *Indicadores de qualidade e produtividade na indústria brasileira*. Rio de Janeiro: BNDES, CNI, SEBRAE, 1997.

BOUROCHE, J. M.; SAPORTA, S. *Análise de dados*. Rio de Janeiro: Zahar, 1982.

BUSSAB, W. O.; MORETTIN, P. A. *Estatística básica*. São Paulo: Saraiva, 2005.

JOHNSON, R. A.; WICHERN, D. W. *Applied multivariate statistical analysis.* London: Pearson, 1992.

JOLLIFFE, I. T. *Principal components analysis*. Berlin: Springer Verlag, 1986.

KUBRUSLY, L. S. A população ocupada e a renda no Brasil: encontros e desencontros. *Revista Economia e Sociedade*. Campinas: Unicamp, v. 20, n. 3 (43) p. 567-600, 2011.

KUBRUSLY, L. S.; SABOIA, J.; BARROS, A. C. Trajetórias do mercado de trabalho metropolitano de 1995 a 2007. *Revista Econômica do Nordeste (REN)*, v. 41, n. 1, p. 57-76, 2010.

LUCAS, L. C. S. *Revista Brasileira de Estatística*, n. 172, ano XLIII, 1982.

MINGOTI, S. A. *Análise de Dados através de métodos de estatística multivariada* – uma abordagem aplicada. Belo Horizonte: Editora UFMG, 2007.

SABOIA, J.; KUBRUSLY, L.; BARROS, A. C. Caracterização e modificações no padrão regional de aglomeração industrial no Brasil no período 2003-2011. *Pesquisa e Planejamento Econômico (PPE)*, v. 44, n. 3, 2014.

SPSS V 8.0. User's Guide. Chicago: SPSS Inc, 1998.

ZAMBALDE, A. L. *A informática na modernização do sistema agroindustrial do café no estado de Minas Gerais*. Tese de Doutorado. Rio de Janeiro: COPPE/UFRJ, 2000.

Matriz de Insumo-Produto e Aplicações em Cadeias Globais de Valor

Victor Prochnik

28.1 Definição e Objetivos

Este capítulo apresenta uma introdução à teoria da matriz de insumo-produto e sua aplicação à crescente fragmentação do comércio. O texto se restringe ao caso do comércio internacional, onde a fragmentação levou à formação de cadeias globais de valor (CGV).

A matriz de insumo-produto é um instrumento para estudar os padrões de interdependência entre as atividades produtivas. Seu quadro principal mostra o quanto cada setor econômico vende e compra dos demais. Ela é útil para analisar as cadeias produtivas porque estas são formadas por fluxos de produção intersetoriais. Por exemplo, os setores mais importantes da cadeia têxtil são os de fiação, tecelagem e confecção e malharia porque há fortes relações de compra e venda entre eles. A matriz de insumo-produto e os conceitos diretamente relacionados a ela, tais como multiplicadores, efeitos para frente e para trás e o método da extração hipotética, são vistos na próxima seção.

O objetivo da terceira seção é o de apresentar o conhecimento necessário para definir as CGVs com base na teoria da matriz de insumo-produto. Esse conceito de cadeia global de valor é análogo ao das cadeias produtivas das economias nacionais, isto é, uma cadeia global é formada pelos fluxos internacionais de produção que atendem à demanda pelos produtos de um setor. Para estudar essas cadeias, é discutido o conceito de comércio em valor agregado e apresentado o modelo multirregional de insumo-produto.

A quarta seção, por fim, explica os três indicadores mais usados na análise das cadeias globais de valor.

28.2 O Modelo da Matriz de Insumo-produto

O modelo da matriz de insumo-produto foi desenvolvido pelo economista Wassily Leontief (1905-1999). O modelo representa, em uma matriz, a estrutura produtiva de uma economia (ou região) ao "... sistematicamente quantificar as inter-relações mútuas entre os vários setores de um sistema econômico complexo" – Leontief (1986, p. 19). Um exemplo simplificado é apresentado na Tabela 28.1. Leontief também foi o fundador da International Input-Output Association (www.iioa.org), organização que reúne os pesquisadores na economia de insumo-produto, promove conferências periódicas e publica a revista Economic Systems Research, dedicada a mostrar os resultados das pesquisas de ponta na área.

A seguir, é feita uma apresentação introdutória do modelo de insumo-produto focando suas características que são mais úteis para o estudo das CGVs. A referência básica para um aprendizado mais abrangente do modelo é Miller; Blair (2009). Outras referências são: Feijó; Ramos (2008), Guilhoto (2011) e Leontief (1983).

428 Economia Industrial

Uma economia moderna se caracteriza pela interdependência entre os agentes e os setores econômicos em uma teia de relações de compra e venda de produtos e insumos. Os produtos finais são os adquiridos pela demanda final, isto é, se destinam a famílias, governo, exportação, formação bruta de capital fixo ou alocados a estoques. Os insumos são vendidos para os produtores de bens finais ou para outros fabricantes de produtos intermediários. Todos usam serviços de transporte, energia elétrica, água etc. Há um fluxo geral de produção que se move para atender às demandas intermediárias e à demanda final. Ele termina nos produtos finais depois de passar pelas etapas de transformação, que começam na obtenção de matérias-primas. Em cada etapa, os insumos vão sendo transformados com agregação de valor. Esse valor adicionado ao produto tem, como contrapartida, o pagamento do trabalho, excedente, juros, aluguéis e impostos.

A soma da produção em etapas é denominada produção bruta porque há dupla contagem. Em cada etapa, os insumos usados, e que portanto entram no custo, também são produção da etapa anterior. Note-se também que o modelo é organizado em setores econômicos, ou atividades, que organizam as empresas segundo similaridade de processos produtivos ou de produtos. Os setores, portanto, não correspondem com precisão ao conceito de etapas.

O modelo de Leontief é uma representação destes fluxos de bens e serviços em um período, geralmente de 1 ano, e serve para estudar como, a partir da demanda final, se propagam as transações pela economia. O modelo estima o impacto final das compras sobre a produção. A principal pergunta que ele permite responder é: qual é a produção bruta necessária, em cada setor, para atender uma determinada demanda final?

Em um exemplo elementar, uma economia que produz apenas um bem, um tipo de grão, e sua produção requer apenas sementes do mesmo grão. Pergunta-se: qual será a produção total de grãos se a demanda final for R$ 1.000,00 de grãos? Supondo que R$ 1,00 de sementes produz R$ 5,00 de grãos, é necessário produzir: 1.000,00 + 200,00 (etapa de produção das sementes para a produção final) + 40,00 (produção de sementes para a etapa anterior) + 8,00 (idem) + 1,60 (idem) +... Esta série é uma progressão geométrica decrescente ilimitada (PGDI) e a soma dos termos é = $a_1/(1 - q)$, onde a_1 é o primeiro termo e q é a razão. No caso, a soma dá 1.250,00, onde 1.000,00 é a produção final, para exportação, e 250,00 é a soma das produções intermediárias, as etapas de produção de sementes para cada estágio.

O modelo de Leontief faz o mesmo tipo de cálculo, só que para uma produção mais complexa, onde o produto de cada setor requer insumos de vários setores. A economia fictícia representada no próximo exemplo tem dois setores de atividade, a produção de grãos e a de fertilizantes. Os grãos são feitos de grãos (suas próprias sementes) e também requerem fertilizantes. Os fertilizantes, para simplificar, são feitos apenas com a casca dos grãos.

Os fluxos entre os setores econômicos, para esta nova economia, estão dispostos na Tabela 28.1. O setor de grãos vendeu 1,00 de grãos para si próprio (vendas de sementes entre fazendeiros), 3,00 de cascas de grãos para o setor de fertilizantes e 16,00 para a demanda final. O setor de fertilizantes vendeu 10,00 para o cultivo dos grãos e exportou 5,00.

TABELA 28.1 Matriz de Transação de Economia com Dois Setores

	Grãos	Fertilizantes	Demanda final = Y	Produção bruta = X
Grãos	1,00	3,00	16,00	20,00
Fertilizantes	10,00	0,00	5,00	15,00
Valor agregado	9,00	12,00		
Produção bruta	20,00	15,00		

As vendas, portanto, são representadas nas linhas; e as compras, nas colunas. Nas colunas, estão as compras de insumos intermediários e os pagamentos aos agentes. Estes últimos compõem o valor agregado ou valor adicionado. O valor agregado compreende o pagamento de remunerações (salários mais contribuições sociais), impostos e excedente bruto. Como visto adiante, o valor adicionado é um conceito especialmente importante para a análise das CGVs, pois mede o que cada etapa de produção agregou ao produto.

São apresentadas, a seguir, as equações do modelo matriz de insumo-produto, que permitem a generalização do exemplo acima, com apenas dois setores, para uma economia com N setores. São dois conjuntos de equações. O primeiro conjunto mostra que, em uma economia de N setores, a produção bruta de um setor é igual às suas vendas para consumo intermediário nos N setores mais as vendas para demanda final.

Assim, sendo:

X_i o valor bruto da produção do setor i
Z_{ij} as vendas do setor i para o setor j (venda para consumo intermediário)
Y_i as vendas do setor i para consumo final (isto é, para a demanda final)

Vem o sistema (1):

$$X_1 = Z_{11} + Z_{12} + \ldots + Z_{ij} + \ldots + Z_{1n} + Y_1$$
$$X_2 = Z_{21} + Z_{12} + \ldots + Z_{2j} + \ldots + Z_{2n} + Y_2$$
$$.$$
$$.$$
$$.$$
$$X_i = Z_{i1} + Z_{i2} + \ldots + Z_{ij} + \ldots + Z_{in} + Y_i$$
$$.$$
$$.$$
$$X_n = Z_{n1} + Z_{n2} + \ldots + Z_{nj} + \ldots + Z_{nn} + Y_n$$

Por exemplo, na equação acima, Z_{21} é a parte da produção bruta do setor 2 usada como insumo intermediário por produtores do setor 1. O valor Y_2 é a parcela da produção bruta do setor 2 usada por compradores finais. Cada equação é a linha de uma matriz como a da Tabela 28.1.

O segundo conjunto de equações (as colunas da matriz) é o que determina os valores adicionais setoriais como a diferença entre a produção bruta e os insumos adquiridos.

$$V_j = X_j - Z_{1j} - Z_{2j} - \ldots - Z_{ij} - \ldots - Z_{nj} \ldots \text{para } (j = 1, 2 \ldots n) \tag{2}$$

Em seguida, determinam-se os coeficientes técnicos, que são os valores das compras por unidade de produção. Um coeficiente técnico é a participação das compras de um insumo na produção total do setor em consideração. Portanto, cada coeficiente técnico $a_{ij} = Z_{ij}/X_{.j}$. Observe-se, também, que o conjunto de coeficientes técnicos de cada coluna é uma representação da tecnologia do setor, descrita em termos dos seus requisitos de insumo por unidade de produção. Na Tabela 28.2, o setor de grãos requer, por unidade, 1/20 de grãos e 10/20 de fertilizantes.

Como o sistema (1) acima contém as Z_{ij}, é feita a substituição $Z_{ij} = a_{ij}.X_{.j}$, chegando-se ao mesmo sistema, agora em termos dos coeficientes técnicos:

Passagem (3):

$$X_1 = a_{11}X_1 + a_{12}X_2 + \ldots + a_{ij}X_j + \ldots + a_{1n}X_n + Y_1$$
$$X_2 = a_{21}X_1 + a_{22}X_2 + \ldots + a_{2j}X_j + \ldots + a_{2n}X_n + Y_2$$
$$.$$
$$.$$
$$X_1 = a_{i1}X_1 + a_{i2}X_2 + \ldots + a_{ij}X_j + \ldots + a_{in}X_n + Y_i$$
$$.$$
$$X_n = a_{n1}X_1 + a_{n2}X_2 + \ldots + a_{nj}X_j + \ldots + a_{nn}X_n + Y_n$$

Em notação matricial, o sistema de equações (3) é:

(4)..... $X = AX + Y$, onde X é o vetor de produção bruta, A é a matriz dos coeficientes técnicos e Ψ é o vetor de demanda final.

Segue-se que $X - A \cdot X = Y$ e, depois, $(I - A) \cdot X = Y$. Por fim, chega-se ao resultado:

(5)........ $X = (I - A)^{-1} \cdot Y$ ....A matriz $(I - A)^{-1}$ é a matriz inversa de Leontief.

A equação (6) é a equação central do modelo. A matriz inversa de Leontief contém os valores pelos quais a demanda final é multiplicada para se encontrar a produção bruta setorial. Por isto, ela também é chamada de matriz dos multiplicadores, tema explorado na próxima seção.

A compreensão do significado da matriz inversa de Leontief é fundamental para o entendimento do modelo.

No modelo, a produção é feita em etapas. No exemplo, a produção de grãos e fertilizantes requer, como insumos, grãos e fertilizantes, mas em menor proporção. A produção de 20,00 de grãos utiliza 1,00 de grãos e 10,00 de fertilizantes. A fabricação destes insumos é uma etapa anterior, que também usa grãos e fertilizantes. Por usar grãos e fertilizantes, essa etapa anterior

430 Economia Industrial

também tem uma etapa precedente, na qual são produzidos seus insumos. No modelo teórico, há infinitas etapas, da última para a primeira, cada uma usando menos insumos que a posterior. A matriz inversa de Leontief mostra a soma de todas essas etapas, assim como a equação $a_1/(1 - q)$ é a soma de todos termos de uma PGDI.

Nas Tabelas 28.2 a 28.4 calcula-se a matriz inversa de Leontief para a economia da Tabela 28.1. Primeiro, determina-se a matriz de coeficientes técnicos ($a_{ij} = Z_{ij}/Z_j$.).

TABELA 28.2 Matriz de Coeficientes Técnicos A

	Grãos	Fertilizantes
Grãos	0,05	0,20
Fertilizantes	0,50	0,00
Valor agregado	0,40	0,20
Produção bruta	1,00	1,00

A seguir, calcula-se a matriz $(I - A)$ e, depois, sua inversa, a inversa de Leontief:

TABELA 28.3 Matriz $(I - A)$

$I - A$			$I - A$	
1,00-0,05	−0,20	=	0,95	−0,20
−0,50	1,00-0,00		−0,50	1,00

TABELA 28.4 Matriz Inversa de Leontief

Produção bruta = $X = L \cdot Y$	Matriz inversa de Leontief $(I - A)^{-1}$			Demanda final = Y
		Grãos	Fertilizantes	
20,00	Grãos	1,18	0,24	16,00
15,00	Fertilizantes	0,59	1,12	5,00

A Tabela 28.4 também ilustra a equação (5), pois a multiplicação da matriz inversa de Leontief pelo vetor de demanda final, que está à direita, iguala o vetor de valor bruto da produção, que está à esquerda. Isto é, $X = (I - A)^{-1} \cdot Y$. Se houvesse apenas uma demanda final de 1,00 de grãos pelas famílias, o vetor Y seria $(1,0)$ e o vetor $X = (1,18; 0,59)$. Por isso, a matriz inversa de Leontief também é chamada de matriz dos requisitos totais.

Observe-se que o valor da produção bruta é bem superior ao da produção para a demanda final ($20 > 16$ e $15 > 5$). Isto ocorre porque a produção bruta incorpora o valor da produção de insumos que são usados na produção dos bens para uso final. Note-se também que a produção bruta do setor "Fertilizantes" é três vezes superior às suas vendas para a demanda final. Mas a produção bruta do setor "Grãos" não chega a dobrar a demanda final por grãos. Por que isto se verifica? Porque a produção de grãos é intensiva em fertilizantes como insumo e a produção de fertilizantes é pouco intensiva em grãos. A produção de fertilizantes é intensiva em VA (salários mais altos poderiam explicar).

Esta segunda característica ilustra como o modelo de Leontief, a partir da demanda final e dos coeficientes técnicos de produção, calcula a distribuição da produção bruta pelos setores econômicos. Neste sentido, ele é um modelo "para trás", vai buscar as ofertas setoriais que correspondem a um dado vetor de demanda. Se o setor de fertilizantes fosse localizado na China e o de grãos no Brasil, o modelo estaria mostrando como a demanda por grãos no Brasil gera empregos na produção de fertilizantes na China. Na Tabela 28.7 (mais à frente), os exemplos são para dois países e esta hipótese pode ser explorada.

É importante explicitar quatro aspectos do modelo da matriz de insumo-produto: o nível de preços usado, a alocação dos gastos em investimento, as diferenças do modelo aberto (que é o apresentado neste capítulo) e o fechado, e as principais limitações do modelo.

A matriz de insumo-produto é calculada a preços básicos, não a preços ao consumidor. Os preços básicos são próximos dos preços ao produtor. Para chegar aos preços básicos, "dos valores a preços de consumidor, são retiradas as parcelas referentes às margens de comércio e de transporte e aos impostos e subsídios sobre produtos. Estas parcelas são adicionadas ao consumo dos

Matriz de Insumo-Produto e Aplicações em Cadeias Globais de Valor **431**

produtos, comércio e transporte, e criam-se linhas de impostos" – IBGE (2008). O uso de preços básicos tem duas vantagens: estes preços são mais estáveis, não se modificando se houver um aumento de impostos, por exemplo; e a separação entre os preços básicos e os preços ao consumidor permite encontrar os pagamentos aos setores de comércio, transporte e de impostos.

As compras de um setor para realizar um investimento (compras de máquinas e equipamentos, e construção de instalações) não têm uma relação estável com o seu nível de produção. Apenas para os insumos correntes é possível fazer esta associação. Assim, "os gastos de capital podem ser separados das outras transações e tratados como parte da demanda final.... Este expediente é um reconhecimento do fato que o modelo é mais bem adaptado para descrever o nível de produção corrente induzida por um dado nível de demanda final" – Dorfman (1954, p. 125).

Este capítulo apresenta o modelo aberto de Leontief. No modelo fechado para as famílias, essas são consideradas como um setor econômico e suas compras constituem outra coluna da matriz de transações. Não estão na coluna de demanda final. Como as famílias oferecem, principalmente, trabalho, a nova linha é constituída pelas remunerações que as famílias recebem nos diferentes setores. As famílias, por conseguinte, se tornam um setor endógeno do modelo. Os modelos multirregionais de insumo-produto disponíveis, nos quais se estudam as cadeias globais de valor, são modelos abertos e, por isto, o modelo fechado não é aqui discutido.

Por fim, é importante reter as principais limitações do modelo da matriz de insumo-produto:

1. Por hipótese, os coeficientes técnicos são considerados fixos. Assim, a proporção de cada insumo usada na produção de uma unidade de um produto é constante e independente do nível de produção. Isto é, o modelo tem economias de escala constantes. A quantidade adquirida de cada insumo, portanto, só depende do nível do produto. Ou seja, os efeitos de substituição ou de preços e as mudanças tecnológicas não são considerados. Note-se que, como cada setor, na prática, produz diversos produtos com tecnologias diferentes, se variar a proporção da produção de cada um deles no total do setor, o coeficiente técnico não será o mesmo.
2. A partir de uma dada demanda final, é calculada a oferta necessária para atender esta demanda e as demandas intermediárias. O modelo não coloca limitações nessa oferta. Assim, a oferta de recursos é infinita e perfeitamente elástica, não há limitações de recursos.
3. A economia trabalha a plena capacidade e os recursos são usados de forma eficiente.
4. Também é feita a hipótese implícita de que a produção pode crescer sem aumento do estoque de capital.
5. Em um processo produtivo, os insumos são produzidos antes de serem usados. Mas o modelo de Leontief não leva em consideração este requisito e opera como se todos os ciclos da atividade produtiva para atender uma determinada demanda final tivessem sido realizados no mesmo período (em geral, 1 ano). "Assim, o modelo se aplica apenas a um equilíbrio estacionário, onde o tempo não tem consequências."
6. Os dados são calculados em valor, mas o pressuposto é de preços fixos e os valores, portanto, representam quantidades de produto.

28.2.1 MULTIPLICADORES

Como visto, os elementos da matriz inversa de Leontief são denominados multiplicadores da produção porque $X = (I - A)^{-1} \cdot Y$. Isto é, a produção bruta é igual à demanda final multiplicada pelos valores desta matriz. Ou ainda, o multiplicador calcula a produção bruta por unidade de demanda final. Por exemplo, seja uma demanda final igual a $Y_1 = (1,00; 0,00)$, um vetor coluna, no modelo de dois setores, a multiplicação $X_1 = (I - A)^{-1} \cdot Y_1$ resulta no vetor coluna (1,18; 0,59). A interpretação é: uma demanda final de 1,00 de grãos e 0,00 de fertilizantes requer uma produção bruta de 1,18 de grãos e 0,59 de fertilizantes, que são os elementos da primeira coluna da matriz $(I - A)^{-1}$, isto é, são os multiplicadores da demanda por grãos. Para a demanda final $Y_2 = (10,00; 0,00)$, a produção bruta é (11,80; 5,90) e para $Y_3 = (10,00; 5,00)$, $X_3 = (11,80 + 1,20; 5,90 + 5,60) = (13,00; 11,50)$. A leitura também pode ser feita em termos de acréscimos: se houver uma variação negativa de 0,00 na demanda final por grãos e de 1,00 na produção por fertilizantes, a produção bruta da economia vai variar (−0,24; −1,12) nos respectivos setores.

O conceito de multiplicador é muito poderoso porque ele pode ser estendido para todas as variáveis para as quais se possa fazer a hipótese de existir uma relação linear da variável de interesse com a produção bruta setorial. A variável emprego é bastante estudada desta forma, supondo-se que o emprego seja proporcional à produção. Assim, no exemplo acima, suponha-se que cada R$ 1,00 de produção em fertilizantes gera 0,002 empregos no mesmo período. Neste caso, cada aumento de 1,00 na demanda final por grãos, ao implicar em um aumento de R$ 0,59 na produção de fertilizantes, como visto no parágrafo anterior, também abre 0,59.0,002 = 0,001180 empregos (assim como uma diminuição de 1,00 na demanda final por grãos leva a uma redução de 0,001180 empregos no setor de fertilizantes).

432 Economia Industrial

De forma geral, este cálculo é realizado pré-multiplicando a matriz inversa de Leontief por uma matriz diagonal onde os elementos da diagonal são os coeficientes de emprego. Se o coeficiente de emprego por unidade de produção bruta no setor de grãos for 0,0001 (é menor do que o de fertilizantes porque é um setor agrícola) (ver Tabela 28.5).

TABELA 28.5 Multiplicadores do Emprego

	Coeficientes de emprego				Matriz de Leontief				Multiplicadores do emprego	
	Grãos	Fertilizantes			Grãos	Fertilizantes			Grãos	Fertilizantes
Grãos	0,0001	0	X	Grãos	1,18	0,24	=	Grãos	0,000118	0,000024
Fertilizantes	0	0,0020		Fertilizantes	0,59	1,12		Fertilizantes	0,001180	0,002240

Outras variáveis usualmente consideradas proporcionais à produção e, por este motivo, passíveis de cálculo dos seus multiplicadores são os indicadores de poluição. Um amplo campo de estudos em economia do meio ambiente se abre com esta última possibilidade. Torna-se possível calcular o quanto de poluição é gerada por unidade de demanda final de um setor específico. Com o uso das matrizes multirregionais, como as matrizes internacionais abordadas na próxima seção, estima-se como a demanda final de um país cria poluição em outros países.

Mas, nos estudos das CGVs, a variável mais importante para fins de cálculo de multiplicadores é o valor agregado. Supondo-se que o valor agregado pela produção de um setor é proporcional à sua produção total, calculam-se os multiplicadores de valor agregado de forma análoga ao cálculo anterior para os multiplicadores de emprego. Como, ao contrário da produção setorial (o vetor X), o valor adicionado em uma etapa da produção não incorpora o valor agregado das etapas anteriores, não há duplicação.

Devido a esta importância, antes de apresentar o modelo multirregional de insumo-produto, discute-se na próxima seção o conceito de comércio em valor agregado.

28.2.2 LIGAÇÕES PARA FRENTE E PARA TRÁS E O MÉTODO DA EXTRAÇÃO HIPOTÉTICA

28.2.2.1 *Efeitos para Frente e para Trás*

Nesta seção, são vistos os indicadores que procuram medir o impacto da atividade econômica de um setor sobre os demais. Essa é uma literatura em que há extenso debate e muitas fórmulas alternativas são propostas. Por isso, o texto abaixo se restringe a apresentar os indicadores mais consagrados. A Seção 12.2 de Miller; Blair (2009, p. 555) é um segundo passo no aprendizado destes temas e contém muitas indicações bibliográficas para os interessados.

O efeito para trás é o impacto de um acréscimo na demanda pelo produto de um setor sobre os setores fornecedores de insumos. Ele está na direção causal de um modelo de demanda, como o da matriz de insumo-produto.

Assim como este "efeito para trás", também é relevante o "efeito para frente", isto é, os produtos das indústrias existentes constituem os insumos para a produção das empresas situadas a jusante das cadeias produtivas. Um aumento da produção de um setor implica que quantidades maiores do seu produto estão disponíveis para serem consumidas pelos setores que o utilizam como insumo. A direção de causalidade é da oferta para a demanda.

Um setor com forte efeito para trás em relação aos de outros setores indica que ele é um setor-chave da economia. O aumento de uma unidade da sua demanda gera uma maior demanda derivada, isso é, um aumento no consumo dos seus insumos maior do que a demanda derivada gerada por aumentos na demanda dos demais setores.

Os efeitos para trás diretos podem ser mensurados a partir da matriz de transações com as fórmulas propostas por Chenery; Watanabe (1958, p. 492). O efeito para trás direto é a soma das compras de um setor em relação à sua produção bruta devido a um hipotético aumento de uma unidade na demanda final:

$$ETd_j = \text{somatório } z_{ij}/Z_i, \text{ para } i = 1, n. \tag{7}$$

Por exemplo, na matriz de insumo-produto apresentada na Tabela 28.1, os efeitos para trás diretos dos setores de grãos e fertilizantes são:

$$ETd \text{ (grãos)} = (1 + 10)/20 = 0,55$$

$$ETd \text{ (fertilizantes)} = (3 + 0)/15 = 0,20$$

Outra formulação procura captar os efeitos para trás diretos e indiretos do setor em pauta sobre os demais. O efeito direto e indireto para trás de um setor devido ao aumento de uma unidade na sua demanda é a soma dos elementos da sua coluna na matriz inversa de Leontief. Isto é, a soma dos multiplicadores:

$$\text{ETd}_{ij} = \text{somatório } b_{ij}, \, i = 1, n \tag{8}$$

Calculando os efeitos para trás diretos e indiretos na Tabela 28.4, vem:

$$\text{ETd}_i \, (\text{grãos}) = 1,18 + 0,59 = 1,77$$

$$\text{ETd}_i \, (\text{fertilizantes}) = 0,24 + 1,12 = 1,36$$

Também foram propostas formulas análogas para o cálculo dos efeitos para frente. Mas a soma dos coeficientes da matriz de Leontief na linha pressupõe o crescimento de uma unidade na demanda final de cada setor, uma hipótese de sustentação virtualmente impossível. Há uma série de medidas alternativas, mas de maior complexidade, indicando-se, para os interessados, a Seção 12.2.2 de Miller; Blair (2009, p. 555).

Os trabalhos recentes, principalmente os que aplicam o método da teoria insumo-produto à análise das cadeias global de valor, vêm dando maior preferência ao método da extração hipotética, apresentado a seguir.

28.2.2.2 O Método da Extração Hipotética

O método da extração hipotética ou HEM (*hypothetical extraction method*) tem o mesmo objetivo que o cálculo de efeitos para trás e para frente: identificar a relevância de setores específicos na economia. A ideia é bastante simples, ou seja, calcular quanto o produto vai mudar (em geral, diminuir) se o(s) setor(es) de interesse for(em) anulado(s) da economia (zerando seus coeficientes na matriz de transações).

Por exemplo, o cálculo do efeito para trás do setor de grãos sobre o de fertilizantes é apresentado na Tabela 28.6. Primeiro, levanta-se a hipótese de que este efeito é nulo, zerando-se a célula A (2,1), na economia representada na Tabela 28.1. As novas matrizes, as dos coeficientes técnicos, a matriz inversa de Leontief e o novo vetor de produção bruta estão marcados com "1". Os cálculos foram feitos sem arredondar os resultados para duas casas decimais, mas na Tabela 28.6 eles foram arredondados.

TABELA 28.6 Cálculo da Diferença Produção Bruta ($X - X^*$) na Hipótese de Se Anular o Impacto do Setor de Grãos sobre o de Fertilizantes

	Matriz de coeficientes técnicos[1] (A^1)		Matriz de Leontief* (L^1)		DD final	X^1	X	Delta $X = X - X^1$
	G	F	G	F				
G	0,05	0,20	1,05	0,21	16,00	17,89	20	2,11
F	0,00	0,00	0,00	1,00	5,00	5,00	15	10,00

A diferença entre X e X^1 mostra a importância do efeito para trás do setor de grãos sobre o de fertilizantes. Se o país deixar de usar fertilizantes na produção de grãos, haverá uma perda de 2,11 na produção de grãos e de 10,00 na produção de fertilizantes.

O exemplo também indica uma limitação do método. Implicitamente, supõe-se que a economia adapte-se sem custos à nova situação. Entre outros aspectos, não houve diminuição da produtividade no setor de grãos. É como se ocorresse uma perfeita substituição entre o fertilizante nacional e o importado.

28.3 O Comércio em Valor Agregado e sua Mensuração pelo Modelo Multirregional de Insumo-produto

28.3.1 COMÉRCIO EM VALOR AGREGADO

A importância do emprego de estatísticas em valor agregado para estudar o comércio advém da crescente fragmentação das cadeias produtivas e do aumento do comércio indireto. Esse capítulo enfoca, deste ponto em diante, apenas o comércio internacional, cujo estudo está mais desenvolvido.

434 **Economia Industrial**

Atualmente, cerca de dois terços das exportações globais são de produtos intermediários – Johnson; Noguera (2012). A fragmentação faz com que as exportações brutas de um país incorporem, cada vez mais, importações de outros países, distorcendo o quadro de estatísticas. Num exemplo simplificado, se o país A, sem ter importado nada, exporta 100,00 para o país B e este modifica os produtos importados acrescentando 10,00 de valor agregado e exporta os 110,00 para C, as exportações brutas, como tradicionalmente mensuradas, somam 100,00 (de A para B) + 110,00 (de B para C) = 220,00. Mas houve enorme dupla contagem, pois os 110,00 de B para C contêm os 100,00 de A para B. Contabilizando em valor agregado, A exportou 100,00 para C via B e este último exportou 10,00 para C. As exportações totais, em valor agregado, foram de apenas 110,00.

Note-se que o exemplo também explicita a questão do comércio indireto. O cálculo das exportações de um país para o outro precisa levar em consideração os caminhos e as etapas de transformação que seguem seus produtos. Inclusive os *loops*, pois as exportações de um país podem incorporar o valor agregado de exportações anteriores reimportadas. Atualmente, há um debate sobre as melhores formas de se mensurar o comércio internacional e três fórmulas bastante usadas são apresentadas na última seção deste capítulo.

Em uma estimativa da dupla contagem no comércio global, a UNCTAD mostrou que o problema é significativo, pois calculou que o comércio em VA é 28% menor do que o comércio total mensurado pela soma das exportações brutas. A dupla contagem é, em média, um pouco maior do que um quarto do comércio total. O cálculo do comércio em VA permite saber a efetiva contribuição de cada país para o comércio, melhor estimando seu déficit/superávit, a contribuição do comércio para o emprego e para a degradação do meio ambiente etc. Assim, o cálculo em VA mostra a verdadeira contribuição de um país para o comércio mundial.

De fato, em um mundo em que predominam as CGVs, a contabilidade tradicional do comércio internacional é enviesada. Por exemplo, espera-se que a desvalorização da taxa de câmbio aumente o preço das exportações em dólares e a valorização diminua. Mas, se parte significativa das exportações é composta por importações, estas relações são mais fracas, pois uma desvalorização da taxa de câmbio também onera as exportações ao aumentar o preço das importações nelas incorporadas.

A análise do comércio internacional em valor agregado também tem sido útil para o estudo da participação nas exportações de setores que não são usualmente os exportadores finais. As exportações de serviços, por exemplo, têm uma participação pequena nas exportações totais, quando consideradas as exportações brutas. Mas, por meio da análise do valor doméstico indireto incorporado nas exportações, observa-se que há uma grande participação dos serviços no valor agregado do produto exportado por intermédio de contribuições indiretas. Por exemplo, serviços de advocacia são pouco exportados, mas as firmas exportadoras e seus fornecedores contratam estes serviços, que são, por esta razão, incorporados nas exportações. Trabalhando com estatísticas em valor adicionado, estima-se que, no mundo, cerca de três quartos das exportações de serviços são indiretos – Heuser; Mattoo (2017), citado em Bohn et al. (2018).

As empresas menores também costumam exportar pouco. Mas muitas são fornecedoras de firmas exportadoras e, pela estimativa da sua contribuição em valor agregado, pode-se calcular sua participação indireta nas exportações de um país.

Outros tópicos de análise impactados pela fragmentação da produção são o estudo da competitividade dos países, a formação de barreiras ao comércio, a distribuição regional das atividades produtivas das CGVs etc. Essas e outras questões podem ser mais bem estudadas se as transações internas e externas forem contabilizadas em valor agregado. A solução é o recurso à matriz de insumo-produto com o uso dos multiplicadores de valor agregado, apresentada na próxima seção. Em particular, este modelo possibilita aplicar a teoria da matriz de insumo-produto ao estudo das CGVs.

28.3.2 O Modelo Multirregional de Insumo-produto

Nesta seção é apresentado um dos modelos de matriz de insumo-produto para várias regiões (países, no caso de interesse). Depois, é visto como ele pode ser transformado em uma matriz de compras e vendas em valor agregado, o que permite estudar as questões citadas na seção anterior.

Nos últimos anos, diversos modelos de insumo-produto mundiais têm sido desenvolvidos. O aqui apresentado pertence à classe de modelos denominada modelo multirregional de insumo-produto (MRIO). Uma visão geral sobre os modelos regionais de insumo-produto indicando a diferença do modelo MRIO para outros modelos propostos na literatura pode ser encontrada em Miller; Blair (2009, Capítulo 3)

A matriz de transações de um modelo MRIO aplicado a vários países é constituída pelas matrizes de transações nacionais, colocadas em blocos ao longo da diagonal, e pelos fluxos de comércio internacional entre os países, fazendo a ligação entre os países. Dentro de cada país, há uma subdivisão em setores. Como nas matrizes nacionais, as vendas estão nas linhas e as compras, na coluna.

A Tabela 28.7 apresenta um exemplo. Os valores 95,00, 38,00, 58,00 e 120,00 teriam vindo da matriz de transações italiana. Empresas do setor automobilístico italiano venderam 95,00 para serem usadas no processo produtivo de outras empresas da mesma atividade. Podem ter sido autopeças (usualmente incorporadas no setor automobilístico), caminhões, furgões, carros para serem usados por vendedores etc. O valor 3,00 é a exportação de insumos da indústria automobilística francesa para a indústria siderúrgica italiana, uma exportação de produtos intermediários. Vistos pelas colunas, os mesmos valores são importações. A indústria siderúrgica francesa importou 7,00 em caminhões da Itália.

O valor 173,00 vem da matriz de demanda final italiana. O valor 6,00 são as exportações da indústria siderúrgica italiana para a demanda final francesa. Uma exportação de produtos finais, portanto. O valor adicionado, ou agregado (= remunerações + impostos sobre as atividades + excedente bruto), está nas linhas de baixo. As somas dos valores agregados, 432,00 e 324,00, são os PIBs dos dois países e, portanto, igualam as respectivas somas das duas colunas de demanda final.

O leitor pode encontrar bancos de dados reais na internet. Três bases de fácil acesso são: 1) World Input-Output Database (www.wiod.org), com dados para 44 países; 2) EORA Global Supply Chain Database (http://www.worldmrio.com), com dados para 190 países; e 3) a base Trade In Value added, uma iniciativa conjunta OECD/WTO abrangendo 63 países e que pode ser encontrada no *site* da OECD. Na base EORA, o número de setores por país não é fixo. O número de setores das matrizes de países com dados mais detalhados e de melhor qualidade é maior.

Note-se uma limitação nos modelos MRIO existentes: os dados usados ainda são de qualidade heterogênea e não há uma uniformidade de datas nas matrizes nacionais usadas para conformar o modelo. Uma série de projeções e estimativas foram realizadas para se chegar nos resultados disponíveis. Os detalhes são informados nos respectivos *sites*.

TABELA 28.7 Um Exemplo de Matriz Internacional de Transações com Dois Países e Dois Setores

	Itália Indústria automobilística	Itália Indústria siderúrgica	França Indústria automobilística	França Indústria siderúrgica	Demanda final Itália	Demanda final França	Produção bruta
Itália/indústria automobilística	95	38	27	7	228	121	516
Itália/indústria siderúrgica	58	120	25	12	52	6	273
França/indústria automobilística	8	3	34	14	141	173	373
França/indústria siderúrgica	19	16	18	25	11	24	113
Valor adicionado/ Itália	336	96	–	–			
Valor adicionado/ França	–	–	269	55			
Produção bruta	516	273	373	113			1.275

A matriz inversa de Leontief é encontrada como se fosse um modelo nacional de quatro setores. O resultado é (Tabela 28.8):

TABELA 28.8 Inversa de Leontief do Modelo Regional de Dois Países

	Itália Indústria automobilística	Itália Indústria siderúrgica	França Indústria automobilística	França Indústria siderúrgica	Demanda Final Itália	Demanda Final França
Itália/indústria automobilística	1,28	0,34	0,14	0,17	228	121
Itália/indústria siderúrgica	0,28	1,89	0,18	0,31	52	6
França/indústria automobilística	0,04	0,05	1,12	0,19	141	173
França/indústria siderúrgica	0,08	0,16	0,09	1,33	11	24

436   Economia Industrial

Assim, sem acréscimo de 1,00 na demanda final pelo produto da indústria siderúrgica italiana vai aumentar a produção bruta deste setor em 1,89, sendo 1,00 o referente à demanda final e 0,89, às demandas indiretas. Os mesmos acréscimos provocam uma produção bruta de 0,16, sempre em preços básicos, na indústria siderúrgica francesa.

A Tabela 28.9 mostra a matriz dos multiplicadores de VA. Ela é calculada de forma análoga ao exemplo dos multiplicadores de emprego (Tabela 28.5), isto é, multiplicando a matriz de coeficientes de valor agregado (Tabela 28.10) pela matriz inversa de Leontief (Tabela 28.8). Na primeira, o valor 0,35, por exemplo, é o valor agregado por unidade de produção da indústria siderúrgica italiana, isto é, na Tabela 28.7, a divisão de 96 por 273. O pressuposto deste cálculo é o de que o valor adicionado é proporcional à produção bruta:

TABELA 28.9 Matriz dos Multiplicadores de Valor Agregado (= Tabela 28.10 × Tabela 28.8)

	Itália	Itália	França	França
	Indústria automobilística	Indústria siderúrgica	Indústria automobilística	Indústria siderúrgica
Itália/indústria automobilística	0,84	0,22	0,09	0,11
Itália/indústria siderúrgica	0,10	0,66	0,06	0,11
França/indústria automobilística	0,03	0,04	0,81	0,14
França/indústria siderúrgica	0,04	0,08	0,04	0,65

TABELA 28.10 Matriz dos Coeficientes de Valor Agregado (Tabela calculada a partir da Tabela 28.7)

	Itália	Itália	França	França
	Indústria automobilística	Indústria siderúrgica	Indústria automobilística	Indústria siderúrgica
Itália/indústria automobilística	0,65	0,00	0,00	0,00
Itália/indústria siderúrgica	0,00	0,35	0,00	0,00
França/indústria automobilística	0,00	0,00	0,72	0,00
França/indústria siderúrgica	0,00	0,00	0,00	0,49

Cabe explicar por que esta matriz de multiplicadores de valor agregado (Tabela 28.10) é "por unidade". Como visto, o elemento genérico da matriz inversa de Leontief, L_{ij}, mostra a produção bruta do setor i necessária para atender uma demanda final de 1,00 do setor j. Segundo, a multiplicação dessa produção bruta pelo coeficiente de valor agregado do setor j, que é o resultado da multiplicação da matriz dos coeficientes de valor agregado (Tabela 28.9) pela matriz inversa de Leontief (Tabela 28.8), mostra o quanto esta produção gerou de valor adicionado. Portanto, o elemento genérico da matriz de comércio em valor agregado, C_{ij}, é o valor adicionado gerado no setor i pela demanda final de uma unidade do setor j. Por exemplo, é criado 0,08 em valor agregado na França para cada unidade de demanda final comprada à indústria siderúrgica da Itália.

Note-se que cada coluna da matriz de multiplicadores de valor agregado (Tabela 28.9) soma 1,00, o que não aconteceu na matriz de multiplicadores de emprego (Tabela 28.5). Esse teorema não será provado aqui, mas sua interpretação econômica é direta: cada unidade de demanda final gera, na produção, uma unidade monetária de valor agregado. Em particular, isto leva a, como se sabe, que toda demanda final seja igual a todo valor adicionado, que é o PIB. Esta última propriedade é apresentada na próxima seção.

Para chegar à matriz de comércio em valor agregado, é necessário primeiro calcular a matriz de demanda final por setor de atividade (F). Esta é uma transformação da parte direita da matriz de transações, as duas últimas colunas, em matriz de demanda final, obtida pela resposta à seguinte pergunta: qual é a demanda final por setor e país? A resposta, a matriz de demanda final por setor de atividades, está na Tabela 28.11.

Matriz de Insumo-Produto e Aplicações em Cadeias Globais de Valor   437

TABELA 28.11 Matriz de Demanda Final por Setor de Atividades

	Demanda italiana por automóveis	Demanda italiana por produtos da indústria siderúrgica	Demanda francesa por automóveis	Demanda francesa por produtos da indústria siderúrgica
Itália/indústria automobilística	228,00	0,00	121,00	0,00
Itália/indústria siderúrgica	0,00	52,00	0,00	6,00
França/indústria automobilística	141,00	0,00	173,00	0,00
França/indústria siderúrgica	0,00	11,00	0,00	24,00

Até o fim deste capítulo, todas as matrizes de demanda final são matrizes por setor de atividade.

Finalmente, a matriz de comércio em valor agregado (CVA) é obtida pela multiplicação da matriz de multiplicadores de valor adicionado pela matriz de demanda final por setor de atividade (Tabela 28.12).

TABELA 28.12 Matriz de Comércio em Valor Agregado (CVA)

	Itália	Itália	França	França	Total
	Indústria automobilística	Indústria siderúrgica	Indústria automobilística	Indústria siderúrgica	
Itália/indústria automobilística	202,93	12,70	116,40	3,98	336
Itália/indústria siderúrgica	31,06	35,73	22,62	6,58	96
França/indústria automobilística	119,60	3,39	142,55	3,46	269
França/indústria siderúrgica	15,41	11,19	12,43	15,97	55
TOTAL	369,00	63,00	294,00	30,00	756

A interpretação da matriz de CVA é a seguinte: cada coluna mostra os valores agregados gerados na produção de bens do setor coluna. Assim, por exemplo, a produção de automóveis na Itália para demanda final, incluindo toda a produção de insumos diretos e indiretos nas quatro atividades que compõem as economias dos dois países, gerou 369,00 em valor adicionado. A primeira coluna mostra a distribuição dos valores adicionados por cada uma dessas quatro atividades.

Em termos algébricos, sendo V a matriz de coeficientes de valor adicionado, isto é, uma matriz diagonal de coeficientes de valor agregado, $(I - A)^{-1}$ a matriz inversa de Leontief e F a demanda final por atividade, a matriz de comércio em valor agregado, CVA, é:

$$\text{CVA} = V \cdot (I - A)^{-1} \cdot (F) \qquad (9)$$

Como visto acima, cada elemento da matriz de multiplicadores $[= V \cdot (I - A)^{-1}]$ mostra o valor adicionado gerado no setor linha por uma unidade da demanda final do setor coluna. Ao multiplicar pela matriz de demanda final por setor de atividade, encontra-se o valor adicionado total, gerado no setor linha, pela demanda final do setor coluna (CVA $= V \cdot (I - A)^{-1} \cdot F$). A soma de cada coluna, portanto, é o PIB setorial e a soma de todos os elementos da matriz é o PIB dos países.

De fato, sendo i um vetor coluna de somatório (todos os elementos iguais a 1) e i' o vetor linha transposto de i, vem:

$$\text{Vetor dos PIBs setoriais/país} = V \cdot (I - A)^{-1} \cdot F \cdot i \qquad (10)$$

O PIB do setor k é obtido fazendo-se, em i', todo elemento cuja ordem é diferente de k igual a zero. De forma análoga, para calcular o PIB do país k, basta zerar todos os elementos de i' cuja ordem não corresponda a do país k:

$$\text{PIB do setor/país} = i' \cdot V \cdot (I - A)^{-1} \cdot i = i' \cdot V \cdot (I - A)^{-1} \cdot F \cdot i \qquad (11)$$

438 Economia Industrial

Por exemplo, denominando o vetor i' com 1s apenas nas células relativas à Itália (células 1 e 2), o vetor i' e o PIB da Itália são:

$$i'_A = (1,1,0,0) \text{ e}$$

$$\text{PIB} = i' \cdot V \cdot (I - A)^{-1} F \cdot i = 432,00$$

28.4 Aplicações do Modelo de Insumo-produto ao Estudo das Cadeias Globais de Valor

Agora, chega-se ao principal objetivo, relacionar a matriz CVA às cadeias globais de valor (CGVs). Define-se uma cadeia global de valor como uma coluna da matriz CVA. Assim, uma CGV é definida a partir da produção do setor desta coluna para demanda final e é composta pelos valores adicionados necessários para atender a esta produção, que são agregados em diferentes indústrias e/ou países. A demanda final por automóveis italianos foi satisfeita por uma CGV que gerou 201,9 de valor agregado na indústria automobilística italiana, 31,3 de valor adicionado na indústria siderúrgica italiana, 121,1 na indústria automobilística francesa (autopeças, por exemplo) e 14,8 na indústria siderúrgica francesa.

Este tipo de cadeia não é composto por empresas, mas, sim, pelo valor adicionado que cada empresa em cada setor e país contribui para a produção do setor coluna para a demanda final. Se uma empresa de tecidos de Bangladesh vende 10,00, que geraram 3,00 de valor agregado, para a finalização de um carro nos Estados Unidos e todo o resto da produção anual se destina a outros setores e/ou países, ela adiciona 3,00 à cadeia global de valor automobilística norte-americana.

Note-se que o conceito permite agregar setores. Em particular, a CGV de um país é a agregação horizontal das CGVs dos setores deste país. A CGV da França é composta pelos valores agregados da indústria automobilística italiana 120,38 (= 116,40 + 3,98), da indústria siderúrgica italiana (29,31), da indústria automobilística francesa (146,01) e da indústria siderúrgica francesa (28,40).

Como as exportações de um país são parte da sua demanda final, elas pertencem à CGV desse país. Se um brasileiro compra um produto italiano, os valores agregados incorporados neste produto estão na coluna da CGV Itália. Nas linhas, observa-se a contribuição dos setores/países para as diferentes CGVs.

A matriz mundial WIOD (www.wiod.org) abrange 44 países e 56 setores. Ela distingue, portanto, 2.464 CGVs no mundo, cada uma com, potencialmente, 2.464 etapas. Mas muitos valores são zero ou insignificantes.

Note-se que esta definição de cadeia global de valor é compatível com os critérios de Hummels et al. (2001): esses autores exigem, no seu conceito de especialização vertical, que haja pelo menos dois países envolvidos na produção do bem ou serviço e que, neste processo, os insumos cruzem fronteiras nacionais pelo menos duas vezes. Por exemplo, suponha-se que um país A exporta aço para B e B exporta carros para A feitos, em parte, com este aço. Pode-se dizer que A tem competitividade internacional em aço e B em automóveis, pois cada produto detém pelo menos uma parcela do mercado do mesmo produto no outro país. A produção é feita em dois estágios internacionais e cada estágio é, também, internacionalmente competitivo. Neste sentido, cada país se especializou em uma etapa.

Tendo definido a cadeia global de valor a partir do modelo MRIO, algumas aplicações imediatas deste modelo são vistas a seguir.

Na distribuição da origem do valor adicionado no exemplo fictício da Tabela 28.10, observa-se que a indústria automobilística italiana gera 83% do valor agregado do seu produto. Timmer et al. (2015), com base nos dados do *World Input-Output Database*, estudaram a evolução da origem do valor agregado da demanda alemã por automóveis. Eles concluíram que houve descentralização para outros países da Europa e da Ásia também. Desagregando o valor adicionado por classe de remuneração dos trabalhadores, os autores também mostraram que os empregos deslocados foram, em geral, de remuneração relativamente baixa.

Voltando-se ao exemplo da seção anterior, nota-se que a competitividade da indústria automobilística italiana pode ser comparada com a da francesa. A indústria automobilística italiana parece ser mais competitiva, pois as exportações para as indústrias da França geram um valor agregado, na Itália, maior do que os gerados na França pelas exportações da indústria automobilística francesa para a Itália. Indicadores de vantagens comparativas também podem ser calculados.

Timmer; De Vries (2015) estudaram a competitividade da indústria holandesa. Eles mostraram que a participação de valor adicionado estrangeiro nas exportações desse país é crescente e os serviços incorporados nas produções direta e indireta para exportação constituem um terço do valor adicionado nas exportações. A participação de pessoal de alta qualificação nas cadeias produtivas domésticas exportadoras aumenta principalmente nos setores de *serviços empresariais*. Por contraste, diminuem as atividades de produção realizadas por trabalhadores de menor qualificação. Essa diminuição ocorre principalmente nos setores industriais. "A Holanda está se especializando em atividades de alta intensidade técnica anteriores à produção (P&D, *design*, gestão) e pós-produção (logística). Isto segue um padrão amplo encontrado no oeste Europeu." Timmer; De Vries (2015, p. 3).

Um trabalho comparando a produtividade em vários países usando métodos rigorosos, e que mostra a estagnação relativa da produtividade do Brasil, é Inklaar; Diewert (2016).

Por fim, deve-se tomar cuidado em analisar estatísticas em valor adicionado. Isto porque parte significativa da literatura afirma que o aumento do valor agregado é o objetivo buscado tanto por firmas como pela política econômica. Esta assertiva muitas vezes parece advir da ideia, falsa, de que atividades intensivas em tecnologia, ou mais sofisticadas ou, ainda, mais complexas, são as que geram maior valor agregado. Mas, Krugman (1994), *apud* Amadeo (2002), debatendo a proposta de que a indústria eletrônica deveria ser incentivada porque gera maior valor agregado, mostrou que o valor agregado por trabalhador pela indústria eletrônica é semelhante ao da média da indústria. Segundo Amadeo (2002, p. 178), "como, na média, os setores devem apresentar retorno sobre capital semelhante, aqueles com maior aporte de capital por trabalhador devem, também, ter a maior margem por trabalhador empregado". Por isto, alto valor agregado por trabalhador é encontrado em setores como refino de petróleo, cimento etc.

28.4.1 TRÊS APLICAÇÕES DO MÉTODO DA EXTRAÇÃO HIPOTÉTICA AO COMÉRCIO INTERNACIONAL E ÀS CADEIAS GLOBAIS DE VALOR

28.4.1.1 *Introdução à Mensuração do Comércio Internacional em Valor Agregado*

Nesta seção, aplica-se o método da extração hipotética (HEM), visto anteriormente, à mensuração das exportações e às atividades das cadeias globais de valor. Como visto, a mensuração do comércio internacional desses produtos tem dois desafios: o problema da dupla contagem e o fato da exportação de um país para outro poder passar por uma rota indireta por meio de um terceiro país. Para contornar estes dois problemas, são apresentadas três medidas de cálculo das exportações, denominadas VAX-C, VAX-D e VAX-P (VAX é um acrônimo para valor agregado das exportações).

O VAX-C foi proposto por Johnson; Noguera (2012) e mede o valor agregado das exportações de um país que é consumido pela demanda final de outro país (podendo ter passado por outros países). O VAX-D é da autoria de Koopman et al. (2014) e calcula o valor adicionado nas exportações diretas de um país para outro. Parte das exportações pode ser de produtos intermediários e reexportada pelo país de chegada. Essa parte, portanto, não é consumida pela demanda final do país de destino. O VAX-P foi concebido por Los et al. (2015) e mostra o valor adicionado nas exportações de produtos intermediários de um país para outro que são processadas no país de destino e vendidas para a demanda final. O VAX-P, portanto, permite analisar a relação entre a última etapa de processamento e as anteriores.

O estudo dessas medidas pode ser continuado em Los; Timmer (2018) e Johnson (2018).

28.4.1.2 *A Base Conceitual Comum no Cálculo dos Três VAX*

Na apresentação das três medidas, considera-se uma matriz com três países, R, S e T. O país R exporta uma quantidade de bens que é consumida pela demanda final de S. A demanda final é organizada por setor de atividade. Por sua vez, T é o conjunto dos demais países. Em uma aplicação prática, R pode ser qualquer conjunto de linhas e o respectivo conjunto de colunas, como, por exemplo, o conjunto de linhas e colunas relativas a um país, vários países, uma indústria de um país, várias indústrias de vários países. S é outro conjunto qualquer de linhas e suas respectivas colunas, mas sem interseção com as de R. Por definição, T é o conjunto de linhas e colunas complementares a R e S, podendo ser vazio.

A Tabela 28.13 contém as matrizes de coeficientes técnicos (A) e de demanda final (F) do modelo. A primeira letra do subscrito é o país de origem e a segunda, o país de destino.

TABELA 28.13 Matrizes de Coeficientes Técnicos (*A*) e de Demanda Final (*F*)

Matriz de coeficientes técnicos (*A*)			Matriz de demanda final por setor de atividade (*F*)		
Arr	Ars	Art	Frr	Frs	Frt
Asr	Ass	Ast	Fsr	Fss	Fst
Atr	Ats	Att	Ftr	Fts	Ftt

440 Economia Industrial

A lógica das três medidas é a mesma: o método de extração hipotética (HEM) calcula os três VAX como uma diferença entre o PIB do país exportador (R) e o PIB hipotético que este país teria caso o tipo de exportação em pauta não aconteça. Esse efeito líquido é o valor agregado da exportação (VAX) que se deseja medir.

O PIB do país R, usado nas três fórmulas, é:

$$\text{PIBr} = i_r' \cdot V \cdot (I - A)^{-1} \cdot \text{F.i} \quad.......\text{Onde:} \tag{12}$$

Os elementos de i_r' são zeros e uns, este último nas posições relativas ao país R. No caso, $i_r' = (1,0,0)$. Todos elementos de i são = 1; V é a matriz de coeficientes de valor agregado (Tabela 28.10); $L = (I - A)^{-1}$ é a matriz inversa de Leontief; F é a matriz de demanda final por setor.

28.4.1.3 *Primeira Aplicação: qual é o valor agregado nas exportações de R que foi consumido pela demanda final de S? O VAX-C*

A demanda final de S é a coluna formada por Frs, Fss e Fts (Tabela 28.13). Se uma exportação de R é consumida pela demanda final de S, o valor adicionado em R pode estar contido em qualquer um desses três destinos. Se R exporta diretamente para a demanda final de S, está em Frs. Se R fornece um insumo para uma atividade econômica em S, que o processa e vende o produto resultante para a demanda final de S, o valor agregado da exportação de R é parte de Fss. Se R exporta para T, que o transforma e exporta para a demanda final em S, está contido em Fts. Existem muitos circuitos mais complexos de compra e venda que incorporam exportações de R e terminam na demanda final de S, mas todos seguem a lógica de um ou mais dos três casos acima.

Pelo método HEM, o valor agregado das exportações de R que está contido na demanda final de S é obtido calculando-se a diferença entre o PIB real de R e o PIB de R na hipótese de que a coluna de demanda final de S é zerada ($Frs = Fss = Fts = 0$). Anulando-se a demanda final de S, o PIB de P perde o valor adicionado nas exportações de R para S (ver Tabela 28.14).

TABELA 28.14 Matriz de Demanda Final para Cálculo do VAX-C

Matriz de demanda final (F¹)		
Frr	0	Frt
Fsr	0	Fst
Ftr	0	Ftt

O resultado é uma estimativa da absorção, pela demanda final de S, do valor adicionado nas exportações de R, e sua fórmula é:

$$\text{VAX-C} = \text{PIBr} - \text{PIB2r} = i_r' \cdot V \cdot (I - A)^{-1} \cdot F \cdot i - i_r' \cdot V \cdot (I - A)^{-1} \cdot F^1 \cdot i \tag{13}$$

Onde os elementos de i_r' são zeros e uns, este último nas posições relativas ao país R. No caso, $i_r' = (1,0,0)$. Todos os elementos de i são = 1. Por sua vez, F é a matriz de demanda final (Tabela 28.13) com a coluna central zerada e PIB^2_r é o PIB de R calculado com esta matriz restrita F.

Há uma maneira mais fácil de calcular VAX-C, vista a seguir (Tabela 28.15):

TABELA 28.15 Matriz de Demanda Final para Cálculo do VAX-C pela Fórmula Simplificada

Matriz de demanda final (F²)		
0	Frs	0
0	Fss	0
0	Fts	0

$$\text{VAX-C} = i_r' \cdot V \cdot (I - A)^{-1} \cdot F^2 \cdot i \tag{14}$$

Onde F é a matriz de demanda final com as colunas relativas a S intactas e as colunas relativas a R e T zeradas (Tabela 28.15).

28.4.1.4 Segunda Aplicação: qual é o valor agregado de R que é exportado para S? O VAX-D

Na aplicação anterior, o interesse estava no valor agregado do país R que foi consumido pela demanda final no país S. Uma parte das exportações e, consequentemente, do valor agregado pode ter sido destinada ao terceiro país, T, e reexportada para S, onde foi absorvida.

Agora, o foco é no valor agregado exportado de R e destinado apenas a S. Não compreende as exportações de R para S que passam por terceiros países, mas abrange as exportações que podem não terem sido consumidas em S, tendo sido reexportadas para T ou R e/ou reexportadas novamente para S. Sendo uma conceituação análoga à de "exportações brutas", Koopman et al. (2014), entre outros, discutiram a variação do indicador VAX-D/(exportações brutas). Por exemplo, ele é menor entre países que pertencem ao mesmo acordo regional e maior entre países que não estão no mesmo acordo.

A possibilidade de uma dupla (ou mais) passagem por R torna o problema mais difícil. O valor adicionado que é exportado e depois reexportado é contado duas vezes. Atualmente, há um debate sobre como computar essa duplicidade sem ainda haver uma solução consensual. Mas sabe-se que o algoritmo proposto por Koopman et al. (2014) chega a valores bem próximos do real e ele é bastante usado. Aqui, é apresentada uma fórmula alternativa, encontrada em Los; Timmer (2018), e que chega ao mesmo resultado do algoritmo de Koopman et al. (2014).

Usando o método HEM, deve-se zerar as exportações de R para S, tanto as de insumos intermediários como as para a demanda final, e, com essas restrições, calcular o PIB hipotético, PIB3r. A solução, isto é, o valor agregado incorporado às exportações de R para S é o PIB real menos este PIB3r, que exclui exportações e, consequentemente, seu valor agregado. Isto significa fazer $Ars = 0$, na matriz de coeficientes técnicos, e $Frs = 0$, na matriz de demanda final (Tabela 28.16).

TABELA 28.16 Matrizes de Coeficientes Técnicos A³ e de Demanda Final F³ para Cálculo do VAX-D

Matriz de coeficientes técnicos (A³)			Matriz de demanda final (F³)		
Arr	0	Art	Frr	0	Frt
Asr	Ass	Ast	Fsr	Fss	Fst
Atr	Ats	Att	Ftr	Fts	Ftt

A fórmula é:

$$\text{VAX-D} = \text{PIBr} - \text{PIB}^3\text{r} = i_r{'} \cdot (I-A)^{-1} \cdot F \cdot i - i_r{'} \cdot (I-A^3)^{-1} \cdot F^3 \tag{15}$$

28.4.1.5 Terceira Aplicação: qual é o valor agregado de R que é exportado para a produção para demanda final em S? O VAX-P

Neste caso, o interesse é o de separar a etapa de transformação de insumos em produtos para demanda final das etapas anteriores. O foco é na última transação intermediária, a que se destina a uma produção para a demanda final.

Esta aplicação é relevante, por exemplo, para se estudar indústrias maquiladoras, em que a última etapa adiciona pequeno valor agregado. Timmer et al. (2015) usam esta medida para comparar a contribuição em valor adicionado da indústria automobilística alemã com a dos seus fornecedores para a demanda alemã de automóveis.

Recorrendo ao método HEM, o cálculo do PIB hipotético se faz zerando toda a produção de S destinada à demanda final, como mostra a Tabela 28.17.

TABELA 28.17 Matriz de Demanda Final F⁴ para Cálculo do VAX-P

Matriz de demanda final (F⁴)		
Frr	Frs	Frt
0	0	0
Ftr	Fts	Ftt

$$\text{VAX-P} = \text{PIBr} - \text{PIB}^4\text{r} = i_r{'} \cdot (I-A)^{-1} \cdot F \cdot i - i_r{'} \cdot (I-A)^{-1} \cdot F^4 \tag{16}$$

442 Economia Industrial

Assim como o VAX-C, o VAX-P também pode ser calculado por uma fórmula mais simples. Basta usar uma matriz de demanda final hipotética que zera todas as linhas menos a linha do país S, como visto na Tabela 28.18.

TABELA 28.18 Matriz de Demanda Final F^5 para Cálculo do VAX-P pela Fórmula Simplificada

Matriz de demanda final (F^5)		
0	0	0
Fsr	Fss	Fst
0	0	0

(17) fórmula simplificada do VAX-P é VAX-P $= i_r{}' \cdot (I - A)^{-1} \cdot F^5$, onde F^5 é a matriz de demanda final com as colunas relativas a S intacta e as colunas relativas a R e T zeradas.

28.5 Conclusão

Este capítulo apresentou uma introdução à teoria da matriz de insumo-produto e ao estudo das cadeias globais de valor com essa matriz. Esse é um campo de análise em rápido crescimento. Há três tendências esperadas: a maior sofisticação matemática dos modelos, uma crescente interseção com a nova economia de redes, e o uso conjugado de matrizes de insumo-produto e outras estatísticas.

É natural esperar-se a utilização de métodos quantitativos mais elaborados porque a aplicação da matriz de insumo-produto à análise das cadeias globais de valor é um campo relativamente recente e em forte expansão. A economia de redes é outra área que vem crescendo muito e há uma clara sobreposição de objetivos e métodos com a teoria da matriz de insumo-produto. Por fim, a combinação de dados de matrizes insumo-produto com informações de outras origens é uma tendência apontada por Johnson (2018), entre outros. Um exemplo é Miroudot (2017), que classifica os serviços intrafirma da mesma forma que os adquiridos no mercado e que são apresentados na matriz de insumo-produto. Com isso, ele pôde estudar a extensão das terceirizações nacional e internacional de serviços.

28.6 Resumo

Neste capítulo aprendemos que:

- A matriz de insumo-produto mostra o padrão de interdependência entre os setores de atividade, isto é, o quanto cada um compra do outro, vende para demanda final e paga aos fatores de produção.
- A matriz inversa de Leontief determina o quanto os setores de atividade devem produzir para atender uma determinada demanda final. Os multiplicadores, por sua vez, permitem calcular o impacto do aumento ou da diminuição da produção sobre emprego, salários etc.
- Alguns setores de atividade da economia são chamados setores-chave porque o aumento da sua demanda gera maior demanda derivada.
- Um dos métodos para encontrar os setores-chave e para determinar a importância de um setor na economia é o método da extração hipotética.
- O uso de estatísticas em valor agregado aprimora os estudos sobre o comércio internacional por causa da crescente fragmentação da economia mundial em cadeias globais de valor.
- A aplicação da teoria da matriz de insumo-produto à economia internacional pode ser feita com a utilização do modelo multirregional de insumo-produto.
- Três indicadores estatísticos, calculados no modelo multirregional de insumo-produto, destacam aspectos importantes do comércio internacional em valor agregado.

28.7 Questões para Discussão

1. Calcule a matriz inversa de Leontief no seguinte exemplo:

	Grãos	Fertilizantes	Demanda final = Y	Produção bruta = X
Grãos	3,00	2,00	15,00	20,00
Fertilizantes	8,00	0,00	5,00	13,00
Valor agregado	9,00	11,00		
Produção bruta	20,00	13,00		

2. No exemplo anterior, calcule o aumento da produção bruta e do emprego que vão ser gerados nos setores de grãos e fertilizantes se a demanda final por grãos aumenta 10,00, a demanda final por fertilizantes cresce 4,00 e os coeficientes de emprego nos setores de grãos e fertilizantes são, respectivamente, 0,01 e 0,05.
3. No exemplo anterior, determine o efeito para trás do setor de grãos pelo método da extração hipotética.
4. Em geral, as exportações dos países menores têm maior conteúdo importado do que a dos países maiores. Isso tende a aumentar ou a diminuir o comércio em valor agregado? Por quê?
5. Na Tabela 28.7, explique o significado dos números (de cima para baixo e da esquerda para a direita): 121, 12, 141, 336, 55 e 373.
6. Na Tabela 28.12, explique o que significam os números 12,70; 142,55; e 30,00.
7. Na mesma tabela, calcule o PIB da Itália.
8. Na mesma tabela, calcule o VAX-C das exportações da indústria siderúrgica francesa para a demanda pelos produtos da indústria automobilística da Itália, o VAX-D das exportações da indústria siderúrgica italiana para a demanda pelos produtos da indústria automobilística francesa e o VAX-P das exportações da indústria automobilística italiana para a demanda pelos produtos da indústria automobilística francesa.

28.8 Sugestões de Leitura

Sobre a matriz de insumo-produto
FEIJÓ, C. A.; RAMOS, R. O. *Contabilidade social*: a nova referência das contas nacionais do Brasil. 3. ed. Rio de Janeiro: Campus, 2008.
MILLER, R. E.; BLAIR, P. D. *Input-output analysis*: foundations and extensions. Cambridge: Cambridge University Press, 2009.

Sobre cadeias globais de valor
LOS, B.; TIMMER, M. P. *Measuring bilateral exports of value added*: a unified framework, 2018.
TIMMER, M. P.; DIETZENBACHER, E.; LOS, B.; STEHRER, R.; VRIES, G. J. An illustrated user guide to the world input-output database: the case of global automotive production. *Review of International Economics*, v. 23, n. 3, p. 575–605, 2015. Wiley Online Library.

Bibliografia

AMADEO, E. J. *Política industrial*: historiografia e condicionantes de seu sucesso. Rio de Janeiro: Banco Nacional de Desenvolvimento Econômico e Social, 2002.
BOHN, T.; BRAKMAN, S.; DIETZENBACHER, E. The role of services in globalization. *The World Economy*, 2018. Wiley Online Library.
CHENERY, H. B.; WATANABE, T. International comparisons of the structure of production. *Econometrica*, v. 26, n. 4, p. 487, 1958. Disponível em: https://www.jstor.org/stable/1907514?origin=crossref. Acesso em: 13 dez. 2018.
DORFMAN, R. The nature and significance of input-output. *The Review of Economics and Statistics*, v. 36, n. 2, p. 121-133, 1954.
FEIJÓ, C. A.; RAMOS, R. O. *Contabilidade social*: a nova referência das contas nacionais do Brasil. 3. ed. Rio de Janeiro: Campus, 2008.
GUILHOTO, J. J. M. *Análise de insumo-produto*: teoria e fundamentos, 2011.
HEUSER, C.; MATTOO, A. *Services trade and global value chains*. Washington: World Bank Group, 2017.
HUMMELS, D.; ISHII, J.; YI, K.-M. The nature and growth of vertical specialization in world trade. *Journal of International Economics*, v. 54, n. 1, p. 75-96, 2001. Disponível em: http://linkinghub.elsevier.com/retrieve/pii/S0022199600000933. Acesso em: 27 mar. 2013.
IBGE. *Notas técnicas* – matriz de insumo-produto Brasil 2000/2005. Rio de Janeiro: IBGE, 2008.

INKLAAR, R.; DIEWERT, W. E. Measuring industry productivity and cross-country convergence. *Journal of Econometrics*, v. 191, n. 2, p. 426-433, 2016. Disponível em: http://dx.doi.org/10.1016/j.jeconom.2015.12.013. Acesso em: 13 dez. 2018.

JOHNSON, R. C. Measuring global value chains. *Annual Review of Economics*, n. 10, p. 207-236, 2018.

_____; NOGUERA, G. *Fragmentation and trade in value added over four decades*. Cambridge: NBER, 2012.

KOOPMAN, R.; WANG, Z.; WEI, S.-J. Tracing value-added and double counting in gross exports. *American Economic Review*, v. 104, n. 2, p. 459-494, 2014.

KRUGMAN, P. Competitiveness: a dangerous obsession. *Foreign Aff.*, v. 73, p. 28, 1994. HeinOnline.

LEONTIEF, W. A *análise de insumo-produto*, 1983.

_____. *Input-output economics*. Oxford: Oxford University Press, 1986.

LOS, B.; TIMMER, M. P. *Measuring bilateral exports of value added*: a unified framework. Cambridge: NBER, 2018.

_____; _____; VRIES, G. J. How global are global value chains? A new approach to measure international fragmentation. *Journal of Regional Science*, v. 55, n. 1, p. 6692, 2015. Wiley Online Library.

MILLER, R. E.; BLAIR, P. D. *Input-output analysis*: foundations and extensions. Cambridge: Cambridge University Press, 2009.

MIROUDOT, S. Services in global value chains and global value chains in services. *OECD Trade Policy Papers*, n. 197. Paris: OECD Publishing, 2017.

TIMMER, M. P. et al. An illustrated user guide to the world input-output database: the case of global automotive production. *Review of International Economics*, v. 23, n. 3, p. 575-605, 2015. Wiley Online Library.

_____; DE VRIES, G. *Dutch manufacturing competing in global value chains*. Groninger: University of Groningen, 2015.

Fontes de Informação sobre a Indústria Brasileira[1]

Lia Haguenauer, Magdalena Cronemberger Góes e Julia Torracca

29.1 Introdução

A tradução empírica dos elementos teóricos abordados nos diversos capítulos deste livro nem sempre é viável. A teoria, em geral, diz respeito a comportamentos e relações estabelecidas *ex ante* entre agentes e variáveis específicas, ao passo que as estatísticas representam o resultado *ex post* da interação de todos os fatores que podem afetar o fenômeno em questão. As estatísticas correspondem a observações de variáveis em um ponto do tempo, possibilitando apenas a inferência de relações ou comportamentos mediante a comparação de variações no tempo (séries temporais) e/ou entre diferentes agentes (comparações entre regiões geográficas, empresas de diferentes tamanhos, tipos de propriedade do capital etc.).

Essa tradução exige ainda a correspondência precisa entre o fenômeno que se deseja observar e a base de dados a ser utilizada, notadamente quanto a: agentes – definição e seleção das unidades de informação às quais se referem às estatísticas, e classificações – critérios utilizados para o agrupamento dos agentes e dos produtos, além da escolha e conceituação das variáveis investigadas.

Neste capítulo apresentamos as principais fontes de informação atualmente disponíveis sobre a indústria brasileira, fazendo antes breve comentário sobre agentes, indústrias e mercados, conceitos já discutidos no Capítulo 2 e de particular importância na operacionalização das estatísticas industriais.

29.2 Conceitos Básicos nas Estatísticas Industriais

29.2.1 Agentes

No que se refere aos agentes, os principais conceitos da Economia Industrial dizem respeito a empresas e plantas industriais.

Dada a variedade de formatos de organização e operação dos agentes produtores de bens e serviços e as respectivas atividades econômicas que realizam, a construção de estatísticas consistentes e comparáveis internacionalmente requer uma padronização das unidades a partir das quais serão levantadas as informações. São as chamadas unidades estatísticas de investigação ou de observação. A comparabilidade das estatísticas fica mais bem garantida quando estas unidades são definidas e classificadas de forma padronizada.

446   Economia Industrial

Atualmente, nas estatísticas industriais brasileiras, as unidades estatísticas de investigação são:[2]

1. Empresa – "unidade jurídica caracterizada por uma empresa ou razão social que engloba o conjunto de atividades econômicas exercidas em uma ou mais unidades locais" (IBGE, 2004, p.16).
2. Unidade local – "espaço físico, geralmente uma área contínua, no qual uma ou mais atividades econômicas são desenvolvidas, correspondendo a um endereço de atuação da empresa" (*id. ibid.* p.16).[3]

As empresas são as unidades reais que operam no mercado. São as unidades de decisão, de existência jurídica, que assumem obrigações financeiras e estão à frente das transações de mercado. Além disso, é sobre as empresas que recai a obrigatoriedade dos registros contábeis, balanços etc. A empresa constitui, assim, a unidade adequada tanto para análises de comportamento de agentes econômicos (estratégias produtivas, de acumulação e expansão) como para o levantamento de informações econômico-financeiras. Só neste nível é possível a avaliação precisa dos processos de geração e distribuição de renda abrangendo despesas diretas e indiretas da produção, renda e lucro gerados.

Na maioria dos casos, ocorre a coincidência física entre empresa e unidade local/estabelecimento e entre estes e os conceitos teóricos de empresa e de planta industrial. No entanto, existe na realidade grande diversidade de tipos de unidades, resultantes de diferentes formas de organização da atividade industrial. Empresas com múltiplas localizações e/ou múltiplas atividades econômicas são bastante comuns no segmento das firmas com maior peso na produção industrial.[4] A teoria contempla a existência de empresas multiplanta, bem como a ocorrência de diferentes estratégias de diversificação por parte das empresas. Assim, para os estudos nos quais sejam relevantes a definição precisa de segmentos produtivos e as características técnicas do processo produtivo (como, por exemplo, atualização tecnológica e economias técnicas de escala, definidas no nível das plantas), ou ainda a ótica espacial, são necessárias informações de agentes definidos como partições de empresas, ou seja, informações no nível das unidades locais.

É importante notar também que a empresa nas estatísticas (entidade jurídica) muitas vezes não detém a autonomia decisória atribuída à empresa teórica. É crescente a importância de grupos econômicos que abrangem diversas empresas e cuja estrutura jurídica é particular a cada um. Participações cruzadas e percentagens variáveis do capital social determinam, na realidade, o poder de controle e decisão sobre o conjunto do grupo, o que torna esta categoria um agente de difícil identificação para levantamentos estatísticos.[5] Ademais, a questão da diversificação de atividades também torna seu uso analítico problemático.

29.2.2 Indústria e mercado

Quanto ao agrupamento dos agentes, os conceitos teóricos relevantes são os de indústria e mercado.

A teoria, em geral, pressupõe uma correspondência biunívoca entre produtos (conjuntos de bens e serviços) e empresas (ou plantas), ou seja, cada produto é produzido por um conjunto univocamente determinado de empresas. As empresas reais, no entanto, quase sempre produzem mais de um produto, e de um mesmo processo produtivo podem resultar produtos distintos, inclusive aqueles característicos de outras atividades.

Para dar conta desta realidade, existem duas dimensões básicas na representação do processo produtivo e, consequentemente, na construção das estatísticas econômicas: de um lado, a atividade econômica levada pelo conjunto de agentes produtivos (empresas, unidades locais/estabelecimentos); e, de outro, os produtos na forma de bens e serviços resultantes do processo produtivo. Cada vertente trabalha com sistemas de classificações específicos e gera conjuntos de estatísticas igualmente específicas. Para a organização e análise das estatísticas construídas sob o enfoque do agente produtivo (empresa, unidades locais/estabelecimentos) – dados que permitem analisar a estrutura produtiva e a organização da produção –, trabalha-se com a classificação de atividades econômicas. Na vertente dos produtos, as estatísticas referem-se aos fluxos dos mercados de bens e serviços – composição da oferta, fluxos do comércio externo, composição do consumo, índices de preços, etc. – e são construídas com base em classificações de produtos.

As classificações servem como um sistema de linguagem na produção de informações estatísticas. A uniformização desta linguagem é imprescindível para a articulação das informações no tempo (séries temporais), no espaço (comparações regionais e internacionais) e entre fontes distintas, o que ressalta a importância da padronização tanto no nível nacional quanto no internacional.

A classificação internacional de referência para as atividades industriais é a International Standard Industrial Classification (ISIC),[6] que abrange todas as atividades econômicas e é elaborada e atualizada periodicamente sob a coordenação da Divisão de Estatísticas da Organização das Nações Unidas (ONU). Deve-se ressaltar que os sistemas de classificação de atividades procuram retratar a organização real das estruturas produtivas, sendo, nesse sentido, historicamente determinados. Assim, precisam ser periodicamente atualizados e revisados em função de mudanças na organização produtiva e, também, da demanda por novas abordagens analíticas.

Da mesma forma, as particularidades regionais das estruturas produtivas exigem adaptações da classificação internacional. O Brasil sempre procurou, em linhas gerais, seguir as classificações da ONU, mas apenas a partir da adoção da Classificação Nacional de Atividades Econômicas (CNAE) como sistema oficial passou a trabalhar com um padrão predefinido de relacionamento com a classificação internacional que efetivamente garante a comparabilidade internacional das estatísticas econômicas brasileiras. Tal como a ISIC, a CNAE está organizada em uma estrutura hierárquica com vários níveis: seção, divisão, grupo e classe. Os dois primeiros níveis são idênticos aos da classificação internacional e, nos dois seguintes, a CNAE introduz maior detalhamento sempre que necessário para refletir a estrutura da economia brasileira, em princípio possibilitando a reconstituição das categorias da classificação internacional.[7]

Na versão original, a CNAE é uma classificação derivada da ISIC, revisão 3. À versão original seguiram-se duas outras: a CNAE 1.0, atualização ocorrida em 2002, e a CNAE 2.0,[8] resultado de revisão mais ampla em 2006, ambas acompanhando os movimentos da classificação internacional (ISIC 3.1 e revisão 4, respectivamente).

Atualmente, a CNAE é usada na produção e disseminação de informações por tipo de atividade econômica em todas as estatísticas econômicas, inclusive nas Contas Nacionais a partir da série ano-base 2000 e nas informações socioeconômicas.

Os agentes (empresa, unidade local/estabelecimento) são classificados segundo a atividade associada aos produtos de maior valor em sua produção. Os critérios subjacentes às classificações de atividades procuram manter em um mesmo grupo as atividades das quais resultam produtos semelhantes quanto aos processos produtivos (tecnologia, insumos, organização da produção) – caracterizando indústrias segundo a *base técnica* – e também quanto ao destino da produção (agrupando produtores de bens que sejam substitutos próximos), procurando caracterizar *mercados*, conforme discutido no Capítulo 2. A importância conferida aos critérios de base técnica e de mercado varia entre classificações e também entre as atividades no interior de um mesmo sistema, podendo, assim, cada atividade definida estar mais associada ao conceito de mercado ou ao de indústria.

Considerando os grupos definidos a três dígitos da CNAE, tem-se, por exemplo, a *fabricação de produtos de material plástico*, atividade definida pela tecnologia e insumos, abrangendo artigos de consumo pessoal, material de embalagem e outros, ao lado da *fabricação de calçados*, que agrupa plantas com insumos e processos distintos, abrigando a fabricação de calçados de couro, plástico, borracha, têxteis etc. No primeiro caso, o critério subjacente à classificação é o da base técnica; no segundo, o de mercado.

As variáveis referentes às atividades (conjuntos organizados de agentes produtivos) permitem analisar a estrutura industrial e a organização da produção. As principais variáveis associadas às atividades são: valor da produção, valor adicionado (ou valor da transformação industrial, aproximação do valor adicionado, obtido deduzindo-se do valor da produção industrial apenas os custos diretos), emprego, características dos processos produtivos, formação de capital, custos, receita operacional líquida, *mark-up* (receitas operacionais/custos diretos da produção) e propriedade do capital.

As estatísticas dos fluxos de bens e serviços são levantadas e disseminadas por meio de classificações de produtos, cujos princípios de agregação variam de acordo com o fluxo enfocado. Assim, são definidas classificações de produtos específicas para a elaboração e análise dos fluxos do comércio externo, dos fluxos de produtos resultantes do sistema produtivo e dos fluxos do consumo das famílias, entre outros. Por outro lado, também para o sistema de classificações de produtos, prevalecem os princípios de padronização/compatibilização nos planos tanto nacional como internacional, sendo importante a definição de correspondências inequívocas entre os vários tipos de classificações de produtos.

No Brasil, os fluxos de mercadorias do comércio externo (importação e exportação de mercadorias) são registrados e suas estatísticas geradas com o uso da Nomenclatura Comum do Mercosul (NCM), adotada em janeiro de 1995 pelos países da região. A NCM é derivada do Sistema Harmonizado de Designação e de Codificação de Mercadorias, ou simplesmente Sistema Harmonizado (SH), de uso internacional. Dos oito dígitos que compõem os códigos NCM, os seis primeiros são idênticos aos códigos do SH e os dois últimos correspondem a desdobramentos específicos para o Mercosul.

Na organização e disseminação de estatísticas de produção nacional de produtos industriais, o IBGE usa a PRODLIST--Indústria, uma nomenclatura abrangente e detalhada de produtos e serviços industriais produzidos pelas indústrias extrativa e de transformação (IBGE, 2011b). Os produtos PRODLIST-Indústria são definidos a partir da NCM por agregações ou desagregações, e são organizados segundo classes CNAE de origem (os quatro primeiros dígitos do código de oito dígitos dos produtos PRODLIST são os da classe CNAE de origem). A PRODLIST-Indústria, tal como a NCM, é atualizada anualmente. A partir da versão 2007, a PRODLIST-Indústria está referenciada à versão 2.0 da CNAE. Tabelas de correspondências entre as versões anuais da PRODLIST-Indústria e destas com a NCM são disponibilizadas pelo IBGE.[9]

As estatísticas de produtos focalizam basicamente o mercado, ou seja, os fluxos de oferta (produção e importação) e de demanda (consumo, investimento, exportações). As variáveis mais importantes associadas a produtos são: quantidade, valor e preços da produção interna, exportações e importações (em valores, quantidades ou índices).

448 Economia Industrial

29.3 Fontes de Informação sobre a Indústria Brasileira

29.3.1 INSTITUTO BRASILEIRO DE GEOGRAFIA E ESTATÍSTICA – IBGE

O IBGE é o órgão responsável pelo Sistema Estatístico Nacional e é a instituição que realiza os levantamentos mais abrangentes sobre a indústria brasileira.

O subsistema de pesquisas industriais do IBGE cobre as indústrias extrativas e de transformação, e organiza-se dentro de padrão comum às pesquisas do sistema integrado de pesquisas econômicas, implementado a partir de meados dos anos 1990 com destaque dos seguintes parâmetros:

- as pesquisas são desenhadas por amostra levando em conta a concentração da atividade produtiva nos segmentos de maior porte e, consequentemente, dando maior peso à sua representação;
- as amostras são definidas com base no mapeamento atualizado do universo das entidades empresariais do país presentes no Cadastro Central de Empresas (Cempre), do IBGE, que, para tanto, articula os dados recebidos de registros administrativos e das pesquisas econômicas correntes;
- as pesquisas são organizadas em três conjuntos com funções específicas: as pesquisas estruturais, as pesquisas conjunturais e as pesquisas-satélites.

As pesquisas estruturais formam o núcleo central do sistema com o duplo papel de fornecer dados para a caracterização da atividade produtiva das empresas fortemente apoiados nos conceitos das Contas Nacionais e de servir de núcleo de articulação das demais pesquisas. Substituem os censos econômicos. As pesquisas conjunturais estão focadas no acompanhamento do desempenho no curto prazo e elas são a base para a construção dos indicadores de acompanhamento da conjuntura. As pesquisas-satélites são temáticas, voltadas ao tratamento de questões relevantes da atividade produtiva.

No subsistema das pesquisas industriais, a Pesquisa Industrial Anual (PIA), reformulada a partir de 1996 para se adequar aos novos parâmetros, desdobra-se em duas pesquisas:

1. A *PIA-Empresa*, objetivando a caracterização da atividade das empresas industriais como agentes organizadores da produção e levantando informações econômico-financeiras.
2. A *PIA-Produto*, respondendo pelas informações de quantidade e valor dos produtos produzidos nas unidades locais industriais.

A PIA-Empresa é a pesquisa central estrutural do subsistema das pesquisas industriais. Propicia informações relativas à atividade industrial em substituição aos censos industriais – identificação das características estruturais e acompanhamento de suas transformações no tempo – e constitui o núcleo em torno do qual se articulam as demais pesquisas da indústria, tanto as de acompanhamento conjuntural como as de aprofundamento temático, como é o caso da Pesquisa de Inovação Tecnológica (Pintec).

As principais características metodológicas da PIA-Empresa são:[10]

1. Âmbito da pesquisa: a PIA-Empresa cobre as empresas com atividade principal nas indústrias extrativas e de transformação, dentro da definição da CNAE.
2. Unidade estatística: a unidade central de informação/observação e principal foco de atenção é a empresa, o que significa que os quantitativos e os valores mais completos informados na pesquisa referem-se à empresa como um todo. Para as empresas industriais com múltiplas unidades, o enfoque centralizado na empresa é complementado com a identificação das unidades locais por localização geográfica e atividade principal e o levantamento de um conjunto limitado de variáveis referentes às atividades nelas exercidas, cujos quantitativos e valores são usados para o rateio de variáveis informadas no nível da empresa. As estatísticas regionais ou por atividade econômica com base nas informações no nível da unidade local são, portanto, construções a partir dos dados efetivos no nível das empresas, o que, por outro lado, garante a coerência entre as informações das empresas e sua leitura por atividade industrial e/ou por localização geográfica. Na PIA-Empresa de 1996 em diante, prevalece a lógica de construção dos agregados econômicos (valor da produção, consumo intermediário, valor adicionado, valor de transformação industrial, remuneração de assalariados, contribuições sociais etc.) de cima para baixo: os valores definidos para a empresa como um todo são redistribuídos pelas unidades locais com base no peso das variáveis informadas neste nível. Em relação às pesquisas anteriores – censos e PIAs até 1995 –, a mudança na definição da unidade estatística de informação/observação é a alteração metodológica de maior impacto.[11]

3. Classificação: CNAE. Versão original, nas PIAs-Empresa de 1996 a 2002; versão 1.0, nas PIAs 2003 a 2007; versão 2.0, a partir de 2007. Dada a extensão das mudanças na versão 2.0, a transição para a nova versão exigiu cuidados para evitar descontinuidades nas séries históricas. Os resultados da PIA-Empresa referentes a 2007, ano de transição para a nova versão, foram divulgados nas duas versões 1.0 e 2.0.[12]

4. Desenho da pesquisa: o desenho amostral da PIA-Empresa é realizado com base no Cadastro Central de Empresas do IBGE e comporta dois estratos com tratamento diferenciado:

   a. Empresas com 30 ou mais pessoas ocupadas e/ou receita de vendas e serviços industriais superior a determinado valor atualizado anualmente (R$ 13,6 milhões, na pesquisa de 2016): compõem o estrato certo, entrando com probabilidade 1, o que significa que são todas pesquisadas anualmente. Em 2016, corresponderam a um universo em torno de 34,2 mil empresas, respondendo por mais de 90% do valor adicionado das empresas industriais no âmbito da pesquisa.

   b. Empresas com 1 a 29 pessoas ocupadas: são selecionadas por critérios de amostragem probabilística, garantindo representatividade nos níveis Brasil, unidades da Federação, e segmentos produtivos CNAE predefinidos. Em 2016, para representar o universo de aproximadamente 425 mil empresas industriais com 1 a 29 pessoas ocupadas, foram selecionadas mais de 15 mil empresas para o estrato amostrado.

5. Variáveis: as principais variáveis pesquisadas referem-se a pessoal ocupado; receitas auferidas; impostos sobre a produção; valor das compras; estoques; composição dos custos incorridos, inclusive o de mão de obra; e variações do ativo imobilizado. A PIA-Empresa prioriza o levantamento de informações econômico-financeiras voltadas a subsidiar o Sistema de Contas Nacionais nas estimativas do volume do valor adicionado (valor da produção menos o consumo intermediário) e sua composição (remuneração de assalariados, encargos sociais) e da formação de capital pelas empresas industriais.

Os resultados da PIA-Empresa são disponibilizados no nível Brasil e das unidades da Federação. Para os estados com maior peso da indústria (São Paulo, Rio de Janeiro, Minas Gerais, Paraná, Santa Catarina e Rio Grande do Sul), são divulgados resultados por segmento industrial definido a três dígitos da CNAE; e, para os demais, a dois dígitos. Para as empresas com 30 ou mais pessoas ocupadas, cujo levantamento é censitário, é possível a obtenção de informações no detalhe do questionário no nível mais desagregado da classificação de atividades (quatro dígitos da CNAE) e para qualquer recorte geográfico (unidade da federação ou municípios).

A série atual da PIA-Empresa inicia-se em 1996. Os resultados são divulgados pelo IBGE com 18 meses de defasagem em relação ao ano de referência (no final do primeiro semestre do ano $n+2$), com perspectivas de redução deste prazo. A data de divulgação é anunciada no portal do IBGE no início do ano $n+2$. Os resultados são disseminados por meio da publicação Pesquisa Industrial Anual – Empresa, de periodicidade anual, que inclui um CD-ROM, e pela internet no portal do IBGE (http://www.ibge.gov.br) e no Sistema IBGE de Recuperação Automática (Sidra) (disponível em: https://sidra.ibge.gov.br/pesquisa/pia-empresa).

Para os anos anteriores a 1996, as fontes mais abrangentes sobre a estrutura da indústria brasileira – indústrias extrativas e de transformação – são os censos industriais, referidos aos anos 1920, 1940, 1950, 1960, 1970, 1975, 1980 e 1985, e a Pesquisa Industrial Anual – PIA, que teve início em 1966 com o objetivo de acompanhar a evolução da estrutura industrial nos períodos intercensitários. As PIAs referentes ao período 1966-1995, no entanto, passaram por diversas fases e apresentavam diferenças nas abordagens metodológicas e nos desenhos amostrais, com prejuízo para a coerência das séries temporais. Por outro lado, as diferenças metodológicas em questões fundamentais da produção de estatísticas industriais, tais como a definição da unidade estatística de informação e da classificação de atividades econômicas, entre as PIAs-Empresa de 1996 em diante e as bases de dados anteriores (censos e PIAs até 1995), como já mencionado, introduzem fortes complicadores no encadeamento das séries das estatísticas industriais pré e pós 1996.[13]

Completando a caracterização da estrutura industrial, a PIA-Produto, cuja série tem início em 1998, levanta informações sobre valor e quantidade dos produtos e serviços industriais produzidos e/ou vendidos no ano nas unidades locais industriais de empresas industriais. A PIA-Produto é desenhada como uma subamostra intencional da PIA-Empresa. Após sucessivos ajustes,[14] a partir de 2005 a amostra da pesquisa passa a ser formada por todas as unidades produtivas industriais pertencentes ao estrato certo da PIA-Empresa, ou seja, as empresas industriais com 30 ou mais pessoas ocupadas. As informações são solicitadas a partir da PRODLIST-Indústria, com 3.500 denominações compatibilizadas com a Nomenclatura Comum do Mercosul (NCM), o que possibilita a articulação entre as informações da produção nacional e dos fluxos de importação e exportação de produtos industriais, além da associação às classes de atividades industriais da CNAE. Os resultados da PIA-Produto são divulgados nos mesmos prazos e mídias que a PIA-Empresa, sendo objeto de uma publicação específica. Anteriormente à PIA-Produto, os censos industriais de 1960, 1970, 1975 e 1980 e as PIAs da década 1970 levantavam informações no nível de produtos que foram objeto de publicações do IBGE. A nomenclatura usada, desenvolvida pelo IBGE, não era compatibilizada com a do comércio exterior.

450   Economia Industrial

Na área de estatísticas conjunturais da indústria, o IBGE atualmente só produz indicadores de acompanhamento do desempenho no curto prazo da indústria brasileira baseados na Pesquisa Industrial Mensal – Produção Física (PIM-PF). Até final de 2015, a instituição também disponibilizava índices de emprego e salário industriais com frequência mensal por atividade econômica a partir da Pesquisa Industrial Mensal de Emprego e Salários (Pimes),[15] mas ela foi extinta e cedeu lugar à Pesquisa Nacional por Amostra de Domicílios Contínua (PNAD Contínua), que também possui informações mensais sobre pessoal ocupado, porém sem o enfoque e respectiva abertura para os diferentes setores da indústria.

Desde a década de 1970, o IBGE divulga índices mensais relativos à produção industrial mensal, calculados a partir da PIM-PF. A variável levantada pela pesquisa é a produção física de uma série de produtos. Os produtos e os seus respectivos informantes são previamente selecionados pelo critério geral de participação no mercado, segundo os segmentos industriais que se pretende representar pelo sistema de indicadores. O sistema de índices da produção industrial passou por uma reformulação para ajustar-se aos parâmetros da produção das estatísticas econômicas vigentes a partir de 1996, com a nova série iniciando-se em 2002. A última reformulação ocorreu em 2014 com os objetivos de (a) atualizar as amostras de atividades, produtos e informantes; (b) elaborar uma nova estrutura de ponderação dos índices que se integrasse ao Sistema de Contas Nacionais com referência o ano de 2010; e (c) adotar as classificações que servem de base para as demais pesquisas industriais a partir de 2007, quais sejam: a CNAE 2.0 e a PRODLIST-Indústria.[16]

A PIM-PF, no desenho atual, coleta informações mensais sobre a quantidade produzida de cerca de 944 produtos em cerca de 7.800 unidades locais de empresas das indústrias extrativas e de transformação. O painel de produtos e informantes consiste em uma amostra de seleção intencional para representar no mínimo 80% do valor bruto da produção industrial da PIA-Produto considerando o conjunto das atividades selecionadas em cada detalhamento geográfico. Em 2010, a PIM-PF cobriu 84,9% do Valor de Transformação Industrial da PIA-Empresa.

São divulgados índices de *quantum* no nível nacional, desagregado em 27 atividades, e no nível regional, detalhado para as atividades mais representativas da indústria de grande região ou unidade da Federação.

As atividades são definidas segundo categorias da CNAE (versão 2.0 a partir de janeiro de 2002). No caso das indústrias extrativas, os resultados são apresentados no nível agregado de *seção* tanto para o Brasil quanto para as unidades da Federação. Já para os setores da indústria manufatureira, os resultados são apresentados por *grupos* (três dígitos) ou *classes* (quatro dígitos) para atividades selecionadas no caso do Brasil e por *seção* para as unidades da Federação. No nível nacional, são ainda divulgados índices por categorias de uso (bens de capital, intermediários, de consumo durável e de consumo não durável) e para o conjunto de produtos identificados como insumo típicos da construção civil. Existem também os recortes específicos, também denominados indicadores especiais, que visam ampliar a capacidade de entendimento da evolução da atividade industrial no curto prazo (indicadores de produção física para bens de capital de diferentes tipos e para diferentes atividades, grandes categorias econômicas por atividade, difusão, eletrodomésticos, embalagens e intensidade de gasto com energia elétrica).

No nível regional, os índices são divulgados para 14 unidades da Federação – Amazonas, Pará, Ceará, Pernambuco, Bahia, Minas Gerais, Espírito Santo, Rio de Janeiro, São Paulo, Paraná, Santa Catarina, Rio Grande do Sul e Goiás –, seguindo o critério de representação de no mínimo 1% do Valor de Transformação Industrial, e para o conjunto da Região Nordeste.

Os índices são calculados pelo método de Laspeyres-base fixa em cadeia, com atualização de pesos. A base atual de ponderação (revisão 2014) é fixa e tem como referência a estrutura do Valor de Transformação Industrial do ano de 2010 e a produção por empresa de todos os produtos definidos na PRODLIST-Indústria também para o mesmo ano. São divulgados quatro tipos de índices: base fixa mensal (mês/média de 2012 = 100), a partir do qual se pode construir qualquer outro; mensal (mês/mês do ano anterior); acumulado no ano (de janeiro até o mês/igual período do ano anterior); e acumulado dos últimos 12 meses (12 meses até o mês/12 meses anteriores). São apresentadas também séries dessazonalizadas. Os índices de Produção Física-Brasil são divulgados em cerca de 34 dias corridos depois do mês de referência pela internet no portal do IBGE.

A série reformulada dos índices de produção física foi encadeada com a série anterior e tem início em janeiro de 2002. As séries históricas antigas (de janeiro de 1985 até janeiro de 2004 e de janeiro de 1991 até fevereiro de 2014) e a série atual (de janeiro de 2002 em diante) podem ser consultadas na base do Sidra.

Além das pesquisas anuais de natureza estrutural — PIA-Empresa e PIA-Produto — e do sistema de indicadores conjunturais da indústria, o IBGE realiza trienalmente, desde 2000, a Pesquisa de Inovação Tecnológica (Pintec).

A Pintec visa caracterizar e mensurar as atividades inovativas das empresas brasileiras e acompanhar sua evolução no tempo, dentro de padrão metodológico e conceitual acordado internacionalmente[17] para garantir a construção de indicadores setoriais, nacionais e regionais compatíveis com as demandas nacionais de informação e comparáveis internacionalmente. A atividade inovativa abrange a inovação de produto – novo produto que a empresa coloca no mercado – e de processo – introdução de tecnologias de produção ou de métodos de oferta de serviços, manuseio e entrega de produtos novos ou significativamente

Fontes de Informação sobre a Indústria Brasileira **451**

aperfeiçoados. Entre outras, as informações mais relevantes referem-se a: número de empresas inovadoras; gastos com as atividades inovativas, fontes de financiamento destes gastos; e número, nível de qualificação e tempo de dedicação das pessoas ocupadas em P&D interno às empresas. Permite, ainda, mensurações do tipo impacto das inovações sobre o faturamento e as exportações, efeitos sobre o desempenho das empresas e do papel dos mecanismos de apoio do governo. Pesquisa também questões como a de fontes de ideias e arranjos cooperativos estabelecidos, métodos de proteção à inovação, obstáculos encontrados à atividade inovativa e inovações não tecnológicas implementadas.

A série da pesquisa inicia-se com a Pintec 2000 levantando informações relativas ao triênio 1998-2000, seguida pelas pesquisas de 2003, 2005, 2008, 2011 e 2014, sempre referidas ao triênio anterior. Nas duas primeiras pesquisas, 2000 e 2003, o âmbito foi o universo das empresas com 10 ou mais pessoas ocupadas nas indústrias extrativas e de transformação. A partir da Pintec 2005, o âmbito da pesquisa foi alargado para incorporar as empresas com 10 ou mais pessoas atuantes em atividades de serviços de alta intensidade tecnológica de telecomunicações, informática e pesquisa e desenvolvimento.[18]

A unidade estatística de investigação e observação é a empresa, o que significa que as informações se referem à empresa como um todo. A classificação de referência é a CNAE, com transição para a versão 2.0 na Pintec 2008.

Como as demais pesquisas do IBGE, cuja unidade estatística é a empresa, a Pintec é uma pesquisa por amostra com base no Cadastro Central de Empresas (Cempre). No desenho da Pintec, são usadas técnicas de amostragem apropriadas para situações de eventos raros, como é o caso das atividades inovativas. A amostra é desenhada para produzir resultados no nível Brasil, grandes regiões e unidades da Federação selecionados em função da representatividade na produção. No nível Brasil, produzem-se resultados para as indústrias extrativas como um todo (nível seção da CNAE) e para as indústrias de transformação, no nível de dois dígitos da CNAE (divisões), no geral, e de três dígitos (grupos) selecionados.

O banco de dados da Pintec inclui, além dos resultados da pesquisa, cruzamentos com dados de outras fontes, em particular dados da PIA-Empresa (variáveis econômico-financeiras e o volume das pessoas ocupadas da empresa), dados sobre quantidade e valor de produtos importados e exportados pelas empresas da pesquisa (cuja fonte é a Secretaria de Comércio Exterior – SECEX) e a identificação da origem do capital nacional ou estrangeiro (com fonte no Banco Central). A metodologia completa da última pesquisa divulgada está documentada em publicação específica (IBGE, 2016) e nas notas técnicas que acompanham a divulgação dos resultados.

Ainda no tocante a informações relativas à indústria brasileira a partir de 2010, o IBGE disponibiliza mensalmente e em nível nacional o Índice de Preços ao Produtor (IPP) das atividades das indústrias extrativa e de transformação. O IPP mede as variações médias nos preços dos produtos vendidos pelos produtores domésticos nos mercados interno e externo (preços na porta da fábrica). O índice é estruturado de acordo com a CNAE 2.0 e toma como referência a PRODLIST-Indústria, o que facilita sua comparação com congêneres no nível internacional. Por outro lado, os produtos especificados para o acompanhamento de preços são um subconjunto dos produtos da PIM-PF, favorecendo a articulação interna do sistema das estatísticas industriais do IBGE. São produzidos índices para os grupamentos de atividades definidas na CNAE 2.0 a dois dígitos (nível divisão) e, em alguns casos, a três dígitos (nível grupo), como também para grupamentos seguindo a ótica de categorias de uso (bens de consumo, bens de capital e bens intermediários). Entre outros aportes analíticos, o IPP possibilita um melhor mapeamento da transmissão de aumento de preços em cadeia.[19]

O IBGE é também o responsável pela elaboração e divulgação das Contas Nacionais do Brasil, sistema de informações indispensável à análise da indústria, como quadro de referência completo e integrado de toda a economia. Nas séries atuais das Contas Nacionais com base no ano 2010, entre outros avanços metodológicos e operacionais, destacam-se a adoção da CNAE 2.0 como classificação de referência e o uso das pesquisas econômicas anuais como fonte principal dos dados para mensuração dos agregados relativos às atividades produtivas. São produzidas Contas Nacionais anuais e trimestrais e Contas Regionais por unidade da Federação.

Em relação ao acervo de dados das Contas Nacionais, são particularmente úteis à análise da indústria brasileira as tabelas de usos e recursos de bens e serviços, que combinam as óticas de atividades e produtos fornecendo dados de valor da produção, consumo intermediário, estrutura do valor adicionado, pessoal ocupado, impostos e destino da produção por setor de atividade e categoria da demanda final, além de exportações e importações. No maior detalhamento, estes dados são apresentados para 67 atividades compatíveis com categorias da CNAE 2.0, das quais 34 são atividades das indústrias extrativas e de transformação, e para 127 grupamentos de produtos, dos quais 72 são de origem em atividades industriais.

A partir das tabelas de usos e recursos, são construídas matrizes de insumo-produto, que envolvem trabalho de desagregação dos dados para identificação da origem nacional e importada dos produtos consumidos e de revalorização dos fluxos de consumo a preços básicos. Com base em hipóteses sobre comportamentos do mercado *(market-share* e outras), são construídas Tabelas de Coeficientes Técnicos Diretos e de Coeficientes de Impactos, segundo o modelo Leontief, que possibilitam calcular o impacto sobre a produção no nível das atividades de um acréscimo exógeno de cada um dos componentes da demanda final.

452 Economia Industrial

Os resultados das Contas Nacionais, anuais e trimestrais, das Contas Regionais e das Matrizes de Insumo-Produto 2000, 2005, 2010 e 2015 são objeto de publicações específicas e podem ser acessados livremente na página do IBGE.[20]

29.3.2 Confederação Nacional da Indústria (CNI) e Federações Estaduais

Desde 1992, a CNI também elabora e divulga um sistema de indicadores conjunturais para a indústria de transformação. Esse sistema harmoniza os indicadores nacionais a partir das pesquisas estaduais cujo levantamento é realizado pelas Federações Estaduais da Indústria de 12 estados que juntos correspondem a aproximadamente 94% do PIB industrial do país. A unidade de investigação são as unidades locais em que a atividade de maior receita se enquadra como uma atividade da indústria, que têm no mínimo 20 pessoas ocupadas e que constem no Cadastro de Estabelecimento de Empregadores pertencente ao Ministério do Trabalho e Emprego (CEE/MTE) (CNI, 2014).

As variáveis levantadas são: faturamento, emprego, massa salarial, horas trabalhadas na produção e utilização da capacidade instalada. Elas estão classificadas segundo a CNAE 2.0 a dois dígitos. Os indicadores nacionais são obtidos por uma ponderação dos dados estaduais que obedece à participação média obtida na PIA referente aos anos 2007 e 2008. Além dos indicadores conjunturais, a CNI também disponibiliza o indicador de custos industriais e de produtividade na indústria.

Ademais, tanto a CNI quanto as Federações Estaduais produzem estudos e avaliações sobre a conjuntura econômica e realizam pesquisas especiais não sistemáticas com foco na atividade industrial (principalmente estudos sobre competitividade, modernização, investimento e outras). A título de exemplo, a FIRJAN disponibiliza periódicos e estudos que abordam temas tais como: infraestrutura, expectativas, competitividade, meio ambiente, inovação, comércio exterior e educação. A FIESP, por sua vez, além de divulgar diversos indicadores da atividade industrial, realiza o Sensor FIESP, caracterizado por ser uma pesquisa qualitativa de conjuntura econômica para nove macrossetores e que traz resultados sobre mercado, vendas, exportação, estoque, emprego e investimentos industriais.

29.3.3 Fundação Getúlio Vargas (FGV)

Os principais índices de preços industriais são produzidos pela FGV. Na revista *Conjuntura Econômica* são divulgados mensalmente os índices de preços por atacado (IPA) segundo o conceito de disponibilidade interna (IPA-DI) e de oferta global (IPA-OG). Este último apresenta informações sobre cerca de 20 atividades industriais classificadas de acordo com a CNAE 2.0. Além desses índices de preços industriais, são disponibilizados também índices de preços agropecuários, índices de confiança, taxas de câmbio, índices de ações, indicadores financeiros, indicadores sociais, mercado de trabalho, indicadores industriais, PIB, setor público e comércio exterior.

O Instituto Brasileiro de Economia da FGV (IBRE/FGV) também elabora a Sondagem da Indústria de Transformação, cujo indicador síntese é o Índice de Confiança da Indústria (ICI), medida que busca monitorar e antecipar tendências econômicas relevantes para a tomada de decisões empresariais. Desde 2005 o indicador é disponibilizado mensalmente e segue classificação setorial equivalente à da PIA. Há também a Sondagem de Investimentos, que fornece trimestralmente sinalizações sobre o rumo dos investimentos produtivos no setor industrial e informações sobre objetivos dos investimentos, sua evolução e seus fatores limitadores.

29.3.4 Ministério da Indústria, Comércio Exterior e Serviços (MDIC)

O MDIC, por intermédio da Secretaria de Comércio Exterior (SECEX), é o órgão nacional responsável por divulgar as principais informações sobre o comércio exterior brasileiro. A partir da plataforma Comex Stat, são disponibilizados dados sobre as exportações e importações brasileiras em termos de valores, toneladas, países de origem e destino, portos de entrada e saída, unidades da Federação e municípios. A fonte básica e censitária é a própria SECEX, com base no registro obrigatório dos importadores e exportadores para realizarem as operações de comércio. São disponibilizados dados mensais desde janeiro de 1997 para quase 10.000 produtos classificados de acordo com a NCM.

29.3.5 Fundação Centro de Estudos do Comércio Exterior (FUNCEX)

A FUNCEX elabora índices de *quantum* e preço das exportações e importações brasileiras para cerca de 30 atividades industriais (classificação segundo a CNAE 2.0) com base nos dados do MDIC. Ela possui uma base de dados chamada Funcex Data, cujo foco é voltado para dados e indicadores relativos ao comércio exterior brasileiro. Ela possui dois formatos de acesso, sendo um gratuito e outro pago. Além dos índices de preço e *quantum*, de maneira geral essa base contém as seguintes informações:

valores de exportação e importação, índices de rentabilidade das exportações, índice de demanda externa efetiva, termos de troca, coeficientes de exportação, coeficientes de penetração das importações, estatísticas de empresas exportadoras e importadoras por porte da firma, estatísticas de exportação e importação segundo intensidade tecnológica, estatísticas de exportação e importação por grupos de produtos segundo a origem setorial e a intensidade no uso de fatores, estatísticas de exportação e importação segundo dinamismo dos produtos, estatísticas de exportação segundo categorizações setoriais específicas e taxa de câmbio.

29.3.6 Relação Anual de Informações Sociais (RAIS)

A RAIS é a fonte mais abrangente e detalhada para estudos do pessoal ocupado na indústria. É gratuita, mas há a necessidade de cadastro prévio. Toda atividade econômica formal é obrigada a prestar informações ao Ministério do Trabalho e Emprego (MTE), que divulga os resultados da RAIS para a indústria e demais setores utilizando a CNAE 2.0. Dessa forma, a RAIS é a fonte básica de dados não só quanto ao emprego formal, mas também quanto às informações referentes às pequenas e médias empresas no país.

As informações sobre o pessoal ocupado abrangem, entre outras: tipos de ocupação, escolaridade, faixa etária, gênero, área geográfica, tipo de vínculo empregatício, tempo de serviço, remunerações e horas contratuais dos empregados. Embora não inclua dados sobre valor da produção ou receita, a RAIS fornece informações sobre o tamanho dos estabelecimentos (segundo o número de empregados).

29.3.7 Cadastro Geral de Empregados e Desempregados (CAGED)

Dados sobre a admissão e demissão de trabalhadores com carteira assinada mensalmente e o acumulado do ano estão disponíveis nesta base de dados. Nesse caso, a RAIS considera o estoque de trabalhadores e o CAGED, o fluxo. Os dados são disponibilizados pelo MTE e, assim como a RAIS, é gratuito, porém também requer cadastro prévio. Os dados são desagregados por setor e trazem os mesmos tipos de informações disponíveis na RAIS para empregos: qualificação, remuneração, faixa etária, horas trabalhadas e tempo no emprego.

29.3.8 Jornais e Revistas

Até 2009, a fonte mais abrangente para informações financeiras das maiores empresas do país era o *Balanço Anual* elaborado pelo jornal Gazeta Mercantil. Atualmente, informações correlatas são obtidas no levantamento anual *Melhores e Maiores* da revista Exame. Nesse relatório, constam informações referentes às 1.000 maiores empresas do Brasil. Os dados são obtidos dos balanços das empresas e incluem: receita operacional líquida, vendas líquidas, lucro líquido, patrimônio líquido, rentabilidade e endividamento, dentre outras informações contábeis e financeiras. As empresas são apresentadas em ordem decrescente de receita e classificadas de acordo com seus ramos de atuação. É identificada também a unidade da Federação da sede da empresa e a propriedade do seu capital (privado nacional, estrangeiro e estatal).

Outra fonte de dados do meio jornalístico é o jornal Valor Econômico. Ele possui uma seção específica chamada Valor Data que apresenta índices financeiros e macroeconômicos mais gerais para o país e o mundo.

29.3.9 Associações de indústria

Diversas atividades industriais contam com associações que divulgam sistematicamente informações sobre o desempenho do setor. Metodologia, escopo e abrangência dos informantes são diferenciados, mas predominam dados sobre produção física. Dentre as principais associações, tem-se: ABIQUIM (cobrindo quase toda a indústria química), ANFAVEA (automobilística), ABDIB (indústrias de base e infraestrutura), IBS (siderurgia), ANFPC (papel e celulose), SNIC (cimento), ABIT/Sinditêxtil (têxtil), ABIMAQ (máquinas e equipamentos), ABIOVE (óleos vegetais) e diversas outras.

29.3.10 Instituto de Pesquisa Econômica Aplicada (IPEA)

A partir do IPEAdata, base de dados do IPEA, pode se obter informações macroeconômicas (dados econômicos e financeiros em séries anuais, mensais e diárias), regionais (dados econômicos, demográficos e geográficos) e sociais (indicadores de distribuição de renda, pobreza, educação, saúde, previdência social e segurança pública). Trata-se de um banco de dados federal onde estão reunidas diversas outras bases com fontes variadas. Contém dados federais, estaduais e setoriais em séries históricas.

454 Economia Industrial

Ademais, o próprio IPEA produz indicadores econômicos específicos. No âmbito da indústria podem ser encontrados, por exemplo, indicadores como o consumo aparente para a indústria geral e por categorias de uso. Estão disponíveis também em sua página estudos, pesquisas e textos para discussão.

29.3.11 OUTRAS FONTES

Cabe ainda citar algumas instituições que realizam pesquisas não sistemáticas ou divulgam estudos sobre a indústria brasileira que se constituem em fontes adicionais relevantes.

O Banco Nacional de Desenvolvimento Econômico e Social (BNDES) é praticamente a única fonte de financiamento de longo prazo no país. Os registros de suas operações são relevantes para a análise do investimento, variável-chave na análise da indústria. As estatísticas operacionais podem ser consultadas segundo critérios como região e setor de atuação, além da possibilidade de serem visualizadas de maneira individualizada, com informações específicas por operação. O BNDES também produz e divulga continuamente relatórios e periódicos cobrindo diversas atividades setoriais.

Duas categorias de empresas vêm assumindo importância crescente na indústria brasileira: as empresas transnacionais, no valor da produção e investimentos; e, numericamente, as pequenas e microempresas. Em relação às primeiras, a Sociedade Brasileira de Estudos de Empresas Transnacionais e Globalização Econômica (SOBEET) fornece uma publicação mensal voltada para temas de conjuntura relativos ao setor externo, tais como fluxos de investimentos estrangeiro e de balança comercial. Incluem a avaliação das contas externas brasileiras, os movimentos gerais da conjuntura econômica internacional que repercutem na solvência externa do Brasil, além de eventuais análises sobre o desempenho externo de alguns países que traga potenciais desdobramentos sobre a economia brasileira. O SEBRAE (Serviço de Apoio às Micro e Pequenas Empresas), por sua vez, se constitui como a principal fonte sobre a participação das micro e pequenas empresas na economia brasileira. Além de informações específicas sobre pequenos negócios, no seu portal também é disponibilizado indicadores de conjuntura, sobrevivência e mortalidade de empresas, estudos setoriais, temáticos e regionais.

Considerando a importância do estado de São Paulo para a economia brasileira, uma vez que ele é responsável por quase 50% do valor da produção industrial do Brasil, torna-se igualmente relevante a consulta ao órgão oficial de estatísticas do estado, no caso a Fundação Seade. A instituição realiza pesquisas e análises sobre a indústria local, sendo a Pesquisa da Atividade Econômica Paulista (PAEP) aquela que merece maior destaque.

Outra fonte adicional importante é o Banco Central. O órgão produz todas as estatísticas financeiras do país, além de realizar pesquisas específicas como o censo do capital estrangeiro, com reflexos importantes para a análise industrial. São disponibilizadas informações sobre juros; *spread* bancário; balanço de pagamentos; balança comercial; taxa de câmbio; investimento direto externo; dívida pública; nível de atividade; reservas internacionais; e indicadores monetários, de crédito, do mercado financeiro e de capitais. O censo de capital estrangeiro é realizado quinquenalmente desde 1996 e considera qualquer participação direta de não residente no capital social. Os dados possuem frequência anual para registros de participações superiores a US$ 100 milhões.

Outras três instituições merecem ser mencionadas no que diz respeito às fontes adicionais de informação sobre a indústria brasileira, a saber: a Agência Brasileira de Desenvolvimento Industrial (ABDI), o Instituto de Estudos para o Desenvolvimento Industrial (IEDI) e a Associação Nacional de Pesquisa, Desenvolvimento e Engenharia das Empresas Inovadoras (ANPEI). A primeira realiza estudos setoriais e conjunturais, além de divulgar a Sondagem de Inovação, uma pesquisa em parceria com a FGV que acompanha trimestralmente a evolução da inovação tecnológica na indústria brasileira. O IEDI trabalha basicamente com duas diferentes frentes de informação. Uma primeira que consiste na produção das Cartas IEDI, análises semanais sobre assuntos específicos à indústria, e outra que foca a elaboração de estudos mais detalhados sobre dois grandes temas: indústria e política industrial e comércio exterior, inovação e sustentabilidade. Já o foco da ANPEI são as pesquisas sistemáticas sobre outra importante variável em estudos industriais: a tecnologia.

Finalmente, constituem importante fonte de informações sobre a indústria os estudos e as pesquisas realizados por universidades, como os Institutos de Economia da Universidade Federal do Rio de Janeiro (IE/UFRJ) e da Universidade Estadual de Campinas (IE/UNICAMP). Essas instituições divulgam os resultados de suas pesquisas na forma de textos para discussão, monografias, e teses de mestrado e doutorado que podem ser consultados nessas instituições. O IE/UFRJ, por meio dos seus grupos de pesquisa, disponibiliza ainda dados e estudos sobre setores específicos como o de petróleo, energia elétrica e o sucroalcooleiro, além de divulgar dados e pesquisas mais amplas com foco na indústria brasileira, comércio exterior e inovação.

29.4 Base de Dados Internacionais

Todas as fontes tratadas até então estavam circunscritas ao plano nacional, deixando, portanto, de considerar a perspectiva comparada com os dados industriais de outros países. Existem algumas questões que desafiam a realização de estudos comparativos internacionais. De maneira breve, é possível elencar três pontos sensíveis: a comparabilidade das classificações setoriais, o grau de desagregação das informações e a cobertura de países. Como já tratado neste capítulo na subseção 29.2.2, o IBGE propõe uma classificação nacional das atividades que segue o referencial internacional estabelecido pela ISIC. Contudo, nem todos os países possuem esse mesmo critério de padronização das suas atividades ou disponibilizam suas informações de maneira ampla. A própria desagregação setorial também é dificultada, não permitindo que se faça comparações muito detalhadas e entre setores específicos. A abrangência em termos de países é outro ponto que merece destaque. Dependendo do país, as informações com algum potencial de comparação são exíguas. A seguir, serão elencadas as três bases de dados mais utilizadas para estudos industriais comparativos considerando seus diferentes fins.

A primeira delas é a INDSTAT (Industrial Statistics Database), base elaborada pela Organização das Nações Unidas para o Desenvolvimento Industrial (UNIDO). Trata-se da base de dados mais ampla em termos de abrangência setorial e de países. Fornece informações como número de estabelecimentos, número de empregados, salários, produção, valor adicionado e formação bruta do capital fixo para 97 países, sendo que 72 possuem as informações com atualização mais recente. Os dados desagregados a três ou quatro dígitos de acordo com a classificação ISIC em sua última revisão não são gratuitos, porém é possível acessar livremente algumas dessas informações a dois dígitos. A organização ainda disponibiliza informações como tabelas de usos e recursos para mais de 90 países (IDSB – Industrial Demand-Supply Balance Database), dados desagregados sobre a indústria extrativa (MINSTAT – Mining Statistics Database), um índice que mensura o valor adicionado da indústria de transformação (MVA – Manufacturing Value Added) e outro que avalia o desempenho competitivo industrial de diferentes países (CIP – Competitive Industrial Performance).

Sob o ponto de vista dos fluxos de comércio de produtos quer sejam industriais ou não, a base de dados oficial é a COMTRADE das Organização das Nações Unidas (ONU). Nela é possível ter acesso aos dados de valor das exportações e importações por produto classificado pelo Sistema Harmonizado (SH) a seis dígitos de acordo com o país de destino ou de origem. Por meio de uma iniciativa integrada da UNCTAD (United Trade Conference on Trade and Development), do Banco Mundial e da OMC (Organização Mundial do Comércio), criou-se o WITS (World Integrated Trade Solution), uma plataforma facilitada de acesso não só aos fluxos comerciais disponibilizados pela COMTRADE, mas também com informações sobre as tarifas comerciais empregadas pelos países e indicadores de comércio já previamente calculados. As séries em geral começaram em 1963 e podem ser acessadas sob diferentes critérios de classificação setorial.

Por fim, outro conjunto de base de dados que serve de auxílio para pesquisas que integram indústria e comércio exterior é aquele que fornece informações sobre as matrizes de insumo-produto internacionais. Nesse caso, há duas fontes: a WIOD (World Input-Output Database) e a TiVA (Trade in Value Added). A primeira é elaborada pelo Groningen Growth and Development Centre (GGDC)[21] da Universidade de Groningen e disponibiliza, atualmente, uma série de matrizes para o período 2000 a 2014 contendo 56 setores dentre as indústrias de transformação e serviços classificados de acordo com a ISIC Rev.4 para uma amostra de 43 países. A segunda é uma base elaborada pela ação conjunta da OCDE (Organização para a Cooperação e Desenvolvimento Econômico) e a OMC cujo foco é o mapeamento dos fluxos comerciais em termos de valor agregado, sendo um esforço para um melhor acompanhamento das redes globais de produção. Ela cobre 64 países, entre membros e não membros, e 34 setores que também seguem a classificação setorial ISIC Rev.4. Ambas as bases de dados possibilitam a construção desde indicadores tradicionais, tais como: a composição do valor produção e dos fluxos de comércio, até a mensuração dos valores adicionados doméstico e estrangeiro das exportações e importações por parceiro comercial.

29.5 Resumo

- O objetivo deste capítulo foi apresentar as principais fontes de informação atualmente disponíveis sobre a indústria brasileira. Em geral, as estatísticas que compõem as análises sobre a indústria estão sistematizadas de acordo com setores e/ou produtos que, por sua vez, são compreendidos a partir das classificações das diferentes atividades. Essas classificações podem levar em consideração tanto a base técnica quanto o mercado em que a atividade está inserida.
- No caso do Brasil, a principal fonte de informação sobre a indústria é o IBGE, que utiliza como referência a Classificação Nacional de Atividades Econômicas (CNAE), inspirada na International Standard Industrial Classification (ISIC).

456 Economia Industrial

- O IBGE disponibiliza diferentes pesquisas de interesse para o objetivo pretendido no presente capítulo. As mais relevantes são: (a) PIA-Empresa e PIA-Produto, que permitem analisar a estrutura industrial e a organização da produção; (b) PIM-PF, que fornece dados sobre produção física por setor; e (c) a Pintec, que visa caracterizar e mensurar as atividades inovadoras das empresas brasileiras.

- Além do IBGE, fontes adicionais de informação contribuíram para a organização do capítulo. O foco delas varia desde a elaboração de indicadores industriais até a publicação de pesquisas específicas sobre os diferentes temas relacionados à indústria do país.

- No plano das estatísticas internacionais que facultem a realização de comparações dos dados industriais do Brasil com os do mundo, as bases citadas foram: (a) a INDSTAT da ONU, para informações sobre valor da produção setorial; (b) a COMTRADE, para os fluxos de comércio de produtos por país; e (c) as bases TiVA e WIOD, que fornecem série de matrizes de insumo-produto internacionais.

- É importante frisar que foram tratadas apenas as principais fontes de informação atualmente disponíveis sobre a indústria brasileira, lembrando ainda que esse tipo de levantamento é sempre datado, refletindo a situação vigente no momento da elaboração do texto.

Notas

1. Os organizadores agradecem a Magdalena Cronemberger, Rodrigo Lopes e Henrique Cavalieri, a primeira coautora do capítulo e os dois últimos ex-alunos da pós-graduação do IE/UFRJ, pela atualização do capítulo na ausência de Lia Haguenauer, falecida em 24 de maio de 2002.

2. Até a revisão do Programa das Estatísticas Econômicas iniciado em meados dos anos 1990, as principais estatísticas industriais brasileiras foram construídas tendo como unidade estatística de referência o estabelecimento definido como "empresa ou parte de uma empresa que exerce, de forma independente, predominantemente *um único tipo de atividade econômica em uma única localização* para a qual existem ou podem ser compiladas informações que permitam o cálculo do excedente operacional". Tal definição de estabelecimento, ao contrário do que ocorre em relação à empresa e à unidade local, não é inequívoca, exigindo a especificação de critérios operacionais para sua implementação prática. Em particular, nos censos industriais realizados pelo IBGE até 1985, ocorreu ao longo dos anos um desmembramento crescente de unidades locais em estabelecimentos, principalmente devido a procedimentos práticos que levaram à fragmentação cada vez maior das etapas de processos produtivos em plantas integradas. Como resultado, as informações para os diversos anos apresentavam inconsistências entre si, o que levou a instituição a reformular suas estatísticas, passando a dar prioridade à empresa e às unidades locais (IBGE, 1991). A mudança na unidade estatística de referência, necessária ao realinhamento das estatísticas industriais brasileiras, implicou, por sua vez, descontinuidades entre as séries pré e pós-revisão dos anos 1990.

3. Atualmente, as definições de empresa e unidades locais nas estatísticas industriais brasileiras coincidem com as definições do Cadastro Nacional de Pessoa Jurídica (CNPJ) da Secretaria da Receita Nacional (SRN). Assim, a cada empresa corresponde um específico CNPJ, cujos sufixos identificam os vários estabelecimentos/unidades locais que a compõem. A identidade entre as unidades estatísticas e as definições administrativas facilita a articulação do sistema estatístico com os registros administrativos, o que é crucial para que o sistema estatístico possa responder de forma eficiente e em menor tempo à demanda por informações econômicas mais abrangentes e diversificadas.

4. De acordo com a PIA – Empresa de 2007 (IBGE, 2009), 99% das empresas industriais brasileiras atuavam em apenas uma divisão de atividade. As empresas que operavam em mais de uma divisão de atividade (1%), entretanto, foram responsáveis por 31% do total da receita líquida de vendas das empresas industriais no mesmo ano.

5. Alguns países, como o Canadá, têm avançado na identificação dos grupos econômicos e, portanto, na possibilidade de leitura das estatísticas neste enfoque, ainda que na organização das pesquisas a unidade de referência continue sendo a empresa (preferencialmente) ou o estabelecimento.

6. Ver ONU (2008).

7. O quinto nível da CNAE – as subclasses – é um detalhamento para uso da administração pública.

8. Ver IBGE (2007). Também acessível no portal do IBGE: www.ibge.gov.br.

9. A Comissão Nacional de Classificação (CONCLA) disponibiliza em seu portal a correspondência entre os códigos PRODLIST e a classificação de fluxos comerciais NCM. Para mais detalhes, acessar: https://concla.ibge.gov.br/classificacoes/correspondencias/produtos

10. Para a descrição completa da metodologia da PIA-Empresa, ver IBGE (2004). Para os ajustes ocorridos posteriormente, ver as notas técnicas que constam da publicação anual dos resultados da pesquisa (IBGE, 2018).

11. A prática nas pesquisas anteriores, censos e PIAs, foi a de considerar o estabelecimento como *locus* central de informações, onde se aplicava o questionário mais detalhado, prevalecendo a lógica inversa: a construção dos agregados econômicos a partir de informações levantadas no nível do estabelecimento, sem a garantia de coerência com os dados econômico-financeiros da empresa como um todo.

12. As principais alterações introduzidas na versão 2.0 em atividades no âmbito das pesquisas industriais foram: a) na definição de âmbito, a passagem das atividades de edição (inclusive a impressão quando integrada na mesma empresa) para a nova seção de Informação e Comunicação e das atividades de reciclagem, para a seção de Água, Esgoto e Atividades de Gestão de Resíduos e Descontaminação; b) na definição de novas divisões por desmembramentos ou rearranjo das categorias anteriores: a divisão Fabricação de Produtos Farmoquímicos e Farmacêuticos (antes

parte da divisão Fabricação de Produtos Químicos); a divisão Fabricação de Equipamentos de Informática, Produtos Eletrônicos e Ópticos (rearranjo das divisões anteriores que compreendiam a produção de equipamentos e de material eletrônico e de comunicação, tendo como motivação a definição de uma melhor ferramenta para as estatísticas da produção de alta tecnologia); a divisão Fabricação de Bebidas (antes parte da divisão Produtos Alimentares); a divisão Fabricação de Móveis (antes parte da divisão Fabricação de Produtos Diversos); e a divisão Manutenção, Reparação e Instalação de Máquinas e Equipamentos (antes as unidades especializadas nestas atividades estavam tratadas em grupos específicos dentro da divisão que compreendia os fabricantes dos respectivos equipamentos). Ver também as principais alterações na versão 2.0 em IBGE (2007).

13. Para os resultados das PIAs referentes aos anos 1966 a 1969, 1973 a 1974, 1976 a 1979, 1981 a 1984, 1986 a 1990, 1992 a 1995, consultar o acervo do IBGE referente às estatísticas do século XX: https://seculoxx.ibge.gov.br/economicas/tabelas-setoriais/industria.

14. O histórico destes ajustes é informado nas notas técnicas que acompanham os resultados da PIA-Produto de 2007. Para mais detalhes, ver IBGE (2011c).

15. Desde a década de 1970, o IBGE divulga dados de acompanhamento conjuntural de emprego e salário na indústria. Até 1984, as informações provinham da pesquisa voltada ao acompanhamento do volume físico da produção industrial. A partir de 1985, é implementada a Pesquisa Industrial Mensal – Dados Gerais – PIM-DG, de desenho amostral com base no Censo Industrial de 1980, voltada especificamente à construção de índices de emprego e salário na indústria brasileira. A série de indicadores com base na PIM-DG se inicia em janeiro de 1985 e se estende até abril de 2001 (IBGE, 1996). A PIM-DG, por sua vez, foi substituída pela Pimes, que se estendeu até dezembro de 2015.

16. Para informações completas sobre a metodologia da PIM-PF e do sistema de índices da produção industrial, ver IBGE (2015).

17. As referências conceitual e metodológica da Pintec são o Manual de Oslo. Já o modelo de referência é a pesquisa proposta pela Oficina Estatística da Comunidade Europeia (Eurostat) a partir da terceira versão da Community Innovation Survey – CIS III 1998-2000.

18. Com o alargamento do âmbito da pesquisa, alterou-se sua denominação, anteriormente Pesquisa Industrial de Inovação Tecnológica.

19. As informações sobre o IPP estão disponíveis em IBGE (2011a).

20. Para a análise mais detalhada da metodologia por detrás da construção das matrizes de insumo-produto brasileiras, ver IBGE (2008). A série de matrizes pode ser acessada no endereço: www.ibge.gov.br/estatisticas-novoportal/economicas/contas-nacionais.

21. O GGDC fornece, além da WIOD, outro conjunto de base de dados de interesse para comparações internacionais, tais como: (a) a Penn World Table, que apresenta uma séria histórica com dados sobre produção, nível de renda e produtividade iniciada em 1950 para mais de 180 países; e (b) a 10-Sector Database, que fornece informações sobre valor adicionado, produção, deflatores e número de pessoas empregadas de 10 grandes setores, cobrindo um total de 33 países de diferentes continentes.

Bibliografia

CNI. *Metodologia indicadores industriais*, versão 2.5. Brasília: CNI, 2014.

IBGE. *Ensaios sobre estatísticas do setor produtivo*. Texto para discussão, n. 42. Rio de Janeiro: IBGE, 1991.

_____. *Indicadores conjunturais da indústria*: produção, emprego e salário. 2. ed. Série Relatórios Metodológicos, v. 11. Rio de Janeiro: IBGE, 1996.

_____. *Pesquisa industrial anual* – empresa, série relatórios metodológicos, v. 26. Rio de Janeiro: IBGE, 2004.

_____. *Classificação Nacional de Atividades Econômicas* – CNAE, versão 2.0. Rio de Janeiro: IBGE, 2007.

_____. *Matriz de insumo-produto Brasil 2000/2005*. Série Contas Nacionais, n. 23. Rio de Janeiro: IBGE, 2008.

_____. *Pesquisa industrial anual 2007* – empresa, v. 26, n. 1. Rio de Janeiro: IBGE, 2009.

_____. Índices de *preços ao produtor* – indústrias de transformação. Série Relatórios Metodológicos, v. 38. Rio de Janeiro: IBGE, 2011a.

_____. *Lista de produtos da indústria PRODLIST* – indústria 2010. Rio de Janeiro: IBGE, 2011b.

_____. *Pesquisa industrial anual 2009* – produto, v. 28, n, 2. Rio de Janeiro: IBGE, 2011c.

_____. *Indicadores conjunturais da indústria* – produção. Série Relatórios Metodológicos, v. 31. Rio de Janeiro: IBGE, 2015.

_____. *Pesquisa de inovação*: 2014. Rio de Janeiro: IBGE, 2016.

_____. *Pesquisa industrial anual* – empresa. Série Relatórios Metodológicos, v. 35, n. 1. Rio de Janeiro: IBGE, 2018.

ONU. International Standard Industrial Classification of all Economic Activities – ISIC, rev. 4, *Statistical Paper Series M*, n. 4. New York: ONU, 2008.

Fontes de informação acessíveis na internet

Banco de dados SIDRA/IBGE: http://www.sidra.ibge.gov.br/bda/indust

CNI: http://www.cni.org.br

Estatísticas UNCTAD: http://unctadstat.unctad.org

Estatísticas Banco Mundial: http://databank.worldbank.org/data/home

Estatísticas ONU: http://data.un.org/Explorer

Estatísticas Universidade de Groningen: https://www.rug.nl/ggdc/

FGV: http://www.fgv.br

TiVA/OCDE: https://stats.oecd.org/index.aspx?queryid=75537

Índice alfabético

A

Abrangência, 210, 276
Acomodação da entrada, 181
Acordo(s), 344
- cooperativos baseados em alianças estratégicas, 260
- da OMC, 384, 389
- de associações de profissionais, 344
- de exclusividade, 345
- de livre-comércio, 389
- geral sobre comércio e tarifas (GATT), 384
- horizontais para fixação de preços, 342
- regionais, 389
- sobre agricultura (AA), 389
- sobre subsídios e medidas compensatórias (ASMC), 388
Acumulação de conhecimentos produtivos, 208
Agência Brasileira de Desenvolvimento Industrial (ABDI), 454
Agentes, 445
- econômicos inter-relações, 370
Aglomerações, 268
- industriais, 262
- produtivas locais, 268
Alavancagem, 326
Alcance de especialização no nível das multiplantas, 47
Alíquotas consolidadas e aplicadas, 386
Alocação ótima de recursos, 6
Altos custos de transação, 398
Ambiente, 370
- inovador, 270
Análise(s)
- antitruste, 337, 338
- de *cluster*, 421
- de componentes principais, 412, 416
- de *filière*, 23
- de grupamento, 421
- de jogos estáticos com decisões simultâneas, 122
- do bem-estar nos diferentes regimes competitivos, 155
- dos custos de longo prazo, 38
- ECD nas indústrias de massas alimentícias, 59

- topológica de redes, 249
Andrade Gutierrez, 240
Anunciantes, 320
Anúncios nos meios de comunicação de massa, 314
Aprendizado, 209
- por interação, 370
Área de comercialização, 231
Arranjos produtivos locais, 268
Arrow, Kenneth, 106
Árvore
- de decisões, 196
- de jogo oligopolista, 177
Assimetrias
- de informação, 193
- nos custos, 162
Associação
- de variáveis
- - categóricas, 412
- - quantitativas, 414
- de indústria, 453
Associação Nacional de Pesquisa, Desenvolvimento e Engenharia das Empresas Inovadoras (ANPEI), 454
Assortatividade, 259
Atenuação de assimetrias, 296
Ativos "úteis e utilizados", 355
Atos
- de concentração, 346
- desleais, 337
Ausência de barreiras
– à entrada, 100
- à saída, 100
Autofinanciamento, 330
Autoridade, 196
Autovalores, 418
Autovetores, 419
Avaliação estratégica, 293

B

Bain, Joe, 88, 91
Banco de dados, 411
Barreiras

- à entrada, 341
- - custos irrecuperáveis e, 177
- - definições, 93
- - economia de escala e, 97
- - estáticas e dinâmicas, 62
- - estruturais, 91
- - - na prática, 94
- - informação e, 182
- - propaganda, e 319
- à saída, 62, 99
- de capital, 99
- de custos, 95
- de escala, 96
- técnicas e burocráticas, 381
Base de dados internacionais, 455
Bem-estar, teoremas fundamentais do, 295
Bens
- complementares, 147, 148, 153
- de busca, 316
- de experiência, 316
- de propriedade comum, 368
- e estratégias, 142
- públicos, 368
- substitutos, 147, 153
BR Foods, 240
Bradesco, 239
BS/Friboi, 239

C

Cadastro Geral de Empregados e Desempregados (CAGED), 453
Cadeia(s), 25
- globais de valor, 23, 25, 427, 438
- - empresas transnacionais e, 26
- - impacto sobre os países em desenvolvimento, 28
- produtiva, 24
Camargo Corrêa, 240
Campanha(s)
- antitabagista, 321
- publicitárias, 314
Capacidade
- de absorção, 221
- de produção da empresa, 110

459

460 Economia Industrial

Capital, 372
Cartel(éis), 344
- com custos marginais crescentes, 165
- com limitação de capacidade produtiva, 166
Categorias profissionais, 218
Cemig, 240
Centralidade
- de autovetor, 259
- de intermediação, 259
- de proximidade, 259
Centralização, 281
Centros de inovação, 270
Ciclo
- de globalização, 25
- de inovação, 106
Cidade circular, 86
Classificação Nacional de Atividades Econômicas (CNAE), 447
Coase, Ronald, 19, 191, 397
Coca-Cola, 277
Código Florestal de 1965, 403
Coeficiente
- de contingência, 413
- de correlação amostral de X e Y, 415
- de variação empírico CV de uma variável, 70
- corporativa, 217
Comércio
- de bens tangíveis principais regras relativas ao, 385
- em valor agregado, 427, 432, 433
- exterior, 372
Companhia de investimento, 22
Competências essenciais, 232
Competição
- de guerrilha, 100
- monopolística, 12
- pela diferenciação, 88
- perfeita, 3, 13, 138
- - efeitos estáticos em, 382
- potencial, 63, 98
Complementares estratégicas, 142
Complementaridades tecnológicas e comerciais, 46
Comportamento
- de autofinanciamento, 330
- dominante, 67
- persistente, 206
- predatório, 185
Compras de governo, 372
Comunicação de massa, 314
Concentração, 68, 346
- controle dos atos de na lei brasileira, 346
- e centralização do capital, 281
- industrial, 67
Concorrência, 372
- desleal, 337
- diferentes visões na teoria econômica, 291
- em Marx, 292
- legislação norte-americana de defesa da, 336
- marca e, 316
- noção "clássica" de, 291
- noção neoclássica de, 292
- perfeita, 62, 79, 292, 295
- por inovação tecnológica, 370
- por preços, 180
- potencial, 92
- processo da, 292
- real, 92
- schumpeteriana, 291, 292, 293, 295
- teoria dinâmica, 292
Concorrentes
- multiproduto, 346
- potenciais, 346
- reais, 346
Condições
- de entrada, 94
- de mercado, 337

Condutas
- anticompetitivas, 344
- - horizontais, 344
- - na lei brasileira, 345
- - verticais, 344
- interativa, 209
Confederação Nacional da Indústria (CNI), 452
Conglomerado
- financeiro, 22
- gerencial, 22
Conjunto
- de equilíbrios de Nash, 128
- de informação, 135
Conselho de governo, 402
Conselho Nacional do Meio Ambiente (Conama), 402
Contrato(s)
- de cláusulas condicionais, 195
- de curto prazo sequenciais, 195
- de relação, 197
- incompletos, 252
Controle preventivo, 336
Convenções, 122
Coordenação, 160
- condições que facilitam, 167
- condições que dificultam, 162
- oligopolista, 159
Copel, 240
Cosan, 240
Cotas de importação, 380
Coteminas, 240
Covariância amostral, 415
CPFL, 240
Credibilidade e postulado de Sylos, 176
Critério de Lorenz, 76
CSN, 240
Cultura da concorrência, 347
Curto prazo, 5
Curva(s)
- de aprendizado, 45
- de custo médio, 36
- de longo prazo
- - - com formato de L, 40
- - - com formato em U, 40
- - - com segmento horizontal, 41
- de demanda, 108
- - individual, 167
- - quebrada, 168
- de isolucro, 147
- de reação
- - com concorrência por preços após a entrada, 180
- - da empresa estabelecida, 178
- - - e da entrante, 179
- - - e de isolucro no duopólio linear, 147
Custo(s)
- componentes básicos dos, 35
- contabilizados privadamente, 399
- de agência, 205
- de capital, 328
- de curto prazo, 36
- de oportunidade, 35
- de saída, 185
- de transação, 206, 207
- - evidência empírica, 199
- - fatores determinantes, 192, 193
- - natureza, 192
- - teoria, 191
- - - aplicações da, 199
- de transporte, 47
- econômico strictu sensu, 174
- fixo(s), 35
- - assimétricos e a solução de cartel, 167
- - médio, 36
- irrecuperáveis, 35, 173
- - barreiras à entrada, 177

- - definição, 174
- - endógenos, 182
- - estratégias competitivas, 182
- - exógenos, 182
- marginal(is), 5, 36
- - não decrescentes, 148
- médio, 36
- - de longo prazo, 38
- - de produção, 96
- no segundo período, com e sem investimento adicional em capacidade, 180
- relacionados ao processo de aquisição, 236
- residual, 205
- socializados, 399
- totais, 5, 36
- vantagens absolutas de, 95
- variáveis, 35, 354

D
Defesa da concorrência, 200, 335, 336
Demandas, 338
- lineares, 146, 148
- residual, 155
Descentralização produtiva, 22
Deseconomias
- de escala, 47
- gerenciais, 47
Desenvolvimento sustentável, 406
Desregulamentação, 360
Destruição criadora, 281
Desvio-padrão amostral, 415
Diferenciação
- de produtos, 13, 79, 98, 293
- horizontal, 81
Dilema do prisioneiro, 125
- soluções do, 161
Direito(s)
- de propriedade, 204
- difuso, 335
Discriminação de preços, 11, 345
Disponibilidade
- de serviços gerenciais, 227
- interna, 452
Distância
- psíquica, 27
– tecnológica, 218
Distrito(s)
- do tipo "terceira Itália", 260
- do tipo centro radial, 260
- industriais, 262, 263
- inovativos do tipo venture capital, 260
- marshallianos, 260
- - tradicionais, 260
- suportados pelo estado, 260
Diversidade estratégica, 293
Diversificação, 215
- concêntrica, 225
- conglomerada, 226
- corporativa, 215, 230, 241
- e crescimento da empresa, 227
- formas de, 234
- horizontal, 223
- não relacionada, 222
- vertical, 224
Divisão de trabalho, 264
Dumping, 387
Duopólio
- de Cournot, 126, 150
- diferenciado, 141, 146, 151
- homogêneo, 140, 146

E
Economia(s)
- da duplicação, 46
- da inovação, 105

Índice alfabético 461

- de aprendizado, 45
- de escala, 96
- - barreira à entrada e, 97
- - fontes de, 42
- - reais, 42
- de escopo, 45, 353
- de reinício, 44
- dinâmicas, 44
- externas, 54
- - dinâmicas, 384
- - estáticas, 384
- geométricas, 43
- industrial, 53, 111
- evoluções das abordagens de, 60
- internas, 54
- - de escala, 384
- no nível da multiplanta, 46
- relacionadas à lei dos grandes números, 43, 44
Efeito(s)
- anticompetitivos, 337
- - líquidos, 337
- Averch-Johnson, 354
- da política comercial, 382
- de alavancagem visão tradicional de efeito, 326
- de substituição (Slutsky), 146
- Small-World, 259
- tendenciais ou de longo prazo, 292
Eficiência alocativa, 295
Elasticidade-preço da demanda, 339
Elemento de análises de grafos, 259
Eletrobras, 240
Eliminação
- de estratégias dominadas, 123
- de lucros anormais, 294
Embraer, 240
Emergência da indústria, 303
Empresa(s), 17, 293, 446
- com formato unitário, 21
- com um formato multidivisional, 22
- como instituição, contribuição de
- - Coase, 19
- - Marshall, 19
- - Penrose, 20
- contratantes, 261
- em rede, 248
- entrantes, 92
- estabelecidas, 92
- estratégias das, 293
- estrutura organizacional interna, 21
- gerencialistas, 20
- multinacionais, 27
- multiproduto, 22
- na escola neoclássica, 18
- natureza e objetivos da, 17
- nexo de contratos, 204, 205
- novo conceito de, 204
- subcontratadas, 261
- tomadoras de preços, 79
- transnacional(is), 275
- - cadeias globais de valor e, 26
- - definição, 27
- - dispersão geográfica das, 27
- - interpretação microeconômica, 276
- - verticalmente integrada, 22
- visão
- - neoschumpeteriana de, 21, 215
- - institucionalista, 215
Entrada, 92
- bloqueada, 94
- eficazmente impedida, 94, 179, 181
- fácil, 94
- ineficazmente impedida, 94, 181
Entrincheiramento gerencial, 221
Equilíbrio, 4
- com separação, 184

- concorrencial, 139
- conjunto (*pooling*), 184
- de Bertrand, 148, 149
- de Bertrand-Nash, 127
- de Cournot, 149
- de Cournot-Nash, 126
- de Nash, 122, 123, 124, 129
- - em estratégias mistas, 132
- - múltiplos, 127
- - sequencialmente racional, 129
- de Stackelberg
- - com bens complementares, 152
- - com bens substitutos, 152
- do monopolista, 9
- econômico de Pareto, 10
- em estratégias mistas, 131
- geral, 19
- no monopólio, 8
- parcial, 19
- perfeito de Nash em subjogo, 130
- *pooling*, 185
Escala mínima eficiente, 42, 91, 96
Escassez, 294
Escola
- clássica, 18
- neoclássica, 18
Escolha da medida de concentração, 75
Especialização, 232
- flexível, 247
- vertical, 23, 438
Especificidade de ativos, 194
- de capital humano, 199
- de localização, 198
- dedicados, 199
- física, 199
Esquema VRIN, 221
Estabilidade do equilíbrio, 139
Estado e mercado, relações entre, 365
Estado-empresário, 374
Estatísticas industriais, 445
Estratégia(s), 121, 370
- competitivas, 293
- de inovação, 301
- mista, 131
- predatória, 185
Estrutura(s)
- de custos, 165
- de merca, 14
- de mercado, 56, 68
- oligopolizadas ou monopolizadas, 367
- organizacional interna da empresa, 21
Estudos
- baseados
- - em análises estatísticas, 48
- - na técnica do "sobrevivente", 49
- - nos custos de engenharia, 48
- - de impacto ambiental, 404
- - econométricos, 59
Evidências empíricas, 302
- estudo das, 303
Excedente
- do consumidor, 7, 142, 144
- do produtor, 7
- econômico
- - Stackelberg × Bertrand, 155
- - Stackelberg × Cournot, 153
- - total, 142, 144, 150
- marshalliano, 142
Exercício de poder de mercado, 338
Experiências internacionais, 373
Externalidades, 368
- em rede, 250, 353
- - análise tradicional das, 251
- - de demanda, 251
- - pecuniárias, 250

- - técnicas, 250
- - tecnológicas, 251

F
Fabricação de produtos de material plástico, 447
Falhas
- de coordenação, 128
- de mercado, 295
FIGS (*financial-industrial groups*), 237
Finanças corporativas, 326
Financiamento da empresa
- estratégias de, 325
- estrutura de, 326, 331
- investimento e, 329
Fixação de preços de revenda, 345
Flexibilização da operação, 47
Fluxos
- de informação e cooperação no modelo kline-rosenberg, 305
- tangíveis, 254
Fontes de informação sobre a indústria brasileira, 448
Formato
- multidivisional, 22
- unitário, 21
Fórmula da Coca-Cola, 277
Franquias, 316
Funções
- de reação, 140
- de equilíbrio, 139
- oferta de curto prazo, 5
Fundação Centro de Estudos do Comércio Exterior (FUNCEX), 452
Fundação Getúlio Vargas, 73, 452
Fusões e aquisições, 235, 236
- na economia brasileira, 235

G
Ganhos
- de especialização, 42
- esperados, 132
- monopolistas, 294
Gastos com saúde, poluições atmosférica e hídrica no Brasil, 396
Gerdau, 240
Geroski, Paul, 302
Gestão ambiental no Brasil, 402
Goodwill stock, 322
Governança
- específica de transação, 197
- estruturas de, 197
- pelo mercado, 197
- trilateral, 197
Grau
- de barreira à entrada de escala, 97
- de centralidade, 259
- de centralização, 259
- de densidade, 259
- de intermediação, 259
- de proximidade, 259
- de surpresa, 72
- de um vértice, 259
Grupo de produtos, 81

H
Habilidades genéricas (*metaskills*), 232
Haldi, John, 43
Heterogeneidade de produto, 163
High-road, 28
Hipótese
- de ausência de transbordamento, 109
- de comportamento maximizador, 206
- de diferenciabilidade, 139
- de entrada livre, 82
- de reação baseada na manutenção do preço, 97

462 Economia Industrial

- nula, 199
- schumpeteriana, 115

I

IBGE, 73, 448, 451
ICMS ecológico, 405
IED
- exportação e, 278
- licenciamento e, 277
Imperfeições de mercado, 383
- internalização e, 280
Imposto de importação, 385
Incentivos
- à entrada, 92
- estrutura de, 204
- fiscais, 372
- - setoriais e regionais, 374
Incubadora comercial, 270
Índice(s)
- de Bryce-Winter, 217, 218
- de concentração, 67
- de entropia de Theil, 72
- de Hirschman-Herfindahl, 68, 69, 70, 71, 75
- de Lerner, 145
- de preço
- - de varejo menos X, 355
- - ao produtor (ipp), 451
- de Varadarajan-Ramanujam, 217
Indivisibilidade técnica, 42
Indução retroativa, 129, 133
Indústria(s), 3, 23, 446
- com grande dinamismo potencial, 372
- com grande poder de encadeamento, 372
- com maior potencial de emissão de poluentes, 397
- com maior valor agregado, 372
- com produto diferenciado, 143
- com produto homogêneo, 142
- com retornos crescentes de escala, 372
- conceitos, 22
- de infraestrutura, 41
- de rede, 251, 252, 353, 248
- de utilidade pública, 58
- nascentes, 372
Ineficiência do monopólio, 10
Informação
- e barreiras à entrada, 182
- imperfeita, 316, 317
- perfeita, 115
Infração à ordem econômica, 342
Infraestrutura, 372
Inovação, 372
- coordenação vertical das atividades e, 307
- drástica, 107
- em sentido amplo, 295
- estruturas de organização das empresas e, 304
- formas de coordenação externas e, 307
- industrial, 105, 114
- *lato sensu*, 296
- não drástica, 107
- padronização e, 308
- radical e incremental, 107
- tecnológica
- - estrutura de mercado e, 113
- - indicadores empresariais de, 112
- - tamanho da empresa e, 113
Instituto Brasileiro do Meio Ambiente e dos Recursos Naturais Renováveis (Ibama), 402
Instituto Chico Mendes de Conservação da Biodiversidade (ICMBio), 402
Instituto de Estudos para o Desenvolvimento Industrial (IEDI), 454
Instituto de Pesquisa Econômica Aplicada (IPEA), 453

Instituto Nacional da Propriedade Intelectual (INPI), 314, 315
Instrumentos
- de comunicação, 401
- de politica ambiental, 400
- - de comando e controle, 400
- - econômicos, 400
- de política comercial, 380
- econômicos no Brasil aplicação de, 405
Integração para trás (*upstream*), 224
Intensidade
- da inovação, 110
- da retaliação e cooperação, 161
Interesse do principal, 205
Interesse público, 359
Internalização, 280
- das externalidades, 399
International Standard Industrial Classification (ISIC), 446
Investimento
- direto no exterior, 26
- estrangeiro, 374
Itaú, 239

J

Jogo(s)
- com informação completa, 120
- - e imperfeita, 121
- - e perfeita, 121
- conjuntos
- - de estratégias, 121
- - de informação do jogador, 121
- de estratégias, 120
- de soma zero, 125
- dinâmicos com informação completa, 128
- dos duopolistas de cournot, 126
- em forma estratégica, 122
- estáticos com decisões simultâneas, 122
- inicial, forma reduzida do, 129
- modelo
- - dinâmico de, 122
- - estático de, 122
- repetidos, 133
- representação normal, 122
Jornais, 453

L

Learning
- *by advances in science and technology*, 209
- *by doing*, 208, 209
- *by interacting*, 209
- *by searching*, 209
- *by using*, 209
- *from inter-industry spillovers*, 209
Legislação
- antitruste, 58
- - americana, 336
- - no Brasil, 335
Lei
- de Metcalfe, 251
- dos rendimentos marginais decrescentes, 37
- Sherman, 336
Leontief, Wassily, 427
Liderança(s)
- barométrica, 170
- de preços, 153, 169
- - colusiva, 170
- - por empresa dominante, 169
- em quantidades, 151
Ligações para frente e para trás, 432
Linhas tarifárias consolidadas, 386
Livre negociação, 397
- entre poluidor e vítima da poluição, 398
Longo prazo, 6
Low-road, 28

Lucro(s), 4
- acima do normal, 340
- da firma estabelecida com e sem detenção da entrada, 176
- de monopólio, 293
Lundvall, B. A., 106

M

Macrodinâmica capitalista, 282
Manson, Edward, 53
Manual
- de Frascati, 106, 111
- Oslo, 106
Mão invisível, 61
Marca, 317
- e concorrência, 316
Margem de lucro, 168
Marketing, estratégias de, 313
Marris, Robin, 228
Marshall, Alfred, 20, 54
Mason, Edward, 54, 55, 61
Masten, Scott, 199
Matriz
- de comércio em valor agregado, 437
- de demanda final por setor de atividades, 437
- de insumo-produto, 427, 430
- - de Scherer, 218
- dos coeficientes de valor agregado, 436
- dos multiplicadores de valor agregado, 436
- inversa de Leontief, 430
Maximização do lucro, 4, 12
- e equilíbrio curto prazo, 5
- e equilíbrio longo prazo, 6
Média amostral, 414
Medida(s)
- *antidumping*, 387
- de concentração, 67
- - industrial, 67
- - normativas, 68
- - parciais, 68
- - positivas, 68
- de economias de escala, 44
- de entrada e de saída, 111
- de proteção contra subsídios concedidos por outros países, 388
- do grau de proteção, 382
Melhores respostas (*best responses*), 124
Mensuração do comércio internacional em valor agregado, 439
Mercado(s), 23, 446
- conceitos de, 22
- contestável, 63
- em equilíbrio, 4
- estruturas de, 293
- global de propaganda, 314
- natural, 54
- publicitário brasileiro, 315
- relevante, 337, 338
- - antitruste, 339, 340
- - definições nos Estados Unidos e no Brasil, 338
Método(s)
- da extração hipotética, 433, 439
- - ao comércio internacional e às cadeias globais de valor aplicações do, 439
- de indução retroativa generalizada, 130
- de ligação simples, 424
- de regulação por taxa de retorno, 354
- de Ward, 424
- do centroide, 424
- hierárquicos aglomerativos, 422
Mídia, tipos de, 315
Milgrom, Paul, 197
Minimalidade em simetria, 76
Ministério da Indústria, Comércio Exterior e Serviços (MDIC), 452

Índice alfabético   463

Ministério do Meio Ambiente (MMA), 402
Mobilidade do capital, 291
Modelo(s)
- conceitual do preço limite, 93
- da cidade
- - circular, 86
- - linear, 83
- da matriz de insumo-produto, 427
- - - limitações do, 431
- Dasgupta-Stiglitz, 108
- de análise econômica da inovação, 106
- de Aoki, 306
- de Arrow, 106, 108
- - incentivo para inovar, 107
- de Bertrand, 127
- de Chamberlin, 81
- - antes da entrada de empresas, 82
- - após a entrada de empresas, 82
- - críticas, 82
- de competição
- - monopolística, 81
- - perfeita, 3
- de componentes principais, 418
- de concorrência, 138
- - em oligopólio, 137
- de Cournot, 125, 127
- - correspondências de melhores respostas no, 126
- de Dixit, 177
- de Dorfman e Steiner, 317
- de Hotteling, 83, 86
- de incitação, 106
- de insumo-produto ao estudo das cadeias globais
       de valor aplicações do, 438
- de Kline-Rosenberg, 266, 305
- de Leontief, 428
- de liderança
- - em preço, 153
- - em quantidades, 151
- de Milgrom e Roberts, 182
- de Salop, 86
- de seleção, 109, 115
- de Stackelberg, 130
- do consumidor representativo, 81
- estatísticos, 411
- estrutura-conduta-desempenho (ECD), 55, 57
- - evidências empíricas e limitações do, 58
- LLL, 27
- locacionais, 83, 88
- multirregional de insumo-produto, 434
- proposto por Sylos-Labini, 102
- relacionados ao grau de diversificação e
       desempenho, 230
Modified fixed variable (MFV), 362
Monopólio(s), 8, 293
- causas do, 8
- hipóteses básicas do modelo de, 8
- multiproduto, 357
- natural, 41
- - com um produto, 352
- - conceito do, 352
- - multiproduto, 352
Monopolização, 134
Monteverde, Kirk, 199
Movimento de *offshoring*, 26
Mudanças nas condições do mercado, 167
Multidimensionalidade, 80
Multiplicador, 431
- do emprego, 432

N
Não
- crescimento em simetria, 76
- decrescimento em fusões horizontais, 76
- resposta
- - em preço, 97

- - em quantidade, 96
Natureza dos contratos, 194
Necessidade de requisitos locais, 381
Negociação entre gerações, 399
Nelson, Richard, 21
Nível de especialização de cada empresa, 231
Nova
- abordagem do preço limite, 174
- teoria do crescimento, 366
Número(s)
- de concorrentes, 165
- equivalentes, 71

O
Odebrecht, 240
Oi, 240
Oligopólio, 62, 150, 296
Ônus do monopólio, 10
Oportunismo, 193
Organização
- das grandes corporações, 203
- empresarial, 208
Organização para a Cooperação e Desenvolvimento
       Econômico (OCDE), 111
Órgãos
- locais, 402
- seccionais, 402
Outsourcing/offshoring, 27
Ovos de chocolate, 169

P
Padrão(ões)
- concorrencial, 68
- da ação antitruste, 342
Padronização, 72
Pagamento por serviços ambientais, 404
Panzar, John C., 219
Parques
- científicos, 270
- de pesquisa, 270
- empresariais, 270
- tecnológicos, 270
Penrose, Edith, 20, 23, 106
Perda de bem-estar, 144
Pesquisa e desenvolvimento (P&D), 105
Petrobras, 239
PIA-empresa, 448
PIA-produto, 448
Plano Brasil Maior (PBM), 375
Plataformas industriais satélites, 260
Poder de mercado, 68, 336, 337, 340
- na lei brasileira, 340
Política Industrial, Tecnológica e de Comércio
       Exterior (PITCE), 375
Política(s)
- "favoráveis ao mercado (*market-friendly*)", 366
- ambiental, 395
- - histórico da, 401
- - no Brasil, 401
- - - principais características da, 403
- - razões para adoção da, 395
- - sistematização da, 396
- - tipologia e instrumentos de, 400
- antitruste, 337
- comercial, 379
- - economias internas e externas de escala, 384
- de concorrência, 296
- de desenvolvimento produtivo, 375
- de inovação, 371
- industrial, 347, 365
- - competência para inovar, 370
- - desenvolvimentista, 369
- - experiência(s)
- - - brasileira, 374
- - - internacionais recentes de, 373

- - falhas de mercado, 367
- - horizontais, 372
- - instrumentos horizontais e verticais, 371
- - verticais, 372
- nacional de recursos hídricos, 402
- públicas, 57
Poluentes
- da água, 397
- do ar, 397
Poluição
- atmosférica, 396
- industrial, 396
Ponto de maximização, 12
Pontos focais, 253
Posição(ões)
- dominante, 340
- monopolísticas, 295
Postulado de Sylos, 96, 176
Potencial de acumulação, 215, 216
Preço(s)
- básicos, 431
- complementares estratégicos, 154
- limite, 94, 101, 175
- - com informação assimétrica, 182
- não sustentáveis, 100
- predatórios, 344
- substitutos estratégicos, 149
- teto, 355
Preferências intertemporais, 68
Prevenção estratégica à entrada, 173
Princípio(s)
- da razoabilidade, 341
- - e abordagem "per se" nos Estados Unidos e no
       Brasil, 342
- - eficiências e, 341
- da transferência, 76
- do poluidor-pagador, 397, 399, 404
Problema(s)
- ambientais, 397
- da análise de dados, 412
- do "carona" (*free rider*), 368
- do refém, 194
- moral, 194
Processo(s)
- concorrencial, 336, 337
- de aprendizado, 208
- - taxonomia dos, 209
- de diversificação
- - condicionantes externos à empresa no, 233
- - condicionantes internos à empresa no, 231
- - direções possíveis do, 222
- - motivações e condicionantes do, 219
- de produção e a geração de impactos ambientais,
       396
- de tarificação, 385
- produtivo básico (PPB), 381
Produção descentralizada, 260
Produtividade do trabalho, 281
Produto(s)
- complementares, 147
- homogêneo, 145, 155
- idênticos, 79
- médio do trabalho, 37
- perfeitamente substitutos, 147
- substitutos imperfeitos, 147
Programa conservador das águas, 405
Programa Produtor de Água na Bacia Hidrográfica
       dos Rios Piracicaba, Capivari e Jundiaí
       (PCJ), 405
Programas para computadores (*softwares*), 80
Propaganda, 313, 314
- barreiras à entrada e, 319
- como instrumento de diferenciação, 313
- de informação, 316, 318
- de persuasão, 316, 318, 321

Economia Industrial

– es[...]ias de, 313
– n[...]imo de, 317
Pr[...]ade intelectual, 372
Pro[...]nismo, 374

Q

Qu[...]sas, 22
Quas[...]s, 294
Quem Galvão, 241

R

Racionalidade limitada, 193, 200
Racionamento de crédito, 329
Randon, 241
Razão(ões)
- endividamento-capitais próprios, 326
- de concentração, 68, 69
- – índice Hirschman-Herfindahl e, 75
Recusa de venda/negociação, 345
Rede(s), 247, 248, 250
- baseadas na aglomeração espacial, 258
- como sistema complexo, 259
- de desenvolvimento aplicado, 267
- de empresas, 248, 252, 253, 254
- - caracterização morfológica das, 254
- - cooperação
- - - técnico-produtiva, 256
- - - tecnológica, 257
- - - interorganizacional, 256
- - dimensões relevantes de operação e
    propriedades internas, 255
- - na prática, 258
- - tipologias de, 260
- de subcontratação, 258, 259
- direcionadas para atividades inovadoras, 267
- do mundo real, 249
- econômicas, 250
- especulativa de pesquisa, 267
- exploratória
- - de desenvolvimento, 267
- - de pesquisa, 267
- japonesas, 260
- na ciência econômica, 250
- pela teoria dos grafos, 249
- técnicas, 251
- tecnológicas, 258, 265
- verticais de subcontratação, 262
Reformas dos anos 1980, 360
Regime
- de Bertrand, 147
- de competição perfeita, 144
- de concorrência, 144
- de Cournot, 145
- de regulação, 372
- de Stackelberg, 151
- empreendedor, 303
Regra(s)
- de bolso, 168
- de Ramsey, 357
- do componente de preço eficiente, 356
- sobre outras medidas que afetam o comércio de
    bens, 389
Regulação
- de monopólio multiproduto, 357
- de preços, 351
- - formas de, 353
- - por taxa de retorno, 353
- de quantidades, 351
- defesa da concorrência e, 70
- dos mercados, 58

- econômica, 200, 351
- - antecedentes de, 359
- - na prática, 359
- - no Brasil, 361
- internacional, 384
- públicas, 57
Relação
- anual de informações sociais (RAIS), 453
- de agência, 205
Requerimentos iniciais de capital, 99
Reserva de capacidade, 46
Restrições
- à propaganda de cigarros, 321
- territoriais e de base de clientes, 345
Retornos crescentes, 39
Retroalimentação, 266
Revistas, 453
Risco moral, 204
Rodada Uruguai, 385
Rotinas, 21, 133

S

Saída, 93
Salvaguardas, 386
Scherer, Frederic M., 53, 55
Schumpeter, Joseph, 105, 292
Seabord, 362
Segredos, 162
Serviços públicos, 200
Simon, Herbert, 210
Sistema Nacional de Unidades de Conservação da
    Natureza (SNUC), 403
Sistema Nacional do Meio Ambiente (Sisnama),
    401
Sistema(s)
- antitruste brasileiro, 342
- complexos em economia, 248
- de inovação nacional, 114
- de pequenas empresas, 260
- de produção em grande escala, 260
- econômico, 280
Smith, Adam, 18, 58, 61, 367
Sociedade de Pesquisa em Vida Sustentável e
    Educação Ambiental (SPVS), 405
Sociedade de Propósito Específico (SPE), 330
Soma da produção em etapas, 428
Straight fixed-variable (SFV), 362
Subaditividade, 352
Subcontratados, 261
Submetas, 212
Substituição e complementaridade estratégicas, 142
Substitutos estratégicos, 154
Suzano, 240

T

Tarifa(s)
- de importação, 380
- em duas partes, 358, 362
- externa comum, 390
- média simples, 382
- nominal média, 382
- sobre o bem-estar, 383
Taxa(s)
- de lucro
- - "ex post", 294
- - uniforme, 292
- de retorno da empresa, 354
- ótima de diversificação, 229
Tecnologias Organizacionais e de Informação e
    Comunicação (TICS), 26

Tecnopólis, 270
Teorema(s)
- de Modigliani e Miller, 328
- fundamentais do bem-estar, 295
- popular, 134
Teoria(s)
- da contestabilidade, 99, 100
- da informação, 72
- do fluxo de caixa livre, 221
- dos custos de transação, 191, 192, 201, 207, 220
- - aplicações da, 199
- dos jogos, 119
- econômica neoclássica, 61
Território, 278
Teste
- da racionalidade sequencial, 129
- do monopolista hipotético, 338
Transações
- características das, 197
- com ativos específicos, 196
- de grandes números, 194
- de pequeno número, 194
- mistas, 197
- não específicas, 197
- ocasionais, 197
- recorrentes, 197
Transbordamento (spill over), 99, 108
Transformação fundamental, 194
Transitividade, 259
Tratado de Assunção, 390

U

Unidade
- de produção agrícola, 18
- estatísticas de investigação, 446
- local, 446
Uniões aduaneiras, 389
United, 362
Upgrade, 28, 29
- de processo, 28
- intersetorial, 28
Usiminas, 240
Utilidade de von Neumann & Morgenstern, 133

V

Vale, 239
Valor de mercado, 326, 328
Variação
- conjectural, 137
- no excedente do produtor, 383
Variância amostral, 415
Variável estratégica
- preço, 141
- quantidade, 141
VAX (valor agregado das exportações), 439
- base conceitual comum no cálculo dos três, 439
Venda casada, 345
Verticalização, 198
Visão baseada em recursos, 221
Votorantim, 240

W

Weg, 241
Williamson, Oliver, 21, 192, 203, 206
Willig, Robert D., 219
Winter, Sidney, 106

Z

Zona Franca de Manaus (ZFM), 381